3., vollständig überarbeitete Auflage

James McConnachie, Shafik Meghji
und David Reed

NEPAL

STEFAN LOOSE
TRAVEL HANDBÜCHER

NEPAL

1 **KATHMANDUS ALTSTADT** Ein ausgesprochen quirliges Wohnviertel mit schmalen Gassen, betriebsamen Märkten und unzähligen Tempeln und Schreinen. S. 134

Die Highlights

© ROUGH GUIDES

© ROUGH GUIDES

2 YOGA UND MEDITATION In der Region Kathmandu, seit je her ein spirituelles Zentrum, suchen inzwischen auch viele westliche Besucher Unterweisung in den hinduistischen oder buddhistischen Traditionen.S. 191

3 PASHUPATINATH Das Shiva-Raatri-Fest zieht jeden Winter zehntausende Shiva-Anhänger in den heiligsten hinduistischen Pilgerort des Landes. S. 204

4 BOUDHA Der große weiße Stupa mit den alles sehenden Augen Buddhas ist Wallfahrtsort und Zentrum des tibetischen Buddhismus in Nepal. S. 209

4

5

5 **BHAKTAPUR** Das gut erhaltene Städtchen im Kathmandutal ist die Hochburg der newarischen Kultur und bezaubert mit rosaroten Ziegelbauten, kunstvollen Holzschnitzereien und schönen Steinskulpturen. S. 235

6 **GORKHA** Der Stammsitz der nepalesischen Königsfamilie gilt als Wiege der Nation. Auf dem Bergkamm oberhalb der Stadt thront spektakulär der prächtige Tempel- und Palastkomplex. S. 280

7 **PHEWA TAL** Auf einer Bootsfahrt über Pokharas beschaulichen See genießt man eine herrliche Aussicht auf das Annapurna-Massiv. S. 288

© ROUGH GUIDES

8 CHITWAN-NATIONALPARK

Vom Elefantenrücken aus bietet sich die beste Chance, eins der gefährdeten Panzernashörner zu sichten, die durch Nepals ersten Nationalpark streifen. Auch auf Wanderungen, Jeeptouren und Kanufahrten lässt sich das weitläufige Naturreservat erleben. Es beherbergt zudem eine kleine Tigerpopulation, Affen, Bären, Wildrinder, Krokodile (darunter ein Zuchtprojekt der seltenen Gaviale) und das landesweit bedeutendste Vogelschutzgebiet. S. 335

© LAIF / HEMIS.FR / TUUL

8

9 JANAKPUR Viele Gläubige besuchen den im Mogulstil erbauten Janaki Mandir, um dem legendären Liebespaar Rama und Sita zu huldigen. S. 376

10 **TREKKING** Die ultimative Nepal-Erfahrung: unvergleichliche Landschaftserlebnisse und tiefe kulturelle Einblicke. S. 393

© ROUGH GUIDES

11 **EVEREST-REGION** Spektakuläre Gletscherlandschaften, steile Pässe, windumtoste Gipfel und einsame Klöster – die Region rund um den Mount Everest fasziniert mit landschaftlichem und kulturellem Reichtum. Das berühmte „Bergsteigervolk" der Sherpa, in deren religiösem Kosmos der sagenumwobene Schneemensch (Yeti) eine wichtige Rolle spielt, bewohnt die höchsten Siedlungen der Welt. S. 435

© ROUGH GUIDES

11

© LAIF/AURORA / JAKE NORTON

12 **RAFTING** Eine weitere wunderbare Möglichkeit, das ländliche Nepal zu erleben: wilde Stromschnellen bezwingen, an Dschungel und Dörfern vorbeigleiten und an Sandstränden zelten. S. 451

Inhalt

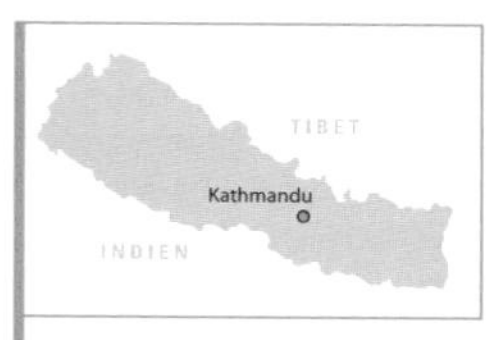

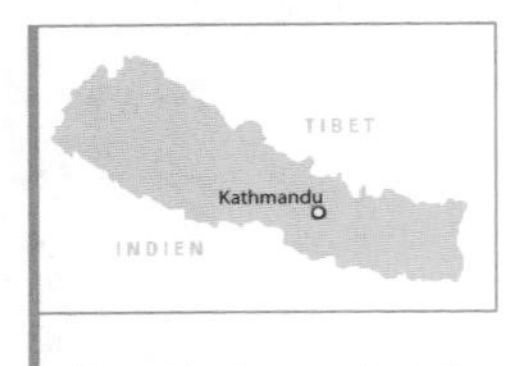

Das Kathmandutal ... 199

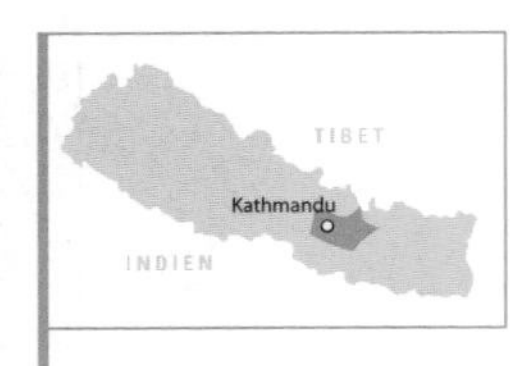

Das zentrale Bergland ... 255

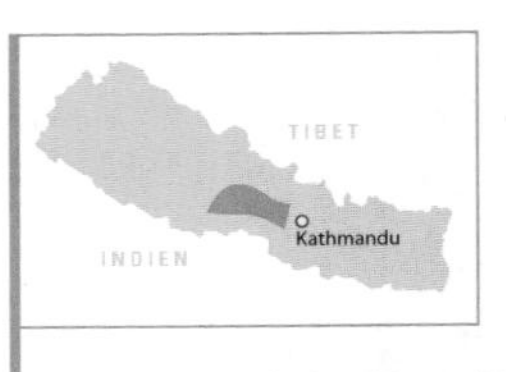

Das westliche Bergland ... 275

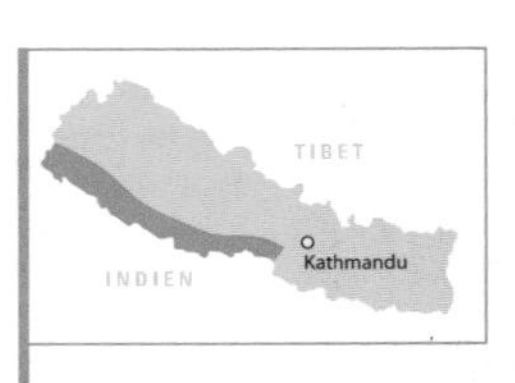

Das westliche Terai ... 325

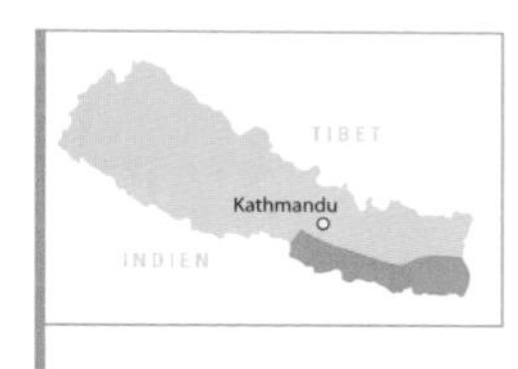
TIBET
Kathmandu
INDIEN

Mountainbiking 461

Anhang 475

Themen

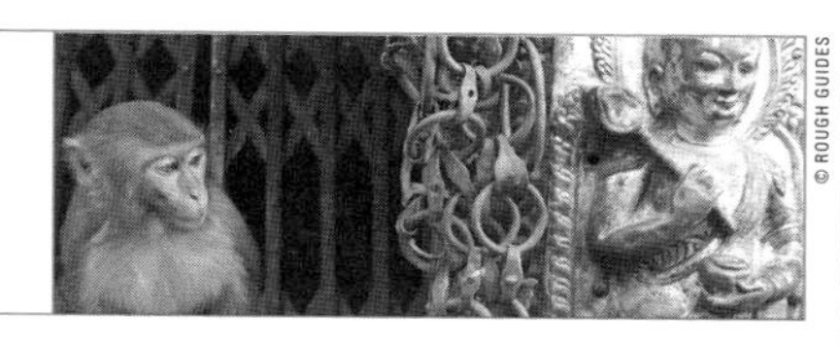

Reiseziele und Routen

Nepal ist die Wasserscheide Asiens. Das Land liegt eingezwängt zwischen Indien und Tibet mit **Landschaftsformen**, die von subtropischem Wald bis zum steil aufragenden Himalaya reichen, vom Dschungel, durch den Tiger streifen, bis zum gebirgigen Jagdrevier des Schneeleoparden. Schon beim Erklimmen eines einzigen Hügels kann es sein, dass man morgens im Tal im Schatten einer Bananenpalme schwitzt und am Nachmittag Zuflucht vor einem Schneesturm sucht.

Mindestens ebenso vielfältig wie die Landschaft ist die **Kultur**: Die Nepalesen gehören einer ganzen Reihe unterschiedlicher Völker an, die verschiedene Sprachen sprechen. Sie leben in so gegensätzlichen Welten wie dicht bevölkerten, alten Städten, aus denen die Pagoden der Hindu-Tempel in die Höhe ragen, und Dörfern, die sich an schwindelerregende Reisterrassen klammern, oder staubigen Siedlungen im Hochland, die kleine Klöster umschließen. Die **religiösen Bräuche** reichen vom indischen Hinduismus bis zum tibetischen Buddhismus und von der Naturverehrung bis zum Schamanismus – während die indigenen Newars all diese Traditionen mit ihren ureigenen tantrischen Bräuchen vermischt haben.

Die kulturelle Vielfalt ist teils der abwechslungsreichen Landschaft zu verdanken, teils dem Umstand, dass Nepal nie kolonialisiert wurde. Es ist ein Land mit tiefem Nationalstolz, aber auch ethnischem Selbstbewusstsein, einem erstaunlichen Faible für Feste und Umzüge und einem starken Festhalten an Traditionen. Die Nepalesen sind berühmt für ihre charismatische Verbindung von Unabhängigkeitssinn und Freundlichkeit, Zähigkeit und Höflichkeit. Diese Eigenschaften haben ihnen, besonders dank den berühmten Gurkha-Soldaten und Sherpa-Bergsteigern, weltweit den Ruf eingebracht, Menschen zu sein, mit denen man gern zusammenarbeitet oder reist.

Nicht nur Berge

Nepal mag vom Himalaya geprägt sein, aber es bietet viel mehr als nur Berge. Das Kerngebiet wird vom **pahad**, dem Mittleren Bergland, bestimmt, einem breiten Gürtel, der von West nach Ost quer durch das Land verläuft. Es wird von großen Hügeln und steilwandigen Tälern dominiert und von Reisbauern bewohnt. Die Städte Kathmandu und Pokhara im **Tal** sind Ausnahmen inmitten der Hügellandschaft, wo das größte flache Land im Umkreis womöglich der örtliche Volleyballplatz ist. Nepals südlichster Landstreifen ist das **Terai**, heißes, flaches Ackerland, mit **Dschungelgebieten**, die in drei Nationalparks unter Schutz stehen. Kulturell wie geografisch gehört das Terai zur nordindischen Gangesebene. Die Bergkette des **Himalaya** begrenzt das Land im Norden und gliedert sich in eine Reihe von *himal* (schneebedeckten Bergrücken) und alpinen Tälern. Im Regenschatten im Nordwesten des Landes finden sich hohe, trockene Gebiete, Erweiterungen des großen **Tibetischen Plateaus**. Von Nord nach Süd durchschneiden rauschende **Flüsse** das Land und spülen glaziale Mineralien und Sedimente mit sich. Die größten entspringen in Tibet und bahnen sich ihren Weg mitten durch den Himalaya.

Doch dieses Zauberland hat auch seine Schattenseiten: Nepal war immer von seinen übermächtigen Nachbarn abhängig und bis 1990 die letzte absolute hinduistische Monarchie der Welt, die Chinas autoritären Regierungsstil mit Indiens Bürokratie kombinierte. Seitdem hat sich das lange politisch und wirtschaftlich rückständige Land in mancher Hinsicht in geradezu beunruhigendem Tempo weiterentwickelt. In anderen Bereichen tritt es dagegen immer noch auf der Stelle. Nach dem zermürbenden maoistischen Aufstand, der 2006 zu Ende ging, scheint es sich jetzt als Bundesrepublik zu etablieren – die zumindest vorerst von maoistischen Rebellen regiert wird. Nepal scheint es sehr eilig zu haben, endlich in der Moderne anzukommen, und das Klima des **politischen Aufbruchs** ist überall zu spüren.

Nepal auf einen Blick

- Mit einer **Fläche** von 147 000 km² ist Nepal ungefähr so groß wie Bayern und Österreich zusammen. Da das Land größtenteils aus steilem Gebirgsterrain besteht, mangelt es jedoch an landwirtschaftlicher Nutzfläche für die wachsende **Bevölkerung** von mehr als 27 Mio. Menschen, davon ein Drittel unter 15 Jahren.
- Acht der zehn höchsten **Berge** der Welt liegen in Nepal, darunter der Everest, der größte von allen.
- Vor 1951 war es nur wenigen Westlern genehmigt worden, nach Nepal einzureisen. Heutzutage kommen jedes Jahr mindestens 500 000 **Touristen**; unter ihnen zunehmend Gäste aus den Nachbarländern Indien und China.
- Trotz der Bekanntheit seiner Gemeinden von tibetischen und Sherpa-Buddhisten war Nepal lange das einzige **hinduistische Königreich** der Welt. Noch immer machen die Hindus offiziell rund 80 % der Bevölkerung aus – allerdings vermischen viele Nepalesen hinduistische, schamanistische und animistische Glaubenspraktiken miteinander.
- Der zehnjährige Aufstand der Maoisten endete 2006, zeitgleich mit der Karriere des berüchtigten Königs Gyanendra. Nepals **politische Lage** ist heute instabil, aber friedlich.
- Mit einem jährlichen **Pro-Kopf-Einkommen** von US$470 rangiert Nepal im Human Development Index der UNO von 2011 unter 186 Entwicklungsländern auf dem 157. Platz. Die Hälfte der Bevölkerung lebt von etwas mehr als einem Dollar pro Tag.

Reiseziele

Die nepalesische Hauptstadt **Kathmandu** (S. 130) ist mit ihren hinduistischen Tempeln und buddhistischen Stupas, dem mittelalterlichen Gassengewirr und ungemein entspannten Nachtleben aufregend exotisch. Die Stadt wird allerdings immer hektischer, weshalb viele Besucher Tagesausflüge in das noch relativ ländliche **Kathmandutal** (S. 202) oder zu den erstaunlich gut erhaltenen mittelalterlichen Städten **Patan** (S. 158) und **Bhaktapur** (S. 235) unternehmen oder in einem der Aussichtsorte am Rand des Tals wie **Nagarkot** (S. 257) im **zentralen Bergland** übernachten. Ein paar Leute nehmen sich mehr Zeit, um die vielen Tempel, Orte und bewaldeten Hügel des Tals zu erkunden, oder fahren an die tibetische Grenze oder den abenteuerlichen Tribhuvan Rajpath hinunter nach Indien. Die Mehrheit aber nimmt den Touristenbus und fährt in sechs Stunden nach **Pokhara** (S. 287) westlich von Kathmandu, einem angenehm entspannten Urlaubsort im **westlichen Bergland** an einem See zu Füßen eines hohen Walls aus weißen Gipfeln. Zwar sind viele Besucher vollkommen zufrieden damit, einfach die Aussicht von Pokhara zu genießen oder in den hiesigen Bars abzuhängen, der Ort ist aber auch ein klasse Ausgangspunkt für Tageswanderungen und Mountainbikefahrten, Yoga- oder Meditationskurse und sogar Paragliding oder Ultraleichtflüge. Andere Orte im westlichen Bergland – insbesondere **Gorkha** (S. 280) mit seiner eindrucksvollen Festung, **Manakamana** (S. 277) mit seinem Wünsche erfüllenden Tempel und **Bandipur** (S. 284) mit seinem nostalgischen Basar – bieten neben einer schönen Landschaft viel Geschichte und Kultur.

Autorentipps

© ROUGH GUIDES

Unsere Autoren sind mit Bus, Auto oder Fahrrad, zu Fuß und per Boot kreuz und quer durch Nepal gereist. Hier stellen sie einige ihrer persönlichen Highlights vor:

Essen und Trinken Das Nationalgericht *daal bhaat* (S. 34) wird durch Pickles bereichert, während die würzige Newar-Küche ein echtes Erlebnis für Fleischesser ist: Am besten probiert man sie in Restaurants wie dem Thamel House (S. 175) in Kathmandu, Newari Kitchen (S. 301) in Pokhara, Nanglo West (S. 322) in Tansen und, am authentischsten, im herausragenden Newa Lahana (S. 225) in Kirtipur.

Nepalesen Es sind die Nepalesen selbst (S. 90), die das Land so besonders machen. Hervorragende Gelegenheiten, sie kennenzulernen, bieten sich, wenn man einen guten Führer anheuert (S. 66) und wandern geht.

Treks Die Treks zum Everest Base Camp (S. 438) und zum Annapurna (S. 416) sind zu Recht berühmt, aber es lohnt sich auf jeden Fall, auch abseits der bekannten Routen zu wandern. Das kann eine anstrengende Wanderung durchs östliche Bergland zum Everest (S. 372) sein, eine aufregende Nebenroute wie die Lupra-Route ab Muktinath (S. 423) oder eine wunderbare Tageswanderung wie die von Tansen nach Rani Ghat (S. 323).

Tantrische Tempel Die tantrischen Tempel im Kathmandutal, wie Dakshinkali (S. 229) und Sankhu Bajra Yogini (S. 217), verfügen über sagenhafte Kräfte.

Newar-Städte Bhaktapur (S. 235), Patan (S. 158) und selbst das Zentrum von Kathmandu (S. 134) sind vermutlich die besterhaltenen mittelalterlichen Städte in ganz Asien.

Rafting Abenteuerliche Fahrten auf Flüssen wie dem Bhote Koshi (S. 457), Marsyangdi (S. 458) und Sun Koshi (S. 458) bringen Rafter übers – und oft unters – Wildwasser im Himalaya.

Dschungelwanderungen Elefantenritte sind eine tolle Sache, aber um im Chitwan- oder Bardia-Nationalpark (S. 335 und S. 360) den Dschungel hautnah zu erleben, muss man zu Fuß unterwegs sein – mit einem guten Guide (S. 66).

Haat-Basare Zu den Wochenmärkten der Bergorte strömen die Leute aus dem gesamten Umland – im Sonntagsstaat samt Vieh und Waren. Am stärksten ist die Tradition in den Orten im östlichen Bergland wie Hile (S. 389) oder Ilam (S. 390), aber man findet sie überall, auch in der Sherpa-Hauptstadt Namche (S. 438).

Das sind nicht etwa alle **unsere Empfehlungen**. Wir haben unsere Lieblingsorte – eine herrlich gelegene Unterkunft, ein stimmungsvolles Café, ein besonderes Restaurant – im gesamten Buch mit dem Loose-Koffer gekennzeichnet.

Nur wenige Traveller zieht es ins flache **Terai** an der Grenze zu Indien, es sei denn, sie wollen den recht beliebten **Chitwan-Nationalpark** (S. 335) besuchen, in dem das vom Aussterben bedrohte Panzernashorn zu Hause ist. Der **Bardia-Nationalpark** (S. 360) und zwei weitere selten besuchte Wildschutzgebiete warten auf abenteuerlustigere Touristen. Im westlichen Terai ist **Lumbini** (S. 350), der Geburtsort Buddhas, eine Pilgerstätte von Weltrang, ebenso wie die heilige hinduistische Stadt **Janakpur** (S. 376) im Osten.

Am berühmtesten ist Nepal aber für **Trekking** – Wandern von Dorf zu Dorf, durch dichtes Hügelland und üppige Rhododendronwälder und hinauf auf die Gipfel und Gletscher des Hohen Himalaya. Die bestechend schönen und kulturell reichen Regionen um den **Annapurna** (S. 416) und **Everest** (S. 435) sind am besten auf Bergwanderer eingestellt, aber langsam öffnen sich auch immer mehr einst abgeschiedene Gegenden, besonders **Mustang** (S. 450) und **Manaslu** (S. 429). **Rafting** (S. 451) und **Mountainbiken** (S. 461) in Nepal versprechen nicht nur Abenteuer, sondern gewähren auch eine andere Sicht auf die hiesige Landschaft und Tierwelt.

Reiserouten

Die beste Art, Nepal zu erkunden, besteht natürlich darin, sich dieses Buch vorzunehmen und sich einen eigenen Reiseplan zu erstellen. Dennoch schlagen wir im Folgenden drei empfehlenswerte Routen vor. „Das Beste von Nepal" umfasst die Highlights – zu Recht beliebte Touristenziele, aber man verlässt nie die touristischen Trampelpfade. Die Route „Kathmandu und Everest" ergänzt den Trek zum Everest Base Camp um ein paar Sehenswürdigkeiten im Kathmandutal. „Unterwegs im Westen" verspricht unvergessliche Erlebnisse fern der großen Touristenströme.

Das Beste von Nepal

■ 8–10 Tage

In acht bis zehn Tagen kann man die klassischen Sehenswürdigkeiten im Eiltempo abhaken. Wenn man in der Annapurna-Region wandert, braucht man ein bis zwei Wochen mehr – je nachdem, wie schnell man läuft.

Gut für kurze und lange Wanderungen: das Annapurna-Gebirge

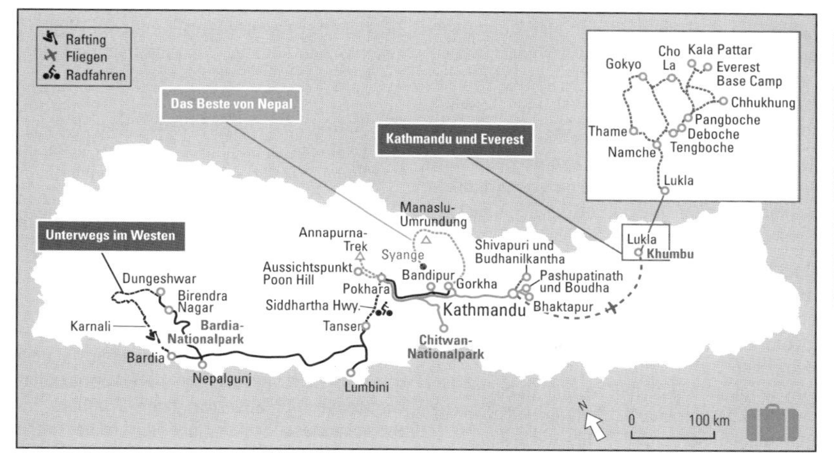

Kathmandu Die Hauptstadt hat in den letzten Jahren einen Boom erlebt und ist heute eine geschäftige, schmutzige, moderne Stadt, die sich aber ihr wunderbares mittelalterliches Zentrum und ein entspanntes Nachtleben bewahrt hat. S. 130

Pashupatinath und Boudha Am Ufer des heiligen Pashupatinath verbrennen Hindus ihre Verstorbenen im Freien; nur ein Stück die Straße runter liegt Boudha, die sehr exotische Gemeinde tibetischer Buddhisten. S. 204 und S. 209

Bhaktapur Das unglaublich gut erhaltene Städtchen Bhaktapur lässt erahnen, wie Kathmandu aussah, bevor die Moderne Einzug hielt. S. 235

Bandipur Die nostalgische Basarstadt an einem steilen Hang hat sich zu einer ruhigen Oase mit einer ganzen Reihe schöner Boutiquehotels und einladender Lodges entwickelt. S. 284

Pokhara Das größte Touristenzentrum Nepals liegt unterhalb der weißen Gipfel der Annapurna-Kette an einem See. Hier kann man gleitschirmfliegen, meditieren oder einfach auf einem Boot oder in einer Bar abhängen. S. 287

Annapurna-Trekking Das Annapurna-Gebirge überragt einige der grünsten, steilsten und reizvollsten Hänge Nepals – das ideale Terrain für einen kürzeren Trek zum Aussichtspunkt Poon Hill oder, wenn man ein paar Tage mehr Zeit hat, zum überwältigenden Annapurna Sanctuary hinauf und dann zurück nach Pokhara. S. 416

Chitwan Von Pokhara geht's zum Dschungel, Grasland und zu den Flüssen im Chitwan-Nationalpark. Sichtungen von Nashörnern, Rehen, Affen, Krokodilen und unzähligen Vogelarten sind hier so gut wie sicher. Die scheuen Tiger bekommt man vielleicht nicht zu Gesicht, aber dafür kann man auf einem Elefanten reiten. S. 340

Kathmandu und Everest

■ 14–16 Tage

Wegen der Höhenanpassung muss man für den Trek zum Everest Base Camp mindestens 14 bis 16 Tage einplanen. Wer drei Wochen Zeit hat, kann außerdem noch ein wenig Kathmandu und das Tal erkunden.

Shivapuri und Budhanilkantha Um sich zu akklimatisieren, sollte man mit einer Tageswanderung von Kathmandu zum Talrand nach Shivapuri beginnen und unterwegs den Schlafenden Vishnu von Budhanilkantha besuchen. S. 218 und S. 220

Lukla Von Kathmandu fliegt man zum haarsträubendsten Flugfeld der Welt und steht innerhalb von Minuten vor den Toren von Khumbu, der tief buddhistischen Everest-Region, bereit, nach Namche zu wandern. S. 438

Thame Ein „Ruhetag" in der Sherpa-Hauptstadt Namche könnte durchaus eine sechsstündige Wanderung nach Thame und zurück einschließen. S. 144

Buddhistische Klöster Der langsame Aufstieg, den die Akklimatisierung oberhalb von Namche erzwingt, lässt Zeit für den Besuch einiger Klöster. Auf dem Weg zwischen Namche und dem Base Camp liegen die friedlichen *gompa* von Tengboche, Pangboche und Deboche, die jede Menge vergoldeter Statuen und *thangka*-Malereien beherbergen. S. 100 und S. 439

Chhukhung Ein weiterer „Ruhetag" bietet Gelegenheit, vom Hauptweg zum Base Camp Abstecher zum Imja-Gletscher oder auf den Gipfel Chhukhung Ri (mit Übernachtung in der winzigen Siedlung Chhukung) zu machen. S. 439

Kala Pattar Der höchste Punkt des Everest-Treks ist nicht das ziemlich enttäuschende Base Camp selbst (5300 m), sondern der buchstäblich atemberaubende Aussichtshügel Kala Pattar (5545 m). S. 440

Cho La Bei guten Wetterverhältnissen können erfahrene Wanderer den Cho La ins Gokyo-Tal überqueren, um noch mehr schöne Aussichten zu genießen und über den westlichen Weg nach Lukla hinabzusteigen. S. 440

Kathmandu Nach dem Trekking kann man ein oder zwei entspannte Tage in Kathmandu mit Essen und Trinken, Souvenirkäufen oder Besichtigungen verbringen. S. 130

Unterwegs im Westen

■ ab 2 Wochen

Nur wenige Traveller fahren von Pokhara weiter nach Westen, aber sobald man die Trampelpfade verlassen hat, lernt man Nepal von einer raueren, vielschichtigeren Seite kennen. Diese Route ist etwas für Leute, die mehrere Wochen Zeit haben – obwohl man sie auf zwei Wochen beschränken könnte, wenn man sich mit dem Karnali, Bardia und Pokhara begnügt.

Der Karnali ab Dungeshwar Dieser Rafting- und Campingtrip beginnt mit einem Flug nach Nepalgunj, gefolgt von einer Bus- oder Jeepfahrt über Birendra Nagar zum Einstiegspunkt in Dungeshwar. Dann geht es rund acht Tage auf dem Wasser durch das abgeschiedene westliche Bergland nach Bardia hinunter. Was für ein Einstieg nach Nepal! S. 459

Bardia-Nationalpark Man kann den Raftingtrip im Bardia-Nationalpark beenden, in dem genauso viele spektakuläre Tiere wie im Chitwan leben, der aber nur einen Bruchteil der Besuchermassen sieht, und der immer noch seine gemütlichen Lodges aus Lehm und Stroh betreibt. S. 360

Lumbini Der Geburtsort Buddhas liegt in der brütend heißen Ebene, umgeben von eindrucksvollen Klöstern und alten Ausgrabungsstätten. S. 350

Tansen Der freundliche Ort am Rande der Berge bietet einige nette Homestays, ein gutes Restaurant, einen Palast, Ausblicke auf den Himalaya und eine tolle Tageswanderung zum Rani Ghat. S. 318

Radfahren auf dem Tamghas Highway Auf dieser harten, mehrtägigen Radtour (oder, wenn es sein muss, per Bus und Anhalter) zwischen Tansen und Pokhara sieht man keine anderen Touristen. Wem das zu viel des Guten ist, der kann auf den (vergleichsweise) schnellen und kurvigen Siddhartha Highway ausweichen. S. 316

Pokhara Wer von Westen nach Pokhara kommt, hat sich das Sonnenbad am See und das Rumhängen in den gemütlichen Bars und Restaurants redlich verdient. S. 287

Gorkha Auf einem Hügel oberhalb von Gorkha thront ein imposanter Königspalast. S. 281

Manaslu-Umrundung Ab Gorkha kann man zwei oder drei Wochen von Teehaus zu Teehaus wandern, ohne einmal campen zu müssen. S. 429

Bhaktapur ist eine der drei alten Königstädte Nepals.

© ROUGH GUIDES

Klima und Reisezeit

Das Klima in Nepal ist im Großen und Ganzen gemäßigt, mit vier Jahreszeiten rund um den Sommermonsun. Die meisten Besucher kommen in der Hauptsaison im Herbst (Ende Sep–Ende Nov), um die Berge zu sehen. Das Wetter ist klar und trocken, in höheren Lagen ist es nicht zu kalt und im Terai nicht zu heiß. Der Monsun hat die Luft gereinigt, die Sicht auf die Berge ist wunderbar, und damit sind die Voraussetzungen für Trekkingtouren ideal. Zwei große Feste, Dasain und Tihaar, fallen ebenfalls in diese Saison. Die Kehrseite der Medaille sind überfüllte Touristenzentren, hohe Preise und ein knappes Übernachtungsangebot.

Im **Winter** (Dez/Jan) ist das Wetter häufig klar und stabil. Schnee fällt in Kathmandu nie, aber die Vormittage können feucht und frisch sein. In den Trekkinggebieten machen manche Lodge-Inhaber ihre Läden wegen der beißenden Kälte dicht. Für das Terai allerdings beginnt die ideale Reisezeit, und wem die Kälte nichts ausmacht, der kann auch in den Bergen eine wundervolle Zeit erleben.

Das **Frühjahr** (Feb–Mitte April) ist die zweite Touristensaison; die Temperaturen klettern nach oben und die Tage werden länger. Bald stehen die Rhododendren im Bergland in voller Blüte, und da im Terai das hohe Gras gemäht wurde,

Nicht zu jeder Jahreszeit selbstverständlich: freier Blick auf die Gipfel des Himalaya

© ROUGH GUIDES

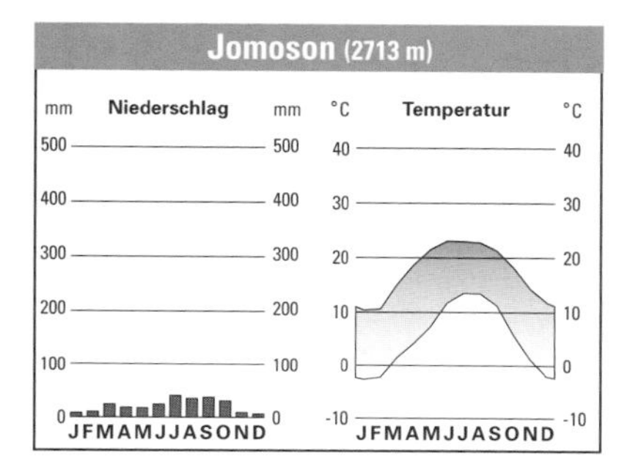

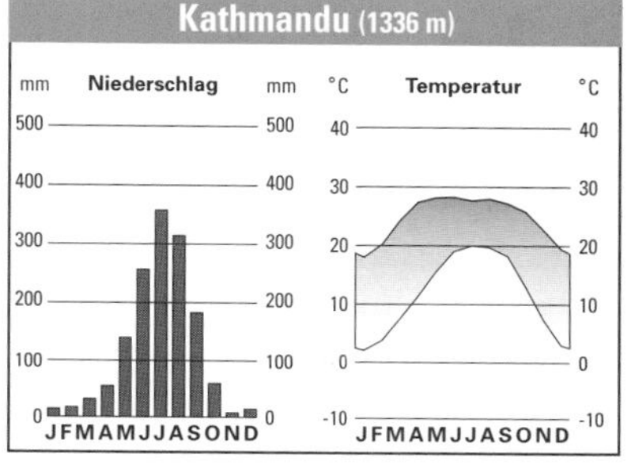

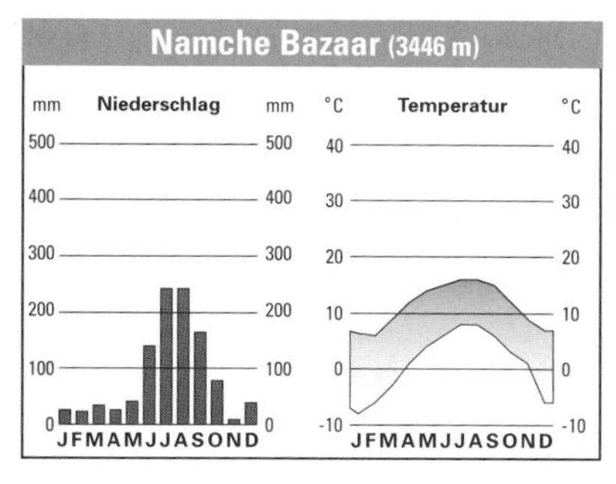

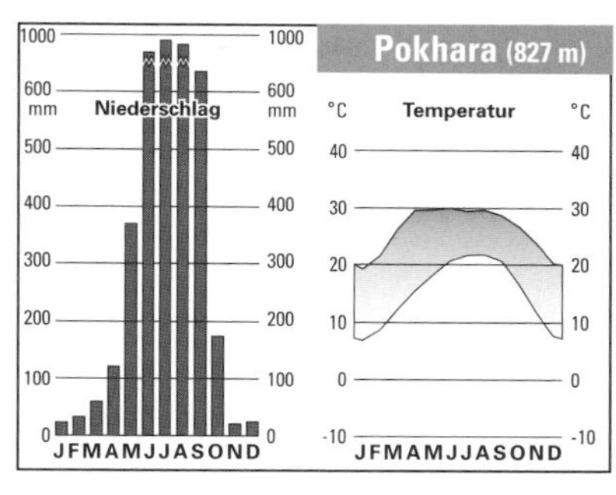

sind die Bedingungen für Tierbeobachtungen ideal – trotz zunehmender Hitze. Eine Enttäuschung ist der Dunst, der die Sicht auf die Berge von tieferen Lagen aus verschleiern kann (in höheren Lagen lässt man ihn allerdings hinter sich), und es erhöht sich das Risiko eines Magenbazillus.

Die Zeit **vor dem Monsun** (Mitte April–Anfang Juni) bringt noch mehr Hitze, bewölkte Nachmittage, Schauer – und noch mehr Magenprobleme. Dies ist die klassische Zeit für allgemeine Unruhe und Unwohlsein. Wer in höheren Lagen wandert, wird mit erträglicheren Temperaturen belohnt.

Für die Nepalesen bedeutet der **Monsun**, der normalerweise von Mitte Juni bis Mitte September dauert, eine große Erleichterung. Er beendet die Monotonie der vergangenen Monate, belebt die Felder mit seinen Wasserfluten und lässt das Grün sprießen. Bei einem Besuch zu dieser Zeit zeigt sich Nepal von einer faszinierenden Seite: Die Luft ist sauber, überall blüht es, Schmetterlinge flattern umher, und es gibt besonders viel frisches Obst und Gemüse zu kaufen. Doch dafür sind viele Nachteile in Kauf zu nehmen: Die Berge sind meist nebelverhangen, die Blutegel auf den Trekkingtouren in mittlerer Lage eine Plage, Straßen und Wege werden unpassierbar und Flüge abgesagt.

Klima

Das nepalesische Klima schwankt im Jahresverlauf erheblich, und selbst innerhalb einer Jahreszeit ist es je nach Höhenlage sehr unterschiedlich. In der Zeit vor dem Monsun von Mitte April bis Anfang Juni ist es in den niedrigeren Regionen generell sehr heiß und feucht. Während des **Monsuns** von Mitte Juni bis Mitte September ist das Reisen schwierig, aber nicht unmöglich. Im Herbst sind die Temperaturen angenehm und es ist trocken, während der Winter im Allgemeinen kühl und klar ist.

© ROUGH GUIDES

Reisekosten

Wer darauf aus ist, kann in Nepal mit einem äußerst begrenzten **Tagesbudget** auskommen. Abseits der Touristenzentren lässt sich für Transport, Übernachtung und Essen schwerlich mehr als US$30–40 pro Tag ausgeben. Kathmandu und manch andere Touristenfalle reißt dagegen schneller ein Loch in den Geldbeutel. Trotzdem kann ein sparsamer Urlauber in der Hauptstadt immer noch mit US$20 pro Tag auskommen. Sobald man dort jedoch nur geringfügig schönere Hotels und Restaurants wählt, belaufen sich die Kosten schnell auf US$50 und mehr. Wer etwas luxuriöser reisen möchte, muss mit mindestens US$60–80 pro Tag rechnen.

Man zahlt anfangs grundsätzlich mehr für alles, und manchmal hat man vielleicht sogar das Gefühl, dass die Verkäufer einem so viel Geld wie möglich aus der Tasche ziehen wollen, aber das ist wohl kaum eine auf Nepal beschränkte Erfahrung. Generell sollte man da **handeln**, wo es angemessen erscheint, aber niemandem ein paar Rupien streitig machen, der hart dafür gearbeitet hat. Studenten- und andere Ausweise haben in Nepal übrigens praktisch keinen Nutzen. Viele Hotels (besonders die etwas teureren) und einige Restaurants weisen ihre Preise ohne die 13-prozentige **„Regierungssteuer"** (eine Art Mehrwertsteuer) aus und schlagen 10 % Servicegebühr auf. In den im Buch genannten Hotelpreisen (S. 62) sind diese Steuern und Gebühren bereits enthalten.

Selbst wer nur wenig Geld hat, sollte alles daran setzen, einiges von den Dingen zu unternehmen, die Nepal so einmalig machen: **Trekking**, **Rafting**, **Mountainbiking** und **Tierbeobachtungen** sind kostspielig, aber ihr Geld wert.

Was kostet wie viel?

Unterkunft einfach (DZ)	Rs300–1000	**Langstreckenfahrt öffentl. Bus**	max. Rs500
Mittelklasse (DZ)	Rs1000–3500	**Inlandflug** (einfach)	etwa US$100
Oberklasse (DZ)	ab US$100	**Geführte Radtour**	US$35–50/Tag
Hauptgericht einfaches Lokal	um Rs100	**Nationalparkgebühren**	
Touristenlokal	Rs250–500	Eintritt	Rs500–1000
Bier (vom Fass)	Rs200	Tageswanderung mit Führer	Rs1000–1500
Internet	Rs25–100/Std.	**Trekkinggebühren**	
Wäscheservice	Rs50–100/Kilo	allgemeines Permit	US$20
Fahrradmiete einfaches Rad	Rs150–250/Tag	Träger	Rs700–1200/Tag
Mountainbike	Rs500–1000/Tag	**Trekkingtour** indiv. Führer	US$30–40/Tag
Motorradmiete	Rs650/Tag	organisiert inkl. Verpflegung und Unterkunft	US$50–150/Tag je nach Region
Touristenbus Kathmandu–Pokhara	US$13–20	**Rafting/Kajaking**	US$25–80/Tag

Traveltipps von A bis Z

Anreise

Zu den Hauptreisezeiten im Herbst und Frühling (Ende Sep–Mitte Nov und Ende Feb–Ende März) sind Flüge nach Kathmandu – Nepals einzigem internationalem Flughafen – oft Monate im Voraus ausgebucht. Die meisten Besucher buchen einen Durchgangstarif bis Kathmandu, aber es besteht auch die Möglichkeit, eines der großen asiatischen Drehkreuze wie Delhi anzufliegen und von dort die Weiterreise auf eigene Faust zu organisieren.

Mit dem Flugzeug

Von Deutschland gibt es **keine Nonstop-Flüge** nach Nepal. Bei mindestens einem Zwischenstopp beträgt die Gesamtreisezeit daher 15 Stunden und mehr. Die Flugpreise schwanken je nach Saison und Fluggesellschaft. Spitzentarife (1000–1600 €, inkl. Steuern und Gebühren) gelten normalerweise in der Zeit von Ende September bis Ende November und von Anfang März bis Mitte April sowie um die Weihnachtszeit. Oft werden aber auch verbilligte Flüge (800–1200 €) angeboten, und in der Nebensaison können die Preise bis auf 700 € sinken.

Von Frankfurt fliegt Qatar Airways tgl. via Doha und Gulf Air tgl. via Bahrain, Abu Dhabi oder Muskat nach Kathmandu. Qatar startet auch mehrmals wöchentl. ab München, Berlin, Wien und Zürich. Kuwait Airways (mehrmals wöchentl. ab Frankfurt via Kuwait City und Delhi) ist wegen der teilweise langen Umsteigezeiten eine selten benutzte Alternative. Die von Frankfurt und München angebotenen Flüge mit Thai Airways, 💻 thaiairways.com, sind nicht besonders sinnvoll, weil man erst bis Bangkok und dann wieder zurück fliegt.

Einige weitere Fluglinien fliegen von Frankfurt oder München nach Delhi. Von dort kann man auf dem Landweg weiterreisen oder einen separaten Weiterflug nach Kathmandu buchen, S. 59. Zur Zeit der Recherche bot Nepals nationale Fluggesellschaft, die Nepal Airlines Corporation (NAC), keine Flugverbindungen von oder nach Europa an.

Schöne Aussichten

Wer über Delhi oder die Golfstaaten von oder nach Kathmandu fliegt, sollte möglichst keinen Nachtflug buchen, da die Aussicht an klaren Tagen atemberaubend ist. Von Kathmandu nach Westen wählen viele Flieger inzwischen eine besonders eindrucksvolle Route, auf der der westliche Himalaya direkt am Fenster vorbeizieht. Um sich einen Fensterplatz auf der besten Seite zu sichern – auf dem Weg nach Kathmandu links (Sitze mit dem Buchstaben A), in die entgegengesetzte Richtung rechts –, sollte man früh einchecken.

Online buchen

Wer seinen Flug online buchen möchte – diese Websites haben in Tests gut abgeschnitten:

💻 billigflieger.de
💻 expedia.de
💻 opodo.de
💻 travelchannel.de
💻 weg.de

Aus den Nachbarländern

Viele Reisende verbinden Nepal mit einem Besuch in **Indien**, selbst wenn sie nur einen Flug von oder nach Delhi buchen. Zwischen den beiden Ländern gibt es zahlreiche Grenzübergänge, und wer auf dem Landweg nach Indien einreist, kann seinen Trip problemlos so planen, dass einige der bedeutendsten Sehenswürdigkeiten Nordindiens auf der Strecke liegen. Reisebüros in Indien und Nepal haben Pauschalangebote mit Bustransport zwischen den beiden Ländern im Programm, die aber oft überteuert sind. Besser ist es, alles selbst zu organisieren.

Die drei betriebsamsten Grenzübergänge sind: **Sonauli/Belahiya**, der von Delhi, Varanasi und weiten Teilen Nordindiens (über Gorakhpur) aus angesteuert wird; **Raxaul/Birgunj**, der von Bodhgaya und Kolkata (über Patna) erreichbar ist; und **Kakarbhitta**, der sich von Darjeeling und Kolkata (über Siliguri) anbietet. Der vierte Übergang in **Banbasaa/Mahendra Nagar** im wenig besuchten Westen Nepals ist für Reisende aus dem Bergland von Uttaranchal günstig und liegt einigermaßen verkehrsnah zu Delhi. Sämtliche Grenzstationen sind in den entsprechenden Kapiteln dieses Führers beschrieben.

Zwei **weitere Übergänge**, die für Touristen geöffnet sind, aber nur wenig genutzt werden, befinden sich in der Nähe von Nepalgunj und Dhangadhi. Die Übergänge in Janakpur, Biratnagar und Ilam lassen selten Ausländer passieren.

Wer via **Delhi** nach Kathmandu fliegt, wird mit fantastischen Aussichten auf den Himalaya belohnt (S. 32) und hat eine größere Auswahl an internationalen Flügen. Air India, airindia.in, Jet Airways, jetairways.com, JetLite, jetlite.com, SpiceJet, spicejet.com, IndiGo, goindigo.in, und Nepal Airlines, nepalairlines.com.np, bedienen diese Route.

Die Einreise von **Tibet** ist grundsätzlich möglich, sofern man das richtige Permit besitzt; die Einreise von Nepal nach Tibet hingegen ist organisierten Reisegruppen vorbehalten (S. 196). Es ist auch möglich, von **Bhutan** nach Kathmandu zu fliegen.

Ein paar Reiseveranstalter organisieren **Überlandtrips** nach Nepal.

Botschaften und Konsulate

Vertretungen Nepals im Ausland

Deutschland

Guerickestraße 27, 10587 Berlin
030-343599-20, -21, -22, 343599-06
berlin@nepalembassy.de,
nepalembassy-germany.de.
Auch zuständig für Österreicher

Honorargeneralkonsulate und Honorarkonsulate
Ottostraße 9, 80333 München
089-44109259, 45872525

Börsenstraße 3, 70174 Stuttgart
0711-1812683, 1812685
hgknepal@t-online.de

Johanna-Melber-Weg 4, 60599 Frankfurt
069-62700608, 62700611
generalkonsulat.nepal@daw-ev.de

Weniger fliegen – länger bleiben! Reisen und Klimawandel

Der Klimawandel ist vielleicht das dringlichste Thema, mit dem wir uns in Zukunft befassen müssen. Wer reist, erzeugt auch CO_2: Der Flugverkehr trägt mit einem Anteil von bis zu 10 % zur globalen Erwärmung bei. Wir sehen das Reisen dennoch als Bereicherung: Es verbindet Menschen und Kulturen und kann einen wichtigen Beitrag für die wirtschaftliche Entwicklung eines Landes leisten. Reisen bringt aber auch eine Verantwortung mit sich. Dazu gehört darüber nachzudenken, wie oft wir fliegen und was wir tun können, um die Umweltschäden auszugleichen, die wir mit unseren Reisen verursachen. Wir können insgesamt weniger reisen – oder weniger fliegen, länger bleiben und Nachtflüge meiden (da sie mehr Schaden verursachen). Und wir können einen Beitrag an ein Ausgleichsprogramm wie **www.atmosfair.de** leisten.
Dabei ermittelt ein Emissionsrechner, wie viel CO_2 der Flug produziert und was es kostet, eine vergleichbare Menge Klimagase einzusparen. Mit dem Betrag werden Projekte in Entwicklungsländern unterstützt, die den Ausstoß von Klimagasen verringern helfen.

Bueschstraße 12, 20354 Hamburg
☏ 040-35713340, 📠 35713341
✉ info@honorarkonsulat-nepal.de

Hohenzollernring 26, 50672 Köln
☏ 0221-2338381, 📠 2338382
💻 konsulatnepal.de

Österreich

Honorargeneralkonsulat:
Akaziengasse 30, 1230 Wien
☏ 01-28800100, 📠 28800111
✉ consulat@nepal.at

Schweiz

Rue de la Servette 81, 1202 Genf
☏ 022-73326-00, -21, 📠 7332722
💻 nepalmissiongeneva.org

Ausländische Vertretungen in Nepal
auf S. 192.

Elektrizität

Die **Stromspannung** beträgt 220 V/50 Hz – wenn es Strom gibt: Stromausfälle sind an der Tagesordnung. Die besseren Hotels und Restaurants verfügen über eigene Generatoren für den Notfall. Die Gästehäuser haben Steckdosen, in die fast alle Stecker passen, am geläufigsten sind allerdings die europäischen Standardstecker mit zwei Stiften.

Essen und Trinken

Pizza, Pommes, Rösti, Steaks oder gar Apfelstrudel: In Nepal – vor allem in Kathmandu – scheint man sich ganz auf den Geschmack der Touristen eingestellt zu haben. Außerhalb der Touristenzentren beklagen sich die Reisenden oft über wenig Abwechslung, obwohl man mit etwas Experimentierfreude eine gute Auswahl an Gerichten hat.

Eine Fülle von Geschmacksrichtungen bietet das Nationalgericht **daal bhaat**, das aus Reis, Linsen, Currygemüse und Pickles besteht; manchmal allerdings hat man Pech und bekommt einen faden Einheitsbrei aufgetischt. Die im Kathmandutal heimischen Newar haben ihre eigenen typischen Gerichte mit scharf gewürztem Fleisch und Gemüse. Im Terai zählen zahlreiche indische Curry-Varianten, Brot, Snacks und Süßigkeiten zu den Spezialitäten, während die Kost der Bergbewohner im Wesentlichen aus Nudelsuppen, Kartoffeln und geröstetem Gerstenmehl besteht. Allgegenwärtig sind auch *Chow-chow*-Nudeln, der würzige Suppensnack aus der Fertigpackung.

Vegetarier werden sich in Nepal wohlfühlen, da Fleisch als Luxus angesehen wird. Auch auf Touristen ausgerichtete Speisekarten bieten immer ein paar fleischlose Gerichte.

Außerhalb der Touristengegenden ist das Essen sehr günstig. Eine einfache Mahlzeit mit Getränk kostet meist nicht mehr als Rs100. In Städten wie Kathmandu und Pokhara kommt dagegen schnell eine größere Summe zusammen: Hier zahlt man um Rs250–500 für ein Hauptgericht in einem auf Touristen ausgerichteten Restaurant und in einem schickeren Lokal leicht noch mehr. Zu beachten ist, dass nur wenige Restaurants in ihren Preisangaben die Steuer (13 %) und den Bedienungsaufschlag (10 %) berücksichtigen.

Wo essen?

Die geschäftstüchtigen Wirte der **Touristenlokale** in Kathmandu, Pokhara und ein paar weiteren gut besuchten Orten haben ein Gespür für die Bedürfnisse der Reisenden und versuchen, westliche Gerichte mit den einfachsten Zutaten nachzukochen. Einige haben sich auf eine bestimmte Richtung und Nationalität spezialisiert, doch die meisten bieten die üblichen Standard-

Trinkgeld

In den meisten Restaurants ist das zehnprozentige Bedienungsgeld schon eingerechnet. Träger und Führer von Trekkingtouren haben ihre eigenen Vorstellungen – siehe Kapitel „Trekking" (S. 403).

Öffnungszeiten

Behörden und **Postämter** sind im Kathmandutal Mo–Fr von 9–17 Uhr geöffnet (manche schließen von Mitte Nov–Mitte Feb schon um 16 Uhr). Außerhalb des Tals sind solche Amtsstellen oft auch sonntags geöffnet.

Die meisten **Museen** bleiben mindestens einen Tag pro Woche geschlossen. Ansonsten sind die Öffnungszeiten ähnlich wie bei den Ämtern. Die Geschäfte haben längere Öffnungszeiten, normalerweise von 9 oder 10 bis um 19 oder 20 Uhr. In den Touristenregionen öffnen sie meist sieben Tage die Woche. Einige **Banken** in Touristenregionen und in Kathmandu bieten ebenfalls großzügige Öffnungszeiten; überall sonst muss man seine Bankgeschäfte generell Mo–Fr von 9–15 Uhr erledigen. Wechselstuben haben länger geöffnet.

Reisebüros arbeiten für gewöhnlich von 9 Uhr bis zum frühen Abend. Die Büros von Fluggesellschaften halten sich meist an die Öffnungszeiten der Ämter, schließen jedoch häufig von 13 bis 14 Uhr.

Nepals viele **Feiertage** (S. 39) können dazu führen, dass Büros manchmal eine ganze Woche geschlossen bleiben. Die Daten variieren von Jahr zu Jahr – Nepal hat seinen eigenen Kalender, den „Bikram Sambat" (s. Abschnitt „Das nepalesische Jahr" S. 72), der im Jahr 57 v. Chr. beginnt. Das nepalesische Jahr fängt im April an und besteht aus 12 Monaten, die etwa zwei Wochen gegen die des internationalen Kalenders verschoben sind. Noch komplizierter wird die Sache durch die **religiösen Feste**, die nach dem Mondkalender errechnet werden. Die tibetischen und newarischen Feste richten sich wiederum nach eigenen Kalendern.

gerichte. Außerhalb der Touristenzentren ist die Auswahl begrenzter, wenngleich die Städte im Terai immer mit ein oder zwei (für nepalesische Verhältnisse) schicken Restaurants aufwarten, die im Allgemeinen einen Mix aus nepalesischer, indischer und chinesischer Küche servieren.

Bhojanalaya (verwirrenderweise auch oft *hotel* genannt) sind einfache, auf einheimische Kundschaft ausgerichtete Lokale, die eine begrenzte Auswahl an Gerichten bieten, meistens nur *daal bhaat*. Es gibt keine Speisekarte, das Essen ist in einer Vitrine ausgestellt oder die Küche ist zum Speiseraum hin offen, so dass man nur auf das Gewünschte deuten muss. Ein Löffel ist meist auf Nachfrage erhältlich, ansonsten sollte man versuchen, wie die Nepalesen mit der rechten Hand zu essen – weitere Regeln, die man beim Essen beachten sollte, stehen auf S. 66, „Verhaltenstipps". In den kleineren und größeren Städten machen die meist hinter Vorhängen verborgenen Lokale einen eher finsteren, ja geradezu verschwörerischen Eindruck. An den Schnellstraßen sind sie deutlich sichtbar und stark frequentiert und werben mit Sitzplätzen im Freien um Kundschaft.

In den **Teehäusern** *(chiyapasal)* werden tatsächlich nur Tee und kleine Snacks verkauft, die einfachen **Wirtshäuser** *(bhatti)* im Kathmandutal und im westlichen Bergland servieren dagegen vor allem alkoholische Getränke und fleischlastige Snacks, aber auch nepalesische Speisen. Die *chiyapasal* und *bhattiare* entlang der Trekkingrouten sind bescheidene Familienbetriebe. Die **Süßwarenläden** *(mithaipasal* oder *misthan bhandar)* füllen mit ihrem Angebot die Lücke zwischen dem traditionellen Essen am späten Vormittag und dem Essen am frühen Abend. Außer Süßigkeiten und Tee verkauft man dort auch köstliche südindische und nepalesische Snacks.

Bei den **Straßenverkäufern** gibt es Obst, Nüsse, gegrillte Maiskolben und zahlreiche frittierte Spezialitäten. Unterwegs kann man an jeder Bushaltestelle etwas zu essen bekommen – entweder klettern die Händler in den Bus oder sie reichen die Ware durch das Fenster.

Nepalesische Küche

Daal bhaat tarkaari (*daal* heißt „Linsen", *bhaat* „Reis" und *tarkaari* „Gemüse"), normalerweise kurz *daal bhaat* genannt, ist nicht nur das beliebteste Essen in Nepal. Für viele Nepalesen ist es auch das einzige Gericht, das sie essen, zwei Mal am Tag, ihr ganzes Leben lang – und wenn sie einmal etwas anderes zu sich nehmen, fühlen sie sich, als hätten sie nicht richtig gegessen. So ist das Wort *bhaat* in vielen Regionen des nepalesischen Berglandes ein Synonym für Essen an sich geworden, und *khaanaa* (Essen) ist wiederum ein Synonym für Reis. Die Qualität des *daal bhaat*, das in den Restaurants serviert wird, reicht von ausgezeichnet bis miserabel – eigentlich isst man dieses Gericht zu Hause. Wer lange auf Trekkingtouren oder abseits der Touristenpfade unterwegs ist, bekommt es häufig angeboten und ist seiner schnell überdrüssig. Am besten hält man sich an Lokale namens „Thakali" – die Nepalesen finden, dass dieses Bergvolk aus der Annapurna-Region besonders gutes *daal bhaat* zubereitet, und das stimmt meistens auch.

Ein gutes **achhaar** (eine Art Pickles aus Tomaten, Rettich oder sonstigem Gemüse) kann ein einfaches *daal bhaat* deutlich aufwerten. Es gibt zahllose Unterschiede: zum einen im Geschmack und in der Qualität des Reises, zum anderen in der Grundidee eines guten *daal* (von der butterartigen, klebrigen Masse des *raharko daal* bis zum König der Winterlinsen namens *maasko daal*, das grün in den Eisentopf geworfen wird und sich dann langsam schwarz verfärbt).

Daal bhaat wird oft auf einem Metallteller, der in verschiedene Felder eingeteilt ist (ähnlich dem indischen *thali*), serviert. Das *daal* und die Gewürze werden zum Reis hinzugefügt, die Mischung wird mit der rechten Hand in mundgerechte Bällchen geknetet und dann mit dem Daumen in den Mund geschoben. Der Preis beinhaltet unendliches Nachfüllen, außer in typischen Touristenlokalen.

Die meisten Nepalesen beginnen den Tag mit einer Tasse Tee und sonst nicht viel; am **Vormittag** (oft gegen 9 oder 10 Uhr) und wieder am **Abend** gibt es *daal bhaat*, überbrückt nur mit einem Snack wie Kartoffeln, *makkai* (Popcorn) oder Nudeln. In Kathmandu verschieben sich die *daal-bhaat*-Zeiten immer weiter gegen Mittag, aber außerhalb der Stadt müssen Besucher, die erst gegen 12 Uhr zum *khaanaa* eintrudeln, damit rechnen, dass der Topf schon leer ist oder es Stunden dauert, bis wieder etwas Neues gekocht ist.

Normalerweise kann man zu einem Teller *daal bhaat* kleine Beilagenteller mit **Fleisch** *(maasu)* bestellen – Huhn, Ziegenfleisch oder auch Fisch –, das in Gewürzen mariniert und in Öl oder *ghee* (geklärte Butter) gebraten wird. In den indisch geprägten Städten des Terai wird oft *roti* (Fladenbrot) statt Reis dazu gereicht. *Sukuti* (gewürztes, in Öl gebratenes Trockenfleisch) ist überall beliebt. Im Terai wird oft Reis oder *chiura* (geschlagener, getrockneter Reis) mit *sekuwa* (scharf gewürzten Fleischspießchen) oder *taareko maachhaa* (gebratenem Fisch) serviert. Wer von einer Bauernfamilie zum Essen eingeladen wird, bekommt vielleicht **dhedo** (einen Teig aus geröstetem Mais und Hirse oder Weizenmehl) anstatt Reis angeboten. Manche meinen, nicht *daal bhaat*, sondern *dhedo* mit *gundruk* sei das eigentliche nepalesische Nationalgericht, obwohl es erst neuerdings allmählich auf den Speisekarten der Thakali-Restaurants auftaucht.

Nepalesische **Nachspeisen** sind *khir* (Reispudding), *sikarni* (dicker, sahniger Joghurt mit Zimt, Rosinen und Nüssen) und verschiedene Arten von indischen Süßigkeiten.

Newarische Küche

Wie viele andere Aspekte der newarischen Kultur (S. 242) gilt auch die newarische Küche als zu exotisch und ungewohnt für Uneingeweihte. Die Zubereitungsart ihrer köstlichen Speisen ist äußerst kompliziert und die Zusammensetzung der Zutaten sehr vielschichtig.

Die meisten newarischen Spezialitäten sind ziemlich scharf gewürzt und werden aus den vier Grundzutaten **Büffelfleisch**, Reis, Hülsenfrüchte und Gemüse (vor allem Rettich) zubereitet. Die Newar verwenden alle Teile des Büffels, hier *buff* genannt: *Momocha* („Momos", mit Fleisch gefüllte, gedämpfte Klöße) – die sich von den tibetischen *momos* durch ihre säckchenähnliche Form unterscheiden –, *choyila* (gebratene Büffelfleischwürfel mit Gewürzen und Gemüse), *palula* (gewürztes Büffelfleisch mit Ingwersoße) und *kachila* (Pastete aus rohem Büffelhackfleisch mit Ingwer und Senföl) kommen unserem Geschmack noch am nächsten; andere Gerichte werden mit Zunge, Magen, Lunge, Blut und Knochenmark hergestellt.

Wegen der einschränkenden Kastenbestimmungen essen Hindu-Newar häufig nur daheim gekochten Reis. In newarischen Restaurants wird Reis daher in Form von **baji** (auf Nepali *chiura*) serviert – platt gedrückter, getrockneter Reis, der ein bisschen wie geröstete Haferflocken aussieht. Außerdem gibt es **chataamari**, eine Art Pizza aus Reismehl, die üblicherweise mit Büffelhack belegt ist.

Hülsenfrüchte und Bohnen sind die Zutaten zahlreicher anderer Gerichte wie *woh* (gebratene Pastetchen aus Linsenmehl, auch *baara* genannt), *kwati* (eine Suppe aus Bohnensprossen), *musya palu* (geröstete Sojabohnen und Ingwer) und *bhuti* (gekochte Sojabohnen mit Kräutern und Gewürzen).

Je nach Jahreszeit gibt es unterschiedliche **Gemüsemischungen** wie *pancha kol* (Curry aus fünf Gemüsesorten) und *alu achhaar* (gekochte Kartoffeln in würziger Soße). Vegetariertipp: *alutama*, eine pikante Suppe mit Bambussprossen und Kartoffeln. Rettich taucht als Zutat in den verschiedensten *achhaar*-Gerichten auf.

Internationale Küche

Die Touristenrestaurants in Kathmandu und Pokhara bieten beinahe jede Küche, die unter der Sonne vertreten ist. Dieses internationale Essen ist zweifellos schmackhaft, aber allein die riesige Auswahl hat den unglücklichen Nebeneffekt, dass viele Besucher in ihre Heimat zurückkehren, ohne einen wirklichen Einblick in die nepalesische Küche gewonnen zu haben.

Viele Restaurants versuchen, von allem etwas auf der Karte zu haben, aber einige sind exklusiver geworden und spezialisieren sich auf eine bestimmte Küche, allen voran die chinesische, französische, italienische, japanische, koreanische, mexikanische und thailändische.

Indische Küche

Indisches Essen ist in Nepal weit verbreitet. Am häufigsten sind **Gerichte aus Nordindien** zu finden: sämige, gehaltvolle Currys, Tandoori-Gerichte und Brote *(rotis, chapatis, naans, parathas* und *puris)*.

Im Terai begegnet man auch der **südindischen Küche**, die überwiegend vegetarisch ist. Das Hauptgericht ist hier *masala dosa,* ein Pfannkuchen aus Reismehl, gefüllt mit Kartoffeln in Currysoße und mit *sambar* (einer scharfen Tamarindensoße) und Kokos-Chutney serviert.

Zur unglaublichen Fülle an **Süßspeisen** gehören unter anderem:

- **laddu**, gelb-orange gesprenkelte Grießbällchen;
- **jelebi**, frittierte Brezeln aus geschlagener Melasse;
- **gulab jamun**, weiße, schwammähnliche Bällchen in supersüßem Sirup;
- **ras malai**, Käsequarkbällchen in aromatisierter Sahne.

Tibetische Küche

Genau genommen bezieht sich der Ausdruck „tibetisch" natürlich auf das Land Tibet, aber zahlreiche Ethnien im Hochland ernähren sich auf eine Art und Weise, die der tibetischen sehr ähnlich ist.

Momo, das bekannteste und beliebteste tibetische Gericht, gibt es überall in der Gebirgsregion Nepals. Die halbmondförmigen Teigtaschen, die Ähnlichkeit mit Dim Sum haben, werden mit Fleisch, Gemüse und Ingwer gefüllt, gedämpft und mit einem scharfen Tomaten-*achhaar* und Brühe serviert. Gebratene *momo* werden *kothe* genannt. Aus den gleichen Zutaten bestehen auch shyaphagle, Pasteten nach tibetischer Art. Ansonsten ist die tibetische Küche vor allem wegen ihrer herzhaften **Suppen**, *thukpa* oder *thenthuk*, bekannt, die mit Nudeln, Fleisch und Gemüse zubereitet werden.

Als Schlemmermahl für eine ganze Gruppe empfiehlt sich das üppige *gyakok* (Huhn, Schweinefleisch, Garnelen, Fisch, Tofu, Eier und Gemüse), das nach dem Kupferkessel benannt ist, in dem es serviert wird. In den Trekking-Lodges findet man oft Pitta-ähnliches tibetisches oder „Gurung"-Brot.

Einfache Bauern essen jedoch nur selten eines der genannten Gerichte. Im Hochland werden Kartoffeln gegessen. Sherpa-Kartoffeln – meist als Pellkartoffeln zubereitet und mit etwas Salz und Chilipaste verzehrt – sind zu Recht für ihre nussige Süße berühmt. **Tsampa** (geröstetes Gerstenmehl) ist ein weiteres Grundnahrungsmittel und wird oft, vor allem für Wanderer, mit Milch oder Tee zu einer Art Paste vermischt.

Snacks und Proviant

Gängige **Snacks** sind *pakauda* (brotartige Teighülle mit frittiertem Gemüse) und Bohnen-Curry mit *puri* oder *roti*. Eine Alternative ist *dahi chiura*, eine Mischung aus Joghurt und Reisflocken. Wer es eilig hat, kann sich eine Hand voll *samosa* (frittierte, mit Gemüsecurry gefüllte Teigtaschen), *baara* (frittierte Linsenpastetchen) oder andere, auf einem Blatt servierte Leckereien mitnehmen.

In den Bergdörfern um Kathmandu weisen riesige Dampftöpfe an den Restauranteingängen auf *momo* hin. Ansonsten kann man immer noch **Nudeln** *(chow chow)* essen.

Importierte **Schokolade** gibt es nur in den Touristenzentren; wachsartige indische Ersatzschokolade findet man in den meisten Städten. Kekse und andere Süßigkeiten werden überall verkauft.

Käse aus Kuh-, Büffel- und Yak-Milch (eigentlich muss es Nak-Milch heißen – die männlichen Tiere heißen Yak, die weiblichen Nak) gibt es in verschiedenen Varianten. Er wird in den Touristenzentren an den Trekkingrouten verkauft. Vorsicht vor *churpi*, getrocknetem Käse aus Buttermilch – daran kann man sich die Zähne ausbeißen.

Obst

Das Angebot an Früchten hängt natürlich von der Saison ab, aber in der Regel bekommt man eine große Auswahl an importiertem Obst aus Indien. Die herrlichen Mandarin-**Orangen**, die im Spätherbst und Winter reifen, werden von der Terai-Ebene bis in Höhen um 1200 m angebaut, wo sie am süßesten sind. Im Herbst und Winter gibt es **Papayas** im Terai und dem niedrigen Bergland, **Birnen** und **Äpfel** und **Zuckerrohr**. **Mangos** werden im Terai ab Mai reif und sind fast den ganzen Sommer über erhältlich, ebenso wie **Litschis**, **Wassermelonen**, **Ananas** und **Guaven**. **Bananen** werden in niedrigen Lagen das ganze Jahr über geerntet und überall verkauft.

Getränke

Wasser *(paani)* wird in nepalesischen Restaurants immer zum Essen serviert, doch da die Qualität schwer feststellbar ist, sollte man lieber darauf verzichten. In Flaschen abgefülltes Wasser ist im Großen und Ganzen sicher, allerdings sollte man stets den Verschluss kontrollieren. Wer auf Nummer sicher gehen will, sollte sein Wasser selbst reinigen (S. 49).

Softdrinks *(chiso)* werden überall verkauft. Zitronenlimonade aus Sodawasser und einem

Tabak und Paan

Die Nepalesen lieben ihre **Zigaretten** *(churot)*. Die billigen Marken wie Yak und Khukuri sind herb und für den westlichen Geschmack meist zu stark. Aber vielerorts sind auch Marlboros zu haben oder **heimische Luxusmarken**, von denen Surya dem westlichen Vorbild am nächsten kommt. Manchmal kann man alte Männer sehen, die nach dem Abendessen eine **Wasserpfeife** *(hookah)* rauchen oder eine **chilam** (Tonpfeife) herumgehen lassen.

Viele Nepalesen machen aus der Vorbereitung ihres **Kautabaks** *(surti)* eine regelrechte Zeremonie: Sie klatschen und rollen ihn in der Handfläche, bevor sie ein Stück hinter die Unterlippe schieben. *Surti* ist in kleine Päckchen abgepackt, die draußen vor den meisten Gemischtwarenläden hängen.

Mindestens ebenso beliebt, vor allem nahe der indischen Grenze, ist **paan**, das verdauungsfördernde, milde Aufputschmittel. Der *Paan*-Verkäufer nimmt ein Betelblatt und rollt verschiedene Zutaten darin ein, am häufigsten *jharda* (Tabak) oder *mitha* (süße Mischung). Paan *wallahs* verkaufen auch in Folie abgepacktes *paan parag*, eine eher einfache Fertigmischung.

Schuss Limonensaft ist eine gute Alternative ohne Zucker.

Tee *(chiya)* wird traditionell aus Wasser und Milch *(dudh)* mit Teepulver aufgekocht und dann mit viel Zucker *(chini)*, etwas Ingwer, Kardamom oder Pfeffer serviert. In den Touristenlokalen hat man die Wahl zwischen schwarzem Tee oder Tee mit Milch, beides gewöhnlich aus Teebeuteln. Wenn man traditionell zubereiteten Tee möchte, muss man nepalesischen oder *masaala*-Tee bestellen. Man kann auch nach Zitronentee oder „heißer Zitrone" fragen. Tibeter trinken ihren Tee mit Salz und Yakbutter, was ziemlich gewöhnungsbedürftig ist.

Im Land (oft biologisch) angebauter **Kaffee** und schicke Espressomaschinen sind in Nepal immer häufiger anzutreffen, doch die nicht touristischen Restaurants servieren immer noch Instantkaffee mit viel Milch.

An den Straßenständen werden je nach Saison frisch gepresste **Fruchtsäfte** und **Lassis** angeboten, aber da selbst in den besseren Restaurants Zucker und Leitungswasser hinzugefügt werden, ist die Gefahr von Keimen recht groß. In vielen Läden werden Fruchtsäfte verkauft, und in Trekkinggegenden bekommt man hagebutten- oder kirschsaftähnlichen Sanddornsaft, der reich an Vitamin C ist.

Alkohol

Bier *(biyar)* passt gut zu nepalesischen und indischen Gerichten. Es ist allerdings nicht billig: Eine Flasche kann so viel wie eine ganze Mahlzeit kosten. Zu den einheimischen Biersorten gehören Everest (gilt unter Einheimischen als süß und daher feminin) und Gorkha (stärker). Die erhältlichen „ausländischen" Sorten, wie San Miguel, Carlsberg und Tuborg, werden alle in Nepal gebraut. Die meisten werden in 650-ml-Flaschen verkauft, allerdings gibt es auch zunehmend 330-ml-Dosen.

Eine erstaunliche Auswahl an **Spirituosen** wird in Nepal abgefüllt, vom klassischen dunklen Khukuri-Rum bis zu zahllosen Whisky- und Wodkafuselsorten. Sie sind meist stark und nur im Mixgetränk genießbar. Ein Klassiker ist „Mustang coffee", Khukuri mit Instantkaffee. Regionale Spezialitäten sind die Aprikosen- und Apfelschnäpse aus Marpha, nördlich von Pokhara. Importierte Spirituosen und **Wein** gibt es zu überhöhten Preisen; viele Touristenlokale und -bars bieten offenen Wein an und mixen **Cocktails**.

Selbst gebrautes *jaar* oder Bier, oft aus Reis oder Hirse, wird meist mit dem tibetischen Wort *chhang* bezeichnet. Die destillierte Version **Raksi** ist im Hochland allgegenwärtig und hat eine berauschende Ähnlichkeit mit Tequila oder Grappa. Sie ist in mehreren *pani* oder Bränden zu haben: Am stärksten ist *ek pani*, der erste Brand.

Seltener findet man das vielleicht angenehmste alkoholische Getränk Nepals, die tibetische, selbst gebraute Mischung namens **tongba**. Zutaten sind ein Krug fermentierter Hirse, ein Strohhalm und heißes Wasser. Man gießt das Wasser zur Hirse, lässt das Gebräu einen Moment stehen und saugt mit dem Strohhalm die leicht alkoholische Flüssigkeit ein, bis nur noch die Hirse übrig ist.

Feste und Feiertage

Ein Fest in Nepal mitzuerleben gehört zu den Höhepunkten einer Reise, und angesichts der Vielzahl von Festen stehen die Chancen ziemlich gut, dass in die eigene Reisezeit ein Festtermin fällt. Meist handelt es sich um religiöse und weniger feierliche als fröhliche Ereignisse, bei denen Zuschauer aber immer willkommen sind. Es gibt hinduistische, buddhistische und animistische Feste, aber auch Verschmelzungen aller drei.

Hindu-Feste stellen oft riesige Pilgerreisen und Volksfeste *(mela)* dar. Manchmal handelt es sich auch um eher kontemplative Vorgänge wie gemeinsame rituelle Bäder an heiligen Flussmündungen *(tribeni)* oder um besondere Akte der Verehrung *(puja)* in Tempeln. Oft gehören Tieropfer und anschließende Familienfeste mit Priestern und Musikern dazu. Paraden und Prozessionen *(jaatra)* werden besonders im Kathmandutal gern veranstaltet.

Buddhistische Feste – im Rahmen derer manchmal Tänze in kunstvollen Kostümen dargeboten werden – sind nicht weniger spektakulär als die Hindu-Feste: Meist umwandeln die rotbraun gekleideten Mönche und die Laienpilger

Musik

Volksmusik *(git lok)* ist immer noch ein wichtiger Bestandteil des Lebens in Nepal, besonders während der Feste und an Feiertagen. Die **maadal** (eine zweiseitige Trommel) spielt dabei eine wichtige Rolle und wird oft von dem Harmonium und der *murali* (Piccoloflöte aus Bambus) oder der *bansuri* (Flöte) begleitet. Nach einleitendem Trommeln auf der *maadal* fängt ein Gruppenmitglied an, einen bekannten Vers zu singen, und jeder stimmt in den Refrain ein. Die Volksmusiktraditionen variieren zwischen den unzähligen Volksgruppen des Landes, aber kaum jemand bestreitet, dass die sanfte, melodische und rhythmisch komplexe Musik aus den Bergen den wahren Klang Nepals repräsentiert. **Jhyaure**, die *maadal*-Musik aus dem westlichen Bergland, hat sich zur beliebtesten Stilrichtung entwickelt. **Selo**, die Musik der Tamang, wurde auch von vielen anderen Gemeinschaften übernommen. Dagegen weist die Musik der **Jyapu** (Newar-Bauern) einen lebhaften Rhythmus auf, wobei der Gesang von einer nasalen Qualität ist.

Junge Männer und Frauen der Bergvölker singen auch improvisierte, kokette Duette, die man **dohori** nennt und die zum „Soundtrack" des modernen Nepal geworden sind. Man hört sie im Radio, als Klingelton von Handys und im Bus, ebenso wie in den **rodi ghar** (Restaurants, in denen man sich zu dieser Musik versammelt). Das sich wiederholende Hin-und-Her-Muster mit klagenden Flöten und Einheitschören, die jede Strophe untermalen, ist leicht wiederzuerkennen.

Obwohl die Volksmusik per definitionem ein nichtprofessioneller Zeitvertreib ist, gibt es zwei traditionelle Kasten **professioneller Musiker**: fahrende Musikanten *(gaaine* oder *gandarbha)*, die auf der *sarangi* (einer viersaitigen Fidel) spielen, und die *damai*, Mitglieder der Schneiderkaste, die seit Generationen als Hochzeitsmusikanten auftreten.

zusammen die Stupas, die alljährlich eigens zu diesem Anlass frisch getüncht werden, und werfen sich als Zeichen der Verehrung zu Boden.

Viele von Nepals **Animisten** leben zwar nach dem hinduistischen Kalender, aber im Bergland finden das ganze Jahr über Riten der Naturverehrung statt. **Schamanische Riten** werden üblicherweise zu Hause, auf Nachfrage einer bestimmten Familie, durchgeführt. Die Schamanen haben aber auch ihren eigenen Festkalender und treffen sich an besonders heiligen Orten. Man muss jedoch weit und mit offenen Sinnen umherreisen, um einen Schamanen in Aktion zu erleben.

Hochzeiten in Nepal werden genauso fröhlich gefeiert wie religiöse Feste. Auch hier legen Astrologen einen Glück verheißenden Tag fest, der meist in die Monate Magh, Phaagun, und Baisaakh fällt. Das Hochzeitsfest wird häufig durch eine gemietete Blaskapelle *(band baajaa)* angekündigt und dauert bis spät in die Nacht. Die Braut trägt meist Rot und wird als verheiratete Frau ihren Haarscheitel stets mit rotem *sindur* färben.

Bei **Leichenprozessionen** sind Neugierige fehl am Platz. Einige Stunden nach dem Tod wird der Leichnam von weiß gekleideten Freunden und Angehörigen zur Verbrennungsstätte getragen – bei den Hindus gilt Weiß als die Farbe der Trauer. Der älteste Sohn rasiert seinen Kopf und trägt nach dem Tod eines Elternteils ein Jahr lang Weiß. Bei den Stämmen im Bergland gibt es besondere schamanische Riten, die die Seele des Verstorbenen ins Land der Toten geleiten sollen.

Festkalender

Genaue Kenntnis über Ort und Zeit der Feste beleben nicht nur den Aufenthalt in Nepal, sondern bewahren einen auch vor unangenehmen Überraschungen wie verschlossenen Büros und ausgebuchten Bussen. Leider ändern sich die Termine religiöser Feste von Jahr zu Jahr, da sie sich meist nach dem **Mondkalender** richten, und eine Festlegung über zwölf Monate hinaus stellt eine höchst komplizierte Angelegenheit dar, die den Astrologen vorbehalten ist. Jede Mondphase ist in helle (abnehmende) und dunkle (zunehmende) Hälften aufgeteilt, die wiederum in 14 Mondtage untergliedert sind. Jeder dieser Tage hat einen Namen – *purnima* ist Vollmond, *astami* der achte Tag, *aunshi* Neumond etc. Diese Mondfeste werden immer an einem bestimmten Tag entweder in der hellen oder dunklen Hälfte eines nepalesischen Monats begangen.

Einige der im Folgenden aufgeführten Feste werden nahezu überall begangen, daneben werden auch einige regionale Ereignisse genannt, die man bei der Reiseplanung berücksichtigen könnte. Die Daten anstehender Feste entnimmt man am besten einem der nepalesischen Kalender im Internet (z. B. 💻 visitnepal.com oder 💻 nepalhomepage.com).

Magh (Jan–Feb)

Magh (oder Makar) Sankranti: Der Tag, an dem die Sonne am weitesten von der Erde entfernt ist. Dieser erste Tag im Magh (14. oder 15. Januar) wird zu rituellen Bädern an heiligen Flussmündungen genutzt, vor allem am Devghat und Sankhu, und leitet eine einmonatige Periode ein, während der Familien täglich im *Swasthani* (eine Sammlung von Hindu-Mythen) lesen. Siehe auch S. 346.

Basanta Panchami: Ein Frühlingsfest am fünften Tag nach Neumond, das fast überall im hinduistisch geprägten Bergland gefeiert wird. Der Tag wird auch Sarasvati Puja, nach der Göttin der Gelehrsamkeit, und Shri Panchami, nach dem buddhistischen Heiligen Manjushri, genannt. Die Schulhöfe sind an diesem Tag mit Bändern geschmückt, und die Schüler lassen ihre Bücher und Stifte segnen; Jungen aus den oberen Kasten unterziehen sich manchmal einem speziellen Initiationsritual. Viele Menschen machen dem berühmten Bildnis von Sarasvati ihre Aufwartung, das sich in der Nähe von Kathmandus Swayambhu-Tempel befindet.

Phaagun (Feb–März)

Losar: Das tibetische Neujahrsfest findet bei Vollmond im Magh oder Phaagun statt und wird von drei Tagen Trinken, Tanzen und Feiern eingeleitet. Den Tag selbst feiert man besonders ausgelassen in Boudha, wo Morgenrituale im lauten Tröten von Blasinstrumenten und im Werfen von *tsampa* (geröstetes Gerstenmehl) gipfeln. Losar ist der Höhepunkt des Festkalenders in den buddhistischen Bergregionen sowie in tibetischen Siedlungen nahe Kathmandu und Pokhara und ein Tag, den die Familien zusammen verbringen.

Shiva Raatri: „Shivas Nacht" wird bei Neumond mit Freudenfeuern und Nachtwachen in den hinduistischen Regionen gefeiert. Am spektakulärsten sind die Feierlichkeiten in Pashupatinath (S. 204), wo sich Zehntausende von Pilgern und Sadhus aus dem gesamten Subkontinent zu Nepals berühmtester *mela* versammeln. Überall im Pashupatinath-Komplex können inbrünstige Gebete und eigenartige Yoga-Demonstrationen beobachtet werden. Kinder sammeln Geld für Feuerholz, indem sie mit quer über die Straßen gespannten Schnüren die Passanten anhalten. In Nepal werden die letzten kalten Wintertage, die nach diesem Fest meist noch kommen, da-

Gesetzliche Feiertage

Nepal hat eine Reihe gesetzlicher Feiertage. Zur Zeit der Recherche unterzog die maoistisch dominierte Regierung diese allerdings gerade einer grundsätzlichen Überprüfung, wodurch sich Veränderungen der nachfolgenden Liste ergeben könnten.

Geburtstag von Prithvi Narayan Shah:
10. oder 11. Januar

Basanta Panchami:
Ende Januar oder Anfang Februar

Shiva Raatri:
Ende Februar oder Anfang März

Tag der Demokratie:
18. oder 19. Februar

Nava Barsa (nepalesischer Neujahrstag):
13. oder 14. April

Chait Dasain:
Ende März oder Anfang April

Ram Nawami:
Ende März oder Anfang April

Buddha Jayanti:
Ende April oder Anfang Mai

mit erklärt, dass Shiva die indischen Sadhus zur Heimkehr bewegen möchte.

Holi: Das Fest ist die nepalesische Variante des lustigen Frühlings-Wasserfestes, das in vielen asiatischen Ländern gefeiert wird, und gedenkt eines Mythos, in welchem der noch junge Gott Krishna die Dämonin Holika überlistete. Es dauert etwa eine Woche, in der jedermann als Zielscheibe für Wasserballons und farbiges Puder dient. An **Phaagun Purnima**, dem Vollmondtag im Monat Phaagun, gipfelt das Fest in allgemeiner Ausgelassenheit.

Chait (März–April)

Chait Dasain: Wie bei seinem Namensvetter im Herbst werden auch beim „kleinen Dasain" am achten Tag nach Neumond eine Menge Tiere geopfert. Die blutrünstigste Aktion findet bei den Tempeln der Göttinnen – beispielsweise bei Gorkha – sowie im Kot Courtyard nahe Kathmandus Durbar Square statt, wo sich die höchsten Offiziere der Armee einfinden, um dem Köpfen zahlreicher Büffel und Ziegen beizuwohnen.

Ram Nawami: Der Geburtstag von Rama fällt auf den neunten Tag nach Vollmond und wird in allen Tempeln begangen, die Vishnu in seiner Inkarnation als Held des *Ramayana* (eines der großen hinduistischen Epen) gewidmet sind. Die bei Weitem umfangreichsten und farbenprächtigsten Festlichkeiten finden in Janakpur statt, wo Tausende von Pilgern zum Rama-Tempel strömen.

Seto Machhendranath Jaatra: Kathmandus Antwort auf das Machhendranath Rath Jaatra von Patan (S. 166). Vier Tage lang, beginnend an Chait Dasain, wird ein schwerfälliger Holzwagen mit der weißen Maske des Gottes Machhendranath durch die engen Altstadtgassen gezogen – zwar kommt das Gefährt nur sehr langsam voran, gerät aber trotzdem immer wieder gefährlich ins Schlingern. An jedem seiner Übernachtungsplätze strömen die Einheimischen zusammen, um dem Bildnis ihre Ehrerbietung zu erweisen.

Baisaakh (April–Mai)

Nava Barsa: Nepalesischer Neujahrstag, der erste Tag im Baisaakh (13. oder 14. April), der mit Umzügen gefeiert wird. Die fünftägige Feier in Bhaktapur, auch **Bisket** oder Biska genannt, ist das farbenprächtigste Fest von allen; es stellt eine Kombination aus religiösen Prozessionen und einem ausgelassenen Tauziehen dar. Ähnlich wilde Szenen spielen sich in den nahen Siedlungen Thimi und Bode ab.

Machhendranath Rath Jaatra: Nepals spektakulärstes Fest: Tausende von Menschen sind versammelt, um zuzusehen, wie das Kultbild von Machhendranath, dem Regengott des Kathmandutals, in einem schwankenden, 18 m hohen Wagen durch die Straßen von Patan gezogen wird. Das Kultbild wird nur an von Astrologen vorausberechneten günstigen Tagen bewegt und ist mindestens vier Wochen unterwegs (Näheres auf S. 166).

Buddha Jayanti: Der Jahrestag von Buddhas Geburt, Erleuchtung und Tod wird bei Vollmond in allen buddhistischen Tempeln gefeiert, insbesondere in Swayambhu, wo der Stupa mit Tausenden von Lichtern geschmückt ist und Priester, die als die fünf Aspekte Buddhas verkleidet sind, rituelle Tänze abhalten. Prozessionen gibt es auch beim Boudha-Stupa und in Patan; die Feierlichkeiten in Buddhas Geburtsort Lumbini fallen dagegen recht spärlich aus.

Saaun (Juli–Aug)

Janai Purnima: Der jährliche Tausch der heiligen Schnur *(janai)*, die Hindu-Männer höherer Kasten tragen, wird an den heiligen Badeplätzen im Land bei Vollmond im Saaun vorgenommen. Auch Männer und Frauen der anderen Kasten können ein gelb-orangenes „Schutzband" *(raksha bandhan)* ums Handgelenk bekommen, das bis Tihaar getragen und danach an den Schwanz einer Kuh gebunden werden sollte. Am Gosainkund, einem heiligen See in den Bergen nördlich von Kathmandu, und in Pashupatinath ist der Andrang zu dieser Veranstaltung riesengroß, vor allem jedoch in Patans Kumbeshvar-Tempel, wo die Priester Schnüre befestigen und *tikas* anbringen, und *jhankri* (Bergschamanen) heilige Tänze aufführen.

Gaai Jaatra: Der Newar-Tradition zufolge öffnet Yamraj, der Gott des Todes, bei Vollmond die Tore der Unterwelt und ermöglicht es verstorbenen Seelen, heimzukehren. Gaai Jaatra fällt auf den Tag nach Vollmond und ehrt Kühe *(gaai)*, die

die verstorbenen Seelen anscheinend zu Yamrajs Aufenthaltsort führen sollen. Aus diesem Anlass veranstaltete Prozessionen in Kathmandu, Bhaktapur und anderen newarischen Städten sind zugleich feierlich und unterhaltsam: Familien nutzen die Gelegenheit, um die im Jahr zuvor Verstorbenen zu ehren, und kleine Jungen tragen fantasievolle Kuhkostüme oder verkleiden sich als Sadhus. In Bhaktapur, wo das Fest unter dem Namen Gunhi Punhi bekannt ist und einen Tag früher beginnt (zusammen mit Janai Purnima), paradieren Männer in lustigen Kostümen durch die Stadt. Satirische Straßendarbietungen sind heutzutage seltener als früher, aber Zeitungen und Magazine veröffentlichen zu Gaai Jaatra bissige Sonderseiten.

Nag Panchami: Am fünften Tag nach Neumond besänftigen die Bewohner des Kathmandutals die *naga* (Schlangengeister), die traditionell die Monsunniederschläge und die Erdbeben unter ihrer Kontrolle haben. Hierzu kleben sie mit Kuhdung Schlangenbilder über ihre Türen und bringen diesen Milch, Reis und andere *naga*-Nahrung dar. Brunnen werden nur an diesem Tag gereinigt, weil die *naga* dann unterwegs sind, um ihren angestammten Göttern zu huldigen.

Ghanta Karna: Am 14. Tag nach Vollmond feiern die Bewohner des Kathmandutals den Sieg der Götter über den Dämonen Ghanta Karna, indem sie Statuen errichten und diese dann entweder verbrennen oder wieder herunterreißen.

Bhadau (Aug–Sep)

Krishna Astami (auch **Krishna Jayanti** oder **Krishna Janmastahmi** genannt): Am siebenten Tag nach Vollmond strömen Tausende von Gläubigen zu Krishna-Tempeln wie dem Krishna Mandir in Patan, um den Geburtstag dieses Gottes zu feiern. In der Nacht davor werden Nachtwachen abgehalten.

Tij: Das dreitägige „Frauenfest" beginnt am dritten Tag nach Neumond. Gruppen von in Rot gekleideten Frauen tanzen singend durch die Straßen – und die Familie muss ausnahmsweise einmal für sich selbst sorgen. Am Abend zuvor gehen die Frauen aus und schlagen sich bis Mitternacht die Bäuche voll, um dann 24 Stunden zu fasten. Am zweiten Tag begeben sie sich zum Pashupatinath-Tempel außerhalb von Kathmandu und huldigen Shiva, und am letzten Tag beenden sie ihre Fastenzeit und nehmen ein rituelles Bad, das sie von ihren Sünden reinwaschen soll.

Indra Jaatra: Eine ausgelassene Woche mit Wagenprozessionen und Maskentänzen in Kathmandu bei Vollmond im Bhadau. Am letzten Tag, der auch als Kumari Jaatra bekannt ist, fließt Bier aus dem Mund eines Kultbilds am Durbar Square (Näheres auf S. 130); vor Abschaffung der Monarchie erhielt der König an diesem Tag eine besondere *tika* (einen Glück bringenden roten Stirnpunkt) von der „lebenden Göttin". S. 136.

Tanz- und Kulturshows

Nepalesische Musik lässt sich nicht vom Tanz trennen, besonders auf Festen. Der nepalesische Tanz ist eine weder besonders sportliche noch raffinierte Volkskunst. Er stellt Alltagshandlungen dar wie bestimmte Arbeiten oder auch Liebeswerben. Jede Region und Volksgruppe hat ihre eigenen Traditionen, und auf der Reise hat man wahrscheinlich Gelegenheit, an dem ein oder anderen Dorftänzchen, wenn nicht gar einem ausgewachsenen Festspektakel, teilzunehmen. Ausschau halten sollte man auch nach dem Stocktanz der im Flachland lebenden Tharu, der regelmäßig in Lodges um den Chitwan-Nationalpark aufgeführt wird.

Die Kulturshows in Kathmandu und Pokhara sind zwar nicht sehr authentisch, geben aber eine Ahnung von nepalesischen Volks- und Ritualtänzen. Die meisten Tanztruppen zeigen Standardtänze wie den Tanz des *jhankri* (eines Schamanen, der Krankheiten austreibt und nach wie vor von vielen Nepalesen im Bergland aufgesucht wird), den Tanz der Sherpa, den Tanz der im Bergland lebenden Tamang, vielleicht einen priesterlichen Tanz, begleitet von einem klassischen *raga* (Musikstück), und mindestens einen Tanz der Newar aus dem Kathmandutal.

Yartung: Ein turbulentes Volksfest in Muktinath, im Trekkinggebiet des Annapurna, um den Vollmondtag herum, mit Pferderennen, Tanzen, Trinken und Spielen.

Ashoj (Sep–Okt)

Dasain (oder **Dashera**): Dieses ursprünglich hinduistische Fest, Nepals längstes und aufwändigstes, wird von fast allen nepalesischen Religionen und ethnischen Gruppen begeistert gefeiert. Es zieht sich über 15 Tage hin, von Neumond bis zum Vollmond im Asoj, wobei es am siebenten, neunten und zehnten Tag am lebendigsten zugeht. Das Fest fällt normalerweise in die Zeit unmittelbar nach der sommerlichen Reisernte und wird von Familien dazu benutzt, endlich mal wieder zusammenzukommen (die Busse sind dann schrecklich überfüllt), Kinder zu verwöhnen (mit Drachen, zusammengeschusterten Schaukeln etc.) und Tiere zu opfern (die Märkte und Straßen im ganzen Land quellen über mit zum Tode verurteilten Ziegen).

Am ersten Tag, **Ghatasthapana**, pflanzen die Menschen *jamura* (Gerste) in einem *kalash* (geheiligtes Gefäß), das Durga repräsentiert, Dasains verehrte Gottheit; die Sämlinge werden am zehnten Tag herausgenommen und im Haar getragen. Begeisterte Anhänger versammeln sich während der nächsten neun Nächte in hiesigen Tempeln von Göttinnen. Ein unabhängiges Fest, **Panchali Bhairab Jaatra**, zu dem ausgelassene spätabendliche Prozessionen zwischen dem Bhairab-Schrein und dem Kumari Ghar in Kathmandu gehören, fällt mit dem vierten und fünften Tag von Dasain zusammen.

Am siebenten Tag, **Fulpati**, wird ein geheiligtes Blumengebinde *(fulpati)* vom Rani Pokhari zum Hanuman Dhoka-Palast in Kathmandu getragen, eine Prozession, bei der viele VIPs zuschauen.

Der neunte Tag, **Navami**, beginnt um Mitternacht mit tantrischen Büffelopfern in den verbotenen Taleju (eine Art Durga) -Tempeln des Kathmandutals; den ganzen Tag über werden Tiere im Kot Courtyard nahe dem Durbar Square von Kathmandu sowie in jedem anderen Ort Nepals rituell geköpft; ihr Blut verteilt man über Werk-, Fahr- und sogar Flugzeuge, um Durgas *shakti* (Kraft) zu übertragen. Die Rituale finden zu Ehren von Durgas Tötung des Dämonen Mahisasur sowie – etwas abstrakter – zu Ehren des Sieges des Guten über das Böse statt.

Bijaya Dasami, der „siegreiche zehnte Tag", feiert Ramas Sieg über den Dämonen Ravana (mit Durgas Hilfe). Verschiedene Prozessionen und maskierte Tanztruppen ziehen durch die Straßen, und Familien besuchen die Familienältesten, um Segnungen und *tika* zu empfangen. Die letzten Tage von Dasain sind zwanglosen Familienbesuchen, dem Essen und dem Verteilen von Geschenken vorbehalten.

Khartik (Okt–Nov)

Tihaar (nahe der indischen Grenze **Diwali** genannt): Das fünftägige „Lichterfest" beginnt zwei Tage vor Neumond und steht in Verbindung mit Yamraj, dem Gott des Todes, und Lakshmi, der Göttin des Reichtums und des Glücks. Am ersten Tag bringen Nepalesen auf Blättern Essen für Krähen dar, die als Yamrajs Boten gelten. Am zweiten Tag wird Hunden in ihrer Funktion als Yamrajs Torwächter gehuldigt, indem man ihnen *tika*, Blumengirlanden und spezielles Fressen zukommen lässt. Am dritten Tag bekommen Kühe als Symbol für Lakshmi und Seelenführer in Yamrajs Unterwelt bunte Blumengirlanden umgehängt. Das eigenartigste Ereignis, **Lakshmi Puja**, findet am Abend des dritten Tages statt, wenn Familien in ganz Nepal mit Öllampen, Kerzen oder elektrischem Licht ihre Häuser umkreisen, damit Lakshmi zu ihnen findet und sie für das Jahr mit Wohlstand und Glück segnen kann. Im festen Glauben an die Göttin machen viele Nepalesen an Straßenecken Wettspielchen, Studentengruppen ziehen ihre Runden und singen *Diusire,* eine Art musikalischer Spendenaufruf. Alle miteinander, vor allem natürlich die Kinder, erfreuen sich am Feuerwerk. Bei den Newar ist der vierte Tag als **Mha Puja** bekannt und bietet Gelegenheit für private Rituale; zugleich ist es der newarische Neujahrstag, der durch Fahnen, Glückwünsche und Motorrad-Paraden in den drei größten Städten im Kathmandutal gekennzeichnet ist. Am fünften Tag, **Bhaai Tika**, rufen Schwestern den Mythos von Jamuna in Erinnerung, die Yamraj mit einem Trick dazu brachte, den Tod ihres Bruders auf unbestimmte Zeit zu verschieben, indem sie seine jüngeren Brüder segnete und ihnen Blumengirlanden, *tika* und Bonbons gab.

Chhath: Das Fest zu Ehren von Surya, dem Sonnengott, fällt auf den dritten Tag von Tihaar und stellt für die Maithili-sprachige Bevölkerung des östlichen Terai eines ihrer Hauptfeste dar. In Janakpur wird es besonders hingebungsvoll gefeiert, indem sich Frauen an Teichen und Flüssen versammeln, um mit Gebeten, Opfergaben und rituellen Bädern die ersten Sonnenstrahlen zu begrüßen.

Mani Rimdu: Dieser Tanz farbenprächtig maskierter Sherpa findet in den Klöstern von Tengboche und Chiwong in der Everest-Region bei Vollmond im neunten tibetischen Monat (meist Oktober/November) statt. Dargestellt wird der Sieg des Buddhismus über die alte Bon-Religion im 8. Jh. in Tibet. Ein ähnliches Ereignis wird im Mai oder Juni in Thami gefeiert.

Mangsir (Nov–Dez)

Rama-Sita Biwaha Panchami: Bis zu 100 000 Pilger kommen für fünf Tage nach Janakpur zu diesem Ereignis, das an Neumond im Mangsir beginnt. Höhepunkt ist die Darstellung der Hochzeit von Rama und Sita, der göttlichen, unglücklichen Liebenden des *Ramayana*, eines der großen Hindu-Epen. Janakpurs Status als heilige Stadt beruht darauf, dass hier die ursprüngliche Hochzeit gefeiert wurde.

Frauen unterwegs

In den meisten Landesteilen erregen weibliche Reisende eher wegen ihrer ausländischen Herkunft als ihres Geschlechts wegen Interesse. Ein paar spezielle Tipps sind trotzdem angebracht.

Für Besucherinnen sind die meisten nepalesischen Regionen relativ unproblematisch: Die Atmosphäre ist eher tolerant und neugierig als bedrohlich oder gefährlich. Die nepalesische Gesellschaft ist insgesamt eher gesittet und beinahe prüde. Männer verhalten sich ausländischen Frauen gegenüber meistens respektvoll. **Belästigungen** halten sich in Grenzen und beeinträchtigen reisende Frauen nicht über Gebühr: Anstarren und anzügliche Zurufe kommen schon mal vor, noch seltener auch mal ein Angrapschversuch in einer Menschenmenge. Doch ist es nicht so schlimm wie in Indien oder in anderen Ländern der Welt, und die Zudringlichkeiten gehen meist über Worte nicht hinaus. Die größte Gefahr sind einige wenige aufdringliche Trekkingführer (S. 402).

Wer hingegen freizügige **Kleidung** trägt, riskiert Zudringlichkeiten. Das bedeutet aber nicht, dass sich Europäerinnen wie die nepalesischen Frauen kleiden müssen, obwohl es hilfreich sein kann, Beine, Dekolleté (und Schultern) zu bedecken und auf hautenge Kleidung zu verzichten.

Eine Frau, die allein reist oder wandert, wird weniger belästigt als vielmehr bedauert werden. **Allein** *(eklai)* etwas zu unternehmen ist für Nepalesen ein äußerst untypisches Verhalten. Einheimische (beiderlei Geschlechts) werden einen fragen, ob man keinen Ehemann hat – meist aus echter Besorgnis und nicht als Annäherungsversuch. Wer sich mit anderen Frauen zusammentut, ist vor solchen Fragen ebenso sicher wie in männlicher Begleitung. Wenn eine Frau in einem **öffentlichen Bus** keinen Sitzplatz findet, kann sie sich bis zum vorderen Teil des Busses vorarbeiten, wo Frauen und Kindern bevorzugt Plätze eingeräumt werden.

In den Städten des **Terai** und an der Grenze ist die Situation leider eine völlig andere. Wie in Nordindien kursieren hier falsche Vorstellungen über Ausländerinnen, die Männer mitunter auf die Idee bringen, Besucherinnen hinterrücks zu begrapschen oder sich gar zu entblößen. Wer in Begleitung eines Mannes reist, ist meist vor solchen Übergriffen geschützt. Frauen sollten sich nicht scheuen, bei einem unerwünschten Annäherungsversuch eine lautstarke Szene zu machen – so wie es auch eine nepalesische Frau tun würde.

Nicht wenige Touristinnen haben sich schon in Trekking- oder Raftingführer verliebt, und in Kathmandu gibt es immer mehr Frauen, die geheiratet und sich niedergelassen haben. Dennoch: Für manchen Nepalesen ist das Ziel einer solchen Beziehung, eine Europäerin zu erobern, eine exotische Romanze zu erleben und vielleicht sogar ein Flugticket ins Ausland zu ergattern. Zu bedenken ist auch, dass viele nepalesische Männer die Dienste von Prostituierten in Anspruch nehmen und HIV/Aids ein wachsendes, aber weitgehend totgeschwiegenes Problem ist.

Begegnungen mit Frauen

Ein frustrierender Aspekt von Nepalreisen ist die Tatsache, dass es so schwierig ist, mit nepalesischen Frauen in Kontakt zu kommen. Die Tourismusbranche wird immer noch von Männern dominiert. Frauen werden auf die Rolle des Heimchens am Herd beschränkt, haben weniger Bildungsmöglichkeiten und sprechen daher viel seltener Englisch. Wer das Glück hat, in ein nepalesisches Heim zum Essen eingeladen zu werden, wird wahrscheinlich erleben, dass die Frauen des Hauses während des Essens in der Küche bleiben. Viele Frauen aus der Oberschicht, die teilweise sogar mit Ausländern zusammenarbeiten, sind hoch gebildet und weniger eingeengt, doch Reisende begegnen ihnen nur selten.

Bei den Bergvölkern ist die Beziehung zwischen den Geschlechtern völlig anders. Die Teehäuser an den Trekkingrouten werden oft in Eigenregie von Frauen geführt, deren Männer als Führer oder Träger arbeiten. Diese stolzen, tatkräftigen *didis* gehören zu den wunderbarsten Frauen, die man sich vorstellen kann. Inzwischen gibt es auch ein paar weibliche Trekkingführer (S.66).

Geld

Währung

Die Währungseinheit ist die nepalesische **Rupie** *(rupiya)*, die in 100 Paisa unterteilt ist (die man aber nie zu Gesicht bekommt). In Nepal gibt es fast ausschließlich **Scheine** zu Rs1, 2, 5 10, 20, 25, 50, 100, 250, 500 und 1000.

Im gehobenen Sektor der Tourismusbranche werden die Preise üblicherweise in **US-Dollar** ausgezeichnet. Oft wird dann erwartet, dass man die Rechnung auch in Dollar begleicht. Zwar werden Rupien selten abgeschlagen, aber wer in schicken Hotels absteigen, Flüge buchen oder eine Raftingtour unternehmen möchte, sollte immer ein paar Dollar in der Tasche haben. Man tut gut daran, eine Auswahl von Banknoten zur Verfügung zu haben und im Besitz relativ neuer Scheine zu sein.

Euros werden ebenfalls akzeptiert und zum Wechselkurs der Bank oder dem in der Zeitung abgedruckten aktuellen Tageskurs gewechselt. Die indische Rupie, die fast überall angenommen wird, ist unter dem Namen IC (für Indian Currency) bekannt.

Wer in Nepal umherreist, ist ständig auf der Suche nach **Kleingeld**. Außerhalb der Touristenzentren werden große Banknoten ungern gewechselt. Dabei bluffen sowohl Käufer als Verkäufer gern und schützen einen Mangel an Kleingeld vor, um es für den absoluten Notfall aufzusparen. Es empfiehlt sich, immer mehrere kleine Scheine dabeizuhaben.

Kredit- und Bankkarten

Die Akzeptanz von Kreditkarten ist auf Luxushotels, einige Reisebüros, Geschäfte und Gästehäuser der Mittelklasse (die dafür eine Bearbeitungsgebühr erheben) beschränkt.

Geldautomaten gibt es in Kathmandu in Hülle und Fülle, und auch die meisten anderen im Buch vorgestellten Städte haben mindestens einen. Fast alle akzeptieren ausländische Kredit- und Geldkarten (bei Cirrus-Karten gibt es allerdings mitunter Probleme) und kommunizieren auch auf Englisch. Viele sind rund um die Uhr zugänglich. Ärgerlich ist, dass die meisten nur die Abhebung von maximal Rs10 000 erlauben.

Aufgrund des zunehmenden Geldkartenbetrugs haben einige deutsche Banken bei EC-Karten allerdings **Abhebelimits** für die Nutzung

Wechselkurse

Rs100 = 0,87 €	1 € = Rs111
Rs100 = 1,06 sFr	1 sFr = Rs92
Rs100 = 1,13 US$	1 US$ = Rs86

Tagesaktuelle Wechselkurse findet man im Internet unter www.oanda.com.

Im Verlustfall

Bei Verlust oder Diebstahl der Kredit- oder EC-Karte muss man diese sofort sperren lassen. Für **deutsche Karten** gilt einheitlich folgende Sperrnummer ✆ 0049-116116.

Für **Österreich** gelten folgende Nummern:
Maestro-Karte, ✆ 0043-1-2048800,
Visa und MasterCard ✆ 0043-1-71701 4500
und 0043-1-7111 1770.

Für die **Schweiz** gelten folgende Nummern:
Maestro-Karte ✆ 0041-44-2712230,
Maestro-Karte/MasterCard/Visa UBS
✆ 0041-848-888601,
Maestro-Karte/MasterCard/Visa Credit Suisse
✆ 0041-800-800488,
MasterCard/Visa für alle anderen Banken
✆ 0041-58-9588383.

im Ausland eingeführt. Manche Institute senkten das Limit sogar auf Null. Auch die neuen **V-Pay-Karten** sind in Nepal nicht einsetzbar. Man sollte sich unbedingt vor der Reise bei seiner Bank nach dem Limit erkundigen und es gegebenenfalls heraufsetzen lassen. Eine gute Idee ist auch, die Bank über die Nepalreise zu informieren. Es kommt immer wieder vor, dass Karten wegen „ungewöhnlicher Transaktionen" gesperrt werden.

Bei manchen Banken sind Bargeldabhebungen mit Kreditkarte möglich. Inhaber einer American-Express-Karte können zum Amex-Büro in Kathmandu gehen (S. 193). Eine gute Alternative zu Kreditkarten sind Prepaid-Karten, die z. B. von deutschen Sparkassen angeboten werden.

Reiseschecks

Reiseschecks sind sicherer als Bargeld, werden aber immer seltener. US-Dollar-Schecks werden in Touristengebieten weithin akzeptiert, ebenso Schecks in Euro und anderen bekannten Währungen. Wer sich abseits der Touristenpfade bewegt, sollte jedoch besser auf Bargeld vertrauen.

Banken und Wechselstuben

Bankgeschäfte lassen sich in Nepal, im Vergleich zu anderen südasiatischen Ländern, angenehm stressfrei abwickeln. Zahlreiche **Banken** sind um Kunden bemüht. Daneben gibt es eine Unzahl von offiziell registrierten **Wechselstuben**. Die Banken bieten etwas bessere Wechselkurse als die Wechselstuben, die aber oft von der Lage oder den Öffnungszeiten praktischer sind.

Wechselstuben sind an allen touristischen Zielen zu finden, während Banken sich über das ganze Land verteilen. Die **Schalterstunden** zum Geldwechseln sind sehr unterschiedlich: Am Flughafen von Kathmandu hat mindestens eine Wechselstube bei Flugbetrieb geöffnet, die Filiale der Nepal Bank im Zentrum von Kathmandu (New Road) hat täglich geöffnet, und einige Privatbanken bieten verlängerte Öffnungszeiten. Kleinere Zweigstellen tauschen Geld nur von Mo–Fr 9–15 Uhr; viele machen freitags sogar noch früher zu. Besondere Öffnungszeiten sind an entsprechender Stelle im Buch angegeben. Die Wechselstuben haben großzügige Öffnungszeiten – in der Regel tgl. von 9–20 Uhr.

Die Umtauschquittungen sollte man aufbewahren, falls man vor der Abreise Geld **zurücktauschen** möchte. Manche Banken, darunter jene am Tribhuvan Airport und an den offiziellen Grenzübergängen, tauschen Rupien zurück – allerdings oft nur in US-Dollar. Bei der Einreise nach Indien können nepalesische Rupien problemlos in indische Rupien umgetauscht werden.

Gepäck

Als Grundregel gilt: So wenig Gepäck wie möglich mitnehmen! Vieles kann man in Kathmandu kaufen oder ausleihen. Außerdem braucht man mit Sicherheit noch reichlich Platz für Souvenirs. Empfohlene **Ausrüstung** für Touren findet man in den Kapiteln „Trekking" (S. 393), „Rafting" (S. 451) und „Mountainbiking" (S. 461).

Die meisten Hotels und Gästehäuser bieten einen **Wäscheservice**, normalerweise für Rs50–100 pro Kilo. In Thamel und anderen Touristengebieten gibt es zahlreiche Wäschereien, wo man die Wäsche noch am selben Tag wieder abholen kann.

Wer **selbst waschen** möchte, kann in jeder Stadt kleine Packungen Waschmittel oder billige Waschseife kaufen.

Gesundheit

Hygiene gehört nicht zu Nepals Stärken. Sanitäre Einrichtungen sind dürftig, und besonders im Frühjahr und während des Monsuns ist jede Menge Ungeziefer unterwegs. Aber wer gut vorbereitet ist und Vorsichtsmaßnahmen trifft, wird höchstens über eine Erkältung oder Durchfall zu klagen haben.

In diesem Kapitel geht es um Gesundheitsfragen der westlich orientierten Medizin. Natürlich kann man auch ayurvedische und tibetische Heilpraktiken ausprobieren (S. 70).

Eine Übersicht über mögliche Beschwerden und Erkrankungen findet sich im Anhang, S. 498.

Wer vorhat, zu wandern, sollte die Höhenkrankheit und andere Trekkinggefahren im Hinterkopf haben (S. 409).

Vorschläge für ein Erste-Hilfe-Set, das nicht nur bei Trekkingtouren hilfreich ist, findet man im Kapitel „Trekking" auf S. 410.

Reisemedizin im Internet

Wer sich vor dem Besuch beim Reisemediziner schon mal über die Gesundheitsrisiken in Nepal kundig machen möchte, findet auf den folgenden Websites Informationen:

Robert-Koch-Institut, rki.de

Centrum für Reisemedizin, crm.de

CIWEC Clinic, ciwec-clinic.com
Diese Klinik in Kathmandu ist eine verlässliche Quelle für medizinische Informationen bei Reisen nach Nepal. Die Website enthält ausgezeichnete Artikel zu Gesundheitsfragen.

Deutsche Gesellschaft für Tropenmedizin
dtg.org
Hat auch eine Liste mit den wichtigsten tropenmedizinischen Instituten.

International Association for Medical Assistance to Travellers, iamat.org
Veröffentlicht eine Liste von englischsprachigen Ärzten in Nepal und Infos über Krankheiten und Impfungen.

Bernhard-Nocht-Institut Reise- und Tropenmedizin Hamburg, gesundes-reisen.de

Fit for Travel, fit-for-travel.de

Impfungen

Für Nepal sind keine Impfungen vorgeschrieben. Empfehlenswert sind ein Impfschutz gegen **Hepatitis A**, **Typhus**, **Meningokokken** und ggf. Auffrischungsimpfungen gegen **Tetanus** (Wundstarrkrampf), **Polio** und **Diphterie**, wenn seit der letzten Impfung mehr als zehn Jahre vergangen sind. Impfungen gegen **Mumps** und **Masern** werden jedem empfohlen, der als Kind nicht dagegen geimpft wurde und diese Krankheiten auch nicht durchgemacht hat.

Malaria-Prophylaxe (S. 500) und Injektionen gegen Tollwut und Japanische Enzephalitis sind je nach Reisezeit und -ziel in Betracht zu ziehen. Wogegen man sich schützt, ist letztlich eine Frage der persönlichen Risikobereitschaft.

Gesundheitstipps für die Reise

Die mangelnde Hygiene in Nepal wird häufig überbetont – man sollte sich nicht allzu sehr darüber aufregen, sonst kann man nichts mehr genießen und verdirbt sich den Spaß an der nepalesischen Gastfreundschaft.

Beim **Essen** sind es in der Regel die schicken Touristenrestaurants und „westlichen" Gerichte, die Probleme verursachen: In Kathmandu werden mehr Menschen krank als anderswo im Land. Besondere Vorsicht sollte man vor allem bei Fruchtsäften und Lassi walten lassen (die oft mit Wasser oder Eis verdünnt werden), bei Aufgewärmtem und Essen, das vor Fliegen ungeschützt aufbewahrt wird. Nepalesisches Essen schmeckt gut und kann vorbehaltlos gegessen werden, solange man zusehen kann, wie es gekocht oder gebraten wird; Fleisch allerdings kann riskant sein. Rohes, ungeschältes Obst und Gemüse ist in einheimischen Lokalen immer mit Vorsicht zu genießen. In den Touristenrestaurants – sofern sie nicht gerade zur allerbilligsten Kategorie gehören – sind Salate, Fruchtsäfte und Lassi heutzutage meist unbedenklich.

Die Luftverschmutzung in Kathmandu verursacht bei vielen Menschen schon ein paar Tage nach der Ankunft **Atemwegserkrankungen**. Asthmatiker und generell Menschen mit Atemwegsproblemen sind besonders betroffen. Am besten hält man die Belastung so gering wie möglich, indem man die großen Straßen meidet und eine Atemschutzmaske trägt, wenn man sich längere Zeit im Kathmandutal aufhält. Das eigene Immunsystem unterstützt man durch warme, trockene Kleidung und genügend Schlaf. Und schließlich sollte man so schnell wie möglich das Kathmandutal verlassen und in Gegenden mit guter, frischer Luft weiterreisen.

Solange man in Nepal unterwegs ist, sollte man besonders sorgfältig auf die **persönliche Hygiene** achten. Das heißt, oft die Hände waschen, etwaige Verletzungen sauber halten und desinfizieren. Wer in billigen Gästehäusern übernachtet, sollte als Schutz gegen Flöhe und Läuse ein eigenes Laken mitbringen. Beim Barfußlaufen kann man sich Krätze und Hakenwürmer einhandeln, deshalb besser immer Schuhe tragen. Flipflops bieten in Badezimmern meist ausreichenden Schutz.

Reisende in ländliche Gebiete des östlichen Terai sollten sich unbedingt gegen die Bisse von **Sandfliegen** schützen, da diese viszerale Leishmaniose – auch Kala-Azar genannt – übertragen können. Die Krankheit verursacht Fieber und eine möglicherweise tödliche Vergrößerung der Milz.

Gegen **Sonnenbrand** und **Austrocknung** sind die üblichen Vorsichtsmaßnahmen zu beachten. In der heißen Jahreszeit sind bei normal empfindlicher Haut Cremes mit mittlerem Lichtschutzfaktor, bei Trekkingtouren mit hohem Lichtschutzfaktor, angebracht.

Wasser

Unbehandeltes **Wasser** sollte vermieden werden, wann immer es geht – wobei man sich das Risiko nicht immer bewusst macht. In Nepal werden Teller und Gläser üblicherweise kurz vor Gebrauch noch einmal abgespült: Wer nasses Geschirr auf den Tisch bekommt, sollte dieses unauffällig abtrocknen. Zum Zähneputzen nimmt man abgefülltes oder behandeltes Wasser, und in der Dusche sollte man den Schnabel halten. Thamel-Restaurants bereiten ihr Eis meist aus sauberem Wasser, aber man sollte trotzdem besser darauf verzichten. Mittlerweile bieten auch viele Guesthouses gefiltertes Wasser an, aber man kann nie garantieren, dass das Wasser zuvor abgekocht wurde oder die Filter sauber sind. Tee und Getränke in Flaschen sind hingegen relativ unbedenklich.

Wasser kann fast überall in Nepal gekauft werden, um jedoch die Plastikberge etwas zu verringern, kann man das Wasser auch selbst reinigen. Für wen Kochen und Filtern keine Alternativen sind, der kann Wasser relativ einfach mittels Tabletten reinigen. Jodtabletten sind wirkungsvoller als Chlortabletten (und es gibt Tabletten, die den Geschmack neutralisieren). Man sollte sich genau nach der Anleitung richten und die Tabletten vor allem lange genug einwirken lassen. Verdünnte Jodlösung (Lugolsche Lösung) wird als **Lugol's Solution** zusammen mit Plastikpipetten überall in Nepal von Apotheken verkauft; sie ist wesentlich billiger als von zu Hause mitgebrachte Tabletten und wirkt schneller. Daneben gibt es Hightech-Alternativen wie den mobilen Wasserentkeimer der Firma SteriPen, der das UV-Licht nutzt, aber nur mit Batterie funktioniert.

Medizinische Hilfe vor Ort

Falls kein Notfall besteht, wendet man sich an eine der auf Touristen ausgerichteten **Kliniken** in Kathmandu, wo nach westlichem Standard Diagnosen erstellt, Rezepte verschrieben und Impfungen vorgenommen werden. Auch in anderen Städten und kleineren Orten gibt es Kliniken, häufig verbunden mit einer Apotheke, die eine ausreichende medizinische Versorgung garantieren. Eine große Auswahl von in Indien hergestellten Arzneimitteln, die ohne Rezept erhältlich sind, wird in den **Apotheken** verkauft, die es in allen größeren Städten gibt. Man sollte stets das Verfallsdatum kontrollieren.

Bei einer ernsten Verletzung oder Krankheit nimmt man mit der eigenen Botschaft (S. 192) Kontakt auf. Dort erhält man eine Empfehlungsliste von **Ärzten**. Die meisten sind in Kathmandu niedergelassen und sprechen Englisch. Am besten meldet man sich gleich nach seiner Ankunft in Nepal bei der zuständigen Botschaft; besonders wichtig ist das für Wanderer und Rafter.

Krankenhäuser sind in den Kapiteln über Kathmandu und Pokhara aufgeführt; weitere befinden sich in Dhulikhel, Tansen und den größeren Städten im Terai. Meist ist die Ausstattung mangelhaft.

Informationen

Fremdenverkehrsämter

Die Handvoll Büros, die das **Nepal Tourism Board** innerhalb des Landes unterhält, sind im Allgemeinen freundlich, wenn auch nicht immer ungeheuer informativ.

Schreibweisen

Obwohl sich die Devanaagari-Schrift (die für Nepali und Hindi verwendet wird) nach der Aussprache richtet, ist ihre Umschrift ins lateinische Alphabet eine Wissenschaft für sich. Manche Ortsnamen werden wohl nie ihre falsche Schreibung los, die sie den ersten britischen Kolonialisten zu verdanken haben – Kathmandu zum Beispiel müsste sich, wenn man es korrekt transkribierte, eigentlich eher Kaathmaadau schreiben. Wenn Ortsnamen auf dem Sanskrit basieren, weicht die Nepali-Aussprache manchmal von der allgemein üblichen Schreibweise ab – die Namen Vishnu (ein hinduistischer Gott) und Vajra (ein tantrisches Symbol) etwa hören sich auf Nepali wie Bishnu und Bajra an. In diesem Buch haben wir uns so konsequent wie möglich an die Aussprache vor Ort gehalten, außer in Fällen, in denen wir damit allen gedruckt vorliegenden Nepal-Karten widersprechen würden.

Eine Anlaufstelle in Deutschland ist die **Deutsch-Nepalische Gesellschaft**, ✆ 0221-2338380, 🖳 deutsch-nepal.de, die eine halbjährlich erscheinende Zeitschrift herausbringt.

Vor Ort erhält man die hilfreichsten Auskünfte meist von Guesthouse-Angestellten und anderen Reisenden. Eine gute Quelle sind auch die **Informationstafeln** in den Restaurants und Gästehäusern der Touristenzentren. Hier wird man fündig, wenn man Näheres zu aktuellen Veranstaltungen wissen möchte oder Reise- und Trekking-Gefährten sucht.

In Kathmandu versorgen einen die Büros des **Kathmandu Environmental Education Project (KEEP)** und der **Himalayan Rescue Association** (S. 193) mit Trekking-Infos. Auch die englischsprachigen Zeitungen und Zeitschriften in Nepal sind gute Informationsquellen, und es gibt ein paar hilfreiche Websites.

Websites

Nepal ist online gut repräsentiert, auch wenn manche Websites sich in Eigenwerbung erschöpfen und andere ausgesprochen exzentrisch sind. Man muss nur eine nepalesische Website finden, um auch den Rest aufzuspüren, denn sie sind gut verlinkt.

Im Trekking-Kapitel sind weitere Trekking-Websites aufgeführt; ansonsten sind Hinweise auf spezielle Websites an passender Stelle im Haupttext verteilt.

AAMA Network Consultant
🖳 catmando.com
Umfassende (wenn auch selten aktualisierte) Listen der nepalesischen Gewerbebetriebe, inkl. der Hotels, Reisebüros und Trekking-agenturen.

Auswärtiges Amt
🖳 auswaertiges-amt.de
Für Österreicher: 🖳 bmeia.gv.at
Für Schweizer: 🖳 eda.admin.ch

Aktuelle Gesundheits- und Sicherheits-hinweise für Reisen weltweit.
🖳 fco.gov.uk/travel

Kartenmaterial

Mit die besten Landkarten produziert **Gecko Maps** (vormals Karto-Atelier), geckomaps.com, die man in Fachhandlungen in Deutschland, Österreich und der Schweiz findet. Für weiteres Kartenmaterial (auch das vor Ort erhältliche) siehe das Kapitel „Trekking", S. 398.

Diese Website des British Foreign and Commonwealth Office ist wohl der detaillierteste amtliche Ratgeber für Reisen nach Nepal.

Deutsche Gesellschaft für Internationale Zusammenarbeit (GIZ)
liportal.giz.de/nepal.html
Hervorragende Seite mit landeskundlichen Informationen.

Deutsch-nepalesische Gesellschaft
deutsch-nepal.de
Bietet Infoveranstaltungen und fördert im Land Entwicklungsprojekte.

Digital Himalaya
digitalhimalaya.com
Die von der englischen Cambridge University verwaltete Website bietet den letzten Stand in puncto Forschung, Nachrichten und Quellen zu Nepal und anderen Himalaya-Staaten.

Kathmandu Post
ekantipur.com
Die Online-Ausgabe der *Kathmandu Post*, eine der besten Tageszeitungen des Landes.

Freunde Nepals
freunde-nepals.de
Website einer deutsch-nepalesischen Hilfsgemeinschaft mit Informationen zu Veranstaltungen, laufenden Projekten und zu Nepal allgemein.

Himalayan Rescue Association
himalayanrescue.org
Nützliche Informationsquelle für Trekker.

Kathmandu Environmental Education Project
keepnepal.org
Die Homepage von KEEP ist besonders informativ in Sachen Umwelt, Kultur und Trekking.

Nepal-Foren
nepalforum.de und nepalboard.de
Hier werden zahlreiche Fragen zum Land diskutiert und man findet viele Infos, mit Schwerpunkt Trekking.

Nepal-Homepage
nepalhomepage.com
Hilfreiche Website für Nepal mit Infos zum Reisen im Land, den Gelben Seiten und Fotos. Die Infos sind allerdings nicht immer aktuell.

Nepal Links und Infos
nepal-dia.de und nepalwelt.de
Viele Infos zur Vorbereitung einer Reise nach Nepal und zahllose kommentierte Links zu allen nur denkbaren Themen rund um das Land machen diese privat erstellten Webseiten zu echten Fundgruben.

Nepal News
nepalnews.com
Guter Nachrichtendienst mit Links zu vielen in Nepal herausgegebenen Medien, darunter auch die alle zwei Wochen erscheinende Zeitschrift *Spotlight*.

Nepal Tourism Board
welcomenepal.com
Nützliche Website des Nepal Tourism Board.

Pilgrims Books
pilgrimsbooks.com
Die Website von Kathmandus bester Buchhandlung.

Internet und E-Mail

In Nepal wimmelt es von **Internetcafés**. Außerhalb von Kathmandu und Pokhara sind die Internetleitungen aber oft quälend langsam. Normalerweise kostet der Internetzugang etwa Rs25–100/Stunde. Um Frust zu vermeiden, sollte man sich schon vorher informieren, ob eine Stromsperre ansteht, da nur wenige Cybercafés über eigene Generatoren verfügen. Viele Hotels und Restaurants in Touristengegenden bieten WLAN.

Jobs und Sprachkurse

Wer während seines Aufenthalts in Nepal Freiwilligendienste leistet, studiert oder arbeitet, erweitert seinen Horizont und vertieft sein Verständnis für die völlig andere Lebensweise der Menschen in diesem Land. Leider kann man mit einem Touristenvisum nicht länger als 150 Tage pro Kalenderjahr im Land bleiben (wer seinen Aufenthalt über den Jahreswechsel legt, hat aber fast ein Jahr am Stück). Für einen **längeren Aufenthalt** benötigt man spezielle Langzeitvisa (etwa für Geschäftsleute oder Studenten), für die man aber eine anerkannte Organisation an der Hand haben muss, die das Visum bei der entsprechenden nepalesischen Regierungsstelle beantragt.

Wer das Gefühl hat, mit seinem Aufenthalt in Nepal eine echte Bereicherung erfahren zu haben, kann sich mit einer Arbeit als **Freiwilliger** ein wenig dafür revanchieren. Hilfsdienste kann man zum Beispiel in den Altenheimen in Pashupatinath und Chabahil leisten, die von den Sisters of Charity der Mutter Teresa geleitet werden. Hier ist jederzeit Hilfe willkommen, und sei es auch nur für einen Tag. Auch beim Kathmandu Environmental Education Project und den Büros der Himalayan Rescue Association in Kathmandu sind Freiwillige immer willkommen. Beide können auch den Kontakt zu anderen Organisationen herstellen.

Waisenhäuser sind in Kathmandu und Pokhara wie Pilze aus dem Boden geschossen, aber man sollte sich gut überlegen, ob man hier Freiwilligenarbeit leisten will. Eine deprimierende Zahl dieser Einrichtungen beutet sowohl die Kinder in ihrer Obhut als auch die Freiwilligen aus, die das Haus unterhalten. Sie zweigen Geld und Spenden ab, und es gibt sogar einige berüchtigte Fälle von sexuellem Missbrauch der Waisenkinder.

Bezahlte Arbeit ist vor Ort kaum zu finden und mit einem Touristenvisum ohnehin verboten. Zwar arbeiten einige als Guides, aber man nimmt so Einheimischen die Jobs weg. Qualifizierte Massagetherapeuten und Yoga- oder Meditationslehrer finden vielleicht einen Job in Kathmandu oder Pokhara. Wer dem Industrieministerium eine gute Idee vorlegen kann, bekommt unter Umständen ein Geschäftsvisum.

Einige Sprachschulen in Kathmandu bieten **Intensivkurse in Nepali, Newari oder Tibetisch** (S. 194). Möglichkeiten, tibetischen Buddhismus zu studieren, sind im Abschnitt „Yoga, Meditation und traditionelle Medizin" aufgeführt (S. 70). Wer ein längeres und ernsthafteres Sprachstudium beginnen möchte, wendet sich an die Tribhuvan University, Campus of International Languages, PO Box 4339, Exhibition Rd., Kathmandu, Nepal, ✆ 01-4228916, 💻 tribhuwan-university.edu.np, die Kurse in Nepali, Tibetisch, Sanskrit und Newar anbietet.

Studien- und Arbeitsprogramme

Arbeitskreis Lernen und Helfen in Übersee e. V., 💻 entwicklungsdienst.de. Dieses Portal bietet Informationen über ein Engagement in Freiwilligen-Programme in aller Welt, aber auch für Nepal.

Campus of International Languages, Tribhuvan University, ✆ 01-4228916, 💻 tribhuwan-university.edu.np. Kathmandus renommierteste Universität.

Himalayan Project, 💻 himalayan-project.de. Das Dorf- und Schulprojekt fördert den Ausbau der Infrastruktur und die Aus- und Weiterbildung der Menschen in einem Dorf bei Kathmandu. Man kann auch vor Ort mitarbeiten.

Himalayan Rescue Association, 💻 himalayan rescue.org. Nimmt Ärzte an, um die Hilfsposten in den Bergen zu besetzen.

Partnership for Sustainable Development, 💻 psdnepal.org. Kleine, nette Organisation,

die Programme von vier Wochen bis fünf Monaten Dauer für internationale Freiwillige unterhält – z. B. Brunnen- oder Schulbau oder Praktika im Krankenhaus – und dabei oft touristische Aktivitäten mit einschließt.
Restless Development, 🖳 restlessdevelop ment.org/Nepal. Lehrerstellen und Umwelterziehungsprogramme für junge Leute.
Study Abroad.com, 🖳 studyabroad.com. Hilfreiche Liste mit Programmen zum Studium und zur Freiwilligenarbeit in Nepal.
VSO (Volunteer Service Overseas), 🖳 vso.org.uk. Hoch angesehene Stiftung, die qualifiziertes Personal aus GB, den USA und der EU nach Nepal entsendet, wo die Leute für einheimische Gehälter in Projekten arbeiten. Es gibt auch spezielle Programme für junge Menschen und für Leute über 60.
Weltwärts, 🖳 weltwaerts.de. Beim entwicklungspolitischen Freiwilligendienst des BMZ können Leute bis 28 Jahre für 6–24 Monate sich mit Partnern vor Ort ehrenamtlich in Entwicklungsprojekten engagieren.

Kinder

Kinder tragen stets dazu bei, das Eis zwischen Fremden zu brechen, und für ein Kind kann Nepal ein geradezu magischer Ort sein.

Es ist auch kein Problem, einen **Babysitter** zu bekommen. Die Arbeitskräfte sind billig, und die meisten Nepalesen lieben Kinder. Allerdings fühlen sich manche Kinder – insbesondere diejenigen mit heller Haut und blonden Haaren – durch die ungewohnte Aufmerksamkeit, die ihnen zuteilwird, etwas unbehaglich.

Reisende mit Kindern müssen besondere **Vorsichtsmaßnahmen** treffen, vor allem was unzulängliche sanitäre Einrichtungen, Hunde, Menschenmassen, Verkehr, Luftverschmutzung, Sonneneinstrahlung und steile Straßen anbetrifft. Soweit irgend möglich, ist darauf zu achten, dass die Hände der Kleinen stets sauber sind und dass sie nichts Schmutziges in den Mund stecken. Wenn ein Kind Durchfall hat, muss es wegen der Gefahr der Austrocknung unbedingt genügend Mineralsalzlösung zu trinken bekommen – entsprechende Medikamente sollte man stets zur Hand haben.

Natürlich plant man mit Kindern wesentlich **kürzere Routen** und reist mit mehr Komfort, als wenn man allein unterwegs ist. In den Touristengegenden ist es sicher kein Problem, etwas zu essen zu finden, was Kindern schmeckt. In anderen Gegenden kann es dagegen schwierig werden. Babynahrung und Wegwerfwindeln gibt es in Kathmandu und Pokhara zu kaufen, andernorts eher nicht. Eine kleine Auswahl an Spielzeug und Büchern kann man auch in Nepal kaufen, besser ist es jedoch, die Sachen von daheim mitzubringen. Die ganz kleinen Knirpse trägt man am besten in einer Kindertrage oder einem Tragetuch – ein Kinderwagen erweist sich als weitgehend nutzlos.

Trekking mit Kindern erfordert einigen organisatorischen Aufwand, vor allem wenn sie schon zu alt sind, um auf dem Rücken getragen zu werden, und noch zu klein, um die gesamte Strecke selbst zu laufen (für viele Routen kann man aber Maultiere oder Pferde anmieten).

Nicht vergessen!

- ☐ **Reisepass** (Kinder jeglichen Alters brauchen für Nepal einen eigenen)
- ☐ **Impfpass**
- ☐ **SOS-Anhänger** mit allen wichtigen Daten
- ☐ **Kleidung** – möglichst strapazierfähige, leichte Sachen
- ☐ **Wegwerfwindeln**
- ☐ **Babynahrung**
- ☐ **Fläschchen** für Säuglinge
- ☐ **MP3-Player**
- ☐ **Spiele** und **Bücher**
- ☐ **Fotos** von wichtigen Daheimgebliebenen gegen Heimweh
- ☐ **Kuscheltier** (muss gehütet werden wie ein Augapfel, denn ein verloren gegangener Liebling kann allen den Rest der Reise verderben – reiseerprobte Kinder beugen vor, indem sie nur das zweitliebste Kuscheltier mitnehmen)
- ☐ **Sonnencreme** mit hohem Lichtschutzfaktor
- ☐ **Kopfbedeckung**

Medien

Die Medienlandschaft in Nepal entwickelt sich sehr rasch, so dass inzwischen selbst abgelegene Orte Zugang zu Zeitungen, Fernsehen und zunehmend auch zum Internet haben.

Obwohl weniger als 50 % der Bevölkerung lesen und schreiben können, gibt es in Nepal Hunderte von **Zeitungen** – eine Folge zweier typisch brahmanischer Eigenschaften: Gelehrsamkeit und Klatschsucht. Einige werden in englischer Sprache herausgegeben, etwa die wöchentlich erscheinende *Nepali Times,* 💻 nepalitimes.com, das lesenswerteste und kritischste Blatt des Landes. Von den Tageszeitungen ist die *Kathmandu Post* der Spitzenreiter, in deren Schatten die *Himalayan Times* und die *República* liegen. Außerhalb der großen Städte sind diese Zeitungen schwer zu finden, aber man kann sie online bekommen.

Auch einige **Zeitschriften** werden in Englisch herausgegeben. Die interessantesten sind *Himal,* 💻 himalmag.com, und *ECS Nepal,* 💻 ecs.com.np.

In den Buchläden in Kathmandu und Pokhara ist eine breite Auswahl an **internationalen Zeitschriften** wie *International Herald Tribune, Time* und *Newsweek* erhältlich.

Neben mehreren terrestrischen nepalesischen Fernsehsendern sind **Kabel- und Satellitenfernsehen** (die indische und westliche Programme senden) weit verbreitet, und immer mehr Hotels bieten Zimmer mit Fernseher an.

Der einflussreiche staatliche Radiosender **Radio Nepal** auf 103 FM, 💻 radionepal.org, bringt jeden Tag um 20 Uhr Nachrichten in englischer Sprache.

Lokale FM-Sender schießen wie Pilze aus dem Boden und senden immer öfter auch in Minderheitensprachen und Lokaldialekten. Im Kathmandutal gibt es einige englischsprachige Programme, darunter der angesagte Kantipur auf 96,1 FM, 💻 radiokantipur.com.

Mit einem Kurzwellengerät kann man den **BBC World Service** empfangen; unter 💻 bbc.co.uk/worldservice werden die entsprechenden Frequenzen aufgelistet.

Leider hat die **Deutsche Welle** 2011 ihr Radioprogramm eingestellt, ist aber noch per Fernseher zu empfangen (Infos unter 💻 dw.de).

Post

Post von oder nach Nepal braucht mindestens zehn Tage – wenn sie überhaupt ankommt. Postkarten (Porto ins Ausland Rs25–30) sind meist kein Problem, doch Briefe und Päckchen, die aussehen, als ob sie etwas Wertvolles enthielten, gehen manchmal verloren.

Briefe kann man sich ins Hotel oder zu Freunden vor Ort schicken lassen. Ansonsten kann man sie **postlagernd** und wie folgt adressiert nach Kathmandu senden:

- Name
- Poste Restante
- GPO
- Stadt
- Nepal

Die Post wird etwa zwei Monate aufgehoben und kann auf Verlangen nachgesandt werden. Inhaber von American Express-Karten und -Reiseschecks können ihre Post an das Büro in Kathmandu schicken lassen.

Wer von Nepal aus Post verschickt, muss sich meist gar nicht selbst mit dem nepalesischen Postsystem auseinander setzen. Die meisten Hotels bringen die Briefe ihrer Gäste zur Post. Buch- und Postkartenläden in den Touristenzentren verkaufen **Briefmarken** und besitzen meist auch einen eigenen (größtenteils zuverlässigen) Postkasten. Wer diese Möglichkeiten nicht hat, bringt seine Briefe oder Karten selbst zum Postamt oder wartet mit dem Abschicken bis zur Rückkehr nach Kathmandu. Nie sollte man einen öffentlichen Briefkasten benutzen: Die Briefmarken werden abgelöst und wiederverkauft.

Pakete können per Luft- oder Seefracht versendet werden. Seefracht ist billiger, dauert aber etwa drei Monate oder länger und die Gefahr, dass sie unterwegs verloren gehen, ist größer. Auch hier ist die Inanspruchnahme privater

Dienstleister wesentlich unkomplizierter als der offizielle Postweg. **Paketdienste** ersparen einem viel Ärger und Papierkrieg; dafür sind sie jedoch fast doppelt so teuer wie die Post. Mit dem Paketversand sollte man nur zuverlässige Unternehmen betrauen.

Reisende mit Behinderungen

In Nepal fehlen in den meisten Bereichen die Mittel, um behindertengerechte Angebote zu schaffen. Wer schwer gehen kann, wird Probleme mit den abschüssigen Straßen, den steilen Treppen und dem unebenen Pflaster haben. Für Blinde sind offene Kanaldeckel, Schlaglöcher, Menschenansammlungen und fehlende Fußgängerüberwege gefährliche und oft unüberwindliche Hindernisse. Andererseits kann man aber überall **Führer** und **Träger** engagieren, die im Prinzip jede Hilfestellung leisten können.

Wenn Behinderte mit Begleitung reisen, stehen ihnen zahlreiche Möglichkeiten offen, Nepal zu entdecken – seien es Tierbeobachtungen vom Elefantenrücken, Panoramaflüge über dem Gebirge oder Touren mit den Mietwagen. Wenn man ein Taxi mietet, ist der Fahrer beim Ein- und Aussteigen und auch bei sonstigen Schwierigkeiten behilflich. Auch Tierbeobachtungen in einem der Wildparks sollten möglich sein, und eventuell sogar eine Trekkingtour, die von einem **Veranstalter** entsprechend den persönlichen Bedürfnissen organisiert wird – so können etwa auf manchen Trekkingrouten Maultiere oder Pferde eingesetzt werden.

Am Flughafen von Kathmandu stehen einfache **Rollstühle** zur Verfügung, der Flughafen von Pokhara liegt größtenteils auf einer Ebene. Ansonsten sind jedoch keine Einrichtungen für Behinderte vorhanden, so dass man seinen eigenen Rollstuhl oder andere notwendige Hilfsmittel selbst mitbringen muss. Die Hotels sind meist nicht auf behinderte Gäste eingestellt, über Lifte und (mitunter) Rampen verfügen nur die teureren Häuser.

Schwule und Lesben

Die **homosexuelle Szene** in Kathmandu wächst zwar allmählich, und die Regierung schlägt in dieser Hinsicht vielleicht einen progressiveren Kurs ein als in der Vergangenheit, aber generell ist Homosexualität immer noch verpönt. (Und die Vorstellung, dass es auch Lesben geben könnte, wird praktisch komplett verdrängt.)

In einer Gesellschaft, in der Männer ganz offen Hand in Hand gehen und oft zusammen in einem Bett schlafen, brauchen schwule Paare in der Öffentlichkeit nicht strikt auf körperliche Distanz zu achten, doch im Übrigen gelten für das sexuelle Verhalten in der Öffentlichkeit die gleichen Regeln wie für heterosexuelle Paare (S. 67). Die einzigen Annäherungsversuche, mit denen schwule Reisende rechnen können, kommen gelegentlich von Dealern, die nach Aufzählung ihrer Drogenbestandsliste noch „nette nepalesische Mädchen" und manchmal auch „Jungs" offerieren. Aber das Ganze ist nicht mit der Szene wie etwa in Thailand zu vergleichen. Mehr Informationen sind von der **Blue Diamond Society**, 💻 bds.org.np, zu bekommen, einer Lobbygruppe für die Rechte Homosexueller mit Sitz in Kathmandu.

Sicherheit

Nepal ist eines der sichereren Länder der Welt. Trotzdem wäre es unklug, auf grundlegende Vorsichtsmaßnahmen zu verzichten.

Die größte Gefahr sind **Diebstähle**: Nicht benötigte Wertsachen sollten im Hotelsafe aufbewahrt werden; in den Städten sollte man Fenster oder Gitter nachts geschlossen halten und Geldgürtel oder Brustbeutel benutzen. Auf einigen Busstrecken besteht die Gefahr, dass das Gepäck gestohlen wird. An manchen belebten Touristenorten treiben **Taschendiebe** (häufig Straßenkinder) ihr Unwesen, besonders bei Festen. Also immer achtsam bleiben.

Wer bestohlen wurde, sollte in Kathmandu im **Interpol-Büro** der Polizei am Durbar Square

Im Notfall

Die Polizei hat die **Notrufnummer** ✆ 100. Krankenhäuser und andere Organisationen haben ihre eigenen Notrufnummern für Krankenwagen, aber mit der Verständigung beauftragt man besser einen Einheimischen, der Nepali beherrscht. Es kann sinnvoll sein, sich schon bei Ankunft im Land bei der eigenen Botschaft anzumelden, um die Abläufe bei einem eventuellen Notfall zu beschleunigen.

(zuständig für Vorkommnisse im Bereich der Stadt) Anzeige erstatten. Erforderlich sind Kopien des Reisepasses und des nepalesischen Visums sowie zwei Passfotos. Eine Kopie der Diebstahlsanzeige benötigt man später zur Vorlage bei der Versicherung. Auch bei **Passverlust** ist im Interpol-Büro Anzeige zu erstatten. Mit einer Kopie der Verlustanzeige sowie drei Passbildern und einem Identitätsnachweis (Personalausweis oder Passkopie) kann man bei der eigenen Botschaft einen Passersatz beantragen. Zur Ausreise ist ein erneutes Visum für Nepal erforderlich.

Gewaltverbrechen sind selten. Sorge bereitet am ehesten gelegentliches Rowdytum oder sexuelle Übergriffe in den Touristenbars von Kathmandu; mitunter kommt es zu vorgerückter Stunde auch zu Überfällen. Darüber hinaus gab es im Laufe der Jahre einige publizistisch gründlich ausgeschlachtete bewaffnete Raubüberfälle und Sexualmorde in den Nationalparks am Rande des Kathmandutals und einige wenige Vergewaltigungen westlicher Ausländerinnen. Dabei handelte es sich aber meist um Beziehungstaten – etwa bei Affären mit Trekking- oder Raftingführern (S. 401) – und seltener um Angriffe durch Fremde. Die ländlichen Gebiete sind im Allgemeinen sehr sicher. Auf entlegenen Trekkingrouten besteht allerdings ein geringes Risiko von Raubüberfällen. Im Terai gibt es eine Reihe bewaffneter Madhesi-Gruppen, die es aber nicht auf Touristen abgesehen haben, und außer gelegentlichen Busverspätungen, Straßensperren oder *bandh*-Streiks haben Reisende von ihnen kaum etwas zu befürchten (S. 85).

Es gibt einige Möglichkeiten, mit dem Gesetz in Konflikt zu geraten. **Schmuggel** kann einen in ernsthafte Schwierigkeiten bringen, und wer mit größeren Mengen Drogen oder Gold erwischt wird, wandert automatisch für fünf bis 20 Jahre ins Gefängnis.

Da die nepalesischen Beamten ziemlich schlecht bezahlt werden, erwarten sie oft ein kleines **Bakschisch**, bevor sie helfen. Die nepalesische Polizei nimmt Touristen nicht systematisch hoch, um Bestechungsgelder zu erpressen, aber wenn man einer Verfehlung bezichtigt wird, kann es nicht schaden, ein Angebot zu machen – allerdings in extrem vorsichtiger, verhüllter und nötigenfalls abstreitbarer Form. Ist man selber das Opfer einer Straftat, dürfte das eigentlich nicht notwendig sein, aber unter Umständen könnte man vielleicht eine „Belohnung" anbieten.

Das Schlimmste, was einem widerfahren kann, wird wohl einer der häufigen **Streiks** oder Proteste sein. Politische Parteien, Studentenorganisationen und alle, die irgendetwas erzürnt, können jederzeit einen *chakka jam* (Verkehrsstau) oder einen *bandh* (Generalstreik) in Gang setzen. In den meisten Fällen schließen dann auch die Läden, und alle Motorfahrzeuge halten sich von der Straße fern, um ihre Windschutzscheiben zu retten. Bei Demonstrationen werden manchmal Steine geworfen oder Tränengas und *lathis* (Schlagstöcke mit Metallkopf) eingesetzt, aber man muss schon sehr von seinem Weg abgekommen sein, um in eine solche Sache hineinzugeraten.

Drogen

Drogen sind in Nepal illegal, aber Besucher müssen in Thamel oder an anderen Touristenzielen darauf gefasst sein, dass sich immer wieder Dealer an sie heranmachen, um ihnen **Hasch** anzudienen. Es wäre unglaublich blöd, illegale Drogen durch den Zoll schmuggeln zu wollen, aber diskreter Drogenbesitz innerhalb des Landes ist ziemlich risikolos. Die Dealer sind zwar oft zwielichtige Gestalten, in der Regel aber keine Informanten.

Telefon

In allen Touristengebieten und größeren Städten gibt es **Telefon- und Internetläden**, in denen man internationale Gespräche führen kann (auch via Skype). Die meisten besitzen Generatoren, die bei Stromausfällen einspringen. Einfachere Geschäfte, die nur Telefongespräche anbieten, sind mit den Akronymen ISD/STD/IDD gekennzeichnet und praktisch überall zu finden, wo es eine Telefonleitung gibt.

Das **Mobilfunknetz** deckt inzwischen das ganze Land ab, selbst einige Trekkinggebiete. Grundsätzlich kann man in Nepal auch ausländische SIM-Karten einsetzen, aber es ist viel billiger, eine örtliche SIM-Karte zu kaufen. Ncell ist derzeit das beliebteste Netz, aber in den Bergen nicht die beste Wahl. Wer eine SIM-Karte kauft (ab Rs99), muss Kopien des Reisepasses und des Visums sowie ein Passfoto vorlegen.

Bei **Festnetznummern** folgt im Kathmandutal auf die Vorwahl ✆ 01 eine siebenstellige Nummer; im übrigen Land bestehen die Nummern aus einer dreistelligen Vorwahl und einer sechsstelligen Teilnehmernummer. Handynummern sind zehnstellig. Die Vorwahl entfällt, wenn man eine Festnetznummer innerhalb desselben Vorwahlbereichs anruft. Die Telefonnummern im Kathmandu-Kapitel sind mit Vorwahl angegeben, wer sie von innerhalb des Kathmandutals anruft, muss die ✆ 01 jedoch weglassen.

Die Nummer der **Auskunft** ist ✆ 197 oder ✆ 535000.

Vorwahlen	
Von Nepal nach	
Deutschland	0049
Österreich	0043
in die Schweiz	0041
Von Europa nach	
Nepal	00977

Transport

Die Fortbewegung stellt für Reisende in Nepal eine der größten Herausforderungen dar. Nicht die Entfernungen sind das Problem, sondern der schlechte Zustand der Straßen. Öffentliche Busse kommen nur langsam voran, sind überfüllt und äußerst unbequem. Auf den meistbefahrenen Strecken sind jedoch Touristenbusse unterwegs. Man kann immer auch ein Motorrad mieten, ein Taxi, Auto oder einen Jeep chartern oder auch fliegen.

Nepals Schnellstraßen werden nur mangelhaft instand gehalten, und jeder Monsunregen fordert seinen Tribut. Wo immer man auch unterwegs ist: Man muss damit rechnen, dass ein Teil der Straße neu, ein Teil mit Schlaglöchern übersät und ein Teil Baustelle ist. Die Verkehrssicherheit auf nepalesischen Straßen lässt sehr zu wünschen übrig, und es kommt immer wieder zu Unfällen. Außerdem können Blockaden oder Generalstreiks *(bandh)* die Weiterreise zeitweise unmöglich machen.

Busse

Schlechte Straßen, überladene Busse, Teepausen, Essenspausen, ständiges Aus- und Zusteigen, gelegentlich eine Reifenpanne oder Schlimmeres – das alles führt dazu, dass Busse im Bergland im Schnitt mit lediglich 25–30 km/h und auf abgelegenen, unbefestigten Straßen oft nur halb so schnell vorankommen. Nur auf dem Mahendra Highway im Terai erreichen sogenannte „Expressbusse" schon mal die sagenhafte Durchschnittsgeschwindigkeit von 50 km/h.

Infos über **Fahrpläne und Reisezeiten** findet man in den jeweiligen Ortskapiteln, wobei diese Angaben mit äußerster Vorsicht zu genießen sind: Zwar wächst das Busnetz von Jahr zu Jahr, aber politische Unruhen oder Feste können die Anzahl der verkehrenden Busse drastisch reduzieren, und einige Schotterstraßen oder Pisten sind während der Monsunzeit komplett gesperrt.

Die nicht überdachten **Busbahnhöfe** (oft *bas park* oder *bas istand* genannt) liegen meist in den schäbigsten Stadtvierteln. Die **Fahrkarten** werden normalerweise an kleinen Ständen ver-

Öffentliche Busse sind langsam und oft unbequem, besser sind Touristenbusse.

kauft. Sollten die Zielorte nicht in Englisch angegeben sein, dürfte man keine Probleme haben, Hilfe von Einheimischen zu erhalten.

In Kathmandu und Pokhara ist es unter Umständen einfacher, die Fahrkarten über ein Reisebüro (aber eines, das einem empfohlen wurde) zu kaufen. In anderen Städten kann man jemanden vom Hotel darum bitten.

Selbst die längsten Fahrten mit öffentlichen Bussen sollten nicht mehr als Rs500 kosten.

Touristenbusse

Zwischen Kathmandu und Pokhara, Sauraha (für den Chitwan-Nationalpark) und Sonauli sowie zwischen Pokhara, Sauraha und Sonauli verkehren regelmäßig Touristenbusse.

Die Fahrzeuge sind normalerweise in gutem Zustand, so dass sie wesentlich **sicherer** sind als die öffentlichen Busse, die zudem weniger Sitzkomfort bieten und langsamer sind. Auch dürfen sie nur so viele Fahrgäste mitnehmen, wie es Sitzplätze gibt, weshalb man mit ihnen in der Regel bequemer und schneller ans Ziel kommt. Einige Unternehmen setzen Minibusse ein, die noch etwas schneller sind – mitunter aber gefährlich rasant.

Sitzplätze sollten mindestens ein oder zwei Tage im Voraus gebucht werden. Man sollte wissen, dass die Fahrkartenverkäufer oft eine versteckte Provision auf den Preis aufschlagen.

Öffentliche Fernbusse

Öffentliche Fernbusse werden normalerweise als **Expressbusse** bezeichnet, was bedeutet, dass sie nur an fahrplanmäßigen Haltestellen stoppen. Sie sind wesentlich schneller und bequemer als lokale Busse.

Bei den Expressbussen gibt es zwei Kategorien: **Tagesbusse**, die meist morgens starten, und **Nachtbusse**, die in der Regel nachmittags oder am frühen Abend losfahren. Letztere sind im Allgemeinen bequemer, auch wenn die Beinfreiheit generell eingeschränkt ist und man bei dem Geschaukel, dem Gehupe, den häufigen Pausen und der plärrenden Musik kaum zum Schlafen kommt (empfehlenswert sind Ohrstöpsel und Schlafbrillen). Nachtfahrten sind allerdings erheblich gefährlicher, nicht zuletzt, weil es immer wieder vorkommt, dass die Fahrer am Steuer einschlafen.

Auch für Expressbusse sollten Plätze reserviert werden, sonst landet man womöglich auf den „Schleudersitzen“ der hintersten Bank. Die Sitznummerierung beginnt im vorderen Teil des Busses: Die begehrten Sitze 1A und 2A, links an der Vordertür, bieten oft am meisten Beinfreiheit. Oft genügt es, die **Fahrkarte** ein paar Stunden vor der Abfahrt zu kaufen. Ausnahme ist die Zeit der großen Feste, wenn man so früh wie möglich buchen sollte.

Bei den meisten Expressbussen hat man die Wahl, ob man das **Gepäck** auf dem Dach oder im verschlossenen Gepäckraum unterbringen möchte. Das ganze Gepäck bei sich zu behalten, ist natürlich die beste Versicherung gegen Diebstahl. Die zweitsicherste Möglichkeit ist normalerweise der Gepäckraum, vor allem bei Nachtbussen. Bei Tagesfahrten kann man das Gepäck auch auf dem Dach verstauen, sollte es aber, wenn möglich, sicherheitshalber am Gepäckträger anschließen und an den Haltestellen im Auge behalten.

Lokale Busse

Die Nahverkehrsbusse, die meist auf kurzen oder abseits gelegenen Strecken eingesetzt werden, sind alte, klapprige, beengte Vehikel. Der Bus bringt erst Gewinn, wenn er fast aus den Nähten platzt und die Luft über kurz oder lang zum Schneiden dick wird. Unterwegs bleibt der Bus überall dort stehen, wo er angehalten wird.

Nahverkehrsbusse starten meist an einem gesonderten Busbahnhof oder einer Straßenausbuchtung. Fahrscheine gibt es im Bus, und da man keine Plätze reservieren kann, empfiehlt es sich, früh einzusteigen und auf die Abfahrt zu warten. Wer unterwegs zusteigt, muss damit rechnen, dicht gedrängt im Gang zu stehen.

Große Gepäckstücke müssen auf das Dach, was tagsüber relativ sicher ist, solange die Taschen verschlossen sind; Wertsachen sollte man bei sich behalten. Auf dem Dach mitzufahren mag zwar bei schönem Wetter verlockend sein, ist aber gefährlich und verboten. Selbst mit Sitzplatz ist die Fahrt nicht ungefährlich, da diese Busse oft überaltert, überladen und schlecht gewartet sind. Die Zeitungen berichten regelmäßig von Bussen, die in abgelegenen Bezirken in Flüsse gestürzt sind. Auf den Hauptstraßen kann man sich damit trösten, dass die Busse zumindest langsam fahren.

Gelände- und Lastwagen

Fast jedes Straßenende im Land wird erweitert, nicht selten auf lokale Initiative, und so bahnt sich eine neue Piste nach der anderen ihren mühsamen Weg durch die Landschaft. Wo der Bus nicht mehr weiterfährt, kann man darauf vertrauen, Anschluss mit einem *gaadi* (das Allzweckwort für Fahrzeug) zu bekommen. Dabei handelt es sich oft um einen Tata Sumo oder einen ähnlich großen Geländewagen; auf den holperigsten Strecken kommt man mit Traktor weiter. Eine Alternative ist die Mitfahrt in einem Laster, von denen viele Passagiere befördern, obwohl sie das nicht dürfen. Die Sicherheit der Fahrgäste kümmert dabei keinen. Man sollte auf sein Gepäck achten, und Frauen sollten nur zu zweit in einem Lastwagen mitreisen.

Wer irgendwo festhängt, kann auch versuchen, **per Anhalter** weiterzukommen, was allerdings mit den üblichen Gefahren verbunden ist.

Flüge

Flugzeuge spielen als Transportmittel eine wichtige Rolle in Nepal, und es gibt Momente, in denen US$100 für einen **Inlandflug** gering erscheinen, wenn man damit eine 24-stündige Busfahrt vermeiden kann.

Die meisten Flüge beginnen oder enden in Kathmandu; wichtig sind auch zwei **Flughäfen** im Terai: Nepalgunj und Biratnagar. Die wenig profitablen Routen werden fast ausschließlich von der staatlichen Nepal Airlines Corporation (NAC), 💻 nepalairlines.com.np, bedient, die zu Recht einen schlechten Ruf hat.

Auf den wichtigsten Strecken in Städte und zu Trekkingrouten haben sich zahlreiche **private Fluggesellschaften** etabliert. Zu ihnen gehören Agni Air, 💻 agniair.com, Buddha Air, 💻 buddhaair.com, Gorkha Airlines, 💻 gorkhaairlines.com, Sita Air, 💻 sitaair.com.np, und Yeti Airlines, 💻 yetiairlines.com.

Beliebt bei Touristen, die den Mount Everest gemütlich aus dem Flugzeugsessel betrachten möchten, ist der sogenannte *mountain flight*, ein einstündiger **Panoramaflug** von Kathmandu aus (S. 198).

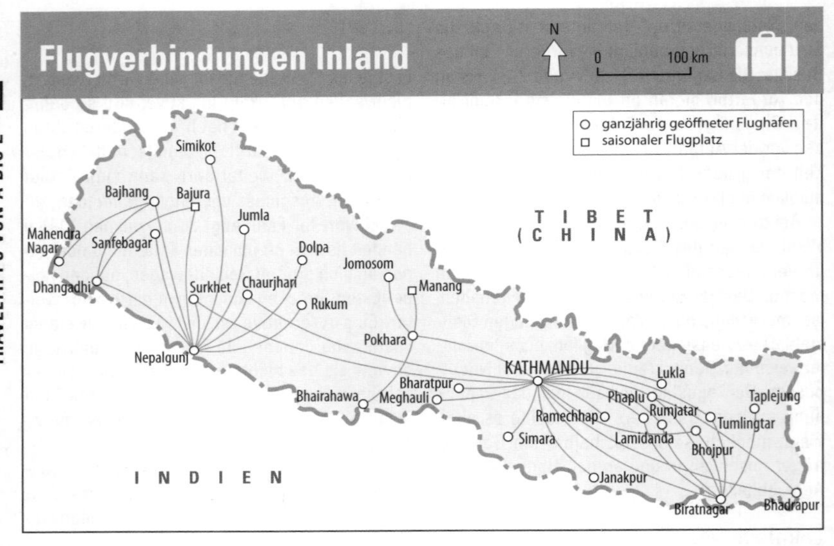

Ticketkauf

Als dieses Buch in Druck ging, war es nicht möglich, Inlandflüge online zu buchen. Das sollte sich in Zukunft aber ändern. Bis dahin muss man sich an ein Reisebüro wenden. Tickets können nur in „harter Währung", also zumeist in US-Dollar, gekauft werden.

In der Nebensaison wird man keine Schwierigkeiten haben, einen **Platz** zu bekommen. Während der Trekkingsaison jedoch sind die Flüge zu den Pisten entlang der beliebten Wanderwege oft für Monate im Voraus ausgebucht. Für ausgebuchte Flüge besteht manchmal die Chance, am Abflugtag noch einen Platz zu ergattern, da Veranstalter kurzfristig Plätze zurückgeben. Bei Flügen in beliebte Regionen empfiehlt es sich, früh einzuchecken, da die Flüge oft überbucht sind.

Sicherheit und Verspätungen

Die staatliche Aufsicht über die Luftfahrtindustrie lässt in Nepal sehr zu wünschen übrig und seit 1992, als gleich zwei Maschinen abstürzten, gab es 24 größere Unfälle. In erster Linie liegt das am Gebirgsterrain, besonders in der Monsunzeit – „In Nepal tragen die Wolken Steine mit sich", lautet eine Redensart –, aber auch an der Überladung der Maschinen und an mangelnder Wartung. Nach den Unfällen 1992 wurde am Flughafen in Kathmandu Radar installiert und Flugpisten in den Bergen verfügen mittlerweile auch über ein eingeschränktes Warnsystem, ansonsten jedoch muss man dem Können und der Erfahrung des Piloten vertrauen. Es ist jedoch müßig zu fragen, ob Fliegen mehr oder weniger gefährlich ist als die Fahrt mit dem Bus, vor allem in der äußerst gefährlichen Monsunzeit.

Ein weiteres Problem bei Flügen in Nepal sind die wetterbedingten häufigen **Verspätungen** und **Annullierungen**. Zahlreiche Landebahnen verfügen nicht einmal über die einfachsten Markierungen, und viele liegen inmitten von Hügeln, so dass die Flugzeuge zum Landen auf gute Sichtverhältnisse angewiesen sind. Wahrscheinlich ist es also gar nicht so schlecht, dass bei Nebel oder zu tiefer Wolkendecke viele Flüge einfach abgesagt werden.

Wenn Flugzeuge wegen schlechten Wetters am Morgen später als geplant oder gar nicht starten, ist meist der Flugplan des ganzen Tages durcheinander, oder es kommt sogar zu Annullierungen, falls es im Laufe des Tages wolkiger statt klarer wird. In diesem Fall wird man auf eine Warteliste gesetzt.

Hubschrauber

Mehrere Gesellschaften haben Charter-Hubschrauberflüge in Nepal im Angebot. Sie werden im Allgemeinen von Wandergruppen mit mehr Geld als Zeit in Anspruch genommen, die ab US$1000 aufwärts für die Charter eines Hubschraubers zahlen, um sich eine mehrtägige Rückwanderung zu ersparen. Eigentlich vermieten die Unternehmen immer nur den kompletten Hubschrauber. Tritt ein Pilot seine Rückreise von einer Trekkinglandepiste jedoch leer an, so nimmt er auch Einzelpassagiere mit – und zwar für denselben Preis, den man in einem normalen Flugzeug bezahlen würde.

Mietwagen und Motorräder

Abgesehen davon, dass man mit Auto oder Motorrad schneller, flexibler und bequemer vorankommt als mit Bussen, sind so auch Orte, die man sonst nie besuchen würde, erreichbar; außerdem kann man überall anhalten.

Mietwagen werden in Nepal immer mit Fahrer vermietet. Wer sich ein **Motorrad** ausleiht oder sein eigenes mitbringt (dafür braucht man einen internationalen Motorradführerschein und in letzterem Fall zusätzlich ein *carnet de passage*), wird viel Spaß beim Fahren haben, manchmal auch Angst, aber eine Herausforderung ist es immer – immer defensiv fahren!

Der ungewohnte **Linksverkehr** stellt für Besucher noch das kleinste Problem dar: **Verkehrsvorschriften** werden kaum beachtet, da die Nepalesen ständig versuchen, die Nase vorn zu haben. An einem **Kreisverkehr** wird für Fremde die Verwirrung komplett, da offiziell die einfahrenden Fahrzeuge Vorfahrt haben und nicht diejenigen, die sich bereits im Kreisverkehr befinden. Um einen Fahrbahnwechsel oder ein anderes Manöver anzukündigen, benutzen die Fahrer lieber **Hupe** als Blinker. Tempos und Minibusse wechseln sogar oft ohne Vorwarnung die Spur, so dass man lernen muss, ihre Richtungswechsel vorauszusehen.

Sinnvollerweise passt man sich den hiesigen Gepflogenheiten an und lässt seine Hupe freizügig zum Einsatz kommen – um andere Fahrzeuge und Fußgänger auf sich aufmerksam zu machen, in scharfen Kurven, beim Überholen. Die meisten Fahrzeuge, die man überholen will, erwarten übrigens, dass man auf ihr Zeichen wartet – entweder sie winken mit der Hand oder sie setzen verwirrenderweise den rechten Blinker.

Selbst auf den **Schnellstraßen** sollte man nicht allzu flott fahren, denn auch hier drohen oft unvorhergesehene Gefahren. Höchste Vorsicht ist bei **Kühen** geboten: Wer eine überfährt, riskiert bis zu zwölf Jahre Gefängnis, genau so viel wie für das Töten eines Menschen.

Pkw und Geländewagen

In Kathmandu und Pokhara ist es tagsüber für kürzere oder mittlere Strecken am billigsten, ein **Taxi** zu mieten. Der Preis für Fahrten innerhalb des Kathmandu- oder Pokharatals beträgt derzeit etwa Rs2200 pro Tag, wenn man feilscht. Teurere Pkw, Jeeps und andere Geländewagen können über Reiseveranstalter in Kathmandu, Pokhara und in größeren Städten im Terai gemietet werden.

Motorräder

Fürs Motorradfahren sollte man viel Erfahrung und natürlich einen Führerschein mitbringen, wenngleich Kontrollen eher unwahrscheinlich sind. Bei der Motorradmiete wird eventuell erwartet, dass man sein Flugticket, seinen Pass oder eine Geldsumme als Sicherheit hinterlegt. Vor der Abfahrt sollte man Bremsen, Öl, Benzinstand, Hupe, Scheinwerfer und Blinker kontrollieren und sich einen **Helm** geben lassen.

Kleinkrafträder werden in Kathmandu und Pokhara ab etwa Rs650 pro Tag vermietet, hinzu kommen die Benzinkosten.

Einige Reisende bringen größere Enfield-Maschinen aus Indien mit, die sich für längere Fahrten wesentlich besser eignen, aber schwer und abseits der Straßen schwierig zu handhaben sind.

Das Motorradfahren ist mit einem gewissen **Risiko** verbunden. Zu beachten ist, dass gemietete Motorräder nicht versichert sind – Reparaturen müssen aus eigener Tasche bezahlt werden. Empfehlenswert sind die Nebenstraßen; Vorsicht ist bei nassen, unbefestigten Straßen geboten.

Fahrräder

Ein gemietetes Fahrrad *(saikal)* eignet sich für viele Tagestouren als Transportmittel am besten. Räder ohne Gangschaltung sind für das Fahren in den Innenstädten meist ausreichend und kosten Rs150–250 pro Tag.

Mountainbikes bieten größeren Komfort und sind für längere oder steilere Strecken besser geeignet – einige Geschäfte in Kathmandu und Pokhara vermieten hervorragende Räder.

Außerhalb von Kathmandu, Pokhara und Sauraha gibt es nur wenige Läden, die Fahrräder vermieten, doch vielleicht kann man sich eines im Hotel ausleihen. Bremsen, Speichen, Reifen und Kette sollten vor der Abfahrt sorgfältig kontrolliert werden – eine Panne auf einer abgelegenen Bergstraße ist sicher das Letzte, was man gebrauchen kann. Auch eine Klingel ist von großem Nutzen. Reparaturwerkstätten gibt es überall, doch sie haben meist keine Ersatzteile für Mountainbikes.

Vorsicht vor Fahrraddieben, wenn man mit einem auffallend guten Fahrrad unterwegs ist.

Nahverkehr

Taxis gibt es hauptsächlich in Kathmandu und Pokhara. Obwohl sie Taxameter besitzen, muss man den Fahrpreis fast immer aushandeln. Tempos (dreirädrige Motorroller) mit festen Routen fahren los, wenn sie voll sind, und halten an festen Punkten. Sie machen viel Krach und die meisten – ausgenommen die weißen batteriebetriebenen **Safa-Tempos** („saubere" Tempos) in Kathmandu – stoßen schädliche Abgase aus. Die außerhalb dem Terai selten gewordenen **Fahrradrikschas** sind langsam und unbequem, aber für kurze Strecken praktisch. Den Preis sollte man vor Abfahrt aushandeln.

Stadtbusse, Minibusse (kleinere Linienbusse) und Microbusse (weiße Toyota-Kleinbusse) sind meist so überfüllt, so langsam oder sie fahren so unregelmäßig, dass ihre Benutzung im Stadtgebiet kaum in Frage kommt, aber im Kathmandutal können sie von Nutzen sein.

Übernachtung

In Nepal eine Unterkunft zu finden ist meist kein Problem, eine größere Auswahl bieten allerdings nur die Touristenzentren.

Je nach Ort und Jahreszeit variieren die **Preise** erheblich. Die Skala beginnt bei einem Dollar pro Nacht in einer Trekking-Lodge und reicht bis über US$350 in einem Resort mit fantastischen Tierbeobachtungen direkt vor der Zimmertür. Guesthouses, in denen die meisten Reisenden absteigen, verlangen üblicherweise US$5–35.

Außerhalb der Hochsaison (Ende Sep–Mitte Nov und Ende Feb–Ende März) oder bei ungewöhnlich wenigen Besuchern können die Preise um bis zu 50 % fallen: Die einfache Frage „Discount paunchha?" („Gibt es einen Preisnachlass?") wirkt oft Wunder. Zu beachten ist, dass in den offiziellen Preisen im Allgemeinen die Steuer und die Servicegebühr von 13 % bzw. 10 % nicht enthalten sind; bei den Preisen steht deshalb meist „plus plus" dabei, was bedeutet, dass beide noch hinzukommen. In Angeboten, die einem direkt in einem Guesthouse unterbreitet werden, ist aber in der Regel alles mit drin – vorsichtshalber nachfragen!

Die meisten Unterkünfte verfügen über verschiedene Zimmer, von billigen kleinen Zellen mit Gemeinschaftsbad bis zu Zimmern mit Bad, Klimaanlage und Fernseher. **Einzelzimmer** sind in der Regel Doppelzimmer, die für eine Person

Unterkunftspreise

Die Preisangaben für die Gästehäuser und Hotels in diesem Buch beziehen sich auf das billigste Doppelzimmer in der Hochsaison (Ende Sep–Mitte Nov und Ende Feb–Ende März) und beinhalten die staatlichen Abgaben (13 %) und Servicegebühren (10 %), die im Allgemeinen nicht in die offiziellen Preisangaben der Hotels eingeschlossen sind.

Nachhaltiger Tourismus

Der Tourismus ist zwar eine unentbehrliche Stütze der nepalesischen Wirtschaft, hat aber nicht nur positive Auswirkungen auf das Land. Seit Langem gibt es Bedenken wegen der potenziell schädlichen ökologischen, sozialen und kulturellen Folgen touristischer Aktivitäten. Auch die finanziellen Profite kommen oft nicht bei den Menschen und Gemeinden der bereisten Gebiete an. Um für mehr Verantwortungsbewusstsein und Nachhaltigkeit in der nepalesischen Tourismusbranche zu werben, hat ein Zusammenschluss mehrerer Organisationen – der niederländischen Entwicklungsorganisation SNV, des United Nations Environment Programme, des Nepal Tourism Board und mehrerer Verbände der Tourismusbranche – die Initiative **Responsible Travel Nepal** gegründet. Sie will nepalesischen Tourismusbetrieben – Hotels und Resorts, Trekking- und Abenteuersportveranstaltern, Reisebüros usw. – Schulung und Unterstützung anbieten, um sicherzustellen, dass ihre Aktivitäten und ihre Betriebsführung den Grundsätzen des nachhaltigen Tourismus genügen. Vor allem klärt die Initiative auch über die geschäftlichen Vorteile der Einhaltung dieser Prinzipien auf und hilft den Betrieben, Verbindungen zu Veranstaltern und Individualreisenden zu knüpfen, um ihr Marketing zu verbessern und ihr Geschäft auszubauen. Die Website von Responsible Travel Nepal, 💻 rt-responsibletravel.com, liefert Informationen über die teilnehmenden Unternehmen und ist ein nützlicher Ausgangspunkt zur Planung der eigenen Aktivitäten in Nepal.

nur die Hälfte oder zwei Drittel des vollen Preises kosten.

Reservierungen sind in der Hochsaison, zu Festzeiten oder bei Ankunft zu sehr später Stunde oft nötig.

Abseits der üblichen Touristenrouten sind die Gästehäuser auf nepalesische Reisende zugeschnitten und werden für gewöhnlich „Hotel and Lodge" genannt, wobei der Zusatz „Hotel" bedeutet, dass ein Lokal angeschlossen ist. Einige sind ganz komfortabel, aber weit häufiger muss man auf eine ziemlich bescheidene Behausung gefasst sein. Nackter Betonfußboden, Duschen mit kaltem Wasser und übel riechende Stehtoiletten sind die Regel, dafür bezahlt man selten mehr als Rs350. Die Mitnahme eines eigenen Schlafsack-Inletts ist zum Schutz vor Läusen und Bettwanzen anzuraten, und auch Ohrstöpsel sind wegen der unvermeidlichen Geräuschkulisse empfehlenswert. Im Terai sind ein Moskitonetz und ein funktionierender Deckenventilator (oder Klimaanlage) unbedingt erforderlich. Dies alles soll nicht heißen, dass von nepalesischen Lodges abgeraten wird. Häufig hat man an die einfachsten Unterkünfte – wo man auf dem Fußboden mit seinen Gastgebern neben einem qualmenden Feuer sitzt und isst – die schönsten Erinnerungen. Trekking-Lodges auf seltener begangenen Routen (S. 407) können ähnlich ausfallen, aber es gibt auch einige überraschend komfortable.

Gästehäuser

Viele Unterkünfte in Nepal, die auf Touristen ausgerichtet sind, nennen sich **Guesthouses**. Der Standard in dieser Kategorie reicht von primitiven Absteigen bis zu gut ausgestatteten, kleinen Hotels. Die meisten Guesthouses offerieren eine große Auswahl an Zimmern unterschiedlicher Preisklasse, und manchmal gibt es sogar Schlafsaalbetten. Die meisten Betreiber dieser Gästehäuser sprechen ausgezeichnet Englisch und sind in der Lage, vom Wäscheservice bis zu Lastenträgern alles für den Gast zu organisieren.

Trotz gegenteiliger Behauptungen kann man nicht immer davon ausgehen, dass ständig **heißes Wasser** (oft von Solaranlagen gespeist) oder Strom zur Verfügung stehen (Stromausfälle sind an der Tagesordnung; manche Unterkünfte besitzen allerdings Notstromgeneratoren). Wer Wert auf stets verfügbares heißes Wasser legt, sollte nach dem Warmwassersystem des Gästehauses fragen, wobei die Antwort „geyser"

(„gieser" ausgesprochen) lauten sollte, d. h. dass ein Durchlauferhitzer vorhanden ist.

Außer in den ganz billigen Gästehäusern gibt es stets einen **Safe** für Wertsachen, in manchen besseren Unterkünften sind auch Schließfächer in den Zimmern vorhanden.

Budget

In den Touristenvierteln von Kathmandu und Pokhara herrscht ein starker Wettbewerb zwischen den billigen Gästehäusern, was zu einem recht guten Preis-Leistungs-Verhältnis geführt hat. In diesen Gegenden haben alle Häuser, bis auf die ganz billigen, fließend heißes Wasser (möglicherweise aber nur zu bestimmten Zeiten), Toiletten mit Spülung, Schaumstoffmatratzen und saubere Bettwäsche.

Im übrigen Land fallen die Zimmer meist schlichter und häufig auch etwas schmuddeliger aus. Die meisten Häuser haben auch eine Dachterrasse oder einen Dachgarten, ein Telefon und einen Fernseher. Eine Heizung ist jedoch selten vorhanden, was im Winter durchaus ein Mangel sein kann.

In den meisten Budget-Unterkünften kostet ein Zimmer Rs300–1000, wobei die Qualität erheblich schwankt; die billigsten bieten oft nur Gemeinschaftsbäder.

Mittelklasse

Immer häufiger gibt es Gästehäuser der mittleren Preisklasse. Sie haben meist größere Zimmer mit Ventilator (oder sogar Klimaanlage), oft auch Telefon und Fernseher. In den Bädern ist Toilettenpapier vorhanden und die Warmwasserversorgung ist recht zuverlässig. Die besseren stellen im Winter einen tragbaren Heizlüfter zur Verfügung. Für ein Doppelzimmer dieser Kategorie muss man mit Rs1000–3500 rechnen. Die meisten Mittelklasseunterkünfte geben ihre Preise in US-Dollar an, aber man kann auch in Rupien und manchmal sogar per Kreditkarte zahlen.

Hotels und Resorts

Es ist schwierig, allgemein gültige Aussagen über die teureren **Hotels** und **Resorts** zu machen. Einige verlangen saftige Preise, um ihre Gäste von dem Nepal abzuschirmen, das man eigentlich besuchen wollte, andere eröffnen wundervolle Einblicke ins Land. Die Preise für eine Unterkunft im internationalen Stil beginnen bei US$50, aber für eine vornehmere Bleibe muss man schon mit US$100 rechnen.

Im Führer werden auch mehrere kleinere Resort-Hotels erwähnt, die irgendetwas Spezielles bieten – sei es eine atemberaubende Aussicht oder ein historisches Ambiente.

Dschungel-Lodges und **Zeltcamps** in einem der Naturreservate im Terai gehören zu den teuersten Unterkünften überhaupt.

Village- und Homestays

Eine wachsende Zahl von Veranstaltern vermittelt **Aufenthalte in Privathäusern** in traditionellen Dörfern abseits der Touristenpfade. Dieser sogenannte „village tourism" bietet eine einmalige Möglichkeit zum Eintauchen in die Kultur Nepals, und das auf relativ komfortable Art. Außerdem werden die Besucher so über das ganze Land verteilt, und auch bislang weniger frequentierte Gebiete können am Geschäft mit den Touristen teilhaben.

Die Veranstalter nehmen ganze Dörfer für die Unterbringung und Unterhaltung von Gästen unter Vertrag. Einzelne Familien stellen in ihrem Haus Zimmer zur Verfügung, die mit sanitären Einrichtungen und einem gewissen Mindestmaß an Komfort ausgestattet werden. Man unterrichtet die Familien darin, Mahlzeiten zu servieren, die den westlichen Gaumen nicht überfordern; ein Dolmetscher begleitet die Touristengruppe.

Es gibt zahlreiche „village tourism"-Programme, unter anderem eines in **Chisapani**, südöstlich von Pokhara nahe Rup Tal, das vom Child Welfare Scheme in Pokhara betrieben wird, 💻 fursekholafarmhouse.com, und andere, die in und um Tansen (S. 318) und Bandipur (S. 284) vermittelt werden können.

Einige Sprachinstitute und andere Organisationen in Kathmandu und Patan bieten auch Homestays, **Aufenthalte bei Gastfamilien**, im und in der Nähe des Kathmandutals an, darunter ITC, ✆ 01-4414490, 💻 itcnepal.com, und Nepal Face to Face, ✆ 01-5528688, 💻 nepalfacetoface.com.

Verhaltenstipps

In Nepal leben viele verschiedene Volksgruppen mit unterschiedlichem kulturellem Hintergrund auf engem Raum zusammen. Im Kathmandutal, wo die Vermischung der einzelnen Volksgruppen am größten ist, herrscht ein hohes Maß an Toleranz bezüglich Kleiderordnung und Lebensstil, was Touristen zugute kommt – und leider manchmal auch überstrapaziert wird. Jenseits der touristischen Ballungszentren allerdings liegen die Verhältnisse ganz anders, da bei den einzelnen, meist isoliert voneinander lebenden ethnischen Gruppen fremdartige Verhaltensweisen leicht als anstößig empfunden werden. Auf der anderen Seite lockern sich viele Tabus, je weiter und höher man in die Bergwelt vordringt, da die hinduistischen Verhaltensregeln nur teilweise von den buddhistischen und animistischen Ethnien geteilt werden.

Die folgenden Hinweise sind als Richtlinien zu verstehen und nicht als Vorschriften, deren Nichtbeachtung Sanktionen zur Folge hätte. Die Nepalesen verlieren meist kein Wort darüber, wenn Fremde einen Fauxpas nach dem anderen begehen. Im Zweifelsfall passt man sich einfach dem Verhalten der Einheimischen an.

Umgangsformen

Ausländer sind oft **faszinierende Kuriositäten** für Nepalesen. Es kann passieren, dass man auf der Straße oder der Trekkingroute von jemandem angesprochen wird, der einfach nur plaudern will. Besucher erleben immer wieder, dass Nepalesen freundschaftlichen Umgang mit ihnen suchen, Adressen austauschen und Fotos knipsen wollen und ihnen das feierliche Versprechen abnehmen, nur ja zu schreiben.

Die nepalesische Begrüßung *namaste* („Ich grüße den Gott in dir"), zu der man die Handflächen aneinander legt, als ob man betet, gehört zu den ansprechendsten und ansteckendsten nepalesischen Bräuchen. Sie wird nicht beiläufig wie ein Hallo verwendet, sondern eher in der Bedeutung von „Wie geht es dir?". Wer Respekt zeigen will, kann auch den Ausdruck *namaskar* verwenden, eine formellere oder ehrerbietige Variante.

Ein angenehmer Zug der nepalesischen Kultur sind die familiären **Anredeformen**: Lernen sollte man *didi* („ältere Schwester"), *bahini* („jüngere Schwester"), *daai* („älterer Bruder"), *bhaai* („jüngerer Bruder"), *buwa* („Vater") und *aamaa* („Mutter"), weil man damit meist eine herzliche Reaktion hervorruft. Wer sich formeller oder respektvoller ausdrücken möchte, fügt einfach ein *ji* an das Ende des Namens an, zum Beispiel: „Namaste, Peter-ji".

Der Ausdruck *dhanyabaad* wird zwar gewöhnlich mit „**danke**" übersetzt, ist aber normalerweise für Handlungen reserviert, die über bloße Pflichterfüllung hinausgehen – wenn man sich im Alltag bedanken will, ist eher ein englisches „thank you" angebracht.

Auch die Gesten für „**ja**" und „**nein**" können Verwirrung stiften: Um Zustimmung zu signalisieren, wiegt man den Kopf leicht hin und her. Um einem Schlepper oder Verkäufer ein „Nein" deutlich zu machen, hilft eine abwinkende Geste, bei der man das Handgelenk leicht dreht, so als ob man ein Armband zurechtschüttelt. Das bei uns übliche Kopfschütteln sieht zu sehr nach Zustimmung aus. Um auf etwas zu zeigen, benutzt man besser das Kinn als den Finger.

Kaste und Status

Im bergigen Nepal wird der Hinduismus etwas weniger streng praktiziert als im größten Teil Indiens, dennoch ist das **Kastenwesen** tief in der nationalen Psyche verankert. Nepal hob das Kastenwesen zwar 1963 offiziell auf, doch über Nacht lässt sich ein mehrere tausend Jahre altes System nicht so leicht abschaffen. Auch wenn sich die Berufswelt verändert und „Liebesheiraten" immer beliebter werden, bestimmen für die meisten Nepalesen Kaste und Status immer noch die Art, wie sie leben, wen sie heiraten dürfen (oder müssen), wo sie leben und mit wem sie verkehren können.

Fremde sind streng genommen **kastenlos**, aber im abgelegenen westlichen Bergland kann ihre Anwesenheit eine Verunreinigung orthodoxer, hochkastiger Hindus darstellen. Man sollte aber überall auf bestimmte Kastenregeln Rücksicht nehmen: So dürfen Fremde mitunter nicht die Küche eines Angehörigen einer höheren Kaste betreten.

Neben der Kastenzugehörigkeit spielt auch der **soziale Status** *(ijat)* eine bedeutende Rolle. Wenn sich Nepalesen zum ersten Mal begegnen, absolvieren sie zunächst ein Ritual, bei dem sie Namen, Heimatstadt und Beruf des anderen erfragen, um dessen Status und entsprechend den korrekten Grad der Ehrerbietung zu bestimmen. Westliche Besucher haben per se einen hohen Status und sind nach nepalesischen Maßstäben steinreich.

Essen

Die meisten nepalesischen Tabus haben mit dem Essen zu tun. Ein grundlegendes Prinzip ist, dass Dinge, die man mit den Lippen berührt hat, für jeden anderen Hindu verunreinigt *(jutho)* sind. Wenn man einen Schluck aus der Feldflasche eines anderen trinkt, sollte man sie nicht mit den Lippen berühren (dasselbe gilt für die eigene Flasche). Man sollte auch nicht vom Teller eines Hindus essen oder jemandem Essen anbieten, von dem man schon einen Bissen genommen hat, und niemals zubereitetes Essen berühren, bevor man es gekauft hat.

Eine andere wichtige Regel ist, dass nur mit der **rechten Hand** gegessen werden darf. Die linke wird in den meisten asiatischen Ländern für die Reinigung nach dem Toilettengang verwendet; man kann sie zum Halten eines Glases oder anderen Gegenstandes während des Essens benutzen, darf sich mit ihr aber nicht den Mund abwischen oder Essen reichen. Es gilt als gutes Benehmen, nur mit der rechten Hand zu geben und zu nehmen. Um Respekt ausz drücken, überreicht man Geld, Essen oder Geschenke mit beiden Händen oder nur mit der rechten, während die linke das Handgelenk berührt.

Kleidung und Körper

Die Nepalesen sind äußerst konservativ, was **Kleidung** anbetrifft. Selbst wenn man sich ihren Vorstellungen nicht völlig anpasst, sollte man doch wissen, welches Bild man vermittelt. Die folgenden Hinweise gelten insbesondere für den Besuch von Tempeln und Klöstern.

Männer sollten in der Öffentlichkeit stets ein Hemd und, wenn möglich, lange Hosen tragen (Shorts sind nur auf viel besuchten Trekkingrouten okay). Frauen tragen in Dörfern traditionell einen Sari oder einen Wickelrock, der die Beine bedeckt. Die Schultern sind normalerweise ebenfalls bedeckt – Tops gelten als gewagt. In Kathmandu und Pokhara tragen junge Frauen inzwischen auch Shorts oder kurze Röcke, das ist aber recht neu und kann den Eindruck erwecken, frau wäre leicht zu haben. Im Allgemeinen ist eine saubere Erscheinung ein Zeichen des Respekts und verschafft Ansehen. Es kann vorkommen, dass ungepflegte Traveller deutlich weniger höflich behandelt werden als adrette.

Einen Führer engagieren

Selbst Reisende, die nicht trekken wollen, können mithilfe eines Führers (Führerinnen gibt es nur selten) faszinierende Blicke hinter Nepals Fassade werfen. Die meisten Besucher denken, Führer würden nur für Trekkingtouren angeheuert, dabei sind sie beispielsweise für Tierbeobachtungen in den Parks des Terai noch unentbehrlicher. Wer einen guten Führer gefunden hat, sollte ihn sich warm halten. Der Führer für einen Tagesbesuch im Chitwan ist vielleicht auch gewillt, einen in den Bardia-Nationalpark zu begleiten. In Städten lauern potenzielle Führer, oft als freundliche Studenten getarnt, an strategisch günstigen Stellen in der Nähe von Tempeln und Palästen. Man tut aber vielleicht besser daran, sich einen Führer über die Unterkunft oder ein Reisebüro vermitteln zu lassen. Ein inoffiziell engagierter Führer ohne große Erfahrung kostet normalerweise etwa Rs800–1000 pro Tag. Für einen erfahrenen und kenntnisreichen Führer ist etwa die doppelte Summe als Honorar durchaus angemessen. Generell kriegt man das, wofür man bezahlt.

Nur stillende Frauen und Kleinkinder dürfen ihre Brust entblößen. Nepalesische Männer baden in der Öffentlichkeit nur in ihrer Unterwäsche, Frauen mit einem *lungi* (Wickelrock). Von Ausländern wird dasselbe erwartet. Die Stirn ist in Nepal der heiligste Teil des Körpers, und es gilt als unhöflich, den Kopf eines erwachsenen Nepalesen zu berühren. Die Füße gelten als unreinster Körperteil, weshalb man sie nicht auf Stühle oder Tische hochlegen und beim Sitzen darauf achten sollte, niemandem die Fußsohlen zuzukehren. Es gehört sich auch nicht, über die Beine von sitzenden Personen hinwegzusteigen.

Freunde gleichen Geschlechts dürfen Händchen halten, nicht aber Liebespaare unterschiedlichen Geschlechts. Paare, die in der Öffentlichkeit Zärtlichkeiten austauschen, werden bestenfalls unangenehm auffallen. Das Händeschütteln ist üblicher geworden, aber manche Frauen fühlen sich nicht wohl dabei, einem Mann die Hand zu geben.

Toiletten

Toiletten reichen vom westlichen Sitzklosett mit Wasserspülung bis zur Hütte über einem Loch. In einfachen Lodges findet man meist Hocktoiletten. Bei Busreisen steht an den Raststätten fast immer eine Toilette zur Verfügung, manchmal auch nur ein speziell dafür vorgesehenes Feld. Wer Zweifel hat, fragt *Toilet kahha chha*? („Wo ist die Toilette?"). Das Toilettenpapier darf man nicht hinunterspülen, sondern sollte es in den bereitgestellten Korb tun. In den einfacheren Einrichtungen muss man Toilettenpapier mitbringen. Die Nepalesen verwenden einen Krug Wasser und die linke Hand. Da viele Dörfer über keine Toilettenhäuschen verfügen, ist es in Ordnung, wenn man seine Notdurft im Freien verrichtet – aber außer Sichtweite der anderen, am frühen Morgen oder nach Anbruch der Dunkelheit. Männer können (diskret) abseits von Gebäuden in der Öffentlichkeit urinieren, Frauen müssen sich dagegen einen abgeschirmten Platz suchen.

Tempel und Wohnungen

Die größeren **Hindu-Tempel** oder das Allerheiligste sind für Nichtgläubige normalerweise tabu, da diese eine mögliche Ursache für rituelle Verunreinigung darstellen. Dort, wo ausländische Besucher Zutritt haben, sollte man sich respektvoll verhalten, vor dem Betreten die Schuhe ausziehen, nur mit Erlaubnis fotografieren und einige Rupien in den Opferstock werfen. Man sollte weder die Opfergaben noch die Schreine berühren. Leder ist auf dem Tempelgelände meist tabu.

Ähnliche Rücksicht ist beim Besuch von **buddhistischen Tempeln und Klöstern** geboten. Wer eine Audienz bei einem Lama gewährt bekommt, bringt ihm als Geste der Ehrerbietung traditionell einen *kata* (rituellen weißen Schal), der meist in der Nähe verkauft wird, mit. Buddhistische Stupas und andere Monumente werden im Uhrzeigersinn umschritten.

Wer von einer **Familie** zum Essen eingeladen wird, sollte Obst oder Süßigkeiten mitbringen, aber keinen Dank erwarten, da Geschenke meist ohne viel Aufhebens entgegengenommen werden. Die Schuhe zieht man vor dem Betreten des Hauses aus oder tut es dem Gastgeber gleich. Sobald das Essen aufgetischt ist, wird erwartet, dass der Gast zuerst isst, so dass man nicht dem Beispiel des Gastgebers folgen kann. Man sollte weniger auftun, als man schafft – um einen Nachschlag zu bitten, ist das beste Kompliment, das man machen kann. Das Essen wird gewöhnlich am Ende einer Begegnung serviert, danach gehen die Gäste nach Hause.

Sherpas und einige andere Völker des Hochlands betrachten die Feuerstelle der Familie als heilig, weswegen man keine Abfälle, nicht einmal Papierfetzen, hineinwerfen sollte.

Schlepper und Nepper

Eine indische Unsitte breitet sich langsam auch in Nepal aus: Am Flughafen und an jedem größeren Busbahnhof liegen Horden von **Schleppern** auf der Lauer, um den ankommenden Touristen Hoteladressen aufzudrängen; in den Touristenvierteln von Kathmandu bieten sie Drogen, Treks und zunehmend auch Sex an. Die nepalesischen Schlepper sind allerdings nicht ganz so aufdringlich wie ihre indischen Brüder, und wer aus Nordindien kommt, wo man aggressiven Schleppern gegenüber äußerst energisch auftreten muss, muss sich in Nepal etwas zurückhalten. Gewöhnlich lassen die Nepalesen einen in Ruhe, wenn man sie höflich darum bittet, und eine rüde Abfertigung wäre ein persönlicher Affront.

In Kathmandu und Pokhara gibt es noch Unmengen anderer Einzelkämpfer und Vermittler: Fahrkartenverkäufer, Rikschafahrer, Gästehausbetreiber und Fremdenführer sind ständig damit beschäftigt, Dienstleistungen und Informationen anzupreisen. Gewöhnlich erhalten sie eine Provision vom Auftraggeber, die auf den Preis aufgeschlagen wird. Ohne Vermittler hat man wesentlich mehr Kontroll- und Auswahlmöglichkeiten. Ein paar Rupien (und ein Lächeln) für Vermittler, deren Dienste man vielleicht noch einmal benötigt, können einem das Leben allerdings ungemein erleichtern und sind sicherlich für niemanden von Nachteil.

Bettler

In Nepal wird der Reisende mit Bettlern konfrontiert, wobei das anfängliche tiefe Mitleid der Neuankömmlinge selten anhält und bald ein Gewöhnungseffekt eintritt. Ein viel schwierigeres Problem ist der Umgang mit bettelnden Kindern.

Eine kleine Zahl von echten **Bettlern** ernährt sich auf ehrliche Weise von *bakshish* (Almosen). Bei Hindus und Buddhisten ist es seit jeher achtbare Tradition, Leprakranken, Behinderten sowie Sadhus und Mönchen Almosen zu geben. Nepalesische Frauen stehen erschreckend schnell mittellos und ohne Dach über dem Kopf da, wenn sie zum Beispiel Witwe geworden sind oder geschieden wurden, weil sie keinen Sohn geboren haben oder es Streit um ihre Mitgift gab. Arbeitslosengeld gibt es in Nepal nicht, und fast jeder, der nicht arbeiten kann und keine Familie hat, endet schließlich als Bettler.

In den Bergregionen wird man als Fremder gelegentlich um **Medikamente** gebeten: Wer keine medizinische Ausbildung hat, sollte keinesfalls Diagnosen stellen und Krankheiten behandeln. Bevor man das Land verlässt, kann man aber nicht mehr benötigte Medikamente der Armenapotheke des Bir Hospital in Kathmandu überlassen, die sie an Mittellose verteilt, oder dem Himalayan Buddhist Meditation Centre in Kathmandu, das sie Mönchen zur Verfügung stellt.

Kinder

In ganz Nepal – vor allem entlang der Touristenstrecken – werden einen ständig **Kinder** mit der Bitte um Geld, Süßigkeiten und Kugelschreiber belagern. Es sind keine Waisen oder Bettler, sondern ganz normale nepalesische Schulkinder mit zu viel Kontakt zu Touristen, die in guter Absicht, aber gedankenlos, auf Schritt und Tritt Geschenke verteilen.

Ein bestimmtes, aber freundliches *hoina holaa!* („Ich glaube nicht!") reicht normalerweise aus, um in Ruhe gelassen zu werden – nur wenige Kinder würden jemals einen Nepalesen um Geld anbetteln, und wenn man wie einer reagiert, ruft das meist Beschämung hervor. Doch manchmal verfolgen sie einen stundenlang. Die beste Verteidigung ist Humor und/oder Nichtbeachtung.

Bei den **Straßenkindern** von Kathmandu liegen die Dinge anders (S. 146) – man sollte ihnen nichts geben (jedenfalls nicht direkt) und auf sein Portemonnaie aufpassen.

Versicherungen

Auf den Seiten 💻 reiseversicherung.com und 💻 test.de kann man sich einen guten Überblick über Versicherungstypen und -pakete verschaffen und Anbieter miteinander vergleichen.

Auslandskrankenversicherung

Eine Auslandskrankenversicherung mit Rücktransport gehört auf jeden Fall ins Gepäck, zumal sie günstig zu haben ist. Die meisten Versicherer zahlen einen Rücktransport allerdings nur, wenn er „medizinisch notwendig" ist. Bei einigen genügt es, wenn der behandelnde Arzt den Transport in die Heimat für sinnvoll hält. Weitere Einschränkungen gibt es bei Zahnbehandlungen (nur Notfallbehandlung) und chronischen Krankheiten (Bedingungen durchlesen). Die meisten schließen sogenannte gefährliche Sportarten aus, sofern man keine Extragebühr dafür zahlt: In Nepal können dazu Wildwasserrafting, Bergwandern (insbesondere über 4000 m) und Klettern zählen.

Im Krankheitsfall muss der Kranke Geld vorstrecken, denn die Kosten werden meist von den Versicherungen erst später erstattet. Die einzureichende **Rechnung** sollte folgende Angaben enthalten:

- Name, Vorname, Geburtsdatum, Behandlungsort und -datum
- Diagnose
- erbrachte Leistungen in detaillierter Aufstellung (Beratung, Untersuchungen, Behandlungen, Medikamente, Injektionen, Laborkosten, Krankenhausaufenthalt)
- Unterschrift des behandelnden Arztes
- Stempel

Reisegepäckversicherung

Wer nicht gerade eine wertvolle Fotoausrüstung zu teuren Sonderkonditionen versichern möchte, kann sich eine Reisegepäckversicherung eigentlich sparen, es sei denn, sie ist Teil eines günstigen Versicherungspakets. Denn die Bedingungen sind immer eng gefasst und oft sind die Versicherer zahlungsunwillig und berufen sich auf die Unachtsamkeit des Reisenden.

Reiserücktrittskostenversicherung

Bei einer Pauschalreise ist meistens eine Reiserücktrittskostenversicherung im Preis inbegriffen (nachfragen). Wer individuell plant, muss sich selbst darum kümmern. Viele Reiserücktrittskostenversicherungen müssen kurz nach der Buchung abgeschlossen werden (in der Regel bis 14 Tage danach). Auch bei Krankheit oder Tod eines Familienmitglieds oder Reisepartners ersetzt die Versicherung die Stornokosten der Reise. Eine Reiseunfähigkeit wegen Krankheit muss ärztlich nachgewiesen werden. Die Kosten der Versicherung liegen meist bei 20–30 € pro 1000 € Reisepreis.

Visa

Mit Ausnahme der Inder benötigen alle Ausländer für die Einreise nach Nepal ein Visum. Visa für bis zu 30 Tage werden Bürgern der übrigen Staaten der South Asian Area Regional Cooperation (SAARC) – Pakistan, Bhutan und Bangladesch – kostenlos ausgestellt. Für alle anderen sind die Visa kostenpflichtig. **Touristenvisa** werden problemlos bei der Ankunft am Flughafen in Kathmandu und an den offiziellen Grenzübergängen ausgestellt. (Am Flughafen ist das aber oft mit Schlangestehen verbunden. Es kann sich deshalb lohnen, das Visum schon vorab von der nepalesischen Botschaft oder einem nepalesischen Konsulat daheim zu besorgen). Benötigt wird ein Passfoto. Am Flughafen kann man das Visum in Euro, Dollar und anderer harter Währung bezahlen, an den Grenzübergängen wollen die Beamten oft US-Dollar oder nepalesische Rupien sehen.

Zur Zeit der Recherche galten folgende **Visumgebühren**: US$25 für 15 Tage, US$40 für 30 Tage und US$100 für 90 Tage; alle Visa berechtigen zur mehrfachen Einreise. Die Visumgebühren können sich aber ohne Ankündigung ändern, deshalb vor Reiseantritt besser noch mal unter 🖳 immi.gov.np nachsehen. Touristenvisa können auf maximal 150 Tage pro Kalenderjahr **verlängert** werden. Eine Verlängerung um bis zu 15 Tage kostet US$30; ab 15 Tagen kostet die Verlängerung weitere US$2 pro Tag. Verlängerungen sind nur bei der Einwanderungsbehörde (Department of Immigration) in Kathmandu oder Pokhara möglich. Zusammen mit dem Antragsformular muss man seinen Pass und ein Passfoto einreichen. Ein für 24 Stunden gültiges und nicht verlängerbares **Transitvisum** kostet US$5.

Wer seinen Aufenthalt ohne gültiges Visum überzieht, bezahlt die doppelte Verlängerungsgebühr und möglicherweise zusätzlich eine Strafe. Man sollte niemals mehr als ein paar Tage überziehen und auf gar keinen Fall das Visum manipulieren. Touristen sind für derartige Gesetzesübertretungen schon mit Geldbußen bestraft worden oder sogar im Gefängnis gelandet.

Für den Besuch der beliebtesten Trekkingregionen ist inzwischen kein **Trekking-Permit** mehr erforderlich, dafür braucht man die TIMS-Karte, was im Grunde auf dasselbe hinausläuft (S. 407). Man muss Eintrittsgebühren für die **Nationalparks** in den Regionen Annapurna, Everest und Langtang bezahlen. Der Zugang zu einer Handvoll abgelegener Regionen, wie Ober-Dolpo und Mustang, ist nach wie vor beschränkt und nur mit Permit erlaubt (S. 444).

Man sollte auch wissen, dass ein paar Orte im Kathmandutal, darunter die Stadt Bhaktapur, Eintrittsgebühren erheben.

Die **Zollbeamten** sind bei der Einreise nicht sehr streng, doch bei der Ausreise wird genauer kontrolliert. Gegenstände, die über 100 Jahre alt sind, dürfen nicht ausgeführt werden (S. 186).

Yoga, Meditation und traditionelle Medizin

In Nepal ist eine Fülle traditioneller und innovativer Disziplinen vertreten, und auch wenn einem das Land manchmal wie eine Art Supermarkt der Spiritualität vorkommt, ist seine tolerante Atmosphäre doch bestens geeignet, um die eigene Weltsicht zu hinterfragen und sich für andere Denkweisen zu öffnen.

In den vergangenen 25 Jahren ist eine immer größere Anzahl von Instituten aus dem Boden geschossen, die Ausländer und Einheimische in Yoga und Meditation unterweisen. Ayurvedische und tibetische Medizin stehen bei Touristen ebenfalls hoch im Kurs. Viele Programme sind auf Kurzzeitteilnehmer zugeschnitten, bei Kursen mit Unterbringung ist eine rechtzeitige Buchung allerdings sinnvoll.

Ausführlichere Hintergrundinformationen zu Hinduismus und Buddhismus, den spirituellen Grundlagen vieler dieser Praktiken, S. 93.

Yoga

Yoga ist nicht nur eine Form der körperlichen Ertüchtigung – es ist ein Weg, durch spirituelle, geistige und körperliche Selbstdisziplin die Erkenntnis der eigenen Einheit mit dem Universum zu erlangen. Zu seinen Techniken gehören **Karma Yoga** (selbstloses Handeln), **Bhakti Yoga** (Verehrung, etwa durch religiöse Gesänge) und **Jnana Yoga** (Tiefenmeditation – sollte am besten erst praktiziert werden, wenn man bereits eine der anderen Yoga-Formen gemeistert hat).

Was sich die meisten Menschen im Westen unter Yoga vorstellen, entstammt dem **Raja Yoga**, das wohl auf die Zeit um 600 v. Chr. zurückgeht. Es besteht aus acht *ashtanga* oder „Gliedern" (nicht zu verwechseln mit dem gleichnamigen Ashtanga Yoga, einem System innerhalb des Hatha Yoga), von denen jedes einen Schritt zur Erkenntnis darstellt. Drei davon haben eine starke körperliche Komponente, von der sich die Vorstellung von Yoga als Disziplin der Verrenkungen, Verknotungen und Handstandübungen herleitet. Alle Yoga-Varianten, die mit *asanas* (Körperhaltungen) als Hilfen zur Selbstentwicklung arbeiten, sei es Bikram, Kundalini oder Ashtanga, werden unter dem Oberbegriff Hatha Yoga zusammengefasst.

Zu den meisten Praktiken gehören auch **pranayam** – Atemübungen. In Nepal finden sich verschiedene Formen, darunter die Sivanand-Schule (ein geruhsamer Yoga-Stil mit *asanas* und umfassender spiritueller Anleitung), **Iyengar** (eine sehr strenge Schule, die Hilfsmittel einsetzt und sich v. a. auf die richtige Ausrichtung konzentriert) und Praktiken nach den Lehren verschiedener indischer Gurus, die meist Elemente des Raja, Bhakti und Karma Yoga umfassen.

Yogazentren in und um Kathmandu (S. 190) und Pokhara (S. 212) sind in den entsprechenden Kapiteln aufgeführt.

Buddhistische Meditation

Meditation ist eng mit Yoga verbunden und Überlappungen sind zahlreich. Sie ist Bestandteil vieler Yoga-Wege, und buddhistische Meditation wiederum nimmt hinduistische Yoga-

Praktiken zu Hilfe. In der Regel folgen die Meditationszentren in Nepal der tibetisch-buddhistischen Tradition.

Durch Meditation soll die Loslösung von Begierden und das Zur-Ruhe-Kommen der Gedanken und damit ein höherer Bewusstseinszustand erlangt werden. **Vipassana** (Einsicht) steht im Zentrum aller buddhistischen Meditationsformen. Ähnlich wie im Hatha-Yoga liegt der Schwerpunkt auf der analytischen Wahrnehmung aller physischen und geistigen Vorgänge. Eine weitere Form, die in den meisten buddhistischen Schulen gelehrt wird, ist **Shamatha** (ruhiges Verweilen), eine Methode, die den Geist zur Ruhe bringt und schärft, indem immer wieder auf eine meditative Technik zurückgegriffen wird. In einigen Zentren im Kathmandutal werden Kurse mit Übernachtung angeboten.

Tibetisch-buddhistische Zentren beginnen ihre Unterweisungen mit Vipassana und Shamatha und legen damit die Grundlage für ein breites Spektrum an Meditationspraktiken. Ein begabter Schüler erreicht die angestrebten Eigenschaften durch Visualisierung – Meditation über eine Gottheit, die eine bestimmte Eigenschaft besitzt, wobei Mantras gesungen und Mudras (Handhaltungen) ausgeführt werden, die mit dieser Gottheit in Verbindung gebracht werden. Der tibetisch-buddhistische Pfad beinhaltet auch viele Gebete, Opfergaben, das Umschreiten von Heiligtümern und Gelöbnisse. In Kathmandu bieten mehrere Zentren Einführungskurse an (S. 190).

Im tibetischen Buddhismus spielt das Lehrer-Schüler-Verhältnis eine wichtige Rolle. Fortgeschrittenere Studenten des Dharma (der Lehre Buddhas) werden bei einem der Lamas in Boudha studieren, die teilweise auch in Englisch unterrichten.

Ayurveda

Ayurveda ist das älteste naturheilkundliche System auf der Welt, das heute noch Anwendung findet. Es versteht sich als biologisch-philosophische Ganzheitslehre, die von der fundamentalen Einheit des Selbst und der Natur ausgeht. Im Gegensatz zur allopathischen westlichen Medizin (bei einer Krankheit wird ein Gegenmittel angewendet) betrachtet der Ayurveda den Menschen als Ganzes: Krankheit gilt als Symptom eines Ungleichgewichts, und deshalb wird das Ungleichgewicht behandelt und nicht die Krankheit.

Sobald ein Ungleichgewicht auftritt, interessiert sich der ayurvedisch behandelnde Arzt bei seiner **Diagnose** nicht nur für die körperlichen Symptome, sondern auch für den familiären Hintergrund, alltägliche Gewohnheiten und emotionale Befindlichkeiten. Die Behandlung eines Ungleichgewichts geschieht mit preiswerten pflanzlichen Stoffen, die auf diejenige der drei Kräfte einwirken, die aus dem Takt geraten ist. Zusätzlich werden oft **Yoga-Übungen** zur Befreiung des Körpers von schädlichen Einlagerungen verordnet.

Ayurvedische Ärzte und Kliniken finden sich in allen hinduistisch geprägten Landesteilen Nepals; für Ausländer empfehlen sich allerdings diejenigen in Kathmandu.

Tibetische Medizin

Die tibetische Medizin gehört für tibetisch-buddhistische Mönche zu den traditionellen Studienfächern. Wie beim Ayurveda, der ihr zu Grunde liegt, basiert Gesundheit für die tibetische Medizin darauf, dass das Gleichgewicht folgender **drei Körpersäfte** gewahrt ist: *beken*, Phlegma, ist bei einer Störung für Probleme in der oberen Körperhälfte entscheidend; *tiba*, Hitze oder Galle, wird mit dem Verdauungsapparat in Verbindung gebracht, und *lung*, was Wind bedeutet, ist ausschlaggebend bei Nervosität oder Depression.

Empfehlenswerte **Kliniken**, die auf tibetische Medizin spezialisiert sind, werden in den Abschnitten über Kathmandu (S. 191) und Boudha (S. 217) erwähnt.

Massage und andere Therapien

Die nepalesische Massage ist eine Tiefenmassage, die sich hauptsächlich auf Gelenke konzentriert. Die Behandlung trägt nicht gerade zur Entspannung bei, kann jedoch nach einem

Trek genau das Richtige sein. Nepalesen lassen sich nur selten massieren, doch bietet eine Reihe von Masseuren Touristen ihre Dienste an. Viele Massagetherapeuten haben auch Shiatsu-, Thai-, schwedische, Reflexzonenmassagen usw. im Programm. Andere, besonders in Thamel, bieten tatsächlich (oder zusätzlich) sexuelle Dienste an. Der beste Rat lautet: Wenn der Laden zwielichtig wirkt, ist er es höchstwahrscheinlich auch.

Zeit und Kalender

Die nepalesische Zeit ist der Mitteleuropäischen Zeit um 4 Stunden 45 Minuten voraus, im Sommer nur 3 Stunden 45 Minuten, da es in Nepal keine Sommerzeit gibt.

Das nepalesische Jahr

Der nepalesische Kalender unterscheidet sich vor allem in drei Punkten von der internationalen Zeitrechnung: Er ist dieser um 57 Jahre (genauer: 56 Jahre und neun Monate) voraus, seine Monate beginnen und enden mit etwa zwei Wochen Verschiebung gegenüber ihren internationalen Entsprechungen, und das neue Jahr beginnt offiziell mit dem Monat Baisaakh, also Mitte April. Dieser „Bikram Sambat"-Kalender wurde von dem legendären indischen Herrscher Vikramaditya eingeführt. Indien hat sich längst auf den internationalen Kalender umgestellt, aber Nepal, das der Kolonialisierung widerstand, hält an der althergebrachten Tradition fest. Natürlich gibt es Stimmen, die nach Veränderungen rufen: Einige wollen zum „Nepal Sambat" der newarischen „Urbevölkerung" des Kathmandutals zurückkehren, andere würden den Kalender lieber modernisieren.

Die Entscheidungen der Astrologen, die die Daten der Feste bestimmen, sind notorisch unberechenbar, da sie sich nach den Mondphasen richten (S. 40). Nachstehend eine Liste mit den Namen der nepalesischen **Monate**; oft sieht man auch andere Schreibweisen, die teils auf dem klassischen Sanskrit basieren.

Baisaakh (April–Mai)
Jeth (Mai–Juni)
Asaar (Juni–Juli)
Saaun (Juli–Aug)
Bhadau (Aug–Sep)
Asoj (Sep–Okt)
Khartik (Okt–Nov)
Mangsir (Nov–Dez)
Poush (Dez–Jan)
Magh (Jan–Feb)
Phaagun (Feb–März)
Chait (März–April)

Land und Leute

Geschichte

Das kleine, zwischen China und Indien eingezwängte Himalaya-Königreich Nepal hat in der asiatischen Geschichte eine erstaunlich wichtige Rolle gespielt. In der Frühgeschichte des Landes wurde hier Buddha geboren. Lange danach geriet es durch seine kühnen Eroberungszüge mit Tibet und mit den Briten aneinander. Sein Name und seine dokumentierte Geschichte reichen fast 3000 Jahre zurück, doch als geeinte Nation existiert es gerade mal seit 240 Jahren. Vor 1769 bezeichnete der Name „Nepal" nur ein kleineres Königreich im Kathmandutal. Ein Teil der ländlichen Bevölkerung verwendet den Begriff auch heute noch so.

Ein Land im Himalaya

Nepals Geschichte – seine Volksgruppen, seine Politik und seine Entwicklung – wurde vor allem durch seine außergewöhnliche **Landschaft** geprägt. Der **Himalaya**, der sich als gigantische, geologische Knautschzone entlang der Nordgrenze des Landes auftürmt, ist nach erdgeschichtlichen Begriffen noch sehr jung – er begann sich vor läppischen 55 Mio. Jahren zu erheben, seine heutige Höhe erreichte er sogar erst in den letzten zwei Millionen Jahren –, doch hoch genug, um das wüstenähnliche **tibetische Hochland** entstehen zu lassen, das teilweise innerhalb der Nordwestgrenzen Nepals liegt.

Das kulturelle und wirtschaftliche Herz Nepals – und seine Hauptstadt Kathmandu – liegen im **Mittleren Bergland** oder *pahad*, einem gewaltig anwachsenden grünen Gürtel, der seine Existenz nicht nur der Plattentektonik, sondern auch dem Wirken des Wassers verdankt. Die Flüsse Karnali, Kali Gandaki und Arun, die tief im Inneren Tibets entspringen, haben einige der weltweit tiefsten und spektakulärsten **Schluchten** durch das Land gegraben. Kurz vor Nepals Südgrenze bilden die geologisch noch jüngeren Höhenzüge des Mahabharat Lek und der Churia-Kette eine letzte Barriere, welche die großen, südwärts strömenden Flüsse zu langwierigen Umwegen in Ost- oder Westrichtung zwingt, bevor sie sich ins Flachland des **Terai** und weiter nach Indien ergießen.

Völkerwanderungen der Vergangenheit

Die Newar, die vermutlich am längsten hier leben, sagen, einst habe ein Ursee das Kathmandutal ausgefüllt. Geologen bestätigen die Existenz eines großen Sees, der vor rund 100 000 Jahren austrocknete. Ob das Tal selbst damals bewohnt war, ist ungewiss, aber Bergtempel wie Swayambu wurden vielleicht in weiser Voraussicht genau deshalb oberhalb der Wasserlinie gebaut. In den Chure Hills weiter südlich fanden Archäologen einfache Steinwerkzeuge, die mindestens 100 000 Jahre alt sind.

Volkstümliche Überlieferungen deuten darauf hin, dass die meisten Volksgruppen, die heute in Nepal leben, ursprünglich als nomadische Jäger und Sammler herkamen. Viele behielten die-

ZEITLEISTE

vor 55 Millionen Jahren	vor 100 000 Jahren
Durch den Zusammenstoß von Indischer und Asiatischer Platte beginnt sich der Himalaya zu heben.	Der Urzeitsee im Kathmandutal trocknet aus.

se Lebensweise bis etwa ins 17. Jh. bei. Halbmythologische Ahnengeschichten erzählen vom kriegerischen Volk der **Kirata** (oder Kirati), das ab dem 6. oder 7. Jh. v. Chr. das östliche Bergland – wo es heute noch ansässig ist – und das Kathmandutal beherrschte. Zur gleichen Zeit rodeten Hindus aus dem Süden den malariaverseuchten Dschungel des Terai und gründeten die Stadtstaaten **Mithila** (das heutige Janakpur), Schauplatz vieler Szenen des **Ramayana**, und **Kapilvastu** (heute Tilaurakot), wo Buddha im 6. Jh. v. Chr. seine Jugendjahre (vor der Erleuchtung) verbrachte.

Im ersten Jahrtausend n. Chr. wurde das Bergland aus allen Himmelsrichtungen besiedelt. Die **Khas** drangen unaufhaltsam ostwärts in Nepals westliches Bergland vor und brachten ihre indoarische Sprache, das Nepali, und ihre hinduistische Religion mit. Aus dem tibetischen Norden kam es zu mehreren Einwanderungswellen: zuerst durch die **Tamang**, dann, um 500 n. Chr., durch die **Gurung**. Die Einwanderer aus dem Norden hingen anfänglich dem Animismus an und praktizierten Naturverehrung und Schamanismus. Als sich dann der Buddhismus in Tibet durchsetzte, reimportierten sie ihre Version des Glaubens in sein ursprüngliches Heimatland. Lässt man die modernen Flüchtlinge außen vor, waren die letzten tibetischstämmigen Menschen, die ab den 1530er-Jahren über die Pässe nach Nepal einwanderten, die **Sherpa**.

Die verschiedenen Bergvölker blieben weitgehend unter sich. Das Kathmandutal dagegen fungierte als riesiger ethnischer Schmelztiegel. Selbst die „eingeborenen" Talbewohner, die **Newar**, sprechen mit Newari eine Sprache, deren tibeto-birmanische Wurzeln stark durch das Sanskrit (heilige Sprache der Hindus) beeinflusst wurden, und ihr genetisches Erbe scheint ebenso bunt gemischt zu sein wie ihre Sprache.

Die Licchavi und Thakuri

Im 2. Jh. n. Chr. stürzten die nordindischen **Licchavi** die Kirata. Sie gründeten ihre Hauptstadt und ihre Dynastie in Deopatan (dem heutigen Pashupatinath) und nutzten das Kathmandutal als günstig gelegenen Umschlagplatz für den Handel zwischen Indien und Tibet. Obwohl sie selbst Hindus waren, stifteten die Licchavi neben hinduistischen Heiligtümern auch buddhistische Tempel und etablierten damit Nepals lang bewährte Tradition der religiösen Toleranz. Es sind keine Gebäude aus der Zeit der Licchavi erhalten, aber chinesische Reisende berichteten von „vielstöckigen Tempeln, so hoch wie eine Wolkenkrone" – vielleicht ein Hinweis auf die Pagoden, die ein Wahrzeichen Nepals werden sollten. Zugleich läuteten die Licchavi ein großes Zeitalter der klassischen Bildhauerkunst ein: Ihre Statuen finden sich heute noch im Kathmandutal verstreut.

Die früheste überlieferte Steininschrift stammt aus dem Jahr 464 und ist am Changu Narayan zu besichtigen. Sie rühmt den Licchavi-König **Mandev** (oft auch Manadeva geschrieben), den legendären Erbauer des Stupa von Boudha. Der größte Herrscher **Amsuvarma** (605–621) dieser als „Erstes Goldenes Zeitalter" bezeichneten Epoche war kein Spross der Licchavi-Dynastie, sondern entstammte der Linie

vor 30 000 Jahren	ca. 400 v. Chr.	erstes Jahrtausend n. Chr.
Im Kathmandutal leben Menschen, die Werkzeuge benutzen.	Gautama Buddha wird in Lumbini geboren.	Einwanderer vom Tibetischen Plateau und aus den indischen Ebenen besiedeln nach und nach Nepal.

der Thakuri. Er hatte den Thron nach dem Tod seines Schwiegervaters Shivadeva usurpiert und soll einen prachtvollen Palast errichtet haben, wohl im heutigen Viertel Naxal in Kathmandu. Doch zu seiner Zeit war Nepal bereits ein Vasallenstaat Tibets, und Amsuvarmas Tochter Bhrikuti wurde vom tibetischen König verschleppt. Es heißt, sie habe den Buddhismus nach Tibet gebracht.

Die Licchavi-Ära endete 879. Die folgenden drei Jahrhunderte werden manchmal als Nepals **finsteres Mittelalter** bezeichnet. Die nepalesischen Chroniken verzeichnen in dieser Zeit eine lange Liste von **Thakuri-Königen**, die aber vielleicht nur Marionetten der wechselnden Mächte waren, welche das Terai beherrschten. Dennoch war diese Ära eine Blütezeit der Gelehrsamkeit und Künste. Ab dem 11. Jh. wurde das Kathmandutal ein bedeutendes Zentrum für tantrische Studien (S. 199).

Die Khas und die Malla

Ab dem 12. Jh. war Sinja, im Karnali-Becken unweit des heutigen Jumla, das bedeutendste Machtzentrum der Region. Das **Khas-Reich** beherrschte auf dem Höhepunkt seiner Macht den Himalaya von Kaschmir bis zum heutigen Pokhara. Der Wiederaufstieg des Kathmandutals – das damals „Nepal" hieß – begann, als der Thakuri-König von Bhaktapur, Arideva, den Titel **Malla** annahm, vermutlich im Jahr 1200. Diesen Namen führten drei große Dynastien über einen Zeitraum von mehr als fünf Jahrhunderten, das „Goldene Zeitalter" der nepalesischen Kultur.

Die frühen Malla-Könige mussten ihre aufstrebenden Reiche gegen zerstörerische Angriffe der Khas und 1349 gegen Moslems aus Bengalen verteidigen. Doch Handel und Kunst florierten. Der große nepalesische Baumeister Arniko wurde sogar ins China der Ming-Zeit entsandt, um die Chinesen im Pagodenbau zu unterweisen. **Jayasthiti Malla** (1354–95) begründete Bhaktapurs starke Zentralherrschaft und führte das Kastensystem ein. Ihren Zenit erreichte die Malla-Dynastie unter **Yaksha Malla** (1428–82), der seinen Einflussbereich westwärts bis nach Gorkha und ostwärts bis ins heutige Biratnagar ausdehnen konnte. Nach seinem Tod wurde das Königreich unter seinen drei Söhnen aufgeteilt, und fortan befehdeten sich die nunmehr eigenständigen Stadtstaaten Kathmandu, Patan und Bhaktapur drei Jahrhunderte lang und versuchten einander mit immer spektakuläreren Palästen und Tempeln zu überflügeln.

Während das Kathmandutal gedieh, erstarkten im Westen neue Mächte. Als die Moslems Nordindien eroberten, suchte ein steter Strom von Rajputen-Fürsten Zuflucht oder neue Eroberungen in den Bergen. Im frühen 15. Jh. war das Reich der Khas in viele unbedeutende kleine Provinzen zerfallen. Jene im Karnali-Becken wurden unter dem Namen **Baaisi Rajya** („22 Königreiche") bekannt. Diejenigen, die die Macht über die Magar- und Gurung-Gebiete weiter östlich im Gandaki-Becken errangen, erhielten den Namen **Chaubisi** („Die 24"). Derweil wanderte die Khas-Bevölkerung allmählich ostwärts ins Kathmandutal und wurde zum Grundstock der **Parbatiya** oder Kasten-Hindus, die Nepal nunmehr seit Jahrhunderten dominieren.

ca. 400	ca. 620	ca. 1200
Die Licchavi-Dynastie beginnt über Pashupatinath zu herrschen.	König Songtsän Gampo von Tibet heiratet (der Legende nach) die Licchavi-Prinzessin Bhikruti und bringt so den Buddhismus nach Tibet.	Arideva von Bhaktapur begründet die glorreiche Malla-Dynastie, die ihren Namen („Ringer") Aridevas Faible für den Ringkampf verdankt.

Gorkhas Eroberungszüge

Die Konföderationen der Chaubisi und Baaisi waren klein, schwach, kulturell rückständig, aber politisch stabil. Bis **Gorkha**, das östlichste Territorium, hochfliegende Ambitionen entwickelte. Unter der ehrgeizigen, nahezu besessenen Führung von **Prithvi Narayan Shah** (1722–75) nahmen die Gorkhali einen Kampf auf, der nach 27 Jahren zur Eroberung der Königreiche im „Nepal"-Tal und nach etwa der gleichen Zeit zur Unterwerfung des gesamten heutigen Nepal führen sollte.

Prithvi Narayan hoffte, ein einziges, den ganzen Himalaya umspannendes Königreich zu schaffen, ein Bollwerk der Hindukultur gegen Nordindien, das zuerst an die Moguln und dann an die Briten gefallen war. Zunächst nahm er das nordwestlich von Kathmandu gelegene Nuwakot ein. Von hier aus führte er 20 Jahre lang einen unerbittlichen **Zermürbungskrieg** gegen das Kathmandutal. Kirtipur ergab sich als erstes nach sechsmonatiger Belagerung. Seinen Bewohnern wurden als Strafe für ihren Widerstand die Lippen und Nasen abgeschnitten. Der König von Kathmandu, Jaya Prakash Malla, bat in seiner Verzweiflung sogar die Britische Ostindienkompanie um Hilfe, doch es nützte ihm nichts: Von den 2400 Soldaten, die die Kompanie ihm zur Verfügung stellte, kehrten nur 800 nach Indien zurück. Am Vorabend des Festes Indra Jaatra gab Jaya Prakash Malla, über dessen Geisteszustand sich Gerüchte breit machten, 1768 die Verteidigung der Stadt auf, und Kathmandu fiel kampflos an die Gorkhali. Zwei Tage später war Patan erobert, und im folgenden Jahr ergab sich auch Bhaktapur. 1774 hatten die Gorkhali alle östlichen Gebiete bis Sikkim unter Kontrolle.

Prithvi Narayan betrachtete die britischen Ambitionen in Indien ebenso argwöhnisch wie die der Chinesen in Tibet – er bezeichnete sein Königreich als „eine Yamswurzel zwischen zwei Steinen" – und riegelte Nepal vorsichtshalber komplett gegen Ausländer ab. Die Tore des Landes blieben bis in die 1950er-Jahre nahezu hermetisch verschlossen. Das abgeriegelte Nepal verwickelte sich in eine lange Abfolge blutiger **Erbfolgekämpfe**, die die nächsten 200 Jahre bestimmen sollten. Doch wenn sie gerade einmal nicht damit beschäftigt waren, einander in den Rücken zu fallen, gelang es den Shah sogar, ihre Eroberungskriege fortzusetzen. Sie köderten ihre Soldaten mit dem Traum aller Bergbewohner – der Aussicht auf ein eigenes Stück Land – und bauten die nepalesische Armee zu einer unaufhaltsamen Kampfmaschinerie aus. 1790 reichte Nepal weit über seine heutigen Ost- und Westgrenzen hinaus.

Gebremst wurde die Expansion schließlich durch einen kurzen, aber ernüchternden **Krieg mit Tibet** und eine Konfrontation mit der **Britischen Ostindienkompanie** im Jahr 1814, nachdem Nepal die Butwal-Region des Terai annektiert hatte. Es kostete die Briten zwei Jahre und hohe Verluste, Nepal in seine Schranken zu weisen. Der 1816 geschlossene **Frieden von Segauli** zwang Nepal, seine heutigen Ost- und Westgrenzen zu akzeptieren und einen großen Teil des Terai abzutreten. Noch schlimmer: Das Land musste die Anwesenheit eines britischen „Residenten" in Kathmandu hinnehmen. Dafür waren

ab ca. 1200	1260er-Jahre	1288–ca. 1340
Der Buddhismus verliert in Nepal angesichts starker hinduistischer Monarchien an Bedeutung.	Der nepalesische Architekt Arniko reist nach China und nimmt das Geheimnis des Pagodenbaus mit sich.	Das Kathmandutal wird wiederholt von den Khas aus dem Westen und den Doya aus dem Terai angegriffen.

die Briten von „unserem wackeren Gegner" so beeindruckt, dass sie begannen, Nepalesen für ihre indische Armee zu rekrutieren. Diese legendären **Gurkha-Regimenter** gibt es heute noch (S. 295). Als Nepal den Briten 1857 half, den großen Aufstand in Indien niederzuschlagen, erhielt das Land zum Dank die abgetretenen Terai-Gebiete zurück.

Die Willkürherrschaft der Rana

Intrigen und Morde erschütterten den königlichen Hof in Kathmandu in der ersten Hälfte des 19. Jhs. Sie gipfelten im grausigen **Kot-Massaker** von 1846, bei dem in einem Seitenhof des Durbar Square in Kathmandu mehr als 50 Mitglieder des Hofstaats niedergemetzelt wurden. Hinter dem Geschehen steckte der clevere junge General **Jang Bahadur Rana**, der daraufhin die Macht an sich riss und sich zum Premierminister auf Lebenszeit erklärte. Später machte er sein Amt erblich und verknüpfte es mit einem königlichen Titel: Shri Tin Maharaja (eine Abkürzung von Shri Shri Shri Maharaja) – Seine dreimalige Hoheit der König.

Der Shah-König führte sogar fünf „Shris" im Titel, doch de facto lag die gesamte Macht in den Händen der Rana. Ein Jahrhundert lang regierten sie das Land autoritär und schotteten es nach außen ab. Straßen oder Schulen wurden kaum gebaut, dafür entstanden überkandidelte klassizistische Paläste. Die Rana waren darauf bedacht, sich mit den Briten gut zu stellen, ließen aber nur eine Handvoll Ausländer nach Nepal einreisen – und auch die normalerweise nur bis Chitwan. Selbst der britische Resident kam nicht über das Kathmandutal hinaus. Die östlichen und westlichen Landesteile wurden wie Kolonien behandelt. Die religiösen Bräuche und die traditionellen Grundbesitzverhältnisse der Bergvölker wurden immer stärker „sanskritisiert" – also durch die Parbatiya-Kultur der Hindus mit Kastenzugehörigkeit kolonisiert. Das Nutzland wurde zunehmend knapper, und die Bauern wanderten auf ihrer Suche nach neuen Flächen immer weiter über die Berge nach Osten und nach Süden in den Dschungel des Terai. Statt Brandrodungs-Feldbau wurde nur noch kümmerliche Landwirtschaft für den Eigenbedarf betrieben. Das tibetische Salz- und Handelswegenetz wurde durch die neue britische Route über Darjeeling umgangen. Newar-Kaufleute gründeten überall in Nepal Basare, um importierte Waren zu verkaufen. Ab dem frühen 20. Jh. begann die Bevölkerung zu wachsen.

Chandra Shamsher Rana, der 1901 seinem Bruder die Macht entriss, ist vor allem dafür bekannt, dass er den Singha-Durbar-Palast mit seinen über 1000 Zimmern baute und endlich die Sklaverei sowie den Brauch des *sati*, der Witwenverbrennung, abschaffte. Außerdem ließ er Nepals erste Hochschule, das erste Wasserkraftwerk, Hängebrücken auf den Bergpfaden und die berühmte **Lastenseilbahn** zwischen Kathmandu und dem Terai bauen. Indiens Eisenbahnnetz wurde in der Zeit zwischen den Kriegen bis nach Nepal verlängert, drang aber nie weiter als ein paar Kilometer ins Terai vor. In

1349	1383	nach 1482
Shams ud-din Ilyas, der moslemische Herrscher von Bengalen, überfällt das Kathmandutal.	1700 Adelige schwören Jayasthiti Malla ihre Treue und erkennen damit seine Herrschaft über das gesamte Kathmandutal an.	Kathmandu, Patan und Bhaktapur werden drei unabhängige Königreiche.

den 1930er-Jahren wurden die ersten Fabriken rund um Biratnagar angesiedelt; 1942 bekam Nepal seinen ersten Flugplatz.

Die Restauration der Monarchie

Das völlig unzeitgemäße Regime hatte keine Chance, die geopolitischen Erdbeben der Nachkriegsära zu überstehen. 1947 verließen die Briten Indien. 1949 kamen in China die Kommunisten an die Macht – und rissen innerhalb von nur zwei Jahren auch **Tibet** an sich. Im Bemühen um Stabilität unterzeichnete Nepal 1950 einen weit reichenden **„Friedens- und Freundschaftsvertrag"** mit Indien. Trotz aller späteren Umwälzungen bildet er bis heute die umstrittene Basis ihrer bilateralen Beziehungen.

1950 rief die kurz zuvor in Kalkutta gegründete **Nepali Congress Party** zum bewaffneten Kampf gegen die Rana auf. Keinen Monat später bat König Tribhuvan bei der indischen Botschaft um Asyl und wurde außer Landes nach Delhi geschmuggelt. Zwei Monate gingen mit sporadischen Gefechten und politischem Gefeilsche ins Land, bis die international diskreditierten Rana sich widerstrebend zu Verhandlungen bereit erklärten. Unter indischer Vermittlung wurde der sogenannte **Delhi-Kompromiss** ausgehandelt, nach dem sich die Rana und die Congress Party die Macht unter der Oberherrschaft des Königs teilen sollten. Der Kompromiss scheiterte jedoch alsbald am Machtgezänk zwischen den Rana und der Congress Party. Tribhuvan selbst starb 1955, und die angekündigte verfassunggebende Versammlung, die eine neue demokratische Verfassung ausarbeiten sollte, trat nie zusammen.

Der 1955 gekrönte König Mahendra setzte eine Verfassung durch, die ihm Notstandsvollmachten und die oberste Befehlsgewalt über die Armee einräumte. 1959 fanden endlich die lang aufgeschobenen Wahlen statt, doch das **„Experiment Demokratie"** erwies sich als zu erfolgreich. Unter Premierminister **B. P. Koirala** begann die Nepali Congress Party, sich über die Palastautorität hinwegzusetzen. Daraufhin verbot Mahendra alle politischen Parteien, steckte die führenden Mitglieder der Congress Party ins Gefängnis und führte das „parteilose" **Panchayat-System** ein. Seine Nationalversammlung, die durch örtliche Dorfräte *(panchayat)* gewählt wurde, war in der Praxis lediglich ein Abnickorgan für die königlichen Entscheidungen und eine Spielwiese für Korruption und Vetternwirtschaft. Das Regime hielt sich nur durch Finanzhilfen aus dem Ausland, und indem es Indien und China gegeneinander ausspielte.

1972 übernahm **König Birendra** den Thron seines Vaters und erklärte Nepal zur **Friedenszone**, eine Neutralitätsverpflichtung nach dem Vorbild der Schweiz, die ihm internationalen Beifall einbrachte, Indien jedoch verprellte. Birendra ließ im Laufe seiner Regierungszeit ein paar kleinere politische Reformen zu und erfreute sich allgemeiner Beliebtheit, doch in den 1980er-Jahren wurde deutlich, dass er weder die immer schlimmer um sich greifende Korruption – unter Beteiligung seiner eigenen Familie – eindämmen, noch die schwelende Unzufriedenheit der Bevölkerung im Zaum halten konnte.

ca. 1490	1530er-Jahre	1553
Ratna Malla von Kathmandu erlaubt Moslems, sich in seinem Reich niederzulassen.	Sherpa aus Tibet beginnen, sich in Solu Khumbu niederzulassen.	König Mukunda Sen stirbt, was zum Zusammenbruch des großen, aber kurzlebigen Palpa-Königreichs im Westen führt.

Die Entwicklung unter den Shah

In der Zeit der drei Shah-Könige explodierte Nepals **Bevölkerung** förmlich: von 8,4 Mio. im Jahr 1954 auf 18,5 Mio. 1991. Einen großen Teil des Bevölkerungswachstums nahm das an Indien grenzende Flachland des Terai auf. Sein Dschungel wurde gerodet, um Ackerland zu gewinnen, und die Malaria mit Sprühaktionen weitgehend ausgerottet. Doch allmählich ging den Nepalesen das Land aus. Das galt auch für den Wald, der den Bergbauern als lebenswichtiger Brennholz- und Futterlieferant diente. Fast ein Drittel der Bevölkerung litt unter Nahrungsmangel, und die meisten Männer gingen im Winter auf Wanderschaft, um sich eine bezahlte Arbeit zu suchen. Die Bevölkerung des Kathmandutals verdoppelte sich bis 1991 auf weit über eine Million. Weitere gut eine Million Menschen zog es über die Grenze nach Indien. Den unkoordinierten **Entwicklungsprojekten** gelang es nicht, die Wirtschaft anzukurbeln; stattdessen blähten sie nur die Bürokratie auf und verzerrten den Staatshaushalt: In der Zeit der größten Abhängigkeit gegen Ende der 1980er-Jahre stammten 40 % der Staatsausgaben aus ausländischer Entwicklungshilfe.

Immerhin konnte die königliche Regierung auch ein paar Fortschritte für Nepal verbuchen. Zwar konnten 1991 nur 40 % der Bevölkerung lesen und schreiben, doch 50 Jahre zuvor waren es erst 5 % gewesen. Im gleichen Zeitraum sank die Kindersterblichkeit von katastrophalen 20 % auf allerdings immer noch schockierende 10 %. Obwohl sich der Abschluss von Zoll- und Handelsabkommen mit Indien sehr schwierig gestaltete, wurden Gewerbegebiete in Balaju, Birgunj und Hetauda eingerichtet. Mitte der 1980er-Jahre beschäftigte die von tibetischen Flüchtlingen dominierte **Teppichbranche** bis zu 250 000 Menschen. Doch Nepals spektakulärste Erfolgsgeschichte war wohl der **Tourismus**. Das Königreich, das einst nur einen einzigen britischen Residenten ins Land ließ, empfing 1960 bereits 4000 und 1976, gegen Ende der Hippie-Ära, sogar 100 000 Besucher. Dank einer neuen, clever vermarkteten Tourismussparte namens **Trekking** wuchs ihre Zahl bis Anfang der 1990er-Jahre auf 250 000.

Demokratie und Unzufriedenheit

Die Panchayat-Regierung hätte sich vielleicht noch jahrelang so durchwursteln können, hätte die indische Regierung nicht 1989 wegen eines Handels- und Zuwanderungskonflikts eine fast ganzjährige **Blockade** gegen Nepal verhängt. Und selbst diese Krise hätte die Regierung vielleicht aussitzen können, wenn nicht die auf dem Tiananmen-Platz niedergeschlagene chinesische Demokratiebewegung und die erfolgreichen Revolutionen in Osteuropa als Vorbilder dazugekommen wären.

Die verbotenen Oppositionsparteien schlossen sich zu einer **Bewegung zur Wiederherstellung der Demokratie** zusammen und riefen einen nationalen Protesttag für den 18. Februar 1990 aus – den Jahrestag der ersten Regierung der Nach-Rana-Ära, der bereits als „Tag der Demokratie" galt. Straßenkämpfe mit der Polizei

1600er-Jahre	1721	1768
Chilis, Kartoffeln und Mais werden angebaut.	Der Jesuitenpater Ippolito Desideri ist der erste Besucher aus dem Westen, der das Kathmandutal bereist und zu Hause darüber berichtet.	Kathmandu fällt an Prithvi Narayan.

und die Verhaftung führender Oppositioneller konnten das Verlangen nach einem grundlegenden Wandel nicht dämpfen; die Jana Andolan („Volksbewegung“) kam ganz im Gegenteil immer stärker in Schwung. Am 31. März übernahm die Newar-Bevölkerung von Patan die Kontrolle über ihre Stadt. Am 6. April stimmte der König einer Verfassungsreform zu, was aber nicht ausreichte, um die 200 000 Menschen zu beschwichtigen, die über Kathmandus Durbar Marg zum königlichen Palast marschierten. Als dann die Armee auf die Demonstranten feuerte und Dutzende tötete, blieb dem König keine Wahl, als sein Kabinett aufzulösen, das Verbot der politischen Parteien aufzuheben und die Opposition zur Bildung einer Übergangsregierung aufzufordern.

Doch wieder einmal wurden die Forderungen nach einer verfassunggebenden Versammlung ignoriert, und erneut behielt sich der König als konstitutioneller Monarch entscheidende Machtbefugnisse vor. Nepal blieb offiziell hinduistisch und wurde kein weltlicher Staat. Immerhin wurde das bisherige Rastriya Panchayat durch ein Parlament mit echtem Zweikammersystem ersetzt. Im Mai 1991 fanden freie Wahlen statt. Wahlsieger wurde wieder die Nepali Congress Party unter **Girija Prasad Koirala**, dem jüngeren Bruder von B. P. Koirala. Doch die diversen kommunistischen Parteien Nepals folgten dichtauf: Sie behaupteten ihre traditionellen Hochburgen im Osten und gewannen unerwartet sogar die Mehrheit im Kathmandutal. Die nächsten fünf Jahre wanderte die Macht zwischen der Congress Party und der kommunistischen Partei Nepal–United Marxist-Leninist (CPN-UML) hin und her. Doch ganz gleich, wer gerade das Sagen hatte, politische Grabenkämpfe und Kuhhändel, Günstlingswirtschaft und Korruptionsprofite schienen allen Seiten wichtiger zu sein als die eigentlichen Regierungsaufgaben. Niemand fühlte sich für die verarmten Millionen außerhalb des Kathmandutals zuständig.

Maoisten und Massaker

Zwischen 1990 und 2000 machte Nepal durchaus Fortschritte. Das Straßennetz wurde in seiner Ausdehnung verdoppelt, Telefone wurden Alltag, die Zahl der Analphabeten sank um weitere 20 % (auf 42 %), und auch die Kindersterblichkeit ging deutlich zurück. Doch jegliches **Wachstum** wurde durch die **Bevölkerungsentwicklung** wieder zunichte gemacht, und statt Hoffnung machte sich zunehmend Zynismus breit. Gegen Ende des Jahrzehnts drängte alljährlich eine weitere halbe Million Schulabgänger auf den Markt, von denen nur wenige einen Arbeitsplatz ergattern konnten. An den straßenlosen Bergregionen, in denen drei Viertel der Bevölkerung lebten, ging die Entwicklung fast spurlos vorbei.

Im Februar 1996 sagten sich Mitglieder der (maoistischen) Nepal Communist Party von Nepals demokratischem System los, das sie als gescheitert betrachteten, und begannen von ihren Hochburgen Rolpa und Rukum im Westen des mittleren Berglands einen „Volkskrieg“. Die Congress-Regierung schenkte dem wenig Beachtung – ein verhängnisvoller Fehler. Die Mao-

1792

Chinesische Truppen rücken den Trisuli entlang bis nach Nuwakot vor. Tamang, Kiranti und andere ethnische Minderheiten rebellieren im ganzen Land.

1793

Oberst William Kirkpatrick ist der erste Brite, der nach Nepal eingeladen wird.

1814

Krieg mit Großbritannien: Die Nepalesen fügen den Briten mehrere Niederlagen zu, werden aber schließlich zum Mahakali River zurückgedrängt.

Das Massaker am Königshof

Das Massaker vom 1. Juni 2001, bei dem **Kronprinz Dipendra** seinen Vater, den König, und einen Großteil seiner Familie ermordete, traumatisierte und veränderte das Land. Die Shah-Dynastie hatte den Staat Nepal im 18. Jh. begründet. Die Monarchie galt als Fundament einer nationalen Identität, die die friedliche Koexistenz Dutzender verschiedener Volksgruppen und Kasten ermöglichte. Der König wurde als Inkarnation des Gottes Vishnu verehrt, als göttlicher Patriarch, der auch für Nepals Einzigartigkeit als letztes Hindu-Königreich stand, nachdem ganz Indien an die Moguln oder die Briten gefallen war. Das größte Sakrileg lag aber darin, dass es sich bei dem offensichtlichen Mörder um des Königs eigenen Sohn handelte. In einer Kultur, in der Eltern noch immer den höchsten Respekt ihrer Kinder einfordern und in der Mordfälle selten sind, war ein solches Verbrechen im Grunde unvorstellbar. Die Nepalesen empfanden tiefen Schmerz, Wut und Scham wegen des unerhörten Tabubruchs. Vor allem jedoch blieben sie in **Ungläubigkeit** gefangen: Konnte der Kronprinz wirklich der Täter sein?
Nach den Zeugenaussagen von Überlebenden und Palastbediensteten hatte Dipendra im Vorfeld einer außerordentlichen Familienversammlung Whisky getrunken und Haschisch geraucht, das mit einer nicht näher benannten „schwarzen Substanz" versetzt war – vermutlich Opium. Kurz darauf musste er von Helfern auf sein Zimmer gebracht werden. Wenige Minuten später betrat er den Billardsalon, in dem die königliche Familie versammelt war, in militärischer Tarnkleidung und mit einer automatischen Waffe in jeder Hand. Er eröffnete ganz gezielt das Feuer zuerst auf den König und dann auf weitere Mitglieder seiner Familie. Anschließend lief er in den Garten, wo er offenbar seine dorthin geflohene Mutter und anschließend sich selbst erschoss. Seine mutmaßlichen Motive waren ziemlich banal. Dipendra soll wütend auf die Königin gewesen sein, weil sie

isten attackierten systematisch Polizeiwachen und Bezirksverwaltungen. Sie finanzierten ihre Aktivitäten mit Banküberfällen und Schutzgelderpressungen. Politische Gegner wurden eingeschüchtert oder umgebracht, politische Anhänger über offensive Entwicklungsprogramme gewonnen: Sie brachten Schulen, Gerichte und Gesundheitszentren auf Vordermann, verteilten Land um und starteten Programme, um die Rechte von Frauen, niederen Kasten und Minderheiten zu stärken. Fünf Jahre später beherrschten die Rebellen faktisch fast ein Viertel der 75 Bezirke des Landes und hatten eine weitere Hälfte zumindest unterwandert.

2001 gab der Anführer der Maoisten, Pushpa Kamal Dahal – besser bekannt unter seinem Decknamen Prachanda („der Kämpferische") –, seine Bedingungen für einen Friedensschluss bekannt: eine verfassunggebende Versammlung unter Beteiligung der Maoisten und die Abschaffung der Monarchie. Die Regierung von Girija Prasad Koirala reagierte darauf mit der

1820–43	1846	1854
Der Gelehrte Brian Houghton Hodgson ist britischer Gesandter in Nepal, darf aber das Kathmandutal nicht verlassen.	General Jang Bahadur Rana bringt seine politischen Gegner um und wird zum De-facto-Herrscher über Nepal. König Rajendra Shah flieht nach Benares.	Als Premierminister erlässt Jang Bahadur den Muluki Ain, einen Kodex des nepalesischen Rechts, und erhebt damit das strenge Kastenwesen zum Gesetz.

sich der geplanten Heirat mit seiner Freundin **Devyani Rana** widersetzte. Außerdem war er berüchtigt für seinen gefährlichen Jähzorn, seinen Waffenfetischismus, seinen Hang zu Alkohol und Drogen und – wie Beobachter schlossen – eine Neigung zu gewalttätigen psychotischen Ausbrüchen. Die Sache schien glasklar. Aber der hastig zusammengestellte **Bericht des Hohen Komitees** *(High Level Committee Report)*, der nur zwei Wochen nach der Tragödie vorgelegt wurde, enthielt viele Lücken und unbeantwortete – oder gar nicht gestellte – Fragen. Warum riefen die königlichen Adjutanten in jener Nacht als Erstes nach einem Arzt, anstatt den Angreifer zu überwältigen? Und warum benötigten sie dazu zehn Minuten Zeit? Warum wurden die Opfer keiner Autopsie unterzogen? Warum schoss sich der Rechtshänder Dipendra hinter das linke Ohr? Warum warf ein Soldat die neben Dipendras Körper liegende Waffe in einen Teich?

Verschwörungstheoretiker glauben, dass es kein Zufall gewesen sei, dass Gyanendra als einziges Mitglied des engeren Familienkreises an jenem Abend nicht im Palast war und dass sein unbeliebter Sohn Paras, der dort anwesend war, unverletzt entkam. Andere brachten die Morde mit den Maoisten in Verbindung – diese behaupteten ihrerseits, dass es sich um ein Komplott der CIA und deren indischem Gegenstück, RAW, gehandelt habe. Wer immer es getan habe, führten andere ins Feld, habe Dipendra getötet und ihn anschließend mit einer lebensechten Maske gedoubelt (was erklären würde, warum Dipendra während des Anschlags – wie verlautet – weder ein Wort sprach noch irgendwelche Gemütsregungen zeigte). Wieder andere behaupteten, die wahren Täter hätten Dipendra unter Drogen gesetzt, bewaffnet und nach der Tat umgelegt. Wie auch immer es wirklich war, das Ansehen der Monarchie wurde durch den Vorfall schwer, wenn nicht gar unwiederbringlich beschädigt.

Schaffung paramilitärischer **bewaffneter Polizeitruppen** mit weitreichenden Befugnissen zum Kampf gegen die Rebellen. Vorerst war das Parlament noch nicht bereit, den politischen Rubikon zu überschreiten und die Armee aus den Kasernen zu rufen. Schließlich schuldete diese ihre Loyalität immer noch dem König.

Bald darauf wurde die Monarchie aus ganz anderen Gründen wieder zum aktiven Faktor der Politik. Am Abend des 1. Juni 2001 wurden König Birendra, Königin Aishwara und sieben weitere Mitglieder der königlichen Familie im Narayanhiti-Palast von Thronfolger **Prinz Dipendra** ermordet, der anschließend die Schusswaffe gegen sich selbst richtete, aber noch fast zwei Tage an lebenserhaltenden Apparaturen dahinvegetierte. In dieser Zeitspanne brodelte das Land vor Ängsten, Spekulationen und Verschwörungstheorien.

Als schließlich Dipendras Tod und die Thronbesteigung seines Onkels **Gyanendra** verkündet wurden, brachen **Unruhen** aus.

1857

Jang Bahadur führt persönlich ein Heer an, um den Briten während des Indischen Aufstands beizustehen; dafür wird er geadelt und bekommt das westliche Terai zurück.

1921

Von der tibetischen Grenze aus erblickt George Mallory als erster Bergsteiger die nepalesische Seite des Everest.

1941

Im Januar werden drei Anhänger des Nepal People's Council die gegen die Rana-Herrschaft aufbegehrt hatten, am Shahid (Märtyrer)-Tor in Kathmandu hingerichtet.

Nepal in der Krise: königliche Alleinherrschaft

Das Massaker am Königshof bot den Maoisten eine einmalige Gelegenheit, die antiroyalistischen Gefühle für sich auszuschlachten. Gyanendra galt im Vergleich zu seinem Bruder als abgebrühter Hardliner, und sein Sohn Paras, der neue Kronprinz, war bereits allgemein verhasst. Die Maoisten intensivierten ihre Offensive, dehnten ihre Bombenanschläge auf das bislang verschonte Kathmandutal aus und inszenierten einen Generalstreik in der Hauptstadt.

Die Congress-Party schien mal wieder mehr mit internen Querelen als mit der Regierungsarbeit beschäftigt. **Sher Bahadur Deuba** löste im Juli 2001 Girija Prasad Koirala als Premierminister ab – die elfte Regierung in ebenso vielen Jahren. Im November 2001 erwies sich das Misstrauen der Königskritiker als berechtigt: Gyanendra verkündete den **Ausnahmezustand**, setzte Bürgerrechte aus, ließ Tausende von Dissidenten inhaftieren und mobilisierte die nepalesische Armee. Die Truppen rückten mit offensiven Einsätzen tief ins Gebirge vor, um die Rebellen „aufzuspüren und zu vernichten". Als Reaktion begann die maoistische Volksbefreiungsarmee, Dämme, Telekommunikationseinrichtungen und andere Infrastrukturobjekte anzugreifen. Der regionale Aufstand einer ehemals politischen Randgruppe eskalierte allmählich zum ausgewachsenen **Bürgerkrieg**. 2004 waren die Maoisten bereits stark genug, um Kathmandu eine ganze Woche von der Außenwelt abzuschneiden.

Bis zu seinem Ende sollte dieser Krieg 14 000 Nepalesen das Leben kosten, die Wirtschaft ruinieren und das Kathmandutal mit Flüchtlingen aus den Kampfgebieten im Gebirge überschwemmen. Die Nepalesen hatten alle Hoffnung aufgegeben. Es schien den Maoisten nicht möglich, die Herrschaft über die Hauptstadt zu erringen und den Krieg für sich zu entscheiden. Die Armee wiederum konnte eine Bewegung, deren Wurzeln bis tief ins unwegsame Gebirge reichten, militärisch nicht bezwingen. Die Regierung stand nach zahllosen verpatzten Neuanfängen, immer wieder aufgeschobenen Wahlen und faulen Kompromissen mit dem immer autoritärer agierenden Königshaus kurz vor dem Zusammenbruch.

Die zweite Volksbewegung

Im Februar 2005 ließ Gyanendra schließlich jede Zurückhaltung fallen, riss die Macht an sich und verhängte das **Kriegsrecht**, woraufhin die bislang hoffnungslos zerstrittenen politischen Parteien sich umgehend gegen ihn verbündeten. Als **Sieben-Parteien-Allianz (SPA)** unterzeichneten die Politiker eine Abmachung mit den Maoisten: Sie versprachen, die maoistische Forderung nach einer verfassunggebenden Versammlung mitzutragen und die Monarchie nicht mehr zu unterstützen, wenn die Maoisten im Gegenzug einen Waffenstillstand verkündeten. Damit hatte sich eine starke Einheitsfront gegen Gyanendras Regime gebildet.

Im Winter 2005–2006 steigerten sich Ausmaß und Gewaltbereitschaft der Proteste, Demons-

1947	6. November 1950	1951
B. P. Koirala gründet im indischen Exil die Nepali Congress Party. Nach seiner Rückkehr nach Nepal wird er verhaftet und erst nach einem 27-tägigen Hungerstreik freigelassen.	König Tribhuvan entkommt aus seinem Palast, wo er von den Ranas gefangen gehalten wurde, und flüchtet nach Indien.	Die Nepali Congress Party bringt Tribhuvan im Triumph nach Nepal zurück und das Rana-Regime wird beendet.

trationen und Streiks, während die Regierung zugleich immer aggressiver reagierte. Hunderte politischer Führungspersönlichkeiten wurden verhaftet, und wieder starben Nepalesen durch Kugeln der Regierungskräfte. **Bandh**-Aktionen – Generalstreiks, die das Leben im Kathmandutal komplett lahmlegten – waren an der Tagesordnung. Anfang April erinnerte die Entwicklung zunehmend an das Jahr 1990, und viele nannten die Bewegung tatsächlich **Jana Andolan II** (Zweite Volksbewegung), während andere die Bezeichnung **Loktantra Andolan** (Demokratiebewegung) vorzogen. Im April gingen in Kathmandu trotz rabiat durchgesetzter Ausgangssperren Tag für Tag Hunderttausende von Nepalesen auf die Straße. Am 21. April spielte Gyanendra seinen letzten Trumpf aus, indem er die Führung der SPA aufforderte, einen neuen Premierminister zu ernennen. Dank der maoistischen Waffen im Rücken konnte die SPA es sich leisten, dieses durchsichtige Angebot auszuschlagen. Drei Tage später wurde das reguläre Parlament unter Girija Prasad Koirala wieder eingesetzt.

Nach zehn Jahren Krieg und Stagnation ging der politische Wandel plötzlich verblüffend fix vonstatten. Im Juni kam der geheimnisvolle Genosse Prachanda zu Gesprächen mit der SPA nach Kathmandu. Seine öffentliche Ankunft war eine Sensation: Die meisten Nepalesen hatten bis dahin noch nicht einmal ein Foto des Guerrillaführers gesehen, der die vergangenen 25 Jahre abwechselnd in Indien und an geheimen Orten in den nepalesischen Bergen verbracht hatte. Das Parlament beeilte sich, die Verfassung von 1990 einzustampfen und Wahlen zu einer **verfassunggebenden Versammlung** abzuhalten. Die Macht des Königs wurde gebrochen, die Monarchie in Nepal für abgeschafft erklärt. Im November 2006 verkündeten die Maoisten mit dem Friedensabkommen (Comprehensive Peace Accord) das offizielle Ende ihres Aufstands und erklärten sich bereit, ihre Waffen an die UN abzugeben und ihre Kämpfer in den Kasernen unter UN-Aufsicht zu stellen. In jenem Winter fiel zum ersten Mal seit 60 Jahren Schnee in Kathmandu.

Die Republik Nepal

Ganz Nepal war entschlossen, diesmal eine funktionsfähige Demokratie auf die Beine zu stellen. Aber nachdem Gyanendras Regime als gemeinsames Feindbild weggefallen war, ging das Parteiengezänk wieder los. Und ohne den einenden Überbau der Monarchie traten die Spannungen, die sich seit Jahren zwischen den verschiedenen Volksgruppen aufgebaut hatten, immer offener zutage. Ende 2006 initiierten Aktivisten im Terai die **Madhesi Andolan** oder „Bewegung für Madhesh", um für die Rechte der Madhesi, der Nepalesen indischer Abstammung und Kultur, gegen die historische Vorherrschaft (oder Missachtung) der Bergvölker und der Elite in Kathmandu zu kämpfen. Es entstanden zahlreiche politische Parteien und Interessengruppen, die regionale Autonomie oder gleich einen eigenen Staat forderten – *ek pradesh, ek madhesh* („ein Staat, ein Madhesh") hieß ihr Slogan. 2007 und 2008 kam es in den größeren Städten des Terai zu Bombenanschlägen und gewalttätigen Zusammenstößen.

1953

Am 29. Mai besteigen Tenzing Norgay Sherpa und Edmund Hillary als erste Menschen den Everest – von der nepalesischen Seite.

1955

Indische Ingenieure vollenden den Tribhuvan Rajpath, eine Straße, die Nepal mit Indien verbindet.

1959–61

Nach dem Aufstand der Tibeter und der Flucht des Dalai Lama suchen rund 20 000 Tibeter Zuflucht in Nepal.

Im April 2008 errangen die Maoisten bei den **Wahlen zur verfassunggebenden Versammlung** einen erstaunlichen Sieg. Sie erhielten 220 Sitze, mehr als ein Drittel der Gesamtzahl und doppelt so viele wie die Congress Party oder der CPN-UML. Im Mai 2008 wurde Nepal zur **Republik** erklärt. Gyanendra bekam drei Tage Zeit, um aus dem Narayanhiti-Palast auszuziehen. Im August wurde Genosse Prachanda – der sich jetzt immer öfter bei seinem bürgerlichen Namen Pushpa Kamal Dahal rufen ließ – erster Premierminister der säkularen **Demokratischen Bundesrepublik Nepal**.

Die neue Regierung sah sich nur zu bald mit der harten Realität konfrontiert. Die Fusionierung der verfeindeten Truppen, der königlichen Nationalarmee einerseits und der Volksarmee andererseits, erwies sich – wer hätte es gedacht? – als schwierig. Auch die Politiker mit ihrem Egotrip ließen sich nur schwer dazu überreden, ihre Intrigen lang genug aufzuschieben, um wenigstens über die Ausarbeitung der **neuen Verfassung** zu diskutieren. Die Nepali Congress Party von Girija Prasad Koirala gefiel sich alsbald in der Rolle der offiziellen, ewig querschießenden Opposition, während die Maoisten sich unter anderem darüber entzweiten, wie weit der Föderalismus gehen sollte und ob das neue Nepal offiziell *Volksrepublik* heißen würde. Derweil schossen überall im Land politisch militante Jugendgruppen und ethnische Interessengruppen aus dem Boden, die die Stabilität ernsthaft gefährdeten. Wie so oft setzte eine Naturkatastrophe dem Leiden der Nepalesen noch eins drauf: Im August 2008 brach bei einem verheerenden Hochwasser der **Koshi-Damm** (wodurch in Indien Tausende von Menschen starben), was die ohnehin labile Stromversorgung des Landes schwer traf.

Wartungsmängel, die Verzögerung neuer Kraftwerksprojekte, das „Anzapfen" von Leitungen und eine jedes Jahr um 10 % wachsende Nachfrage führten zu regelmäßigen „Abschaltungen", die die Hauptstadt bis zu 20 Stunden am Tag ohne Strom dastehen ließen. Die Auswirkung dieser Stromsperren auf die Industrie – die ohnehin schon den ersten eisigen Hauch der weltweiten **Wirtschaftskrise** verspürte – war katastrophal. Noch schlimmer war ihre Wirkung auf die Moral der Bürger von Kathmandu.

Wie immer ruhen die größten wirtschaftlichen Hoffnungen auf dem **Tourismus**. Tausende schienen nur auf das Ende des politischen Konflikts gewartet zu haben. 2007 und 2008 kamen über 500 000 ausländische Besucher nach Nepal (das entspricht ungefähr der Zahl der in der Tourismusbranche tätigen Nepalesen), erstmals wieder mehr als im Rekordjahr 1999, bevor der Konflikt voll ausbrach und die Touristenzahlen halbierte. Endlich wimmelten die Wanderwege wieder von Trekkern.

Machtkämpfe und Migration

Im Mai 2009 trat Premierminister Dahal plötzlich zurück, angeblich, weil Präsident Ram Baran Yadav seinen Befehl rückgängig gemacht hatte, den Stabschef der Armee zu entlassen. Tatsächlich war es ein taktischer Zug: Die Maoisten wollten in Schlüsselfragen wie der Eingliederung maoistischer Ex-Kämpfer in die neue nepa-

1960	1965	1988–93
König Mahendra setzt die Verfassung außer Kraft, lässt seine Gegner einsperren und regiert das Land als Diktator.	Gurkha-Offizier und Bergsteiger Jimmy Roberts führt drei Frauen zum Everest Base Camp: Es ist der erste „Touristentrek".	Rund 100 000 „Lhotshampas" (überwiegend nepalesische Kiranti) fliehen vor der ethnischen Säuberung in Bhutan in den Osten Nepals.

lesische Armee und dem Inhalt der Verfassung mehr Einfluss – und sie waren bereit, die Regierung zu untergraben, um ihren Willen durchzusetzen.

Madhav Nepal von der linken CPN-UML, der zu Dahals Nachfolger erkorene Premierminister einer 22-Parteienkoalition (Hauptsache ohne die Maoisten) mühte sich erfolglos ab. Derweil organisierten die Maoisten nicht nur riesige Straßenproteste, für die sie in Kathmandu bis zu einer halben Million Anhänger mobilisierten, sondern auch endlose *bandhs* oder Streiks, die tagelang das Land lahmlegten, und Straßenblockaden, die die Hauptstadt vom Rest des Landes abschnitten. Im Mai 2010 lief die Frist für den Entwurf einer Verfassung und die Abhaltung von Wahlen ab. Das Parlament verlängerte sein Mandat um ein Jahr, um alles in Ordnung zu bringen. Sechzehnmal versuchte es, einen neuen Premierminister zu wählen; sechzehnmal misslang der Versuch wegen politischen Taktierens.

Unterdessen blieb die Verfassung ungeschrieben und das Land so gut wie unregiert. Gleichzeitig wurden die Wälder im Terai fast kahlgeschlagen und die Wildschutzgebiete in aller Ruhe gewildert, und das Gesellschaftsgefüge des Landes geriet zusehends ins Wanken, weil immer mehr junge Nepalesen das Bergland verließen. Hunderttausende strömten in die ausufernden Städte Kathmandu, Pokhara und ins Terai, und 200 000 junge Nepalesen machten sich jedes Jahr auf den Weg ins Ausland, um „schmutzige, gefährliche und erniedrigende" Jobs im Persischen Golf, in Korea, Malaysia oder Indien anzunehmen. Ihre Geldüberweisungen hielten Nepal gerade so über Wasser, während zum ersten Mal seit vielen Generationen viele Bergterrassen in Nepal dem Unkraut überlassen wurden.

Ein Mustang und ein Sieben-Punkte-Abkommen

Nepal ließ sich ohne die Maoisten nicht regieren, und so beschlossen die unablässig streitenden Parteien im August 2011 **Baburam Bhattarai** aus der Führungsriege der Maoisten zum Premierminister zu wählen. Er ist nicht nur als Intellektueller der Partei bekannt, sondern auch dafür, dass er in den nationalen Schulabschlussprüfungen als Bester abschnitt und an einer indischen Universität einen Doktortitel (für eine marxistische Studie zu Nepals Unterentwicklung) erwarb – eine Verbindung, die manche als verdächtige Nähe zu Nepals Nachbarn werten. Lässt man seine Rolle im blutigen Maoisten-Aufstand einmal außer Acht, wird er oft als der ehrlichste und glaubwürdigste Maoisten-Führer gesehen. Gelobt wurde er z. B. dafür, dass er einen einfachen Mustang-Geländewagen aus nepalesischer Produktion zu seinem Dienstwagen wählte statt der sonst üblichen edlen ausländischen Geländelimousine. Weniger Eindruck machte er, als er ein überdimensionales Kabinett aufstellte und es dann dazu brachte, den Präsidenten zu drängen, einen verurteilten Mörder aus seiner eigenen Partei zu begnadigen.

Bhattarai wird auch für sein Geschick bewundert – nicht zuletzt sein Geschick, den revolutionären Eifer seiner Führungsgenossen,

1989	1996	2001
Die Volksbewegung zwingt König Birendra, eine Mehrparteiendemokratie einzuführen.	Die Maoisten beginnen ihren „Volkskrieg".	Kronprinz Dipendra erschießt die meisten seiner Angehörigen, einschließlich König Birendra, bevor er sich selbst tötet.

darunter sein möglicher Rivale Dahal, wenn nicht zu bremsen, so doch zumindest zu drosseln. Im Oktober 2011 gelang Bhattarai mit der Unterzeichnung eines **Sieben-Punkte-Abkommens** mit den größten Oppositionsparteien ein Coup. Es sieht vor, dass 6500 maoistische Ex-Kämpfer in die nepalesische Armee eingegliedert werden bzw. großzügige Abfindungen erhalten, wenn sie sich dagegen entscheiden, und dass die Maoisten beschlagnahmten Besitz zurückgeben. Ein Wahrheits- und Versöhnungskomitee soll Morde, die auf das Konto der Maoisten gehen, sowie Tötungen ohne Gerichtsurteil seitens der Armee aufklären. Wie vorherzusehen, prangerte die von Mohan Baidya, alias Kiran-ji, angeführte Fraktion der Hardliner innerhalb der Partei von Bhattarai das Abkommen als Verrat an, aber jeder wusste, dass nur wenige Nepalesen noch einmal für die Maoisten zu den Waffen greifen würden.

Indien und China

Trotz der Hoffnungen, die die Wahl Bhattarais weckte, musste sich die verfassunggebende Versammlung immer noch darüber verständigen, was für ein Land Nepal werden sollte – und wie es sich zu seinen Nachbarn stellen sollte. Indien hat Nepal aufgrund des sehr einseitigen Friedens- und Freundschaftsvertrags von 1950 und der sorgfältigen „Pflege" einzelner nepalesischer Politiker lange als Vasallenstaat betrachtet, aber das könnte sich ändern. Denn viele nepalesische Politiker schauen inzwischen nach Norden.

Zumindest die Maoisten tun das. Während des Bürgerkriegs hatten sie überraschend wenig Kontakt mit den Chinesen, aber seit sie an der Macht sind, bemühen sie sich, die Beziehungen zu verbessern, indem sie gehorsam die Grenze zu Tibet abriegeln und tibetische Protestkundgebungen in Kathmandu unterdrücken. Nepal hat außerdem seine Bestimmungen zu ausländischen Investitionen gelockert, so dass Unternehmen nun ganz in ausländischer Hand sein dürfen. Die Chinesen ziehen Vorteile daraus, indem sie neue Wasserkraftwerke planen und vorschlagen, die tibetische Eisenbahn quer durch Nepal nach Lumbini und zur indischen Grenze zu bauen – Ingenieure untersuchen bereits, ob es machbar ist, die Strecke von Lhasa nach Nyalam, nur 35 km nördlich der nepalesischen Grenze, zu verlängern.

Zukunftsaussichten

China hat auch für den Bau neuer Verbindungsstraßen über die Grenze bezahlt. Der Straßenbau ist in der Tat das große Thema der 2000er- und 2010er-Jahre: Allein in den fünf Jahren seit dem Ende des Konflikts wurden mehr Straßen gebaut als in den 50 Jahren davor. Wo einst nur Fußpfade und Felder waren, kann man nun Busse (oder wenigstens Geländewagen und Traktoren) über holperige Straßen zuckeln sehen, die durch die Berge gesprengt wurden (S. 114). Die Wirtschaft befindet sich im Umbruch.

Der **Tourismus** verändert sich fast ebenso rasant. Und das hat nicht nur mit dem Boom nach dem Bürgerkriegsende zu tun: Heute besuchen

2005	April 2006	November 2006
König Gyanendra verhängt das Militärrecht unter seiner persönlichen Führung.	Nach Streiks und Massendemonstrationen beendet die Sieben-Parteien-Allianz Gyanendras Diktatur.	Die Maoisten legen die Waffen nieder und kehren in die Politik zurück. Rund 14 000 Nepalesen starben in dem Aufstand.

jedes Jahr genauso viele Chinesen Nepal wie Briten und Amerikaner (jeweils rund 30 000, aber längst nicht so viele wie die 100 000 Inder, die inzwischen jedes Jahr kommen). Touristenorte, die einst ausschließlich auf Besucher aus dem Westen ausgerichtet waren, stellen sich auf den Zustrom von Indern und Chinesen und den wachsenden Binnentourismus um.

Der Tourismus stützt nach wie vor die Wirtschaft, zusammen mit den Geldüberweisungen im Ausland arbeitender Nepalesen, aber es reicht nie. Die einst blühende Teppichindustrie wurde durch Billigkonkurrenten zerschlagen, und andere Exporte werden immer noch behindert – durch Korruption, schlechtes Management, die katastrophale Stromversorgung und die Schwierigkeit, Waren überhaupt aus dem Land zu schaffen (das Fehlen eines Hafens ist ein Problem, der indische Protektionismus ein anderes). Das Haushaltsdefizit nimmt immer größere Ausmaße an, die Entwicklungsprobleme sind weiter ungelöst, und die vielfältigen Probleme des Landes scheinen noch durch den **Klimawandel** verschärft zu werden. Die Gefährdung durch Erdrutsche, Hochwasser und Erosion nimmt zu. Katastrophale Flutwellen durch Ausbrüche von Gletscherseen (kurz **GLOF** genannt) werden zur konkreten Bedrohung. Die großen Himalaya-Gletscher haben in den letzten 50 Jahren bis zur Hälfte ihres Volumens verloren.

Das Rückgrat Nepals, das jahrhundertelang erstaunliche Veränderungen zu überdauern schien, der Himalaya, sieht plötzlich aus, als wäre er zu anfällig für Veränderungen. Doch trotz aller Probleme, mit denen Nepal zu kämpfen hat, bietet das Land immer noch eine unschlagbare Ressource: sein Volk. Es mag merkwürdig erscheinen, einem Land, das sich aus einer unglaublichen Vielfalt an Kulturen, Völkern und Religionen zusammensetzt, nationale Eigenschaften zuzuschreiben, aber ihren Ruf für Furchtlosigkeit und Widerstandsfähigkeit haben sich die Nepalesen nicht leicht erworben. Wenn es ein Volk gibt, das die Zukunft, die sich so bedrohlich vor ihm aufzutun scheint, entgegentreten kann, dann ist es das Volk der Nepalesen.

Diese Eigenschaften scheinen nach den kürzlichen **Rückschlägen** für die junge Demokratie einmal mehr gefordert. Seit Monaten befindet sich das Land in einer Art politischer Schockstarre. Am 28. Mai 2012 feierte Nepal zwar mit dem „Tag der Republik“ das Ende der Monarchie und die Demokratiebewegung seit 2007. Doch wurde einen Tag zuvor die verfassunggebende Versammlung aufgelöst, nachdem sie nach Ablauf einer vierjährigen, mehrfach verlängerten Frist mit der Ausarbeitung einer neuen Verfassung gescheitert war. Dies zieht seither zahlreiche Demonstrationen und Streiks nach sich. Regierungschef Bhattarai kündigte **Neuwahlen** an, die im Frühling 2013 stattfinden und den Schwebezustand endgültig beenden sollen.

Zusätzlich zu den das Land seit Jahren prägenden **interparteilichen Differenzen** kam es auch innerhalb der Maoisten, die als stärkste Kraft an einer Drei-Parteien-Regierung beteiligt sind, zu einer Spaltung – im Juni 2012 traten die Hardliner unter Mohan Baidya aus und gründeten eine eigene Partei, die auch die Wiederaufnahme des bewaffneten Kampfes nicht ausschließt.

2008	2011	2012
Die Maoisten gewinnen die Wahlen. Nepal wird eine Republik.	Im September erschüttert ein Erdbeben der Stärke 6,9 den Osten Nepals und macht tausende Menschen obdachlos.	Ende Mai wird die verfassunggebende Versammlung aufgelöst, nachdem jahrelang keine Einigung erzielt werden konnte. Bis Mai 2013 sollen Neuwahlen erfolgen.

Bevölkerung

Erstaunlich viele Reisende erzählen nach ihrer Rückkehr, dass sie trotz der atemberaubenden Landschaft am meisten von den Menschen beeindruckt gewesen wären. Die Freundlichkeit der Nepalesen ist sprichwörtlich, und Gastfreundschaft ist tief in der Landeskultur verwurzelt. „Der Gast ist Gott" lautet eine vielzitierte Redensart, und Kindern wird früh beigebracht, ihre Hände zum Namaste-Gruß zusammenzupressen. Neben dieser ausgefeilten Kultur der Höflichkeit zeichnet die Nepalesen eine kompromisslose, stolze Unabhängigkeit aus und ein seltenes Talent, allen Härten des Lebens zu trotzen.

Doch das nepalesische Volk fasziniert nicht nur durch seinen Charme. Trotz seiner bescheidenen Landesfläche besitzt Nepal einen unglaublichen Reichtum an Volksgruppen (und über 50 Sprachen), von denen jede ihre eigene Kultur und Tradition pflegt. Diese erstaunliche Vielfalt verdankt Nepal vor allem seiner einzigartigen Lage. Nördlich des Himalaya-Walls leben die mongolischstämmigen Völker Zentral- und Ostasiens. Im Süden, jenseits der Malaria-Ebenen, sind die indoarischen Hindus des Subkontinents zu Hause. Die Bewohner Nepals sind die Nachfahren kühner oder verzweifelter Migranten.

Die Newar

Auch das Kathmandutal hat seine „Urbevölkerung": die Newar (S. 242), deren Siedlungen an ihren typischen Bauten aus rötlich braunem Backstein und dunklen, schnitzwerkverzierten Holzelementen zu erkennen sind. Heute leben die Newar über ganz Nepal verteilt, da ihr tatkräftiger Kaufmannsstand die Basare gründete, um die herum sich viele Bergstädtchen entwickelten. Man könnte sagen, dass die Newar ein **Gemisch aller nepalesischen Kulturen** verkörpern: Sie sind Hindus und Buddhisten zugleich, und sie sehen teils „indisch", teils „tibetisch" aus. Richtiger ist aber, dass sie die nepalesische Kultur erst geschaffen haben – einschließlich der außerordentlichen Kultur religiöser und ethnischer Toleranz, die sich bis heute behauptet.

Sherpa, Tibeter und andere Bergvölker

Nepals berühmteste Volksgruppe, die **Sherpa** (S. 435), macht nicht einmal 1 % der Bevölkerung aus. Wie andere „Bhotia"-Völker, die nach ihnen aus Tibet kamen, etwa die **Humli** in Humla und die **Lopa** in Mustang, leben sie in den höchsten und rauesten Lagen. Sie halten traditionell Yaks, pflanzen Gerste, Buchweizen und Kartoffeln. Sie sind Anhänger des **tibetischen Buddhismus** (S. 98) und in vieler Hinsicht von den Tibetern nicht zu unterscheiden. Das gilt auch für ihre Siedlungen mit Steinhäusern, Chörten, Manimauern und Gebetsfahnen. Die Bhotia-Völker sind deutlich weniger traditionsgebunden als die Hindus, und ihre Frauen haben es daher besser. Vom tibetischen Äußeren abgesehen, erkennt man sie auch an ihrer Kleidung, insbesondere an den bunten Schürzen *(pangden)* und Wickelkleidern *(chuba)* der verheirateten Frauen.

Die Bewohner des mittleren Berglands

Das mittlere Bergland oder *pahad*, dessen Bewohner manchmal als *pahadiya* bezeichnet werden, beherbergt eine außergewöhnliche Völkervielfalt. Einige Gebiete, besonders im äußersten Westen, sind ethnisch ziemlich homogen; weiter östlich kann es dagegen ausgesprochen bunt werden: In einem Tal siedeln vielleicht unten Chhetri (Kasten-Hindus), weiter oben finden sich Rai- und Gurung-Dörfer mit benachbarten Dalit (Unberührbaren)-Siedlungen, während ganz oben Tamang oder Sherpa leben. Traditionell ist das mittlere Bergland aber das Zuhause bestimmter Volksgruppen, die als *janajaati* oder Volksstämme bekannt sind: **Gurung** und **Magar** im Westen (S. 315), **Tamang** (S. 271) im Zentrum sowie **Rai** und **Limbu** im Osten (S. 446). Etwa ein Drittel der Nepalesen gehört diesen *janajaati* an. Dank den Maoisten (und einer tief verwurzelten Ablehnung der brahmanischen Unterdrückung) sehen sie ihre ethnische Identität zunehmend positiv. Ihre leicht mongolischen Gesichtszüge

Erdbebenregion Nepal

Die Erdbeben, die Nepal regelmäßig heimsuchen, sind ein drastisches Indiz dafür, dass sich der Himalaya immer noch weiter hebt, weil sich die Indische Platte mit etwa 2 cm Verschiebung pro Jahr unter die größere Eurasische Platte schiebt. Erschütterungen der Stärken 4 bis 5 auf der Richterskala kommen ein gutes Dutzend Mal im Jahr vor, doch im September 2011 versetzte ein Erdbeben der Stärke 6,9 das Land in Angst und Schrecken (zum Glück geschah es im dünn besiedelten östlichen Grenzland und forderte sehr wenige Menschenleben). Das letzte schwere Erdbeben ereignete sich 1988. Es erreichte dramatische 8,3 auf der Richterskala und forderte 700 Todesopfer im Osten des Landes. Ein vergleichbares Erdbeben legte 1934 innerhalb einer Minute ein Viertel aller Gebäude von Kathmandu in Schutt und Asche und tötete rund 17 000 Einwohner. Verschlimmernd kam hinzu, dass der weiche Untergrund des Talbodens, der sich aufgrund der Erschütterung stellenweise verflüssigte, die Wirkung der Beben noch einmal erheblich verstärkte.
Seitdem ist die Bevölkerung rasant gewachsen, und jedes Jahr entstehen tausende neue Betonbauten – von denen die Mehrzahl offiziell als „höchst unsicher" eingestuft wird. Es ist schon etwas beunruhigend, dass die Gästehäuser für Touristen, die im unerbittlichen Wettstreit um Dachterrassen mit schöner Aussicht immer höher gebaut werden, zusammen mit Schulgebäuden und Krankenhäusern zu den schlimmsten Wackelkandidaten gehören. Schätzungen zufolge würden bei einem Erdbeben der Stärke 8 im Kathmandutal mindestens 100 000 Menschen sterben und eine halbe Million ihr Zuhause verlieren. Die Überlebenden würden rettungslos festsitzen: Alle Krankenhäuser würden einstürzen und die Zugangsstraßen der Hauptstadt wären von Erdrutschen blockiert.
Nach neueren seismischen Studien droht Nepal „bald" – soll heißen: wahrscheinlich innerhalb der nächsten 50 Jahre – ein großes Erdbeben der Stärke 8 oder mehr. Einheimische Experten behaupten, es werde eher den weniger dicht besiedelten (und viel weniger bereisten) Westen treffen als das Kathmandutal, aber das ist ein schwacher Trost, wenn man gerade in Pokhara ist. Hier ein paar Hinweise, was bei einem Erdbeben zu tun ist:

- Wer drinnen ist, sollte drinnen bleiben, auch wenn es die meisten Menschen instinktiv nach draußen zieht. Am besten kriecht man unter einen Tisch oder stellt sich an eine Innenwand. Zu Außenwänden, Fenstern und schweren Möbeln gebührend Abstand halten.
- Wer draußen ist, sollte möglichst eine Freifläche aufsuchen und um Mauern, Gebäude und Stromleitungen einen weiten Bogen machen – wenn es geht.
- Bei Wanderungen sollte man sich von Flussufern und Erdrutschgebieten entfernen.
- Auf Nachbeben gefasst sein! An einem sicheren Ort bleiben und die Sachen zusammensuchen, die man für den Ernstfall braucht (Erste-Hilfe-Kasten, Decke, Taschenlampe, Wasserreinigungstabletten, Proviant).

und tibeto-birmanischen Sprachen sind ein Vermächtnis ihrer fernen Vorfahren, ihre geringe Körpergröße und muskulöse Statur dagegen eher Folge eines harten Lebens.

Die *janajaati* pflegen animistische Traditionen, die von Schamanismus überlagert und in unterschiedlichem Maße vom Hinduismus oder tibetischen Buddhismus beeinflusst sind. Ihre **Sitten** sind nicht so streng wie die der orthodoxen Hindus: Ihre Frauen genießen größere Unabhängigkeit; Fleisch und selbst gebrannter *raksi* finden regen Zuspruch. Röcke aus bedrucktem Stoff, schwerer Goldschmuck und *pote malla* (Ketten aus Glasperlen) prägen die traditionelle Tracht der Frauen. Die meisten Männer haben die possierliche *daura-suruwal*-Tracht von einst (langes Hemd und Jodhpurhose) abgelegt, aber der *topi* (traditionelle Topfhut) und die *khukuri* (Machete) im Gürtelbund sind noch oft zu sehen.

Die Kasten-Hindus

Die meisten Nepalesen stammen von Hindus ab, die vor den moslemischen Eroberern Nordindiens geflohen waren – oder von den von ihnen bekehrten Bergvölkern. Vor allem im Westen des Landes nennt man sie manchmal **Parbatiya** („Bergbewohner") oder Kasten-Hindus, da sie fast ausschließlich den oberen Kasten der **Baahun** und **Chhetri** angehörten, die durch den Siegeszug des Islam am meisten zu verlieren hatten. Ihr hoher Bildungsstand und ihr Gefühl, etwas Besseres zu sein, erfüllten sie mit dem Ehrgeiz, die Bergvölker, auf die sie trafen, zu unterwerfen. Dabei gaben sie dem Land einen großen Teil seines kulturellen Gerüsts, einschließlich seiner Verkehrssprache Nepali.

Baahun

Obwohl die Baahun (Brahmanen) der höchsten Kaste angehören, nämlich der Priesterkaste, sind sie nicht unbedingt die wohlhabendsten Mitglieder der Gesellschaft, und sie fungieren auch nicht alle als Priester. Wegen ihrer traditionellen Kenntnis des Lesens und Schreibens sind sie jedoch seit Langem ein bedeutender Pfeiler der nepalesischen Gesellschaft und bekleideten meist die besten Stellungen in Regierung, Verwaltung und den gehobenen Berufszweigen – selbst die Hälfte der maoistischen Führer gehören dieser Kaste an. Die ländlichen Baahun sind, teils zu Recht, als skrupellose Geldverleiher verschrien.

Die Baahun sollen die Reinheit ihrer Kaste bewahren, indem sie Lebensmittel wie Zwiebeln, Hühnereier und Alkohol meiden. Im Prinzip dürfen sie nicht mit niederen Kasten – darunter fallen auch Ausländer – gemeinsam essen oder sie auch nur in ihre Häuser einlassen. In der Praxis werden die strikteren Regeln nur noch von traditionsbewussten Familien im äußersten Westen Nepals eingehalten. Die Priestertätigkeit – die hauptsächlich darin besteht, Sanskrit-Gebete zu verlesen und gegen festgelegte Gebühren Rituale zu zelebrieren – ist üblicherweise ein Familiengeschäft. Manche Baahun bestreiten damit ihren gesamten Lebensunterhalt, während andere ihre Funktion nur in Teilzeit neben einer anderen Arbeit ausüben.

Chhetri

Die Mehrheit der nepalesischen Kasten-Hindus sind Chhetri. Sie gehören nach der klassischen Kastenordnung zu den Kshatriya, der Kaste der Krieger und Könige. Wie die Baahun werden sie zu den „zweimal geborenen" Kasten gerechnet, da ihre Männer mit 13 Jahren symbolisch „wiedergeboren" werden und ab diesem Zeitpunkt die heilige Schnur *(janai)* über eine Schulter tragen. Während die Baahun für gewöhnlich auf ihre reine Abstammung pochen und klassisch geschnittene „indische" Gesichtszüge aufweisen, ist der Stammbaum vieler Chhetri stärker durchmischt. Einige stammen von den **Khas** aus dem westlichen Bergland ab, andere sind Nachkommen aus Ehen zwischen Baahun und Khas und werden **Khatri Chhetri**, kurz „KC", genannt. Diejenigen, deren Khas-Vorfahren nicht konvertierten oder einheirateten, werden **Matwaali Chhetri** – „Alkohol trinkende Chhetri" – genannt. Aber da sie eine bestimmte Form des Schamanismus praktizieren und die heilige Schnur nicht tragen, werden sie teilweise auch als gesonderte ethnische Gruppe betrachtet. Chhetri, die sich auf einen reinen Kshatriya-Stammbaum berufen – besonders die aristokratischen **Thakuri**, eine Unterkaste des fernen Westens mit verwandtschaftlichen Beziehungen zur ehemaligen Königsfamilie –, können ebenso starr an Kastenvorschriften festhalten wie die Baahun.

Chhetri werden seit Langem bei der Vergabe von militärischen Ämtern und in einem geringeren Ausmaß bei Jobs in anderen Zweigen von Verwaltung und Industrie begünstigt. Auch die Shah-Dynastie entstammte der Chhetri-Kaste und ließ in ihrer Herrschaft viel von deren althergebrachter Kriegermentalität erkennen.

Dalit – die „Unberührbaren"

Im Laufe der Jahrhunderte siedelte sich eine große Zahl indischer Sudra – Angehörige der Kaste der „Unberührbaren" – in Nepals Bergen an. Die Mitglieder dieser Kaste werden heute Dalit, „die Unterdrückten", genannt und sind innerhalb der nepalesischen Gesellschaft tatsächlich stark benachteiligt, da sie in der Regel landlos und ungebildet sind und kaum Zugang zu Bildung sowie Gesundheitsfürsorge haben. Auch die Gründung von Interessenvertretungen bei der Regierung bleibt ihnen verwehrt. An viele Dörfer grenzt eine Dalit-Siedlung an, oft ein Gedränge schäbiger kleiner Behausungen. Obwohl die „Unberührbarkeit" 1963 offiziell abgeschafft wurde, bedeutet der Kontakt mit Dalit für orthodoxe Hindus immer noch eine rituelle Verunreinigung, und in vielen Landesteilen dürfen sie keine Tempel, Wohnungen und oft noch nicht einmal Teestuben betreten, oder sie werden aufgefordert, nach dem Essen von *daal bhaat* ihr Besteck selbst abzuwaschen.

Zuweilen werden die Dalit als **arbeitende Kasten** bezeichnet, da sie sich auf verschiedene, bestimmte Berufe ausübende *thar* verteilen, so etwa auf die *sarki* (Lederarbeiter), *kami* (Schmiede), *damai* (Schneider/Musiker) oder *kumal* (Töpfer). Während ihnen die Bedeutung ihrer Arbeit traditionell über den niedrigen Status hinweghalf, können sie heute nicht mehr mit den importierten industriell gefertigten Massenprodukten konkurrieren. Viele wenden sich dem Ackerbau auf gepachteten Parzellen zu oder arbeiten als Träger und Tagelöhner, um finanziell über die Runden zu kommen.

Die Völker des Terai

Bis vor nicht allzu langer Zeit war das Flachland des Terai nur spärlich besiedelt, und zwar vorwiegend von Waldbewohnern wie den **Tharu** (S. 330), **Danuwar** und **Majhi**. Doch nach den Malariabekämpfungsprogrammen der 1950er-Jahre wurde das Terai für mehrere Millionen Zuwanderer aus dem Bergland und Indien geöffnet. Heute ist dies Nepals multikulturellste Region – mit Ausnahme der Hauptstadt natürlich.

Religion

Besucher aus dem Westen sind oft überrascht, zu hören, dass die große Mehrheit der Nepalesen hinduistisch, nicht buddhistisch ist. Das sagen zumindest die Statistiken. In Wahrheit sind beide Religionen mit gemeinsamen tantrischen Traditionen durchsetzt, die für den gesamten Himalaya typisch sind.

Nepal war nicht nur lange Zeit das letzte große **Hindu-Königreich** des Subkontinents, sondern ist zugleich auch die **Geburtsstätte des Buddhismus**. Im Großen und Ganzen richtet sich die Religion der Nepalesen nach der Höhenlage: Der tibetische Buddhismus dominiert auf den Bergrücken sowie im Hohen Himalaya, wo Sherpa, Tamang und andere Bhotiya- oder tibetische Völker leben. Die Madhesi der Ebenen und die Parbatiya des mittleren Berglands sind ziemlich orthodoxe Hindus. Die Volksgruppen im gebirgigen Kernland verschmelzen den Hinduismus mit uralten Traditionen des Animismus, der Ahnenverehrung und des Schamanismus, etwa indem sie ihren örtlichen Gottheiten die Namen von Hindugöttern anhängen. Viele Rai und Limbu sind jedoch, was ihre Religion betrifft, inzwischen teilweise oder weitgehend „hinduisiert". Die Magar und Gurung sind dagegen stärker vom tibetischen Buddhismus beeinflusst Im Kathmandutal praktizieren die Newar einen einzigartigen, toleranten Mix der beiden Hauptreligionen, die sie mit Nepals lebendiger tantrischer Tradition verknüpfen.

Viele Hindu-Institutionen, die lange von der Monarchie und der brahmanisch dominierten Regierung gestützt wurden, sehen heute einer eher ungewissen Zukunft entgegen. Teile der maoistischen Bewegung sind militant säkular eingestellt. 2008 versuchte die Regierung, die traditionellen Priester aus dem Pashupatinath-Tempel zu vertreiben und strich die Finanzierung für bedeutende Feste in Kathmandu. Dagegen erleben die **buddhistischen** und **alteingesessenen Religionsgruppen** eine Art Renaissance – teilweise dank großzügiger Spenden aus dem Ausland, von denen der tibetische Buddhismus profitiert. Die Bergvölker treten derweil zunehmend für politische und religiöse Autonomie ein, lehnen die schleichende Hinduisierung der letzten Jahrzehnte ab und wollen zu regionalen Traditionen zurückkehren.

Hinduismus

Der Hinduismus ist weniger eine Religion als ein **Dharma**, das heißt eine Pflicht, eine Lehre, eine bestimmte Lebensweise. Die Hindus suchen das

Göttliche nicht in Büchern oder Gebetsversammlungen, sondern im rituellen Rhythmus der Tage und Jahreszeiten – Feste sind von höchster Bedeutung – und in den Strukturen der Familie und der gesellschaftlichen Beziehungen. Der Hinduismus hat keine gemeinsame Kirche oder Institution, sondern besteht aus vielen Sekten und Kulten, die unterschiedliche Dogmen predigen und sich auf verschiedene Schriften berufen. Seine Gläubigen können auf vielen Wegen zur Erleuchtung gelangen. Indem er andere Glaubensrichtungen und Lehren integrierte, statt sie zu unterdrücken, floriert der Hinduismus schon länger als jede andere große Religion.

Nach den philosophischen Texten der *Upanishaden* ist die Seele *(Atman)* jedes Lebewesens ein verlorenes Fragment einer universalen Seele (*Brahman*, die ultimative Wirklichkeit), während alle Dinge im physikalischen Universum reine Illusion *(Maya)* sind. Um sich wieder mit *Brahman* zu vereinen, muss die individuelle Seele einen **Zyklus von Wiedergeburten** *(Samsara)* durchlaufen, in dem sie mit jeder Reinkarnation eine höhere Stufe der Skala erklommen haben sollte. Den Fortschritt der Seele bestimmt das **Karma** – die Summe der positiven und negativen Handlungen im Leben (nicht zu verwechseln mit *kama*, was sexuelles Verlangen meint) –, das sich nach dem Maß errechnet, in dem die Seele in allen früheren Existenzformen dem Dharma gerecht wurde. Deshalb muss ein Hindu der niederen Kasten sein Schicksal akzeptieren, denn er leistet in diesem Leben nur Sühne für Sünden aus vorherigen Leben, und er muss das Dharma befolgen, um eine bessere Wiedergeburt zu erfahren. Das theoretische Ziel für jeden Hindu ist, sich von der Illusion zu befreien, die Erlösung *(Moksha)* aus dem Zyklus der Wiedergeburten zu erlangen und ins Brahman einzugehen.

Das Hindu-Pantheon

Die älteste bekannte Quelle des Hinduismus sind die **Veden**, heilige Schriften, die im 1. und 2. Jahrtausend v. Chr. in Indien entstanden. Sie erzählen von einem Pantheon aus Naturgöttern und -göttinnen, von denen einige heute noch aktuell sind: Indra (Himmel und Regen) ist in Kathmandu beliebt, während Surya (Sonne), Agni (Feuer), Vayu (Wind) und Yama (Tod) auch in der zeitgenössischen Mythologie noch immer Nebenrollen besetzen. Als Bote zwischen Göttern und Menschen nahm Agni eine besonders wichtige Position ein, weshalb Brandopfer in der vedischen Religion eine gewichtige Rolle spielten. Nach und nach wurden die vedischen Götter durch die brahmanische „**Dreigestalt**" (Trimurti) ersetzt: Brahma der Schöpfer, Vishnu der Bewahrer und Shiva der Zerstörer. Jede Region hat ihre eigenen Formen, die sich oft aus der alten Naturverehrung herleiten. Bis heute erhalten viele Ahnengeister der nepalesischen Bergbevölkerung hinduistische Namen und feste Plätze im Hindu-Pantheon, um ihre Verehrung den Hindukonventionen anzupassen – diesen Prozess nennt man auch Hinduisierung. Auf Nachfrage bezeichnen viele Nepalesen ihre lokalen Gottheiten als Erscheinungsformen von Mahadev (Shiva), Vishnu oder anderen bekannten Hauptgottheiten: Entweder aus Rücksichtnahme, um Ausländer nicht unnötig zu verwirren, oder aus der weit verbreiteten Vorstellung heraus, dass alle Gottheiten letztendlich auf eine einzige Gottheit zurückzuführen sind. Der Shivaismus (oder Shaivismus), die Verehrung Shivas als Hauptgottheit, ist – im Rahmen der tantrischen Tradition – der in Nepal am weitesten verbreitete Kult (Kasten S. 99).

In der Malerei und Bildhauerei lassen sich wichtigsten Gottheiten leicht anhand ihrer typischen Merkmale, Haltungen und Reittiere identifizieren. Die vielen Arme und Köpfe sind Zeichen für ihre „universelle" (omnipotente) Form. Abgetrennte Köpfe und zertrampelte Leiber symbolisieren dagegen Ignoranz und Boshaftigkeit.

Vishnu

Vishnu (in Nepal häufig: Narayan) steht für Würde und Gleichmut. Ikonographisch wird er entweder aufrecht stehend mit Rad *(chakra)*, Keule *(gada)*, Lotus *(padma)* und Muschel *(sankha)* in seinen vier Händen dargestellt, oder wie in Budhanilkantha auf Schlangen ruhend, im kosmischen Ozean. Vor seinen Tempeln steht eine Statue des **Garuda** (in Nepal: Garud), der ihm – halb Mensch, halb Vogel – als Reittier dient. Zuweilen wird Vishnu auch in Form einer oder mehrerer seiner zehn Inkarnationen dargestellt,

Om Mani padme hum

In Nepal ist kein Entkommen vor dem „Aum" oder „Om". Hat man sich einmal den Schriftzug der heiligen Silbe eingeprägt, sieht man ihn überall: auf Tempeltoren und Klostermauern, an Wanderpfaden in den Fels geritzt, auf Busse gemalt und als Kettenanhänger. Sobald sich das Ohr an den Klang gewöhnt hat, hört man die Silbe auch überall: in hinduistischen Gebeten und den *bhajan*-Hymnen, die zur Abenddämmerung angestimmt werden, in den endlos wiederholten gemurmelten Beschwörungsformeln buddhistischer Pilger und im unerbittlichen Geplärre aus den Musikläden für Touristen, die unaufhörlich New-Age-Mantra abspielen.

Manche Leute würden sagen, dass man dem Klang auch außerhalb Nepals nicht entgehen kann, da Om die Lebensenergie des Universums schlechthin repräsentiert, von der alle materiellen Dinge Manifestationen sind. Unter Hinduisten ist Om als „Vier-Elemente-Silbe" bekannt und steht für Geburt, Leben und Auflösung, die von den drei großen Göttern Brahma, Vishnu und Shiva verkörpert werden. Außerdem steht es für die drei menschlichen Daseinsformen: Wachheit, Träumen und Schlafen. Das vierte Element ist die absolute Stille, aus der der Ton aufsteigt und in die er zurückfällt; es repräsentiert den Bewusstseinszustand der „friedlichen, selig reinen Einheit".

Wie bei jedem guten Mantra soll schon das Aussprechen von Om positive Wirkung haben: Angeblich bringt es den Körper in Einklang mit dem mitschwingenden Geist des Universums selbst. Für tibetische Buddhisten ist Om das erste Element im bedeutendsten Mantra überhaupt: Om mani padme hum (auf Tibetisch „om mani peme hung"). Es wird normalerweise mit „Heil dem Juwel im Lotus" übersetzt, was als Gruß an den *bodhisattva* (eine Art buddhistischer Heiliger) Avalokiteshvara gemeint ist, der das Mitgefühl repräsentiert und als Juwel im Lotus bekannt ist.

Für Buddhisten ist die Bedeutung des Mantras jedoch vielschichtig. Jede Silbe entspricht einer anderen Gottheit, einer anderen Symbolfarbe und magischen Wirkung in der tibetischen Tradition, und jede verkörpert eine der sechs *paramitas* oder „Vollkommenheiten". Om und Hum repräsentieren zum Beispiel Weiß und Schwarz, Großzügigkeit und Fleiß. Das Mantra ist auch von politischer Bedeutung. Es zu singen ist ein Zeichen der Verehrung für den Dalai Lama (der nach tibetischem Glauben eine Inkarnation von Avalokiteshvara ist) und damit des Widerstands gegen die Chinesen.

die eine evolutionäre Entwicklung vom Fisch über Schildkröte und Wildschwein zu **Narasimha** (einem Wesen, das zur Hälfte Mensch und Löwe ist) durchlaufen, bevor er als Zwerg, die Axt schwingender Brahmane und als heldenhafter **Rama** und **Krishna** wiedergeboren wurde, wie in den beliebten Epen *Mahabharata* und *Ramayana* geschildert.

Rama steht in enger Verbindung zu **Hanuman**, dem Affengott, der ihm ein treuer Verbündeter ist. Der blauhäutige Krishna wird häufig auf Postern und Kalendern als molliges Baby, Flöte spielender Liebhaber oder Wagenlenker dargestellt. Sehr interessant ist Vishnus neunte Erscheinungsform: Buddha – offenbar geht sie auf Bemühungen von Vishnuiten im 6. Jh. zurück, Buddhisten in ihre Gemeinde einzugliedern. Vishnus zehnte Existenzform wird Kalki sein, eine messianische Gestalt, die im 12. Jh. eingeführt wurde, als Moslems in Indien die Oberhand gewannen.

Vishnus weibliche Ergänzung ist **Lakshmi**, die Göttin des Reichtums, für die zum Lichterfest Tihaar überall Kerzen und Lampen aufgestellt werden. Wie Vishnu, wurde auch sie in sterblicher Form in den beiden großen hinduistischen Epen verewigt: als Ramas keusche Gemahlin Prinzessin Sita und als Krishnas leidenschaftliche Partnerin Radha.

Shiva

Es gibt unendlich viele Inkarnationen von Shiva, aber für viele Gläubige ist er schlicht und einfach Mahadev: der Große Gott. Auf jeden Fall ist er Nepals bedeutendste Gottheit. Das älteste und am weitesten verbreitete Symbol Shivas ist das **Lingam**, ein phallisches Fruchtbarkeitssymbol aus Stein, das oft in einem steinernen Schrein, dem *Shivalaya* („Shiva-Haus"), untergebracht ist. Häufig wird es mit Ringelblumen bekränzt und mit rotem *abhir*-Puder bestäubt, mitunter auch mit einer *yoni*, dem Vulva-Symbol, umgeben. Shiva-Tempel erkennt man am *trisul* (Dreizack) und dem Bullen **Nandi**, Shivas Reittier.

Viele Sadhus verehren Shiva als Yogi (Yoga-Meister), den hinduistischen Asketen par excellence, der oft meditierend auf einem Himalaya-Gipfel dargestellt wird. In seiner wohlwollenden Form des **Pashupati** („Herr der Tiere") bewohnt er Pashupatinath als seine Winterresidenz. Als **Nataraja**, König des „Lebenstanzes", erschafft und zerstört er den Kosmos. Als liebender Gemahl von Parvati und Vater von Ganesh verkörpert er das Familienleben. Das Götterpaar ist an einem Tempel auf Kathmandus Durbar Square zu bewundern, wo sie aus einem Fenster im oberen Stockwerk lehnen. Ganz in der Nähe stehen zwei berühmte Statuen des monströsen **Bhairab**, der tantrischen (siehe unten) Version des Shiva in seiner Rolle als Zerstörer: Der hinduistischen Philosophie zufolge muss alles – nicht nur das Schlechte – zerstört werden, um Raum für neue Dinge zu schaffen. Bhairab allein soll über 64 verschiedene Formen annehmen können.

Mahadevi – die Muttergöttin

Auch die Muttergöttin wird in vielen friedfertigen und grimmigen Formen verehrt. Oft erscheint sie als Gefährtin von Shiva und wird durch das vulvaähnliche *yoni*-Symbol dargestellt. In weiten Teilen Nepals wird sie als **Bhagwati** verehrt, die Verkörperung der weiblichen kreativen Kraft. Im Kathmandutal nimmt sie die Gestalt von **Kumari** an, einem jungen Mädchen, das als ihre jungfräuliche Inkarnation ausgewählt wird. Der Muttergöttin werden nicht kastrierte männliche Tiere geopfert – dieser Brauch ist im tantrischen Nepal wesentlich üblicher als im orthodoxeren Indien. In der Kunst sieht man sie am häufigsten als **Durga**, die vielarmige Dämonenbezwingerin, der mit dem aufwändigen Fest Dasain gehuldigt wird. Als zornige **Kali** (die „Schwarze", die aber oft dunkelblau dargestellt wird) ist sie die weibliche Ergänzung zu Bhairab, trägt ein Halsband aus Totenschädeln und streckt nach Blut lechzend die Zunge

Heilige Hymnen

Die am häufigsten zu erlebende Form der heiligen Musik der Hindus heißt **Bhajan** – andächtiges Singen von Hymnen, was gewöhnlich vor Tempeln oder in den *sattal*, den halb offenen Loggien der Rasthäuser, geschieht. An Glück verheißenden Abenden finden Bhajan-Gruppen zusammen, um preisende Lieder für Rama, Krishna und andere Hindu-Gottheiten zu singen und klassische religiöse Gedichte zu rezitieren. Wie bei einer musikalischen *puja* werden die eindringlichen Verse beständig wiederholt, und dazu ertönen das hypnotische Trommeln auf der *tabla* und das Summen des Harmoniums. Die Gruppe der (männlichen) Sänger folgt gewöhnlich einer Leitstimme, während sich die Hymne allmählich zu einem triumphalen, mitreißenden Abschluss steigert. Bei Festen finden solche Musikdarbietungen manchmal rund um die Uhr statt. Finanziert werden sie von reichen Mäzenen.
Die Bhajans sind vorwiegend hinduistische Importartikel, doch die Newar haben ihre eigene Form dieser Hymnen, die oft in Newari gesungen werden und mitunter sogar newarisch-buddhistische Gottheiten beschwören. Manche buddhistischen Newar-Priester singen immer noch esoterische tantrische Hymnen, die in Verbindung mit mystischen Tänzen und Handgesten enorme magische Kräfte haben sollen. Das Geheimnis dieser Hymnen wird von den Eingeweihten strikt gehütet. Eine der seltenen öffentlichen Vorführungen kann man zu Buddha Jayanti erleben, wenn fünf als Pancha Buddha kostümierte *vajracharya* (Vajrayana-Priester) in Swayambhu tanzen.

heraus. Als **Ashtamatrika** zeigt sie sich in Gestalt von acht (manchmal auch sieben) grimmigen „Müttern". In friedfertiger Form erscheint sie als Parvati („Berg", Tochter des Himalaya), Gauri (die „Goldene") oder einfach als **Mahadevi** (Große Göttin).

Ganesh und andere Götter

Mehrere Legenden erzählen, warum Shivas und Parvatis Sohn **Ganesh** einen Elefantenkopf hat: Eine berichtet, dass Shiva dem Jungen versehentlich den Kopf abschlug und dann gezwungen war, den Kopf des Kindes durch denjenigen der ersten Kreatur, die ihm begegnete, zu ersetzen. Ganesh ist der Gott der Weisheit und der Entferner von Hindernissen. Da man zuerst ihm huldigen muss, um sicher zu stellen, dass Opfer an andere Götter ihren Zweck erfüllen, findet man in der Nähe von Tempeln unweigerlich einen Ganesh-Schrein. Dass Ganeshs Reittier die Ratte ist, unterstreicht den im Hinduismus sehr ausgeprägten Sinn fürs Mystisch-Absurde.

Von den anderen klassischen hinduistischen Gottheiten spielen in Nepal nur **Annapurna**, die Göttin des Korns und Überflusses, und **Sarasvati**, die Göttin des Lernens und der Kultur, eine bedeutende Rolle. Sarasvati, Gemahlin des Schöpfergottes Brahma, wird gewöhnlich mit dem Musikinstrument *vina* dargestellt, das einer Sitar ähnelt.

Gebete und Rituale

In der Praxis dreht sich im Hinduismus vieles um die Ausübung alltäglicher Rituale. Besonders wichtig ist die **puja**, das Opferritual zur Verehrung des Göttlichen. Sie kann vor einem Schrein daheim stattfinden – im Idealfall morgens und abends als erste und letzte Handlung des Tages –, in einem öffentlichen Tempel oder bei jeder passenden Gelegenheit: etwa wenn einem auf der Straße eine heilige Kuh über den Weg läuft oder man mit dem Motorrad an einem Schrein vorbeisaust. Bei der förmlicheren *puja* werden der ausgewählten Gottheit Opfergaben *(prasad)* dargebracht: Blumen (meist Ringelblumen), Räucherstäbchen, Licht (in Form von Butterlampen), *abhir* (Farbpuder) und „reine" Speisen wie Reis, Milch oder Süßspeisen. Nach vollbrachter *puja* wird dem oder der Betenden oft ein Stirnmal (*tilak* oder *tika* in Nepali) aus Sandelholzpaste, Asche oder Farbpuder aufgetupft.

Wie der Tag durch die *puja* bestimmt wird, so ist das Jahr durch saisonale Feste gegliedert. Die wichtigsten nepalesischen Feste, **Dasain** und **Tihar** (S. 44), fallen beide in den Herbst. Der Lebenslauf wiederum wird durch wichtige **Übergangsriten** *(samskaras)* geordnet. Zu den bedeutsamsten gehören in Nepal die Zeremonie für die erste Reisspeise des Kleinkinds und das *upanayana* oder „Wiedergeburtsritual", das bei Jungen der höheren Kasten (Baahun und Chhetri) den Eintritt in die Pubertät begleitet. Den Jungen wird der Kopf geschoren (bis auf ein kleines Haarbüschel am Hinterkopf), und sie erhalten die heilige Schnur *(janai)*, die sie einer Schärpe gleich auf der Haut über die Schulter tragen, um ihren Status als zweimal Geborene zu symbolisieren. In manchen Gemeinden, vor allem bei den Newar, unterziehen sich die Mädchen der *barha*-Initiation, einem Reinigungsritual um die Zeit der ersten Menstruation. Hochzeiten sind überaus wichtige und entsprechend langwierige Prozeduren mit schier endlosen Prozessionen, Geschenkübergaben und Opferritualen. In Nepal werden sie oft von einer Musikkapelle lautstark angekündigt – dabei handelt es sich entweder um das traditionelle nepalesische Ensemble aus *sahanai* (Schalmei), *damaha* (Kesselpauke), *narsinga* (C-förmigem Horn), *jhyaali* (Zimbeln) und *dholaki* (doppelseitiger Trommel) oder, bei moderneren Stadtbewohnern, um eine Blaskapelle in militärisch anmutenden Uniformen. Ein weiteres Ritual von höchster Bedeutung ist natürlich die Bestattung. Die Hindus verbrennen ihre Toten. Nepals heiligster Ort für Feuerbestattungen ist das Flussufer in Pashupatinath, gleich außerhalb von Kathmandu. Von trauernden Söhnen wird erwartet, dass sie sich den Kopf rasieren und weiß tragen.

Priester können hauptberufliche Geistliche oder einfach örtliche Brahmanen sein. Sie führen die wichtigeren Riten und Feste durch und bieten wohlhabenden Gläubigen persönlichen Rat etwa bei Krankheit oder vor schwerwiegenden Entscheidungen. Tempelpriester stehen dem *darshan*-Ritual (der Audienz bei einer Gottheit) vor, stellen geweihtes Wasser bereit, mit dem die Gläubigen sich reinigen und die Gottheit baden können, leiten die *puja* und die symbolische Speiseopferung für die Gottheit und segnen die Gläubigen mit dem **tika**-Mal.

Das Kastenwesen

Eine besondere Eigenart des Hinduismus ist das ein wenig an die südafrikanische Apartheid erinnernde Kastenwesen, das die Menschheit theoretisch in vier Hauptgruppen, die *varnas*, unterteilt. Die *Rigveda*, die älteste religiöse Schrift der Hindus, verkündet, die Priester-Brahmanen (auf Nepali Baahun) seien dem Kopf und Mund des höchsten Schöpfers entsprungen, die Krieger-Kshatriya (Chhetri) seiner Brust und seinen Armen, die Händler-Vaishya seinen Schenkeln und die „unberührbaren" Sudra (Bauern, Tagelöhner) seinen Füßen. In Nepal wurde das Kastensystem wohl im 14. Jh. durch König Jayasthiti Malla eingeführt, der sein Volk darüber hinaus in 64 erbliche Berufszweige gliederte – ein System, das bis 1964 in Nepal gesetzlich verankert blieb.

Heute ist die Kastendiskriminierung in Nepal verboten. Allerdings hüten sich die meisten Hindus der „höheren" Kasten immer noch vor ritueller Verunreinigung, indem sie weder Essen noch Wasser von Angehörigen der unteren Kasten entgegennehmen und den körperlichen Kontakt mit ihnen vermeiden. Am langsamsten geht die Veränderung bei den Eheschließungen vor sich. Mischehen zwischen den Kasten sind immer noch ein Skandal und führen oft zum Ausstoß aus der Familie – eine schwere Strafe in einem Land, in dem soziale Beziehungen so überaus wichtig sind.

Die diversen Bergvölker oder **janajaati** passen nicht so recht ins Kastensystem, Wanderungsbewegungen ins Landesinnere haben jedoch zur Durchmischung der Bevölkerung und einer starken Hinduisierung geführt. Deshalb wurde den *janajaati* so etwas wie eine „Teilmitgliedschaft" in Nepals Kastensystem eingeräumt. Aufgrund von Gewohnheiten wie dem Fleisch- und Alkoholkonsum werden sie unterhalb der Chhetri, aber oberhalb der Dalit eingestuft. Das stellt sie etwa auf eine Stufe mit Ausländern *(bideshi)* – obwohl die westlichen Ausländer streng genommen als unberührbar gelten.

Der übliche Begriff für „Kaste" lautet in Nepali **jaat**. Das Wort kann sich allerdings nicht nur auf die Kaste im engeren Sinne, sondern auch auf die Volkszugehörigkeit oder die traditionelle Berufstätigkeit beziehen. Eine weitere Einteilung ist die nach **thar**, meist als Clan definiert. Angehörige eines *thar* haben einen gemeinsamen Nachnamen, der nicht immer auf eine gemeinsame Abstammung hinweist, sondern oft eine ererbte Berufstätigkeit und gesellschaftliche Stellung bezeichnet – und mit kastenähnlichen Heiratsregeln verbunden sein kann.

Buddhismus

Buddha wurde im 5. oder 6. Jh. v. Chr. als Siddhartha Gautama auf dem Boden des heutigen Nepal geboren (S. 351). Seine Lehren wurzelten in den asketischen Traditionen des Hinduismus. Er übernahm die Doktrinen von Reinkarnation und Karma zusammen mit zahlreichen Yoga-Praktiken, lehnte aber das Kastensystem und den Glauben an einen Schöpfergott ab. Der Kern von Buddhas Lehre ist in den **Vier Edlen Wahrheiten** enthalten: Leben ist Leiden, Leiden wird durch Begierde ausgelöst, durch Ausmerzung der Begierde wird das Leiden überwunden, und zu diesem Ziel gelangt man durch die Befolgung des **Achtfachen Pfades**. Weisheit und Mitgefühl sind zentrale Tugenden, aber das letztendliche Ziel im Buddhismus ist das **Nirvana** – die letzte Erkenntnis des Wesens der Dinge, die durch Überwindung der „drei Gifte" Habsucht, Hass und Verblendung zu erreichen ist.

Der Buddhismus avancierte schnell zum monastischen Full-Time-Job. Daneben entstand aber auch ein weniger asketischer, volksnäherer Zweig, das **Mahayana** („Große Fahrzeug"), das sich in Nepal ab dem 5. Jh. durchsetzte und wieder Elemente der Verehrung und des Gebets einbrachte: Der Mahayana-Buddhismus entwickelte einen Pantheon der Bodhisattvas – erleuchtete Wesen, die auf den Einzug ins Nirvana solange verzichten, bis alle Menschen diese hohe Stufe der Verwirklichung erreicht haben. Einige davon waren nur ältere Hindugottheiten in neuer Verpackung. Nepal – und allen voran die Newar-Bevölkerung des Kathmandu-

Tantrismus

Nepals faszinierende religiöse Bräuche sind stark vom **Tantrismus** geprägt, einer rituell-esoterischen Strömung, der viele Hinduisten und Buddhisten folgen. Die tantrischen Kulte entstanden um das 8. und 9. Jh. aus der Shiva-Verehrung in Nepal und den umgebenden Himalaya-Regionen, aber ihr Einfluss verbreitete sich bald nach ganz Indien und durchdrang sowohl Hinduismus als auch Buddhismus. Als Indien zuerst den islamischen und dann den britischen Eroberern unterlag, wurde Nepal nicht nur zum letzten Hindu-Königreich, sondern auch zum Bollwerk der tantrischen Traditionen. Tibet entwickelte derweil seine eigene, stark tantrisch gefärbte Version des Buddhismus.

Das Tantra hat nichts mit der westlichen Erfindung des **„tantrischen Sex"** zu tun. Oder jedenfalls nicht viel: Ein paar extreme hinduistische Anhänger verkehren die Orthodoxie ins Gegenteil, indem sie sich dem Verbotenen hingeben, und suchen spirituelle Befreiung durch Grenzüberschreitung. Asketen der tantrischen Kapalika-Sekte ließen sich sogar auf Friedhöfen nieder und übten sich in Praktiken des „linkshändigen Pfads" wie dem Fleisch- und Alkoholkonsum und der Verwendung sexueller Körperflüssigkeiten in Opferritualen. Aber diese berühmt-berüchtigten Rituale waren von jeher selten, und heute geht es beim Tantrismus hauptsächlich darum, die Suche nach Erleuchtung oder die Vereinigung mit dem Göttlichen durch geeignete Rituale zu beschleunigen. Quasi-magische Techniken werden von Lehrern an ihre Schüler weitergegeben, die sich durch die verschiedenen Wissensstufen nach oben arbeiten. Durch Meditation und Yoga wird die Körperenergie durch die sieben (manchmal auch sechs) Chakren oder Energiezentren nach oben getrieben, vom Steiß bis zum Scheitel, wo die glückselige Vereinigung mit dem Gott Shiva zu erreichen ist. Dazu rezitiert man **Mantras** (heilige Formeln) und kann die Verehrung durch den Einsatz von **Mudras** (bestimmten Gesten) intensivieren. Geheimnisvolle geometrische Muster, die sogenannten **Yantras** oder **Mandalas**, werden gezeichnet, um göttliche Prinzipien zu symbolisieren und aktivieren.

Der Tantrismus erstarkte in Nepal so sehr, dass das gesamte Kathmandutal – damals auch **Nepal-Mandala** genannt – als eine Art interaktive Karte des göttlichen Kosmos begriffen werden konnte, dicht gespickt mit religiösen Stätten und Tempeln. Viele dieser Stätten sind den zentralen Objekten der tantrischen Verehrung geweiht: dem „Großen Gott" Shiva und seinem weiblichen Gegenpart Shakti, der Muttergöttin. In Nepal werden sie oft als der grausame Gott Bhairab und seine furchterregende Gemahlin Kali abgebildet, mitunter auch in einer heftigen sexuellen Umarmung verschmolzen, die die schöpferische Einheit des männlichen und des weiblichen Prinzips symbolisiert: Die Männlichkeit wird als passiv und geistig angesehen, die Weiblichkeit als aktiv und körperlich. Gemeinsam bewahren sie die Lebenskraft des Universums.

Der **buddhistische Tantrismus** wird im Allgemeinen **Vajrayana** („Diamantenes Fahrzeug") genannt. Er kehrt den Symbolismus der beiden polaren Kräfte um und beschreibt das männliche Prinzip der Geschicklichkeit (oder des Mitgefühls) als aktive Kraft, während das weibliche Prinzip der Weisheit passiv ist. In den tantrischen Ritualen werden diese Kräfte durch den in Händen gehaltenen „Donnerkeil" *(vajra*, tibetisch: *dorje)* symbolisiert, der das männliche Prinzip repräsentiert, sowie durch die Glocke *(ghanti)*, die für das weibliche Prinzip steht. In Ausweitung des durchweg männlichen Mahayana-Pantheons bringt das Vajrayana weibliche Ergänzungen für die wichtigsten Buddhas und einige Bodhisattvas ein und stellt die Paare mitunter in sexueller Vereinigung dar.

tals (S. 242) – kreierte nach und nach einen eigenen einzigartigen Mix aus hinduistischen und buddhistischen Traditionen mit einer großzügigen Portion **Tantrismus** (s. Kasten). Der Buddhismus erreichte seinen Zenit unter der mittelalterlichen Malla-Dynastie, doch nach der Eroberung Indiens durch die Moguln wurde der buddhistische Anteil der Melange durch den Zustrom orthodoxer Hindus aus dem Süden und Westen immer geringer. Als die hinduistische Shah-Dynastie in der zweiten Hälfte des 18. Jhs. die Herrschaft über Nepal übernahm, begann der unaufhaltsame Niedergang des Buddhismus. Erst die Flüchlingswelle der **Tibeter**, die in den 1950er-Jahren vor den chinesischen Besatzern ihrer Heimat nach Nepal flohen, bescherte dem nepalesischen Buddhismus ein Comeback. Die Tibeter brachten ihre ganz eigene Form dieser Religion mit, das **Vajrayana**. Als relativ durchstrukturiertes System von Glaubenssätzen und Praktiken ist es heute viel stärker und präsenter als die angestammten nepalesischen Formen des Buddhismus.

Vajrayana – der tibetische Buddhismus

Der Buddhismus wurde ursprünglich durch die Licchavi-Prinzessin **Bhrikuti** von Nepal nach Tibet exportiert, als sie im 7. Jh. den tibetischen Herrscher Songtsen Gampo ehelichte. Zu der Zeit dominierte in Tibet eine einheimische Schamanenreligion namens **Bön**. Der Buddhismus integrierte in der Folge viele Bön-Symbole und -Rituale. Selbst heute noch trifft man beim Trekking in Nepal auf Überbleibsel der Bön-Tradition: Anhänger des Bön umrunden beispielsweise religiöse Monumente gegen den Uhrzeigersinn, also genau andersherum als die Buddhisten.

Richtig in Schwung kam der Buddhismus in Nepal und Tibet aber erst im 8. Jh. durch den Gründervater **Padmasambhava**, bekannter unter seinem Titel **Guru Rinpoche** oder „Kostbarer Lehrer". Auf Gemälden erkennt man ihn an seinem weit aufgerissenen Blick sowie dem Donnerkeilsymbol und der Schädelkappe in seinen beiden Händen. Er übernahm die magischen und ritualisierten Praktiken des tantrischen Kults (S. 99), der sich damals rasant in Südasien ausbreitete. Darüber hinaus scheint er in fast jeder Höhle der Region meditiert zu haben, wobei er häufig Fuß- oder Handabdrücke im Fels als Spuren seiner Anwesenheit hinterließ.

Bön und Tantra erwiesen sich als explosive Mischung, aus der ein spektakulärer neuer Zweig des Buddhismus entstand, das **Vajrayana**, auch „Weg des Donnerkeils" genannt. Sein Name ist vom *vajra* oder Donnerkeil (auf Tibetisch *dorje*) abgeleitet, einem Diamantzepter

Buddhistische Klöster

Durch den wachsenden Wohlstand der tibetischen Exilgemeinden und dank großzügiger Spenden westlicher Anhänger sind in Nepal in den letzten 25 Jahren zahlreiche üppig ausgestattete *gompa* oder Klöster entstanden. Wie die mittelalterlichen Kathedralen sind die gompas nicht nur Kultstätten, sondern auch Träger einer komplexen religiösen Symbolik. Grimmige Schutzdämonen *(dharmapala)* flankieren den Eingang. Die Innenwände sind über und über mit Gemälden von Gottheiten, Buddhas und geometrischen Mandalas sowie seidenen *thangka*-Bildern bedeckt. Farbenprächtige Seidenbanner hängen von der Decke, die oft mit kunstvoll geschnitzten und vergoldeten Simsen und Täfelungen geschmückt ist. Auf flachen Tabletts brennende Butterlampen verströmen ihren beißenden Geruch neben dreistufigen Silberetageren mit Reishaufen, langen Reihen von Räucherstäbchen und Opfergaben in Form von Früchten, Geld, Blumen und Teigkegeln namens *torma* – alles streng vegetarisch. Doch das Auge wandert unwillkürlich immer wieder zu den goldenen Statuen der Buddhas und Bodhisattvas, die die Altäre säumen. Sie werden oft irrtümlich als Gottheiten aufgefasst, dienen aber als Konzentrationshilfen für die Meditation und als Gegenstand der Verehrung. Am beliebtesten sind Shakyamuni, der historische Buddha, Avalokiteshvara (auf Tibetisch Chenrezig), eine weiße, männliche Figur mit vier (gelegentlich auch 1000) Armen, die Mitgefühl und Barmherzigkeit verkörpert, Tara, eine weitere Verkörperung des Mitgefühls in Form einer weißen oder grünen weiblichen Gestalt, Manjushri, ein anmutiger orangegelber Jüngling mit erhobenem Schwert, der die Weisheit repräsentiert, und der Ordensgründer des Klosters, beim Nyingmapa-Orden z. B. Padmasambhava, besser bekannt als Guru Rinpoche. Diese Figuren sind friedfertig und wohlwollend, aber es gibt auch grimmige Gestalten mit hervortretenden Augen, die sich in menschliche Haut hüllen und blutgefüllte Schädel tragen. Sie symbolisieren die Macht und Energie des erleuchteten Zustands und die Sublimierung unserer rohesten Energien.

Tibetisch-buddhistische Ritualmusik

Noch eindrucksvoller als die vielfarbige Ausschmückung eines tibetisch-buddhistischen Klosters wirkt die scheppernde, dröhnende, schnarrende Ritualmusik, die während einer *puja* oder Gebetszeremonie erklingt. (In der Regel finden sie zum Tagesanbruch und am Spätnachmittag statt, aber die Zeiten schwanken.) Der Lärm soll einen aus den Alltagssorgen reißen – und das funktioniert. Im Mittelpunkt des Rituals steht eine Art Rezitation oder hymnenartiger Sprechgesang. Er wird normalerweise vom Meister oder Vorsänger begonnen und verbreitet sich dann in rhythmischen Wellen durch die Reihen der Mönche. Die Mönche des Gelug-pa-Ordens (S. 101) machen eindrucksvollen Gebrauch von einer ungewöhnlichen Untertontechnik, dem Kehlgesang. Dieser außerordentlich tiefe, knurrende Ton bringt reiche Harmonien hervor, die auch als *gyü-ke* oder „tantrische Stimme" bezeichnet werden. Abgesehen von der grundsätzlichen Tugendhaftigkeit der Rezitation heiliger Texte bringen derart anspruchsvolle Gesangstechniken auch ihre eigene meditative Versenkung mit sich.

In der tibetisch-tantrischen Tradition wechselt sich der Gesang mit Instrumentalmusik ab, deren Scheppern, Schmettern und Dröhnen den hypnotischen Textgesang immer wieder unterbricht und so als eine Art „Turboantrieb" für die Meditation dienen soll. Die Musik kann kämpferische Schutzbuddhas verkörpern oder besänftigende, friedfertige Buddhas, und die verschiedenen Instrumente haben unterschiedliche rituelle Bedeutungen oder Einsatzzwecke. Das Muschelhorn *dung-dkar* verkörpert beispielsweise die klare Stimme des Buddha. Die *rkang-gling*-Trompete, die traditionell aus einem menschlichen Oberschenkelknochen gefertigt wird, soll an Pferdegewieher auf dem Weg ins Paradies erinnern. Zimbeln können leise und beruhigend (wie die *gsil-snyan*) oder blechern und aufrüttelnd (wie die *rol-mo*) klingen. Angeführt wird das Orchester üblicherweise von der Doppeltrommel *rgna*, die mit einem markanten, gebogenen Schlägel gespielt wird. Oboenartige *rgya-gling*-Schalmeien spielen eindringliche Melodien mit mikrotonalen Glissandi, während die bis zu 3 m langen alpenhornähnlichen *dung*-Trompeten disharmonische Paare schnarrender Dauertöne fast im Unterschallbereich beisteuern. Die Handglocke *dril-bu* und die *damaru*-Rasseltrommel dienen zur Abgrenzung einzelner Abschnitte des Rituals oder geben das Tempo vor.

Die *damaru* ist ein besonders kraftvolles Instrument, das in Nepal auch von Schamanen häufig eingesetzt wird. Sie besteht traditionell aus zwei menschlichen Schädelhälften; ihre beiden Schlagkugeln sollen idealerweise männliche und weibliche Schamhaare enthalten.

oder -dolch, der in tantrischen Ritualen als Symbol der Unzerstörbarkeit verwendet wird. Seinen tantrischen Wurzeln gemäß legte das Vajrayana besonderen Wert auf die enge Beziehung zu einem Lama oder geistigen Führer, der den Schüler durch die komplexen Meditationen und Rituale geleitet und ihm nach und nach immer höhere und esoterischere Stufen der Lehre offenbart. (Daher wird diese Richtung des Buddhismus auch als Lamaismus bezeichnet.) Die bedeutendsten Lamas gelten als *tulkus*, Reinkarnationen früherer Lehrer.

In Tibet entwickelten sich vier Hauptschulen, die heute allesamt auch in Nepal vertreten sind. Die älteste, von Padmasambhava selbst gegründete, ist die der **Nyingma-pa** – die „Schule der Alten", die wegen der Kopfbedeckung ihrer Mönche auch „Rotmützen-Schule" genannt wird. Im 11. und 12. Jh. formierten sich die **Sakya-pa** und **Kagyu-pa** – Letztere inspiriert durch den tibetischen Mystiker Marpa und seinen berühmten Schüler Milarepa (der ebenfalls an vielen Orten Nepals meditierte). Die Schule der **Gelug-pa** („Gelbmützen"), deren Oberhaupt der Dalai Lama ist, verfolgt als einzige eine recht unterschiedliche theologische Linie; sie entstand im 15. Jh. im Rahmen einer Reformbewegung, die den Lamaismus von seinen fragwürdigen religiösen Praktiken befreien wollte. Die Gelug-pa messen dem Studium und der intellektuellen Debatte größere Bedeutung bei.

Die Anhänger des Vajrayana stützen sich auf zahlreiche, mehr oder weniger „magische" **Rituale**, wie das Läuten von Glocken, das Verlesen heiliger Texte und das Singen von Mantras oder heiligen Silben. Das wichtigste Mantra ist *Om mani padme hum* (S. 95). Diese Rituale sind teils Hilfsmittel zur Meditation, der wichtigsten aller Aktivitäten, aber sie sollen auch den Weg zum eigentlichen Ziel, der **Erleuchtung**, beschleunigen.

Das augenfälligste Symbol des Vajrayana-Buddhismus ist der **Stupa** (auf Tibetisch *Chörten*), ein kuppelförmiger Steinbau, der Heiligenreliquien hütet und als riesige abstrakte Verkörperung des buddhistischen Glaubens dient. Rund um den Swayambhu-Stupa von Kathmandu stehen beispielsweise fünf Statuen der transzendenten oder *dhyani* (meditierenden) Buddhas. Außerdem werden Stupas mit Gebetsmühlen und -fahnen umgeben. Mit Hilfe dieser tibetischen Importe werden die aufgeschriebenen Mantras nicht mündlich rezitiert, sondern durch mechanisches Drehen oder durch den Wind in die Welt verbreitet.

Die Synthese der Newar

Ein geflügeltes Wort besagt: Wenn man einen Newar fragt, ob er Hindu oder Buddhist ist, so antwortet er „Ja" – nach 15 Jahrhunderten Umgang mit beiden Religionen praktizieren die Newar des Kathmandutals eine einzigartige **Synthese** aus beiden. Noch bis zum 18. Jh. hielten die Newar an der originalen monastischen Form des tantrischen Buddhismus fest – was die *Bahal* in Kathmandu und Patan bis heute bezeugen. Vor allem durch die hier regierenden Hindu-Könige wurde das Kathmandutal nach und nach „hinduisiert". Die Klöster sind größtenteils verschwunden und der Titel **Vajracharya** (buddhistischer Priester) ist ähnlich wie der des Baahun (brahmanischer Priester) erblich geworden. Wenn Newar sich als **Buddha margi** (Buddhist) oder **Shiva margi** (Hindu) ausgeben, deuten sie lediglich an, dass sie die Dienste eines Vajracharya- oder Baahun-Priesters in Anspruch nehmen. Doch viele *jyapu* (Bauern) nehmen einerseits an Hindu-Festen teil, nutzen aber auch die Dienste der Vajracharyas.

Auch **Tieropfer** sind ein wichtiger Bestandteil der religiösen Praxis der newarischen Hindus, aber nicht der Buddhisten. Newar-Priester vollziehen keine Opferhandlungen, doch sie wachen über die vorausgehenden Zeremonien. Ähnliche Zeremonien finden bei privaten Versammlungen patrilinearer Gruppen während der zahlreichen Newar-**Feste** statt, sowie auch zu *digu puja*, der alljährlichen Zusammenkunft anlässlich der Verehrung der Clan-Gottheit *(digu dyo)*.

Viele andere Mitglieder der Newar-Gesellschaft fungieren bei spirituellen Angelegenheiten entweder als Hilfspriester in Vollzeit oder für kleinere Aufgaben bei Lebenszyklusriten und Festen. Die **Gubhaju** sind Mitglieder der Unterkaste Vajracharya und tantrische Heilkundige, die Vajrayana-Techniken und Vajrayana-Ausstattung benutzen, um Unpässlichkeiten zu heilen, die durch übelwollende Geister verursacht wurden. Die **Baidya** spielen eine ähnliche Rolle, doch sie ziehen ihre Mittel aus einer breiteren Spanne hinduistischer, buddhistischer und schamanistischer Techniken, zu denen *jharphuk* („Wegkehren" böser Einflüsse und „Herbeiblasen" heilender Mantras), *puja*, Amulette und ayurvedische Medizin gehören. **Jyotish** – Astrologen – sind darauf spezialisiert, ihren Patienten dabei zu helfen, mit planetarischen Einflüssen und den dazugehörigen Gottheiten umzugehen.

Das newarische Pantheon

Alle hinduistischen und buddhistischen Gottheiten sind auch den Newar bekannt, doch sie haben noch zahlreiche andere erfunden, die nur von lokaler Bedeutung sind. Manche stehen für das Heilen von Krankheiten, andere für eine gute Ernte – den Newar ist es gleichgültig, ob sie hinduistisch oder buddhistisch sind, solange sie nur ihre Aufgabe gut erfüllen.

Die weithin verehrte **Ajima** (oder Mai), die newarische Großmutter-Gottheit, wird sowohl als Überbringerin von Krankheiten und Unheil gefürchtet als auch als Beschützerin vor beidem verehrt. Es gibt unzählige Ajima, die jeweils mit einer besonderen Lokalität assoziiert werden. Einige werden auch als Durga, Bhagwati oder Kali verehrt, darunter die **Ashta Matrika**, die acht Muttergottheiten, deren Tempel in und um Kathmandu als besonders mächtig angesehen werden. Ähnliches gilt für die tantrischen

Zu Besuch beim Astrologen

Sein Name ist Joshi – in der newarischen Gesellschaft heißen alle Angehörigen der Kaste der Astrologen Joshi. Um in sein Büro zu gelangen, muss ich mich duckend durch eine niedrige Tür, die in Patans Altstadt in einen Hof führt, bewegen und mich anschließend im Dunkeln über zwei hölzerne Treppenfluchten nach oben in Richtung eines Lichtschimmers tasten, wo ein leises Murmeln zu hören ist. Dort angekommen, lege ich die Schuhe ab und betrete das Heiligtum. Joshi-ji hebt noch nicht einmal den Kopf. Er sitzt hinter einem niedrigen Tisch mit überkreuzten Beinen auf dem Boden, die Brillengläser auf der Nasenspitze, und stöbert in einem Stapel Papier. Hinter ihm häufen sich Bücher und Schriftrollen. In einer hinteren Ecke beleuchtet eine Birne mit niedriger Wattzahl einen kleinen Schrein, vor dem ein Räucherstäbchen glimmt.

Für die Newar ist der **Astrologe** Ratgeber, Beichtvater, praktischer Arzt und Führer durch das Labyrinth des Lebens. Er agiert als Vermittler zwischen dem Selbst und dem Universum (die eins sind), und seine Prognosen sind so wichtig wie der Segen eines Priesters oder die Diagnose eines Arztes. Er kennt die Lebensgeschichte seiner Klienten von Geburt an. Eltern von Neugeborenen erhalten von ihm eine komplizierte Planetenkarte, die auf dem genauen Zeitpunkt und Ort der **Geburt** des Babys beruht und ausführliche Interpretationen über persönliche Charakterzüge, Gesundheitsrisiken, berufliche Fähigkeiten, Eigenschaften des idealen Ehepartners und allgemeine Einschätzungen über die Zukunft des Neugeborenen enthält. Wird eine **Heirat** erwogen, so studiert er die Horoskope der potenziellen Eheleute, um sicher zu stellen, dass sie zueinander passen, und stellt Berechnungen an, um den günstigsten Tag für die Hochzeit festzulegen. Bei **Krankheiten** verschreibt er nach der Konstellation der Planeten, die den Patienten beeinflussen, ein schützendes Amulett, einen Edelstein oder ein pflanzliches Heilmittel. Sein Rat ist auch gefragt, wenn wichtige geschäftliche Entscheidungen oder bedeutende Einkäufe anstehen.

Obwohl es irreführend wäre, von planetarischen „Einflüssen" zu sprechen, erlaubt das vom Astrologen in seinem **Horoskop** offenbarte Karma Rückschlüsse auf den weiteren Lebensverlauf. Aufgabe des Astrologen ist es nun, seine Klienten zu beraten, wie sie die vom Leben zugeteilten Karten am besten ausspielen. Die hinduistische Astrologie kennt die uns vertrauten zwölf **Tierkreiszeichen**, allerdings unter Sanskrit-Namen, und sie weist den Planeten und Häusern dieselben Attribute zu wie die westliche Astrologie. Die **Geburtskarte** zeigt das Zeichen der Sonne (das der Position der Sonne zum Zeitpunkt der Geburt entspricht), den **Aszendenten** (das zum Zeitpunkt der Geburt über dem östlichen Horizont aufsteigt), die Positionen des Mondes und der fünf im Altertum bekannten Planeten sowie einige andere Bezugspunkte, die der westlichen Astrologie fremd sind. Alle Positionen werden in Beziehung zu den zwölf **Häusern** gesetzt, die jeweils Schlüsselaspekte des Lebens der betreffenden Person bestimmen (Gesundheit, Beziehungen usw.). Während westliche Astrologen sich des **tropischen Zodiakus** bedienen, in dem der Widder immer zum Frühlingsäquinoktium (21. März plus/minus 1 Tag) einsetzt, stützen sich hinduistischen Astrologen auf den **siderischen Zodiakus**, der alle Messungen auf der Grundlage der aktuellen Position der Konstellationen trifft.

Wer sich in Nepal ein Horoskop erstellen lässt, erhält mit ziemlicher Sicherheit eine hübsche Bildrolle mit Kalligraphien, die alle Messungen detailliert in kartografischer und tabellarischer Form sowohl nach dem tropischen als auch nach dem siderischen Zodiakus auflistet. Die **Interpretation** dieser Karte ist eine intuitive Kunst, für die besondere Eloquenz und Spitzfindigkeit benötigt werden. Der Astrologe kann auf zahlreiche Texte Bezug nehmen, doch letztlich hängt die Brauchbarkeit der Interpretation von seiner Fachkenntnis ab. Wie ich bei meinem Besuch bei Joshi-ji herausfand, sind die Details nicht alles. Der Astrologe wirft nicht mit Fakten um sich – er vermittelt Einsicht, Hoffnung und Ermutigung mit einer kleinen Prise Theater.

David Reed

Bajra Yogini (oder Vajra Jogini), die in vier rund um das Kathmandutal verteilten Tempeln über ihre eigenen Kulte verfügen. Örtliche Manifestationen der Ajima werden durch Anhäufungen runder Steine *(pith)* an Schnittpunkten oder anderen strategischen Plätzen gekennzeichnet. **Chwasa Ajima**, die Ajima der Straßenkreuzungen, besitzen die Macht, die Verunreinigung durch den Tod zu absorbieren – aus diesem Grund legten die Newar traditionell Besitztümer einer verstorbenen Person an Straßenkreuzungen ab. Auch auf **Nag** (Schlangengottheiten), die den Regen kontrollieren und für Erdbeben verantwortlich sind, weisen mitunter unscheinbare Zeichen am Straßenrand hin.

Den zuverlässigsten Regenbringer, Machhendranath, kennen buddhistische Newar unter dem Namen **Karunamaya**. Er wird mit Avalokiteshvara, dem Bodhisattva der Barmherzigkeit, in Verbindung gebracht. Je nach Inkarnation (er soll 108 haben) wird er mit bis zu tausend Armen und elf Köpfen dargestellt. Die „Lebende Göttin" **Kumari** ist ein anderes Beispiel für den newarischen Synkretismus (Verschmelzung von Religionen). Obwohl sie als Inkarnation der hinduistischen Göttin Durga gilt, wird sie aus einer Familie gewählt, die einer buddhistischen Kaste angehört. **Bhimsen**, ein sterblicher Held im Hindu-Epos *Mahabharata*, der in Indien kaum verehrt wird, ist zur Schutzgottheit (hinduistischer und buddhistischer) newarischer Ladenbesitzer geworden. **Manjushri**, Bodhisattva der Weisheit, spielt die Hauptrolle im Schöpfungsmythos des Kathmandutals und wird oft mit Sarasvati, der hinduistischen Göttin der Weisheit, verwechselt. Dargestellt wird er mit einem Schwert, mit dem er Dummheit und Anhaftung abschneidet; seine anderen ikonographischen Merkmale sind mitunter Buch, Bogen, Glocke und *vajra*. **Tara**, der Verkörperung des weiblichen Prinzips im Vajrayana-Buddhismus, kommt besondere Bedeutung zu, denn die Newar betrachten sie als Apotheose einer nepalesischen Prinzessin aus dem 8. Jh.

Übernatürliche Kräfte

Nepal hat einen reichen Sagenschatz rund um seine **Dämonen**, **Gespenster** und **Geister**, die sich wie die Gottheiten in menschliche Angelegenheiten einmischen, so dass man sie besänftigen muss, um ihre jeweiligen Einflusssphären unversehrt durchqueren zu können. Zuweilen werden Dämonen für zornige oder entstellte Manifestationen von Gottheiten gehalten, häufiger jedoch als menschenfressende Ungeheuer, Vampire oder ähnlich unheilvolle Gestalten angesehen. Manche Dämonen wie etwa *lakhe* gelten als recht liebevoll, und andere wie *betal* können gar als Tempelschutzgottheiten dienen. Die *bhut pret* – rastlosen Geister – werden als die Seelen von Menschen angesehen, die durch einen Unfall ums Leben kamen oder eines anderen gewaltsamen Todes starben und nicht das korrekte Trauerzeremoniell erhielten. Andere böse Geister nehmen die Gestalt von an Poltergeister erinnernden Zwergen, pelzigen Kugeln oder Verführerinnen mit nach hinten gerichteten Füßen an. Die Gestaltung traditioneller Newar-Fenster soll derartige Geister daran hindern, in die Häuser einzudringen. Da die Geister vorwiegend nachts ihr Unwesen treiben und sich angeblich von Licht abschrecken lassen, glauben manche, dass sie bei Anschluss eines Dorfs ans elektrische Stromnetz verschwinden.

Oft schreiben die Newar ihre Sorgen bösen **Hexen** *(bokshi)* zu, die angeblich durch ihren unheilvollen Blick einen Zauberbann verhängen können oder schädliche Mantras über die Speisen ihrer Opfer sprechen. Als Beweismittel für eine Verzauberung gelten häufig Blutergüsse oder blaue Flecken, die so genannten „*bokshi*-Bisse". „Hexen" sind oft Nachbarn, angeheiratete Verwandte oder andere Personen, die den „Opfern" bekannt sind. Obwohl die Gesetze Anschuldigungen wegen Hexerei untersagen, schützt dies zahlreiche Menschen (vor allem ältere Frauen) nicht vor der insgeheimen Abneigung anderer, die ihnen dunkle Kräfte zuschreiben.

Eine letzte Kategorie der übernatürlichen Kräfte sind unheilvolle **planetarische Einflüsse** *(graha dosa)*, verursacht durch das Missfallen einer Gottheit, die mit diesem Planeten verknüpft ist.

Schamanismus

Die Schamanen – auch Medizinmänner, Hexendoktoren, Orakel oder auf Nepali *jhankri* und *dhami* genannt – vermitteln zwischen der physischen und spirituellen Sphäre. Schamanistische Praktiken sind besonders in Verbindung mit Animismus oder Naturverehrung verbreitet, doch selbst jene Angehörigen der nepalesischen Bergvölker, die sich ohne zu zögern als Hindus oder Buddhisten bezeichnen würden, nehmen oft die Dienste eines *jhankri* in Anspruch.

Stadtbewohner mögen Schamanen öffentlich ins Lächerliche ziehen und sich zu „moderneren" Glaubensformen wie dem orthodoxen Hinduismus bekennen – im privaten Kreis rufen sie ihn dennoch, um böse Geister aus einem neuen Haus zu vertreiben oder sich ihrer Zahnschmerzen anzunehmen. In Kathmandu ist abends hinter verschlossenen Türen mitunter das Schlagen der doppelseitigen Trommel des Schamanen zu hören.

Die meisten ethnischen Gruppen unterscheiden sorgfältig zwischen dem wahren Schamanen, dessen Pflichten, Rituale und geheime Kräfte sich mit der spirituellen Welt befassen, sowie anderen Arten von Stammespriestern, in deren Aufgabenbereich jahreszeitliche Zeremonien, Lebenszyklusriten und Stammesmythen gehören und deren Rollen wesentlich leichter von den religiösen Hauptströmungen absorbiert werden konnten. Trotz zahlreicher örtlicher Variationen ist ein *jhankri*, der oft mit einer doppelseitigen Trommel und einem Kopfschmuck aus Pfauenfedern ausgestattet ist, immer unverkennbar. Und selbst über ethnische und religiöse Trennlinien hinweg kommen *jhankri* auf hohen Gipfeln oder an tief in den Bergen verborgenen Seen zusammen, um religiöse Messen *(mela)* abzuhalten.

Ein *jhankri* wird „einberufen" oder als solcher geboren – oder auch beides. Seine (fast niemals *ihre*) Hauptaufgabe ist es, die spirituelle und physische Balance aufrechtzuerhalten oder wiederherzustellen. Als **Heilkundiger** liest er in den Eingeweiden von Tieren, sammelt im Wald medizinische Heilkräuter, bringt Opfer dar, treibt Dämonen aus, singt magische Beschwörungsformeln, um Hilfsgottheiten herbeizurufen, und führt die unterschiedlichsten Rituale durch. Als **Orakel** kann er sich in Trance versetzen, um zum Sprachrohr der Götter zu werden, welches die Zuhörer beraten, ermahnen oder trösten kann. Als **spiritueller Wächter** seiner Gemeinde muss der Schamane Gespenster, böse Dämonen und verärgerte Ahnengeister vertreiben – er erreicht dies mitunter durch seine größere Kraft, oft aber auch durch seine Schläue. Da er außerdem als Leiter von Einäscherungen, Verteiler von Amuletten, **Geschichtenerzähler** und Weihepriester für heiligen Boden fungiert, ist der *jhankri* das Herzstück des religiösen und sozialen Lebens in den Bergen.

Nepalbesucher begegnen den *jhankri* nur äußerst selten, da die Schamanen ihre Rituale normalerweise des Nachts in Privathäusern zelebrieren und dazu neigen, ihr esoterisches Wissen strikt zu hüten und in eine archaische, poetische Sprache zu hüllen, die zwischen Mystik und Verwirrungstaktik pendelt. Allerdings sind inzwischen Anzeichen eines neuen schamanistischen Selbstbewusstseins zu beobachten; in Pokhara gibt es jetzt sogar ein schamanistisches Gurung-Kulturzentrum mit Ausbildungsstätte.

Islam und Christentum

Eine bedeutende Zahl von **Moslems** lebt im westlichen Terai, insbesondere rund um Nepalgunj, wo sie die Bevölkerungsmehrheit stellen. Die Muselmanen, wie sie in Nepal genannt werden, bilden eine eigene Kulturgruppe mit unverwechselbarem Charakter. Sie haben ihre eigene Sprache (Urdu) und eigene Trachten und Bräuche – dazu gehört auch die Institution der **parda**, der Verschleierung und Abschottung der Frauen. In den Bergregionen sind die nepalesischen Moslems traditionell wandernde Händler, die sich auf den Verkauf von Armreifen und das „Krempeln" von Baumwolle für Steppdecken spezialisieren. Oft hört man sie in Kathmandu und anderen Städten, wie sie den Hausfrauen ihre Waren anpreisen oder ihre Krempelwerkzeuge auffordernd schnalzen lassen. Heute sind viele von ihnen auch Bauern, Schneider oder Inhaber von Bekleidungsgeschäften.

Das **Christentum** spielte in Nepal jahrhundertelang keine Rolle, da jede Missionarstätigkeit strikt verboten war. Erst 1990 wurde das Verbot weitgehend aufgehoben, und seit 2006 ist Nepal ohnehin offiziell ein weltlicher Staat. Seitdem strömen zahlreiche Verkünder des Evangeliums aus aller Welt ins Land, die sich insbesondere an die niederen Kasten und andere benachteiligte Gruppen wenden. Entsprechend wächst auch die Zahl der Kirchen, vor allem im Kathmandutal. Inzwischen gibt es wohl bis zu einer halben Million nepalesische Christen.

Entwicklungsprobleme

Entwicklung – oder *bikas*, wie es auf Nepali heißt – ist das politische Mantra des Landes, seit die Rana 1950 aus dem Amt gejagt wurden. Trotzdem ist Nepal immer noch eine der ärmsten Nationen der Welt. Das Pro-Kopf-Einkommen beläuft sich auf nur US$1000 im Jahr. Tatsächlich ist diese Zahl durch Geldüberweisungen der im Ausland arbeitenden Nepalesen noch geschönt. Vielleicht die Hälfte der nepalesischen Bevölkerung lebt von weniger als einem Dollar am Tag. Auf dem UN Human Development Index für 2011 steht Nepal auf Platz 157 von 186 Ländern zwischen Nigeria und Haiti.

Alles scheint sich gegen Nepal verschworen zu haben. Das Binnenland liegt zwischen zwei Wirtschaftsriesen eingezwängt. Es hat nur wenige natürliche Ressourcen. Das steile Gelände behindert die Landwirtschaft und erschwert die Verkehrsverbindungen. Erdbeben und Monsunregen können Staudämme, Straßen und andere Infrastruktureinrichtungen schneller zerstören, als sie gebaut werden. Die Kombination aus hinduistischem Fatalismus, Kastensystem und aristokratischer Bevormundung lähmte lange Zeit jede Chance auf Entwicklung – vor 1951 tat das Regime praktisch gar nichts für die Bevölkerung. Und trotz des ungeheuren Engagements ausländischer Helfer und einheimischer Aktivisten widmeten sich auch die nachfolgenden Regierungen eifriger der Korruption und Klientelwirtschaft als der Entwicklung.

Bevölkerung

Nepals Bevölkerung belief sich zur Zeit der Recherche offiziell auf 26,6 Mio. Menschen, aber höchstwahrscheinlich sind es zwei oder drei Millionen mehr. Die Wachstumsrate mag sich abschwächen (derzeit liegt sie bei etwa 1,4 % im Jahr, während es vor zehn Jahren noch 2,25 % waren), dennoch wächst die Bevölkerung weiter. Jedes Jahr kommen 400 000 Nepalesen dazu, die nicht nur ernährt und beschäftigt werden müssen, sondern auch Gesundheitsfürsorge, Bildung, sauberes Wasser, Abwasserentsorgung, elektrischen Strom und Straßen benötigen. An dieser **Wachstumsrate** dürfte sich kaum etwas ändern, solange die Frauen vergleichsweise ungebildet und unterprivilegiert bleiben und solange Kinder benötigt werden, um Wasser zu holen, Brennmaterial zu sammeln, die Tiere zu hüten – und sich um ihre alten Eltern zu kümmern, für die es kein Rentensystem und keine staatliche Unterstützung gibt. Traditionell haben die Nepalesen große Familien, denn Eltern können nicht sicher sein, dass alle ihre Kinder überleben. Vor allem Hindus geben selten auf, bevor sie nicht wenigstens einen männlichen Nachkommen haben, denn nur der Sohn kann beim Tod der Eltern die vorgeschriebenen Riten *(shradha)* vollziehen.

Oft hört man, dass Entwicklung „das beste Verhütungsmittel" sei, und tatsächlich besteht eine enge Wechselwirkung zwischen steigendem Lebensstandard und sinkenden Geburtenraten. Leider durchlaufen die meisten Länder während dieses sogenannten **demographischen Übergangs** eine Periode mit sehr raschem Bevölkerungswachstum, bevor schließlich die Geburtenraten sinken und sich den niedrigeren Sterblichkeitsraten angleichen. Das gesunkene Bevölkerungswachstum in Nepal ist wahrscheinlich zum Teil das Ergebnis einer verbesserten Ausbildung von Mädchen – aber auch von Ängsten angesichts von allgemeiner Unsicherheit und Inflation.

Der Zuwachs wird zurzeit gerade noch ausgeglichen durch Abwanderung. Die Bergbevölkerung, vor allem die Männer, gehen schon seit Langem in Kathmandu, im Terai und in Indien auf Arbeitssuche. Heutzutage wandern ebenso vie-

Die Entwicklungsbranche

Viele Länder gewähren Nepal gern ihre Unterstützung. Jährlich bringt die Entwicklungshilfe dem Land mehrere hundert Millionen Dollar als Direktsubventionen oder konzessionierte Darlehen ein, was das Land pro Kopf gemessen zu einem der führenden Hilfsempfänger der Welt macht. Die ausländische Hilfe finanziert je nach Jahr bis zu 80 % der Investitionsausgaben der nepalesischen Regierung und etwa ein Viertel der Gesamtausgaben. Es geht der Witz, das Land könne es sich gar nicht leisten, sich wirklich zu entwickeln.

Die Hilfe nimmt viele Formen an. Mit **bilateraler (und multilateraler) Hilfe** – Geld, das ausländische Regierungen als Zuschuss oder Darlehen direkt an Nepal geben, stets mit politischen oder wirtschaftlichen Bedingungen verknüpft – wurden die meisten Straßen, Dämme und Flughäfen im Land finanziert. Für soziale Programme sind meist internationale Nichtregierungsorganisationen (*non-governmental organizations*, **NGOs**) verantwortlich, von Branchenriesen wie Oxfam, CARE und Save the Children bis zu hoch motivierten Einzelpersonen, die vor Ort tätig sind und in Privatinitiative Geldmittel zu Hause sammeln. NGOs wie der britische Voluntary Service Overseas (VSO) und das amerikanische Peace Corps schicken freiwillige Mitarbeiter zur Unterstützung bestehender Projekte der nepalesischen Regierung. Immer wichtiger werden auch die Gelder von **internationalen Institutionen** wie der Weltbank und der Asian Development Bank (ADB), die beide direkte Finanzhilfen geben und als Finanzmakler Darlehen für Großprojekte mit kommerziellem Potential vermitteln – vorwiegend in den Bereichen Bewässerung und Wasserkraft. Von der ADB stammen inzwischen schon über 20 % der ausländischen Hilfsgelder für Nepal.

Viele dieser Organisationen leisten ausgezeichnete Arbeit. Aber den importierten Experten das Zehn- bis Zwanzigfache dessen zu zahlen, was ein Nepalese für dieselbe Arbeit erhält, sorgt für Verstimmungen und Verzerrungen in der heimischen Wirtschaft. Außerdem sind große Organisationen praktisch gezwungen, Großprojekte zu unterstützen, die nicht immer zu den sinnvollsten oder effektivsten Maßnahmen gehören. Hinzu kommt, dass viele Projekte nur über einen kurzen Zeitraum finanziert werden und so eine langfristige Planung erschwert wird. Schlimmstenfalls führt die ausländische Finanzhilfe zu lähmender Unselbständigkeit.

Der Trend geht deshalb dahin, einheimische NGOs zu finanzieren, die mutmaßlich ein besseres Verständnis für die örtlichen Probleme und Lösungen mitbringen. Die direkte Folge dieser Politik war eine explosionsartige Vermehrung nepalesischer Organisationen. Das erschwert die Unterscheidung zwischen echten Basisbewegungen mit Leib und Seele engagierter Aktivisten und mehr oder weniger gewerblichen Unternehmen, die sich geschmeidig den aktuellsten Tendenzen der Entwicklungsbranche anpassen. Sie hausieren mit modischen Schlagwörtern wie Nachhaltigkeit, Kleinprojekte, Frauenprojekte, Umweltschutz – was auch immer. Mangelnde Koordination führt zu erschütternder Ineffizienz, und mangelnde Kontrolle dazu, dass manche nicht viel mehr tun als fleißig Subventionsanträge auszufüllen.

le junge männliche Nepalesen in die Golfstaaten, nach Südost- oder Ostasien oder auch in den Westen aus. Derzeit arbeiten rund zwei Millionen Nepalesen im Ausland, doppelt so viele wie noch vor zehn Jahren, und zum ersten Mal seit Menschengedenken werden einige Distrikte im mittleren Bergland entvölkert. Statt dass mühsam neue Terrassen angelegt werden, liegen alte Felder brach. Trotzdem explodiert die Stadtbevölkerung. Die Einwohnerzahl des Kathmandutals hat sich von Anfang der 1990er-Jahre bis in die späten 2000er-Jahre mehr als verdoppelt und beträgt jetzt nach manchen Schätzungen schon fast zwei Millionen. Wie es aussieht, wird sie auch weiterhin in nicht zu verkraftendem Tempo steigen.

Gesundheit und sanitäre Verhältnisse

Die durchschnittliche **Lebenserwartung** beträgt derzeit 67 Jahre; 1975 waren es nur 43. Doch die Lebenserwartung der armen Bevölkerung liegt immer noch um rund 15 Jahre niedriger, und der Durchschnittsbürger kränkelt ab Mitte 50. Ein starker Einflussfaktor ist die bedrückend hohe Kindersterblichkeit: Fast 5 % der nepalesischen Kinder erleben ihren fünften Geburtstag nicht. Das ist allerdings schon ein gewaltiger Fortschritt: 1960 waren es noch rund 30 %, und die Müttersterblichkeitsrate hat sich in den letzten 20 Jahren praktisch halbiert. Die meisten dieser Kinderleben werden heute durch billige, leicht anwendbare Elektrolytlösungen gegen Austrocknung gerettet. Haupttodesursache sind nämlich banale **Durchfallerkrankungen**, die wiederum durch schlechte sanitäre Verhältnisse entstehen. Die Versorgung mit sauberem (oder zumindest „verbessertem") Trinkwasser ist in den vergangenen Jahren erheblich ausgedehnt worden, so dass heute fast 90 % der Nepalesen Zugang zu einer Wasserquelle, einem Brunnen oder einem kommunalen Wasserhahn haben.

Etwa die Hälfte der nepalesischen Kinder ist unterernährt und leidet an ständigem Hunger und einer endlosen Abfolge von Infektionen – die chronischen Rotznasen der Landkinder sind nur ein äußeres Indiz dafür. Auch Parasitenleiden sind weit verbreitet. Etwa die Hälfte der Bevölkerung soll den Tuberkulose-Erreger in sich tragen, und bei rund 40 000 Nepalesen pro Jahr kommt die Krankheit zum Ausbruch; über 5000 pro Jahr sterben daran. Es gibt aber auch Erfolge: Die Lepra ist auf dem Rückzug, auch wenn Nepal nach wie vor zu den Ländern mit der höchsten Lepra-Rate im Verhältnis zur Bevölkerungszahl gehört. Die Sprühaktionen gegen die Moskitos im Terai haben die Zahl der Malariaerkrankungen auf etwa 5000 pro Jahr gesenkt – gegenüber zwei Millionen in den 1950er-Jahren. Von der **HIV-Aids**-Epidemie blieb Nepal lange verschont, aber Prostituierte, Fernfahrer und Wanderarbeiter haben inzwischen die Übertragungswege aus Indien geebnet. Eine neuere Untersuchung ergab, dass zwei Drittel der Frauen, die als Zwangsprostituierte nach Indien verfrachtet wurden, sich mit HIV angesteckt haben. Die Infektion ist unter den rund 30 000 fixenden Drogenkonsumenten und 20 000–30 000 Prostituierten des Landes weit verbreitet und greift allmählich auf die übrige Bevölkerung über: etwa 70 000 Nepalesen leben heute mit HIV/Aids.

Auch wenn es keine Statistiken zum **Alkoholismus** gibt, gehört er bei den Männern der Bergvölker zu den schwerwiegenderen Gesundheitsproblemen. Seit Ende der 1990er-Jahre bekämpfen den Maoisten nahestehende Frauen-Gemeindegruppen die Trinkerei intensiv. Seit die Maoisten in der Regierung sitzen, haben sie immer strengere Alkoholgesetze eingeführt, aber die Trinkkultur ist tief verwurzelt. Noch unbekehrbarer sind die Tabakkonsumenten: Über die Hälfte der erwachsenen Nepalesen raucht.

Was diese Probleme noch verschärft, ist das extrem unzureichende **Gesundheitssystem**. Viele Gemeindekrankenhäuser haben keinen fest angestellten Arzt, da die Mehrheit der qualifizierten Ärzte Privatpraxen im Kathmandutal unterhält. Für die medizinische Versorgung der Nepalesen auf dem Land ist entweder der örtliche *jhankri* (S. 105) zuständig oder eine Gesundheitsstation, die mindestens eine Tageswanderung (notfalls mit dem Kranken auf dem Rücken) entfernt liegt und vielleicht nur mit einem Hausmeister oder, im günstigeren Falle, mit einer ayurvedisch ausgebildeten Hilfskraft besetzt ist.

Landwirtschaft

Immer noch leben rund zwei Drittel der Nepalesen von der Landwirtschaft, die hier so **intensiv** betrieben wird wie nur an wenigen anderen Orten der Welt. Deshalb plädieren einige Experten dafür, die Landwirtschaft in den Mittelpunkt der Entwicklungsbemühungen zu stellen – vor allem angesichts des Bevölkerungswachstums. Nepal ist schon seit den 1970er-Jahren ein Nettoimporteur von Reis. Örtlich auftretende Lebensmittelverknappungen sind ein ernstes Problem, vor allem in den entlegenen nordwestlichen Bezirken Humla und Mugu, wo es im Frühjahr regelmäßig zu Hungersnöten und Notversorgung durch Luftbrücken kommt.

Etwa zwei Drittel der Nepalesen leben von der Landwirtschaft.

Die Rodung neuer Agrarflächen beschleunigt nur die Entwaldung (S. 110). Deshalb bemüht man sich stattdessen um Maßnahmen zur **Ertragssteigerung**. Mit Hochertrags-Saatgut und Zuchtrassen wie der Jersey-Kreuzung – liebevoll *bikasi gai* oder „Entwicklungskuh" genannt – wurden gewisse Erfolge erzielt. Außerdem kommen im Kathmandutal und im Terai großzügige Mengen an Pestiziden und Kunstdünger zum Einsatz. Der Transport solcher Hilfsmittel in die Gebirgsregionen ist aber nicht überall möglich oder wirtschaftlich. Wo Dünger verfügbar ist, wird er oft falsch eingesetzt. Bessere Bewässerung bietet vielversprechende Perspektiven, aber die von der Regierung und ausländischen Geldgebern finanzierten großen Kanalnetze sind oft ineffizient und schlecht gewartet und kommen häufig nur den Großgrundbesitzern zugute. Auch Traktoren und andere landwirtschaftliche Maschinen lassen sich nur auf den größeren Ackerflächen in den Ebenen sinnvoll einsetzen.

Durch die immer weitere Aufteilung im Laufe der Generationen sind viele Bauernhöfe einfach zu klein geworden, um eine Familie zu ernähren – ein Hauptgrund, warum heute so viele Nepalesen unterernährt sind. Viele Kleinbauern sitzen in einer ausweglosen Schuldenfalle oder mussten ihr Land bereits an skrupellose Geldverleiher verkaufen oder abtreten. Die Kreditvergabe durch die offizielle Agrarentwicklungsbank scheitert meist an unüberwindlichen bürokratischen Hürden. Vielversprechender sind da schon Mikrokreditprogramme. Oder man könnte den Bauern den Anbau von Agrarprodukten zur kommerziellen Vermarktung erlauben; dann würden aber mehr Straßen benötigt, um die Waren zu exportieren, und der Ausbau des Straßennetzes könnte es wiederum unmöglich machen, mit der Importware aus Indien zu konkurrieren.

Unter diesen Umständen geben immer mehr junge und gebildete Nepalesen die Landwirtschaft auf und suchen eine bezahlte Arbeit. Während des zehnjährigen Bürgerkriegs sind in den Gebieten, wo die Maoisten das Sagen hatten, große **Agrarflächen enteignet** und umverteilt worden. Manche wurden an landwirtschaftliche „Kooperativen" vergeben. Seit sie in der Regierung sitzen, stehen die Maoisten unter Druck, einen Großteil dieser Ländereien zurückzugeben. Ob ihre Zusage einer landesweiten „wissenschaftlichen" Landreform verwirklicht wird, bleibt ungewiss. Selbst die Herabsetzung bestehender Flächenobergrenzen für einzelne Landbesitzer steht derzeit in Frage.

Entwaldung

Die wachsende Bevölkerung braucht nicht nur mehr Land, sondern auch mehr Feuerholz und mehr Futter für ihre Tiere. Beides wird in Nepal in mühevoller Kleinarbeit im Wald gesammelt. Das führt zur Entwaldung, die wiederum Erosion und Erdrutsche nach sich zieht, welche die landwirtschaftliche Produktivität vermindern und die Überflutungsgefahr erhöhen. In der Praxis gibt es aber auch ausgleichende Faktoren: Je weiter die Menschen gehen müssen, um Feuerholz oder Tierfutter zu finden, desto größer die Wahrscheinlichkeit, dass sie schließlich abwandern, wodurch sich der Bevölkerungsdruck auf die natürlichen Ressourcen eines Gebiets wieder vermindert.

Niemand kann das **Entwaldungstempo** in Nepal genau beziffern, aber es war sicherlich ein fataler Fehler, dass die Regierung die Wälder in den 1950er-Jahren verstaatlichte. Seit den 1980er-Jahren hat der Kurswechsel zu einer nachhaltigen, kommunalen Waldbewirtschaftung die Entwaldung in manchen Bergregionen verlangsamen oder sogar umkehren können. Der Zusammenbruch von Recht und Ordnung während des Bürgerkriegs und das stark ausgebaute Straßennetz bewirkten jedoch, dass die kommunalen Wälder seit Ende der 90er-Jahre in verheerendem Ausmaß (nach Bestechung oder illegal) abgeholzt wurden. Am schlimmsten erging es dem Terai: Überall im Süden wurde systematisch gerodet, was zum Verlust von rund 2640 km² Wald allein in den fünf Jahren von 2000–2005 führte. Insgesamt ist in den letzten 20 Jahren ein Viertel der nepalesischen Wälder verschwunden, darunter fast alle prächtigen Urwälder außerhalb der Nationalparks und Wild- oder Waldschutzgebiete. Heute ist noch etwa ein Viertel von Nepals Gesamtfläche von Wald bedeckt, doch nicht einmal mehr die Hälfte davon ist echter Primärwald.

Die Bemühungen, die **Entwaldung zu bremsen**, brachten eine Lösung hervor, die zunächst rundum genial schien: den „rauchlosen" *chulo* (Küchenofen), der das Holz effizienter verbrennt. Der geniale Nebeneffekt – die Verminderung des gesundheitsschädlichen Rauchs – erwies sich aber als problematisch: Da die traditionellen Strohdächer nicht mehr laufend ausgeräuchert wurden, kam es zu Insektenplagen; seitdem werden vermehrt Wellblechdächer eingesetzt. Außerdem geben die Wunderöfen weniger Licht ab, was die Abhängigkeit von Petroleum für Lampen oder elektrischem Strom erhöht – die nur gegen Bares zu bekommen sind.

Müll und Luftverschmutzung

Eine überraschende Zahl ausländischer Nachrichten über Nepal dreht sich um die Umweltverschmutzung – normalerweise lautet der Tenor „Der Everest ist eine Müllkippe" oder so ähnlich. In diesen Berichten steckt ein Funken Wahrheit. Die „Yak-Route", die beliebteste Route auf den Everest, ist tatsächlich mit den Abfällen vergangener Wandergruppen zugemüllt, und neue Expeditionen finanzieren sich regelmäßig dadurch, dass sie „Säuberungsaktionen"

Müll

Nepalreisende sind manchmal entsetzt über den **Abfall** in den Straßen, vergessen dabei aber oft, sich zu fragen, wie sie selbst klarkämen, wenn es keine Müllabfuhr gäbe. Touristen verbrauchen außerdem Dinge, die besonders schwer zu beseitigen sind (wie etwa Flaschen, Klopapier, Batterien und Plastik) und in weit größerem Umfang als Nepalesen. Die herkömmliche, einheimische Methode der Abfallbeseitigung – Kompostieren auf den Feldern und Verbrennen – kommt da nicht hinterher. Das nächste Mal, wenn sich Empörung regt, weil ein Kind sein Bonbonpapier einfach auf den Boden schmeißt, sollte man sich vergegenwärtigen, dass der durchschnittliche CO2-Ausstoß eines Nepalesen bei einer Tonne pro Kopf liegt: etwa ein Zehntel der Menge, die die meisten Europäer ausstoßen, und ein Zwanzigstel des Durchschnittsamerikaners. Beim nächsten Kauf einer Flasche Mineralwasser sollte man bedenken, dass sie bestenfalls in irgendjemandes Hinterhof verbrannt wird.

auf dem Everest anbieten – eine beseitigte kürzlich 8000 kg Müll vom Everest Base Camp. Doch es gibt jenseits des Everest noch viel mehr Himalaya. Der Druck auf die Umwelt entlang der Wanderpfade beschränkt sich aber auf einige wenige Landstreifen – wenn auch zugegebenermaßen in ziemlich sensiblen Berggebieten.

Die Abfallbeseitigung ist natürlich ein ernstes nationales Problem. Der Konsum industriell gefertigter Waren boomt, dennoch gibt es nur wenige organisierte Methoden der Abfallbeseitigung außerhalb der Großstädte (und selbst dort herzlich wenige). Die kaum sichtbare Luftverschmutzung ist aber vermutlich gravierender. In den Städten ist sie geradezu lebensbedrohlich, aufgrund einer tödlichen Kombination aus Ziegeleien, dem Verbrennen von Heizmaterial und Müll (einschließlich Plastik) und einem wachsenden Verkehrsaufkommen. Die Luftverschmutzung durch Kraftfahrzeuge wird noch verschärft durch routinemäßig gepanschten Treibstoff (niedrig besteuertes, subventioniertes Kerosin wird illegal Benzin und Diesel beigemischt) und durch die Staubwolken, die unbefestigte Straßen verursachen. Nach einer Stunde auf Kathmandus Ring Road spürt man die Staubkörner zwischen den Zähnen und den Dreck in der Nase.

Ein weiteres Problem sind Fäkalien. Das Verrichten der Notdurft im Freien verunreinigt Wasserquellen und trägt zur Verbreitung von Krankheiten bei, da Fliegen auf den Exkrementen und anschließend auf dem Essen landen können. In den letzten Jahren konzentrieren sich viele Entwicklungsprogramme auf den Bau von Toiletten, vom „Eine-Familie-eine-Toilette"-Plan bis zur „Öffentliche-Toiletten-für den-Everest"-Kampagne von Eco Himal und der stolzen Eigenwerbung des Kaski District als „Nepals erste fäkalienfreie Zone" – wie auf Schildern überall in Pokhara verkündet wird. Trotzdem sind Abwassersysteme, wenn sie dann existieren, immer noch dürftig (und leiden unter dem von Touristen benutzten Klopapier – deshalb sollte dieses zur späteren Verbrennung in dafür vorgesehene Mülleimer getan werden). Doch Komposttoiletten und Plumpsklos sind auf dem Vormarsch.

Die Wasserverschmutzung lässt sich unschwer erkennen, aber eine weitgehend unbekannte Umweltgefahr ist der Abbau von Sand, Kies und Stein aus Flüssen, der vom Bauboom angetrieben wird. An jeder Uferstraße in Nepal sieht man die Laster und Bagger. Legal dürfen an einem Standort pro Tag hundert Lkw-Ladungen Sand abgebaut werden, aber die tatsächliche Menge könnte dreimal so hoch sein, und es gibt unzählige illegale Abbaustellen. Das Ergebnis ist die Störung oder gar Zerstörung eines Lebensraums für Wildtiere, die Zunahme von Erdrutschen und die Beschleunigung der Erosion. In den Churia Hills im Terai sind derweil hunderte illegaler Brechwerke in Betrieb, die das Felsgestein zerkleinern und als Sand und Stein nach Indien exportieren.

Stromversorgung

Nepals von Gebirgsquellen gespeiste Flüsse strömen steil bergab und bieten ein enormes Potenzial für die **hydroelektrische Stromerzeugung** – nach einigen Schätzungen genug, um

Stromausfälle

Trotz seines Ziels, saubere Wasserkraft nach Indien zu exportieren, kann Nepal zurzeit nicht einmal die eigene Nachfrage befriedigen und ist gezwungen, schmutzigen Strom von seinem südlichen Nachbarn zu importieren – eine Tatsache, die nach dem Koshi-Hochwasser 2008, das eine wichtige Stromleitung unterspülte, schmerzhaft bewusst wurde. Die landesweite Stromversorgung wird auch durch saisonale Schwankungen bedroht: Nur eines von Nepals Wasserkraftwerken, das 92 MW produzierende Kulekhani, besitzt ein Reservoir; die Stromkraft der anderen Werke sinkt im Laufe des Winters mit dem Wasserstand der Flüsse. Schon ab Oktober greift das Land deshalb auf das Mittel planmäßiger Stromabschaltungen zurück, was bedeutet, dass es bis zu 18 Stunden am Tag keinen Strom geben kann. Während der Stromausfälle sind Industrie und Regierung gelähmt und ausländische Investitionen und der Tourismus geraten ins Stocken; nur Verbrecher profitieren – und natürlich Hobbyastronomen, die in aller Ruhe den Sternenhimmel betrachten k

ganz Großbritannien mit Strom zu versorgen. Leider ist die Nutzung dieses Potenzials schwierig, da man zuerst das benötigte Material und die technischen Experten ins unwegsame Hinterland befördern muss, ganz zu schweigen von den Erdbebenproblemen der Himalayaregion. Derzeit haben nur 5 % der Nepalesen auf dem Land elektrischen Strom, und nachts bleibt es in den Bergen meist finster. Ohnehin ist auch der allgemeine Stromanschluss keine Patentlösung. Strom kostet Rupien – und elektrische Geräte bekommt man nur für Dollar. Die allgemeine Stromversorgung kann sogar die Entwaldung vorantreiben, weil die Menschen bei guter Beleuchtung länger aufbleiben und mehr Holz verbrennen, um es dabei warm zu haben.

Kleinere Erfolge sind mit Mikrowasserkraftwerken gelungen, die jeweils Strom für ein paar Hundert Haushalte liefern. Ebenfalls vielversprechend sind vor Ort produzierte solarbetriebene Wassererhitzer sowie Biogasanlagen, eine Art Superkomposter für Viehdung und landwirtschaftliche Abfälle, die das entstehende Gas zu Verbrennungszwecken sammeln.

Um den Bedarf zu decken, der aktuell auf 850 MW (Megawatt) Spitzenleistung geschätzt wird und jährlich um 10 % wächst, muss Nepal internationale Sponsoren und Kreditgeber überreden, in Wasserkraftprojekte zu investieren. Die Idee groß angelegter Talsperren fiel 1995 in Ungnade, als die Weltbank unter Berufung auf ökologische und soziale Bedenken endgültig aus dem monströsen Arun-III-Projekt (404 MW) ausstieg. Jetzt geht die Tendenz dahin, Privatunternehmen Lizenzen zum Bau kleiner bis mittelgroßer Laufwasserkraftwerke zu erteilen.

Das Ende der Straße

Wir blickten den Abhang hinunter über Reisterrassen hinweg und sahen dem ersten Lastwagen zu, der die neue Piste hinaufächzte. Die Einheimischen rannten auf dem Basar zusammen, um das erste eintreffende Blechmonster zu empfangen.

Das Entzücken über die neue Straße dauerte eine Weile an. Mit der Zeit aber wurden die Menschen weniger ängstlich und ehrfürchtig, und der Straßenrand war immer dürftiger mit hingerissenen Bewunderern besetzt. Wer es sich leisten konnte, wurde zum regelmäßigen Passagier und hatte der Macht der Gewohnheit folgend bald die Phase des Sich-aus-dem-Fenster-erbrechen-müssens hinter sich gelassen. Die Straße wurde zu einem Bestandteil des täglichen Lebens – fast wie das Flugzeug kam und ging der Verkehr, ohne dass viele Menschen ihn nutzten.

Zum Besseren – Zum Schlechteren

Doch unten an der Flugpiste schoss mit Fertigstellung der Straße fast über Nacht eine Barackensiedlung aus dem Boden. Hier fand man alle Dinge, welche die Lastwagen aus Indien herbeikarrten: Plastikgegenstände, vergoldete Haarspangen, Blecheimer, Pfannen und – das Beste überhaupt – frisches Obst und Gemüse. Wir Ausländer und die einheimischen Bürokraten mit festem Gehalt fühlten uns nach den vielen Wochen, in denen die Läden nur Kartoffeln und Reis angeboten hatten, wie im Paradies. Tagtäglich waren nun Äpfel, Orangen, Zwiebeln, Kohl und Tomaten erhältlich, und es ging sogar das Gerücht um, dass auf dem Basar 10 Flaschen Coca Cola gesichtet worden seien.

Als ich eines Morgens in einem Laden einen großen Plastikkübel mit indischen Tomaten begutachtete, zupfte mich eine Frau am Ärmel. „Wollen Sie nicht meine kaufen?" fragte sie. Und sie deutete auf eine Hand voll kleine grüne lokale Tomaten, die sie in ihrem *doko* trug.

Noch vor vierzehn Tagen wäre ich ihr begierig nachgelaufen und hätte darum gebettelt, sie ihr abkaufen zu dürfen. Jetzt aber lachte der Ladenbesitzer sie aus und sagte: „Wer kauft denn kleine saure grüne Tomaten, wenn große süße rote erhältlich sind?"

Frauen wie sie, die aus kilometerweit entfernten Dörfern kamen, um ihre karge Gemüseernte zu verkaufen, hatten einen Markt verloren. Die wohlhabenden Ladenbesitzer schlossen ihre Händel mit den indischen Zulieferern, die lastwagenweise Gemüse herbeischafften. Die neue Straße war für

Viele solcher Projekte wurden während des maoistischen Aufstands auf Eis gelegt, aber die politische Stabilität und ein verbessertes Klima für ausländische Investoren könnten zu einem neuen Bauboom führen: So gibt es Pläne für zwei Dutzend neue Wasserkraftwerke, die über 1000 MW Strom erzeugen können, und einige davon sind bereits im Bau.

In den letzten Jahren gingen zwei Projekte am Marsyangdi (70 MW) an der Ostseite des Annapurna-Massivs und das Kali-Gandaki-Projekt A (144 MW) im Westen in Betrieb. Mit anderen – vor allem am Upper Trisuli – wurde begonnen, und es ist immer noch möglich, dass auch einige große Staudämme verwirklicht werden. Im August 2011 wurde zwar der Bau des riesigen (und äußerst umstrittenen) 750 MW starken West Seti-Staudamms im äußersten Westen Nepals aufgeschoben, nachdem die Asian Development Bank zugegeben hatte, dass das Projekt keine ihrer Kriterien in puncto Informationspolitik, Bürgerbeteiligung, Umweltverträglichkeitsprüfung und Berücksichtigung der Rechte der Anwohner erfüllte. Doch im November erklärte China sich bereit, das Projekt mit einem Kredit in Höhe von US$1,6 Mrd. zu unterstützen – und damit sah es so aus, als wäre das Projekt wieder auf dem Tisch.

Straßen und Wege

Bis in die 1950er-Jahre konnte man Nepal nur zu Fuß erreichen, und in Nepal selbst kam man auch nur zu Fuß weiter. VIPs wurden vielleicht in Sänften getragen, die königliche Elite konnte ein

die Ladenbesitzer Gold wert – doch das Leben der Armen, die sich die neuen Kaufgüter nicht leisten konnten, wurde erschwert. Zu ihnen gehörten auch die Frauen, die ihren Lebensunterhalt damit verdienten, das Gepäck der Reisenden von der Flugpiste zum Basar zu tragen. Zuvor war es ein gewohnter Anblick, sie in aufgebrachtem Tonfall über den Preis ihrer Dienstleistung verhandeln zu sehen. Zerlumpt und bestenfalls mit Füßen getreten, mussten diese Frauen nun willfährig und dankbar jeden Preis akzeptieren, den ihre Kunden zu zahlen bereit waren. Ich begann mir Gedanken über die Straße zu machen, doch es war nicht nötig. Die Monsunregenfälle und das Anschwellen des Flusses nahmen die Dinge in die Hand: Innerhalb von Tagen war die Brücke weggeschwemmt, und Lastwagen auf unserer Seite des Ufers waren dazu verdammt, nie wieder nach Indien zurückzukehren.

Nach dem Monsun

Ein verbliebenes Fahrzeug rumpelte fortan über die Serpentinenstraße zwischen Flugpiste und Basar. Das benötigte Benzin wurde mit einer Seilwinde über den Fluss gezogen. Irgendwann aber war das Fahrzeug so überladen, dass es auf halber Strecke liegen blieb. Da die Straße ohnehin fast vollständig vom Regen fortgespült war, wurde es einfach dort stehen gelassen.

Als die Monsunzeit zu Ende ging, war der Lastwagen mit Schlingpflanzen überwuchert und zum netten Obdach einer armen Familie geworden.

Seitdem war die prächtige neue Straße nur wenig mehr als eine Erinnerung. Die Trägerinnen liefen wieder die Bergpfade hinauf und hinab, die Barackensiedlung verschwand so schnell, wie sie entstanden war, und alle aßen Reis und Kartoffeln wie zuvor.

Neulich hörte ich, dass eine Entwicklungshilfe-Organisation beschlossen hat, die Straße wieder instand zu setzen, diesmal mit einer wetterbeständigen Brücke – im Namen der Entwicklung ...

Anna Robinson-Pant

Anna Robinson-Pant arbeitete drei Jahre als Freiwillige in Diensten des VSO im Distrikt Doti im äußersten Westen Nepals. Abdruck mit Erlaubnis von New Internationalist,

paar Kilometer Straße in Autos, die in Einzelteile zerlegt aus Indien eingeführt worden waren, auf und ab fahren, und wertvolle Fracht wurde von der Ebene über eine 42 km lange Seilbahn hochgebracht (die von den 1920er- bis in die frühen 90er-Jahre in Betrieb war) – aber ansonsten musste man laufen.

Nepal begann sich in den 1950er-Jahren zu öffnen. Die Kühe staunten nicht schlecht, als 1953 auf einem Feld außerhalb von Kathmandu das erste Flugzeug landete. Drei Jahre später wurde der kurvige Tribhuvan Rajpath vollendet, der Nepals Hauptstadt mit Indien verbindet. In den 1960er-Jahren gelang es den Chinesen, den Arniko Highway von der tibetischen Grenze durch die Berge zu sprengen (die Brücken sollen angeblich gerade stark genug gewesen sein, um einen chinesischen Panzer zu tragen), und sie finanzierten auch den Prithvi Highway, der Kathmandu mit Pokhara verbindet. Indien steuerte eine Verbindungsstraße von Pokhara zur eigenen Grenze nach Sonauli bei, und Ende der 1960er-Jahre wurde eine schnellere Strecke von Kathmandu über Narayangadh nach Indien eröffnet.

In den Bergen wurden unterdessen zahlreiche Hängebrücken für Fußgänger über Flüsse und Schluchten gebaut, die den Dorfbewohnern stunden- oder gar tagelange Fußmärsche ersparten. In abgelegenen Gegenden entstanden Flugpisten, während im Süden der Mahendra Highway durch die Ebenen und Wälder geschlagen wurde, bis er Anfang der 80er-Jahre als ein ununterbrochenes (wenn auch unebenes) Band von Ost nach West durchs Terai führte.

Das Tempo des Wandels schien in den 90er-Jahren etwas abzuflauen, zog aber in den 2000er-Jahren wieder an, als die Armee „Zubringerstraßen" ins maoistische Kernland schlug, während „grüne Straßen" der Regierung zu den Distrikthauptstädten vordrangen. In den vergangenen fünf Jahren sind in Nepal mehr Straßen gebaut worden als in den 50 Jahren zuvor, so dass nur noch eine Handvoll der 75 nepalesischen Distrikte keinen Straßenanschluss hat. Selbst die atemberaubend schöne Kali Gandaki-Schlucht auf dem Annapurna Circuit ist ans Straßennetz angeschlossen worden und nun mit der chinesischen Grenze bei Mustang verbunden. Die Trisuli-Straße reicht inzwischen bis hinter den Startpunkt der Langtang-Wanderung bei Syabrubesi, und bald wird es möglich sein, bis in den tibetischen Ort Kerung zu gelangen. Neue Straßen schlängeln sich vom Kathmandutal nach Süden in Richtung Terai – und die Arbeit am Bau einer „Schnellstraße", mit der sich die Fahrtdauer nach Indien um etwa die Hälfte verkürzt, hat begonnen. (Sie soll den East-West-Highway bei Nijgadh kreuzen, wo der Bau eines neuen internationalen Flughafens im Gespräch ist.) Kathmandu soll – irgendwann – auch eine äußere Ringstraße bekommen, und es wird sogar eine große Ost-West-Autobahn durch das mittlere Bergland erwogen.

Ein ewiges Problem ist die Wartung der Straßen. Ausländische Geldgeber stellen dafür selten Mittel bereit, und mit jedem Monsun werden viele Straßen weggespült oder unter Erdrutschen begraben. Selbst Kathmandu ist betroffen: Während des Monsuns 2010 war die Hauptstraße nach Indien blockiert, was zu einem zweitägigen Verkehrsstau führte, und in derselben Saison war die Straße nach Tibet für eine Woche gesperrt. Das andere, größere Problem ist, dass Straßen kein Allheilmittel sind. Mit jeder neuen Straße wird es weniger barfüßige Träger geben, die die Pfade bevölkert haben, und nur Nepalesen, die sich ein Busticket leisten können, werden zum Krankenhaus oder zur Universität gelangen. Billigimporte werden in noch größerer Zahl nach Nepal strömen. Und das Land, das einst jeden Schritt – politisch, entwicklungstechnisch, kulturell – mit Bedacht ging und dessen Bewohner sich auf den Bergpfaden begegneten und miteinander (und mit ausländischen Besuchern) plauderten, wird mehr wie der Rest der Welt werden.

Bildung

In puncto Bildung hat Nepal deutliche Fortschritte gemacht, vielleicht auch, weil sie in der nepalesischen Kultur einen hohen Stellenwert hat: „Das Buch ist Gott" besagt ein Sprichwort. Das Bildungswesen hat sich jedenfalls binnen kurzer Zeit weit entwickelt. Vor 1951 gab es Schulen nur für die Kinder der herrschenden Elite, und nur 2 % der Bevölkerung konnten lesen und schreiben. Jetzt haben die meisten Dörfer eine Schule in fußläufiger Entfernung und die meisten dichter besiedelten Gebiete sogar weiterführende Schulen. Die Zahl der Lese- und Schreibkundigen ist auf stolze 59 % angestiegen.

Natürlich ist das nach internationalen Maßstäben immer noch jämmerlich. Die staatlichen Schulen sind chronisch unterfinanziert, vor allem in den ländlichen Gegenden, und die derzeitige Politik, die Leitung von Schulen den Gemeinden zu überlassen, wird das Problem vermutlich auch nicht lösen. Lehrer sind oft unqualifiziert, schlecht ausgebildet, unterbezahlt oder schlichtweg nicht aufzutreiben. Klassen von 80 und mehr Kindern werden in Klassenzimmern mit Lehmboden und ohne Fensterscheiben unterrichtet. Die Toiletten, sofern vorhanden, sind abstoßend genug, um viele Kinder vom Schulbesuch abzuschrecken. Es gibt selten genügend Bänke, geschweige denn Tische – obwohl tagtäglich viele Kinder fehlen, weil sie krank sind, auf den Feldern arbeiten oder kein Geld für ein Buch, einen Stift oder das bescheidene Schulgeld haben.

So wundert es kaum, dass heute zwar drei Viertel der jungen Nepalesen zur Grundschule gehen, aber kaum die Hälfte davon diese auch abschließt. Die meisten Schulabbrecher sind Mädchen und Kinder der unterprivilegierten Kasten. Weniger als ein Drittel der Kinder besucht eine weiterführende Schule, und in vielen weiterführenden Schulen der ländlichen Gebiete schafft kein einziger Schüler das offizielle Schulabgangszeugnis. Deshalb schickt jede Familie, die es sich leisten kann, ihre Kinder lieber auf eins der zahlreichen privaten „englischen Mittelschul-Internate" in kleineren und größeren Städten, wo sie in englischer Sprache unterrichtet werden. Selbst jene, die es bis auf die nepalesischen Colleges oder Universitäten schaffen, stellen nach dem Abschluss oft fest, dass es keine Jobs für sie gibt. Die gut ausgebildete, aber durch Chancenlosigkeit frustrierte oder schlicht gelangweilte Jugend der größeren Städte bildet eine stetig wachsende Klasse zorniger junger Männer.

Dalits

Die **Dalit** – Nepals „Unberührbare" (S. 92) – sind immer noch durch Armut, Bildungsmangel und himmelschreiende Diskriminierung gehandicapt. Nicht zuletzt auf Druck der Maoisten hat die verfassunggebende Versammlung ernsthafte Schritte unternommen, ihre politischen Mitsprachemöglichkeiten durch Interessenvertretungen zu verbessern, und in den Städten fallen die alten Schranken allmählich, aber die Einstellungen auf dörflicher Ebene werden sich wohl nicht so rasch ändern. Die vormaoistische demokratische Regierung setzte im Jahr 2000 einen kleinen Meilenstein, als sie die *kamaiya* (versklavte Arbeiter), Opfer eines Systems mit vertraglich vereinbarter Knechtschaft im mittleren und fernen Westen des Landes, befreite. Leider versäumte sie es, diese Befreiung mit einer Politik der Landumverteilung oder Berufsausbildungsförderung zu verknüpfen, so dass sich die meisten *kamaiya* von heute auf morgen erwerbs- und heimatlos auf der Straße wiederfanden.

Frauen

Frauen haben in weiten Teilen Nepals einen besonders niedrigen Status, der sie zu leichten Opfern jeder Art von Ausbeutung macht. Generell ist ihr Status bei den Bergvölkern etwas und bei Buddhisten und wohlhabenden städtischen Familien erheblich höher, aber selbst diese Frauen genießen selten gleiches Mitspracherecht. Auf dem Land gelten Frauen vielerorts noch als Eigentum ihres Ehemanns oder Vaters. Insgesamt müssen sie viel schwerer arbeiten als die Männer: Sie stehen vor Tagesanbruch auf, um die Hausarbeit zu machen, übernehmen die mühseligste Feldarbeit und die gesamte Essenszubereitung. Die Frauen bedienen sich erst, wenn die Männer fertig gegessen haben. Sie werden normalerweise schon im Teenageralter verheiratet und sind oft gewohnheitsmäßiger,

häuslicher Gewalt ausgesetzt. In orthodoxen Baahun-Familien ist ihr niedriger Status auch religiös zementiert: Die Berührung einer menstruierenden Frau etwa gilt traditionell als ebenso verunreinigend wie die eines Unberührbaren. Während ihrer Menstruation oder kurz vor einer Entbindung werden Frauen im äußersten Westen mitunter immer noch in rituelle Klausur geschickt.

Man schätzt, dass alljährlich 10 000–15 000 nepalesische Mädchen und Frauen – davon 20 % unter 16 Jahren – in die **Zwangsprostitution** verschachert werden. Kathmandus Sexindustrie floriert, aber die meisten Frauen sind für Indien bestimmt, wo Nepalesinnen für ihre Schönheit (teilweise wegen ihrer relativen Blässe), Reinheit und angebliche Hemmungslosigkeit berühmt sind. Für arme nepalesische Familien ist eine Tochter eine finanzielle Belastung; wenn ein Menschenhändler ihnen Tausende von Rupien für ein pubertierendes Mädchen anbietet, können viele nicht widerstehen. Dieser Menschenhandel ist vor allem im mittleren Bergland nördlich von Kathmandu verbreitet, wo er historische Wurzeln hat: Tamang-Mädchen wurden viele Generationen lang als Hofkonkubinen missbraucht, und manche Männer beteiligen sich immer noch an der Versklavung ihrer eigenen weiblichen Verwandten. Manche Zwangsprostituierte können sich irgendwann freikaufen, aber nur wenige entgehen der HIV-Ansteckung oder haben die Möglichkeit, in ihre Heimatorte zurückzukehren.

Eine Chance, den Status der Frauen zu heben, besteht darin, ihre Bildung und ihre Verdienstmöglichkeiten zu verbessern. Die in Bangladesch ansässige Grameen Bank und das nepalesische Regierungsprogramm „Production Credit for Rural Women" vergeben Mikrokredite an kleine Frauenorganisationen und unterstützen die Kreditnehmerinnen mit Alphabetisierungs-, Familienplanungs- und anderen Schulungskursen. Eine weitere Möglichkeit ist der politische Weg. Gesetzlich hat sich die Lage der Frauen in den letzten Jahren enorm verbessert, da sich vor allem die Maoisten lauthals für sie stark machen. Die weibliche Beteiligung an ihrem Aufstand hat Nepal ein neues Rollenbild der emanzipierten Frau beschert.

Kinder

Kinder armer Familien werden, ganz gleich, wie sehr ihre Eltern sie lieben, von früher Kindheit an als Wirtschaftsfaktor betrachtet. **Kinderarbeit** war in der Landwirtschaft von jeher unentbehrlich, und obwohl das Gesetz die Beschäftigung von Kindern unter 15 Jahren verbietet, arbeitet mehr als die Hälfte der nepalesischen Kinder zwischen sechs und 14 Jahren. Sie werden oft als Träger, Hausangestellte oder Arbeiter in der Ziegel- und Bauindustrie eingesetzt – also vorwiegend in miesen oder gefährlichen Jobs. Manche werden auch zur Prostitution gezwungen. Kinder, die als Hausangestellte arbeiten, werden ebenfalls leicht Opfer sexuellen Missbrauchs. Mitunter vergreifen sich auch ausländische Pädophile an Kathmandus zahlreichen – und besonders wehrlosen – Straßenkindern.

Manche Familien verkaufen ihre Kinder an „Adoptions-Unternehmen", obwohl sie nur wenig von dem Geld sehen, das die ausländische Vermittlungsagentur einnimmt. Viele westliche Länder haben deshalb inzwischen die Adoption nepalesischer Kinder unterbunden. Andere Kinder landen in Waisenhäusern in Nepal oder Indien, wo die Spendengelder manchmal von der Leitung abgezweigt werden und Spielzeug, das wohlmeinende freiwillige Helfer anschleppen, unter Umständen verkauft wird, sobald der Freiwillige wieder abreist. Unter Kathmandus etwa 400 Waisenhäusern sind einige ausgezeichnete Einrichtungen, aber auch viele arme oder korrupte Häuser – die schlimmsten dienen als Fassade für organisierten Missbrauch. Es gibt zwar ein Meldesystem, aber die Häuser werden nicht vom Staat überprüft.

Industrie und Handel

Die Landwirtschaft allein kann das wachsende Arbeiterheer des Landes nicht absorbieren; **Arbeitslosigkeit** und Unterbeschäftigung sind weit verbreitet. Außerdem braucht Nepal dringend Deviseneinnahmen, um die für die weitere Entwicklung benötigten Technologien und Materialien bezahlen zu können. All das bedeutet, dass die **Industrie** angekurbelt werden muss, die derzeit nur einen ungewöhnlich geringen Anteil am Bruttoinlandsprodukt hat – der Wert für Importe ist etwa sechsmal so hoch wie der für Exporte.

Andere Länder der Region haben ihr niedriges Lohngefüge und die hohen Arbeitslosenzahlen dazu genutzt, westliche Markenunternehmen zu ködern. Ohne Seehafen ist Nepal aber noch nicht einmal dazu in der Lage. Überraschende Erfolge erzielte das Land in den 1990er-Jahren mit der **Teppichindustrie**. Inzwischen ist dieser Zweig aber aufgrund von Problemen bei der Qualitätskontrolle, schlechter Presse wegen Kinderarbeit, Sättigung des Marktes und niedrigerer Preise der stärker mechanisierten Wettbewerber zusammengebrochen. Arbeiteten einst eine Million Nepalesen in der Teppichindustrie, so sind es heute nicht mal mehr ein Zehntel dessen. **Pashmina-Artikel** (Kashmir) erlebten ein weniger dramatisches Auf und Ab. Die **Bekleidungs- und Schuhindustrie** scheint dagegen im Aufschwung zu sein. Zwei weitere Erfolgsbranchen sind interessanterweise die Bier- und Zigarettenindustrie, neben der prosaischeren Ziegel- und Zementproduktion und landwirtschaftlichen Produkten wie Zucker und Holz (Letzteres wird überwiegend illegal ausgeführt). Ein lebhafter Handel besteht mit Heilkräutern aus dem Himalaya, der sagenhaften *yarsagumba*-Raupe, die als Stimulans und Aphrodisiakum gilt, und verschiedenen ätherischen Ölen. Ein schwunghafter illegaler Handel wird mit Kräutern und Medikamenten getrieben.

Die kürzliche Lockerung der Vorschriften zu ausländischen Investitionen könnten das Unternehmertum fördern, aber in vielen Branchen unterliegt Nepal den klassischen Fesseln eines Landes der Dritten Welt. Selbst wenn es fairen Zugang zu Exportmärkten bekäme, könnte es nicht mit den führenden Massenproduzenten konkurrieren. Andererseits führt der Import selbst kleiner Mengen hochwertiger Güter rasch zu einem beträchtlichen **Handelsdefizit**. Deshalb subventioniert die Regierung die Produktion von alltäglichen Gebrauchsgütern für den einheimischen Markt, getreu der Wirtschaftstheorie der **Importsubstitution**: Ein gesparter Cent ist ein verdienter Cent.

Nepals wichtigster Handelspartner **Indien** ist Teil des Problems wie auch der Lösung. Indien erhebt hohe Importzölle, um die eigenen Industrien zu schützen. Nepalesische Grenzhändler schöpfen hieraus einen Vorteil, indem sie importierte Waren billiger anbieten als die indische Konkurrenz; nachteilig wirkt es sich für nepalesische Exporteure aus, deren Waren durch die Zollbelastung in Indien nicht wettbewerbsfähig sind. Die Verhandlungsmacht ist zwischen beiden Seiten derart ungleich verteilt, dass Indien seinem Nachbarland Nepal stets **Handelsbedingungen** auf der Grundlage „Friss oder stirb" diktieren kann. Als Indien kürzlich nepalesische Teeblätter mit einer „Luxussteuer" belegte, zog es den nepalesischen Produzenten damit von jetzt auf gleich den Boden unter den Füßen weg.

Tourismus

Eine Redensart besagt, dass Nepal drei Religionen habe: Hinduismus, Buddhismus und **Tourismus**. Der Tourismus bringt (von den milliardenschweren Überweisungen der Wanderarbeiter mal abgesehen) die meisten Devisen. Rund eine halbe Million Touristen lassen pro Jahr etwa US$370 Mio. im Land und geben rund einer halben Million Menschen Arbeit. Mit der Rückkehr relativer politischer Stabilität und dem wachsenden Tourismus aus Indien und China steigen die Besucherzahlen wieder, aber es mangelt immer noch an Infrastruktur für Touristen; außerdem sind die Tourismusjobs vorwiegend Saisonarbeit und extrem anfällig für wirtschaftliche und politische Krisen. Der so hoch gepriesene Tourismus hat Legionen nepalesischer Bürger zu Bettlern und Schnorrern verkommen lassen – ähnlich wie die Entwicklungshilfe Politiker und Institutionen dazu verleitet, die Hand aufzuhalten. Im Übrigen hat der Tourismus Nepals Umweltbilanz zwar in mancher Hinsicht verbessert, ist aber andererseits auch eine Bedrohung für Umwelt und Kultur. Individualreisende auf Trekkingtour bringen zwar mehr Geld in ländliche Gebiete, setzen die beliebten Trekkingreviere in sensiblen Bergregionen aber auch einer erhöhten Umweltbelastung aus.

Probleme des Kathmandutals

Lösungen schaffen oft neue Probleme. Seit fünf Jahrzehnten versucht man Nepal auf den Weg der Entwicklung zu bringen – nun, da dies im Kathmandutal endlich Realität wurde, suchen viele nervös nach dem Bremshebel.

Überbevölkerung und Bürgerkrieg haben zu einer wachsenden **Landflucht** geführt; neue Straßen und Buslinien bringen die Armen aus den Dörfern in die Stadt, wo sie sich Arbeit im Tourismus oder in der Herstellungsindustrie erhoffen. Viele finden tatsächlich eine Arbeit in der **Großstadt**, doch für diejenigen, die scheitern, gibt es kein soziales Netz. Sie kommen in den ärmlichsten Behausungen unter: in ungesunden Baracken auf kahlen Böden, in verlassenen Gebäuden, auf der Straße – Nahrung finden sie in Abfallhaufen, die durchwühlt werden, oder durch Prostitution.

Während die Armut ein dauerndes Problem darstellt, bereitet der keimende Wohlstand neue Kopfschmerzen – vor allem durch **Verkehrsaufkommen** und **Umweltverschmutzung**, verursacht durch eine Fahrzeugflotte, die sich alle sechs bis acht Jahre verdoppelt.

Der Rauch der Ziegeleien hat lange zur Luftverschmutzung im Tal beigetragen, ebenso wie der geografische Kessel, in den kühle Luft sinkt, die die Schadstoffe nicht entweichen lässt – aber als Grund für den alarmierenden Anstieg der Atemwegserkrankungen (Asthma, Allergien, auf Blei zurückzuführende Entwicklungsstörungen bei Kindern), die in Kathmandu inzwischen die zwölffache Höhe des Landesdurchschnitts erreichen, gelten neue Fahrzeugabgase. Wer es sich leisten kann, zieht hinaus in die Vorstädte, muss aber dann mit Fahrzeug zur Arbeitsstelle pendeln.

Positiv ist zu vermerken, dass der Erfolg der elektrisch angetriebenen *safaa* („saubere" Tempos) überall deutlich sichtbar daran erinnert, dass es bessere Alternativen gibt. Natürlich nur, wenn die Stromversorgung funktioniert: Die ausufernden Stromsperren drohen den Nutzen von Elektrofahrzeugen einzuschränken, weil die Dauer der Stromversorgung pro Tag möglicherweise nicht ausreicht, um die Batterien aufzuladen.

In Kathmandu übersteigt die Nachfrage nach **Trinkwasser** das Angebot gewaltig, so dass die Bewohner vieler Stadtviertel so viel Wasser wie möglich in Tanks auf ihren Dächern pumpen und die Vorräte mit Lieferungen aus Tankwagen auffüllen. Das meiste Trinkwasser versickert durch marode Leitungen, aber die Entwicklungsgelder werden stattdessen mal wieder in Megaprojekte wie das 700 Millionen US-Dollar teure **Melamchi-Projekt** gepumpt. Ziel ist es, Wasser aus dem Helambu-Gebiet am nordöstlichen Talrand durch einen 27 km langen Tunnel in die Hauptstadt zu leiten, doch die Realisierung hat sich bereits um 16 Jahre verzögert, übersteigt das Budget um Millionen und ist von Korruptionsskandalen und Umweltdebatten überschattet (es wird dem bewässerten Ackerland flussabwärts der Tunnelmündung in der Trockenzeit das Wasser abgraben). Mehrere große Geldgeber sind daher ausgestiegen. Die Asian Development Bank ist einer der wenigen Sponsoren, die an Bord geblieben sind, knüpft ihren Kredit aber an die Bedingung, dass Kathmandus Wasserversorgung teilprivatisiert wird. Bis das Wasser endlich aus dem Hahn strömt,

Fatalismus

Die institutionellen Probleme Nepals – wie Bürokratie und Korruption – sind in den meisten armen Ländern verbreitet, aber einige sind vielleicht auch landestypisch für Nepal. Ein führender nepalesischer Anthropologe, Dor Bahadur Bista, formulierte die umstrittene These, dass die sympathisch entspannte *kegarne*-Haltung („was will man machen") der Nepalesen auf einen lähmenden Fatalismus hinauslaufe. Sie gäben die Verantwortung an Höhergestellte (ob Chef, Astrologe oder Gottheit) ab und verdrängten den Kausalzusammenhang zwischen heutigen Bemühungen und zukünftigen Zielen, was zur planlosen Wurstelei führe. Außerdem sind in der nepalesischen Gesellschaft Beziehungen außerordentlich wichtig. Der Kult um *aafno maanche* („die eigenen Leute") erschwert Minderheiten jedes Vorankommen, und die traditionelle Günstlingswirtschaft belohnt treue Gefolgschaft anstelle von Qualifikation oder Innovationsbereitschaft.

dürfte der Bedarf die Kapazität des Melamchi-Projekts bereits überholt haben.

Das Wasser im Tal ist nicht nur knapp, sondern auch durch **Abwässer** verunreinigt, die in den Boden sickern und dort in die alten, undichten Rohrsysteme geraten. Weniger als ein Drittel der Abwässer des Tals werden ordnungsgemäß gefiltert, da die städtischen Klärwerke nicht mehr voll funktionstauglich sind. Ungeklärte Abwässer und giftige Industrieabwässer werden direkt in die Flüsse eingeleitet. Ein weiteres Problem ist der **Müll**, und die Städte haben sich bislang nicht auf eine ständige Deponie geeinigt: Die Gokarna-Deponie im Kathmandutal ist voll, und die „vorläufige" Deponie in Sisdol, 25 km nördlich von Kathmandu, wird häufig durch protestierende Anwohner blockiert. So türmt sich Abfall oft in Form ekelerregender wilder Müllkippen gleich neben dem Bagmati, oder er wird verbrannt, was zur allgemeinen Luftverpestung beiträgt.

Der Schaden, den das **Kulturgut** des Tals im Namen des Fortschritts erlitten hat, ist weniger leicht zu beziffern, doch er ist beträchtlich. Die traditionelle Architektur wird nur noch von wenigen geschätzt. Die junge Generation entfernt sich von der Religion ihrer Eltern. *Guthi* (Wohltätigkeitsvereine) nehmen an Bedeutung ab, so dass die Instandhaltung vieler Tempel von ausländischen Konservatoren betrieben werden muss. Der Tourismus hat die Handwerkskunst ihrer rituellen Bedeutung und die darstellenden Künste ihres tieferen Sinns beraubt. Arbeit und Schulausbildung außer Haus haben die traditionell engen Familienbande gelockert, und der Zustrom von Auswärtigen – vor allem von Bürgerkriegsflüchtlingen wie den Tausenden von Familien, deren Häuser zerstört oder besetzt wurden – brachte Spannungen und Kriminalität mit sich.

Einerseits scheinen ermutigend viele Talbewohner gewillt, diese Probleme als Preis des Fortschritts hinzunehmen: Ein gewisses Maß an Verschmutzung oder Kriminalität wird in ihren Augen wohl mehr als aufgewogen durch Verbesserungen, die ihre Kinder am Leben halten und den Menschen mehr Selbstbestimmung über ihr Leben verschaffen. Andererseits machen sich aber auch immer mehr Bewohner von Kathmandu Sorgen, dass ihnen ein „Stummer Frühling" bevorstehen könne. Welche langfristigen Schäden drohen ihren Kindern, die mit Atemluft, Trinkwasser und Nahrung auch jede Menge Keime, Chemikalien und Schwermetalle aufnehmen?

Die Zukunft

Viele Entwicklungshelfer verzweifeln mit schöner Regelmäßigkeit an diesem Land. Jede Lösung scheint nur neue Probleme zu schaffen. Jede Verbesserung der Gesundheit und sanitären Verhältnisse beschleunigt beispielsweise das Bevölkerungswachstum – und das wird so bleiben, bis etwas gegen die Armut und den niedrigen Status der Frauen unternommen wird. Bis es so weit ist, muss die Landwirtschaft optimiert werden, um all die zusätzlichen Mägen zu füllen, die Entwaldung muss umgekehrt werden, um die Brennholz- und Viehfutterknappheit zu beheben, und die Industrie muss weiter ausgebaut werden. Also braucht es **Bewässerungsprojekte, Straßen** und **Wasserkraftwerke**, die allesamt **ausländische Hilfe** erfordern. Wenn die Entwicklung völlig den Nepalesen überlassen bleiben soll, brauchen sie **mehr Bildung**, was wiederum erfordert, die Armut zu mildern, die Kinder vom Schulbesuch und Lehrer von der Berufsausübung in ländlichen Gebieten abhält.

Tröstlich ist, dass es die Neuankömmlinge sind, die die Sache am düstersten sehen. Die alten Hasen erkennen die allmählichen Fortschritte hinter den scheinbar unlösbaren Problemen. Auf den Gebieten Alphabetisierung, Lebenserwartung und Gesundheitsfürsorge sind deutliche Fortschritte zu verzeichnen. **Gemeindewälder** lassen die Berge neu ergrünen. Mikrowasserkraftwerke und Mikrokredite pumpen Energie – in jedem Sinne des Wortes – in abgelegene Regionen. Was aber am meisten Mut macht: Die Nepalesen selbst wollen Veränderungen. **Frauengruppen** kämpfen gegen häusliche Gewalt, Alkoholismus und Glücksspiel. **Umweltschützer** fördern ein neues Bewusstsein für die Wälder und die Tierwelt. Aktivisten bauen Gemeinde-Trekkinglodges, sammeln Müll in

Kathmandus Ratna-Park auf, bieten Vogelbeobachtungstouren für Kinder an, – kleine Schritte, die eine erfrischende Tendenz zur Eigeninitiative erkennen lassen. Trotz aller Probleme, die diese blutjunge, postmonarchische Republik plagen, ist unverkennbar Morgenluft zu wittern.

Flora und Fauna

Nirgends auf der Welt ist ein so extremer Kontrast von Flora und Fauna zu erleben wie im Übergang vom Terai zum hohen Himalaya. Auf einer Distanz von knapp 60 km wandelt sich das Landschaftsbild von dampfendem Dschungel über Monsun-Regenwald und Rhododendron-Hochland bis zu Gletschertälern und der Hochgebirgswüste im Regenschatten des Himalaya. Infolgedessen bietet Nepal eine unermessliche Vielfalt an Lebewesen, zu denen sowohl Nashörner als auch Schneeleoparden gehören.

Flora

Nepals Vegetation wird größtenteils durch die Höhenlage bestimmt und kann leicht in drei Hauptgruppen untergliedert werden. Zum Tiefland gehören das Terai, die Churia-Kette und Täler bis zu 1000 m. Die mittleren Höhen liegen grob gesehen zwischen 1000 m und 3000 m, und der Himalaya von 3000 m bis hinauf zur Vegetationsgrenze auf rund 5000 m bildet die dritte Gruppe. Die äußeren Bedingungen variieren innerhalb dieser Zonen beträchtlich, doch die Südhänge erhalten gewöhnlich mehr Feuchtigkeit und in den unteren Bereichen auch mehr Sonne, während bestimmte Gebiete, die sehr stark dem Sommermonsun ausgesetzt sind – besonders im Raum Pokhara –, übermäßig feucht sind. Da der Osten gewöhnlich höhere Niederschläge erhält, ist dort auch eine größere Pflanzenvielfalt anzutreffen.

Das Terai

Was im Terai noch an Wald übrig ist, besteht aus **Salbäumen**. Das Holz des großen, gerade wachsenden Baumes wird sehr geschätzt – eine Tatsache, die seinen verheerenden Schwund außerhalb der Schutzgebiete erklärt. Der Salbaum bevorzugt gut dränierte Böden; unvermischte Bestände fanden sich einst im gesamten *Bhabar*, der geschwungenen Schwemmlandebene am Fuße der Vorgebirge. Seine knorrigeren Verwandten im niederen Vorgebirge werden häufig beschnitten, um Tierfutter zu gewinnen. Im Frühling verströmen seine cremefarbenen Blüten einen intensiven Jasmingeruch. Zu den Arten, die mitunter in Mischbeständen mit dem Salbaum wachsen, gehören: Saj, ein großer Baum mit krokodilhautartiger Borke; Haldu, dessen Stamm für den Bau von Einbäumen dient; und Bauhinia, eine Würgerebe, die sich in Korkenzieherform festschlingt.

Die feuchteren **Flusswälder** weisen eine wesentlich größere Artenvielfalt auf, doch die Lebensräume sind gefährdeter, da die Flüsse regelmäßig über die Ufer treten und ihren Lauf im Monsun verändern. Die ersten Bäume, die sich auf neu geformten Sandbänken ausbreiten, sind die dem Rosenholz verwandte Sisu und die Akazienart Khair. Nur wenig später fasst der Simal Fuß, auch Seidenbaumwollbaum genannt, dessen Stützwurzeln an Mangroven erinnern – im Februar treibt er knollige rote Blüten, und im Mai platzen Samenhülsen auf, die ein baumwollenes Gewebe enthalten, mit dem Matratzen ausgestopft werden. Ein noch brillanteres Schauspiel roter Blüten bietet im Februar Palash, die „Flamme unter den Bäumen". Alle genannten Arten sind Laubbäume, die ihr Blätterkleid im trockenen Frühling abwerfen. Zu den vielen immergrünen Arten gehören Bilar, Jamun und Curry, ein Unterholzbaum mit dünnen, zugespitzten Blättern, die so riechen, wie ihr Name verrät.

Von den über 50 im Terai heimischen **Gräsern** erreichen manche Höhen von bis zu 8 m. Selbst Experten bezeichnen alle hohen, dichten Bestände als „Elefantengras", denn man kommt nur auf dem Elefantenrücken durch sie hindurch. Die am weitesten verbreiteten Gattungen sind Phragmites, Saccharum, Arundo und Themeda. Die meisten Gräser erreichen ihre größte Höhe kurz nach dem Monsun und treiben ihre Blüten in den trockenen Herbstmonaten. Die Einheimischen schneiden im Winter und zu Beginn des Frühjahrs die halbhoch wachsende Art

Khar als Dachstroh für ihre Häuser; ein lebendiges Schauspiel ist die offizielle Saison zum Einbringen des Strohs in den Parks des Terai (zwei Wochen im Januar), wenngleich die Aktivitäten das Wild in seine Verstecke treibt. Im März und April werden die alten Bestände abgebrannt, damit die zarten neuen Sprösslinge schießen können, die als Futter für wilde und domestizierte Tiere dienen.

Das mittlere Bergland

Die Abnahme der Niederschläge von Osten nach Westen zeigt sich am markantesten im mittleren Bergland, das sich zwischen dem Flachland des Terai und dem Hochgebirge des Himalaya wie ein Rückgrat durchs Land zieht. Der trockene Westen und das feuchte östliche Bergland haben nur wenige Arten gemeinsam. Zentralnepal ist eine Überlappungszone, in der westliche Arten überwiegend auf Südhängen und östliche Arten mehrheitlich auf den kühleren Nordhängen vorkommen.

Weit verbreitet in den trockenen westlichen und zentralen Regionen ist die **Emodi-Kiefer** (dreinadelige Büschel), die im Allgemeinen in parkähnlichen Gruppen auf bis zu 2000 m Höhe anzutreffen ist. Ab 1500 m schließen sich besonders auf trockenen Bergketten verschiedene **Eichenarten** an, und hier findet man auch Ainsilo, eine Verwandte der Himbeere, die im Mai eine süße, jedoch recht trockene goldene Frucht hervorbringt.

Obwohl weite Teile der Urwälder im feuchten mittleren Bergland inzwischen zu Kulturland umgestaltet wurden, sind noch beachtliche Bestände oberhalb von Godavari im Kathmandutal und in der Umgebung der Seen im Tal von Pokhara erhalten. In den niederen Höhen dominieren Zonen mit **Katus** (*castanopsis indica*, eine Scheinkastanie) und **Chilaune** *(schima wallichii)*, einem Teestrauchgewächs mit länglichen konkaven Blättern und – im Mai – kleinen weißen Blüten. Weiter östlich bilden diverse **Lorbeerarten** eine dritte Hauptkomponente des Waldes, während in schattigen Tallagen Erlen, Kardamom und Baumfarne wachsen.

In Höhen über 2000 m ist der verwunschen wirkende, moosbedeckte Mischwald aus Eichen und Rhododendren dank des vorherrschenden Nebels, der keinen Ackerbau zulässt, noch größtenteils intakt. Die am häufigsten vertretene Eichenart **Khasru** hat stachelige Blätter und ist oft mit Flechten, **Orchideen** und anderen Epiphyten überladen (Epiphyten sind nicht schmarotzende Aufsitzer). Es gibt schätzungsweise über 300 Orchideenarten in Nepal; nicht alle fallen auf oder duften, doch zu jeder Jahreszeit ist die Wahrscheinlichkeit, blühende Exemplare entdecken zu können, gegeben.

Baumrhododendren *(Lali guraas)*, Nepals Nationalblüte, werden über 20 m hoch und treiben im März und April prachtvolle rote oder pinkfarbene Blüten. Es gibt (vorwiegend in Ostnepal) ungefähr 30 weitere Rhododendronarten – besonders empfehlenswert ist Milke Danda, ein langer Bergrücken östlich des Arun River, doch auch im Annapurna-Gebiet gibt es zwischen Ghodapani und Ghandrung eindrucksvolle Bestände. In dieser Waldform wachsen die meisten von Nepals 300 verschiedenen **Farnen** und viele medizinisch verwertbare Pflanzen, deren heilende Wirkung den ayurvedischen Heilpraktikern bekannt ist. Hier gedeiht auch der kleine Strauch **Lokta**, mit kleinen weißen im Frühling duftenden Blüten – aus dessen zu Brei gestampfter Borke Papier geschöpft wird, – sowie **Nesseln**, aus deren Stielen die östlichen Bergbewohner einen sehr widerstandsfähigen Stoff herstellen.

In manchen Gebieten beginnen Stechpalmen, Magnolien und Ahorn die Eichen und Rhododendren zu verdrängen. An sehr feuchten Stellen wächst **Zwergbambus**, die Lieblingsnahrung des Roten Panda – besonders im Norden Helambus und am Weg zum Annapurna Sanctuary. Überall in den mittleren Höhen wächst **Cannabis** – praktischerweise auch am Rand von Straßen und Wegen.

Der Himalaya

Die vorherrschenden Baumarten in den Hochlagen des Himalaya sind Koniferen. Besonders eindrucksvoll sind die Wälder um den Rara-See in Westnepal, wo sich **Himalaya-Rottannen** und **Blaupinien** (fünfnadelige Büschel) mit Wiesen abwechseln. Im trockenen Westen findet man außerdem die großartige **Himalaya-Zeder** *(Deodar)*, die von den Einheimischen geschützt wird, und eine Zypressenart. Zwei Arten **Wacholder** sind in Nepal anzutreffen: Die häufigere Art mit normaler Baumhöhe wächst südlich des Hauptkamms des Himalaya (besonders um Tengboche im Everest-Gebiet), während der kleinere Unterholz-Wacholder auf die Gebiete im nördlichen Regenschatten beschränkt ist. Aus beiden Arten wird Räucherwerk für buddhistische Zeremonien gewonnen. In feuchteren Gebieten begegnet man Hemlocktannen, Föhren (die sich von Rottannen durch aufwärts gerichtete Zapfen unterscheiden) und zuweilen sogar laubwechselnden Lärchen.

Zu den am weitesten verbreiteten (und graziösesten) breitblättrigen Arten gehört die **Weiße Birke**, die gewöhnlich in Dickichten nahe der Baumgrenze anzutreffen ist – besonders auf schattigen Hängen, auf denen der Schnee lange liegen bleibt. **Pappeln** stehen nahe an Wasserläufen bis hoch hinauf in verborgene Täler – Muktinath ist voll von ihnen –, während **Berberitzen** (ein Strauchwerk, dessen Blätter im Herbst scharlachrot werden) im exponierten Gelände weit verbreitet sind. Bei einem Trekking in Langtang oder im Marsyangdi-Tal durchquert man viele dieser Waldtypen in rascher Folge, doch die dramatischsten Übergänge erlebt man im Tal des Thak Khola (oberer Kali Gandaki): Der Monsun-Dschungel unterhalb von Ghasa weicht Blaupinien, Hemlocktannen, Rhododendren und Rosskastanien, die von den Birken, Föhren und Zypressen rund um Thukche abgelöst werden, bevor man in die Aprikosen- und Apfelgärten Marphas gelangt, hinter denen die kargen Steppen Jomosoms beginnen.

Auf den Böden und feuchten Wiesen oberhalb der Baumgrenze dominiert alpine Vegetation. Neben Zwergrhododendren (manche Arten verströmen einen intensiven Zimtgeruch und werden von den Einheimischen als Räucherwerk benutzt) findet man hier viele Blumen, die europäischen und nordamerikanischen Wanderern vertraut sind. Es gibt zu viele, um ihnen allen gerecht zu werden, doch weit verbreitet sind Primeln, Butterblumen, Mohn, Lilien, Rittersporn, Bitterwurz, Edelweiß, Akelei und Salbei. Blütezeit der meisten Blumen ist während des Monsuns, doch Rhododendren und Primeln blühen im Frühling und Bitterwurz und Rittersporn im Herbst.

Säugetiere

Nepals reichhaltige Tierwelt besiedelt vor allem die Niederungen des Terai, wo sie trotz dichter Vegetation leicht zu beobachten ist. Entlang der Trekkingpfade im Gebirge sind wilde Tiere auf Grund des Bevölkerungsdrucks seltener zu sehen, und oberhalb der Baumlinie leben nur wenige Säugetiere. Der folgende Überblick orientiert sich im Großen und Ganzen vom Terai zum hohen Himalaya und konzentriert sich auf die interessanteren oder besonders häufig zu sehenden Tiere – wer einige von Nepals 55 Fledermausarten oder acht Flughörnchenspezies identifizieren möchte, braucht ein Bestimmungsbuch.

Das **Panzernashorn** *(gaida)* ist eine der fünf Nashornarten Asiens und Afrikas (alle sind durch Wilderei vom Aussterben bedroht). Etwa 500 Nashörner – rund ein Viertel des Gesamtbestands – leben in Chitwan, was als Erfolg zu werten ist. Davon wurden 48 nach Bardia umgesiedelt, aber nur die Hälfte hat die heiße Phase des Bürgerkriegs überlebt. Die Tiere weiden einzeln oder in kleinen Gruppen im sumpfigen Elefantengras, wo sie überraschend gut versteckt sind.

Domestizierte **Elefanten** *(hatti)* sind zwar noch immer ein wichtiger Bestandteil der nepalesischen Kultur, aber ihre wilden Artgenossen bekommen Touristen in Nepal nur selten zu Gesicht, obwohl sie jedes Jahr Dutzende Nepalesen töten, vor allem nahe der östlichen Landesgrenze, wo Hunderte wilder Elefanten zwischen Nepal und Indien umherstreifen. Da Elefanten ein großes Territorium für ihre jahreszeitlichen Wanderungen benötigen, werden sie durch die Besiedelung des Terai zunehmend verdrängt. Über die Hälfte der wilden Elefanten in Nepal, ungefähr 80 Tiere, lebt im Bardia-Nationalpark, rund 30 weitere im Chitwan-Nationalpark.

Koshi Tappu ist in Nepal der einzige verbliebene Lebensraum für eine Art, die man im Grunde nur noch domestiziert kennt: für den **Wildbüffel** *(arnaa)*. Etwa 200 dieser Tiere weiden in kleinen Herden im feuchten Grasland. Der majestätische und starke **Gaur** (*gauri gaai*, auch: Indischer Büffel) verbringt die meiste Zeit im trockenen niederen Vorgebirge, doch im Frühling zieht er zur Tränke hinab ins Terai.

Das vielleicht ungewöhnlichste Säugetier, der **Gangesdelphin** (eine von weltweit nur vier Süßwasserarten), lebt in immer kleinerer Zahl in den Flüssen Karnali und Sapt Koshi (Kasten S. 382). Die neugierigen und geselligen Delphine scharen sich in den tieferen Abschnitten der Flüsse zusammen, in denen sie sich von Fischen und Krustentieren ernähren. Beim Auftauchen verraten sie ihre Anwesenheit durch einen schnaubenden Laut aus ihren Atemlöchern.

Die häufigste Säugetierart des Terai, der Chital oder **Axishirsch**, ist oft in Herden im Grenzgebiet zwischen Flusswald und Grasland zu sehen. Der **Schweinshirsch** – dessen Name auf seinen kleinen, an ein Schwein erinnernden Leib und seinen Trab mit gesenktem Kopf zurückzuführen ist – sucht im nassen Grasland Schutz, während der **Muntjak**, der nur etwa 60 cm Schulterhöhe erreicht, im gesamten Tiefland und in den Wäldern der mittleren Höhen anzutreffen ist. **Sumpfhirsche** ziehen in gewaltigen Herden durch Sukla Phanta; die männlichen Tiere haben ein mächtiges Geweih (ihr nepalesischer Name *Barhasingha* bedeutet frei übersetzt: „Zwölfender"). Weiter verbreitet, aber seltener anzutreffen, ist der mächtige **Sambarhirsch**, dessen Schulterhöhe über 1,50 m beträgt.

In Bardia und Koshi Tappu haben zwei Antilopenarten ihren Lebensraum: die graziöse **Hirschziegenantilope** mit Hörnern, die wie ein Korkenzieher gedreht sind und die ungelenke **Nilgau-Antilope** – die Antilope hielt man früher für eine Art Rind, so dass hinduistische Jäger sie nicht jagten; doch das gehört der Geschichte an.

Die Gebiete mit den dichtesten Rotwild- und Antilopenkonzentrationen sind in der Regel auch das Stammterritorium für den vom Aussterben bedrohten Bengalischen **Tiger** *(bagh)* – doch die Chancen, einen der rund 100 Tiger zu sehen, sind bei einem durchschnittlichen Nationalparkbesuch äußerst gering, und das nicht nur, weil sie selten sind: Sie sind überwiegend nachtaktiv und unglaublich leise. Im gesprenkelten Sonnenlicht und im Schatten des dichten Flusswaldes ist das orange-schwarz gestreifte Fell des Tigers eine nahezu perfekte Tarnung. Ein männliches Tier kann bis zu 250 kg wiegen und misst von der Nase bis zum Schwanz 3 m. Tiger sind Einzeljäger, und von manchen ist bekannt, dass sie nach einem erfolgreichen Riss bis zu 20 % ihres Körpergewichts verzehrten – zwischen den Raubzügen können sie mehrere Tage ohne zu fressen auskommen. Männliche und weibliche Tiere haben separate Territorien, die sich jedoch überlappen. Regelmäßig kontrollieren sie ihre Territorien und kennzeichnen die Grenzen mit Duftmarken, um Eindringlinge abzuhalten. Viele Nepalesen halten Tiger für die rastlosen Seelen Verstorbener.

Auch **Leoparden** *(chituwa)* sieht man selten, obwohl sie weiter verbreitet sind: Man kann ihnen in jedem dichten Wald vom Terai bis zur Baumgrenze begegnen. Leoparden reißen in Nepal in größerer Zahl Tiere als Tiger und sind deshalb gefürchteter. Die schlanke Raubkatze (männliche Tiere wiegen circa 45 kg) jagt Affen, Hunde und Zuchtvieh. **Andere Raubkatzen** – Fischkatze, Leopardenkatze und der prächtige Panther – sollen abgelegene Regionen des Tieflands und mittleren Hochlands durchstreifen, doch man sieht sie selten. Hyänen und Wildhunde sind die Aasfresser des Terai. Die nachtaktiven **Schakale** lassen sich selten sehen, doch nachts gehört ihr unheimliches Heulen zu den häufigsten Geräuschen im Terai und im Vorgebirge.

Obwohl er kein Fleischfresser ist, kann der gefährlich unberechenbare **Lippenbär** (eine Terai-Art) unvermutet angreifen – vor ihm ist höchste Vorsicht geboten. Mit seinen mächtigen Vordertatzen gräbt er Termitennester aus, und mit der langen Schnauze saugt er die Insekten hinaus. Noch gefährlicher ist der **Himalaya-Schwarzbär**, der durch die Wälder der mittleren Höhen und bis hinauf zur Baumgrenze streift. Manche glauben, dass der Bär der Ursprung des Yeti-Mythos ist (S. 438). Überall in Nepal sind durchs Unterholz brechende und nach Wurzeln scharrende **Wildschweine** zu beobachten.

Auch Affen sind im Terai und im Vorgebirge ein gewohnter Anblick. Es gibt zwei Arten in Nepal. Die drolligen **Hanuman-Languren** haben ein silbergraues Fell, schwarze Gesichter und Hände und lange, seilartige Schwänze. In bewaldeten Wandergebieten sieht man sie oft in den Bäumen herumtoben oder gelassen im Familienverband herumsitzen. Ihren Namen verdanken sie dem Affengott Hanuman:

Eine Geschichte erzählt, dass Hanuman-Languren grau-schwarz sind, seit Feuer den Affengott versengte, als er versuchte, Sita vor dem Dämonen Ravana zu retten. Braune **Rhesusaffen** *(rato bandar)* sind in freier Wildbahn scheuer, auf Tempelarealen dagegen zahm bis lästig. Eine dritte Art, der Assam-Makak, findet sich nur in kleinen Grüppchen in abgelegeneren Gegenden wie der Langtang-Region und dem Makalu-Barun-Nationalpark. Im Bergland sind viele andere kleine Säugetiere zu beobachten, unter anderem Stachelschweine, Flughörnchen, Füchse, Zibetkatzen, Otter, Mungos und Marder. Der **Kleine Panda**, den man mit seinem rostbraunen Pelz und dem buschigen, weiß geringelten Schwanz für einen Baumfuchs halten könnte, ernährt sich (im Gegensatz zu seinem großen chinesischen Verwandten) nicht ausschließlich von Bambus; man bekommt ihn nur sehr selten in den Nebelwäldern des nördlichen Helambu zu Gesicht.

Zurückgezogen in den Rhododendron- und Birkenwäldern des Hochlandes lebt das **Moschustier** – es ist leicht an seinen wie Stoßzähne aussehenden Hauern zu identifizieren; die männlichen Tiere werden wegen ihrer Moschusdrüse gejagt, die auf dem Schwarzmarkt weit über US$100 einbringen kann. Das am häufigsten zu sehende große Säugetier der höheren Gebiete ist der **Himalaya-Thar**, obwohl er keineswegs weit verbreitet ist: Er erinnert mit langem, borstigem Fell und kurzen Hörnern entfernt an eine Ziege, und sein Weidegebiet sind die steilen Klippen unterhalb der Baumgrenze. Der **Serow**, ein anderer Verwandter der Ziegenfamilie, lebt zurückgezogen in abgelegenen Schluchten und bewaldeten Gebieten, während der **Goral**, der an eine Gemse erinnert, in mittleren Höhen bis zur Baumgrenze vorkommt.

Die höchsten domestizierten oder zumindest halb-domestizierten Bewohner des Himalaya sind die **Yaks** – echte wilde Yaks gelten in Nepal als ausgestorben. Yaks sind kleiner und normalerweise sanftmütiger als Kühe, wirken aber mit ihrem zotteligen Fell und den langen Hörnern gefährlicher. Die Rinder, die man häufiger entlang der Wanderpfade sieht, sind aber Kreuzungen aus Yak und Kuh, die an ihrem ruhigeren Wesen, ihren leicht nach vorn geschwungenen Hörnern und ihrem Muhen zu erkennen sind – Yaks können nur grunzen.

Die wilden Säugetiere, die man am häufigsten oberhalb der Baumgrenze sieht, sind **Blauschafe** oder *bharal*, die ganzjährig im kargen Grasland äsen. Die sonst gelbbraunen Tiere nehmen im Winter eine blaugraue Farbe an, die ihnen ihren Namen verleiht. Herden wurden am Thorung La in der Annapurna-Region gesichtet, doch in größerer Zahl kommen sie nördlich von Dhorpatan und im Nationalpark She-Phoksundo vor. Ihr größter Feind ist der **Schneeleopard**, eine versteckt lebende Großkatze, über die bislang nur wenig bekannt ist. Nepal beherbergt noch etwa 300 Exemplare dieser weltweit bedrohten Art.

Amphibien, Reptilien und Fische

Die in den Feuchtgebieten des Terai heimischen Krokodile sieht man am ehesten im Winter, wenn sie sich auf den schlammigen Sandbänken sonnen, um ihre Kaltblüter-Körper zu wärmen. Das gefährdete **Sumpfkrokodil** bevorzugt morastiges Gelände und untiefe Seeausläufer, wo es stundenlang bewegungslos herumliegt, bis seine Beute in unmittelbare Reichweite gekommen ist. Sumpfkrokodile ernähren sich hauptsächlich von Fischen, doch sie verschlingen nahezu alles, was zwischen ihre Zähne gerät – auch Menschenleichname, die von Verwandten, die sich das Holz für die Einäscherung nicht leisten können, dem Fluss übergeben wurden. Das noch stärker gefährdete **Gavial-Krokodil** lebt ausschließlich in Flüssen, wo es sich von Fischen ernährt (S. 337).

In Nepal gibt es viele **Schlangen**, doch man sieht sie nur sehr selten. Die meisten legen sich in eine Winterstarre (selbst im Terai), und zu anderen Jahreszeiten suchen sie Abstand vom Menschen. Kobras – die Lieblingstiere der Schlangenbeschwörer – halten sich in niedrigen Höhen in der Nähe von Dörfern auf; im Kathmandutal gibt es keine Kobras, obwohl sie gerade dort in der religiösen Ikonographie häufig dargestellt sind. Es gab Berichte über hochgiftige Krait und Grubenottern sowie über mehr als sechs Meter lange Pythonschlangen. Die häufigsten Arten aber sind ungiftig und selten länger als 60 cm.

Häufig sieht man an den Wänden der Gästehäuser **Geckos**. Die nützlichen Insektenfresser können sich auf jeder Ebene bewegen, denn sie haben eine Art „Saugnoppen" an den Füßen.

In Nepal wurden circa 50 **Fischarten** nachgewiesen, unter ihnen der *mahseer* – ein Verwandter des Karpfens, der seine maximale Größe im Unterlauf des Karnali erreicht. Die meisten Teiche enthalten Karpfen und Welse.

Vögel

Über 800 **Vogelarten** – ein Zehntel der weltweit beobachteten Arten – wurden in Nepal registriert. Im Frühling und Herbst machen Zugvögel auf ihren Wanderungen zwischen Indien und Zentralasien Station, und da das Land über zahlreiche Ökosysteme verfügt, finden viele Arten hier über das ganze Jahr ihren Lebensraum. Die größte Artenvielfalt ist im Terai zu beobachten, doch auch das Kathmandutal besitzt einen bemerkenswerten Reichtum an Vogelarten. Im Folgenden kann nur ein Überblick über die wichtigsten Kategorien gegeben werden – wer ein komplettes Bild gewinnen will, sollte sich das Buch *Birds of Nepal* besorgen (S. 480).

Im **Terai** und den niederen Vorbergen patrouillieren Raubvögel auf ihrer Suche nach Nahrung die Ströme und Flüsse, darunter Fischadler, Kormorane, Schlangenhalsvögel, Möwen und Eisvögel. Auch Reiher und Störche kann man beim Fischzug beobachten, während Kraniche, Enten und Teichhühner im Wasser waten. Viele Zugvogelarten sind in Koshi Tappu, das am wichtigen Arun-Korridor nach Tibet liegt, besonders stark präsent.

Weibliche Pfauen lassen ihren miauenden Paarungsschrei ertönen, bis die männlichen Tiere sich stolz herablassen, ihr prächtiges Gefieder aufzuschlagen. Oben aus dem Geäst der Salbäume ertönt das Hacken diverser Spechtarten, während verschiedene Kuckucksarten ihr zwei- bis viernotiges Lied pausenlos wiederholen. Halsbandsittiche fliegen in Formation herein, Bienenfresser, Mauersegler, Drongos, Schwalben und Blauracken hechten und tauchen nach Insekten, und manche Dschungelvögel sehen aus wie von Monet gemalte Hühner.

Zu den selteneren Exemplaren des Terai gehören der Paradies-Fliegenschnäpper, der durch sein üppiges weißes Schwanzgefieder und sein libellenähnliches Flugverhalten auffällt; der schlaksige Große Adjutantenstorch, der fliegend an ein prähistorisches Reptil erinnert; und der Nashornvogel, dessen Schnabel einen riesigen hornförmigen Aufsatz trägt.

Viele der oben genannten Vögel des Terai kommen auch in den **mittleren Höhenlagen** vor. Mynas, Reiher, Krähen und Elstern stöbern in der Nähe menschlicher Siedlungen nach Abfällen, und in fast allen Höhen sind Raubvögel wie Falken, Turmfalken, Gabelweihen, Adler, Milane und Geier zu beobachten. Eulen sind weit verbreitet, doch bei den Nepalesen nicht gut gelitten. Schwätzer und Lachdrosseln bevölkern den gemischten Eichen- und Rhododendronwald und machen ein Spektakel, das ihrem Namen alle Ehre macht. Alleine im Kathmandutal siedeln über 20 Arten von Fliegenschnäppern.

Oft sieht man im Everest-Gebiet **Nepals Nationalvogel**, den schillernden und vielfarbigen *danphe* (Himalaya- oder Königsglanzfasan), durchs Unterholz trippeln. Auch *kalij* und *monal*, zwei andere einheimische Fasanen, besiedeln die höheren Vorberge und tieferen Gebiete des hohen Himalaya. Ziehende Wasservögel legen oft Zwischenaufenthalte an den hoch gelegenen Seen ein (Rote Brandenten gehören in Gokyo zu den Attraktionen der Trekking-Saison), und von der Baumgrenze aufwärts lassen sich Schneetauben, Taucher, Finken und Steinkrähen sehen. Bergsteiger berichteten, dass sie am Everest Steinkrähen in 8200 m Höhe gesehen hätten, und ziehende Streifengänse *(anser indicus)* fliegen sogar *über* den Mount Everest.

Wirbellose Tiere und Insekten

Wohl kein anderes Lebewesen in Nepal erzeugt so viel Ekel wie der **Blutegel** *(jukha)*. Zum Glück halten die in Segmente untergliederten, raupengroßen Ringelwürmer in der Trekkingsaison ihren unterirdischen Winterschlaf. Doch im Monsun kommen sie überall im Terai und in den Bergen mit geballter Kraft zum Vorschein. Blutegel werden durch Körperwärme angezogen – sie kriechen an den Beinen hinauf oder lassen sich von Zweigen herabfallen, um ihre Opfer zu erreichen. Der Biss der Blutsauger ist vollkommen schmerzlos – sie injizieren ein örtlich wirksames Narkotikum und Anti-Gerinnungsmittel –, und oft unbemerkt lassen sie sich abfallen, sobald sie vollgesogen sind. Sie zu entfernen, ist nicht ganz einfach (S. 498).

Bislang wurden über 600 **Schmetterlingsarten** registriert, und diese Zahl wächst beständig. Die meisten Schmetterlinge sieht man im Monsun – ein guter Grund für einen Besuch zu dieser Jahreszeit –, doch auch vor und vor allem nach Niederschlägen kommen viele Arten zum Vorschein – besonders an feuchten Sandbänken und auf Bergkämmen. Im Kathmandutal ist Phulchoki ein exzellenter Ausgangspunkt für Schmetterlingsbeobachtungen. Zu den bekannten Bergarten gehören der faszinierende Orangene Eichenblattschmetterling, dessen Zeichnung es ihm ermöglicht, sich im Blätterwerk unsichtbar zu machen, und der Goldene Vogelfalter (eine große, spitzkantige Art mit nach unten gerichtetem Flügelschlag). Noch größer ist die Zahl der Nachtfalter – man schätzt sie auf 5000 Arten, zu denen auch die weltweit größte gehört: Der Große Atlasspinner hat eine Flügelspanne von circa 30 cm.

Termiten bauen turmhohe Erdhügelbauten, die im westlichen Terai bis zu 2,40 m hoch sein können. Wie Ameisen und Bienen sind auch sie in Kolonien organisiert, in denen Legionen von Arbeitern und „Reproduktiven" einem einzigen Königspaar unterstehen. Die Hügel fungieren als Kühltürme für das lebendige Nest – diese Monumente der Insektenindustrie bestehen aus gekautem Erdmaterial aus den Stollen der Kolonie und werden durch Speichelzufuhr hart wie Holz.

Honigbienen bauen ihre großen herabhängenden Nester im Terai und vor allem in den schroffen Felswänden der zerklüfteten Gebiete nördlich von Pokhara.

Spinnen sind in Nepal nicht sehr artenreich, doch eine bemerkenswerte, für den Menschen ungiftige Art wird bis zu 15 cm groß und fängt und webt Vögel ein. Im Terai sieht man nach Einbruch der Dunkelheit oft das grünliche Leuchten von orange-schwarzen **Leuchtkäfern**. Für die meisten Reisenden aber wird die Beschäftigung mit Insekten darin bestehen, **Moskitos** zu jagen: Zwei Arten dominieren im Tiefland – eine davon ist die Anopheles, die Überträgerin der Malaria.

Kathmandu und Patan

Stefan Loose Traveltipps

1 Kathmandus Altstadt Der lebendige Durbar Square besticht durch seinen alten Königspalast, eine lebende Göttin, Tempel, Statuen, Gemüseverkäufer und Souvenirhändler. S. 134

Bagmati Ghats Entlang der gepflasterten, maroden Uferbefestigungen reihen sich Stätten für die Verbrennung der Toten, zahllose wenig besuchte Tempel, Statuen und alle Arten von Kunstwerken aneinander. S. 146

Swayambhu Die auf einem Hügel stehende Tempelanlage ist ein faszinierender Mikrokosmos nepalesischer Kultur. S. 150

Patan-Museum Das hervorragende Museum am eleganten Durbar Square in Patan beherbergt eine faszinierende Sammlung an Schnitzereien, Steinskulpturen, Bronzen und anderen Ausstellungsstücken. S. 162

Essen gehen in Kathmandu Die Restaurants der Stadt bieten eine verblüffende Auswahl von französischer Küche bis zu lokalen Snacks. Ein besonderes Erlebnis verspricht das romantische Kaiser Café. S. 173

2 Meditations- und Yogakurse Das spirituelle Angebot Kathmandus ist außergewöhnlich vielfältig. Sehr guten Unterricht bietet das Pranamaya Yoga Centre in Patan. S. 191

Kathmandu und Patan

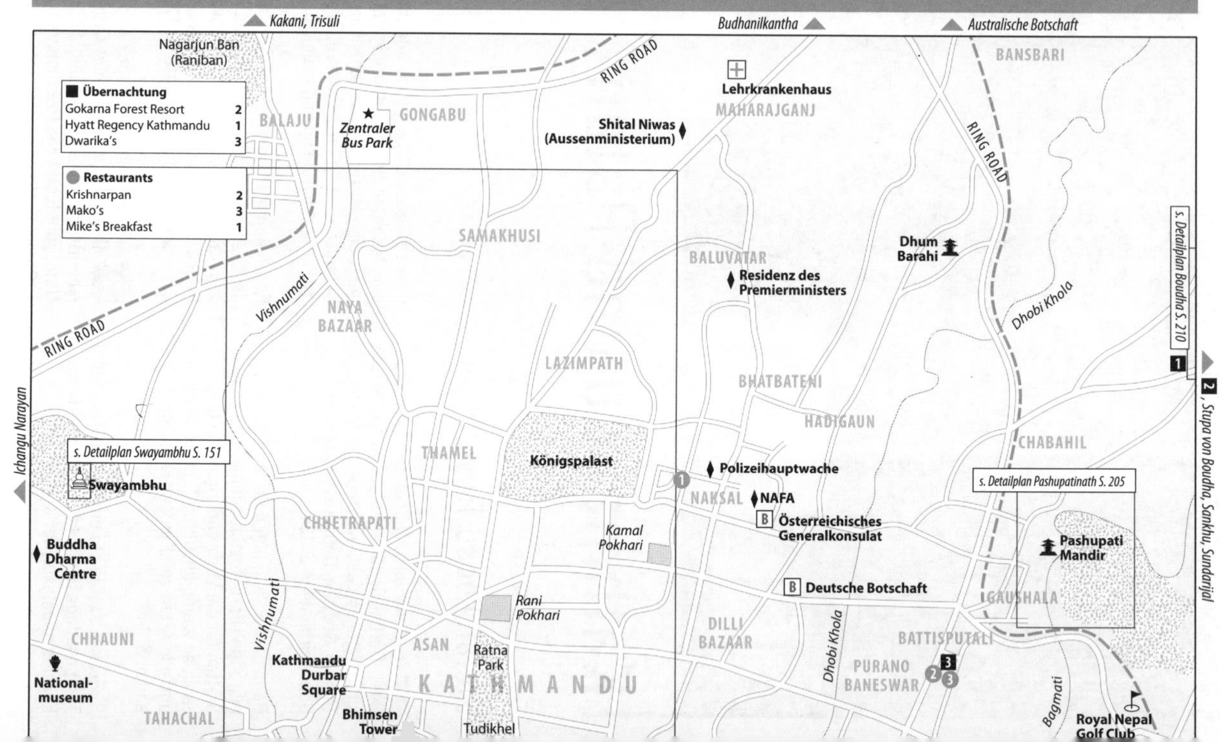

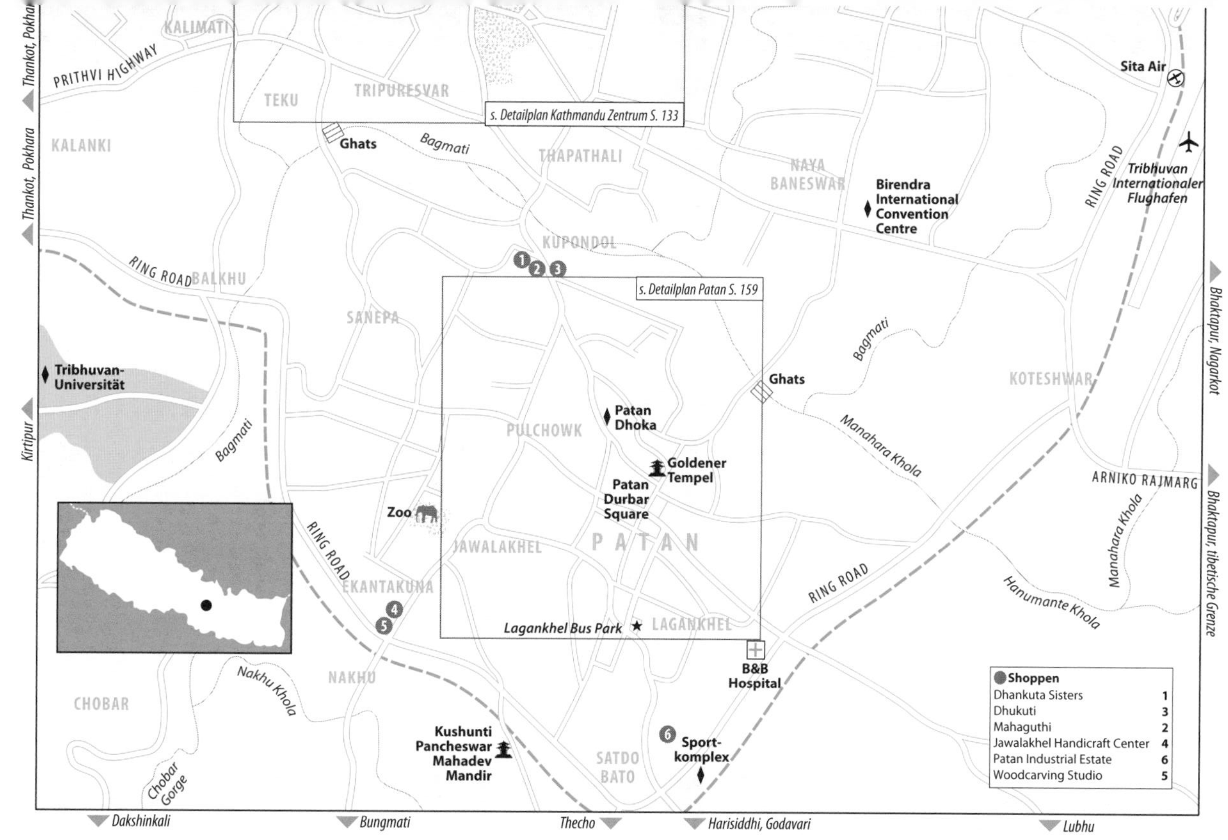

Thankot, Pokhara
Thankot, Pokhara
Kirtipur
KALIMATI
PRITHVI HIGHWAY
TEKU
TRIPURESVAR
s. Detailplan Kathmandu Zentrum S. 133
Sita Air
KALANKI
Ghats
Bagmati
THAPATHALI
NAYA BANESWAR
Birendra International Convention Centre
RING ROAD
Tribhuvan Internationaler Flughafen
KUPONDOL
RING ROAD
BALKHU
s. Detailplan Patan S. 159
Bhaktapur, Nagarkot
SANEPA
Bagmati
Tribhuvan-Universität
Ghats
KOTESHWAR
Patan Dhoka
PULCHOWK
Manahara Khola
Bagmati
Goldener Tempel
Patan Durbar Square
ARNIKO RAJMARG
Bhaktapur, tibetische Grenze
Zoo
RING ROAD
JAWALAKHEL
PATAN
Manahara Khola
EKANTAKUNA
RING ROAD
Hanumante Khola
Lagankhel Bus Park
LAGANKHEL
B&B Hospital
Nakhu Khola
NAKHU
CHOBAR
Shoppen
Dhankuta Sisters 1
Dhukuti 3
Mahaguthi 2
Jawalakhel Handicraft Center 4
Patan Industrial Estate 6
Woodcarving Studio 5
Kushunti Pancheswar Mahadev Mandir
SATDO BATO
Sport-komplex
Chobar Gorge
Dakshinkali
Bungmati
Thecho
Harisiddhi, Godavari
Lubhu

Wie soll man Kathmandu beschreiben? Wie diese einzigartige, chaotische und zugleich kulturträchtige Stadt mit ihren tausend Gesichtern treffend charakterisieren? Als Relikt aus dem Mittelalter? Umweltskandal? Heilige Stadt? Touristenfalle?

Jedes dieser Schlagworte ist auf Nepals weltoffene Metropole anwendbar, die als größte Stadt des Landes mehr als 1,7 Mio. Einwohner zählt: ein Schmelztiegel zahlreicher ethnischer Gruppierungen und Heimat der Newar, einer Volksgruppe, die die fähigsten Handwerker und die geschäftstüchtigsten Kaufleute Nepals hervorgebracht hat. Der Handel hat in Kathmandu von alters her eine große Rolle gespielt – die Stadt kontrollierte mehr als tausend Jahre lang die wichtigste Karawanenstraße zwischen Tibet und Indien – und dank der florierenden Handelsgeschäfte blühte stets auch das Handwerk der Newar. Vor diesem Hintergrund ist es nicht verwunderlich, dass sich Nepals Hauptstadt so rasch den Tourismus als lukrative Einnahmequelle erschlossen hat.

Der Stadtteil **Thamel**, den die meisten Besucher Kathmandus gleich zu Beginn ihrer Reise kennen lernen, erscheint wie ein überdimensionaler Themenpark der Dritten Welt, vollgestopft mit Hotels, Restaurants, Souvenirshops, Buchläden, gefälschter Trekkingausrüstung, raubkopierten DVDs und Schwarzhändlern, die Tigerbalsam und Haschisch verschachern.

In der **Altstadt**, die den zentralen Durbar Square nördlich und südlich umgibt, haben Tempel und traditionelle Architektur den Verkehrsproblemen standgehalten. Die engen Gassen quellen über vor Menschen, Fahrradfahrer versuchen mit ihrem Geklingel Motorräder, religiöse Musik, Autohupen und Baustellenlärm zu übertönen, es riecht nach Weihrauch, Gewürzen, Abwässern und Auspuffgasen. Heilige Kü-

Indra Jaatra: acht Tage Prunk und Party

Nach der Legende, die im Kathmandutal erzählt wird, wollte **Indra**, der vedische König des Himmels, seiner Mutter Blumen kaufen, fand im Himmel jedoch keine und stieg daher ins Tal hinab, wo er welche stahl. Er wurde dabei erwischt und ins Gefängnis geworfen. Als Indras Mutter nach ihm suchte, erkannten die Menschen ihren Fehler. Zur Besänftigung Indras sollte von nun an alljährlich ein Fest zu seinen Ehren stattfinden.

Mit dem meist Ende August oder Anfang September (S. 43) gefeierten Indra Jaatra wird dem Gott für die Monsunregen gedankt, die die wichtige Reisernte im Sommer ermöglichen. Aber auch der Demütigung Indras wird gedacht. An verschiedenen Orten der Altstadt werden dann „Gefängnisse" aufgestellt, in denen eine den Gott darstellende Strohpuppe einsitzt. Eine andere Geschichte erzählt von einem angreifenden König, der sich Indra nannte, und von den Talbewohnern zurückgeschlagen wurde. Einige Anthropologen glauben, dass dies vielleicht der historische Hintergrund für die Festivitäten sein könnte.

Während des Indra Jaatra wird acht Tage praktisch ohne Unterbrechung gefeiert. Den Auftakt des Spektakels bildet das zeremonielle Aufrichten eines 15 m hohen **Mastes** vor der Kala Bhairab-Statue durch Mitglieder der Manandhar-Kaste (Ölpresser). An der Indrachowk wird die berühmte blaue Maske von **Akash Bhairab**, einem manchmal mit Indra gleichgesetztem Gott, präsentiert, in anderen Gegenden stellt man untergeordnete Bhairab-Darstellungen auf. Tagsüber praktizieren die Einheimischen die *puja* (eine Ehrerweisung), des Nachts entzünden sie Lampen, um den verstorbenen Verwandten zu gedenken. Maskierte Tänzer geben in der Altstadt Darbietungen zum Besten, und eine Gruppe zeigt am Fuß des Trailokya Mohan eine Bühnendarstellung der zehn Inkarnationen Vishnus *(das atavar)*.

Das Indra Jaatra ist die Verschmelzung zweier Feiern, und das zweite Spektakel, das **Kumari Jaatra**, nimmt am Nachmittag des dritten Tages seinen Lauf. Von Mittag an füllt sich der Durbar Square dann zusehends mit Zuschauern, und, auf dem Balkon des Gaddi Baithak, mit Politikern, ranghohen Militärs und Diplomaten in bester Garderobe. (Touristen werden in eine Ecke am Shiva Parvati Mandir

he und heilige Männer, Bettler und Straßenjungen gehören zum Straßenbild.

Südlich davon liegt die eigenständig verwaltete Stadt **Patan**, einst die Hauptstadt eines unabhängigen Königreichs. Obwohl beide Städte inzwischen nahtlos ineinander übergehen, hat Patan sich einen ruhigeren und besser erhaltenen historischen Kern bewahren können. Zahlreiche buddhistische *bahal* (Klosteranlagen, die zum Teil noch als solche genutzt werden), eine stolze Kunsthandwerkstradition und eine ziemlich präsente Gemeinde ausländischer Bewohner – überwiegend Angestellte von internationalen nicht-staatlichen und Wohltätigkeitsorganisationen – prägen hier das Bild.

Diese Gegenden Kathmandus stellen nur einen Teil dieser komplexen wie aufregenden Stadt dar, zu der auch die Slums und die heruntergekommenen Gebäude der Ministerien, die pompösen Geschäftsstraßen, die ausufernden Basare und die entlegenen Vororte gehören. Unübersehbar im modernen Kathmandu sind die vermeintlichen Errungenschaften der Neuzeit: gigantische Verkehrsstaus und enorme Luftverschmutzung; expandierende Vorstädte, Neonreklameschilder, Notstromaggregate und Stromsperren, Geländewagen mit Chauffeur, Familien auf Motorrädern, Küchengerätewerbung. Mit atemberaubender Geschwindigkeit geht es in die Neuzeit. Noch ist das traditionelle Kathmandu nicht verschwunden, doch unaufhaltsam und immer rascher vollzieht sich der Wandel zu einem grellen, alle Traditionen verschlingenden städtischen Ballungszentrum. Neue Gebäude wuchern planlos aus dem Boden, wobei wenig Wert auf Ästhetik oder Sicherheit gelegt wird (laut einer erschreckenden Studie des nepalesischen Roten Kreuzes von 2008 könnte ein Erdbeben der Stärke sieben bis acht auf der Richterskala bis zu 60 % der Gebäude in Kathmandu

gepfercht, von wo man nur schwer einen vernünftigen Blick auf das Treiben werfen kann, außer man hat das Glück, gleich hinter der Polizeiabsperrung zu stehen. Frauen dürfen immerhin auf den erhöhten Stufen des Maju Dewal Platz nehmen.) Maskierte Tänzer unterhalten die Menge: Jener mit der roten Maske und den zotteligen Haaren ist der weithin bekannte **Lakhe**, ein Dämon, von dem es heißt, er halte andere böse Geister fern, so lange man ihn milde stimme. Die Prozession begann früher mit dem Eintreffen des Königs und der Königin, heute übernehmen führende Politiker diese Rolle. Auf **hölzernen Wagen** werden die Kumari sowie zwei Begleiter, die Ganesh und Bhairab darstellen, über den Platz gefahren, vorbei am Gaddi Baithak. Anschließend geht es durch die südliche Altstadt bis zum Jaisi Dewalund und nach Lagan, bevor der Zug nach Einbruch der Dunkelheit wieder den Platz erreicht.

Sobald die Wagen den Platz verlassen, macht die festliche Zeremonie ausgelassenem Feiern Platz. **Tanzgruppen** aus allen Gegenden des Tals zeigen nahe dem Eingang zum alten Königspalast ihre Künste, und ein stilisierter Elefant – Indras Reittier – jagt durch die Straßen. Junge Männer zieht es zum **Sveta Bhairab**, wo nach langwierigen rituellen Vorbereitungen endlich Reisbier aus einem Rohr fließt, das aus dem Mund dieser Erscheinungsform Shivas ragt.

In Abwesenheit von VIPs und zeremoniellem Getöse werden die Wagen am folgenden Nachmittag noch einmal auf den Weg geschickt, diesmal durch Nardevi und Asan. Am letzten Tag kommen die Wagen nach ein paar Tagen relativer Ruhe ein drittes Mal zum Einsatz und werden zum Kilagal gezogen.

Einer Legende zufolge soll diese letzte Prozession auf die Initiative von König Jaya Prakash Malla zurückgehen, der es seiner am Kilagal weilenden Konkubine auf diese Weise ermöglicht haben soll, einen Blick auf die Kumari zu werfen. Sobald die Wagen am Abend zum Durbar Square zurückgekehrt waren, begab sich der König zu Zeiten der Monarchie vor die Kumari, um die **königliche Tika** und damit die Zusicherung für ein weiteres Jahr der Herrschaft zu erhalten.

Schließlich wird der zu den Festlichkeiten errichtete Mast wieder abgebaut, von dem die Menschen alsdann Teile als Amulette gegen Geister und Dämonen mit nach Hause nehmen.

zerstören – darunter auch die meisten Krankenhäuser – und zehntausende Menschen töten). Jeder, der Nepal wegen seiner natürlichen Schönheit besucht, wird in Kathmandu wahrscheinlich einen ziemlichen Schock erleben.

Trotzdem ist Kathmandu für fast alle Reisenden die erste Station – hier landen die internationalen Flüge, und sämtliche Hauptstraßen laufen hier zusammen. In Kathmandu konzentrieren sich sämtliche Botschaften, Fluggesellschaften, Nepals beste Telekommunikationsmöglichkeiten, Trekking- und Reiseagenturen. Vor allem unter Globetrottern beliebt sind die Restaurants und Bars der Hauptstadt und die lockere Atmosphäre. So ist Kathmandu zwar der ideale Standort für eine erste Orientierung, dennoch sollte man seine Angelegenheiten hier möglichst rasch erledigen. Von den Naturschönheiten Nepals wird man in Kathmandu wohl kaum etwas mitbekommen.

Und wo sind die Berge?

Sie sind da – hinter dem Smog. In den 1990er-Jahren waren Berge wie der Ganesh I, Langtang Lirung und Dorje Lakpa bei Tagesanbruch von Kathmandu aus fast immer sichtbar. Heute lassen sie sich vom Stadtgebiet aus fast nur noch erahnen, es sei denn, man erwischt einen Morgen nach heftigen Niederschlägen oder einen *bandh*-Tag (Generalstreik), wodurch der gesamte Verkehr aus der Stadt ferngehalten wird.

Kathmandu zählt zu den Städten mit der stärksten Luftverschmutzung der Welt; **Verkehr und Abgasnebel** sind entsetzlich. Die stetig wachsende Zahl an Autos, Motorrädern, Bussen und Lastwagen, die Verwendung gepanschten Benzins, lasche Emissionstests, schlecht gepflasterte Straßen, schnelle Urbanisierung, Müllhalden und zahllose weitere Verschmutzungsquellen führen dazu, dass die Luftqualität regelmäßig höchst „ungesunde" Ausmaße erreicht. Diese giftige Melange reizt Lunge und Augen, schwächt das Immunsystem und erhöht das Langzeitrisiko verschiedener Gesundheitsprobleme.

Es ist sinnvoll, zu Beginn des Nepalaufenthalts nicht länger als ein paar Tage in Kathmandu zu bleiben. Andernfalls riskiert man eine Bronchitis oder Nebenhöhleninfektion, die einen tagelang beeinträchtigen und sich bei Trekkingtouren sehr nachteilig auswirken kann.

Geschichte

Das Gebiet des heutigen Kathmandu ist vermutlich schon seit Tausenden von Jahren besiedelt; ersten schriftlichen Aufzeichnungen zufolge wurde die Stadt von Gunakamadev gegründet, der im späten 9. Jh. regierte – zu einer Zeit, in der durch die **Lichhavi**-Könige bei Pashupatinath und anderen heiligen Orten bereits hoch entwickelte Stadtzentren errichtet worden waren. Kathmandu, ursprünglich Kantipur, wurde erst später nach dem Kasthamandap („Holzpavillon") benannt, der an der wichtigsten Handelsstraße zwischen Tibet und Indien im späten 12. Jh. als Rasthaus diente, und der heute noch im Stadtzentrum steht.

Berühmt wurde die Stadt unter den **Malla**-Königen, die das Tal im 13. Jh. ihrem Herrschaftsbereich einverleibten und ein goldenes Zeitalter für Kunst und Architektur einläuteten, das über 500 Jahre währte. Kathmandus schönste Gebäude einschließlich derjenigen auf dem Durbar Square datieren aus dieser Periode. Zu Beginn der Malla-Ära stellte Kathmandu neben den beiden anderen großen Städten im Tal, Bhaktapur und Patan, einen eigenständigen Staat dar. Es folgte eine Zeit unter der Herrschaft von Bhaktapur, eine erneute Teilung der beiden Städte im 15. Jh. und eine lange Periode der Auseinandersetzungen und Rivalitäten.

1769 endete die Malla-Zeit, als Prithvi Narayan Shah aus Gorkha, einem ehemals unbedeutenden Fürstentum im westlichen Bergland, das Tal eroberte und den Grundstein für die Konsolidierung des Staates Nepal legte. Kathmandu gab seinen Widerstand auf und wurde zur Hauptstadt der neuen Nation und zum Sitz der **Shah-Dynastie** erklärt.

Die Shah-Familie regierte mit einer längeren Unterbrechung bis April 2006. Nur zwischen 1846 und 1951 wurde sie von der mächtigen **Rana-Familie** politisch ausmanövriert. Die Ranas führten ein neues Regierungssystem mit einem Ministerpräsidenten, dessen Amt erblich war, ein. Sie hinterließen Kathmandu ein Ver-

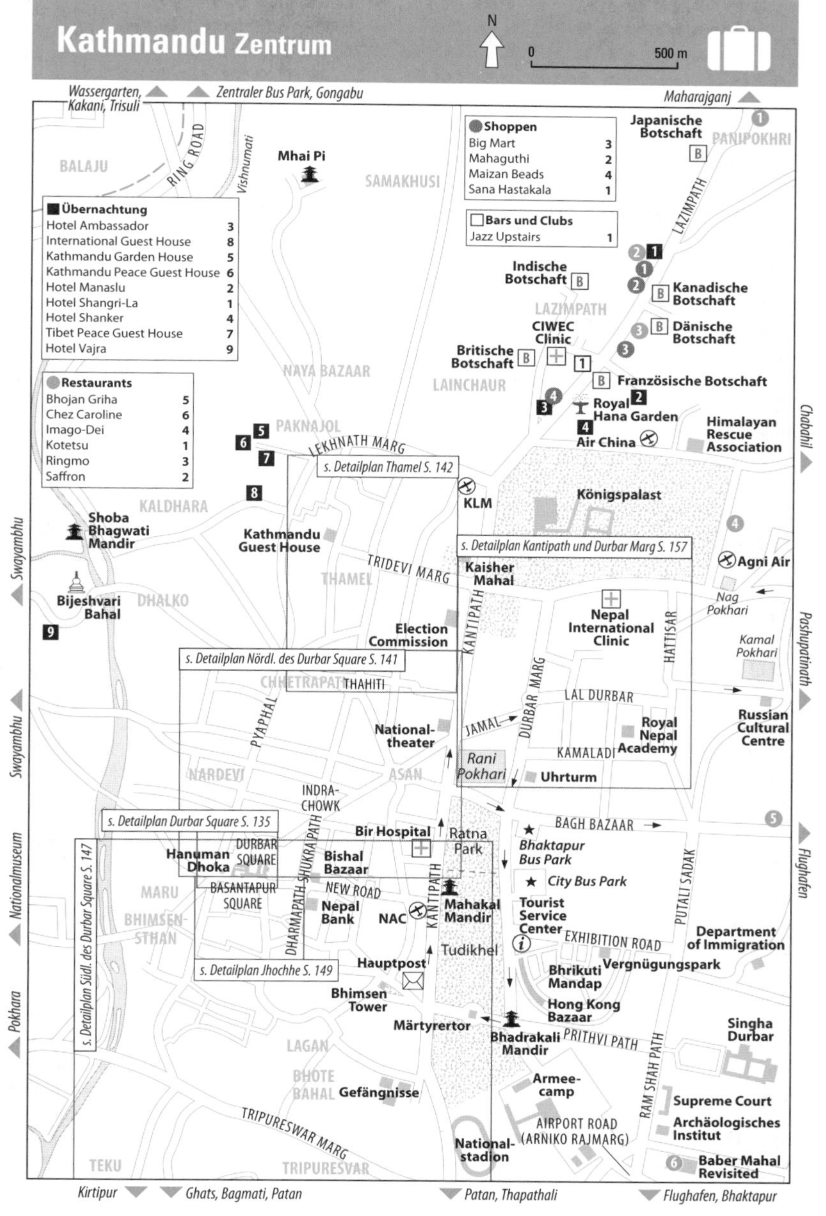
Kathmandu Zentrum
N
0
500 m
Wassergarten, Kakani, Trisuli
Zentraler Bus Park, Gongabu
Maharajganj
Shoppen
Big Mart 3
Mahaguthi 2
Maizan Beads 4
Sana Hastakala 1
Bars und Clubs
Jazz Upstairs 1
Übernachtung
Hotel Ambassador 3
International Guest House 8
Kathmandu Garden House 5
Kathmandu Peace Guest House 6
Hotel Manaslu 2
Hotel Shangri-La 1
Hotel Shanker 4
Tibet Peace Guest House 7
Hotel Vajra 9
Restaurants
Bhojan Griha 5
Chez Caroline 6
Imago-Dei 4
Kotetsu 1
Ringmo 3
Saffron 2
BALAJU
RING ROAD
Vishnumati
Mhai Pi
SAMAKHUSI
Japanische Botschaft
PANIPOKHRI
LAZIMPATH
Indische Botschaft
Kanadische Botschaft
Dänische Botschaft
CIWEC Clinic
Britische Botschaft
Französische Botschaft
NAYA BAZAAR
LAINCHAUR
Royal Hana Garden
Air China
Himalayan Rescue Association
PAKNAJOL
LEKHNATH MARG
s. Detailplan Thamel S. 142
KLM
Königspalast
KALDHARA
Shoba Bhagwati Mandir
Kathmandu Guest House
s. Detailplan Kantipath und Durbar Marg S. 157
Agni Air
TRIDEVI MARG
Kaisher Mahal
THAMEL
Swayambhu
Bijeshvari Bahal
DHALKO
Nepal International Clinic
Nag Pokhari
Kamal Pokhari
Pashupatinath
Chabahil
Election Commission
KANTIPATH
HATTISAR
s. Detailplan Nördl. des Durbar Square S. 141
CHHETRAPATI
THAHITI
DURBAR MARG
LAL DURBAR
Russian Cultural Centre
PYAPHAL
Nationaltheater
JAMAL
Royal Nepal Academy
KAMALADI
Rani Pokhari
Uhrturm
NARDEVI
ASAN
INDRA-CHOWK
BAGH BAZAAR
s. Detailplan Durbar Square S. 135
Bir Hospital
Ratna Park
Bhaktapur Bus Park
Flughafen
Nationalmuseum
Hanuman Dhoka
DURBAR SQUARE
SHUKRAPATH
Bishal Bazaar
City Bus Park
PUTALI SADAK
s. Detailplan Südl. des Durbar Square S. 147
MARU
BASANTAPUR SQUARE
NEW ROAD
Nepal Bank
NAC
Mahakal Mandir
Tourist Service Center
BHIMSEN-STHAN
DHARMAPATH
EXHIBITION ROAD
Department of Immigration
Tudikhel
s. Detailplan Jhochhe S. 149
Hauptpost
Vergnügungspark
Bhrikuti Mandap
Pokhara
Bhimsen Tower
Hong Kong Bazaar
Märtyrertor
Singha Durbar
Bhadrakali Mandir
PRITHVI PATH
LAGAN
RAM SHAH PATH
BHOTE BAHAL
Gefängnisse
Armee-camp
Supreme Court
TRIPURESWAR MARG
AIRPORT ROAD (ARNIKO RAJMARG)
Archäologisches Institut
National-stadion
TEKU
TRIPURESVAR
Baber Mahal Revisited
Kirtipur
Ghats, Bagmati, Patan
Patan, Thapathali
Flughafen, Bhaktapur

mächtnis aus gewaltigen, weiß gekalkten neoklassizistischen Palästen. Das letzte Jahrzehnt der Shah-Ära war von einem kräftezehrenden Bürgerkrieg mit den maoistischen Truppen geprägt. Später im Jahr 2006 wurde ein Friedensabkommen geschlossen, und Anfang 2007 schlossen sich die Maoisten einer Übergangsregierung an. Aus den landesweiten Wahlen zur verfassungsgebenden Versammlung im April 2008 gingen die Maoisten als größte Partei hervor, und nur einen Monat später wurde Nepals Monarchie abgeschafft und mit überwältigender Mehrheit die Republik Nepal ausgerufen.

Kathmandu ist bis heute das Zentrum der politischen Macht in Nepal – und häufiger politischer Proteste – geblieben, während ihr industrieller und wirtschaftlicher Aufschwung einen permanenten Bauboom nährt.

Die Altstadt von Kathmandu

Die meisten Reisenden besuchen Kathmandu, um sich die Altstadt, ein Wirrwarr an engen Gassen und Tempeln direkt nördlich und südlich des zentralen Durbar Square, anzusehen. Das betriebsame Viertel besteht aus hohen, die Sonne verdunkelnden Wohnblocks, in denen meist Großfamilien wohnen. Düstere, zur Straße hin offene Läden säumen die Gehwege, und Gemüseverkäufer blockieren mit ihren Ständen die Kreuzungen. Die wesentliche Blockstruktur der Altstadt ist geprägt von sogenannten *bahals* – Gebäudeanordnungen, die im rechten Winkel um einen Innenhof herum liegen. Kathmandu ist wabenartig von diesen *bahals* durchzogen, von denen viele ursprünglich buddhistische Klöster waren, die aber mittlerweile als Wohngebäude genutzt werden.

Die Bürgersteige werden zwar schon um zehn Uhr abends hochgeklappt, doch regt sich das Leben in den Straßen bereits wieder vor Sonnenaufgang. Der frühe Morgen bietet sich an, um den Gläubigen bei der Verrichtung ihrer Gebete *(puja)* zuzuschauen; abends kann man in den Vierteln Indrachowk, Asan und Chhetrapati Männer beobachten, die in tranceähnlichem Zustand religiöse Hymnen *(bhajan)* singen.

Durbar Square

Als Ausgangspunkt für eine Besichtigungstour bietet sich der von Sehenswürdigkeiten und Menschen wimmelnde Durbar Square geradezu an. Der alte Königspalast *(durbar)* an der Ostseite des Platzes nimmt mehr Raum ein als alle anderen Monumente zusammen. Kumari Chowk ist der Wohnsitz von Kathmandus „lebender Göttin" und beherrscht den Platz von der Südseite her. Der Platz selbst ist durch den Palast in zwei Hälften geteilt: Im Südwesten steht der Kasthamandap, das alte Gebäude, das Kathmandu wahrscheinlich seinen Namen gab, während auf der Nordhälfte zahlreiche Statuen und Tempel verstreut stehen.

An Kontrollposten am Rand des Platzes wird ein **Eintrittsgeld** von Rs300 erhoben; vor Sonnenauf- und nach Sonnenuntergang kann man den Platz gewöhnlich ohne zu bezahlen betreten. Die Tickets sind einen Tag lang gültig, können aber im Verwaltungsbüro des Platzes kostenlos verlängert werden. Wer mehr als drei Tage beantragen möchte, muss Ticket, Pass und auch noch ein Passfoto mitbringen.

Hanuman Dhoka (Alter Königspalast)

🕒 Feb–Okt Di–Sa 10.30–16, So 10.30–14 Uhr, Nov–Jan Di–Sa 10.30–15, So 10.30–14 Uhr
▪ Eintritt Rs250 (zusätzlich zum Eintrittspreis von Rs300 für den Durbar Square)

Der weitläufige Alte Königspalast ist allgemein unter dem Namen seines Haupteingangs Hanuman Dhoka bekannt. Sein ältester, westlicher Flügel datiert aus der Mitte des 16. Jhs.; wahrscheinlich stand hier aber schon früher ein Palast. Malla-Könige ließen den übrigen Teil im späten 17. Jh. erbauen, und nach der Eroberung Kathmandus im Jahr 1768 fügte Prithvi Narayan Shah vier Aussichts- und Befestigungstürme in der südöstlichen Ecke hinzu. Zu guter Letzt hin-

Kathmandu Durbar Square

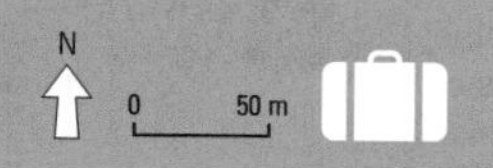

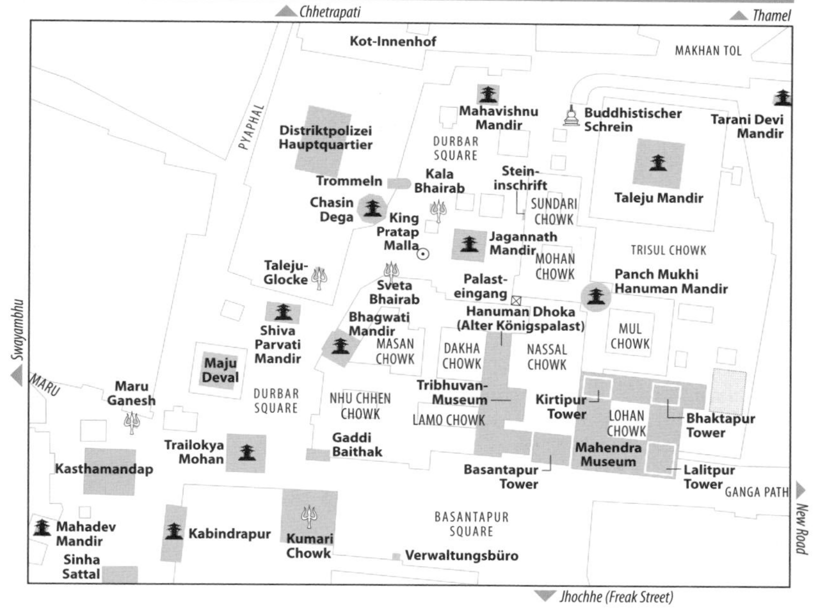

terließen die Ranas ihre Spuren in Form der auffallenden klassizistischen Fassade an der Südwestseite. Nepals ehemalige Königsfamilie lebte hier bis 1886; danach zog sie in den nördlichen Teil der Stadt um. Nur ein kleiner Teil des Areals ist für die Öffentlichkeit zugänglich.

Eingangstor

Betreten wird der Palast durch das Hanuman Dhoka (Hanuman-Tor), ein bunt geschmücktes Tor auf der Ostseite des nördlichen Durbar Square. Das Tor wurde nach dem Affengott Hanuman benannt, dessen Statue vor dem Eingang steht. Diese im 17. Jh. von König Pratap Malla zur Abwehr böser Geister aufgestellte Skulptur ist teilweise verhüllt, damit ihr Blick den Sterblichen nicht schaden möge, und inzwischen von viel *abhir* (rote Paste) entstellt.

Hanuman, Ramas Gehilfe in dem Hindu-Epos *Ramayana*, wurde stets von den nepalesischen Königen verehrt (die Könige gelten ihrerseits, wie Rama, als Inkarnationen des Gottes Vishnu). Links vom Eingang steht eine meisterhafte Skulptur einer weiteren Vishnu-Inkarnation: der Mannlöwe Narasingh, der einen Dämon zerreißt. Pratap Malla gab diese Statue zur Besänftigung Vishnus in Auftrag, nachdem er befürchtete, den Gott durch einen Tanz in einem Narasingh-Kostüm erzürnt zu haben.

Innenhöfe

Vom Eingangstor aus gelangt man in den **Nassal Chowk**, den großen zentralen Innenhof, in dem König Birendra 1975 gekrönt wurde. Die flankierenden Flügel aus Ziegelstein im Süden und Osten stammen aus dem 16. Jh. und haben viele mit Schnitzereien verzierte Türen, Fenstern und Strebepfeiler. Der pagodenartige Turm mit den fünf runden Dächern in der nordöstlichen Ecke des Platzes ist der **Panch Mukhi Hanuman**

Mandir („Fünfgesichtiger Hanuman"), der die Gesichter eines Esels, Vogelmenschen, Löwenmenschen, Wildschweins und Affen zeigen soll. An der Nordseite des Innenhofs befindet sich die Empfangshalle der Malla-Könige.

Der Palast verfügt über insgesamt zehn Innenhöfe. Für Besucher sind der Nassal Chowk und der **Lohan Chowk** zugänglich. In den **Mul Chowk** kann man durch eine Tür vom Nassal Chowk aus hineinsehen. Er beherbergt einen Taleju Bhavani geweihten Tempel, die göttliche Vorfahrin der Malla-Könige, der im Hof während des Dasain-Fests Opfer dargebracht werden. In dem nicht zu besichtigenden **Mohan Chowk** im Norden soll sich ein in den Boden eingelassenes königliches Bad mit einem goldenen Wasserspeier befinden.

Tribhuvan Museum

Das **Tribhuvan Museum** im westlichen und südlichen Flügel am Nassal Chowk bietet eine Sammlung von Erinnerungsstücken aus der Regierungszeit Tribhuvans. Englische Erläuterungen sucht man allerdings vergebens. Er wird gern *rashtrapita* („Vater der Nation") genannt, weil er bei der Wiederherstellung der Monarchie 1951 eine Schlüsselfunktion inne hatte und Nepal für die Welt öffnete. Beim Betrachten der Fotos und Zeitungsausschnitte bekommt man eine Vorstellung von den hochdramatischen Jahren 1950 und 1951, als der König in Indien um Asyl bat, dort den Widerstand gegen das bröckelnde Rana-Regime organisierte und schließlich triumphierend nach Nepal zurückkehrte und die Macht übernahm. Daneben sind Thronstühle, juwelenbesetzter Krönungsschmuck, königliches Mobiliar, Gewehre und Jagdtrophäen zu besichtigen.

Basantapur Tower

Der neunstöckige **Basantapur Tower** ist der größte der vier Türme, die Prithvi Narayan Shah zu Ehren der vier großen Städte im Kathmandutal errichten ließ. (Basantapur heißt „Ort des Frühlings" – womit Kathmandu gemeint ist –, der Turm wird auch Nautele Durbar, „neunstöckiger Palast", genannt.) Man kann zu einer Art Ausguck (mit Holzgittern eingefasst) emporsteigen; von diesem hat man einen hervorragenden Blick in alle vier Himmelsrichtungen.

Mahendra Museum

Vom Turm aus steigt man direkt zum Nassal Chowk hinunter und gelangt durch ein Labyrinth von Korridoren zum **Mahendra Museum**. Wie das Tribhuvan Museum führt auch diese Sammlung chronologisch durch das Leben und gesellschaftliche Umfeld des Monarchen. Zu den Ausstellungsstücken gehören eine Liste mit den Tieren, die Mahendra überall auf der Welt geschossen hat, und Nachbildungen seines Büros und Sitzungssaals. Durch die Ausgangstür gelangt man zum Lohan Chowk.

Das benachbarte **King Birendra Museum** ist Mahendras Nachfolger gewidmet und seit dessen Ermordung 2001 geschlossen (S. 82).

Kumari Chowk

Am südlichen Ende des Durbar Square befindet sich Kumari Chowk, das reich verzierte Haus der Raj Kumari, Kathmandus „lebender Göttin" und wichtigste Vertreterin von insgesamt einem Dutzend oder mehr solcher Göttinnen im Tal. Kein anderer Tempel veranschaulicht besser, wie lebendig, real und anpassungsfähig die Religion in Nepal ist und wie selbstverständlich sich hinduistische und buddhistische Elemente mit uralten Volksgottheiten mischen.

Der **Kumari**-Kult, bei dem ein Mädchen, das vor der Pubertät steht, als lebende Inkarnation der Göttin Taleju verehrt wird, reicht wahrscheinlich weit ins frühe Mittelalter zurück. Jaya Prakash, der letzte Malla-König von Kathmandu, baute 1757 den Kumari Chowk und setzte die erste Kumari ein. Der Legende nach beleidigte Jaya Prakash, ein besonders paranoider und schwacher König, Taleju durch sein Verlangen nach ihr. Zur Wiedergutmachung seiner Sünde wies sie ihn an, ein jungfräuliches Mädchen auszuerwählen, in der die Göttin wohnen könnte. Auf ihn geht auch die Tradition – die 2008 endete – zurück, dass die Kumari jedes Jahr während des Indra Jaatra-Festes dem König, der im nächsten Jahr regieren soll, eine *tika* (ein Glück bringendes Zeichen) auf die Stirn malt.

Obwohl die Kumari eine Hindu-Gottheit darstellt, wird sie vom buddhistischen Shakya-Clan der Goldschmiede nach einem **Auswahlverfahren** bestimmt, das dem schrittweisen Vorgehen der Buddhisten in Tibet sehr ähnelt, welches diese bei der Suche von reinkarnierten Lamas anwenden. Die Ältesten befragen Hunderte von Shakya-Mädchen zwischen drei und fünf Jahren und nehmen jene in eine Liste auf, die 32 Eigenschaften aufweisen: einen Nacken wie eine Muschel, einen Körper wie ein Feigenbaum, Wimpern wie eine Kuh usw. Die Mädchen, die in die engere Auswahl kommen, werden zu Mitternacht in den Hof des Taleju Mandir (S. 139) gesetzt, mit frisch abgetrennten Büffelköpfen umgeben und von schrecklich lärmenden Männern mit Dämonenmasken umtanzt. Dasjenige Mädchen wird zur nächsten Kumari erkoren, das keine Furcht zeigt und aus einer größeren Menge von Gegenständen das Eigentum früherer Kumaris erkennt. Die Kumari führt im Kumari Chowk ein klösterliches Leben und wird nur während des Indra Jaatra-Festes und zu einer Hand voll weiterer Feste auf ihrem Thron aus dem Tempel getragen, wobei ihre Füße nicht den Boden berühren dürfen. Der Geist der Göttin verlässt sie, sobald sie menstruiert oder auf irgendeine andere Weise Blut verliert. Sie wird dann mit einer bescheidenen, vom Staat finanzierten Pension entlassen. Die Umstellung auf das Leben eines normal sterblichen Menschen ist für sie oft sehr hart; die Suche nach einem Ehemann erweist sich als schwierig, da man sagt, dass der Ehemann einer Ex-Kumari in jungen Jahren stirbt. Die gegenwärtige Kumari wurde im Oktober 2008 im Alter von drei Jahren eingesetzt.

Im Kumari Chowk dürfen Nichthindus den im *bahal*-Stil gebauten **Innenhof** nicht durchqueren; dieser ist mit kunstvoll geschnitzten Fenstern, Pfeilern und Türschwellen geschmückt. Wenn genügend Geld gespendet wurde, erscheint die Kumari in verheißungsvollem Rot gekleidet, mit üppigem Silberschmuck behängt und einem kunstvoll in die Mitte ihrer Stirn gemalten „dritten Auge" an einem der Fenster des 1. Stocks. (Am Morgen oder am späten Nachmittag sind die Chancen, einen Blick auf sie zu erhaschen, am größten.) Mit einem Blick in ihr Gesicht soll der Besucher Antworten auf seine unausgesprochenen Fragen erhalten. Im Innenhof ist Fotografieren erlaubt, jedoch nicht die Kumari. Der Wagen, auf dem die Kumari während des Indra Jaatra-Festes (S. 130) durch die Straßen gefahren wird, ist direkt neben dem Kumari Chowk untergebracht. Die großen hölzernen Joche der vergangenen Prozessionen, die nicht zerstört werden dürfen, sind daneben ausgestellt. Am großen, ziegelgepflasterten, ostwärts angrenzenden **Basantapur Square** lagen früher die königlichen Elefantenställe. Heute breiten hier die Souvenir-Verkäufer ihre Waren aus.

Der Kasthamandap

Der Legende nach ist der Kasthamandap in der südwestlichen Ecke des Platzes Kathmandus ältestes Bauwerk und darüber hinaus eines der ältesten Holzgebäude auf der ganzen Welt. Es wurde wahrscheinlich im ausgehenden 12. Jh. aus dem Holz eines einzigen Baumes errichtet (Sinha Sattal, die kleinere Version weiter südlich entstand aus dem übrig gebliebenen Holz). Seine heutige Form verdankt es zahllosen Restaurierungen seit dem Jahr 1630. Der offene, pagodenartige Pavillon *(mandap)* diente viele Jahrhunderte lang als Rasthaus *(sattal)* an der Handelsstraße nach Tibet und stellt höchstwahrscheinlich den Kern des frühen Kathmandu dar. Diese Ecke des Platzes heißt Maru Tol und wirkt immer noch wie eine Wegkreuzung, an der Verkäufer Gemüse, Obst und Blumen anbieten. Vielen Obdachlosen dient der Kasthamandap als Übernachtungsstätte.

Die Könige der Shah-Dynastie verwandelten den Kasthamandap in einen Tempel zu Ehren ihrer Schutzgottheit **Gorakhnath**, dessen Statue in der Mitte des Pavillons steht. Ein Brahmanenpriester erteilt hier meist Verhaltensanweisungen. Die vier umgebenden Ecknischen beherbergen Schreine für Ganesh, den Glücksgott, und stehen angeblich für die berühmten Ganesh-Tempel im Kathmandutal (in Chabahil, Bhaktapur, Chobar und Bungmati). Damit können die Bewohner Kathmandus allen vier Aspekten von Ganesh gleichzeitig Opfergaben darbringen.

Der Kabindrapur

Das Gebäude südöstlich des Kasthamandap ist der **Kabindrapur**, ein im 17. Jh. für Tanzaufführungen errichteter Tempel, der auch unter dem Namen Dhansa bekannt ist. Er ist Shiva in seiner Rolle als Nasa-dyo („Herr des Tanzes" in Newar) geweiht und wird hauptsächlich von Musikern und Tänzern besucht. Auf dem Seitenplatz

Ein paar Sätze zu den Gottheiten

Gorakhnath ist ein sagenumwobener indischer Guru und wird als eine Art Schutzengel von allen Shah-Königen verehrt. **Taleju Bhavani**, dem viele Tempel und Glocken auf den Durbar Squares in Kathmandu, Patan und Bhaktapur geweiht sind, spielte eine ähnliche Rolle bei den Malla-Königen. Die **Kumari** wurde von den Königen beider Dynastien verehrt, wobei das öffentliche Empfangen der *tika*, das die göttliche Legitimation der königlichen Herrschaft darstellte, am bedeutungsvollsten war.

gegenüber dem Kabindrapur steht eine *shikra* (ein indischer, maiskolbenförmiger Tempel) aus Ziegelstein für Mahadev (Shiva).

Maru Ganesh

Nördlich und in unmittelbarer Nachbarschaft des Kasthamandap steht ein weiterer Ganesh-Schrein namens **Maru Ganesh**. Mit seiner Glocke wird gewöhnlich eine *puja* eingeläutet, und so stellt dieser Schrein die erste Etappe für diejenigen dar, die in den anderen Tempeln des Durbar Square ihre Gebete und Opfergaben darbringen wollen. Ganeshs „Fahrzeug", eine Ratte, hockt gegenüber auf einem Sockel des Kasthamandap. Die Straße, die von hier aus westwärts führt, wurde früher Pie Alley genannt – zu ihren besten Hippie-Zeiten in den 1970er-Jahren reihte sich hier eine Konditorei an die andere, die meisten sind jedoch längst verschwunden.

Trailokya Mohan

Die dreistöckige Pagode **Trailokya Mohan** zwischen dem Kasthamandap und dem Kumari Chowk stammt aus dem 17. Jh. und ist Narayan (Nepali für Vishnu) gewidmet. Eine oft fotografierte Statue des engelsgleichen Garud, Vishnus Mannvogel-Fahrzeug, kniet in seiner gewohnten Grußhaltung mit zusammengelegten Handflächen *(namaste)* vor dem Tempel.

Gaddi Baithak

Der eindrucksvolle Anbau des Königspalasts gegenüber dem Trailokya Mohan ist der Gaddi Baithak aus dem frühen 20. Jh., der als typisch für die Rana-Architektur gelten kann. Einige Puristen bemängeln, dass das klassizistische Gebäude die harmonischen Proportionen des Durbar Square zerstört; andererseits gibt es dem Platz mit seinen vielen verschiedenen Tempeln auch das gewisse Etwas. Der Balkon an der Westfassade dient als Aussichtspunkt für prominente Persönlichkeiten während des Indra Jaatra.

Im Verlauf der Ausschachtungsarbeiten für den Gaddi Baithak wurde offenkundig, wie weit die Anfänge des Durbar Square zurückreichen. Bauarbeiter brachten Überreste ans Tageslicht, die von einem Lichhavi-Tempel stammen sollen. Der Fundort ist durch ein kleines Eisengitter mitten auf der Straße in der Nähe der Südwestecke des Gaddi Baithak gesichert.

Maju Deval

Ein paar Schritte nördlich des Trailokya Mohan thront der riesige **Maju Deval** aus dem 17. Jh. hoch auf einer neunstufigen Pyramide und bietet dem Besucher einen schönen Ausblick auf den Platz.

Shiva Parvati Mandir

Von der Spitze des Maju Deval sieht man hinüber zum rechteckigen **Shiva Parvati Mandir**, den einer der ersten Shah-Könige im 18. Jh. errichten ließ. Bemalte Figuren von Shiva und seiner Gemahlin Parvati lehnen sich aus einem Fenster im ersten Stock und vermitteln den Eindruck, als ob sie gleich den Brautstrauß hinauswerfen und sich in ihre Hochzeitssuite zurückziehen wollten. Im Widerspruch zu dem Tempelnamen werden in seinem Inneren die neun Darstellungen der mit den neun Planeten verbundenen Gottesmütter verehrt.

Rund um die Taleju Bell

Nördlich des Shiva Parvati Mandir verengt sich der Platz und öffnet sich dann wieder zum nächsten von Tempeln übersäten Areal. An der Westseite stehen die Glocke **Taleju Bell** aus dem 18. Jh., der achteckige, dem Flöte spielenden Krishna geweihte **Chasin Dega** aus dem 17. Jh. und ein Paar historische **Trommeln** aus dem 18. Jh.

Die Glocke und die Trommeln wurden früher bei Gefahr und zum Einberufen von Versammlungen genutzt; heute erklingen sie nur noch während des Dasain-Festes.

Neben dem Palast gegenüber der Glocke sieht man auf einem kleinen Relief **Jambhuvan**, den legendären Lehrer Hanumans, des Affengottes. Im Norden kann man das **Kun Jhyal** besichtigen, ein vergoldeter Fensterrahmen, der von zwei Einfassungen aus Elfenbein umringt ist und durch den die Malla-Könige einst die Prozessionen auf dem darunter liegenden Platz beobachteten.

Sveta Bhairab

Genau unterhalb der Taleju Bell steht vor der Palastmauer und hinter einem Holzgitter versteckt das grimmige drei Meter hohe vergoldete Haupt des **Sveta Bhairab** (Weißer Bhairab), ein Schrecken einflößender, blutrünstiger Aspekt Shivas. Einmal im Jahr, zum Fest Indra Jaatra, wird das Holzgitter abgenommen. Die benachbarte Säule trägt eine vergoldete Statue des Königs **Pratap Malla** mit Familie. Derartige Kunstwerke zur eigenen Verherrlichung waren zu Zeiten der Malla-Dynastie Ende des 17. Jhs. weit verbreitet.

Kala Bhairab

Nördlich der Pratap-Malla-Statue sieht man auf der anderen Seite des kleinen Degu Taleju Mandir den kugelrunden **Kala Bhairab** (Schwarzen Bhairab), wie er auf dem Körper eines Dämons tanzt. Die Figur, die aus einem dreieinhalb Meter hohen Felsblock gehauen ist, wurde während der Regierungszeit Pratap Mallas auf einem Feld nördlich von Kathmandu entdeckt und stammt vermutlich aus der Lichhavi-Zeit. Jeder, der vor ihrem Angesicht lügt, erbricht angeblich Blut und stirbt. Es wird erzählt, dass zu der Zeit, als der Gerichtshof gegenüber lag, so viele Zeugen starben, dass ein Tempel errichtet werden musste, um das Gericht vor den weit geöffneten Augen Kala Bhairabs abzuschirmen.

Jagannath Mandir

Östlich der Säule mit Pratap Malla steht der Jagannath Mandir, eine Pagode aus dem 16. Jh., die dem Gott geweiht ist, auf dessen Streitwagen-Fest in Indien das englische Wort *juggernaut* („schwerer Lastwagen“) zurückgeht. Die Pfeiler, die das unterste Dach dieses Tempels tragen, sind mit den für die nepalesischen Tempel so typischen erotischen Holzschnitzereien versehen.

In der Wissenschaft ist man sich nicht einig, was diese kleinen Figuren bedeuten, die sexuelle Praktiken in Form von athletischen Verrenkungen, in Dreiergruppen und nicht ohne Brutalität zeigen. Einige deuten die Sexualität in diesem Zusammenhang als tantrischen Weg zur Erleuchtung. Eine bekanntere Erklärung besagt, dass die Göttin des Blitzes eine keusche Jungfrau ist, die es nicht wagen würde, den Blitz in ein solchermaßen verziertes Gebäude einschlagen zu lassen.

In der Nähe findet man auf der Außenseite der Palastwand eine **Steininschrift** in fünfzehn verschiedenen Sprachen, die König Pratap Malla 1664 eingravieren ließ. Auf ihn geht ein Großteil der Tempel am Durbar Square zurück, und er interessierte sich außerdem sehr für Sprachen. Die Inschrift ist ein Gedicht an die Göttin Kali, und es wird erzählt, dass Milch aus dem Hahn fließen wird, sobald es jemand schafft, alles zu entziffern. Zwei Wörter sind französisch und eines ist englisch.

Taleju Mandir

In der nordöstlichen Ecke des Platzes erhebt sich auf einer zwölfstufigen Plattform 40 m hoch der herrliche Taleju Mandir, den König Mahendra Malla Mitte des 16. Jhs. erbauen ließ und der von keinem anderen Bauwerk überragt werden sollte – was bis zur Mitte des 20. Jhs. befolgt wurde. Kathmandus größter Tempel blickt erhaben auf die Menschheit herab. Er wird ausschließlich am neunten Tag des Dasain-Festes geöffnet und darf nur von Nepalesen betreten werden.

Taleju Bhavani, ursprünglich eine südindische Göttin, wurde im 14. Jh. von den Mallas nach Nepal gebracht. Sie gilt bei den Hindus als ein Aspekt der Muttergottheit Durga, während die buddhistischen Newar sie als eine der Taras, tantrische weibliche Gottheiten, verehren. Hinter dem Taleju Mandir und durch eine Türe vom Makhan Tol erreichbar, steht das Ziegelsteingebäude der Gottheit **Tarani Devi**, Talejus „älterer Schwester“.

Nördlich des Durbar Square

Kathmandus älteste und lebhafteste Straßen liegen im Nordosten und Norden des Durbar Square. Man kann sich zwar einen „geradlinigen" Rundgang durch dieses Stadtviertel vornehmen, wird aber immer wieder „auf Abwege geraten". Die hier beschriebenen Sehenswürdigkeiten bilden nur den Hintergrund, vor dem sich das faszinierende Leben in den Straßen der Altstadt abspielt.

Indrachowk

Die alte Handelsstraße nach Tibet verläuft über den Durbar Square und verengt sich, nachdem sie den Taleju Mandir umrundet hat, zu einem schmalen Gässchen. Über den **Makhan Tol** – der Name erinnert an die Zeit, als auf diesem Platz Butter *(makhan)* verkauft wurde – führt sie an Thangka (buddhistische Rollbilder) -Ständen vorbei in nordöstlicher Richtung zum traditionsreichen Viertel der Goldschmiede von Kathmandu.

Die erste große Kreuzung ist Indrachowk, benannt nach dem vedischen Götterkönig Indra. Dieser Zeus des asiatischen Götterhimmels, der mit einem Donnerkeil dargestellt wird, hat in Indien schon viele Jahrhunderte lang keine Bedeutung mehr. Nur im Kathmandutal verehrt man ihn immer noch mit einem ihm gewidmeten Fest (S. 130).

Der wohnhausartige Tempel auf der Westseite der Kreuzung ist zu Ehren von **Akash Bhairab** (Himmels- oder Blauer Bhairab) errichtet, den die Nepalesen mit Indra gleichsetzen und der von einem großen, grimmigen blauen Kopf dargestellt wird. Die Newar nennen diese Gottheit auch Aju-dyo und sehen den Kopf als Überrest eines hiesigen Königs, der laut *Mahabharata-Epos* enthauptet wurde. Der im ersten Stock gelegene Tempel ist für Nichthindus nicht zugänglich. In einer pragmatischen Symbiose ist das Erdgeschoss an Geschäfte vermietet, um die Pflege des Tempels finanziell zu sichern.

Die Namen des Seto Machhendranath

Die Newar bezeichnen Seto Machhendranath als Karunamaya Lokeshvar, den Bodhisattva des Mitleids, während die Tibeter ihn Jowo Dzamling Karmo, den Weißen Herrn der Welt, nennen. Daneben heißt er auch noch **Jamadyo**, was auf eine Legende zurückgeht, die besagt, dass die weiße Maske des Machhendranath einst von Eroberern aus dem Westen geraubt wurde. Die Familie des Königs der Angreifer soll sechs Generationen lang von unheilbaren Krankheiten verfolgt worden sein, bis ein Familienmitglied das Kultbild zurück nach Kathmandu brachte und es in einem Feld in Jamal in der Nähe des heutigen Durbar Marg vergrub. Als ein Bauer das Bild im 15. Jh. entdeckte, wurde es sofort als Jama-dyo – Gott von Jamal – identifiziert und an seinen jetzigen Platz gebracht, der darauf den Namen **Jamal** (oder Jana) **Bahal** erhielt.

Seto Machhendranath

Kel Tol

Vom Indrachowk aus zweigt eine belebte Straße Richtung Norden direkt nach Thamel ab; die alte tibetische Straße führt weiter zu dem kleinen Platz Kel Tol und zum Tempel des Seto (oder Sveta) Machhendranath aus dem 17. Jh. Hier befindet sich einer der beiden großen Schreine dieser Schutzgottheit des Kathmandutals. Wie sein „rotes" Gegenstück in Patan (S. 165) wird der „weiße" Machhendranath (S. 42) mit einem großen Wagenfest im Monat Chaitra (März–April) gefeiert.

Den gut versteckten Innenhof des Seto Machhendranath betritt man durch ein Tor auf der Westseite des Kel Tol. Unter den zahllosen Votiv-*chaityas* und -statuen sind besonders eine verwitterte alte Steinfigur von Amitabha (einer der *panchabuddha*, die fünf Aspekte der Buddhaschaft), eine viktorianische Bronzestatue, die als Weihrauchgefäß dient, drei Tara-Figuren auf Säulen und die Kanaka Chaitya, eine Steinhalbkugel aus der Lichhavi-Zeit, von Interesse. Letztere war die ursprüngliche Kultfigur dieses *bahal*, bevor Machhendranath ins Zentrum der Aufmerksamkeit rückte. Der Haupttempel verfügt über schöne vergoldete Kupferarbeiten im Außenbereich – leider verdirbt ein Eisengitter zum Schutz gegen Tempeldiebe den Blick auf das Kunstwerk. Für Nepal, das über einen unendlichen Reichtum an Kulturdenkmälern verfügt, die

Nördlich des Durbar Square

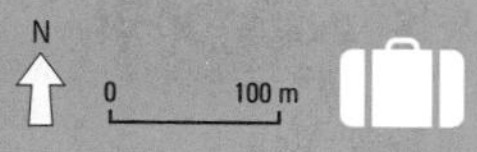

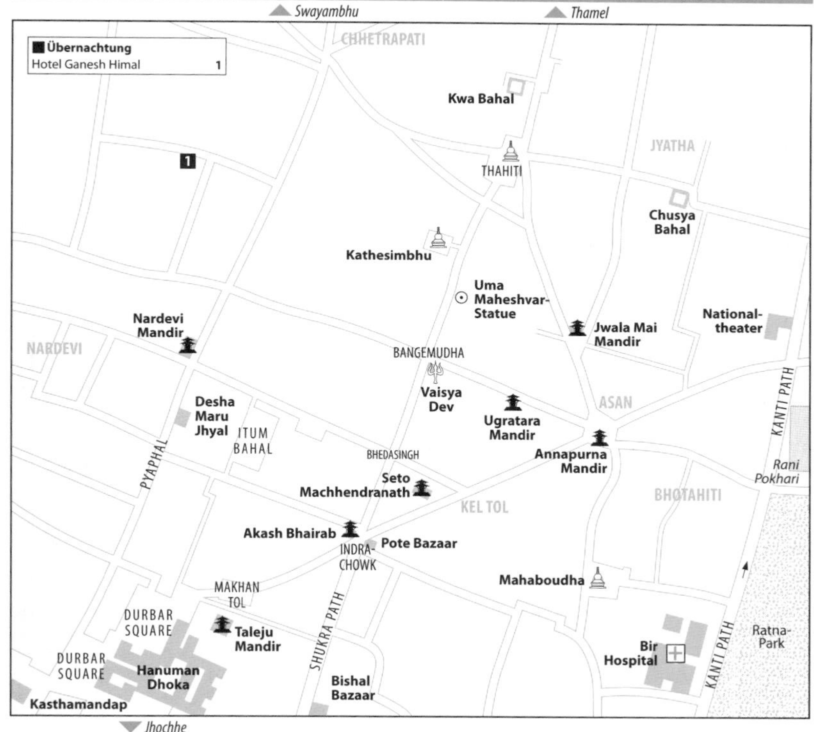

uneingeschränkt der Öffentlichkeit zugänglich sind, stellen derartige Sicherheitsvorkehrungen eine Ausnahme dar. Leider war diese Schutzvorrichtung hier angesichts der Sammelwut westlicher Besucher unerlässlich.

Vom Kel Tol zum Asan

Die vom Kel Tol abzweigende Straße ist vor allem wegen ihrer Messing-, Kupfer- und Edelstahlwaren bekannt. Den Besucher erwartet ein verwirrendes Angebot an Weihrauchbehältern, *thaal* (Tabletts), Wasserkannen und Gefäßen, in denen geweihtes Wasser oder Rinderurin für die *puja* aufbewahrt werden. Links liegt **Tilang Ghar**, die ehemalige Residenz eines Rana-Generals, die mit einem Stuck-Fries, das marschierende Soldaten zeigt, verziert ist. Der dreigeschossige, achteckige **Krishna Mandir** ist nicht mehr in Betrieb und wird von den dicht heranreichenden umliegenden Gebäuden halb verdeckt.

Asan

Am belebten Platz **Asan** residierten in Zeiten des alten Warenhandels einst viele der wohlhabendsten newarischen Familien. Früher befand sich hier auch der größte Obst- und Gemüsemarkt nördlich des Durbar Square. Heute gibt es Agrarprodukte noch in den nach Norden

Thamel

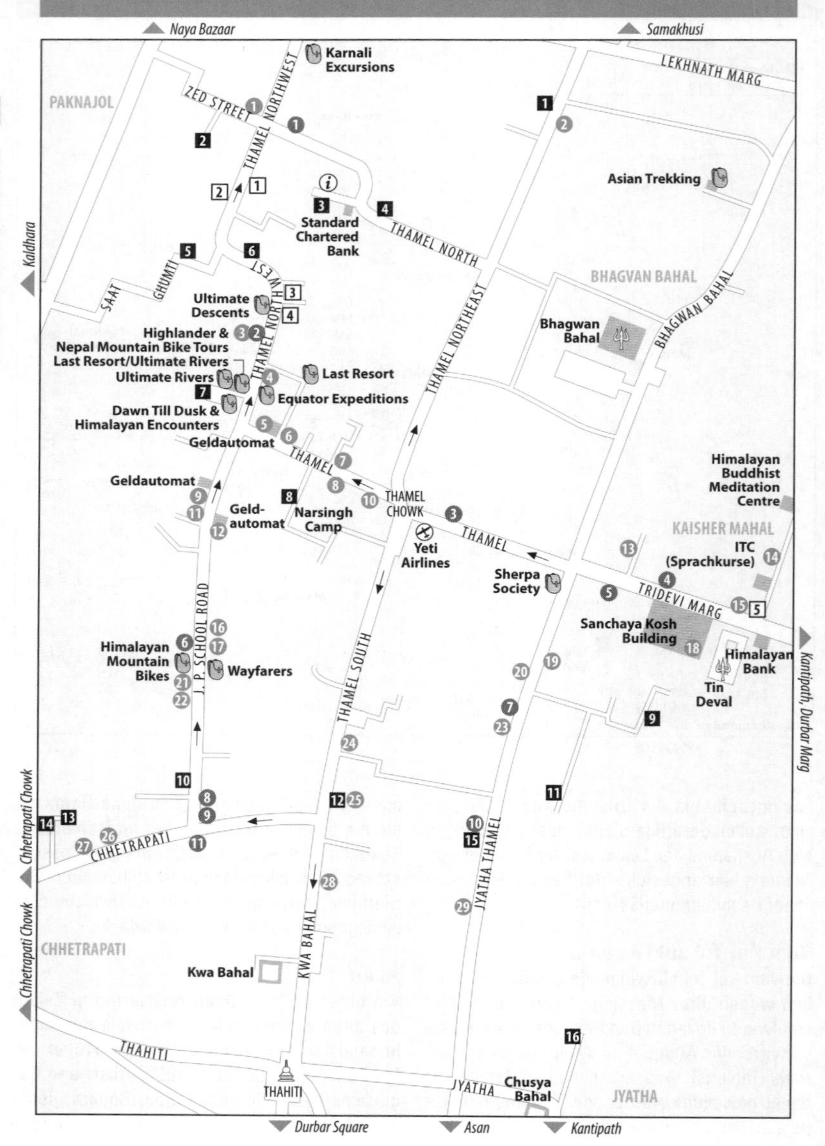
Naya Bazaar
Samakhusi
Karnali Excursions
LEKHNATH MARG
PAKNAJOL
ZED STREET
THAMEL NORTHWEST
Asian Trekking
Standard Chartered Bank
THAMEL NORTH
SAAT GHUMTI
Kaldhara
BHAGVAN BAHAL
Ultimate Descents
Highlander & Nepal Mountain Bike Tours
Last Resort/Ultimate Rivers
Ultimate Rivers
Last Resort
THAMEL NORTHEAST
Bhagwan Bahal
BHAGWAN BAHAL
Equator Expeditions
Dawn Till Dusk & Himalayan Encounters
Geldautomat
THAMEL
Geldautomat
Geld-automat
Narsingh Camp
THAMEL CHOWK
Yeti Airlines
Himalayan Buddhist Meditation Centre
KAISHER MAHAL
ITC (Sprachkurse)
Sherpa Society
TRIDEVI MARG
Sanchaya Kosh Building
Himalayan Bank
Tin Deval
Kantipath, Durbar Marg
J. P. SCHOOL ROAD
Himalayan Mountain Bikes
Wayfarers
THAMEL SOUTH
Chhetrapati Chowk
CHHETRAPATI
JYATHA THAMEL
Chhetrapati Chowk
CHHETRAPATI
Kwa Bahal
KWA BAHAL
THAHITI
THAHITI
JYATHA
Chusya Bahal
JYATHA
Durbar Square
Asan
Kantipath

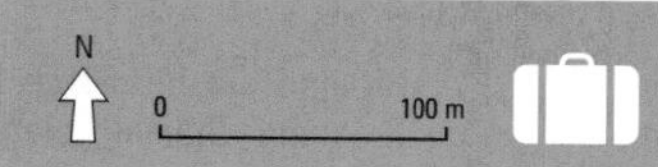

■ Übernachtung

Café Mitra Guest House	12
Cherry Guest House	10
Hotel Courtyard	2
Hotel Garuda	6
Holy Lodge	5
Hotel Karma	4
Kantipur Temple House	16
Kathmandu Guest House	7
Mustang Holiday Inn	9
Namtso Rest House	15
Nirvana Garden Hotel	13
Pilgrims Guest House	1
Hotel Potala	8
Sacred Valley Inn	11
Tasi Dhargey Inn	3
Tibet Guest House	14

● Restaurants

Anatolia	26
Café Mitra	25
Chikusa	29
Dechenling	14
Delice de France	22
Fire and Ice	18
Galleria Café	21
Helena's	17
Himalayan Java	5, 15
K-Too!	10
Kilroy's	19
Korean Kitchen	13
Nepalese Kitchen	27
New Orleans	4
OR2K	7
Pilgrims Feed 'n' Read	3
Pumpernickel Bakery	8
Roadhouse	12
Rum Doodle	20
Shanghai Fast Food	23
Shree Lal House of Vegetarian	24
Tashi Deleg	6
Thakali Bhanchha	1
Thamel House	2
Third Eye	9
Weizen Bakery	16
Yak	28
Yin Yang	11

● Shoppen

Amrita Craft	9
Book House Nepal	11
The Map Shop	8
Masala Beads	1
Millennium Crafts	5
The North Face	4
Pilgrim's Book House	2, 6
Shona	7
United Books	3
Vajra	10

□ Bars und Clubs

The Celtic Pub	2
Full Moon	3
J-Bar	5
Sam's Bar	1
Tom & Jerry	4

und Osten führenden Straßen zu kaufen. Gewürze, handgefertigte Seifen, Kerzen, Öl, Weihrauch und andere Haushaltswaren werden dagegen am Kel Tol und am Indrachowk feilgeboten.

Der **Annapurna Mandir** am südlichen Ende des Platzes sticht durch sein vergoldetes Pagodendach hervor. Der Temple ist Annapurna, der Göttin des Getreides und des Überflusses geweiht, die gleichzeitig eine Erscheinungsform von Lakshmi ist, der vielgeliebten Göttin des Wohlstands. Das Dach des kleinen, verschwenderisch mit Ikonen und Bildern geschmückten Bauwerks wird an Festtagen wie ein Christbaum mit Glühbirnen beleuchtet.

Mahaboudha

Die Basarstraße führt weiter zum Kantipath und zur Neustadt; vom Asan in Richtung Süden gelangt man zum **Mahaboudha**. Dieser einfache, weiße Stupa auf dem ansonsten wenig bemerkenswerten Platz ist nach der großen Buddha-Statue in einer daneben gelegenen Nische benannt. Der Stupa soll auf den im 6. Jh. regierenden König Basantdeva zurückgehen.

Bangemudha

Westlich vom Asan stößt man auf die kleine dreistöckige **Pagode von Ugratara**, einer Göttin, die Augenleiden heilen soll, bevor man beim **Bangemudha** auf die Hauptstraße trifft, die Indrachowk und Thamel verbindet. Südlich des Platzes liegt der kuriose Schrein von **Vaisya Dev**, des newarischen Zahnschmerz-Gottes. Das meist als „Zahnschmerzbaum" bezeichnete Heiligtum besteht lediglich aus einem an der Seite eines Gebäudes angebrachten Holzklotz: Die Einheimischen glauben, dass das Einschlagen einer Münze in das Holz ausreicht, um von Zahnschmerzen geheilt zu werden. (Der Name Bangemudha – „krummer Stecken" – bezieht sich auf den legendären Baum, aus dem der Holzklotz geschlagen wurde.) Wer mit dieser Heilmethode kein Glück hat, kann sich auch einem der Zahnärzte anvertrauen, die in der Nähe auf Schildern mit blendenden Zahnreihen für sich werben.

Am nördlichen Ende von Bangemudha steht versteckt in einer verfallenen, mit kitschigen Kacheln versehenen Nische eine wertvolle **Buddha-Statue** aus dem 5. Jh. Nur 100 m weiter nördlich eröffnet sich rechts durch einen vergitterten Eingang der Blick auf eine **Uma Maheshvar-Statue** aus dem 9. Jh. Sie zeigt das Standardmotiv von Shiva und Parvati als trautes Paar auf dem Berg Kailash.

Kathesimbhu

Kathesimbhu, Kathmandus größter, im Zentrum der Stadt gelegener Stupa, steht auf einem Platz etwa 200 m nördlich von Bangemudha. Der Tempel ist nur eine bescheidene Nachbildung des imposanten Swayambhu-Stupa (sein Name ist eine Verkürzung aus „Kathmandu Swayambhu"), doch wer den steilen Anstieg nach Swayambhu aufgrund von Alter oder Gebrechen nicht schafft, kann hier die gleichen Riten üben. Der Überlieferung nach soll der Kathesimbhu aus der beim Bau des Swayambhu-Stupas übrig gebliebenen Erde erbaut worden sein.

Die rundum aufgestellten Skulpturen stammen aus der Lichhavi-Ära, doch der Stupa selbst geht vermutlich auf das späte 17. Jh. zurück. Genauso wie bei seinem Namensvetter, dem Swayambhu, steht in der nordwestlichen Ecke des Platzes ein Schrein der Harati, der Pocken-Göttin.

Thahiti

Um den Stupa von **Thahiti**, auf dem nördlich des Kathesimbhu in Richtung Thamel gelegenen Platz, braust der Verkehr. Da die Stupas ständig frisch verputzt werden, fällt es schwer, ihr Alter zu schätzen – dieser stammt aber vermutlich aus dem 15. Jh.

Etwa zwei Blöcke östlich von Thahiti befindet sich der **Chusya Bahal** aus dem 17. Jh, einer der schönsten alten *bahal* Kathmandus. Zu erkennen ist er an den beiden Steinlöwen vor dem Eingang und an einer fein geschnitzten Tafel über der Tür *(torana)*.

Thamel

Im Touristenviertel Thamel nördlich von Thahiti gibt es nur wenig Sehenswertes. Der etwas abseits des Touristenstroms gelegene, traditionelle Kwa Bahal ist einer von mehreren *bahal* in Kathmandu und Patan, die eigene Kumaris besitzen.

Bhagvan Bahal, der der Gegend nördlich von Thamel Chowk seinen Namen verlieh, ist der Standort einer kaum besuchten Pagode. Eindrucksvoll ist die Sammlung von Pfannen und anderen Utensilien, die als Opfergaben an die Gottheit über die Vorderfront verteilt wurden.

Thamel, *das* Touristenviertel Kathmandus

Zum Holi-Fest im Frühjahr wird zu Ehren des Mannes, der den *bahal* im 11. Jh. gründete und bei seiner Rückkehr von einer Handelsreise nach Lhasa mehrere Dämonen erschlug, ein Bildnis aufgestellt.

Chhetrapati

Am südwestlichen Rand von Thamel liegt der stets mit Leben erfüllte Platz **Chhetrapati**, auf den sechs Straßen münden. Zwar findet man hier keine alten Monumente, doch steht in der Mitte ein *pati* (offener Unterstand), der an einen Musikpavillon aus der Zeit Edwards VII. erinnert und um den herum häufig religiöse Prozessionen und spontane Musikfeste stattfinden. Beim Shiva Raatri-Fest im Februar entzünden Sadhus auf der Plattform Feuer und stecken ihre Pfeifen *(chilam)* an, beim Tihaar-Fest werden die eisernen Gitter mit Öllampen geschmückt.

Nardevi Mandir

Der Weg von Chhetrapati aus direkt nach Süden führt zum Kasthamandap, einer Straße, die als Sammelplatz für Protestmärsche beliebt ist. In südlicher Richtung steht rechter Hand der **Nardevi Mandir**, der vom Gründungsvater Kathmandus, Gunakamadev, im 9. Jh. errichtet worden sein soll, heute allerdings kaum mehr Züge mittelalterlicher Architektur trägt. Der Tempelgottheit Sveta („Weiße") Kali oder Neta Ajima wurden in alter Zeit angeblich Menschenopfer dargebracht. Im Innern des Tempels gibt es drei silberne Abbilder der Göttin Kali zu sehen. Das Viertel westlich des Tempels ist ein bedeutendes Zentrum der Ayurveda-Heilkunst – man findet hier eine entsprechende Schule, ein Krankenhaus und zahlreiche Arztpraxen und Apotheken.

Südlich des Durbar Square

In der Altstadt südlich des Durbar Square leben überwiegend Mitglieder der Arbeiterkasten, außerdem immer mehr wilde Siedler aus allen Landesteilen. Wegen der geringeren Zahl der Händler sind hier weniger Touristen unterwegs als in den Vierteln nördlich des Platzes. Eine Ausnahme bildet die New Road: Hier pulsiert das Leben, und das Konsumzeitalter hat Einzug gehalten, genauso wie in den anderen Geschäftsstraßen Kathmandus.

Bhimsensthan

Der kleine an der Straße zum Vishnumati gelegene Bhimsensthan-Platz südwestlich des Kasthamandap ist nach einem der Lieblingsgötter Nepals benannt. Bhimsen, der vor Kraft strotzende Sohn von Vayu dem Gott des Windes, war einer der berühmten fünf Brüder aus dem Hindu-Epos *Mahabharata*: ein Held, der zum Schutzheiligen der newarischen Händler wurde. Sein Bild hängt in allen Läden an der Wand.

Der Bhimsen Mandir wurde im 12. Jh. gegründet. Seine gegenwärtige Form erhielt er Anfang des frühen 18. Jh., wirkt wegen häufiger Renovierungen aber viel jünger. Der Schrein im ersten Stock ist nur Hindus zugänglich, im Erdgeschoss sind Läden untergebracht.

Pachali Bhairab

Der interessanteste Teil Süd-Kathmandus beginnt am Pachali Bhairab, einer Gebetsstätte unter freiem Himmel, an der die städtischen Sanierungsbemühungen bisher vorübergegangen sind. Der Weg dorthin führt auf dem Tripureswar Marg nach Westen, dann die Nebenstraße Richtung Patan nach Süden – auf der Höhe eines kleinen Parks nach links abbiegen.

Nach der öden Gegend, die man gerade durchquert hat, ist dieser Ort eine Oase der Ruhe. Das winzige vergoldete Götterbild Bhairabs steht in einem verfallenen Schrein, unter einem riesigen Pipal-Baum und neben einem lebensgroßen, auf dem Boden liegenden *betal* (Dämon). *Betal*, Bhairabs Reittier und Abbild des Todes, soll nach dem Glauben der nepalesischen Hindus vor dem Tod schützen (dem alten Prinzip folgend, dass Feuer mit Feuer zu bekämpfen ist). *Betal* tauchen sonst nur als kleine Totenschädel oder Skelette an den Tempeleingängen auf, so dass diese große Darstellung äußerst ungewöhnlich ist.

Der Legende nach war es der Gründer Kathmandus, der im 9. Jh. regierende König Gunakamadev, der diesen Schrein errichtete, um das südliche Stadttor zu schützen. Viele Jahrhunderte lang wurden alle Verträge unter Anrufung

Pachali Bhairabs als Zeugen unterzeichnet, da man glaubte, dass der Gott jeden Vertragsbrüchigen erschlüge. Am vierten und fünften Tag des Monats Dasain findet eine Prozession zu Ehren Bhairabs und anderer Götter statt, die von hier aus zum Durbar Square zieht.

Bagmati Ghats

Ein Fußweg führt vom Pachali Bhairab zu den Ghats am Bagmati, die sich, so weit das Auge reicht, in beide Richtungen erstrecken. Auf der gepflasterten Uferböschung reihen sich zahllose Statuen, Tempel und alle Arten von Kunstwerken aneinander, vor allem Richtung Westen, wo der Vishnumati in den Bagmati mündet. Der Zustand der Bauwerke ist beklagenswert, und es bleibt zu hoffen, dass das lang geplante Renovierungsprojekt dieser Gegend irgendwann wieder ihren alten Glanz zurückgibt. Um dem chronischen Verkehrskollaps in der Stadt entgegenzuwirken, werden mehrere Umgehungsstraßen gebaut.

Pachali Ghat

Obwohl sich der Fußweg vor Erreichen des Flusses gabelt, führen doch beide Wege zum Pachali Ghat mit seiner bemerkenswerten Sammlung hinduistischer und buddhistischer Statuen. Nimmt man die rechte Abzweigung, kommt man zu einer Anlage, die dem Besucher eine lebhafte Einführung in den gesamten newarischen Götterhimmel bietet. Die in den Nischen an der rechten Wand platzierten Götterstatuen stellen (von rechts nach links) Hanuman, Sarasvati, die Grüne und die Weiße Tara, Bhairab, Ganesh, ein Lingam/Yoni, einen stehenden Vishnu, Buddha, Rama, Shiva als Sadhu und einen Flöte spielenden Krishna dar. Links sind weitere Götter sowie Abbildungen der zehn Inkarnationen *(das avatar)* Vishnus zu sehen: der Fisch, die Schildkröte, der Eber Baraha, der Mann-Löwe Narasingh, der Zwerg Vamana, Parashu-Rama, die mythischen Helden Rama und Krishna, der Buddha und schließlich das weiße Pferd Kalki, der noch kommende Erlöser.

Der dreistöckige **Lakshmishvar Mahadev Mandir** weiter rechts steht auf dem Gelände eines baufälligen *bahal*, in dem heute eine Sprachenschule untergebracht ist. Königin Rajendra Laskhmi Devi Shah ließ den Bau Ende des 18. Jhs. errichten.

Pancha Nadi Ghat

Flussabwärts in westlicher Richtung führt der Weg unter einer alten Fußgängerbrücke und einer modernen Autobrücke hindurch, beide verbinden Kathmandu mit Patans nördlichem Vor-

Überlebenskünstler: die Straßenkinder von Kathmandu

Armut und häusliche Gewalt haben dazu geführt, dass immer mehr nepalesische Kinder ihre Familien auf dem Land verlassen, um in der Hauptstadt ihr Glück zu suchen. Einige werden auch durch falsche Versprechungen gut bezahlter Jobs in der Tourismusbranche angelockt. Die Kinder werden meist *khate* genannt, ein abfälliges Wort, das eigentlich Lumpensammler bezeichnet. Schätzungsweise gibt es in Kathmandu 1500 Straßenkinder, die meisten davon Jungen, und ihre Zahl scheint noch zuzunehmen.

Die Not der Straßenkinder ist vermutlich noch größer als die der armen Landbevölkerung. Heimatlos schlafen sie in Toreinfahrten, *pati* (offenen Unterständen) oder Bauruinen. Die meisten sind krank, geschwächt durch Mangelernährung und verseuchtes Wasser. Viele schnüffeln Klebstoff oder greifen zu harten Drogen. Regelmäßig werden sie von Polizisten verprügelt und sind sexuellen Übergriffen und Missbrauch ausgesetzt (auch von Touristen).

Zwar ist es vielleicht schwierig, den Bitten der Kinder um Geld oder Lebensmittel nicht nachzugeben, doch ist es auf lange Sicht sinnvoller, Geld einem Hilfswerk zu spenden, das sich um die Straßenkinder kümmert, statt es den Kindern direkt zu geben. Weitere Informationen gibt es bei den Wohltätigkeitsorganisationen Child Workers in Nepal, ✆ 01-4282255, 💻 cwin.org.np, Just-One, 💻 just-one.org, und Voice of Children, ✆ 01-4215426, 💻 voiceofchildren.org.np.

Südlich des Durbar Square

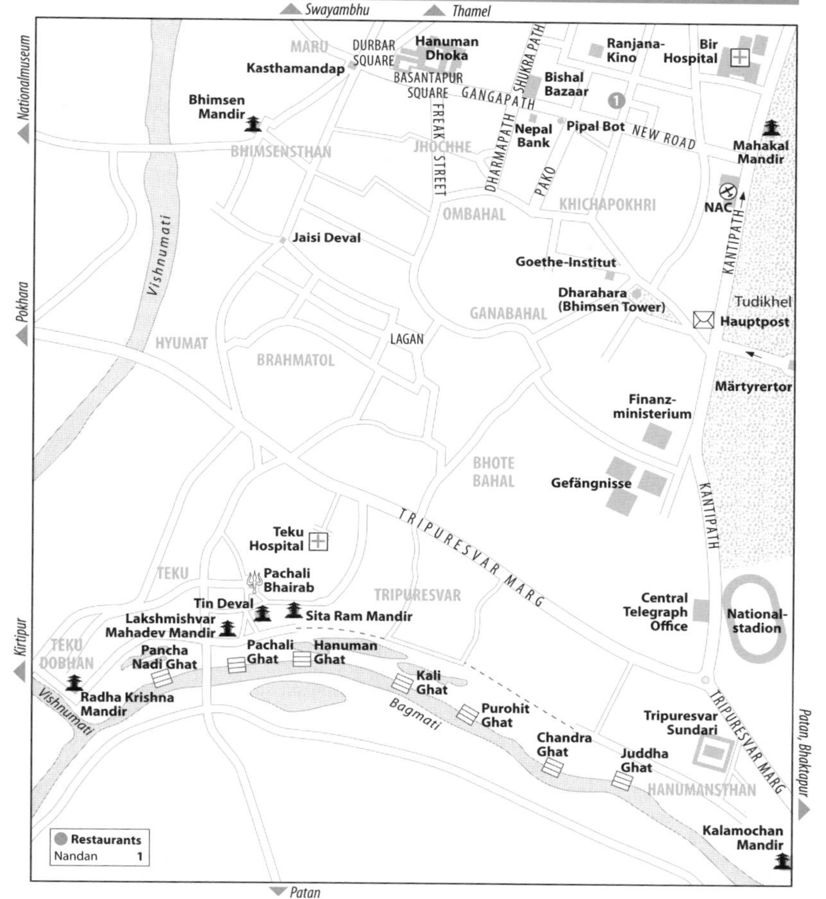

ort Sanepa. Das dahinter gelegene Pancha Nadi Ghat war einst Kathmandus wichtigster ritueller Badeplatz. Heute sind diese Rituale an der trocken liegenden Uferböschung nicht mehr möglich, da der Wasserstand des Bagmati wegen des immer größer werdenden Wasserbedarfs von Industrie und Privathaushalten ständig sinkt. Die zahlreichen, dort errichteten Pilgerunterkünfte *(sattal)* und Hospize *(dharmsala)* dienen inzwischen Hausbesetzern als Wohnraum.

Der kleine **schlafende Vishnu** ist eine Miniaturausgabe der großen Statue in Budhanilkantha (S. 218). Die nahe gelegenen **Verbrennungs-Ghats** werden nur noch selten in Gebrauch genommen. Hier schlachten am frühen Morgen die Metzger ihre Tiere am Flussufer.

Teku Dobhan

Die Uferböschung endet kurz vor **Teku Dobhan**, wo die beiden größten Flüsse Kathmandus zusammenfließen, der Bagmati und der Vishnumati. Der Ort wird auch Chintamani Tirtha genannt – eine *tirtha* ist eine den Schlangengeistern *(naga)* geweihte Wallfahrtsstätte.

Der Ort des Zusammenflusses *(dobhan)* ist eine uralte Kultstätte, obwohl kein Tempel oder Bauwerk älter ist als 100 Jahre. Der wichtigste ist der Radha Krishna Mandir, ein aus Ziegeln errichteter *shikra* aus den 1930er-Jahren; die mittlere seiner drei Figuren ist der Flöte spielende Krishna. Das Rasthaus hinter dem Tempel, **Manandhar Sattal**, ist nach einem reichen Kaufmann aus dem 19. Jh. benannt, der sich nach der Konfiszierung seines Besitzes durch den Premierminister hierher zurückziehen musste. Das Gebäude nebenan ist ein strombetriebenes, nie in Betrieb genommenes Krematorium, das in den 70er-Jahren erbaut wurde.

Das Flussufer stromabwärts zur Ring Road dient als Müllkippe: Sie wird den Fluss unweigerlich über Jahrzehnte mit Giften belasten (wie schon eine frühere weiter stromaufwärts nahe der Tempelanlage Pashupatinath).

Tin Deval

Vom Pachali Ghat ausgehend führt der Weg stromaufwärts (nach Osten) zum romantisch anmutenden Tin Deval („Drei Tempel"); der Eingang ist dem Fluss zugewandt. Sein im Volksmund gebräuchlicher Name bezieht sich auf die drei *shikra* aus Ziegelstein, die auf einem gemeinsamen Unterbau und Erdgeschoss errichtet wurden – eine ungewöhnliche Kombination in der indischen und nepalesischen Baukunst.

Der offizielle Name der Anlage lautet **Bomveer Vikalashora Shibalaya**. Sie wurde 1850 von Bom Bahadur Kunwar, dem Bruder von Jang Bahadur Rana, erbaut, der vier Jahre zuvor nach einem blutigen Staatsstreich die Macht übernommen hatte. Hinter jeder der drei vergitterten Tempeltüren befindet sich ein *shivalaya* (Schrein mit einem Lingam).

Weitere Ghats

Die nächsten 300 m Richtung Osten nimmt eine Siedlung aus Hütten und Baracken ein, durch die ein Pfad führt. Ihre Bewohner – Müllsammler, Tagelöhner, Straßenhändler – haben sich hier am ausgetrockneten Fluss niedergelassen, trotz der Gefahr, dass ihre Behausungen beim nächsten Monsunregen weggeschwemmt werden.

Tripuresvar Sundari

Von Hanumansthan, östlich von Tin Deval, führt ein Pfad weg vom Fluss zum Tripuresvar Marg, vorbei am **Tripuresvar Sundari**, einem verfallenen quadratischen Hof, in dem Familien aus der untersten Kaste untergekommen sind. In der Mitte steht eine massive, dreistöckige Pagode, die Mahadeva (Shiva) geweiht ist. Sie wurde Anfang des 19. Jhs. von Königin Lalit Tripura Sundari zur Erinnerung an ihren Gatten Rana Bahadur Shah errichtet, der durch eine der damals häufig vorkommenden Hofintrigen ermordet wurde.

Kalamochan Mandir

Südöstlich der lärmenden Hauptverkehrsader Tripuresvar Marg befindet sich der kitschigschöne **Kalamochan Mandir**, ein Musterbeispiel für die Prunksucht der Rana. Es sieht aus wie eine Hochzeitstorte, mit zähnefletschenden Wasserspeiern an den vier Ecken.

New Road

Die **New Road** schlägt eine moderne Schneise durch die Altstadt östlich des Basantapur Square. Reiche Nepalesen und indische Touristen decken sich hier mit Parfüm, Schmuck, Küchengeräten, Unterhaltungselektronik und unendlich vielen anderen Importwaren ein.

Die Statue am westlichen Ende der New Road erinnert an Premierminister Juddha Shamsher Rana, der die Straße (und weite Teile Kathmandus) nach dem verheerenden Erdbeben von 1934 wieder aufbauen ließ. Der ehrwürdige alte Baum, **Pipal Bot**, steht in der Mitte des südlichen Teils der Straße. Er bietet ein natürliches Schutzdach für Schuhputzer sowie Zeitungs- und Zeitschriftenverkäufer und ist beliebter Treffpunkt von Kathmandus Intellektuellen und Klatschmäulern.

Jhochhe (Freak Street)

Mehr durch die geschichtsträchtige Vergangenheit, als durch die Sehenswürdigkeiten ist **Jhochhe (Freak Street)**, unmittelbar südlich des

Jhochhe (Freak Street)

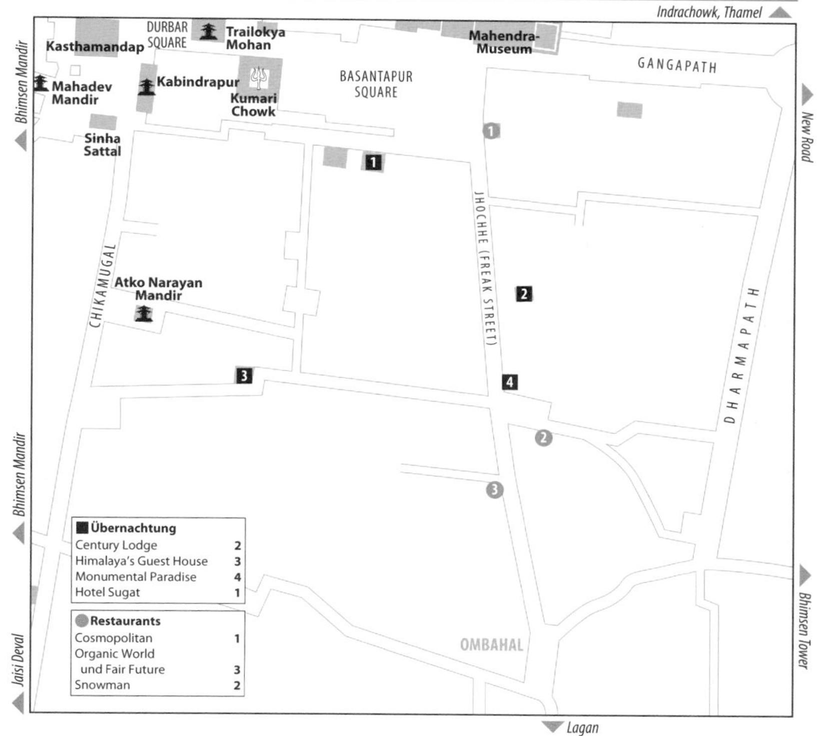

Basantapur Square, berühmt. Hier machten in den späten 1960er- und den frühen 1970er-Jahren die Hippies auf ihrem Weg durch Asien Station. Damals – Thamel gab es noch nicht – war Jhochhe der Treffpunkt der Szene. Der Verkauf von Marihuana und Hasch war noch nicht verboten, und die „Freaks" hatten in der ganzen Stadt Narrenfreiheit. 1974 wurden diese liberalen Zeiten mit einer Verschärfung der Einwanderungs- und Drogengesetze abrupt beendet. Um ein wenig den Duft jener glücklichen Tage zu atmen, sollte man nach dem verblichenen Schild von „Mr Kool's Munchies and Drinks Store" Ausschau halten, bevor es zum Snowman (S. 177) geht; einen Pie-Shop wie diesen verewigte Cat Stevens in seinem Klassiker *Katmandu*.

Bhimsen Tower und Umgebung

Von Jhochhe aus ostwärts führt eine Straße zu Kathmandus größtem Fischmarkt und weiter zum **Dharahara**, einem minarettartigen Turm, der die Hauptpost überragt. Der allgemein unter **Bhimsen Tower** bekannte Turm wurde 1832 von Premierminister Bhimsen Thapa errichtet, vermutlich in Anlehnung an das vier Jahre zuvor fertig gestellte Ochterlony Monument in Kalkutta. Die nahe gelegene Wasseranlage **Sun Dhara** („Goldener Wasserhahn") ließ Thapa 1821 bauen.

Westlich des Vishnumati

Der Großteil des Gebiets westlich des Vishnumati ist erst in jüngerer Vergangenheit besiedelt worden, wobei sich die Bautätigkeit auf den hässlichen Korridor zwischen Kalimati und Kalanki und die Gegenden zu beiden Seiten davon konzentriert hat. Die einzigen wirklich alten Kunstschätze hier sind der berühmte **Stupa von Swayambhu**, einige wenige Schreine und Tempel, die auf dem Weg dorthin liegen, und die Exponate im **Nationalmuseum**. Alle diese Sehenswürdigkeiten sind vom Zentrum Kathmandus und von Thamel relativ bequem zu Fuß zu erreichen. Um sie zu einer Besichtigungstour zu verbinden, ist es aber angenehmer, ein Fahrrad oder ein Taxi für den Tag zu mieten (Taxis warten in Swayambhu, in der Umgebung des Museums gibt es kaum welche).

Swayambhu

Swayambhu (oder Swayambhunath) liegt 2 km westlich von Thamel auf einem Hügel. Gerade zu Beginn einer Nepalreise stellt die Tempelanlage einen hervorragenden Einstieg in die Geografie und Kultur des Landes dar: Von dort oben hat man einen herrlichen Blick über das Kathmandutal, und der Tempelkomplex wimmelt nur so von Pilgern und Affen.

Der uralte, kürzlich renovierte Stupa ist für die Buddhisten Nepals von höchster symbolischer Bedeutung (viele *bahal* im Kathmandutal besitzen eine Nachbildung): Er ist die Quelle der legendären Entstehungsgeschichte des Tals. Inschriften datieren den Stupa auf das 5. Jh., und es gibt Hinweise, dass der Hügel bereits vor der Ankunft der Buddhisten vor 2000 Jahren als animistische Kultstätte diente. Tantrische Buddhisten sehen in Swayambhu das bedeutendste „Kraftzentrum" des Kathmandutals, und in einer Chronik heißt es, dass man sich mit einem hier verrichteten Gebet 13 Mrd. Mal mehr Verdienste erwirbt als anderswo. Die (von Touristen eingeführte) Bezeichnung „Affentempel" wird der weit reichenden Bedeutung der Anlage nicht gerecht.

Seit der Invasion Chinas in Tibet 1959 wurde die Umgebung zur Heimat vieler Exil-Tibeter. Hier kann man beobachten, wie sie und andere buddhistische Pilger den Hügel umwandeln, sich hintereinander anstellen, um die riesigen, am Stupa angebrachten Gebetsmühlen sowie die 6000 kleineren, im Kreis darum angeordneten in Bewegung zu setzen, und wie sie immer wieder an ihren eigenen Mühlen drehen. Der Platz ist so durchdrungen von alten Überlieferungen und bietet so viele verschiedene Eindrücke, dass ein einziger Besuch nicht ausreicht, um alles in sich aufzunehmen. Besonders eindrucksvoll ist es, wenn die Pilger früh am Morgen ihre *puja* verrichten oder wenn abends die rot gekleideten Mönche, Mantras vor sich hinmurmelnd, die Kuppel mit leisen Schritten umrunden.

Ein befestigter Weg führt rund um den Hügel, den man auf verschiedene Arten erklimmen kann. Der beeindruckendste Aufstieg zum Gipfel ist der steile Weg vom **östlichen Eingang** aus über die Treppe mit ihren mehr als 300 über die Jahrhunderte ausgetretenen Stufen. Die **Buddha-Statuen** am Fuß des Hügels stammen aus dem 17. Jh., eine zweite Gruppe weiter oben wurde Anfang des 20. Jhs. gestiftet. Die ausgemeißelten Schieferplatten, die Händler am Rande des Wegs verkaufen, sind *mani*-Steine, in die in tibetischer Schrift das allgegenwärtige buddhistische Mantra (Gebetsformel) *Om mani padme hum* („Oh du Kleinod in der Lotosblüte"; S. 95) eingraviert ist.

Ein Besuch in Swayambhu kann mit einer längeren Wanderung oder Fahrradtour nach Ichangu Narayan verbunden werden (S. 221).

Praktische Tipps

Zwischen dem City Bus Park (S. 198) und dem Osteingang des Swayambhu verkehren unregelmäßig **Busse**. Zu Fuß nimmt man von Thamel aus den Weg über Chhetrapati, von wo aus eine kleine Straße am Hotel Vajra vorbei direkt nach Swayambhu führt. Von Jhochhe oder dem Durbar Square aus führt eine Straße vom Maru Ganesh-Schrein Richtung Nordwesten. Beide Strecken sind zu Fuß in etwa 20 Minuten zu bewältigen. **Radfahrer** werden von Kindern erwar-

Swayambhu

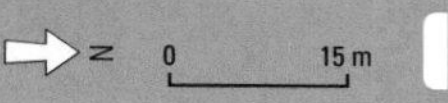

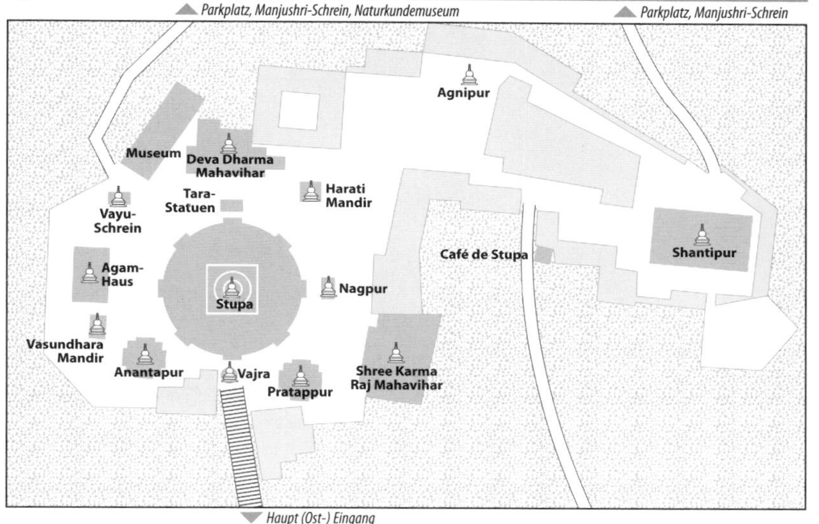

tet, die sich mit der Bewachung des Fahrrads ein paar Rupien verdienen möchten. Mit dem **Taxi** kann man bis zu einem kleinen Parkplatz fahren, der westlich und fast auf der Höhe des Stupa liegt. Der **Eintritt** von Rs200 ist am Haupteingang zu zahlen. **Snacks** gibt es in der Nähe des östlichen Eingangs, auf der anderen (nordwestlichen) Seite der Stupa-Einfriedung (das Café de Stupa bietet eine gute Aussicht) und am südlichen Fuß des Hügels. Wer im Freien isst, sollte sich vor den Affen in Acht nehmen: Sie schnappen nach allem, was nur den Anschein von Essbarem hat.

Die wichtigsten **Feste**, die am Swayambhu gefeiert werden, sind das **Buddha Jayanti** (April oder Mai) und das **Losar-Fest** (Februar oder März) – Scharen von Pilgern drängen sich da um den Stupa, und Mönche bemalen die Kuppel mit safranfarbenen Bögen in Form einer Lotusblüte. Viele strömen auch jeden Morgen während des einmonatigen **Gunla-Fests** (August oder September) herbei, um mit Musik und Gaben an die Mönche das „Ende des Regens" zu feiern.

Der Stupa

Die scheinbar schlichte Struktur des **Stupa** verbirgt die ungemein komplexe stoffliche Repräsentation der buddhistischen Kosmologie. Um über diese zu meditieren, umwandelt man die Stätte. Die kompakte, weiß getünchte Kuppel *(garbha)* versinnbildlicht den Schoß und damit die Schöpfung. Die an den Kardinalpunkten in Nischen platzierten vier Statuen des **dhyani** (meditierenden) **Buddha** verkörpern die vier Elemente Erde, Luft, Feuer und Wasser, während eine winkelig angeordnete fünfte Statue den Kosmos symbolisiert. Die *dhyani*-Buddhas stehen für verschiedene Aspekte der Buddhaschaft. Sie werden an nahezu jedem *chaitya* im Kathmandutal auf die gleiche Art und Weise dargestellt: Handhaltung, Farben und Reittier kommt eine genau definierte Bedeutung zu. An allen Subkardinalpunkten sitzen ihre **weiblichen Ergänzungen**, die im tantrischen Buddhismus den Aspekt der Weisheit verkörpern, der sich – symbolisch – mit der mitfühlenden männlichen Kraft vereinen muss, um den Weg zur Erleuchtung zu finden.

Swayambhu, für Nepals Buddhisten einer der wichtigsten spirituellen Orte des Landes

Der vergoldete Kubus *(harmika)* auf der Kuppel umschließt einen dicken Holzpfeiler, der als phallische Ergänzung zur weiblichen Wölbung gesehen werden kann. Die aufgemalten **Augen** sind die des alles sehenden Adi-Buddhas (Ur-Buddhas), der in die vier Himmelsrichtungen blickt. Zwischen den Augen sitzt eine Haarlocke *(urna)*, die ein typisches Merkmal des Buddhas darstellt. Was wie eine Nase aussieht, ist ein von *urna* verströmtes Licht (es wird auch als die nepalesische Zahl „eins", das Symbol für die Einheit aller Dinge, gedeutet).

Die **Spitze** aus sich nach oben hin verjüngenden, vergoldeten Scheiben symbolisiert die 13 Stufen der Erleuchtung. Die goldene *torana* über den gemalten Augen zeigt die fünf *dhyani*-Buddhas, die zusammen auch als *panchabuddha* bezeichnet werden. Der Schirm an der Spitze repräsentiert die Erlangung der Erleuchtung – er soll eine Schale mit Edelsteinen beherbergen.

Umgebung des Swayambhu-Stupa

Der Stupa liegt inmitten zahlloser Schreine und Votivstätten, die meisten während der letzten vier Jahrhunderte von um Verdienste heischenden Königen und Adligen gestiftet.

Vajra

Die Zepter-ähnliche Bronzeskulptur am oberen Treppenende stellt einen überdimensionalen *vajra* dar, ein tantrisches Symbol der Macht und Unzerstörbarkeit. Der Sockel zeigt die zwölf Tiere des tibetischen Tierkreises eingemeißelt. Zu beiden Seiten davon erhoben sich bis vor Kurzem die halbkugelförmigen Shikra-Tempel **Pratappur** und **Anantapur**, die König Pratap Malla auf Anraten eines indischen Gurus im 17. Jh. während einer kriegerischen Auseinandersetzung mit Tibet erbauen ließ. Leider stürzte Ersterer nach einem Blitzeinschlag 2011 in sich zusammen; er soll aber demnächst wieder aufgebaut werden.

Vasundhara Mandir

Wenn man den Stupa wie vorgeschrieben im Uhrzeigersinn umschreitet, kommt man südlich des Anantapur-Tempels zur Ziegelhütte **Vasundhara Mandir**, die der Erdgöttin Vasundhara geweiht ist, welche wiederum eine Erscheinungsform von Annapurna und Lakshmi, den Göttinnen des Getreides und des Wohlstands, ist. Ein Stück weiter an Mönchsklausen und zahlreichen *chaitya* vorbei gelangt man zum marmornen Schrein des vedischen Gottes der Winde und der Stürme **Vayu**.

Deva Dharma Mahavihar und Umgebung

Im kleinen Museum hinter dem Vayu-Schrein zeigen Flachreliefs hinduistische und buddhistische Gottheiten, hübsch anzusehen, aber nur dürftig beschriftet (🕒 tgl. außer Di und Sa von 10–17 Uhr, Spende erbeten). Nebenan führen einige Stufen zu dem kleinen Kloster **Deva Dharma Mahavihar**, das der Öffentlichkeit zugänglich ist. Vor diesem stehen in der Nähe des umzäunten Stupas die beiden berühmten Bronzestatuen der **Weißen** und der **Grünen Tara** (vergöttlichte Prinzessinnen, die im 8. Jh. an einen tibetischen König verheiratet wurden).

Harati Mandir

Nur wenige Schritte hinter dem Deva Dharma Mahavihar stößt man auf einen Tempel mit vergoldetem Dach, der zur Besänftigung von **Harati** (auch bekannt als **Ajima**) errichtet wurde. Harati fungiert traditionell als Göttin der Pocken, gilt heute jedoch als die über alle Kinderkrankheiten gebietende Göttin. Wie viele der Gottheiten der Newar wird Harati/Ajima sowohl gefürchtet (als eine Überbringerin von Krankheiten) als auch verehrt (als eine Beschützerin, sofern entsprechend besänftigt). Haratis/Ajimas Schrein ist sehr beliebt, und nicht selten bilden sich davor lange Schlangen von wartenden Müttern mit ihren Kindern im Schlepptau, die ihre Opfergaben darbringen möchten. Das in Stein gehauene Bildnis stammt aus dem 19. Jh., da König Rana Bahadur Shah das Original voller Zorn zerstört hatte, nachdem seine Frau den Pocken zum Opfer gefallen war.

Agnipur

Im äußersten Nordwesten der Anlage bewachen zwei winzige Löwenfiguren einen unscheinbaren Steinbrocken auf dem Boden: **Agnipur** ist der selten frequentierte Schrein des vedischen Feuergottes Agni, der Überbringer von verbrannten Opfergaben in den Himmel.

Shree Karma Raj Mahavihar und Umgebung

Das Becken **Nagpur** nördlich des Stupa besänftigt die Schlangengeister des Tals – wenn es mit wenig Wasser gefüllt ist, glaubt man das Bildnis einer Schlange auf dem Grund zu entdecken. In der nordöstlichen Ecke des Komplexes liegt das noch bewohnte Kloster **Shree Karma Raj Mahavihar**. Hier kann man eine große Buddha-Statue bewundern, von vielen brennenden Butterlampen erhellt, die die tibetischen Buddhisten aus ähnlichen Motiven wie die Katholiken anzünden. Täglich zwischen 15 und 16 Uhr hört man die sonoren Gesänge der Mönche.

Die Legende von Manjushri

Buddhistischen Überlieferungen zufolge war das Kathmandutal einst ein See, in dem übermäßig viele Schlangen lebten (Geologen bestätigen die Existenz des Sees). Inmitten dieses Sees erwuchs vor 91 Äonen eine vollkommene, strahlende Lotosblüte, die die Götter als *swa-yambhu* („aus sich selbst geboren") offenbarten. Um den Menschen die Verehrung Swayambhus zu ermöglichen, musste der See trockengelegt werden. Also zog Manjushri, der Bodhisattva des Wissens, sein Schwert und hieb bei Chobar, südlich von Kathmandu, eine Kerbe in den Felsen. Nachdem das Wasser abgeflossen war, schlug der Lotos auf einem Hügel Wurzeln, und Manjushri errichtete ihm zu Ehren den Stupa von Swayambhu. Sodann ging er daran, das Tal von den Schlangen zu säubern und die erste Siedlung zu gründen. Nach einer anderen Legende wurden aus den Haaren Manjushris, die beim Haareschneiden in Swayambhu auf den Boden gefallen waren, Bäume und aus den Läusen Affen.

Shantipur

Ein 1500 Jahre altes Geheimnis umgibt den schlichten, kastenförmigen Bau nordwestlich des Swayambhu-Stupa. Im 5. Jh. soll Shanti Shri, ein heiliger Mann, sich selbst in einem Gewölbe neben dem Tempel eingemauert haben, um darin zu meditieren. Er gelobte, erst wieder herauszukommen, wenn die Einwohner des Tals ihn brauchten. Es wird erzählt, dass er einen mystischen Zustand der Unsterblichkeit erreicht hat, und so gibt es ihn, gläubigen Anhängern zufolge, dort immer noch.

König Pratap Malla, der 1658 in die Kammer eindrang, um während einer Dürreperiode göttliche Hilfe zu erbitten, soll dabei Abenteuerliches erlebt haben. Dem Gelehrten Keith Dowman zufolge berichtete der König, dass er allein in das Gewölbe hinabstieg. Im ersten Raum „kamen Fledermäuse so groß wie Milane oder Habichte herbeigeflogen, um das Licht auszulöschen", im zweiten Raum „kamen bettelnde, Fleisch fressende Gespenster und hungrige Geister, die sich an einem festkrallten, wenn man es nicht schaffte, sie zu beruhigen". Über den dritten Raum sagte er: „Wenn man die Schlangen nicht mit Milch besänftigte, verfolgten und umschlangen sie einen. Nachdem man sie zur Ruhe gebracht hatte, konnte man über ihre Leiber hinwegsteigen."

Schließlich fand Pratap Malla den bis zum Skelett abgemagerten Heiligen und wurde mit einem regenbringenden *naga*-Emblem belohnt.

Verblasste Fresken an den Wänden des äußeren Schreins zeigen Szenen aus dem *Swayambhu Purana*, einer Schrift aus dem 17. Jh., die die Legende von Manjushris Schwertstreich und andere Schöpfungsgeschichten enthält. Shantipur, auch unter dem Namen Akashpur („Himmelsplatz") bekannt, gehört zu einer Gruppe von Schreinen, die den fünf Elementen Erde, Luft, Feuer, Wasser (Schlangen) und Himmel geweiht sind.

Der Manjushri-Schrein

Der auf einem von Gebetsfahnen übersäten Ausläufer des Hügels westlich von Swayambhu gelegene Manjushri-Schrein ist nach dem großen Stupa das zweitälteste Gebäude der Anlage – der überdachte *chaitya* wird auf etwa 1500 Jahre geschätzt. Manjushri, der buddhistische Gott der Weisheit und Gründer der ersten Siedlung im Kathmandutal, wird im *chaitya* traditionsgemäß eine leere Nische gewidmet. Vor 300 Jahren jedoch wurde ein Bild Sarasvatis, der hinduistischen Gottheit des Lernens, in die Nische gestellt, so dass nun auch Hindus zu dem Heiligtum pilgern. Während des Sarasvati Puja-Festes Ende Januar oder Anfang Februar kommen vor allem Schulkinder hierher, um ihre Bücher und Stifte segnen zu lassen.

Naturkundemuseum

⌚ tgl. außer Sa 10–16 Uhr ▪ Eintritt Rs50, für Fotoapparate Rs40 extra

Wer vom Parkplatz aus die Südseite des Swayambhu-Hügels hinunterfährt, kommt rechter Hand zu dem versteckt gelegenen Naturkundemuseum. Man kann ihm einen morbiden Charme nachsagen, da die kunterbunte Ausstellung mit ausgestopften Vögeln und verschrumpelten Tieren in den altmodischen Vitrinen sehr an die Trophäensammlungen der altehrwürdigen Rana-Jäger erinnert. Dennoch lohnt das Kuriositätenkabinett einen Besuch, und sei es nur, um sich eine Vorstellung von den Tieren zu machen, die einem in den Bergen oder im Dschungel begegnen können.

Bijeshvari und Umgebung

Bijeshvari, am westlichen Ufer des Vishnumati auf dem Weg nach Swayambhu gelegen, war einst der Hinrichtungsplatz Kathmandus. Obwohl tibetische und andere Immigranten vor einer Generation den Bann durch ihre Niederlassungen auf dem mit einem Fluch belegten Gelände gebrochen haben, ist die Furcht vor Geistern in der Bevölkerung noch immer lebendig. In der Nähe liegen zwei bedeutende, aber wenig besuchte Tempel.

Der **Bijeshvari Bahal** am Ende einer steilen Treppe oberhalb des Flusses ist das Heiligtum der buddhistischen Gottheit Bijeshvari (Göttin des Sieges), die auch unter dem Namen Akash (Himmel) Yogini bekannt ist. Sie gilt als eine der fünf Bajra Yoginis des Tals, die die zornigen Aspekte der tantrischen Tara-Göttinnen verkörpern.

Shoba Bhagwati Mandir

Ein Stück flussaufwärts des Bijeshvari Bahal steht das Krematorium und dahinter der hinduistische **Shoba Bhagwati Mandir**. Bhagwati ist der allgemein gebräuchliche nepalesische Name für die Muttergottheit, und das hier von ihr aufgestellte Götterbild gehört zu den wirkungsvollsten und kraftspendendsten im ganzen Kathmandutal: Früh am Morgen kommen

Politiker, die sich um ein Amt bewerben, Studenten, die vor einer Prüfung stehen, oder einfach Menschen, die Ruhe und Kraft benötigen, hierher, um ihre *puja* zu verrichten. Der Legende nach soll der Bildhauer das Götterbild Shoba Bhagvatis mit den Füßen gemeißelt haben, da ihm von einem König die Hände abgeschlagen worden waren; dieser wollte verhindern, dass der Künstler noch einmal so ein Meisterwerk herstellte wie dasjenige, das in seinem Besitz war.

Nationalmuseum

◷ Di, Mi und Fr–So 10.30–15, Mo bis 14 Uhr
▪ Eintritt Rs100, Fotoapparate Rs50 extra

Im Nationalmuseum, 1 km südlich von Swayambhu in einer ehemaligen Waffenkammer der Rana-Könige untergebracht, werden die Ausstellungsstücke nicht besonders gut präsentiert. Es trägt aber immer noch zu einem besseren Verständnis der Verflechtung von Religion, Kunst, Mythos und Geschichte in Nepal bei.

Die Kunstsammlungen

Am sehenswertesten ist der Kunsttrakt. Die hier ausgestellten **Steinskulpturen** weisen über einen Zeitraum von beinahe 2000 Jahren, der von der Lichhavi-Periode (2.–9. Jh.) bis zu den vom tantrischen Buddhismus beeinflussten Malla-Dynastien (13.–18. Jh.) reicht, eine erstaunlich gleichmäßige Qualität auf. Am ältesten ist eine lebensgroße Lichhavi-Statue König Jaya Varmas aus dem Jahr 184 n. Chr.

Die **Metallskulpturen**-Sammlung ist einer späteren Kunstform gewidmet, die unter dem Einfluss Tibets zur Blüte gelangte. Mittelpunkt der Ausstellung ist ein Trio von sehr eindrucksvollen Bronzeplastiken tantrischer Gottheiten aus dem 14. Jh.

Weitere Sammlungen enthalten außergewöhnliche Bilder, aus **Holz** geschnitzte Fensterumrahmungen und *torana* (kunstvolle Tafeln über den Tempeltüren). Im Erdgeschoss werden ein paar Dutzend seltene **poubha** (nepalesische Rollbilder), die frühesten aus dem 16. Jh., ausgestellt.

Die buddhistische Kunstgalerie

In dem roten Ziegelsteinbau am hinteren Ende des Komplexes ist die buddhistische Kunstgalerie untergebracht, die Aspekte der künstlerischen Traditionen aus den drei verschiedenen Landesteilen aufgreift. Die **Terai-Abteilung** stellt die Kunst der ältesten und archäologisch bedeutendsten Region Nepals vor: die Umgebung von Lumbini, Buddhas Geburtsstätte.

In der Abteilung über das **Kathmandutal** wird der beachtliche künstlerische Beitrag des Tals in Messing, Stein und auf Gemälden aus einer buddhistischen Perspektive betrachtet.

In der kleinen **Nord-Himalaya-Abteilung** gibt es Thangkas, Bronzen und Kultobjekte zu sehen.

Das Geschichtsgebäude

Das Geschichtsgebäude, ein Herrenhaus im Rana-Stil, das sich nach dem Betreten des Komplexes auf der rechten Seite befindet, ist vor allem für Schulgruppen konzipiert. Es birgt ein **Sammelsurium** von ausgestopften Tieren, Knochen, Puppen, Mondgestein und Waffen. Die oberste Etage beherbergt das **nationale Münzmuseum** und zeigt Münzen aus der Regentschaft aller nepalesischen Könige seit den Malla- und Shah-Dynastien.

Die Stadtteile im Osten

Auf alten Fotos von Kathmandu ist gut zu erkennen, wie die Gegend **östlich des Kantipath** einst von den Palastbauten und Residenzen der regierenden Rana-Familie beherrscht wurde und die Dörfer – Hadigaun, Dilli Bazaar, Baneswar – von Ackerland umgeben waren. In die Paläste sind heute Staatsministerien eingezogen, während sich entlang der Boulevards um den alten Königspalast inzwischen Büros von Fluggesellschaften und Luxushotels angesiedelt haben, die ehemaligen Dörfer zu verstopften Basaren geworden sind und das Ackerland parzelliert, ummauert und mit Wohnhäusern bebaut worden ist.

Pashupatinath, das gleich östlich der Ring Road liegt, wird auf S. 204 beschrieben.

Kaisher Mahal

Ecke Tridevi Marg / Kantipath ▪ Kaisher-Bibliothek ⌚ Sommer Mo 10–15, Di–So 10–17 Uhr, Winter Mo 10–15, Di–So 10–16 Uhr ▪ Garden of Dreams ⌚ tgl. 9–22 Uhr ▪ Eintritt Rs160 ▪ 💻 gardenofdreams.org.np

Kaisher Mahal, einst Residenz des Feldmarschalls Keshar Shumsher Jung Bahadur Rana (1891–1964), der sich zu Ehren des österreichischen Kaisers Franz Joseph „Kaiser" nannte, ist heute ein Regierungsgebäude. Im Inneren ist die **Kaisher-Bibliothek** untergebracht: lange Regalreihen mit europäischen Büchern, Schränke mit Sanskrit-Manuskripten, eine Rüstung, ein ausgestopfter Tiger und an den Wänden Bilder berühmter Bekannter des Feldmarschalls.

Kaisher Shamsher Rana soll das Gelände des Anwesens als „Traumgarten" (**Garden of Dreams**) konzipiert haben, wobei jeder der sechs Jahreszeiten ein Bereich zugeteilt wurde. Er ließ die Bäume so auswählen, dass das ganze Jahr über Früchte geerntet werden konnten. Das idyllische Fleckchen bietet heute eine wunderbare Auszeit vom nahe gelegenen Chaos Thamels. Es gibt ein ausgezeichnetes Restaurant, eine Fotogalerie und regelmäßige kulturelle Veranstaltungen. Nach den riesigen Flughunden in den Bäumen Ausschau halten!

Der königliche Palast (Narayanhiti Durbar)

⌚ Nov–Jan Do–Mo 11–15 Uhr, Feb–Okt Do–Mo 11–16 Uhr ▪ Einritt Rs500

Eine architektonische Scheußlichkeit aus den 60er-Jahren ist der große rosafarbene Königspalast gegenüber einem früheren Palastbau vom Anfang des 20. Jhs. Er wurde 1970 anlässlich der Hochzeit des damaligen Kronprinzen Birendra eingeweiht. Sein nepalesischer Name leitet sich von einem östlich des Eingangs gelegenen Wasserhahn *(hiti)* ab.

Viele Nepalesen wenden ihren Blick ab, wenn sie am Palast vorbeigehen, oder meiden ihn ganz, denn zu schmerzvoll sind für sie die Erinnerungen an das mysteriöse **Massaker**, das sich hier am 1. Juni 2001 zutrug. Kronprinz Dipendra tötete damals alle seine nächsten Verwandten sowie fünf weitere Angehörige, bevor er offensichtlich die Waffe gegen sich selbst richtete (S. 82).

Anfang 2009 öffnete die Regierung einen Teil des Königspalastes als Museum. Es ermöglicht einen faszinierenden Einblick in das ehemalige Königshaus mit Einrichtungen aus den 1960er-Jahren, einer gut bestückten Bibliothek, Fotos von ehemaligen Besuchern und einigen eher skurrilen Gegenständen wie Tigerfellen und Krokodilhäuten.

Die Umgebung von Rani Pokhari

Rani Pokhari („Bad der Königin") ist ein großes Wasserbecken östlich von Asan. Es wurde im 17. Jh. von König Pratap Malla erbaut, um seiner Ehegattin über den Tod ihres Lieblingssohns hinwegzuhelfen; der Schrein in der Mitte, der einmal im Jahr während des Tihaar-Fests geöffnet wird, ist jüngeren Datums. Die Gegend um die Anlage herum und der nahe gelegene **Ratna Park** (offiziell in Shankhadhar Park umbenannt) sind für ihren regen Straßenhandel (und Prostitution) berühmt-berüchtigt.

Östlich von Rani Pokhari ragt als zweites Wahrzeichen neben dem Bhimsen Tower der Uhrturm **Ghanta Ghar** aus der Jahrhundertwende in den Himmel – auch er nur ein unschöner Zweckbau. In der Nähe stehen die beiden **Moscheen** Kathmandus. Vor 500 Jahren ließen sich die ersten islamischen Händler in Kathmandu nieder, sie stellen jedoch nur einen Bruchteil der heute im Land lebenden 500 000 Moslems dar.

Rund um den Tudikhel

Der **Tudikhel** von Kathmandu ist der größte Paradeplatz Nepals. Percival Landon, ein Reisender des frühen 20. Jhs., bezeichnete ihn als „so platt wie *Lord's*" (einen Londoner Cricketplatz). Der *tudikhel* ist eine Institution, die in der kriegerischen Vergangenheit Nepals wurzelt, und

Kantipath und Durbar Marg

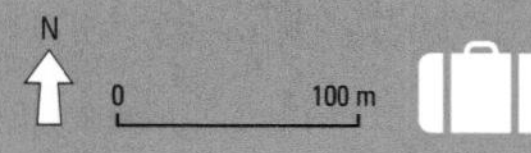

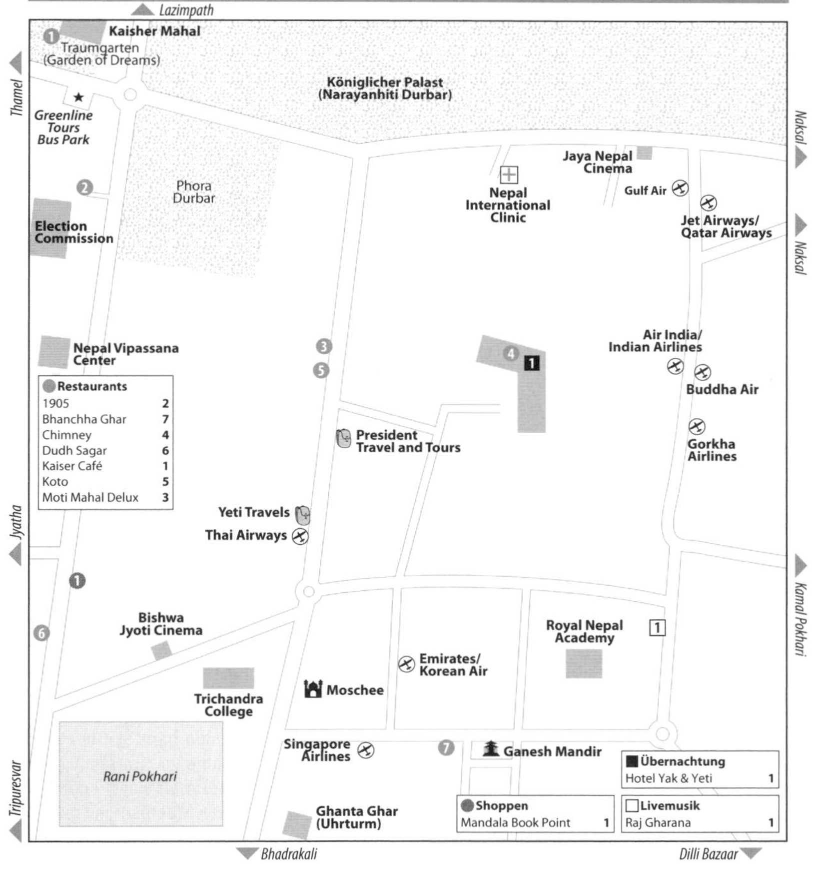

in allen größeren Städten der Bergregion sind ähnliche Truppenaufmarschplätze zu finden. Leider ist die riesige Freifläche mitten in der Stadt keine grüne Lunge. Hier stehen nur wenige Bäume und die Verkehrsstaus in den Engpässen der angrenzenden Straßen tragen maßgeblich zur Luftverschmutzung bei.

Am Westrand des Tudikhel steht der **Mahakal Mandir**, der trotz der modernen Umgebung nach wie vor von den Gläubigen verehrt wird: Immer wieder sieht man Fußgänger und Autofahrer, die beim Passieren des Heiligtums ihre Hand zur Stirn führen.

Bhrikuti Mandap, östlich des Tudikhel, dient als Vergnügungspark und zeitweiliges Messegelände. Das nahe gelegene **Märtyrertor** erinnert an die vier Rädelsführer eines fehlgeschlagenen Umsturzversuchs gegen das Rana-Regime.

Singha Durbar

Das eindrucksvollste Zeugnis der Rana-Herrschaft ist zweifellos der **Singha Durbar**, der das Regierungsviertel im südöstlichen Teil der Stadt beherrscht. Der Palast des Premierministers mit seinen 400 Räumen, einst das größte Bauwerk Asiens, wurde 1901 von Chandra Shamsher Rana errichtet. Zwei Jahre lang arbeiteten die Handwerker rund um die Uhr, um den Bau fertig zu stellen. Er wurde mit extravagantem Zubehör ausgestattet, dessen Kosten sich auf die damals ungeheure Summe von Rs2,5 Mio. beliefen. Man sagt, dass während der Bauzeit die ganze Bevölkerung Kathmandus auf die Verwendung von *daal*, einem Bestandteil des traditionellen Mörtels, verzichtete.

1973 wurde die Anlage zum Großteil durch einen Brand zerstört, nur der Hauptflügel wurde restauriert, um seither Parlamentsbüros zu beherbergen. Zahlreiche Ministerien und Regierungsbehörden sowie die Gallery Baithak (Sitz des nepalesischen Parlaments) verteilen sich über die riesige Anlage und sind heute in neuen Gebäuden sowie in original erhaltenen Bauten untergebracht. Vom ausladenden Westtor an der Vorderfront kann man einen Blick auf die Hauptfassade mit ihren Kolonnaden werfen.

Baber Mahal Revisited

Abseits der Airport Rd ▪ 🕒 tgl. 9–22.30 oder 23 Uhr ▪ Eintritt frei

Baber Mahal Revisited liegt an einer mit Bäumen gesäumten Straße südlich des Singha Durbar. Dieser restaurierte Rana-Palast ist mit seinen Geschäften, Restaurants und idyllischen Innenhöfen eine Wohltat.

Dilli-Bazaar, Baluvatar und Maharajganj

Kathmandus östliche und nordöstliche Stadtteile weisen zwar kaum Sehenswürdigkeiten auf, aber sie führen einem die verschiedenen Facetten des modernen Lebens in der Hauptstadt vor Augen. Die überfüllten Geschäftsstraßen **Bagh Bazaar** und **Dilli Bazaar** mit ihren Computerläden, Rechtsanwaltskanzleien und Möbel- und Bekleidungsgeschäften bilden dabei das eine Ende des Spektrums. Am Dilli Bazaar liegt auch Nepals Wertpapierbörse. Das andere Ende des Spektrums stellen die weiter im Norden gelegenen Alleen von **Bhatbateni**, **Baluvatar** und **Maharajganj** dar, wo sich alter, neuer und ausländischer Reichtum zusammen mit Botschaften, Hilfsorganisationen und Firmensitzen hinter hohen Mauern verbirgt.

Das Mittelfeld bilden die hoffnungsvollen Siedlungen einer aufstrebenden Mittelklasse, die ihre Häuser Stockwerk um Stockwerk erhöht. Ihre Kinder werden, in Schuluniformen gekleidet, in englische Internate mit so klangvollen Namen wie „Bright Future" (Leuchtende Zukunft) und „Radiant Readers" (Glänzende Leser) geschickt.

Hadigaun

Wie die meisten alten Städte entstand auch Kathmandu durch das allmähliche Zusammenwachsen einzelner Dörfer. Ausgrabungen zufolge ist Hadigaun, heute ein Vorort im Nordosten, eine der ältesten ursprünglichen Siedlungen. Den Beweis dafür liefert der überwucherte **Vishnu-Schrein** Dhum Barahi, der sich auf einem Schulhof einen Kilometer außerhalb in Richtung Nordosten befindet. Im Inneren des kleinen Ziegelbaus steht eine sonderbare Statue aus dem 5. Jh., die die Geschichte von Barahi (Vishnu in seiner Erscheinungsform als Eber) erzählt, der die Erdgöttin Prithvi vom Meeresgrund rettet.

Man erreicht den Schrein, indem man Hadigaun in Richtung Norden verlässt und im Zweifelsfall immer die rechte Weggabelung nimmt.

Patan (Lalitpur)

Obwohl Patan heute fast nahtlos in das größere Kathmandu übergeht und von dessen Stadtzentrum aus leicht zu erreichen ist (S. 195), hat sich diese ehemalige Hauptstadt eines mäch-

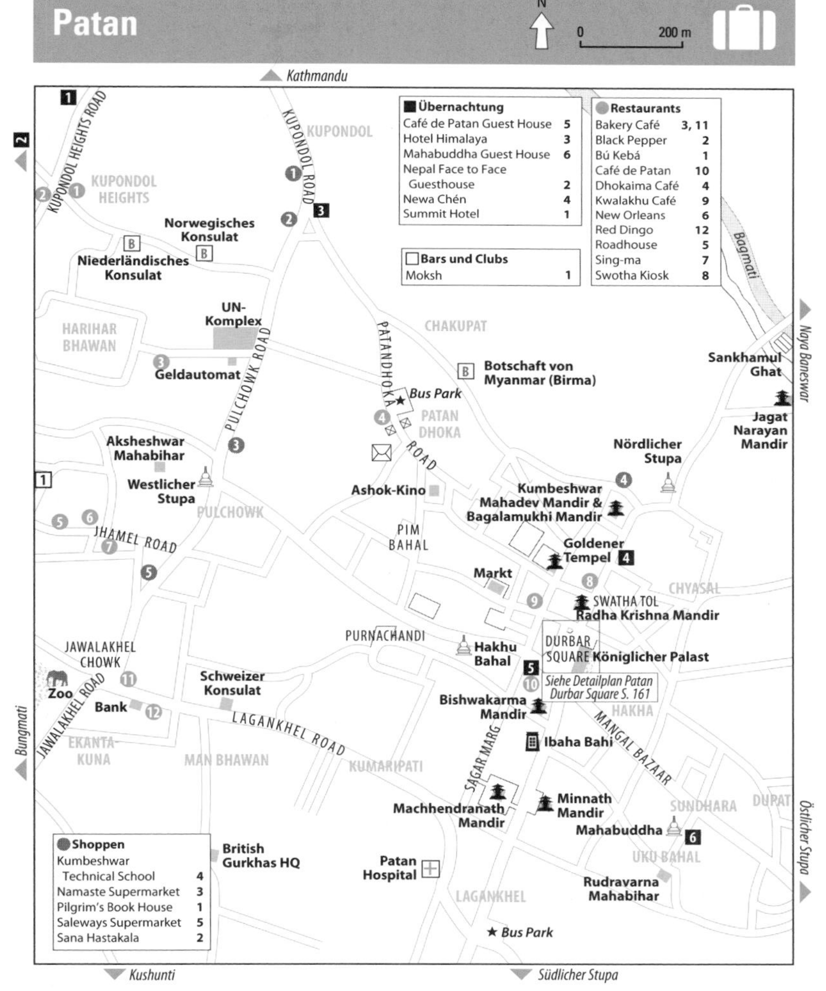

tigen, unabhängigen Königreichs ihren eigenständigen Charakter bewahrt. Verglichen mit Kathmandu ist Patan ruhiger, weniger hektisch und mehr buddhistisch orientiert. Es ist kultiviert und auf nepalesische Art unkonventionell: Während die Einwohner Kathmandus nach Macht und Reichtum streben, sind die Bewohner Patans eher an den schönen Dingen des Lebens interessiert – daher vielleicht auch Zweitname der Region **Lalitpur** („Stadt der Schönheit"). Vor allem aber ist Patan stolz auf seine **Kunsthandwerker**. Hier werden die feinen nepalesischen Metallarbeiten gefertigt. Einige der schönsten, reich geschmückten *hiti* und *bahal* im Land haben Künstler und Handwerker aus Patan geschaffen. Der Bau von *bahal* – deren Tore stets von harmlos dreinblickenden steinernen Löwen bewacht werden – ist seit jeher die besondere Spezialität von Patan. In den letzten 20 Jahren ist Patan zur Hauptstadt **ausländischer Hilfsorganisationen** in Nepal avanciert: Die Büros der Vereinten Nationen und zahlreicher Nichtregierungsorganisationen liegen überall in den westlichen Stadtteilen verstreut, ebenso wie die Villen vieler hier lebender Ausländer.

Geschichte

Der Legende nach und auch in Wirklichkeit ist Patan die älteste Stadt des Kathmandutals. **Manjushri**, der den See bei Chobar mit einem Schwertstreich ablaufen ließ, soll Manjupatan, die Vorläuferstadt von Patan, gleich nach dem Bau des Swayambhu-Schreins, gegründet haben. Die so genannten Ashoka-Stupas, Erdhügel, die in allen vier Himmelsrichtungen rund um Patan errichtet wurden, scheinen ein Beweis für die Überlieferung zu sein, dass der indische Kaiser **Ashoka** das Tal im 3. Jh. v. Chr. besucht hat (die Historiker sind sich in dieser Frage nicht einig.) Überzeugendere Legenden schreiben die Stadtgründung entweder **Yalambar** zu, der im 2. Jh. über die Kirati herrschte, einem Stamm der Frühgeschichte, aus dem die ursprüngliche newarische Bevölkerung des Tals hervorging (was den traditionellen newarischen Namen für Patan, **Yala**, erklärt), oder dem am Ende des 3. Jhs. regierenden Lichhavi-König **Arideva**.

Bis zum 7. Jh. war Patan zur kulturellen und künstlerischen Hauptstadt Nepals, wenn nicht der gesamten Himalaya-Region geworden. Es unterhielt enge Beziehungen zu den buddhistischen Lehrzentren in Bengalen und Bihar – und spielte eine entscheidende Rolle bei der Ausbreitung des Buddhismus in Tibet. Als diese beiden Reiche im 12. Jh. an die Moslems fielen, flohen viele Gelehrte und Künstler nach Patan und bereiteten so den Boden für die spätere kulturelle Blüte der Stadt unter den **Malla-Königen**. Patan gehörte bis Ende des 15. Jhs. zum Herrschaftsbereich eines vereinigten Königreichs des Kathmandutals und war dann neben Kathmandu und Bhaktapur bis 1769 ein unabhängiges Königreich, bis Prithvi Narayan Shah und seine Gurkha-Truppen das Tal eroberten und Kathmandu zur Hauptstadt erklärten.

Der historische Kern, der seit der Zeit der Eroberung in seinem damaligen Zustand erhalten ist, macht den besonderen Reiz dieser Stadt aus. Wer die Gelegenheit hat, sollte mit einem Besuch nicht lange warten: Zwar wurden in den vergangenen Jahren zahlreiche Tempel und andere öffentliche Gebäude sorgfältig restauriert, doch viele der älteren Privatgebäude sind Modernisierung zum Opfer gefallen.

Transport

Eine **Taxifahrt** von Thamel oder vom Zentrum Kathmandus nach Patan kostet etwa Rs300. **Tempos** und **Microbusse** fahren vom Durbar Marg und nahe dem Büro von Nepal Airlines in Kantipath ab.

Von Kathmandu aus mit dem **Fahrrad** über die große Bagmati-Brücke und Kupondol zu fahren ist in Anbetracht der erstickenden Abgase nicht ratsam. Besser ist es, den Fluss südlich des Durbar Square von Teku aus zu überqueren und sich Patan durch die Vororte im Nordwesten zu nähern.

Durbar Square

🕒 24 Std. ▪ Touristen müssen von 7 bis 19 Uhr Rs200 Eintritt zahlen

Der Durbar Square von Patan ist kleiner, aber feiner als der von Kathmandu. Er hat weniger Monumentalbauten aufzuweisen, was vielleicht daran liegt, dass in dieser Stadt der schönen Künste mehr Gefühl für Harmonie vorhanden war oder dass sich in Patan, das seit dem 18. Jh. keine Hauptstadtfunktion mehr hatte, nicht ständig neue Könige mit neuen Bauten auf dem Platz verewigen wollten. Ansonsten sind die beiden Plätze ähnlich angelegt: auf der einen Seite ein imposanter Königspalast und überall verteilt zahlreiche Tempelgruppen.

Der Königspalast

Patans reich geschmückter Königspalast, der ursprünglich aus der zweiten Hälfte des 17. Jhs. stammt, musste nach der Gurkha-Invasion im

Patan Durbar Square

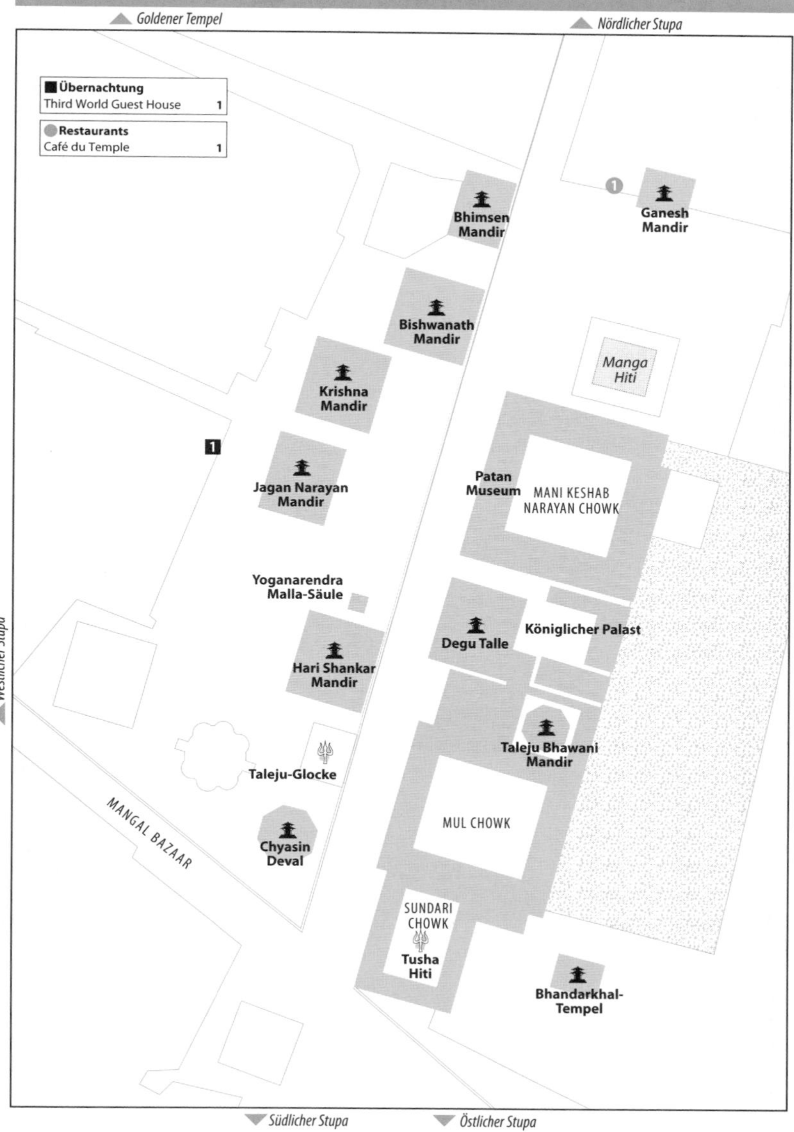

Jahr 1769 und dem Erdbeben von 1934 größtenteils wieder neu aufgebaut werden. Dank fortwährender Renovierungsarbeiten, die 2013 abgeschlossen sein sollen, werden stets weitere Teile des Komplexes zugänglich gemacht. Der Palast besteht aus drei Hauptflügeln, die alle einen Innenhof umschließen und durch separate Eingänge zu betreten sind.

Sundari Chowk und Umgebung

In dem Innenhof des kleinen, südlichsten Flügels des Königspalastes, **Sundari Chowk**, befindet sich das großartige **Tusha Hiti**. Das in den Boden eingelassene Becken aus dem 17. Jh. hat die Form einer *yoni*, des Symbols für das weibliche Geschlecht. Die Wände sind ringsum mit hinduistischen Göttern und Göttinnen verziert. Um das Becken winden sich Schlangen, und der Hof ist mit herrlich geschnitzten Torbögen, Fenstern, *torana* und in Nischen aufgestellten Götterbildern geschmückt. Gleich östlich des Sundari Chowk befindet sich der kürzlich restaurierte **Bhandarkhal-Tempel** mitsamt Badebecken.

Mul Chowk und Umgebung

Mul Chowk, der nördlich des Sundari Chowk gelegene Flügel des Königspalastes, war früher die Residenz der Königsfamilie. Eine ziemlich beschädigte vergoldete Tür an der rechten Hofseite, die zum privaten Taleju Mandir führt, ist von Statuen der indischen Flussgöttinnen **Ganga** und **Jamuna** flankiert. Letztere reitet auf dem sagenumwobenen *makana*, einer Kreuzung aus Krokodil und Elefant, dessen Rüssel beinahe jeden öffentlichen Wasserspeier in Nepal schmückt. Hinter Mul Chowk erhebt sich der achteckige, dreistöckige **Taleju Bhavani Mandir**.

Degu Talle

Der gigantische **Degu Talle**, ein weiterer Taleju-Tempel, ragt nördlich des Mul Chowk empor. Dieses mit sieben Stockwerken höchste Gebäude des Viertels wurde 1640 von Siddhi Narsingh Malla errichtet, auf den weite Teile des Palastes und des Platzes zurückgehen – er gehört zu den Gebäuden, die nach dem verheerenden Erdbeben von 1934 wieder nachgebaut wurden.

Patan-Museum

🕒 tgl. 10.30–17.30 Uhr ▪ Eintritt Rs250.

Der nördlichste Flügel des Palastes, Mani Keshab Narayan Chowk, diente einst einem weiteren berühmten König des 17. Jh., Yoganarendra Malla, als Wohnsitz. Auch dieses Gebäude wurde beim Erdbeben von 1934 beschädigt und damals nur notdürftig wieder aufgebaut. Mit Hilfe der österreichischen Regierung wurde es kürzlich gründlich restauriert und beherbergt heute das herrliche **Patan-Museum**, das mit seiner geschmackvollen Einrichtung der Künstlerstadt alle Ehre macht.

Das Museum präsentiert eine gut konzipierte Dauerausstellung bedeutender Bronzen, Steinskulpturen und Holzschnitzereien, einen vergoldeten Malla-Thron und eine Sammlung von Archiv-Fotografien. Die Ausstellungsstücke sind thematisch zusammengefasst und geben einen Überblick über die Götterbilder, Tempelkonstruktionen, rituellen Objekte und Metallverarbeitungsprozesse in der hinduistischen, buddhistischen und tantrischen Ikonographie, jeweils mit hervorragenden Erklärungen versehen. Auch das Gebäude selbst ist sehenswert: Mit seinen frisch renovierten Stuckarbeiten und der kunstvollen Beleuchtung könnte es von Yoganarendra Malla stammen, hätte er denn Ende des 20. Jh. regiert. Die Glockentürme an den Gebäudeecken, deren Dachkanten mit *kinkinimali* (kleinen, im Wind flatternden Metallblättchen) geschmückt sind, können bestiegen werden; von hier aus hat man einen guten Blick auf den Innenhof mit dem Lakshmi-Schrein in der Mitte. Ein herrliches, vergoldetes Fenster über dem Haupteingang zeigt Vishnu inmitten einer Heerschar anderer Götter.

Im Hof hinter dem Museum liegt ein verschlafenes **Café**, das vom Summit Hotel betrieben wird (um hier zu essen, benötigt man keine Eintrittskarte), und ein **Souvenirladen**. Im Innenhof finden auch regelmäßig Konzerte statt.

Der Platz

Der steinerne **Chyasin Deval** gegenüber dem Sundari Chowk am südlichen, neueren (18. Jh.) Ende des Durbar Square ist der kleinere der beiden Krishna-Tempel auf dem Platz. Man sagt, dass der achteckige Tempel zum Gedenken an die acht Frauen errichtet wurde, die bei der Totenverbrennung ihres königlichen Ehemannes rituellen Selbstmord *(sati)* begingen; andererseits haben Krishna-Tempel fast immer acht Seiten, um an die Rolle des Gottes als achte Inkarnation *(avatar)* Vishnus zu erinnern. Die schmiedeeiserne **Taleju-Glocke** unmittelbar nördlich war die erste Glocke, die 1736 im Tal aufgehängt wurde.

Der nördlich von hier gelegene, sehr schön geschnitzte **Hari Shankar Mandir** ist sowohl Vishnu (manchmal auch Hari genannt) als auch Shiva (alias Shankar) gewidmet, während die Figur auf der Säule, die Degu Talle huldigt, **Yoganarendra Malla** darstellt. Eine wütende Kobra reckt sich hinter dem König empor und umgibt ihn wie ein Glorienschein; auf dem Kopf der Kobra sitzt ein vergoldeter Vogel. Wie alle gottesfürchtigen Herrscher des Tals wollte Yoganarendra mit dieser Statue wohl die *nag*, die animistischen Schlangengeister, die für den Regen im Tal zuständig sind, besänftigen. Mit dem Vogel hat es, der Überlieferung nach, folgende Bewandtnis: Als der König nach dem frühen Tod seines Sohnes abdankte, um *sunyasan* (Eremit) zu werden, soll er zu seinen Untertanen gesagt haben: „Solange der Vogel da ist, wisst ihr, dass ich noch lebe." Bis zum heutigen Tag lassen viele Einwohner von Patan in einem der oberen Zimmer des Palasts das Licht brennen und halten ein Bett für den abwesenden König bereit.

Der zweistöckige, 1565 erbaute **Jagan Narayan Mandir** nördlich des Hari Shankar Mandir ist zwar der älteste auf dem Platz, doch der **Krishna Mandir** aus dem 17. Jh. ist sicher der ungewöhnlichste. Der *shikra* im mogulischen Stil in der Mitte ist von drei übereinander liegenden Steinveranden eingefasst, in deren Schwellen detaillierte Szenen aus den großen Hindu-Epen *Mahabharata* und *Ramayana* gearbeitet sind.

Krishna, eine Erscheinungsform des Vishnu, ist eine der beliebtesten Figuren des *Mahabharata*. Anhänger treffen sich hier jeden Morgen zur *puja*, und an Krishnas Geburtstag im August oder Anfang September versammeln sich die Gläubigen vor seinem Tempel.

Der **Bishwanath Mandir** enthält eine Kopie des *shiva linga*, dessen Original in Varanasi in Indien steht. Der Tempel stürzte 1990 ein, wurde aber unverzüglich wieder aufgebaut. Der **Bhimsen Mandir** aus dem 17. Jh. ist dem allseits beliebten Gott der nepalesischen Händler geweiht. Nichthindus haben keinen Zutritt, doch kann man sehen und hören, wie die Gläubigen ihre *puja* im Obergeschoss des offenen Heiligtums verrichten. Gegenüber liegt **Manga Hiti**, eines der größten im Boden eingelassenen Wasserbecken des Tals, das seit dem 6. Jh. genutzt wird.

Nördlich des Durbar Square

Weitere Sehenswürdigkeiten Patans – der Goldene Tempel, der Kumbeshvar-Tempel und die Ghats – liegen nördlich des Durbar Square.

Hiranyavarna Mahavihara (Der Goldene Tempel)

🕒 keine festen Öffnungszeiten, aber an den meisten Tagen geöffnet ▪ Eintritt Rs50

Der Hiranyavarna Mahavihara (in Sanskrit eigentlich „Goldenes Kloster", wird aber „Goldener Tempel" genannt) ist angesichts seiner bescheidenen Größe einer der prächtigsten Tempel Nepals. Die dreigeschossige Pagode nimmt eine Seite des engen Innenhofs von Kwa Bahal ein, einem noch bewohnten buddhistischen Newar-Kloster aus dem 12. Jh., einst geistiger Mittelpunkt des alten Patan. Während der morgendlichen *puja* ist der *bahal* ein faszinierender Schauplatz nepalesischer Religionsausübung.

Die vergoldete Tempelfassade, in die Bilder von Buddhas und Taras eingeprägt sind, gilt als hervorragendstes Beispiel großflächiger Metallarbeiten in Nepal; ein kleiner, üppig verzierter Schrein in der Mitte des Hofes birgt einen kostbaren Swayambhu-*chaitya* aus Silber und Gold. Sowohl vom Schrein als auch vom Haupttempel hängen an allen Seiten *pataka* herunter: lange Metallbänder, die den Göttern als „Rutschbahn auf die Erde" dienen sollen, wenn sie herabsteigen, um die Gebete ihrer Gläubigen zu erhören. Der *bahal* ist so üppig mit Bildern, Ornamenten und fein gearbeiteten Details ausgestattet, dass ihre Aufzählung allein schon ein Buch füllen würde.

Das zentrale Bild des Tempels stellt Buddha Shakyamuni dar. Einer Legende nach soll das

Bild im 12. Jh. nach dem Einsturz seines Tempels heimatlos geworden sein. Als König Bhaskardeva einen neuen Tempel gebaut hatte, erschien ihm Shakyamuni im Traum und verkündete, dass er seinen Platz dort finden wolle, wo Mäuse Katzen jagten. Eines Tages sah der König, wie im Kwa Bahal eine goldene Maus eine Katze vertrieb, und so errichtete er an dieser Stelle einen neuen, goldenen Tempel. Deshalb dürfen auch Ratten in dieser Tempelanlage frei herumlaufen, genau wie Schildkröten – der Legende nach sitzt das Universum nämlich auf dem Rücken einer Schildkröte.

Der *mahavihara* wird heute nicht mehr als Kloster benutzt, sondern steht gläubigen Laien als bedeutende Andachtsstätte zur Verfügung, deren Rituale und Darstellungen auf Traditionen des newarischen und tibetischen Buddhismus gründen. Der Tempeldiener des Hauptschreins ist ein Junge, der nicht älter als zwölf Jahre sein darf. Im Obergeschoss des nordöstlichen Flügels befindet sich ein tibetisches Kloster *(gompa)*, das besichtigt werden kann und das von der im Verlauf der jahrhundertelangen Handelsbeziehungen gewachsenen geistigen Bindung zwischen Patan und Tibet zeugt.

Bitte beachten: Es dürfen keine Gegenstände aus Leder mit in den Tempel genommen werden.

Swatha Tol

Auf halbem Weg zwischen Durbar Square und den älteren Vierteln im Norden liegt eine Straße östlich des Goldenen Tempels der hübsche Swatha Tol, ein Platz, der wohl die schönsten Aspekte beider Welten vereint. Das zentrale Bauwerk des Platzes, der dreistöckige **Radha Krishna Mandir**, wurde restauriert, und das Liebespaar Krishna und Radha, denen dieser Tempel geweiht ist, wird gern als Motiv für Sandelholzschnitzereien verwendet.

Kumbeshvar Mahadev

Kumbeshvar Mahadev, Patans ältester Tempel und eine der beiden einzigen freistehenden Pagoden Nepals (die andere steht in Bhaktapur), wurde 1392 zweigeschossig erbaut. Trotz der im 17. Jh. hinzugefügten drei Geschosse hat er sein harmonisches Aussehen bewahrt. Der Tempel ist Shiva geweiht; in seinem Inneren stehen ein Lingam aus Stein und einer aus Messing mit vier Gesichtern. Nandi, Shivas geduldiges Reittier, wartet vor der Tür. Der Name des Heiligtums geht auf eine Legende zurück, derzufolge ein Pilger einen Topf *(kumbha)* in den heiligen See Gosainkund, hoch oben in den Bergen nördlich von Kathmandu, fallen ließ. Später soll der Topf im Wasserbecken dieses Tempels aufgetaucht sein, so dass man vermutete, dass es von dem See gespeist wird. Shiva erhielt daraufhin einen weiteren Titel: Herr der Töpfe (Kumbeshvar).

Durch diese Verbindung ist während des **Janai-Purnima-Fests**, bei Vollmond Ende Juli/ Anfang August, der Besuch des Wasserbeckens von Kumbeshvar für viele Gläubige ein Ersatz für Gosainkund. Dann kommen Tausende von Brahmanen und Chhetris hierher, um ihre heilige Schnur *(janai)* zu erneuern, die sie als Angehörige der „zweimal wiedergeborenen" Kasten ausweist. Sie verehren den in der Mitte des Beckens aufgestellten Lingam und veranstalten aber auch vergnügliche Wasserschlachten, bei denen keiner der Umstehenden trocken bleiben darf, während Tamang-*jhankri* (Schamanen) rituelle Tänze darbieten.

Bagalamukhi Mandir

Obgleich kleiner und weniger opulent als der Kumbeshvar Mahadev, ist der **Bagalamukhi Mandir** am südlichen Rand des Geländes ein viel besuchter Ort der Götterverehrung. Bagalamukhi, die als machtvolle, Wünsche erfüllende Manifestation der Göttin Kali gilt, wird traditionell vor allem von Frauen angerufen, die sie um Harmonie in der Familie und Kraft in Zeiten der Not bitten.

Der Nördliche Stupa

Der Northern Stupa nordöstlich des Kumbeshvar Mahadev ist der kleinste und zentralste der vier Ashoka-Hügel und der einzige, dessen Erhebung mit Gips überzogen wurde. Auch wenn das 2200 Jahre alte Monument nicht sonderlich auffällig aussieht, so lässt es sich doch ausmalen, welche Schätze oder Reliquien hier von Ashoka vergraben, im Verborgenen liegen – man wird sie wohl nie zu Gesicht bekommen, da archäologische Grabungen im Tal verboten sind.

Hinter dem Nördlichen Stupa

Der Northern Stupa markiert das Ende der Altstadt. Von hier aus führt die Straße südlich zwischen Mietskasernen und heruntergekommenen Tempeln zurück zum Durbar Square. In Richtung Norden geht es durch Felder zum **Sankhamul Ghat**, einem 500 m langen Uferstreifen nahe der Einmündung des Manohara in den Bagmati und Patans größter Verbrennungsstätte. Östlich der Fußgängerbrücke, flankiert von verfallenen Pilgerunterkünften und den Statuen von Hanuman und Ganesh, führt ein Pfad unter einem Torbogen hindurch zum exotisch anmutenden **Jagat Narayan**-Tempelkomplex. Er ist nach seinem Erbauer, dem im 19. Jh. regierenden Premierminister Jagat Shamsher, benannt.

Westlich des Durbar Square

Auch in den Nebenstraßen westlich des Durbar Square kann man zahlreiche Entdeckungen machen. Weitere Informationen über diese Gegend enthält die interessante Broschüre *Patan Walkabout*, die im Buchladen im Patan Dhoka erhältlich ist.

Vom **Mangal Bazaar** führt eine der Hauptstraßen Patans zum westlichen Stupa. Nach 300 m erhebt sich links eines der weniger besuchten ehemaligen Klöster Patans, **Hakhu Bahal** (auch unter dem Namen Ratnakar Mahabihar bekannt), in dem Patans Kumari ihren Sitz hat. Der **westliche Stupa** dient einmal im Jahr als Ausgangspunkt der großen Wagenprozession des Raato Machhendranath (S. 166).

Im nordwestlichen Viertel der Altstadt Patans gibt es eine Fülle von *bahal* – an einigen von ihnen führt die Straße vom Goldenen Tempel in Richtung Westen vorbei. Ein paar Straßen nach Norden stößt man auf das **Patan Dhoka**, ein unscheinbares Stadttor, in dessen Nähe sich ein kleiner Basar und der Bus Park befinden.

Südlich des Durbar Square

Südlich des Durbar Square hat man zwei Möglichkeiten: Auf der Straße Richtung Süden fährt man am Machhendranath-Tempel und anderen Sehenswürdigkeiten vorbei bis zum Lagankhel Bus Park, während die Verlängerung des Mangal Bazaar südöstlich zum Mahabuddha führt.

Bishwakarma Mandir und Umgebung

Eine der schönsten Straßen Patans verläuft einen Block weiter südlich, parallel zum Mangal Bazaar. Hier ist das Viertel der Metallarbeiter und Haushaltswarenhändler. Dazu passt die aus vergoldetem gehämmertem Kupfer gefertigte Fassade des Bishwakarma Mandir und die vor der Tür stehenden kupfernen Löwen. Leider kann man die Fassade heute nicht mehr fotografieren, da ein Geländer errichtet wurde, um Diebe abzuschrecken. Der Name „Bishwakarma" bezieht sich sowohl auf den Gott der Handwerker als auch auf die Kaste der Schmiede (allgemein *kami* genannt). Ibaha Bahi, Patans zweitältestes Kloster, steht einen Block weiter südlich. Es wurde 1427 gegründet, vor Kurzem mit Unterstützung des Nippon Institute of Technology renoviert.

Machhendranath Mandir

Ta Bahal, etwa 300 m südlich des Durbar Square

Von außen gesehen unterscheidet sich Patans Machhendranath Mandir kaum von anderen Gebäuden dieser Art: eine riesige Ziegelsteinpagode aus dem 17. Jh. mit herrlich geschnitzten, bunt bemalten Streben und *torana*.

Das Besondere an diesem Tempel ist das Götterbild des **Rato Machhendranath** („Roter Machhendranath"), das auf eine Sandelholzplatte aufgemalt jedes Jahr Ende April Mittelpunkt eines der größten nepalesischen Feste darstellt (Kasten S. 166). Der Rote Machhendranath, der älter als sein weißes Pendant in Kathmandu ist, ist ein Gott mit vielen verschiedenen Gestalten. Bei den Newar steht er für Bunga Dyo, den androgynen Gott der Fruchtbarkeit und die Verkörperung der großen Kultfigur des Karunamaya. Für Buddhisten anderer Volksstämme ist er Avalokiteshvara oder Lokeshvar, der Bodhisattva des Mitgefühls. Als Machhendranath, Schöpfer des *nath* (Gottes)-Kults, ist er der Geist eines hinduistischen Gurus aus dem 7. Jh., des ehemaligen Lehrers von Gorakhnath, des Lieblingsheiligen der Shah-Könige. Der Legende nach besuchte Gorakhnath einst das Tal, und da er

Rato Machhendranath auf großer Fahrt

Das älteste, längste und spektakulärste Fest im Kathmandutal ist das **Machhendranath Rath Jaatra**, das am Tag nach Vollmond im Monat Baisaakh (April/Mai) beginnt. Zunächst waschen die Priester das Sandelholzbild Rato Machhendranaths im Freien auf dem Lagankhel-Platz von Patan. Danach kehrt das Bild in seinen Tempel im Ta Bahal zurück und durchläuft zehn Tage lang die Rituale, die die buddhistischen Newar im Laufe ihres Lebens erfahren. In der Zwischenzeit wird südlich des westlichen Stupa am Pulchowk der Prozessionswagen *(raath)* des Machhendranath zusammengebaut und der 18 m hohe Aufbau aus Stangen und Blumen gefertigt. Ein kleinerer Wagen für das Bildnis des Minnath wird ebenfalls gebaut.

Schließlich werden die Götterbilder auf ihren Wagen montiert, und die Aufsehen erregende Prozession kann beginnen. Dutzende von Männern legen sich in die Seile, Machhendranaths schwerfälliges Fahrzeug wankt und schaukelt, bis es sich plötzlich schlingernd in Bewegung setzt; der Riesenaufbau schwankt hin und her und streift im Vorbeifahren die Häuser. Die Zuschauer jubeln und springen aus dem Weg; plötzlich bleibt das widerspenstige Fahrzeug stehen, die Männer formieren sich neu und versuchen, es wieder in Fahrt zu bringen. So geht das weiter, mühsam Stück für Stück, bis die Wagen schließlich nach vier oder noch mehr Wochen das 4 km entfernte Jawalakhel erreichen.

An diesem Ort nähert sich das Fest mit der **Bhoto Jaatra**-Zeremonie seinem Höhepunkt: An einem von Astrologen ermittelten Tag – üblicherweise der vierte Tag nach der Ankunft der Wagen am Chowk – versammelt sich mittags eine riesige Menschenmenge in Jawalakhel. Gegen 16 oder 17 Uhr wird die Kumari von Patan auf einer Sänfte herbeigetragen. Schließlich klettert ein Priester auf Machhendranaths Wagen und hält das heilige Gewand *(bhoto)* des Gottes in die Höhe. Da das Fests in die regenreiche Vormonsunzeit fällt, lässt Machhendranath es an diesem Tag immer regnen: also Schirm nicht vergessen!

Machhendranaths Bildnis wird danach ins 6 km südlich gelegene Bungmati gebracht (S. 230), wo seine Rückkehr mit großem Pomp begrüßt wird. Man glaubt, dass der Kult des Rato Machhendranath seinen Ursprung in Bungmati genommen hat, da sich der newarische Name des Gottes, Bunga Dyo („Gott von Bunga") von diesem Ort ableitet. Das Götterbild verweilt die Sommermonate über in Bungmati, bevor es wieder nach Ta Bahal zurückkehrt. Alle zwölf Jahre bleibt es jedoch auch den Winter über in Bungmati, und die Wagenprozession beginnt und endet hier. Das nächste Mal wird dies im Jahr 2015 der Fall sein.

nicht gebührend empfangen wurde, verursachte er eine Dürre, indem er alle Regen bringenden Schlangen einsammelte. Die Einwohner sandten eine Abordnung zu Machhendranath nach Assam, der ihnen in Gestalt einer Biene zu Hilfe kam. Um seinem Guru Ehre zu erweisen, musste Gorakhnath die Schlangen freilassen, worauf der Regen zurückkehrte. Seitdem wird Machhendranath als Regenmacher verehrt.

Minnath Mandir und Umgebung

Der kleinere **Minnath Mandir** aus dem 16. Jh., hinter einem in den Boden eingelassenen Wasserbecken *(hiti)* jenseits der Straße gelegen, ist einem anderen Heiligen aus der indischen Mythologie gewidmet. Südlich davon weitet sich die Straße zu einem geschäftigen offenen Basar und dem chaotischen Minibus-Park von **Lagankhel**. Eigentlich lohnt es sich nicht, noch einen weiteren Kilometer bis zum grasbewachsenen **südlichen Stupa** zu fahren – aber wer zum Patan Industrial Estate (S. 188) unterwegs ist, kommt ohnehin daran vorbei.

Südöstlich des Durbar Square

Östlich des Durbar Square wird der Mangal Bazaar weniger verkehrsreich und geeigneter für Spaziergänge. Nach 300 m kommt man zum **Sundhara**, einem in den Boden eingelassenen Becken mit vier goldenen *(sun)* Wasserspeiern *(dhara)*. Östlich davon liegt das idyllische **Dupat**-Viertel mit seinen dunklen, engen Gassen; südlich liegt **Oku Bahal**, der Stadtteil der Schmiede, in dem der berühmte Mahabuddha-Tempel steht.

Mahabuddha
Uku Bahal

Mahabuddha, auch „Tempel der Tausend Buddhas" genannt, ist vollständig mit Terracotta-Fliesen verkleidet, von denen jede Buddhas Bildnis trägt. Als Vorbild des bemerkenswerten Rokoko-Bauwerks diente der berühmte Mahabodhi-Tempel von Bodhgaya, Indien, in dem sein Erbauer, ein begeisterter Architekt aus Patan, mehrere Jahre lang meditiert hatte. Obgleich sich die Gebäude nur geringfügig ähneln, war dieser Tempel der erste, der den indischen *shikra*-Stil in Nepal einführte. Noch heute ist diese Tempelform vor allem in der Gegend um Patan häufig anzutreffen. Das Heiligtum wurde beim Erdbeben von 1934 zerstört und anschließend wieder aufgebaut; aus den übrig gebliebenen Bauteilen konnte der kleine Schrein daneben errichtet werden. Der Tempel ist so dicht von Wohnhäusern umgeben, dass der Eindruck entsteht, er sei für seinen Standort maßgeschneidert worden. Den besten Blick auf das Bauwerk hat man von einem der umliegenden Metallwarengeschäfte aus.

Rudravarna Mahabihar
Uku Bahal

Oku (oder Uku) Bahal, der Name dieses Viertels, leitet sich von dem an der Kreuzung südlich des Mahabuddha gelegenen ehemaligen buddhistischen Kloster ab, das auch unter der Bezeichnung **Rudravarna Mahavihara** („Rotes Kloster") bekannt ist. Das Gebäude wurde restauriert und soll das älteste Kloster Patans sein (heute nicht mehr in Betrieb) – die Holzstreben an der Nordseite des Innenhofs stammen aus dem 13. Jh.

Jawalakhel und Umgebung

Mit Jawalakhel bezeichnet man das große Viertel rund um den Jawalakhel Chowk-Kreisverkehr und südlich davon bis zur Ring Road. Der südliche Teil – oft Ekantakuna („Einsame Ecke") benannt – ist zur Heimat zahlreicher Exiltibeter geworden.

Ekantakuna

In dem einstigen tibetischen Flüchtlingslager Ekantakuna bietet sich die beste Möglichkeit, den Teppichknüpfern bei der Arbeit zuzusehen (S. 186). Es gibt keinen großen Tempel, sondern nur ein kleines Kloster gibt, so dass sich die Aktivitäten der Bewohner auf die Teppichfabrik und auf die Teppichläden beschränken.

Der Zoo
Südwestlich des Jawalakhel Chowk
▪ 🕒 tgl. 10–17 Uhr ▪ Eintritt Rs150

Nepals einziger Zoo – von den Einheimischen „dschu" ausgesprochen – breitet sich auf einem ehemaligen Rana-Grundstück südwestlich des Jawalakhel Chowk aus. Für Kinder ist der Tierpark womöglich die größte Attraktion im Kathmandutal. Außer Tiere zu besichtigen, können Kinder auf Elefanten reiten, Tretboot fahren und picknicken. Die meisten der hier gehaltenen Arten sind in Nepal beheimatet (Nashörner, Elefanten, Wild, Affen), aber die Gehege sind nicht unbedingt artgerecht.

Die tibetische Gemeinde von Jawalakhel

Unmittelbar nach der Annektierung Tibets durch China und der Flucht des Dalai Lama im Jahr 1959 begann der Zustrom der **Tibeter** ins Kathmandutal. 1960 bewog das Elend der Flüchtlinge das Internationale Rote Kreuz dazu, ein Aufnahmelager in Jawalakhel einzurichten, das später vom Schweizer Roten Kreuz übernommen wurde; dieses gründete schließlich die Swiss Association for Technical Assistance, um den Tibetern langfristig zu helfen. Die SATA förderte die Teppichherstellung und andere Heimarbeiten, und 1964 war aus dem „Auffanglager" Jawalakhel eine eingetragene Firma geworden. Die Tibeter der nächsten Generation profitierten von der florierenden Teppichindustrie; viele haben inzwischen das Stadtviertel verlassen und Teppichgeschäfte in der Nähe der buddhistischen Heiligtümer eröffnet.

ÜBERNACHTUNG

In Kathmandu und Patan gibt es unzählige Übernachtungsmöglichkeiten in allen Preislagen. Während der Hochsaison im Herbst (besonders im Oktober) sind die beliebtesten Billigunterkünfte schnell ausgebucht.
Wenn möglich, sollte man die Unterkunft im Voraus reservieren.
Wenn es im Winter kalt wird, werden selbst in billigen Guesthouses Steppdecken zur Verfügung gestellt. Tragbare Heizgeräte stellen allerdings nur die wenigsten zur Verfügung, und eine Zentralheizung gibt es nur in den teureren Hotels. Zimmer, die zur Straße hinaus gehen, sind unbedingt zu meiden: Kathmandus bellende Hunde, klappernde Töpfe und der Verkehrslärm wecken selbst Tote auf.
Die meisten Hotels bieten Internetzugang und/oder WLAN, viele auch die kostenlose Abholung vom Flughafen.
Wer nicht in Kathmandu oder Patan übernachten möchte: Boudha (S. 209), Bhaktapur (S. 235) und viele andere Orte im Kathmandutal sind leicht zugänglich.

Thamel

Bei Thamel greift wie bei allen Touristengettos dieselbe Logik: „Alle Leute wohnen hier, weil, tja, eben alle Leute hier wohnen." Je mehr Touristen kommen, desto mehr verändert sich das Gesicht von Thamel, und so gleicht es sich immer mehr dem Wunschbild der Besucher an. Besonders in der Hochsaison gibt es hier sehr viel Rummel – allerdings ist dann so wenig vom eigentlichen Nepal spürbar, dass man sich wirklich wundert, warum das Viertel nach wie vor so beliebt ist.
Was heute als „Thamel" bezeichnet wird, ist ein ausgedehntes Gebiet mit einer lächerlich großen Zahl an Unterkünften. Die unten aufgeführten Unterkünfte sind in drei geografische Gebiete unterteilt: Zu **„Zentral-Thamel"** gehören die Straßen unmittelbar nördlich, südlich und östlich des Kathmandu Guest House, wo die touristische Entwicklung ihren Ausgang nahm und wo sie sich heute in ihren unwürdigen Auswüchsen zeigt. **„Nord-Thamel"** umfasst Paknajol, Bhagvan Bahal und Kaisher Mahal – Gegenden, die vom eigentlichen Thamel nicht mehr abzugrenzen, aber nicht ganz so betriebsam sind. **„Süd-Thamel"** schließlich erstreckt sich zwischen Chhetrapati, Thahiti und Jyatha, wo zwar der Touristentrubel groß, der architektonische und kulturelle Charakter der Altstadt aber besser erhalten ist.

Zentral-Thamel

Hotel Garuda, Thamel Northwest, ✆ 01-4700766, 💻 garuda-hotel.com, Karte S. 142. Das Garuda verfügt über einfache Zimmer mit Bad und ist vor allem bei Bergsteigern beliebt – signierte Fotos von berühmten Kletterern schmücken die Wände. Für TV, Telefon und AC zahlt man extra. Einige Zimmer sind allerdings ein wenig düster. Rs1525

Kathmandu Guest House, Thamel Northwest, ✆ 01-4700800, 💻 ktmgh.com, Karte S. 142. Thamels ursprünglichste und bekannteste Pension liegt abseits der lauten Straße und verfügt über einen schönen Garten. Die Zimmer sind in neun Kategorien unterteilt, von sehr einfachen Backpacker-Kammern bis hin zu modernen Suiten mit AC (US$140). Es gibt auch noch unzählige Dienstleistungen wie Barbier, Schönheitssalon, Coffeeshop, Restaurant, Bar, Souvernirshops und Reisebüro sowie ein nützliches Schwarzes Brett. Rs320

Hotel Potala, Narsingh Camp, ✆ 01-4700680, 💻 potalahotel.com, Karte S. 142. Das zentral gelegene Hotel wird von einer unheimlich freundlichen tibetischen Familie betrieben und verfügt über preiswerte, aber enge und etwas dunkle Zimmer. Einige haben ein Bad, und es gibt auch eine Dachterrasse. Rs500

Nord-Thamel

Hotel Courtyard, Zed Street, ✆ 01-4700476, 💻 hotelcourtyard.com, Karte S. 142. Wer die Brücken über dem Wasser überquert, der gelangt zu diesem bezaubernden, geschützt liegenden Hotel mit großen, schicken Zimmern mit Bad, architektonischen Newar-Einflüssen, einer unkonventionellen Bar mit gemütlichen Sofas und einer Vielzahl an Massageangeboten. US$55

Holy Lodge, Saat Ghumti, ✆ 01-4701763, 💻 holylodge.com, Karte S. 142. Die Teppiche sind

etwas dreckig, aber ansonsten sind die Zimmer, die um einen Innenhof herum liegen, gut genug für Reisende mit kleinem Budget.
Die Zimmer mit eigenem Bad und TV kosten ungefähr doppelt so viel wie die billigsten Zimmer. Rs350

International Guest House, Paknajol, 01-4252299, ighouse.com, Karte S. 133. Das Hotel mit eleganten Holzschnitzarbeiten hat mit dem Trubel von Thamel nichts am Hut. Die ausgestopften Tierköpfe und Hörner an den Wänden sind zwar etwas unangebracht, aber der Garten ist einwandfrei, und die Zimmer und der 4-Bett-Dorm sind ordentlich und sauber, wenn auch etwas überteuert. Frühstück ist im Preis inbegriffen. Dorm Rs800, DZ Rs2800

Hotel Karma, Thamel North, 01-4417897, hotelkarma.com, Karte S. 142. Dieses billige Hotel – auch bekannt als Karma Travellers Home – erfüllt alle Mindestanforderungen: Die Zimmer verfügen über Bad und TV, sind sauber und gepflegt, und das Personal ist freundlich und hilfsbereit. Rs1125

Kathmandu Garden House, Paknajol, 01-4381239, hotel-in-nepal.com, Karte S. 133. Gehört zu einer Reihe von günstigen Hotels in einer für Kathmandu ziemlich ruhigen Gasse. Es gibt einen Garten voller Blumen, eine Büchertauschbörse, freundliches Personal und gute Zimmer mit Bad und TV. Rs1200

Kathmandu Peace Guest House, Paknajol, 01-4380369, peaceguesthouse.com, Karte S. 133. Die abgeschiedene, entspannte Unterkunft in der Nähe des Kathmandu Garden House verfügt über saubere und sonnige Zimmer, entweder mit eigenem oder Gemeinschaftsbad (die mit eigenem Bad sind die bessere Wahl), einen Garten und eine herrliche Aussicht vom Hausdach. Rs960

Pilgrims Guest House, Bhagvan Bahal, 01-4440565, pilgrimsguesthouse.com, Karte S. 142. Obwohl der Service nicht immer zuverlässig ist, ist dies eine recht gute Unterkunft mit unterschiedlichen sehr sauberen Zimmern, von Budget-Zimmern bis zu Suiten mit AC und Badewanne in der obersten Etage. Außerdem Restaurant-Bar und Büchertausch. Rs960

Tasi Dhargey Inn, Thamel North, 01-4700030, hoteltasidhargey.com, Karte S. 142. Belebtes und effizientes Hotel mitten im Geschehen. Die Zimmer im Obergeschoss (mit Bad, TV und Telefon) sind am besten, aber auch alle anderen sind in Ordnung. 15 % Ermäßigung bei Online-Buchung. Rs1850

Tibet Peace Guest House, Paknajol, 01-4381026, tibetpeace.com, Karte S. 133. Beliebter Rückzugsort mit winzigen, aber brauchbaren Zimmern mit Bad und TV. Es gibt nette Extras wie Schließfächer, einen Garten und einen hauseigenen Reiki-Meister. Rs1200

Süd-Thamel

Café Mitra Guest House, Thamel South, 01-4259015, cafemitra.com, Karte S. 142. Dieses hervorragende Boutiquehotel beim gleichnamigen Restaurant verfügt nur über vier Zimmer, jedes mit Blick auf den Garten. Die beispielhaften Badezimmer wurden mit Fingerspitzengefühl und Liebe zum Detail eingerichtet – zu den Besonderheiten zählen Fußböden im hölzernen Stil und elegante Waschbecken. Frühstück inbegriffen. US$65

Cherry Guest House, J.P. School Rd, 01-4220969, cherryguesthouse@hotmail.com, Karte S. 142. Neben der rosa Inneneinrichtung, einer kleinen Büchertauschbörse, einem herzlichen Willkommen und einer ergebenen koreanischen Anhängerschaft bietet das Cherry Guest House saubere, aber arg spartanische Zimmer mit eigenem oder Gemeinschaftsbad zu absoluten Tiefstpreisen. Rs300

Hotel Ganesh Himal, südlich von Chhetrapati, 01-4263598, ganeshhimal.com, Karte S. 141. Abseits vom Touristenrummel Zentral-Thamels und mit eigenem Garten ist das Ganesh Himal ein sehr beliebtes – wenn auch ab und zu ein bisschen chaotisches – Hotel mit sauberen, Zimmern mit Bad und TV, Telefon und Ventilator oder AC sowie netten Extras wie kostenlosem gefiltertem Wasser. Rs1600

Kantipur Temple House, Jyatha, 01-4250131, kantipurtemplehouse.com, Karte S. 142. Stimmungsvolle Newar-Architektur, eine umweltfreundliche Ausrichtung (kein Plastik!), freundliches Personal, ein friedvoller Garten, ein gutes Restaurant mit vorwiegend Bio-

Speisen und schöne Zimmer mit Bad machen dieses Hotel zu einer tollen Unterkunft. US$87

Mustang Holiday Inn, abseits von Jyatha Thamel, ☎ 01-4249041, 🖳 mustangholiday.com.np, Karte S. 142. Das Hotel befindet sich im Besitz der königlichen Mustang-Familie und verfügt über abgewohnte, aber annehmbare Zimmer mit Bad und TV (einige mit billardtischgrünen Teppichen). Zwischen den Standard- und Deluxe-Zimmern gibt es kaum einen Unterschied. Rs1600

Namtso Rest House, Jyatha Thamel, ☎ 01-4251238, ✉ namtsorh@wlink.com.np, Karte S. 142. Eine Marmortreppe führt hinauf zu diesem günstigen Hotel mit einfachen, peinlich sauberen Zimmern mit modernem Bad, Telefon und TV. Die Zimmer mit Blick auf die Abendsonne sind am besten. Rs800

Nirvana Garden Hotel, Chhetrapati, ☎ 01-4256200, 🖳 nirvanagarden.com, Karte S. 142. Der sorgsam gepflegte Garten verleiht dem Hotel trotz der zentralen Lage eine gelassene Atmosphäre, auch wenn es für einige etwas zu unauffällig sein mag. Die günstigen Zimmer verfügen über ein Marmorbad und eine kleine Sitzecke. AC kostet etwa Rs2000 extra. US$62

Sacred Valley Inn, Jyatha Thamel, ☎ 01-4251063, 🖳 sacredvalleyinn.com, Karte S. 142. Das relativ neue Hotel liegt in einer recht ruhigen Straße und ist mit seinen sonnigen, großen Zimmern mit Bad, TV und Telefon eine tolle Wahl. Einige Zimmer mit Balkon. Außerdem gibt es große, miteinander verbundene Familienzimmer. Das Personal ist freundlich und sehr hilfsbereit; Dachrestaurant. Rs2000

Tibet Guest House, Chhetrapati, ☎ 01-4260383, 🖳 tibetguesthouse.com, Karte S. 142. Großes, professionell geführtes Hotel mit Budget- und Mittelklassezimmern: Die Letzteren sind gemütlich und verfügen über TV und Bad. Wer ein billigeres Zimmer nehmen möchte, für den gibt es in der Nähe allerdings bessere Alternativen. 20–40 % Rabatt bei Online-Buchung. Rs2000

Jhochhe (Freak Street)

Jhochhe (auch Freak Street genannt) ist ruhiger, authentischer und weniger touristisch als Thamel, und man ist näher an den Sehenswürdigkeiten der Altstadt dran. Außerdem ist sie billiger. Allerdings gibt es hier weniger der Restaurants und Einrichtungen, die Thamel so bequem machen. In Jhochhe findet man überwiegend ältere traditionelle Häuser und etwas unmodern wirkende Familienbetriebe – aber genau das macht den Reiz aus.

Century Lodge, Jhochhe, ☎ 01-4247641, 🖳 centurylodge.4t.com, Karte S. 149. Trotz der langweiligen Backsteinfassade und des düsteren Eingangs verströmt die Lodge einen gewissen Charme. Die Zimmer sind freundlich, und einige mit Gemeinschaftsbad verfügen oft über einen kleinen Balkon. Durch die niedrigen Decken kommen die Zimmer allerdings nur für Gäste bis zu 1,80 m in Frage. Rs450

Himalaya's Guest House, zwischen Jhochhe und Chikamugal, ☎ 01-4258444, ✉ himalgst@hotmail.com, Karte S. 149. Diese sehr einladende Familienherberge liegt versteckt am Ende einer engen Gasse (vom Platz aus den Schildern folgen) und verfügt über eine ansehnliche Bibliothek, einen Dachgarten und brandneue Zimmer, die mit jedem Stockwerk besser werden (einige haben sogar TV). Rs400

Monumental Paradise, Jhochhe, ☎ 01-4240876, ✉ mparadise52@hotmail.com, Karte S. 149. Dieses Hotel ist ein bisschen komfortabler als die meisten anderen in der Gegend, jedoch verfügt es über wenig Flair. Die Zimmer haben winzige Bäder (warmes Wasser gibt es nur tagsüber), und es gibt auch eine Dachterrasse und eine Bar. Rs700

Hotel Sugat, Basantapur, ☎ 01-4245824, ✉ maryman@mos.com.np, Karte S. 149. Das staubige, alte Hotel mit leichtem Hippie-Flair profitiert von seiner erstklassigen Lage am Basantapur Square. Die verwohnten Zimmer sind generell sauber, und einige mit Gemeinschaftsbad bieten eine tolle Aussicht (genau wie die Dachterrasse). Rs440

Durbar Marg und Lazimpath

Im übrigen Stadtgebiet liegen die Unterkünfte weiter verstreut. Der vom Königspalast in südlicher Richtung verlaufende Durbar Marg versammelt eine Hand voll der nobelsten Hotels Kathmandus und zahlreiche edle Restaurants und Boutiquen. Vom Königspalast nach Norden erstreckt sich der weniger schmucke Lazimpath, ein Boulevard mit einer guten Auswahl an Mittelklasse- und Luxushotels und einigen interessanten Restaurants und Bars.

Hotel Ambassador, Lazimpath, ✆ 01-4414432, 💻 acehotelsnepal.com/ambassador, Karte S. 133. Gediegenes Mittelklassehotel an einer belebten Kreuzung mit hellen Zimmern. Die Besten bieten Blick auf den Garten, Badewanne und AC. Hier gibt es auch eine Filiale der hervorragenden Himalayan Healers (S. 192). US$50

Hotel Manaslu, Lazimpath, ✆ 01-4410071, 💻 hotelmanaslu.com, Karte S. 133. Im Schatten des großen *Radisson* wartet dieses Hotel mit gut ausgestatteten Zimmern (einige mit Blick auf den Garten), traditionell geschnitzten Fenstern, einer unechten amerikanischen Bar und einem Pool mit wasserspeienden Statuen auf. US$62

Hotel Shangri-La, Lazimpath, ✆ 01-4412999, 💻 hotelshangrila.com, Karte S. 133. Das Fünfsternehotel ist eines der besten der Stadt; es liegt versteckt im Botschaftsviertel und bietet stilvolle Zimmer mit Bad, dunkler Holzausstattung und großen Betten sowie friedliche Blumengärten, Pool, Fitnesscenter, Kasino und Restaurant-Bar (S. 178). US$273

Hotel Shanker, Lazimpath, ✆ 01-4410151, 💻 shankerhotel.com.np, Karte S. 133. Renovierter Palast mit einem Hauch von französischen, architektonischen Einflüssen und eleganten Zimmern mit Bad, darunter besonders hübsche „Doppeldecker-Zimmer" auf zwei Ebenen. Toller Pool, gepflegte Gärten und gute Speisemöglichkeiten. US$150

Hotel Yak & Yeti, Durbar Marg, ✆ 01-2488999, 💻 yakandyeti.com, Karte S. 157. Kathmandus berühmtestes Hotel residiert in einem 100 Jahre alten, ehemaligen Rana-Palast mit aufwendigen Zimmern, ausgezeichneten Restaurants, gepflegtem Grundstück, zwei Pools, Tennisplätzen, Gesundheitszentrum und Kasino. Gute Rabatte bei Online-Buchung. US$254

Westlich des Vishnumati und östliche Viertel

Einziger Grund, sich westlich des Vishnumati einquartieren zu wollen, ist die Nähe zum Stupa von Swayambhu. Groß ist die Auswahl an Unterkünften allerdings nicht. Das beste Hotel der Stadt, das Dwarika's, liegt in der Nähe der Pashupatinath-Tempelanlage in Battisputali.

Dwarika's, Battisputali, ✆ 01-4479488, 💻 dwarikas.com, Karte S. 128–129. Wer sich keine Gedanken ums Geld machen muss, der steigt am besten hier ab. Das Fünfsterne-Heritage-Hotel verfügt über Holzarbeiten und andere Dinge, die vor Tempel- und Hausrenovierungen gerettet wurden. Die Zimmer (mit Bad) im Newar-Stil präsentieren sich opulent, der Service ist ausgezeichnet, und es gibt einen wunderbaren Pool, friedliche Außenanlagen und mehrere hervorragende Restaurants. US$348

Gokarna Forest Resort, Gokarna Forest, ✆ 01-4451212, 💻 gokarna.com, Karte S. 128–129. Luxuriöses „Country Club-Resort" mit traditioneller nepalesischer Architektur in einer wunderbar friedlichen Lage inmitten des unberührten (abgesehen vom 18-Loch-Golfplatz) Gokarna-Walds 14 km vom Stadtzentrum entfernt. Hier gibt es einen Pool, Waldwege und ein Spa. US$220

Hyatt Regency Kathmandu, Taragaon, ✆ 01-4911234, 💻 hyatt.com, Karte S. 128–129. Nepals größtes Fünfsternehotel dominiert die Skyline 1 km westlich des Stupa. Es verfügt über ein bisschen mehr Flair als viele andere Hyatt-Hotels, mit jeder Menge traditionellen Details, schicken Zimmern mit Bad, mehreren Restaurants und Bars sowie Kasino, Fitnesscenter und zwei Freiluftpools. US$228

Hotel Vajra, Bijeshwari, etwa 1 km östlich des Swayambhu, ✆ 01-4271545, 💻 hotelvajra.com, Karte S. 133. Das Vajra ähnelt einer Pagode mit einem kunstvollen tibetischen Fresko in der Eingangshalle, einer Bibliothek, wunderschönen Schnitzereien und einem Theater, außerdem gibt es ein Restaurant und eine Bar. Einige Zimmer verfügen über Gemeinschafts-, andere über ein eigenes Bad (ein paar der Letzteren haben auch einen eigenen Balkon, ohne Aufpreis). Die Aussicht auf den Swayambhu von der Dachterrasse aus ist das Tüpfelchen auf dem i. Rs1600

Patan

Patan, südlich von Kathmandu gelegen, ist eine angenehme Alternative zur Hauptstadt. Es ist kulturell homogener, trotzdem gibt es hier genügend Restaurants und Einrichtungen und Kathmandu ist auch nicht weit entfernt. Die wenigen Unterkünfte in der Altstadt sind allerdings sehr schnell belegt – besser reservieren.

Café de Patan Guest House, Mangal Bazaar, ✆ 01-5537599, 💻 cafedepatan.com, Karte S. 159.
Eine kleine, sehr beliebte Lodge, die ans namensgebende Restaurant angrenzt, mit einfachen, hellen und sauberen Zimmern (eigenes oder Gemeinschaftsbad). Sowohl der Service als auch die Lage am Rand des Platzes sind ausgezeichnet. Rs900

Hotel Himalaya, Kupondol, ✆ 01-5523900, 💻 himalayahotel.com.np, Karte S. 159.
Das Top-Hotel wartet mit modernen Zimmern in Weiß und Beige mit Bad auf; von den teureren bieten sich sehr schöne Ausblicke. Außerdem gibt es einen netten Pool und ein beliebtes, wenn auch teures Restaurant. 30 % Rabatt bei Online-Buchung. US$220

Mahabuddha Guest House, Uku Bahal, beim Mahabuddha-Tempel, ✆ 01-5540575, 🖂 nfosterm@wlink.com.np, Karte S. 159.
Jedes dieser anheimelnden Zimmer ist nach einem nepalesischen Berg benannt und hat ein eigenes Bad. In einigen Zimmern mangelt es allerdings an natürlichem Licht. Es gibt auch ein Apartment für längere Aufenthalte und ein Internetcafé. Rs600

Nepalesische, newarische und tibetische Restaurants

Kathmandu wartet mit einigen wunderbaren Restaurants auf, die sich auf die ethnischen Küchen Nepals spezialisiert haben. Einige der hier aufgeführten nepalesischen und Newar-Lokale sind eher teuer, aber das Geld wert. Am anderen Ende der Skala befinden sich Kathmandus zahllose billige einheimische Lokale: *bhojanalaya* (Restaurants) and *bhatti* (Wirtshäuser), die man an einem Vorhang vor dem Eingang erkennt und hier unmöglich namentlich aufgeführt werden können. Die Mehrheit dieser Lokale ist sehr einfach, aber die besten sind außerordentlich gut; entweder man hört sich nach einer Empfehlung um oder versucht sein Glück entweder in der Gegend nördlich von Asan oder nördlich und westlich des Durbar Square in Patan. In der Putali Sadak Road, nördlich von Singha Durbar, gibt es jede Menge preiswerte Imbisse, die *sekuwa* verkaufen und die ab dem späten Nachmittag überwiegend von Männern besucht werden. Dazu schmeckt ein Bier einfach herrlich. Für eine Auflistung nepalesischer und newarischer Gerichte s. S. 35.
Tibetische Restaurants servieren mit das günstigste Essen Kathmandus. Noch billiger sind die vielen *momo*-Küchen überall in der Altstadt. Näheres zu traditionell tibetischen Gerichten auf S. 37.

Nepalesisch und newarisch

Bhanchha Ghar, Kamaladi, S. 177
Bhojan Griha, Dilli Bazaar, S. 177
Krishnarpan, Battisputali, S. 178
Nepalese Kitchen, Chhetrapati, Süd-Thamel, S. 176
Thakali Bhanchha, Thamel Northwest, Ecke Zed St, S. 175
Thamel House, Nordost-Thamel, S. 175

Tibetisch

Dechenling, nördlich der Trivedi Marg, Nord-Thamel, S. 175
Tashi Deleg, Zentral-Thamel, S. 174
Yak, Kwa Bahal, Süd-Thamel, S. 176

Nepal Face to Face Guesthouse, Kupondol Heights, ✆ 01-5528688, 🖳 nepalfacetoface.com, Karte S. 159. Die umweltfreundliche Pension unter skandinavischer Leitung im trendigen Jhamel-Viertel wartet mit sehr hübschen Zimmern mit Bad auf. Dazu gibt es Kaffeeverkostungen, Aufenthalte in Dörfern und Nepali-Sprachunterricht. US$68

Newa Chén, nahe dem Durbar Square, ✆ 01-5533532, 🖳 newachen.com, Karte S. 159. Ein traditionelles Newar-Haus, das mit Hilfe eines Darlehens von der Unesco renoviert wurde und in ein herausragendes, gemütliches und preiswertes Boutiquehotel mit acht Zimmern (fünf davon mit eigenem Bad) verwandelt wurde. Holzschnitzereien, nackte Backsteinwände, niedrige Decken und ein ausgezeichneter Service sorgen für einen unvergesslichen Aufenthalt. Frühstück ist im Preis enthalten und wird im schönen Innenhof serviert. Rs2950

Summit Hotel, Kupondol Heights, ✆ 01-5521810, 🖳 summit-nepal.com, Karte S. 159. Vor allem die teureren, geschmackvollen Zimmer mit Bad – einige davon mit Blick auf die Berge – sind empfehlenswert. Einige der billigeren Zimmer reichen an dieses Niveau nicht heran. Pool, Garten zum Entspannen, Sauna, Yoga-Unterricht, Fahrradverleih, Bar-Restaurant und Bio-Markt (Mi und So 9.30–12.30 Uhr). Rs3850

Third World Guest House, Durbar Square, ✆ 01-5522187, 🖂 thirdworld.patan@gmail.com, Karte S. 159. Unschlagbare Lage, aber das Management ruht sich auf seinen Lorbeeren aus: Die Zimmer haben direkten Blick auf den Platz, sind aber ein bisschen schmucklos. Die Aussicht vom angrenzenden Restaurant ist allerdings unübertroffen (auch wenn das Essen nur so-la-la ist). Rs900

ESSEN

Unzählige **Restaurants** und **Cafés** säumen die Straßen von Kathmandus Touristenviertel, und jedes Jahr kommen neue hinzu. Nur wenige schwelgen noch im verrückten 70er-Jahre-Stil, die neuen Lokale werden jedoch immer schicker.

Die schmackhafte **nepalesische und newarische** Küche wird zunehmend häufiger in Touristenrestaurants und einheimischen Lokalen serviert. Während **tibetische, chinesische** und **indische** Gerichte sich schon lange verbreitet haben, setzen sich auch **japanische, thailändische** und **koreanische** Restaurants immer stärker durch. Daneben gibt es gute französische und italienische Restaurants sowie einige ausgefallenere Lokale mit z. B. bhutanischer, türkischer, irischer und Cajun-Küche. Zahllose Restaurants sind auch auf Traveller ausgerichtet und servieren einen für westliches Essen gehaltenen internationalen Einheitsbrei; das Essen ist fast überall dasselbe, mit Büffelsteaks, unterschiedlichen Variationen von Pasta und Pizza und ein paar pseudo-mexikanischen und -griechischen Gerichten. Bäckereien, die Gebäck und Kuchen anbieten, sind ebenfalls allgegenwärtig.

Fast jedes Lokal hat eine kleine Auswahl **vegetarischer** Gerichte.

Leider stellt das Essen in Kathmandu nicht selten die Ursache ernsthafter Erkrankungen dar. In der Hauptstadt werden mehr Reisende krank als anderswo, meistens weil sie zu viel Vertrauen in die **Hygiene** der Touristenrestaurants setzen. Nepalesische Restaurants sind in dieser Hinsicht sicherer, da ihre Küchenchefs mit der Zubereitung der einheimischen Speisen bestens vertraut sind. Die unten aufgeführten Lokale sind in der Regel verlässlich. Trotzdem sind die Warnungen im Kapitel „Traveltipps" überaus ernst zu nehmen (S. 34).

Zwar haben wir bei den Cafés, Restaurants und Bars **Öffnungszeiten** angegeben, jedoch sollten diese nur als grobe Orientierung verstanden werden: Die meisten Lokale halten sich nicht an feste Öffnungszeiten.

Zutaten für ein Picknick und andere **Vorräte** verkaufen die Läden in Thamel. Hier gibt es alles, was das Herz begehrt. Eine größere Auswahl gibt's im Big Mart in Lazimpath sowie im Namaste-Supermarkt und bei Saleways in Patan (S. 186).

Thamel

Genau wie bei den Unterkünften gibt es in Thamel im Allgemeinen auch die neuesten, trendigsten und routiniertesten Budgetrestaurants. Auch wenn einige so schick geworden sind, dass sie sich selbst aus der Budgetkategorie herauskatapultiert haben, gehört es doch zu einem der größten Vergnügen, die einem ein Aufenthalt in diesem Viertel bereitet, diese Restaurants auszuprobieren.

Zentral-Thamel

Fire and Ice, Tridevi Marg, ☎ 01-4250210, 💻 fireandicepizzeria.com/in/kathmandu.html, Karte S. 142. Das sich stets großer Beliebtheit erfreuende Fire and Ice (benannt nach einem Gedicht von Robert Frost) serviert leicht ölige Pizzas (Rs350–495) mit dünner Kruste, außerdem Panini, Pasta, Risotto und Eiscreme. Der Service ist schnell, die Musik kann jedoch recht kitschig ausfallen. 🕒 tgl. 8/9–22/23 Uhr.

K-Too!, beim Thamel Chowk, ☎ 01-250441, 💻 kilroygroup.com, Karte S. 142. Ein Ableger des Kilroy's (S. 176) mit Pubatmosphäre, Sandwiches, Tacos, Burritos, Burgern und Steaks (darunter auch ein Chateaubriand), Sport-TV, Brettspielen und gutem Bier, Wein und Cocktails. Hauptgerichte Rs295–955. 🕒 tgl. 7.30–23 Uhr.

New Orleans, Thamel Northwest, ☎ 01-4700736, Karte S. 142. Das New Orleans ist eines der wenigen Restaurants in Thamel, das noch in Kathmandu lebende Expats anzuziehen vermag. Es liegt im Innenhof eines Newar-Hauses und bietet eine Speisekarte voller Leckereien (von indisch bis Cajun) sowie oftmals Live-Jazz. Es vermietet auch Apartments. Hauptgerichte um die Rs250–470. Bei der Filiale in Patan findet sonntags ein Bauernmarkt statt (9–12 Uhr). 🕒 tgl. 8–23 Uhr.

OR2K, Thamel, ☎ 01-4422097, 💻 or2k.org, Karte S. 142. Hier können sich die Gäste auf Polster setzen, die entspannte Atmosphäre im Kerzenschein genießen, mit dem Nachbartisch Geschichten austauschen und üppige Portionen mit Falafel, Hummus und anderen orientalischen Köstlichkeiten genießen. Der „combo platter" (Rs310) lässt sich gut teilen. Wer es eilig hat, nimmt sich unten am Takeaway-Tresen etwas mit. 🕒 tgl. 8–23 Uhr.

Pilgrim's Feed 'n' Read, Thamel Northwest, hinter der Hauptgeschäft von Pilgrim's Book House, ☎ 01-4700942, 💻 pilgrimsbooks.com/restaurant.html, Karte S. 142. Dieses ruhige Gartencafé mit Tabla- und Sitarmusik serviert gute südindische, vegetarische Gerichte und eignet sich hervorragend für ein paar Stunden Ruhe über einer Zeitung oder einem guten Buch. Hauptgerichte um die Rs160–280. 🕒 tgl. 8/9–22/23 Uhr.

Pumpernickel Bakery, Thamel, Karte S. 142. Ein alteingesessenes Café mit einem Garten im hinteren Bereich und sehr guten Backwaren, die die paar Rupien Aufpreis gegenüber anderen Bäckereien wert sind. Kuchen Rs55–150 pro Stück. 🕒 tgl. 8/9–22/23 Uhr.

Roadhouse, J.P. School Rd, ☎ 01-4260187, Karte S. 142. Zieht mit seinen gut zubereiteten Gerichten wie Holzofenpizzas, Lasagne, Tiramisu und Baskin Robbins-Eis sowie Illy-Kaffee (auch zum Mitnehmen) eher ältere Kunden an. Pizzas Rs335–495. Es gibt eine weitere Filiale in Patan. 🕒 tgl. 11–22 Uhr.

Shanghai Fast Food, Jyatha Thamel, Karte S. 142. Winziges Lokal mit nur sechs Tischen, wenig Bedienungspersonal und einer loyalen Anhängerschaft unter den Chinesen der Stadt. Das authentische Essen wird fachkundig zubereitet und in riesigen Portionen serviert. Zu empfehlen sind besonders die Gerichte mit scharfem Büffelfleisch und Tofu. Hauptgerichte Rs120–450. 🕒 tgl. 8/9–22/23 Uhr.

Tashi Deleg, Thamel, Karte S. 142. Eines von Thamels besten Budget-Lokalen mit mexikanischen, italienischen und westlichen Gerichten und besserem nepalesischem und tibetischem Essen wie *rhichossi* (Momo-Suppe). Freundliches Personal. Hauptgerichte Rs100–200. 🕒 tgl. 8/9–22/23 Uhr.

Third Eye, J.P. School Rd, ☎ 01-4260289, 💻 thirdeyerestaurant.com, Karte S. 142. Neben dem Yin-Yang (s. u.) mit demselben Management. Im Third Eye gibt es hauptsächlich nordindische Tandoori-Küche. Hauptgerichte Rs295–700. 🕒 tgl. 10–22 Uhr.

Yin Yang, J.P. School Rd, 💻 yinyangrestaurantbar.com, Karte S. 142. Unter derselben Leitung wie der Nachbar Third Eye (s. o.), aber spezialisiert auf Thai-Gerichte (hervorragend sind die Meeresfrüchte). Hauptgerichte Rs295–700. 🕒 tgl. 10–22 Uhr.

Nord-Thamel

Dechenling, nördlich vom Trivedi Marg, Karte S. 142. Das Dechenling nennt sich selbst Biergarten, ist jedoch ein eher ruhiger Ort mit Korbstühlen und vielen Blumen. Es serviert zum Teil ungewöhnlichere Gerichte (Rs180–350) wie *erma dhatsi* (ein feuriges bhutanesisches Käse-Pilz-Curry) und *shabrel* (tibetische Fleischbällchen), und dazu gibt's Bier vom Fass (Rs200). ⌚ tgl. 8/9–22/23 Uhr.

Himalayan Java, Tridevi Marg, ✆ 01-4422519, 💻 himalayanjava.com, Karte S. 142. Weitere Filiale beim Kathmandu Guest House (Karte S. 142). Das angesagte Café im internationalen Coffeeshop-Stil serviert verschiedenste Kaffee-Variationen (Rs65–190) und dazu annehmbare Backwaren, Croissants und Brownies. Der Service kann etwas nachlässig sein. ⌚ tgl. 8–22 Uhr.

Korean Kitchen (auch bekannt als „Picnic"), nördlich vom Tridevi Marg, Karte S. 142. In diesem winzigen, von einer Familie betriebenen Restaurant können die Gäste an einem von einer Handvoll Tischen sitzen und feurige authentische koreanische Küche zu günstigen Preisen genießen: Gut sind etwa die „Lunchboxes" (Rs300–350) mit Gemüse, Hühnchen, Schwein, Fisch oder Rind. ⌚ tgl. 10–21 Uhr; am 25. eines jeden Monats geschlossen.

Thakali Bhanchha, Ecke Thamel Northwest und Zed St, Karte S. 142. Anspruchsloses nepalesisch-tibetisches Restaurant, das überwiegend von Einheimischen besucht wird. Es gibt preiswerte Menüs, Gerichte der Thakali aus der Annapurna-Region (Menüs unter Rs200) und einen *sekuwa*-Imbiss auf dem Dach. ⌚ tgl. 9/10–22 Uhr.

Thamel House, Thamel Northeast, ✆ 01-4410388, 💻 thamelhouse.com.np, Karte S. 142. Ausgezeichnetes nepalesisches und newarisches Essen (Rs50–500) – darunter auch ungewöhnliche Gerichte wie Wildschwein –, serviert im überdachten Innenhof eines atmosphärischen alten Stadthauses. Hungrige sollten sich eines der großzügigen Menüs (Rs800–950) bestellen. ⌚ tgl. 11–22 Uhr.

Gourmetrestaurants

Wenn die Reisekasse schon keine Übernachtung in einem der Fünfsternehotels Kathmandus zulässt, kann man sich zumindest einen Hauch von Luxus in einem der zugehörigen Restaurants gönnen: Ein Essen kostet dort kaum mehr als in einem guten Restaurant in Thamel. Dafür ist es ein Erlebnis, das man in dieser Form wohl für kein Geld der Welt zu Hause bekommt. Die besten **Hotelrestaurants** fahren opulente Speisen in ebensolchem Ambiente auf, bieten ungewöhnliche Spezialitäten, exquisiten Service sowie Musik und/oder Tanzaufführungen. Wer den Besuch eines dieser Restaurants plant, sollte vorsorglich reservieren und sich ein bisschen schick machen – auch wenn beides nicht unbedingt notwendig ist. In allen diesen Hotelrestaurants muss man für eine Mahlzeit rund Rs1500 veranschlagen.

Chimney, S. 177
Krishnarpan, S. 178
Mako's, S. 178
Saffron, S. 178

Süd-Thamel

Anatolia, Chhetrapati, Karte S. 142. Dieses Halal-Restaurant zieht moslemische Gäste aus ganz Kathmandu an und hat sich auf brutzelnde Kebabs aus Indien, der Türkei und Tibet spezialisiert; besonders gut ist das Adana-Kebab. Die rosa Wände muss man einfach ignorieren. Hauptgerichte Rs95–445. ⌚ tgl. 10–22 Uhr.

Café Mitra, Thamel South, ✆ 01-4256336, 💻 cafemitra.com, Karte S. 142. Verlockendes Restaurant in einem malerischen alten Haus mit freiliegenden Holzbalken, elegant gedeckten Tischen und kreativen, wenn auch teuren Gerichten (Rs270–1000) wie Käsekuchen mit roter Paprika oder gerösteter Wachtel mit asiatischem Pesto. Platz lassen für die köstlichen Desserts! ⌚ tgl. 8/9–22/23 Uhr.

Chikusa, Jyatha Thamel, Karte S. 142. Das winzige Café ist bei französisch sprechenden Gästen sowohl aus Nepal als auch aus dem Ausland sehr beliebt. Hier gibt es guten Kaffee, Lassis (u. a. mit Erdbeer-Geschmack), billiges

Frühstück mit dicken Toastscheiben, Sandwiches und Crêpes. Frühstücksmenü Rs190–250. ⌚ Mo–Sa 7–19, So 7–14 Uhr.

Delice de France, J.P. School Rd, ✆ 01-4260326, 💻 restaurantnepal.com, Karte S. 142. Kultiviertes Restaurant im zweiten Stock, geschmückt mit Schwarz-Weiß-Fotos. Es gibt französische (und einige nepalesische) Gerichte (Rs320–1300) – z. B. Crêpes, Entrecôte und Tarte Tatin. Samstags Live-Jazz. ⌚ Di–Do und So 9–22, Fr und Sa 9–22.45 Uhr.

Galleria Café, J.P. School Rd, Karte S. 142. Dieses freundliche Café mit relaxtem Ambiente liegt direkt unter dem *Delice de France* und bietet Illy-Kaffee (Rs115–225), Sandwiches, Salate und Kuchen, sowie – leider – eine gefühlsduselige Playlist mit Balladen aus den 80er-Jahren. Von der Terrasse lässt sich gut das Treiben in Thamel beobachten. ⌚ tgl. 7–22 Uhr.

Helena's, J.P. School Rd, ✆ 01-4266979, 💻 helenasrestaurant.com, Karte S. 142. Eine von Thamels ältesten Einrichtungen, in einem hohen Gebäude mit einer tollen Aussicht von der Dachterrasse, besonders beim Sonnenuntergang. Die Speisekarte hält zwar keine Überraschungen bereit – Pasta, *momos* etc. –, doch das Essen ist recht gut. Hauptgerichte Rs250–450. ⌚ Mo–Do und So 7–22, Fr und Sa 7–23 Uhr.

Kilroy's, Jyatha Thamel, ✆ 01-4250440, 💻 kilroygroup.com, Karte S. 142. Betrieben von einem mehrfach ausgezeichneten irischen Chefkoch, mit elegantem Essbereich, einem kitschigen Garten, leicht überheblichem Personal und einer überwiegend europäischen und indischen Speisekarte. Das absolute Highlight sind die Nachspeisen, besonders der luftig leichte Brot- und Butterpudding. Hauptgerichte Rs235–785. ⌚ tgl. 7.30–23 Uhr.

Nepalese Kitchen, Chhetrapati, Karte S. 142. Restaurant in einem schattigen, bepflanzten Innenhof mit einer guten Auswahl an nepalesischem Essen im *thali*-Stil und Frühstücksspeisen aus aller Welt. Frühstücksmenüs Rs115–280. ⌚ tgl. 8/9–22/23 Uhr.

Rum Doodle, Jyatha Thamel, ✆ 01-4248692, 💻 www.therumdoodle.com, Karte S. 142. Signierte Papier-„Fußabdrücke" von Besteigern des Everest schmücken die Wände in diesem berühmten, alteingesessenen Restaurant mit Bar, benannt nach der Bergsteigerparodie von W. E. Bowman. Zu essen gibt's u. a. Pizza, Steaks und „Huhn im Korb". Hauptgerichte Rs290–580. ⌚ Mo–Do und So 10–22, Fr und Sa 10–24 Uhr.

Shree Lal House of Vegetarian, Thamel South, Karte S. 142. Das winzige Kellerrestaurant erreicht man durch eine schmale Passage. Es serviert ausgezeichnete indische Gerichte ohne Fleisch zu sehr günstigen Preisen (Hauptgerichte Rs70–150). Besonders gut sind die *paneer*-Gerichte, und morgens und mittags bieten sich die guten südindischen *dosas* an. ⌚ tgl. 8/9–22/23 Uhr.

Weizen Bakery, J.P. School Rd, Karte S. 142. Die Bäckerei Weizen ist zwar billiger, aber nicht ganz so gut wie das Pumpernickel (S. 174). Hier gibt es Ananasgebäck, Bagels, dunkle Brötchen, Brownies und vieles mehr. Im Sitzbereich im hinteren Teil des Ladens werden gutes Frühstück und Snacks serviert. Kuchen und Backwaren Rs30–80. ⌚ tgl. 7–24 Uhr.

Yak, Kwa Bahal, Karte S. 142. Hier kann man den buddhistischen Mönchen Gesellschaft leisten, die in das schummrig beleuchtete Lokal kommen und traditionelle tibetische Gerichte (Rs80–150) wie *guma* (Würstchen) und *gyakok* für vier Personen (ein Blechbehälter mit Fleisch, Gemüse, Tofu und Suppennudeln) essen, die mit einem heißen Tungba-Bier hinuntergespült werden können. ⌚ tgl. 7/8–22 Uhr.

Jhochhe (Freak Street) und New Road

Die Restaurants in Jhochhe sind erheblich preiswerter als ist Thamel, allerdings ist die Auswahl kleiner und weniger spannend. Ganz in der Nähe, gleich neben der New Road, gibt es ein gutes indisches Restaurant.

Cosmopolitan, Jhochhe, Karte S. 149. In diesem überfüllten, verqualmten Lokal, das von den Geistern früherer Reisender heimgesucht wird, schnappt man sich am besten einen Platz am Fenster und blickt auf den Platz. Auf der Speisekarte stehen preiswertes Frühstück und günstige Hauptgerichte wie Moussaka und Stroganoff. Hauptgerichte Rs150–250. ⌚ tgl. 8/9–22/23 Uhr.

Nandan, abseits der New Rd, 01-4241498, nandan.com.np, Karte S. 147. Zur Mittagszeit kann es passieren, dass die Gäste Schlange stehen, um in diesem vegetarischen Restaurant, in dem die indischen Bewohner Kathmandus Stammkunden sind, einen Tisch zu bekommen. Aber das Warten lohnt sich. Eine gute Wahl ist ein *thali*, gekrönt von einem göttlichen *ras malai*. Hauptgerichte Rs200–350. tgl. 8/9–22 Uhr.

Organic World and Fair Future, Jhochhe, Karte S. 149. Dieses Lokal ist recht neu in der Freak Street und vermittelt vielleicht einen Eindruck von dem, was die Zukunft bringen könnte. Das ungewöhnliche Angebot umfasst Ziegenkäsesandwiches, Zitronengrastee, Sanddornsaft und verschiedene „probiotische" Kombinationen. Einfach einen Hocker oder ein Strohkissen schnappen und dem bunten Treiben zusehen. Getränke Rs35–180. tgl. 8/9–22 Uhr.

Snowman, Jhochhe, Karte S. 149. Seit 1965 ununterbrochen in Betrieb, geführt von derselben Familie – als einziger ursprünglicher Pie-Shop der Freak Street kommt er scheinbar nie aus der Mode. Der Apfelstreusel- und die Schokoladenkuchen (etwa Rs60 pro Stück) sind großartig, aber die wahre Attraktion ist die Atmosphäre. tgl. 8/9–22/23 Uhr.

Kantipath, Durbar Marg, Lazimpath und Umgebung

Der **Durbar Marg** wird für seine edlen Restaurants gerühmt, allen voran die nepalesischen und indischen, während es in Lazimpath eine immer größer werdende Auswahl an preiswerteren Stätten gibt, die bei ausländischen Bewohnern und der Mittelklasse Kathmandus sehr beliebt sind. Kantipath bietet weniger Auswahl, aber auch hier gibt es ein paar Lokale, die einen Besuch lohnen.

1905, Kantipath, 01-4225272, 1905 restaurant.com, Karte S. 157. Eine Brücke über einen versunkenen Seerosenteich führt zu diesem schönen Gebäude im Kolonialstil (auf der Speisekarte wird die interessante Geschichte erzählt). Die Gerichte sind überwiegend asiatisch und teuer, aber man bekommt auch ein hervorragendes Philly Cheesesteak (Rs350). Hauptgerichte Rs495–1495. Außerdem findet hier zweimal in der Woche ein Bauernmarkt statt (Mi 16–19, Sa 9–12 Uhr). Mo–Fr 11–15, 18–22, Sa und So 9–15, 18–22 Uhr.

Bhanchha Ghar, Kamaladi, 01-4225172, Karte S. 157. Nepalesische Nouvelle Cuisine, mit Delikatessen wie Pilzcurry und Buchweizenfladen *(chapati)*, die in einem sehr schönen, umgestalteten newarischen Gebäude serviert werden. Allabendliches Kulturprogramm. Hauptgerichte ab Rs500. tgl. 11–22 Uhr.

Bhojan Griha, Dilli Bazaar, 01-4416423, bhojangriha.com, Karte S. 133. Das „Haus des Essens", ein sagenhaftes, 150 Jahre altes restauriertes Herrenhaus eines Rana-Priesters, bietet eine Kulturshow mit Dinner (Rs1200, ohne Getränke): Tanz und Musik aus dem ganzen Land bieten die passende Unterhaltung zu nepalesischer Küche, größtenteils mit Zutaten aus biologischem Anbau. tgl. mittags und abends.

Chez Caroline, Baber Mahal Revisited, Seitenstraße der Airport Rd, 01-4263070, Karte S. 133. Elegantes französisches Restaurant mit Terrasse und einer Patisserie. Die Gerichte auf der Speisekarte sind generell ausgezeichnet und dementsprechend teuer (Hauptgerichte ab Rs500), aber es gibt auch ein paar günstigere Mittagsangebote, darunter eine Tagessuppe (Rs205). tgl. 9–23 Uhr.

Chimney Hotel Yak & Yeti, Durbar Marg, 01-4248999, yakandyeti.com, Karte S. 157. Dieses Spitzenrestaurant wurde von Boris Lissanevitch gegründet, dem legendären russischen Abenteurer, der in den 1950er-Jahren auch das erste Hotel in Kathmandu eröffnete. An dieses Erbe erinnert es mit Gerichten wie Borschtsch, Hähnchenbrust nach Kiewer Art und *Omelette surprise*. Mahlzeiten rund Rs1500. tgl. 18.30–21.30 Uhr.

Dudh Sagar, Kantipath, Karte S. 157. Im Terai sind gute *misthan bhandars* – muntere Kantinen, die vegetarische südindische Gerichte wie *dosas* und leckere Süßigkeiten servieren – weit verbreitet, in Kathmandu jedoch eher selten. Gerichte unter Rs100. tgl. 8/9–21/22 Uhr.

Imago-Dei, östlich vom Königspalast, 01-4442464, Karte S. 133. Luftiges, modernes Café mit Ledersofas, einer angrenzenden Kunstgalerie und verlockenden Sandwiches, Wraps und anderen europäischen Speisen (Rs180–390). Die Nachspeisen – darunter Erdnussbutter-Brownies und gebackener Käsekuchen – klingen genauso einladend. ⌚ tgl. 8–21 Uhr.

Kaiser Café, Garden of Dreams, ✆ 01-4425340, Karte S. 157. Dieses ruhige Café wird vom Hotel Dwarika's (S. 171) betrieben und bietet Sitzgelegenheiten in wunderschönen Wassergärten sowie in einem romantischen Pavillon mit weißen Säulen und Bögen. Auf der Speisekarte ist von Kaffee und Sandwiches bis hin zu leckeren Hauptgerichten (ab Rs500) wie Garnelenkebab alles vertreten. Gut sind auch das sonntägliche Mittagessen vom Grill (12–15 Uhr, Rs1300) und die Filmabende. ⌚ tgl. 9–22 Uhr.

Kotetsu, Lazimpath, ✆ 01-6218513, Karte S. 133. Wird oft als das beste japanische Restaurant der Stadt bezeichnet. Wer es schafft, einen Platz in der Ecke dieses kleinen Restaurants zu ergattern, der speist vielleicht neben dem japanischen Botschafter, der hier Stammgast ist. Hauptgerichte etwa Rs500. ⌚ Mo–Fr 12–14, 18–22, Sa und So 18–22 Uhr.

Koto, Durbar Marg, ✆ 01-4220346, Karte S. 157. In diesem viel gepriesenen japanischen Restaurant im ersten Stock mit Holztischen und einfachen Fliesenböden steht nur das Essen im Mittelpunkt: Teriyaki, Onigiri (Reisbällchen in Seegras gekocht), Tempura und Sushi kommen alle sehr gut an, und es gibt auch ein paar gute Gerichte mit Forelle und Makrele. Hauptgerichte Rs310–630. ⌚ tgl. 11.30–15, 18–21.30 Uhr.

Krishnarpan, Dwarika's, Battisputali, ✆ 01-4479488, 💻 dwarikas.com, Karte S. 128–129. Wunderbar opulentes Restaurant in einem der besten Hotels der Stadt (S. 171): Die Tische sind aus altem Gitterwerk, und das ausgezeichnete nepalesische Essen (u. a. Mahlzeiten mit 6 bis 22 Gängen) wird auf traditionellem Geschirr serviert. Rund Rs1500 pro Kopf. Reservierung erforderlich. ⌚ tgl. abends.

Mako's, Dwarika's, Battisputali, ✆ 01-4479488, 💻 dwarikas.com, Karte S. 128–129. Köstliches und schön präsentiertes authentisches japanisches Essen in prächtigem Restaurant in einem der besten Hotels der gesamten Stadt (S. 171). Rund Rs1500 für eine Mahlzeit. Reservierung erforderlich. ⌚ tgl. mittags und abends.

Mike's Breakfast, Naksal, ✆ 01-4424303, Karte S. 128–129. Der namensgebende Gründer verstarb 2008, aber sein Restaurant läuft immer noch gut und ist und bleibt der beste Ort für ein ausgiebiges amerikanisches oder internationales Frühstück mit *huevos rancheros* (Rs330) oder Waffeln (Rs345), oder man nimmt das üppige „country breakfast" (Rs435). Die angrenzende Indigo Gallery (⌚ tgl. 8–18 Uhr) ist ebenfalls einen Besuch wert. ⌚ tgl. 7–21.30 Uhr.

Moti Mahal Delux, Durbar Marg, Karte S. 157. Das sehr gute indische Restaurant, jetzt über dem Koto (s. links unten), bietet eine moderne Einrichtung mit AC und großen Fenstern. Auf der Karte stehen überwiegend nordindische Speisen; besonders gut sind die Tandoori-Fleisch- und Fischgerichte und die *paneer*-Gerichte. Außerdem finden hier *ghazal*-Abende statt (S. 182). Hauptgerichte Rs275–650. ⌚ tgl. 11.30–15, 18–22 Uhr.

Ringmo, Lazimpath, Karte S.133. Dieses Lokal läuft seit fast 40 Jahren ausgezeichnet und eignet sich hervorragend für ein billiges Frühstück und köstliche, dicke Buchweizen-Pancakes à la USA (unbedingt Apfel, Banane oder Buttermilch probieren). Nebenan gibt es großartige *samosas*. Pancakes Rs80–90. ⌚ tgl. 8–21/22 Uhr.

Saffron Hotel Shangri-La, Lazimpath, ✆ 01-4412999, 💻 hotelshangrila.com, Karte S. 133. Stilvolles und teures indisches Hotelrestaurant mit klassischen und moderneren Gerichten. Mahlzeiten um Rs1500. ⌚ tgl. mittags und abends.

Patan

Die Restaurants und Cafés um den Durbar Square in Patan buhlen um Tagestouristen. Zur Mittagszeit sind sie oft voll, abends jedoch umso stiller. Die Restaurants im Westen von Patan werden vorwiegend von Expats, NGO-Personal und wohlhabenderen Einheimischen besucht. Die meisten befinden sich in einem Jhamel genannten Viertel ein kurzes Stück nordwestlich des Jawalakhel Chowk.

Bakery Café, Jawalakhel Chowk, Karte S. 159, weitere Filiale beim UN-Hauptquartier.
Die Filialen der Bakery-Café-Kette bieten hörgeschädigten Menschen Beschäftigungsmöglichkeiten und eignen sich gut für einen Drink und einen schnellen Imbiss. Geboten werden Kaffee, Säfte, Smoothies und Milchshakes (alle Rs50–140) sowie Burger und Pizza. ⏲ tgl. 7–21.30 Uhr.

Black Pepper, Kupondol Heights, ✆ 01-5521897, Karte S. 159. Das Restaurant in einem Newar-Haus mit schöner Terrasse fünf Fußminuten vom Hotel Summit bietet köstliches Essen wie gegrillte Lammsteaks und Schweinekoteletts mit Apfelsauce (Hauptgerichte etwa Rs400). ⏲ tgl. 9/10–21/22 Uhr.

Bú Kebá, Kupondol Heights, Karte S. 159.
Das Bú Kebá („Feld" und „Garten" auf Newar) präsentiert sich umweltbewusst: 70 % der Speisen auf der Karte sind bio. Es gibt Wraps, Hummus und Pita-Brot, Pasta und – mit am besten – Buchweizenpfannkuchen mit Pilzen (Rs280). ⏲ tgl. 10–22 Uhr.

Café de Patan, beim Durbar Square, ✆ 01-5537599, 💻 cafedepatan.com, Karte S. 159. Seit über 25 Jahren bei Reisenden sehr beliebt, mit Plätzen im Hinterhof und auf der Dachterrasse. Es gibt gut zubereitete nepalesische *thalis* (um die Rs300) und erfrischende Lassis. ⏲ tgl. 8–22 Uhr.

Café du Temple, auf der Nordseite des Durbar Square, Karte S. 159. Von der sonnigen Dachterrasse bietet sich eine tolle Aussicht, und die klassische nepalesische Flötenmusik trägt zur Entspannung bei. Auch das indische Essen (etwa Rs150–350) ist ziemlich gut. Allerdings ist das Lokal sehr beliebt bei Reisegruppen, so dass man u. U. keinen Platz bekommt. ⏲ tgl. 8–22 Uhr.

Dhokaima Café, Patan Dhoka, ✆ 01-5522113, 💻 dhokaimacafe.com, Karte S. 159. Hinter einem nicht sehr vielversprechenden Eingang in der Nähe der Bushaltestelle erweist sich das Dhokaima als kultiviertes Lokal: Die Gäste sitzen an Glastischen und können einen Cocktail oder ein Glas Biowein zu einem Gericht von der einladenden Speisekarte trinken – z. B. Shiitake-Pilze auf Knoblauchtoast (Rs359) und scharf angebratenen norwegischen Lachs (Rs999). Im angrenzenden Gebäude finden regelmäßig Kunst- und Kulturveranstaltungen statt. ⏲ tgl. 8/9–22/23 Uhr.

Kwalakhu Café, beim Goldenen Tempel, ✆ 01-6212154, Karte S. 159. Das Café befindet sich in einem traditionellen Newar-Haus, das – wie das Hotel Newa Chén in der Nähe – mit Hilfe der Unesco restauriert wurde. Ein stimmungsvolles Örtchen mit einem stillen Garten dahinter, an einem heißen Tag perfekt für eine frische Zitronenlimonade (Rs55). ⏲ tgl. 12–21 Uhr.

Red Dingo, Jawalakhel Chowk, ✆ 01-6914960, Karte S. 159. Schickes, zeitgenössisches australisches Restaurant mit ausgezeichnetem Service; nette Extras wie z. B. kostenloses gefiltertes Wasser und dazu herzhaftes Essen wie Pasteten, Baguettes, Pasta und Burger (Hauptgerichte Rs250–550). Auch gut für Cocktails (Rs250–300), australischen Wein oder ein eiskaltes Bier. ⏲ tgl. 7–22 Uhr.

Sing-ma, nördlich des Jawalakhel Chowk, ✆ 01-5009092, 💻 singmafoodcourt.com, Karte S. 159. Das freundliche Lokal bietet authentische südostasiatische Gerichte wie knusprige Wontons und köstliches Rinder-*rendang* sowie schnellen Service, außerdem – etwas überraschend – auch leckeren Käsekuchen mit Obst, z. B. mit Blaubeeren oder Äpfeln. Hauptgerichte etwa Rs150–300. ⏲ So–Fr 8.30–21 Uhr.

Swotha Kiosk, direkt beim Durbar Square, Karte S. 159. Das winzige Lokal mit nur zwei Tischen und vier Plätzen ist auf nepalesischen und Bio-Kaffee und -Tee spezialisiert (beides rund Rs100); Letzterer stammt aus der Region Ilam an der Grenze zu Darjeeling. ⏲ tgl. 8/9–18/19 Uhr.

UNTERHALTUNG

Im Jahr 2008 verfügte die Regierung, dass alle Restaurants, Bars und Clubs in Kathmandu um 23 Uhr und in Patan um 22 Uhr schließen müssen, mit der Begründung, dass viele „illegal" seien und zur Prostitution anstiften würden – womit sie bei den „Tanzbars" und Kellerclubs, die es in Thamel immer noch zuhauf gibt, sicher nicht unrecht hatte. Seitdem ist diese Regelung

Kathmandus Feste

Aufgeführt sind nur die wichtigsten Feste, viele weitere finden in Tempeln und Vierteln statt.

Magh (Jan–Feb)

Basanta Panchami Den Höhepunkt dieses Frühlingsfests bildet eine Zeremonie, zu der sich am fünften Tag nach Vollmond alle hohen Persönlichkeiten der Stadt auf dem Durbar Square versammeln. Die Kinder feiern am selben Tag in Swayambhu Sarasvati Puja.

Phaagun (Feb–März)

Losar Tibetisches Neujahrsfest, in Swayambhu bei Vollmond im Februar; in Boudha (S. 211) von größerer Bedeutung.

Shiva Raatri „Shivas Nacht" wird in Kathmandu mit Freudenfeuern bei Neumond gefeiert; am interessantesten in Pashupatinath (S. 204).

Phaagun Purnima (Holi) Jugendliche bombardieren sich und Zuschauer mit farbigem Pulver und Wasser. Das Fest dauert eine Woche, seinen Höhepunkt erreicht es am Tag des Vollmonds.

Chait (März–April)

Chaitra Dasain Am Morgen des achten Tags nach Neumond versammeln sich die ranghöchsten Armeeoffiziere auf dem Kot Square am nordwestlichen Ende des Durbar Square, um Dutzenden Büffeln und Ziegen den Kopf abzuschlagen und in Truppenuniform zu paradieren.

Seto Machhendranath Jaatra Eine prächtige Wagenprozession in mindestens drei Zyklen tgl., bei der die weiße Statue von Machhendranath auf einem turmhohen Wagen von Jamal bis zu einem Platz südlich Jhochhe gezogen wird. Das Fest beginnt mit dem Chaitra Dasain.

Baisaakh (April–Mai)

Nava Barsa Nepalesischer Neujahrstag (13. oder 14. April): In Kathmandu werden Paraden abgehalten, doch die Festlichkeiten in Bhaktapur sind interessanter.

Machhendranath Rath Jaatra Imposantes und einzigartiges newarisches Spektakel, bei dem über mehrere Wochen ein riesiger Wagen durch die Altstadt Patans gezogen wird (S. 166).

Buddha Jayanti Der Jahrestag von Buddhas Geburt, Erleuchtung und Tod wird am Morgen des Vollmonds in Swayambhu gefeiert: Tausende kommen zur *puja*, und als *pancha-buddha* gekleidete Priester vollführen rituelle Tänze.

Saaun (Juli–Aug)

Janai Purnima Der jährliche Wechsel der heiligen Schnur, die Hindu-Männer höherer Kasten tragen (aber auch der Tausch der zeitweilig getragenen Armbänder, die Männer und Frauen jeder Kaste tragen können), findet am Tag des Vollmonds in Patans Kumbeshvar Mandir sowie in anderen Tempeln statt.

Ghanta Karna Am vierzehnten Tag nach dem Vollmond im Saaun werden in der ganzen Stadt Dämonenbilder verbrannt.

Gaai Jaatra Das Kuhfest mit Prozessionen durch die Altstadt, angeführt von als Kühe verkleideten Jungen, am Tag nach Vollmond. Ein guter Beobachtungsplatz ist der Bereich vor dem Eingang zum ehemaligen Königspalast am Durbar Square.

Bhadau (Aug–Sep)

Krishna Astami (Krishna Jayanti) Krishnas Geburtstag, zu dem Tausende Frauen zur *puja* vor Patans Krishna Mandir in langen Schlangen anstehen.

Tij Ein dreitägiges „Frauenfest", das am dritten Tag nach Vollmond beginnt. Hauptschauplatz ist Pashupatinath (S. 204), Gesang und Tanz der Frauen ist aber auch an anderen Orten zu sehen.

Indra Jaatra Eine lebhafte Woche mit Wagenprozessionen und Maskentänzen bei Vollmond (S. 130–131).

Ashoj (Sep–Okt)

Dasain Ein Mammut-Fest über zehn Tage bis zum Vollmond, das überall in Nepal gefeiert wird. In Kathmandu werden am neunten Tag (Durga Puja) auf dem Kot-Platz nahe des Durbar Square Massenopferungen abgehalten; am letzten Tag wird alles und jeder mit einer *tika* versehen.

Khartik (Okt–Nov)

Tihaar Lichterfest, das fünf Tage lang in der ganzen Stadt (wie überall anders auch) mit zahllosen Öllampen gefeiert wird. Den Höhepunkt stellt Lakshmi Puja am Khartik-Vollmond dar, wenn die Glücksgöttin nach Hause eingeladen wird.

etwas gelockert worden, doch das Nachtleben der Hauptstadt ist ziemlich eingeschlafen, und nur wenige Lokale haben bis nach Mitternacht geöffnet.
Auch wenn man nicht die ganze Nacht durchmachen kann, gibt es doch jede Menge Unterhaltung. Im Nachfolgenden eine Zusammenfassung der festen Bestandteile des kulturellen Lebens, von Bars und Clubs bis hin zu Kulturveranstaltungen und Kinos – für besondere Veranstaltungen sei auf die Ankündigungen in der Stadt hingewiesen.

Bars und Clubs

Ähnlich wie mit den Touristenrestaurants verhält es sich in Kathmandu auch mit den **Bars und Clubs**: Sie spiegeln mehr die nepalesische Vorstellung davon wider, wie Bars und Clubs wohl aussehen mögen, als dass sie westlichen Vorbildern entsprächen; trotzdem sind sie bestens zur Verlängerung eines ansonsten kurzen Abends geeignet.
Die Bars in Thamel, die ziemlich schäbig sein können, locken hauptsächlich Rucksacktouristen an und junge Nepalesen, die gern mit Frauen aus dem Westen anbandeln. Eine Hand voll schickerer **Clubs** in anderen Stadtteilen haben gemischteres Publikum. Sie sind oft anspruchsvoll und verlangen Eintritt (Rs500 und mehr). Wer abends nach Hause geht, sollte vorsichtig sein, da es manchmal zu Überfällen kommt.

Thamel

The Celtic Pub, Thamel Northwest, Karte S. 142. Schlecht beleuchtete Kneipe mit orangefarbenen, gemusterten Wänden, Kissen zum Relaxen, regelmäßigen Videoabenden und einem irischen Besitzer, der dafür sorgt, dass man eine Dose Guinness bekommt (Rs650). ⌚ tgl. 16–24 Uhr.
Full Moon, Thamel Northwest, Karte S. 142. Winzige Bar im ersten Stock eines Gebäudes im Herzen von Thamel mit Bambuswänden, niedrigen Sitzgelegenheiten, freundlichem Personal und einer vielseitigen Bandbreite an Musik. ⌚ tgl. 16–24 Uhr.
J-Bar, Tridevi Marg, ✆ 01-4418209, Karte S. 142. Die J-Bar hinter dem Himalayan Java – ganz in Weiß und Chromfarben – ist eine Stufe besser als der typische Club in Thamel. Zwei Sachen, auf die man achten muss: Die Tanzfläche kann rutschig sein, und der Barmann zündet oft den Tresen an, um die Gäste zu beeindrucken. ⌚ Mo–Fr und So 18–24, Sa 15–0/1 Uhr.
Sam's Bar, Thamel Northwest, Karte S. 142. Eine Mischung aus Touristen und Einheimischen kommt in diese einladende Bar (mit Terrasse), in der samstags Reggae-Night ist – mit einer vielseitigeren Playlist als nur die üblichen Bob Marley-Klassiker. ⌚ tgl. 16–24 Uhr.
Tom & Jerry, Thamel Northwest, Karte S. 142. Alteingessener, bei Travellern, Guides und jüngerem NGO-Personal beliebter Pub mit freundlicher Atmosphäre, großem Bildschirm für Sportübertragungen und kaltem Bier (etwa Rs280). Happy Hour 17–20 Uhr. ⌚ tgl. 14/15–24 Uhr.

Innenstadt von Kathmandu

Jazz Upstairs, Lazimpath, ✆ 01-2410436, Karte S. 133. Diese einladende Bar in einer schmalen Gasse schräg gegenüber der französischen Botschaft darf nicht versäumt werden: großartige Stimmung, Live-Jazz (Mi und Sa), sensationelle *momos* und ein gemischtes Publikum, unter das sich manchmal auch schon Sting gemischt hat. ⌚ Mo 17–22, Di und Mi 14–21, Do 9–22, Fr 13–24, Sa 12–13, 17–24, So 11–12, 16–21 Uhr.

Patan

Moksh, nördlich des Jawalakhel Chowk, Patan, ✆ 01-5526212, Karte S. 159. Im Garten und auf der Dachterrasse spielen jeden Dienstag-, Freitag- und Samstagabend gute Bands, die eine gesunde Mischung an Expats anziehen. Das Moksh liegt fünf Fußminuten hinter dem Roadhouse (S. 174). ⌚ tgl. außer Mo 16–24 Uhr.

Kulturshows

Musik und Tanz sind ein wesentlicher Bestandteil des nepalesischen Lebens, und das gilt ganz besonders für Kathmandu, wo jeden Tag irgendwo Stadtteilfeste, Paraden und Hochzeiten gefeiert werden.

Mehrere Restaurants in Thamel veranstalten Volksmusikaufführungen und in den meisten Luxushotels werden kostspielige Dinnershows geboten. In der Royal Nepal Academy nahe von Kamaladi und anderen Veranstaltungsorten wie dem Patan Museum finden ab und zu Kulturabende statt.

Hotel Vajra, Bijeshvari, ✆ 01-4271695, 🖳 hotelvajra.com. Das Ensemble dieses Hotels bietet ein klassisches nepalesisches Tanz-, Musik- und Theaterprogramm. Auf Wunsch auch privater Tanz-, Gesangs- und Musikunterricht.

New Himalchuli Cultural Group, Lazimpath, ✆ 01-4415280, ✉ himalchuli@enet.com.np. Während der Hochsaison jeden Abend um 19 Uhr Folkloreaufführungen.

Theater, Kino und sonstige Veranstaltungen

Außerhalb der Touristenzentren sind regelmäßige künstlerische Darbietungen selten. Eine Reihe von **Kinos** zeigt die neuesten Bollywood Blockbuster (und den ein oder anderen amerikanischen Hit), und auch einige Restaurants und Bars zeigen Filme, z. B. das Lazimpat Gallery Café beim Ringmo. Während der Hochsaison organisiert das Kathmandu Guest House Filmvorführungen und Vorträge. Interessant sind auch das **Festival** Film South Asia, 🖳 kimff.org, in ungeraden Jahren im Oktober, und das jährliche Festival Jazzmandu, 🖳 jazzmandu.org, ebenfalls im Oktober.

Alliance Française, ✆ 01-4241163, 🖳 alliancefrancaise.org.np. Zeigt regelmäßig französische und andere französischsprachige Filme.

British Council, Lainchaur, ✆ 01-4410789, 🖳 britishcouncil.org/nepal.htm. Gelegentliche Filmvorführungen und andere Veranstaltungen.

Goethe-Institut, Khichapokhari, ✆ 01-4250871, 🖳 goethe-kathmandu.com.np. Deutschsprachige Filme.

Ranjana, nördlich der New Rd, südlich des Durbar Square. Nepalesische, Bollywood- und manchmal Hollywood-Filme.

Russian Cultural Center, Kamal Pokhari, ✆ 01-4415453, 🖳 russianculturein nepal.org. Zeigt Filme aus ganz Südasien und veranstaltet in geraden Jahren im Dezember das Kathmandu International Mountain Film Festival.

Sattya Media Arts Collective, Jawalakhel, Patan, 🖳 sattya.org. Hier findet alles Mögliche von Poetry Slams bis zu Kunstworkshops statt.

Ghazal

Die populäre indische Musikrichtung *ghazal* wird in den letzten Jahren in Kathmandu immer beliebter. Sie gehört genauso wie viele andere kulturelle Errungenschaften zu den Importgütern aus dem Nachbarland im Süden. Die Musikgruppen treten meist in den besseren indischen Restaurants auf, wo sie von einem erhöhten Podest aus die Gäste dezent beim Essen unterhalten. Eine typische *ghazal*-Gruppe besteht aus *tabla*, Gitarre, Harmonium und/oder Synthesizer und einem Sänger, der schwermütige, gefühlsbetonte Weisen vorträgt. Die Themen kreisen um die Liebe, und die sentimentalen Texte – traditionell in Urdu oder Hindi, oft auch in Nepali vorgetragen – blicken auf eine lange Tradition zurück, deren Wurzeln bei den großen persischen Dichtern zu suchen sind.

Moti Mahal Delux, Durbar Marg. Schickes indisches Restaurant (S. 178) mit regelmäßigen *ghazal*-Abenden.

Raj Gharana, Kathmandu Plaza Building, Lal Durbar, Ecke Kamaladi. Dieses Restaurant im obersten Geschoss des Kathmandu Plaza Building ist eine gute Wahl für *ghazal*-Abende.

Kasinos

Ein Abend in einem der Spielkasinos Kathmandus, 🖳 casinosnepal.com, bleibt einem sicherlich im Gedächtnis. Das Publikum setzt sich vornehmlich aus Indern und Westlern zusammen, die in den angeschlossenen Luxushotels wohnen. Kasinos sind unter anderem im **Yak & Yeti** und im **Hotel Shangri-La** zu finden.

„Tanzbars"

Ein etwas kurioser Trend in Kathmandu sind die überaus beliebten sogenannten **Dance Bars**, in denen (in der Regel) voll bekleidete Frauen auf einer provisorischen Bühne zu lauter nepalesischer Popmusik tanzen. Ihr Tanz ist dabei eher traditionell als lasziv, dennoch besuchen fast ausschließlich Männer diese Bars, und einige der Gäste arrangieren auch ein anschließendes privates Stelldichein.

EINKAUFEN

Das schiere Warenangebot in Kathmandu sorgt im Zusammenspiel mit der großen Konkurrenz unter den Händlern für äußerst günstige Preise, besonders wenn man sich auf das **Handeln** versteht. Handeln sollte man überall – sogar bei angeblichen „Festpreisen". Es gibt keinen Richtwert, um wie viel die Preise runtergehen, und der Anfangspreis kann von 10 bis 1000 % über dem endgültigen Preis liegen. Jedoch ist das Feilschen in Nepal in der Regel eine freundliche Angelegenheit, und mit dem aggressiven Feilschen, das in anderen Ländern zum Teil gang und gäbe ist, kommt man hier nicht weit.

Nepals größte Ansammlung von Geschäften für Kunsthandwerk und Souvenirs findet man in **Thamel**. Ein hochwertiges Angebot an Produkten gibt es am **Durbar Marg**. Kunsthandwerk wird in **Jhochhe** und auf dem **Abendmarkt** auf dem Durbar Square verkauft. In **Lazimpath** gibt es mehrere Boutiquen und gemeinnützige Geschäfte, und ein Luxus-Einkaufszentrum ist **Baber Mahal Revisited**.

Wer dort einkaufen möchte, wo auch die Nepalesen ihr Geld lassen, kann dies in der Altstadt in den Gegenden von **Asan** und **Indrachowk**, in der Gegend um die **New Road** sowie auf dem Flohmarkt **Hong Kong Bazaar** um das Ausstellungsareal Bhrikuti Mandap herum tun.

Viele der in Kathmandu verkauften Waren werden in **Patan** gefertigt, wo man nicht nur einen Blick auf den Herstellungsprozess werfen,

Verantwortungsbewusst einkaufen

In vielen Läden Kathmandus gelangt nur ein Bruchteil (oft weniger als 5 %) des Gewinns, den der Ladenbesitzer für einen Gegenstand erzielt, zu der Person zurück, die ihn eigentlich hergestellt hat. Mittlerweile behaupten aber immer mehr Geschäfte in Touristengegenden fälschlicherweise, fairen Handel zu betreiben oder Programme, z. B. zur Förderung von Fähigkeiten der Frauen, zu unterstützen. Die folgenden Läden unterstützen tatsächlich gemeinnützige Projekte oder verkaufen Waren aus Projekten zur Einkommensbeschaffung.

Dhankuta Sisters, Kupondol, ✆ 01-5529161, Karte S. 128–129. Arbeiten von Frauen aus den Dörfern des östlichen Berglands. Hauptsächlich *dhaka*-Kleidung. ⌚ Mo–Fr und So 10–18 Uhr.

Dhukuti, Kupondol, nördlich des Hotel Himalaya, ✆ 01-5535107, Karte S. 128–129. Größter gemeinnütziger Laden Nepals, der Waren aus einem Dorf- und Einkommensförderungsprojekt anbietet. Große Auswahl an Baumwoll-, Leder- und Filzsachen, Puppen, Kupferkesseln und Körben. ⌚ Mo–Fr und So 10–18 Uhr.

Kumbeshvar Technical School, nördlich des Kumbeshvar Mandir, Patan, ✆ 01-5537484, 💻 kumbeshwar.com, Karte S. 159. Diese gemeinnützige Schule bietet armen Frauen, Waisen und anderen benachteiligten Personen Berufsausbildung und Alphabetisierung, finanziert z. T. durch Verkäufe in diesem Geschäft. Dies ist einer der wenigen Orte, an denen man zu 100 % aus tibetischer Wolle gewebte Teppiche sowie andere Wollkleidung und Wollprodukte, hergestellt von den Schülern, kaufen kann. ⌚ Mo–Fr und So 10–17 Uhr.

Mahaguthi, Filialen in Kupondol (Karte S. 128–129) und Lazimpath (Karte S. 133), 💻 mahaguthi.org. Gute Auswahl an Textilien, Kunsthandwerk, Schmuck, Keramik und Möbeln von Handwerkern in Janakpur, Dang und Thimi. Der Erlös dieses Ladens kommt einem Heim für mittellose Frauen zugute. ⌚ Mo–Fr und So 10–18 Uhr.

Sana Hastakala, Filialen in Kupondol und Lazimpath (Karte S. 133), ✆ 01-5522628, 💻 sanahastakala.com. Gute Auswahl an Wollsachen, *dhaka*, *pashmina*, Kleider, Keramik, Papier, Maithili-Kunst, Spielzeug und Geschenkartikeln. Unterstützt überwiegend Projekte von und für Frauen. ⌚ Mo–Fr und So 10–18 Uhr.

sondern vielleicht einen sogar noch günstigeren Preis erzielen kann. Die Haupteinkaufsviertel sind die Straßen nördlich des **Durbar Square** von Patan, der **Mangal Bazaar** und die Straße nach Süden Richtung Lagankhel, das tibetische Viertel **Ekantakuna** (Jawalakhel) und die verkehrsreichen Boulevards von **Kupondol**.

Bücher und Landkarten

In Kathmandu gibt es eine der größten Konzentrationen an englischen Buchläden in ganz Asien. Fast alle Läden kaufen Bücher zur Hälfte des ursprünglichen Preises zurück oder nehmen sie als Teilzahlung für Käufe entgegen. Allerdings sind viele der angebotenen Bücher Raubkopien, deren Qualität sehr schwankt.

Book House Nepal, Chhetrapati, Karte S. 142. Eine gute Auswahl an Belletristik – neue und gebrauchte Bücher – und freundliches Personal. 🕒 tgl. 9/10–19/20 Uhr.

Mandala Book Point, Kantipath, Karte S. 157. Umfassende Auswahl, besonders gut für Bücher auf Französisch, Deutsch und Englisch. 🕒 tgl. 9/10–19/20 Uhr.

The Map Shop, J.P. School Rd, Karte S. 142. Verkaufsstelle des Nepa/Himalayan Map House mit einem umfassenden Angebot. 🕒 tgl. 9/10–19/20 Uhr.

Pilgrim's Book House, Filialen in der J.P. School Rd, Thamel (Karte S. 142), Thamel Northwest (Karte S. 142) und Kupondol, Patan (Karte S. 159), 💻 pilgrimsbooks.com. Bester Buchladen in Nepal, mit umfangreicher Literatur zu allen Bereichen des nepalesischen, indischen und tibetischen Lebens, von Bildbänden über Bergsteigen bis zu wissenschaftlichen Studien über tibetische Religion und von nepalesischer Belletristik auf Englisch bis zu Bestimmungsbüchern für Schmetterlinge in Nepal. 🕒 tgl. 8/9–21/22 Uhr.

United Books, Thamel, Karte S. 142. Ausgezeichnetes Angebot an Belletristik und Sachbüchern, darunter zahlreiche frisch erschienene Titel. 🕒 tgl. 8/9–20/21 Uhr.

Vajra, Jyatha Thamel, Karte S. 142. Große Auswahl an Sachbüchern über Nepal und Asien sowie über Religion, Philosophie und Reisen. 🕒 tgl. 8/9–19/20 Uhr.

Fotoapparate, Technik und Brillen

Durch die engen Handelsbeziehungen Kathmandus mit dem Fernen Osten sind technische Geräte in Nepal relativ billig. Kameras, MP3-Player und andere **Elektrogeräte** sind in der New Road zu finden, auch wenn das Angebot uneinheitlich ist.

Hier gibt es auch jede Menge **Sonnenbrillen** und **Brillengestelle**. Die Preise für Brillengläser auf Rezept sind zwar sehr günstig, aber man sollte genügend Zeit für die Ausführung der Bestellung und eventuelle Reklamationen einplanen.

Holz und Papier

Viele nepalesische **Holzarbeiten** wie Bilderrahmen nach Vorbildern newarischer Fensterverzierungen oder Statuen von Göttern und Tieren kauft man am besten in Bhaktapur, aber auch einige Läden rund um den Durbar Square in Patan bieten Derartiges an.

Zahlreiche Läden in Thamel verkaufen wunderschöne Papierprodukte, von denen viele aus Lokta sind – handgeschöpftes Papier aus der Rinde eines einheimischen Busches. Überall findet man farbenprächtige **Pappmaché-Masken** und **-Puppen**, doch größer ist die Auswahl in Bhaktapur (S. 248) und Thimi (S. 253), wo sie hergestellt werden.

Hervorragend gearbeitete (und teure) moderne Möbel im nepalesischen Stil gibt es im **Woodcarving Studio**, nordwestlich der Hauptkreuzung von Ekantakuna in Patan, 📞 97410-28053, 💻 leebirch.com, Karte S. 128–129. Exquisite (und teure) nicht-traditionelle Möbel, Spiegelrahmen und Fenster im nepalesischen Stil. 🕒 tgl. außer Sa 10–17 Uhr.

Kleidung und Mode

In Thamel und Jhochhe reihen sich Geschäfte mit **Wollpullovern**, -jacken, -handschuhen und -socken aneinander; diese Artikel gehören zum Sinnvollsten, was man in Nepal kaufen kann. **Baumwollkleidung** ist besonders billig, und zwar im doppelten Wortsinn, aber sie kann bei kurzfristigen Klamottenengpässen durchaus richtig sein. Die Schneider in den T-Shirt-Geschäften sind im maschinellen **Besticken** von Kleidungsstücken geübt.

Pashminas und sehr viel billigere Pendants aus Yak-Wolle werden überall verkauft (am Kwa Bahal-Ende von Thamel), und man kann einige sehr gute Schnäppchen machen. **Topi**, die Kappen der nepalesischen Männer, werden rund um Asan verkauft. In der New Road und um den Indrachowk findet man **Sari-Stoffe**, und in den Geschäften östlich von Asan kann man sich Sachen anfertigen lassen. Weitere Textilien werden in den Non-Profit-Läden verkauft (Kasten S. 183).
Mehrere Boutiquen am Durbar Marg, in Lazimpath, Patan und im Baber Mahal Revisited verkaufen nepalesisch angehauchte **Designer-Mode**. Schneider können auf Bestellung auch Anzüge für Männer fertigen.

Metallarbeiten und Schmuck

Patan ist seit jeher berühmt für seine Goldschmiede, die religiöse (überwiegend buddhistische) Statuen fertigen. Uku Bahal ist ihr angestammtes Viertel, und dort findet man Dutzende von Werkstätten mit angeschlossenem Verkauf. Das Angebot reicht von grob gearbeiteten, kleinen Statuetten bis zu großen, aufwendig gestalteten Kunstwerken. Einfache Statuetten, Glocken, Klangschalen, Armbänder und andere Metallartikel werden überall in der Stadt verkauft.
Khukuri-Messer werden überall verkauft, wo Touristen auftauchen, man könnte allerdings Probleme bekommen, sie mit nach Hause zu nehmen. Das beliebte nepalesische Brettspiel **Bagh chal** („Tiger und Ziegen") ist ebenso leicht erhältlich.
Gold- und Silberschmiede in der Altstadt (hauptsächlich nördlich und westlich des Indrachowk) stellen schönen traditionellen **Schmuck** her; Touristenläden verkaufen billigere Stücke.
Edelsteinverkäufer gruppieren sich hauptsächlich um das östliche Ende der New Road, aber Vorsicht vor Betrug.
Maizan Beads, Hotel Ambassador, Lazimpath, Karte S. 133. Dieser Juwelier hat sich besonders auf das Anfertigen von persönlichen Stücken spezialisiert. Filialen finden sich im Hotel Dwarika's (S. 171) und im Restaurant New Orleans in Patan. 🕒 tgl. außer Sa 10–18 Uhr.
Masala Beads, Thamel North, 📞 01-4250450, 💻 masalabeads.com, Karte S. 142. Günstiger als Maizan Beads (s. o.), mit Ketten, Armreifen und

Von einfach bis aufwendig – Patans Goldschmiede beherrschen ihr Handwerk.

Antiquitäten

Die Regierung achtet ganz besonders auf den **Export von Antiquitäten**, die über 100 Jahre alt sind. Da sie selber keine Experten sind, gehen die Zollbeamten lieber auf Nummer sicher und sortieren jedes Stück aus, das alt sein könnte. Um keine Schwierigkeiten beim Zoll zu bekommen, geht man am besten mit jedem „verdächtigen" Objekt zum Department of Archaeology am Ram Shah Path und lässt es gegen eine kleine Gebühr als okay markieren.

Armbändern in unterschiedlichen Stilen. ⌚ tgl. 10–19/20 Uhr.
Millennium Crafts, Tridevi Marg, Thamel, Karte S. 142. Ist spezialisiert auf guten Silberschmuck und Kunsthandwerk. ⌚ tgl. 10–18 Uhr.

Musik und DVD

In vielen Geschäften in Thamel erhält man billige Raubkopien von CDs. In einigen Geschäften kann man die Musik auch direkt auf den eigenen MP3-Player runterladen. CDs mit nepalesischer und indischer Volks-, Pop- und Filmmusik werden überall an Verkaufsständen angeboten. Die Preise sind hier um die Hälfte billiger als in den Touristenzentren. Gebrannte DVDs mit westlichen Filmen und TV-Shows sind ebenfalls häufig zu finden.

Supermärkte

Big Mart, Lazimpath, ☎ 01-4005200, 💻 bigmart.com.np, Karte S. 133. Einer der größten Supermärkte der Stadt. ⌚ tgl. 10–20 Uhr.
Namaste Supermarket, Pulchowk, ☎ 01-5520026, Karte S.159. Große Auswahl an importierten Lebensmitteln und Getränken. ⌚ tgl. 8–19/20 Uhr.
Saleways Supermarket, Pulchowk, Karte S. 159. Wie Namaste, mit einer großen Auswahl. ⌚ tgl. 8–19/20 Uhr.

Teppiche

Die Industrie für handgewebte Teppiche im tibetischen Stil war einst nur eine bescheidene Einkommensquelle für tibetische Flüchtlinge, hat sich aber zu einem von Nepals größten Exportschlagern entwickelt. Die Teppich-

Die Teppichherstellung

Für einen tibetischen Teppich wird tibetische Wolle – von Schafen, die wegen ihrer ungewöhnlich langen, sehr dehnbaren Wolle gezüchtet werden – mit ausländischer Wolle vermischt. Ist das Garn erst einmal aufgedreht, erfolgt der Großteil des Spinnens noch per Hand, was zu einem unverkennbaren, leicht unregelmäßigen Aussehen führt. Dann wird die Wolle getrocknet und zu Knäueln zusammengerollt.
Tibetische Teppiche werden im Schlingenschnitt-Verfahren gefertigt und haben daher in ihrer Herstellung wenig mit der im Nahen Osten und China gepflogenen Methode gemein. Statt Tausende von einzelnen Knoten zu knüpfen, wird hier das Garn um die vertikal verlaufenden Kettfäden und um einen horizontal platzierten Stab geschlungen. Wenn eine Reihe fertig ist, schneidet der Weber die Schlingen mit einem Messer durch und zieht den Stab heraus.
Nach dem Weben werden die Teppiche gestutzt, um ihnen eine glatte Oberfläche zu verleihen. Manchmal werden sie auch geprägt und dann gewaschen, ein industrieller Vorgang, der die einheimischen Flüsse mit Chemikalien verschmutzt. Das wiederum wird mit der wachsenden Zahl von Geburtsfehlern in Verbindung gebracht. Die meisten Teppiche werden auf Bestellung für den Exportmarkt gefertigt, wobei die Aufteilung von wenigen Händlern kontrolliert wird. Die Preise sind sehr unterschiedlich: Am unteren Ende der Preisskala muss man mit etwa US$50 pro Quadratmeter rechnen; die teuersten Teppiche können dreimal soviel oder noch mehr kosten. (Viele nepalesische Hersteller produzieren auch afghanische, orientalische und Kashmir-Teppiche, die aber nur selten so fein sind wie die Originale.)

Die Herstellung und Bedeutung von Thangkas

Ein gutes Thangka ist das Ergebnis von Hunderten, oft sogar Tausenden von Stunden konzentrierter Arbeit. Zuerst wird eine Baumwollleinwand auf einen Rahmen gezogen und so gespannt, dass auch das allerfeinste Detail sichtbar wird. Die Umrisse werden mit Bleistift vorgezeichnet. Für Abweichungen von den Standard-Vorlagen besteht kaum eine Möglichkeit, da ein Thangka zur Vermittlung religiöser Wahrheiten und nicht der künstlerischen Entfaltung dient. Als nächstes werden großflächig Farben aufgetragen, was häufig Aufgabe von Lehrlingen ist, während es dem Meister vorbehalten bleibt, den Figuren Leben einzuhauchen: indem er konturiert und tüpfelt, die Gesichtszüge verfeinert, Schatten hinzufügt und ganz zum Schluss die Augen der größten Figur malt.
Die Thangka-Malerei lässt sich in vier Hauptgruppen einteilen: Das am häufigsten vorkommende **Lebensrad** platziert das Leben mit all seinen Verwirrungen innerhalb eines Kreises, den der rotgesichtige Yama, der Herr der Toten, umklammert hält. Ein zweites Standardbild illustriert **Buddhas Lebensgeschichte**. Thangkas stellen **tantrische Gottheiten** dar, entweder gütig oder bedrohlich, und dienen als Meditationsvorlagen für Visualisierungstechniken. **Mandalas** (mystische Diagramme) werden ebenfalls zur Meditation verwendet. Diese Erklärungen sind natürlich nur sehr oberflächlich. Eine umfassende Beschreibung der Thangka-Malerei würde Bände füllen – am besten bittet man einen Händler oder Künstler, einem die Rollbilder Schritt für Schritt zu erklären, oder besucht z. B. die Tsering Art School in Boudha (S. 217), um mehr zu erfahren.

industrie in Nepal – wie auch in ganz Asien – wird vom großen Problem der Kinderarbeit überschattet. **GoodWeave**, 💻 goodweave.org, ist eine nichtstaatliche internationale Organisation, die eine Zertifizierung verantwortungsbewusster Teppichhersteller und -läden anbietet.

Jawalakhel Handicraft Center, 📞 01-5525237, 💻 jhcnepal.com, Karte S. 128–129. Die beste Möglichkeit, bei der Teppichherstellung zuzusehen, bietet sich im ehemaligen tibetischen Flüchtlingslager im Ekantakuna-Bezirk von Patan, Nepals ältestem und berühmtestem Teppichwebzentrum. Zur Anlage gehört ein Verkaufsraum mit festen Preisen. Der Erlös kommt älteren und armen Tibetern zugute. Es gibt auch ein paar Souvenirläden. Die Preise sind im Großen und Ganzen billiger als in vielen privaten Läden an der Straße, die zurück nach Patan führt. 🕒 So–Fr 9–18, Sa 10–17 Uhr.

Thangkas, paubhas und andere Kunst

Es ist schwer zu sagen, wo man am besten nach Sonderangeboten für **Thangkas** (oder Poubha, ein ähnliches rituelles Rollbild eher im Newar- als im tibetischen Stil) suchen soll, da es so viele Standarddarstellungen und Qualitätsstufen gibt.

Am Nordende des Durbar Square in Kathmandu, in Thamel und nördlich vom Durbar Square in Patan gibt es zahlreiche Thangka-Läden. Einige verkaufen auch Gemälde, die auf traditionellen **tibetischen Medizintexten** basieren, und ein paar Geschäfte in Patan stellen von den Thangkas beeinflusste harmlose **Landschaftsmalereien** aus – sie werden en masse für die Touristen produziert, sind aber trotzdem nette Souvenirs. Einige Künstler aus Kathmandu fangen an, individuellere Arbeiten herzustellen, üblicherweise mit Wasserfarben.

Trekking-Ausrüstung

In Kathmandu kann man beinahe die ganze **Ausrüstung** für eine Trekking-Tour kaufen oder ausleihen. Das meiste stammt aus einheimischer oder chinesischer Produktion und ist zumeist von minderer Qualität. Jedoch findet man Dinge jeder Qualitäts- und Preisstufe, von billigsten Kopien bis zu echten importierten Artikeln. Maßgeschneidertes oder Kopien aus Nylon fertigen die Schneider in der Jyatha Thamel an. Gute Wanderstiefel sind viel schwerer zu finden als andere Ausrüstung und sind auch teuer, wenn man sie leiht.
Einige Läden haben sich auf hochwertige **Secondhandware** spezialisiert. Die Sachen

stammen meist von Bergführern oder Trekkingteilnehmern. Man findet Kletterausrüstungen, Gaskocher, Wasserflaschen, Gletscherschutzbrillen, Gummistiefel, Markenkleidung, Rucksäcke usw. Bis auf die Kletterausrüstung ist das meiste mindestens so teuer wie zu Hause.

The North Face, Tridevi Marg, ✆ 01-4445101, Karte S. 142. Offizieller Laden der bekannten Outdoor-Marke. ⌚ tgl. 8–19/20 Uhr.

Shona, Jyatha Thamel, Karte S. 142. Gutes Angebot an Trekking- und Kletterausrüstung zum Kaufen oder Leihen. ⌚ tgl. 8/9–19/20 Uhr.

Andere Souvenirs und Kurioses

Am Basantapur Square und in Thamel werden Unmengen von **Artikeln tibetischen Stils** feilgeboten; einige Boutiquen in Thamel und am Durbar Marg verkaufen auch echte antike tibetische Kommoden und Schränkchen. Wiederum unzählige Läden in den Touristengegenden locken mit einem identischen Angebot an kunsthandwerklichen Artikeln aus **Kaschmir**, **Rajasthan** und **Afghanistan**, in anderen findet man nepalesischen **Tee**, **Kaffee**, **Räucherstäbchen**, **Duftöle** und **Gewürze**. In zahlreichen Läden werden buddhistische **Klangschalen** verkauft.

Kleine Läden in Thamel, Chhetrapati und Khichapokhari (südlich der New Road) verkaufen nepalesische Musikinstrumente, in Thamel preisen fahrende Spielleute *sarangi* (traditionelle Geigen) an.

Die nepalesischen Handwerker produzieren in zunehmendem Maße modernes Kunsthandwerk. Viele dieser Neuerungen gehen auf Projekte zur Einkommensbeschaffung für die einheimische Bevölkerung zurück. Unterstützt werden diese Projekte von Hilfsorganisationen, die eigene Verkaufsstellen unterhalten (S. 183), viele dieser Artikel werden inzwischen aber auch kopiert.

Amrita Craft, J.P. School Rd, Thamel, ✆ 01-4240757, 💻 amritacraft.com, Karte S. 142. Große Auswahl an Kunsthandwerk, Kleidung und Geschenken; der Laden fungiert auch als Großhändler für einige andere Geschäfte in Thamel, die Preise sind also günstig. ⌚ tgl. 10–19/20 Uhr.

Patan Industrial Estate, direkt hinter dem Südlichen Stupa, Karte S. 128–129. Verfügt über etwa ein Dutzend Ausstellungsräume für Kunsthandwerk, in denen die Besucher alles über nepalesisches Kunsthandwerk und die Herstellungsvorgänge lernen sowie Einkäufe tätigen können. ⌚ Mo–Sa 10–18 Uhr.

AKTIVITÄTEN

Die meisten Besucher buchen Trekking-, Rafting- und Mountainbiketouren erst in Kathmandu, da hier die meisten Veranstalter und Agenturen sind. In Pokhara (S. 304) gibt's ähnlich viele Agenturen, jedoch handelt es sich bei den meisten um Ableger von Veranstaltern in Kathmandu.

Die meisten Agenturen können in Kooperation mit anderen spezialisierten Anbietern **kombinierte Touren** organisieren. Man muss jedoch immer im Hinterkopf behalten, dass Agenturen ständig den Besitzer oder das Management wechseln und sich andauernd Anbieter zusammentun oder aufsplitten. Zunehmend bieten größere Unternehmen wie Adventure Centre Asia (wozu Ultimate Descents Nepal und Himalayan Mountain Bikes gehören), Equator Expeditions, Himalayan Encounters und Ultimate Rivers eine ganze Palette von Aktivitäten aus einer Hand.

Trekking

Vor- und Nachteile einer Trekkingtour mit e iner Gruppe im Vergleich zu einer individuellen Tour sind im Kapitel „Trekking" (S. 393) dargestellt. Wie dort ausgeführt, sind billige Kleinanbieter nicht zu empfehlen, da ihr Qualitätsstandard von Tour zu Tour zu stark schwankt. Die folgenden Veranstalter bieten einen hohen Standard.

Asian Trekking, Bhagvan Bahal, ✆ 01-4424249, 💻 asian-trekking.com, Karte S. 142. Ein bewährtes Unternehmen, das eine große Auswahl an Touren, sowohl auf Standard- als auch auf abgelegenen Routen, anbietet, darunter auch Kletterexpeditionen.

Highlander, Thamel Northwest, ✆ 01-4700563, 💻 highlandernepal.com, Karte S. 142. Ein weiterer sehr angesehener Anbieter: Highlander organisiert Touren abseits der ausge-

tretenen Pfade in Nepal, Tibet, Bhutan und Indien.
Himalayan Encounters, Thamel Northwest, im Vorhof des Kathmandu Guest House, ✆ 01-4700426, 💻 himalayanencounters.com, Karte S. 142. Etablierter, sehr professioneller Anbieter mit umfassendem Programm an Treks, Rafting- und anderen Touren.
Karnali Excursions, North Thamel, ✆ 01-4700197, 💻 trekkinginnepal.com, Karte S. 142. Alteingesessener und zuverlässiger Trekking- und Tourenveranstalter, spezialisiert auf Tibet, besonders den „Wilden Westen" und den Mount Kailash, bietet aber auch zahlreiche Touren in Nepal an und verfügt über einige fantastische Guides.
Mountain Ecology Treks, PO Box 11488, Chandol-4, Rajpath Marg, ✆ 01-4421821, 📧 met.ramesh@gmail.com, 💻 mountaineco logytreks.com. Neue kleine Agentur ohne Büro, dafür mit einem Verzeichnis zuverlässiger Guides, die auf Tier- und Vogelbeobachtungs- und Kulturtouren spezialisiert sind, welche auch für Anfänger auf den jeweiligen Gebieten ein tolles Erlebnis darstellen.
Nature Trail, Thamel Northwest, ✆ 01-4701925, 💻 naturetrailnepal.com. Erfahrene Agentur, die vom VSO-Personal genutzt wird, organisiert Touren und Wanderungen in ganz Nepal.

Trekking-Permits

Trekking-Permits sind für einige wenige sensible Gegenden erforderlich und über Trekking-Agenturen erhältlich (S. 188). Führt die Route durch einen Nationalpark oder ein Schutzgebiet, sollte man sich vor Abmarsch die notwendige **Eintrittskarte** besorgen. Im Tourist Service Centre in Bhrikuti Mandap gibt es Schalter der National Trust for Nature Conservation, 🕒 Winter tgl. 9–16 Uhr; Sommer So–Fr 9–15 Uhr, an denen man Permits für die Annapurna- und Manaslu-Regionen bekommt. Im Department of National Parks and Wildlife, 🕒 So–Fr 9–14 Uhr, gibt es Permits für alle anderen Gegenden sowie ein Büro, das Karten des **Trekkers' Information Management System** (TIMS) anbietet.

Rafting und Kajakfahren

Wegen der besonderen Vorsichtsmaßnahmen ist es noch weniger ratsam, sich einem billigen **Rafting-Veranstalter** anzuvertrauen. Die aufgeführten Unternehmen haben einen guten Ruf und sind teurer. Alle befahren die wichtigsten Flüsse (feste Abfahrtszeiten während der Saison) und können auf Wunsch auch Fahrten auf anderen Flüssen organisieren. Mehrere Anbieter sind in Pokhara (S. 304) ansässig und bieten Kajakunterricht auf dem Seti River und verleihen Ausrüstung.
Equator Expeditions, Thamel Northwest, ✆ 01-4700854, 💻 equatorexpeditionsnepal.com, Karte S. 142. Ist für alle größeren Flüsse verantwortlich, bietet Kurse für Rafting- und Kajakführer sowie Touren an. Gehört zum Sukute Beach Adventure Resort.
The Last Resort/Ultimate Rivers, Mandala St, Thamel Northwest, ✆ 01-4700525, 💻 thelas tresort.com.np, Karte S. 142. Sehr professioneller Anbieter mit einer großen Auswahl an Rafting-, Kajak- und Kanutouren, plus einem der höchsten Bungee-Jumps weltweit.
Ultimate Descents, Thamel Northwest, ✆ 01-4701295, 💻 udnepal.com, Karte S. 142. Einer der größten Rafting-Veranstalter Nepals mit guter Ausrüstung, guten Sicherheitsstandards und guten Guides. Partner von Borderland Resort und Himalayan Mountain Bikes.

Mountainbiketouren

Die folgenden Unternehmen organisieren **Mountainbiketouren**. Mehr zum Radfahren in Nepal findet sich im Kapitel „Mountainbiking" (S. 461).
Dawn Till Dusk, Thamel Northwest, im Vorhof des Kathmandu Guest House, ✆ 01-4700286, 💻 nepalbiking.com, Karte S. 142. Etablierter Anbieter, der kurze und lange Touren, darunter auch maßgeschneiderte Querfeldeintouren organisiert. Gute Fahrräder und Reparaturwerkstätten.
Himalayan Mountain Bikes, direkt neben der J.P. School Rd, ✆ 01-4212860, 💻 bikeasia.info, Karte S. 142. Nepals erster Mountainbike-Veranstalter mit dem größten Tourenangebot: von Tagesausflügen ins Kathmandutal bis hin

Meditation, Yoga und Astrologie

Nicht von ungefähr ist Kathmandu ein bedeutendes Zentrum für Menschen mit spirituellen Interessen. In diesem Kapitel wird auf Angebote etablierter Veranstalter verwiesen, die sich vor allem auf die Bedürfnisse westlicher Besucher spezialisiert haben; auf den Plakaten in den viel besuchten Lodges und Restaurants findet man noch viele andere Möglichkeiten. Weitere Anbieter sind im Abschnitt über traditionelle Therapien aufgelistet; die Angebote überschneiden sich oft.

Meditation

Asheesh Osho Meditation Centre, Tahachal, ✆ 01-4271385, zweites Zentrum in Lazimpath, ✆ 01-4414502, veranstaltet jeden Morgen dynamische einstündige Meditationssitzungen, an denen jeder gegen eine Spende teilnehmen kann.

Buddha Dharma Centre, auf einer Anhöhe südlich von Swayambhu, ✆ 01-4282744, bietet unter der Leitung von Lopon Tsechu Rinpoche einen Aufenthalt zur Einführung in tibetischen Buddhismus an. Zahlreiche weiterer solcher Möglichkeiten gibt es in Boudha (S. 213).

Himalayan Buddhist Meditation Centre, Nähe Dobighat, Patan, ✆ 980-8891048, 💻 fpmt-hbmc.org, bietet kostenlose einstündige Meditationssitzungen (Sa 9.30–10.30 Uhr) sowie Yoga, Tai-Chi und Reiki an. HBMC ist an das Kopan-Kloster nördlich von Boudha (S. 213) und an ein weiteres Kloster in Pokhara (S. 307) angeschlossen.

Nepal Vipassana Centre, ✆ 01-4250581, 💻 dhamma.org, organisiert zehntägige Kurse in Budhanilkantha. Das ist nur etwas für ernsthaft Interessierte: Die tägliche Meditation beginnt um 4.30 Uhr, Schweigen ist vorgeschrieben. Im Büro in Kathmandu, im Hof des Jyoti Bhavan hinter der Nabil-Bank am Kantipath, kann man sich Informationen holen und sich anmelden, 🕒 So–Fr 10–17 Uhr. Alle Kurse werden über Spenden finanziert.

Osho Tapoban Forest Retreat Centre, nördlich von Nagarjun Ban, ✆ 01-4353762, 💻 tapoban.com. Meditationsaufenthalte in herrlicher Umgebung.

zu umfassenden Touren in der ganzen Region. Gute Ausrüstung, Werkstatt.

Nepal Mountain Bike Tours, Thamel Northwest, ✆ 01-4701701, 💻 bikehimalayas.com, Karte S. 142. Beliebtes Unternehmen, das das jährliche Nepal Mountain Bike Race organisiert und Touren anbietet, darunter auch den klassischen Nagarkot–Dhulikhel–Namobuddha-Rundweg.

Tierbeobachtung

Obwohl die meisten **billigen Lodges** nahe dem Chitwan und dem Bardia-Nationalpark von Veranstaltern in Kathmandu vermittelt werden, sind ihre Angebote nicht zu empfehlen: Da die größeren Wildparks von Nepal leicht mit den öffentlichen Verkehrsmitteln zu erreichen sind, sind die Angebote der Lodges teurer, als wenn man die Touren auf eigene Faust unternimmt (ein einfaches Unterfangen), und bei vielen angebotenen Touren wird man nur schnell durch die Landschaft gehetzt. Weitere Details zu Ausflügen auf eigene Faust in den Kapiteln über Chitwan (S. 335) und Bardia (S. 360).

Karnali Excursions, Thamel Northwest, ✆ 01-4700383, 💻 trekkingnepal.com, Karte S. 142. Bietet neben Trekkingtouren in ganz Nepal auch hervorragende Vogelbeobachtungs- und Wildtiertouren.

Sport und Wellness

Der **Royal Nepal Golf Club** in der Nähe des Flughafens, ✆ 01-4472836 (zeitlich begrenzte Mitgliedschaft möglich), hat einen 9-Loch-Platz, der als zusätzliches Hindernis Affen zu bieten hat. Einen 18-Loch-Platz nach internationalem Standard gibt es in Gokarna (S. 171).

Yoga

Kamma Healing Centre, Baber Mahal Revisited, abseits Airport Rd, ✆ 01-4256618. Gutes Angebot an Yoga-Unterricht.
Patanjali Yoga Centre, Tahachal, neben dem Shrestha Guest House, ✆ 01-4278437, 💻 yogakathmandu.com, bietet tgl. Unterricht ohne Anmeldung, Privatunterricht und fünftägige Intensivkurse in *astanga yoga*. Beim Zentrum sind Infos über Studien vor Ort und die Lehrerausbildung in Pokhara erhältlich.
Pranamaya Yoga Centres, beim Restaurant 1905 nahe der Kantipath (S. 177) und nahe der Bar Moksh in Patan (S. 181), 💻 pranamaya-yoga.com. Gut geführtes Zentrum mit vielfältigem ausgezeichnetem Unterrichtsangebot (Rs600), darunter Iyengar-, *power, flow* und Schwangerschafts-Yoga sowie Pilates. Außerdem jeden Monat Yoga-Aufenthalte in Namobuddha (S. 266).

Astrologie

Einzelheiten zu **Astrologen** in der Gegend von Kathmandu werden hier nicht aufgeführt, zum einen, weil die wenigsten von ihnen eine Fremdsprache sprechen, zum anderen, weil die meisten bereits ihren Kundenstamm haben und von Touristenmassen überrollt würden. Um doch einen Astrologen aufzusuchen, könnte man Angestellte in seiner Unterkunft oder einen Guide bitten, einen gegen eine Vermittlungsgebühr zu ihren Astrologen mitzunehmen und bei der Sitzung zu dolmetschen – mit Sicherheit ein faszinierender Blick hinter die Kulissen eines ganz wichtigen Kapitels newarischen Lebens.
Um ein **Horoskop** erstellen zu lassen, benötigt man die genaue Geburtszeit und den Geburtsort (wenn man die genaue Uhrzeit nicht weiß, kann der Astrologe auch durch Handlesen improvisieren). Für ein Jahreshoroskop benötigt er bis zu einer Woche, für ein Lebenshoroskop noch länger. In einer weiteren Sitzung deutet der Astrologe dann das Horoskop. Die Gesamtkosten können durchaus Rs1500 oder mehr betragen. Nicht zuletzt bringt man ein wunderschönes und einmaliges Kunstwerk mit nach Hause, das von Hand auf eine Pergamentrolle kalligrafiert und gemalt wird.

Heißluftballonfahrten (etwa US$200) über das Kathmandutal bietet **Balloon Sunrise Nepal**, ✆ 01-4431078, 💻 catmando.com/balloon.
Das **Royal Hana Garden**, ✆ 01-4416200, ein japanisches Restaurant nahe der französischen Botschaft in Lazimpath, lädt in einer geschützten grünen Grotte zu Bädern in **heißen Quellen** ein (Rs340). Das Essen ist auch nicht schlecht.
Im Hotel Yak & Yeti (S. 171) können Tagesgäste die **Pools** gegen eine geringe Gebühr benutzen. Das Yak & Yeti verfügt außerdem über **Tennisplätze**, die Tagesgäste gegen eine Gebühr benutzen können.

TRADITIONELLE MEDIZIN

Vieles, was im Westen als alternative Therapie gilt, ist in Nepal gängige Heilpraxis (S. 70).
Im Rahmen dieses Buches ist es unmöglich, die ganze Bandbreite dieser Therapien darzustellen, so dass wir uns auf die gängigen Praktiken beschränkt haben.

Ayurveda

Ayurveda Health Home, Dhapsi, nahe Hotel Shahanshah, ✆ 01-4358761, 💻 ayurveda.com.np. Private Konsultationen in einer Gemeinschaftspraxis. 🕒 So–Fr 9–18 Uhr.
Dr. Mana Bajracharya, hinter dem Bir Hospital in Zentral-Kathmandu, ✆ 01-4223960. Weltbekannter Arzt, bietet private Konsultationen an.
Gorkha Ayurved Company, südlich des Chhetrapati Chowk. Hier erhält man Ayurveda-Medikamente. Wenn man gen
spricht, kann man es in der kle
vom Nardevi Mandir nach We
bei einer der ayurvedischen *p*

Tibetische Medizin

Kailash Medical and Astro Society, ✆ 01-4484869, in Dhobichaur (an der Straße, die vom Chhetrapati Chowk nach Nordwesten führt) und in Boudha, ✆ 01-4484869. Bietet eine ähnliche Auswahl an Heilmitteln wie die Kunphen Tibetan Medical Clinic und hat ähnliche Öffnungszeiten.

Kunphen Tibetan Medical Clinic, nördlich des Chhetrapati Chowk, ✆ 01-4251920. Dies ist eigentlich eine Verkaufsstelle für die Produkte einer tibetischen Arzneimittelfirma, die Sprechstunden sind aber empfehlenswert. ⌚ Mo–Fr 10–17 Uhr.

Massagen

Die meisten „Yoga & Massage"-Schilder, die man in Thamel findet, sind Angebote von Scharlatanen. Einige bieten auch „Spezial-Massagen" an, also **Prostitution**. Schätzungen zufolge gibt es in Kathmandu 5000 Prostituierte. In Thamel und den anderen Touristen- und Ausländervierteln arbeiten jedoch auch einige ausgebildete **Masseure**; die Fluktuation ist allerdings groß, so dass man sich an den Aushängen über die aktuellen Angebote informieren sollte. Man sollte sich immer die Referenzen zeigen lassen. Der Preis für eine nepalesische Massage sollte bei etwa Rs500–1000/Std. liegen; andere Massagearten (Shiatsu, Thai usw.) kosten etwas mehr.

Healing Hands Center, nahe der russischen Botschaft, Maharajganj, ✆ 98510-38447, 💻 ancientmassage.com. Bietet Thai-Massage, Tai-Chi-, Yoga- und Meditationskurse an.

Himalayan Healers, im Hotel Ambassador in Lazimpath, ✆ 01-4414432, sowie in einigen anderen Hotels in Nepal, 💻 himalayan healers.org. Die empfehlenswerte Organisation unterrichtet Mitglieder der „unberührbaren" Kasten in Massage- und Wellnesstechniken.

Tranquility Spa, an verschiedenen Orten in Kathmandu und Patan, ✆ 01-4700248, 💻 tranquilityspa.com.np. Empfehlenswert.

SONSTIGES

Autovermietungen

Ausländer dürfen in Nepal offiziell nicht selbst fahren; es ist aber kein Problem, über ein [illegible]büro oder sein Hotel ein Auto samt Fahrer zu mieten (S. 61). Wie viel man zahlt, hängt vom eigenen Verhandlungsgeschick ab, aber um die Rs2200–4000 pro Tag ist der aktuelle Preis. Es ist meist billiger, mit einem Taxifahrer einen Preis auszuhandeln.

Diplomatische Vertretungen

Deutsche Botschaft, Gyaneshwar Marga 690, ✆ 01-4412786, 📠 4416899, 💻 www.kathmandu.diplo.de, ⌚ Mo–Fr 9–11.30 Uhr.

Österreichisches Honorarkonsulat, 22 Manakamana Marg, ✆ 01-4434648, 📠 4434515, 📧 autconktm@wlink.com.np, ⌚ Mo, Mi, Fr 12–15 Uhr.

Schweizer Botschaft, Jawalakhel, Patan, ✆ 01-5524927, 📠 5525358, 💻 www.eda.admin.ch/kathmandu, ⌚ Mo–Fr 10–12 Uhr.

Fahrrad- und Motorradverleih

Mit dem Fahrrad lassen sich gut viele außerhalb gelegene Sehenswürdigkeiten erreichen; in Zentral-Kathmandu trüben das extrem hohe Verkehrsaufkommen und die Luftverschmutzung dieses Vergnügen. Am besten trägt man zum Schutz vor Abgasen und Staub eine Maske oder zumindest ein befeuchtetes Taschentuch. Gleich südlich vom Chhetrapati Chowk gibt es ein paar günstige Verleihe. Bessere Räder bekommt man allerdings bei einem von Thamels Mountainbike-Anbietern (S. 189). Einfache **Räder mit einem Gang** gibt es für etwa Rs250 pro Tag, **Mountainbikes** mit Helm (und manchmal mit einem praktischen Reparatur-Set) ab Rs500–1000.

Ein **Motorrad** ist ideal, um das Kathmandutal und die weitere Umgebung zu erkunden (innerhalb der Ring Road macht das Fahren allerdings keinen großen Spaß). Mehrere Anbieter in Thamel verleihen Motorräder ab etwa Rs650 pro Tag, ohne Benzin (welches fast so teuer ist wie in Europa). Als Sicherheit sind ein Flugticket oder der Reisepass zu hinterlegen, auch der Führerschein muss vorgezeigt werden.

Himalayan Enfielders, neben der israelischen Botschaft in Lazimpath, ✆ 01-4440462, 💻 himalayanenfielders.com, ist für den Anfang bestens geeignet. Das Angebot umfasst Verleih, Reparaturen, Ersatzteile, Touren sowie Einführungen.

Singh Motorbike Centre, ✆ 01-4418594, ✉ singh.motorbike@gmail.com, nahe dem Restaurant Thamel House, und **Bikemandu**, ✆ 980 898 9369, 💻 bikemandu.com, in Patan verleihen ebenfalls Motorräder. Bevor man sich auf den Weg macht, sollte man sich unsere Verkehrstipps (S. 61) durchlesen.

Geld

Geldwechsler gibt es überall in Thamel und rund um Jhochhe, Durbar Marg und Patan Durbar Square verteilt; 🕒 normalerweise haben sie tgl. von 9–20 Uhr geöffnet.
Die **Nepal Bank** in der New Road hat längere Öffnungszeiten als die meisten anderen Banken und bietet gute Wechselkurse. 🕒 tgl. 7–19 Uhr.
Die **Standard Chartered Bank** hat eine günstig gelegene Filiale in Thamel North.
In Thamel und in der ganzen Stadt verteilt gibt es unzählige **Geldautomaten** – alle akzeptieren ausländische Karten und einige sind 24 Stunden am Tag in Betrieb.
Die örtliche Amex-Vertretung ist **Yeti Travels and Tours**, Durbar Marg, ✆ 01-4221234, 💻 yetitravels.com. 🕒 Mo–Fr 10–13, 14–17 Uhr.

Informationen

Tourist Service Center, ungünstig in Bhrikuti Mandap östlich vom Tudikhel gelegen, ✆ 01-4256909, 💻 welcomenepal.com. Hier gibt es kostenlose Karten und Broschüren. Alternativ gibt es in Thamel, gegenüber vom Tasi Dhargey Inn, eine kleinere, weniger besuchte Filiale der **Touristeninformation**. In beiden Filialen befinden sich Schalter der Touristenpolizei. 🕒 Mo–Fr 10–17 Uhr. Eine gute Informationsquelle sind auch die Schwarzen Bretter in den Gästehäusern und Restaurants in Thamel.
Kathmandu Environmental Education Project (KEEP), nahe Tridevi Marg, ✆ 01-4410952, 💻 keepnepal.org. Das KEEP gibt Ratschläge – hauptsächlich zu Trekking-Möglichkeiten, Aufenthalten in Gastfamilien und Freiwilligenarbeit – und verfügt über ein Schwarzes Brett, einen Umweltladen und ein Café, in dem man andere Trekker treffen kann. 🕒 So–Fr 10–17 Uhr.
Himalayan Rescue Association, nördlich vom Königspalast, ✆ 01-4440292, 💻 himalayan rescue.org. Eine weitere hilfreiche gemeinnützige Organisation. Es gibt ein nützliches Schwarzes Brett mit Infos zum Trekking. 🕒 So–Fr 10–17 Uhr.
Nepal Traveller, 💻 nepal-traveller.com, ist ein kostenloses **Magazin**, das einige nützliche Artikel bietet. Allerdings sind die Ausgaben nur schwer ausfindig zu machen, man liest sie also besser online. Viel einfacher sind einheimische, englischsprachige **Zeitungen** und Zeitschriften wie die *Kathmandu Post* und die *Himalayan Times* zu finden: Sie werden in Buchläden, Supermärkten und auf der New Road verkauft.
Die kostenlosen **Stadtpläne**, die in den Fremdenverkehrsämtern ausgegeben werden, sind nicht so detailliert wie die in diesem Buch. In Buchhandlungen (S. 184) ist besseres Kartenmaterial zu erhalten, darunter die hochwertigen Karten von Mapple/Karto Atelier. Die von Nepa herausgegebene, handliche Karte von Kathmandu und Patan ist preiswert und nützlich. Mapmandu, 💻 mapmandu.com, ist eine nützliche Online-Karte mit Ortssuchfunktion.
Trekking-Permits (S. 406) und Karten des **Trekkers' Information Management System** (TIMS) (S. 407) sind im Tourist Service Centre (links) erhältlich.

Internet und Telefon

Die meisten **Hotels** bieten ihren Gästen Internetzugang und/oder WLAN. **Cybercafés** sind in Thamel und Jhochhe leicht zu finden, und in praktisch jeder Geschäftsstraße gibt es ebenfalls eines; die meisten Cafés verlangen um die Rs50–75 pro Stunde.
Für **Festnetzanrufe** geht man am besten zu einem der vielen ISD/STD/IDD-Zentren oder Internetcafés. Ortsgespräche kosten nur ein paar Rupien, während internationale Anrufe bei etwa Rs50 pro Minute beginnen.

Medizinische Hilfe

CIWEC Clinic, Lazimpath, in der Nähe der britischen Botschaft in Lainc
4424111, 💻 ciwec-clinic.com
mit westlichem Standard und
westlichen und einheimischen

außerdem erhält man viele Auskünfte. ⌚ Klinik Mo–Fr 9–17 Uhr, Notfälle tgl. 24 Std.
Nepal International Clinic (NIC), einen Block östlich des Eingangs zum Königspalast, ☎ 01-4435357, 🖳 nepalinternationalclinic.com. Ebenfalls gut und etwas günstiger. ⌚ tgl. 9–13, 14–17 Uhr.
Viele Kliniken in Thamel lassen die nötige Sorgfalt vermissen und sind nicht zu empfehlen. Im Kathmandutal gibt es einige private Krankenhäuser: Zwei mit einem guten Ruf bei den Expats und bei Angestellten von nichtstaatlichen Organisationen sind das **B&B Hospital** in Patan, ☎ 01-5531930, und das **Norvic International Hospital** in Thapathali, ☎ 01-4258554, 🖳 norvichospital.com. Öffentliche Einrichtungen sind das relativ moderne **Patan Hospital**, ☎ 01-5522295, und das **Bir Hospital**, ☎ 01-4221119, das zentral liegt, aber einen sehr niedrigen Standard hat und besser zu meiden ist.
Wem es wirklich schlecht geht, der wird ins Ausland geschickt.
Medikamente kann man überall in den **Apotheken** (*pharma*) kaufen.

Notfälle

Mehrere Organisationen verfügen über **Krankenwagen**, darunter auch das Rote Kreuz, ☎ 01-4228094, die Handelskammer von Nepal, ☎ 01-4230213, und das Norvic International Hospital, ☎ 01-4258554. Sich ein Taxi zu rufen, geht allerdings meistens schneller.

Polizei

Wer Opfer einer Straftat geworden ist, sollte sich an die **Touristenpolizei** wenden, untergebracht im Tourist Service Center in Bhrikuti Mandap, ☎ 01-4220818, wo Mo–Fr 10–17 Uhr ein Englisch sprechender Beamter im Einsatz ist. Beamte sind auch in der Touristeninformation von Thamel, ☎ 01-4429750, sowie an Schaltern am Durbar Square und in anderen Touristengegenden im Einsatz. Außerhalb der Dienstzeiten sollte man einen Nepali-Sprecher bitten, unter ☎ 01-100 die Polizei zu verständigen. Diebstähle sind in Kathmandu einem Polizeibeamten der Touristenpolizei oder bei der Polizei-Hauptwache, Abteilung Interpol, an der Westseite des Durbar Square, bzw. in Patan am Jawalakhel Chowk zu melden. Die Zentrale der Polizei und von Interpol ist in Naksal.

Post und Kurierdienste

Buchläden und andere Geschäfte verkaufen Briefmarken und nehmen im Allgemeinen (gegen eine kleine Gebühr) auch die Post zum Frankieren an; viele Hotels bieten diesen Service ebenfalls.
Hauptpost (GPO), Kantipath. Hier gibt es einen Poste-Restante-Schalter. ⌚ Mo–Fr 9–17 Uhr.
Spediteure können einem die Last abnehmen, Päckchen nach Hause zu schicken:
Atlas de Cargo, Hattisar, ☎ 01-4445666, 🖳 atlasdecargo.com;
Sharmasons Movers, Kantipath, ☎ 01-4247907.
Zu den **Luftfrachtdiensten** gehören:
DHL, Naya Baneswore, ☎ 01-4782427, 🖳 dhl.com;
United Parcel Service, Kantipath, ☎ 01-4232219, 🖳 ups.com. Arbeitet mit dem einheimischen Spediteur Shangri La Tours zusammen;
Federal Express, Kantipath, ☎ 01-4269248, 🖳 fedex.com. In Zusammenarbeit mit Everest De Cargo.
Päckchen können auch vom **Foreign Post Office** neben dem GPO verschickt werden. Das ist zwar billiger, aber abgesehen davon, dass es den ganzen Vormittag in Anspruch nimmt, auch ein nervenaufreibendes Prozedere. ⌚ Mo–Fr 9–17 Uhr.

Reisebüros

Ample Travels, vor dem Hotel Vaishali, Thamel, ☎ 01-4423148, 🖳 ampletravels.com;
President Travel and Tours, Durbar Marg, ☎ 01-4220245, 🖳 pttnepal.com;
Sherpa Society, Jyatha Thamel, ☎ 01-4249233, 🖳 sherpasocietytrekking.com;
Wayfarers, J.P. School Rd, ☎ 01-4266010, 🖳 wayfarers.com.np.

Sprachkurse

ITC, abseits vom Tridevi Marg, Thamel, ☎ 01-4414490, 🖳 itcnepal.com, bietet Anfänger-, Auffrischungs- und Fortgeschrittenenkurse an. Gute Alternativen sind das **Kathmandu Institute of Nepali Language**, am Bhagvan Bahal,

Thamel, ✆ 01-4432652, 🖳 ktmnepalilanguage.com, sowie **Nepal Face to Face**, ✆ 01-5528688, 🖳 nepalfacetoface.com, in Patan.

Visumsverlängerung

Beantragung beim **Department of Immigration**, in Kalikasthan, unmittelbar nördlich des Singha Durbar, ✆ 01-422 3590, 🖳 immi.gov.np/visa. In der Regel sollte der Pass am selben Tag wieder zur Abholung bereit liegen. ⌚ Mo–Fr 10–17 Uhr. Allgemeine Informationen über Visumsverlängerungen auf S. 69.

NAHVERKEHR

Taxis, Tempos und Fahrradrikschas

Taxis sind eine recht günstige Art, sich in Kathmandu fortzubewegen (die Fahrt von Patan nach Thamel kostet z. B. um Rs300). Für die überfüllte Altstadt allerdings sind sie nicht sehr geeignet.

Einige Unternehmen betreiben eine Taxiflotte, ✆ 01-4224374 oder 4266642 (Hotels erledigen das für die Gäste). Unabhängige Taxis warten an speziellen **Taxiständen** wie am Tridevi Marg (der Hauptkreuzung in Thamel), entlang des Dharma Path, am Jamal am Ende des Durbar Marg, an der zum Mangal Bazaar gelegenen Seite des Patan Durbar Square sowie am Jawalakhel Chowk. Alle Taxis sind mit **Taxametern** ausgestattet, jedoch ist es üblich, einen Festpreis auszuhandeln. Vielleicht sollte man mit ein wenig Nepali glänzen (*Meter-maa januhunchha?* – „Schalten Sie für die Fahrt den Taxameter an?"). Nach Einbruch der Dunkelheit wird ein geringer Aufschlag verlangt.

Tempos entlang fester Routen (darunter die umweltfreundlichen elektrischen *safa*-Tempos) verkehren regelmäßig in der ganzen Stadt. Viele fahren von zwei Haltestellen am Kantipath: eine wenig nördlich von Rani Pokhari und eine vor dem Büro von Nepal Airlines (NAC oder RNAC) nördlich des Hauptpostgebäudes bzw. südlich der Kreuzung mit der New Road. Zu- und Aussteigen ist bei jedem der häufigen Stopps möglich, jedoch sind die Tempos oft schon voll, wenn man nicht an einem der Ausgangspunkte einsteigt.

Fahrradrikschas sind nur für kurze Strecken geeignet; den Preis vor der Abfahrt aushandeln.

Stadtbusse und Microbusse

Manche **Stadtbusse** verkehren auf denselben Strecken wie die Tempos mit den festen Routen; doch in der Regel werden sie für längere Fahrten eingesetzt. Sie sind billig (die Preise variieren, betragen aber in der Regel um die Rs30), langsam und überfüllt, besonders zu den Hauptverkehrszeiten. Um einen Sitzplatz zu bekommen, sollte man an einem der Startpunkte einsteigen.

Microbusse verkehren meist von denselben Ausgangspunkten und befahren dieselben Routen wie Tempos.

TRANSPORT

Busse

Die meisten **Fernbusse** fahren vom Naya (New) Bus Park in Gongabu, 3 km nördlich von Thamel an der Ring Road, ab. Ein Taxi nach Thamel kostet etwa Rs400.

Busverbindungen ab Kathmandu

Touristenbusse	Häufigkeit (pro Tag)	Fahrtzeit
Pokhara	bis zu 21	7–8 Std.
Sauraha/Chitwan	6	5–7 Std.
Sonauli	2	8–9 Std.
Expressbusse	**Häufigkeit (pro Tag)**	**Fahrzeit**
Bhairahawa/ Butwal/Sonauli	alle 10–30 Min.	7–9 Std.
Biratnagar	9–10	ca. 14 Std.
Birgunj	alle 15 Min.	ca. 9 Std.
Gorkha	ca. 16	4–5 Std.
Hetauda	alle 20 Min.	ca. 6 Std.
Janakpur	stdl.	10 Std.
Kakarbhitta	ca. 20	14–15 Std.
Mahendra Nagar	6	16–17 Std.
Narayangadh	alle 15–30 Min.	4–5 Std.
Nepalgunj	ca. 20	ca. 13 Std.
Pokhara	alle 15 Min.	6–7 Std.
Tansen/Palpa	5	11 Std.

Busse in Richtung Arniko Highway fahren vom City Bus Park (auch als Purano oder Old Bus Park bekannt) an der Ostseite des Tudikhel ab. Am einfachsten ist es, die Fahrkarte über eine Agentur zu kaufen. Hier starten auch Regionalbusse z. B. ins Kathmandutal, an die tibetische Grenze oder nach Jiri. Sie fahren gewöhnlich dann ab, wenn sie voll sind; wer also sicher einen Platz ergattern möchte, sollte früh da sein.

Touristenbusse und Minibusse nach Pokhara, Sauraha (Chitwan) und Sonauli fahren etwa um 7 oder 8 Uhr morgens vom Kantipath oder der Tridevi Marg in Thamel. Die Tickets, erhältlich über Reisebüros, sind rund doppelt so teuer wie die für die öffentlichen Busse, dafür sind die Touristenbusse aber bequemer und in der Regel auch schneller.

Greenline Tours, ✆ 01-4257544, 💻 greenline.com.np, mit eigenem Busdepot an der Tridevi Marg, betreibt die komfortabelsten (und mit Rs1200–1450 inkl. Mittagessen teuersten) Touristenlinien.

Weitere Informationen über Touristenbusse nach Pokhara gibt es im Kapitel „Das westliche Bergland“ auf S. 304.

Nach Hetauda (3–4 Std.) im Terai fahren **Jeeps** über eine direkte, aber holprige Strecke durch die Berge südlich von Kathmandu (S. 195). Sie fahren, sobald sie voll sind, von der Balkhu Junction an der Ring Road (wo diese den Bagmati River überquert).

Weiterreise in die Nachbarländer

Indien

Am einfachsten reist man mit einem der vielen täglichen **Flüge** vom Tribhuvan International Airport nach Indien. Es gibt auch eine direkte **Busverbindung** von Kathmandu nach Delhi, aber die Fahrt ist wirklich eine mindestens 36 Stunden dauernde Tortur. Einfacher ist es, mit dem Bus zur Grenze zu fahren und von dort weiterzureisen; India-Railways-Tickets können online gebucht werden (💻 cleartrip.com ist sehr viel einfacher als die officielle Webseite 💻 irctc.co.in).

Zwischen Nepal und Indien gibt es **sieben Grenzübergänge** für Ausländer. Am meisten frequentiert sind die Übergänge bei Sonauli (S. 350) und Birgunj (S. 374).

In Reisebüros werden auch **Pauschalarrangements** für Indien verkauft, die aber sehr unzuverlässig sind und daher am besten gemieden werden.

Visum für Indien

Die Indische Botschaft, ✆ 01-4410900, 💻 indianembassy.org.np, abseits der Lazimpath, hat die Visumsvergabe ausgelagert, so dass die Beantragung eines Visums jetzt ein wenig leichter vonstatten geht (einfacher ist es dennoch weiterhin, sich das Visum schon von zu Hause aus zu besorgen). Die Visumsvergabe erfolgt jetzt über die Nepal SBI Bank, ✆ 01-4001516, 💻 nepalsbi.com.np, die über ein Büro neben der Botschaft verfügt, 🕘 Mo–Fr, Antragsabgabe 9–12 Uhr, Abholung 16.30–17.30 Uhr. Die Schlangen können sehr lang sein, also rechtzeitig vor Ort sein. Theoretisch sollte es möglich sein, das beantragte Visum noch am selben Tag abzuholen. Ein sechs Monate gültiges Touristenvisum kostet Rs3250, ein Transitvisum für 15 Tage Rs1700 (in nepalesischen Rupien). Dazu kommt eine Bearbeitungsgebühr von Rs250. Die Antragsformulare können von der Website der indischen Botschaft heruntergeladen werden; erforderlich ist außerdem ein farbiges Passbild. Die Visa gelten vom Tag der Ausstellung, nicht vom Tag der Einreise nach Indien.

Tibet

Ausländer, die von Nepal nach Tibet einreisen wollen, müssen sich einer **Reisegruppe** anschließen – eine Richtlinie, die streng angewandt wird.

Flüge

Der **Tribhuvan International Airport**, ✆ 01-4471933, 💻 tiairport.com.np, liegt 5 km östlich des Stadtzentrums.

Ankunft

Touristenvisa (S. 69) werden bei der Ankunft in Kathmandu ausgestellt. Außerdem gibt es eine Wechselstube, einen Geldautomaten, einen Touristeninformationsschalter, der für alle ankommenden Flüge geöffnet hat, und einen Hotelreservierungsdienst, überwiegend für die teureren Hotels. Wer schon im Voraus ein Zimmer gebucht hat, dem bieten viele Hotels eine kostenlose Abholung, wovon man auch Gebrauch machen sollte (am besten notiert man sich die Telefonnummer der Unterkunft, falls es Probleme gibt). Es gibt aber auch einen Schalter für **im Voraus bezahlte Taxis** mit festen Preisen: Rs500–600 zu den meisten Zielen in Kathmandu. Inoffizielle Taxis sind etwas günstiger, lohnen den Aufwand aber nicht. Auch wenn man dem Taxifahrer erklärt hat, wo man gerne hin möchte, wird dieser vielleicht trotzdem versuchen, einem ein Guesthouse zu einem besonders günstigen Preis aufzudrängen.

Schlepper für Unterkünfte bieten gern einen „kostenlosen" Transport an, wenn man ihre Unterkunft wählt. Fahrgeld und Schlepperprovision werden jedoch auf den Preis des (Budget-) Zimmers aufgeschlagen.

Die Standard-**Tour** über acht Tage und sieben Nächte kostet um die US$900 (oder etwa US$700 plus Flug); die Anreise erfolgt auf der Straße, zurück wird dann geflogen. Auf dem Weg nach Lhasa übernachtet man in einfachen Gästehäusern und reist im Bus statt im komfortableren Land Cruiser. Angehalten wird an verschiedenen Aussichtspunkten und Klöstern, darunter Shigatse, Gyantse und Yamdruk Tso. Auf längeren – und teureren – Touren werden vielleicht Trekking im Gebiet des Mount Kailash, Radtouren von Lhasa nach Nepal oder Wildwasser-Rafting angeboten. Ein Besuch im nördlichen Everest-Basislager im Land Cruiser verlängert die Tour um zwei weitere Tage, so dass diese dann eher US$2000 kostet (inklusive Rückflug nach Lhasa). Während der gesamten Tour muss man in der Gruppe bleiben, aber danach kann man – theoretisch – auf eigene Faust losziehen, so lange das Visum gültig ist, und dann selbstständig nach Nepal zurückkehren oder nach China weiterreisen. Grundvoraussetzung dafür ist ein Ausreiseticket von Lhasa. (Viele Radfahrer reisen mit einer Gruppe über die Grenze nach Tibet und machen sich dann auf eigene Faust auf den Weg; wer Tibet dann allerdings vor seiner Reisegruppe wieder verlässt, muss eine Strafe von US$100–200 zahlen.)

Die **Hochsaison** in Tibet dauert von April bis September; gegen Ende dieser Zeit können manche Strecken durch vom Monsun verursachte Erdrutsche blockiert sein – es gibt aber fast immer einen Weg. Zwischen Mitte Dezember und Anfang März werden in der Regel wegen der Gefahr von Schneestürmen keine Reisen angeboten.

Wayfarers, J.P. School Rd, Thamel, ✆ 01-4266010, 💻 wayfarers.com.np, bietet Reisen nach Tibet, genauso wie mehrere Anbieter von Trekking-, Rafting- und Mountainbiketouren (S. 188).

Die chinesische Botschaft stellt nur Gruppenvisa durch offizielle Reisebüros aus. Die **Visa** gelten für 15 bis 20 Tage (US$85 für die meisten Nationalitäten) und sind offiziell nicht verlängerbar, auch wenn das in der Praxis in Lhasa möglich sein mag. Befindet sich bereits ein chinesisches Visum im Pass, wird dieses gelöscht, nachdem man ein tibetisches Visum bekommen hat. Es ist offenkundig, dass die Regeln häufig geändert werden, und in der Vergangenheit wurde die tibetische Grenze immer mal wieder geschlossen. Es ist also wichtig, sich im Vorfeld über die aktuelle Situation zu informieren.

Flüge Richtung Himalaya

Ein atemberaubendes Erlebnis sind die einstündigen Himalaya-Rundflüge, die sogenannten *mountain flights*. Diese starten – wenn es das Wetter zulässt – jeden Morgen vom Tribhuvan Airport in Kathmandu; am besten macht man sich so früh wie möglich auf den Weg, denn dann hat man die besten Chancen auf gutes Wetter. Ein Ticket für den nächsten Tag verkauft jede Agentur zum Standardpreis von US$171 (plus Taxi und Rs200 Flughafengebühr). Zwischen den Fluglinien gibt's kaum Unterschiede, einen guten Ruf genießen jedoch Buddha und Yeti. Auch die Routen sind gleich: Man fliegt nahe an den Bergen nordöstlich von Kathmandu und hat einen Blick auf den Everest in der Ferne. Allerdings sollte man nicht hoffen, direkt zwischen den Gipfeln herumzufliegen. Auch sollte man im Hinterkopf behalten, dass die normalen Flüge zu den Flugpisten in den Bergen, z. B. nach Jomosom und Lukla, wahrscheinlich noch spannender sind, da man dort dann auch landet (S. 401). Dennoch: Die Flugzeuge für die *mountain flights* sind klein, laut und haben jede Menge Flair, und man darf auch mal ins Cockpit. Und die Ausblicke sind natürlich umwerfend!

Die **Stadtbusse** stellen eine preiswerte, aber unbequeme Alternative dar: Sie fahren an der großen Kreuzung am Ende der Flughafenstraße ab – 200 m Fußweg – und halten am City Bus Park.

Weiterreise

Die meisten nationalen und internationalen Fluglinien haben ihre Büros in der Gegend um Kantipath und Durbar Margh. Man kann Tickets direkt, über eine Agentur oder online buchen – Letzteres ist derzeit bei den meisten nepalesischen Fluggesellschaften jedoch nicht möglich. Bei allen Inlandflügen fällt eine Flughafengebühr von Rs200 an. Internationale Flüge sollten mindestens 72 Stunden vor dem Abflug rückbestätigt werden.
Es werden täglich Inlandflüge zu Städten in ganz Nepal angeboten, u. a. nach Bhairahawa, Bharatpur, Biratnagar, Janakpur, Nepalgunj und Pokhara. Dazu gibt es weniger regelmäßige Flüge zu Flugplätzen in den Bergen (S. 401) und regelmäßige Rundflüge (*mountain flights*, s. links).

Internationale Fluggesellschaften:
Air China, Nordseite des Königspalasts, ✆ 01-4440650;
Air India/Indian Airlines, Hattisar, ✆ 01-4416721;
Biman Bangladesh Airlines, Ostseite des Königspalasts, ✆ 01-4434740;
Emirates, nördlich von Kamaladi, ✆ 01-4252048;
Gulf Air, Hattisar, ✆ 01-4435322;
Jet Airways, Hattisar, ✆ 01-4222121;
Korean Air, nördlich von Kamaladi, ✆ 01-4252048;
Qatar Airways, Hattisar, ✆ 01-4257712;
Singapore Airlines, Kamaladi, ✆ 01-4222908;
Thai Airways, Durbar Marg, ✆ 01-4223565.

Nepalesische Fluggesellschaften
Agni Air, Ostseite des Königspalasts, ✆ 01-4017812);
Buddha Air, Hattisar, ✆ 01-4437025;
Gorkha Airlines, Hattisar, ✆ 01-6212096;
Nepal Airlines (NAC, jedoch oft weiter RNAC genannt, für Royal Nepal Airlines Corporation), New Rd, Ecke Kantipath, ✆ 01-4244055;
Sita Air, Sinamangal, ✆ 01-4487110;
Yeti Airlines, Thamel Chowk, ✆ 01-4213012.

Das Kathmandutal

Stefan Loose Traveltipps

3 **Pashupatinath** Nepals heiligster hinduistischer Tempelkomplex hüllt sich in den Rauch seiner Totenfeuer. S. 204

4 **Boudha** In der Morgen- und Abenddämmerung strömen Scharen buddhistischer Mönche, Nonnen und Pilger zur riesigen weißen Kuppel des Stupa. S. 209

Bajra Yogini Wie es sich für eine Blutopfer fordernde Göttin gehört, verströmt der Schrein der Bajra Yogini etwas Finsteres. S. 217

Shivapuri Zu Fuß oder mit dem Mountainbike gelangt man durch dichten Wald zum mit 2732 m zweithöchsten, aber am einfachsten zugänglichen Gipfel des Tals. S. 220

Newa Lahana, Kirtipur Die beste traditionelle Newar-Küche in Nepal findet man in einem Gemeinschaftsrestaurant in einer der stimmungsvollsten Newar-Städte. S. 225

Bishanku Narayan Der friedliche Hindu-Tempel versteckt sich in einem der schönsten ländlichen Winkel des Tals. S. 234

5 **Bhaktapur** Die besterhaltene alte Stadt des Tals ist kein Freilichtmuseum: Hier geht das newarische Leben seit Jahrhunderten seinen gewohnten Gang. S. 235

Changu Narayan Der schönste Tempel im Tal, mit kunstvollen Skulpturen, liegt herrlich abgeschieden auf einem Bergrücken. S. 249

KATHMANDUTAL

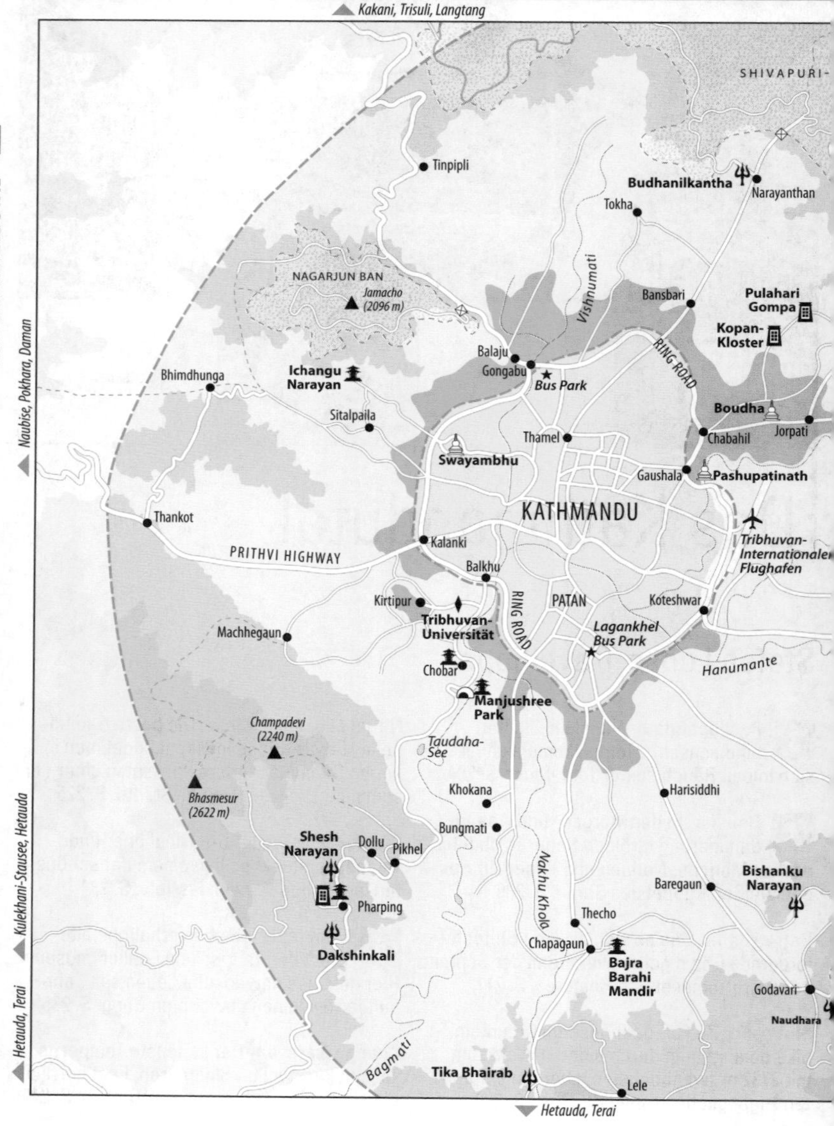

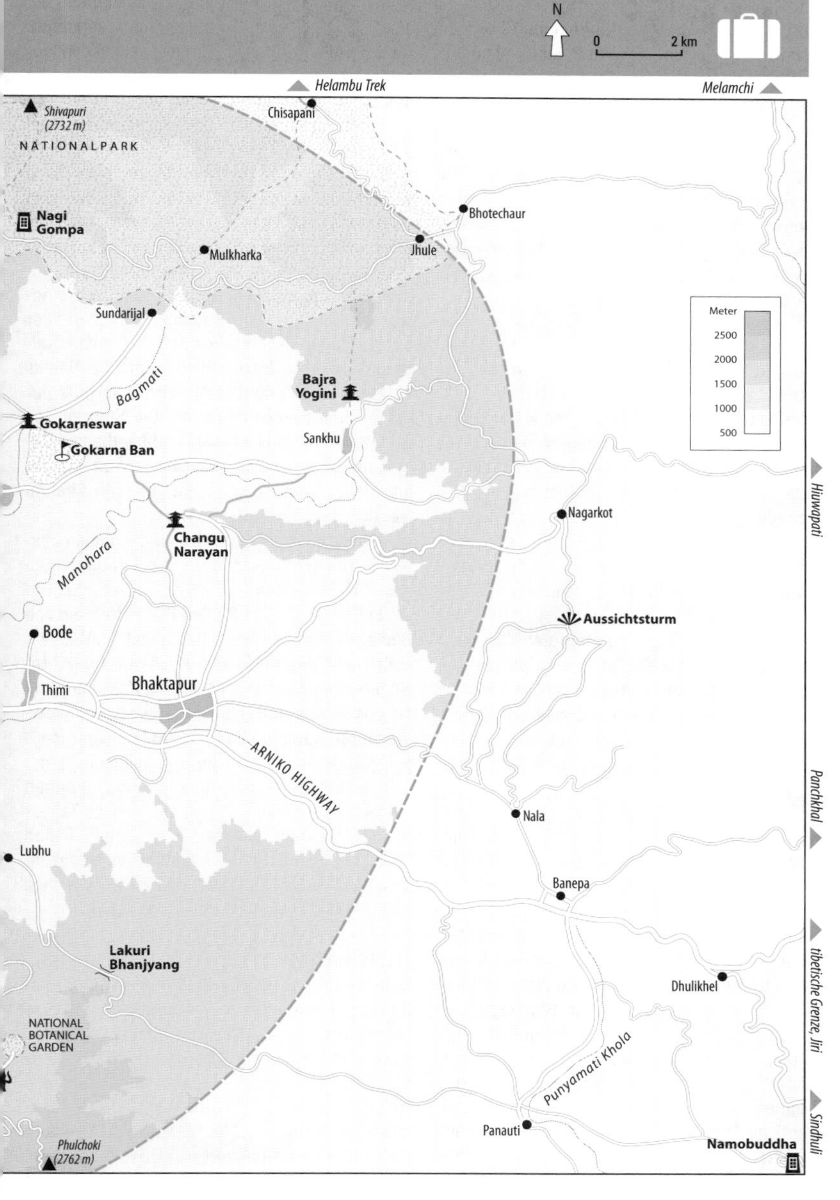
N
0
2 km
Helambu Trek
Melamchi
Shivapuri
(2732 m)
NATIONALPARK
Chisapani
Nagi
Gompa
Bhotechaur
Mulkharka
Jhule
Sundarijal
Meter
2500
2000
1500
1000
500
Bagmati
Bajra
Yogini
Gokarneswar
Gokarna Ban
Sankhu
Hiuwapati
Nagarkot
Changu
Narayan
Manohara
Aussichtsturm
Bode
Thimi
Bhaktapur
ARNIKO HIGHWAY
Panchkhal
Nala
Lubhu
Banepa
tibetische Grenze, Jiri
Lakuri
Bhanjyang
Dhulikhel
NATIONAL
BOTANICAL
GARDEN
Punyamati Khola
Sindhuli
Panauti
Phulchoki
(2762 m)
Namobuddha

Mitten im abweisend schroffen Landesinneren von Nepal wirkt das **Kathmandutal** wie eine unverhoffte Laune der Natur: ein Becken aus sanft gewelltem, fruchtbarem Land, das sich wie eine Opfergabe dem Himmel darbietet. Es hat nur rund 25 km Durchmesser, ist aber so vollgepackt mit heiligen Stätten, dass man es lange Zeit „Nepal-*mandala*" nannte – das ganze Tal als riesiges spirituelles Kreisbild. „Das Tal hat ebenso viele Tempel wie Häuser", begeisterte sich William Kirkpatrick, der erste Engländer, der Kathmandu erreichte, „und genauso viele Götzenbilder wie Menschen."

Die geheiligte Geografie des Tals ist weitgehend unverändert geblieben, doch die Zahl der Häuser – und Menschen – hat sich seit Kirkpatricks Zeiten vervielfacht. Das Tal ist der wirtschaftliche Motor des Landes und ein unwiderstehlicher Magnet für die jungen Nepalesen aus den Bergen. Nicht zuletzt durch die Flüchtlingswelle, die der Aufstand der Maoisten in den frühen 2000er-Jahren auslöste, hat sich die Bevölkerung des Tals in den letzten zehn oder 15 Jahren verdoppelt: auf heute mehr als zwei Millionen. In den 1980er-Jahren waren zwei Drittel des Tals Agrarland, heute ist es nur noch ein Drittel. Das ländliche Paradies von einst verwandelt sich zusehends in ein riesiges Ballungsgebiet, dessen Betonmassen inzwischen fast bis an die nördlichen und westlichen Ränder des Tals herangewuchert sind. An den meisten Tagen vernebelt Smog den Blick auf die fernen Berge.

Trotz dieses rasanten Wachstums erweisen sich die Traditionen des Tals als erstaunlich unverwüstlich. Lange Zeit war es der Schauplatz von Auseinandersetzungen dreier rivalisierender Stadtstaaten – Kathmandu, Patan und Bhaktapur –, und diese Spaltungen bleiben in der Gesellschaft des Tals verwurzelt. Kathmandu und Patan sind inzwischen innerhalb der Ring Road miteinander verwachsen, doch **Bhaktapur**, am Ostufer des Bagmati, pflegt seine stolze Unabhängigkeit. Wie die anderen, kleineren Newar-Städtchen des Tals – **Kirtipur**, **Thimi**, **Sankhu**, **Bungmati** – hat es sich seine markante mittelalterliche Atmosphäre bewahrt. Seine Holz- und Backsteinbauten drängen sich dicht an dicht um schmale Gässchen und Tempelplätze, und das Leben seiner Bewohner ist immer noch eng mit den Reisfeldern vor den Stadtmauern verknüpft. An den Süd- und Osträndern des Tals und in lauschigen Seitentälern und an den steilen Hängen des Beckens, schimmert nach wie vor der sanft wogende Flickenteppich der Reisfelder – je nach Jahreszeit braun, golden oder leuchtend grün.

Die Dichte der Sehenswürdigkeiten im Tal ist verblüffend. Gleich jenseits der Ring Road sind zwei der wichtigsten religiösen Stätten Nepals angesiedelt: der Shiva-Tempel und die düsteren Verbrennungs-Ghats von **Pashupatinath** als Zentrum des nepalesischen Hinduismus und der riesige weiße Stupa von **Boudha**, Mittelpunkt der bescheidenen Renaissance des tibetischen Buddhismus. Viele weitere heilige Stätten der Hindus erinnern an das geheiligte Terrain jenseits der Ziegel- und Betonsiedlungen: Die Statuen des schlafenden Vishnu von **Budhanilkantha** und **Balaju**, die Opferschlucht von **Dakshinkali** und der auf einem Berg gelegene Tempel von **Changu Narayan** sind die bedeutendsten.

Wandern und **Radfahren** sind die beiden besten Fortbewegungsarten in den Randgebieten des Tals. Wanderwege führen jenseits des botanischen Gartens in **Godavari** zum Schrein von **Bishanku Narayan** sowie durch dichten Wald hinauf zum **Phulchoki**, dem höchsten Punkt der Hügelketten. Wer es etwas einsamer mag und schöne Aussichten zu schätzen weiß, sollte den **Shivapuri**, Nagarjun Bans **Jamacho** oder irgendeinen anderen Gipfel in der Gegend erklimmen.

Alle Orte, die in diesem Kapitel beschrieben werden, können von Kathmandu aus als Tagesausflug besucht werden. In manchen Fällen lohnt sich aber eine Übernachtung, vielleicht mit anschließender Weiterreise zu Zielen aus dem Kapitel „Das zentrale Bergland" (S. 255).

Transport

Das schnellste Transportmittel sind **Taxis**, obwohl sie natürlich von Verkehrsstaus genauso betroffen sind wie Busse. Auf kürzeren Strecken kann man versuchen, darauf zu bestehen, dass das Taxameter angestellt wird, aber oft lassen sich die Fahrer nicht darauf ein oder das Taxameter ist eh manipuliert. Auf längeren Strecken kann man das Taxameter getrost vergessen: Hier lassen sich erstaunlich zivile Preise für eine

Die wichtigsten Feste im Kathmandutal

Einige der Feste, die für Kathmandu aufgeführt sind (S. 180), werden auch im Kathmandutal gefeiert. Die meisten richten sich nach dem Mondkalender, so dass man vor Ort das genaue Datum erfragen muss.

Magh (Jan–Feb)

Magh Sankranti Der erste Tag im Monat Magh (14. oder 15. Jan.), an dem ein rituelles Bad an Patans Sankhamul Ghat und in Sankhu vorgenommen wird.

Phaagun (Feb–März)

Losar Tibetisches Neujahrsfest bei Neumond im Februar; in Boudha am dritten Tag mit Prozessionen, Hornblasen und *tsampa*-Werfen gefeiert.
Shiva Raatri Bei Vollmond im Monat Phaagun lockt der Jahrmarkt *(mela)* von Pashupatinath Zehntausende von *ganja* (Cannabis) rauchenden Pilgern und heiligen Männern an, während die Kinder überall Geld für das Freudenfeuer von „Shivas Nacht" sammeln.

Chait (März–April)

Baluja Jaatra Rituelles Baden im Baluja Water Garden bei Vollmond.

Baisaakh (April–Mai)

Bisket Feier des nepalesischen Neujahrstags (13. oder 14. April) in Bhaktapur. Thimi und Bode haben ihre eigenen charakteristischen Feste.
Buddha Jayanti Der Jahrestag von der Geburt Buddhas, Erleuchtung und Tod wird in Boudha gefeiert.

Asaar (Juni–Juli)

Dalai Lamas Geburtstag wird in Boudha am 6. Juli inoffiziell gefeiert.

Saaun (Juli–Aug)

Janai Purnima Der jährliche Austausch der heiligen Schnur, die Hindu-Männer aus den höchsten Kasten tragen, mit Baden und Plantschen in Patans Kumbeshvar Mahadev bei Vollmond.

Bhadau (Aug–Sep)

Krishna Jayanti Krishnas Geburtstag, der mit einer Nachtwache am Krishna Mandir von Patan am siebten Tag nach Vollmond begangen wird.
Gokarna Aunsi Nepalesischer Vatertag in Gokarneswar mit Baden und Opfergaben bei Neumond.
Tij Ein Tag mit rituellem Baden für Frauen am dritten Tag nach Neumond, hauptsächlich in Pashupatinath.

Khartik (Okt–Nov)

Haribondhini Ekadashi Rituelles Baden und *puja* am elften Tag nach Neumond. Gefeiert wird hauptsächlich bei den Vishnu-Heiligtümern von Budhanilkantha, Sesh Narayan, Bishanku Narayan und Changu Narayan.

Mangsir (Nov–Dez)

Indrayani Jaatra Gottheiten werden auf Sänften bei Neumond durch Kirtipur getragen.
Bala Chaturdashi Nachtwache in Pashupatinath in der Neumondnacht mit Kerzen und rituellen Samen-Opfern für die toten Verwandten.

Hin- und Rückfahrt aushandeln, wobei man allerdings daran denken sollte, ausreichend lange Wartezeiten zu vereinbaren. **Busse** und Microbusse versprechen (sehr) engen Kontakt mit der nepalesischen Realität – oft kommt man mit den mitreisenden Nepalesen ins Gespräch. Zu den meisten Zielen im Tal verkehren Busse im 15-Minuten-Takt oder noch häufiger, so dass in der Regel keine langen Wartezeiten zu befürchten sind. Bei den Bussen auf der Ring Road kann man so ziemlich nach Lust und Laune aus- und wieder zusteigen. Busse sind zudem ein sehr billiges Vergnügen: Innerhalb des Tals kosten nur die längsten Busfahrten über Rs25. Ein **Fahrrad** oder **Motorrad** leistet gute Dienste, wenn man die ländlichen Talbereiche erkunden möchte und Wert auf Flexibilität legt. Allerdings muss man erst einmal aus Kathmandu herauskommen, was für einen Radfahrer kein Vergnügen ist und sogar gefährlich sein kann. Sein Fahrrad auf einen Bus zu schnallen und sich mindestens über die Ring Road hinausfahren zu lassen, scheint die beste Lösung zu sein. Für die meisten Besichtigungen sind die **Stadtpläne** und **Straßenkarten**, die in den Touristenzentren verkauft werden, ausreichend. Die Karten *Around Kathmandu Valley* im Maßstab 1:60 000 und *Biking Around the Kathmandu Valley* im Maßstab 1:50 000 (auf der auch Mountainbikerouten verzeichnet sind) von Nepa Maps sind ziemlich genau, auch wenn nicht alle Wege und neuen Straßen am Rand des Tals markiert sind.

Pashupatinath und Umgebung

In Pashupatinath („pasch-patty-nat" ausgesprochen) finden öffentliche Leichenverbrennungen statt, jedoch hat der Ort noch eine weit größere Bedeutung. Der Tempelbezirk liegt rund um einen *tirtha* (heiliger „Überweg") am Eingang einer Schlucht 4 km östlich von Kathmandu, gleich hinter der Ring Road, und ist Nepals heiligster hinduistischer Pilgerort, ein überwältigendes Gewimmel aus unzähligen Tempeln, Statuen, Pilgern und halbnackten heiligen Männern.

Endgültig aus den Nähten platzt der Tempelbezirk während der wüsten Feiern zum **Shiva Raatri** (um den Vollmond Feb–März), die – je nachdem, wen man fragt –, an Shivas kosmischen Tandava-Tanz (ein Ausdruck des zyklischen Geschehens von Schöpfung, Zerstörung und Erneuerung, das unser Leben beherrscht) erinnern oder daran, wie er die Welt rettete, weil er das blaue Gift trank, das drohte, die Welt zu zerstören (S. 219). Dann strömen Pilger vom ganzen Subkontinent hierher. Außerdem kommen fromme Einheimische zu besonderen Riten an Vollmondtagen und am elften Mondtag *(ekadashi)* nach jedem Voll- und Neumond.

In Kathmandu fahren **Tempos und Microbusse** am Büro von Nepal Airlines (NAC oder RNAC) am Kantipath ab. Sie tragen alle die Nummer 2 und setzen ihre Passagiere in Gaushala an der Ring Road ab, bevor sie nach Boudha weiterfahren. Mit dem **Taxi** von Thamel kostet die Fahrt etwa Rs250. Man kann die Strecke auch mit dem **Fahrrad** zurücklegen (vorbei am Königspalast, dann über Kamal Pokhari nach Gaushala an der Ring Road), aber der Verkehr ist ziemlich haarsträubend. **Zu Fuß** nimmt man in Gaushala die Straße, die bergab Richtung Osten führt, und biegt dann praktisch sofort wieder links ab in ein Seitensträßchen, das etwa 500 m weit durch einen strauchigen Park und an Blumen- und anderen Verkaufsständen vorbei zum Tempelkomplex führt.

Fast immer werden Besucher von **Führern** angesprochen, die sich gern als hilfsbereite „Studenten" vorstellen. Manche sind kundig und freundlich, andere ahnungslos und raffgierig. Die meisten bitten die Besucher, einfach zu geben, was ihnen die Führung wert erscheint. Für **Verpflegung** sorgt ein kleiner Imbissstand neben dem Gorakhnath-Tempel. Es gibt hier keine **Geschäfte**, dafür aber zahlreiche Pilgerstände an der Straße nach Gaushala. Wer ein authentisches **Souvenir** mitnehmen möchte, hält sich am besten an die Dinge, die die Nepalesen selbst kaufen: billige Votivstatuen, *linga*-Repliken, Meeresschnecken-Gehäuse, *shaligram* (Steine mit Fossilien), Opfergefäße, *motimala* (Perlenketten, die die geistige Gesundheit fördern sollen) und *rudraksha*-Ketten („Tränen des Shiva") aus den Samen des Ultrasum-Baums.

Respekt vor den Toten

Vielleicht mehr als an irgendeinem anderen Ort in Nepal sollte man in Pashupatinath seine Beine und Arme verdecken, das gilt ganz besonders für Frauen. Außerdem ist es wichtig, die Privatsphäre der Badenden, Betenden und trauernden Familien, die sich um die Ghats versammeln, zu respektieren und sich mit dem Fotografieren zurückzuhalten.

Pashupati Mandir

Der **Pashupati** Mandir ist die heiligste Stätte der nepalesischen Shaivas (Shiva-Anhänger) und hat sich außerdem zur wichtigsten heiligen Stätte des Landes für alle Hindus entwickelt. Wie viele nepalesische Tempel, ist er nur für Hindus zugänglich (d. h. in der Praxis für jeden, der südasiatisch aussieht). Selbst von draußen

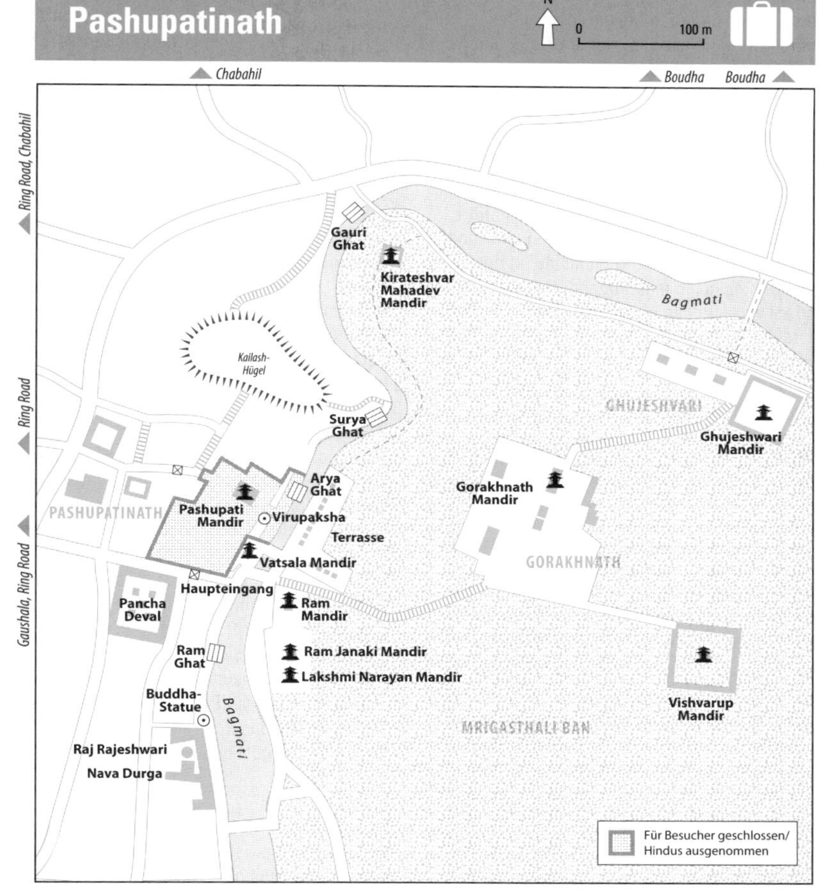

sind allerdings zwei vertraute Symbole Shivas zu erspähen, die hier gigantische Ausmaße annehmen: ein zwei Stockwerke hoher *trisul* (Dreizack) und das gewaltige goldene Hinterteil von Nandi, Shivas treuem Stier.

Die vergoldete Pagode stammt aus dem späten 17. Jh., doch manche Historiker vermuten sogar, dass dieser Ort schon seit dem 3. Jh. v. Chr. als heilige Stätte diente, die wahrscheinlich auf einen prähinduistischen animistischen Kult zurückgeht. Der gütige **Pashupati,** Herr der Tiere, ist jedenfalls nicht mit Shiva in seiner üblichen Gestalt zu verwechseln. Den Kindern wird erzählt, dass Shiva, um seinen himmlischen Pflichten zu entkommen, die Gestalt eines Einhorns annahm und sich im hiesigen Wald versteckte. Die anderen Götter verfolgten ihn, und als sie ihn zu fassen bekamen, brachen sie ihm sein Horn ab, das sich in den mächtigen Lingam von Pashupati verwandelte. Dieser Lingam ging später verloren und wurde an dieser Stelle von einer Kuh wiedergefunden, die auf wundersame Weise den Ort mit ihrer Milch besprenkelte. Gemäß der nepalesischen Überlieferung wurde sie dabei von einem Kuhhirten mit dem Namen Ne beobachtet, einem legendären Urahn, der den Lingam dann ausgrub und den Schrein begründete.

Im Inneren verborgen zeigt der berühmte **Pashupati Lingam** aus dem 14. Jh. vier plastisch dargestellte Gesichter Shivas nebst einem fünften, das sich unsichtbar an der Spitze befindet (nach buddhistischem Glauben gehört eines der Gesichter Buddha). Hindus verbinden mit diesem Lingam die Geschichte, in der Shiva seinen Phallus in einen unendlich langen Lichtstrahl verwandelte und Brahma und Vishnu aufforderte, das Ende zu suchen. Brahma flog gen Himmel, während Vishnu in die Hölle stürzte. Beide mussten die Suche aufgeben, doch Brahma brüstete sich ungerechtfertigterweise mit einem Erfolg und wurde von Shiva als Lügner entlarvt. Dies sei der Grund, so meinen die Anhänger Shivas, warum Brahma selten verehrt wird, während Vishnu seinen gerechten Anteil bekommt und Shiva die höchste Ehre zuteil wird.

Priester und Pilger am Pashupati Mandir

Ab dem 11. Jh. stellte der Pashupati Mandir 400 Jahre lang den Mittelpunkt tantrischer Praktiken dar, bis König Yaksha Malla traditionelle **Brahmanen** aus Südindien einsetzte; die *bhandaris* (Tempelgehilfen) jedoch sind immer Newar, die in der unmittelbaren Umgebung geboren wurden. Die Priester der Pashupata-Sekte, die orangefarbene Gewänder tragen, umhüllen den Lingam mit Silberbrokat und baden ihn in Joghurt, zerlassener Butter *(ghee)*, Honig, Zucker und Milch. (Angeblich bedienen sie sich auch reichlich an den Spendengeldern der Gläubigen – dies war ein Aspekt der Auseinandersetzungen, als die maoistische Regierung 2009 versuchte, die Inder aus dem Tempel zu vertreiben, was jedoch an der öffentlichen Empörung scheiterte.) Hindu-Pilger übergeben den Priestern ihre Spenden und umrunden danach den Tempel sowie die 365 *shiva linga* und weitere kleinere Schreine, die auf dem Gelände stehen. Die meisten Pilger verteilen auch Almosen an die Bettler, die entlang der angrenzenden Straßen aufgereiht sind. Wer hier etwas spenden möchte, sollte sich mit genügend Kleingeld *(saano paisa)* bei den nahen Händlern eindecken.

Die Ghats und das Flussufer

Eingang für Touristen gegenüber vom Südeingang des Pashupati Mandir ▪ ◷ tgl. 6–20 Uhr ▪ Eintritt Rs500, zahlbar am Haupttor

Vom **Haupttor** zu den **Ghats** am Fluss ist es nicht weit zu den beiden Fußgängerbrücken, die den Bagmati zwischen den Ghats, den Verbrennungs- und Badestätten an den steinernen Uferbefestigungen, überqueren. Hier zu sterben und verbrannt zu werden, ist das höchste aller religiösen Verdienste und garantiert praktisch die Befreiung aus dem Zyklus der Wiedergeburten.

Trotz der Verschmutzung des Flusses sowie des Wassermangels im Winter und Frühjahr, wenn die meisten Touristen hier sind, wird das **Baden** hier fast so hoch bewertet wie die Verbrennung. Außerdem glaubt man, dass Männer und Frauen, die hier zusammen baden, im nächsten Leben wieder miteinander verheiratet sein werden. An den meisten Tagen sieht man nur Kinder im Wasser plantschen; anders ist es an den verheißungsvollen Vollmondtagen, am Magh Sankranti (meistens am 14. Januar) und am Bala Chaturdashi (Ende November oder Anfang Dezember) und für Frauen während des Tij-Festes (Ende August oder Anfang September).

Arya Ghat

Das stromaufwärts der Fußgängerbrücken gelegene Arya Ghat ist den höheren Kasten vorbehalten. Die (aus gutem Grund) am weitesten stromaufwärts liegende Verbrennungsplattform war einst ausschließlich der königlichen Familie vorbehalten. Als nächstes folgt, direkt oberhalb der Brücke, das Ghat für die „VVIPs" – prominente Politiker und heutzutage eigentlich jeden, der es sich leisten kann. Nach dem Palastmassaker im Juni 2001 (S. 82) musste die Armee ein provisorisches Ghat zwischen den beiden errichten, um Platz für alle königlichen Toten zu schaffen.

Selbst wenn gerade keine Verbrennung stattfindet, sieht man hier oft Körper auf Bahren lie-

Sadhus

Sadhus mit ihren typischen Dreadlocks sind an allen Hindu-Tempeln zu finden, obwohl sie eigentlich mehr mit Indien in Verbindung gebracht werden. Doch da Nepal der Schauplatz für zahlreiche amouröse und religiöse Abenteuer Shivas, der Lieblingsgottheit der Sadhus, ist, gehört dieses Land auch zum bevorzugten Aufenthaltsort der Asketen.
Am häufigsten sind sie in Pashupatinath anzutreffen, einer der vier wichtigsten shivaistischen Pilgerstätten des Subkontinents. Zum Shiva Raatri-Fest versammeln sich Sadhus aus ganz Indien und Nepal in Pashupatinath, und die Regierung stellt sogar kostenlos Brennholz für das Fest zur Verfügung.
Shiva-Sadhus verehren Shiva in seiner beliebtesten und rätselhaftesten Gestalt als wilder zerzauster **Yogi**, einem Yoga-Meister, der ewige Zeiten regungslos auf einem Berg im Himalaya sitzt und dessen Haar die Quelle des mächtigen Ganges darstellt. Traditionsgemäß leben Sadhus allein, sind ständig unterwegs, ernähren sich von Almosen und besitzen lediglich das, was sie bei sich tragen. Ihre Kennzeichen sind die Shiva-Embleme *trisul* (Dreizack), *damaru* (beidseitige Trommel), eine Kette aus getrockneten *rudraksha*-Samen und gelegentlich noch eine Muschel, um gespenstische Rufe über das Weltenmeer zu schicken.
Manche beschmieren sich mit Asche und verdeutlichen damit Shivas Rolle als Zerstörer, der alle Dinge zu Asche werden lässt, damit die Schöpfung von Neuem beginnen kann. Häufig sieht man auf ihrer Stirn eine *tika* in Form eines Shiva-Dreizacks oder andere bedeutungsvolle *tika*-Formen.
Sadhus haben in Shiva ein ambivalentes Vorbild: Einerseits stellt er einen hoch auf dem Berg sitzenden Asketen dar, andererseits den allmächtigen Gott des Phallus. Manche Sadhus, wie die Anhänger des Gorakhnath-Kults (die in Pashupatinath zahlreich vertreten sind) folgen dem tantrischen **„linkshändigen" Pfad**: Sie versuchen durch bewusst „verdrehte" Praktiken, sich von sinnlichen Leidenschaften zu befreien und die illusorische körperliche Welt hinter sich zu lassen. Besonders berühmt-berüchtigt ist die spirituelle Übung, einen schweren Stein am Penis festzubinden, um dessen Schwellgewebe zu zerstören und so das sexuelle Begehren, das vom Wesentlichen ablenkt, zu zähmen. Die **Aghoris**, die den „linkshändigen" Pfad am extremsten praktizieren, sind bekannt für ihren Todeskult. Sie widmen sich dem Verbotenen, um es zu vernichten. Verbrennungsstätten wie Pashupatinath sind praktisch ihre Tempel, und es gibt sogar Gerüchte, dass sie Menschenfleisch essen – alles im Streben nach Befreiung der Seele.
Wie Shiva benutzen Sadhus auch freizügig Rauschgifte und betrachten diese als Weg zur spirituellen Einsicht. Es war tatsächlich Shiva, der die transzendenten Kräfte von *ganja* (Cannabis) entdeckte, das überall im nepalesischen Hügelland wild wächst. Sadhus konsumieren das Kraut in Form von *bhang* (eine flüssige Variante) oder rauchen es als *charas* (in einer kleinen, langen Tonpfeife, *chilam* genannt). Mit jedem Zug rezitiert der Asket „Bam Shankar": „Ich bin Shiva".

gen, die Füße im Bagmati. Viele der Gebäude um den Haupttempel sind **Dharamsala** (Rasthäuser für Pilger), die errichtet wurden, damit gläubige Hindus hier auf ihren Tod warten können. In ihrer Todesstunde werden sie so ans Flussufer gelegt, dass das Wasser ihre Füße umspült, und erhalten einen letzten Schluck heiligen Flusswassers (was ihr Sterben sicherlich beschleunigt).

Ein kleines Steinheiligtum neben dem Arya Ghat (so dass man leider nicht näher herankommt) beherbergt eine berühmte Statue von **Virupaksha**, dem „Dreiäugigen Shiva" aus dem 7. Jh., dessen mongoloide Züge die prähinduistischen Ursprünge der Figur verraten sollen. Das Kultbild wird auch in Zusammenhang mit Kalki, der zehnten und letzten Inkarnation Vishnus in Verbindung gebracht, der den gegenwärtigen *Kali Yuga*-Zyklus (Zeitalter der Kali) gewaltsam beenden wird und einen neuen, tugendhaften Zeitabschnitt einleiten soll. Die Statue steht halb im Bagmati: Manche behaupten, dass das Kultbild langsam versinkt und sein endgültiges Verschwinden das Ende dieses Zeitalters markieren wird; andere wiederum sind der Meinung, dass Virupaksha aus dem Wasser errettet wird, sobald eifrige Pilger ihm ausreichend Beachtung geschenkt haben.

Vatsala Mandir

Die kleine zweistöckige Pagode zwischen den Brücken ist der Vatsala Mandir; er ist Shivas Gefährtin Parvati in einer ihrer wilderen Rollen als Muttergottheit gewidmet. In der Vergangenheit soll sie Menschenopfer eingefordert haben, heute begnügt sie sich jedoch mit einer jährlichen Bierwäsche.

Ram Ghat

An der vom Vatsala Mandir nächsten flussabwärts gelegenen Uferbefestigung werden nahezu ohne Unterbrechung Verbrennungen durchgeführt, da **Ram Ghat** für Angehörige aller Kasten zugänglich ist. Die Terrasse unmittelbar dahinter steht normalerweise auch Besuchern offen. Es versteht sich, dass Fotografieren hier nicht so gern gesehen ist. Außerdem sollte man vielleicht vermeiden, den Rauch der Verbrennungsfeuer mit ihrem beunruhigenden Grillaroma einzuatmen.

Am südlichen Ende von Ram Ghat erhebt sich eine kleine **Buddha-Statue** aus dem 11. Jh. Dahinter versteckt sich zwischen Ziegelsteinzinnen ein gewaltiger umgekippter Lingam, der wahrscheinlich aus dem 5. Jh. stammt. Der südlichste Gebäudekomplex birgt zwei Tempel in seinem offenen Innenhof: Der ovale **Raj Rajeshwari** ist nach einer mächtigen Königin des 19. Jhs. benannt, die nach dem Tod ihres Gemahls *sati* begehen musste. Die vergoldete Pagode **Nava Durga** ist den neun grausamen Manifestationen der Göttin Durga geweiht.

Pancha Deval

Hinter dem Ram Ghat

Das Pancha Deval hinter dem Ram Ghat ist ein Zentrum für Alte, Kranke und Invalide, das zum Teil von **Mutter Teresas Missionaries of Charity** betrieben wird. Drinnen kann man sich die fünf Kuppeln im Mogulstil im Innenhof anschauen, denen das Zentrum seinen Namen verdankt. Wer eine Woche lang als Freiwilliger den Schwestern beim Wechseln der Betttücher, beim Waschen der Patienten, Töpfereinigen und so weiter helfen will, sollte früh am Morgen kommen und eine der (Englisch sprechenden) Schwestern in ihren traditionellen weißen Saris mit blauem Rand ansprechen.

Das Ostufer

Die friedliche Atmosphäre des östlichen Flussufers geht von **Mrigasthali Ban** aus, dem Wald, durch den Shiva als Hirsch getollt sein soll. Hier werden zum Vergnügen des Gottes heute noch Hirsche hinter einem Schutzzaun gehalten. Stromaufwärts der beiden Brücken säumen 15 große **Shivalaya** (kastenförmige Schreine, in denen *shiva linga* aufgestellt sind) die Steinterrassen. Sie wurden Mitte des 19. Jhs. von den Ranas und der Königsfamilie zu Ehren von Frauen errichtet, die auf den gegenüberliegenden Scheiterhaufen ihrer Ehemänner *sati* begingen; diese Tradition wurde dann allerdings im frühen 20. Jh. verboten. Heute lassen sich Sadhus hier gern für Geld fotografieren.

Oberhalb der Terrassen führt ein Pfad am Steilufer entlang nordwärts zum **Kirateshvar Mahadev Mandir** (S. 209). Der Weg balanciert etwas prekär zwischen dem Waldzaun und der Schlucht, bietet dafür aber schönen Blick auf den Fluss und hinunter auf die **Surya Ghats**, wo mehrere Meditationshöhlen aus den Uferfelsen gehauen wurden, die noch heute von Sadhus genutzt werden.

Die Vishnu-Tempel

Südlich der Haupttreppe auf den Hügel befindet sich eine weite, gepflasterte Einfriedung, in der sich zu Shiva Raatri Sadhus und andere spirituelle Exhibitionisten dicht an dicht drängen. Drei von Indien gestiftete, ziemlich nichtssagende Tempel sind **Ram**, Vishnus sterblicher Inkarnation, **Lakshmi Narayan**, also Vishnus Alter Ego und seiner Gemahlin Lakshmi, der Göttin des Glücks, sowie **Ram Janaki**, also der Familie von Rams geliebter Frau Sita, geweiht. Sie wirken an diesem nepalesischen Epizentrum des Shivaismus etwas fehl am Platz. Das eingezäunte Waldstück rechter Hand flussaufwärts gehört zu einer ganz anderen Tradition: Es ist ein **Fried-**

hof für die wenigen ethnischen Gruppen in Nepal, die ihre Toten beerdigen, darunter die Rai und Limbu aus dem östlichen Bergland.

Gorakhnath Mandir

Die Haupttreppe am Ostufer führt vorbei an einer Gruppe manchmal aggressiver Affen hinauf zum ruhigen **Gorakhnath Mandir**, einem bescheidenen *shikra*, der der Schutzgottheit der Shah-Könige geweiht ist. Die benachbarten Pilgerherbergen beherbergen sesshafte und durchreisende Sadhus. Überall liegen lange Reihen von zerfallenen **Shivalaya** mitten im Wald, die Licht und Schatten wie gesprenkelt erscheinen lassen. Der Ort wirkt wie ein romantischer, verwilderter Friedhof. Man könnte die *shivalaya* leicht für Gräber halten, doch ihre Darstellungen – der *trisul*, Figuren von Nandi und Shiva (immer mit Erektion), der Lingam über der *yoni* – sind Hinweise dafür, dass es sich um Shiva-Schreine handelt. Wenn sich nicht so viele Affen herumtreiben würden, könnte man hier hervorragend picknicken.

Der Zwiebelturm, der die Bäume im Südosten von Gorakhnath überragt, gehört zum **Vishvarup Mandir** (Eintritt nur Hindus gestattet); er ist Vishnu in seiner vielarmigen „universalen Erscheinungsform" gewidmet. Dominiert wird das Heiligtum von einer 6 m hohen Statue von Shiva und Parvati in *yab-yum*-Stellung (Aspekt sexueller Vereinigung).

Ghujeshwari Mandir

Der **Ghujeshwari Mandir** steht am Ende des Pfads, der von Gorakhnath hügelabwärts führt, oberhalb eines riesigen heiligen Feigenbaums. Nicht-Hindus können hier ebenfalls nur einen Blick von außen erhaschen. Shivas erste Frau **Sati** fühlte sich durch eine Beleidigung so verletzt, dass sie sich auf einen Scheiterhaufen warf (worauf der Begriff *sati* oder *suttee* zurückzuführen ist). Shiva holte ihren Leib aus den Flammen und flog mit ihm blind vor Gram kreuz und quer über den Subkontinent; dabei verlor er an 51 geheiligten Plätzen Teile ihres Körpers. Bei Ghujeshwari fiel Satis Vagina auf die Erde. Infolgedessen stellt der Tempel den weiblichen Gegenpart zum Lingam in Pashupati dar und gilt als genauso heilig. In seinem Zentrum befindet sich in einer Vertiefung ein *kalash* (Gefäß), das eine wohlriechende Flüssigkeit enthält. Für Buddhisten stellt Ghujeshwari eine der vier mystischen Bajra Yoginis dar – machtvolle tantrische Gottheiten –, und sie glauben, dass von diesem Ort der Samen stammt, aus dem der Lotus von Swayambhu wuchs.

Auf der anderen Seite des Flusses steht eine umstrittene **Kläranlage**, deren Errichtung aufgrund eines Streits zwischen den weltlichen Behörden und den Tempelpriestern verzögert wurde: Erstere wollten die Abwasser, die stromaufwärts in den Fluss gespült wurden, einer Reinigung unterziehen, und Letztere wehrten sich gegen die Zuführung des behandelten Wassers oberhalb des Tempelkomplexes, weil es dann nicht mehr heilig sei. Egal – die Anlage kann die Wassermassen sowieso nicht vollständig verarbeiten, so dass weiter unbehandeltes Wasser am Tempelkomplex vorbeiströmt.

Kirateshvar Mahadev Mandir

Von Ghujeshwari führt eine Straße flussabwärts am **Kirateshvar Mahadev Mandir** vorbei, der von Kirata-Bergvölkern genutzt wird, vorwiegend von den Rai und Limbu. Oft hört man die Tempelbesucher hier *bhajan* singen, vor allem an Vollmondabenden. Unterhalb liegt **Gauri Ghat**, ein friedlicher Ort, an dem der Fluss in die Pashupatinath-Schlucht eintritt. Hier kann man den Fluss überqueren und über den grasigen **Kailash-Hügel** zurückwandern; oder man verlässt den Komplex und geht weiter nach Boudha (s. unten). Im Osten des Kailash gibt es eine steile Treppe hinunter zum **Surya Ghat** (S. 208), oder man geht weiter bis zum Haupttor des Pashupati Mandir.

Boudha

Der große weiße Stupa von Boudha (oder Boudhanath) ungefähr 5 km nordöstlich des Stadtzentrums von Kathmandu ist das heilige Herz der blühenden tibetischen buddhistischen Gemeinde. Er gehört zu den weltweit größten Bau-

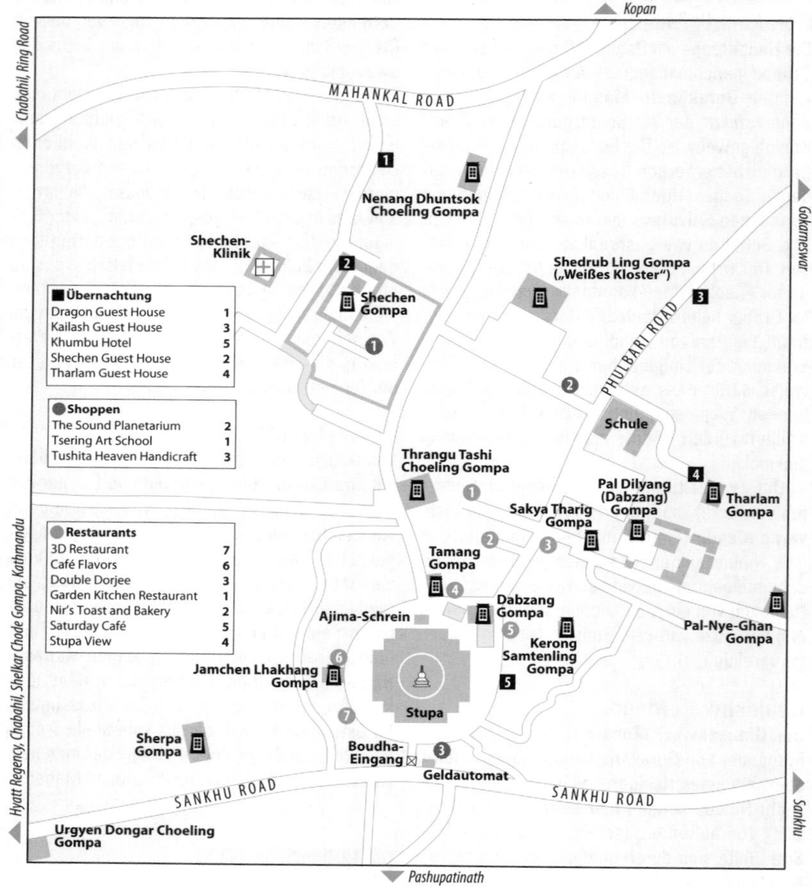

werken seiner Art – von den Tibetern wird er einfach Chörten Chempo (Großer Stupa) genannt – und gilt als wichtigster tibetischer Stupa außerhalb Tibets. Seit 1959 ist Boudha die zentrale Pilgerstätte aller **Exiltibeter** in Nepal, doch ist es schon seit Jahrhunderten eine heilige Stätte an der Handelsroute von Kathmandu nach Tibet. Der 10 km lange Korridor von Pashupatinath nach Sankhu galt als glückverheißende Zone der *siddhi* (übernatürliche Wesen), und Boudha war – und ist – das größte und verheißungsvollste Wahrzeichen an dieser Route.

Der frühe Morgen und die Abenddämmerung sind die besten Besuchszeiten: Dann vermischt sich überirdisch klingende rituelle Musik aus den Häusern und Klöstern um den Stupa herum, und die Mönche, Anwohner und Pilger verrichten zusammen ihre *kora*, indem sie den Tempel umwandeln und sich zu Boden werfen. Zuweilen können die Souvenirgeschäfte und Cafés in den hohen Häusern um den Stupa herum aufdringlich wirken, und auf dem ziegelsteingepflasterten Platz versammeln sich mehr Touristen als Tibeter. Und wenn man den beiden Gassen folgt, die Richtung Norden vom Stupa wegführen, dann verpufft die Romantik schnell: Hier befindet sich die Boomtown Boudha, ein planloses Durcheinander von müllübersäten Gassen, hässlichen neuen Bauten, Schulen und Geschäften.

Vom Kantipath beim Nepal-Airlines-Büro in Kathmandu aus starten regelmäßig überfüllte **Minibusse** und **Microbusse**, alle mit der Nummer 2, nach Boudha. Ein **Taxi** vom Stadtzentrum von Kathmandu kostet Rs300 und bringt Fahrgäste bis zum Haupttor an der Ring Road. Mit dem **Fahrrad** sollte man sich die Fahrt nicht antun: Die Straße hierher ist eine der vollsten und verpestetsten des Tals. Der **Eintritt** in Höhe von Rs150 ist am Haupteingang zu bezahlen. In unmittelbarer Umgebung des Stupa finden sich alle üblichen **touristischen Einrichtungen** wie Geldwechsler, Foto-, Telefon- und Internetläden sowie Reisebüros und Ticketagenturen.

Das Heiligtum

Die Ursprünge des Stupa werden je nach Überlieferung unterschiedlich gedeutet. Ein **tibetischer Text** handelt davon, dass eine Tochter Indras im Himmel Blumen gestohlen hatte und daraufhin als bescheidene Geflügelhändlerstochter auf die Erde zurückgeschickt wurde. Da es ihr auf Erden nicht schlecht erging, beschloss sie, einen Teil ihres Reichtums für den Bau eines Stupa zu verwenden, mit dem sie einen mythischen Buddha ehren wollte. Sie beantragte den Bau beim König und dieser gewährte ihr hämisch nur so viel Land, wie eine Büffelhaut bedecken konnte. Unverzagt schnitt die Frau die Haut in fadendünne Streifen und fügte die Enden aneinander, um mit dieser Schnur ein riesiges Stück Land einzugrenzen.

Die **Newar-Legende** hat einen reelleren historischen Hintergrund; hier handelt es sich um eine Trockenheit, die Kathmandu während der Regierung des frühen Lichhavi-Königs Vrisadev heimsuchte. Als die Hofastrologen rieten,

Feste in Boudha

Wer noch mehr über die tibetische Kultur erfahren möchte, sollte während des **Losar-Festes** im Februar oder März nach Boudha kommen. In dieser Zeit findet hier das größte tibetische Neujahrsfest in ganz Nepal statt. Ebenfalls sehr festlich zu geht es an **Buddha Jayanti** (Buddhas Geburtstag) zum Vollmond im April/Mai, wenn ein Kultbild Buddhas auf einem Elefanten um den Stupa herumgetragen wird, und zu **Vollmond** im März/April, wenn sich die Tamang – eine ethnische Gruppe, der ursprünglich die Bewachung des Stupa oblag –, hier versammeln und Hochzeiten arrangieren. Hunderte von zukünftigen Bräuten sitzen zu diesem Anlass rund um den Stupa herum und werden begutachtet. Vollmond und **Neumond** ziehen im Allgemeinen mehr Pilger an, da die Götterverehrung an diesen Tagen besonders heilbringend ist.

Wanderung von Boudha nach Pashupatinath

Die beiden Pole des Hinduismus und des tibetischen Buddhismus in Nepal, Pashupatinath und Boudha, liegen nur 2,5 km auseinander – eine interessante halbstündige Wanderung durch
normale, alltägliche Kathmandu, das nur wenige Touristen zu Gesicht
in Boudha überquert man die Straße und folgt einem Weg, der sich ar
in den wenigen noch verbleibenden Feldern vorbei leicht bergab wi
Weg, bis man die bewaldeten Hänge des Kailash-Hügels in Pashupatina
kurz vor dem Gauri Ghat rechts auf die Hauptstraße und folgt dieser. In um
Weg genauso leicht zu finden.

Boudhas Dharma-Szene

Die westliche Szene ist in Boudha gut organisiert; Neulinge brauchen allerdings mindestens eine Einführung oder viel Zeit, da ernsthaft Studierende aus dem Westen dazu tendieren, Touristen als Störfaktoren bei ihrem eigenen geistigen Streben zu betrachten. Wie man hört, wird aber jeder, der sich darum bemüht, einen Lehrer finden. Eifrige Neuankömmlinge sollten jedoch bedenken, dass es gute und schlechte Lehrer gibt und der Buddhismus in Boudha ein florierendes Geschäft ist. Trotzdem gilt Boudha unter den westlichen Anhängern der Lehre als der am besten geeignete Ort, um den tibetischen Buddhismus zu studieren, da hier alle vier buddhistischen Schulen sehr gut vertreten sind und im indischen Dharamsala, der wichtigsten Alternative, eine eher politisch als spirituell aufgeladene Atmosphäre herrscht.

Am besten übernachtet man zunächst im **Gästehaus** eines Klosters – die meisten Klöster betreiben eines, und sie stehen allen offen – und sieht sich die Schwarzen Bretter der Restaurants und Gästehäuser an oder macht sich mit den alternativen Heilmethoden vertraut, die überall angeboten werden, von Massagen bis zu tibetischer Medizin. Man kann sich auch gleich in ein Kloster begeben: Die *puja*-Zeremonien stehen allen offen. Die meisten Rinpoches („kostbaren Lehrer") in Boudha halten gelegentlich öffentliche Vorträge – mit oder ohne englische Übersetzung – und sind auch bereit, bei Interesse Einzelstunden zu vereinbaren.

Einige Klöster sind besonders auf westliche Besucher eingestellt, darunter die im Folgenden genannten. Die beliebteren, finanziell besser ausgestatteten Klöster unterhalten auf dem Land außerdem größere Einrichtungen.

Lehrklöster in Boudha

Die Sakya-Schule ist in Boudha durch das Kloster **Jamchen Lhakhang** vertreten, das der Englisch sprechende Shabdrung Ngawang Kyenrab Rinchen Paljor leitet. Das Kloster finanziert auch die in Boudha ansässige International Buddhist Academy, 💻 sakyaiba.edu.np, die jedes Jahr im September ein zehntägiges „Retreat" (Zeit der inneren Einkehr) sowie außerdem vier- oder achtwöchige Kurse in buddhistischer Philosophie und tibetischer Sprache anbietet.

dass nur das Opfer eines tugendhaften Mannes Regen bringen würde, befahl Vrisadev seinem Sohn Manadev, in einer mondlosen Nacht zur königlichen Quelle zu gehen und den Menschen, den er dort finden würde, zu enthaupten. Manadev gehorchte, stellte aber zu seinem Entsetzen fest, dass er seinen eigenen Vater geopfert hatte. Als er die Gottheit Bajra Yogini von Sankhu fragte, wie er seine Schuld sühnen könnte, ließ sie einen Vogel fliegen und empfahl ihm, einen Stupa an der Stelle zu bauen, wo dieser Vogel landen würde – und so ist Boudha entstanden.

Wie auch immer der Stupa entstanden sein nag: Es ist möglich, dass der Kern des Stupa auf 5. Jh. n. Chr. zurückgeht, und es ist fast si- lass er **heilige Reliquien** enthält, vielleicht ile des Buddhas (Knochen, Haare, Zäh- genstände, die er berührt oder benutzt hat, außerdem heilige Schriften und andere Ritualgegenstände. Da der Stupa seit Jahrhunderten versiegelt ist, weiß niemand genau, was sich in seinem Inneren befindet, aber seine Bedeutung und Verehrungswürdigkeit gründen sich vor allem auf diese Reliquien.

Der Stupa und Umgebung

Der Stupa in Boudha ist zwar weniger reich verziert als Swayambhu, dafür verströmt er eine stärkere heilige Präsenz, und es gibt mehr zu besichtigen: Man kann von der Nordseite her den Sockel des Stupa erklimmen, von wo aus Kinder manchmal ihre Drachen steigen lassen. Die Kuppel steht auf drei zwanzigeckigen Stufensockeln, die den Stupa noch mehr wie ein *mandala* (Meditationsdiagramm) wirken lassen. Wie gewöhnlich sind auf den vier Seiten des

Der Tod von Dilgo Khyentse aus dem **Shechen Tennyi Dargye Ling**, dem „Bhutanischen Kloster", shechen.org, im Jahr 1991 hat eine große Lücke hinterlassen, die jedoch von seinem Enkel, dem derzeitigen Abt Shechen Rabjam Rinpoche gefüllt wird. Er gibt Kurse auf Englisch.

Das beliebte Kloster **Ka Nying Shedrub Ling Gompa**, das „Weiße Kloster", shedrub.org, bietet einen regelmäßigen Samstagmorgens-Vortrag auf Englisch, und jeden November leitet der Englisch sprechende Abt Chökyi Nyima Rinpoche zehntägige Seminare. Außerdem bietet das Kloster in Kooperation mit der Universität von Kathmandu auch längere Studiengänge mit Abschluss, shedra.org.

Lama Tsering Wangdu Rinpoche vom Kloster **Shelkar Chode**, 400 m westlich des Stupa gegenüber dem Hyatt Regency Hotel, lamawangdu.org, hält an den meisten Vormittagen von 7.30–11 Uhr öffentlich zugängliche Sitzungen ab. Besucher können auch an dem eindrucksvollen tantrischen Chöd-Ritual teilnehmen, einer symbolischen Körperopferung, die jeweils am 10. und 25. Tag des tibetischen Monats stattfindet.

Auch Thrangu Rinpoche zieht viele Studierwillige aus dem Westen an, vor allem in seinem eindrucksvollen Tempelkomplex in Namo Buddha (S. 266), weniger hier in dem eher bescheidenen Kloster in Boudha selbst, dem **Thrangu Tashi Choeling Gompa**, rinpoche.com.

Lehrklöster in der Umgebung von Boudha

Das **Kopan-Kloster** 3 km nördlich von Boudha, kopan-monastery.com, gehört zu den gegenüber interessierten Besuchern aus dem Westen aufgeschlossensten Klöstern. Es hat ein umfangreiches Programm an Kursen und Unterricht und veranstaltet täglich um 10 Uhr geleitete Meditationen; außerdem gibt's sieben- und zehntägige Klosteraufenthalte für Anfänger und im November einen einmonatigen Intensivkurs, der einen guten Ruf genießt.

Das **Pulahari-Kloster**, von Kopan ein Stück weiter den Bergkamm entlang, jamgonkongtrul.org, ist ebenfalls ein Zentrum für Langzeitstudenten aus dem Westen mit regelmäßig stattfindenden zehntägigen Kursen.

Turms die forschenden blauen, alles sehenden Augen Buddhas aufgemalt, und darüber führen die dreizehn goldenen Stufen ins Nirvana. Anstatt der fünf transzendenten Buddhas wurden 108 (eine heilige Zahl, die sich aus der Multiplikation der Zahl neun, die den Raum symbolisiert mit den zwölf Tierkreiszeichen, die für die Zeit stehen, ergibt) kleinere Kultbilder in Nischen rund um den Tempel gesetzt, die das gesamte Pantheon mit Buddhas, Lamas und Schutzgottheiten repräsentieren. Gebetsmühlen sind in der Ringmauer um die Gesamtanlage zu finden – man sagt, dass jede Drehung einer Gebetsmühle genauso viel wert ist wie das 11 000-malige Aufsagen des darin eingestanzten Mantra.

Der kleine **Ajima-Schrein** auf der anderen Seite des Stupa zeigt das gräuliche Bild der Göttin Ajima, wie sie einem Toten die Eingeweide aussaugt, und spiegelt ihre negative Erscheinung als Überbringerin von Krankheiten wieder. Eher bekannt unter dem Namen Harati, war sie lange Zeit eine gefürchtete Kindesentführerin, bis – so sagt man – Buddha ihr eine Lektion erteilte, indem er jemand aus ihrer eigenen Nachkommenschaft stahl. Buddhistische Newar sind sehr darauf bedacht, sie immer ausreichend zu besänftigen – nur dann fungiert sie als Beschützerin ihrer Kinder. Gleich daneben steht eine zimmergroße Gebetsmühle, die jedermann bedienen darf, und auf der anderen Seite des Schreins sind die Becken zu sehen, in denen während der Feste der Kalkanstrich gemischt wird. Dahinter liegt das neu erbaute **Tamang Gompa**, dessen Balkon einen guten Überblick bietet.

Der Stupa ist in der gesamten Himalaya-Region dafür bekannt, dass er Wünsche erfüllt und Segen bringt. Man sieht **Pilger** immer wieder um den Stupa kreisen und sich unzählige Male in einem abgeschiedenen Bereich auf einer der oberen Terrassen niederwerfen. Pilger aus Tibet erkennt man eher an ihren Gebetsmühlen, ihrem schweren Silberschmuck und den gestreiften Schürzen in Regenbogenfarben als an ihren Gesichtszügen, denn auch die nepalesischen Bhotia aus dem nördlichen Bergland und die Tamang aus dem mittleren Bergland sind ursprünglich tibetischer Herkunft und strömen in Scharen nach Boudha.

Klöster

Im Gegensatz zu Swayambhu (S. 150), das traditionellerweise den newarischen Buddhisten heilig war, hatte Boudhas Kultur schon immer einen grundlegend tibetischen Einschlag. Seit der chinesischen Invasion ist der einstige Pilgerort zum zweiten Zentrum der tibetischen Religion geworden, neben Dharamsala in Indien. Im Laufe der letzten 30 Jahre hat es die tibetische Gemeinde durch westliche Spenden und eigene Geschäftstüchtigkeit zu erheblichem Wohlstand gebracht. Ein guter Teil davon ist in fromme Bauprojekte wie kleine oder große Gompas (Klöster) geflossen. Rund 20 davon stehen in der Umgebung verstreut (eine vollständige Karte ist auf eine Mauer in der Nähe des Ajima-Schreins gemalt). Die meisten sind nach Gompas in Tibet benannt, die von den Chinesen zerstört wurden, und führen das Erbe ihrer Lehrer und Lama-Reinkarnationen fort. Die vier wichtigsten tibetischen buddhistischen Schulen sind vertreten (S. 98), die meisten gehören aber zum Nyingmapa, dem ältesten Orden des tibetischen Buddhismus – und demjenigen einer ethnischen Gruppe Nepals, der Tamang, die noch immer einen Großteil des Landes um Boudha besitzen.

Besuch der Klöster

Nur wenige Klöster halten ihre Türen den ganzen Tag geöffnet, aber wenn die Türen geöffnet sind, kann man hineingehen. Die meisten heißen Besucher während ihrer lautstarken Morgen- und Abend-*puja* (S. 97, Gebetsrituale) willkommen. Bevor man ein Kloster betritt, entledigt man sich vor dem Haupttor seiner Schuhe,

Wander- und Radtouren rund um Boudha

Boudha stellt auch einen guten Ausgangspunkt für Wanderungen und Ausflüge in diesen Teil des Tals dar. In rund einer halben Stunde kann man beispielsweise nach Pashupatinath gehen (Kasten S. 211).

Das Kloster von **Kopan** auf einem Bergrücken etwa 3 km nördlich des Stupa zieht mit seinem überwältigend reich geschmückten „1000-Buddha-Stupa" zahlreiche Pilger an. Der Stupa verdankt seinen Namen den Unmengen heiliger Reliquien, die er birgt. Man kann mit dem Taxi hinfahren, aber der Weg bietet sich auch als angenehmer Spaziergang an.

Eine halbe Wanderstunde östlich von Kopan (jenseits des gigantischen, brandneuen Tempels der Amitabha Foundation) thront das Kloster **Pulahari** auf dem Bergrücken wie der Aufbau eines gewaltigen Containerschiffs. Seine riesige neue Hauptversammlungshalle ist vielleicht die am üppigsten und kunstvollsten ausgeschmückte in ganz Nepal. Beide Klöster sind tagsüber normalerweise für Besucher geöffnet, sofern nicht gerade eine Zeremonie stattfindet.

Von Kopan oder Pulahari führt eine anstrengende zwei- bis dreistündige Wanderung nach Norden auf einen bewaldeten Bergrücken hinauf zum Frauenkloster **Nagi Gompa**. Für diese Tour ist ein Führer sinnvoll, damit man sich nicht verirrt. Von hier kann man weitergehen in den Shivapuri-Nationalpark (S. 468).

3 km nordöstlich von Budha (und 2 km bergab von Pulahari entlang einer geteerten Straße) liegt **Gokarneswar**. Hier blickt ein imposanter Shiva-Tempel über den Bagmati hin zum friedvollen Gokarna-Wald mit der Luxusunterkunft Gokarna Forest Resort samt Golfclub und Spa. Von hier fahren regelmäßig Mini- und Microbusse auf der Hauptstraße von Sundarijal, dem Ausgangspunkt für Wanderungen in Helambu (S. 434), zurück nach Boudha und Kathmandu.

grüßt mit der *namaste*-Geste und setzt sich auf den Fußboden (nicht etwa auf die Bänke für die Mönche). Das Innere des Haupt-*lhakang* (Versammlungssaals) wird normalerweise von vergoldeten Statuen der Buddhas und der Bodhisattvas dominiert und ist mit Wandbehängen aus Seidenbrokat und farbenprächtigen Wandmalereien geschmückt, die furchterregende Wächter des Glaubens, symbolische Gottheiten und kosmologische Muster darstellen.

ÜBERNACHTUNG

In Boudha zu übernachten ist sehr teuer, aber es lohnt sich: Dann kann man den Ort genießen, wenn er am schönsten ist, nämlich zum Sonnenuntergang und frühmorgens. Die meisten Unterkünfte sind vom Stupa aus zu Fuß zu erreichen. Am charaktervollsten sind sicherlich die Herbergen der Klöster, wo allerdings mit frühmorgendlicher Schlafstörung durch Hornstöße, Trommeln und singende Mönche zu rechnen ist. Es ist grundsätzlich sinnvoll, vorher anzurufen, da beliebte Unterkünfte oft ausgebucht sind, vor allem rund um Festtage, Amtseinsetzungen von Lamas und dergleichen.

Dragon Guest House, Mahankal, ✆ 01-4479562, ✉ dragon@ntc.net.np. Die gemütliche Unterkunft in ruhiger Gegend wird von einer Familie aus Mustang geführt. Ihre anständig möblierten Zimmer befinden sich in einem mehrstöckigen Turm; die weiter oben sind luftiger. Freundliche Atmosphäre und viele Stammgäste. Gute 5 Gehminuten vom Stupa. Rs550

Kailash Guest House, Phulbari Rd, ✆ 01-4915741. Von Sherpa geführte relativ schäbige Absteige, aber bei knappem Budget eine brauchbare Alternative, und wer ein bisschen mehr zahlt, bekommt ein etwas frischeres Zimmer. Bei einem Kloster an der lauten Hauptstraße, die vom Stupa nach Norden führt; die Zimmer nach hinten sind ruhiger. Rs300

Khumbu Hotel, neben dem Stupa, ✆ 01-4465241, 💻 khumbuhotel.com.np. Professionelles Boutiquehotel direkt am Stupaplatz, erreichbar durch einen schmalen Eingang. Schicke Zimmer mit Zugang zu Gemeinschaftsbalkonen sowie Holztäfelung, Parkettböden, TV und richtigen Bädern. Tibetische Wandgemälde und Kostümpuppen in den Gemeinschaftsbereichen sorgen für Charakter, ein Terrassenrestaurant für die Verpflegung. US$22

Shechen Guest House, Shechen Gompa, ✆ 01-4479009, 💻 shechenguesthouse.com.np. Bunte tibetische Stoffe muntern die einfachen, aber sehr annehmbaren Zimmer in ruhiger Umgebung auf. Da das Haus zum benachbarten Shechen-Kloster gehört, begegnet man im gepflegten Garten und Restaurant häufig Mönchen auf Besuch, die hier ihren Tee einnehmen. Gutes Frühstück mit selbst gebackenem Brot. Rs1200

Tharlam Guest House, Phulbari, ✆ 01-4496878, ✉ tharlamgh@yahoo.com. Relativ neues, dreistöckiges Gebäude mit preiswerten, großen, tadellos sauberen Zimmern in prachtvoller Umgebung. Es fungiert sozusagen als Pförtnerhaus für das Kloster dahinter, weshalb hier schon frühmorgens zur *puja* gerufen wird. Es gibt auch Suiten und Zimmer mit Miniküchen. Rs600

Freiwilligenarbeit in Boudha

Eine der einfachsten Möglichkeiten, Zeit in Boudha zu verbringen, ohne sich auf längere Studien festzulegen (S. 212), besteht in der ehrenamtlichen Mitarbeit bei einer der vielen wohltätigen Initiativen, die von den tibetischen Klöstern gefördert werden. Zu den größten gehört **Karuna Shechen,** 💻 karuna-shechen.org/. Das Projekt, das von dem französischen Autor und Mönch Mathieu Ricard geleitet wird und seinen Hauptsitz im Shechen-Kloster hat, betreibt Kliniken und Schulen in Nepal, Tibet und Indien. **Rokpa,** 💻 rokpa.org, unterhält im Winter eine Suppenküche und betreibt ein Heim für Straßenkinder.

ESSEN

Einige **Restaurants** um den Stupa sind auf Tagesausflügler ausgerichtet; es gibt Sitzplätze auf Dachterrassen und Touristenmenüs in Standardqualität. Die meisten sind glanzlos (tibetisches Essen ist am ehesten zu empfehlen), doch der Ausblick tröstet über alles hinweg.

Die authentischeren tibetischen Restaurants mit typischen Tür- und Fenstervorhängen sind in den Seitenstraßen versteckt oder liegen direkt an der Hauptstraße. Die meisten Lokale schließen gegen 21 Uhr, an ruhigen Abenden auch früher – oder sie bleiben länger geöffnet, wenn eine große Gruppe da ist.

3D Restaurant, beim Stupaplatz. Das dunkle Kellerlokal Triple Dorjee oder „3D" erscheint nicht wirklich einladend, genießt aber bei den Einheimischen einen guten Ruf für seine preiswerte und frische authentische tibetische Küche. Gemüse- oder Fleisch-*momos* und *thukpa* Rs60–100. ⌚ tgl. 7–20 Uhr.

Café Flavours, Stupaplatz. Laden im Industriedesign-Schick, in dessen Untergeschoss sich Laptop-Nutzer an Espresso (Rs75), exotischem Yarchagumba-Tee (Rs145) und Brownies laben. Außerdem gibt es eine Terrasse und eine Speisekarte für den großen Hunger, mit allem Möglichen von griechischem Salat (Rs220) bis zu Pizza (Rs400). ⌚ tgl. 7.30–21 Uhr.

Double Dorjee, Phulbari Rd. Das Mini-Lokal ist bei Insidern schon seit Langem beliebt – inzwischen vielleicht eher bei Backpackern auf der Suche nach Insidern. Gutes tibetisches Essen (*thukpa* Rs80) und ein kleines Angebot an günstiger westlicher Kost (Pommes Rs90, Spaghetti bolognese Rs140) sowie abgenutzte, aber gemütliche Sofas. ⌚ tgl. 7–21 Uhr.

Garden Kitchen Restaurant, Phulbari. Von einem Seitensträßchen führt ein Tor in diesen geräumigen, mit Terrakotta gefliesten Innenhof voller Grün, in dem sich die Dharma-Szene mit Kaffee und Kuchen sowie einfacher Kost zu zivilen Preisen für neue spirituelle Herausforderungen stärkt (Hauptgerichte ab 11 Uhr). Besonders gut ist das *daal bhat* (vegetarisch, Rs195), außerdem gibt's eine gute Auswahl an indischen Gerichten (Rs100–150). ⌚ tgl. 7–21 Uhr.

Nir's Toast and Bakery, Gasse abseits der Phulbari Rd. Dieses einfache Innenhofcafé am Ende einer unterirdischen Passage ist toll für Kaffee, Kuchen und Infos zur buddhistischen Szene – es gibt ein überquellendes Schwarzes Brett mit Kurs- und Meditationsangeboten sowie Anzeigen von Ausländern, die Mitbewohner suchen. Außerdem einfache Gerichte wie Gemüselasagne (Rs250). Die Profite gehen an Schulen in Ostnepal. ⌚ tgl. 7–21 Uhr.

Saturday Café, Stupaplatz. Bietet außer der obligatorischen Dachterrasse mit Stupablick eine fantasievollere Karte als viele andere Cafés, allerdings ist alles rein vegetarisch. Es gibt Bio-Kost (u. a. köstlichen Joghurt), leckeren Kuchen, gutes Frühstück (u. a. ein mexikanisches, Rs185) und fruchtige Säfte wie etwa mit Möhren und Roter Bete (Rs80). Hauptgerichte von hausgemachten Fettuccine (Rs280) bis zum Bohnenburger (Rs120). WLAN. ⌚ tgl. 7.30–20 Uhr.

Stupa View, Stupaplatz. Boudhas bestes Restaurant, mit entsprechenden Preisen. Rein vegetarische und ziemlich fantasievolle Speisen, darunter die beliebten Pizzen aus dem Lehmofen (Rs300–400) und der Mustang-Apfelgratin (Rs295) – mit Sahne, Pflaumen und Zimt. Außerdem Bar und große Dachterrasse. Ist länger geöffnet als viele andere Cafés, teils bis 22 Uhr. ⌚ tgl. 9–21 Uhr oder später.

EINKAUFEN

Durchschnitts-Souvenirs sind in Boudha hoffnungslos überteuert; doch wer Raritäten sucht, der ist hier richtig. Teetischchen, Glasfläschchen, Schmuck, Buttertee-Gefäße, Klangschalen und Druckstöcke für Gebetsfahnen gibt es reichlich zu entdecken, dazu kommen echte *thangka* von sehr guter Qualität. Boudha ist auch ein guter Ort, um Gebetsfahnen, Brokatbänder, tibetischen Weihrauch, *chuba* (tibetisches Wickelkleid) und braune Mönchsgewänder zu kaufen – ganz zu schweigen von Meditations-CDs.

The Sound Planetarium, abseits der Phulbari Rd, neben dem Shedrub Ling Gompa, ✆ 980-8090229, ✉ oneworld@mail.com.np. Tibetische Klangschalen haben seit jeher mystische Anklänge, in diesem kleinen Laden mit seinen Therapieräumen im hinteren Bereich jedoch wird das Ganze extrem ausgedeutet, indem man für die Klangfrequenzen „Planetenkonstellationen" und Persönlichkeitsentsprechungen findet. Die Therapien, bei denen die Vibrationen der Schalen dazu benutzt werden, den Körper zu entspannen und den Geist zu heilen, bewirken ein erstaunliches Wohlbefinden, sind aber mit Rs2000 pro Stunde nicht gerade billig. Klangschalen werden auch verkauft (Rs1000–8000). ⌚ tgl. 9–18 Uhr.

Tsering Art School, Shechen Gompa, ☏ 01-4496097, 💻 tseringschool.org. Dieser Ableger des benachbarten Shechen-Klosters unterhält Geschäftsbeziehungen vor allem zu den örtlichen Klöstern; man kann hier also bestens etwas über die Dinge erfahren, die man kauft. Angeboten werden vorwiegend erstklassige *thangka*, und angehende *thangka*-Künstler können hier lernen – für Rs2600 im Monat.

Tushita Heaven Handicraft, Stupaplatz, ☏ 01-4478546, 💻 thangkatushita.com. Diese Kooperative von *thangka*-Künstlern, von denen immer einige bei der Arbeit beobachtet werden können, ist eines der alteingesessensten Geschäfte in Boudha. Hier kann man sein eigenes *thangka* in Auftrag geben – zumindest kann man Farbe und Thema bestimmen, ansonsten arbeiten die Künstler im Rahmen streng festgelegter ikonographischer Normen. ⌚ tgl. 8–17 Uhr.

SONSTIGES

Geld

Die zuverlässigste Bank des Landes, Standard Chartered, betreibt einen rund um die Uhr zugänglichen Geldautomaten gleich außerhalb des Boudha-Haupttors (wenn man hinausgeht links).

Medizinische Hilfe

Es gibt hier jede Menge Kliniken für tibetische Medizin, aber die empfehlenswerteste Adresse ist wohl die **Shechen Klinik**, gegenüber vom Shechen-Kloster, ☏ 01-4487924, 💻 karuna-shechen.org. Außer tibetischen Heilbehandlungen bietet sie auch Homöopathie und westliche Medizin/Arzneien. Ein Teil der Behandlungsgebühr in Höhe von Rs500 fließt in die Finanzierung der Gesundheitsfürsorge für die einheimische Bevölkerung und das benachbarte Hospiz. ⌚ So–Fr 9–16.30 Uhr.

Klangschalen-Therapien bietet das Sound Planetarium (S. 216).

Sankhu Bajra Yogini

Die befestigte Straße – eine der alten Handelsstraßen nach Tibet – geht von Boudha aus Richtung Osten bis nach **Sankhu**. Obwohl das Städtchen eine der größeren Newar-Ansiedlungen des Tals ist, verleiht ihm seine ländliche Lage vor den bewaldeten Berghängen eine anheimelnd provinzielle Atmosphäre. Östlich der Hauptstraße in Nord-Süd-Richtung gibt es einen alten Basarbezirk, doch die Hauptbesucherattraktion des Orts ist der Tempel der Bajra Yogini, dessen vergoldetes Dach auf einem bewaldeten Hügel nördlich der Stadt hinter einem Hain hervorblitzt.

Bajra-Yogini-Tempel

⌚ tgl. von Sonnenauf- bis Sonnenuntergang ▪ Eintritt frei ▪ Der 2 km lange Weg von Sankhu zum Tempel folgt der Hauptstraße, führt durch den Torbogen am Nordende der Stadt und nach 400 m links auf einen gepflasterten Pfad. Wer mit dem Rad oder Auto unterwegs ist, kann noch 1 km auf der Straße weiterfahren, bis der Weg schließlich ausläuft (bis hierhin verkehren auch Taxis). Dann geht es noch etwa eine halbe Stunde über steile Steinstufen nach oben, aber immerhin sorgt der Wald für angenehmen Schatten

Bajra Yogini ist die älteste von vier wilden tantrischen Göttinnen, die vor allem im Kathmandutal verehrt werden. Für die buddhistischen Newar – ihre größte Anhängerschar – ist sie identisch mit Ugratara, der zornigen, Leichen zertrampelnden Erscheinungsform der Tara, eines der weiblichen Aspekte der Buddhaschaft. Hindus verehren sie als Durga (Kali), die furchterregendste der acht Muttergöttinnen. Sie ist auch unter dem Namen Khadga Yogini bekannt, da sie in der rechten Hand ein Schwert *(khadga)* hält. Der heutige **Tempel** stammt aus dem 17. Jh., doch das kleinere Gebäude gleich daneben ist älter: Seine Natursteinkuppel könnte sogar noch das Original aus dem 7. Jh. sein. Der Stein direkt rechts von der Tempeltür ist ein Schlangenschrein *(nag)*.

Die Pilgerherberge

Eine Treppe führt an wuselnden Affenhorden vorbei zu einer malerischen **Pilgerherberge** mit Innenhof aus der Rana-Ära. Der dem Tempel zugewandte Flügel beherbergt im ersten Stock einen Nebenschrein der Bajra Yogini. Die Göttin selbst darf nicht berührt werden, deshalb schuf man diese Kopie aus vergoldetem Kupfer für die alljährliche **Jatra**-Prozession nach Sankhu hinunter (ein neuntägiges Fest vom Voll- bis zum Neumond März–April). Hier wird sie als Muttergöttin von ihren beiden Kindern flankiert. Darunter, im Erdgeschoss, sind ein Buddhakopf aus dem 7. Jh. und eine riesige, umgekehrte Bratpfanne ausgestellt. Diese erinnern an Vrisadev, dessen Enthauptung zur Gründung von Boudha (S. 211) führte, und an einen König aus alter Zeit, der seinen eigenen Körper als tägliches Bratopfer für Bajra Yogini hingab. Der Sage nach erweckte die Göttin ihn wieder zum Leben und verlieh ihm übernatürliche Kräfte. Als ein Rivale den Trick nachmachen wollte, akzeptierte die Göttin zwar sein Fleisch, gab ihm aber nicht sein Leben zurück. Danach stülpte sie die Bratpfanne um, als Zeichen dafür, dass sie keinerlei Opfer mehr annehmen würde. Heute werden Blutopfer nur noch an dem dreieckigen Stein des Gottes **Bhairab** (Bajra Yoginis Gemahl) dargebracht. Er steht rund 100 Stufen unterhalb des Tempels am Weg und glänzt meistens vor frischem Blut.

Die Höhlen

In der Rückwand des Komplexes befindet sich eine **Meditationshöhle**. Eine weitere Höhle gleich hinter dem *pati* westlich des Komplexes (an der undeutlichen tibetischen Inschrift mit dem Avalokiteshvara-Mantra über der Tür zu erkennen) ist unter dem Namen Dharma Pap Gupha bekannt: Wer sich durch die schmale Öffnung in das Innere der Kammer hineinzwängen kann, beweist damit seine Tugendhaftigkeit *(dharma)*; alle anderen offenbaren ihre Sündhaftigkeit *(pap)*.

SONSTIGES

Es gibt **Imbissstände** im Basar, aber keine speziellen Angebote für Touristen.

TRANSPORT

Von Kathmandus City Bus Park verkehren etwa alle zehn Minuten **Busse** nach SANKHU. Der Ort ist auch mit dem **Fahrrad** zu erreichen; allerdings ist bis hinter Jorpati (gleich östlich von Boudha) mit starkem Lastwagenverkehr zu rechnen. Mit einem Mountainbike kann man nach NAGARKOT (S. 257) weiterradeln; dazu vom alten Basarbezirk an der Hauptstraße Richtung Norden fahren. Einige schwierigere Strecken führen über den Bergrücken nach CHANGU NARAYAN (S. 249).

Budhanilkantha

Eine Asphaltstraße führt zum 8 km nördlich von Kathmandu gelegenem Dorf Narayanthan, dessen Mittelpunkt **Budhanilkantha** bildet. Hier befindet sich in einem ummauerten Tempelkomplex die äußerst imposante, aus einem einzigen gewaltigen Stein gehauene Statue des Schlafenden Vishnu.

Ein Aufenthalt in Budhanilkantha kann mit einer Wanderung oder einer Mountainbike-Tour auf den dicht bewaldeten **Shivapuri** (S. 220) kombiniert werden. Schönere Ausblicke auf den Himalaya als von hier finden sich kaum sonstwo im Tal. Die Straße von Kathmandu nach Budhanilkantha ist anfänglich verkehrsreich, doch die Strecke, die zunächst nordwärts bis Tokha verläuft und dann nach Osten abbiegt, ist ruhiger.

Der Schlafende Vishnu

⌚ Die Skulptur kann täglich von Sonnenauf- bis Sonnenuntergang betrachtet werden; *puja* tgl. 9–10, 18–19 Uhr

Die 5 m lange, größte Steinskulptur des Tales, der **Schlafende Vishnu** (Jalakshayan Narayan) von Budhanilkantha, treibt schwerelos wie ein riesiger Astronaut auf einem Schlangenbett inmitten eines Wasserbeckens. Das Bildnis besteht aus schwarzem Basalt, der aus dem entfernten südlichen Hügelland stammt und offensichtlich unter der Herrschaft des Lichhavi-Königs Vishnugupta im 7. Jh. von Zwangsarbeitern hierher geschleppt wurde. Der Legende nach soll die Statue jahrhundertelang im Erdreich verborgen gewesen sein, bis sie ein Bauer beim Bestellen seines Ackers wieder entdeckte.

Nur Hindus dürfen das Heiligtum betreten, um vor dem schlafenden Vishnu ihre *puja* zu verrichten; andere Besucher können die Statue

Alter Blauhals

Der Name Budhanilkantha ist irreführend und hat immer zu Missverständnissen geführt. Er hat nichts mit Buddha zu tun (*budha* heißt „alt", aber das hindert buddhistische Newar nicht daran, die Statue zu verehren). Die eigentliche Frage ist, warum die Bezeichnung Budhanilkantha (wörtlich „Alter Blauhals"), die sich eindeutig auf Shiva bezieht, in diesem Fall für Vishnu verwendet wurde. Die Legende von **Shivas blauem Hals** ist in Nepal sehr beliebt: Einst wühlten die Götter das Meer allen Lebens heftig auf, als plötzlich ein Gift aufstieg, das die Welt zu zerstören drohte. Sie baten Shiva, ihnen zu helfen, und er eilte herbei und schluckte das Gift. Daraufhin färbte sich sein Hals blau, und der große Gott floh mit brennender Kehle in die Berge nördlich von Kathmandu, stieß seinen Dreizack in die Erde und schuf so einen See, Gosainkund, mit dem er seinen Durst stillte. Die Anhänger Shivas behaupten, dass sich während des einmal im Jahr stattfindenden Shiva-Fests im August das Bildnis Shivas unter der Wasseroberfläche des Gosainkund-Sees abzeichne – was eine Verbindung zu der auf dem Wasser schwimmenden Figur des Budhanilkantha herstellt, da das Wasser in dessen Becken aus dem Gosainkund-See stammen soll. Einer hiesigen Legende zufolge soll eine spiegelbildliche Statue von Shiva auf der Unterseite der Skulptur liegen.
Die Statue des Budhanilkantha hingegen trägt alle Kennzeichen Vishnus oder **Narayans**, wie er oft in Nepal genannt wird. Sie zeigt Vishnu, wie er auf der Schlange Sesh auf dem Weltenmeer dahingleitet; aus seinem Nabel entsprießt Brahma und die übrige Schöpfung.

nur zwischen Betonstreben hindurch betrachten. Priester und Novizen pflegen, waschen und salben den Gott unaufhörlich, doch ihren Höhepunkt erreicht die religiöse Geschäftigkeit während der morgendlichen und abendlichen *puja*.

Jedes Jahr während des **Haribondhini Ekadashi-Fests** Ende Okt/Anfang Nov wird der Gott aus seinem Sommerschlaf „geweckt" – ein Ereignis, das immer Tausende von Pilgern anzieht.

Die einzige Person, die sich traditionell nie hier blicken ließ, war der König von Nepal. Die einen erklären seine chronische Abwesenheit mit einem Fluch aus dem 17. Jh., die anderen damit, dass die Monarchen als Reinkarnationen Vishnus galten und nie ihr eigenes Abbild anschauen sollten.

Auf dem umgebenden Basar blüht das Geschäft mit diversen religiösen Utensilien, Süßwaren und Tee.

ÜBERNACHTUNG

Park Village Resort, unmittelbar neben der Hauptstraße etwa 200 m vor dem Schlafenden Vishnu, ✆ 01-4375280, 💻 ktmgh.com/park village. Das Resort im Country-Club-Stil verfügt über ausgedehnte Außenanlagen voller Vögel und mit Infinity Pool, Tennisplatz, Tischtennisplatten und Spa. Das Restaurant ist gut, und die Zimmer mit Bad sind großzügig bemessen. Eine angenehme, halb-ländliche Anlage für Konferenzteilnehmer und Leute, die nahe bei Kathmandu nächtigen möchten, aber nicht in der Stadt selbst. US$87

Shivapuri Heights Cottage, ✆ 984-1371927, 💻 shivapuricottage.com. Diese beiden attraktiven Häuschen im traditionellen Baustil liegen fünf bis 15 Gehminuten von der Straße am Rand des Shivapuri-Waldes, ein Stückchen westlich von Budhanilkantha. Sie bieten einen großartigen Blick übers Tal und sind bei in Nepal ansässigen Ausländern als Wochenendrefugium sehr beliebt. Abendessen und Frühstück sind im Preis inbegriffen, außerdem gibt's Cocktails, Massagen, Guides und mehr. Außerdem bieten sie sich als Ausgangsbasis für den frühmorgendlichen Aufstieg zum Gipfel des Shivapuri an (S. 220). US60

TRANSPORT

Microbusse nach Budhanilkantha fahren von Kathmandu etwa alle 5 Minuten gegenüber von NAC am Kantipath ab und fahren den Kantipath entlang Richtung Norden vorbei am Kaisher Mahal, etwas östlich von Thamel in Lainchaur.

Einige Busse fahren weiter bis zum Shivapuri-Parktor 2 km nördlich, ansonsten muss man laufen.

Shivapuri-Nationalpark

Parktor 2 km nördlich von Budhanilkantha ▪ ⏲ tgl. 8–16.30 Uhr; Ticketbüro schließt gegen 14 Uhr ▪ Eintritt Rs250, Fahrräder US$7, Camper zahlen am Parktor Rs100 pro Zelt ▪ Microbusse von Kathmandu nach Budhanilkantha (S. 218) fahren gelegentlich bis zum Parktor, ansonsten muss man laufen

Mit 2732 m ist der Shivapuri (oder Sheopuri) der zweithöchste Berg am Rande des Tals. Er liegt im Wald des **Shivapuri Nagarjun-Nationalpark**, der als Schutzgebiet für die Wasserversorgung des Tals eingerichtet wurde. Der bei Weitem schönste Weg zum Gipfel von Budhanilkantha ist nicht der direkte Weg über die Stufen, sondern beginnt mit einem Spaziergang Richtung Osten entlang einer unbefestigten Straße (bei normalen Bedingungen gewöhnlich passierbar mit Allradfahrzeug oder Motorrad) zum **Nagi Gompa**, einem ehemaligen Tamang-Kloster. Es wurde dem hoch geachteten Lama Urgyen Rinpoche gestiftet und wird heute von Nonnen – und gelegentlich von westlichen *dharma*-Studenten, die von Boudha heraufgeschickt werden – bewohnt. (Wer sich für den Buddhismus interessiert, kann nachfragen, ob er in dem einfachen Gästehaus hier nächtigen kann.) Dies ist ein netter Fußweg von etwa einer Stunde, der sich bergauf und ostwärts durch den Wald schlängelt.

Der Aufstieg zum Gipfel des Shivapuri

Der Aufstieg zum Gipfel des Shivapuri dauert vom Kloster Nagi Gompa etwa zwei bis drei Stunden (im Zweifelsfall immer nach links halten). Der Höhenunterschied von fast 1200 m ist nicht ohne, also auf jeden Fall Proviant und genügend Wasser mitnehmen. Kurz vor dem Gipfel passiert der Weg **Baghdwar**, wo der heilige Fluss Bagmati aus dem Maul eines Tigerkopfs sprudelt, und eine hinduistische Einsiedelei. Um die Mittagszeit bewölkt es sich meist, aber wer früh genug unterwegs ist, genießt von hier oben einen herrlichen Blick auf den Himalaya, vom Jugal und Ganesh Himal bis hinaus zum Himal-

Wandern und Mountainbikefahren im Shivapuri-Nationalpark

Im Shivapuri-Nationalpark gibt's zahlreiche **Wander- und Mountainbikerouten**; ein guter Ausgangspunkt ist das Nagi Gompa. Die holprige Straße führt vom Kloster die gesamte Südseite des Parks entlang bis zu seinem östlichsten Punkt und bietet verschiedene Möglichkeiten, hinunter ins Tal zu gelangen. Eine gute Radstrecke führt von einer Gabelung rund 500 m östlich des Klosters hinab und folgt dabei einem hübschen Kamm Richtung Süden nach Gokarna oder Kopan (S. 214); dies ist zugleich eine schöne, wenn auch lange Route zum Gipfel des Shivapuri.

Vom Tamang-Dorf **Mulkharka**, 10 km östlich vom Nagi Gompa die Straße entlang, können Wanderer in weniger als einer halben Stunde zum Ort **Sundarijal** absteigen; von hier fahren zahlreiche Busse zurück nach Boudha und Kathmandu. Alternativ kann man von Mulkharka (wo es einfache Unterkünfte gibt) Richtung Norden und bergauf mitten durch den Park zum Pass Borlang Bhangjang (etwa 3 Std.) wandern, von wo es hinab nach **Chisapani** auf der Nordostseite des Parks geht (1 Std.); dies ist traditionell die erste Tagesetappe des Helambu Circuit (S. 434).

Von Mulkharka bietet sich außerdem eine klassische **Mountainbike-Route** Richtung Osten auf der holprigen Straße bis zum Parktor in Jhule an und von dort Richtung Süden weiter nach Nagarkot oder Sankhu; alternativ kann man Richtung Norden am Rand des Parks die ganze Strecke bis nach Chisapani fahren. Von Budhanilkantha bis nach Chisapani wäre es eine 30 km lange Ganztagestour (etwa 8 Std.). Zwischen Mulkharka und Jhule können Wanderer vorbei am Bajra-Yogini-Tempel (S. 217) direkt Richtung Süden nach Sankhu hinuntergehen.

chuli und nach Osten vom Langtang Lirung bis zum Dorje Lakpa. Wer die morgendliche Aussicht richtig auskosten will, zeltet am besten auf der grasbewachsenen Gipfelkuppe.

Eine direkte Abstiegsroute führt Richtung Westen zu einem Sattel nicht weit vom Gipfel und von dort über eine gut ausgebaute, aber erbarmungslose steinerne Treppe – zumeist ohne Schatten – hinunter, entweder zum Haupttor (gleichzeitig eine mögliche, aber masochistische Aufstiegsroute) oder zur Straße etwa auf halber Strecke zwischen Budhanilkantha und dem Parktor.

Nagarjun Ban und Umgebung

Die nordwestliche Ecke des Tals ist am dichtesten bevölkert. Kathmandu wuchert bis an den Rand des Beckens, wo die Hauptstraße nach Trisuli (S. 454) smoggeschwängert aus dem Tal klettert. Doch immerhin lockt das Waldgebiet **Nagarjun Ban**, das zum Shivapuri–Nagarjun-Nationalpark gehört, mit üppigem Grün. Am Fuß seiner bewaldeten Hänge liegen der kuriose „Schlafende Vishnu" von **Balaju** und der rustikale Tempel **Ichangu Narayan**. Natürlich ist der Wald nicht mit dem des Shivapuri zu vergleichen, auch der Vishnu ist kleiner als der von Budhanilkantha und der Tempel deutlich bescheidener als sein Beinahe-Namensvetter Changu Narayan, aber zumindest liegen sie alle günstig zum nahen Stadtzentrum.

Von Kathmandu fahren regelmäßig **Microbusse** vom NAC (Nepal Airlines) am Kantipath über Jamal und Lainchaur, am Kantipath, und Lekhnath Marg in Nord-Thamel nach Balaju; man bittet den Fahrer, dass er einen am Machha Pokhari Chowk, einer größeren Kreuzung, aussteigen lässt. Nagarjun Ban ist täglich von 8 bis 16.30 Uhr **geöffnet**; das Ticketbüro schließt gegen 14 Uhr. Der **Eintritt** beträgt Rs250, Fahrräder kosten US$7 extra. Wer länger im Wald wandern und insbesondere den Gipfel des Jamacho besteigen möchte, sollte am besten in einer **Gruppe** hierherkommen, da es in den vergangenen Jahren zu Überfällen gekommen ist. Wer nach Nagarjun Ban fährt oder wandert, kann in hübscherer Umgebung in einem der Straßencafés an der Hauptstraße jenseits des Parkeingangs **essen**.

Balaju

🕒 tgl. 7–19 Uhr ▪ Eintritt Rs5, Hochzeitsgesellschaften Rs2500 ▪ Von Kathmandu fahren regelmäßig Microbusse vom NAC (Nepal Airlines) am Kantipath über Jamal und Lainchaur, am Kantipath, und Lekhnath Marg in Nord-Thamel nach Balaju, das auch leicht mit dem Fahrrad von Thamel aus zu erreichen ist

Balajus „Wassergarten" ist eigentlich ein Vorstadtpark zum Picknicken gleich hinter der Ring Road. Er liegt rund 2 km nordwestlich von Thamel an der Straße nach Trisuli. Der offizielle Name Baisdhara-Garten rührt von dem Wasserbecken her, das 22 *(baais)* steinerne Abflussrinnen *(dhara)* speist. Während des Lhuti-Punhi-Festes am Vollmondtag März-April wimmelt es hier von badenden Gläubigen. Die Hauptattraktion des Parks ist jedoch die Statue eines **schlafenden Vishnu**. Früher glaubte man, dass sie nur eine Kopie der berühmteren und viel größeren Skulptur in Budhanilkantha sei (S. 218), dabei ist sie vielleicht sogar älter.

Die Bildsprache bleibt rätselhaft, aber der Gott scheint ein Muschelhorn und eine Keule in seinen beiden linken Händen sowie Asche und einen Rosenkranz in seiner rechten Hand (Attribute von Vishnu bzw. Shiva) zu halten. Das würde die Figur zu einem Shankar-Narayan – halb Vishnu, halb Shiva – machen. Sollte dem so sein, spiegelt dieser Kompromiss vielleicht den Balanceakt der frühen Gupta-Herrscher wider, die zwar den Vaishnavismus einführten, aber auch die ältere, verbreitete Anbetung von Shiva respektierten.

Nagarjun Ban

Von Balaju sind es zwei Straßenkilometer bergauf bis zum Parktor von **Nagarjun Ban** (auch als **Rani Ban** bekannt), einem großen Waldschutzgebiet mit erstaunlich ursprünglichem Bestand.

Das Tor ist der einzige offizielle Eingang zum Schutzgebiet, doch es schlängeln sich mehrere Wege durch den Wald, die an verschiedenen Punkten am Waldrand herauskommen. Die praktischste dieser Routen ist wohl die, die von der Jamacho-Hauptstraße genau südwärts Richtung

Ichangu Narayan

Traditionsgemäß steht in jeder Himmelsrichtung des Kathmandutals ein Narayan-Tempel. Der Tempel im Westen, Ichangu Narayan, ist ziemlich rustikal und nicht weiter bemerkenswert, schmiegt sich aber in ein überraschend idyllisches Seitental unter dem Südhang des Jamacho. Eine holperige Straße dorthin zweigt gleich gegenüber dem Westzipfel von Swayambhunath von der Ring Road ab. Auf ihr verkehren keine Busse, aber an der Abzweigung warten Taxis. Alternativ kann man durch den Vorort Halchok zu einem kleinen Einschnitt im Bergkamm hinter einem großen buddhistischen Kloster wandern oder radeln. Von dort führt eine zunehmend schlechter werdende Straße ins Ichangu-Tal hinunter zum etwa 3 km entfernten Tempel.
Gleich hinter dem Bergsattel zweigt neben einem Steinbruch eine weitere Straße nach Süden ab. Auf ihr gelangt man per Mountainbike westwärts nach Bhimdhunga und weiter nach Thankot am Prithvi Highway Richtung Westen.

Ichangu Narayan führt, zur Zeit der Recherche war sie jedoch durch einen Polizeikontrollpunkt gesperrt. Für **Mountainbikerouten** s. S. 468.

Jamacho

Eine unbefestigte Straße schraubt sich vom Parktor auf den 2096 m hohen Gipfel des **Jamacho**, auf dem ein Stupa steht. Ein direkterer Wanderweg führt 5 km den Bergrücken hinauf (für den Anstieg zu Fuß sind mindestens zwei Stunden zu veranschlagen). Er passiert zahlreiche Kalksteinhöhlen, um die sich buddhistische Legenden ranken.

Kirtipur

Das einst stolze Kirtipur („Stadt des Ruhms") erstreckt sich auf dem langen, niedrigen Bergrücken 5 km südwestlich von Kathmandu. Es bezaubert mit einem fantastischen – und natürlich strategisch wertvollen – Rundblick über das Tal. In der gut erhaltenen, für Kraftfahrzeuge gesperrten Altstadt kann man einen netten Vor- oder Nachmittag verbummeln. Und inmitten des kleinen Straßenlabyrinths verbirgt sich eines der besten Newar-Restaurants im Tal.

In moderner Zeit hat sich Kirtipurs Höhenlage vom strategischen Vorteil in ein Handicap verwandelt. Das Geschäftsleben spielt sich am Fuß des Hügels im **Naya Bazaar**, dem „Neuen Markt", ab, wo ein buddhistischer Theravada-Tempel im thailändischen Stil steht. Hier tummeln sich auch die Studentenscharen der benachbarten **Tribhuvan Universität**. Sie ist Nepals wichtigstes Hochschulzentrum und in jüngerer Zeit ein Brennpunkt des politischen Aktivismus'. Die Oberstadt präsentiert sich nach einem Sanierungsprogramm mit mustergültig gepflasterten Straßen und vielen restaurierten Tempeln. Trotz dieser Frischzellenkur bewahrt sie sich ihre authentisch altertümliche Atmosphäre: Viele ihrer Bewohner sind Jyapu aus der Bauernkaste der Newar, die nach wie vor die Felder rund um die Stadt bestellen. Im Frühjahr und Herbst dreschen sie die Getreidegarben in den Sträßchen der Stadt. In typischer Newar-Manier ist der nordwestliche Teil der Stadt überwiegend hinduistisch, der südöstliche dagegen buddhistisch geprägt – jedoch feiern alle zusammen dieselben Feste.

Vom City Bus Park in Kathmandu fahren alle fünf bis zehn Minuten **Microbusse** und **Minibusse** zum Naya Bazaar; von dort aus kann man in zehn Minuten zur Altstadt hinauflaufen. Eine **Radtour** nach Kirtipur ist eine relativ erfreuliche Angelegenheit – wenn man erst mal aus Kathmandu raus ist –, und das Fahrrad ist nützlich, um das Hinterland zu erkunden, zum Beispiel in Richtung Chobar und Dakshinkali. Die Hauptstrecke nach Kirtipur zweigt von der Dakshinkali Road ab (bei dem roten Ziegeltor rechts und nach 1 km links abbiegen) und führt an der Tribhuvan University vorbei. Andere Wege nach Kirtipur gibt es vom Prithvi Highway (von Kathmandu nach Pokhara), von der Ring Road und von Chobar.

Geschichte

Kirtipur entstand im 12. Jh. als westlicher Vorposten Patans und gewann seine Unabhän-

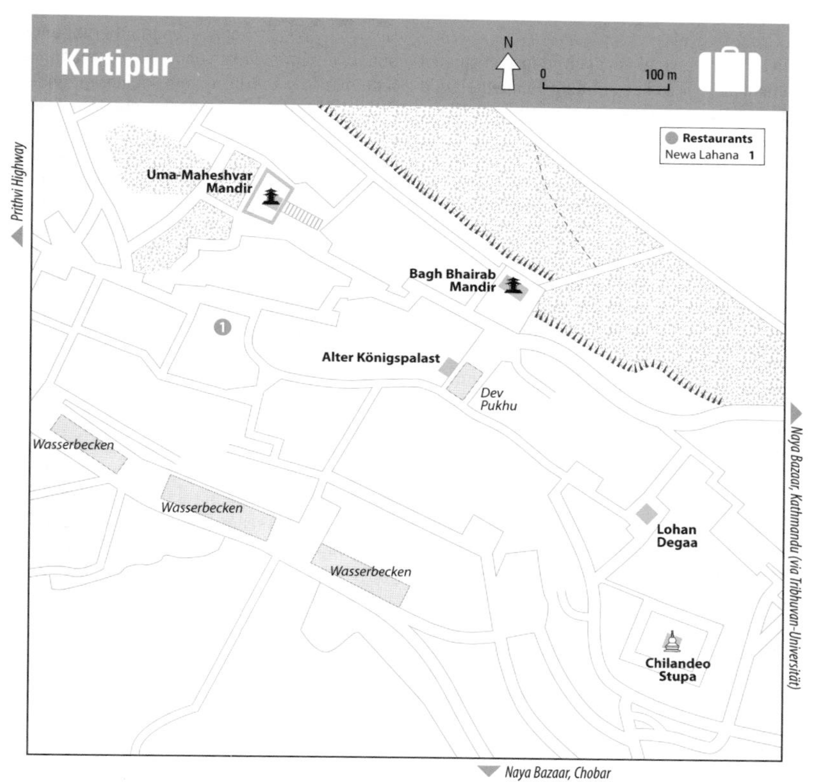

gigkeit in der Zeit, als Prithvi Narayan Shah 1767 mit der Eroberung des Kathmandutals begann. Der Gurkha-König hielt Kirtipur für den Schlüssel zur militärischen Kontrolle des Tals und räumte der Eroberung dieser Stadt höchste Priorität ein. Nach zwei Angriffen und einer sechsmonatigen Belagerung ohne Unterstützung von Patan kapitulierte Kirtipur in der Hoffnung auf eine vollständige Amnestie. Stattdessen ließ Prithvi Shah ein grausames Exempel statuieren, um den restlichen Widerstand im Tal zu brechen. Er befahl seinen Soldaten, die Nasen und Lippen jedes Mannes und jedes Jungen in Kirtipur abzuschneiden. Angeblich wurden nur diejenigen verschont, die ein Blasinstrument spielen konnten. Das übrige Tal ergab sich innerhalb eines Jahres.

Bagh Bhairab Mandir

Purano Kirtipur ▪ 🕒 tgl. von Sonnenauf- bis Sonnenuntergang ▪ Eintritt frei

Die Straße führt von der Universität aus zwischen den beiden Anhöhen Kirtipurs hindurch zu einem Platz vor dem erstaunlichen Bagh Bhairab Mandir, der sowohl als Kriegerdenkmal als auch als Tempel für Bhairab in seiner Erscheinungsform als Tiger *(bagh)* dient. Der Bau stammt aus dem frühen 16. Jh. und gehört zu den ältesten, besterhaltenen newarischen Pagoden im gesamten Tal. An der Außenwand des Tempels hängt eine Sammlung rostiger Waffen, die während der Belagerung Kirtipurs erbeutet wurden. Im oberen Bereich der Außenmauern des Erdgeschosses stellen verblasste Wandmalereien Szenen aus dem *Mahabharata*-Epos dar.

Die Tempelanlage

Früh am Morgen und um die Mittagszeit spielen einheimische Musiker auf dem Tempelgelände religiöse Hymnen *(bhajan)*, und an Donnerstagen und Samstagen opfern Gläubige Tiere vor dem Heiligtum. In einem Zimmer im Obergeschoss wird ein Bild von Indrayani, eine der acht Muttergottheiten *(ashta matrika)* im Kathmandutal, aufbewahrt, die gemäß einer Legende, die an Aschenputtel erinnert, so lange von den anderen Gottheiten herumkommandiert wurde, bis sie auf wunderbare Weise einen Kürbis in Gold verwandelte. Kirtipurs größtes **Fest**, Indrayani Jatra, findet Ende November oder Anfang Dezember statt. Indrayani und Ganesh werden auf Sänften durch die Stadt getragen, und ein Taubenpaar wird in die Freiheit entlassen.

Von der Nordseite der Tempelanlage bietet sich ein fantastischer Panoramablick über Kathmandu nach Swayambunath. Unter einem Metallschirm in der nordöstlichen Ecke der Anlage (rechts hinten) steht eine kleine Statue der Erdgöttin **Dhartimata**, die im Zustand des Gebärens gezeigt wird – was sie zur Welt bringt, weiß offensichtlich niemand. Frauen verrichten ihre *puja* vor dieser Statue, um sich gegen Probleme während der Schwangerschaft und der Geburt zu schützen. Am gegenüberliegenden südlichen Ende, links vom Eingang, wenn man hineingeht, beherbergt ein kleiner pagodenartiger Schrein, der Ganesh geweiht ist, eine alte – möglicherweise aus der Vor-Lichhavi-Zeit (vor dem 4. Jh.) stammende – Statue eines stehenden **Shiva** halb ohne Arme, dafür aber mit eindrucksvoll erigiertem Glied. In Nischen der Rückwand dieses Schreins sitzen fünf kleine Statuen der Muttergottheiten, die mit den fünf Schafen in Verbindung gebracht werden, die dem Tiger einst entkamen; sie sollen aus dem 5. Jh. stammen.

Der blutdürstige Tiger von Kirtipur

Die Legende erzählt, dass ein Schäfer zum Zeitvertreib einen Tiger aus Kletten geformt und sich auf den Weg gemacht hatte, um für diesen ein rotes Blatt als Zunge zu suchen. Bei seiner Rückkehr waren seine Schafe weg – und vom Tigermaul tropfte Blut. Zu Ehren des blutrünstigen Bhairab stellten die Menschen einen Tiger aus Ton in den Schrein dieses Tempels. Er trägt eine zungenlose **Bhairab-Maske** aus Silber, die alle 20 oder 30 Jahre erneuert wird. Die Maske bleibt den Blicken der Besucher normalerweise verborgen, aber durch einen winzigen Mauerdurchbruch an der Ostseite des Tempels – der das Licht der aufgehenden Sonne einfangen soll – ist mit Glück ein Blick zu erhaschen.

Uma-Maheshvar Mandir

Purano Kirtipur ▪ ◷ tgl. von Sonnenauf- bis Sonnenuntergang ▪ Eintritt frei

Hoch auf dem nördlichen, hinduistischen Hügel steht der von Elefanten bewachte **Uma-Maheshvar Mandir** mit seiner im englischen Croydon gegossenen Tempelglocke – das Original schlug viele Jahre lang im alten Uhrturm von Kathmandu, bis das Bauwerk 1934 bei einem Erdbeben einstürzte. Die Konstruktion blieb lange unvollendet, doch 2008 wurden die Holzstreben unter dem untersten Pagodendach endlich mit den traditionellen Schnitzereien verziert. Die erotischen Szenen der untersten Ebene sollen angeblich keine sexuellen Verrenkungen im Stile des Kamasutra darstellen, sondern sich auf regionale Tantra- und Fruchtbarkeitstraditionen beziehen. So oder so scheint der Künstler seiner Fantasie ziemlich freien Lauf gelassen zu haben.

Chilandeo Stupa

Vom Bagh Bhairab-Tempel Richtung Südosten gelangt man zum Lohan Degaa, einem Tempelturm *(shikra)* aus Stein, der sowohl von Hindus als auch von Buddhisten verehrt wird. Dahinter krönt der **Chilandeo Stupa** den südlichen Hügel. Seine bloß liegenden Ziegelsteine verleihen ihm ein altehrwürdiges Aussehen, das den meisten besser gepflegten Stupas fehlt. Der Chilandeo Stupa (auch als Chilancho Bahal bekannt) soll von Ashoka errichtet worden sein. Der Bergrücken, der sich so eindrucksvoll im Südwesten erhebt, ist Champadevi (S. 227), einer der Gipfel am Talrand.

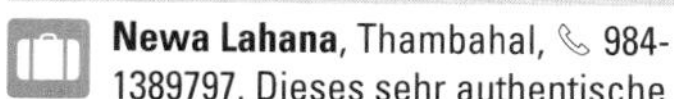

ESSEN

Newa Lahana, Thambahal, ✆ 984-1389797. Dieses sehr authentische Gemeinschaftsrestaurant residiert auf einem Dach in einem ansonsten gesichtslosen Haus in dem kleinen Gassenlabyrinth der Altstadt von Kirtipur (den Schildern an der Kreuzung unmittelbar westlich des Bagh Bhairab Mandir folgen). Man sitzt zusammen mit den freundlichen Einheimischen auf Bastmatten und genießt unglaublich gute tapasähnliche Newar-Speisen mit Enten-, Huhn- und Büffelfleisch – bei den Büffelgerichten wird alles von der Zunge bis zum Schwanz verarbeitet. Alles wird in Messingschalen oder auf echten *sal*-Blatttellern serviert. Alternativ gibt's pizzaähnliche *woh*-Pfannkuchen (Rs45), süßsaure Gerichte wie *aaloo tama* (Kartoffeln und Bambussprossen, Rs30) und *daal bhaat* (Rs300). *Raksi* (Rs30–130, je nach Stärke) wird im Keller destilliert und aus traditionellen Messinggefäßen eingeschenkt. ⌚ tgl. 10–22 Uhr.

Die Straße nach Dakshinkali

Einer der stimmungsvollsten tantrischen Opferschreine, der Dakshinkali, liegt am Ende der längsten und abwechslungsreichsten Straße im Tal. Die Straße schlängelt sich durch eine Mulde am Rand des Talbeckens; unterwegs passiert sie mehrere schöne buddhistische und hinduistische heilige Stätten und ermöglicht so auf einem Halbtagsausflug einen faszinierenden Einblick ins religiöse Leben Nepals. Die Straße beginnt an der verkehrsreichen Balkhu-Abzweigung der Ring Road südwestlich von Kathmandu kurz vor Kirtipur, das sich gut für einen kleinen Abstecher eignet (S. 222). Von Balkhu kann man per Allradtaxi Richtung Süden die Berge überqueren und dann über Hetauda (S. 374) ins Terai hinunterfahren.

Chobar

Das Dorf 3 km südlich der Ring Road thront auf einer Anhöhe über der Hauptstraße und dem Bagmati, die steiler ist, als es den Anschein hat. Von der Bushaltestelle führt eine schier endlose Steintreppe durch den Wald bergauf zu der Ansammlung altertümlicher Häuser und dem **Adinath Mandir** ganz oben auf dem Hügel. Radfahrer sollten die befestigte Straße nehmen, die etwas weiter südlich von der Hauptstraße abzweigt. Die Tempelfassade ist mit Küchenutensilien geschmückt – Opfergaben an Lokeshvar, der Gottheit des Tempels. Für diesen seltsamen Brauch werden verschiedene Erklärungen geliefert: Frischvermählte sehen darin eine Garantie für eine glückliche Verbindung, andere sagen, es sei Ritual für verstorbene Angehörige. Lokeshvar wird in diesem Tempel in Form einer roten Maske verehrt, die der Maske des Rato Machhendranath in Patan sehr ähnlich sieht.

Die Chobar-Schlucht

Der Legende nach hat Manjushri den See, der einst das Kathmandutal bedeckt haben soll, mit einem Schwertstreich bei Chobar abfließen lassen. Da der Bagmati 1 km südlich von Chobar und direkt neben der Dakshinkali Road eine tiefe Furche ins Tal geschnitten hat, sieht es wirklich so aus, als ob ein Schwert mit im Spiel gewesen wäre. Wer die Stelle besichtigen will, kann entweder am Wegweiser zum **Manjushree Park** oben auf dem Hügel aus dem Bus steigen und bergab gehen oder bei der Ansammlung von Hütten am Fuß des Hügels aussteigen und von dort bergauf klettern.

Das stromaufwärts gelegene Ende der Schlucht bietet den besten Blick in die Tiefe und ist gratis zugänglich. Die schwankende **Hängebrücke**, die 1907 als Maßanfertigung einer schottischen Gießerei hier aufgebaut wurde, läuft parallel zu einer neuen Straßenbrücke, die nach Patan und zur Bungamati-Straße hinüberführt. Direkt stromaufwärts davon steht der **Jal-Binayak-Tempel** aus dem 17. Jh. Hier wird ein Felsbuckel als Ganesh verehrt. Frauen verkaufen Blattteller mit den Leibspeisen des Gottes – Fleisch, Milch, Sojabohnen, Bananen, Ingwer, eingelegtes Gemüse –, damit die Besucher sie als *puja* darbringen können.

Manjushree Park

⌚ tgl. 7–18.30 Uhr ▪ Eintritt Rs50

Der Manjushree Park selbst ist eine Art ausgedehnter Steingarten am Hang. Besucher können über seine Betontreppen kraxeln und ein

Stück weit in die Schlucht hinabsteigen. Die eindrucksvoll steile Kluft wirkt sehr malerisch, aber der Gestank des Bagmati, der hier aus dem Tal schäumt, beeinträchtigt das Erlebnis etwas.

Da lohnt es sich eher, beim Ticketschalter des Parks eine Führung durch die **Chobar-Gupha-Höhlen** zu buchen.

Chobar Gupha

Einstündige Führung US$7 (längere Führungen auf Anfrage); Tickets am Ticketschalter des Manjushree Park

Das Chobar-Gupha-Höhlensystem gehört mit 3 km Länge zu den größten in Südasien. Selbst bei der einstündigen Führung gibt viele Engstellen, durch die man sich zwängen muss, und Löcher, durch die man in die Tiefe klettern kann: Am besten zieht man sich seine ältesten Klamotten an; die Führer halten normalerweise ein paar Taschenlampen bereit.

Taudaha-See

⏲ tgl. 10–17 Uhr ▪ Eintritt Rs25, zu zahlen am Eingangstor

2 km südlich von Chobar passiert die Straße den **Taudaha-See**, an dem sich im Winter zahlreiche Zugvögel sammeln, darunter viele verschiedene Enten und bestandsgefährdete Arten wie der Indien-Schlangenhalsvogel, die Sichelente und das Zwergsumpfhuhn. Der Sage nach hinterließ Manjushri, als er das Kathmandutal trockenlegte, Taudaha den Schlangen als Heimstatt; noch heute soll der Schlangenkönig Karkatnag auf seinem Grund wohnen und sich um seine aufgehäuften Schätze schlängeln. Das hintere Ende des Sees säumen **Kaffeebuden** und Picknickplätze.

Shesh Narayan

Von Taudaha steigt die Straße weitere 6 km stetig an, bis man kurz hinter Pikhel den höchsten Punkt erreicht hat. 2 km hinter dem höchsten Punkt liegen die ruhigen, schattigen **Teiche** von Shesh Narayan am Fuß eines bewaldeten Abhangs. Hindus verehren hier Vishnu als den mächtigen Schöpfer, der das Universum aus dem Weltenmeer geschaffen hat; die Schlange Shesh (oder Ananta), die nach Vishnus Schöpfungsakt übrig blieb, wird durch die vier Becken neben der Straße versinnbildlicht. Eine Skulptur, die Surya auf seinem zwölfspännigen Wagen zeigt, steht halb im Wasser des halbrunden Teichs. Stufen führen von hier aus zum **Narayan-Tempel** am Fuß eines Kalkstein-Überhangs, dessen gewundene Stalaktiten bei den Anhängern Vishnus als die „Milch", das heißt der Segen, von Shesh gelten. Links vom Tempel liegt ein weiterer verwitterter Sandstein namens Chaumunda – wenn man sein Ohr an ihn legt, hört man den Klang von fließendem Wasser.

Yanglesho

Rechts vom Narayan-Tempel gelangt man durch eine Tür in eine Höhle, die Buddhisten **Yanglesho** nennen. Hier soll Padmasambhava, der im 8. Jh. den tibetischen Buddhismus begründete, mit einer Horde von Schlangengeistern gekämpft und sie zu Stein verwandelt haben. Die Geschichte bezieht sich auf seinen Kampf um die Einführung seiner Version des tantrischen Buddhismus aus Indien.

Pharping

Das einige hundert Meter hinter Shesh Narayan gelegene Pharping ist trotz seiner abgelegenen Lage im Tal überraschend groß und lebendig. Neben dem ursprünglichen Newar-Dorf macht sich heute eine boomende Ansammlung von über einem Dutzend tibetisch-buddhistischer Klöster und Retreat-Zentren breit, die von der reinen Bergluft profitieren. Auf dem bewaldeten Bergkamm über dem Ort flattern bunte Gebetsfahnen an langen Leinen. Das Tal erstreckt sich zurück bis zu fruchtbarem Ackerland; hier werden beispielweise Gurken, *naspati* (asiatische Birne) und *lapsi* (eine einheimische süßsaure, gelbgrüne Frucht, die in der Regel eingelegt oder zu Süßigkeiten verarbeitet wird) angebaut, die sich in der Gegend großer Beliebtheit erfreuen.

Der heilige Rundgang

Um Pharping zu besichtigen, absolviert man am besten den **heiligen Rundgang**, wie die buddhistischen Pilger, von denen es hier wimmelt. Die *kora* lässt sich ohne jede Hast in einer Stunde durchführen. Von der mit einer riesigen Buddhastatue markierten Abzweigung an der Hauptstraße, die immer stärker in Abgasen er-

Wanderungen auf den Champadevi

Am südwestlichen Rand des Kathmandutals ragen zwei markante Gipfel als „Fischschwanz" in die Höhe, die höchsten sichtbaren Erhebungen der **Chandragiri-Kette**. Der östliche Gipfel wird nach der hier ansässigen Göttin **Champadevi** genannt.

Die Haatiban-Gipfelroute

Die vielleicht leichteste Route auf den Gipfel folgt der holprigen unbefestigten Straße durch das **Dollu-Tal** unmittelbar nördlich von Pharping hinauf zum Haatiban Height Resort (S. 229). Vom Resort führt ein gut ausgetretener Pfad Richtung Nordwesten durch Kiefernwald hinauf und dann den grasbewachsenen Kamm entlang zum Gipfel (2240 m) mit seinem Stupa. Hin- und Rückweg ab dem Resort sollten etwa drei Stunden in Anspruch nehmen. Wer von der Dakshinkali-Straße losgeht, braucht zwischen vier und sechs Stunden, also Proviant und Wasser mitnehmen!

Andere Routen zum Gipfel

Eine gute alternative Route beginnt dort, wo die Straße hinter **Taudaha** eine scharfe Kurve macht. Dann geht es Richtung Westen auf unbefestigten Straßen durch Felder bis zum Waldrand; dort biegt der Pfad Richtung Süden ab und klettert dann steil hinauf durch den Wald bis zum Kamm oberhalb des Haatiban Resort auf rund 2000 m Höhe.

Eine weitere Route nähert sich dem Gipfel von Süden und folgt einer unbefestigten Straße die Nordseite des **Pharping-Tals** hinauf, um dann ins kleine Sundol-Tal abzubiegen. Von hier führen zahlreiche Wege Richtung Norden hinauf zum Gipfel des Champadevi. Wer den Straßenteil der Pharping-Route meiden möchte, kann auch über den bewaldeten Kamm zwischen Dollu und Pharping aufsteigen; der Pfad beginnt beim Kloster unmittelbar westlich des **Bajra-Yogini-Tempels** – hier ist der Weg etwas schwer zu finden, da man inmitten von unzähligen Gebetsfahnen und anderen Pfaden den richtigen Weg finden muss.

Jenseits des Champadevi

Vom Gipfel des Champadevi kann man weiter zum namenlosen **westlichen Gipfel** des „Fischschwanzes" gehen, erst hinunter und dann wieder hinauf; dieser ist mit 2286 m etwas höher. Dann kann man auf einem guten Pfad den Kamm entlang rund eine Stunde Richtung Westen weitergehen, hinunter zu einem Sattel und dann hinauf zu einem höheren Gipfel (2509 m). Von hier führt ein weiterer Kamm etwa eine Stunde Richtung Süden bis zum höchsten Gipfel der Kette, dem **Bhasmesur** (2622 m) – dabei soll es sich um die Aschereste eines Dämonen handeln, der von Vishnu ausgetrickst und dazu gebracht wurde, sich selbst zu verbrennen. Westlich des Bhasmesur-Sporns biegt ein Pfad Richtung Norden vom Grat ab (die Bergkämme verlaufen hier allerdings recht unübersichtlich), und dann geht es eine scheinbar endlose Steintreppe hinunter zum Dorf **Machhegaun** (90 Min.), von wo wiederum mehrere Pfade und Straßen zurück nach Kirtipur führen.

Wer genügend Zeit hat, kann bei gutem Wetter, entsprechender Fitness und mit einem Guide (oder einer guten Karte und entsprechenden Fähigkeiten, nach der richtigen Route zu fragen) vom Bhasmesur-Sporn Richtung Westen entlang dem Grat zu einem Sattel bei Deurali und dann weiter Richtung Westen zu einem weiteren Pass bei Chitlang Bhanjyang gehen; von dort verläuft eine unbefestigte Straße hinunter nach Thankot am verkehrsreichen Prithvi Highway (der Straße nach Pokhara) – insgesamt ein sehr langer Tag.

Von Dakshinkali ins Terai

Eine Reihe von Straßen führen mittlerweile durch die Berge südlich von Kathmandu. Der sogenannte Kanti Highway (bei dem es sich beileibe nicht um einen „Highway" handelt) führt von Patan Richtung Süden durch das Bagmati-Tal über Tika Bhairab nach Thingana, wo er Richtung Westen nach Hetauda abbiegt; eines Tages wird er weiter Richtung Süden nach Nijgadh führen und eine neue „schnelle" Verbindung ins Terai darstellen.
Die beiden praktischeren Routen sind die beiden, die von der Dakshinkali Road abzweigen – jedoch sind beide nur teilweise befestigt und deshalb nur für Geländewagen befahrbar. In der Monsunzeit können die Strecken zeitweise unpassierbar werden. Einstweilen warten große „Tata Sumo"-Jeeps mit Dachträgern an der Balkhu-Abzweigung, wo die Ring Road den Bagmati quert. Sie starten, sobald sie genügend Passagiere beisammen haben. Die 65 km lange Dakshinkali-Route, der sogenannte Madan Bhandari Highway, ist zuverlässiger und in größeren Abschnitten asphaltiert (Busse können gewöhnlich bis Sisneri fahren, 1 Std. vor Dakshinkali). Die höhere, etwas kürzere Pharping-Route ist zuweilen schneller und quert zudem den malerischen Kulekhani-Stausee. Beide Straßen vereinen sich unmittelbar unterhalb des Kulekhani-Stausees und führen dann über die malerische Marktstadt Bhimphedi hinunter, um in Bhainse, 11 km nördlich von Hetauda (S. 374) im Terai, auf den Tribhuvan Rajpath zu treffen. Über beide Strecken kostet die Fahrt um die Rs350 pro Person und dauert drei bis vier Stunden. Da auf der Strecke kein großer Verkehr herrscht, ist die Fahrt per Mountainbike eine attraktive Alternative (S. 474).

stickt, geht man an einer 3,6 m großen Statue des **Guru Rinpoche** (Padmasambhava) in einer riesigen Glasvitrine vorbei, einem Vorgeschmack auf das, was noch kommt. Nach einer Ansammlung von Cafés und Häusern und dem prunkvollen, weißgoldenen, glockenförmigen Chörten von Sakya Tharik Gompa erreicht man, unmittelbar bevor die Straße ansteigt und nach rechts schwenkt, eine Treppe. Die Stufen führen zu ein paar Klostergebäuden und einem kleinen **Heiligtum**, in dem Butterlampen zu Ehren eines „von selbst entstandenen" Bildes der Grünen Tara, einer buddhistischen Schutzgottheit, brennen. Das wundersame Bildnis entpuppt sich als handgroße Figur, die als Hochrelief aus der Felsoberfläche hervortritt. Daneben sitzt verwirrenderweise eine hinduistische Ganesh-Figur, während einige Felshöcker zur Rechten als weitere Taras im Prozess des Hervortretens gelten. Ein wachhabender Mönch rezitiert zu jeder Tages- und Nachtzeit die *puja* für die Grüne Tara.

Vom Schrein der Grünen Tara führen weitere Stufen bergauf zur **Asura-Höhle**, ein schmalen Felsspalt voller Votivgaben für den allgegenwärtigen Padmasambhava alias Guru Rinpoche, der hier die Erleuchtung erlangt haben soll. Seine beiden Fußabdrücke und die (weniger deutlichen) Kratzspuren seiner Hände sind wohl Zeichen der kosmischen Kraft, die sich ihm in diesem Augenblick offenbarte. Von der Asura-Höhle schlägt der Weg zwischen weiteren Klostergebäuden hindurch einen Bogen zurück Richtung Hauptstraße und senkt sich dann nach etwa zehn Minuten zum golden überdachten **Pharping-Bajra-Yogini-Tempel**, einem der vier tantrischen Tempel des Tals, die dem wilden weiblichen Aspekt der Buddhaschaft geweiht sind. Das Allerheiligste im Obergeschoss hütet zwei tänzelnde Bildnisse der Bajra Yogini, die jeweils eine Schädelkappe und ein Messer halten. Eine Treppe vom Tempel zur Hauptstraße von Pharping hinunter kommt gleich oberhalb der Statue von Guru Rinpoche heraus. Oberhalb führt ein Pfad auf den Bergkamm Richtung Gipfel des Champadevi (S. 227).

ÜBERNACHTUNG

Außer angehenden Buddhisten besuchen die meisten Reisenden Pharping als Teil eines Tagesausflugs nach Dakshinkali. Doch stellt das Dorf die beste Basis für weitergehende Erkundungen der Gegend wie etwa Wanderungen auf den Champadevi dar. Wer hier übernachtet, kann außerdem früh am

Morgen am Dakshinkali-Schrein sein, wenn dort am meisten los ist. Außerdem gibt es noch das schöne Bergresort Haatiban Height Resort, das schon für sich alleine ein Ausflugsziel darstellt.

Dakchhinkali Village Inn, Dakshinkali Road, bei Pharping, ✆ 01-4710053, 💻 dakchhinkali.com. Das nette Miniatur-Resort ganz in der Nähe des Ziertors über der Hauptstraße, kurz bevor sie Richtung Tempel hin abfällt, besteht aus Ziegelbungalows mit Balkonen rund um eine Gartenanlage und bietet sich als recht gepflegtes Nachtlager für alle an, die sich schon frühmorgens ins Tempelgeschehen stürzen wollen. US$25

Family Guesthouse, Pharping, ✆ 01-4710412 oder ✆ 981-33729, ✉ familyguesthouse@yahoo.com. Dieses schmucklose Backsteinhaus im Basarbezirk von Pharping wartet mit düsteren Betonzimmern auf, jedoch ist dies abgesehen von den Klöstern die einzige günstige Unterkunft hier, und das Management ist jugendlich und freundlich – wenn auch keine Familie. Rs400

Haatiban Height Resort, Pharping, Haatiban, ✆ 01-6916140, Buchungen ✆ 01-4371537. Das abgelegene, aber ausgesprochen schicke Resort (auch bekannt als Himalayan Height Resort) thront auf einem bewaldeten Bergkamm oberhalb des Dollu-Tals auf halber Strecke den Champadevi hinauf. Von hier bieten sich atemberaubende Ausblicke, besonders vom wunderbaren Terrassenrestaurant (unter der Woche müssen Nicht-Gäste fürs Mittagessen vorausbuchen). Die Unterbringung erfolgt in netten, gut ausgestatteten Chalets im Garten. Die ausgeschilderte Holperpiste zum Resort zweigt im hübschen grünen Dollu-Tal 2 km vor (also östlich von) Shesh Narayan von der Dakshinkali-Straße ab. US$75

Rigdzin Phodrang Gompa, Pharping. Hauptgrund für einen Aufenthalt in Pharping ist das Studium in einem der Klöster. Die meisten haben ihre eigenen billigen Gästehäuser, aber dieses Kloster unter der Leitung des hoch geachteten Ralo Rinpoche ist wohl am aufgeschlossensten für Außenseiter ohne große Vorkenntnisse, die nur einen kurzen Klosteraufenthalt absolvieren möchten. Rs300

ESSEN

Himalayan Restaurant, Pharping. Das beste von zwei bescheidenen, tibetisch orientierten Restaurants in Pharping, beide mitten im Basarviertel 200 m oberhalb der Abzweigung von der Dakshinkali Road, direkt gegenüber vom Pfad zum Bajra-Yogini-Tempel. Hier gibt's billiges tibetisches Essen – *thukpa* und *momos* für unter Rs150 – und ein paar einfache westliche Gerichte. ⌚ tgl. 8–19 Uhr.

Dakshinkali

Es ist angenehm und abschreckend zugleich, dass in Dakshinkali alles im Freien stattfindet. Die berühmte Opfergrube von Kali – jede Wo-

Hühneropfer und tantrische Ziegen

Während die orthodoxen indischen Hindus eine streng vegetarische und gewaltlose Glaubensrichtung vertreten, sind ihre tantrisch orientierten nepalesischen Verwandten weit weniger zimperlich. Vor allem müssen sie den Blutdurst der Kali stillen: Nepals furchterregende, aber überaus populäre Muttergöttin verlangt nach Blutopfern als Gegenleistung für ihre Gunst. Dabei gehen die Nepalesen seltsam zartfühlend zu Werke: Sie führen ihre Opfer sehr liebevoll zur Opferbank, oft flüstern sie dem Tier Gebete ins Ohr und besprengen seinen Kopf mit Wasser, damit es zustimmend nickt. Sie glauben, dass der Tod dieses „unglücklichen Bruders" ihm die Möglichkeit gibt, in einer höheren Lebensform wiedergeboren zu werden. Es können Hühner, Ziegen und – was am teuersten ist – Büffel geopfert werden, jedoch nur nichtkastrierte männliche Tiere von möglichst dunkler Farbe.

In Dakshinkali schlitzen Männer einer bestimmten Kaste die Kehlen der Tiere auf und lassen das Blut über die Kultbilder spritzen. Brahmanen-Priester beaufsichtigen das Schlachten und unterweisen die Gläubigen in den folgenden komplizierten rituellen Handlungen. Man muss jedoch nicht Nepali sprechen, um die ungefähre Bedeutung des Geschehens zu verstehen.

che Endstation für Hunderte von Hühnern, Ziegen und Schweinen – liegt am Grund einer steilen, bewaldeten Schlucht. Hier bekommt man einen unverschleierten Einblick in die Welt der religiösen Riten Nepals. Viele Leute fühlen sich bei dem Anblick dieses Spektakels reichlich unwohl – entweder aus Überempfindlichkeit oder aber weil man spürt, dass man seine Nase in fremde Angelegenheiten steckt. Alles in allem ist dieses öffentliche Blutbad aber ein staunenswertes Schauspiel und lockt zu den heiligsten Zeiten – jeden Samstag- und in geringerem Maße auch Dienstagmorgen – ganze Busladungen von Besuchern an. Besonders voll ist es an Asthami, dem achten Tag nach Neu- oder Vollmond.

Dakshinkali ist nicht nur ein heiliger Ort, sondern auch ein Picknickplatz. Nachdem geopfert wurde, gehen die Familien zu den Pavillons, die das Heiligtum umgeben, und bereiten aus den Resten ihres Opfers ein Mahl. Wer nichts geopfert hat, kann sich frittierte Snacks von den Imbissständen neben dem Tor zum Heiligtum besorgen. Die meisten Touristen nehmen jedoch den Pfad zurück nach Pharping, der bei der Steintreppe beginnt, die unmittelbar oberhalb des Schreins von der Straße bergan führt. Der Spaziergang dauert weniger als 20 Minuten.

Der Schrein

Von der Bushaltestelle führt ein Pfad durch einen kleinen Basar, wo Essen, Getränke und Devotionalien verkauft werden. Das **Heiligtum** liegt direkt unterhalb des Basars, wo zwei Bäche zusammenfließen. Es ist gekachelt wie ein Schlachthaus (damit man alles gut abspritzen kann) sowie mit einem vergoldeten Baldachin überdacht und besteht eigentlich nur aus einer Reihe von Statuetten, wobei Kali die am reichsten Geschmückte unter dem Baldachin darstellt. Vor der Opferung sieht man die Gläubigen Wasser über den Kopf ihrer Ziege gießen; sie warten darauf, dass sie ihren Kopf schüttelt, was als Zeichen dafür gesehen wird, dass die Göttin das Opfer annimmt. Vom hinteren Teil des Schreins führen Steintreppen durch einen Kiefernwald in zehn Minuten zu einem kleinen Vorsprung, wo ein Nebenschrein für Mata, Kalis Mutter, steht. Von hier bietet sich eine nette Aussicht bis nach Pharping. Hier fallen die Opfer weniger abschreckend aus: Es werden mitgebrachte Tauben freigelassen.

Dakshinkali: Kerzen, Räucherstäbchen – und Blutopfer

TRANSPORT UND ESSEN

Busse nach Dakshinkali fahren vom City Bus Park in Kathmandu ab, sobald sie voll sind – etwa alle 15 Minuten. Mit dem **Taxi** kostet es nach Dakshinkali und zurück als Halbtagestour rund Rs1300.
Mit dem **Mountainbike** dauert der Hinweg (bergan) rund zwei Stunden; gegen ein kleines Trinkgeld kann man sein Rad auch auf dem Dachgepäckträger eines der gewöhnlichen Busse transportieren.
Snacks gibt's bei einer Reihe von Ständen am Eingang zum Schrein.

Bungmati und Umgebung

Bungmati, 5 km südlich der Ring Road, könnte man aus der Ferne mit seinen eng zusammengedrängten Backsteinhäusern rund um einen sonnigen Dorfplatz auf einer kleinen Anhöhe fast für ein toskanisches Dorf halten. Es gehört zu den besser erhaltenen Newar-Siedlungen im Tal. Außerdem zählt der Ort zu den am wenigsten besuchten; wer also bei Tempelbesuchen gut auf elektronische Begleit-Oms und penetrante Führer verzichten kann, ist hier genau richtig. Bungmati ist zudem als Zentrum der Holzschnitzkunst bekannt. In seinen offenen Werkstätten kann man den Schnitzern bei der Arbeit zusehen und ihre Werke direkt erwerben.

Busse fahren vom Ratna Park in Kathmandu etwa alle 20 Minuten zum Busbahnhof am östlichen Ortsrand von Bungmati und dann weiter nach Khokana. Zwischen den beiden gibt's ansonsten keine Busverbindungen, es ist jedoch ein recht einfacher Spaziergang vom einen Ort zum anderen.

Der Hauptplatz

Vom Ortsrand führen diverse Backsteingässchen bergab nach Westen zum außerordentlich belebten Hauptplatz mit dem getünchten *shikra* von **Machhendranath**, dessen alter newarischer Name Bunga Dyo (Gott von Bunga) lautet. Der Legende nach steht Bungmati an der Stelle, an der Machhendranath, der in Gestalt einer Biene ins Tal gekommen war, um eine Trockenperiode zu beenden, zum Regenmacher und Beschützer des Tals wurde. Jeden Sommer wird am Ende des Rato Machhendranath-Festes in Patan die rote Maske des Gottes zum Bungmati-Tempel gebracht, wo sie sechs Monate lang bleibt; jedes zwölfte Jahr wird sie den ganzen Winter über hier behalten und danach auf einem polternden Wagen den ganzen Weg bis nach Patan (S. 158) zurücktransportiert.

Ein kleinerer, traditionellerer Tempel an der Südostecke des Platzes ist der zornigen Erscheinungsform des **Bhairab** geweiht. Dieser Gott verlangt nach Blut und wird selten enttäuscht. Stufen führen hinauf zu einer Tür, durch die man einen Blick auf seine grimmige Maske aus getriebenem Gold und das Schädelbecken auf dem Boden für seine Opfergaben werfen kann.

Khokana

Das 1 km weiter nördlich gelegene Khokana ähnelt Bungmati in vielerlei Hinsicht, wirkt aber nicht ganz so stimmungsvoll, da es nach einem Erdbeben 1934 zum größten Teil neu aufgebaut wurde. Der Ort ist berühmt für sein Senföl, und während der Saison laufen pausenlos die Ölpressen. Khokanas **Shekali Mai Mandir**, ein massiver dreistöckiger Pagodenbau, wurde zu Ehren einer hiesigen Naturgottheit errichtet.

Zwischen Khokana und Bungmati steht der vernachlässigte **Karya Binayak**, einer der vier Ganesh-Tempel im Tal.

Die Straße nach Chapagaun

Vom Lagankhel Bus Park in Patan führt eine Straße genau nach Süden zu zwei traditionellen Newar-Orten aus Backsteinhäusern: **Thecho**, 8 km südlich von Patan, und **Chapagaun**, noch 1 km weiter nach Süden. Attraktiver als die beiden ist der Kali geweihte **Bajra Barahi Mandir** aus dem 17. Jh., der sich in einem Wäldchen 500 m östlich versteckt und über eine Piste von Chapagaun zu erreichen ist. Die Hauptstraße verläuft weiter südwärts und erreicht nach 4 km **Tika Bhairab**, ein abstraktes Bild des Gottes Bhairab, das auf eine Wand am Zusammenfluss zweier Wasserläufe gemalt ist. Mountainbiker wählen besser die malerischere Strecke von Chapagaun nach Tika Bhairab, die zuerst nach Osten und dann südwärts durchs Lele-Tal führt. Sie können ggf. auch über eine Querverbindung zur Godavari-Straße (s. unten) gelangen und bei ausreichender Kondition sogar gleich nach Hetauda und ins Terai weiterfahren.

Godavari und Umgebung

Die grünste und intakteste Region des Tals liegt an seinem Südostrand rund um **Godavari** (Go-*dao*-ri ausgesprochen). An den Fuß des bewaldeten Phulchoki, des höchsten Gipfels der Talumrandung, schmiegt sich der hübsche National Botanical Garden, der Tempel von Naudhara und das Heiligtum Bishanku Narayan, versteckt in einem wunderbar ländlichen Seitental.

4 km südlich von Patan passiert die Godavari-Straße **Harisiddhi**, einen traditionellen Newar-Ort mit einer schaurigen Legende. Sein pagodenartiger **Bal Kumari Mandir** – über einen Treppenweg geradeaus von der Stelle zu erreichen, an der die Hauptstraße nach links abknickt – soll einst das Zentrum eines Kinderopferkults gewesen sein.

Naudhara

Godavari ▪ Maut Rs10 ▪ Vom Bus Park von Godavari geht man 700 m Richtung Süden (von der Straße nach Patan nach rechts) und passiert dabei nach 200 m die St.-Xavier-Schule

Südlich vom Bus Park von Godavari liegen die von Jesuiten geführte renommierte St.-Xavier-Schule und der Eingang zum örtlichen Gemeindewald, dessen Nutzergruppe eine recht zivile Gebühr erhebt. Gleich dahinter befindet sich links der Straße, gegenüber von einem unschönen Marmorsteinbruch, die Naudhara-Tempelanlage. Der Name bedeutet so viel wie **„neun Wasserstrahlen“**, und genau das findet man hier, außerdem Gläubige und hiesige Frauen, die ihre Wäsche waschen. Besonders heilig ist die Stätte für die Silwar-Kaste, deren Mitglieder bei Vollmond im Monat Bhadau (Aug–Sep) hierher kommen und ihren angestammten Gott anbeten. Gleich links der Wasserspeier steht ein kleiner Tempel, der angeblich die Füße der örtlichen Muttergöttin **Phulchoki Mai** repräsentiert. (Pilger, die den „Kopf“ der Göttin, das Hauptheiligtum, erklimmen möchten, können über einen Pfad, der direkt hinter dem Tempel beginnt, hinauf zum Gipfel des Phulchoki gehen; S. 232.) Der Schrein ist normalerweise verschlossen, um den heiligen (wenn auch verdorrten) Baumstumpf drinnen vor buddhistischen Reliquiensammlern zu schützen, die sich einen Splitter vom heiligen Holz aneignen wollen.

Godavari Kunda

Godavari ▪ Eintritt frei

Kurz vor dem Tor des National Botanical Garden liegt rechts der Straße das unauffällige, von einer Quelle gespeiste Wasserreservoir **Godavari Kunda**. Hier findet alle zwölf Jahre im Monat Bhadra (Mitte Aug–Mitte Sep) ein großes *mela*-Fest statt (das nächste ist 2015). Das benachbarte buddhistische Retreat-Zentrum, das wohl auf einen der fantastischsten Hausgärten der Welt blickt, ist ein Ableger des Than-Gompa in Pharping und nur etwas für ernsthaft Erleuchtungswillige: Der Mindestaufenthalt beträgt drei Jahre.

National Botanical Garden

1 km vom Godavari Bus Park ▪ ⌚ Mitte Feb–Mitte Nov tgl. 9.30–17 Uhr, Mitte Nov–Mitte Feb tgl. 10–16 Uhr ▪ Eintritt Rs100 ▪ Vom Godavari Bus Park muss man den letzten Kilometer zu Fuß gehen: Richtung Osten (direkt gegenüber der Straße nach Patan) auf eine befestigte Straße einbiegen und dann gleich vor einer Ansammlung schlichter Restaurants wieder links abbiegen, um zum Haupttor zu kommen

Rudyard Kipling reimte einst unter Bezugnahme auf die Londoner Kew Gardens: „Die wildesten Träume von Kew / sind die Realität von Kathmandu“. Der National Botanical Garden dürfte der ideale Ort sein, um seine Behauptung zu überprüfen. Tatsächlich ist der Garten nicht viel mehr als ein idyllischer Picknickplatz (und ein beliebter Drehort für heimische Popvideos), aber er besitzt ein prachtvolles Orchideenhaus und natürlich ein paar eindrucksvolle Bäume. Die Beschilderung ist äußerst unzulänglich, aber das Buch *Enjoy Trees*, das in den meisten Buchläden von Kathmandu zu finden ist, kann die Informationslücke schließen.

Phulchoki

Der Phulchoki (2762 m) ist der höchste der bewaldeten Gipfel rund um das Kathmandutal.

Landwirtschaft im Kathmandutal

Obwohl das Bevölkerungswachstum der Hauptstadt das Kathmandutal Parzelle um Parzelle mit Betonkästen für die Pendlerhorden ausfüllt, wohnen die alteingesessenen Jyapu, die Newar-Bauernkaste, weiterhin in dicht gedrängten Backsteinsiedlungen und bestellen ihre Felder in altbewährter Manier mit ihrem traditionellen, zweihändig zu führenden Spaten, dem *kodaalo* (auf Newar *ku*). Das Ackerland des Tals belohnt ihre Mühe reich: Es besteht aus fruchtbarem schwarzem Lehmboden – genannt *kalimati*, einem sedimentären Relikt aus den prähistorischen Zeiten, als hier ein See war, und liegt tief genug, um zwei oder sogar drei Ernten pro Jahr zu erbringen. **Reis** wird in speziell bewässerten Beeten kurz vor Monsunbeginn im Juni gesät, und die Stecklinge werden bis Ende Juli auf überflutete Terrassen umgesetzt. Meist sind Frauen für diese Arbeit zuständig, bei der sie ihre Zehen benutzen, um jeden Schössling im Lehm zu verankern. Während des Sommers werden die Reispflanzen grün und buschig, und bis Oktober färben sie sich mit zunehmender Reife immer brauner.

Zur Erntezeit werden die Garben auf den Pflasterstraßen ausgebreitet, damit die Körner durch darüber fahrende Fahrzeuge gelockert werden; danach wird mit tragbaren, per Handkurbel betriebenen Dreschmaschinen oder durch Schlagen gegen Felswände gedroschen. Die Reiskörner werden auf Bambustabletts *(nanglo)* gesammelt und gegen den Wind geworfen, um die Spreu von den Körnern zu trennen; wenn es keinen Wind gibt, benutzt man Tabletts, um die Spreu wegzufächeln. Einige Garben werden in Stapeln bis zu zwei Wochen lang fermentiert, wodurch sogenannter „schwarzer" Reis *(hakuja)* entsteht. Auf die abgeernteten Reisterrassen wird **Winterweizen** gesät. Leider fällt die Hauptreisesaison genau in die Saatzeit, in der der Boden kahl und braun daliegt. Im April oder Mai wird der Weizen geerntet. Danach bleibt oft noch Zeit für eine Zwischenbepflanzung mit Hülsenfrüchten oder Mais. Gemüse wächst das ganze Jahr über an den Feldrändern oder rankt sich – im Falle der Kürbisse – an Zäunen, Sträuchern und niedrigen Bäumen empor.

Die meisten Bauern im Kathmandutal sind Pächter, die einen großen Teil ihrer Ernte als Pacht abführen müssen. Aber ihr Los hat sich in der letzten Generation merklich verbessert: Die **Landreformen** in den 1950er- und 1960er-Jahren wurden in der Umgebung der Hauptstadt relativ sorgfältig umgesetzt und trugen dazu bei, dass sich Landbesitzer und Geldverleiher nicht mehr auf Kosten der Bauern bereichern konnten. Neuerdings hat die maoistische Regierung Landbesitzer gezwungen, größere Ländereien aufzuteilen und zu verkaufen. Allerdings hat das traditionelle newarische **Erbfolgesystem**, nach dem der Familienbesitz unter den Söhnen aufgeteilt werden muss, zur Folge, dass sich der Landbesitz von einer Generation zur nächsten ständig verkleinert. Es liegt auf der Hand, dass auf winzigen Anwesen der Einsatz von landwirtschaftlichen Maschinen nicht rentabel ist, arbeitsintensive Anbaumethoden weiterhin zur Anwendung kommen und die Produktivität niedrig bleibt.

Sein Name bedeutet „von Blumen bedeckt"; unter anderem gibt es Orchideen, Prunkwinden, Lerchensporn und im Frühjahr das Blütenmeer der Rhododendren zu bewundern. Am Berg ist außerdem der heimische **Primärwald** besser erhalten als sonstwo um das Tal herum, und der Weg von den subtropischen unteren Regionen bis zum kühlen Gipfel führt durch Mischwald aus *chilaune (Schima wallichii)*, *katus (Castanopsis indica*, eine Scheinkastanie) und Stechpalme *(Ilex)*. In den Schluchten finden sich außerdem Erlen, weiter oben immergrüne Eichen, Lorbeerbäume und natürlich Rhododendren. Dieser Wald gehört zu Nepals besten Revieren für **Vogelbeobachter** – geübte Augen sollen hier an einem Tag über 100 Arten entdecken können. Zudem gedeihen hier herrliche Blumen und die von ihnen angelockten Schmetterlinge.

Alle Wanderungen im Phulchoki-Wald sollten in jedem Fall nur in einer Gruppe unternommen werden, da es in den vergangenen Jahren zu zahlreichen **Überfällen** gekommen ist. Vorsicht ist außerdem geboten bei Erkundungen abseits der Waldwege, selbst wenn man sich auf den Spuren eines selten zu sehenen Vogels befindet: Die Maoisten legten in diesem Gebiet während der Auseinandersetzungen mit dem Staat Tretminen aus (besonders auf der Westseite Richtung Lele), und es besteht überhaupt keine Garantie, dass sie alle gefunden und entfernt wurden.

Die Gipfelbesteigung

Eine Gipfelbesteigung des Phulchoki bedeutet eine mindestens vierstündige stramme Bergwanderung mit 1200 m Höhenunterschied. Der Weg beginnt hinter dem Naudhara-Tempel (S. 232), der die Füße der Muttergöttin **Phulchoki Mai** repräsentiert. Bald trifft man auf die **Serpentinenstraße**, die ganz bis hinauf zum Gipfel führt und eine weniger strapaziöse Gipfelerstürmung ermöglicht, falls man ein Allradfahrzeug oder einen Taxifahrer findet, der bereit ist, seinen Wagen über die Piste zu quälen, was eher unwahrscheinlich ist.

Wenn sich der **Gipfel** nicht gerade in Wolken hüllt, bietet sich von oben ein großartiger Blick auf einen weiten Ausschnitt des Himalaya und praktisch das gesamte Kathmandutal (soweit der Smog es zulässt). Eine Militärbasis und eine Relaisstation stören das Bild zwar etwas, aber die vielen zerfledderten Gebetsfahnen am Schrein von Phulchoki Mai machen das wieder ein wenig wett.

Mit einer guten Karte und vielleicht einigen Ratschlägen von den Soldaten der Militärbasis am Gipfel ist es möglich, eine lange und anspruchsvolle Rundstrecke zu gehen. Dazu biegt man ungefähr auf halber Strecke nach unten unmittelbar unterhalb einer langgezogenen Linkskurve von der unbefestigten Straße ab und steigt über einen Pfad ab, der dem Tribeni-Danda-Grat Richtung Norden folgt (Richtung Lakuri Bhanjhyang, einem Pass an der Straße von Patan nach Panauti). Nach einem Drittel des Weges zum Lakuri Bhanjhyang verlässt der Pfad den Wald; hier geht man an einer Kreuzung links und dann eine Zickzack-Jeepstraße entlang, die nach Osten Richtung National Botanical Garden in Godavari hinabführt.

Bishanku Narayan

3 km nördlich des Godavari Bus Park ■ Vom Bus Park ist es rund 1 Std. zu Fuß zum Schrein: Man folgt der unbefestigten Straße, die scharf nach links abknickt (und fast in dieselbe Richtung wie die Autostraße führt), überquert den Talboden des Bishanku-Tals und geht dann einen Bergkamm hinauf. Das Heiligtum ist leicht zu sehen, und es gibt immer Leute, die man fragen kann. Außerdem ist Bishanku Narayan auch vom westlichen, also Hintereingang des Botanischen Gartens zu erreichen, genauso von Badegaun, auf halber Strecke zwischen Harisiddhi und Godavari an der Straße von Patan nach Godavari

Das geschützte, sich in südwestlicher Richtung erstreckende Seitental **Bishanku** gehört mit seiner relativ unberührten Natur zu den idyllischsten Winkeln des Kathmandutals. In einem Einschnitt des teils bewaldeten Bergkamms auf der nordwestlichen Talseite liegt das Heiligtum **Bishanku Narayan** hoch über den Reis- und Senffeldern, die die Talsohle säumen. Bishanku, einer der vier wichtigsten Plätze im Tal, die Narayan (Vishnu) gewidmet sind, ist kein Tempel, sondern eine kleine **Höhle**, die über unsichere Stufen zu erreichen ist. Ein Kettenvorhang schützt das Gottesbild in der Höhle. Wer dünn genug ist, kann durch einen weiteren engen Spalt noch tiefer steigen; man sagt, dass diejenigen, die sich hindurchzwängen können, von ihren Sünden erlöst werden.

TRANSPORT UND ÜBERNACHTUNG

Vom Lagankhel Bus Park in Patan verkehren alle 10–15 Minuten **Microbusse** nach Godavari. Von hier gibt's gewöhnlich keine weiteren Transportmöglichkeiten, jedoch sind alle Sehenswürdigkeiten gut zu Fuß zu erreichen.

Godavari Village Resort, Amarabati, Taukhel, Godavarai, ✆ 01-5560675, 💻 godavariresort.com.np. Das teure Resort 2 km nördlich von Godavari lockt mit einem schön gestaltetem ländlichem Ambiente, ansprechenden Hütten im Newar-Stil, Pool und Fitnesscenter und ist in erster Linie auf Konferenzgäste und betuchte Wochenendurlauber ausgerichtet. Hinter dem Resort führt eine ruhige, ungeteerte Straße westwärts durch Ackerland zum Bajra Barahi Mandir und nach Chapagaun. US$180

5 HIGHLIGHT

Bhaktapur (Bhadgaun)

Im sanften Abendlicht war die Altstadt von Bhaktapur mit ihren Pagodendächern und ihrem harmonischen Miteinander aus Holz, Ziegelstein und Kupfer ein wunderschöner Anblick. Es schien, als ob ein verblasster, mittelalterlicher Wandteppich am fahlen, teerosenfarbenen Himmel aufgehängt worden wäre. Im Vordergrund brannte ein Bauernhaus, und orange Flammen leckten wie sich verflüssigende Drachenzungen am strohgedeckten Hausdach. Man fühlte sich an Chaucers England und Rabelais' Frankreich erinnert; an eine Welt voller tiefer und heftiger Leidenschaften und leuchtender Farben, in der es viel Sünde, aber auch viel Gnade und Vergebung gab …

Charlie Pye-Smith, *Travels in Nepal*

Die starke Sogwirkung Kathmandus schwächt sich östlich des Flughafens allmählich ab, und man gelangt in den Einflussbereich des geschichtsträchtigen Bhaktapur (auch unter dem Namen Bhadgaun bekannt). Die Stadt erhebt sich als kompaktes, rotes Ziegelsteingebilde aus den fruchtbaren Feldern des Tals und erinnert ein wenig an Kathmandu, wie es vor der Ankunft der modernen Welt gewesen sein muss. Tagsüber bevölkern Reisegruppen und beharrliche „Studenten"-Führer die Hauptplätze, aber nach Geschäftsschluss oder in dem Gewirr der Nebenstraßen spürt man eigentlich immer den Herzschlag dieser typisch newarischen Stadt. In Bhaktapurs gepflasterten Straßen und engen Gassen waschen Frauen ihre Wäsche an öffentlichen Wasserhähnen, Männer in traditioneller Tracht sitzen in den vielen *sattal* oder überdachten Loggien herum, an der Straße hockende Bauern bieten Gemüse aus karg bestückten Körben feil und beflissene Gläubige besuchen die Tempel der Stadt. Und überall bildet das warme Ziegelrot einen lebhaften Kontrast zu den dunklen Brauntönen der Holzschnitzereien – die Grundbaustoffe der newarischen Städtebauer.

Geschichte

Die im 9. Jh. gegründete „Stadt der Gläubigen" brachte innerhalb von 300 Jahren ganz Nepal unter ihre Herrschaft. 1200 wurde die Malla-Ära in Bhaktapur eingeläutet, als der nepalesischen Überlieferung zufolge König Aridev während eines Ringkampfs von der Geburt seines Sohnes erfuhr, dem er den erblichen Titel Malla („Ringer") verlieh. Bis zum heutigen Tag sind die stämmigen Ringer, die die Tempeleingänge bewachen, ein Wahrzeichen der Stadt. Bhaktapur regierte das Tal bis 1482, als Yaksha Malla das Königreich unter seinen drei Söhnen aufteilte – und damit jahrhundertelange Rivalitäten zwischen den drei Reichen heraufbeschwor.

1766 ging die Ära der Malla zu Ende, als der König von Bhaktapur den Gurkha-Fürsten Prithvi Narayan Shah während einer Auseinandersetzung mit Kathmandu um Hilfe bat. Unter dem Vorwand der Hilfeleistung eroberte Prithvi Narayan Shah innerhalb von drei Jahren das gesamte Tal; die letzte Stadt, die er einnahm, war Bhaktapur.

Über die Hälfte der Bevölkerung Bhaktapurs stammt aus der Landwirtschaft betreibenden Jyapu-Kaste der Newar, und es mag der eng gesponnenen, nach innen gerichteten Natur der Stadt zuzuschreiben sein, dass sie sich anders als Kathmandu nicht zügellos ausbreitete. Dank eines langfristigen Restaurierungs- und Sanierungsprogramms sowie der Politik seiner unabhängig gesinnten Verwaltung ist ein Großteil der

Eintrittsgebühr in Bhaktapur

Westliche Ausländer müssen beim Besuch von Bhaktapur US$15 (oder etwa Rs1100) zahlen, und nicht selten ist das Ticket bei einem Stadtbummel vorzuzeigen. Indische Touristen zahlen Rs100. Der Eintritt wird nur einmal erhoben, egal wie lange man bleibt, weswegen man seine Absichten beim Ticketkauf am Eingangstor deutlich machen sollte. Wer im Rahmen seines Nepal-Aufenthalts mehr als einmal nach Bhaktapur kommen
Ticket in einen Pass eintau
zwei Passfotos sowie ein
seiten des Reisepasses be
Seite mit dem Visum für Ne

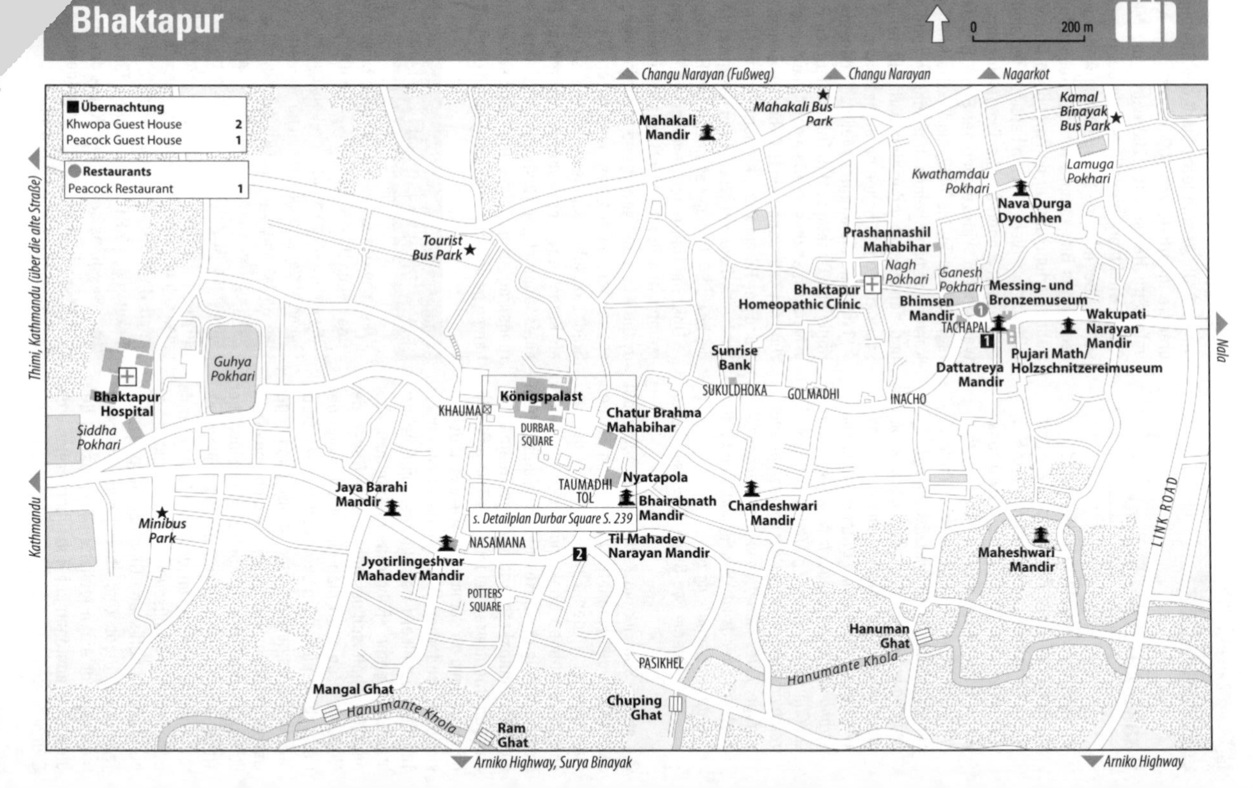
Bhaktapur
N
0
200 m
Changu Narayan (Fußweg)
Changu Narayan
Nagarkot
Übernachtung
Khwopa Guest House 2
Peacock Guest House 1
Restaurants
Peacock Restaurant 1
Mahakali Mandir
Mahakali Bus Park
Kamal Binayak Bus Park
Lamuga Pokhari
Kwathamdau Pokhari
Nava Durga Dyochhen
Tourist Bus Park
Prashannashil Mahabihar
Nagh Pokhari
Ganesh Pokhari
Bhaktapur Homeopathic Clinic
Messing- und Bronzemuseum
Bhimsen Mandir
TACHAPAL
Wakupati Narayan Mandir
Pujari Math/ Holzschnitzereimuseum
Dattatreya Mandir
Sunrise Bank
Nala
Thimi, Kathmandu (über die alte Straße)
Guhya Pokhari
Bhaktapur Hospital
Siddha Pokhari
Königspalast
KHAUMA
DURBAR SQUARE
SUKULDHOKA
GOLMADHI
INACHO
Chatur Brahma Mahabihar
Kathmandu
Jaya Barahi Mandir
TAUMADHI TOL
Nyatapola
Bhairabnath Mandir
Chandeshwari Mandir
s. Detailplan Durbar Square S. 239
Minibus Park
NASAMANA
Til Mahadev Narayan Mandir
Maheshwari Mandir
LINK ROAD
Jyotirlingeshvar Mahadev Mandir
POTTERS' SQUARE
Hanuman Ghat
PASIKHEL
Hanumante Khola
Mangal Ghat
Hanumante Khola
Chuping Ghat
Ram Ghat
Arniko Highway, Surya Binayak
Arniko Highway

Stadt heute eine Fußgängerzone. Tempel und öffentliche Gebäude wurden mit dem Geld restauriert, das durch die Eintrittsgebühr (S. 235) hereingekommen ist, und neue Gebäude müssen in traditionellen Architekturstilen errichtet werden. Dies ist eine nepalesische Stadt, die mit sich selbst im Reinen ist und die ihren Status als Unesco-Weltkulturerbe mit Stolz verkörpert.

Orientierung

Bhaktapur liegt in einer in Ost-West-Richtung verlaufenden Senke im Kathmandutal, mit einer Fußgängerstraße als Rückgrat, und fällt im Süden zum träge dahinfließenden **Hanumante Khola** ab. Die Stadt hat zwei Siedlungskerne (deren Bewohner beim jährlichen Bisket-Fest bei einem ausgelassenen Tauziehen miteinander wetteifern) und drei Hauptplätze. Der **Durbar Square** und der **Taumadhi Tol** im Westen beherrschen den nach dem 15. Jh. entstandenen Stadtteil, der **Tachapal Tol (Dattatreya Square)** den östlich gelegenen älteren Teil.

Durbar Square

Bhaktapurs Durbar Square war schon immer weniger eine lebendige heilige Stätte und mehr ein Paradeplatz königlicher Monumente. Was ihm atmosphärisch fehlt, macht er künstlerisch wieder wett: Er kann sich eines der schönsten Kunstwerke Nepals – des Goldenen Tors – sowie des wunderbaren Palasts der 55 Fenster und der Nationalgalerie rühmen.

Nahe dem Haupttor an der Westseite kann man die mehrarmigen Statuen von **Bhairab** und **Ugrachandi** bewundern; ihrem Schöpfer sollen auf Befehl des Königs von Bhaktapur beide Hände abgehackt worden sein, damit er die gleichen Figuren nicht noch einmal in Kathmandu oder Patan anfertigen könne. Unter den zahlreichen kleineren Tempeln auf der gegenüberliegenden Seite fällt ein Shiva-*shikra* ins Auge, ein Beispiel der wenig beachteten Ziegelbaukunst der Newar.

Der Königspalast

Durbar Square ▪ 🕒 tgl. Sonnenauf- bis Sonnenuntergang ▪ Eintritt frei

Bhaktapurs Königspalast stand ursprünglich weiter östlich nahe dem Tachapal Tol und wurde im 15. Jh. (zusammen mit der Stadt) nach Westen verlagert – auf dem Weg hat er vermutlich mehrere Flügel verloren. Einst soll der Palast 99 *chowks* (Innenhöfe) besessen haben, was mit Sicherheit etwas übertrieben scheint, aber es waren bestimmt mehr als die fünf Innenhöfe, die nach den Renovierungs- und Abrissarbeiten im Jahre 1934 übrig geblieben sind. Den herrlich geschmückten Ostflügel **Panchapanna Jhyale Durbar** („Palast der 55 Fenster") ließ um 1700 König Bupalendra Malla errichten, der große Baumeister von Bhaktapur, der auf einer steinernen **Säule** gegenüber dargestellt ist. Um ihren Lotussockel windet sich eine Schlange, auf deren Kopf ein winziger Vogel hockt.

Vielleicht wäre das **Goldene Tor** (Sun Dhoka) nicht so berühmt, wenn es aus Holz oder Stein wäre – tatsächlich ist es aus vergoldetem Kupfer –, seine überwältigende Vielfalt an Formen und Figuren machen es auf jeden Fall zu einem Meisterwerk der nepalesischen Handwerkskunst. Die *torana* über dem Tor ist mit einem sitzenden geflügelten Garuda und einer zehnarmigen, vierköpfigen Taleju, der Schutzgöttin der Mallas, geschmückt. Bhairab und Kali, die für die Nepalesen mächtigsten Göttergestalten, sind in Brusthöhe auf beiden Seiten des Tores dargestellt; nur sie sind mit rotem *abir*- und gelbem *keshori*-Pulver überzogen, ein Zeichen dafür, dass sie auch heute noch verehrt werden.

Nachdem man den Palast durch das Goldene Tor betreten hat, folgt man zunächst einer offenen Passage um das Gebäude herum. Rechts führt ein Durchgang zum **Naga Pokhari** („Schlangenteich"), einem königlichen Badebecken aus dem frühen 16. Jh. Der außergewöhnliche Wasserspeicher ist bedeckt mit Bildern von durstigen Tieren in vergoldetem Kupfer und wird von zwei unheimlichen, vergoldeten *naga*-Figuren überblickt, die in einiger Entfernung zum Wasser stehen.

Links der offenen Palastpassage erhebt sich ein eindrucksvolles Tor mit dem holzgeschnitzten Bildnis der Göttin Taleju und ihren himmlischen Heerscharen. Dahinter liegt der kunstvoll verzierte und bunte **Mul Chowk**, vermutlich der älteste überlebende Teil des Komplexes und von Kunsthistorikern als einer der schönsten Palast-Innenhöfe im ganzen Tal bezeichnet. Man kann durch die Türe hineinspähen und einen Blick auf die unwahrscheinlich kunstvollen Metallarbeiten, Schnitzereien und Wandmalereien werfen, aber Fotografieren ist verboten; nur Hindus dürfen den Hof betreten, um den metallenen *kalash* zu bestaunen, ein Gefäß, das die Göttin repräsentiert. Das heutige Götzenbild von Taleju wird im Heiligtum des Südflügels aufbewahrt und soll ein *yantra* (mystisches Diagramm) sein – es darf nur von Initiierten betrachtet werden. Die aus Südindien stammende Taleju wurde im 14. Jh. von König Harisinghadev hierher gebracht und auch von den Königshäusern in Kathmandu und Patan als Göttin übernommen. Vom einfachen Volk wurde sie nie besonders verehrt, und die Zeiten der Herrscherdynastien, die sie beschützten, sind längst abgelaufen. Heute wird die Göttin von den Gläubigen mit Durga gleichgesetzt; am neunten Tag des Durga-Festes Dasain erhält sie ein Opfer in Form von 108 Tieren.

Wer in den Mul Chowk hineinblickt, sieht auf der anderen Seite des Innenhofs eine Tür, die in den sagenumwobenen **Kumari Chowk** führt, der von den wenigen, die ihn kennen, als so alt und schön wie der Mul Chowk, aber kleiner beschrieben wird. Er wird nur an den vier wichtigen Tagen des Dasain-Festes geöffnet und ist selbst dann nicht für Außenstehende zugänglich.

Das National Art Museum

Durbar Square ▪ 🕒 Mitte Jan–Mitte Okt Mo 10.15–14.30, Mi–Sa 10.15–16.30 Uhr, Mitte Okt–Mitte Jan Mo 10.15–14.30, Mi–Sa 10.15–15.30 Uhr ▪ Eintritt Rs100, inkl. Eintritt zum Holzschnitzereimuseum (S. 244) und zum Messing- und Bronzemuseum (S. 244); es lohnt sich, an einer privaten Führung teilzunehmen, wie sie von englischsprachigen Führern angeboten werden. Preis und Länge sind Verhandlungssache ▪ 💻 nationalartmuseum.gov.np

Auf den Steinfriesen am Eingang des Westflügels des Palastes sind Vishnu Varahi und Narasimha, Vishnus Eber und Vishnu als Mann-Löwe dargestellt. Sie bewachen die exzellente **Nationalgalerie**, die hauptsächlich tantrische Poubha- und Thangka-Bilder der grimmigen Gottheiten Bhairab und Kali zeigt. Ersterer ist in vielen seiner 64 grauenhaften Gestalten zu sehen, etwa als Weißer Bhairab, löwengesichtig und Feuer spuckend. Die Sammlung beinhaltet auch mit Malereien verzierte Seiten religiöser Schriften, die aus dem 11. Jh. datieren, einige erotische Miniaturen und historische Steinbilder und -inschriften aus der Malla-Dynastie sowie beim Haupteingang Nava-Durga-Masken (S. 246).

Oben endet eine Reihe von Königsporträts oberhalb der Treppe bedeutungsschwanger mit Dipendra – und einem leeren Nagel, wo wahrscheinlich kurz Gyanendra hing. In der Galerie daneben fungiert ein newarisches Rollbild aus dem 18. Jh., „Gorkha Palace" genannt, als eine wundervolle botanisch-zoologisch-topografische Karte von Nepal, die vom Himalaya bis ins Terai reicht.

Der hohe Hauptsaal am Ende der Galerien im ersten Stockwerk beherbergt eine schöne Darstellung von Nritaswor, der tänzerischen und sexuellen Vereinigung von Shiva und Shakti, verschämt mit dem Titel „Tanzender Shiva" versehen, und die kuriose *Sata Chakra Darsan* (betitelt „Yogapurush"), auf der die Lage der sieben Energiepunkte *(chakra)* des menschlichen Körpers markiert sind.

Pashupati Mandir und Umgebung

Eintritt frei

Von allen Kultstätten am Platz wird nur noch dem **Yaksheswar** oder **Pashupati Mandir** aus dem 15. Jh. eine gewisse Verehrung entgegengebracht. In diesem ältesten Bauwerk Bhaktapurs auf der Ostseite des Platzes befindet sich eine Kopie des Pashupatinath-Lingam, die Dachstreben sind zum Teil mit kühnen erotischen Holzschnitzereien verziert.

Davor steht der **Batsala-Durga-Tempel** aus der Mitte des 18. Jhs., dessen *shikra*-Form eindeutig nach Nordindien weist, dessen steinerne Wächterwesen beiderseits der Eingangstreppe jedoch wohl auf chinesische Einflüsse hindeuten. Vor der *shikra* hängen gegenüber dem Palast die unverhältnismäßig große **Taleju-Glocke** sowie eine kleinere Kopie, die den Namen **„Glocke der Bellenden Hunde"** trägt, da ihr Klang offenbar die höhenempfindlichen Ohren dieser Tiere belastet.

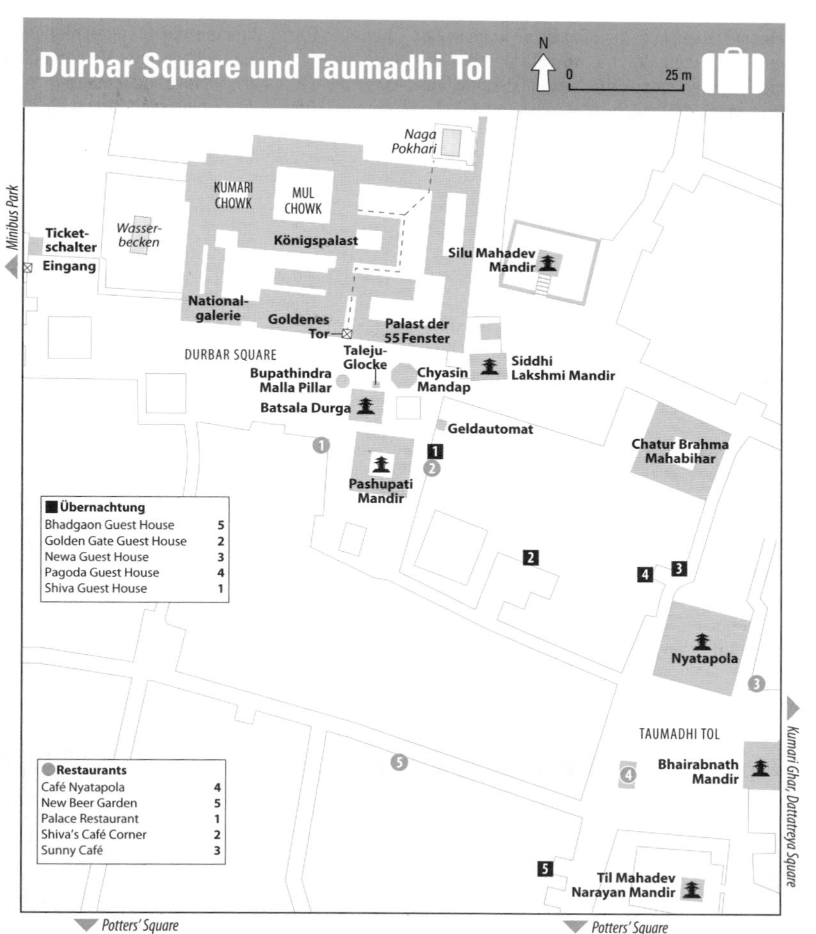

Chyasin Mandap

Eintritt frei

Im **Chyasin Mandap**, dem Pavillon der Acht Ecken, direkt gegenüber vom Palast der 55 Fenster, wohnten die Könige Bhaktapurs wahrscheinlich Festen und Umzügen bei. Bei dem Bauwerk handelt es sich um eine exakte Kopie von 1990 des beim Erdbeben von 1934 zerstörten Originalgebäudes aus dem 18. Jh. Im Vergleich zum Originalbau fehlen nur die alten, kunstvoll geschnitzten Dachstreben, die seit 1934 das Eingangstor zu Kathmandus New Road schmücken.

Siddhi Lakshmi Mandir und Umgebung

Am Ostrand des eigentlichen Durbar Square erhebt sich über einem breiten Stufensockel, wo Krieger- und Tierpaare den Eingang zum Allerheiligsten bewachen, die blasse steinerne *shikra* des **Siddhi Lakshmi Mandir**. Dahinter halten in einem Nebenplatz Richtung Osten noch immer zwei Steinlöwen Wache, obwohl der dreistöckige Pagodentempel, der hier einst stand, verschwunden ist. Der **Silu-Mahadev-Tempel** über ihnen besteht nur noch aus einem Sockel und den Wächtertieren – das kleine weiße Kuppelheiligtum, das sich unpassend auf dem Sockel erhebt, sollte eigentlich nur einen vorübergehenden Ersatz für das zerstörte Original darstellen.

Chatur Brahma

Östlich des Durbar Square ▪ Eintritt frei

Eine Besonderheit im überwiegend hinduistischen Bhaktapur ist der gut erhaltene **Chatur Brahma Mahabihar** ein paar Schritte östlich des Durbar Square, der von Buddhisten wie Hindus gleichermaßen aufgesucht wird; am Abend ist er Treffpunkt der Metallhandwerker des Viertels. Gelegentlich hört man hier *bhajan*-Hymnen zur träumerischen Begleitung von Harmonium und Tabla erklingen.

Taumadhi Tol

Der lebhafte Taumadhi Tol, 100 m südöstlich des Durbar Square, ist das Nervenzentrum von Bhaktapurs newarischer Kultur, besonders abends: Dann stimmen die Männer hier *bhajan*-Hymnen an, und mobile Imbisse verkaufen *momos* und andere Snacks. Besonders in Vollmondnächten geht es hier sehr munter zu. Mitte April ist der Platz Mittelpunkt des wichtigsten nepalesischen Neujahrsfests, des Bisket (Kasten S. 241).

Nyatapola

Eintritt frei

Der anmutige, fünfstöckige **Nyatapola**-Tempel, der den Taumadhi Tol und ganz Bhaktapur beherrscht, ist Nepals größte Pagode mit den perfektesten Proportionen. Sie ist der eher unbedeutenden tantrischen Göttin Siddhi Lakshmi geweiht, die von Gläubigen nicht besucht wird, so dass das Heiligtum seit seiner Fertigstellung im Jahr 1702 nur für Priester zugänglich ist. Vielleicht ist deshalb der Tempel ausnahmsweise nicht nach einer Gottheit, sondern nach seiner Form benannt: Auf Newar heißt *nyata* „fünfstöckig" und *pola* „Dach". Die fünf paarweise aufgestellten Tempelwächter – die Ringer Jaimala und Patta aus der Malla-Ära, Elefanten, Löwen, Greife und zwei weniger bedeutende Göttinnen, Baghini (Tigerin) und Singhini (Löwin) – sind

In Bhaktapur ist die newarische Kultur lebendig.

Bisket, das Neujahrsfest in Bhaktapur

Viele nepalesische Feste haben ihren Ursprung in religiösen Legenden, Bhaktapurs übermütiges Bisket-Fest hingegen beruht auf einem Märchen. Ähnliche Sagen erscheinen im Zoroastrismus und im apokryphen Buch Tobit.

Einst wollte ein König seine Tochter verheiraten, doch immer, wenn er einen Bräutigam gefunden hatte, wurde dieser nach der Hochzeitsnacht tot im Bett aufgefunden. So machten sich die Heiratskandidaten, die in Frage kamen, bald ziemlich rar, und das Volk betete um Erlösung von dem Fluch. Eines Tages erschien ein Fremder in die Stadt, hörte die Geschichte von seinem Gastgeber, dessen Sohn der nächste Bräutigam werden sollte, und erbot sich, an dessen Stelle die Königstochter zu heiraten. In der Hochzeitsnacht hielt er sich mit Gewalt wach und sah, wie aus der Nase der Prinzessin zwei giftige Schlangen krochen. Der Held tötete die Schlangen, brach den Bann und errang die ewige Dankbarkeit des Volkes, das seine Tat nun jedes Jahr mit einem Fest feiert. Der newarische Name des Festes, Biska, ist eine Zusammensetzung aus den beiden Newar-Wörtern „Schlange" und „Tod".

Das Bisket-Fest unterscheidet sich auch dadurch von den meisten nepalesischen Festen, dass sich sein Datum nach dem Sonnen- und nicht nach dem Mondkalender richtet, das heißt, dass es immer am 9. oder 10. April beginnt. Als Erstes wird ein wildes **Tauziehen** am Taumadhi Tol veranstaltet, bei dem die Bewohner des oberen und des unteren Stadtteils einen knarrenden, dreistöckigen Wagen mit dem Bild des Bhairab auf ihre Seite zu ziehen versuchen; die Räder des Wagens können üblicherweise neben dem Bhairab-Tempel bestaunt werden. Am vierten Tag, dem Tag vor Nava Barsa (dem nepalesischen Neujahrsfest), wird der Wagen Bhairabs und ein anderer kleinerer Wagen zu dem Hang oberhalb des Chuping Ghat gefahren. Wenn die Wagen dort angekommen sind, richten die Männer der Stadt einen 25 m hohen **Siegesmast** mit Querbalken auf, an dem zwei Fahnen die beiden getöteten Schlangen symbolisieren – ein aufregendes und manchmal recht gefährliches Unterfangen.

Der Mast bleibt bis zum nächsten Nachmittag stehen; dann versuchen die Anwohner in einem weiteren Tauziehen zu erreichen, dass der riesige Mast auf ihre Seite fällt. (Dieses Unternehmen ist noch gefährlicher, und ein- oder zweimal sind bereits Menschen durch den fallenden Mast getötet worden.) Der Sturz des Masts ist der offizielle Beginn des **neuen Jahres**. Das Bisket-Fest dauert dann noch vier weitere Tage: Es folgen eine ausgelassene Parade der *khat*, der prunkvollen Sänften der Gottheiten, im Ostteil der Stadt, eine Prozession bei Kerzenschein zum Dattatreya Square, eine Zurschaustellung der Tempelgottheiten in der ganzen Stadt und ein abschließendes Tauziehen um Bhairabs Wagen.

ebenso berühmt wie der Tempel selbst. Jedes Paar ist zehnmal stärker als das Paar darunter. Teile der Prozessionswagen für das Bisket-Fest, einschließlich der stabilen, hölzernen Räder, sind hinter dem Tempel aufgestapelt.

Bhairabnath Mandir

Eintritt frei

Der kompakte, gedrungene **Bhairabnath Mandir** sieht völlig anders aus als die schlanke Nyatapola-Pagode. Besonders erstaunlich an diesem massiven Bauwerk ist das winzige Bild des Bhairab, das auf einer Art Sims vor dem Tempel aufgestellt ist (im Inneren befinden sich weitere Figuren sowie die Maske, die die Bisket-Prozession anführt). Eine Legende berichtet, dass Bhairab, als er einst unerkannt durch das Land zog, auch nach Bhaktapur kam, um die Feierlichkeiten anlässlich des Bisket-Fests zu beobachten. Da die Priester seine Anwesenheit ahnten und sich seinen Segen erhofften, bannten sie ihn mit tantrischen Zaubersprüchen; als er sich ihnen entziehen und in den Boden versinken wollte, schlugen sie ihm den Kopf ab. Nun muss

Bhairab, oder zumindest sein Kopf, jedes Jahr in einer verschlossenen Kiste auf einem Wagen an der Bisket-Parade teilnehmen. Das *kinkinimali*, die vergoldete Metalleinfassung ganz oben auf dem Tempel, gilt als besonders schön.

Til Mahadev Narayan Mandir

Eintritt frei

Etwas versteckt am südöstlichen Rand des Taumadhi Tol steht der **Til Mahadev Narayan Mandir** aus dem 17. Jh., der alle Kennzeichen eines Vishnu (Narayan)-Tempels aufweist: Die vergoldete *sankha* (Muschel), das *chakra* (Rad) und das Reittier Garuda stehen auf Säulen vor dem Gebäude. Der Name des Tempels rührt angeblich von dem Erlebnis eines Händlers aus Thimi her, der beim Ausbreiten seiner Ware in einem der Säcke mit Sesamsamen *(til)* auf wundersame Weise das Bild Narayans entdeckte.

Kumari Ghar

Eintritt frei

Einen Häuserblock nordöstlich des Bhairabnath Mandir steht Bhaktapurs **Kumari Ghar**. Im Obergeschoss wird ein Bildnis der Göttin aufbewahrt, das nur während des Bisket-Fests der Öffentlichkeit gezeigt wird. Die *kumari* selbst, die als Manifestation der Durga gilt, wohnt gewöhnlich in einem anderen Gebäude nördlich des Tachapal Tol, residiert hier jedoch im Oktober während der zehn Tage des Dasain-Festes – des Festes, mit dem ihr Sieg über den Büffeldämon gefeiert wird.

Die Newar

Die Newar sind ein ganz besonderes Phänomen. Ihre Hochburg ist ein Tal – das Tal von Kathmandu –, das geografisch noch zu Nepals Bergland gehört, jedoch ein besonderes Klima und eine eigene Geschichte hat. Die Newar sind sehr darauf bedacht, sich von den anderen Bergbewohnern abzugrenzen. Obwohl sie nach nationaler Definition eine ethnische Minderheit darstellen, hat ihre Überzahl im Kathmandutal sie in die Lage versetzt, einen kulturellen Einfluss auszuüben, dessen prozentuales Maß ihre Zahl und damit ihren Anteil an der Bevölkerung bei Weitem übersteigt. Außenstehende begehen leicht den Fehler zu glauben, dass die newarische Kultur die nepalesische Kultur schlechthin sei.

Viele Anthropologen vertreten die Auffassung, dass der Clan der Kirata, welcher der Legende zufolge zwischen dem 7. Jh. v. Chr. und dem 2. Jh. n. Chr. über das Kathmandutal herrschte, der Wurzelstock der Newar ist. Allerdings entwickelte sich die **Newar-Kultur** bereits seit Jahrtausenden, da fortlaufende Wellen von Immigranten, Händlern und Eroberern sich im Schmelztiegel des Tales vermischten. Die Neuankömmlinge bescherten dem bestehenden Völkergemisch neue Sitten und Bräuche, Glaubensvorstellungen und Kunstfertigkeiten, doch sie wurden nicht vollständig assimiliert – stattdessen fanden sie eigene Nischen in der Gesellschaft, in denen sie interne soziale Strukturen und Traditionen bewahrten und an einzigartigen spirituellen und professionellen Rollen festhielten. Mit der Zeit fanden diese *thar* (Clans) Eingang in ein formales newarisches Kastensystem, das dasjenige der Baahun und Chhetri reflektierte, und noch später gingen sie in diesem auf. Somit ist die Newar-Gesellschaft ein Mikrokosmos der nepalesischen Gesellschaft: Sie besitzt viele gemeinsame kulturelle Merkmale sowie eine gemeinsame Sprache (Newar), gleichzeitig weisen ihre Mitglieder eine Vielzahl an Unterschieden auf.

Die **Religion** der Newar ist extrem komplex (S. 90). An dieser Stelle mag die Feststellung genügen, dass newarische Einzelpersonen sich selbst entweder als Hindu oder Buddhist identifizieren, je nach dem historischen Ursprung ihres *thar*, doch dies beeinflusst ihre grundlegenden Doktrinen und Praktiken kaum. Verwandtschaftliche Beziehungen spielen bei den Newar eine extrem wichtige Rolle und werden durch ausgefeilte Lebenszyklusrituale und Jahresfeste untermauert. Dementsprechend hat auch jeder *thar* bestimmte Rollen bei Festen und anderen öffentlichen Anlässen zu übernehmen. Eine einzigartige soziale Erfindung der Newar sind die *guthi*, auf Verwandtschaftsbeziehungen gegrün-

Westlich des Taumadhi Tol

Wie eine Schneise aus Ziegelstein führt Bhaktapurs Hauptverkehrsstraße vom Taumadhi westlich zum Stadttor. Nach etwa 150 m kommt man zu einer freien Fläche mit Skulpturen und Schreinen und einem *shikra*, der sich mit dem Namen **Jyotirlingeshvar Mahadev Mandir**, frei übersetzt „Großer Gott des strahlenden Phallus", schmückt – eine Anspielung auf eine Legende, in der Shiva die Götter Brahma und Vishnu auffordert, das Ende dieses Körperteils zu suchen (was ihnen nie gelang).

Weiter westlich erinnert der breite **Jaya Barahi Mandir** – eines der vielen Bauwerke, dessen Renovierung mit den Eintrittsgeldern der Touristen bezahlt wurde – an die Gefährtin *(shakti)* Vishnus in Gestalt eines Ebers. Das Pagodendach dieses Gebäudes sieht man nur, wenn man weit genug entfernt steht.

Potters' Square

Dunkle, feuchte Gassen ziehen sich beiderseits der Hauptstraße beim Jaya Barahi Mandir hin – nördlich bis zum Durbar Square und südlich bis zum Fluss. Sehenswert in diesem Stadtviertel ist der Kumale Tol, der **Töpferplatz**. Bis vor Kurzem formten Bhaktapurs Töpfer *(kumal)* auf diesem abschüssigen Platz einfache Wassergefäße, Ofenrohre, Einweg-Joghurttöpfchen und Ähnliches. Heute macht der Import von Plastikwaren den Töpfern das Leben schwer, und dank zunehmender Touristenzahlen werden hier heu-

dete rotarierähnliche Vereinigungen, die Tempel und Pilgerherbergen unterhalten, Feste organisieren und indirekt die Übertragung der Newar-Kultur von einer Generation auf die nächste gewährleisten. Aber seit den 1960er-Jahren, als die Landreform den Menschen das Einkommen aus Pachtgütern und Grundbesitz rund um das Tal stark beschnitt, haben die *guthi* einen deutlichen Niedergang zu verzeichnen.

Da den **sozialen Beziehungen** eine so große Bedeutung beigemessen wird, verwundert es kaum, dass die Newar sehr gerne eng zusammenleben. Im Gegensatz zu anderen Bergbewohnern sind sie im Grunde ihres Herzens Stadtmenschen. Ihre Städte sind Meisterwerke der Verdichtung, in denen sich hohe Wohnhäuser gegen enge Gassen pressen und Geschäftsfronten sich direkt auf die Straßen öffnen. In den vergangenen Jahrhunderten haben die Newar-Händler lukrative Knotenpunkte von Handelswegen besiedelt und im gesamten Land ihre pulsierenden Basare gegründet. Selbst die newarischen Bauern errichten ihre Dörfer nach dem kompakten städtischen Vorbild um einen dichten Kern herum, und zwar teils aus dem Motiv heraus, das fruchtbare Ackerland des Tales zu bewahren.

Die jahrhundertelange Fremdherrschaft hat die Einzigartigkeit der newarischen **Kunst und Architektur** nur noch stärker hervortreten lassen. Seit 1500 Jahren erhalten die Newar eine nahezu kontinuierliche Blütezeit der künstlerischen Bearbeitung von Stein, Holz, Metall und Backstein aufrecht. Vermutlich haben sie den Pagodenbau erfunden, und der newarische Architekt Arniko führte im 13. Jh. eine nepalesische Delegation nach China, um die Technik des Pagodenbaus dort einzuführen. Der Pagodenstil mit schichtweisen, von Balken gestützten Dächern findet seinen einzigartigen Ausdruck in nepalesischen (lies: newarischen) Tempeln und wird in den überhängenden Ecken newarischer Häuser reflektiert.

Die Newar sind leicht zu erkennen. Traditionell befördern sie schwere Lasten in **Körben**, die an den beiden Enden einer Schulterstange *(nol)* hängen, während andere nepalesische Bergbewohner Dinge auf dem Rücken tragen und mit einem Trageriemen, der um die Stirn geschlungen wird, abstützen. In Sachen Kleidung erkennt man eine Newar-Frau gewöhnlich leicht an den gefächerten Falten im Vorderteil ihres Saris. Die meisten Männer verzichten dagegen heute auf traditionelle Kleidung, doch mitunter sind noch Newar anzutreffen, die den herkömmlichen *daura suruwal* und einen Wams tragen.

te Sparschweine, Mini-Elefanten und Ähnliches getöpfert. Die Herstellung von Gebrauchswaren hat sich inzwischen auf abgelegenere Teile Nepals verlagert, wie etwa ins benachbarte Thimi, aber zumindest erhält der Tourismus das alte Handwerk hier am Leben. So kneten die Töpfer hier den Ton weiter mit der Hand, und einige formen ihre Gefäße sogar noch auf handbetriebenen Töpferscheiben. Die fertigen, grauen Gefäße werden einige Tage in Reih und Glied zum Trocknen in die Sonne gestellt, bevor sie ziegelrot gebrannt werden.

Tachapal Tol (Dattatreya Square)

Vom Taumadhi schlängelt sich Bhaktapurs Hauptstraße in Richtung Osten hinauf zum Tachapal Tol (Dattatreya Square), seit jeher das Herz der Stadt. Auch hier geben zwei Tempel den Ton an, die zwar älter, aber nicht ganz so spektakulär wie die am Taumadhi-Platz sind. Berühmt ist der Platz jedoch vor allem wegen eines großen Meisterwerks der nepalesischen Holzschnitzkunst, des Pfauenfensters am Pujari Math und einem Museum mit herrlichen Holzschnitzereien. In dieser Gegend hat man die Gelegenheit, die besten Holzschnitzwerkstätten Nepals zu durchstöbern – ein lohnenswertes Unterfangen, selbst wenn man in seinem Rucksack keinen Platz für eine 2,50 m hohe Pfauenfenster-Reproduktion für Rs100 000 hat.

Auch an dem nördlich des Tachapal gelegenen Platz rund um Ganesh Pokhari herrscht geschäftiges Treiben in den *pasal* (Geschäften) und bei den Straßenhändlern. In den kleinen mittelalterlichen Seitenstraßen Bhaktapurs südlich des Platzes, die den Hang in Richtung Fluss hinunterlaufen, gibt es ebenfalls noch viel zu entdecken.

Dattatreya Mandir

Hinter einer Säule mit engelhafter Garuda-Statue und dem gleichen Ringerpaar, das auch den Nyatapola-Tempel bewacht, erhebt sich der **Dattatreya Mandir**, eines der ältesten Gebäude Bhaktapurs. Der Tempel wurde 1427 von Yaksha Malla, dem letzten König, der das Kathmandutal von Bhaktapur aus regierte, errichtet. Wie der ihm ähnelnde Kasthamandap in Kathmandu war er einst ein *sattal*, eine dreistöckige Loggia und öffentlicher Versammlungspunkt, und auch er soll aus dem Holz eines einzigen Baums gefertigt sein. Dattatreya, eine südindische Gottheit, die von Gläubigen der verschiedensten Religionen verehrt wird, symbolisiert den für Nepal typischen Synkretismus: Für die Anhänger Vishnus ist Dattatreya eine Inkarnation ihres Gottes, die Shiva-Anhänger verehren ihn als den Guru Shivas, und die Buddhisten sehen ihn gar als Bodhisattva an.

Bhimsen Mandir

Der längliche Tempel an der dem Dattatreya Mandir gegenüberliegenden Seite des Tachapal Tol ist Bhimsen geweiht, dem Schutzheiligen der newarischen Händler, die im Tachapal-Viertel zu Hause sind. Wie üblich bei einem Bhimsen-Tempel dient das offene Erdgeschoss als beliebter Treffpunkt, während der Schrein im Obergeschoss versteckt ist.

Der Pujari Math

Auf der Rückseite und rechts des Dattatreya-Tempels steht der prächtige Pujari Math aus dem 18. Jh., eine von einem Dutzend Priesterunterkünften, die früher um den Tachapal Tol herumstanden. Ähnlich wie die buddhistischen *bahal* beherbergten diese *math* einst Hindu-Gemeinschaften, die einem einzigen Führer oder einer Schule anhingen. Wie die *bahal* wurden die meisten von ihnen inzwischen zu Wohnungen umfunktioniert. Die Natur des Kastensystems brachte es mit sich, dass die schönsten Häuser der Stadt traditionsgemäß den Priestern gehörten. So ist auch der Pujari Math an zwei Seiten mit besonders reichen Holzschnitzereien an den Fenstern verziert; das oft kopierte Pfauenfenster, das auf eine kleine Straße an der Ostseite des Gebäudes hinausgeht, gilt seit 200 Jahren als Glanzleistung der Fenstergitter-Schnitzerei in Nepal.

Das Holzschnitzereimuseum

Pujari Math ▪ ⌚ Mitte Jan–Mitte Okt Mo 10.15–14.30, Mi–Sa 10.15–16.30 Uhr, Mitte Okt–Mitte Jan Mo 10.15–14.30, Mi–Sa 10.15–15.30 Uhr ▪ Eintritt Rs100, inkl. Eintritt zum National Art Museum (S. 238) und zum Messing- und Bronzemuseum (S. 244)

Das in den oberen Stockwerken des Pujari Math untergebrachte kleine **Holzschnitzereimuseum** vermittelt einen Eindruck von der wunderbar geschmackvollen Inneneinrichtung eines Newar-Hauses und gibt den Besuchern Gelegenheit, erlesene Tempelschnitzereien aus größerer Nähe zu betrachten, als es normalerweise möglich ist. Ein Höhepunkt der Ausstellung ist eine anmutige Nartaki Devi (mit dem Titel „Tanzende Göttin") aus dem 15. Jh., geschützt in einer Vitrine im dritten Stock. Eine große Büste des Bhairava (Bhairab) stammt aus dem 17. Jh., und es gibt zahlreiche herrliche Stelen und *torana* und verschiedene verwitterte Tempeldachbalken. Im winzigen Innenhof findet der Besucher die vielleicht beste Sammlung künstlerisch herausragender Holzschnitzarbeiten des Landes.

Das Messing- und Bronzemuseum

Auf der anderen Seite des Tachapal Tol direkt gegenüber vom Pujari Math ▪ 🕒 Mitte Jan–Mitte Okt Mo 10.15–14.30, Mi–Sa 10.15–16.30 Uhr, Mitte Okt–Mitte Jan Mo 10.15–14.30, Mi–Sa 10.15–15.30 Uhr ▪ Eintritt Rs100, inkl. Eintritt zum National Art Museum (S. 238) und zum Holzschnitzereimuseum (S. 244)

Das **Messing- und Bronzemuseum** zeigt eine interessante Sammlung von fein gearbeiteten Gefäßen und Utensilien für Haushalt und Ritual. Ihre esoterischen Verwendungszwecke gewähren einen guten Einblick in die Komplexität der traditionellen nepalesischen Alltagskultur – jeder Teller, jede Kelle und jede Lampe hat ihren eigenen ganz bestimmten Zweck.

Wakupati Narayan Mandir

Der Wakupati Narayan Mandir östlich des Tachapal, in dem die Jyapus der Stadt Vishnu als Erntegott anbeten, weist nicht weniger als fünf Garudas auf einer Säulenreihe auf.

Nava Durga Dyochhen

Der Nava Durga Dyochhen, nördlich des Tachapal, ehrt die neun Durgas, Manifestationen von Parvati, der Gefährtin Shivas. Der Legende nach sollen sie in der Gegend östlich von Bhaktapur einsame Reisende verspeist und die Menschen damit in Angst und Schrecken versetzt haben, bis es einem Priester schließlich gelang, sie mit einem tantrischen Bann zu belegen.

Die neun Göttinnen haben ihren besonderen Platz in Bhaktapurs spiritueller Landschaft: Die Stadt soll von symbolischen Nava Durga-Steinen *(pith)* für jede der neun Göttinnen eingegrenzt sein, und die meisten *tol* (Stadtviertel) haben eine von ihnen als ihre Schutzgöttin auserwählt.

Der Tempel hier bildet den Ausgangspunkt für eines der finstereren Feste in Nepal. Vor dem Dasain-Fest im Oktober wird einen Monat lang ein Büffel in einem dunklen Raum untergebracht und gefüttert, um die Rolle des Dämonen Mashishasura zu übernehmen, den Durga am Bijaya Dasami, dem zehnten Tag des Dasain-Festes, besiegte. Am Abend des neunten Tags des Festes wird dem Büffel Bier eingeflößt, dann wird das angetrunkene Tier durch die Stra-

Die Nava Durga-Tänzer

Die Nava Durga-Tänzer stammen aus der Kaste der Blumenverkäufer. Jeder trägt eine bemalte Maske, die ihn, kraft tantrischer Beschwörungsformeln, dazu befähigt, die Gottheit selbst zu verkörpern. Jedes Jahr im September werden aus Lehm aus der Umgebung und der Asche der Masken des letzten Jahres neue Masken hergestellt und nach strengen ikonographischen Regeln bemalt; insgesamt sind es 13 Stück: je eine für die Nava Durga und ihre vier zugehörigen Gottheiten, aber nur sieben werden von den Tänzern getragen. Am Morgen des Bijaya Dasami, des „siegreichen zehnten Tages" des Dasain-Fests (normalerweise Anfang Oktober), spielen die Tänzer und die sie begleitenden Musiker die Legende von Durgas Sieg über einen Büffeldämon nach; los geht es am Brahmayani Pith am Hanumante Khola, und dann ziehen sie im Verlauf des Tages bis zum Durbar Square. Die übrige Zeit treten die Tänzer an festen, vom Mondkalender bestimmten Tagen im Winter sowie bei Hochzeiten im Frühling und Festen auf. Im Monat Bhadau (Aug/Sept) werden die Masken zusammen mit anderen Opfergaben feierlich, aber im Stillen verbrannt. Nachbildungen im Miniaturformat gibt es überall in der Stadt zu kaufen.

ßen zum Brahmayani Pith am Hanumante Khola getrieben. Hier wird er geopfert, und mit seinem Blut werden die **Nava-Durga-Masken** als Gottheiten zum Leben erweckt, damit sie für den Tanz am Morgen des Bijaya Dasami (S. 245) bereit sind.

Der **Prashannashil Mahabihar** westlich des Nava Durga Dyochhen mit seiner auffälligen Kuppel im Pagodenstil gehört zu den wenigen buddhistischen Bauwerken in Bhaktapur.

Entlang des Hanumante Khola

Der Hanumante Khola ist ein bescheidener Nebenfluss des Ganges, der südlich der Stadt vorbeifließt; sein Name leitet sich vom Affengott Hanuman ab, der nach einer Legende aus dem *Ramayana* auf dem Rückweg vom Himalaya, wo er Heilkräuter für den Bruder Ramas gesammelt hatte, hier Halt machte, um seinen Durst zu stillen. Wie alle Flüsse im Tal ist auch dieser ziemlich abstoßend, aber das **Hanuman Ghat** direkt unterhalb des Tachapal Tol, wo sich zwei Nebenflüsse vereinigen, schafft es irgendwie, sich über den Gestank zu erheben. Viele verrichten hier täglich ihre morgendliche *puja*, andere kommen nur zum Schauen. Der Weg dorthin führt zwischen zwei riesigen, auf achteckigen Sockeln aufgestellten *shiva linga* hindurch. Hinter dem linken erhebt sich der Ram-Tempel mit einer Statue des Affengottes, der in dem Heiligtum verehrt wird und dem Ghat seinen Namen gab. Eine weitere, orange bemalte Hanuman-Figur wacht über einer Ansammlung kleiner Lingam, die auf dem Gelände rund um den Zusammenfluss verstreut liegen.

Chuping-Ghat-Tempelkomplex und Umgebung

Der unterhalb des Taumadhi Tol gelegene Tempelkomplex des **Chuping Ghat** wurde teilweise renoviert und beherbergt nun die Musikabteilung der Universität von Kathmandu, wo manchmal Kurse in nepalesischer Musik angeboten werden. Die große, abschüssige Fläche oberhalb des Ghat ist Schauplatz der Neujahrsfestivitäten (Nava Barsa) im April. Dann wird hier unter großer Anteilnahme des Volkes ein 25 m langer *linga*-Mast zum Umfallen gebracht. In dieser Gegend wohnen hauptsächlich Angehörige der Straßenkehrer-Kaste, so dass hier auch der Müll der Stadt gelagert wird.

Ram Ghat, unterhalb von Potters' Square, hat außer einem durchschnittlichen Ram-Tempel nicht viel zu bieten. Am **Mangal Ghat** weiter flussabwärts findet man einige schöne, aber verfallene Kunstwerke; der Lingam-Pfad führt über den Fluss zu einem abschreckend wirkenden Kali-Tempel in einer der Vorstädte Bhaktapurs.

ÜBERNACHTUNG

Die meisten Gästehäuser in Bhaktapur sind klein und liegen äußerst günstig in der Nähe des Taumadhi und Durbar Square (was jedoch auch bedeutet, dass man praktisch nicht ausschlafen kann, weil schon früh am Morgen die *puja*-Glocken in den Ohren dröhnen). Die im Vergleich mit Kathmandu erheblich höheren Preise sind durch das angenehmere Umfeld mehr als gerechtfertigt.

Insgesamt gibt es nicht viele Übernachtungsmöglichkeiten in Bhaktapur, deshalb sollte man in der Hochsaison im Voraus buchen oder so früh wie möglich am Tag ankommen.

Die meisten Gästehäuser können die **Buchung** von Touristenbussen oder sogar Inlandflügen übernehmen, so dass man sich die Fahrt nach Kathmandu sparen kann, und können vielleicht auch bei der Suche nach einem Leihfahrrad für die Erkundung der Umgebung helfen.

Bhadgaon Guest House, Taumadhi Tol, ✆ 01-6610488, 💻 bhadgaon.com.np, Karte S. 239. Nicht gerade billig, aber durch das uniformierte Personal macht diese Unterkunft einen professionellen Eindruck. Nur 11 Zimmer, einige davon klein und etwas enttäuschend, andere schön und gemütlich eingerichtet – eins hat eine eigene Terrasse. Weitere Zimmer gibt's in einem relativ tristen Anbau, dazu kommt noch ein ruhiger Garten und ein gutes Dachterrassen-Restaurant. US$35

Golden Gate Guest House, abseits des Taumadhi Tol, ✆ 01-6610534, ✉ goldengatge@mail.com.np, Karte S. 239. Relativ großer Backstein-Beton-Block mit verwohnten Zimmern, dafür aber sauber, freundlich und angenehm abseits gelegen, mit schönem Blick vom Dach und aus den (teureren) Zimmern im Obergeschoss. Rs500

Khwopa Guest House, Bolachhen, ✆ 01-6614661, 💻 khwopa-guesthouse.com.np, Karte S. 236. Heimelige Unterkunft mit 10 gemütlichen (wenngleich dunklen) Zimmern auf 3 Stockwerken; niedrige Decken. Die Einrichtung ist schlicht, aber die Gemeinschaftsbereiche sind attraktiv gestaltet, mit viel Holz und Terrakotta-Fliesen. Leidet ein wenig unter dem Straßenlärm. Rs500

Newa Guest House, Taumadhi Tol, ✆ 01-6916335, Karte S. 239. Eines der schicksten Hotels der Stadt, in einer eleganten Version des klassischen Newar-Stils aufgemöbelt: mit Terrakottafliesen, geschnitzten Fensterrahmen, Bambusmobiliar und jeder Menge cremefarbenem Leinen. Die beiden De-luxe-Zimmer teilen sich eine private Terrasse. US$40

Pagoda Guest House, Taumadhi Tol, ✆ 01-6613248, 💻 pagodaguesthouse.com.np, Karte S. 239. Freundlicher Familienbetrieb mit grün berankten Balkonen, die auf einen kleinen Hof und den Nyatapola blicken. Nur die teureren Zimmer haben Aussicht, aber alle sind sauber und gut ausgestattet. Viele Gäste kommen gerne immer wieder hierher. Zimmer mit Aussicht US$35, mit Bad US$25, ohne Bad US$12

Peacock Guest House, Tachapal Tol, ✆ 01-6611829, Karte S. 236. Eines der wenigen Gästehäuser auf der Ostseite der Stadt und daher abseits des touristischeren Teils der Stadt. Man betritt das Gästehaus durch eine betriebsame Holzschnitzerwerkstatt an dem historischen Platz und geht weiter zu einem traditionellen, stimmungsvollen Haus mit niedrigen Decken an einem Innenhof. Die Zimmer sind dunkel und einfach, haben aber recht gute Bäder. Rs500

Shiva Guest House, Durbar Square, ✆ 01-6613912, 💻 shivaguesthouse.com, Karte S. 239. Der Veteran unter Bhaktapurs Gästehäusern in toller Lage mit Blick über den Pashupati Mandir. Das Interieur ist nicht weiter aufregend, aber immerhin nett, die Hotelleitung ist hilfreich, und auch das Essen ist gut. Das Angebot reicht von schlichten Zimmern mit Gemeinschaftsbädern bis zu besseren Unterkünften mit eigenem Bad und Blick auf den Platz. Wer vorausbucht, sollte klar machen, dass er hier übernachten möchte und nicht im weniger günstig gelegenen Shiva Guest House 2 weiter östlich. Mit Bad US$25, ohne Bad US$10

ESSEN

Die meisten Gästehäuser haben ihre eigenen **Restaurants** mit Standard-Touristenmenüs. Inzwischen findet man an den verschiedenen Plätzen auch zahlreiche Cafés mit Angeboten für Tagestouristen: Sie sind nicht billig, aber ideal, um etwas Lokalkolorit zu tanken. Einige bieten auch ein paar newarische Gerichte an.

Café Nyatapola, Taumadhi Tol, ✆ 01-6610346, Karte S. 239. Für die aufgeblähten Preise (schon das Frühstück kostet rund Rs400) entschädigt das recht elegante Ambiente in einem unwiderstehlichen ehemaligen Tempel am Taumadhi Tol. Vom luxuriösen dreigängigen *daal bhaat* (Rs700) abgesehen, beschränkt sich das Angebot weitgehend auf Snacks wie Omeletts, Pommes frites und kleine newarische Fleisch- und Eierspeisen. Dazu gibt's Getränke von Lassi (Rs145) bis Cappuccino (Rs165). 🕒 tgl. 8–19 Uhr.

New Beer Garden, Somalagalli, ✆ 01-6610363, Karte S. 239. An einem Seitengässchen versteckt sich diese Kneipe mit dazugehörigem Garten. Die Einheimischen laben sich hier gern an Bier und guten newarischen Snacks; auch das Newar-Menü (Rs90) ist empfehlenswert. Außerdem gibt es Gegrilltes, tibetische Gerichte und Pizza (Rs100–200). 🕒 tgl. 10–21 Uhr.

Palace Restaurant, Durbar Square, ✆ 984-1204577, Karte S. 239. Seine Hauptattraktion ist der lange, stimmungsvolle Speisesaal hinter altertümlichen Fenstern, in dem man sich fast wie in einem Luxuszug fühlt – allerdings ist auf dieser Seite des Platzes ansonsten nicht so viel los. Die Speisekarte ist sehr klein, dafür sind die Preise recht hoch: *daal bhaat* kostet Rs600, und es gibt ein paar Currys und Suppen für Rs150–400. Gut eignet sich das Restaurant aber für Kaffee und andere Getränke (alle Rs100–150). 🕒 tgl. 10–20 Uhr oder später.

Peacock Restaurant, Dattatreya Square, ✆ 01-6615193, Karte S. 236. Unschlagbares Ambiente in ehemaligem *math* mit Blick auf den Dattatreya Square, doch das Essen ist für den Preis etwas langweilig – Spaghetti bolognese (Rs325) oder *daal bhaat* (Rs695). Interessanter

König Joghurt

Die kulinarische Spezialität Bhaktapurs, bekannt in ganz Nepal, ist **juju dhau**, der „König des Joghurts". Der *curd* (eine Art Joghurt) wird aus natürlich süßer Büffelmilch hergestellt, in einem Eisenkessel zusammen mit Nelken, Kardamom, Kokosnuss und Cashew-Nüssen – und ohne zusätzlichen Zucker – aufgekocht und weiter geköchelt, wobei ein älteres Stück *curd* mit den Laktobazillen hinzugegeben wird, der das Ganze gerinnen lässt. *Juju dhau* ist in den meisten Touristenrestaurants erhältlich, jedoch nicht gerade billig, es gibt ihn aber auch überall, wo man ein gemaltes cartoonhaftes Bild einer vollen Schüssel sieht. Einige Läden an der Hauptstraße zwischen dem Minibus Park und dem Durbar Square servieren ihn in traditionellen tönernen *bhingat*-Schüsseln für rund Rs30. Es wird kein Wasser hinzugefügt und sollte daher gut verträglich sein. Ob man jedoch das echte, natürliche Produkt serviert bekommt oder eine Fälschung aus Milchpulver und Zucker, hergestellt im Gefrierschrank, weiß man nicht. Ein Echtheitstest soll darin bestehen, die Schüssel umzudrehen: Der echte *curd* fällt dann nicht raus.

ist *sikarni dahu*, Joghurt mit Nüssen und Zimt (Rs125). ⏲ tgl. 9–18 Uhr.

Shiva's Café Corner, Durbar Square, ☏ 01-6613912, Karte S. 239. Eins der besseren Guesthouse-Restaurants. Aus dem anheimelnden Interieur mit Balkendecke und großer Holztheke blickt man auf den Durbar Square. Das Multikulti-Essen – von Steak (Rs400) über Spaghetti (Rs200) bis zu chinesischen und indischen Gerichten – ist erstaunlich gut, und das zu einigermaßen annehmbaren Preisen (vegetarisches *daal bhaat* Rs250). ⏲ tgl. 7–20.30 Uhr.

Sunny Café, Taumadhi Tol, ☏ 01-6616094, Karte S. 239. Die Küche ist okay, aber die Lage ist unschlagbar, mit einer Südterrasse gleich neben dem Nyatapola, und die Preise sind halbwegs zivil: Lasagne (Rs400), Pizza (ab Rs225) oder vielleicht eine Newar-Mahlzeit (Rs400). ⏲ tgl. 7.30–20.30 Uhr oder später.

EINKAUFEN

Bhaktapur bietet eine recht bescheidene Auswahl der meisten touristischen Waren, die man auch in Kathmandu bekommt, zu ähnlichen Preisen wie dort. Die besten Souvenirs sind wohl die **Holzschnitzereien** und die berühmten **Nava Durga-Marionetten** und **Pappmaché-Masken**.

Billige **Töpferwaren** kauft man am Töpfermarkt: Tierfiguren, Blumenübertöpfe, Kerzenhalter, Aschenbecher, Sparbüchsen (lautmalerisch *kutrukke* genannt) und vieles andere mehr.

Nepalesen erkennen die Einwohner Bhaktapurs an ihrer traditionellen **Kleidung** aus dem rot-schwarzen *pataasi*-Stoff und der förmlichen Bhadgaonle-Kopfbedeckung. Außerdem gibt es eine große Auswahl an Wollwaren und *pashima*-Schals zu kaufen, dazu hochwertige **Thangkas** und Aquarelle mit ortstypischen Motiven aus heimischer Produktion. Auch **Metallwaren** wie traditionelle Kultgegenstände und Weihrauchbehälter werden vor Ort hergestellt.

SONSTIGES

Geld

Geldautomaten gibt es am Durbar Square neben dem Shiva Guest House, an der Hauptstraße zwischen Durbar Square und Tachapal Tol sowie am Surya Binayak an der Kreuzung mit der Hauptstraße nach Kathmandu.

Medizinische Hilfe

Das Krankenhaus von Bhaktapur ist nur in echten Notfällen zu empfehlen. Die mit westlichem Personal besetzte **Bhaktapur Homeopathic Clinic**, Nagh Pokhari, ☏ 01-6613197, ist vielleicht besser darin, vorsorgende Gesundheitshinweise zu geben als echte Krankheiten zu behandeln.

TRANSPORT

Die praktischste **Busverbindung** ist der „Express"-Minibusservice (alle 30 Min., Rs20) von Kathmandus Bhaktapur Busbahnhof

(am Bagh Bazaar, 20 m östlich der Kreuzung mit der Durbar Marg, an der nordöstlichen Ecke des Ratna Park). Nach etwa halbstündiger Fahrt über einen sechsspurigen Abschnitt des Arniko Highway kommt man beim Minibus Park beim Siddha Pokhari an, 5 Fußminuten westlich des Durbar Square.
Die Busse nach BANEPA, DHULIKHEL und BARHABISE, die laufend von Kathmandus City Bus Park abfahren, halten am Arniko Highway etwa 10 Fußminuten südlich des Zentrums. In diese Busse kann man auch in Surya Binayak zusteigen, der Hauptkreuzung 300 m südlich des Ram Ghat.
Die Stadtbusse aus Nagarkot halten am Kamal Binayak, 5 Minuten nordöstlich des Tachapal.
Die Busse der Privatunternehmen lassen ihre Fahrgäste am Tourist Bus Park nördlich des Durbar Square aussteigen. Mit dem **Taxi** (ab Kathmandu Rs500 oder mehr, ab Nagarkot um Rs800) kann man nur bis zum ersten Stadttor fahren.
Nur Masochisten würden mit dem **Fahrrad** auf der Hauptstraße von Kathmandu nach Bhaktapur fahren. Hat man den Flughafen jedoch erst einmal hinter sich gelassen, kann man von der überfüllten Fernverkehrsstraße abzweigen (entweder kurz vor oder kurz nach dem Manchara River) und auf die alte Verbindungsstraße wechseln, die an Thimi vorbei nach Bhaktapur führt.

Changu Narayan

Die ruhige Tempelanlage von Changu Narayan liegt am Ende eines Bergrückens im Norden von Bhaktapur und bietet auf drei Seiten einen herrlichen Blick auf das Kathmandutal. „Wenn man all die wunderbaren Holzschnitzereien im Tal Revue passieren lässt", schrieb Percival Landon 1928, „dann wird es wohl der Schrein von Changu Narayan sein, dem die Krone gebührt." Trotz der laut konkurrierenden Souvenirverkäufer hat die Stätte ihre besinnliche Atmosphäre aus alten Tagen bewahrt – und nach wie vor verfügt sie über die herausragendste Sammlung von Statuen außerhalb des Nationalmuseums.

Wanderungen ab Changu Narayan

Man kann eine schöne, rund 10 km lange Wanderung von Nagarkot (S. 257) über Changu Narayan nach Bhaktapur unternehmen. Eine weitere Möglichkeit ist eine Wanderung oder Mountainbike-Tour nach Sankhu (S. 217), 5 km weiter nordöstlich. Die Route beginnt auf der unbefestigten Straße, die vom Changu Bus Park nach Nordosten führt (an der ersten Gabelung die links abzweigende Route nehmen). Ohne Führer muss man hier aber vielleicht die Einheimischen nach dem Weg fragen; außerdem ist der Manohara-Fluss, wenn keine Behelfsbrücke vorhanden ist, zu Fuß zu durchqueren – in der Trockenzeit kein Problem, nach Regenfällen ein Ding der Unmöglichkeit. Eine schnellere Route führt vom Westende des Tempels geradewegs bergab und dann 1 km durch die Felder nach Norden (den Mobilfunkmast anpeilen) zur Straße nach Sankhu; dieser Weg überquert den Fluss auf einer Fußgängerbrücke. Auf der Straße zwischen Kathmandu und Sankhu verkehren häufig Busse.

Vom Eingangskiosk, wo man den Eintritt zahlt, führt eine gepflasterte Fußgängerstraße oben auf dem Bergrücken nach Westen hinauf zum Tempel auf dem höchsten Punkt des Kamms. Unterwegs kommt man an zahlreichen Souvenirläden und einfachen Geschäften vorbei, die Softdrinks und Ähnliches verkaufen.

Das **Eintrittsgeld** in Höhe von Rs100 wird am Haupttor neben dem Bus Park kassiert; ⏲ tgl. 8–18 Uhr. Das Geld geht an das Village Development Committee. **Minibusse** von Bhaktapur fahren alle 30 Minuten vom Mahakali Bus Park ab – eigentlich nur eine Art größerer Platz an der Kreuzung der Straße nach Changu mit der Hauptstraße, die den Nordrand der Stadt passiert. Die Fahrt dauert eine halbe Stunde und kostet Rs15. **Taxis** von Bhaktapur kosten ab Rs500 aufwärts. **Radler** brauchen hier schon ein Mountainbike, da die letzten 2 km von Bhaktapur sehr steil sind. Wer **zu Fuß** von Bhaktapur kommt, nimmt eine der beiden Straßen von der Nordseite der Stadt, unmittelbar westlich der Hauptautostraße nach Changu Narayan (ein

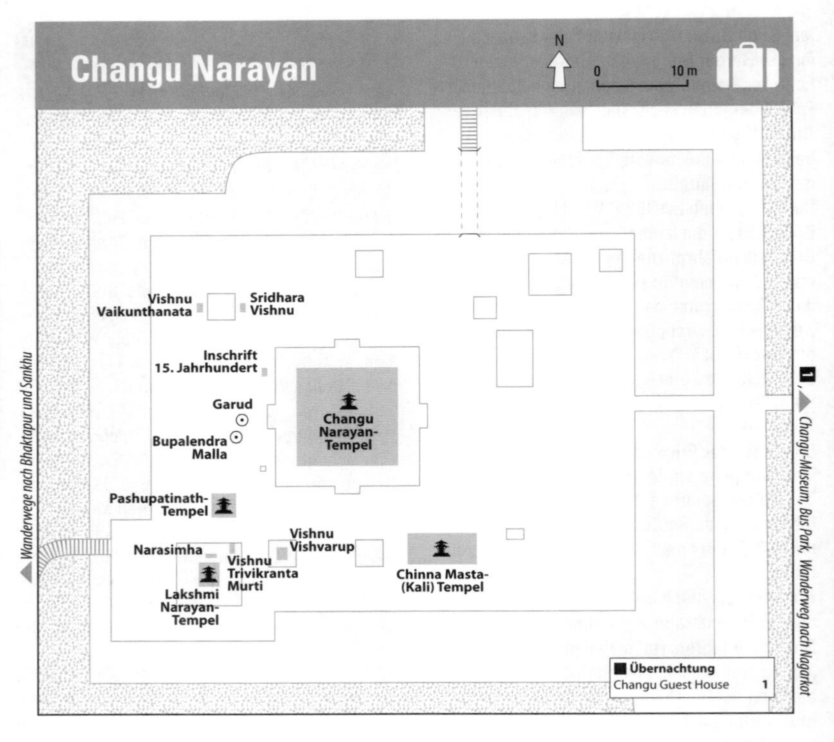

Schild zum Hotel Planet weist den Weg); sie laufen bald zu einem netten Weg zusammen, der durch ländliche Dörfer führt (in Jhaukhel hat man ein Drittel des Wegs geschafft), bevor es schließlich steil bergauf zur Westseite des Tempels geht – alles in allem gut 5 km und etwa eineinhalb Wanderstunden. Der Weg ist einfach zu finden – immer nach Norden Richtung Changu-Kamm –, und es gibt immer genug Leute, die man fragen kann. Auf dem Rückweg nach Bhaktapur geht man auf der Westseite der Tempelanlage die Steinstufen hinab und hält sich unten links, vorbei an einem steinernen Wasserspeier.

Changu Museum

Auf halber Strecke zum Tempel, 200 m westlich des Bus Park ▪ ⌚ tgl. 8–18 Uhr ▪ Eintritt Rs200

Das kleine, exzentrische **Changu Museum** in einem altertümlichen Newar-Stadthaus hütet eine faszinierende Sammlung traditioneller Gerätschaften, Schwerter und Musikinstrumente. Der Eigentümer führt die Besucher die schmalen Holztreppen hinauf und hinunter, von der Familienküche und dem Gebetsraum im obersten Geschoss bis zum Reisspeicher und den *raksi*-Vorräten im Erdgeschoss. Außerdem gibt es eine Sammlung nepalesischer Münzen zu sehen – darunter eine aus dem Mittelalter, die angeblich die kleinste Münze der Welt sein soll –, eine Schale mit 220 Jahre altem Reis, den ebenso heiligen wie haarigen Gallenstein einer Kuh und andere Kuriositäten.

Der Tempelkomplex

Der **Tempelkomplex** ein paar Stufen weiter bergauf vom Museum besteht aus einer Ansammlung von stillen Rasthäusern und Pilgerunterkünften rund um einen prächtigen Innenhof. Dies ist das älteste Vishnu-Heiligtum des Tals. Seine dokumentierte Geschichte reicht bis ins 5. Jh. zurück. Genauso alt ist das original erhaltene Steinbildnis Vishnus, das mit einer vergoldeten Hülle aus dem 7. Jh. umgeben ist und innerhalb des Heiligtums vor den Blicken des gemeinen Publikums verborgen gehalten wird. Von Zeit zu Zeit soll die Statue in Erinnerung an den Kampf Vishnus mit den Schlangen-Geistern *(nag)* auf wundersame Weise „Schweiß absondern"; die von der Stirn des Gottes abgewischte Flüssigkeit ist angeblich ein Wundermittel gegen Schlangenbisse. Auf der Nord- und Westseite führen 108 Steinstufen – eine heilige Zahl – durch den Wald hinunter zu einigen verstreut liegenden Weilern.

Der Tempel

Der Haupttempel stammt aus der Zeit um 1700. Die Metallarbeiten der Fassade sind so kunstvoll wie nur irgendetwas, das man in Nepal zu sehen bekommt, ebenso wie die geschnitzten und bemalten Dachstreben. Von der rituellen Bedeutung des Tempels zeugt die übersteigerte Größe der vier traditionellen Symbole Vishnus – Rad *(chakra)*, Muschelhorn *(sankha)*, Lotus *(padma)* und Keule *(gada)* – die auf zwei Säulen an seinen westlichen Ecken angebracht sind. Am Fuß der *chakra*-Säule ist die **älteste Inschrift** des Tals eingraviert. Sie wird auf das Jahr 454 datiert und dem Lichhavi-König Mandev zugeschrieben. Aus ihr geht hervor, dass Mandev nach dem Tod seines Vaters seine Mutter davon abgehalten hat, *sati* zu begehen, indem er sagte: „Welchen Nutzen haben die Freuden dieser Welt ohne dich?"

Das Gesicht der berühmten, vermutlich aus dem 6. Jh. stammenden **Statue von Garuda** gegenüber soll ein Porträt von Mandev sein. Sie kniet vor dem Haupteingang und hat menschliche Gestalt, dazu ein Paar Flügel. Die Figur stand einst auf einer Säule, deren zerbrochener Sockel rechts neben ihr liegt.

In einem vergitterten Schrein sieht man die Statuen des **Königs Bupalendra Malla** und der **Königin Bubana Lakshmi**, die Ende des 17. und Anfang des 18. Jhs. Bhaktapur regierten. Das mit Goldplättchen besetzte Bildnis des Königs wurde im September 2001 gestohlen – und am nächsten Tag von einem Kuhhirten halb in einem nahe gelegenen Feld vergraben wieder gefunden.

Die kunstvollen Schnitzereien und Metallarbeiten des Changu Narayan sind einzigartig in Nepal.

Der Tempelhof

Der Tempelhof von Changu Narayan präsentiert sich als künstlerische Hymne an den Gott, dem der Haupttempel geweiht ist. Mit wenigen Ausnahmen zeigen alle Statuen Vishnu oder sein getreues Reittier Garuda in ihren unzähligen Inkarnationen.

Auf dem Sockel des Lakshmi Narayan-Tempels in der Südwestecke der Anlage stehen zwei berühmte Statuen. Der **Vishnu Trivikranta Murti**, der „Vishnu der Drei Schritte" (auf der nach Westen weisenden untersten Stufe, neben dem Wasserspeier), geht auf eine beliebte Legende zurück, nach der der Gott von dem Dämonenkönig Bali die Welt zurückverlangte. Als Zwerg (eine seiner zehn Erscheinungsformen) bat Vishnu Bali um so viel Land, wie er mit drei Schritten durchmessen könne, um zu meditieren. Als Bali zustimmte, wuchs er zu seiner vollen göttlichen Größe empor und durchschritt Erde, Himmel und Weltall. (Eine noch ältere Fassung dieser Statue steht im Nationalmuseum.)

Die daneben stehende, Richtung Pashupatinath-Tempel blickende Figur aus dem 11. oder 12. Jh. – ebenfalls mit rotem *abhir*-Pulver bedeckt, das von unverminderter Verehrung zeugt – stellt Vishnu in seiner Erscheinungsform als Mann-Löwe **Narasimha** dar; auf seinem Schoß trägt er den Dämonen Hiranyakasyapu. Der fromme Sohn des Dämonen hatte Vishnu als oberste, über seinem Vater stehende Gottheit anerkannt. Voller Zorn fragte Hiranyakasyapu seinen Sohn: „Wo ist denn dein Vishnu? Hier in dieser Säule?" Und er brach eine Säule auseinander – woraufhin Vishnu prompt erschien. Es hieß, dass der Dämon weder von Menschen noch von Tieren, weder nachts noch tags, auf der Erde oder im Weltall, drinnen oder draußen noch von lebenden oder toten Waffen getötet werden könnte. Daher erschien Vishnu in der Dämmerung als Mann-Löwe, nahm den Dämon auf seinen Schoß und zerriss ihn mit seinen Fingernägeln – wie es hier anschaulich dargestellt ist.

Das aus dem 8. Jh. stammende Bildnis des **Vishnu Vishvarup** (Vishnu in seiner kosmischen Form) unmittelbar östlich des Lakshmi-Narayan-Tempels ist eine Ehrfurcht gebietende Komposition, auch wenn seine obere rechte Ecke fehlt.

Garuda und die Schlangen

In der nepalesischen Kunst trägt der engelhafte Diener Vishnus, Garuda, oft einen Schal aus Kobras. Dazu gibt es eine Legende: Als Garudas Mutter von seiner Stiefmutter Kadru, der Mutter aller Schlangen, verschleppt wurde, bat Garuda seine Schlangen-Stiefbrüder, die *naga*-Schlangengeister, sie zu befreien. Diese stimmten unter der Bedingung zu, dass Garuda ihnen Ambrosia aus Indras Himmel mitbrächte. Dies tat Garuda, worauf Indra zur Erde herabeilte und seinen Nektartopf zurückverlangte (und die Zunge der Schlangen spaltete, die gerade einige Tropfen der verschütteten Flüssigkeit vom Gras ableckten). Dass Garuda nicht der Versuchung erlegen war, den Nektar selbst zu trinken, beeindruckte Vishnu so sehr, dass er ihn unverzüglich zu seinem Reittier erkor.

Die untere Hälfte dieses Bildes zeigt den auf der Schlange der Unendlichkeit schlafenden Vishnu auf dem Weltenmeer treibend – eine Anspielung auf die Statuen der schlafenden Buddhas von Budhanilkantha und Balaju. Weiter oben ist der Gott abgebildet, wie er vor einer himmlischen Heerschar aus dem Wasser steigt, wobei die tausend Köpfe und Arme seine Allmacht widerspiegeln. Das oberste Bild entstammt einer Episode aus dem Hindu-Epos *Mahabharata*, in der der Krieger Arjuna den Mut verliert und Krishna (eine Erscheinungsform Vishnus) ihm erscheint, um ihm als Ermutigung das *Bhagavadgita* (das 6. Buch des *Mahabharata*) zu diktieren.

In der nordwestlichen Ecke der Anlage steht die Skulptur des **Vishnu Vaikunthanata** aus dem 12. oder 13. Jh., wie er auf Garuda dahinschwebend reitet. Die unter einem Jasminstrauch ganz in der Nähe stehende Statue des **Vishnu Sridhara** aus dem 9. oder 10. Jh. ist ein frühes Beispiel der später standardisierten nepalesischen Art der Vishnu-Darstellung.

Einer der kleineren Tempel der Anlage ist **Chinna Masta** geweiht, einer lokalen Erscheinungsform der blutrünstigen Göttin Kali – ganz in der Nähe befindet sich ein Pfahl zum Anbinden von Opfertieren. Einige Gelehrte mutmaßen, dass Chinna Masta mit der Muttergottheit, die bereits in prähistorischen Zeiten hier angebetet wurde, identisch ist. Jedoch wurde sie in eine tantrische Gottheit mit zerstörerischer sexueller Kraft verwandelt; normalerweise wird sie mit dem eigenen abgetrennten Kopf in der Hand dargestellt. Ihr Kult lebt weiter: Das Gold auf dem Dach und an den Türen des Tempels ist in gutem Zustand, und an den fünf Tagen nach *aunshi*, der Neumondnacht im Monat Baisaakh (April/Mai), wird sie mit einer Wagenprozession geehrt.

ÜBERNACHTUNG UND ESSEN

Changu Guest House, unterhalb der Tempelstufen, ✆ 01-5090852 oder ✆ 984-1652158, ✉ saritabhatta@hotmail.com. Das Nebengebäude des Wohnhauses einer Brahmanenfamilie bietet 6 einfache Zimmer, zum Teil mit Balkon und Aussicht über das Tal auf Bhaktapur. Die Mutter heißt die Gäste willkommen, der Sohn fungiert für eine angemessene Spende als Tempelführer, und es gibt ein kleines Dachrestaurant. US$10

Thimi (Madhyapur) und Umgebung

Thimi, die viertgrößte Stadt des Tals, erstreckt sich 4 km westlich von Bhaktapur auf einer kleineren Erhebung. Der Name soll eine Verballhornung von *chhemi* sein, was so viel wie „tüchtige Leute" heißt – wohl in Anerkennung der Tatsache, dass die Stadt bei allen Streitigkeiten, in die Bhaktapur mit Kathmandu oder Patan verwickelt war, immer wieder dem Erdboden gleichgemacht wurde und neu aufgebaut werden musste. Zwischen Kathmandus zügellosem Wachstum auf der einen und Bhaktapurs sorgsamer Traditionspflege auf der anderen Seite führt Thimi bis heute ein Schattendasein. Vor Kurzem hat die Stadt ihren alten Namen **Madhyapur** („Mittelplatz") wieder entdeckt – das sagt wohl alles.

Jeder zwischen Kathmandu und Bhaktapur verkehrende **Bus** hält am Südende von Thimi. Sporadisch verkehren auf der alten Straße, die parallel zum Arniko Highway verläuft, zwischen Bhaktapur und Kathmandu auch **Minibusse**, die jeweis im Norden an Thimi und Bhaktapur vorbeifahren. In Kathmandu halten sie in Koteswor an der Ring Road. Mit dem **Fahrrad** kann man hinter der Ring Road ab Koteswor ebenfalls auf der alten Straße nach Bhaktapur fahren. Die Hauptstraße von Thimi führt von einem kleinen Tempel mit zwei gelben Dächern nach Süden.

Die Stadt selbst wirkt verlottert und seltsam verdrossen. An der 1 km langen Hauptstraße in Nord-Süd-Richtung sieht man auf ganzer Länge verstreut stehende Chörten und bescheidene Tempel, aber die einzig nennenswerte Sehenswürdigkeit ist der **Balkumari-Pagodentempel** aus dem 16. Jh. kurz vor ihrem südlichen Ende. Kinderlose Paare kommen hierher, um zur „kindlichen Kumari" zu beten – die durch einen unverkennbar vulvaförmigen vergoldeten Spalt repräsentiert wird – und ihr Kokosnüsse als Symbol der Fruchtbarkeit darzubringen. Der Tempel ist

Töpferei und Pappmaché in Thimi

Thimis Hauptattraktion sind seine traditionellen **Töpfereien** unter freiem Himmel. Ein paar Töpfer haben auf elektrische Töpferscheiben und Kerosin befeuerte Brennöfen umgestellt, aber im Labyrinth der Nebengässchen und Höfe der Stadt sieht man heute noch Karrenladungen von Rohton und Töpfer, die ihre Scheiben von Hand mit langen Stangen betätigen. Am eindrucksvollsten sind die offenen Feuerungen: gewaltige Sand- und Holzkohlehaufen, die Rauchfahnen aus sorgfältig überwachten Belüftungsöffnungen speien. Das Haupttöpferviertel liegt im qualmenden Herzen der Stadt: Man erreicht es, indem man bei Chapacho, der Ansammlung kleiner Tempel auf halber Höhe der Hauptstraße gegenüber der Community Health Clinic, nach Westen abbiegt.
Außerdem ist Thimi bekannt für seine **Pappmaché-Masken**. Die ortsansässige Chitrakar-Familie fertigt seit Generationen traditionelle Festmasken in allen Größen und Ausführungen. Besonders beliebt sind der grimmige Bhairab, die freundliche Kumari und der elefantenköpfige Ganesh.

mit Taubendreck bekleckert und durch einen Stahlkäfig geschützt, seit 2001 seine kostbare Pfauenstatue gestohlen wurde. Die Figur, die heute auf einer hohen Säule steht, ist eine Reproduktion. Beim Sindoor Jatra-Fest im April ist der Tempel Mittelpunkt ausgelassener Feiern, bei denen Dutzende von Gottheiten in Sänften durch die Straßen getragen und alle mit rotem Pulver (Rot ist die Farbe der Freude) beworfen werden.

Bode

Bode, eine kleine, festgefügte Newar-Gemeinde, liegt auf einem Steilhang oberhalb des Manohara, 1 km nördlich von Thimi. Der wichtigste Schrein des Ortes, der **Mahalakshmi Mandir**, eine bescheidene und nicht besonders gut erhaltene zweistöckige Pagode, steht im Nordwesten des Dorfes. Maha („die große") Lakshmi, die Göttin des Reichtums, wird mit einem dreitägigen Fest geehrt, das am Neujahrstag (hier Baisaakh Sankranti genannt, was 1. Tag des Monats Baisaakh, also 13. oder 14. April bedeutet) beginnt. Der Höhepunkt des Festes findet am zweiten Tag statt: Ein Freiwilliger lässt sich seine Zunge mit einer Eisennadel durchbohren und trägt darauf eine runde Scheibe mit brennenden Fackeln. Er begleitet die Göttin bei ihrer Prozession durch den Ort.

Die Freiwilligen glauben, dass die Wunde nur dann nicht blutet, wenn sie die dreitägige Fastenzeit eingehalten haben und ihr Glaube stark genug ist. Belohnt wird die Tat mit dem direkten Einlass in den Himmel nach ihrem Tod.

Das zentrale Bergland

Stefan Loose Traveltipps

Nagarkot Weniger als zwei Stunden Fahrt von Kathmandu entfernt bietet sich von den Berghängen Nagarkots ein Panoramablick auf die Bergriesen des Himalaya. S. 257

Panauti Das Tempelareal der wunderbar erhaltenen Newar-Siedlung bezaubert die wenigen Besucher durch seine friedliche Atmosphäre an einer heiligen Flussmündung. S. 261

Dhulikhel Vom Berggipfel mit einem kleinen Kali-Schrein genießt man den Sonnenaufgang über den Bergketten des Ganesh Himal bis zum Mount Everest. S. 262

Bhote Koshi Der von Tibet hinabstürzende, tosende Fluss ist eine der extremsten Rafting-Strecken Nepals und das Gebiet ein Paradies für Trekking- und Canyoningtouren. S. 267

Tribhuvan Rajpath Nepals erste, in den 1950er-Jahren erbaute Straße ist die schönste, atemberaubendste und härteste Fahrradstrecke des Landes. S. 272

DAS ZENTRALE BERGLAND

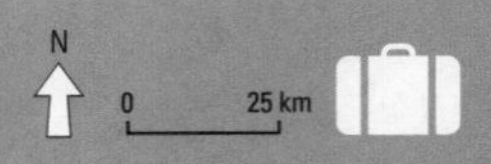

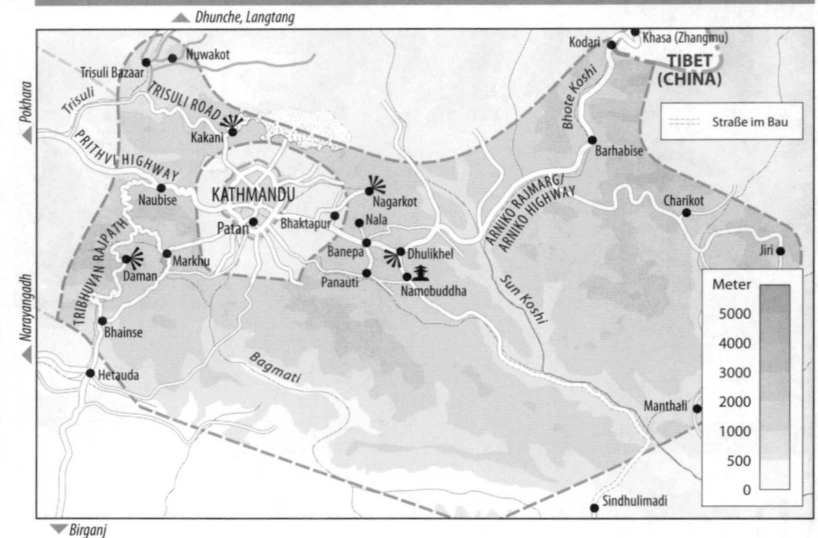

Erst bei Abreise begreift man, wie außergewöhnlich das Kathmandutal tatsächlich ist: Es wird von einem 700 km langen Ring aus Vorbergen umschlossen, die eine fast undurchdringliche Mauer bilden. Nur ein halbes Dutzend Straßen erkämpfen sich ihren Weg aus dem Tal, doch dies genügt, um die zentralen Berge zur zugänglichsten Region des überwiegend straßenlosen Berglandes zu machen – und trotzdem sehen andere Landesecken mehr Besucher.

Im Nordosten folgt der **Arniko Highway** der alten Handelsroute zwischen Kathmandu und Lhasa durch breite Täler und nebelige Schluchten bis zur tibetischen Grenze; im Nordwesten schlängelt sich die **Straße nach Trisuli** hinunter in ein subtropisches Tal, das fast 1000 m tiefer liegt als Kathmandu; und im Südwesten führt der **Tribhuvan Rajpath**, Nepals erste Schnellstraße, in wilden Krümmungen nach oben und über die Berge in Richtung Terai. Hier ist die Landschaft zwar nicht so dramatisch wie weiter im Westen, aber sehr vielfältig und zerklüftet, und sie wirkt nur durch die den Abhängen abgetrotzten Terrassen etwas gezähmter.

Die meisten Orte in diesem Kapitel sind vom Kathmandutal aus in einem Tag zu erreichen. Am höchsten in der Gunst der Besucher stehen die Orte mit Blick auf die Massive des Himalaya: **Nagarkot** und **Dhulikhel** gehören wegen ihrer gut ausgestatteten Unterkünfte zu den beliebtesten Zielen; von Nagarkot bieten sich die etwas schöneren Ausblicke, während Dhulikhel mit interessanter Newar-Architektur aufwartet. Die besten Panoramen bieten sich von **Daman**, aber es ist ein bisschen schwieriger, hierher zu gelangen.

Ersatz für eine Trekkingtour sind diese Orte natürlich nicht, doch sie geben einen Vorgeschmack auf den Himalaya und können auch als Sprungbretter für Wanderungen oder Mountainbiketouren dienen. Die Gegend an der **tibetischen Grenze** übt einen starken Reiz auf Extremsportler aus: Die drei Urlaubsorte in dieser Gegend bietet zahlreiche Aktivitäten wie Canyoning, Wildwasser-Rafting, Kajaktouren und einen der weltweit höchsten Bungee-Sprünge. Kulturdenkmäler sind außerhalb des Kathmandutals zwar relativ dünn gesät, doch **Panauti** ist, vor allem weil es noch nicht vom Massentourismus erfasst wurde, einer der faszinierendsten Orte Nepals, mit faszinierenden Tempeln, Badeghats und Pilgerherbergen. Im Nordwesten des zentralen Berglands liegt das friedvolle Dorf **Nuwakot** mit toller Festung und hübscher Lage am Hang.

In diesem Kapitel werden hauptsächlich Orte und Routen beschrieben, die mit öffentlichen Verkehrsmitteln zu erreichen sind und von denen aus man wiederum **Tagestouren** unternehmen kann. Längere **Trekkingtouren** werden dagegen im Trekking-Kapitel (S. 393) vorgestellt. Viele der in diesem Kapitel beschriebenen Ziele können mit Zielen im Kathmandutal zu einer langen Wanderung oder Mountainbike-Tour verbunden werden.

Obwohl das Straßennetz in der zentralen Bergregion relativ gut ausgebaut ist, fahren die **Busse** langsam und unregelmäßig. Allerdings gibt es in dieser Region einige der beliebtesten und lohnendsten **Fahrrad- und Motorradrouten**.

Nagarkot

Das auf einer Bergkette nordöstlich von Bhaktapur gelegene Nagarkot (1950 m) beeindruckt mit seinem klassischen Ausblick auf den Himalaya. Zwar ist das Panorama nicht so umfassend wie von Daman aus und die Umgebung nicht so interessant wie um Dhulikhel, doch Nagarkot ist von Kathmandu aus leicht zu erreichen, und man braucht nicht in einem teuren Hotel zu übernachten, um einen fantastischen Blick aus dem Fenster zu haben.

Die ersten Touristen sollen Söldner aus dem Punjab gewesen sein, die im 18. Jh. von den Malla-Herrschern zur Verteidigung des Tals gegen die Truppen Prithvi Narayans rekrutiert worden waren. Sie waren in einem heute verschwundenen Fort auf dem Gipfel stationiert, gaben sich rasch müßig der frischen „Bergluft" hin und leisteten den Gurkha-Eindringlingen, als diese schließlich eintrafen, kaum Widerstand. Seit damals sind dort oben auf 2 km Länge zahlreiche Gästehäuser enstanden. Zu den üblichen Unternehmungen gehört das Betrachten des Sonnenauf- und -untergangs, doch es gibt auch zahlreiche Wander- und Radfahrmöglichkeiten.

Der Ausblick von Nagarkot

Die meisten Hotels bieten eine herrliche Aussicht, doch ein noch viel schönerer Blick erwartet einen, wenn man zum Aussichtsturm am höchsten Punkt des Bergrückens (2164 m) im Süden wandert –, die Wanderung führt über eine geteerte Straße und dauert vom Ortszentrum aus eine Stunde. Wer den Aussichtspunkt erreicht hat, dem wird klar, warum Nagarkot seit den Zeiten der Rana-Herrscher Standort eines Forts *(kot)* war: Von dieser Bergkuppe aus hatte man den östlichen Eingang ins Kathmandutal und die lebenswichtige Handelsroute nach Tibet unter Kontrolle. Hier befindet sich noch immer ein großes militärisches Ausbildungslager, aber seit ein betrunkener Soldat 2005 elf Einwohner erschossen hat, sind die Beziehungen zur Ortsbevölkerung angespannt.

Den Mittelpunkt des Panoramas bildet die Langtang-Kette. F... verschleiert Dunst alle Berge westlich des Ganesh Himal, doch manchmal sind auc... purna zu sehen. Der Ausblick nach Osten ist noch wetterab... Gebietes erscheinen meist nur als rosafarbener Morgendun... des Mount Everest zu sehen, doch nur von ganz oben in de... zweite Spitze links von einem abgerundeten, M-förmigen Be...
In der Hochsaison verwandelt sich das Gebiet um den Aussi... platz. Mehr Ruhe und eine ähnlich gute Aussicht bietet eine... Nahe des Hotelbereichs bieten sich schöne Ausblicke vom v... die beständig wachsenden Türme des Hotel View Point und d... aber ebenfalls gute Aussichtspunkte und nicht nur für Hotel...

Radtouren und Wanderungen ab Nagarkot

Rund um Nagarkot gibt es einige ausgezeichnete Mountainbike-, Wander- und Motorradstrecken. Der wohl beliebteste Weg führt **über Changu Narayan** (S. 249) hinunter nach Bhaktapur und dauert zu Fuß drei bis vier Stunden, mit dem Mountainbike oder Motorrad die Hälfte. Auf der Hauptstraße geht es erst nach Phedi, wo man eine unbefestigte Straße bis nach Changu Narayan nimmt. Von hier aus sind es noch 6 km nach Bhaktapur.

Der Abstieg **nach Sankhu** (S. 217) ist bei Mountainbikern sehr beliebt. Die Route gabelt sich kurz hinter dem Nagarkot Farmhouse: Die linke ist steil, gefurcht und aufregend; die rechte ist langsamer und länger.

Ein **Zweitages-Trek zum Shivapuri-Nationalpark** (S. 220) beginnt wie die zuletzt beschriebene (rechte) Route und biegt dann nach Norden ab auf eine holperige, für Motorfahrzeuge befahrbare Straße, die zur Wasserscheide führt. Die meisten Wanderer verbringen eine Nacht in Bhotechaur bei Jhule. Von da ist es ein lockerer Tagesmarsch nach Sundarijal oder Nagi Gompa und wahlweise an einem dritten schwierigen Tag auf den Gipfel des Shivapuri und über Budhanilkantha zurück nach Kathmandu. Auf den Gipfel gelangt man mit dem Fahrrad nicht, Radler können aber in einem Tag von Nagarkot nach Nagi Gompa oder weiter und in zwei Tagen nach Kakani (S. 471) gelangen.

Wer **nach Nala** (S. 260) möchte, wandert vom Aussichtsturm aus in Richtung Süden; auf den drei zur Auswahl stehenden Routen geht es 700 m steil bergab. Die Straße, die rechts um den Turm herumführt, ist für Fahrradfahrer die einfachste. Zwei andere Wanderpfade führen von einem Weg links des Turms über Tukucha und Ghimiregaun hinunter. Eine weitere Möglichkeit ist der Abstieg ostwärts **nach Hiuwa-ti**, das tief im Tal des Indravati liegt.

… e gute **Karte** erleichtert die Orientierung … n Unternehmungen ungemein, obwohl … e Karte geht. Am besten sind die … Karten im Maßstab 1:25 000, er- … chläden in Kathmandu, doch … Map House-Karten sind

ÜBERNACHTUNG

Nagarkots Spitzname „Thamel-auf-dem-Berg" ist nicht unbedingt gerechtfertigt, aber der Bergort erlebte einen ähnlichen Hotelbauboom. Die größte Attraktion ist natürlich die **Aussicht**, aber nur wenige Hotels haben ein umfassendes Panorama zu bieten.

Nur die schickeren Häuser werden beheizt; in den kälteren Monaten des Jahres empfiehlt sich also die Mitnahme eines Schlafsacks.

Club Himalaya Resort, südöstlich der Bushaltestelle, ✆ 01-6680080, 💻 acehotelsnepal.com/clubhimalaya. Der Blick von innen nach außen ist eindeutig schöner als umgekehrt: Die erstklassigen Zimmer mit Bad bieten von ihren Balkonen aus eine atemberaubende Aussicht. Es gibt auch ein Hallenbad, eine Sauna und einen Whirlpool und dazu ein gutes Restaurant. US$136

Hotel Country Villa, nördlich des Mahakali-Schreins, ✆ 01-6680128, 💻 hotelcountryvilla.com. Große Zimmer mit Bad, hohen Wänden, bunten Teppichen, Deckentäfelung aus Kiefernholz und TV. Wer von der Aussicht genug hat, für den gibt es jede Menge andere Freizeitaktivitäten wie Ponyreiten, Tennis und Vogelbeobachtung. US$100

Eco-Home, nordöstlich der Bushaltestelle, ✆ 01-6680180, 💻 ecohomenagarkot.com. Der herzlichste Empfang in der ganzen Stadt, dazu nette Extras wie Wärmflaschen für die Nacht. Die liebevoll ausgestatteten Zimmer verfügen über Futons, Gebetsfahnen, Masken, Fotos, Lampen aus Minibaumstämmen und makellose Badezimmer. Allerdings ist die Aussicht nicht so toll. Rs3660

Hotel at the End of the Universe, nahe des Mahakali-Schreins, ✆ 01-6680011, 💻 endoftheuniverse.com.np. Die über steile Treppen zu erreichende Lodge bietet unterschiedliche Unterkünfte, darunter billige Zimmer mit Kaltwasser, rustikale Hütten, Zimmer mit Bad und schöner Aussicht sowie Cottages für Familien und Gruppen. Außerdem gibt's ein nettes Restaurant. Das Personal ist bei der Vermittlung von ehrenamtlicher Arbeit behilflich. Rs500

The Fort Resort, nordöstlich der Bushaltestelle, ✆ 01-6680069, 💻 mountainretreats.com. Gut geführtes, luxuriöses Hotel

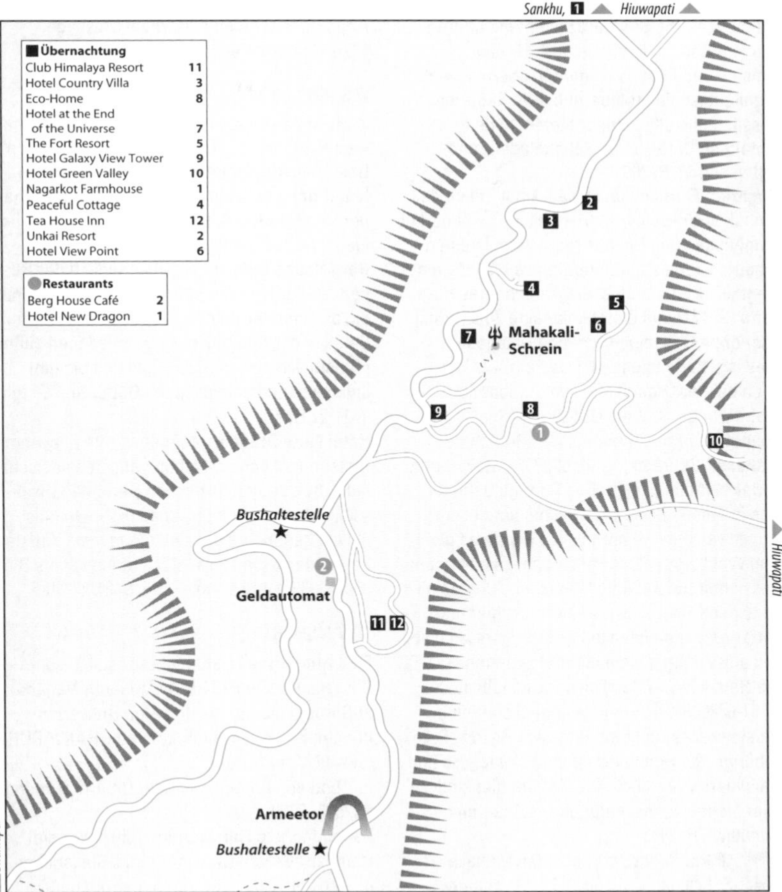

auf dem Bergkamm (wo einst die Festung stand) mit traditioneller Architektur, schönen Zimmern mit Bad und Cottages, einem reizenden Garten, einem erstklassigen Restaurant und unübertroffenem Ausblick. Außerdem soll noch ein japanisches *ofuro*-Bad entstehen. Reservierung empfohlen. US$111

Hotel Galaxy View Tower, nordöstlich der Bushaltestelle, ✆ 01-6680122, 💻 hotelgalaxyviewtower.com. Ein Turm ist das Hotel nicht, und die Aussicht (von der Terrasse) ist bei Weitem nicht so spektakulär, wie der Name verspricht. Aber die geräumigen Zimmer mit Bad sind sauber und auch ziemlich komfortabel – die besseren verfügen über TV und Balkon. Rs1168

Hotel Green Valley, nordöstlich der Bushaltestelle, ✆ 01-6680078, ✉ loveghishing_355@yahoo.com. Die Standardzimmer mit angrenzendem Bad sind einfach, die „De-luxe-Zimmer" sind etwas eleganter, aber das wahre Highlight ist die atemberaubende Panoramaaussicht, die alle Zimmer bieten. In dem einfachen Café gibt es Schokoladen- und Apfelkuchen. Rs700

Nagarkot Farmhouse, fast 1,5 km nördlich des Mahakali-Schreins, ✆ 01-6228087, 🖳 nagarkotfarmhouse.com. Die aus roten Ziegelsteinen erbaute Lodge steht unter demselben Management wie Kathmandus ausgezeichnetes Hotel Vajra (S. 171) und bietet kompakte Zimmer mit oder ohne Bad, eine friedliche Anlage und Massagebehandlungen. Das Personal kann auch bei der Organisation verschiedenster Wanderungen helfen. US$50

Peaceful Cottage, unmittelbar nördlich des Mahakali-Schreins, ✆ 01-6680077, ✉ peacefulcottage@hotmail.com. Das Cottage befindet sich in einer ziemlich abgeschiedenen Lage und erweckt den Eindruck, als würde es gleich vom Wald verschlungen werden. Es gibt einen Aussichtsturm auf dem Dach und eine riesige Suite mit Kamin sowie kleinere Zimmer und Cottages, die meisten mit großartigem Ausblick und aufwändig geschnitzten Holzbetten. Rs1700

Tea House Inn, südöstlich der Bushaltestelle, ✆ 01-6680080, 🖳 acehotelsnepal.com/clubhimalaya. Das zum Club Himalaya Resort (S. 258) gehörige Tea House Inn ist eine einfachere und günstigere Unterkunft: Die Zimmer hier sind zwar nicht luxuriös, dafür aber sauber und gemütlich. Rs2415

Unkai Resort, nördlich des Mahakali-Schreins, ✆ 01-6680178, ✉ anniett@mos.com.np. Diese wundervoll gelegene ruhige Unterkunft bietet von der Terrasse und den teureren Zimmern mit Bad die beste Aussicht von Nagarkot. Hier übernachten hauptsächlich japanische Reisende. Gutes Restaurant. Rs1250

Hotel View Point, nordöstlich der Bushaltestelle, ✆ 01-6680123, 🖳 hotelviewpoint.com.np. Die Zimmer sind nichts Besonderes und zweifellos überteuert, aber das Hotel hat seinen guten Ruf wegen der grandiosen Aussicht – sowohl von den Zimmern selbst als auch von der Spitze des markanten Turms. Angeboten werden außerdem Massage, Maniküre und Pediküre. Rs2880

ESSEN

Zwar haben einige der teuren Hotels ziemlich gute Restaurants, das Essen in den billigeren Gästehäusern bleibt im Allgemeinen jedoch hinter den Erwartungen zurück. Wer außerhalb der Unterkunft isst, sollte für den dunklen Rückweg eine Taschenlampe mitnehmen.

Berg House Café, unmittelbar südlich der Bushaltestelle. Trotz der sehr langsamen Bedienung ein bisschen besser als die anderen Traveller-Cafés in der Gegend, mit verschiedenen süßen Frühstücksspeisen (Rs50–200) und einigen indischen und chinesischen Gerichten. 🕒 tgl. 8–21/22 Uhr.

Hotel New Dragon, gegenüber vom Eco-Home. Bietet die übliche Mischung aus nepalesischen, indischen und chinesischen Gerichten (Rs95–230), jedoch mit ein bisschen mehr Flair als üblich; besonders gut sind die *momos*. Auf den Sonnenterrassen lässt sich gut ein kühles Bier (Rs300–325) genießen. 🕒 tgl. 8–21/22 Uhr.

TRANSPORT

Fünf **Minibusse** (2 Std.) fahren täglich vom City Bus Park in KATHMANDU nach Nagarkot; außerdem gibt es regelmäßige Busverbindungen zwischen Nagarkot und BHAKTAPUR (alle 45 Min.; 1 Std.).

Ein **Taxi** von Kathmandu oder Dhulikhel kostet Rs2500–3500.

Die einfachste **Fahrradroute** führt über die Hauptstraße von Bhaktapur aus. Sie ist über die letzten 12 km steil, doch durchgehend asphaltiert und relativ wenig befahren.

Banepa und Nala

Nepals einzige Straße zur tibetischen Grenze, der **Arniko Highway (Arniko Rajmarg)**, führt am östlichen Ende des Kathmandutals über einen Pass. Diese viel befahrene Straße wurde Mitte der 60er-Jahre – zum Leidwesen des langjährigen Rivalen Indien – von den Chinesen erbaut und bringt lastwagenweise chinesische Waren über Lhasa nach Nepal. Die erste Station auf dem Highway ist Banepa, das einst zusammen mit Nala und Panauti für kurze Zeit ein unabhängiges Königreich östlich des Kathmandutals bildete.

Banepa, 26 km östlich von Kathmandu, war jahrhundertelang eine wichtige Station auf dem Weg nach Tibet und ist heute ein unattraktiver Haltepunkt für Busse, die den Arniko Highway hinauffahren. Ausgehend vom ersten Kreisverkehr nördlich des Highway führt eine Straße nordostwärts nach Panchkhal (S. 267), vorbei am **Chandeshwari Mandir**, der oberhalb einiger Verbrennungs-Ghats liegt. Der restaurierte dreistöckige Tempel ist Bhagwati geweiht, die nach einer Hindu-Legende an dieser Stelle den Dämon Chand erschlug und so den Namen Chandeshwari („Herrin des Chand") erhielt. Bei der jährlichen Prozession am nepalesischen Neujahrstag (13. oder 14. April) wird Chandeshwaris Bildnis auf einem Wagen durch die Stadt gefahren.

Von Banepa führt eine unbefestigte Straße 3 km nordwestwärts nach N**ala** mit einer Pagode aus dem 17. Jh. Von hier kann man in Richtung Westen an einem Lokeshvar-Tempel vorbei bis in das 10 km entfernte Bhaktapur fahren. Drei von der Straße abzweigende Wege führen hinauf nach Nagarkot (S. 257).

Panauti

Das in einem abgeschiedenen Tal 7 km südlich von Banepa gelegene Dorf Panauti ist nach Bhaktapur die am besten erhaltene Newar-Siedlung des Landes. Das Zentrum schmücken Wohnungen von Großfamilien, Tempel und öffentliche Begegnungsstätten, die ausnahmslos in typisch newarischer Weise aus blassrosafarbenem Ziegelstein und geschnitztem Holz gebaut sind. Am unteren Ende des Zentrums befindet sich am Fluss eine Ansammlung von Tempeln und Ghats.

Vom City Bus Park in Kathmandu fahren regelmäßig **Minibusse** (alle 10 Min.; 45 Min.) nach Panauti; sie halten unterwegs in Banepa, wo man nach Dhulikhel umsteigen kann. Mit dem **Fahrrad** ist die schönste Route nach Panauti entweder von Lubhu (S. 469), Banepa (S. 261), Dhulikhel (S. 262) oder Namobuddha (S. 266) aus.

Die Stadt

Panauti ist in das von den Bächen Punyamati und Roshi gebildete Dreieck eingezwängt, an dessen Ecken je ein Schlangen *(naga)*-Bild steht, um die Stadt vor Überschwemmungen zu schützen. Die Busse halten an der moderneren Nordwestseite des Ortes, die ältesten und interessantesten Sehenswürdigkeiten befinden sich jedoch am Zusammenfluss der Bäche am östlichen Ende der Stadt, zu erreichen durch ein auffälliges Eingangstor.

Das Tempelareal an der heiligen Flussmündung, **Khware** oder **Tribeni Ghat** genannt, zeichnet sich durch seine ruhige Atmosphäre aus. Die große *sattal* (Pilgerunterkunft) ist mit zahlreichen Fresken geschmückt, die Szenen aus der hinduistischen (und zum Teil auch buddhistischen) Mythologie zeigen: Vishnu in kosmischem Schlaf, Rama beim Töten des Dämonenkönigs Ravana sowie Krishna, der von einer Horde nackter *gopi* (Milchmädchen) auf einen Baum gejagt wird. Krishna ist auch auf einem Bild an der Pagode nebenan dargestellt, wo er einigen *gopi* etwas auf der Flöte vorspielt. Die anderen Schreine des Tempelkomplexes sind den bekanntesten Gottheiten des hinduistischen Pantheons geweiht.

Das Khware Ghat wird von alters her als *tirtha* (heiliger Ort) verehrt, und am ersten Tag des Monats Magh (meist der 14. Januar) versammeln sich hier hunderte von Gläubigen zum rituellen Bad. Auf die schrägen Steinplatten an den Ghats werden Sterbende gelegt, damit das Flusswasser im Augenblick ihres Todes ihre Füße benetzt. Am Zusammenfluss werden Verbrennungszeremonien abgehalten.

Eine Fußgängerbrücke führt hinüber zum restaurierten **Brahmayani Mandir** aus dem 17. Jh., aus dem während einer *mela*, die alle zwölf Jahre am ersten Tag des Monats Magh abgehalten wird, angeblich der mythische Strom Padmati Khola fließen soll – nächster Termin ist 2022. Der *dyochhen* (Tempel) der Göttin Brahmayani befindet sich am Paumari Tol im Herzen der Altstadt.

Westlich des Khware Ghat steht inmitten eines liebevoll ummauerten Vierecks der imposante **Indreshwar Mahadev Mandir**, der Shiva, dem legendären „Herrn des Indra", geweiht ist; dieser ist in einem viergesichtigen Lingam aus Messing dargestellt. Manchen Sachverständigen zufolge ist das Bauwerk (das nach dem Erdbeben von 1988 restauriert werden musste) noch der ursprüngliche Tempel aus dem Jahr 1294, womit es die älteste erhaltene Pagode Nepals wäre. Ebenfalls auf dem Tempelgelände steht ein kleiner, rechteckiger Tempel von Unmatta Bhairab; man beachte die drei geschnitzten Holzfiguren an den oberen Fenstern. Der Name „Unmatta" bezieht sich auf die erotische Erscheinungsform Bhairabs, in der er als Schrecken erregender roter Dämon mit erigiertem Penis dargestellt ist.

ÜBERNACHTUNG

Neben dem Hotel Panauti im Ort selbst gibt es nicht weit entfernt in Namobuddha (S. 266) noch ein paar gute Lodges.

Hotel Panauti, Hauptstraße, etwa 200 m südlich des Busbahnhofs, ✆ 01-1661055, ✉ hotel panauti@yahoo.com. Bei Weitem das beste der wenigen Hotels im gesamten Ort, mit sauberen und zweckmäßig ausgestatteten Zimmern mit und ohne Bad. Freundliches Personal und gute Ausblicke vom Dachrestaurant. Rs500

Dhulikhel

Dhulikhel ist zu Recht bekannt für seinen gut erhaltenen newarischen Stadtkern, seinen prächtigen Blick auf die Gebirgszüge des Himalaya und als Ausgangspunkt für zahlreiche Wander- und Fahrradtouren. Aber auch hier fordert die Modernisierung ihren Tribut. Die Stadt liegt 5 km östlich von Banepa, gerade außerhalb des Kathmandutals, in 1550 m Höhe, und ist mittlerweile eine Art Boomtown geworden. Hier unterhält die Universität von Kathmandu einen Campus, außerdem ist hier eines der besten öffentlichen Krankenhäuser Nepals ansässig. Dank seiner Lage an der neuen, 158 km langen Straße nach Sindhulimadi und ins östliche Terai wird sich der Ort wohl in absehbarer Zeit zu einem der wichtigsten Verkehrsknotenpunkte Nepals entwickeln.

Panauti: Tempelareal an der heiligen Flussmündung Khware

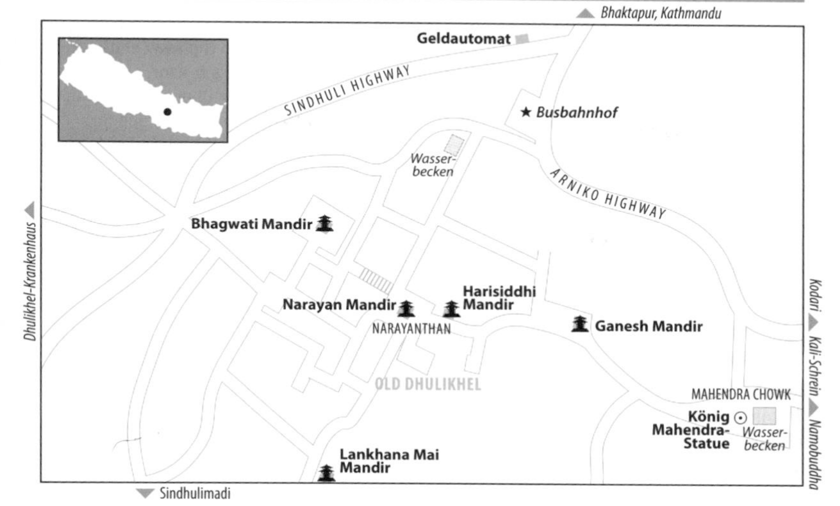

Die Altstadt

Die Altstadt von Dhulikhel beginnt unmittelbar westlich des **Mahendra Chowk**, dem Hauptplatz am neueren, östlichen Ende der Stadt. Diese traditionelle Newar-Siedlung weist fast ausschließlich vier- oder fünfstöckige Ziegelhäuser auf, von denen viele mit schön geschnitzten hölzernen Fenstergittern statt mit Glasfenstern versehen sind und die zum Teil klassizistische Details aufweisen, die während des Rana-Regimes aus Europa importiert wurden. An den älteren Gebäuden, deren Ziegelsteine nur mit Lehm zusammengehalten werden, sind bei dem verheerenden Erdbeben von 1934 große Risse entstanden. Auch während eines Bebens im Jahr 1988, dessen Epizentrum nahe Dharan im Terai lag, wurden einige Bauten in Dhulikhel beschädigt.

Zu den Hauptsehenswürdigkeiten zählen der **Narayanthan-Platz** mit dem Narayan-Tempel und dem kleineren Harisiddhi-Tempel (beides Erscheinungsformen von Vishnu) sowie der **Bhagwati Mandir**, der etwas erhöht liegt und einen Blick auf einen Teil des Himalaya bietet.

Wanderung zum Sonnenaufgang

Einer der Höhepunkte eines jeden Aufenthalts in Dhulikhel ist die Wanderung zum südöstlich der Stadt gelegenen Berggrat, um von dort aus den Sonnenaufgang über den Berggipfeln des Himalaya zu erleben. Der Weg führt vom Mahendra Chowk etwa 1 km östlich an einer weitläufigen Grünfläche vorbei; an der nächsten Abzweigung biegt man rechts ab. Radfahrer fahren auf dieser ebenen Straße weiter, doch Wanderer können den direkteren Weg über die Stufen nehmen. Zu Fuß sollte man rund 45 Minuten einkalkulieren, um von Dhulikhel zum Gipfel zu gelangen, nicht gerechnet die Zeit, die man möglicherweise zur Beobachtung der zahlreichen Vögel und Schmetterlinge aufwendet – zwei Vögel, nach denen man Ausschau halten sollte, sind der Flaggendrongo und die Turteltaube. Der **Berggipfel** (1715 m) ist mit einem kleinen Kali-Schrein und (leider) einer kleinen Militärbasis und einer Funkantenne markiert. Zur Zeit der Niederschrift wurde gerade eine Aussichtsplattform gebaut, und außerdem gibt es in der

Nähe ein Café. Von hier aus hat man einen herrlichen Blick auf die Bergkette vom Ganesh Himal bis (bei gutem Wetter) zum Mount Everest sowie auf die Altstadt von Dhulikhel.

Auf dem Rückweg kann man einen Abstecher zu einem kleinen, moosbewachsenen Tempelkomplex machen, zu dem gleich links hinter dem Snow View Guest House ein gepflasterter Pfad hinabführt. Im Haupttempel **Gokureshwar Mahadev Mandir** steht ein großer Lingam aus Bronze.

ÜBERNACHTUNG UND ESSEN

Früher kamen eher Einzelreisende nach Dhulikhel, aber heute liegen die meisten Unterkünfte außerhalb des Zentrums und sind auf Gruppenreisende ausgerichtet. Teurere Anlagen gewähren ohne Reservierung erscheinenden Gästen mitunter erhebliche Rabatte. Abgesehen von den recht guten, jedoch auch nicht sonderlich spannenden Restaurants der Hotels und Gästehäuser gibt's beim Busbahnhof und im Basarbereich einige günstige Restaurants mit nepalesischer Küche.

Apa Villa Phulbari, etwa 8 km südöstlich von Dhulikhel, villa-srilanka.com/apanepal, Karte S. 265. Das auf einem hübschen Biohof gelegene reizende Gästehaus bietet stilvolle Cottages mit traditioneller Einrichtung, einen wunderschönen Garten, Biolebensmittel aus eigenem Anbau und eine sehr schöne Aussicht. Frühstück und Abendessen sind im Preis inbegriffen; Mindestaufenthalt zwei Nächte. US$112

Dhulikhel Lodge Resort, gleich neben dem Highway, 01-1490114, dhulikhellodgeresort.com, Karte S. 265. Die geschmackvoll eingerichteten Zimmer verfügen alle über Aussicht, eine schöne Einrichtung und Korbmöbel – allerdings sind sie etwas überteuert. Die Zutaten für das Restaurant stammen aus eigenem biologischem Anbau, und es gibt einen idyllischen Garten. US$99

Dhulikhel Mountain Resort, am Highway 4 km östlich von Dhulikhel, 01-4420776, dhulikhelmountainresort.com, Karte S. 265. Liegt auf einem etwa 8 ha großen Grundstück in einer wunderschönen Landschaft, ist aber ohne eigenes Fahrzeug schwer zu erreichen. Die Zimmer mit Bad in individuellen Bungalows aus roten Ziegeln mit Strohdächern sind zwar etwas kahl, aber dafür gibt es eine Reihe von Massageangeboten. US$97

High View Resort, an einer Seitenstraße 600 m vom Highway entfernt, 01-1490048, highviewresort.com, Karte S. 265. Das High View ist über einen gewundenen Pfad und ein paar steile Treppen zu erreichen. Die Zimmer mit Bad sind ordentlich und preiswert, mit kleinem Balkon ausgestattet und bieten alle eine tolle Aussicht – sogar von der Dusche aus. Im Sommer gibt's im Restaurant oft Gegrilltes. Rs3430

Himalayan Shangri-La Village Resort, 1,5 km östlich vom Mahendra Chowk, 01-1490612, dwarikashimalayanshangrila.com, Karte S. 265. Das Schwesterhotel des fabelhaften Dwarika's in Kathmandu liegt auf einem Hang unter dem Kali-Schrein und verfügt über üppig ausgestattete Zimmer mit Bad und großen Fenstern sowie stille Außenanlagen, Pool, Spa, Restaurant und Bar. US$267

Nawaranga Guest House, 300 m östlich des Mahendra Chowk, 01-1661226, nawaranga@hotmail.com, Karte S. 265. Das letzte der ursprünglichen Gästehäuser Dhulikhels hält sich gerade noch so über Wasser und verströmt immer noch eine ziemlich relaxte Hippie-Atmosphäre. Die Zimmer sind abgenutzt, aber sauber, mit eigenen oder Gemeinschaftshockklos. Es gibt eine kleine Galerie, eine Bücherbörse und eine teilweise schöne Aussicht vom Dach. Rs500

Panorama View Lodge, nahe dem Kali-Tempel, 01-1680786, panoramaviewlodge.com, Karte S. 265. Überwältigende Aussicht, einsame Lage und verblichene (und etwas überteuerte) Zimmer mit oder ohne Bad. Für einige vielleicht ein bisschen zu langweilig; ohne Fahrzeug schwierig zu erreichen. Rs1200

Snow View Guest House, 1 km östlich des Mahendra Chowk, 984-1482487, Karte S. 265. Auch wenn ihm ein bisschen das Flair des Nawaranga fehlt, hat das Snow View zumindest etwas komfortablere, wenn auch immer noch recht einfache Zimmer mit Bad. Von einigen der Zimmer nach vorne raus sowie von den Dachterrassen bieten sich recht nette

UMGEBUNG DHULIKHEL

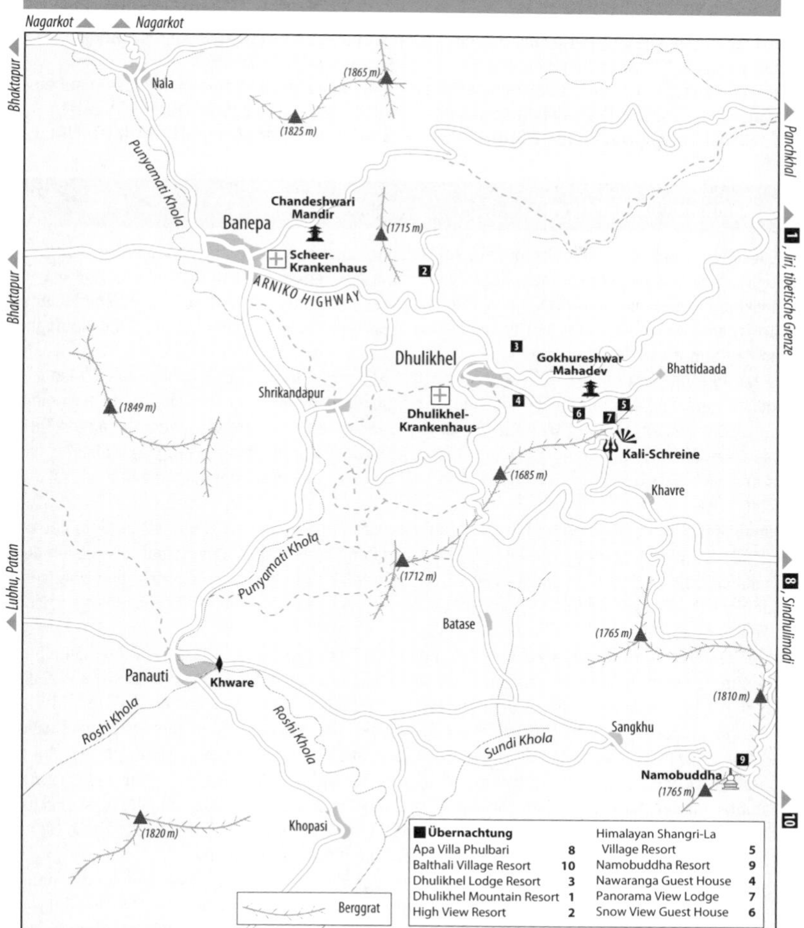

Ausblicke, und der Betreiber des Hauses ist extrem freundlich. Rs600

Namobuddha

Balthali Village Resort, etwa 30 Fußminuten östlich von Namobuddha, ✆ 01-4108210, 🖳 balthalivillageresort.com, Karte S. oben. Dieses nur per Allradfahrzeug oder zu Fuß zu erreichende Resorthotel bietet eine Reihe im traditionellen Stil erbauter Cottages mit behaglichen Zimmern und wunderbaren Ausblicken auf den Himalaya. US$80

Namobuddha Resort, 5 Fußminuten nördlich des Namobuddha-Stupa, ✆ 01-6912212, 💻 namobuddharesort.com, Karte S. 265. Die friedvolle Unterkunft auf einem Biobauernhof bietet gemütliche Holzhütten mit tollem Himalaya-Blick. Hier kann man wandern, Mountainbike fahren, in der Sauna entspannen oder auch das Floating-Becken benutzen, das meditationsfördernd wirken soll. US$61

TRANSPORT

Busse fahren vom City Bus Park in KATHMANDU (alle 5–10 Min., 1 1/4–2 Std.) und ebenso häufig von BHAKTAPUR (1 Std.). Ein **Taxi** von Kathmandu oder Nagarkot kostet rund Rs2500–3500.
Mit dem **Fahrrad** fährt man am besten auf einer der Nebenstraßen über LUBHU–PANAUTI, BHAKTAPUR–NALA oder NAGARKOT–NALA.

Der Namobuddha-Rundweg

Zwar ist die Landschaft nicht besonders spektakulär, doch bietet der Namobuddha-Rundweg die Möglichkeit zu einer angenehmen Tageswanderung oder entsprechend schnelleren Radtour ab Dhulikhel mit mehreren interessanten Orten, an denen sich unterwegs ein Halt lohnt. Empfehlenswert ist eine Kombination der Route nach Namobuddha mit einer Wanderung bei Sonnenaufgang zum Kali-Schrein (S. 263).
Die Route führt vom Kali-Schrein weiter am Dorf **Khavre** vorbei und überquert nach 2,5 km den Sindhuli Highway; dann umrundet sie einen Bergrücken und kommt nach weiteren 7 km zu einer Kreuzung an einem kleinen Grat. Die Wege links ab sind echte Querfeldeinwege hinab ins Tal – besonders lohnenswert ist der genau von dieser Kreuzung bergab führende Weg (Einzelheiten sind auf den HMG/FINNIDA-Karten eingezeichnet). Wer weiter nach Namobuddha möchte, muss sich rechts halten.
Namobuddha (oder **Namura**), auf einem roten Felsvorsprung nahe dem Gipfel eines dicht bewaldeten Bergrückens gelegen, ist eine der drei heiligsten tibetischen Wallfahrtsstätten südlich des Himalaya. Spirituell ähnlich gelagert wie Boudha ist der Pilgerort so etwas wie eine tibetisch-buddhistische Boomtown (oder zumindest ein „Boomdorf"), besonders während der Pilgersaison im Februar und März.
Der Stupa wurde am Schauplatz einer Legende errichtet, nach der ein junger Prinz (manchen Versionen zufolge Buddha persönlich) an dieser Stelle einer dem Hungertode nahen Tigerin, die gerade ein Kind fressen wollte, begegnete und sich ihr aus Mitgefühl selbst anbot. Der tibetische Name des Stupa, Takmo Lujin („Tiger-Körper-Geschenk") nimmt auf diese bekannte Legende Bezug. Der Name Namobuddha („Heil dem Buddha") kam, nach einer tibetischen Schrift, im 17. Jh. in Gebrauch, als sich der Aberglaube verbreitete, dass der wahre Name des Heiligtums nicht ausgesprochen werden dürfe. Zwischen den Wohn- und Teehäusern, die den Stupa umgeben, ist ein kleines heruntergekommenes Tamang-Kloster *(gompa)*. Seit den 80er-Jahren aber setzt sich die Mehrheit der buddhistischen Bevölkerung Namobuddhas aus Tibetern zusammen.
Ein steiler Pfad führt auf den Bergrücken dahinter, der übersät ist von *chaitya*, Gebetsfahnen und einer Sammlung an tibetischen Klöstern, Retreats und kleinerer Stupas. In einem kleinen Schrein nahe dem Gipfel wird eine berühmte Steinskulptur aufbewahrt, die darstellt, wie der Buddha der Tigerin seinen Körper darbietet. Wer in der Nähe von Namobuddha übernachten möchte, sollte sich die schicken Resorts (S. 265) hier in der Nähe anschauen.
Die Straße führt von Namobuddha nach **Sangkhu** hinab, wo eine Abzweigung rechts nach Batase und über mehrere mögliche Straßen oder Wege zurück nach Dhulikhel führt. Mit 9 km Entfernung ist die Strecke genauso weit wie der Weg nach Panauti – ein empfehlenswerter Abstecher, wenn man noch Zeit für eine Übernachtung dort hat. Von Panauti kann man auf verschiedenen Wegen zu Fuß oder mit dem Fahrrad oder Bus nach Dhulikhel zurückkehren.

Der Arniko Highway: die Straße nach Tibet

Wer zur tibetischen **Grenze** reist, muss sich von der Vorstellung von hohen, schneebedeckten Pässen auf dem Weg nach Tibet verabschieden. In Wahrheit liegt die eigentliche Grenze, die **Freundschaftsbrücke**, in einem tiefen Tal, in dem weit und breit kein Yak zu sehen ist. Genau genommen ist die Höhenlage gar nicht so verwunderlich, da die Hauptkette des Himalaya, der die Grenze meist folgt, an mehreren Stellen von Flüssen durchbrochen ist, die älter sind als das Gebirge. Zum Grenzübergang wurde Kodari, als sich die Grenze nach einem verlorenen Krieg mit Tibet im Jahre 1792 weiter nach Süden verschob.

Reisegruppen mit dem Ziel Tibet fahren auf dem Arniko Highway nach **Kodari**, dem einzigen offiziellen Grenzübergang von Nepal aus. Einzelne Reisende unternehmen den Trip zur Grenze nur, um sie zu sehen. Auch Teilnehmer an Rafting-, Canyoning- und Bungeejumpingtouren nehmen diese Strecke, wenn sie unterwegs zum Sun Koshi oder zu den Abenteuer-Resorts am Bhote Koshi sind. Trekker auf dem Weg nach **Jiri**, dem Ausgangspunkt für die Everest-Region, folgen dem Arniko Highway fast in seiner ganzen Länge, bevor sie in eine spektakuläre Seitenstraße abbiegen.

Von Dhulikhel nach Dolalghat

Von Dhulikhel aus geht es auf dem Arniko Highway 600 m hinunter ins weite Panchkhal-Tal, eine üppige, bewässerte Ebene mit Feldern voller Reis, Zuckerrohr und tropischer Früchte. Der so genannte Zero Kilometre, nicht viel mehr als eine Ansammlung von Imbissbuden, gleich hinter dem Dorf **Panchkhal**, ist ein kleiner Ausgangspunkt für Wanderungen in der Trekking-Region Helambu: Eine unbefestigte Straße, auf der Nahverkehrsbusse verkehren, führt nach Norden über Hiuwapati zum Startpunkt des Weges in Malemchi Pul. Über eine weitere unbefestigte Straße gelangt man südwärts zum 9 km entfernten **Palanchowk**, wo das berühmte Götterbild der Palanchowk Bhagwati aus schwarzem Stein beheimatet ist, das viele Pilger in Zeiten der Not aufsuchen.

Der Highway erreicht seinen tiefsten Abschnitt 29 km hinter Dhulikhel bei **Dolalghat** (634 m), einem kleinen Marktflecken, dessen Häuser sich zu beiden Seiten der Brücke über den Indravati ausbreiten. Hier beginnen viele Raftingtouren auf dem Sun Koshi, der gleich dahinter in den Indravati mündet.

Eine geteerte Nebenstraße biegt kurz hinter Dolalghat links nach **Chautara** (1400 m) ab, einem 25 km entfernten, weniger frequentierten Ausgangspunkt für Helambu-Treks. Vom Bhimsen-Tempel, der 3 km weiter an der Straße an exponierter Stelle auf dem Berggrat liegt, hat man einen schönen Blick.

ÜBERNACHTUNG

Sunkoshi Adventure Retreat, Palanchowk, ✆ 01-6224586, 💻 theretreatnepal.com. Das oberhalb des Dorfes liegende Resort bietet Reit- und Angelmöglichkeiten sowie Massagen und eine Sauna und eignet sich gut als Ausgangspunkt für Erkundungen der Umgebung. Es gibt ein paar einfache Zimmer ohne eigenes Bad sowie bessere Bungalows mit Bad. Rs550

Das Sun Koshi-Tal

Hinter Dolalghat ändert sich die Szenerie, sobald der Highway nordostwärts in das terrassierte, tiefe Sun Koshi-Tal einschwenkt. Nepals Terrassen sind kleine technische Wunderwerke und zugleich ein Akt der Verzweiflung: Die Bauern haben so wenig flaches Land zur Verfügung und dabei eine ständig wachsende Anzahl von Mäulern zu stopfen, dass ihnen nichts anderes übrig bleibt, als immer noch steilere und unproduktivere Hänge für den Anbau zu beanspruchen.

Nach Fertigstellung des Arniko Highway hat China noch viel Geld in Infrastrukturprojekte entlang dieser Strecke gesteckt. Als Erstes stößt man auf ein Wasserkraftwerk, dessen Überlaufrinne und Maschinenhaus sich direkt hinter der Abzweigung nach Jiri befinden. Auf den nächsten Kilometern nach **Lamosangu** (740 m), wo man auf ein stillgelegtes Magnesitwerk stößt, sind die Spuren menschlichen Wirkens unübersehbar.

Der Bhote Koshi

Ein paar Kilometer flussaufwärts von **Lamosangu** verläuft der Highway entlang dem Bhote

Koshi oder Tibet River (welchem er noch bis zu seiner Quelle in Tibet folgt). Nutzen aus dem Highway und dem Fluss ziehen mehrere Abenteuer-Resorts (s. Kasten).

Das kurz hinter Lamosangu gelegene **Barhabise** zieht sich zu beiden Seiten einer stabilen Brücke am Flussufer entlang und ist die letzte größere Siedlung vor der Grenze. Die nähere Umgebung ist noch immer ein traditionelles Zentrum für die Produktion von *lokta*-Papier, das aus der Rinde eines hier heimischen Busches hergestellt wird. Hinter Barhabise sind im Herbst manchmal in den Klippen unterhalb der Straße die berühmten Honigjäger Nepals zu sehen, die dort nach Bienenwaben suchen.

Busse (alle 20 Min., 3–4 Std.) vom Old Bus Park in Kathmandu halten an der Südseite der Brücke, Busse über Tatopani zur Grenze starten stündlich vom nördlichen Ortsrand am gegenseitigen Flussufer. In der Trockenzeit dauert die Fahrt zur Grenze etwa 30 Minuten, während des Monsuns kann sie dreimal so lange dauern.

Von Tatopani zur Grenze

Nachdem die Straße eine Reihe von Wasserkraftwerken passiert hat, nähert sie sich **Tatopani** (1530 m). Bis Mitte der 1980er-Jahre reisten westliche Besucher hierher, um einen Blick aufs verbotene Tibet zu erhaschen und in den warmen Quellen zu baden. Seit der Öffnung Tibets ist Tatopani wieder aus der Mode gekommen. Das Dorf erstreckt sich einen Kilometer den Highway entlang. Die Tamang (S. 271) sind in dieser Höhenlage in der Mehrheit und unter-

Abenteuer-Resorts am Bhote Koshi

Der Ruf des tosenden Bhote Koshi als einer der extremsten Rafting-Flüsse Nepals zieht eine Schar Abenteuer suchender junger Leute an. Die großen Rafting-Unternehmen erkannten diesen Trend schnell, und inzwischen sind neben den klassischen **Raftingtouren** auch **Mountainbiking**, **Trekking**, **Bungee-Jumping** und **Canyoning** im Angebot. Die drei größten Unternehmen agieren von attraktiven Zelt-Resorts aus, die auch dann, wenn man nicht vorhat, im Rahmen eines Raftings den Fluss hinabzujagen oder sich an einem elastischen Seil von einer Brücke hinabzustürzen, ein ausgezeichneter Ausgangspunkt für Erkundungen des Tales oder einfach nur für einige müßige Tage sind.

In der Regel werden Pauschalarrangements angeboten, die Aktivitäten, Transport und Mahlzeiten beinhalten. Für eine Nacht mit Vollpension (aber ohne Aktivitäten) sollte man mit US$50–60 pro Person rechnen, US$50 für einen Tag Rafting und US$70 für einen Canyoning-Tagesausflug.

Borderland Resort, unten in der Schlucht 9 km nördlich von Barhabise, ✆ 01-4701295, 💻 borderlandresorts.com, Karte S. 269. Das sehr gut etablierte Resort von Ultimate Descents ist ein ruhiger, angenehmer Ort mit drei verschiedenen Zeltkategorien, einem Pool und schönen Gärten. Ab US$50 p. P. mit VP.

The Last Resort, ✆ 01-4700525, 💻 thelastresort.com.np, Karte S. 269. Die nördlichste Anlage der Abenteuer-Resorts am Bhote Koshi, von Ultimate Rivers, hat die spektakulärste Lage und ist über eine Fußgängerbrücke zu erreichen, die 160 m hoch über der Schlucht hängt und als Absprungort für einen der weltweit höchsten Bungee-Sprünge dient (US$90 inklusive Transport und Mittagessen). Wem Bungee-Jumpen noch nicht reicht, der kann immer noch die Canyon-Swing (gleicher Preis) ausprobieren. Das Resort selbst ist das schickste von allen dreien, mit den elegantesten Zelten, einem landschaftlich schönen Grundstück, Sauna, Tauchbecken und Massagen sowie einer geselligen Bar. Ab US$50 p. P. mit VP.

Sukute Beach Adventure Resort, ✆ 01-4356644, 💻 equatorexpeditionsnepal.com, Karte S. 269. Das Resort von Equator Expeditions liegt am nächsten zu Kathmandu an einem breiteren und ruhigeren Abschnitt des Sun Koshi zwischen Dolalghat und der Balephi-Brücke. Eine Mischung aus Safarizelten und Zimmern überblickt einen breiten Sandstreifen am Flussufer, und es gibt ein schönes Schwimmbad, ein Restaurant und einen Billardtisch. Ab US$50 p. P. mit VP.

DER ARNIKO HIGHWAY

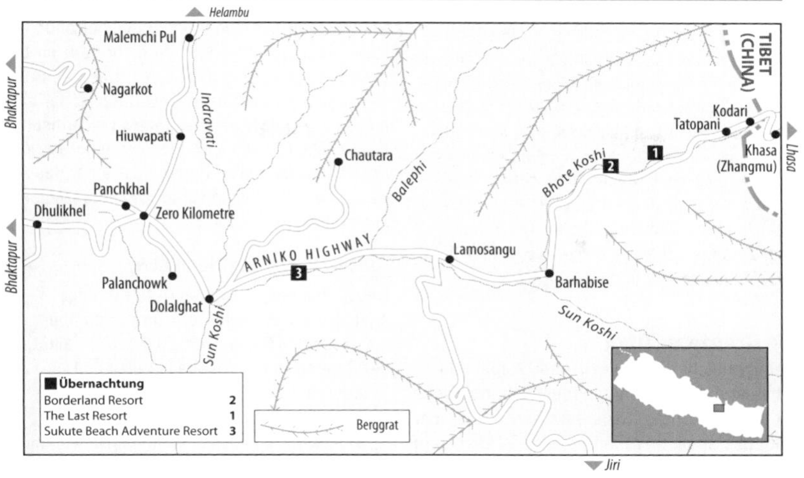

halten fünf Fußminuten vom südlichen Basar entfernt ein kleines **Kloster** *(gompa)*. Direkt vor Tatopani befindet sich eine Polizeistation, und ab hier bildet der Bhote Koshi die Grenze – Tibet liegt gleich am anderen Flussufer.

Die heißen Quellen

keine festen Öffnungszeiten ▪ Eintritt Rs10

Die heißen Quellen von Tatopani (*taato paani* heißt „warmes Wasser") liegen im Norden des Dorfes. Hier sprudelt das Wasser aus Rohren in ein Zementbecken und dient ausschließlich zum Waschen; dabei bitte daran denken, dass Nacktheit in Nepal als anstößig empfunden wird.

Kodari

Einen guten Kilometer von Tatopani entfernt breitet sich das geschäftige, von Fliegen übersäte Dorf **Kodari** (1640 m) aus, der niedrigste Punkt an der Grenze zwischen Nepal und Tibet und seit Langem schon von Händlern auf der Route zwischen Kathmandu und Lhasa benutzt. Man kommt an einem heruntergekommenen Haufen Shops und Lodges vorbei und erreicht schließlich die Grenze mit ihren Kontrollpunkten.

ÜBERNACHTUNG UND ESSEN

Wahrscheinlich bleiben nicht viele hier stecken, aber wer übernachten muss, findet in Kodari ein paar sehr einfache Unterkünfte sowie eine Reihe von Imbissläden mit allerdings zweifelhaften hygienischen Verhältnissen. Wer hier in der Gegend übernachten möchte, tut dies besser in Tatopani.

New Family Guest House, Tatopani, 01-1690245. Etwas teuer, aber sauber und freundlich. Sogar die Toiletten bieten einen guten Blick auf den Fluss. Es hat auch ein passables Restaurant mit der üblichen Mischung aus nepalesischen, tibetischen und chinesischen Gerichten. Rs500

TRANSPORT

Busse fahren regelmäßig von Kodari über BARHABISE zum Old Bus Park in KATHMANDU (alle 20 Min. bis etwa 17 Uhr, ca. 5 Std.). Ein **Taxi** nach Kathmandu kostet um die Rs3500–4500, wenn man gut feilscht. Die Strecke von Kodari nach Kathmandu eignet sich auch hervorragend zum Mountainbiken; wer Interesse hat, fragt einfach einen der Anbieter in Thamel (S. 189).

Grenzübergang nach Tibet

Nach Tibet (China) kann man von Nepal aus nicht ohne tibetisches **Visum** einreisen. Außerdem muss man Teilnehmer einer offiziell organisierten **Tour** sein. Die Regeln werden streng angewandt: Es ist unmöglich, ohne die richtigen Papiere einzureisen. Mehr Details auf S. 196.
Wer **von Tibet nach Nepal** einreist, sollte Khasa am besten so früh wie möglich verlassen, um es noch bis Kathmandu zu schaffen. Visa sind am nepalesischen Zoll leicht zu bekommen, aber Vorsicht vor zu hohen Gebühren.
Der Zeitunterschied zwischen Nepal und Tibet beträgt plus 2 1/4 Stunden.

Die Grenze zu Tibet

Die eigentliche Grenze zwischen Nepal und Tibet stellt die so genannte **Freundschaftsbrücke** dar, die den Bhote Koshi am oberen Ende der Stadt überspannt. Weiter oben im Tal klammern sich die Häuser von **Khasa** (oder **Zhangmu** oder **Dram**), 600 m höher gelegen als Kodari, an einen Berghang – und das ist alles, was der Blick nach Tibet von hier aus hergibt. Vorsicht beim **Fotografieren** von Tibet: Chinesische Grenzsoldaten (darunter auch Zivilbeamte) sind sehr empfindlich und haben in der Vergangenheit schon Kameras an sich genommen und kaputt gemacht.

Die Trisuli Road

Die **Trisuli Road** wurde Mitte der 1960er-Jahre im Rahmen eines Wasserkraftprojekts am Fluss Trisuli nordwestlich von Kathmandu angelegt. Dies ist zumindest die offizielle Geschichte, denn in Wahrheit verdankt die Straße ihre Existenz wahrscheinlich zumindest zum Teil auch historischer Nostalgie, da sie den Triumphzug von Prithvi Narayan Shah, dem Begründer Nepals, von seiner Festung in Nuwakot ins Kathmandutal nachzeichnet. Die heutigen Reisenden auf dieser Strecke möchten einfach nur nach Dhunche und Syabrubesi zu den Langtang- und Gosainkund-Treks (S. 431) kommen, jedoch sind **Nuwakot** und **Kakani** durchaus einen Besuch wert.

Kakani

Kakani, der Kathmandu am nächsten gelegene Aussichtspunkt auf die Berge, erstreckt sich am Nordwestrand des Tals. Es ist weniger gut erschlossen als Nagarkot, Dhulikhel oder Daman, und die Ausblicke sind nicht ganz so toll, jedoch zeigt es sich sehr ruhig. Das gelbe Gebäude neben dem Resort Tara Gaon ist der ehemalige Bungalow des Vertreters der britischen Krone. Weiter östlich erinnert auf einer Anhöhe der **Kakani Memorial Park** an die Opfer des Absturzes eines thailändischen Linienflugzeugs im Jahr 1992 nördlich von hier.

ÜBERNACHTUNG UND ESSEN

Neben den besprochenen Hotels verfügt auch das erheblich teurere Tara Gaon über ein passables **Restaurant**. Zu den Spezialitäten der Gegend zählen frische Forellen und Erdbeeren.

Kakani Mountain View Hotel, Hauptstraße, ✆ 980-2010210, 💻 kakanimountainview.com. Das recht neue Hotel neben dem überteuerten Tara Gaon bietet eine Handvoll gemütlicher Zimmer mit Bad, Korbmöbeln und – wie der Name andeutet – schönem Ausblick. Außerdem gibt's Internet und WLAN, und auch das Restaurant ist nicht schlecht. Rs2000

View Himalaya Guest House, Hauptstraße, ✆ 01-6915706. Das ordentliche Gästehaus gleich hinter dem Kakani Mountain View Hotel bietet einfache, recht karge Zimmer, mehrere davon mit eigenem Bad. Das Personal ist freundlich, und es gibt ein günstiges Restaurant. Rs700

TRANSPORT

Busse von Kathmandu nach TRISULI BAZAAR halten an einem Einschnitt im Talrand, 24 km von der Hauptstadt (1–1 1/2 Std.); von dort sind es noch 4 km zu Fuß auf einer asphaltierten Nebenstraße nach Kakani; auf dieser Strecke verkehren auch Nahverkehrs-Minibusse.

Trisuli Bazaar

Das auf der Sohle eines tiefen subtropischen Tals gelegene **Trisuli Bazaar** (540 m) erlebte einen Aufschwung im Rahmen der Bauarbeiten für das Trisuli-Wasserkraftprojekt sowie zeitweise auch als Ausgangspunkt für Langtang-Treks. Heute passieren die meisten Trekker den Ort ohne zu pausieren auf der Fahrt nach Dhunche und Syabrubesi, und es gibt hier auch nur wenig zu sehen, außer vielleicht dem alten Basar und einem kleinen Stupa.

Busse ab Machha Pokhari, gleich westlich des Gongabu Bus Park in Kathmandu (alle 30 Min., 4 Std.), halten beim Hauptbasar westlich der Brücke. Busse Richtung Dhunche halten gewöhnlich in Dhunge, dem kleineren Basar auf der anderen Seite.

Nuwakot

Prithvi Narayan Shahs verlassene **Festung**, eines der stolzesten historischen Monumente Nepals, thront wie ein vergessenes Schiffswrack auf einem Bergkamm oberhalb von Trisuli und verleiht dem winzigen Dorf **Nuwakot** ein ganz besonderes, fast schon romantisches Flair. Von hier lenkte der Einiger Nepals zwischen 1744 und 1769 seinen hartnäckigen Feldzug ins Kathmandutal. Als Zeichen seines Willens, das Tal zu erobern, ließ Prithvi Narayan drei weitere Türme mit den Namen der drei Talhauptstädte erbauen – vielleicht hoffte er, durch eine Art Zauber deren Niedergang herbeizuführen. Der Kathmandu- und der Patan-Turm stehen in der Hauptanlage, der zerbröselnde Bhaktapur-Turm hingegen auf einer Anhöhe gleich außerhalb.

Das Los der Tamang

Die Tamang, Nepals größte Volksgruppe, machen etwa 20 % der Bevölkerung aus und beherrschen das zentrale Bergland zwischen 1500 m und 2500 m Höhe. Der Stamm hat seine Ursprünge in Tibet (Tamang bedeutet „Pferdehändler" auf tibetisch) und folgt einer Form des Buddhismus, der sich praktisch nicht vom Lamaismus unterscheidet. Die meisten beten allerdings auch Clan-Gottheiten an, beschäftigen Schamanen und halten hinduistische Feste ein. Trotz ihrer großen Anzahl sind sie immer noch eine der am meisten ausgebeuteten Gruppen Nepals. Diese Situation geht auf die Eroberung ihrer Siedlungsgebiete durch die Gurkha Ende des 18. Jhs. zurück. Ein Großteil ihres Landes wurde eingezogen, so dass die Tamang als Landpächter, in Schuldknechtschaft lebende Arbeiter und Holzfäller zurückblieben oder niedere Dienste erledigen mussten. Bis heute gehören die Tamang zur Unterschicht, verrichten Niedriglohnarbeiten oder werden ausgebeutet. Zuweilen werden sie auch einfach weggesperrt (Studien weisen eine unverhältnismäßig hohe Anzahl von Tamang im Gefängnis auf).

Die Festung

Rechts bei der Einfahrt nach Nuwakot
▪ Museum 2. Nov–29. Jan Di–Sa 10.30–15, So 10.30–14 Uhr, 30. Jan–1. Nov Di–Sa 10.30–16, So 10.30–15 Uhr ▪ Eintritt Rs150

Die Festung von Nuwakot besteht aus drei Backsteintürmen, die sich wie Monopoly-Hotels in und außerhalb der Festungsanlage erheben. Ein Großteil des umliegenden Geländes okkupiert heute die Armee. Der höhere Turm wurde in ein Museum umgewandelt; zwar gibt es nur einige wenige Exponate zu sehen, die Ausblicke Richtung Ganesh Himal und auf die idyllischen Trisuli- und Tadi-Täler von den Fenstern im obersten Geschoss sind jedoch atemberaubend.

Der Bhairabi Mandir

keine festen Öffnungszeiten ▪ Eintritt frei

Die alte Hauptstraße von Nuwakot verläuft von der Festung Richtung Süden entlang dem Grat des Bergkamms und hört plötzlich auf, um ein schönes Panorama des Tadi- und des Trisuli-Tals freizugeben. Es gibt hier noch mehrere reich verzierte alte Gebäude aus Ziegelstein und Holz, darunter den **Bhairabi Mandir**. Während des hiesigen Bhairabi-Festes im März/April trinkt der Priester unter dem Einfluss göttlicher Mächte das Blut eines ganzen Büffels direkt aus seinem abgeschlagenen Hals. Dann erbricht er es sofort wieder – bis vor nicht allzu langer Zeit war es Sitte, dass die Gläubigen das erbrochene Blut als Sakrament tranken.

ÜBERNACHTUNG

The Famous Farm, etwa 500 m oberhalb des Dorfs, 01-4700426, himalayanencounters.com. Das ruhige, von Himalayan Encounters geführte Gäste-

DAS ZENTRALE BERGLAND

haus ist von idyllischem Gelände umgeben und bietet fabelhafte Ausblicke. Die stimmungsvollen Unterkünfte befinden sich in restaurierten hundert Jahre alten Bauernhofgebäuden. Das Gästehaus unterstützt eine Schule für Kinder mit Sprach- und Hörproblemen in der Nähe. Inkl. VP. US$90

TRANSPORT

Eine Handvoll **Busse** (Abfahrtszeiten variieren, vor Ort nachfragen; 4 Std.) verkehren zwischen Nuwakot und MANCHHA POKHARI, gleich westlich des Gongabu Bus Park in Kathmandu. Oder man nimmt einen Bus nach TRISULI BAZAAR; von dort kann man in rund einer Stunde nach Nuwakot gehen, oder man nimmt ein Taxi.

Der Tribhuvan Rajpath

Nepals schönster und atemberaubendster Highway, der Tribhuvan Rajpath (meist nur Rajpath, „Königsweg", genannt), führt westlich aus dem Kathmandutal hinaus und schraubt sich dann in zahlreichen Zickzackkurven direkt über die Bergkette des Mahabharat Lekh hinweg hinunter ins Terai. Unterwegs durchquert er üppig grüne Rhododendronwälder – die im April blühen – und bietet herrliche Panoramablicke auf den Himalaya, besonders von **Daman**.

Der Rajpath wurde Mitte der 50er-Jahre von indischen Ingenieuren gebaut und war die erste echte Fernstraße, die Kathmandu mit dem Rest der Welt verband. Als die Straße gebaut werden sollte, stand Indien am Rande eines Krieges mit China und hatte deshalb ein großes Interesse daran, jede Route durch Nepal so unwegsam wie möglich zu halten, um die Gefahr einer Invasion zu verringern. Seit die schnellere Verbindung von Mugling nach Narayanghat fertig gestellt wurde, ist die Straße eher zu einer Nebenstrecke verkommen – was sie wiederum zu einer perfekten Mountainbike- (S. 471) und Motorradstrecke macht.

Öffentliche Verkehrsmittel nutzen den Rajpath kaum: Nur unregelmäßig bedienen **Busse** (zahlreicher fahren Jeeps) die Strecke von Kathmandu nach Hetauda. Von Kalanki am Rande Kathmandus fahren täglich mehrere Busse bis nach Palung, von wo die Wanderung bergauf nach Daman noch eine weitere Stunde in Anspruch nimmt.

Auf den ersten 26 km folgt der Rajpath dem Prithvi Highway Richtung Pokhara. Er führt durch das hässlichste Industriegebiet des Kathmandutals und verlässt das Tal über einen niedrigen Einschnitt im Talrand. Anschließend kommt man hinab nach **Naubise** (945 m) nahe der Sohle des tief eingeschnittenen Mahesh-Khola-Tals.

Hier verlässt der Rajpath den Prithvi Highway und biegt nach links ab, um dann unaufhaltsam die 30 km bis nach Tistung (2030 m) hinaufzuklettern. Von dort aus führt er hinunter in das Palung-Tal. Nach 4 km zweigt links die Straße nach Markhu und zum Kulekhani-Stausee ab. Das Newar-Dorf **Palung** liegt auf 1745 m Höhe in 5 km Entfernung.

Nach **Daman** sind es dann noch 12 km; hinter Daman überquert der Rajpath den **Sim-Bhanjyang-Pass** (2488 m) und führt sodann durch Dschungel, Wälder und schließlich terrassiertes Ackerland insgesamt 2000 m weit hinunter zur Abzweigung nach Bhimphedi (S. 472), 40 km hinter dem Sim-Bhanjyang-Pass. Hetauda (S. 374) liegt 10 km entfernt.

Daman

Daman (2322 m) ist in der näheren Umgebung von Kathmandu der Aussichtspunkt mit dem umfassendsten Blick auf die höchsten Gebirgszüge der Welt. Der Ort unterhalb der höchsten Stelle des Rajpath bietet ein herrliches Bergpanorama jenseits des friedlichen Palung-Tals. Oft sind die Berge in Wolken gehüllt, so dass man schon hier übernachten muss, um sie im schönsten Morgenlicht zu sehen. Der einzige markante Orientierungspunkt im Dorf selbst ist ein geschlossener **Aussichtsturm**, der wie ein Flughafenkontrollturm aussieht.

Der Aussichtsturm

keine festen Öffnungszeiten ■ Eintritt Rs20

Der Turm gehört zum angrenzenden Daman Mountain Resort und bietet einen Ausblick auf sieben Achttausender sowie die näher liegenden Siebentausender Himalchuli, Ganesh Himal

DER TRIBHUVAN RAJPATH
0
5 km

N

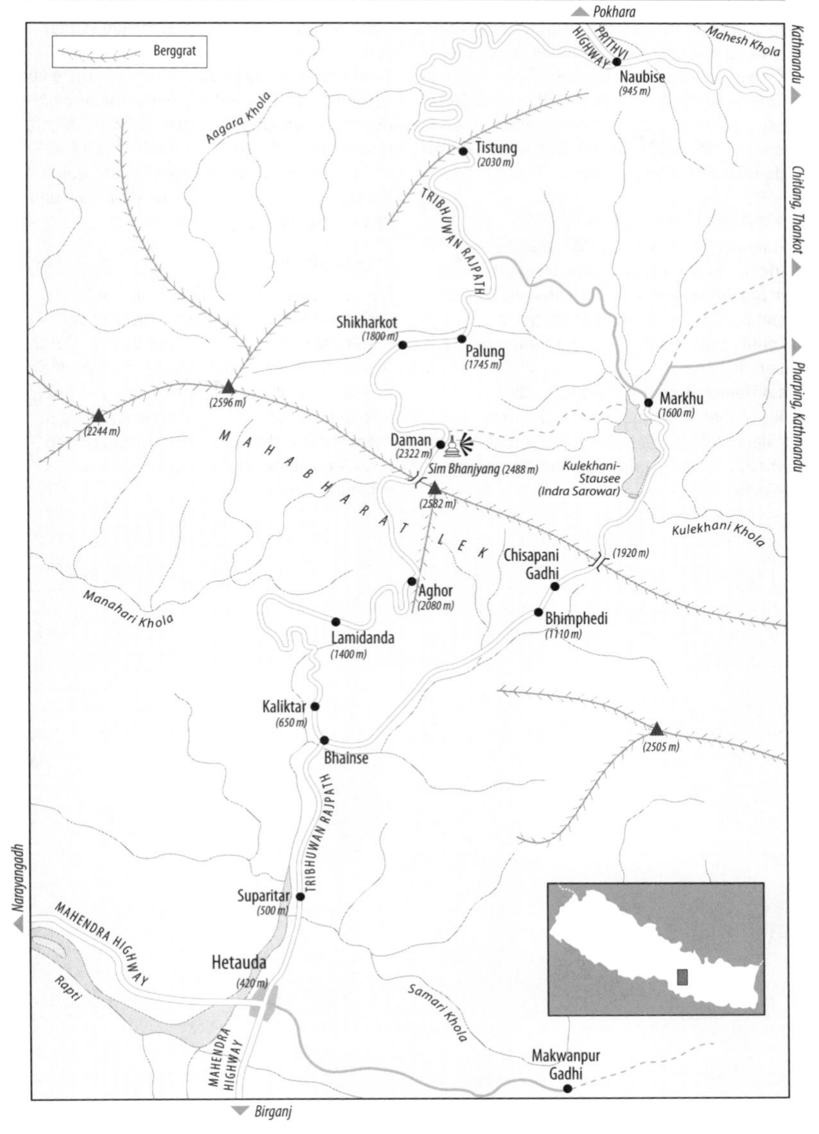
Berggrat
Pokhara
PRITHVI HIGHWAY
Mahesh Khola
Kathmandu
Naubise
(945 m)
Aagara Khola
Tistung
(2030 m)
TRIBHUWAN RAJPATH
Chitlang, Thankot
Shikharkot
(1800 m)
Palung
(1745 m)
Pharping, Kathmandu
(2596 m)
(2244 m)
Markhu
(1600 m)
MAHABHARAT LEK
Daman
(2322 m)
Sim Bhanjyang (2488 m)
Kulekhani-
Stausee
(Indra Sarowar)
(2582 m)
Kulekhani Khola
(1920 m)
Chisapani
Gadhi
Aghor
(2080 m)
Manahari Khola
Bhimphedi
(1110 m)
Lamidanda
(1400 m)
Kaliktar
(650 m)
Bhainse
(2505 m)
TRIBHUWAN RAJPATH
Narayangadh
Suparitar
(500 m)
MAHENDRA HIGHWAY
Hetauda
(420 m)
Rapti
Samari Khola
MAHENDRA HIGHWAY
Makwanpur
Gadhi
Birganj
DAS ZENTRALE BERGLAND

und Langtang. Einige starke Teleskope rücken die überwältigenden Bergmassive sehr nah heran; den Mount Everest sieht man dadurch beinahe eben so nah wie vom Kala Pattar aus, einem Punkt, den man erst nach zehntägiger Wanderung in das Everest-Gebiet erreicht.

Einen noch umfassenderen Blick hat man vom Everest Panorama Resort, das nach 30 Minuten Fußmarsch den Rajpath hinauf zu erreichen ist. Unterwegs kommt man einem kleinen buddhistischen **Gompa** vorbei.

ÜBERNACHTUNG UND ESSEN

In Daman gibt es nur begrenzt touristische Einrichtungen, und zum Essen bleiben die meisten Reisenden in ihrem Hotel. Im Winter leistet ein Schlafsack gute Dienste, es sei denn, man steigt im Everest Panorama Resort ab.

Hotel Daman & Lodge, Daman, ✆ 05-7540387. Eine unter mehreren schnörkellosen familiengeführten Unterkünften mit recht sauberen Zimmern und mit jeder Menge *daal bhaat*. Rs400

Daman Mountain Resort, Daman, ✆ 01-4438023. Ein in die Jahre gekommenes, aber passables Hotel, das eine Verjüngungskur vertragen könnte, mit verwohnten Zimmern, Cottages und Zelten im Safaristil (im Winter sehr kalt). Rs700

Everest Panorama Resort, 2,5 km oberhalb von Daman, ✆ 05-7621480, 💻 everestpanorama resort.net. Das Top-Hotel der Stadt, mit komfortablen (und beheizten) Zimmern mit Bad und süßen „Honeymoon-Cottages" sowie gutem Restaurant. Dampfbad, Sauna, Whirlpool und Spa runden das Angebot ab. US$90

TRANSPORT

Nur zwei **Busse** (8 und 12.30 Uhr, 4 Std.) verkehren täglich zwischen KALANKI am Stadtrand von Kathmandu und Daman. Durch Daman kommen auch häufiger verkehrende Busse von und nach HETAUDA (1 1/2–2 Std.), jedoch ist es schwer, in ihnen einen Platz zu bekommen. Auf beiden Strecken verkehren auch **Sammeljeeps**, die außerdem meist schneller sind.

Das westliche Bergland

Stefan Loose Traveltipps

Manakamana Vom lebendigen Pilgerort mit seinen Panorama-Ausblicken führt Asiens längste Seilbahn zum „wunscherfüllenden" Tempel. S. 277

6 **Gorkha** Der alte Tempelpalast, Sitz für Könige und Götter, erhebt sich hoch über dem Basar auf dem Bergkamm. S. 280

Bandipur Liebenswerter Newar-Ort mit herrschaftlichen Gebäuden und dramatischen Blicken auf den Himalaya. S. 284

7 **Phewa Tal, Pokhara** Traveller-Paradies am idyllischen See mit einem turbulenten Basar und einer herrlichen Sicht auf zwei Achttausender. S. 288

Paragliding Sarangkot ist der berühmte Startpunkt für Gleitschirmflieger, die sich beim „Parahawking" von Raubvögeln in die Aufwindströmungen dirigieren lassen. S. 303

Von Sarangkot nach Naudaada Anregende Wanderung über einen Bergrücken mit Blick auf das berühmte Annapurna-Massiv. S. 312

Tansen Eine aufregende Nebenstrecke führt aus dem Pokharatal in die geschäftige Marktstadt, die einen authentischen Blick in nepalesisches Leben gibt. S. 318

Rani Ghat Wunderbare Tageswanderung von Tansen zu einer romantischen Palastruine in der Kali-Gandaki-Schlucht. S. 323

Die Landschaften des westlichen Berglands stellen genau das dar, was man sich gemeinhin unter Nepal vorstellt: durch enge Schluchten tosendes Wasser, Dörfer, die an steilen Felsen kleben, terrassierte Felder in Höhenlagen, in denen Landwirtschaft fast unmöglich erscheint, und als Hintergrund die atemberaubend schönen Gebirgsketten des Himalaya.

Diese Region, die zu der bevölkerungsreichsten Nepals gehört, ist von den verschiedenen Gruppen geprägt, die dort beheimatet sind. Die Magar und Gurung bilden die augenfälligsten **ethnischen Gruppen**; sie leben in eigenen Dörfern oder Seite an Seite mit den Tamang, mit Hindus verschiedener Kasten, newarischen Kaufleuten und Tibetern. Sie sind traditionsbewusst, erdverbunden und relativ wohlhabend: Die Häuser sind ordentlich und geräumig, und die Frauen tragen den Goldschmuck der Familie zur Schau.

Die wichtigste Stadt im westlichen Bergland ist **Pokhara**, ein entspannter Fremdenverkehrsort am Ufer des Phewa Tal und Nepals größter Trekking-Treffpunkt – die Annapurna-Kette liegt unmittelbar nördlich des Orts. Außerdem werden hier Paragliding, Yoga und auch sonst alles Mögliche angeboten. Die meisten Besucher machen sich verständlicherweise direkt in die Berge auf, aber es lohnen auch die Abstecher zur historischen Bergfestung **Gorkha**, zum Pilgerort **Manakamana** und zum alten Marktflecken **Bandipur**. Von diesen drei Orten mit öffentlichen Bussen auf dem **Prithvi Highway** nach Pokhara weiterzufahren ist ebenfalls ein Erlebnis und angesichts der geringen Entfernungen leicht machbar. Jenseits von Pokhara gelangt man über den großartigen **Siddhartha Highway** in Richtung indische Grenze zur charmanten Stadt **Tansen**, die am südlichen Rand des Hügellands liegt. All diese Orte eignen sich wunderbar als Ausgangspunkt für **Tageswanderungen**.

Verwirrenderweise befindet sich das westliche Bergland in Wahrheit im geografischen Zentrum Nepals – es liegt lediglich westlich von Kathmandu. Die recht abgeschiedenen und armen Regionen weiter westlich werden zusammen mit den Gipfeln des Hochgebirges im Kapitel „Trekking" (S. 393) behandelt.

Auf dem Prithvi Highway nach Pokhara

Der **Prithvi Highway**, die Straße von Kathmandu nach Pokhara, bietet vielen Nepal-Besuchern den ersten Eindruck vom zentralen Bergland – ein fabelhafter Anblick, wenn auch durch ein Busfenster, das durch die Staub- und Abgaswolken des überladenden Lkws vor einem vernebelt ist. Wenn man sich dann durch den Einschnitt im Talrand bei **Thankot** aus dem Kathmandutal herausgequält hat, ist die schiere Größe und die Steilheit der vor einem aufragenden Berge wie ein Schock. Den zweiten Schock erhält man durch die offensichtliche Gefährlichkeit der Straße, die auf ihrer ersten Hälfte die Hauptverbindung zwischen Kathmandu und Indien darstellt. Zwar ist es die beste Straße des Landes, doch säumen den Straßenrand liegengebliebene Lkws und die Hinterlassenschaften von Unfällen. Die meisten Radfahrer lassen ihr Rad klugerweise auf dem Dach eines Busses transportieren.

Hinter Thankot beginnt die lange Serpentinenstrecke hinunter nach **Naubise**, wo der Tribhuvan Rajpath abzweigt, und trifft schon bald bei **Baireni** auf den **Trisuli**; Baireni ist einer von mehreren Startpunkten für Touren auf diesem beliebten Raftingfluss. Ab hier folgt die Straße zumeist dem Talgrund: Man kommt an filigranen Hängebrücken und abenteuerlichen Seilbrücken vorbei, und gelegentlich sind auf den Sandbänken Scheiterhaufen für Feuerbestattungen auszumachen. Im Flussbett stehen oft große Lastwagen, die zum Abtransport der Flusssteine benutzt werden; ganze Familien sind später damit beschäftigt, diese von Hand in Stücke zu schlagen, wofür sie rund US$2 pro Tag bekommen. Die Straße wird gesäumt von Reisterrassen und Zuckerrohrplantagen, auf denen Bauern vielleicht gerade mit dem Pflügen oder der Ernte beschäftigt sind. Die wenigen Waldstücke dienen als Futter- und Feuerholzquelle; außerdem ist hier der stattliche *simal* (Seidenwoll- oder Kapok-Baum) mit seinem symmetrischen Achswuchs zu sehen, der im frühen März voll roter Blüten hängt und im Mai baumwollähnliche Samen hervorbringt.

DAS WESTLICHE BERGLAND

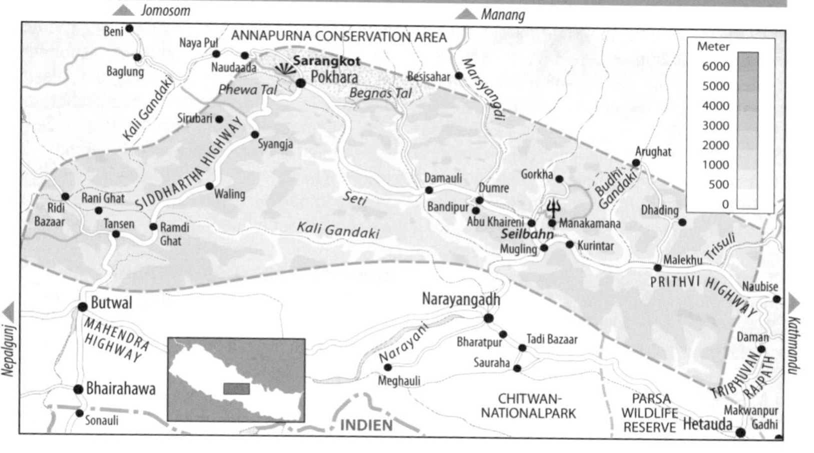

Die meisten Touristenbusse halten am Vormittag zum *daal bhaat*-Essen an schicken Resorts; Green-Lines-Busse halten beim **River Side Springs Resort** (S. 279), bei Weitem die schönste Unterkunft an der gesamten Straße. Öffentliche Busse verbringen ihre Mittagspause am Zusammenfluss von Trisuli und Marsyangdi in **Mugling**, einer unattraktiven Straßenkreuzung, die eigentlich nur zur Versorgung der Reisenden mit *daal bhaat* und der Lkw-Fahrer mit Prostituierten dient. Der Verkehr Richtung Terai biegt in Mugling nach Süden zum 34 km entfernten Narayangadh ab.

Hinter Mugling kreuzt der Prithvi Highway den Trisuli und folgt dem Lauf des Marsyangdi flussaufwärts, bis er nach 2 km das mächtige Turbinenhaus des **Marsyangdi-Wasserkraftwerks** erreicht. Die Straße nach Gorkha verlässt 7 km westlich von Mugling den Highway bei **Abu Khaireni**.

Dumre, 11 km weiter, ist wegen der zwei hier abzweigenden Nebenstraßen interessant: Die eine führt Richtung Norden nach Lamjungs Besisahar, dem Ausgangspunkt des Annapurna-Rundwegs (S. 419), die andere Richtung Süden nach Bandipur (S. 284).

Damauli, 8 km westlich von Dumre, sticht lediglich durch seine Lage oberhalb des Zusammenflusses von Madi und Seti heraus. Zu Ehren dieser Vereinigung steht ein Tempelkomplex etwas abseits der Straße. Links davon liegt **Byas Gupha**, eine Höhle, in der Byas (alias Vyasa), der Weise aus dem *Mahabharata*, zur Welt gekommen sein und gelebt haben soll.

Nachdem man den Madi überquert hat, geht es auf dem Prithvi Highway aufwärts und dann langsam hinunter in das breite Seti-Tal bis ins sich immer weiter ausbreitende Pokhara. Der **Begnas**- und der **Rupa-See** rechter Hand kurz vor Pokhara werden auf S. 316 beschrieben.

Manakamana

Jeder Nepalese ist einmal in Manakamana gewesen oder hofft zumindest, eines Tages dorthin zu kommen. Der attraktive Ort liegt hoch über dem Zusammenfluss des Trisuli und des Marsyangdi auf einem markanten Bergrücken und beherbergt Nepals berühmten „wunscherfüllenden" Tempel. Jedes Jahr kommen mehr als eine halbe Million Menschen hierher, wobei sich die etwas Wohlhabenderen die Vogelperspektive aus der schnellen **Seilbahn** gönnen. Sadhus, ärmere Pilger und der gelegentliche auf Besinnlichkeit erpichte Tourist schleppen sich den Wanderweg von Abu Khaireni auf der anderen Seite des Hügels hinauf. Wer im November oder Dezember hier ist, sollte auf jeden Fall ein paar der hiesigen berühmten Orangen probieren. Ihre grüne Schale ist kein Zeichen dafür, dass sie nicht reif sind, sondern in den Subtropen völlig normal: Orangen benötigen fast frostige Temperaturen, um die Farbe zu erhalten, die wir gewohnt sind.

Die Seilbahn

März–Sept tgl. 9–12, 13.30–17 Uhr, Okt–Feb tgl. 8–12, 13.30–17 Uhr ▪ hin und zurück US$15, Kinder US$10, Ziegen (einfach) Rs165 ▪ chitawoncoe.com

Die Manakamana-Seilbahn wurde 1998 für die damals gigantische Summe von US$7,5 Mio. fertig gestellt und ist nach wie vor die einzige in ganz Nepal – ein erster bescheidener Schritt eines Landes, das gerne zur Schweiz Asiens werden möchte. Ihr wirtschaftliches Überleben verdankt die Bahn nepalesischen Mittelschicht-Touristen und indischen Pilgern. Samstags ist aus religiösen Gründen am meisten los; dann ist mit langen Schlangen zu rechnen. Die Gondeln entsprechen dem modernen Standard internationaler Skigebiete, und die 2,8 km lange Strecke ist in zehn Minuten zurückgelegt – spannend, aber leider hat man so keine Zeit, die Aussicht zu genießen. Regelmäßig werden Sicherheitsüberprüfungen durchgeführt; am besten vergewissert man sich also vorher, ob die Bahn in Betrieb ist. Eventuelle Schließungen werden in der Presse angekündigt, und die meisten Gästehäuser wissen auch Bescheid.

Das Bergpanorama von Manakamana

Neben seinen Tempeln ist Manakamana auch berühmt für sein **Bergpanorama**: Von verschiedenen erhöht liegenden Punkten rund ums Dorf hat man einen eingeschränkten Blick vom Annapurna II und Lamjung Himal bis zum Peak 29 und Baudha des Manaslu Himal. Der nächstgelegene Aussichtspunkt befindet sich am New Bus Park, 15 Fußminuten bergan vom Tempel. Wem das nicht ausreicht, der wandert 45 Minuten weiter bergauf zu einem anderen Tempel, dem **Bakeshwar Mahadev Mandir**, und nochmals 15 Minuten zur **Lakhan Thapa Gupha**, einer heiligen Höhle nahe dem höchsten Punkt, wo sich in den klaren Morgenstunden eine unglaubliche Sicht bietet. Die Höhle wurde nach dem Gründer des Manakamana-Tempels benannt, einem königlichen Priester des 17. Jhs., dessen Nachkommen auch heute noch den obersten *pujari* stellen.

Manakamana-Devi-Tempel

Von der Seilbahnstation führt ein Pfad zwischen Ständen mit hinduistischen Souvenirs, Spielzeug und Snacks hindurch zum Platz mit dem berühmten Tempel **Manakamana Devi**, der von einer riesigen, heiligen Magnolie überragt wird, deren Blüten stark duften. Man sagt, dass die Göttin Bhagwati die Wünsche der Pilger erfüllt, die zu ihrem Schrein kommen. Sie ist besonders bei frisch verheirateten Paaren beliebt, die sich männliche Nachkommen wünschen. Besonders hübsch ist das abendliche *aarti*-Ritual (ezwa 18 Uhr): Dabei reichen die Priester unter den versammelten Pilgern als Segnung einen Teller mit Kerzen und Blumen herum, während gleichzeitig Glocken erklingen und Hymnen intoniert werden.

Am Samstagmorgen, wenn die meisten Pilger kommen, um ihre **Tieropfer** darzubringen, ist der Betrieb in der Stadt am größten. Die Einheimischen züchten Ziegen, Hühner und Tauben speziell dafür. Das Dasain-Fest (Sept/Okt) und das Nag Panchami-Fest (Juli/Aug) lassen die Besuchermenge noch weiter anwachsen.

ÜBERNACHTUNG

In Manakamana haben sich dutzende Lodges auf das Geschäft mit den Pilgern spezialisiert. Es dürfte nicht schwierig sein, ein Zimmer zu bekommen – außer vielleicht Fr und Sa, dann können sich die Preise fast verdoppeln. Unterkünfte gezielt für westliche Touristen gibt es kaum.

Manakamana Inn, Manakamana Hill Station-3, Gorkha, ✆ 064-460105 oder ✆ 984-6068548.

Nur 50 m unterhalb des Tempels und über einem Souvenirgeschäft – es kann hier also laut werden. Die einfachen Zimmer sind jedoch gut eingerichtet, und die Betreiber sind freundlich. Rs500, Fr/Sa Rs800

River Side Springs Resort, Kurintar, 3 km östlich von der Talstation der Manakamana-Seilbahn und auf halber Strecke zwischen Kathmandu und Pokhara, ✆ 056-540129, 💻 rsr.com.np. Ansprechendes Resort mit eigenem großem, mit Quellwasser gespeistem Pool (Mi geschl.), netten Reetdachhütten und einer Reihe Zelte direkt am Trisuli. Zelte US$30, Hütten US$75

Sunrise Home, Manakamana Hill Station-3, Gorkha, ✆ 064-460055 oder ✆ 985-6030845, ✉ hotelsunrisehome@hotmail.com. Das beste Hotel im Dorf, in guter Lage 300 m oberhalb der Seilbahnstation und nur 100 m unterhalb des Tempels. Die Zimmer sind hell und groß, mit sauberen Decken und sauberer Bettwäsche sowie schicker, wenn auch etwas greller Farbgestaltung und TV – allerdings verfügen nur 2 Zimmer über eigene westliche Toiletten. Rs700, Fr/Sa Rs1000

ESSEN

Die Hotels im Ort (s. o.) bieten gutes *daal bhaat* (etwa Rs250) und indisches Essen, und im Dorf selbst gibt es zahlreiche billige nepalesische *bhojanalayas* und auf vegetarisches indisches Essen spezialisierte Marwadi-Restaurants.

Manakamana Café, Talstation der Manakamana-Seilbahn, bei Kurintar, ✆ 064-460044. Dies ist das große offizielle Seilbahnrestaurant mit Architektur im traditionellen Stil und Cafeteria-Ambiente. Hier gibt es das umfassendste Angebot an Speisen in der Gegend, von *chow mein* bis zu Hamburgern und natürlich *daal bhaat* (Rs230). Ob es ein Steak (Rs325) oder eine *masala dosa* (Rs150) sein soll – hier wird man fündig.

Mausam Restaurant, 150 m unterhalb des Tempels. Nicht weit vom Monsoon und mit sehr ähnlichem Angebot: Dieses Gartenrestaurant hat zwar keine Orangenbäume, dafür aber einen hübschen Blick ins Tal. Angeboten werden die üblichen recht einfachen westlichen und indischen Gerichte sowie ein gutes *daal bhaat* (vegetarisch Rs150, mit Huhn Rs200).

Monsoon Restaurant, 150 m unterhalb des Tempels. Ein hübsches Plätzchen für ein Mittagessen, mit strohgedeckten Hütten inmitten von Blumengärten in einer Orangenplantage. Im Angebot sind zumeist kleine Gerichte wie Pommes, Suppen, *momos* und *pakoras*, aber es gibt auch ein gutes Eier-*biryani* (Rs80), gebratenen Reis (ab Rs80) und ein großzügig bemessenes *daal bhaat* mit Huhn (Rs220).

TRANSPORT

Touristenbusse und auch alle anderen **Busse**, die zwischen Kathmandu und Pokhara auf dem Prithvi Highway verkehren, halten an der Talstation der Seilbahn; von beiden Städten dauert die Fahrt hierher drei Stunden. Wer nicht mit der Seilbahn fahren möchte: Nahverkehrsbusse nach Manakamana fahren von ABU KHAIRENI, einem geschäftigen Ort am Prithvi Highway an dessen Kreuzung mit der Straße nach Gorkha am Marsyangdi Khola. Die sehr steile, landschaftlich reizvolle, aber furchtbar langsame Fahrt hinauf dauert bis zu zwei Stunden; nach 7 km biegen die Busse beim Dorf Syauli von der Gorkha-Straße ab, und hier beginnt der 14,5 km lange Aufstieg nach Manakamana. Oben halten die Busse am Straßenrand, 15 Gehminuten unterhalb des Haupttempels.

Für die **Weiterfahrt** von Manakamana nach KATHMANDU oder POKHARA (jeweils 3 Std.) nimmt man an der Talstation der Seilbahn oder in Abu Khaireni einfach einen der auf dem Prithvi Highway verkehrenden Busse.

Sammeljeeps fahren von der Seilbahnstation und ab Abu Khaireni; die einfache Fahrt kostet Rs400 p. P. und dauert weniger als eine Stunde.

Die auf dem Prithvi Highway verkehrenden Busse lassen ihre Passagiere an der Abzweigung zur Talstation der **Seilbahn** aussteigen; die Abzweigung erkennt man an einem großen Ziegelsteinbogen direkt am Highway auf halber Strecke zwischen Kurintar und Mugling.

Von Abu Khaireni dauert die **Wanderung** hinauf nach Manakamana rund drei Stunden – dies ist die beliebteste Pilgerroute. Der breite Pfad beginnt beim Fluss Dharaundi Khola und steigt nicht überaus steil, aber stetig an und überwindet dabei einen Höhenunterschied von 1000 m. Von Gorkha nach Manakamana führt eine etwas anspruchsvollere Wanderung (4 Std.) über den alten Trägerpfad, der sich vom Bakeshwar Mahadev Mandir in nördlicher Richtung auf dem Gebirgskamm entlangzieht.

6 HIGHLIGHT

Gorkha

Trotz seiner Rolle als **Wiege der Nation** wirkt Gorkha erstaunlich untouristisch. Die Halbtagesreise von Pokhara, Kathmandu oder Chitwan ist wegen der 24 km langen, ausgebauten Strecke von Abu Khaireni ein relativ harmloses Unterfangen. Natürlich ist man sich in Gorkha des touristischen Potenzials bewusst, und die Regierung hat die bedeutendsten Baudenkmäler fein herausgeputzt. Die Unterstadt hat jedoch nach wie vor ihren gewöhnlichen Marktcharakter.

Gorkha ist die angestammte Heimat der nepalesischen Königsfamilie und spielte in der Geschichte des Landes eine Schlüsselrolle. Das Bindeglied zur glorreichen Vergangenheit erhebt sich hoch über dem Bazaar auf den Felsen: Der **Gorkha Durbar**, ein architektonisches Meisterwerk, offenbart, wie prachtvoll die Gorkha-Fürsten lebten und wie herrlich sie ihre Dynastie nach außen darstellten. Wer nicht gerade zu einem Trek aufbricht oder von einem zurückkommt, sollte mindestens eine Nacht in diesem Ort bleiben. Allein im Königspalast und in seiner nächsten Umgebung lässt sich ohne Weiteres ein ganzer Tag verbringen. Und Wanderungen füllen problemlos weitere Tage.

Geschichte

Eigentlich ist die Geschichte Gorkhas gar nicht die Geschichte der Stadt selbst. Der einst kleine mittelalterliche Gebirgsstaat wurde von Fremden erobert, in eine Art Sparta des Himalaya verwandelt und zum Stützpunkt für ihren verbissenen Kampf gegen Kathmandu gemacht. Nachdem dieses Ziel erreicht war, verließen die Eindringlinge Gorkha, und die Stadt fiel wieder in die Bedeutungslosigkeit zurück. Doch während jener zwei Jahrhunderte der Fremdherrschaft brachte Gorkha Nepals berühmtesten Sohn, **Prithvi Narayan Shah**, hervor, und erweckte in ihm jene Kühnheit, die ihn zum Eroberer ganz Nepals werden ließ.

Prithvi Narayans Vorfahren kamen Mitte des 16. Jhs. nach Gorkha. Sie waren von moslemischen Eroberern aus ihrer Heimat Rajasthan vertrieben worden, und bald eilte ihnen der Ruf einer ausgesprochen zielstrebigen und kriegerischen Horde voraus. Sein Vater startete den ersten erfolglosen Angriff auf das Kathmandutal zu Beginn des 18. Jhs., und als Prithvi Narayan im Jahr 1743 im Alter von 20 Jahren den Thron bestieg, war er genauso besessen wie sein Vater, und setzte alles daran, dessen begonnenes Unterfangen erfolgreich zu Ende zu führen. Innerhalb eines Jahres führte er Gorkha in einen Expansionskrieg, der damit endete, dass das gesamte Territorium des heutigen Nepal mit einigen indischen und tibetischen Regionen zu einem einzigen Staat zusammengefasst wurde.

Wenn man die mageren Terrassen des heutigen Gorkha betrachtet, wird einem klar, wie schwer es gewesen sein muss, eine ganze Armee 27 Jahre lang zu verpflegen und mit allem Notwendigen zu versorgen. Die zähen Bauern von Gorkha haben wenig mehr als ein Händeschütteln für ihre Bemühungen bekommen. Nachdem Prithvi Narayan das Tal 1769 erobert hatte, verlegte er seine Hauptstadt ins strahlendere Kathmandu und degradierte Gorkha zu einer Garnisonsstadt, von der aus die späteren, nach Westen gerichteten Feldzüge geleitet wurden. Im Verlauf des frühen 19. Jhs. geriet Gorkha immer mehr in Vergessenheit – obwohl der Name „**Gurkha**", trotz der Abweichung von der originalen Schreibweise, weltweit zu einem Begriff geworden war.

Gorkha Bazaar

Gorkha Bazaar, der moderne Teil des Orts, liegt auf einer Felsnase unterhalb eines steilen Berg-

Gorkha

0 ca. 250 m

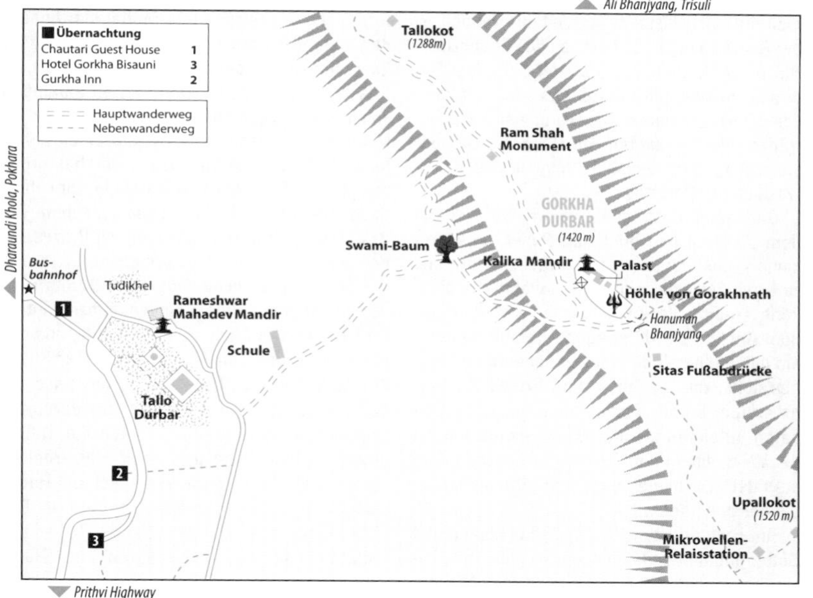

kamms und besteht mehr oder weniger nur aus zwei parallel verlaufenden Gassen beiderseits des Tallo Durbar (Unterer Palast). Die meisten Läden hier verkaufen das übliche Sammelsurium an Artikeln; interessant sind jedoch die Juweliere, die schwere Goldohrringe und *tilari* (Halsketten mit verziertem Goldröhrchen) verkaufen. Der bescheidene *tudikhel* (Paradeplatz) von Gorkha erstreckt sich bei einem kleinen Tempelbezirk. Bei der vergoldeten Figur, die auf einer Säule gegenüber dem zwiebelbetürmten **Rameshwar Mahadev Mandir** kniet, handelt es sich um Prithvi Pati Shah, den Großvater von Prithvi Narayan Shah; er begründete die meisten der auch heute noch genutzten Tempel und Schreine im Ort.

Rund um den Tallo Durbar

⌚ Mo und Mi–So 10–15.30 Uhr ▪ Eintritt Rs50, Kamera Rs200

Der stattliche **Tallo Durbar** hat seine Wurzeln in der Mitte des 18. Jhs.; was man heute hier sieht, stammt jedoch zum größten Teil aus dem 19. Jh. und diente dem Königreich als Verwaltungszentrum, während der Obere Palast König und Hofstaat beherbergte. Heute erinnert er als Museum an die Shah-Dynastie bis zu Prithvi Narayan und darüber hinaus. Die Sammlung umfasst Gemälde historischer Szenen, Musikinstrumente, alte Münzen, Maße und Gewichte sowie Waffen, darunter am Eingang eine große Kanone aus dem 18. Jh. Am interessantesten ist es jedoch, einfach durch den Palast und die Gartenanlagen zu spazieren.

Der Durbar von Gorkha

⌚ Nov–Jan tgl. 7–17 Uhr, Feb–Okt tgl. 6–18 Uhr ▪ Eintritt Rs50, Kamera Rs200

Der 300 Höhenmeter überwindende, eine halbe Stunde dauernde Aufstieg über eine steile

Steintreppe zum **Durbar von Gorkha** beginnt am Pokharithok, einer Abzweigung östlich des Tallo Durbar. Mit einem Allradfahrzeug kann man den größten Teil des Wegs hinauffahren, indem man auf der Westseite herumfährt, jedoch ist der Spaziergang hinauf ein Teil des Erlebnisses. Bei einer Birkenfeige teilt sich der Weg: Der direkteste Weg führt durch das alte, nett ländliche Dorf steil hinauf; hier kann man kalte Getränke und Tee kaufen. Der längere, weniger steile Weg führt zu einem Kamm ein Stückchen westlich des Palastes.

Die beiden Palastgebäude erheben sich auf dem steilsten und höchsten Punkt des Bergkamms, gestützt durch dicke Steinmauern und zu erreichen über eine lange, wahrhaft königliche Treppe. Vasallen müssen sich bei seinem Anblick als Unterlegene gefühlt haben – ein gelungener Trick eines unbedeutenden Königreichs, das zu Zeiten von Prithvi Narayans erstem Eroberungsversuch kaum 150 Soldaten aufbieten konnte. Man gelangt nur auf der Westseite in den Durbar – über einen Weg links der Stützmauer. Besucher dürfen kein Leder bei sich tragen.

Die Festung ist als Wohnsitz für Könige und Götter gedacht und damit ein religiöser Ort. Zuerst besucht man den wichtigen **Kalika Mandir**, der die linke (westliche) Hälfte des Durbar einnimmt. Er darf ausschließlich von Priestern betreten werden – andere Besucher würden, nach Aussage der Priester, beim Anblick von Kalis schrecklichem Gesicht sterben. In der Nische vor dem Eingang wird täglich außer an **Ekadasi** (alle 14 Tage nach dem Mondkalender) geopfert. Nach den zweimal im Monat stattfindenden **Astami-Feiern**, die in Gorkha besonders überschwänglich begangen werden, kleben die Pflastersteine vor Blut. Die meisten Gläubigen kommen mit einer zitternden Ziege oder einem Huhn und verlassen den Ort mit einem kopflosen Kadaver. Chaitra Dasain, Gorkhas größtes, jährlich Ende März oder Anfang April stattfindendes **Fest** wird, ebenso wie der zehnte Tag des Monats Dasain im Oktober, mit Prozessionen und noch mehr Tieropfern gefeiert.

Der rechte (östliche) Flügel des Durbar wird vom historischen **Palast** eingenommen, in dem **Prithvi Narayan Shah** geboren wurde, und der in einem Anbau den Ahnenschrein der Shah-Könige beherbergt. Obwohl der Palast aus der Zeit vor der Eroberung Kathmandus durch die Gorkha-Herrscher stammt, tragen die außergewöhnlichen Ziegelstein- und Holzarbeiten aus dem 18. Jh. unmissverständlich die Handschrift der newarischen Kunsthandwerker. Besucher können durch das Gitter der Tür an der Ostfassade den angeblichen **Thron** Prithvi Narayans sehen.

Der restliche Teil der Festung ist mit Hindu-Heiligtümern übersät. Am Ostausgang liegt ein kleiner Tempel, der um die heilige **Höhle von Go-**

Wanderungen rund um Gorkha

Das naheliegendste Ziel von Gorkha ist **Manakamana** (S. 277). Da es inzwischen eine neue Straße gibt, gerät der alte Wanderpfad etwas in Vergessenheit, aber man kann ihn immer noch finden. Die Wanderung beginnt an einer unbefestigten Seitenstraße, die von der Hauptstraße nach Gorkha etwa 7 km unterhalb der Stadt abzweigt, und dauert vier Stunden bis Manakamana. Wenn man per Seilbahn und Bus zurückkehrt, ist die Tour leicht innerhalb eines Tages zu bewältigen.
Wer länger wandern möchte, nimmt den Höhenpfad über den **Hanuman Bhanjyang** – dies ist der traditionelle Beginn des Manaslu Circuit. Vom kleinen Pass geht man etwa anderthalb Stunden hinunter zum **Ali Bhanjyang** (wo man Tee und Snacks bekommt); von hier kann man einem Bergkamm, von dem man eine herrliche Aussicht hat, hinauf bis nach **Khanchok** (etwa 2 1/2 Std.) folgen. Hier könnte man den Tag beschließen. Wer frühzeitig aufgebrochen ist, kann auch weiter zu den subtropischen Ufern des Budhi Gandaki in **Arughat** wandern, das einen langen Tagesmarsch (20 km) von Gorkha entfernt ist. Bis hierher hat man ein Drittel der Strecke nach Trisuli zurückgelegt. Eine holprige Straße verbindet Arughat inzwischen mit dem Ort **Dhading**; von dort führt eine befestigte Straße ins 21 km entfernte Malekhu am Prithvi Highway.

Warum Prithvi Narayan nicht die Welt eroberte

Prithvi Narayan soll als junger Mann den Guru um Erfolg angebetet haben. Daraufhin ist ihm im Traum (einige behaupten, es geschah wirklich – und zwar an genau diesem Ort) ein alter Mann erschienen, der dem jungen Prinzen eine Schale mit Weißkäse anbot. Hochmütig ließ Prithvi Narayan die Schale zu seinen Füßen fallen (es kursiert auch die Meinung, das Ganze sei aus Versehen passiert), woraufhin Gorakhnath sich selbst zu erkennen gab und sagte, der zukünftige König werde alles erobern, auf das er seinen Fuß setze. Hätte er jedoch den Käse angenommen und gegessen, so hielt ihm der Guru vor, würde er die ganze Welt erobert haben.

rakhnath erbaut wurde, dem Zentrum der Anbetung des geheimnisvollen indischen Gurus, der Gorkha seinen Namen gab und der bei den Shah-Königen als eine Art Schutzengel gilt.

Die Sadhus der Gorakhnath-Sekte heißen *kaanphata* („Schlitz-Ohren"), nach einer Initiationszeremonie, bei der ihnen Stäbchen in die Ohrläppchen gesteckt werden. Im Vergleich zu anderen Ritualen, die sie im Namen ihres Gurus vollziehen, gehört dieses allerdings noch zu den harmloseren. *Kaanphata*-Priester teilen manchmal an der Schutzhütte oberhalb der Höhle graue *tika* aus.

Gorakhnaths Fußabdrücke

Die Aussicht vom Durbar ist schön, doch noch beeindruckender wird es, wenn man das Areal durch den Osteingang verlässt und ein paar Meter zum **Hanuman Bhanjyang** (Hanuman-Pass), einer kleinen Senke im Bergrücken, hinuntersteigt. Der Pass verdankt seinen Namen dem mächtigen Affenkönig, dessen Bild über dem beliebten schattigen Rastplatz wacht. Man überquert den Hauptweg (ein Teilstück der alten Trägerstrecke von Pokhara nach Trisuli) und folgt einem steilen Pfad, bis man nach einigen Minuten einen wunderschönen Aussichtspunkt erreicht. Hier kann man in steinerne **„Fußabdrücke"** treten (die verschiedenen Heiligen zugesprochen werden, darunter Ram, Gorakhnath und sogar – von Seiten der Buddhisten – Padmasambhava) und, sofern das Wetter es zulässt, Bilder des Durbar und der Berge im Norden schießen.

Der Blick auf den Himalaya reicht von den Gipfeln des Annapurna (einschließlich des Dhaulagiri, der sich von hier aus gesehen rechts vom Annapurna I und Machhapuchhre befindet) bis zum Ganesh Himal, mit den Pyramiden des Baudha und des Himalchuli in der Mitte. Man sollte früh da sein, um den Sonnenaufgang zu erleben.

Aussichtspunkte Upallokot und Tallokot

Vom Hanuman Bhanjyang aus braucht man eine halbe Stunde zum **Upallokot** (obere Festung – heute allerdings kaum mehr als eine Hütte), der wie ein Horst in 1520 m Höhe auf dem höchsten, östlichsten Punkt des Bergkamms liegt. Der Weg dorthin führt unter Umständen durch eine eingezäunte Mikrowellen-Relaisstation.

An dem anderen, westlichen Ende des Bergkamms steht **Tallokot**, ein weiterer Beobachtungsposten mit begrenzter Sicht. Vom Durbar aus führt ein kurzer Spaziergang vorbei an einem kleinen Ganesh-Schrein und einem neuen Monument zu Ehren von **Ram Shah** dorthin. Ram Shah lebte sieben Generationen vor Prithvi Narayan Shah und gilt als Begründer der Shah-Dynastie. Der Blick von diesem Denkmal ist wunderschön.

ÜBERNACHTUNG UND ESSEN

In Gorkha gibt es nur wenige Übernachtungsmöglichkeiten. Ein gutes Hotel und eine Budgetunterkunft sind um Längen besser als ihre (wenigen) Rivalen. Diese beiden stellen gleichzeitig die besten Speisemöglichkeiten dar.

Chautari Guest House, Naya Bazaar, ✆ 064-420791 oder ✆ 985-6029856. Das beste der Ansammlung von billigen, meist schmuddeligen Gästehäuser – in denen es überall günstiges *daal bhaat* gibt – an der schäbigen Straße, die vom Bus Park Richtung Westen führt. Ohne Bad Rs200, mit Bad Rs400

Hotel Gorkha Bisauni, Gorkha Bazaar, ✆ 064-420107, 💻 hotelgorkhabisauni.com. Der dank gepflegter Terrassen an der Straße und einem herzlichen Empfang durch einen uniformierten Ex-Gurkha gute erste Eindruck wird durch schäbige, heruntergekommene Zimmer wieder zunichte gemacht – besser sind lediglich 2 oder 3 der größeren Zimmer nach vorne raus. Ohne Bad Rs400, mit Bad Rs1000

Gurkha Inn, Pokharithok, ☏ 064-420206 oder ☏ 984-6098375, 🖳 gurkhainn.com.np. Die beste Unterkunft des Orts: Sie kehrt der Straße den Rücken zu, so dass die Balkone auf einen reizenden Garten hinausgehen und einen schönen Ausblick aufweisen. Die adretten Zimmer warten mit netten Details wie bemalten Holzbalken und tibetischen Teppichen auf. Freundliches und hilfsbereites Personal sowie eine gute Speisekarte (vegetarisches *thukpa* Rs150). US$40

SONSTIGES

Die **Manaslu Bikas Bank** beim Busbahnhof an der Hauptstraße hat einen Geldautomaten und tauscht Geld um.

TRANSPORT

Von Pokhara oder Kathmandu nach Gorkha nimmt man am einfachsten einen **Touristenbus** bis Abu Khaireni und fährt von dort aus mit einem Nahverkehrsbus (alle 30 Min., 30–45 Min.) weiter. Direkte Bus-, Minibus- und Microbuslinien verbinden Gorkha mit KATHMANDU (alle 30 Min., 4–6 Std.) – die Minibusse sind schneller als die großen Busse und sicherer als die Microbusse. Minibusse verbinden Gorkha mit POKHARA (3x tgl., 4–5 Std.); Abfahrt ist in beiden Richtungen morgens. Alle Busse fahren zum bescheidenen Busbahnhof westlich des Markts in Gorkha.

Wer mit dem **Fahrrad** unterwegs ist, darf nicht vergessen, dass zwischen Abu Khaireni und Gorkha ein Höhenunterschied von 900 m zu überwinden ist und dass die Straße gegen Ende zu immer steiler wird.

Bandipur

Der kleine Marktort **Bandipur** klammert sich unterhalb steil aufragender Kalksteinfelsen an einen Gebirgskamm und beeindruckt mit umwerfenden Ausblicken auf den Himalaya. Bandipur war einst ein einfaches Magar-Dorf, wurde dann im 19. Jh. von Newar aus Bhaktapur besiedelt und entwickelte sich zu einem wohlhabenden Zentrum für die Stoffherstellung sowie zu einem Handelsposten an der Route von Indien nach Tibet. Durch die Ausrottung der Malaria im Terai in den 1950er-Jahren und die Fertigstellung des Prithvi Highway 1973 verlor Bandipur jedoch stark an Bedeutung. Heute besteht der Ort aus wenig mehr als einer einzigen, verschlafenen Hauptstraße, auf der Kinder spielen und Einheimische in aller Ruhe importierte Waren verkaufen. Doch die Gebäude des 19. Jhs. mit ihren stattlichen klassizistischen Fassaden und ihren Fensterläden zeugen von der ruhmreichen Vergangenheit, und der Tourismus sorgt für einen neuen Mini-Boom – der Ort hat sich zu einem beliebten Touristenstopp zwischen Kathmandu und Pokhara gemausert, und es gibt zahlreiche **Boutiquehotels** und **Privatunterkünfte**.

Bandipur Bazaar

Alle Fahrzeuge halten am staubigen Bus Park am westlichen Ende des Orts; die Bemühungen darum, den Verkehr von der Hauptstraße wegzuhalten, scheinen jetzt erfolgreich gewesen zu sein, denn er fließt jetzt über eine wenig benutzte unbefestigte Straße 200 m unterhalb auf der Nordseite des Orts. Bandipurs eigentlicher **Basar** ist eine hübsch mit Steinen gepflasterte lange Straße, die sich in typischer Newar-Manier auf dem Bergkamm grob in ostwestlicher Richtung erstreckt. Am östlichen Ende stehen die elegant verzierte Padma-Bibliothek, ein ehemaliger *pati* (Schutzhütte), der heute als Gemeindezentrum dient, und der eher kleine **Bhindebasini Mandir**.

Die Tempel

Mehrere Tempel und Schreine umgeben den Basarbereich. Der größte, der **Khadga Devi Mandir**, den man über die Stufen am nördlichen Ende der Hauptstraße erreicht, beherbergt ein heiliges Schwert, das der Gott Shiva selbst dem Magar-König Mukunda Sen von Palpa, der im 16. Jh. über diesen Teil Nepals herrschte, übergeben haben soll. Es wird am siebten Tag des Monats Dasain zur Schau gestellt, allerdings in Stoff gewickelt, weil nach Überzeugung der Einheimischen der Anblick seiner Klinge den sofortigen Tod bedeutet. Die kleine Pagode des **Mahalaxmi Mandir**, der über eine Treppe hinter dem Informationszentrum (S. 287) zu erreichen ist, beherbergt einige schön verzierte Dachstreben. Eine dritte heilige Stätte liegt zehn Fußminuten östlich des Basars (hinter der Bibliothek die rechte Abzweigung nehmen): In **Tin Dhara** ergießt sich aus drei schlangenförmigen Wasserspeiern Wasser auf glatte Steinplatten. Hier kann man bestens seine Sachen waschen, und die Einheimischen leihen einem gerne etwas Seife.

Der Tudikhel

Der eindrucksvollste Ort auf dem Kamm unmittelbar nördlich des Basars ist der *tudikhel*, der ehemalige Exerzierplatz, auf dem heute Kinder Fußball spielen und Politiker Veranstaltungen abhalten. Er thront 500 m von der Hauptstraße entfernt – hinter den Stufen zum Khadga Devi Mandir weitergehen – auf einem Felsvorsprung mit senkrecht abfallender Nord- und Ostseite; auf der Westseite spenden Feigen und *chautaaras* Schatten. Der Blick nach Norden ist überwältigend: Wie auf einer Landkarte sieht man die erste Hälfte des Annapurna-Rundwegs mit dem Marsyangdi-Tal im Vordergrund und den Annapurna- und Manaslu-Gebirgsmassiven dahinter.

Gurungche Daada

Der steilste der Kalksteinberge um Bandipur ist der Gurungche Daada, der sich westlich des Basars gen Himmel reckt. Hinauf zum Berggrat und über ihn hinweg führt ein guter, aber zuweilen schwindelerregender Pfad. Bis zum von Bäumen umstandenen Schrein von **Thani Mai**, Khadga Devis „Schwester", dauert es etwa 20 Minuten. Der Schrein besteht aus wenig mehr als einem Betonschutzraum mit unheimlichen animistischen Stofffetzen, die Ausblicke nach Norden auf die Gipfel des Himalaya sind jedoch herrlich.

Siddha Gupha

🕒 tgl. 8–17 Uhr ▪ Eintritt Rs50

Die größte Höhle Nepals, **Siddha Gupha**, wurde erstaunlicherweise erst 1987 entdeckt. Sie ist 10 m breit, 400 m lang und voller Stalaktiten – von der großen Zahl von Fledermäusen ganz

Beliebter Stopp zwischen Kathmandu und Pokhara: Bandipur

zu schweigen. Taschenlampe nicht vergessen, und es ist hier kalt, also einen Pullover mitnehmen! Außerdem sei darauf hingewiesen, dass es keine Handläufe gibt. Vor Ort kann man Führer mieten (etwa Rs100) oder sich einen aus dem Gästehaus mitbringen, der dann auch dabei hilft, den Weg zu finden, da manchmal die Schilder verschwinden. Von Bandipur dauert es etwa anderthalb Stunden hinunter zur Höhle, oder man steigt von Bimalnagar am Prithvi Highway, 1 km östlich von Dumre, in etwa einer halben Stunde hoch zu ihr.

Ganz in der Nähe zieht ein 70 m langer senkrechter bis überhängender Abschnitt der als **Chun Pahara** bekannten Kalksteinklippe Felskletterer an. Man muss seine eigene Ausrüstung mitbringen, aber vielleicht findet man in Bimalnagar Kletterfans, die einem die Routen zeigen – am besten fragt man im Helen and Rocky Land Restaurant and Lodge, ✆ 065-580155 oder ✆ 984-6028298, nach Lal Kumar Shrestha. Höhlenfreunde sollte von Siddha Gupha zwei Stunden weiter zur **Patale Dvar** („Tor zum Paradies") wandern. Diese ist zwar nicht so eindrucksvoll wie die Haupthöhle, jedoch sollen beim Betreten alle Sünden abgewaschen werden.

Wanderungen nach und um Bandipur

Der **historische Pfad** nach Bandipur wurde in einem Gedicht von König Mahendra verewigt, der darauf hinwies, wie lang und steil er war. Die Wanderung dauert zwei bis drei Stunden, beginnt 500 m östlich der Hauptkreuzung von Dumre und führt durch schattigen Wald vorbei an Unterständen und Brunnen den Berg hinauf. Der Pfad endet am *tudikhel* (in umgekehrter Richtung geht der Pfad links der Baumreihe auf dem Platz ab, wenn man vom Basar her kommt). Ein weiterer Weg beginnt bei Bimalnagar am Prithvi Highway, 1 km östlich von Dumre, und führt nach etwa einer halben Stunde am Siddha-Gupha-Höhlenkomplex (S. 285) vorbei.

Die hübsche, landwirtschaftlich genutzte Umgebung und die traditionellen Dörfer der Magar sind bestens geeignet für längere Wanderungen und eine lohnenswerte Alternative zur Abreise mit dem Bus. Besonders malerisch ist das Magar-Dorf **Rankot** zwei Wanderstunden von Bandipur, mit seinen Häusern mit Holzbalkonen und sogar einigen wenigen seltenen strohgedeckten Rundhäusern. Man kann dann weiter an der Pilgerstätte Chabda Barahi Mandir (2 Std. von Rankot) vorbei nach **Damauli** wandern, unterwegs mit Panoramablick auf die Annapurna-Gipfel vom Bergkamm; die letzte Stunde nach Damauli verläuft über eine befestigte Straße.

ÜBERNACHTUNG

Bandipur Guest House, Bandipur Bazaar, ✆ 065-520041 oder ✆ 984-6067421. Das Budget-Gästehaus in einem der alten klassizistischen Herrenhäuser am Westende des Basars ist drinnen überraschend klein und vollkommen traditionell – mit kleinen Türen und Fenstern, Linoleumböden und einem einfachen Gemeinschaftsduschraum. Der Empfang ist jedoch ehrlich freundlich, und das Essen (S. 287) ist gut. Rs350

Bandipur Mountain Resort, am Nordende des *tudikhel*, ✆ 065-690024 oder ✆ 01-4220162, 💻 islandjungleresort.com. Großer Komplex mit 3 Betongebäuden am schönen Nordende des *tudikhel*. Das Resort ist v. a. auf Gruppen ausgerichtet, jedoch locken die friedliche Lage und die umwerfenden Ausblicke die Abhänge hinunter Richtung Norden auf die Berge auch Einzelreisende an. Die Zimmer sind groß und recht schick, es mangelt ihnen aber an Flair. US$50

Gaun Ghar, Bandipur Bazaar, ✆ 065-520129 oder ✆ 01-4226130, 💻 gaunghar.com. Das edelste Boutiquehotel im Ort bietet in allen möglichen Ecken eines wundervoll restaurierten Stadthauses insgesamt 15 Zimmer. Dunkles, beschnitztes Holz, Messingwaschbecken, Kunstwerke und gedämpftes Licht zeichnen das Haus aus, und es gibt sogar einen Karpfenteich. Der Service ist professionell, daher fehlt ihm der nepalesische Touch. US$175

Kriti Home, Bandipur Bazaar, ✆ 065-520107 oder ✆ 984-6087378. Dieses Wohnhaus einer Familie oberhalb eines Gemischtwarenladens im Hauptbasar verfügt nach vorne raus über zwei einfache Gästezimmer. Herzlicher Empfang, warmes Wasser (meistens) und hervorragendes *daal bhaat*. Ohne Bad Rs400, mit Bad Rs600

Old Inn, Bandipur Bazaar, ✆ 065-520110 oder 01-4700426, 💻 himalayan encounters.com. Die romantische Herberge am Ostende des Basars, erstklassig geführt vom Reiseveranstalter Himalayan Encounters, hat wunderbar stimmungsvolle Zimmer mit traditionellen Balken, Schieferböden und kleinen Balkonen. Das Gartenrestaurant, in dem abends Kerzen für eine schöne Stimmung sorgen, hat einen Blick auf die Berge. Vollpension (z. B. ausgezeichnetes *daal bhaat*), Transport und Führerhonorare sind im Preis enthalten. Auch können günstige Privatunterkünfte, Freiwilligenarbeit und Wanderungen arrangiert werden. US$80

Pradhan's Family Guesthouse and Culture Bar, Bandipur Bazaar, ✆ 065-520106, ✉ bais gurung@yahoo.com. Einfaches Haus mitten im Basar mit günstigen Zimmern, die hier und da im Stil eines Boutiquehotels daherkommen, mit einigen beschnitzten Türen und Balken, frischen Linoleumböden und einem recht guten Dusch- und Toilettenhaus, das von der Terrasse hinterm Haus zu erreichen ist. Rs600

ESSEN

Bandipur Guest House, Bandipur Bazaar, ✆ 065-520041 oder ✆ 984-6067421. In dem kleinen Erdgeschoss-Restaurant kommen gute newarische und nepalesische Speisen auf den Tisch – alles von fleischlastigem newarischem Fingerfood (Rs100–200) bis zum vollständigen *daal bhaat* (Rs300). Interessant ist auch das kräftige *jhwai khatte*, ein warmes Hirsebier mit Butterschmalz und Honig.

Ke Garne Café, gegenüber dem Old Inn, Bandipur Bazaar. Reizendes Café mit einem halboffenen Balkon auf der sonnigen Südseite des Dorfs, mit Blick hinüber nach Rani Ban. Hier gibt's Kaffee, Getränke und ein paar einfache Speisen, vom guten Frühstück (Rs300) bis zu Sandwiches (etwa Rs150) und Brathühnchen (Rs400).

INFORMATION

Neben der Bibliothek gibt's ein kleines **Informationszentrum**, 💻 bandipurtourism.com, das bei Tageslicht meistens, wenn auch unregelmäßig, geöffnet ist. Hier sind Infos zu Sehenswürdigkeiten in der Umgebung erhältlich wie etwa zur Seidenraupenzucht eine halbe Fußstunde vom Ort.

TRANSPORT

Von Pokhara, Kathmandu oder Narayangadh kann man jeden **Bus** nehmen, der den Prithvi Highway entlangfährt, in Dumre aussteigen und von dort mit einem der überfüllten Jeeps oder Minibusse weiterfahren. Die teureren Hotels holen Gäste mit Zimmerreservierung sogar an der Abzweigung von der Hauptstraße ab und bieten Transfers.

Manakamana und Gorkha liegen nur eine Stunde entfernt. Bei der Weiterreise von Bandipur kann man entweder zu Fuß hinunter nach Dumre gehen oder ein Sammeltaxi oder einen Microbus nehmen. Von Dumre fahren Sammeljeeps und Microbusse nach POKHARA (1 1/2 Std.) und KATHMANDU (3–5 Std.).

Pokhara

Der Himalaya ist dasjenige Gebirge der Welt, dessen Massive aus subtropischem Tiefland am höchsten in eisige Höhen emporragen. Dieser Kontrast wird in der Stadt Pokhara besonders deutlich, die sich in einem üppigen Tal bis hinunter an den See erstreckt und an klaren Morgen eine beinahe uneingeschränkte Sicht auf die zum Greifen nah erscheinenden, mehr als 8000 m hohen Gipfel des Annapurna und Manaslu 25 km weiter nördlich bietet.

Pokharas Touristenszene tummelt sich am Ufer des **Phewa Tal** (Phewa-See) und kehrt der modernen nepalesischen Stadt Pokhara gleichgültig den Rücken zu; wenn es den Smog nicht gäbe, der an immer mehr Nachmittagen die Berge verhüllt, wüsste man kaum, dass die Stadt existiert. Der Touristenbezirk „Lakeside" ist heute nicht mehr das rustikale Traveller-Paradies von einst, jedoch ist es nach wie vor das Touristenmekka des Landes: Hier kann jeder sorglos die Schönheiten der Natur genießen, und mit seinem an westliche Bedürfnisse angepassten Angebot an Speisen und Nachtleben macht es Thamel in Kathmandu Konkurrenz. Allerdings geht es hier erheblich relaxter zu als dort. Und es ist vergleichsweise flach.

Pokhara stellt meist das erste Ziel dar, das Reisende außerhalb des Kathmandutals ansteuern. Zwar gibt es hier außer dem See keine echten Sehenswürdigkeiten, dafür aber ein umfassendes Angebot an **Aktivitäten**: Für Trekker ist Pokhara Ausgangspunkt einiger der beliebtesten Trekkingtouren Nepals, für Rafting- und Kajaksportler der Stützpunkt für Flussfahrten, für Gleitschirmflieger und Mountainbiker eines der tollsten Reviere der Welt. Und es herrscht ein mildes **Klima**: Durch die Lage 800 m über dem Meeresspiegel ist es in der Stadt im Sommer kühler als in der Terai-Ebene und im Winter wärmer als in Kathmandu. Zwar fällt hier erheblich mehr Regen als in Kathmandu, jedoch zumeist außerhalb der Hauptreisezeit; das einzige Wasser, das die Besucher sehen, ist zumeist der See und als Resultat von Feuchtigkeit die üppige subtropische Vegetation.

7 HIGHLIGHT

Phewa Tal (Phewa-See)

Der schillernde **Phewa Tal** wird von den Nepalesen verehrt wie sonst nur heilige Stätten. Ruhige Gewässer sind im westlichen Bergland eher selten – und sie werden in der Zukunft noch seltener sein. Seine heutige Größe verdankt der See der Errichtung des **Pardi-Staudamms** 1967; dieser versorgt das Tal mit Strom und Wasser für die Bewässerungsanlagen und gab dem Viertel Damside seinen Namen. Der Damm behinderte jedoch auch den Durchfluss von Sedimenten aus dem Harpan Khola, dem Hauptzufluss des Sees, so dass das westliche Drittel der ehemaligen Seefläche bereits versandet ist. Eines Tages wird das üppig grüne Tal von Pokhara wohl kaum mehr Wasser enthalten als das von Kathmandu. Ein dringlicheres Problem sind jedoch die Wasserhyazinthen, die in den 1990er-Jahren zum ersten Mal auftauchten. Inzwischen werden sie bei regelmäßigen Säuberungsaktionen entfernt.

Der **Legende** nach befand sich einst an Stelle des Phewa Tal ein fruchtbares Tal, dessen Bewohner einen Bettler, der eines Tages vorüberkam, verhöhnten. Die einzige Frau, die Mitleid zeigte, wurde von dem Fremden vor einer bevorstehenden Überschwemmung gewarnt und nahm mit ihrer Familie in den Bergen Zuflucht, bevor ein Sturzbach die Stadt überflutete. Der „Bettler" hatte sich als niemand anderer als die Göttin Barahi Bhagwati erwiesen. Die Nachfahren der Frau ließen sich am Ufer des neuen Sees nieder und errichteten auf einer Insel den Schrein **Tal Barahi**.

Geologisch erklärt sich die Entstehung des Sees dadurch, dass das gesamte Pokharatal, ebenso wie das Kathmandutal, vor ungefähr 200 000 Jahren überflutet wurde, als sich durch die allmähliche Auffaltung des Mahabharat Lek der Seti dahinter aufstaute. Im Laufe der Zeit grub sich der Seti Nadi ein immer tieferes Flussbett, wodurch der Wasserspiegel sank und der Phewa Tal neben zahlreichen kleineren Seen übrig blieb.

Tal Barahi und das entferntere Ufer

Ein lohnendes erstes Ziel auf einer Bootsfahrt ist der Schrein **Tal Barahi**, der einige hundert Meter vom Ufer entfernt in Höhe des Königspalasts auf einer Insel liegt. Der Tempel selbst ist modern und nichts Besonderes, aber die Insel ist ein beliebtes Ausflugsziel. Nepalesische Familien kommen gern zum Picknick her, und einheimische Jungs feiern mit Bier und Snacks, um sodann fröhlich singend über den See zurückzurudern.

Von der Insel sind es ungefähr noch einmal 20–30 Minuten bis zum gegenüberliegenden Ufer, das mit seiner dichten Vegetation, den verrückten Affen und den wenigen Anlegemöglichkeiten am besten vom Boot aus betrachtet werden kann. Man könnte jedoch **Anadu** ansteuern, ein weit auseinandergezogenes Gurung-Dorf, das am Berghang direkt gegenüber von Lakeside liegt, um von dort schließlich vielleicht am Weltfriedensstupa (S. 311) vorbei wieder zurückzuwandern.

Pokhara

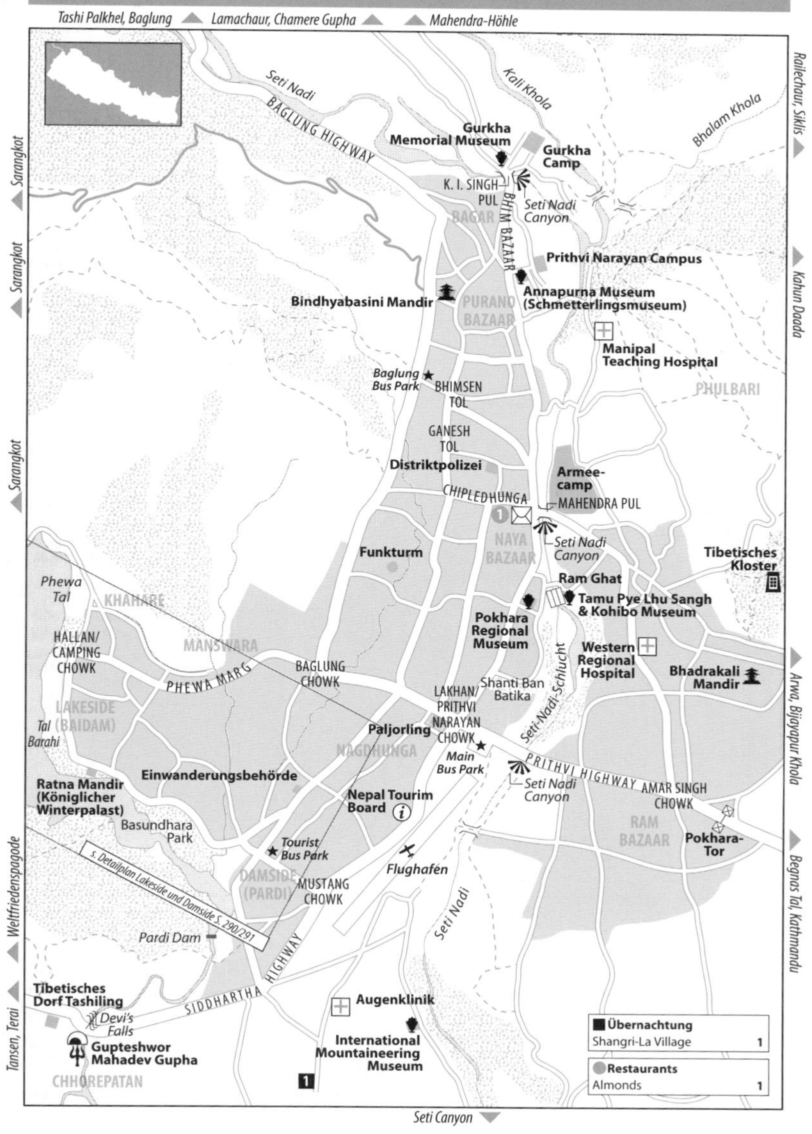

Tashi Palkhel, Baglung
Lamachaur, Chamere Gupha
Mahendra-Höhle
Railechaur, Siklis
Kahun Dada
Arwa, Bijayapur Khola
Begnas Tal, Kathmandu
Seti Canyon
Sarangkot
Sarangkot
Sarangkot
Weltfriedenspagode
Tansen, Terai
Seti Nadi
Baglung Highway
Kali Khola
Bhalam Khola
Gurkha Memorial Museum
Gurkha Camp
K. I. Singh Pul
Bhim Bazaar
Seti Nadi Canyon
Bagar
Prithvi Narayan Campus
Annapurna Museum (Schmetterlingsmuseum)
Bindhyabasini Mandir
Purano Bazaar
Manipal Teaching Hospital
Phulbari
Baglung Bus Park
Bhimsen Tol
Ganesh Tol
Distriktpolizei
Armee-camp
Chipledhunga
Mahendra Pul
Seti Nadi Canyon
Naya Bazaar
Funkturm
Tibetisches Kloster
Ram Ghat
Tamu Pye Lhu Sangh & Kohibo Museum
Phewa Tal
Khahare
Hallan/Camping Chowk
Manswara
Pokhara Regional Museum
Western Regional Hospital
Bhadrakali Mandir
Phewa Marg
Baglung Chowk
Shanti Ban Batika
Seti-Nadi-Schlucht
Lakhan/Prithvi Narayan Chowk
Lakeside (Baidam)
Tal Barahi
Paljorling
Nagdhunga
Main Bus Park
Prithvi Highway
Seti Nadi Canyon
Amar Singh Chowk
Ratna Mandir (Königlicher Winterpalast)
Einwanderungsbehörde
Nepal Tourim Board
Ram Bazaar
Pokhara-Tor
Basundhara Park
Tourist Bus Park
Flughafen
s. Detailplan Lakeside und Damside S. 290/291
Damside (Pardi)
Mustang Chowk
Seti Nadi
Pardi Dam
Siddhartha Highway
Tibetisches Dorf Tashiling
Devi's Falls
Gupteshwor Mahadev Gupha
Chhorepatan
Augenklinik
International Mountaineering Museum
Übernachtung
Shangri-La Village 1
Restaurants
Almonds 1
N
0
1km
DAS WESTLICHE BERGLAND

Lakeside und Damside

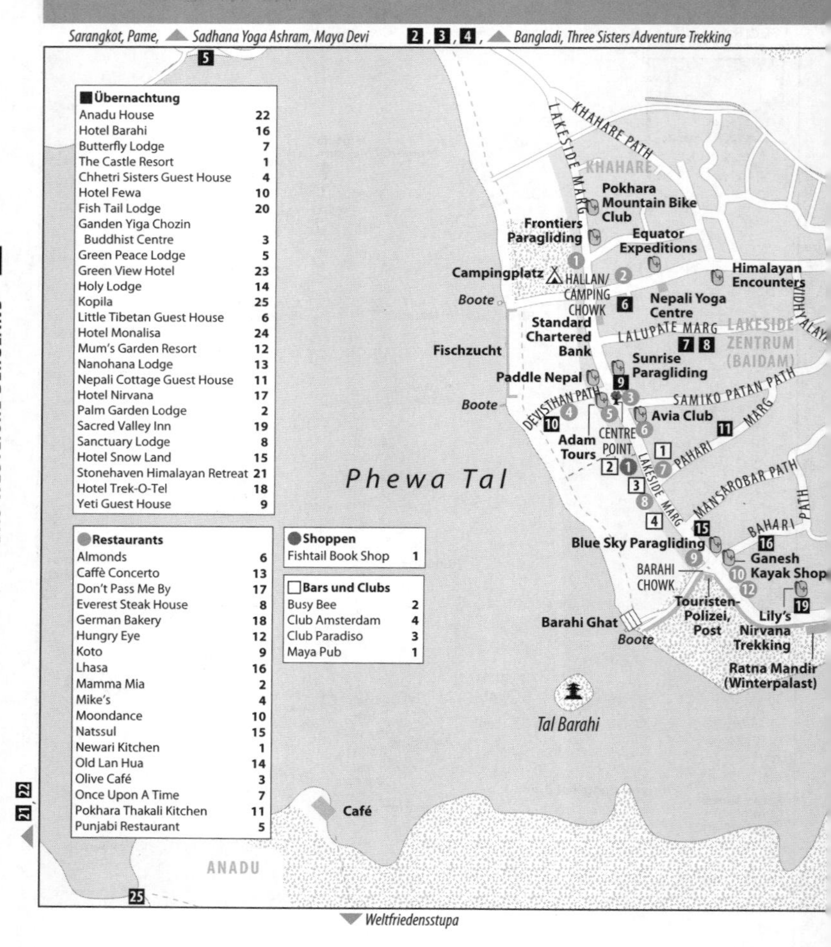

Lakeside

Beliebtester Zeitvertreib in Pokhara ist neben dem Bootsfahren und Essen und Trinken ein ausgedehnter Bummel über die Hauptstraße von Lakeside. Hier findet sich ein buntes Sammelsurium von Kneipen, Cafés, Restaurants und Geschäften, in denen alles verkauft wird, was ein Tourist brauchen könnte, von nepalesischem Bier bis zu importiertem Olivenöl, und hier wird alles nur Erdenkliche geboten von Volkstanzdarbietungen bis zu Paragliding-Expeditionen mit trainierten Falken.

Wer zum ersten Mal hier ist oder aus Indien herauf- oder von den Bergen herunterkommt,

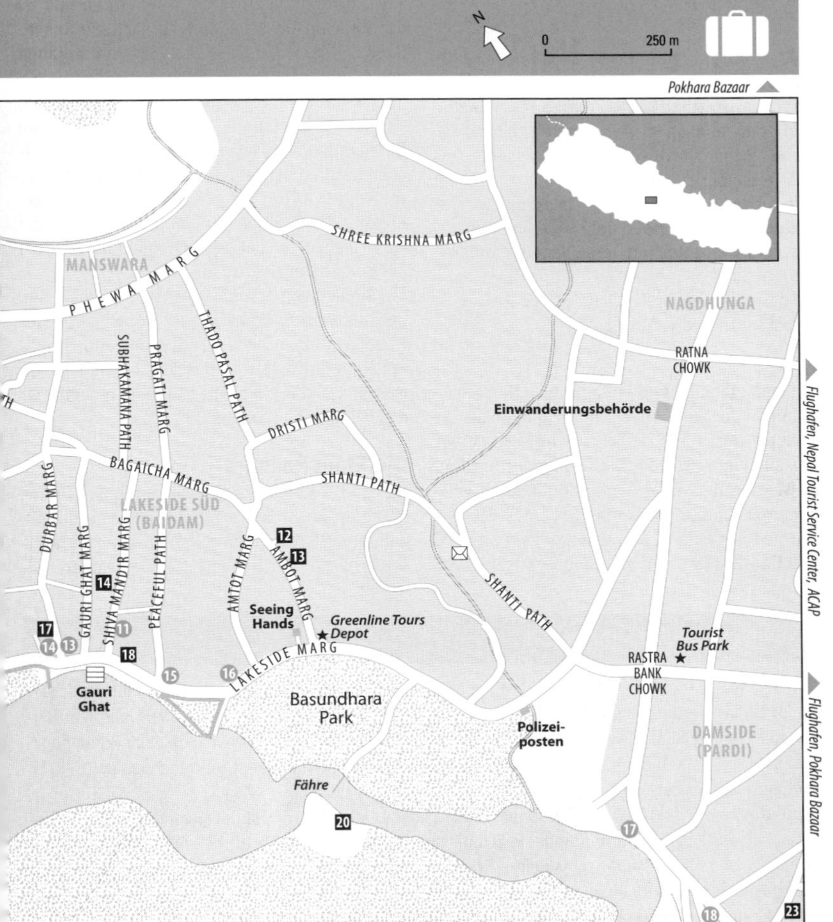

findet den relaxten Hedonismus hier vielleicht spannend, aber ohne Zweifel hat man in Lakeside das Kind mit dem Bad ausgeschüttet. Die Stadtverwaltung hat bei Verstößen gegen die Bauvorschriften auf der Westseite der Hauptstraße gern weggeschaut oder ein Auge zugedrückt, und so werden die alten Cafés mit ihren Balkonen durch neonlichtbeleuchtete kleine Einkaufs- und Vergnügungszentren ersetzt.

Es gibt nur wenige echte Sehenswürdigkei-ten; mächtige Pappelfeigen [...] ten S. 293) spenden an wic[...] Schatten. Besonders eindruc[...] am sogenannten Centre Poir[...]

Feste in Lakeside

Die größte Freifläche von Lakeside, der **Basundhara Park**, ist Veranstaltungsort des jährlich stattfindenden **Annapurna Festivals** (gewöhnlich im April), eines kulturellen Ereignisses mit Musik, Tanz und Essen. Vom 28. Dezember bis zum 1. Januar laden in Lakeside jedes Jahr unzählige Imbissstände zum **Straßenfest**. Das **Neue Jahr** wird im Rahmen des Phewa-Festes mit verschiedenen Kulturveranstaltungen, Kirmesattraktionen, Essen- und Kunsthandwerksständen sowie Tanz und Musik auf den Straßen begangen.

lich steht gegenüber dem Café Busy Bee ein typisches Paar aus Banyan- und Pappelfeige, die in Nepal traditionell als Mann und Frau gelten. Der südliche Teil der Straße beginnt am **Ratna Mandir**, dem ehemaligen **Königlichen Winterpalast**. An der nördlichen Ecke des Paradeplatzes führt eine Straße hinunter zum See und zum **Barahi Ghat**, von dem aus Boote zur Insel Tal Barahi hinüberfahren. Südlich hiervon ist der **Basundhara Park**, eine verblichene Rasenfläche, die bei den Nepalesen für Spaziergänge und Picknicks beliebt ist.

Den Mittelpunkt des Nordteils der Straße bildet der **Hallan Chowk**, wegen des städtischen Campingplatzes, den es hier einst gab, allgemein bekannt als **Camping Chowk**. Dies ist einer der wenigen Orte in Lakeside, an dem man die Präsenz der eigentlichen Stadt Pokhara spüren kann, die sich an der geschäftigen Phewa Marg in die Touristenenklave hineinzieht.

Nördlich von hier hört Lakeside langsam auf. Im Stadtviertel **Khahare** wird der See von der Hauptstraße aus wieder sichtbar; die Straße führt am attraktiven und wenig erschlossenen Nordufer entlang, Nebenstraßen führen von hier aus in Richtung Sarangkot (S. 312).

Die Stadt Pokhara

Bis 1973, als Pokhara Bazaar durch den Prithvi Highway Anschluss an die Außenwelt erhielt, war der Ort ein kleines newarisches Marktstädtchen an der Handelsstraße zwischen But-

Aktivitäten am und auf dem See

Ein befestigter **Uferweg** führt jetzt fast an der gesamten Ostseite des Sees entlang, wodurch wieder die fabelhaften Ausblicke auf den See eröffnet wurden, die in den 1990er- und 2000er-Jahren durch illegale Bauten verstellt worden waren. In etwa fünf bis acht Stunden kann man je nach Route ganz um den See herumgehen, unter anderem über den Bergkamm mit dem Weltfriedensstupa (S. 311) auf der anderen Seite des Sees.

Ruderboote, die leicht sechs Personen fassen, können überall am Ostufer gemietet werden. Die Preise liegen bei Rs250 pro Stunde, Rs500 für einen halben und Rs600 für einen ganzen Tag, doch kann man versuchen, einen günstigeren Preis auszuhandeln.

Glasfaser-Segelboote, die man am Hotel Fewa südlich der Fischzucht mieten kann, kosten Rs250 pro Stunde oder Rs950 pro Tag, Holzboote sind etwas günstiger.

Mindestens ein Anbieter verleiht **Tretboote** (Rs300 pro Stunde oder Rs1200 pro Tag), und einige Rafting-Unternehmen vermieten auch **Kajaks** (etwa US$25 pro Tag oder weniger für ein paar Stunden). **Motorboote** sind auf dem See nicht erlaubt.

Schwimmen sollte man auf jeden Fall am besten vom Boot aus, da das Ufer meist schlammig ist und das Wasser in Ufernähe wegen der Abwässer von den Hotels und Restaurants am Ufer nicht gerade sauber ist. Davon abgesehen ist das Wasser des Phewa Tal für einen subtropischen See ziemlich sauber, was vor allem daran liegt, dass er jedes Jahr von den Monsunregenfällen durchgespült wird. Das, was sich zu bestimmten Jahreszeiten auf der Oberfläche zusammenballt, ist Blütenstaub, kein Schmutz. Man sollte sich unbedingt vom Staudamm fernhalten, da die **Strömung** hier …rwartet stark ist.

Chautaara

Der *chautaara*, ein **Rastplatz**, dem wichtige soziale und religiöse Funktionen zukommen, ist eine typisch nepalesische Einrichtung, die man in jedem Bergdorf findet. Die Standardausführung besteht aus einer rechteckigen Steinplatte, die genau die richtige Höhe hat, damit Träger ihre *doko* (Korb) bequem ablegen können; zwei Bäume spenden Schatten.

Chautaara werden von Einzelpersonen errichtet und instand gehalten, und dieser Akt gilt als Dienst an der Gesellschaft; man erhofft sich davon entweder Vorteile religiöser Art oder widmet den Platz verstorbenen Angehörigen. Meist werden Standorte gewählt, die zu prähinduistischen Naturgottheiten in Verbindung stehen und durch Steine, beschmiert mit rotem *abhir-* und gelbem *keshori-*Pulver, gekennzeichnet sind.

Auch die Bäume gelten als heilig. Einer der beiden ist immer ein **Pipal**, dessen lateinischer Name *(Ficus religiosa)* an seine Rolle als Bodhi-Baum erinnert, unter dem Buddha die Erleuchtung erlangt hat. Bei den Nepalesen gilt der Pipal mit seinen herzförmigen Blättern als weibliches Symbol und Inkarnation von Lakshmi. Frauen fasten und beten vor solch einem Pipal manchmal um Kinder. Angeblich kann man im Schatten eines Pipal-Baums keine Lügen erzählen, was die Bäume natürlich zu besonders geeigneten Treffpunkten für Dorfversammlungen macht.

Sein männlicher Gegenpart, der Shiva Mahadev repräsentiert, ist der **Banyanbaum** *(Ficus benghalensis)*, ebenfalls eine Baumart der Ficus-Gattung mit langen Luftwurzeln, an denen Tarzan seine Freude hätte. Wenn diese Luftwurzeln nicht abgeschnitten werden, verwurzeln sie sich in der Erde und ein neuer Baum treibt aus. Ein *chautaara* mit einem einzigen Baum ist unvollständig, und wer einen solchen Platz entdecken sollte, der kann sicher sein, dass sich früher oder später jemand findet, der den zweiten Baum pflanzt.

wal und Mustang. Inzwischen ist der Ort zu einer rund 250 000 Einwohner zählenden Stadt angewachsen, mit Verkehrsproblemen und allen Nachteilen eines Ballungsraums, doch dank der vielen Grünanlagen und der wunderbaren Natur ringsum hat man nie das Gefühl bedrückender Enge. Der größte Teil Pokharas wurde 1949 durch ein Feuer zerstört. Überreste der alten Stadt sind noch im Stadtteil **Purano Bazaar** zu erkennen, der vom Bhimsen Tol bis nach Bagar reicht.

Bindhyabasini Mandir

Auf einer Erhebung inmitten des alten Basarviertels liegt der **Bindhyabasini Mandir**, der eher seines umfassenden Bergblicks als seiner Schreine wegen bemerkenswert ist. Die hier verehrte Gottheit ist Bindhyabasini, eine Inkarnation von Kali, der Muttergottheit, in ihrer blutrünstigen Erscheinungsform. Vor allem samstags und am neunten Tag des Monats Dasain im Oktober werden Tieropfer dargebracht. Bindhyabasini hat den Ruf ähnlich einer Madonna: Bei einer Zeremonie soll ihr Bild auf mysteriöse Weise zu schwitzen begonnen haben, was solch eine Panik unter der Bevölkerung auslöste, dass der damalige König Tribhuvan die Abhaltung spezieller Riten verordnen musste, um die Göttin zu besänftigen. Das Feuer von 1949 soll angeblich an dieser Stelle mit einer brennenden, außer Kontrolle geratenen Opfergabe seinen Anfang genommen haben.

Annapurna Museum (Schmetterlingsmuseum)

Prithvi Narayan Campus, Bagar ▪ ⌚ Mo–Do und So 10–13.30, 14–17, Fr 10–13.30, 14–15 Uhr ▪ Eintritt frei

Versteckt in einer Ecke des Prithvi Narayan University Campus im Nordostteil der Stadt liegt das **Annapurna Museum**. Die Darstellung der Naturgeschichte Nepals ist auf die Bedürfnisse einheimischer Schulklassen zugeschnitten. Die eigentliche Attraktion, der das Museum auch den Namen verdankt, unter dem es vor Ort allgemein bekannt ist, ist die wunderbare Sammlung von rund 500 Schmetterlingen aus dem Himalaya, perfekt in Glaskästen aufgespießt, welche in Holzschubladen aufbewahrt werden.

Ein angeschlossenes **Informationszentrum** des Annapurna Conservation Area Project präsentiert Ausstellungsstücke aus den Bereichen Tierleben, Geologie, ethnische Gruppen und Kultur im Annapurna-Gebiet.

Gurkha Memorial Museum

Beim K.I. Singh Pul ▪ ⏲ tgl. außer Mi 8–16.30 Uhr ▪ Eintritt Rs150 ▪ 💻 gurkhamuseum.org.np

Das **Gurkha Memorial Museum** hinter dem British Gurkha Camp wäre einfach eine muffige Ansammlung von Uniformen, wären da nicht die außerordentlichen Leistungen der Gurkhas selbst. Fotos der vielen nepalesischen Träger des Viktoria-Kreuzes zieren die Wände, dazu wird in nüchternem Stil jeweils von dem außergewöhnlichen Mut berichtet, der die einzelnen Gurkha-Soldaten in britischen Diensten auszeichnete. Dazu kommt noch eine gut beschriftete Ausstellung von traditionellen Gebrauchsgegenständen aus dem westlichen Bergland; auf Fotos wird jeweils ihre Verwendung verdeutlicht.

Regional Museum Pokhara

Nayabazaar ▪ ⏲ Feb–Okt Mo 10–14.30, Mi–So 10–16.30 Uhr, Nov–Jan Mo 10–14.30, Mi–So 10–15.30 Uhr ▪ Eintritt Rs30

Das **Regional Museum Pokhara** südlich des Mahendra Pul bietet einen ordentlichen, wenn auch nicht sehr spannenden Überblick über die ethnischen Gruppen im westlichen Bergland. Zu sehen sind die unterschiedlichen Trachten der verschiedenen Ethnien, dazu Schmuck, Agrar- und Küchengerätschaften sowie Musikinstrumente. Außerdem gibt's einen einfachen Nachbau eines traditionellen Gurung-Rundhauses und die Nachstellung einer Hindu-Hochzeitszeremonie.

Die Seti-Nadi-Schlucht

Am Ostrand der Stadt zieht sich das dramatische Flussbett des **Seti Nadi** entlang. Der „weiße Fluss" verdankt seinen Namen den dicken Gletscherablagerungen, die der Fluss von den Bergen hinabspült. Auf dem Weg an der Stadt vorbei bahnt er sich den Weg abwechselnd durch enge, steile Canyons und breite, steinige seichte Abschnitte. Der breiteste Teil der **Seti-Nadi-Schlucht** ist am besten von unmittelbar nördlich des hässlichen Hauptbusbahnhofs zu sehen: Man geht vom Prithvi Narayan Chowk 400 m Richtung Norden und biegt dann rechts in eine Straße am Zaun des waldigen Parks Shanti Ban Batika entlang ein. Am Ende dieser Straße befinden sich nach rund 500 m zwei Tore: Eins führt in den Waldpark, einen beliebten Ort für Picknicks, das andere über eine Steintreppe zu einem Felsvorsprung am Fluss mit schönem Ausblick auf die Schlucht. Von hier führen Pfade am bewaldeten Westufer des Flusses entlang Richtung Norden zur Verbrennungsstätte Ram Ghat.

Anderswo in Pokhara ergießt sich der Seti Nadi durch äußerst enge Canyons, wo es so aussieht, als sie der Fels durch einen gewaltigen Schlag mit einer Axt gespalten worden. Am einfachsten kann man dies von der Brücke aus begutachten, auf der der Prithvi Highway in die Stadt führt, jedoch ist das aufgrund des Verkehrs wenig erbaulich. Besser begibt man sich zum Mahendra Pul beim Zentrum des Basars oder zum K.I. Singh Pul am nördlichen Stadtrand neben dem British Army Gurkha Camp. Bei Letzterem gibt es einen kleinen müllübersäten Park (Eintritt Rs20), von dem aus man 50 m tief in die **Seti-Schlucht** blicken kann, oder man blickt (kostenlos) hinunter von der Brücke. Wenn man den Fluss weit unterhalb vielleicht auch nicht so gut sehen kann, so hört man auf jeden Fall sein Donnern. Andere Aussichtspunkte auf die Schlucht befinden sich nördlich des International Mountaineering Museum.

Tamu Pye Lhu Sangh und Kohibo Museum

Shaktighat ▪ ⏲ tgl. 10–16 Uhr ▪ Eintritt Rs30 ▪ 💻 tamu-pyelhu.org

Die esoterischste kulturelle Attraktion Pokharas ist **Tamu Pye Lhu Sangh**, das Religions- und Kulturzentrum der Gurung am östlichen Ufer der Schlucht gegenüber vom Ram Ghat (am besten zu erreichen über die kleine niedrige Brücke unmittelbar südlich des Mahendra Pul). Das auf interessante Weise gekrümmte Gebäude ist eine vergrößerte, vierteilige Version des *kaindu*, des

Die Gurkha

Die **Gurkha-Regimenter**, die seit fast zwei Jahrhunderten in den Armeen Großbritanniens und Indiens die Elitekorps stellen, gehören zu den besten Kampftruppen der Welt. Ironischerweise gehen diese Regimenter auf den Krieg von 1814–16 zwischen Nepal und der britischen Ostindischen Gesellschaft zurück. In diesem Konflikt waren die Briten so beeindruckt von den Männern aus „Goorkha" (Gorkha, die angestammte Heimat der nepalesischen Herrscher), dass sie die Nepalesen in die indische Armee aufnahmen, noch bevor der Friedensvertrag unterzeichnet war.

Im darauffolgenden Jahrhundert erfuhr Großbritannien in jeder größeren militärischen Auseinandersetzung Unterstützung durch Gurkha-Soldaten, etwa beim **indischen Aufstand** von 1857. Mehr als 200 000 Gurkha dienten in den beiden Weltkriegen, sie waren stets an vorderster Front eingesetzt (16 000 starben in britischen Diensten) und ernteten weltweit Respekt für ihre Tapferkeit: Zehn von hundert im Zweiten Weltkrieg von Großbritannien verliehene **Victoria-Kreuze** gingen an Gurkha-Soldaten.

Nach der Unabhängigkeit Indiens übernahm Großbritannien vier der zehn Gurkha-Regimenter, und Indien behielt den Rest. In letzter Zeit haben sich die Gurkha-Soldaten bei Einsätzen im Irak und in Afghanistan und als UN-Friedenswächter bewährt. 2011 wurde Sergeant Dipprasad Pun mit dem Conspicuous Gallantry Cross ausgezeichnet, da er ganz allein zwei Dutzend Talibankämpfer abgewehrt hatte.

Die Gurkha entstammen zum großen Teil den Bergvölkern der Magar, Gurung, Rai und Limbu aus Nepals mittlerem Bergland. Die meisten Jungen dieser Bevölkerungsgruppen träumen davon, Gurkha-Soldat zu werden – nicht nur wegen des Geldes, sondern auch wegen der Chance, die Welt zu sehen und mit Pensionsansprüchen und Prestige wieder zurückzukehren. Wer bei den Briten nicht genommen wird, kann sich immer noch für die schlechter besoldeten indischen Regimenter bewerben. Die nepalesische Armee gilt als die schlechteste Alternative.

Lange waren die Gurkha Nepals Haupteinnahmequelle, denn sie schickten jährlich rund US$40 Mio. nach Hause. Doch veränderte Pensionsregelungen und das Bleiberecht in Großbritannien haben viele Gurkha-Familien zum dauerhaften Umzug nach Großbritannien bewegt, vor allem, um ihren Kindern eine gute Ausbildung zu sichern. Ohnehin sind die Gurkha-Einheiten, die den Briten so lange treue Dienste geleistet haben, inzwischen ein Auslaufmodell. Das letzte verbliebene Ausbildungszentrum ist Pokhara, wo sich immer noch Tausende potenzieller Rekruten um die angebotenen Plätze bewerben.

Es bleibt abzuwarten, wie sich der Wegfall der „Gurkha-Finanzspritze" auf die Wirtschaftslage in Städten wie Pokhara und Dharan auswirken wird. Auf Landesebene wurde der versiegende Geldzufluss allerdings durch nepalesische Wanderarbeiter (vor allem im Nahen Osten) ausgeglichen.

Reispulverkegels, der eine sehr wichtige Rolle in den Ritualen der Tamu, wie die Gurung in ihrer eigenen Sprache heißen, spielt. Im Erdgeschoss befindet sich wegen der Nähe zu den Ghats am Flussufer ein Tempel. Im ersten Stock bietet das **Tamu Kohibo Museum** dem Besucher eine Einführung in die Religion der Gurung, die sich irgendwo zwischen Animismus und der tibetischen Bön-Religion bewegt, mit einem heftigen Einschlag nepalesischem Schamanismus. Zwar gibt's hier nicht allzu viel zu sehen, doch kann, wer möchte, sich hier vielleicht einen traditionellen Heiler suchen oder eine Einladung zu einem Ritual ergattern.

International Mountaineering Museum

Tatapaira ▪ Ö) Mo und Mi–So 10–17 Uhr ▪ Eintritt Rs300 ▪ 💻 mountain-museum.org

Das lohnende **International Mountaineering Museum** am äußersten südlichen Stadtrand, gleich unterhalb des Flughafens, zeigt Nachbildungen bekannter Berggipfel, Modellfiguren berühmter Bergsteiger, eine Ausstellung historischer Kletterausrüstungen und bietet Informationen über Kultur, Geologie, Flora und Fauna des Himalaya und anderer Gebirge. Unter anderem gibt's ein lebensgroßes Modell eines Yeti zu sehen. Dazu kommen noch eine gipfelförmige, 21 m hohe Kletterwand und ein kleineres Modell des Machhapuchhare, auf das man hinaufgehen oder -klettern kann – im Gegensatz zum echten Gipfel, der heilig und daher tabu ist.

Chhorepatan

Der zusammengeschustert wirkende Marktort **Chhorepatan** rund 2 km westlich von Damside erstreckt sich westlich vom Pardi Khola, der aus dem Phewa-See hinausfließt, am Siddhartha Highway. Die meisten Besucher zieht es hoch zum Weltfriedensstupa auf einem bewaldeten Kamm unmittelbar nordwestlich, jedoch lohnen drei Sehenswürdigkeiten hier – ein Wasserfall, ein Café und eine tibetische Siedlung – durchaus eine ein- oder zweistündige Erkundung.

Devi's Falls

⏲ tgl. 6–18 Uhr ▪ Eintritt Rs20

Bei den **Devi's Falls** stürzt sich der Pardi Khola wild schäumend in die Tiefe und verschwindet im Boden. Nach starken Monsunregenfällen im Herbst ist er äußerst beeindruckend, im Winter weniger. Um den Ort rankt sich eine moderne Legende: Einheimische nennen das Schluckloch **Patale Chhango** („Wasserfall zur Unterwelt"), angeblich eine nepalesische Wortvariante von Devin, der Name einer Schweizerin, die hier 1961 ertrunken sein soll, als sie mit ihrem Freund dem Nacktbaden frönte (anderen Berichten zufolge hieß das Opfer „David" oder gar „Mrs Davis"). Vielleicht ist der Name „Devi" auch ein Opfer des Transkriptionssystems oder gar ein Beispiel für das Bestreben der Nepalesen, in allem, was sich bewegt, eine Gottheit zu sehen (*devi* heißt Göttin). Insgesamt hat man den Eindruck, als ob die ganze Geschichte nur erfunden wurde, um die einheimische Jugend vor den losen westlichen Sitten zu warnen.

Gupteshwor Mahadev Gupha

⏲ tgl. 7–19 Uhr ▪ Eintritt Rs30 oder Rs100 mit Aussichtspunkt

Auf der von den Devi's Falls anderen Seite des Highway führt ein ausgeschilderter Weg zwischen ein paar Häusern und Antiquitätenläden hindurch zur **Gupteshwor Mahadev Gupha**, ein Höhlenschrein in Gedenken an Shankar, der Shiva und dessen Gefährtin Parvati als männliche und weibliche Hälften einer Figur verkörpert. Von einem Traum geleitet, entdeckte 1992 ein Priester das Götzenbild, das eine wachsende Zahl von Anhängern anzieht. In einer großen Höhlenkammer, einer Art dunklem Mutterschoß, steht die schwarze Shankar-Figur, ein natürlicher Felsbrocken mit einer geschnitzten Naga-Krone. In der Trockenzeit des Winters führt ein Tunnel zur flussabwärts gelegenen Seite der Devi's Falls, die sich von hier aus noch eindrucksvoller präsentieren.

Tashiling

Oberhalb von Chhorepatan liegt die kleine tibetische Siedlung **Tashiling**. Läuft man bis ans andere Ende des Dorfs, vorbei an der Schule, dem *gompa* und den Antiquitätenläden, so erreicht man die kleine Teppichweberei der Gemeinde; ein paar Schritte weiter steht man plötzlich vor einem Abhang und genießt einen faszinierenden Blick über das Tal des Phusre Khola.

ÜBERNACHTUNG

In Pokhara gibt es eine große Zahl günstiger und mittelteurer Unterkünfte, die meisten mit sauberen Zimmern, freundlichen Angestellten und gutem Frühstück. Hier findet man auch einige von Nepals edelsten Luxushotels (S. 300).

Fast alle Individualreisenden übernachten in **Lakeside**. Wer auf der Suche nach dem relaxten Refugium am See ist (das auch Pokhara einmal war), sollte ein Stückchen weiter nördlich im immer noch halbländlichen **Bangladi** absteigen.

Generell ist der Blick auf die Berge umso schöner, je weiter südlich man wohnt. Da jedoch die Hoteleigner gerne weitere Stockwerke auf ihre Häuser setzen, kann der Ausblick von einem Jahr zum nächsten verschwinden. Die **Preise** variieren mit den Jahreszeiten und der Art des Zimmers – Zimmer mit Balkon, Bad, Ausblick oder in höheren Etagen sind am teuersten.

Beim Buchen sollte man sich darüber im Klaren sein, was man erhält, jedoch sollte man auch flexibel sein, da Buchungen nicht hundertprozentig verlässlich sind. Unser Verzeichnis beginnt mit dem beliebtesten Übernachtungsgebiet, das wir in Lakeside Mitte und Lakeside Süd unterteilt haben. Dabei handelt es sich nicht um offizielle Ortsbezeichnungen (der offizielle Name des gesamten Gebiets lautet **Baidam**), die so bezeichneten Gebiete zeichnen sich jedoch durch einen eigenen Charakter aus.

Lakeside Mitte

Der mittlere Abschnitt der Lakeside Marg, der Hauptstraße, ist mit seinen hoch aufragenden Gästehäusern, Restaurants und Trekking- und Rafting-Agenturen eine ruhigere, weniger dicht gedrängte Version von Thamel in Kathmandu.

Hotel Barahi, Barahi Path, Lakeside, ✆ 061-460617, 💻 barahi.com, Karte S. 290–291. Das vielleicht beste noblere Hotel in Lakeside selbst ist ein freundliches Haus mit Zimmern im westlichen Stil. Die Handvoll Standardzimmer sind für den Preis (US$100) etwas enttäuschend und gehen zum Pool raus – hier kann's also laut werden. Die Zimmer im neuen steinernen Flügel haben AC und mehr Charakter, die oberen sogar Aussicht auf die Berge. Den bescheidenen Pool dürfen auch Tagesgäste nutzen (Rs345). US$100, mit AC US$145

Butterfly Lodge, Lakeside, ✆ 061-461892, 💻 butterfly-lodge.org, Karte S. 290–291. Das echte Schnäppchen hier sind die sauberen, gemütlichen Zimmer in dem älteren Komplex inmitten eines großen Gartens; diejenigen mit Bad verfügen über einige traditionelle Einrichtungsdetails. Dahinter gibt's noch ein schickes Betongebäude mit großen, eleganten Zimmern – die teuersten (in der oberen Etage) haben AC und Bergblick. Originalkomplex: ohne Bad Rs600, mit Bad US$12; neuer Flügel: Erdgeschoss US$22, Obergeschoss US$50

Hotel Fewa, Devisthan Path, Lakeside, ✆ 061-463151, Karte S. 290–291. Der Ableger des legendären Restaurants Mike's Breakfast zehrt v. a. von seiner erstklassigen Lage. Die Handvoll Zimmer sind schön und gut ausgestattet, mit folkloristischen Wänden aus rotem Lehm, Bambusmatten usw., aber die meiste Zeit verbringt man wohl eh auf der Seeterrasse. Die Cottages verfügen auf dem Zwischengeschoss über Betten und unten über Sofas. US$25, Cottages US$45

Little Tibetan Guest House, Lakeside, ✆ 061-461898 oder ✆ 984-6026166, ✉ littletibgh@yahoo.com, Karte S. 290–291. Gästehaus unter tibetischer Führung im hinteren Teil eines stillen Gartens an einer Seitenstraße der geschäftigen Phewa Marg. Die großen Zimmer sind wunderschön mit tibetischen Bettdecken und Teppichen eingerichtet. Rs1000

Nepali Cottage Guest House, Lakeside, ✆ 061-461637, ✉ kushwaha_3@hotmail.com, Karte S. 290–291. Von zwei Brüdern geführtes familiäres Budget-Hotel mit ein paar großen Zimmern in einem kleinen Gebäude, das am Ende eines kleinen schmalen Gartens mitten im Geschehen liegt. Rs400

Sanctuary Lodge, Lalupate Marg, Lakeside, ✆ 061-462407 oder ✆ 984-7636527, ✉ krishnaadhikari777@gmail.com, Karte S. 290–291. Winziges, von einer Familie geführtes eingeschossiges Haus mit einfachen Zimmern und Garten. Etwas heruntergekommen, aber recht preisgünstig für eine Unterkunft so nah am Geschehen. Rs700

Hotel Snow Land, Lakeside Marg, Lakeside, ✆ 061-462384, 💻 hotelsnowlandpkr.com, Karte S. 290–291. Großes, gut geführtes Hotel mitten im Herzen der Hauptstraße, mit Seeblick, AC und Sat-TV in den „deluxe"-Zimmern. Auch die Standardzimmer sind recht komfortabel, aber nicht so schön. Standardzimmer US$30, „deluxe"-Zimmer US$55, mit Bergblick US$75

Yeti Guest House, Lakeside Marg, Lakeside, ✆ 061-462423 oder ✆ 984-6045847, Karte S. 290–291. Das abseits der Hauptstraße hinter einem großen Garten mit Palmen gelegene Gästehaus ist zugleich zentral und ruhig. Die großen Zimmer gehen auf Balkone mit einladenden Korbstühlen hinaus. Rs800

Lakeside Süd

Südlich des Ratna Mandir wird die Gegend ruhiger, und von der Uferstraße aus ist d… See zu sehen – auch der Blick a… ist schöner. Die Kehrseite der Me…

eine kleinere Auswahl an Restaurants, Bars und Geschäften, so dass man u. U. mehrmals täglich den Weg zum mittleren Teil von Lakeside antritt.

Holy Lodge, Lakeside, 061-463422, holylodge.com.np, Karte S. 290–291. Die von der Uferstraße zurückversetzt liegende friedvolle Unterkunft hat genügend Platz für einen großen Garten mit Papaya-, Zitronen- und Mangobäumen sowie einen strohgedeckten Sitzbereich, im Winter mit Kaminfeuer. Die 16 Zimmer sind groß und gepflegt und die Betreiber – eine Familie –freundlich. Rs800

Mum's Garden Resort, Ambot Marg, Lakeside, 061-463468, mumsgardenresort.com, Karte S. 290–291. Endlich ein Boutiquehotel mit einem Gespür für Design, mit schönen Steinwänden und -böden sowie einem Garten. Professionell geführtes, freundliches Haus, das den recht hohen Preis wert ist. US$65

Nanohana Lodge, Ambot Marg, Lakeside, 061-464478, nanohana_lodge@hotmail.com, Karte S. 290–291. Der umtriebige Betreiber sorgt dafür, dass sein Haus in allen Reiseführern vertreten ist, indem er es jedes Jahr umgestaltet – also rechtzeitig buchen! Die makellos sauberen Zimmer haben besonders bequeme Betten und große, nette Balkone mit Blick auf einen kleinen Garten. Zimmer mit Erdgeschoss US$8, mit Bergblick US$15, mit AC US$25

Hotel Nirvana, Ambot Marg, Lakeside, 061-463332, nirvanapkr@wlink.com.np, Karte S. 290–291. Riesige, durchdacht eingerichtete und sehr saubere Zimmer an großen Blumenbalkonen sowie Garten – ein echter Ort, um sich zurückzuziehen. Die freundlichen und gut informierten Besitzer betreiben auch die Trekkingagentur Lily's Treks. Zimmer im Erdgeschoss US$10, im Obergeschoss US$20

Sacred Valley Inn, Lakeside Marg, Lakeside, 061-461792, sacredvalleyinn.com, Karte S. 290–291. Große, sehr saubere Zimmer, die teuersten mit Balkon und Ausblick, in einem großzügigen, günstig gelegenen Gebäude – nah genug am Geschehen, aber auf der ruhigen Seite der Stadt. Bishnu und sein Team (die auch das Nirvana betreiben) sind sehr freundlich und kennen sich bestens aus und können auch Wanderungen arrangieren. Sehr beliebt, daher früh buchen! Zimmer im Erdgeschoss US$12, im Obergeschoss US$25

Hotel Trek-O-Tel, Gaurighat, Lakeside, 061-464996, acehotelsnepal.com, Karte S. 290–291. Hinter dem merkwürdigen Namen und der auffallenden, dichten Ansammlung von achteckigen Gebäuden verbirgt sich ein edles Hotel. Dank den gebotenen Dienstleistungen, der ruhigen, aber zentralen Lage und dem uniformierten, äußerst höflichen Personal ist das Haus sehr beliebt bei internationalen Hilfsorganisationen. Gut ausgestattete Zimmer mit Terrakottaböden, AC und blitzsauberen Bädern. US$70

Khahare und weiter nördlich

Khahare, die Gegend nördlich des Hallan Chowk, ist bei Langzeittouristen, Yogafreunden und Leuten beliebt, denen der Sinn nach einem stilleren Fleckchen steht, wie es einst auch Pokhara darstellte. Jedoch schreitet die Erschließung auch hier rapide voran, und der südliche Teil des Gebiets ist inzwischen eine Art weniger kommerzieller, dünner besiedelter Vorort von Lakeside – zur Zeit der Niederschrift baute das Kathmandu Guesthouse auf den Feldern am See ein großes neues Gebäude. Mit dem Taxi kann man vom Flughafen alle hier aufgeführten Gästehäuser anfahren, aber der Fahrpreis ist höher als der gängige Preis nach Lakeside (ein Taxi nach Lakeside Mitte kostet tagsüber rund Rs100, abends und nachts Rs200).

The Castle Resort, oberhalb von Khahare, 061-461926, pokharacastle.com, Karte S. 290–291. Die auf einem Bergkamm oberhalb von Khahare gelegene kuriose Miniaturburg ist den schweißtreibenden 15-minütigen Anstieg allemal wert. Sie bietet eine hervorragende Aussicht, eine schöne ländliche Lage inmitten von Gärten und terrassierten Feldern und einen kleinen Pool, den Nichtgäste gegen eine geringe Gebühr benutzen können. Die 10 Zimmer verteilen sich auf die Burgtürme und die romantischen Cottages im traditionellen Stil. Die irisch-portugiesischen Betreiber wachen auch über den einladenden irischen Pub mit Restaurant mit gutem Essen und Wein und netter Gesellschaft. Von oberhalb ist die Burg auch über die Straße zu erreichen – ein Taxi vom Flughafen kostet Rs550. US$52

Chhetri Sisters Guest House, Khahare, Lakeside, 061-462066, 3sistersadventure.com, Karte S. 290–291. Dank ihres Erfolgs konnten sich die drei Schwestern – Pionierinnen auf dem Gebiet des Frauen-Trekkings – ein attraktives und stetig wachsendes Guesthouse leisten. Helle, luftige und gepflegte Zimmer in Holz und Ziegelstein mit Gemälden, die lokale Szenen darstellen. Zu den Gästen zählen v. a. weibliche Einzelreisende, die hier gleichgesinnte Travellerinnen (und vielleicht auch Trekkingpartnerinnen) treffen möchten – aber jeder ist willkommen. Ohne Bad US$25, mit Bad US$30

Ganden Yiga Chozin Buddhist Centre, Khahare, Lakeside, 061-522932 oder 061-462923, pokharabuddhistcentre.com, Karte S. 290–291. Das kleine Meditationszentrum – mit eigenem Gebetsraum und riesigem Gebetsrad – bietet in einem bescheidenen Nebengebäude schlichte Unterkünfte. Täglich Meditations- und Yogaunterricht sowie Fr–Sa regelmäßig stille Einkehr- und Studiersessions. Rs250

Green Peace Lodge, Lakeside Marg, Khahare, Lakeside, 061-462780 oder 984-6195932, greenpeacelodge@hotmail.com, Karte S. 290–291. Einfach, aber freundlich und günstig, in unübertrefflicher Lage direkt am See, mit eigenen Booten und vielen Langzeitgästen. Dem schickeren Anbau hinter der nächsten Straßenkurve fehlt leider die tolle Lage. Rs250

Palm Garden Lodge, Khahare, Lakeside, 984-6294890, ralf.willmann@gmail.com, Karte S. 290–291. Die große, recht neue Budget-Lodge liegt inmitten netter Gärten oberhalb der Hauptstraße von Lakeside in dem noch ländlichen Gebiet Richtung Norden – obwohl sich das Umfeld durch den Bau von Unterkünften wie dieser mehr und mehr verändert. Freundlich und mit gutem Gespür für die Bedürfnisse von Travellern. Rs300

Damside

Damside (der offizielle nepalesische Name lautet Pardi) ist heute eher ein Vorort als eine Touristenenklave, aber es gibt hier nach wie vor ein paar wenige Hotels und Restaurants. Dafür ist es recht friedlich und bietet schöne Ausblicke auf die Berge.

Green View Hotel, Damside, 061-464844, Karte S. 290–291. Das hinter Blumengärten gelegene Haus wirkt auf merkwürdige Art wie eine Miniaturversion des Weißen Hauses in Washington, jedoch verbirgt sich hinter der protzigen Fassade ein ruhiges, gepflegtes Gästehaus, das von einer freundlichen Gurung-Familie geführt wird. Tolle Ausblicke vom Dach und für das Gebotene recht zivile Preise. Rs500, „deluxe"-Zimmer Rs1000

Hotel Monalisa, Damside, 061-463863, Karte S. 290–291. Etwas vornehmeres, professionell geführtes Hotel in guter Lage mit Blick über den See und auf die Berge. Die Gardinen und braunen Bettdecken wirken eher geschäftsmäßig als gemütlich, aber der Empfang ist ehrlich freundlich. Standardzimmer US$30, mit AC US$50

Jenseits des Sees: Anadu

Gegenüber von Lakeside liegt auf der anderen Seeseite das äußerst friedliche Dorf Anadu, das jedoch nicht gerade durch besondere Freundlichkeit auffällt. Dafür verströmt die Tatsache, dass man nur mit dem Boot hinkommt, ein gewisses romantisches Flair. (Genau genommen ist Anadu auch zu Fuß vom Highway auf der anderen Seite des Bergrückens aus erreichbar.) Außerdem ist die Aussicht auf die Berge von hier aus wesentlich schöner als von Lakeside, das Wasser ist sauber, und ein schöner Wanderweg (zur Friedenspagode) liegt direkt vor der Haustür. Die meisten Unterkünfte sind vom Palastgebiet in Lakeside in rund 20 Ruderminuten zu erreichen.

Anadu House, Anadu, 061-464599 oder 980-6612556, manadu22@gmail.com, Karte S. 290–291. Atemberaubendes und angenehm exzentrisches Privathaus am Anadu-Hang oberhalb der Steintreppe, die vom Wasser heraufführt. Der deuts
der hier schon lange lebt,
oder gleich das ganze Hau
seine Sammlung mit Himala
Ausblicke und den umfasse

Koch- und Putzservice des hauseigenen Butlers genießen. Auch längere Aufenthalte möglich. US$50

Kopila, Anadu, ✆ 984-6020378, Karte S. 290–291. Die beste der wenigen Budget-Unterkünfte in Anadu: überwältigender Blick, schattige und unglaublich friedvolle, wenn auch ungepflegte Anlage mitten im Wald. Das Restaurant und die Versorgung mit warmem Wasser lassen zuweilen zu wünschen übrig, und die Einrichtung wirkt ein wenig verblasst – insgesamt sieht das Ganze so aus, als habe es schon bessere Tage gesehen. Rs900

Stonehaven Himalayan Retreat, Anadu, ✆ 01-4212860 oder ✆ 984-9021228, Karte S. 290–291. Schönes, umweltfreundlich konzipiertes Rundhaus sowie daneben ein traditionelles nepalesisches Wohnhaus fast gänzlich aus Naturstein. Vorwiegend dient das Retreat als Zentrum für Meditationstage und Kurse, aber es werden auch Gäste für kurze Aufenthalte aufgenommen. Auch kann das gesamte Haus gemietet werden. Umwerfende Ausblicke vom großen Garten und wunderbare Lage Richtung Ende des Sees – weit entfernt vom eigentlichen Anadu. €120

Resorthotels

Die Resorthotels in Pokhara bieten zwar ein gewisses Maß an Luxus und eine schöne Umgebung zum Entspannen, doch Perfektion wäre auch hier zu viel erwartet. Dank Sonderangeboten und Ermäßigungen liegen die tatsächlichen Preise oft erheblich unter den offiziellen. Eine weitere interessante Anlage in dieser Kategorie ist Begnas Lake Resort and Villas (S. 317).

Fish Tail Lodge, gegenüber Lakeside Süd, ✆ 061-465071, 💻 fishtail-lodge.com, Karte S. 290–291. Das erste Luxushotel in Lakeside: Das veraltete Design und die Zimmer in mehreckigen Gebäuden auf allerdings wunderschönem Gelände vermitteln den Eindruck, als befinde man sich hier im Schlupfwinkel eines James-Bond-Bösewichts. Pool und unschlagbarer Blick auf den See mit dem klassischen …rgpanorama im Hintergrund – ohne diesen …k könnte das Hotel nicht die verlangten Preise nehmen. Zugang per Stechkahn oder Seilfähre. US$200

Fulbari Resort & Spa, 4 km südlich des Flughafens, ✆ 061-432451, 💻 fulbari.com, Karte S. 310. Riesiger Möchtegern-Nobelkomplex oberhalb der atemberaubenden Seti-Schlucht, mit Golfplatz, Pool, 6 Restaurants, Tennisplätzen etc. Allerdings entspricht der Service nicht immer den Preisen. US$215

Shangri-La Village, 1,5 km südlich des Flughafens, ✆ 061-462222, 💻 hotelshangrila.com, Karte S. 289. Wunderschön gestaltete Nobelversionen nepalesischer Häuser auf kostspielig angelegtem Gelände. Der idyllische Pool steht auch Nichtgästen offen. Der Service ist eher schleppend, und die Zimmer im Erdgeschoss sind eher enttäuschend. US$245

Tiger Mountain Pokhara Lodge, 5 km östlich von Pokhara, ✆ 01-4361500 oder ✆ 061-691887, 💻 tigermountainpokhara.com, Karte S. 310. Superedle Anlage auf dem Bergkamm rund 5 km östlich von Pokhara mit tollem Ausblick, hervorragendem Service und schönen Zimmern in Steinbungalows. Alle Mahlzeiten, Aktivitäten und Transfers von und nach Pokhara sind inbegriffen. US$300

ESSEN

Pokhara wartet mit unzähligen **Restaurants** auf. Zwar werden nach 22.30 Uhr die Bürgersteige hochgeklappt, aber wer noch Trekkingpartner oder einfach Kontakt sucht, wird in den Gaststätten und Cafés am See sicher fündig. Kerzenlicht sorgt für eine (manchmal durch Stromausfälle auch unfreiwillige) romantische Atmosphäre. Die meisten **Touristenlokale** bieten die üblichen Standardmenüs und eine riesige Auswahl an fantasievollen, nicht nepalesischen Gerichten sowie frischen Fisch, der auf Dutzenden von Arten zubereitet wird. Um ein Vielfaches billiger sind die **Momo-Buden** (eine Ansammlung von Buden gibt's beim Hotel Barahi), und einen extremen Szenewechsel bietet Pokhara Bazaar mit seinen **indischen Restaurants** – der Klassiker ist das Almonds. Meist recht schmuddelige Kneipen mit nepalesischem oder **tibetischem** Essen findet man in der ganzen Stadt verstreut –

einfach eine der Seitenstraßen, die von der Hauptstraße wegführen, entlanggehen. Vorsicht ist bei **Saftverkäufern** geboten, die oft den Saft mit (nicht keimfreiem) Wasser verdünnen und mit Zucker versehen.

Lakeside Mitte

Almonds, Lakeside Marg, ✆ 061-460271, Karte S. 290–291; Filiale am B.P. Chowk, ✆ 061-530176, Karte S. 290–291. Vielleicht das beste indische Restaurant von Lakeside und ein Lieblingslokal der Einheimischen. Gern gegessen wird hier das *butter chicken* (Rs210), aber am besten erkundet man das große Angebot an Curry-Gerichten (ab Rs180) oder bestellt ein komplettes *thali* (Rs190–280). Die Chipledhunga-Filiale im Hauptbasar der Stadt (an der verkehrsreichen Kreuzung B.P. Chowk) ist sogar noch besser – und lohnt die Anfahrt, weil man hier das echte nepalesische Pokhara zu sehen bekommt. ⌚ tgl. 9–22.30 Uhr oder auch später.

Everest Steak House, Lakeside Marg, Karte S. 290–291. Restaurant im 1. Stock mit angeblich den besten (und vielleicht größten) Steaks der Stadt (Rs600–700 oder Rs300 für ein großes „halbes") mit jeder nur erdenklichen Sauce. Außerdem stehen noch ein paar Hühnchen- und andere Rindfleischgerichte auf der Karte. ⌚ tgl. 9–22 Uhr.

Hungry Eye, Lakeside Marg, ✆ 061-463096, Karte S. 290–291. Das große und etwas protzige Restaurant hat es v. a. auf Gruppen abgesehen, aber es bietet eine der besseren (wenn auch lauteren) Kulturshows an der Hauptstraße, mit authentischen und gut dargebotenen nepalesischen Liedern und Tänzen (19–21 Uhr). Die Karte mit den vielen europäischen, indischen, chinesischen und nepalesischen Gerichten verzettelt sich etwas, und das Essen ist teurer als woanders (Steaks Rs325, *daal bhaat* Rs600), jedoch von verlässlicher Qualität. ⌚ tgl. 7–22 Uhr, Buffet (Rs500) bis spät.

Koto, Lakeside Marg, ✆ 061-463414, Karte S. 290–291. Auf einer teilweise offenen Terrasse im 1. Stock an einer munteren Ecke serviert dieses renommierte Restaurant mit das beste japanische Essen in Pokhara, darunter Yakitori- und Teriyaki-Gerichte (alle Rs300), *udon-* und *donburi*-Nudeln (Rs300–500), Klebreis und sogar Räucherlachs-Sushi (Rs225). Ausgezeichnete Menüs (Rs320–480). ⌚ tgl. 11.30–15, 18–21 Uhr.

Mamma Mia, Phewa Marg, ✆ 061-464810, Karte S. 290–291. Eines der besten italienischen Restaurants der Stadt mit gemütlicher Korbmöbeleinrichtung, zur Straße hin offen. Überraschend gute hausgemachte Pasta mit frischen Soßen, z. B. Spaghetti mit Knoblauch und Olivenöl (Rs205), und echte knusprige Holzofenpizza (ab Rs200). ⌚ tgl. 7–23 Uhr.

Mike's, Devisthan Path, ✆ 061-463151, Karte S. 290–291. Nicht mehr das, was es zu seinen Glanzzeiten war, als es einsam auf dieser Seite der Uferstraße lag, aber die Gäste sitzen immer noch am nächsten am Seeufer. Berühmt ist das Frühstück (Rs300–350) mit üppigen Portionen original amerikanischer Waffeln, *eggs Benedict* (pochierte Eier auf Muffinhälften mit Schinken und Sauce hollandaise), *huevos rancheros*, Apfelpfannkuchen etc. ⌚ tgl. 6.30–21 Uhr.

Moondance, Lakeside Marg, ✆ 061-461835, Karte S. 290–291. Das Epizentrum der Lakeside-Gastronomie, mit toller Innenausstattung und Gerichten, die man hier sonst nicht findet, wie Bratwurst (Rs350), *fillet almondine* (Seefisch mit Mandeln, Rs550) und Pizzas mit Salami, Feta usw. (große Pizzas Rs290–500). Schön für einen entspannenden Drink nach dem Abendessen mit einer Runde Billard. Wenn es voll ist, kann die Bedienung allerdings etwas schleppend sein. ⌚ tgl. 8–22.30 Uhr oder später.

Newari Kitchen, beim Camping Chowk, Lakeside Marg, ✆ 061-462633, Karte S. 290–291. Die Schwalben, die hier nisten, tragen das Ihre zum netten traditionellen newarischen Flair des Ladens bei, ergänzt durch die Ausblicke auf den See von der kleinen Terrasse. Es gibt auch eine Auswahl westlicher Gerichte, Spezialität des Hauses ist aber newarische Kost. Besonders lecker sind das newarische Tagesgericht (vegetarisch Rs190, mit Fleisch Rs230), die Kartoffel-Bambussprossen-Suppe (Rs135) und das *juju dhau* (süßer Joghurt, Rs140). ⌚ tgl. 7–22 Uhr.

Olive Café, Lakeside Marg, ✆ 061-462575, Karte S. 290–291. Das zum Moondance (s. o.) gehörige Restaurant bietet eine entspannte Atmosphäre mit ein paar Tischen draußen auf der Straße im Stil eines europäischen Cafés. Zu empfehlen sind das Tabouleh (Rs250), der pikante frische Mittelmeerteller mit echten Oliven und Hummus (Rs390) sowie das köstliche, aber teure Lammkarree (Rs995). Auch abends ist hier viel los – die Stimmung erinnert an eine Taverne –, mit Cocktails ab Rs220 und einer leckeren Minzlimonade (Rs90). ⌚ tgl. 6.30–23 Uhr.

Once Upon A Time, Lakeside Marg, ✆ 061-461881, Karte S. 290–291. Eines der nettesten Café-Restaurants in zentraler Lage mit Blick auf eine große Feige; mit seinem offenen Balkon oben erinnert das Lokal an das alte Lakeside. Gute Pizzas (Rs180–500) und gutes mexikanisches Essen (Tacos und Burritos Rs270), ein großzügiges indisches *thali* kostet Rs600. ⌚ tgl. 8–23 Uhr.

Punjabi Restaurant, Lakeside Marg, ✆ 984-6025937, Karte S. 290–291. Rein vegetarisches Lokal mit köstlichen indischen Currygerichten (Rs150, Biryanis Rs200) in anheimelnder, leicht festlicher Atmosphäre, mit Korbstühlen und warmem, buntem Licht. ⌚ tgl. 8–23 Uhr.

Lakeside Süd

Caffè Concerto, vor dem Ratna Mandir, Lakeside Marg, ✆ 061-463529, Karte S. 290–291. Authentische italienische Küche in relaxter Atmosphäre mit Jazz-Untermalung. Die hausgemachte Eiscreme und das Tiramisu sind wirklich überzeugend, die Spaghetti carbonara (Rs365) köstlich und sättigend, und wo sonst gibt es eine Rucola-Prosciutto-Pizza (Rs450)? Der Wein ist dagegen eher mäßig. ⌚ tgl. 8–22.30 Uhr.

Lhasa, Lakeside Marg, ✆ 061-463066, Karte S. 290–291. Gute Auswahl an tibetischen Spezialitäten, darunter *momos* (Rs140), *thukpa*-Nudelsuppe und das merkwürdige alkoholische Getränk *tongba*. Für ein Restaurant in Lakeside sind die Gerichte alle recht preiswert (unter Rs250), und die Atmosphäre ist dank tibetischer Musik, Gebetsfahnen und überaus freundlichem Personal recht fröhlich. ⌚ tgl. 11.30–20.30 Uhr.

Natssul, Lakeside Marg, Lakeside, ✆ 061-229198, 💻 natssul.com, Karte S. 290–291. Eines der letzten Gartenrestaurants in Lakeside, mit kleinen Strohdächern über den Tischen sowie Blick auf den See. Mit großer Leidenschaft geführt von einem koreanischen Paar (sie heißt April, er Oktober) – dieses Lokal erweckt eventuell schlummernde Geschmacksnerven wieder zum Leben! Tipps: *bulgogi* (Feuertopf, Rs400), *kimboh sushi* (Rs350) sowie die köstlichen Schweinefleischgerichte vom Grill (ab 17 Uhr, etwa Rs400). ⌚ 12 Uhr (oder auch etwas früher) bis 22 Uhr (oder später).

Old Lan Hua, Gaurighat, Lakeside Marg, ✆ 061-463797, Karte S. 290–291. Das sehr gute chinesische Restaurant erfreut sich sowohl bei den Einheimischen als auch bei chinesischen Touristen großer Beliebtheit. Entweder man bittet jemanden, einem beim Navigieren durch die abgelegeneren Ecken der Speisekarte zu helfen (wie wär's mit doppelt gegartem Kaumagen, Rs250?) oder man hält sich an die klassische Ente mit Ingwer (Rs360) oder das geraspelte Schweinefleisch (Rs250). Riesige Portionen! ⌚ tgl. 11–22 Uhr.

Pokhara Thakali Kitchen, Gaurighat, Lakeside Marg, ✆ 061-206536, Karte S. 290–291. Thakali-Essen gilt bei den Nepalesen als sehr gut, und auch dieses Lokal enttäuscht in dieser Hinsicht nicht, mit köstlichem *daal bhaat* (vegetarisch Rs290, mit Fisch Rs380) sowie ausgezeichneten, reich gewürzten newarischen Fleischgerichten wie Mustang-Kartoffeln mit Chili (Rs100) und *sukuti* (Trockenfleisch, Rs260). Die Inneneinrichtung im traditionell nepalesischen Stil mit Trockenmauern und rot-weißem Putz ist zugleich schick und gemütlich, und im Winter kann man rund um das große Feuer sitzen. ⌚ tgl. 10–22 Uhr.

Damside

Don't Pass Me By, Damside, Pardi, Karte S. 290–291. Unschlagbare Lage mit blumengesäumtem Garten, der sich zum See hinabzieht, und bewaldeten Hängen gegenüber. Besser zum Frühstücken (ab Rs80) oder für ein einfaches Mittagessen (Pasta u. Ä., Rs100–200)

– gegen Abend können die Insekten nerven. ⏲ tgl. 9–20.30 Uhr.

German Bakery, Damside, Pardi, Karte S. 290–291. Annehmbare Croissants, gute Frühstücksmenüs (Rs170–300) sowie wirklich verlockendes Kuchenangebot (Brownies und Apfelstreuselkuchen Rs90). Es gibt auch einfache Hauptgerichte wie z. B. *thukpa*-Nudelsuppe (Rs130). ⏲ tgl. 6–21 Uhr.

UNTERHALTUNG

Das **Nachtleben** in Pokhara wird nur von dem in Thamel übertroffen, jedoch ist es erheblich entspannter, und die Schließzeiten werden ziemlich streng befolgt – nach 23 Uhr ist nicht mehr viel los. In fast allen Bars gibt's **Happy Hours**, zumeist den ganzen Nachmittag bis zwischen 17 und 19 Uhr. Die **Musikszene** besteht darin, dass früher am Abend nepalesische Rockbands Stücke nachspielen und später dann manchmal DJs die übliche westliche Tanzmusik auflegen; zuweilen gibt's auch Bollywood-Abende, Jazzbands oder interessante Fusion-Gruppen – am besten geht's immer den Ohren nach. Zum Abendessen bieten das Hungry Eye, das Hotel Barahi und einige andere Touristenrestaurants kostenlose Musik- und Tanzdarbietungen heimischer Ensembles.

Busy Bee, Lakeside Marg, Lakeside Nord, Karte S. 290–291. In der großen, teils offenen Bar ist, wie der Name schon sagt, immer viel los; außerdem rocken hier allabendlich bis 23 Uhr Live-Bands ab. Dazu gibt's Billardtische, Tischfußball, eine lange Cocktailkarte (ab Rs300) und einen munteren Gartenbereich unten am See. Besonders bei jungen Westlern beliebt. ⏲ tgl. 11–1 Uhr.

Club Amsterdam, Lakeside Marg, Lakeside Nord, Karte S. 290–291. Beliebtes, pubähnliches Lokal mit gut sortiertem Getränkeangebot, Billard, großem Sat-TV, Livemusik (fast jeden Abend Blues oder Rock, manchmal Jazz) und einer später am Abend gut gefüllten kleinen Tanzfläche. Cocktails Rs200–300. ⏲ tgl. 10–24 Uhr oder später.

Club Paradiso, Lakeside Marg, Lakeside Nord, Karte S. 290–291. Tanztreff für die hippe nepalesische und ausländische Jugend mit Techno-Zwischengeschoss und echtem VW Käfer. Ab Rs250 für eine Dose Bier bis Rs450 für einen Cocktail. Eintritt Rs500. ⏲ tgl. 11–23 Uhr oder später.

Maya Pub, Lakeside Marg, Lakeside Nord, Karte S. 290–291. Beliebte Bar mit Restaurant, geführt von einem legendären Australier. Gut zum Abhängen bei Cocktails (Rs450) und Musik, gute Nudelgerichte zu zivilen Preisen (Rs250), Steaks (Rs300–400) und vegetarische Gerichte. ⏲ tgl. 9–23 Uhr oder später.

EINKAUFEN

In Pokhara ist die gesamte Palette nepalesischer **Souvenirs** erhältlich, von netten Wollsachen bis zu *khukuri*-Messern und von tibetischem Schmuck bis zu *thangka*-Gemälden – zumeist etwas teurer als in Kathmandu, von wo es häufig herangeschafft wird. Zu den örtlichen Besonderheiten gehören **Batiken**, **Holzarbeiten**, **Puppen** in Tracht und **shaligram-Steine** mit fossilen Einschlüssen aus dem Kali Gandaki, die oft beschnitzt sind. Am besten kauft man Souvenirs an der langen Reihe von Hütten gegenüber vom Ratna Mandir in Lakeside Süd.

Händler aus Kaschmir dominieren die Ladenszene in Lakeside, und die Geschäfte quellen über vor „asiatischem" Kunsthandwerk: hauptsächlich überteuerte Teppiche sowie billige Sachen aus Pappmaché und Speckstein.

Teppiche kauft man am allerbesten in den tibetischen Dörfern selbst. Industriell erzeugte Waren bekommt man am besten im Viertel Mahendra Pul in der Stadt, um den B.P. Chowk.

Fishtail Book Shop, gegenüber vom Maya Pub, Lakeside Marg, ✆ 061-462368, Karte S. 290–291. In Pokhara gibt's keinen herausragenden Buchladen (wie etwa in Kathmandu Pilgrims), dies ist jedoch einer der größten und besten, mit einer guten Auswahl an neuen und gebrauchten Büchern und sehr hilfsbereiter Führung. ⏲ tgl. 8–21.30 Uhr.

AKTIVITÄTEN

Pokhara hat sich zu Nepals Hauptstadt für Outdooraktivitäten und **Abenteuersport** gemausert. Es ist das Sprungbrett zu einigen der besten Trekkingrouten der Welt; außerdem kommt eine ständig wachsende Zahl von

Reisenden zum Gleitschirm- und Ultraleichtfliegen und Kajak- und Mountainbikefahren hierher. In letzter Zeit hat sich die Angebotspalette noch durch Parahawking (Gleitschirmfliegen mit Falken), Hydrospeeding und Canyoning erweitert, und auch Fallschirmspringen soll bald hinzukommen.

Trekking

Detaillierte Informationen zum Trekking inklusive Vorbereitung, Routen und Adressen finden sich im Kapitel „Trekking" ab S. 393.
Preisgünstige **Trekkingagenturen** zu empfehlen ist immer ein Problem, da die Qualität des Angebots sehr stark von Trek zu Trek schwankt und sehr von den einzelnen Führern abhängig ist. Die beiden folgenden alteingesessenen Trekkinganbieter in Pokhara genießen jedoch einen guten Ruf:

Lily's Nirvana Trekking, Sacred Valley Inn, Lakeside Marg, Lakeside Süd, ✆ 061-461792, 💻 sacredvalleyinn.com, Karte S. 290–291. Das von den Eigentümern des Sacred Valley Inn betriebene Trekkingunternehmen ist etabliert und zuverlässig und beschäftigt erfahrene Führer aus der Umgebung.

Three Sisters Adventure Trekking, Khahare, Lakeside, ✆ 061-462066, 💻 3sistersadventure.com, Karte S. 290–291. Für ihre Bemühungen, Frauen zu mehr Selbständigkeit zu verhelfen und die Einheimischen bei der touristischen Erschließung abgelegener Regionen zu unterstützen, wurden die drei Chhetri-Schwestern mit dem Ökotourismus-Preis von National Geographic ausgezeichnet. Fast als einziger Anbieter beschäftigt diese Agentur selbst ausgebildete weibliche Führer und Träger – für die eine Reservierung in jedem Fall zu empfehlen ist. Angeboten wird außerdem Klettern in den Felsen hinter dem Agenturbüro (Rs300/Tag, Rs540 mit Ausrüstung; Führer Rs1500/Tag).

Rafting und Kajakfahren

Pokhara hat vier **Raftingflüsse** in unmittelbarer Nähe: Kali Gandaki, Trisuli, Seti und Marsyangdi. Eine Fahrt auf dem Kali ist von Pokhara aus am beliebtesten; der Trisuli bietet sich eher von Kathmandu aus an, da die Einstiegstelle von dort aus näher liegt und der Fluss Richtung Pokhara fließt. Auf den Seti sind vor allem **Kajakfahrer** spezialisiert; Kajaks

Trekking organisieren von Pokhara aus

Von Pokhara aus sind alle wichtigen Startpunkte für die **Annapurna-Treks** nur wenige Fahrstunden entfernt und mit Taxis oder öffentlichen Bussen zu erreichen (s. Kapitel „Trekking" S. 393). Man kann auch zu Fuß direkt von Lakeside aufbrechen und über **Sarangkot** wandern, am Begnas Tal (S. 316) losgehen oder sogar ein Boot mieten und sich über den See bis kurz vor Naudaada rudern lassen.
Es gibt Dutzende **Trekkingagenturen** in Pokhara, aber um in der Annapurna-Region zu wandern, braucht man diese eigentlich nicht, es sei denn, man plant etwas völlig Unorthodoxes. **Führer** und **Träger** (S. 401) können über jede beliebige Agentur, jeden Ausrüstungsladen und jedes Gästehaus gemietet werden.
Manchmal sieht man an den Anschlagbrettern der Restaurants in Lakeside Notizen von Leuten, die Trekkingpartner suchen. Letztendlich braucht man sich diesbezüglich aber keine Sorgen zu machen, da man unterwegs jede Menge Leute trifft.
Die Auswahl an Geschäften, die **Trekkingausrüstung** verleihen, ist so groß wie in Kathmandu, und wer von dort kommt und sich erst hier ausrüstet, muss für weniger Tage bezahlen.
Die erforderliche **TIMS-Genehmigung** (US$20) und die Gebühr für die **Annapurna Conservation Area** (ACAP; Rs2000) kann man im Gebäude des Nepal Tourism Board beim Flughafen bezahlen (Passfoto mitnehmen!); TIMS-Büro 🕒 10–17 Uhr (während des Dasain-Festes bis 16 Uhr), ACAP-Büro 🕒 So–Fr 9.30–16, Sa 10–15 Uhr.

kann man bei den aufgeführten Gesellschaften mieten (ab US$15 ohne Zusatzausrüstung). Näheres zu Flüssen, Rafting und Kajakfahren s. Kapitel „Rafting" (S. 451); die großen Rafting-anbieter, die alle über Büros in Lakeside Mitte verfügen, werden im Kapitel „Kathmandu" (S. 189) vorgestellt.

Equator Expeditions, Phewa Marg, 400 m östlich des Hallan Chowk, gegenüber vom Hotel Mountain Villa, Lakeside, ✆ 061-465999 oder ✆ 975-609999, 💻 equatorexpeditions nepal.com, Karte S. 290–291. Pokhara-Filiale des Anbieters in Kathmandu (S. 189).

Ganesh Kayak Shop, Barahi Chowk, Lakeside Marg, Lakeside Mitte, ✆ 061-462657, Karte S. 290–291. Spezialanbieter mit Kajakunterricht auf dem Seti, Kajakverleih (ab US$25/Tag), *hydrospeeds*, Ausrüstung und ausgezeichneten Tipps.

Himalayan Encounters, Phewa Marg, 500 m östlich des Hallan Chowk, neben dem Hotel Mountain Villa, Lakeside Mitte, ✆ 061-461954, 💻 himalayanencounters.com, Karte S. 290–291. Sehr professioneller Abenteuersport-Anbieter. Rafting, Trekking, Trips nach Bandipur und mehr.

Paddle Nepal, 50 m nördlich vom Centre Point, Lakeside Marg, Lakeside Mitte, ✆ 061-465730, 💻 paddlenepal.com, Karte S. 290–291. In Pokhara statt in Kathmandu ansässiger Raftinganbieter. Die üblichen Raftingtrips plus Unterricht auf dem Seti, Kajakverleih (ab US$25/Tag) und Kajakführer (ab US$20/Tag).

Mountainbiking

Auf Möglichkeiten zum **Mountainbikefahren** wird im Abschnitt „Das Pokharatal" hingewiesen (S. 311). Allgemeine Ratschläge zum Fahrradfahren, zur Ausstattung und zu den Routen findet man im Kapitel „Mountainbiking" (S. 461).

Pokhara Mountain Bike Club, Khahare, 200 m nördlich des Hallan Chowk, Lakeside, ✆ 061-466224 oder ✆ 980-4134788, 💻 nepal mountainbike.com, Karte S. 290–291. Es ist erstaunlich schwierig, in Pokhara anständige Mountainbikes aufzutreiben, aber diese tolle Vereinigung schafft Abhilfe und verleiht echte Mountainbikes für rund Rs1000–2000/Tag. Außerdem bietet der Club mehr als 20 geführte Radtouren im Pokharatal, um Tansen und im Annapurna-Gebiet an (Rs3000/Tag alles inkl.) und veranstaltet kostenlose professionelle Mountainbike-Schulungen für nepalesische Kinder.

Paragliding

Die etwa zehn Paragliding-Anbieter in Pokhara verlangen allesamt rund US$100 für den einfachen 20- bis 30-minütigen Tandemflug ab Sarangkot oder etwa US$135 für einen 45- bis 60-minütigen Flug. Die meisten bieten außerdem zahlreiche andere Optionen wie Sprünge ab Bandipur (S. 284), Flüge mit speziell trainierten Adlern oder Geiern sowie Tageskurse (3–10 Tage; 5-tägige P1-Kurse für Anfänger kosten etwa US$650; der 4-tägige P2-Kurs, der dann zum einfachen USHPA-Zertifikat hinführt, kostet US$500). Zur Nepal Open Paragliding Championship, die alljährlich im Dez/Jan stattfindet, kommen Gleitschirmflieger aus aller Welt.

Blue Sky Paragliding, Khahare, 400 m nördlich des Hallan Chowk, Lakeside, ✆ 061-464737, 💻 paragliding-nepal.com, Karte S. 290–291. Der schweizerisch-nepalesische Veranstalter hat ein aufregendes Angebot an Cross-Country-Flügen.

Frontiers Paragliding, Lakeside Mitte, ✆ 061-466 044, 💻 nepal-paragliding.com oder 💻 parahawking.com, Karte S. 290–291. Einer der innovativsten Anbieter: Zum Angebot gehört hier auch „Parahawking", bei dem ausgebildete Raubvögel Gleitschirmflieger in die Aufwindströmungen dirigieren und unterwegs um sie herumkreisen; ein Teil der Profite geht an Vogelschutzprojekte, aus denen diese „Rettungsvögel" stammen – einige Vogelfreunde betrachten die kommerzielle Nutzung der bedrohten Tiere allerdings kritisch. Außerdem kann man dem Maya-Devi-Dorfrestaurant einen Besuch abstatten und sogar selbst den Umgang mit den Vögeln erlernen.

Sunrise Paragliding, 50 m nördlich vom Centre Point, Lakeside Mitte, ✆ 061-463174, 💻 sunrise-paragliding.com, Karte S. 290–291.

Der erste Paragliding-Anbieter hier, mit Flügen ab Bandipur und anderen Orten. Erfahrene Gleitschirmflieger können sogenannte „Para-Treks" ausprobieren – zu Fuß geht es auf verschiedene Gipfel und per Gleitschirm wieder nach unten.

Weitere Aktivitäten

Das Fulbari Resort & Spa (S. 300) verfügt über einen **Golfplatz** (9-Loch). Der Himalayan Golf Course am Rand der Bijayapur-Schlucht, ✆ 061-521 882, 🖳 himalayangolfcourse.com, US$45 für 18 Löcher, wurde von einem ehemaligen Gurkha-Major eröffnet. Für die Pflege des Rasens sorgen Schafe; das vierte Loch befindet sich auf einer Insel.

Der **Hearts and Tears Motorcycle Club**, im Busy Bee, Lakeside Marg, ✆ 984-6020293, 🖳 heartsandtears.com, verleiht Royal Enfield Bullets aus den 1950er-Jahren (ab US$45/Tag inkl. Pannendienst, auch Rückführung des Motorrads möglich). Geboten werden außerdem geführte Touren für erfahrene Biker (ab US$250/Tag, alles inbegriffen) auf interessanten Strecken Richtung Tansen und auch darüber hinaus.

Pony-Trekking für Kinder entlang des Seeufers kann über die meisten Hotels und Agenturen gebucht werden (etwa US$20/halber Tag). Wer wirklich reiten möchte, muss sich bei Trekkingführern und Agenturen nach der Möglichkeit erkundigen, im Annapurna-Gebiet Pferde zu mieten – was kein Problem ist, da Pferde auch zum Transport verletzter Wanderer eingesetzt werden.

Das Hotel Barahi in Lakeside (S. 297) erlaubt auch Nichtgästen die Nutzung seines **Pools** (Rs345), genauso wie das Castle Resort (S. 298), das Shangri-La Village (S. 300) und das Fulbari Resort & Spa (S. 300).

Auch Nichtgäste können im Hotel Barahi in Lakeside (S. 297) **Tennis** spielen.

Einen sensationellen Nahblick auf das gesamte Annapurna-Massiv verspricht der **Avia Club Nepal**, 100 m südlich des Centre Point, Lakeside Marg, ✆ 061-462192, 🖳 aviaclubnepal.com. Zahlreiche Flüge heben jeden Morgen etwa von 6.30 bis 10 Uhr vom Flughafen ab. In den **Ultraleichtflugzeugen** kann jeweils ein Passagier mitfliegen. Ein viertelstündiger Flug über den See kostet 65 € (der Anbieter nimmt auch US-Dollar), eine Stunde 185 € – ein unvergessliches Erlebnis, da man dabei den Bergen sehr nahekommt.

SONSTIGES

Geld

Standard Chartered, unmittelbar südlich des Hallan/Camping Chowk, Lakeside Marg, wechselt Geld; 🕒 Mo–Do und So 9–16, Fr 9–13 Uhr.

Geldautomaten findet man an der Hauptstraße von Lakeside; die Gebühr für Barabhebungen beträgt Rs400.

Informationen

Gästehausbesitzer sind die beste Infoquelle; sie können alles für ihre Gäste buchen und verlangen dafür eine Kommission, die auch nicht höher ist als in den Reisebüros.

Die normalen **Pokhara-Stadtpläne**, die in den Buchhandlungen verkauft werden, sind recht detailliert und genau. Für die Erkundung des Tals ist die Karte *Around Pokhara* von Nepal Maps im Maßstab 1:50 000 sehr nützlich; sie enthält außerdem eine detaillierte Karte von Lakeside.

Lebensmittel

Die Minisupermärkte an der Hauptstraße in Lakeside haben alles im Angebot, was man benötigen könnte: Schokolade, Dosen, Brot, Käse, Wein, Spirituosen, Toilettenartikel, Batterien etc. Wesentlich billiger sind allerdings die Läden in Mahendra Pul, dem Zentrum des Basarviertels der Stadt, benannt nach der nahen Brücke.

Massagen

Seeing Hands, Lakeside Marg, gegenüber vom Basundhara Park, gleich nördlich vom Greenline-Büro, ✆ 061-465786. Sozial engagierter Anbieter mit blinden Therapeuten, der einen guten Ruf genießt. Verschiedene Angebote (inkl. Tiefengewebsmassage für müde Trekker) ab Rs1200/Std.

Frisöre, die meist aus Indien kommen, sind sehr versiert in traditioneller Kopfmassage und

Meditation und Yoga

Manche Meditationszentren erleben in Lakeside nur eine Saison oder auch zwei. Am besten erkundigt man sich bei Leuten, die gerade von Meditations- und Yoga-Aufenthalten zurückgekommen sind, nach ihren Erfahrungen – allerdings muss man dabei bedenken, dass die individuellen Ansprüche in diesem Bereich sehr unterschiedlich sein können. Angebote für **Kurse** findet man an Anschlagbrettern und im Internet, Yoga-Enthusiasten problemlos in den geselligen Gästehäusern und Cafés in Lakeside, besonders Richtung **Khahare**, wo viele der etablierteren Meditationszentren ansässig sind. Einige Zentren in Lakeside sind zwar recht kommerziell ausgerichtet, aber das gibt es überall. Einführungsunterricht wird manchmal kostenlos angeboten.

Ganden Yiga Chozin Buddhist Centre, Khahare, Lakeside, ✆ 061-462923, 522923, 🖳 pokharabuddhistcentre.com. Idyllisch gelegene buddhistische Einrichtung mit eigenem kleinem Gebetssaal, einen kleinen Fußmarsch nördlich von Lakeside abseits der Hauptstaße – allerdings schwindet die ländliche Atmosphäre in dieser Gegend aufgrund von Bautätigkeiten sehr schnell. Hier werden regelmäßig dreitägige Wochenendkurse (Beginn Freitagnachmittag) angeboten, außerdem täglich Meditations- und Yogaunterricht sowie einfache Unterkünfte. Aus dem Kopan-Kloster bei Kathmandu kommen buddhistische Mönche für die Touristensaison hierher, um Unterricht zu erteilen und Meditationen anzuleiten.

Nepali Yoga Centre, Centre Phewa Marg, Lakeside, ✆ 984-6041879, 🖳 nepaliyoga.com. Kleines freundliches Zentrum in Lakeside Mitte mit weiblichem Personal, geführt von Devika Gurung, einer Yogalehrerin aus Jomosom im Annapurna-Gebiet. Der morgendliche und nachmittägliche Hatha-Yoga-Unterricht (1 1/2 Std., Rs400) wie auch die längeren Kurse mit Aufenthalt im Zentrum genießen einen guten Ruf.

Pokhara Vipassana Centre, Pachabhaiya, Lekhnath-11, Kaski, ✆ 061-691972, 🖳 pokhara.dhamma.org. Rustikaler Gebäudekomplex in atemberaubender, sehr ruhiger Lage in den Wäldern, die sich steil am Südufer des Begnas Tal erheben, 15 km östlich von Pokhara und nicht weit vom Begnas Lake Resort (S. 317). Geboten werden zehntägige Kurse (jeweils ab dem Monatsersten) sowie Tageskurse (am letzten Samstag des Monats). Die Einrichtung genießt einen sehr guten Ruf, die Kurse sind aber durchaus eine Herausforderung: Der Tag beginnt um 4 Uhr früh, und damit der Geist nicht abgelenkt wird, gilt: nicht lesen, nicht sprechen, kein Alkohol und kein Sex. Die Einrichtung lebt gänzlich von Spenden.

Sadhana Yoga Ashram, Sedi Bagar, nördlich von Lakeside, ✆ 061-694041 oder ✆ 984-6078117, 🖳 sadhana-asanga-yoga.com. Vierstöckiges schlichtes Zentrum auf einer Anhöhe 15 Minuten oberhalb der Lakeside Marg, nicht weit vom Pfad hinauf nach Sarangkot. Hier werden beliebte Yogakurse mit Aufenthalt im Ashram-Stil geboten – jede Stunde erklingen Glocken, um die Teilnehmer in Schwung zu halten, man muss kleine Haushaltsarbeiten erledigen, und es geht insgesamt mehr ums Atmen als um irgendetwas Athletisches. Die abgeschiedene Lage und den Ruf, den man auch im Ausland genießt, lässt man sich teuer bezahlen: Ein dreitägiger Aufenthalt mit vier Übernachtungen kostet Rs8000. Auf dem Programm stehen außerdem längere Aufenthalte, Kochkurse und Sonnenaufgangstouren nach Sarangkot.

bieten oft auch Nacken-, Rücken- und sogar Ganzkörpermassagen an.

Medizinische Hilfe

Mehrere Apotheken in Lakeside und Damside können Stuhlproben untersuchen, allerdings

sind Fehldiagnose
zwei Apotheken w
Heilmittel angebot
Manipal Teaching
Ostufer des Seti N
Stadtrand, ✆ 061-

In de
für ein p
Außerdem
Waschautoma

Krankenhaus, in dem ein in Indien ausgebildetes Ärzteteam arbeitet; gut für Notfälle.
Western Regional Hospital, am Ostufer des Seti, am Hospital Chowk beim Bhadrakali Mandir, ✆ 061-520066, auch unter dem Namen Gandaki Hospital bekannt. Es sieht zwar alles andere als vertrauenerweckend aus, beschäftigt aber einige im Westen ausgebildete Ärzte.

Polizei

Bester erster Anlaufpunkt ist der Posten der Touristenpolizei auf der Südseite des Barahi Chowk an der Lakeside Marg; außerdem gibt's ein Büro im Gebäude des Nepal Tourism Board beim Flughafen, ✆ 061-462761. Für ernstere Angelegenheiten nimmt man am besten die Hilfe seines Hotels oder seiner Botschaft in Anspruch.

Post

Briefmarken werden in Buchhandlungen und Postkartenläden für Touristen verkauft. Viele Geschäfte und Hotels bringen Briefe ins Postamt; sie sind meist vertrauenswürdig.

Reisebüros

Adam Tours & Travels, neben dem Punjabi Restaurant in Lakeside direkt im Zentrum von Lakeside, ✆ 061-461806, 💻 adamtravels.com. Kompetente und zuverlässige Agentur zur Buchung von Fahrkarten, Taxis usw.

Visumsverlängerung

Visa verlängert die Einwanderungsbehörde zwischen Ratna und Shahid Chowk, ✆ 061-465167, 💻 immi.gov.np; der Pass kann später am selben Tag wieder abgeholt werden. ⌚ für die Antragsabgabe So–Do 10.30–13, im Winter bis 12.30, Fr 10–12 Uhr.
Passfotos bekommt man in Minutenschnelle in Fotostudios überall in Lakeside sowie in der Nähe der Behörde (etwa Rs200 für 4 Fotos).

…schereien

… meisten Unterkünften kann man Wäsche …ar Rupien pro Stück waschen lassen. …auchen in Lakeside immer mehr …n auf.

Zeitungen

Internationale Zeitungen und Zeitschriften gibt es in Buchläden zu kaufen. Die englischsprachigen nepalesischen Zeitungen kommen in der Regel gegen Mittag mit dem Flugzeug aus Kathmandu an.

NAHVERKEHR

Nur wenige Besucher machen sich die Mühe, mit den alten und langsamen **Stadtbussen** zu fahren; einfacher ist es mit dem Taxi oder Fahrrad oder zu Fuß.
Mit einem **Fahrrad**, das in Lakeside und Damside überall zu mieten ist, erhöht man seine Mobilität enorm. Günstige Fahrräder kosten etwa Rs100–150/Tag. Für die Erkundung des Pokharatals ist jedoch eher ein **Mountainbike** zu empfehlen. Die Räder, die in den Läden am Straßenrand zu mieten sind, haben häufig eine schlechtere Qualität; für ein gutes Bike aus westlicher Produktion, die man in Spezialläden wie dem Pokhara Mountain Bike Club (S. 305) leihen kann, zahlt man um die Rs1000–2000.
Motorrad-Verleiher findet man in ganz Lakeside, die meisten an der Phewa Marg, die vom Hallan/Camping Chowk (beim Restaurant Mamma Mia) nach Osten wegführt. Das Preisniveau reicht in Lakeside von Rs500/Tag (ohne Benzin) bis zu Rs1200/Tag für die größten und neuesten Maschinen; ein brauchbares Motorrad sollte gewöhnlich um die Rs800 kosten.
Taxis warten an verschiedenen Stellen an der Hauptstraße von Lakeside. Sie sind teurer als in Kathmandu und mit einem Taxameter ausgestattet, das viele Fahrer aber ungern einschalten.
Für Tagestouren im Tal ist es sinnvoll, ein Taxi für einen ganzen Tag zu mieten, was einschließlich Benzin etwa Rs2500 für einen ganzen oder Rs1200–1500 für einen halben Tag kostet – am besten ist es, seinen Gastwirt darum zu bitten, die Verhandlungen zu führen.
Fahrten mit einem **Mietwagen** über längere Strecken sind teurer als die üblichen Tagesmieten, da man auch für die Rückfahrt von Fahrzeug und Fahrer nach Pokhara bezahlt. Die Kosten hängen von den Benzinpreisen ab,

jedoch zahlt man für längere Tagestouren etwa US$40–50 und für Fahrten nach Chitwan, Kathmandu oder Lumbini US$70–90. Nähere Informationen zu Fahrten zu den Ausgangspunkten der Wanderwege siehe Kapitel „Trekking“ S. 393.

TRANSPORT

Busse

Touristenbusse kommen an einem eigenen Busbahnhof nahe dem Viertel Damside an, Greenline-Busse fahren jedoch direkt bis zur Niederlassung der Gesellschaft am Südende von Lakeside. Greenline, ✆ 061-464472, 💻 greenline.com.np, bietet klimatisierte Busse und insgesamt den besten Service (US$20 nach KATHMANDU, US$17 nach SAURAHA/ CHITWAN), gefolgt von Golden Travels (US$13 nach Kathmandu, jedoch muss man dafür erst zum Busbahnhof). Die günstigeren Busse haben keine AC, ansonsten sind sie aber okay und kosten nur rund die Hälfte (Rs400 bzw. Rs500 nach Chitwan); außerdem bieten sie vielleicht eine größere Bandbreite an Abfahrtszeiten. Einen guten Ruf genießt Blue Sky, ✆ 061-462435, 💻 blue-sky-tours.com.
Eigentlich könnte man vom Tourist Bus Park aus die meisten Unterkünfte ohne Weiteres zu Fuß erreichen – wenn da nicht die Schlepper wären, die sich bei Ankunft der Touristen wie Jagdhunde auf ihre Beute stürzen. Man sollte sich nicht wundern, wenn sie behaupten, dass das gewählte Gästehaus letzte Woche abgebrannt sei oder der Taxifahrer einen aus Provisionsgründen an einem anderen Gästehaus absetzt. Wer sich von einem Vermittler mit einer kostenlosen Taxifahrt in eine bestimmte Unterkunft locken lässt, zahlt mehr für das Zimmer. Ohne Zimmervermittlung wird allerdings der Fahrpreis auf mindestens Rs200 hochgetrieben, je nach Fahrtziel und Feilschtalent der Fahrgäste.
Die **öffentlichen Buslinien** halten alle am großen Busbahnhof östlich des Prithvi Chowk. Eine Taxifahrt bis nach Lakeside sollte etwa Rs150 kosten.
Die Weiterreise zu den Ausgangspunkten der **Wanderwege** wird separat im Kapitel „Trekking“ (S. 393) behandelt.
Nach Kathmandu (alle 10 Min., 4–5 Std.) verkehren auch **Microbusse**, die jedoch öfter in Unfälle verwickelt sind als die größeren Busse.

Busse nach:
BAGLUNG 35x tgl., 3 Std.
BARTUN (für Tansen) 17x tgl., 5 Std.
BEGNAS TAL alle 20 Min., 3/4 Std.
BENI 8x tgl., 4 Std.
BESISAHAR 4x tgl., 5 Std.
BIRGUNJ 9x tgl., 8 Std., und 2 Nachtbusse, 10 Std.
BUTWAL (für Sonauli) 16x tgl., 7–8 Std., und 3 Nachtbusse, 10 Std.
DHANGADHI (für Bardia) 1 Nachtbus, 15 Std.
GORKHA 4x tgl., 4 Std.
JAGATPUR 2x tgl., 8 Std.
JANAKPUR 1x tgl., 11 Std., und 1 Nachtbus, 12 Std.
KAKARBHITTA 1x tgl., 14 Std., und 3 Nachtbusse, 16 Std.
KATHMANDU alle 20 Min., 6–7 Std., und 6 Nachtbusse, 6–7 Std.
MAHENDRA NAGAR 1 Nachtbus, 16 Std.
NARAYANGADH (für Chitwan) alle 30 Min., 4–5 Std.
NEPALGUNJ 1 Nachtbus, 14 Std.

Flüge

Wer es eilig hat, für den sind die regelmäßigen Flüge zwischen Pokhara und KATHMANDU (US$98) eine Alternative – und die Ausblicke auf die Bergwelt sind fantastisch.
Zur Zeit der Recherche fuhren Taxis zum Festpreis von Rs200 vom Flughafen ins Zentrum von Lakeside.
Die Verpflegungsmöglichkeiten am Flughafen sind eher begrenzt; der lizenzierte Geldwechsler bietet gewöhnlich recht gute Kurse.

Flüge nach:
BHAIRAHAWA 1x tgl.
JOMOSOM 3–9x tgl., US$82
MANANG HUNDE bis zu 3x wöchentl., je nach Jahreszeit.
Außerdem werden von Pokhara Charterflüge nach BHARATPUR, CHITWAN, DOLPO und JUMLA sowie Rundflüge angeboten.

POKHARATAL

Übernachtung

Begnas Lake Resort and Villas	4
Blue Heaven	3
Dinesh House	5
Fulbari Resort and Spa	2
Rupa View	6
Tiger Mountain Pokhara Lodge	1

Pokhara
Lakeside
Damside
Bazaar
Flughafen
Chhorepatan
Devi's Falls
Tibetisches Dorf Tashiling
Weltfriedens-stupa
Phewa Tal
Anadu
Tibetisches Kloster
K.I. SINGH PUL
MAHENDRA PUL
Batulechaur
Tashi Palkhel
Mahendra Gupha
Chamere Gupha
Sarangkot
Kaskikot
Maula
Pame
Hyemja
Phedi
Naudaada
Bhadaure
Ghatichhina
Panchaase Bhanjyang
PANCHAASE DAADA
Bhumdi
Kahun Daada
Kalikasthan
Tiwaridanda
Begnaskot
Begnas Tal
Begnas Tal Bazaar
Sundari Danda
SUNDARI DANDA
Rupa Tal
Seti Nadi
Madi Nadi
Bijaypur Khola
Bhalam Khola
Kali Khola
Yamdi Khola
Harpan Khola
Phusre Khola
BAGLUNG HIGHWAY
PRITHVI HIGHWAY
SIDDHARTHA HIGHWAY
Annapurna Sanctuary Trek
Baglung, Beni, Nayapul
Karkineta
Tansen, Butwal
Gorkha, Kathmandu
Shyauli Bazaar, Talbesi
0 2 km
N

s. Detailplan Pokhara S. 289

Das Pokharatal

Tagesausflüge ins Pokharatal sind eine ausgezeichnete Vorbereitung für eine Trekkingtour. Es lohnt sich, früh aufzubrechen und die freie Sicht zu genießen, bevor die Wolken aufziehen und es heiß wird. Proviant und eine große Flasche Wasser können nie schaden. Für Abenteuerlustige gibt es Übernachtungsmöglichkeiten in Sarangkot, Tashi Palkhel und am Begnas Tal.

Der Weltfriedensstupa

Der Weltfriedensstupa, ein Wahrzeichen der Region in 1113 m Höhe auf dem Bergkamm jenseits des Sees, gehört zu den schönsten kürzeren Ausflugszielen in der Umgebung von Pokhara: Der Blick von oben ist ausnehmend schön. Mehrere Wege stehen zur Auswahl, so dass sich eine Rundwanderung anbietet, die zum Beispiel mit einer Bootsfahrt auf dem See beginnt und mit einem Besuch in Chhorepatan endet. Der reine Auf- und Abstieg zum Stupa dauert zwischen zwei und drei Stunden, man kann also nach einem frühen Aufbruch wieder zum Mittagessen zurück sein.

Der **Stupa** selbst – manchmal wird er fälschlicherweise als Pagode bezeichnet – ist 40 m hoch und sieht aus wie eine Kreuzung aus einem Stupa und einem Leuchtturm. Für einen religiösen Bau wirkt er ausgesprochen bombastisch.

Der **Panoramablick** auf den Himalaya von hier aus gehört zu den schönsten, die es von diesem Gebirgsabschnitt gibt, und es ist der einzige, bei dem man den Phewa Tal und Pokhara im Vordergrund sieht. Weit links sieht man den riesigen Höcker des Dhaulagiri und seiner weiter westlich gelegenen Schwestern, in der Mitte ragen das Massiv des Annapurna Himal und die herrliche Pyramide des Machhapuchhare empor, rechts sind Manaslu, Himalchuli and Baudha zu erkennen.

Kleine Cafés bieten Erfrischungen an. Die japanisch-buddhistische Organisation, die den Bau des Monuments finanzierte, unterhält das benachbarte Kloster.

Wandern: Der Weltfriedensstupa

Der einfachste Weg hinauf zum Weltfriedensstupa beginnt in **Damside**. Man überquert den Fluss auf einer Fußgängerbrücke kurz unterhalb des Damms und folgt dem Weg nach links, der an einem kleinen Heiligtum vorbei über die rückwärtige (südliche) Bergseite allmählich in die Höhe führt. Wanderer sollten ihre Wertsachen in der Unterkunft lassen, nicht allein losziehen und am besten vor dem Start noch mal Einheimische um Rat fragen, da aus dem hiesigen Wald mehrfach Raubüberfälle gemeldet wurden. Der Weg ist anfangs nicht klar erkennbar, nach kurzer Zeit wird er jedoch angenehm breit und führt bis zum letzten Abschnitt durch Kastanienwald. Von **Anadu** aus, das am anderen Seeufer liegt und per Boot von Lakeside aus zu erreichen ist, ist der Aufstieg steiler. Wer auf diesem Weg zurückkommt, wird keine Schwierigkeiten haben, ein Boot zurück nach Lakeside zu finden.

Um aus der Wanderung einen Tagesausflug zu machen, kann man auch den **Phewa Tal** umrunden. Vom Stupa läuft man zunächst entlang des Höhenzugs am Rani Ban Retreat vorbei und auf einer holprigen Straße nach Bhumdi. Hier führt eine andere Straße zum Highway hinunter und ein Pfad zum träge fließenden Harpan Khola bei Pame, 3 km flussaufwärts des Phewa Tal. Wer eine längere Wanderung unternehmen möchte, wendet sich von Bhumdi in westliche Richtung und marschiert bis ans Ende der Straße, bevor es zum Harpan Khola hinuntergeht.

Eine tolle Zweitageswanderung mit wunderbaren Ausblicken führt von Bhumdi auf den **Panchaase Daada**, den markanten Höhenzug westlich des Phewa Tal. Oben folgt ein Pfad dem Kamm in nordwestliche Richtung zum Panchaase Bhanjyang, wo einfache **Lodges** zum Übernachten einladen. Am nächsten Tag steigt man bis zum höchsten Punkt des Bergkamms hinauf (2509 m) und wendet sich dann gen Norden nach Bhadaure und zum Baglun
Highway, wo es regelmäßige Busverbindu
via Naudaada zurück nach Pokhara gi
wenige Fremde erkunden dieses G
eine gute Karte oder ein Führer is

DAS WESTLICHE BERGLAND

Sarangkot

Sarangkot (1590 m) liegt am höchsten Punkt des Gebirgskamms nördlich des Phewa Tal und ist mit seinem fantastischen Himalaya-Panorama, das sich jenseits des Seti Nadi ausbreitet, der mit Abstand beliebteste Aussichtspunkt in der Umgebung von Pokhara. Die Berggipfel erscheinen von hier aus noch näher als vom Friedensstupa; allerdings kann man nicht ganz so viele wie von dort aus sehen. Auch der Blick auf den See in der anderen Richtung ist nicht zu verachten. Der schönste Gipfel des Panoramas ist der 6997 m hohe Machhapuchhare („Fischschwanz"), der seinen Namen seinen beiden Gipfeln verdankt – allerdings ist von Pokhara aus nur ein Gipfel zu sehen.

Viele Leute wandern am Nachmittag hinauf nach Sarangkot und übernachten dann in einer der Lodges, die sich zehn Fußminuten unterhalb des Grats an die Hänge klammern, um dann von oben den Sonnenaufgang zu erleben. Andere stehen noch in der Dunkelheit auf, nehmen ein Taxi bis zum Parkplatz und gehen dann die letzte halbe Stunde zu Fuß zum Gipfel. Wiederum andere kommen zum Gleitschirmfliegen hierher, genießen zunächst das Panorama und fliegen dann später am Morgen hinab zum Seeufer.

Aufstieg

Die beste **Wanderroute nach Sarangkot** beginnt direkt in Lakeside in Pokhara und führt lang und steil bergauf. Mit dem Blick auf die Berge wird man erst am Ziel und nur dann belohnt, wenn man nicht zu spät aufgebrochen ist. Man folgt der Straße von Lakeside aus nach Norden. 2 km hinter dem Halland/Camping Chowk zweigt der Wanderweg bei einem farbig markierten Stein rechts ab; wer nicht ganz sicher ist, bleibt auf dem befestigten Pfad und hält sich immer bergaufwärts. Für den Aufstieg sind ungefähr zwei-
[illegible] gen.

[illegible] sonders unter Zu-
[illegible] vom **Bindhyaba-**
[illegible] Straße bis zum
[illegible] wo es noch eine
[illegible] zum Gipfel ist. Der
[illegible] t steil und ermü-
[illegible] ges und Verkaufsständen gesäumt. Ein Taxi zum Bindhyabasini-Tempel kostet etwa Rs250, bis zum Parkplatz rund Rs1000.

Die Eintrittsgebühr von Rs25 ist am Kiosk am Weg oberhalb des Parkplatzes von Sarangkot zu bezahlen. (Taxis zahlen weiter unterhalb eine Extragebühr.)

Wanderrouten von Sarangkot aus

Eine Straße verbindet Sarangkot mit Naudaada, das rund 10 km westlich am Baglung Highway liegt, und ermöglicht so viele längere Wanderungen in der Umgebung. Entlang des Wegs ist **Maula** als Startpunkt des befestigten Pfads nach **Kaskikot** erwähnenswert. Der Ort war einst Sitz des Königreichs, das das Pokharatal beherrschte. Er thront auf einem zerklüfteten Felsplateau und bietet eine genauso faszinierende Aussicht wie Sarangkot. Eine Einfriedung aus Stein und ein hausähnlicher Kali-Tempel sind alles, was von der Festung der Kaski-Könige übrig geblieben ist, die 1781 kampflos an die Gurkha-Herrscher fiel. Von **Naudaada**, 4,5 km westlich von Maula, sieht man das eigentliche Fischschwanz-Profil des Machhapuchhre zum ersten Mal. An der Straße zwischen Maula und Naudaada begegnet man zwei oder drei kleinen Lodges, die gute einfache Unterkunftsmöglichkeiten bieten.

Von Naudaada kann man den Bus zurück nach Pokhara nehmen. Daneben stehen aber noch weitere interessante Möglichkeiten zur Auswahl. Man kann von Maula nach Pame hinunter wandern oder von Naudaada aus die Hauptstraße Richtung Westen nach Kande nehmen und dann auf einem Pfad Richtung Süden hinauf nach Panchaase Daada (S. 311) gehen.

ÜBERNACHTUNG

Mehrere Lodges säumen den Pfad zum Gipfel, alle mit recht einfachen Restaurants und einige mit fabelhaftem Ausblick. Dank der hier oben stets wehenden Winde scheint es in Sarangkot kälter zu sein als in Pokhara – man sollte sich also entsprechend darauf einstellen. Wer nach wirklich billigen Unterkünften sucht, sollte an der unbefestigten Straße nach Kaskikot und Naudaada schauen – hier wechseln die Unterkünfte und deren Standards ständig, man muss also schauen, was man vorfindet.

Lake View Lodge, Sarangkot-3, Kaski, ✆ 980-5890135, 💻 lakeviewlodgesarangkot.blogspot.com. Große, etablierte Lodge direkt unter dem Turm von Nepal Television. Der Blick geht hier mehr Richtung See denn Richtung Berge, aber das Haus ist groß und gut in Schuss und ist dem Aussichtspunkt am Gipfel mit am nächsten – der liegt nur fünf Fußminuten oberhalb. Ohne Bad Rs350, mit Bad Rs450

View Top Lodge, Sarangkot-3, Kaski, ✆ 974-6064324, ✉ bikithapa@gmail.com. Gleich unterhalb des Lake View und der letzten Treppe zum Gipfel. Die solide, gemütliche Unterkunft bietet durch ihre großen Glasfenster recht gute Ausblicke, wenn auch nicht das gesamte Panorama. Rs500

Tashi Palkhel (Hyemja)

Der Eingang, 4 km nordwestlich vom nördlichen Ende von Pokhara Bazaar am Baglung Highway, ist gut beschildert ▪ Man kann den Ort mit dem Fahrrad, dem Taxi (Rs500) oder dem Bus vom Busbahnhof in Baglung aus erreichen

Mit knapp 1000 Einwohnern – 80 davon Mönche – ist Tashi Palkhel (gemeinhin „Hyemja" genannt) die größte und zugleich am wenigsten kommerzialisierte tibetische Siedlung im Umkreis von Pokhara. Vom Eingang führt ein von Souvenirverkäufern gesäumter Pfad einen geradewegs zu dem großen *gompa* (Kloster), in dem sich die dort lebenden Mönche um 6 und zwischen 15 und 16 Uhr (während Feiertagen ganz-

Tibeter im Exil

Vor 30 Jahren arbeitete die Reiseschriftstellerin Dervla Murphy als Freiwillige bei tibetischen Flüchtlingen in Pokhara; ihren Bericht über ihre Erfahrungen nannte sie *The Waiting Land*. Die Tibeter in Pokhara warten noch heute: Drei ehemalige Flüchtlingslager, die sich inzwischen weitgehend selbst versorgen, haben einen Zustand erreicht, den man als dauerhaften Übergang bezeichnen könnte. Da es in Pokhara keine buddhistischen Heiligtümer gibt, blieben viele ältere Tibeter in ihren Lagern, die sie als Zufluchtsort verstehen, an dem sie ihre eigene Kultur und Sprache pflegen können.

Als die Chinesen Tibet 1950 besetzten, waren die Tibeter, die heute in Pokhara leben, fast alle im westlichen tibetischen Grenzgebiet beheimatete Bauern und Nomaden. Als der Dalai Lama 1959 aus Tibet floh und die Chinesen zunehmend rabiater gegen die Einheimischen vorgingen, flohen Tausende über den Himalaya Richtung Süden in Sicherheit. Die Flüchtlinge sammelten sich zuerst in Jomosom, doch bald war die Aufnahmekapazität dieser Region erschöpft, und die Zustände wurden unerträglich. So wurden drei Übergangslager in der Nähe von Pokhara errichtet.

Die ersten fünf Jahre im Lager waren von Essensrationierung, Krankheiten und Arbeitslosigkeit geprägt. Gegen Ende der 1960er-Jahre wurden die Zeiten leichter, da der Bau des Pardi-Damms und des Prithvi sowie des Siddhartha Highways Arbeit brachte. Ungefähr zu dieser Zeit erreichte eine zweite Flüchtlingswelle die Camps, als die USA ihre Entspannungspolitik gegenüber China einläuteten und eine CIA-Operation beendeten, die tibetische Freiheitskämpfer in Mustang unterstützt hatte. Hand in Hand mit dem Erstarken des Tourismus und der Teppichherstellung und dem steigenden Interesse am Buddhismus – das dank ausländischer Spenden viel Geld einbringt – ist es auch mit den Tibetern in Pokhara stetig aufwärts gegangen. Eine kleine, aber unübersehbare Minderheit ist zu eloquenten Händlern geworden, die in den Cafés von Lakeside und Damside ihre Souvenirs anpreisen. Doch im Gegensatz zu Kathmandu, wo die Tibeter sich inzwischen geschäftlich etabliert haben, sind die Möglichkeiten in Pokhara viel beschränkter und der Wohlstand wächst erheblich langsamer.

Die drei Siedlungen Tashi Palkhel, Tashiling und Paljorling sind für die Öffentlichkeit zugänglich. Ein Besuch führt einem den tibetischen Alltag vor Augen, der in starkem Kontrast zur transzendenten Aura von etwa Boudha oder Swayambhu steht. Man hat viel mehr von dem Besuch, wenn man jemanden findet, der einen herumführt.

tägig) zum Singen versammeln. Der *gompa* wird unter Leitung von Shangpa Rinpoche und Dupsing Rinpoche von Mönchen der Kagyu-pa-Schule geführt. Porträts zu beiden Seiten der Buddha-Statue in der Halle zeigen den Dalai Lama und das Kagyu-Oberhaupt, den 17. Karmapa. Kleinere Figuren dahinter stellen die 1008 Buddhas dar, die im jetzigen Zeitalter leben sollen.

Hinter dem Kloster führen Stufen hinauf durch eine kleine nepalesische Hüttensiedlung – ironischerweise sind die neuen Flüchtlinge hier Nepalesen, die vor der Armut und den Gewaltkonflikten aus den Bergen geflohen sind – zu einem *lhatsuk*, einer heiligen Stätte, wo über einem Hügel und kleinen *chörten* Gebetsfahnen flattern. Die Gemeinschaft unterhält auch eine Schule, in die tibetische Kinder aus ganz Nepal als Internatsschüler kommen, ein Altersheim, ein Krankenhaus und eine Klinik für tibetische Medizin, wo auch gerne Ausländer behandelt werden – der Arzt spricht Englisch, genauso wie übrigens viele der Mönche.

Die Teppichwerkstätten

Gegenüber vom Kloster verbergen sich in einem ausgedehnten Gebäudekomplex die Überreste der **Teppichindustrie** von Tashi Palkhel, in der während ihrer Glanzzeit zahlreiche Frauen angestellt waren – heute sind es dank billigerer ausländischer Konkurrenz nur noch ein halbes Dutzend. Den verbleibenden Weberinnen kann man bei der Arbeit zusehen, und es ist sogar möglich, einen Teppich nach einem selbst entworfenen Muster herstellen zu lassen – zwischen Bestellung und Fertigstellung liegen etwa 14 Tage, genau die Zeit also, die man üblicherweise für eine Trekkingtour benötigt. Anderes traditionelles **Kunsthandwerk** gibt es im Laden der Kooperative auf dem Gelände des Gästehauses (der Gewinn kommt Gemeinschaftsprojekten zugute), in privaten Läden oder bei Straßenhändlern zu kaufen.

Batulechaur und Umgebung

Das Stadtgebiet von Pokhara zieht sich Richtung Norden die Täler des Seti Nadi und des Kali Khola entlang. Etwa 5 km vom Stadtzentrum entfernt liegt **Batulechaur**, ein Dorf, das in der Gegend für seine *gaaine* berühmt ist – umherziehende Musikanten, die sich ihren Lebensunterhalt verdienen, indem sie zur Begleitung der *sarangi*, eines Streichinstruments, Balladen singen. „Ich habe kein Reis zum Essen / Lass die Saiten der *sarangi* erklingen" – so lauten die traditionellen Eröffnungsverse der *gaaine*. Hier gibt's nicht viel zu sehen – die Balladensänger sind schließlich unterwegs –, aber 1 km hinter dem Dorf liegen zwei der interessanteren der vielen **Höhlensysteme** im Pokharatal, allesamt geschaffen durch das durch den Kalkstein-Felsuntergrund gesickerte Wasser.

Mahendra Gupha

Etwa 1 km hinter Batulechaur (ausgeschildert) ▪ ⏲ tgl. 6.30–18 Uhr ▪ Eintritt Rs20 ▪ Von Pokhara erreicht man die Höhle, indem man die K.I. Singh Pul (Brücke) im Norden der Stadt überquert und weiter (2 km) in nördlicher Richtung am Gurkha-Lager vorbeifährt. Der Weg steigt ständig an, und mit einem Fahrrad ohne Gangschaltung muss man gelegentlich schieben (die Belohnung kommt auf dem Rückweg). Mit dem Taxi kostet die Hin- und Rückfahrt Rs400

Die Mahendra-Höhle war einst für ihre schönen Stalaktiten bekannt, die leider Vandalen zum Opfer gefallen sind; einige der noch vorhandenen **Stalagmiten** sind mit *abir* (rotem Tikka-Pulver) bedeckt und werden wegen ihrer Ähnlichkeit mit dem Phallussymbol als *shivalinga* verehrt. Die meisten Besucher hier sind heute indische Pilger; sie gehen in der Höhle einen recht gut beleuchteten Weg zu einem fünf Minuten entfernten Siddha-Binayak-Schrein, an dem ein blasser Priester die *puja* verrichtet.

Chamere Gupha (Fledermaushöhle)

Rund 500 m von Batulechaur ▪ ⏲ tgl. 6.30–18 Uhr ▪ Eintritt Rs20, plus etwa Rs50 für einen Führer ▪ Von der knapp 1 km entfernten Mahendra Gupha erreicht man die Höhle über eine gut zu begehende Nebenstraße

Die eindrucksvollste Höhle in dieser Gegend ist die **Chamere Gupha** (Fledermaushöhle). Hier gibt's keine Handläufe oder betonierte Pfade, und eine Taschenlampe leistet gute Dienste (an der Kasse auszuleihen). Die recht aufdringlichen jungen Führer wissen leider nur wenig über Fledermäuse. Die Tausende von Fledermäusen, die hier überwintern, sollen von zwei Arten der agilen, insektenfressenden Hufeisennasen stammen, jedoch gibt's im Tal 18 oder noch mehr Fledermausarten, die sich oft Nistplätze teilen. Von etwa Ende Oktober bis April hängen in der Höhle Tausende Fledermäuse von der Decke, außerhalb dieser Zeit sind nur ein paar wenige Zurückgebliebene zu sehen. Die Führer zeigen einem, wie man den 3 m hohen steilen Ausstieg aus der Haupthöhle meistert; am besten trägt man alte Kleidung und keine großen Taschen, die man beim Klettern abnehmen müsste.

Kahun Daada

Der Blick vom Kahun Daada, der Anhöhe östlich von Pokhara, ist zwar nicht ganz so spektakulär wie der vom Sarangkot, aber die Pfade, die hinaufführen, sind völlig frei von jeglichem Kommerz, und der Blick fällt auf den Seti Nadi und seine Nebenflüsse, die sich angereichert mit aufgelöstem Kalkstein („seti" bedeutet „weiß") vom Annapurna Himal ergießen und den Talgrund mit ihren breiten Schluchten und dunklen Canyons zerschneiden. Der leichteste Aufstieg beginnt hinter dem Manipal Teaching Hospital in Pokhara, erklimmt Richtung Norden den Ost-West-Kamm und führt dann geradewegs hinauf zum Aussichtsturm (1442 m).

Der Weg vom Manang-Kloster

Der interessanteste Ausgangspunkt zum Kahun Daada ist vielleicht das Kloster **Karma Dhubgyu Chokhorling**, auch bekannt als Manang Gompa, das auf einem Hügel an der Hauptstraße 2 km östlich der Mahendra Pul in Pokhara steht. Dieses große Kloster mit rund 70 Mönchen liegt in luftiger Höhe am Ende von ein paar hundert Stufen, und es bieten sich Ausblicke auf die Täler im Osten und Westen.

Auf einer Kuppe in direkter Nachbarschaft zur tibetischen *gompa* steht inmitten üppiger Bougainvilleen der Newar-Tempel von **Bhadra-**

Die Gurung und die Magar

Die **Gurung** trieben einst Handel über den Himalaya hinweg – dem wurde durch die chinesische Besetzung Tibets allerdings ein Ende bereitet. Heute sieht man zahlreiche Gurung um Gorkha und Pokhara, wo viele ihre Gurkha-Pensionen in Gästehäuser und Seniorenheime investiert haben. Die meisten der Gurung, die nicht in der Armee dienen, züchten Schafe, um deren Wolle zu verkaufen, und treiben sie hoch auf Weiden an den Flanken des Himalaya; außerdem bauen sie Getreide, Mais, Hirse und Kartoffeln an.

Traditionelle Aktivitäten wie Jagen und Honigsammeln sind durch die Überbevölkerung bedroht, und die Gurung-Spielart des Schamanismus gerät durch Hinduismus und Buddhismus unter Druck. Die Gurung beschäftigen Schamanen, um Geister zu besänftigen, besessene Seelen aus der Unterwelt zurückzuholen und verstorbene Seelen ins Land der Vorfahren zu geleiten – Rituale, die Anklänge an den „klassischen" sibirischen Schamanismus darstellen und denjenigen im vorbuddhistischen Tibet ähneln sollen.

Eine weniger einheitliche Volksgruppe stellen die **Magar** dar, die auf den unteren Höhen des westlichen Berglands und in Teilen des Ostens zu finden sind. Einst beherrschten verschiedene Magar-Königreiche die gesamte Region, aber nach der Ankunft von Hindus im 15. Jh. [illegible] politische Zerfall und die fortschreitende kulturelle Assimilierung. Nac[illegible] menlebens mit Hindu-Kasten beschäftigen die Magar Baahun-Priester [illegible] Nachbarn hinduistische Gottheiten an; allerdings dürfen sie nicht den [illegible] geborenen" Kasten tragen. Obwohl es wenig Vereinigendes gibt, ist die [illegible] dennoch recht ausgeprägt, und das wird wohl auch noch lange so blei[illegible] Magar nur innerhalb ihrer eigenen Gruppe heiraten.

kali, einem grimmigen Aspekt der Göttin Parvati: Von der *gompa* dauert es bis zum Gipfel des Kahun Daada rund eineinhalb Stunden; die verschiedenen Wege führen durch mehrere traditionelle Dörfer, die zusammen als Phulbari bekannt sind. Es gibt mehrere mögliche Routen, aber wer immer Richtung Turm geht, der unterwegs zumeist sichtbar ist, und im Zweifel nach dem Weg fragt, kann eigentlich nicht fehlgehen.

Tal des Bhalam Khola

Ebenfalls sehr zu empfehlen ist das sorgfältig terrassierte Seitental des **Bhalam Khola** gleich nördlich des Kahun Daada. Wer direkt vom Aussichtsturm dorthin gelangen will, geht besser in Richtung Kloster bis zum ersten nach Norden führenden Pfad zurück. Das Tal ist auch über einen unebenen (für Fahrräder geeigneten) Pfad erreichbar, der an der Ostseite des Seti nordwärts führt.

Begnas Tal und Rupa Tal

Da Lakeside ziemlich überlaufen ist, überrascht es umso mehr, dass der Begnas Tal und der Rupa Tal, die kleineren Zwillingsseen 15 km östlich von Pokhara, noch nicht als Touristendestinationen entdeckt worden sind. Der örtlichen Überlieferung zufolge sind die Seen Mann und Frau, und ein Gegenstand, der in den einen See hineingeworfen wird, taucht irgendwann im anderen See wieder auf. Begnas Tal, der größere beiden Seen, ist von sorgfältig angelegten Reisterrassen eingerahmt, während Rupa Tal, auf der anderen Seite des Bergrückens gelegen, noch völlig jungfräulich in ein dicht bewachsenes, steil abfallendes Tal eingebettet ist. In dieser Gegend sollte man eine Übernachtung einlegen: Unterkünfte stehen zur Verfügung, und die Auswahl an hervorragenden Wandermöglichkeiten ist groß.

Eine einfache Fahrt mit dem **Taxi** von Pokhara zum Begnas Tal kostet etwa Rs800. Ein Taxi von Begnas Tal Bazaar nach Sundari Danda kostet rund Rs300. **Busse**, die alle 15 Minuten vom Main Bus Park in Pokhara aufbrechen, benötigen etwa eine Stunde für die Strecke und sind meist sehr voll. Alle ein oder zwei Stunden starten Busse von Begnas Tal Bazaar zu ihrer Fahrt auf einer größtenteils befestigten Straße über den Sundari Danda. Mit dem **Fahrrad** ist der Abschnitt auf dem viel befahrenen Prithvi Highway sehr abgasverpestet und ziemlich beängstigend. Nach 10 km biegt man am Hinweisschild links ab und fährt angenehme 3 km geradewegs bergab, bis die Straße am Dörfchen Begnas Tal Bazaar endet.

Der Siddhartha Highway

Die direkte Verbindung von Pokhara zur indischen Grenze bei Sonauli ist der **Siddhartha Highway** (Siddhartha Rajmarg), der auf der 180 km langen Strecke zahllose Kehren und Kurven bewältigen muss. Deshalb fahren die meisten Busse über Narayangadh im Osten. Für Rad- und Motorradfahrer hingegen ist die verkehrsarme Strecke ein Vergnügen – die Landschaft ist auf jeden Fall überwältigend. Nach dem ersten Anstieg hinter Pokhara Richtung Südwesten nach Naudanda (dies ist ein anderes Naudanda als dasjenige nordwestlich von Pokhara) klammert sich die Straße an die Flanke des Tals des Adhi Khola. Um den altmodischen Ort **Syangja** herum verengt sich das Tal, und die Bergwände fallen mitunter fast senkrecht ab.
Hinter **Waling** steigt der Highway allmählich an, passiert die Zufahrtsstraße zum neuen Wasserkraftwerk Kali Gandaki „A", um anschließend in die tiefe Schlucht des mächtigen Kali Gandaki hinabzuführen. Das Kraftwerk ist heute das Ziel der Raftingtouren auf dem Fluss.
…er Highway überquert den Fluss bei **Ramdi Ghat**, wo man zahlreiche Höhlen findet, bevor er bei… 1000 m bis zu seinem höchsten Punkt hinaufklettert. Einige Kilometer weiter kommt bei Bartung …zweigung nach **Tansen**. Die Fahrt hinunter nach Butwal und ins Terai (S. 348) dauert von hier … eine Stunde. Auf dieser letzten, 35 km langen Strecke gibt es immer wieder Erdrutsche. … es noch 24 km bis zum Grenzübergang bei Sonauli.

Begnas Tal

Vom Busbahnhof in Begnas Tal Bazaar ist der stille Begnas-See in weniger als fünf Minuten zu erreichen. Dazu geht man am oberen Ende des Bus Park nach links an den Betonfischtanks der staatlichen **Fischzucht** vorbei. Die Fischzucht hier hat sich inzwischen zu einem großen Geschäft gemausert: Chinesische Karpfen und einheimische Fische wie *sahar* und *mahseer* werden an die Restaurants in Lakeside geliefert – zumindest diejenigen, die den Silberreihern und Fischadlern entkommen konnten. Gleich hinter der Fischzucht erstreckt sich links der Damm, und an einem schmuddeligen Uferabschnitt werden **Ruderboote** wie die am Phewa Tal vermietet (Rs350/Std., für Halbtagesmieten kann man vielleicht einen Rabatt aushandeln). Mit dem zeltartigen Massiv des Annapurna II im Hintergrund ist das Paddeln hier wirklich schön, außerdem hat man den See praktisch für sich allein. Auch Schwimmen kann man hier gut, solange man sich vom Damm fernhält. Wer möchte, kann auf der bewaldeten Insel in der Nordhälfte des Sees, auf der sich ein **Vogelschutzgebiet** befindet, an Land gehen. Auf der anderen Seite des Sees gibt's am Ufer außerdem einige kleine Cafés, wo man etwas zu trinken und eine Kleinigkeit zu essen bekommen kann.

Rupa Tal und Panchbaiya Daada

Die befestigte Straße führt vom hinteren Ende des Bus Park in Begnas Tal Bazaar Richtung Norden steil am Bergkamm **Panchbaiya Danda** hinauf. Wanderer können nach etwa 20 Minuten links auf einen kleinen Pfad hinauf zur Kammhöhe abbiegen, während Radfahrer und natürlich Busse einfach der Straße folgen.

Zuerst erblickt man links den Begnas-See – steile Dschungelpfade führen hinunter zum Wasser –, nach Passieren des höchsten Punktes, etwa 40 Fußminuten vom Bus Park aus, sieht man auch den Rupa-See. Die wie Zäune aus dem Wasser beider Seen herausragenden Spitzen gehören zu den Anlagen der Fischzuchtanstalt. Der Rupa-See soll außerordentlich nährstoffreich sein. Zum Schwimmen eignet er sich aber nicht, da das schlammige Ufer langsam mit Wasserhyazinthen zuwächst. Nach weiteren zehn Fußminuten trifft der Pfad wieder auf die Straße, und man erreicht wenig später den kleine Ortschaft **Sundari Danda** mit ihren wenigen Geschäften. Unterhalb des Orts kann man am Ufer des Begnas Tal gewöhnlich ein Boot zurück zum Dammbereich bekommen (etwa Rs400).

Wandern am Begnas Tal

Nach etwa einem Kilometer hinter **Sundari Danda** auf der zunehmend holpriger werdenden Straße führt ein Pfad rechts Richtung Süden hinunter vorbei am schlammigen Nordende des Rupa Tal und dem Dorf Talbesi und klettert dann steil Richtung Osten nach **Rupakot** (etwa 6 Std. hin und zurück von Sundari Danda). Von hier oben bieten sich schöne Ausblicke auf den See; wer jedoch umwerfende Ausblicke auf das Annapurna-Massiv genießen möchte, muss stattdessen Richtung Norden gehen, auf einem Pfad, der zum etwas höheren grasbewachsenem Höhenrücken von **Begnaskot** (auch als Kotbari bekannt; etwa 4 Std. hin und zurück von Sundari Daada) führt; dieser Weg ist Teil des Royal Trek. Von Begnaskot kann man in westlicher Richtung hinuntergehen und den Begnas Tal umwandern – eine lange Tageswanderung – oder zwei Stunden nach Norden weitergehen über das Dorf Tiwaridanda, von wo man entlang einer eindrucksvollen Straße, die teils auf einem Kamm verläuft, zurück nach Pokhara fahren kann.

ÜBERNACHTUNG

Am Begnas Tal gibt es angesichts der Größe, zu der sich Pokhara aufgebläht hat, überraschend wenig Unterkünfte, vielleicht ein halbes Dutzend einfache Gästehäuser und ein Luxusresort.

Begnas Lake Resort and Villas, Sundari Danda, Begnas Tal, Lekhnath-11, Kaski, ✆ 061-560030, 💻 begnaslakeresort.com, Karte S. 310. Edles Resort mit Steinhäuschen am bewaldeten Südostufer des Begnas Tal. Außerdem gibt's einen nett angelegten Pool, ein Spa und ein recht gutes Restaurant. Eine steile Steintreppe führt kurz vor Sundari

Danda von der Panchbhayia-Kammstraße hinunter, aber die meisten Gäste kommen mit dem Boot vom Begnas-Damm – was auch schon nett ist. US$120

Blue Heaven, Lekhnath-11, Panchbhaiya, Kaski, ✆ 984-6261384, Karte S. 310. Das freundliche Gästehaus auf einem himmlischen kleinen Landvorsprung unterhalb von Sundari Danda, der sich zum Südostufer des Begnas Tal hinunterzieht, bietet unter einem Blechdach zwei sehr einfache Zimmer, aber abends ist es hier mit dem schönen Seeblick und den freundlichen Betreibern sehr nett. Eier gibt's von den hier herumlaufenden Hühnern, der Fisch kommt aus dem See. Anfahrt mit dem Boot (Rs400) vom Begnas-Damm oder zu Fuß von der Straße. Rs400

Dinesh House, Lekhnath-11, Panchbhaiya, Kaski, ✆ 984-1290156, Karte S. 310. Einfache Unterkunft etwas unterhalb des Panchbhaiya-Kamms (links von der Straße, rund 2,5 km hinter Begnas Tal Bazaar. 2 einfache Zimmer mit Lehmboden und Blechdach; der Garten ist ein wenig ungepflegt, aber sehr friedvoll, und der Pfad, der in 15 Minuten hinunter zum Begnas Tal führt, sehr einladend. Rs500

Rupa View, Lekhnath-11, Panchbhaiya, Kaski, ✆ 061-622098 oder ✆ 985-6023828, rupaview.googlepages.com, Karte S. 310. Dieses einladende Gästehaus ist in einem hübschen traditionellen Stil erbaut, jedoch mit schicker neuer Ausstattung versehen worden. Von einigen Zimmern bieten sich fabelhafte Bergblicke, von anderen Aussichten auf den See, und hinunter zum Rupa Tal sind es 15 Min. zu Fuß. Die Gastgeberfamilie zaubert aus Zutaten aus eigenem Anbau köstliches Essen. In ruhiger Lage, ein paar Minuten zu Fuß (ausgeschildert) von der Panchbhaiya-Straße, rund 2 km hinter Begnas Tal Bazaar. Rs750

ESSEN

Das Essen, das in den Gästehäusern serviert wird, kann natürlich nicht mit dem Angebot in Pokhara konkurrieren, aber meist bekommt man nicht nur nepalesische Standardgerichte, sondern auch ein paar Speisen im westlichen Stil. Wenn man Glück hat, gibt's sogar frischen Fisch aus dem See.

Tansen

Das hügelige Tansen (Palpa), einst der Sitz eines mächtigen Königreichs, vermittelt heute den Eindruck einer in den Bergen gestrandeten Handelsstadt. Der Tourismus spielt als Einnahmequelle bislang kaum eine Rolle, und so vermag Tansen seine Geheimnisse noch recht gut zu verbergen: klappernde *dhaka*-Webstühle, auf die durch Eingänge flüchtige Blicke zu erhaschen sind, die Aussicht auf den Himalaya vom Srinagar Hill. Außerdem ist der Ort ein hervorragender Ausgangspunkt für Tageswanderungen und Fahrradtouren. Wer von Indien kommt, genießt in Tansen eine wesentlich authentischere Einführung ins nepalesische Leben als in Pokhara, nicht zu reden von den angenehm kühlen Temperaturen auf 1370 m Höhe, die im Vergleich mit den heißen Ebenen eine wahre Wohltat sind. Von Pokhara bieten die 120 kurvenreichen Kilometer auf dem **Siddhartha Highway** (S. 316) eine fantastische Einführung.

Unter seinem alten Namen **Palpa** – viele nennen die Stadt noch heute so – war Tansen eine der Residenzen der Könige der Sen-Dynastie, bei denen es sich vielleicht um einen lokalen Magar-Clan handelte oder auch um Rajput-Prinzen, die vor der muslimischen Invasion aus Indien geflohen waren. Wie dem auch sei – von hier aus unternahm Makunda Sen, Palpas legendärer zweiter König, Anfang des 16. Jhs. Raubzüge nach Kathmandu, bei denen er zwei heilige Bhairab-Masken erbeutet haben soll. Als Strafe soll er von einer vom Lingam von Pashupatinath geschickten Seuche dahingerafft worden sein. Nach dem Tod des Königs um 1533 wurde das Reich unter seinen Söhnen aufgeteilt und somit geschwächt. Seine Nachfolger verbündeten sich dann jedoch mit den Gorkha-Fürsten, was ihnen zu neuer Stärke verhalf, als diese Mitte des 18. Jhs. ihr Herrschaftsgebiet auszudehnen begannen. Mit Hilfe des dem Königreich wohlgesonnenen indischen Fürsten von Oudh konnte Palpa das Unvermeidliche bis 1806 hinauszögern und wurde als letztes Gebiet dem modernen Nepal eingegliedert. Tansen ist heute die Provinzhauptstadt des Palpa-Distrikts und hat sich ein starkes Gespür für seine eigene Würde erhalten.

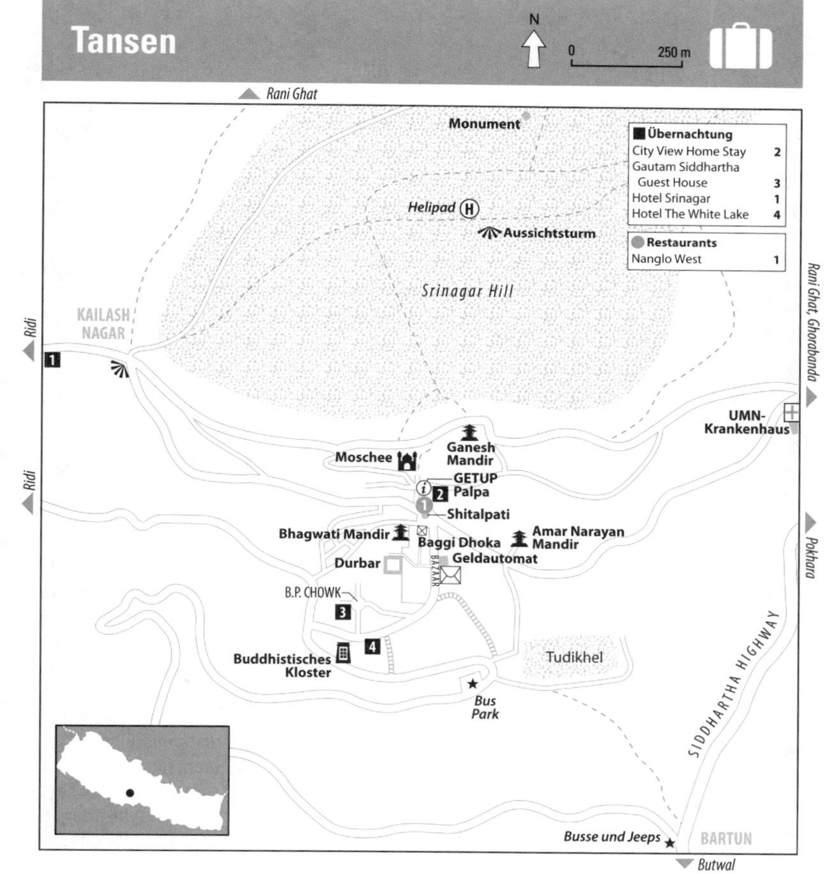

Die Stadt

Tansen erstreckt sich über die Hänge des Srinagar Hill, die südlichste Flanke der Mahabharat Range. Vom Busbahnhof ganz unten im neuesten Teil der Stadt windet sich die Hauptstraße durch die Stadt hinauf, jedoch führt ein steiler Pfad auch direkt hoch zum zentralen Basarviertel um den Palast herum. Der Basar wurde einst von newarischen Kaufleuten aus dem Kathmandutal gegründet, um aus der Handelsroute zwischen Indien und Tibet Gewinn zu schlagen. Heute werden hier in Indien hergestellte Waren an die hiesigen Magar verkauft.

Tansen Palace

Mittelpunkt und Prunkstück der Stadt ist der **Palast**, der von britischen Architekten aus Kolkata gegen Ende des 19. Jhs. erbaut und 2011 und 2012 wieder aufgebaut wurde, nachdem er während eines der dramatischsten Gefechte mit den Maoisten durch ein Feuer zerstört wor-

Der Tourismus spielt in Tansen eine untergeordnete Rolle.

den war. Am Abend des 31. Januar 2006 starteten Tausende Kämpfer der People's Liberation Army (PLA) zeitgleiche Angriffe auf die Kasernen auf dem Srinagar Hill sowie die Stadt unterhalb davon. Der Palast wurde zum Angriffsziel, weil er das Büro der Bezirksregierung und die Polizeiwache des Bezirks beherbergte. Noch vor Sonnenaufgang lag der Stolz der Palpali in Schutt und Asche. Die Guerillas erlangten die Kontrolle über das Stadtzentrum, zogen sich aber im Morgengrauen in die Berge zurück und nahmen dabei zahlreiche Geiseln aus den Reihen der Polizei und Armee mit. Erstaunlicherweise kam bei dem Gefecht nur ein Zivilist ums Leben, doch die Zerstörung des Palasts hat tiefe Spuren in der Psyche der Bevölkerung hinterlassen. Der Wiederaufbau des Palastes wurde praktisch umgehend beschlossen; zur Zeit der Niederschrift war aber noch nicht klar, wofür er nach dem Ende der Bauarbeiten verwendet werden sollte.

Die Muster von Palpa

Auf dem Basar von Tansen sollte man nach den **Dhaka-Webern** Ausschau halten, die an ihren hölzernen, pedalbetriebenen, wie aufrecht gestellte Klaviere wirkenden Webstühlen arbeiten. Sie sind die Schöpfer der sich wiederholenden geometrischen Muster, wie sie typisch sind für die *dhaka* oder *Palpali topi*, die farbenfrohe Kappe, die das i-Tüpfelchen von Nepals Nationalbekleidung ist. Eine fertige „Nepali cap" bekommt man schon für Rs100; rund Rs400 kostet ein Modell, das auf Maß angefertigt wurde. Ein Stoff bester Qualität aus Palpali kostet etwa Rs800 pro Meter. Tansen ist auch bekannt für *thailo*, ein Frauengeldbeutel aus *dhaka* mit zwei bunten Bändeln, sowie *karuwa*, schwere, dickbauchige Wasserkessel aus Messing.

Shitalpati und Umgebung

In der Mitte des **Shitalpati**, dem Zentrum des geschäftigen Basarviertels, steht ein etwas merkwürdig aussehender achteckiger Marmorpavillon, erbaut von Khadga Shamsher, dem Gouverneur von Palpa während der Rana-Ära. Die Rasthalle wird von einem Überbleibsel aus Tansens glorreicher Vergangenheit überragt: dem **Baggi Dhoka** oder **Mul Dhoka** (Haupttor), dem angeblich größten Tor seiner Art in ganz Nepal, durch das bei großen Festumzügen auch Elefanten mit ihren Reitern hindurchpassten. Auch das Tor fiel einem maoistischen Anschlag zum Opfer, wurde aber wieder aufgebaut – nun ziert es ein Banner, auf dem ein autonomer Staat der Magar herbeigesehnt wird, Zeichen einer neuen Zeit.

Westlich des Shitalpati

Westlich des Shitalpati liegen Tansens älteste Stadtteile mit bezaubernd urigen alten Häusern. Ein wenig bemerkenswerter **Bhagwati Mandir** ist der Schirmherrin von Tansens größtem Fest, dem Bhagwati Jaatra (Ende August/ Anfang September) geweiht. Dieses Fest ist ein religiöses Ereignis und erinnert an die Schlacht von 1814, bei der Nepalesen hier in der Nähe die britischen Truppen in die Flucht schlugen. Eine gepflasterte Straße führt östlich vom Shitalpati hinunter zum **Amar Narayan Mandir**, einem Tempel im Pagodenstil, bei dem die Sadhus Ende Juli oder Anfang August auf ihrem Weg zum Janai Purnima-Fest in Muktinath Station machen.

Srinagar Hill

Die besten Ausblicke auf den Himalaya bieten sich vom unmittelbar nördlich der Stadt gelegenen **Srinagar Hill**. Die direkteste Route hinauf, für die man zu Fuß etwa eine halbe Stunde braucht, beginnt an einem kleinen Ganesh-Tempel oberhalb des Shitalpati, der auf einem Zickzackpfad zu erreichen ist. Wer vom Hotel Srinagar den Bergrücken nach Osten entlanggeht, benötigt etwa 20 Minuten. Der Gipfel (1525 m) ist mit dichtem Kiefernwald bestanden – vom Hubschrauberlandeplatz oder der Freifläche westlich des Hotel Srinagar hat man einen schönen Blick auf die Berge. Die Gipfel wirken kleiner und weniger scharf umrissen als von Pokhara aus, doch die Bergmassive des Dhaulagiri und des Annapurna sind immer noch beeindruckend, und auch den charakteristischen, fischschwanzartigen Doppelgipfel des Machhapuchhare kann man aus dieser Richtung gut erkennen.

Privatunterkünfte in Sirubari

In den stillen Hügeln westlich von Syangja, südlich von Pokhara am Siddhartha Highway, liegt inmitten von terrassierten Feldern und kleinen Wäldchen das reizende Gurung-Dorf **Sirubari** mit seinen traditionellen Wohnhäusern, die zumeist mit hölzernen Dachziegeln gedeckt sind. Dies war der erste Ort in Nepal, der ein Programm mit **Privatunterkünften** organisierte, so dass Besucher in den Häusern der Dorfbewohner übernachten und an kulturellen Veranstaltungen teilnehmen konnten. Im Jahr kommen nur ein paar Dutzend Besucher hierher, aber das Programm ist gut organisiert und heute auch für Individualreisende zugänglich und nicht nur für Pauschalurlauber. Wer einfach im Dorf auftaucht, bekommt u. U. nicht das volle Programm geboten und wird dann vielleicht nicht von einem Begrüßungskomitee mit Volksmusikern oder Gurung-Frauen, die den Gästen Blumengirlanden umhängen, in Empfang genommen. Selbst wenn man den Aufenthalt nicht über ein Reisebüro in Pokhara bucht, wird der Aufenthalt vom Village Development Committee organisiert. Im Grunde geht es einfach nur darum, sich im Dorf aufzuhalten – allerdings gibt's auch einen schönen Aussichtspunkt mit Blick auf den Himalaya, den Thumro Juro, der knapp zwei Stunden zu Fuß vom Dorf entfernt ist. Wer sich auf eigene Faust nach Sirubari auf den Weg machen möchte, kann die Strecke ab Pokhara hierher fahren, teils über recht holprige Pisten – die Fahrt dauert einen halben Tag. Schöner ist es wahrscheinlich, mit dem Bus über den Siddhartha Highway bis nach Helu Lamachaur 50 km südlich von Pokhara zu fahren und dann zwei Stunden hinauf zum Dorf Arjun Chaupari zu gehen (erheblich schneller geht's im Sammeljeep); von dort sind es noch einmal zwei Stunden zu Fuß.

Auf der südlichen Seite liegt jenseits von Tansen das üppig grüne Madi-Tal, dessen terrassenartige Reisfelder zumeist newarischen Landbesitzern aus Tansen gehören und das oft in eine tiefhängende Wolkendecke gehüllt ist.

ÜBERNACHTUNG

In Tansen zahlt man etwa doppelt so viel wie für eine vergleichbare Unterkunft in Pokhara. Warmes Wasser und Strom sind nur zeitweise vorhanden, jedoch versuchen das Srinagar und das White Lake, einen guten touristischen Standard zu bieten. Nicht zu empfehlen sind die lauten Unterkünfte nahe des Bus Parks, von denen aus man ins Zentrum steil bergan steigen muss.

City View Home Stay, Thadogalli, ✆ 075-520563 oder ✆ 984-7028885, ✉ shrestha.manmohan@gmail.com. Neben dem GETUP-Infobüro und vom freundlichen Leiter desselben gemanagt, mit 2 einfachen, aber gepflegten Zimmern in einem nepalesischen Wohnhaus. Das schönere ist das auf dem Dach mit eigener Terrasse und Bad. Gäste können zusammen mit der Familie *daal bhaat* essen. Rs400

Gautam Siddhartha Guest House, Bishal Bazaar, Silkhan Tol, ✆ 075-520280. Wenn man knapp bei Kasse ist, dann ist diese Unterkunft okay, auch wenn die Linoleumböden und Betonwände, die Schaumstoffmatratzen und dunklen Zimmer nicht gerade einladend wirken. Aber es ist recht freundlich und ruhig. Rs300

Hotel Srinagar, Srinagar Hill, ✆ 075-520045, 💻 hotelsrinagar.com. Die Zimmer in diesem mehrstöckigen Hotel in toller Lage auf dem Srinagar Hill sind die besten der ganzen Stadt, aber Ausstattung und Service lassen angesichts des überhöhten Preises zu wünschen übrig, besonders wenn man die offiziellen Tarife bezahlt. Das Hotel liegt gut 20 Minuten oberhalb der Stadt, so dass man vorher anrufen sollte, um sich abholen zu lassen. US$35

Hotel The White Lake, Tansen Bazaar, ✆ 075-521932, ✉ thewhitelake502@yahoo.com. Das beste Hotel im Basarbezirk und den Umgang mit Ausländern gewohnt. Die Zimmer in dem alten Gebäude sind recht abgewrackt, aber die „deluxe"-Zimmer im neuen Flügel dahinter sind recht schick, wenn auch nichts Aufregendes. Recht gutes *daal bhaat*. Alter Flügel Rs900, neuer Flügel Rs1500

ESSEN

Die üblichen *daal-bhaat*- und Imbissbuden sind überall in der Stadt zu finden, und die Hotelrestaurants sind recht ordentlich; ansonsten gibt's nur ein wirklich gutes Restaurant:

Nanglo West, Bhagatwati Tol, Shitalpati, ✆ 075-520184. Dieses ausgezeichnete Restaurant direkt gegenüber vom Mul Dhoka ist eine kulinarische Oase in Tansen. Drinnen gibt's niedrige Tische und Sitzkissen, oder man isst draußen im reizenden Garten. Serviert wird eine Auswahl an westlichen Gerichten wie gebratene Hähnchenflügel (Rs185), Steaks (ab Rs260) und hausgemachter Kuchen (außer Sa), Höhepunkt ist aber das tolle authentische newarische Essen: Hervorragend ist z. B. das Menü (Rs275 mit Enten-*chowela*). 🕒 tgl. 10–20.30 Uhr.

SONSTIGES

Geld

Die **Nepal Investment Bank**, Bank St, wechselt Geld und hat einen Geldautomaten. 🕒 Mo–Do und So 10–14, Fr 10–12 Uhr.

Informationen

GETUP Palpa, Group for Environmental and Tourism Upgrading, ✆ 075-520563 oder ✆ 984-7028885, 💻 getup@ntc.net.np, 🕒 10–17 Uhr – wenn die Tür geschlossen ist, einfach klingeln! Dies ist vielleicht der beste Touristeninformationsservice in ganz Nepal, voller Enthusiasmus geleitet von Man Mohan Shrestha und seinen Freunden, die so ziemlich alles arrangieren können von Transportmitteln bis zu Privatunterkünften in Tansen und Umgebung. Das Büro bietet außerdem gute Infoblätter mit ausgezeichneten Karten zu Wanderungen und Ausflügen in der Umgebung. Wenn man sich einen Tag vorher anmeldet, kann man sich in Ghorabanda, 3 km nördlich von Tansen, auch die letzten der berühmten betrunkenen Töpfer anschauen (die zur ethnischen Gruppe der Kumal gehören); sie formen ihre fast kugelförmigen Wasserkrüge auf schweren Töpferscheiben. Auch das Leihen eines Jeeps kann arrangiert werden.

TRANSPORT

Öffentliche Busse verkehren alle 30 Minuten – im Schneckentempo – auf dem Siddhartha Highway zwischen Pokhara und Butwal. Sie halten in Bartun, wo die 3 km lange Nebenstraße nach Tansen abzweigt. Von Pokhara dauert die Fahrt fünf bis sechs Stunden, von Butwal zwei Stunden; in beide Richtungen fährt der letzte Bus jeweils um 13 Uhr ab. Ab Bartun pendeln Jeeps und Busse (Rs10) fast ununterbrochen nach Tansen; sie fahren los, sobald sie voll sind.

Bei der Weiterreise von Tansen ist zu beachten, dass der einzige direkte Expressbus des Tages nach POKHARA (1x tgl., 4 Std.) schon frühmorgens abfährt, dazu gibt's noch einen Expressbus nach Pokhara ab Bartun (1x tgl., 4 Std.). Ansonsten fahren von Bartun nur Nahverkehrsbusse. Außerdem gibt's einen Direktbus nach BHAIRAHAWA (3x tgl., 3 Std.), von wo es nicht mehr weit bis nach Lumbini ist, und einen einzigen frühmorgendlichen Bus nach KATHMANDU (1x tgl., 10–11 Std.), der auch in Narayangadh (für Chitwan) hält.

Die Umgebung von Tansen

Das Beste an Tansen ist die Erkundung des Berglands und der Magar-Dörfer in der Umgebung, wo die Einheimischen Ausländer mit erfreutem Lächeln und zum *namaste* erhobenen Händen grüßen.

Die Pfade um Tansen führen alle durch Ackerland und werden von den Dorfbewohnern emsig benutzt, so dass man mit ein paar Worten Nepali problemlos seinen Weg finden dürfte. Oder man nimmt sich einen Führer – in der Unterkunft nachfragen – oder benutzt die ausgezeichneten Karten, die der Infodienst GETUP Palpa (S. 322) bereithält.

Von Tansen sind auch noch zahlreiche andere Wanderungen möglich, darunter die alte Handelsroute nach Butwal, die im Rahmen einer langen Tageswanderung an den Ruinen des Sen-Palastes bei Nuwakot vorbeiführt – allerdings ist der Weg heutzutage nicht gut in Schuss, so dass man einen Führer braucht. Außerdem kann man dem luftigen Grat östlich des Srinagar Hill durch Bagnaskot nach Arya Bhanjyang (11 km, 2–3 Std.) am Siddhartha Highway folgen und von dort zurück nach Tansen fahren. An klaren Tagen sieht man unterwegs den Himalaya.

Rani Ghat

Der schönste Tagesausflug von Tansen führt nach **Rani Ghat**, wo sich auf einem Felsen oberhalb des Kali Gandaki ein wunderbar verfallener Palast erhebt. Rani Ghat ist gelegentlich Schauplatz von Verbrennungszeremonien und bietet ein paar *chiya pasal*, in denen es eine kleine Auswahl an Speisen und Notunterkünfte gibt. Die Hauptattraktion ist jedoch der melancholische alte **Palast** Rani Durbar, der im späten 19. Jh. von dem Rana-General Khadga Shamsher erbaut wurde, der nach einer fehlgeschlagenen Revolte gegen seinen Bruder nach Palpa ins Exil geschickt worden war. Von der quälend langen Hängebrücke, die den Fluss überquert – mit 222 m die zweitlängste in Nepal –, bietet sich ein toller Blick auf den Palast. Zur Zeit der Recherche wurde auf der anderen Seite ein Resorthotel gebaut; wer hier übernachtet, muss ansonsten die sehr einfache Lodge mit einigen wenigen Betten gleich unterhalb des Palastes ansteuern.

Die Wanderung nach Rani Ghat

Um auf einer unbefestigten Straße über Chandi Bhanjyang und Baugha Gumha nach Rani Ghat zu gelangen, kann man ein Fahrzeug mieten, aber nur bis Chherlung, eineinhalb Stunden Fußmarsch vor Rani Ghat. Auf jeden Fall ist die 14 km lange **Wanderung** (4–7 Std.) toll. Der Weg beginnt in Kailash Nagar auf dem Kamm beim Hotel Srinagar, führt einen Bergrücken hinunter und folgt dann dem teils dschungelartigen Barangdi-Tal zum Kali Gandaki – wer hinter Aule, etwa nach einem Drittel des Weges, die enge Siddha Gupha mit ihren Stalaktiten besichtigen möchte, sollte eine Taschenlampe mitnehmen. Ein längerer Rundweg (22 km, 7–9 Std.) führt auf dem Hinweg über Gorkhekot am Srinagar-Kamm ein Stückchen östlich der Stadt (dorthin gelangt man von einem Pfad, der hinters United Mission Hospital führt) und dann hinab durch eine wohltuend friedliche Landschaft mit Äckern und Dörfern, bis einen schließlich die letzte Serpentine hinunter zum Kali Gandaki und nach Rani Ghat bringt.

Nach Ridi Bazaar

Wer früh aufbricht oder unterwegs übernachtet, kann von Rani Ghat weiter Richtung Westen nach **Ridi Bazaar** gehen, indem er dem schönen

Pfad entlang der Südflanke der Kali-Gandaki-Schlucht zum 11 km entfernten Argeli folgt. Von Argeli führt eine befestigte Straße 6 km nach Ridi Bazaar; wer dieses letzte Asphaltstück lieber nicht zu Fuß gehen möchte: Es verkehren regelmäßig Busse hier.

Ridi, am Ufer des Kali Gandaki gelegen, wird als heilige Stätte angesehen, da hier im Fluss eine große Anzahl von *shaligram* – Fossiliensteine, die mit Vishnu in Verbindung gebracht werden – gefunden wurden. Man glaubte, dass die *shaligram* aus der im Fluss verstreuten Asche eines Toten entstehen, wodurch der Gläubige mit seinem Gott vereint wird. Viele Pilger kommen nach Ridi, um rituelle Bäder zu nehmen, besonders während des **Magh Sankranti-Fests** (Mitte Januar). Das farbenfrohe Geschäftsviertel des Orts liegt jenseits eines Flusses, der hier in den Kali Gandaki mündet, und südlich des Flusses erhebt sich oberhalb der Bushaltestelle der **Rishikesh Mandir** aus dem 16. Jh.

Von Ridi zurück nach Tansen sind es auf der Straße 30 km. Man kann auch zurück nach Tansen gehen, indem man die Straße von Ridi nach Tansen an einer engen Rechtskurve verlässt und das hübsche Tal des Kurung Khola zum Dorf Chandi Bhanjyang hinaufgeht; von dort sind es rund 45 Minuten auf einer unbefestigten Straße, bis man ein paar Schritte westlich des Hotel Srinagar wieder auf die asphaltierte Straße zwischen Ridi und Tansen trifft. In die entgegengesetzte Richtung, also ab Tansen, ist die Route genauso einfach zu finden. Der einfache Weg dauert zu Fuß etwa vier Stunden.

Palpa Bhairab

Der Palpa-Bhairab-Tempel nicht weit vom hübschen Newar-Dorf **Bhairabsthan**, 8 km westlich von Tansen an der Straße nach Ridi, wird oft mit dem Dakshin-Kali-Tempel im Kathmandutal verglichen. Das gefürchtete Bhairab-Bildnis wird in einer kleinen Kammer in der hinteren Ecke der Tempelanlage verwahrt, und ihm werden sehr viele Tieropfer dargebracht, besonders samstag- und dienstagmorgens. Der vergoldete *trisul* (Dreizack) hier soll der größte in Asien sein; unten am Dreizack legen Pilger jede Menge kleinere Nachbildungen ab.

Das westliche Terai

Stefan Loose Traveltipps

Sauraha, Chitwan Von einer „Strandbar" gegenüber einem herrlichen Dschungel an den Ufern des Rapti kann man den malerischen Sonnenuntergang bewundern. S. 328

8 **Chitwan-Nationalpark** Bei einem Ritt auf dem Elefantenrücken sieht man die bedrohten asiatischen Panzernashörner und vielleicht sogar einen Tiger. S. 335

Bis Hajaar Tal, Chitwan Die sumpfigen „20 000 Seen" fernab vom Rummel um Tiger und Nashörner sind Heimat für Hunderte exotischer Vogelarten. S. 342

Devghat Viele Hindus suchen den heiligen Ort am Zusammenfluss zweier Flüsse, der von einer spektakulären Hängebrücke überspannt wird, zum Sterben auf. S. 346

Lumbini Buddhas Geburtsort ist vielleicht die wichtigste historische Stätte des Landes, mit archäologischen Funden, die bis ins 3. Jh. zurückreichen. S. 350

Bardia-Nationalpark Bei der Führung durch das abgelegene Dschungelgebiet erlebt man eine Tierwelt, die nur selten von Touristen gestört wird. S. 360

DAS WESTLICHE TERAI

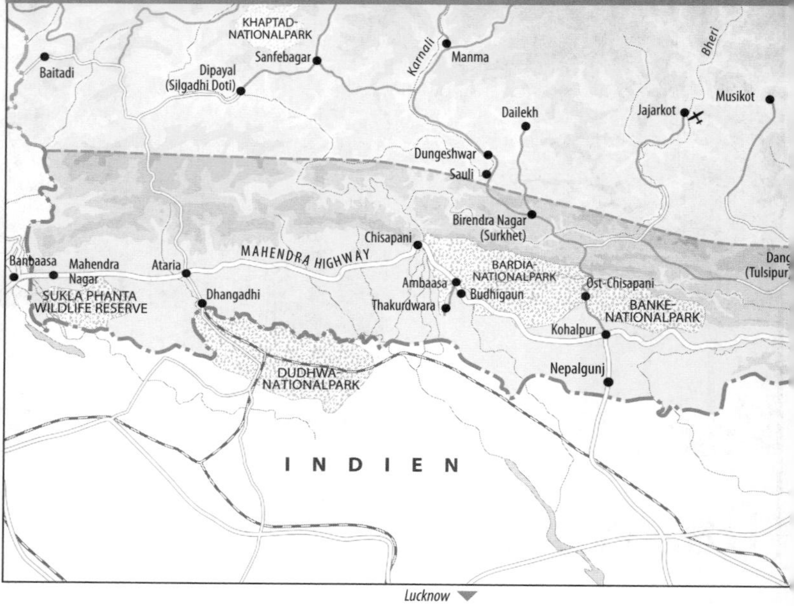

Das Terai, einen Landstreifen, der sich entlang Nepals gesamter Südgrenze erstreckt, bedeckte einst dichter, von Malaria verseuchter Dschungel, doch nachdem die Regierung in den 1950er-Jahren das Wachstumspotenzial der fruchtbaren Ebenen des Südens erkannte und eine Möglichkeit sah, den Bevölkerungsdruck in den Bergregionen zu mindern, wurde die Malaria mit dem Einsatz großer Mengen DDT unter Kontrolle gebracht. Anschließend wurde der Dschungel systematisch gerodet, und heute ist das Terai Nepals produktivste Region. Es erwirtschaftet mehr als 50 % des BIP und ernährt ungefähr die Hälfte der Bevölkerung.

Der einstige Dschungelstreifen, der Nepal früher so effektiv gegen indische Einflüsse abschirmte, wie der Himalaya den Norden behütete, und damit im Landesinneren die ungestörte Entwicklung der einzigartigen nepalesischen Kultur ermöglichte, ist verschwunden. Das Terai trägt heute unverkennbar indische Züge: die geschäftstüchtige Atmosphäre der Grenzmärkte, das Kauen von Betel allerorten, Moscheen und orthodoxer Brahmanismus, Jutefabriken und Zuckerraffinerien sowie zahlreiche Straßen und Bewässerungsprojekte, die mit indischem Geld finanziert wurden.

Zum Glück hat die Regierung große Teile des westlichen Terai als Nationalpark oder Reservat ausgewiesen. Diese Parks gehören zu den schönsten Tier- und Vogelparadiesen des Subkontinents. Versteckt im dichten Flusswald leben Tiger und Leoparden, sumpfiges Grasland ist der perfekte Lebensraum für Nashörner, und die ausgedehnten, hohen Salwälder (der am weitesten verbreitete Baum im Terai) gewähren großen Rotwildbeständen Zuflucht. Der **Chitwan-Nationalpark** ist zu Recht bei Besuchern besonders beliebt, denn er hat den größten Tierreichtum und ist gut zu erreichen, aber wer ein wenig Mü-

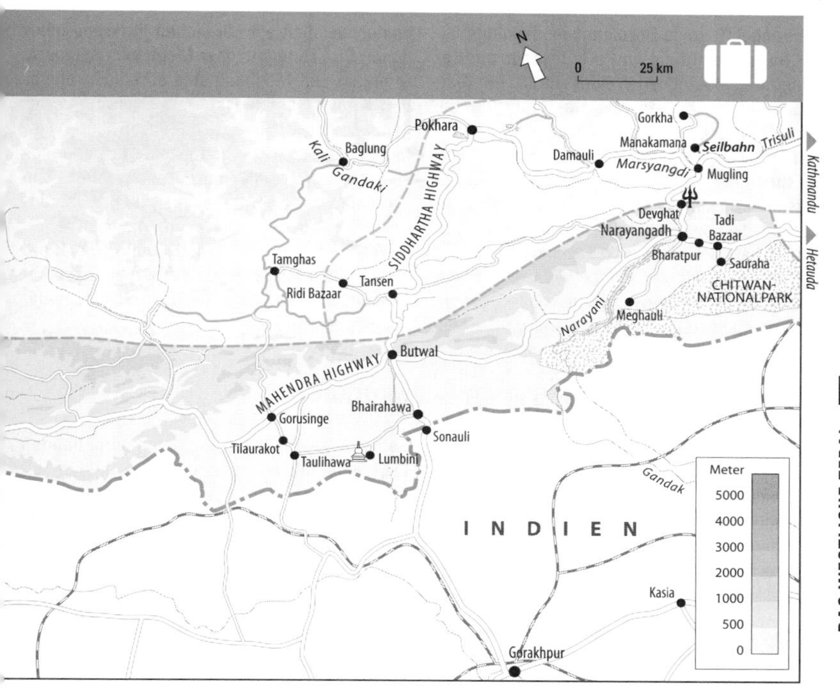

he nicht scheut, sollte sich für die ruhigeren Reservate **Bardia** oder **Sukla Phanta** entscheiden.

Die Region ist auch von historischer Bedeutung: Vor 2500 Jahren wurde Buddha in **Lumbini** geboren. Auch im nahen **Tilaurakot** wurden bedeutende archäologische Funde gemacht.

Im westlichen Terai sind **vier Grenzübergänge** für Touristen geöffnet: Am stärksten genutzt wird Sonauli, denn es liegt an der kürzesten Verbindung zwischen Kathmandu und Varanasi. Der Grenzort bietet sich für den Besuch von Lumbini und Chitwan an. Weniger beliebt sind die Übergänge südlich von Nepalgunj oder Dhangadhi. Eine Alternative bietet Mahendra Nagar ganz im Westen. Es liegt nur rund zwölf Stunden von Delhi entfernt, aber die Weiterreise von hier nach Kathmandu ist ziemlich beschwerlich.

Das **Wetter** ist im Terai von Oktober bis Januar am schönsten – besonders in der zweiten Hälfte dieser Periode sind die Tage angenehm mild, Nächte und Morgenstunden können aber überraschend kühl und feucht sein. Die Bedingungen für Tierbeobachtungen werden wesentlich besser, wenn sich ab Ende Januar das Unterholz lichtet. Auch beginnen dann die Temperaturen wieder zu steigen. Richtig heiß wird es im April, Mai und Juni. Von Juli bis September bringt der Monsun Moskitos, Malaria und Blutegel, und viele unbefestigte Nebenstrecken sind schwer bis gar nicht passierbar; manche Flüsse treten über die Ufer.

Chitwan

Chitwan bezeichnet nicht nur Nepals meistbesuchten Nationalpark, sondern auch die umliegenden Täler *(dun)* und den gesamten Verwaltungsbereich. Der Name bedeutet „Herz des

Dschungels" – eine Bezeichnung, die heute leider nur noch auf die im Park geschützten Bereiche und staatlichen Wälder zutrifft. Die restlichen Talstriche sind bloß noch eine flache, durchfurchte Ebene, doch sie gewähren faszinierende Einblicke in den ländlichen Alltag. Einzig im Ballungsraum **Narayangadh/Bharatpur** präsentieren moderne Bausünden ihr hässliches Gesicht, die aber die nahe gelegene heilige Stätte **Devghat** noch nicht verschandeln konnten.

Zu den besten und gleichwohl nachteiligsten Aspekten des Chitwan-Nationalparks gehört, dass er leicht zu erreichen und preiswert zu besuchen ist. Er steht auf dem Programm der meisten Nepalreisenden ganz weit oben – nur wer in der heißen Jahreszeit hinfährt, muss seine Erlebnisse nicht mit zahlreichen anderen Besuchern teilen. Wer dem Touristenstrom ausweichen möchte und einige zusätzliche Anstrengungen nicht scheut, sollte das sehr aufdringliche Touristendorf **Sauraha** meiden und stattdessen die weiter westlich am nördlichen Parkrand gelegenen Orte **Ghatgain** oder **Meghauli** ansteuern. Ghatgain und Meghauli sind erheblich ruhiger und weniger erschlossen als Sauraha, verfügen jedoch auch über Gästehäuser, Führer, Elefanten und Zugangs-Kontrollposten – nur Jeeps sind hier schwieriger aufzutreiben. Außerdem kann man von Sauraha eine Dschungelwanderung (S. 340) in beide Dörfer unternehmen.

Wer genug Geld hat (um US$200–350 p. P. pro Nacht, alles inklusive), findet angenehme Abgeschiedenheit in einer der Luxus-Lodges oder Zeltcamps innerhalb des Parks (S. 343).

Ein Wort zu billigen Pauschalangeboten

Sich nicht darauf einlassen! Ein in Kathmandu oder Pokhara gebuchtes dreitägiges Chitwan-Paket bietet nur anderthalb Tage Aufenthalt im Park, in denen man keinen Einfluss auf das übliche Programm hat. Man ist an eine Lodge gebunden, die den Service sehr wahrscheinlich auf Sparflamme fahren wird. Das Essen ist enttäuschend, und auch den Führer wird man nicht auswählen können. Außerdem ist ein solches Paket in der Regel etwas teurer als die Durchführung auf eigene Faust, ohne dabei eine nennenswerte Erleichterung zu bieten, denn Chitwan ist einfach zu bereisen. Wer dennoch ein Programm buchen möchte, sollte es wenigstens direkt in der Unterkunft tun.

Der Besuch Chitwans ist gut mit einer Raftingtour auf dem Trisuli zu kombinieren. Es gibt zahlreiche Angebote in Kathmandu und Pokhara, doch man sollte keinesfalls den Chitwan-Aufenthalt als Teil des Raftings buchen. Das Rafting verkürzt die lange Busfahrt, doch es führt nicht bis hinab in den Park (auch wenn der Verkäufer das behauptet). Endpunkt des Raftings ist im Allgemeinen Narayangadh.

Sauraha

Sauraha gehört mit seiner atemberaubenden Lage gegenüber einem herrlichen Dschungelgebiet an den Ufern des Rapti zu den aufstrebenden Ferienzielen Nepals. In gewissem Licht besehen wirkt die Ortschaft mit ihren Lodges, die sich am Waldrand an staubigen Straßen entlangziehen, wie das archetypische Budget-Safaridorf schlechthin. Zu anderen Zeiten fällt es leicht, sich mit halb geschlossenen Augen vorzustellen, dass man sich in einem verkleinerten Thamel befindet.

Zwar bietet der Ort noch immer einige Vorteile, darunter nicht zuletzt den leichten Zugang zum Park, doch verliert Sauraha jedes Jahr ein wenig mehr von dem, was es einst so schön machte, denn unaufhörlich schießen neue Gebäude aus dem Boden.

Das Dorf

Die sich schnell verändernde Ansammlung von Geschäften und Hotels, aus denen das „Dorf" Sauraha besteht, bestimmt die meisten Aktivitäten vor Ort, allerdings gibt es nicht viel mehr zu tun als einzukaufen, zu essen oder eine Exkursion zu planen. Das **Besucherzentrum des Nationalparks** präsentiert einen kleinen, informativen Überblick über die Ökologie des Parks und die lokale Tharu-Kultur, ◷ tgl. 6–18 Uhr. Gute Informationsquellen sind teils auch die Angestellten in den Lodges. **Tageskarten** für den Nationalpark (S. 338) werden im Rangerbüro (◷ tgl. 6–18 Uhr) neben dem Besucherzentrum verkauft.

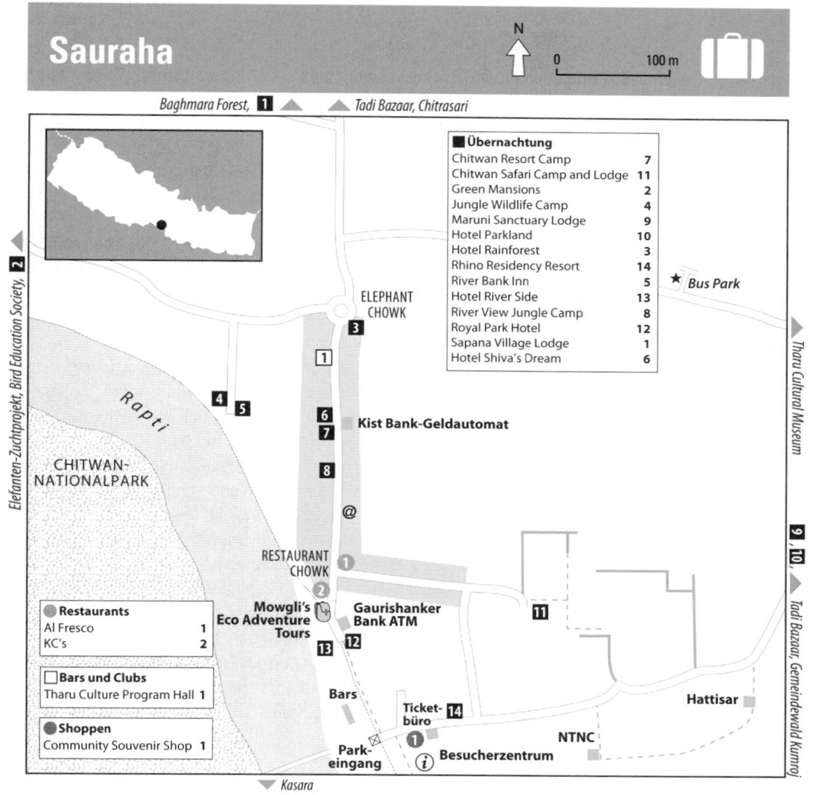

Kleine Läden und Stände bieten Lebensmittel und andere Artikel an (Bier, Schokolade, Batterien, Toilettenpapier, Postkarten, Kunsthandwerk usw.), und es gibt ein paar recht gute Läden für gebrauchte Bücher. Die Souvenirläden der Stadt führen viele Artikel aus anderen Regionen, aber wer sich umschaut, wird auch lokales Kunsthandwerk der Tharu finden. Der **Community Souvenir Shop** gegenüber dem Besucherzentrum verkauft nützliche Bücher, Karten und Souvenirs; ⌚ gewöhnlich tgl. morgens bis spätnachmittags.

Es gibt mehrere **Geldautomaten** im Ort, darunter Automaten der Kist Bank und der Gaurishanker Bank beim Restaurant Chowk, die allerdings nicht sehr zuverlässig sind, weshalb man zur Not also auf die Automaten in Tadi Bazaar und Narayangadh ausweichen muss. Außerdem gibt es in Sauraha mehrere **Wechselstuben**, die aber schlechtere Kurse bieten als die Banken. Internationale **Ferngespräche** und **Internetzugang** sind im Ort möglich, aber deutlich teuer als in Kathmandu oder Pokhara. Alisha's Cyber Café beim Al Fresco ist eines von mehreren Internetcafés (Rs100/Std.); für das WLAN (Rs150/Std.) des Ladens kann man ein Guthaben erwerben und das Netz dann von Unterkünften in der Nähe nutzen. Die **Post** befindet sich an der Kreuzung östlich der Bushaltestelle, auch die Angestellten der Buchläden übernehmen den Gang zur Post. Am Restaurant Chowk gibt es eine **Apotheke**, und in Tadi Bazaar eine **Privatklinik**. Bei

Die Tharu

Zwei große Geheimnisse umgeben die im Terai lebenden Tharu, Nepals **zweitgrößte Volksgruppe**: Wo kamen sie ursprünglich her und wieso sind sie gegen Malaria resistent? Manche Anthropologen meinen, sie seien aus Indiens östlichem Bergland eingewandert, was ihren hinduistisch-animistischen Glauben erklären würde, nicht aber die unterschiedlichen Dialekte, Trachten und Sitten der verschiedenen Tharu-Gruppen. Einzelne Gruppen von Einwanderern, die jahrtausendelang durch den malariaverseuchten Dschungel voneinander abgeschnitten waren, könnten natürlich eigene Kulturen entwickelt haben, aber warum hielt sich dann der Name „Tharu" so hartnäckig?

Noch komplizierter wird die Angelegenheit durch die **Rana Tharu** ganz im Westen. Sie sehen sich als Nachfahren hochgeborener Rajputen-Frauen, die von ihren Männern während der moslemischen Invasionen in den sicheren Norden geschickt wurden. Da ihre Männer sie nicht wieder heimholten, heirateten sie schließlich ihre Diener. (Dafür spräche auch die Tatsache, dass die Frauen der Rana Tharu in Ehe- und Haushaltsangelegenheiten ungewöhnlich viel zu sagen haben.)

Ein Faktor für die **Malariaresistenz** scheinen die roten Blutkörperchen zu sein – die Tharu neigen zur Sichelzellenanämie –, aber das Thema ist bislang noch kaum erforscht. Außerdem helfen die Tharu ihrer Immunität durch praktische Maßnahmen nach, etwa durch den Bau von Häusern mit winzigen Fenstern, die den Rauch im Haus und die Moskitos (und Geister) draußen halten.

Die Tharu waren einst geschickte **Jäger und Sammler**. Inzwischen haben sie umgesattelt und leben als Acker- und Viehbauern, fischen in den Flüssen, roden Waldflächen und schützen sie vor wilden Tieren. Ihr berühmter Stocktanz zeugt von ihrer zwiespältigen, aber respektvollen Beziehung zu den Waldgeistern. Ihre Häuser bestehen aus einem mit Lehm und Dung verputzten Holz-Schilf-Gerüst, das ihnen ihre typisch gerippte Erscheinung verleiht. Im Westen wohnen heute noch Gemeinschaften von einem halben Dutzend Familien oder mehr in traditionellen Langhäusern.

In neuerer Zeit hat sich die wirtschaftliche Lage der Tharu verschlechtert; viele fristen ihr Dasein heute als arme **Pachtbauern**. Ihre Kultur ist im äußersten Westen noch stark ausgeprägt, doch in anderen Gebieten wird sie zunehmend durch Einflüsse aus dem übrigen Nepal und Indien verdrängt. Die Tharu teilen das Schicksal vieler indigener Völker der Welt: Ihre traditionellen Fertigkeiten und ihr Wissen über ihre Umwelt sind in unserer Zeit kaum noch gefragt.

ernsteren Erkrankungen sollte man sich an das Krankenhaus in Bharatpur wenden (S. 344).

Mehrere Anbieter an der Hauptstraße vermieten **Fahrräder** unterschiedlicher Qualität für etwa Rs200 pro Tag.

Wer Touren auf eigene Faust außerhalb des Parks plant, tut gut daran, sich **Karten von Chitwan** zu besorgen: Am besten ist die Karte von Mappa/Karto Atelier.

ÜBERNACHTUNG

Die meisten Unterkünfte reihen sich am nordsüdlich verlaufenden Hauptweg des Dorfes aneinander. In bequemer Nähe liegen Restaurants und der Eingang zum Park, doch es ist relativ laut und überfüllt. Die Unterkünfte am Fluss, östlich vom Parkeingang, und an der Straße zur Elefantenzuchtstation sind ruhiger.

Die meisten günstigen **Lodges** sind sehr ähnlich und bieten Zimmer in Betonbungalows mit Strohdächern inmitten subtropischer Gärten. Die meisten haben auch Moskitonetze, die man auch benutzen sollte; eventuell vorhandene Löcher sollte man stopfen lassen!

In dieser Preiskategorie herrscht eine starke Konkurrenz, so dass die **Preise** bei schlechter Belegung stark sinken und man oft Ermäßigungen aushandeln kann, besonders wenn man nicht reserviert hat. Obwohl der Preis in Sauraha nicht etwas über die Qualität aussagt, sind die aufgeführten Lodges im mittleren und höheren Preissegment um einiges besser als die billigen Häuser: Sie leben hauptsächlich von teuren Pauschalarrangements, nehmen aber auch Einzelreisende auf, die nur übernachten möchten. In der Nebensaison locken Rabatte.

Chitwan Resort Camp, nördlich des Restaurant Chowk, ✆ 056-580082, ✉ crc@mail.com. Gemütliche Zimmer mit Teppichboden, Bad und TV in Bungalows mit grünen Wellblechdächern sowie Gemeinschaftsbereiche mit Strohüberdachung im gepflegten Garten. Rs600

Chitwan Safari Camp and Lodge, östlich des Restaurant Chowk, ✆ 056-580078. Einladende Budget-Unterkunft unter einheimischer Leitung inmitten von Feldern. Die schlichten Zimmer mit Bad und Ventilator in einem schattigen Garten mit Mango- und Bodhi-Bäumen sind leider etwas schäbig und muffig. Rs500

Green Mansions, an der Straße zur Elefantenzuchtstation, ✆ 056-580088, 💻 greenmansions resort.com. Nach einem Roman von William Henry Hudson benannt. Die ruhige Unterkunft in der Nähe der Elefantenzuchtstation bietet eine picobello gepflegte Gartenanlage, ideal zum Lesen oder Entspannen, einen stimmungsvollen Speisesaal und großzügige Zimmer mit schicken Bädern. US$90

Jungle Wildlife Camp, südwestlich des Elephant Chowk, ✆ 056-580093, ✉ junglewcamp@yahoo.com. Das niederländisch-nepalesische Teamprojekt bietet geschmackvolle Zimmer in einem mintgrünen Gebäude, mit gutem Restaurant, in ruhiger Lage am Flussufer und mit schönen Ausblicken. Wer genau hinschaut, erspäht das Krokodil am anderen Ufer. Rs600

Maruni Sanctuary Lodge, ein paar Kilometer östlich von Sauraha, ✆ 056-580160, 💻 ktmgh.com. Das Highlight dieser vom Kathmandu Guest House betriebenen Lodge sind der Naturpfad und der Teich, der Vögel und manchmal auch Krokodile anlockt. Die einfachen Zimmer im Bungalowstil haben Ventilatoren und Betten mit eindrucksvoll beschnitzten Rahmen. US$99

Hotel Parkland, östlich von Sauraha, ✆ 056-580344, 💻 parkland.com.np. Das zuverlässige Mittelklassehotel in ruhiger Lage abseits des Trubels von Sauraha wartet mit behaglichen AC-Zimmern, gut informiertem Personal und 2 eigenen Elefanten auf. Ein Pool ist in Planung. Frühstück inkl. Rs3450

Hotel Rainforest, Elephant Chowk, ✆ 056-580007, 💻 hotelrainforest.com.np. Der sympathische Inhaber bietet moderne Zimmer, die besten mit AC, TV und Veranden/Balkonen mit Bergpanorama (sowie Blick auf die beiden Elefanten des Hotels); die Zimmer eine Klasse darunter sind ähnlich, aber ohne Aussicht. Rs1500

Rhino Residency Resort, beim Parkeingang, ✆ 056-580095, 💻 rhino-residency.com. Die Zimmer mit Teppichboden und Bad sind mit Bildern und Flachbild-TVs eingerichtet und gehören wohl zum Schicksten, was außerhalb des Parks zu finden ist. Dazu gibt es einen Pool und jede Menge Limettenbäume. Etwas abschreckend wirken lediglich die in Gläsern konservierten Lebewesen in der Lobby. Frühstück inkl. US$60

Besuche von Tharu-Dörfern

Führungen durch Tharu-Dörfer können ziemlich voyeuristisch sein, besonders wenn man bedenkt, wie viele Touristen vor einem schon durch die Wohnhäuser geschleust worden sind. Touren mit mehr Fingerspitzengefühl bietet Mowgli's Eco Adventure Tours. Das Unternehmen organisiert Aufenthalte in Privathäusern in Maadi, einem authentischen Tharu-Dorf in der Nähe der indischen Grenze (s. u.). Wer die Mühen nicht scheut, kann etwas Ähnliches auch in Eigenregie durchführen: Täglich verkehren vier oder fünf Busse zwischen Gita Nagar und Maadi; die Fahrtzeit beträgt etwa dreieinhalb Stunden. Wer in Sauraha herumfragt, findet eventuell eine Privatunterkunft. Alles in allem ist das Ganze aber ziemlich schwierig zu organisieren und lohnt den Aufwand kaum. Außerdem kann man von Sauraha Radtouren durch einige Terai-Dörfer unternehmen (S. 332).

Mowgli's Eco Adventure Tours, südlich vom Restaurant Chowk, ✆ 056-580201, 💻 mowgliecoadventure.com. Das Unternehmen, das 25 % seines Gewinns in Umwelt- und Bildungsprogramme für die Einheimischen investiert, veranstaltet Dschungelwanderungen durch den Park nach Maadi, einem Tharu-Dorf an der indischen Grenze, wo man in Privatunterkünften übernachten kann. Auf dem Programm stehen auch interessante Trekkingtouren und Gastfamilienaufenthalte in den Chepang Hills.

Radtouren ins Terai

Abgesehen von den Ausflügen zu den Tharu-Dörfern (S. 331) kann man auch etwas über das Dorfleben im Terai lernen, wenn man sich aufs Rad setzt und auf eigene Faust die Straßen östlich und westlich von Sauraha erkundet. Ein Stopp in irgendeinem Dorf und die Frage „Ciya paunchha?" („Wo kann ich eine Tasse Tee bekommen?") erwecken im Allgemeinen genügend Aufmerksamkeit, um jemandem vorgestellt zu werden.

Wenn im November der Reis geerntet wird, kann man zuschauen, wie Dorfbewohner die Halme schneiden, sie zu Büscheln zusammenbündeln und dreschen – da es eine geschäftige Zeit ist, schichtet man zuweilen große Stapel auf und drischt später. Wenn im Januar Stroh gesammelt wird, sieht man die Leute riesige Büschel anschleppen, die zu Hause gehortet werden, bis man in der ruhigeren Zeit vor dem Monsun an die Reparatur der Dächer denken kann. Im frühen März sind Senf, Linsen und Getreide, die nach der Reisernte gesetzt worden sind, reif. Nun wird Mais gepflanzt, der im Juli geerntet wird und als Tierfutter und zur Mehlproduktion dient. Die Reissetzlinge werden ab März in dichten Beeten gezogen, um im April auf die Felder gepflanzt zu werden.

Von Sauraha aus gesehen liegt das lohnendste Gebiet nordöstlich Richtung Tadi. Wenn man an der Kreuzung, an der sich eine Krankenstation befindet, nach rechts abbiegt, kann man die Straße 8 km weit auf dem Mahendra Highway bis nach Parsa befahren. Viele Seitenstraßen führen unterwegs zu Dörfern. Wer einen ganzen Tag Zeit und dazu ein gutes Fahrrad oder Motorrad hat, kann von **Parsa** weitere 10 km auf der Hauptstraße fahren, bevor kurz vor Bhandaara ein Weg links zum besonders gut erhaltenen Tharu-Dorf **Baireni** abzweigt. Von **Lothar**, 10 km östlich von Bhandaara, führt ein Pfad am Fluss entlang zu den Wasserfällen des Lothar Khola. An diesem beschaulichen Ort sind sehr viele Vögel zu beobachten.

Wer westlich von Sauraha eine kurze Fahrt unternehmen will, muss erst 3 km nach Norden fahren und nach der Flussüberquerung die erste Abzweigung nach links nehmen. Dieser Weg führt zu den sehr ursprünglichen Tharu-Dörfern **Baghmara** und **Hardi**.

Wer länger unterwegs sein will, kann nach Tadi und dann auf dem Mahendra Highway westlich nach Tikauli radeln. Von dort führt die Kanalstraße durch Bis Hajaar Tal etwa 10 km durch schönen Wald nach **Gita Nagar**, wo man die Straße von Bharatpur nach Jagatpur erreicht. Hier sind die Möglichkeiten nahezu grenzenlos.

Eine lohnende Strecke führt von Jagatpur westwärts über Pisten bis nach Meghauli, doch unterwegs muss man unter Umständen einen Fluss durchwaten, was mit dem Motorrad von Juni/Juli bis mindestens Ende November unmöglich zu bewerkstelligen ist.

Auch die Möglichkeit eines Ausflugs nach Devghat sollte in Betracht gezogen werden (S. 346).

River Bank Inn, südwestlich des Elephant Chowk, ✆ 056-580450, 💻 riverbankinn.com.np. Die gemütliche, kompetent geführte Lodge in hübscher Flusslage hat große moderne Zimmer mit Ventilator oder AC (eins hat sogar eine eigene Küche) – und 3 Elefanten. Der freundliche Inhaber ist eine unerschöpfliche Informationsquelle, v. a. was Vögel angeht, und vermittelt Besuchern gern Stellen bei ehrenamtlichen Projekten. Das Restaurant serviert ausgezeichnetes nepalesisches Essen. Rs700

Hotel River Side, unmittelbar nördlich des Parkeingangs, ✆ 056-580009, ✉ hriverside@hotmail.com. Ein professionell geführtes Hotel mit einer großen Bandbreite an Zimmern; die billigeren (mit Ventilator und Bad) befinden sich im Haupthaus, die teureren im Cottage-Stil bieten schöne Flussblicke von eigenen Balkonen und Terrassen. Rs700

River View Jungle Camp, nördlich des Restaurant Chowk, ✆ 056-580096, ✉ rvjcsauraha@hotmail.com. Der Name ist etwas irreführend – man muss schon bis zum Ende des Gartens wandern, um den Fluss zu Gesicht zu bekommen, aber es gibt auch einen Aussichtsturm für Gäste. Die Unterkünfte aus rotem Backstein mit Wellblechdach werden von tropischen Bäumen beschattet. WLAN. Rs700

Royal Park Hotel, nördlich des Parkeingangs, ☏ 056-580061, 💻 royalparkhotel.com.np. Hübsche Gebäude mit Terrassen und Gitterwerk-Sichtschutz auf einem weitläufigen Gelände, zu dem auch ein kleines, allerdings nicht immer gefülltes Tauchbecken gehört. Am besten sind die Zimmer im Obergeschoss mit hoher Decke und mehr Platz (ohne Aufpreis). Frühstück inkl. Rs2300

Sapana Village Lodge, nordwestlich von Sauraha, ☏ 056-580308, 💻 sapana lodge.com. Die von einem niederländischen Entwicklungsprojekt getragene Lodge soll die hiesige Tharu-Bevölkerung unterstützen, indem sie einerseits Jobs schafft und andererseits Besuchern mit Kochkursen, Angelausflügen, Möglichkeiten zu freiwilliger Arbeit und Gastfamilienaufenthalten Einblick in das Leben der Tharu gibt. Die Anlage im Hazienda-Stil in beschaulicher Flussuferlage bietet sehr hübsche Zimmer mit vielen ortstypischen Einrichtungsdetails. Frühstück inkl. Rs2200

Hotel Shiva's Dream, nördlich des Restaurant Chowk, ☏ 056-580369, 💻 hotelshivasdream.com. Gut geführte Lodge mit auskunftsfreudigem Management und Personal und sauberen, komfortablen Zimmern mit Bad (teils mit, teils ohne AC). Eine ähnlich gute Schwesterlodge gibt's in Bardia. Rs660

ESSEN

Die Restaurants der **Gästehäuser** sind generell wenig aufregend. Dagegen serviert eine Hand voll Restaurants in Saurahas sogenanntem Restaurant Chowk und Umgebung eine Kombination von frischem Fisch, indischen und nepalesischen Spezialitäten und unterschiedlich erfolgreichen Experimenten in westlicher Küche. Für eine gehobene Mahlzeit empfiehlt sich der Besuch einer der besseren Lodges. Preiswerte örtliche Speisen bieten die *bhatti* an den Hauptwegen an.

Al Fresco, Restaurant Chowk. Alteingesessenes Restaurant im 1. Stock mit herzhaftem Frühstück, nepalesischen, indischen, chinesischen, mexikanischen und italienischen Gerichten (Rs130–350) und beliebten Traveller-Speisen wie Bananen-Pancakes sowie Gebäck und kaltem Bier. 🕒 tgl. 8/9–22/23 Uhr, Happy Hour 16–22 Uhr.

KC's, Restaurant Chowk. Das beste Restaurant der Stadt mit wundervollem Garten, der zum Fluss hinunterführt. Auf der Karte stehen Gerichte aus der ganzen Welt, hervorzuheben sind aber die nordindischen Speisen, die ein indischer Koch in einem echten *tandoori*-Ofen zubereitet. Hauptgerichte Rs170–405. 🕒 tgl. 8/9–22/23 Uhr, Happy Hour 17–20 Uhr.

UNTERHALTUNG

Die meisten Restaurants werben mit Happy Hours, die den größten Teil des Abends andauern, und eignen sich gut für einen abendlichen **Drink**, aber keines hat lange geöffnet. Bei **Sonnenuntergang** kann man sich zum „Strand" begeben, wo in der Saison einige Bars aus dem Boden wachsen und Bier, Cocktails oder Snacks am sandigen Ufer anbieten. Das Beobachten des Sonnenuntergangs über dem Dschungel gehört zu den erholsameren Aktivitäten in Chitwan, doch um ihn in Frieden zu genießen, muss man sich von den Bars fernhalten.

Die **Tharu Cultural Program Hall** bietet abendliche Kulturprogramme mit regionaler Musik und Tänzen für Touristen (Rs60). Einige der besseren Lodges präsentieren ähnliche Veranstaltungen, die oft im Pauschalpreis der Unterkunft inbegriffen sind. 🕒 im Winter 19.30, im Sommer 20 Uhr.

Der Stocktanz der Tharu

Zu Saurahas Unterhaltungsangebot gehört in erster Linie der **Stocktanz der Tharu**, bei dem die Teilnehmer in Nachahmung eines Kampfes mit äußerst präzisen und dennoch anmutigen Bewegungen ihre gegenseitigen Stockschläge abwehren. Ursprünglich soll der Tanz den Zweck erfüllt haben, durch den Lärm wilde Tiere fernzuhalten. Er ist traditioneller Bestandteil des Tharu-Festes **Phaagun Purnima** (Vollmond im Feb/März), doch in Saurahas Lodges werden Tänze in abgewandelter Form für Touristen vorgeführt.

TRANSPORT

Busse

Täglich verkehren mehrere Touristenbusse (etwa Rs400) von KATHMANDU (5–7 Std.) zum Bus Park von Sauraha. Minibusse und die komfortablen Busse von Greenline Tours (☏ 056-560267, 💻 greenline.com.np, US$15 inkl. Mittagessen) sind teurer. Greenline bietet außerdem eine Verbindung nach POKHARA (5–7 Std.), wohin außerdem mehrere öffentliche Busse fahren. Öffentliche Busse fahren auch über Bhairahawa nach SONAULI (3–5 Std., Abfahrt gegen 9.30 Uhr). Gegen eine kleine Gebühr besorgen die Lodges in Sauraha Bustickets.

Am Bus Park von Sauraha warten Schlepper auf die eintreffenden Busse, um neue Kunden mit zerbeulten Jeeps zu ihren Gästehäusern zu bringen. Ohne Unterkunftsvermittlung sollte eine Jeepfahrt in die Stadt etwa Rs50 kosten.

Noch öfter verkehren Busse von Tadi Bazaar am Mahendra Highway, 6 km nördlich von Sauraha. Auch hier bieten tagsüber oft Hotelschlepper Mitfahrgelegenheiten an. Stattdessen kann man aber auch per Pferdekarren (etwa Rs250 für 4 Pers.) oder Jeep (etwa Rs400 für 4 Pers.) nach Sauraha weiterfahren. Etwa im Viertelstundentakt pendeln öffentliche Busse von Tadi nach NARAYANGADH/BHARATPUR (wo viel mehr Anschlussverbindungen zur Wahl stehen).

Flüge

Zwischen BHARATPUR (S. 346), 15 km westlich von Tadi Bazaar, und KATHMANDU gibt es tägliche Flugverbindungen.

Ghatgain

Ein paar einfache Lodges und ein gehobenes Resort – mehr gibt es eigentlich nicht im verschlafenen Dorf Ghatgain am Nordufer des Flusses Rapti, 16 km westlich von Sauraha. In der Nähe liegen ein schönes Dschungelgebiet, zwei interessante Seen (Lami Tal und Tamar Tal) und, 4 km flussabwärts, das Parkhauptquartier in Kasara. Der Park beginnt gegenüber dem Dorf am anderen Ufer des Rapti. Führer (meist von den Gästehäusern vermittelt) bringen Besucher mit dem Einbaum über den Fluss. Sofern man nicht schon ein Ticket hat, zahlt man dort Eintritt.

Um nach Ghatgain zu gelangen, muss man einen **Bus** nach Jagatpur nehmen und sich in Patihani absetzen lassen (sollte der Name dem Busfahrer nichts sagen, nach Safari Narayani fragen). Von hier ist es noch ein 15-minütiger Spaziergang. Von Pokhara (5 Std.) fahren täglich zwei Busse nach Jagatpur, von Kathmandu (7 Std.) einer, und von Narayangadh rumpeln Lokalbusse ungefähr stündlich bis nachmittags dorthin (1 Std.).

Tickets (S. 337) für den Chitwan-Nationalpark erhält man im Parkhauptquartier in Kasara; 🕒 tgl. 6–18 Uhr.

ÜBERNACHTUNG

Die meisten Leute in Ghatgain können einem den Weg zu den vier konkurrierenden **Budget-Unterkünften** weisen, die dicht nebeneinander im Zentrum des Dorfes stehen und das Beste aus dem überwältigenden Blick auf den Fluss machen.

Riverview Lodge, ☏ 984-5069589. Die ansprechendste der Budget-Unterkünfte in Ghatgain, mit sauberen, adretten Zimmern, gepflegtem Garten, herzlichen Inhabern und gutem *daal bhaat*; die neueren Zimmer sind komfortabler, jedoch auch ein wenig teurer. Rs400

Safari Narayani Lodge, ☏ 056-693486, 💻 safarinarayani.com.np. Das schicke Hotel bietet nur Pauschalpakete an; es hat einen riesigen Pool, komfortable Zimmer mit Bad und einen Garten voller Palmen. Wer übers Internet bucht, erhält gegenüber dem offiziellen Listenpreis einen Rabatt von 20 %; im Preis inbegriffen sind Vollpension, Safaris und Park- und Führergebühren für 2 Pers. US$173

Meghauli

Meghauli, gut 19 km westlich von Ghatgain, liegt gegenüber von Bhimle, einem Teil des Parks am anderen Ufer des Rapti, der als ausgezeichneter Lebensraum für Nashörner und Tiger gilt und ein gutes Gebiet für Vogelbeobachtungen ist. Anfang Dezember ist Meghaulis Flugplatz, 1,5 km südlich vom Ortszentrum, Austragungsort der **Meisterschaft im Elefantenpolo**, die sich mitzuerleben lohnt.

Von Sauraha man kann in zwei Tagen nach Meghauli **trekken** oder man nimmt in Narayangadh den **Bus** (etwa halbstündlich, etwa 2 Std.). Die Busse halten am östlichsten Rand des Dorfes. Zum Wachtposten von Bhimle, wo der Eintritt zu zahlen ist, sind es weitere 3 km. Besucher müssen einen (normalerweise vom Gästehaus vermittelten) Führer anheuern, der sie über den Fluss setzt.

ÜBERNACHTUNG

Chital Lodge, hinter dem Flugplatz (einfach den Schildern folgen), ✆ 984-5155667. In reizender Lage, mit ortskundigem Inhaber und schönen Sternfruchtbäumen im Garten. Die kleinen Holzhütten sind allerdings nicht in bestem Zustand und staubig und eignen sich nur für hartgesottene Traveller. Rs300

Rhino Resort, 5 Autominuten von Meghauli, ✆ 056-620134, 💻 rhinoresort.com.np. Ist vorwiegend auf Pauschaltouristen ausgerichtet, nimmt jedoch auch Einzelreisende auf. Ruhige Lage am Fluss und gemütliche, jedoch kleine Zimmer mit Bad, dazu nette Außenanlage und Heilkräutergarten. US$86

Chitwan-Nationalpark

Die Frage, ob der Chitwan-Nationalpark durch seine Reichtümer gesegnet oder aber gestraft wurde, ist offen. Die Koexistenz zwischen den Menschen des Tals und den Tieren ist niemals leicht oder harmonisch gewesen, auch nicht vor der Einrichtung des Nationalparks. Das Großwild lockte lange Zeit schießwütige Maharadschas an. Nachdem Jang Bahadur Rana 1846 die Shah-Dynastie gestürzt hatte, war eine seiner ersten Amtshandlungen, Chitwan zu einem privaten Jagdrevier zu machen. Das folgende Jahrhundert erlebte entsetzliche **Jagdmassaker**: König George V., der 1911 zu Besuch kam, erlegte innerhalb von nur elf Tagen 39 Tiger und 18 Nashörner.

Doch die Rana boten Chitwan auch ein gewisses Maß an Schutz – ebenso wie die Malaria. Das alles änderte sich in den frühen 1950er-Jahren, als die Dynastie der Rana gestürzt, die Monarchie restauriert wurde und die neue Regierung ihr Programm zur Ausmerzung der Malaria in Angriff nahm. Siedler strömten in das Gebiet, und ungestrafte **Wilderei** war an der Tagesordnung. Besonders hart getroffen wurden die Nashörner, deren Hörner für chinesische Medizin und jemenitische Messergriffe verwendet wurden (und werden).

1960 hatte sich die Bevölkerungszahl des Tals auf 100 000 verdreifacht, während die Zahl der Nashörner von 1000 auf 200 gesunken war. Als das Panzernashorn am Rande der Ausrottung stand, wurde Nepal wider Erwarten zum Helden einer der großen Stunden des Naturschutzes: 1962 wurde Chitwan zum **Schutzgebiet für Nashörner** erklärt, und 1973 wurde es zu Nepals erstem Nationalpark. Trotz des ewigen Wirbels um Tiger sind die Nashörner Chitwans größte Attraktion.

Es gibt nun wieder rund 508 **Nashörner** in Chitwan, und die Parkverwaltung war zuversichtlich genug, einige davon in den Bardia-Nationalpark umzusiedeln. Eine Reihe von Nashörnern wurde während des Bürgerkriegs von Wilderern erlegt, aber seit die Soldaten in den Park zurückgekehrt sind, ist das Problem entschärft (wenn auch nicht aus der Welt). Die Zahl der **Tiger** im Park wird auf 122 geschätzt. Außerdem ist Chitwan Lebensraum von 400 **Gaur** (indisches Wildrind), und mindestens 45 wilde **Elefanten** halten sich zeitweise im Park und auf indischem Boden auf. Insgesamt wurden 56 Arten von Säugetieren gezählt, zu denen unter anderem Lippenbären, Leoparden, Languren und vier Arten von Rotwild gehören. Mit über 500 nachgewiesenen Vogelarten ist Chitwan Nepals bedeutendstes **Vogelschutzgebiet**, und auch zwei **Krokodilarten** sowie über 150 Schmetterlingsarten leben hier.

Kasara und Umgebung

Das Hauptquartier des Chitwan-Nationalparks befindet sich in **Kasara**, rund 15 km westlich von Sauraha. In der Regel führen Jeeptouren hier

CHITWAN-NATIONALPARK

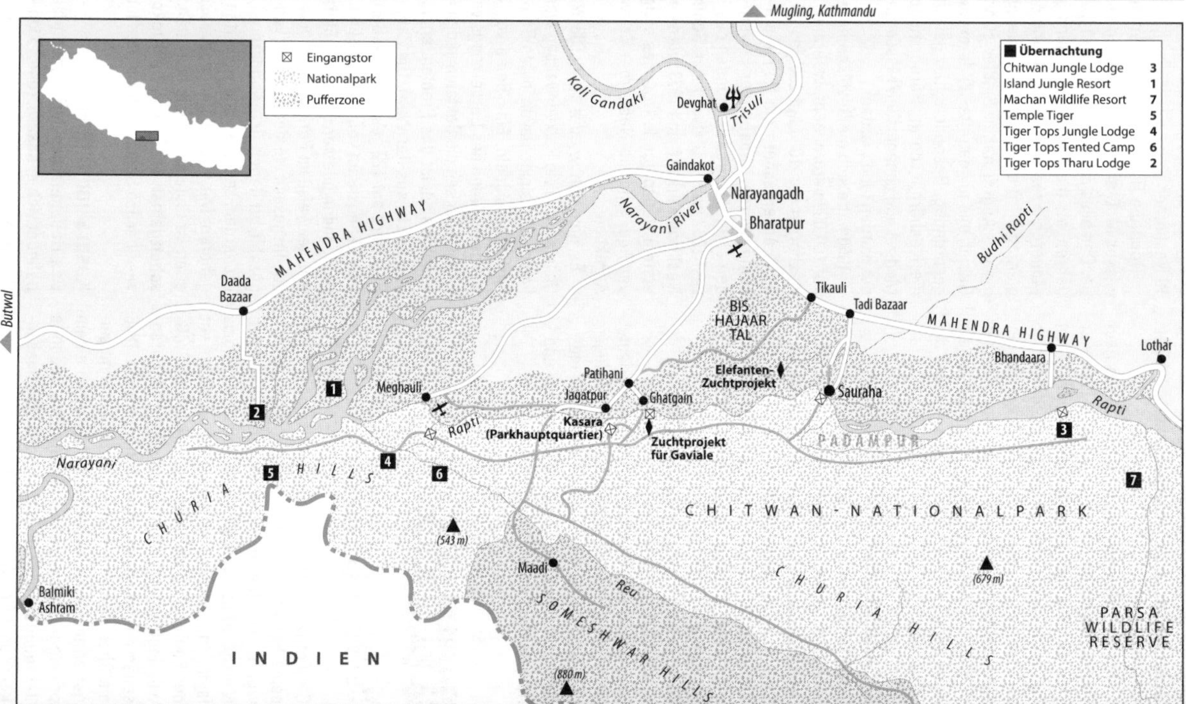

vorbei, um über das Zuchtprojekt für Krokodile zu informieren, doch lohnt es keinen besonderen Umweg.

Kasara Durbar

Museum tgl. 9–17 Uhr ▪ Eintritt frei

Das einen kleinen Armeestützpunkt überschauende **Kasara Durbar** wurde 1939 als Lodge für Jagdaufenthalte des Königs errichtet und dient heute als Parkhauptquartier. Das karge **Museum** zeigt eine Sammlung von Schädeln und Exponate, die an Schulprojekte erinnern. Manchmal betteln Nashornbabys um Futter, die durch das Treiben von Wilderern verwaist sind und wieder ausgewildert werden, sobald sie dazu fähig sind.

Gharial Crocodile Breeding Project

tgl. 9–17 Uhr ▪ Eintritt Rs100

Ein häufig begangener ausgeschilderter Pfad führt 300 m westlich vom Kasara Durbar durch lichten Wald zum **Zuchtprojekt für Gaviale** *(Crocodylus palustris*, indisch-engl. *gharial)*, das Kasaras einzige wirkliche Attraktion ist. In der Nähe werden in Käfigen manchmal Tiger gehalten, die verletzt sind oder sich gegenüber Menschen aggressiv verhalten haben.

Praktische Informationen

Reisezeiten

Chitwan ist der mit Abstand beliebteste Nationalpark Nepals, doch wie viel Betrieb wirklich herrscht, hängt stark von der jeweiligen **Jahreszeit** ab. Oktober und November sind relativ kühl (und für westliche Besucher dennoch angenehm warm), doch die beliebtesten Unternehmungen können ausgebucht sein, das hohe Gras behindert die Sichtung wilder Tiere und es kann enttäuschend sein, wenn sich die Begegnungen in freier Natur vorwiegend auf zahme Elefanten beschränken, auf denen Touristen sitzen. Im Dezember und Januar sind die Touristenzahlen rückläufig, doch nach dem Grasschnitt (gewöhnlich Ende Januar) strömen die Besucher wieder herbei, um besonders im März den Vorteil der dadurch erleichterten Sichtung von Tieren zu genießen. Ab April wird es im Park nahezu unerträglich heiß – vor allem in den dunstigen Monaten Juli, August und September –, doch zumindest hat man den Ort dann fast für sich allein.

Eintritt

Es gibt keine formellen **Parkeingänge** nach Chitwan, da der Fluss die Grenze bildet. Dennoch benötigt man für den Parkbesuch eine jeweils einen Tag gültige Eintrittskarte (Rs500); es gibt keinen Rabatt für längere Besuche. Die Eintrittskarten gewähren am selben und am Folgetag außerdem freien Zutritt zu den Gemeindewäldern (S. 342). Sobald die Eintrittskarte erworben

Gaviale

Das **längste Krokodil der Welt** (ausgewachsene Tiere können über 7 m lang werden) ist ein eifriger Fischfänger. Die schlanke Schnauze, die mit Reihen scharfer Zähne gespickt ist, schnappt wie eine mit Federkraft betriebene Falle nach der Beute. Fast zum Verhängnis wurde dem Tier, dass seine Eier traditionell als Delikatesse gelten und männliche Tiere wegen ihrer birnenförmigen Schnauze, der man medizinische Kräfte zuschreibt, gejagt wurden.

Mitte der 70er-Jahre gab es nur noch 1300 Gaviale. 1977 wurde daraufhin in Chitwan ein **Zuchtprojekt** eingerichtet, um Krokodileier unter kontrollierten Bedingungen ausbrüten zu lassen. Die Überlebensrate der Tiere, die in freier Wildbahn nur 1 % beträgt, erreicht im Projekt bis zu 75 %. Wenn die geschlüpften Tiere nach drei Jahren eine Länge von 1,20 m erreicht haben, werden sie ausgesetzt. Bislang wurden über 500 Tiere in die Flüsse Narayani, Koshi, Karnali und Babai entlassen. Nach ihrer Aussetzung aber müssen die Tiere eine wachsende Zahl von Gefahren überstehen.

Heute sind Gaviale nicht nur von Jägern bedroht, sondern auch von den ungeklärten Industrie-Abwässern stromaufwärts gelegener Unternehmen. Ein Problem bildet zudem der schrumpfende Fischbestand, der auf fehlende Fischterrassen an einem Damm in Indien zurückzuführen ist. Zählungen zufolge ist im Narayani die Zahl der im Projekt großgezogenen Gaviale inzwischen höher als die der in freier Wildbahn geschlüpften, was vermuten lässt, dass die Art ohne künstliche Aufzucht bald aussterben würde. Auch einige Schildkröten sind in der Zuchtstation zu sehen.

ist, bringt der Führer die ihm anvertrauten Besucher mit dem Kanu über den Fluss zum Nationalpark – bei niedrigem Wasserstand wird gewatet. In **Sauraha** werden Tageskarten im Ranger's Office links vom Besucherzentrum verkauft, ⌚ tgl. 6–18 Uhr. In **Ghatgain** gibt es Eintrittskarten beim Parkhauptquartier in Kasara, ⌚ tgl. 6–18 Uhr. In **Meghauli** gibt es kein Ranger's Office; jenseits des Flusses ist der Führer deshalb dabei behilflich, eine Eintrittskarte an einem der dortigen Wachposten zu kaufen.

Führer

Aus Sicherheitsgründen (S. 341) dürfen Besucher den Park nicht ohne ausgewiesenen Führer betreten. Saurahas Führer sind meist engagiert und umgänglich. Die meisten von ihnen wissen sehr genau, was Touristen interessiert, und die besten von ihnen sind in der Lage, kompetente Erklärungen zu den Säugetieren des Parks sowie zu Vögeln, Schmetterlingen, Bäumen, Pflanzen und zum gesamten Ökosystem in englischer Sprache abzugeben. Ihre Kenntnisse der Tierarten (besonders der Vögel) sind teilweise geradezu enzyklopädisch. Das **Honorar** der Führer richtet sich nach dem Umfang der Unternehmungen und der Erfahrung der betreffenden Person. Die besten und erfahrensten Führer arbeiten gewöhnlich für bestimmte Lodges; sie können normalerweise eine Gruppe zusammenstellen, was die Kosten pro Kopf senkt. Daneben gibt es auch zahlreiche lizenzierte, jedoch meistens jüngere und weniger erfahrene unabhängige Führer, die sich in und um Sauraha niedergelassen haben. Am besten fragt man andere Reisende, ob sie jemanden gefunden haben, den sie empfehlen können. Man sollte sich darüber im Klaren sein, dass Führer mit wenig Erfahrung zumeist auch nicht so gut Englisch sprechen. (Wenn ein Führer „Look" schreit, so bedeutet dies auf Nepali „Verstecken!").

Auch die **Bird Education Society**, nordwestlich des Elephant Chowk, ✆ 056-580113, ✉ besnepal@wlink.com.np, stellt Führer ab, die aber –

Chitwan: Der ständige Kampf ums Überleben

Das Ökosystem des Waldes im Chitwan-Nationalpark ist gegenwärtig intakt, doch nun gefährden **Verschmutzungen** durch stromaufwärts gelegene Industrien seine Flüsse: Die Gangesdelphine sind aus dem Narayani verschwunden, und Gaviale überleben nur dank menschlicher Hilfe (S. 337). Angesichts der mehr als 300 000 Menschen, die heute das Tal von Chitwan bewohnen, stellt wachsender **Bevölkerungsdruck** langfristig eine große Gefahr dar. Der **Tourismus**, der unter dem Bürgerkrieg stark gelitten hatte, zieht inzwischen wieder an – in Zukunft wird es vor allem darauf ankommen, die Entwicklung, die er mit sich bringt, verantwortungsbewusst und nachhaltig zu gestalten.
Der **Schlüssel zum Schutz** Chitwans, darin ist man sich einig, liegt in der Unterstützung durch die einheimische Bevölkerung, und einige Anzeichen dafür sind zu erkennen. Mehrere Organisationen betreiben Programme zur Steigerung des Umweltbewusstseins, die sich vor allem an Kinder richten. Von Regierungsseite passiert bislang kaum etwas in dieser Richtung. Ein weiteres drängendes Problem für diese Region – und das Land insgesamt – sind die fehlenden Investitionen in die Infrastruktur, insbesondere Straßen.
Gemeinschaften, die im 750 km² großen Gebiet rund um den Park leben, erhalten etwas finanzielle Unterstützung und Kompensation für Schäden, die durch wilde Tiere verursacht wurden (die Sicherheitslage hat sich verbessert, aber es kommen immer noch ein bis zwei Menschen pro Jahr ums Leben).
Der **National Trust for Nature Conservation,** 💻 ntnc.org.np, der von mehreren internationalen Organisationen gefördert wird, widmet sich der kommunalen Entwicklung, beispielsweise dem Bau von Schulen, Krankenstationen, Wasserleitungen und technologischen Erneuerungen. Außerdem erhalten Führer und Lodgebetreiber Schulungen in Natur- und Umweltschutz. Aktive Hilfe leistete der Trust auch bei der Anlage von Gemeindewäldern rund um den Park. Die Aussicht auf die Erhebung saftiger Eintrittsgebühren für diese macht die Einheimischen zu eifrigen Umweltschützern.

wen wundert's? – vorwiegend auf die Vogelwelt spezialisiert sind. Sie veranstaltet jeden Samstag kostenlose Vogelbeobachtungstouren (Spenden sind willkommen). Interessierte sollten sich vorher anmelden.

Aktivitäten im Park

Besucher dürfen den Park nicht ohne Führer (S. 338) betreten, und Führer für Aktivitäten wie Dschungelwanderungen, Elefantenritte, Kanutrips und Jeepsafaris buhlen um die Aufmerksamkeit der Touristen, sobald sich diese dem Park nähern. Versprechungen auf „Safari-Abenteuer" rufen in Chitwan jedoch häufig zu große Erwartungen hervor. Bei allem Tierreichtum wird man die weite Sicht, die etwa Afrikas Savannen erlauben, besonders im Herbst, wenn das Gras hoch ist, vermissen. Viele Führer unterstellen, dass alle Besucher lediglich Tiger und Nashörner sehen wollen, doch es gibt auch zahlreiche Vogelarten und andere Tiere zu bewundern, die in den typischen Safaripaketen nicht berücksichtigt werden, ganz zu schweigen von den vielen Möglichkeiten, einfach nur den dichten, lebendigen Dschungel zu erleben. **Ausritte auf Elefanten**, **Jeeptouren**, **Kanufahrten** und **Spaziergänge** vermitteln dabei unterschiedliche Eindrücke.

Die folgenden Aktivitäten werden überwiegend im Chitwan-Nationalpark angeboten. Alles kann und sollte durch eine Lodge oder Agentur organisiert werden. Beliebte Unternehmungen sollte man unbedingt einen Abend vorher buchen, in den Monaten Oktober, November und März besser noch früher. Die genannten Preise erhöhen sich um die Eintrittsgebühren.

Geführte Wanderungen

Der Preis für eine morgendliche Wanderung liegt (je nach Qualifikation des Führers und Anzahl der Teilnehmer) bei Rs500–700 p. P., für den ganzen Tag zahlt man Rs1200–1500

Bei geführten Wanderungen entdeckt man am Wegesrand die zahlreichen kleinen Attraktionen des Dschungels: Orchideen, Würgefeigen, hohe Termitenhügel, Kratzspuren von Tigern. Nahezu garantiert ist die Beobachtung von (wahrscheinlich mehreren) **Nashörnern**, und auch Rotwild und Affen sind leicht zu entdecken. Sichtungen von Tigern sind hingegen selten – man spricht von einer bis zwei pro Woche.

Eine Ganztageswanderung erhöht die Chancen auf Tierbeobachtungen nicht wesentlich – die meisten Nashörner streifen in der Nähe von

Menschen im Park

Der lange Strom von Einheimischen, die mit ihren Fahrrädern in der Abenddämmerung den Rapti überquerten – durch das Wasser watend oder mit der Fähre, bevor sie jenseits des Flusses hinter den Bäumen des Nationalparks verschwanden –, war einst ein vertrautes Bild in Sauraha.

In den späten 1990er-Jahren lebten mehr als 20 000 Menschen innerhalb der Parkgrenzen, die meisten in **Padampur**, dem Gebiet unmittelbar südlich von Sauraha. Die Dorfbewohner waren gezwungen, mit den Tieren um die Ressourcen des Waldes zu kämpfen, und die beständig wachsende Zahl wilder Tiere hatte zur Folge, dass die Ernten der Bauern regelmäßig geplündert oder stark geschädigt wurden und es sogar zu Todesfällen kam. Als die Situation untragbar wurde, beschloss die Regierung, Padampurs Bewohner nach Saguntole **umzusiedeln**, etwa 10 km nördlich des Nationalparks, der sich von Bis Hajaar Tal bis zu den Bergen des Mahabharat Lek erstreckt. Seit das Umsiedlungsprogramm abgeschlossen wurde, gibt es im Chitwan selbst keine menschlichen Ansiedlungen mehr.

Diese Politik hat natürlich einige heikle Fragen aufgeworfen. Es gibt Stimmen, die kritisieren, dass die Menschen gezwungen wurden, ihr Zuhause zu verlassen, um Platz für Tiere zu machen und die Touristen, die diese sehen wollen. Eine Menge traditionelles Wissen und kulturelle Überlieferungen sind dabei verloren gegangen oder zumindest stark gefährdet. Es gibt Sorgen um die Wasserversorgung in Saguntole und Korruptionsgerüchte im Zusammenhang mit den Entschädigungszahlungen an die Dorfbewohner. Außerdem könnte die Umsiedlung die Zerstörung eines der wenigen verbliebenen Wildkorridore zwischen Ebene und Bergland beschleunigen.

Sauraha herum –, doch man gelangt tiefer in den Park hinein und trifft nicht alle zwei Minuten auf andere Gruppen. Bei kühlerem Wetter leiten manche Führer Wanderer in die Churia Hills, wo man außer Rotwild, Affen und Vögeln – zu beobachten sind Sittiche, Indische Blauracken, Paradies-Fliegenschnäpper, Eisvögel, Nashornvögel, Kraniche und zahllose andere Arten – vielleicht Gaur (Wildrinder) beobachten kann.

Die beste **Jahreszeit** für Wanderungen ist der Frühling, da dann das Gras niedriger ist. Zu anderen Zeiten hält man sich dafür länger im Salwald und am Fluss auf. Die Region ist im Dezember und März ein wichtiger Aufenthaltsort für Zugvögel und zugleich feste Heimat vieler ständiger gefiederter Bewohner. Die Bird Education Society (S. 338) ist eine hervorragende Informationsquelle. Egal, wann man geht: Man sollte immer genügend Wasser mitnehmen.

Dschungeltreks

Die Kosten eines Dschungeltrekkings belaufen sich auf den Tageslohn des Führers (Rs1200–1500) sowie dessen und die eigene Verpflegung und Unterbringung

Um sich den Horden in Sauraha zu entziehen, muss man zwei oder auch mehr Tage wandern und unterwegs außerhalb des Parks übernachten. Die Möglichkeiten des Dschungeltrekkings sind begrenzt, da kein Camping im Park erlaubt ist (außer bei den Luxuslodges). Eine Alternative ist die Übernachtung in einem Beobachtungsturm der Gemeindewälder, S. 342. Im Park selbst gibt es die Möglichkeit, sich in Privathäusern einzuquartieren. Die Churia Hills sind die beste Region für Vögel, während die Standardroute (die sogenannte „Teehaus-Route", obwohl es im Park kein Teehaus gibt ...) eher für die Sichtung anderer Tiere geeignet ist. Im Maadi Valley besteht eine reelle Chance, Bären zu beobachten.

Die „Teehaus-Route" folgt der Waldstraße von **Sauraha nach Kasara** und verläuft weiter nach **Meghauli** – oder umgekehrt. Man bewältigt sie in zwei Tagen mit nahezu gleich langen Strecken, doch man kann natürlich auch nur jeweils eine Hälfte hin und zurück gehen. Die Strecke von Sauraha nach Kasara wird häufiger begangen. Auch die Jeeptouren verlassen Sauraha auf dieser Strecke. Man kann in Meghauli und Ghatgain übernachten.

Es ist möglich, das Trekking noch zwei Tage fortzusetzen (Startpunkt kann natürlich auch Meghauli sein), in **Maadi** (ein schönes Tal an der Südgrenze des Parks) zu übernachten und von dort nach Sauraha zurückzukehren. Auf diese Weise gelangt man in die seltener besuchten Teile des Parks, zum Beispiel zum See **Tamar Tal**, wo viele Vögel zu beobachten sind. Man kann mit dem Nahverkehrsbus oder Jeep zurück nach Sauraha fahren. Man sollte darauf achten, dass der Führer die Strecke schon einmal gegangen ist – oft ist dies nicht der Fall.

Elefantenritte

Die Safaris starten am frühen Morgen oder späten Nachmittag ▪ Ausritte in die Gemeindewälder kosten dasselbe wie die in den Park (Rs1200 p. P.), dauern aber bis zu doppelt so lange (etwa 2 Std.)

Zuletzt standen die Elefanten des Parks nicht für Ausritte zur Verfügung, und in Privatbesitz befindliche Elefanten – außer denen, die zu den Luxuslodges im Chitwan gehören, welche Touristen auf Elefantensafaris mitnehmen dürfen – sind im Park nicht zugelassen. Jedoch wird sich das in Zukunft wieder ändern; am besten erkundigt man sich vor Ort nach dem Stand der Dinge. In den Gemeindewäldern (S. 342) sind Elefantenritte aber nach wie vor erlaubt; die Chancen, Nashörner und Hirsche zu sehen, stehen hier mindestens so gut wie im Park selbst.

Der Elefantenrücken ist der sicherste Platz im Grasland – besonders im Sommer und Herbst – und auch der beste Platz zum Beobachten von Nashörnern, die nicht verscheucht werden, weil der Geruch des Elefanten den des Menschen überdeckt. Es sei angemerkt, dass an bedeutenden Feiertagen – wie am 8. und 9. Tag von Dasain oder an Lakshmi Puja – auch Elefanten nicht arbeiten.

Kanufahren

Kanutouren kosten ab Rs650–750 p. P. und Stunde

Die Fahrt in einem Kanu über einen der beiden Flüsse im Gebiet von Sauraha eröffnet die besten Chancen, Mugger-Krokodile zu sehen, die im Gegensatz zu den spitzschnauzigen Gavialen ein sumpfiges Umfeld bevorzugen. Entspannt im Ka-

Überleben im Dschungel

Lodgebesitzer und Führer spielen die Risiken oft herunter, die mit dem Aufspüren wilder Tiere verknüpft sind, aber die **Sicherheit** ist ein ernst zu nehmendes Thema in Chitwan. Es vergeht kaum ein Jahr ohne ein bis zwei tödliche Zwischenfälle. Weder im Park noch in seiner Nähe gibt es medizinische Noteinrichtungen. Das nächste Krankenhaus ist in Bharatpur, das mindestens zwei Stunden entfernt ist. Bei einer starken Blutung zum Beispiel hat der Patient kaum Überlebenschancen.
Die größte Gefahr stellen die **Nashörner** dar. Die Tiere haben die Tendenz, gegen alles anzurennen, was sie als Bedrohung empfinden. Wenn ein Nashorn angreifen will, senkt es den Kopf und macht einen Schritt zurück. Spätestens jetzt ist der Moment gekommen, im Zickzackkurs davonzurennen und ein Kleidungsstück wegzuwerfen (das Nashorn wird hoffentlich stehen bleiben, um daran zu riechen). Noch besser ist, man klettert auf den nächsten hohen Baum.
Auch **Lippenbären** können gefährlich sein, wenn sie überrascht werden. Beim Angriff eines Lippenbären oder **Tigers** sollte man auf einen niedrigen Baum klettern (auf den sie einem nicht folgen können). Einem Muttertier mit Nachwuchs sollte man sich keinesfalls nähern.
Die beste Sicherheitsmaßnahme ist ein erfahrener Führer, aber selbst der ist keine Garantie für die persönliche Sicherheit. Die meisten Führer sind jung und draufgängerisch, und in ihrem Eifer ermutigen sie mitunter Besucher, sich zu nahe an Tiere heranzuwagen. Auch ein kompetenter Führer kann niemals wissen, wo alle Tiere stecken, und im Notfall kann er auch nicht mehr als einer Person gleichzeitig helfen. Erfahrene Führer begrenzen die **Gruppengröße** deshalb auf vier Personen.

nu sitzend, beobachtet man Vögel und gelegentlich am Ufer auch Wild. In den „Wintermonaten", wenn das Wasser kühler ist, sonnen sich die Krokodile auf den Kiesbänken im Fluss, und überall tummeln sich Ruderenten. In den Wochen der größten Hitze ist diese Fahrt weniger interessant, obwohl sicher zahlreiche Vögel zu sehen sind.

Gewöhnlich legen die Kanus in der Nähe des Gemeindewaldes Baghmara ab und erreichen auf dem **Budhi Rapti** („Alter Rapti") die Umgebung des Elefanten-Zuchtprojekts. Von dort geht es zu Fuß oder per Jeep zurück zur Unterkunft. Obwohl dieser Ausflug nicht in den Park selbst führt, ist ein Permit erforderlich. Die Zeit auf dem Wasser ist relativ kurz, und wer morgens oder nachmittags nicht in einem der ersten Kanus sitzt, wird wenig zu sehen bekommen. Längere Fahrten auf dem Hauptarm des Rapti sind lohnender, obwohl tendenziell zu viele Personen in ein Boot gepfercht werden.

Jeepfahrten

Jeeptouren kosten in der Regel Rs1200 p. P. inkl. Führer. Den gesamten Jeep (mit 7 Sitzen) zu mieten kostet rund Rs6000

Das Anmieten eines Jeeps (in den meisten Fällen handelt es sich um zerbeulte Fahrzeuge aus Armeebeständen) für einen halben Tag eröffnet die Möglichkeit, tief in den Dschungel vorzudringen, doch es stört die Natur natürlich recht stark. Wenn es nicht gelingt, eine Gruppe zusammenzustellen, kann man sich einer halbtägigen **Jeeptour** anschließen, bei der allerdings oft acht bis neun Leute in einen Wagen gepfercht werden. Die **besten Monate** sind Februar bis April, wenn das Gras geschnitten ist und junge Sprösslinge das Rotwild anlocken.

Großwildbeobachtungen beschränken sich auf das, was man hinter den Staubwolken, die die Jeeps am Vormittag oder Nachmittag aufwirbeln, entdeckt – meistens nur **Rotwild**, häufig aber auch Nashörner. Die Standard-Jeeptour beinhaltet einen Aufenthalt am **Lami Tal** (Langer See), der zu den besten Plätzen für die Beobachtung von **Vögeln** und **Sumpfkrokodilen** zählt, doch in der Hitze des Tages tut sich hier nicht viel. Die Tour führt weiter zum Zuchtprojekt für Gaviale und zum Kasara Durbar.

Aktivitäten außerhalb des Parks

Auch außerhalb des Parks in Chitwans dicht bevölkerter Pufferzone gibt es noch weite Dschungelgebiete, die allerdings weniger ursprünglich sind. Die als **Gemeindewälder** ausgewiesenen

Gebiete wurden ursprünglich eingerichtet, um die Anwohner dieses gefährdeten Landstreifens davon abzuhalten, Feuerholz, Dachstroh und andere Materialien im Park zu sammeln. Heute sind sie fast so reich an Flora und Fauna wie Chitwan selbst. Die beiden Wälder Baghmara und Kumroj im Randgebiet von Sauraha bieten Alternativen zu einem Parkbesuch, und besonders die **Elefantenritte** sind häufig nicht weniger lohnend als dort.

Ein weiterer Gemeindewald, das Feuchtgebiet **Bis Hajaar Tal**, gehört zu den besten Revieren für Vogelbeobachter inner- und außerhalb des Parks, auch wenn die starke Ausbreitung der Wasserhyazinthen in der Gegend die Zahl der Vögel reduziert hat. Auch viele Säugetiere leben dort, und es ist eines der wenigen Dschungelgebiete, die relativ gefahrlos auf eigene Faust besucht werden können. Aber wie überall hat man in Begleitung eines guten Führers mehr von einem Besuch.

Die Gemeindewälder

Die Eintrittskarten zum Nationalpark (Rs500) sind am Tag des Kaufs und am Folgetag auch für die Gemeindewälder gültig

Der am nächsten zu Sauraha gelegene **Gemeindewald Baghmara** ist ein guter Ort, um Nashörner und Vögel zu beobachten. Ein Besuch lässt sich leicht mit einem Ausflug zum Bis Hajaar Tal oder einem Besuch des Elefanten-Zuchtprojekts unmittelbar im Süden kombinieren. Der Haupteingang liegt 1 km westlich von Sauraha.

Der **Gemeindewald Kumroj** (auch Kumrose geschrieben) liegt 2 km östlich von Sauraha, also recht weit von den meisten Lodges entfernt. Gewöhnlich erfolgen Besuche nur per Elefantenritt, doch der Weg von Sauraha führt streckenweise auch schon durch Waldgebiet.

Bis Hajaar Tal (20 000 Seen) ist Nepals zweitgrößtes Feuchtgebiet, ein wichtiger Korridor für Tiere, die vom Terai zum Hügelland wandern. Der Name leitet sich von den zahlreichen Tümpeln und kleinen Seen ab, die zwischen den hohen Salbäumen versteckt sind. In diesem Gebiet gibt es zahllose Vögel, darunter Eisvögel, Adler und Kleine Adjutantenstörche. Der Wald grenzt an Baghmara und das Elefanten-Zuchtprojekt und ist 5 km nordwestlich von dort am sumpfigsten.

Die Elefantenstallungen

Am Nordwestrand von Sauraha

Chitwans Elefanten sind überwiegend in den regierungseigenen **Elefantenstallungen** *(hattisar)* in Saurahas Nordwesten untergebracht. Man sollte mitten am Nachmittag hingehen, wenn die Tiere zur Fütterungszeit da sind.

Das Elephant Breeding Project

Etwa 4 km westlich von Sauraha ▪ 🕒 tgl. 7–10 & 16–18 Uhr ▪ Eintritt Rs50

Die 4 km westlich gelegene **Elefantenzuchtstation**, deren Hauptattraktion die Elefantenbabys sind, erreicht man mit dem Fahrrad oder einem Jeep. Gleich hinter dem Eingang ist ein kleiner Raum mit Fotos und interessanten Informationshäppchen über die Elefanten, etwa über die Kommandos, auf die sie dressiert werden: *Mail* heißt z. B. „steh auf", *baith* bedeutet „sitz".

Bis Mitte der 70er-Jahre kaufte die Parkverwaltung ihre Elefanten in Indien, wo sie wild gefangen und domestiziert wurden, doch mit der Abnahme der Bestände an wilden Elefanten wurde dies immer unerschwinglicher, so dass man beschloss, eigene Elefanten zu züchten und auszubilden. 1988 wurde diese Einrichtung geschaffen, wo sich die Elefanten paaren können und Mütter und Babys besondere Aufmerksamkeit erhalten. Ständig sind im Projekt einige Zuchtbullen, 10–15 Kühe und in der Regel einige Kälber anwesend.

Elefantenbaden

Im Fluss Rapti beim River Bank Inn, Sauraha ▪ tgl. gegen 11 Uhr ▪ Zuschauen ist kostenlos, Mitmachen kostet Rs50–100

Täglich werden zahlreiche Elefanten aus Sauraha zum Ufer des Rapti geführt und gründlich abgeschrubbt – und das Beste daran ist, dass Touristen für eine kleine Gebühr an diesem unvergesslichen Erlebnis teilhaben dürfen. Das Elefantenbaden ist ein Riesenspaß und entsprechend beliebt, aber mit der gebührenden Vorsicht zu genießen: Die mächtigen Dickhäuter können unvorsichtige menschliche Mitplantscher versehentlich verletzen.

Interessant ist auch das in der Weihnachtszeit stattfindende **Elephant Festival** mit Elefantenrennen und Elefanten-Fußballturnier.

Asiatische Elefanten

In Nepal und ganz Südasien werden Elefanten seit Jahrtausenden als Lasttiere und Reittiere für Umzüge eingesetzt, was ihnen große kulturelle Wertschätzung eingebracht hat – ein Beweis ist die Popularität des Elefantengottes Ganesh, der zum Liebling des hinduistischen Pantheons wurde. Durch die Nähe zum Menschen überlebt der Asiatische Elefant (anders als seine afrikanischen Verwandten) hauptsächlich als domestizierte Art auch dort, wo der natürliche Lebensraum fast verschwunden ist.

Die Tiere, deren Gehirn die vierfache Größe des menschlichen Hirns hat, gelten als ebenso intelligent wie Delphine. Jede Herde ist eine komplexe Sozialstruktur, in der die Hierarchie wechselt. In freier Wildbahn bestehen Herden meist aus fünfzehn bis dreißig Elefantenkühen und einem alten Bullen. Die Führung hat gewöhnlich eine ältere Kuh, während andere Bullen allein oder in Junggesellenverbänden leben. Obwohl sie sehr fügsam scheinen, besitzen Elefanten eine ausgeprägte Persönlichkeit und haben so ihre Launen. Sie können Dutzende von Kommandos erlernen, doch sie gehorchen nicht jedem. Man kann einen Elefanten nicht zwingen, etwas zu tun, was er nicht tun will. Dass sie sich den scheinbar heftigen Schlägen der Elefantenführer nicht widersetzen, hat wohl eher mit den dicken Schädeln als mit Gehorsam zu tun.

Asiatische Elefanten sind kleiner als afrikanische, aber dennoch beeindruckend: Ein Bulle wird bis zu 3 m groß (mitunter größer) und wiegt 4 t. Im Durchschnitt trinkt er am Tag 200 l Wasser und benötigt 225 kg Futter – wen dies beeindruckt, der sollte erst einmal abwarten, bis alles wieder herauskommt! Da die beträchtliche Nahrungsaufnahme die Zähne abnutzt, bekommen Elefanten in ihrem Leben sechsmal neue Zähne, die von Mal zu Mal dauerhafter sind. Die geschätzten 40 000 Muskeln im Rüssel befähigen das Tier, zu essen, zu trinken, zu liebkosen und sogar einfache Werkzeuge zu benutzen, wie zum Beispiel einen Stock, um sich zu kratzen. Da die 2,5 cm dicke Haut des Elefanten sehr empfindlich ist, nimmt das Tier oft Schlamm- oder Staubbäder, um sich vor Insekten zu schützen. Die Lebenserwartung liegt ähnlich wie beim Menschen bei 75 Jahren. Zur Arbeit eingesetzt werden Elefanten im Alter von circa 15 Jahren, Mitte fünfzig dürfen sie in den Ruhestand. Die Schulung beginnt im Alter von fünf Jahren.

Tharu Cultural Museum

15–20 Gehminuten östlich vom Bus Park von Sauraha ▪ tgl. 6–18 Uhr ▪ Eintritt Rs25

Das **Tharu Cultural Museum** zeigt interessante Exponate wie Landwirtschafts- und Fischereigeräte, Kleidungsstücke und Gemälde sowie Präsentationen zu Tanz, Religion und Festen. Wer an tieferen Eindrücken vom Dorfleben im Terai interessiert ist, sollte sich aufs Fahrrad schwingen und so weit von Sauraha wegradeln, wie es die Hitze zulässt.

ÜBERNACHTUNG

Die **Luxuslodges** und **Zeltcamps** im Chitwan-Nationalpark gehören zu Nepals teuersten Unterkünften, obwohl ihre Zukunft ungewiss ist (Kasten S. 344). Es gibt komfortable Lodges mit festen Einrichtungen und im Wald gelegene Zeltcamps mit bequemen Matratzen, solarbeheizten Duschen und gut bestückten Bars. Die unten genannten Preise gelten pro Person bei Doppelzimmerbelegung und schließen alle Unternehmungen, Mahlzeiten und Steuern ein, doch die meisten Resorts bieten auch verschiedene andere Pauschalpakete an, z. T. inkl. Transport oder als Teil einer größeren Tour.

Chitwan Jungle Lodge, in der Nähe des Rapti, 01-4442240, chitwanjunglelodge.com. Etablierte Lodge mit komfortablen, wenn auch nicht luxuriösen strohgedeckten Einzelhütten auf Stelzen mit Bad sowie freundlichem und professionellem Personal. 3-Tages-Paket mit 2 Übernachtungen, alles inkl., p. P. US$275

Island Jungle Resort, auf einer Insel mitten im Narayani, 01-4220162, islandjungleresort.com.np. Wandgemälde mit Vögeln zieren die schlichten, gemütlichen Zimmer, beleuchtet mit Kerosinlampen statt mit Strom. Dank der herrlichen Lage ideal für Tierbeobachtungen. 3-Tages-Paket mit 2 Übernachtungen, alles inkl., p. P. US$246

Machan Wildlife Resort, in der Osthälfte des Parks, ✆ 01-4225001, 💻 nepalinformation.com/machan. Die hölzernen Bungalows sind mit der Handwerkskunst einheimischer Methyl-Frauen ausgeschmückt, und der idyllische Pool wird von einem natürlichen Wasserlauf gebildet. Das Schwesterhaus Machan Paradise View außerhalb des Parks enttäuscht dagegen. 3-Tages-Paket mit 2 Übernachtungen, alles inkl., p. P. US$345

Temple Tiger, am Westrand des Parks, ✆ 01-4221637, 💻 catmando.com/temple-tiger. Dieses Camp verspricht beste Aussichten für Tierbeobachtungen. Pfahlhütten mit netten Tharu-Details und Aussichtsterrassen. Erscheint aber etwas überteuert. P. P. und Nacht US$250

Tiger Tops Jungle Lodge, südlich von Meghauli, ✆ 01-4361500, 💻 tigermountain.com. Die erste – und immer noch beste – Lodge im Chitwan wurde schon in den 1960er-Jahren gegründet. Sie besticht mit uriger Dschungelromantik, hervorragender Lage und ausgezeichnetem Service. P. P. und Nacht US$360

Tiger Tops Tharu Lodge, westlich von Meghauli, ✆ 01-4361500, 💻 tigermountain.com. Ableger der altgedienten Tiger Tops Jungle Lodge. Ihr Baustil ist von den traditionellen Tharu-Langhäusern inspiriert. Der Schwerpunkt liegt hier neben Tierbeobachtungen und Safaris auch auf Kulturaktivitäten außerhalb des Parks. P. P. und Nacht US$203

Tiger Tops Tented Camp, südlich von Meghauli, in der Nähe des Flusses Reu, ✆ 01-4361500, 💻 tigermountain.com. Und noch ein Tiger-Tops-Camp. Die Anlage vermittelt rustikale Lageratmosphäre ohne irgendwelche Abstriche beim Komfort: Jedes der luxuriösen Safarizelte hat sein eigenes Bambusbad; außerdem gibt es eine Bibliothek und eine Aussichtsplattform. P. P. und Nacht US$255

In den Gemeindewäldern

Sowohl Baghmara als auch Kumroj besitzen *machan* (Beobachtungstürme) aus Beton, in denen man übernachten kann – bei Mondschein gibt es einiges zu beobachten. Wie im Park ist für Wanderungen ein Führer erforderlich. Die Führer verlangen rund Rs1500 für eine Tour mit Übernachtung (Eintrittsgebühr, Essen und Getränke nicht inklusive).

Die Zukunft der Luxuslodges im Chitwan

Zur Zeit der Recherche war die Zukunft der Luxuslodges im Chitwan ungewiss: Aufgrund eines Disputs mit den Behörden waren sie eine Zeit lang geschlossen, und vieles deutet darauf hin, dass die Mitte 2012 auslaufenden Konzessionen nicht verlängert werden. Das ist vielleicht der Grund, warum viele Luxushotelgruppen jetzt schon fleißig Land außerhalb der Parkgrenzen aufkaufen, vor allem in dem Gebiet hinter Jagatpur, für das in naher Zukunft ein Boom erwartet wird.

Narayangadh/Bharatpur

Es ist schwer, in Nepal zu reisen, ohne durch **Narayangadh** zu kommen: Die Straße von Mugling nach Narayangadh hat den Ort zum Eingangstor ins Terai und zur meistbefahrenen Kreuzung des Landes gemacht. Was einmal eine einsame Abzweigung im Nirgendwo war, ist heute ein 1 km langes Gewimmel voller Diesel- und *daal-bhaat*-Düfte (und eine Hochburg der Prostitution).

Die östlich gelegene Schwesterstadt von Narayangadh, Chitwans Distrikthauptstadt **Bharatpur**, hat deutlich mehr Niveau und entwickelt sich rapide zu einem Zentrum für Bildung. Sie besitzt eine Universität, zwei medizinische Colleges und einen Flugplatz. Dies alles ist zwar noch kein Grund für einen Besuch, doch können die Orte zumindest als Zwischenstopp zum Übernachten oder für eine Mahlzeit dienen. Reizvoll hingegen ist der Abstecher nach **Devghat** (S. 346), 5 km stromaufwärts von Narayangadh.

ÜBERNACHTUNG

Narayangadh und Bharatpur warten mit einem recht guten Angebot an Hotels auf, wenn auch die Preise insgesamt ein wenig hoch sind. Die meisten günstigen Unterkünfte befinden sich in Narayangadh, Bharatpur verfügt über einige schicke Resorthotels.

Central Palms Hotel, New Rd, südlich des Pulchowk, Narayangadh, ✆ 056-571 970, 💻 centralpalms-hotel.com.np. Zwar störten zur Zeit der Recherche Bauarbeiten zwecks Erweiterung des Hotels die Ruhe des Hauses, jedoch ist das Central Palms mit seinen eleganten, modernen Zimmern mit Bad weiter eine gute Wahl. Dazu kommen ein Pool, ein gut ausgestattetes Fitnesscenter, WLAN und eins der besten Restaurants der Stadt. Rs3075

Island Jungle Resort, Bharatpur, ✆ 056-520730. Die majestätischen Salbäume und die üppige Gartenanlage verbreiten tatsächlich eine gewisse Dschungelatmosphäre, wenn man über den Straßenlärm hinweghören kann. Die anständigen – wenn auch etwas düsteren – Zimmer mit Bad und TV sind in Bungalows untergebracht; einen Pool und ein Restaurant gibt es auch. Rs3500

Royal Rest House, Pulchowk, Narayangadh, ✆ 056-521442. Passables Nachtquartier über einem Restaurant. Die Zimmer mit Bad – und Badewanne – sind sauber, aber manchen mangelt es an Tageslicht. AC kostet extra. Der Straßenlärm kann störend sein, also vielleicht Ohrenstöpsel mitnehmen. Rs800

Uncle's Lodge, westlich der Narayani-Brücke, Narayangadh, ✆ 056-501121. Diese Lodge am Flussufer verspricht den herzlichsten Empfang der Stadt. Die Zimmer zum Sparpreis haben Bäder mit warmen Duschen, die Atmosphäre ist familiär, und „Onkel" Narenda Regmi geizt nicht mit Hilfsbereitschaft und Ratschlägen. Rs500

ESSEN

Essenstände gibt es reichlich rund um den Pulchowk in **Narayangadh**, auch wenn die Gastronomie hier einen nicht gerade vom Hocker haut. Bei vielen der Restaurants in dieser Gegend handelt es sich eigentlich nur um Whisky-Spelunken. Besser sind auf jeden Fall die Restaurants der schickeren Hotels.

Central Palms Hotel, New Rd, südlich des Pulchowk, Narayangadh, ✆ 056-571970, 💻 centralpalms-hotel.com.np. In edlem, wenn auch etwas zusammengewürfelt erscheinendem Ambiente mit Hirschgeweihen, moderner, von hinten beleuchteter Bar, Tischen aus Bierfässern und Dartboard serviert das Hotelrestaurant ausgezeichnetes Essen: nepalesische, indische, chinesische und westliche Gerichte (Rs90–500), darunter mit für Nepal ungewöhnlichen Zutaten wie Garnelen und Wildschwein. 🕒 tgl. 7–21.30 Uhr.

NAHVERKEHR

Rikschas bringen einen innerhalb von Narayangadh und Bharatpur für Rs50–100 überall hin.

TRANSPORT

Busse

Busse, die den nordwärts führenden Mugling Highway bedienen (nach Pokhara, Gorkha und Devghat), nutzen einen Busbahnhof (gewöhnlich Pokhara Bus Park genannt) im Norden von Narayangadh. Alle anderen Expressbusse, die den Mahendra Highway befahren, halten an der Reihe von Fastfood-Läden unmittelbar östlich von Pulchowk (Kreuzung der Straße nach Mugling mit dem Mahendra Highway).

Es gibt noch zwei weitere Busbahnhöfe für lokale Strecken. Busse und Minibusse nach TADI BAZAAR (Umsteigestation nach Sauraha) und Ost-Chitwan fahren 500 m östlich von Pulchowk am Sahid Chowk ab. Gleich nördlich von Sahid Chowk stehen die Minibusse nach Meghauli und Jagatpur – 50 m nach Norden gehen, die erste schmale Straße nach rechts, nach 200 m befindet sich die Haltestelle auf der linken Seite.

Busse von Narayangadh nach:
BANDIPUR 2–3x tgl., 5 Std.
BIRGUNJ 10–12x tgl., 4–5 Std.
BUTWAL/BHAIRAHAWA 10–12x tgl., 3–5 Std.
GORKHA 1x stdl., 2 1/2–3 Std.
JAGATPUR 1x stdl., 1 Std.
KATHMANDU alle 15–30 Min., 4–5 Std.
MEGHAULI alle 1/2–1 Std., 1 Std.
POKHARA alle 30 Min., 4 Std.

Taxi

Ein Taxi nach SAURAHA (etwa Rs1000) kann übers Hotel organisiert werden.

Flüge

Bharatpurs Flugplatz liegt unmittelbar südlich des Mahendra Highway. Es gibt mehrmals am Tag Flüge von/nach KATHMANDU.

Devghat

Devghat (oder Deoghat) liegt 5 km nordwestlich von Narayangadh und gilt Hindus als heiliger Ort, um zu sterben. Es ist ein sehr friedlicher Platz. Die bewaldeten Hügel gehen hier, wo sich Trisuli und Kali Gandaki zum Narayani – einem der großen Nebenflüsse des Ganges – vereinen, in die glitzernde Ebene über. Sita, die Heldin des *Ramayana*, soll hier gestorben sein. Auch die Asche von König Mahendra wurde an diesem heiligen *tribeni* (Zusammenfluss von drei Flüssen – man glaubt, dass dort, wo sich zwei Flüsse treffen, zusätzlich ein spiritueller dritter Fluss existiert) ins Wasser gestreut. Zahlreiche Sannyasin, die der Welt entsagt haben, verleben hier geduldig ihre letzten Tage in der Hoffnung, einen gesegneten Tod und eine gute Wiedergeburt zu erleben. Viele sind nach Devghat gekommen, um ihren Kindern nicht zur Last zu fallen oder um undankbaren Kindern zu entkommen – oder weil sie keine Kinder haben, die nach ihrem Tod die nötigen Riten für sie vollziehen. Auch *pujari* (Priester) praktizieren hier und nehmen junge Kandidaten für die Priesterschaft als ihre Studenten auf. Es gab vage Pläne, ein Wasserkraftwerk gleich unterhalb des Zusammenflusses zu errichten, doch sie scheinen sich zum Glück in Wohlgefallen aufgelöst zu haben.

Alle paar Stunden pendeln **Busse** zwischen dem Pokhara Bus Park in Narayangadh und Devghat (30 Min.). Der letzte Bus von Devghat zurück nach Narayangadh fährt um 18 Uhr. **Zu Fuß** geht man vom Pokhara Bus Park in Narayangadh nördlich Richtung Mugling und biegt nach 1 km unter einem Bogen nach links auf eine asphaltierte Straße ab – nach einer 5 km langen Wanderung durch einen Wald liegt Devghat am Ende der Straße. Man überquert den Trisuli auf einer atemberaubenden Hängebrücke für Fußgänger (die in dem nepalesischen Film *Kanchhi* verewigt wurde, in dem ein unglücklich Verliebter hier Selbstmord begeht) und wendet sich nach links hinauf zum Dorf. Weiter stromabwärts kann man sich mit dem **Kanu** übersetzen lassen – vielleicht bringt einen der Fährmann später gegen eine angemessene Gebühr den ganzen Weg nach Narayangadh zurück (je nach Verhandlungsgeschick Rs150–300).

Im Dorf gibt es Dutzende kleiner Schreine, doch Besucher kommen eher der Atmosphäre als der Sehenswürdigkeiten wegen. Vaishnava (Anhänger Vishnus) konzentrieren sich um Devghats größten und neuesten Tempel, den zentralen **Harihar Mandir** mit *shikhara* (Turm), der 1998 von dem berühmten Guru Shaktya Prakash Ananda aus Haridwar gestiftet wurde. Shaiva (Anhänger Shivas) überwiegen hingegen am westlichen Dorfrand, der am Zusammenfluss liegt.

Wallfahrt nach Devghat

Zu Makar Sankranti (14. oder 15. Januar) ziehen Scharen von Pilgern nach Devghat. Zu Shiva Raatri, dem Neumond im Februar/März, kommen viele Gläubige aus Indien. Zu anderen Zeiten halten die Sadhus und Pilger am Zusammenfluss, wo auch Einäscherungen stattfinden, ihre eigene *puja* ab. Meditierende alte Männer sitzen vor ihren Hütten in der Sonne. Man sollte feinfühlig auftreten und die Menschen nicht stören oder Dinge berühren, die heilig sein könnten: Viele Männer sind orthodoxe Baahun, die eine Berührung verunreinigen würde.

Der Zusammenfluss

Um zum Zusammenfluss zu gelangen, biegt man an einem markanten *chautaara* am oberen Ende des durch das Dorf führenden Pfades links ab. Wenn man die Treppen zum Zusammenfluss hinabsteigt, befindet sich rechts der **Galeshwar Ashram** und noch weiter unten rechts der **Aghori Ashram**, die nach zwei kürzlich verstorbenen Heiligen benannt sind. Einer davon, der einarmige Aghori Baba, war ein Anhänger der extremen Aghori-Tradition. Er wurde oft „Crazy Baba" genannt und gab vor, sich seinen Arm selbst abgeschnitten zu haben, nachdem ihm dies im Traum aufgetragen worden war. Verschiedene Pfade führen flussaufwärts zur hei-

Heilige Landschaft: Für die Hindus besitzt der Zusammenfluss bei Devghat spirituelle Kraft.

ligen Höhle **Sita Gupha**, die nur zu Makar Sankranti geöffnet wird, und zum **Chakrabarti Mandir**, einem schattigen Tempelbezirk mit einem berühmten *shaligram*, von dem die Einheimischen sagen, dass er wächst.

Das Terai um Lumbini

Horden von Touristen hasten durch diesen geschichtsträchtigen Teil des Terai westlich von Chitwan, und nur wenige nehmen sich Zeit, sich umzuschauen. Am bekanntesten ist ungerechtfertigterweise **Sonauli**, der wichtigste Grenzort zwischen Nepal und Indien. Doch nur 20 km entfernt liegt eines von Nepals bedeutendsten Reisezielen: **Lumbini**, Buddhas Geburtsort und nahezu 3000 Jahre alte Ruinenstätte.

Zwei Hauptstraßen – Siddhartha Highway und Mahendra Highway – verbinden die Region mit Pokhara und dem restlichen Terai, und es verkehren häufig Busse zwischen Sonauli und Kathmandu. Die Fahrt nach Lumbini ist ein wenig mühsam, da man in Bhairahawa/Sonauli in einen Anschlussbus umsteigen muss, doch lohnend.

Butwal

Westlich von Narayangadh verläuft der Mahendra Highway quer durch kultivierte Felder, klettert dann kurz über die mit Dschungel bedeckten Ausläufer der Churia Hills und zieht sich schließlich über eine lange Strecke an intensiv genutztem, doch offenbar gesundem Wald vorbei. Die 110 km nach Butwal lassen sich gemächlich zurücklegen.

Butwal liegt wenig einladend dort, wo der Fluss Tinau die Ebene erreicht. Die hässliche, moderne Stadt ist Mittelpunkt des Verwaltungsgebietes um Lumbini: Im Norden liegt Pokhara, im Süden Sonauli und die indische Grenze, im Westen erstreckt sich der Mahendra Highway Richtung Nepalgunj und Nepals Westgrenze.

Als Steuerposten am Beginn einer wichtigen Handelsstraße nach Tibet und des Pilgerpfads nach Muktinath stellte Butwal jahrhundertelang eine hübsche kleine Einnahmequelle für Palpa (Tansen) und später Kathmandu dar. Erst viel später wurde es zum Stützpunkt für Gurkha-Soldaten. Im frühen 19. Jh. stritten sich Nepal und die Ostindienkompanie um das Territorium um Butwal. Nepal erreichte in den ersten zwei Jahren hier und dort einige Siege, musste jedoch schließlich kapitulieren und mit dem Friedensvertrag die Terai-Territorien westlich von Butwal an die Briten abtreten. (Noch im selben Jahr schloss Nepal jedoch einen Handel und erhielt das umstrittene Gebiet zurück.)

ÜBERNACHTUNG UND ESSEN

Auch Butwal hat einige scheußliche Highway-Absteigen, doch es gibt auch ein paar recht professionell geführte **Hotels**. Ein wesentlich besserer Ort zum Übernachten ist aber Bhairahawa.

Das Hotel Green Land hat ein brauchbares **Restaurant**; ansonsten gibt es noch einige **Bhojanalaya**-Lokale rund um Traphik Chowk.

Hotel Gandaki, eine Straßenecke westlich vom Traphik Chowk, ✆ 071-540928. Trist, aber für eine Nacht erträglich, wenn die Rupien richtig knapp werden. Die kleinen Zimmer sind einigermaßen sauber und teilen sich Gemeinschaftsbäder. Rs200

Hotel Green Land, 2 Blocks westlich des Traphik Chowk, ✆ 071-543411. Mehrere Klassen besser als das Gandaki: Das solide Mittelklassehotel bietet gemütliche Zimmer mit Bad, TV und Ventilator oder (für ein paar hundert Rupien mehr) AC. Außerdem Restaurant und Bar. Rs1600

Nanglo West, etwa 2 km nördlich des Bus Park für Nahverkehrsbusse im älteren Teil der Stadt. Unpraktisch gelegen, lohnt den Weg aber wegen seiner köstlichen nepalesischen und newarischen Küche. ◷ tgl. 11–21 Uhr.

TRANSPORT

Die **Expressbusse** nutzen den Busbahnhof im Süden der Stadt an der Hauptstraße nach Sonauli (Siddhartha Highway). Von hier fahren tagsüber und nachts Busse nach KATHMANDU (alle 10–30 Min., 7–8 Std.) und POKHARA (alle 30 Min., 6–8 Std.), Letztere zum Teil über TANSEN (2 1/2 Std.), tagsüber außerdem jeweils mehrere Busse nach

BIRGUNJ (7–8 Std.), DHANGADHI (9 Std.), MAHENDRA NAGAR (11–12 Std.), NARAYANGADH (3–4 Std.) und NEPALGUNJ (7–8 Std.). Etwa alle 10 Min. pendeln Busse zwischen Butwal und SONAULI (1–1 1/4 Std.) über BHAIRAHAWA (3/4–1 Std.); viele davon halten am Traphik Chowk, einer geschäftigen Kreuzung 500 m nördlich am selben Highway. Im Bus Park wird Gerüchten zufolge häufig geklaut, also gut auf die eigenen Habseligkeiten aufpassen. Einige **Lokalbusse** benutzen noch immer den alten Busbahnhof in der Stadt, der vier Blöcke westlich des Traphik Chowk liegt.

Bhairahawa (Siddhartha Nagar)

Das eine halbe Stunde Busfahrt südlich von Butwal gelegene Bhairahawa (oder Siddhartha Nagar) ist weniger hektisch als Butwal und ein besserer Ort fürs Nachtlager als Sonauli. Der Basar sichert einer beträchtlichen Minderheit moslemischer Händler den Lebensunterhalt und dient, wie in so vielen Grenzstädten, geschäftstüchtigen Indern als Umschlagplatz für importierte Waren.

Bhairahawas drei Hauptstraßen bilden ein Dreieck: Im Osten verläuft der Siddhartha Highway (der nordwärts nach Butwal und südwärts zur indischen Grenze führt), im Süden die Bank Road und im Westen die Narayanpath. Das Hotel Yeti steht an einem Kreisverkehr an der südöstlichen Spitze des Dreiecks und ist ein guter Orientierungspunkt. Hier warten Rikschas und Sammeltaxi-Jeeps, die nach Sonauli fahren. Die Straße nach Lumbini zweigt circa 1 km nördlich des Hotel Yeti unmittelbar oberhalb der nördlichen Spitze des Dreiecks vom Siddhartha Highway nach Westen ab.

ÜBERNACHTUNG UND ESSEN

Hotel Glasgow, Bank Rd, ✆ 071-523737, ✉ hotelglasgow@gmail.com. Gut geführtes Mittelklassehotel mit wohnlichen Zimmern samt Bad, TV, Schreibtisch und Ventilatoren. In einigen Zimmern gibt es für Rs450 Aufpreis auch AC. Ein Porträt der englischen Königin Elizabeth II. begrüßt die Gäste in der Lobby. Das Restaurant des Hotels ist nicht schlecht. Rs1230

Hotel Mt Everest, Bank Rd, ✆ 071-520410, ✉ hotelmteverest@gmail.com. Überteuert, aber immer noch die beste unter den Budget-Lodges. Kleine, etwas düstere Standardzimmer mit Bad, TV und Ventilator sowie größere mit AC; allerdings sind alle Zimmer ziemlich laut. Rs700

Pawan Misthan Bhandar, Main Rd, gleich südlich der Bank Rd. Das gut besuchte Lokal serviert preiswerte südindische Kost wie *dosas* (Linsenmehl-Pfannkuchen) und alle möglichen fettgebackenen, klebrig-süßen Köstlichkeiten (Hauptgerichte alle unter Rs100). Es gibt keine richtige Karte und den Tisch muss man oft mit anderen Gästen teilen, aber das gehört alles zum Spaß dazu. ⌚ tgl. morgens bis frühabends.

Hotel Yeti, an der Ecke der Grenzstraße mit der Bank Rd, ✆ 071-520551, ✉ hotelyeti@ntc.net.np. Ein ziemlicher Klotz mit auffallender rosa Fassade, aber die großen Zimmer mit Bad und AC sind die weitaus besten der Stadt. Kompetentes Personal, gutes Restaurant und Bar. Beliebt bei Reisegruppen, daher vorausbuchen. Rs3300

TRANSPORT

Busse

Der **Busbahnhof**, der von allen Expresslinien genutzt wird, liegt 500 m südlich des Hotel Yeti an der Hauptstraße Siddhartha Highway, doch manche Lokalbusse nehmen Passagiere noch immer in der Stadt an der Hauptkreuzung beim Hotel Yeti auf oder setzen sie dort ab. Es fahren häufig Busse nach KATHMANDU (alle 10–30 Min., 8–9 Std.) und POKHARA (alle 30 Min., 7–9 Std.); in beide Orte verkehren auch etwas komfortablere und teurere Minibusse. Golden Travels bietet zwei Touristenbusse nach Kathmandu (tgl. 7.30 und 8.30 Uhr). Regelmäßig fahren außerdem Busse nach BIRGUNJ (8–9 Std.), BUTWAL (3/4–1 Std.) und NARAYANGADH (3–5 Std.). Busse nach LUMBINI (alle 30 Min., 1 Std.) und TAULIHAWA (für Tilaurakot; etwa 1x stdl., 1 1/2–2 Std.) fahren vom Busbahnhof, nehmen Fahrgäste aber auch am Beginn der Richtung Westen führenden Straße nach Lumbini etwas außerhalb der Stadt auf.

Wagen mit Fahrer

Autos und **Jeeps** können tageweise (Rs4000–5000) oder für die Fahrt nach LUMBINI (ca. Rs1000 für eine Strecke) oder TILAURAKOT (um Rs2500–3000 hin und zurück) gemietet werden – zu organisieren über die besseren Hotels oder Agenturen im Stadtzentrum.

Flüge

Der Flughafen von Bhairahawa (auch Gautam-Buddha-Flughafen genannt) liegt 10 km nördlich der Stadt. 4x tgl. geht's von hier nach KATHMANDU, 1x tgl. nach POKHARA.

Sonauli (Belahiya) und die Grenze

Der kleine Grenzort Sonauli (die nepalesische Seite wird Belahiya genannt) ist bei Weitem der beliebteste Grenzübergang zwischen Nepal und Indien. Und obwohl er nicht ganz so schrecklich ist wie Raxaul/Birgunj (S. 374), gibt es keinen Grund zu bleiben: Die wichtigsten touristischen Einrichtungen und Transportverbindungen finden sich 5 km nördlich in Bhairahawa. Es gibt eine kleine Touristeninformation gleich auf der nepalesischen Seite der Grenze. ⌚ tgl. außer Sa 10–17 Uhr.

Indische Währung wird in Sonauli und mitunter auch in Bhairahawa akzeptiert, in entfernteren Orten hingegen nicht. An der Grenze gibt es mehrere staatlich zugelassene Wechselstuben mit langen Öffnungszeiten und in Bhairahawa zahlreiche Banken. Wer nepalesische in indische Rupien wechselt, sollte darauf achten, dass die Scheine nicht zu abgegriffen sind, denn sonst werden sie in Indien oft nicht angenommen.

Grenzformalitäten und Weiterreise

Die **Grenze** ist offiziell rund um die Uhr geöffnet, aber nachts und frühmorgens sind die Grenzbeamten manchmal schwer aufzuspüren. Visa für Nepal sind an der Grenze erhältlich, die Visa für Indien müssen vorab erteilt worden sein. Die Formalitäten auf nepalesischer und indischer Seite dauern insgesamt eine halbe Stunde. Wer mit dem Auto einreist, sollte sich allerdings wegen des hohen Verkehrsaufkommens auf nepalesischer Seite auf mehrere Stunden einstellen. Nepals Zeit ist der indischen um fünfzehn Minuten voraus.

Die **Ausreise aus Nepal** ist denkbar unkompliziert: Einfach aus dem Transportmittel, mit dem man von Bhairahawa gekommen ist, aussteigen und über die Grenze gehen. Südlich der indischen Einreisekontrolle, nur 200 m von der nepalesischen Seite, fahren von etwa 5 bis 23 Uhr fast stündlich Busse nach Gorakhpur ab (3 Std.). In Gorakhpur kann man in die Eisenbahn umsteigen, mit der man Anschlussmöglichkeiten für die Weiterfahrt in alle Regionen Indiens hat. Die Stadt hat auch einen Flughafen. Nach Varanasi verkehren normalerweise tgl. ein Touristenbus (10–12 Std.) und relativ regelmäßig öffentliche Busse. Außerdem fahren Busse nach Lucknow (12 Std.).

Nach der **Einreise nach Nepal** empfiehlt sich die sofortige Weiterfahrt nach Bhairahawa (S. 349), dem Abfahrtsort von Bussen zu anderen Orten im Land. Lokalbusse, Minibusse und Jeeps pendeln fast durchgehend (10 Min., um Rs20) entlang der Strecke; eine Rikscha kostet etwa Rs50. Übrigens: Es gibt keine AC-Touristenbusse bis nach Kathmandu, was auch immer die Agenten in Gorakhpur behaupten mögen. Eine gute Alternative zu Bhairahawa ist Lumbini. Bei Anreise aus Varanasi muss man so früh am Tag wie möglich starten, wenn man noch am selben Tag nach Nepal einreisen möchte.

Lumbini

Wenn ich nicht mehr bin, Ananda,
werden gläubige Menschen mit aufrichtiger Neugierde und Ergebenheit vier Orte besuchen – wo ich geboren wurde, ... Erleuchtung erlangte, ... die ersten Predigten hielt, ... ins Nirwana einzog.

Buddha (vermutl. 543–463 v. Chr.)

Das Leben Buddhas

Wann Buddha geboren wurde, ist umstritten – es war wahrscheinlich 543 v. Chr. –, doch besteht Einigkeit darüber, dass es in Lumbini geschah, während sich seine Mutter Maya Devi auf dem Weg zu ihrem Elternhaus befand, um dort zu entbinden. Das Kind erhielt den Namen **Siddhartha Gautama** („der sein Ziel erreicht hat") und wuchs im Palast seines Vaters, des Königs des Shakya-Clans, der von **Tilaurakot** (damals Kapilvastu) aus über das zentrale Terai herrschte, auf. Mit 16 Jahren heiratete der Prinz seine Cousine Yasodhara, mit der er einen Sohn bekam. Er führte ein abgeschirmtes Leben, bis er im Alter von 29 Jahren einen schicksalhaften Ausflug in die Stadt unternahm, wo er einen Alten, einen Kranken, einen Toten und einen Einsiedler sah. Er begriff, dass Alter, Krankheit und Tod für das Leid in der Welt stehen, das nur durch Askese und Kontemplation zu verstehen und zu überwinden sei.

Siddhartha lehnte sich gegen sein früheres angenehmes Leben auf, entfloh dem Palast und ließ seine Frau, sein Kind und seinen treuen Diener zurück – und auch sein Pferd, das einer Legende zufolge prompt an gebrochenem Herzen verstarb. Er verließ den Palast durch das Osttor, schor sich den Kopf kahl und kleidete sich in die gelbe Robe eines Asketen. Er verbrachte fünf Jahre als **Asket**, bevor er einsah, dass Entbehrung ihn um nichts näher an die Wahrheit heranführte als ein Leben im Überfluss. Deshalb setzte er sich unter den berühmten Bodhi-Baum im indischen **Bodhgaya** und gelobte, dort bis zu seiner Erleuchtung zu meditieren. Diese erlangte er nach 49 Tagen. Siddhartha war zum Buddha geworden, der den Kreislauf von Leben und Tod überwunden hatte. Er machte sich auf den Weg nach **Sarnath** (bei Varanasi in Indien) und hielt seine erste Predigt, mit der er, wie die Buddhisten glauben, Dharma, das Rad der Lehre, in Bewegung setzte.

Obwohl es heißt, dass er einmal nach Kapilvastu zurückgekehrt sei, um seine Familie zu bekehren (es geht sogar die Kunde, dass er im Tal von Kathmandu gewesen sei), zog Buddha für den Rest seines Lebens predigend durch Nordindien.

Er starb mit 80 Jahren in **Kushinagar**, etwa 100 km südöstlich von Lumbini.

Für die eine Milliarde Buddhisten der Welt ist das 22 km westlich von Bhairahawa gelegene Lumbini der Ort, an dem alles begann. **Buddhas Geburtsort** ist zweifelsfrei die historisch bedeutendste Stätte Nepals und nicht nur der Ursprungsort einer der großen Weltreligionen, sondern auch eine wichtige archäologische Stätte, die auf das 3. Jh. v. Chr. zurückgeht. Mit nur wenigen Ruinen, die den Besucher jedoch unweigerlich in ihren Bann ziehen, ist Lumbini ein Ort, den man in zwei Stunden abhaken oder auf den man sich für Tage einlassen kann, um die friedliche Atmosphäre des bewaldeten Parks und der Klöster, die von Ländern aus der gesamten buddhistischen Welt gestiftet wurden, in sich aufzunehmen.

Buddha ist seit langem ein Prophet, der im eigenen Lande wenig gilt: Das Gebiet um Lumbini ist heute überwiegend moslemisch. Das bedeutendste regionale **Fest** ist hinduistisch – es erinnert an Buddha als neunte Inkarnation Vishnus und findet am Vollmondtag des nepalesischen Monats Baisaakh statt (April/Mai). Die Feierlichkeiten zu **Buddha Jayanti** (Buddhas Geburtstag) sind vergleichsweise schlecht besucht: Die Mönche erzählen mit sichtbarer Missbilligung, dass es den Gläubigen aus dem Hochland in Lumbini um diese Zeit zu heiß ist.

Die Pilger wandten sich früher stets eher den besser entwickelten indischen Stätten Bodhgaya, Sarnath und Kushinagar zu. Doch in den 1970er-Jahren stellte die Regierung mit Unterstützung der Vereinten Nationen einen äußerst ambitionierten Master Plan für einen **Religionspark** mit Klöstern, kulturellen Einrichtungen, Gärten, Brunnen und einem Touristendorf vor. Nachdem die Umsetzung anfangs nur zögerlich in Gang kam, nimmt der Plan nun allmählich un-

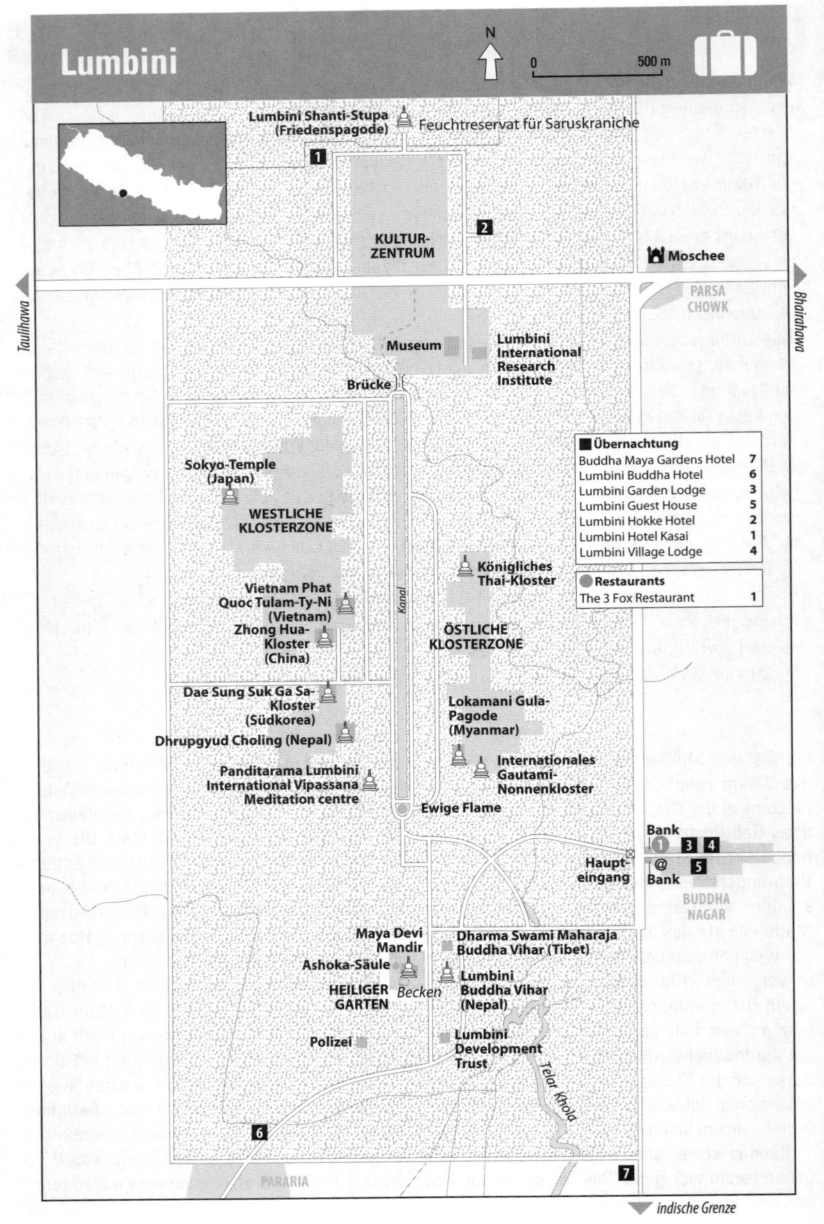

Lumbini
N
0
500 m
Lumbini Shanti-Stupa
(Friedenspagode)
Feuchtreservat für Saruskraniche
KULTUR-
ZENTRUM
Moschee
PARSA
CHOWK
Taulihawa
Bhairahawa
Museum
Lumbini
International
Research
Institute
Brücke
Übernachtung
Buddha Maya Gardens Hotel 7
Lumbini Buddha Hotel 6
Lumbini Garden Lodge 3
Lumbini Guest House 5
Lumbini Hokke Hotel 2
Lumbini Hotel Kasai 1
Lumbini Village Lodge 4
Restaurants
The 3 Fox Restaurant 1
Sokyo-Temple
(Japan)
WESTLICHE
KLOSTERZONE
Königliches
Thai-Kloster
Vietnam Phat
Quoc Tulam-Ty-Ni
(Vietnam)
Zhong Hua-
Kloster
(China)
Kanal
ÖSTLICHE
KLOSTERZONE
Dae Sung Suk Ga Sa-
Kloster
(Südkorea)
Dhrupgyud Choling (Nepal)
Lokamani Gula-
Pagode
(Myanmar)
Panditarama Lumbini
International Vipassana
Meditation centre
Internationales
Gautami-
Nonnenkloster
Ewige Flame
Bank
Haupt-
eingang
@
Bank
BUDDHA
NAGAR
Maya Devi
Mandir
Dharma Swami Maharaja
Buddha Vihar (Tibet)
Ashoka-Säule
HEILIGER
GARTEN
Becken
Lumbini
Buddha Vihar
(Nepal)
Polizei
Lumbini
Development
Trust
Telar Khola
PARARIA
indische Grenze
DAS WESTLICHE TERAI

ter (oder trotz) der Leitung des Lumbini Development Trust, 💻 lumbinitrust.org, Gestalt an. Zur Zeit der Recherche waren 14 Klöster und Meditationszentren gebaut worden (von 42 angestrebten), und zwölf weitere waren in Planung. Natürlich gibt es viel Raum für Skeptizismus, nicht zuletzt wegen der rein kommerziellen Interessen der nepalesischen Regierung. Wenn alle Pläne umgesetzt werden, könnte sich Lumbini jedoch zu einer recht kosmopolitischen religiösen Stätte entwickeln. Der Ort ist bereits zum festen Bestandteil japanischer Wirbelwind-Gruppenreisen zu heiligen buddhistischen Stätten geworden.

Aus verschiedenen Richtungen führen Straßen in den Park, doch der **Haupteingang** befindet sich im Südosten. Von hier führt eine Straße zum **Heiligen Garten**, der sämtliche archäologischen Schätze beherbergt, die mit Buddhas Geburt in Verbindung gebracht werden. Im Norden des Heiligen Gartens befindet sich in zwei **Klosterzonen** eine internationale Sammlung von Tempeln, über die im Norden der großartige Shanti Stupa (auch: Friedenspagode) hinausragt. Außerdem wurde ein kleines **Feuchtreservat** zum Schutz des gefährdeten Saruskranichs eingerichtet, und über die gesamte Stätte verstreut wurden 600 000 Bäume gepflanzt, die nun zahlreiche Vögel und Säugetiere anziehen.

Lumbini ist am frühen Morgen und späten Nachmittag weitaus angenehmer, denn dann ist es kühl und still. Wer zusammen mit den Touristenscharen und Schulausflüglern in der Hitze des Tages kommt, wenn der Baulärm aus den Tempeln dringt, wird höchstwahrscheinlich enttäuscht sein. Daher wird empfohlen, unbedingt in Lumbini zu übernachten.

Der Heilige Garten

Der Heilige Garten, in dem Buddha geboren sein soll, war zu seiner Zeit ein gut gepflegter Hain, der kurz nach seinem Tode für heilig erklärt wurde. Mindestens ein Kloster entstand, als Ashoka, der große indische Kaiser und Förderer des Buddhismus, im 3. Jh. v. Chr. eine genau dokumentierte Pilgerfahrt zu diesem Hain unternahm. Ashokas Förderung ließ eine lebendige religiöse Gemeinschaft entstehen, doch als der mutige chinesische Reisende Xuan Zang im 7. Jh. eintraf, war nicht mehr viel und spätestens im 10. Jh. überhaupt nichts mehr davon übrig.

Für mindestens 600 Jahre geriet der Garten in Vergessenheit, und erst seine Wiederentdeckung im Jahre 1896 löste eines der letzten großen Geheimnisse des Orients. Europäer hatten 1830 ernsthaft begonnen, nach der Stätte zu suchen, doch erst 1893 war der erste Anhaltspunkt gegeben, als ein nepalesischer Offizier bei einer Jagd einige Meilen westlich eine Reliquie fand, die sich auf Ashoka bezog. Das Wettrennen war eröffnet. Die beiden Hauptrivalen, A. A. Führer vom Archeological Survey of India und Austin Waddell, ein britischer Militärarzt, der in Kolkata (Kalkutta) tätig war, verfolgten verschiedene Suchansätze, die auf ihrer jeweils eigenen Interpretation der Schriften von Xuan Zang und anderen frühen Lumbini-Pilgern basierten.

Schließlich wurde die Stätte durch puren Zufall entdeckt. Führers nepalesischer Begleiter, General Khadga Shamsher Jung Bahadur Rana, regte vor der Reise zur vorgesehenen Ausgrabungsstätte ein Zusammentreffen in Pararia an. Während er dort auf Führer wartete, erfuhr er von einer antiken Säule in der Nähe des Dorfes, die er von seinem Gefolge ausgraben ließ. Diese Säule war zumindest einem britischen Beamten aus dieser Gegend bereits bekannt – er hatte die sichtbaren Inschriften untersucht und als „mittelalterliches Gekritzel" abgetan; doch nie war jemand auf den Gedanken gekommen, tiefer zu graben. Als Führer die von General Ranas Ausgrabungen freigelegten Inschriften sah, erkannte er die Säule sofort als diejenige, von der die frühen Reisenden berichtet hatten, und beanspruchte die Entdeckung für sich. Obwohl er wegen dieser Falschaussage später sein Amt verlor, gilt er bis heute als Entdecker von Lumbini.

Maya Devi Mandir

🕒 tgl. 7–19 Uhr, die Zeiten ändern sich aber regelmäßig ▪ Eintritt Rs200

Das Herzstück des Heiligen Gartens ist der Tempel **Maya Devi Mandir**, dessen Ziegel auf etwa 300 v. Chr. zurückgehen – damit ist er Nepals ältestes Bauwerk. Im Rahmen der 2003 abgeschlossenen Restaurierung wurde das Originalmauerwerk mit einem schlichten Bau umgeben, den Besucher umrunden können, wenn sie vorher die Schuhe ausziehen.

Man plant, alles wieder zusammenzusetzen und Teile jeder Schicht offen zu lassen, um die 800 Jahre dauernde architektonische Entstehungsgeschichte des Originalbauwerks zu zeigen, doch bis dahin dürften noch einige Jahre ins Land ziehen.

Ausgrabungen im Rahmen der Restaurationsarbeiten bestätigten die Annahme, dass die Tempel der berühmten Gupta-Periode (4. bis 6. Jh.) auf den Fundamenten der früheren Kushana- und Maurya-Periode errichtet wurden. Die unterste Grundmauer deutet auf ein Bauwerk hin, das noch keine Stupa-Merkmale trug und bereits zu Lebzeiten Buddhas existierte, woraus zu schließen ist, dass die Stätte schon vor Ashokas Besuch sehr verehrt wurde, und somit die Vermutung, dass Lumbini Buddhas Geburtsort ist, zusätzliches Gewicht erhält. In der Nähe der untersten Schicht fanden die Archäologen zudem einen rotbraunen, 70 cm langen Stein, in dem manche den **Markierungsstein** sehen, den Ashoka an der genauen Stelle von Buddhas Geburt platziert haben soll. Es ist wohl symbolisch für unsere Zeit, dass er heute von einer kugelsicheren Glasvitrine geschützt wird.

Die Ausgrabung und Restauration des Maya Devi Mandir ist ein verpfuschtes Kapitel in den Annalen der Archäologie. Das 1990 begonnene Projekt war anfänglich als einfache „Renovierung" gedacht, in deren Rahmen ein **Pipalbaum**, dessen Wurzeln den Tempel zu beschädigen drohten, lediglich zurückgeschnitten werden sollte. Doch ohne nähere Rücksprache setzte die Japan Buddhist Federation, die das Unternehmen leitete, eine umfassende Ausgrabung in Gang und fällte den Baum, den viele als lebendes Bindeglied zur Lebenszeit des Buddha betrachtet hatten.

Der Tempel trägt den Namen von Buddhas Mutter Maya Devi. Es beherbergt ein berühmtes **Basrelief** (die sogenannte Geburtsszene), das sie und den neugeborenen Buddha im Mathura-Stil zeigt (4. oder 5. Jh.). Das Relief ist wegen der weichen Beschaffenheit des Sedimentgesteins so verwittert, dass Archäologen es zunächst für hinduistisch hielten, weil die hiesige Bevölkerung das Bildnis als die Wünsche erfüllende Göttin Rumindei (wohl eine Kontraktion aus Lumbini Devi) verehrten.

Die Ashoka-Säule und andere Überreste

Westlich des Tempels steht die **Ashoka-Säule**, Nepals ältestes Monument. Sie ist wenig spektakulär, doch die Inschrift berichtet von Ashokas Besuch im Jahre 249 v. Chr. und ist der bedeutendste Beweis dafür, dass Buddha hier geboren wurde. Irgendwann vor dem 7. Jh. wurde sie durch einen Blitzschlag beschädigt, so dass ihre beiden Hälften von Metallbändern zusammengehalten werden müssen. Säulen, eine Art Markenzeichen von Ashoka, hatten den doppelten Zweck, den Glauben zu verbreiten und die Grenzen des Reichs zu markieren. Diese Säule verkündet, dass der König Lumbini zu Ehren von Buddhas Geburt Steuerfreiheit einräumte. Das gemeißelte Kapitell, das laut frühen Pilgern die Form eines Pferdes hatte, wurde nie gefunden.

Das viereckige, von Zement umsäumte **Becken** südlich der Ashoka-Säule soll der Ort sein, in dem Maya Devi vor Buddhas Geburt badete. Ringsum dokumentieren restaurierte **Ziegelfundamente** von Bauwerken und Stupas, die aus dem Zeitraum vom 2. Jh. v. Chr. bis zum 10. Jh. stammen, den Aufstieg und Fall von Lumbinis frühen Klostergemeinschaften. Die beiden Hügel nördlich und südlich des Gartens sind nicht alt, sondern archäologischer Schutt von amateurhaften Ausgrabungen des Feldmarschalls Keshar Shumsher Rana in den 1930er-Jahren.

Nördlich des Heiligen Gartens

Ein Spaziergang nördlich des Heiligen Gartens führt zu den Höhepunkten des langsam voranschreitenden Bauprojekts. Ein erhöhter Pfad führt zur **Ewigen Flamme** als Symbol für das „Licht Asiens".

Von hier kann man am zentralen Kanal entlang und vorbei an den östlichen (Theravada) und westlichen (Mahayana) Klosterzonen wandern, wo 42 Parzellen für Tempel und Klöster ausgewiesen sind, die sämtliche buddhistischen Schulen und landesspezifischen Traditionen repräsentieren sollen. Viele Gebäude stehen schon, und manche sind sehr eindrucksvoll –

die birmanische **Lokamani Gula-Pagode** im Stil von Yangons berühmter Shwedagon-Pagode, das chinesische **Zhong Hua-Kloster**, das an eine Verbotene Stadt im Kleinen erinnert und eine große Buddhastatue beherbergt, und das augenfällige weiße **Königliche Thai-Kloster** sind die Höhepunkte. Es scheint hier eine Art religiöser Schönheitswettbewerb stattzufinden, und vielleicht ist das Gebiet eines Tages ein buddhistisches Disneyland, doch es ist interessant, so viele Ausprägungen des Buddhismus an einem Platz zu sehen. Mehrere Klöster bieten Meditationsanleitungen, Kurse und Retreat-Aufenthalte an, darunter – für ernsthaft lernwillige Schüler – das **Panditarama Lumbini International Vipassana Meditation Centre**, ✆ 071-580118, 💻 panditarama-lumbini.info.

Lumbini International Research Institute und Museum

⏲ tgl. außer Di 10–17 Uhr ▪ Eintritt Rs75

Der Kanal endet dort, wo Lumbinis **Kulturzentrum** entstehen soll, das derzeit weder kulturelle Aktivitäten noch sonst irgendein echtes Lebenszeichen zeigt. Die Gebäude des von Japan erbauten **Lumbini International Research Institute** und ein halb leeres **Museum** mit Terrakotta-Arbeiten, religiösen Schriften, Münzen und Skulpturen sind bereits verwirklicht, während die geplanten Restaurants und Geschäfte als Entwurf auf dem Papier verharren. Es lohnt sich, einen Archäologen des Lumbini Development Trust anzuheuern, die gelegentlich als freiberufliche Führer agieren (im Research Institute nachfragen!).

Lumbini Shanti-Stupa (Peace Pagoda)

⏲ tgl. 6–18 Uhr ▪ Eintritt frei

Der weiß-goldene **Lumbini Shanti-Stupa** (Peace Pagoda) nördlich des Kulturzentrums ragt 41 m hoch über das Parkgelände. Das eindrucksvolle Monument wurde 2001 von Nippozan Myohoji vollendet, einer japanischen buddhistischen Organisation, die auch hinter der Friedenspagode in Londons Battersea Park sowie hinter 70 weiteren Stupas rund um die Welt steht.

Lumbini Crane Sanctuary

Beim Shanti Stupa ▪ ⏲ rund um die Uhr ▪ Eintritt frei

Das **Lumbini Crane Sanctuary** bietet dem gefährdeten Saruskranich, dem größten fliegenden Vogel der Welt, Lebensraum. Nicht weniger als 90, von Nepals noch 200–300 Tieren dieser Spezies, residieren hier zeitweise zusammen mit Störchen, Reihern und zahlreichen Baumvögeln. Dank seiner Feuchtgebiete und Wälder ist Lumbinis Religionspark selbst eine Art Vogelschutzgebiet – 165 Arten wurden gezählt.

ÜBERNACHTUNG

Lumbinis Unterkünfte sind über ein weites Gebiet verstreut.

Das hübsche Dorf **Buddha Nagar** (auch: Mahilwar), das sich entlang einer Nebenstraße in der Nähe des östlichen Haupttores erstreckt, hat mehrere Budget-Gästehäuser zu bieten, während rund um den Park mehrere Luxushotels eröffnet haben. Wirkliche Nähe zum Geist des Gebietes verschafft die Einquartierung in einem der **Klöster**: Neben einigen anderen gewähren das nepalesische (Theravada), koreanische und tibetische Kloster Pilgern gegen eine bescheidene Spende einfache Unterkunft, aber es mangelt ihnen an grundlegenden Dingen wie Bettzeug und Ähnlichem.

Buddha Maya Gardens Hotel, bei der Südostecke des Parks, ✆ 071-580220, 💻 ktmgh.com. Das Hotel gehört zur Kathmandu-Guest-House-Kette und wirkt wie eine hochherrschaftliche moderne Villa. Die schicken Zimmer mit Bad und AC liegen in einer großzügigen Grünanlage mit „Meditationshöhle“; gutes Restaurant, WLAN. Frühstück inkl. US$80

Lumbini Buddha Hotel, südlich des Heiligen Gartens, ✆ 071-580114, ✉ lbuddha@mos.com.np. Reizende Lage in einem schattigen Wäldchen in der Nähe des Heiligen Gartens. Die lachsfarbene Lodge ist ein wenig heruntergekommen, doch das Personal ist unglaublich freundlich, und die Zimmer mit Bad und Ventilator sind recht preisgünstig. Sehr beliebt, also rechtzeitig reservieren. Rs800

Lumbini Garden Lodge, Buddha Nagar, ✆ 071-580146. Der nackte Beton in Eingangshalle und Treppenhaus wirkt etwas unwirtlich, aber die Zimmer (mit und ohne Bad) sind okay, wenn auch eher spartanisch. Sie haben grünweiße Kachelböden und teilweise Aussicht auf die Felder. Der freundliche Inhaber spricht Englisch. Rs350

Lumbini Guest House, Buddha Nagar, ✆ 071-580142. Die Budget-Lodge bietet gepflegte, ordentliche Zimmer mit rosa Wänden, TV und Bad (mit Hockklos). Das Personal hilft bei Reisebuchungen, und an der Rezeption wird Bier verkauft. Rs400

Lumbini Hokke Hotel, in der Nähe des Shanti Stupa, ✆ 071-580136, 🖳 theroyal residency.net. Das auf gut situierte japanische Pilger ausgerichtete Hotel überzeugt mit besinnlicher Atmosphäre, Lotusteichen im Garten, japanischem *ofuro*-Bad, einem ausgezeichneten Restaurant und Zimmern im westlichen oder japanischen Stil (mit Bad). Es gibt auch eine Karaoke-Lounge. US$185

Lumbini Hotel Kasai, beim Shanti Stupa, ✆ 071-580134, 🖳 lumbinihotelkasai.com. Das neue Spitzenhotel in japanischem Besitz ist eine günstigere Alternative zum Hokke. Es bietet schicke, dezente Zimmer mit Bad und Holzböden und -einrichtungen, AC und Kühlschrank sowie ein gutes Restaurant, in dem Zutaten vom Biohof des Hotels verarbeitet werden. US$120

Lumbini Village Lodge, Buddha Nagar, ✆ 071-580432, ✉ lumbinivillagelodge@yahoo.com. Saubere, schlichte, rosafarbene Zimmer mit Bad. Die im Obergeschoss sind allerdings überteuert. Außerdem gibt es hier einen Schlafsaal, ein Internetcafé, Leihfahrräder und einen Inhaber, der gut auf die Bedürfnisse von Travellern eingestellt ist. Dorm Rs150, Zimmer Rs350

ESSEN

Rund um die Eingänge zum Religionspark und in Buddha Nagar finden sich zahlreiche billige **Esslokale**. Die Gästehäuser und Hotels verfügen alle über eigene Restaurants. Das bei Weitem beste (und entsprechend teure) ist das Restaurant des Hokke Hotel mit hervorragender japanischer Küche.

The 3 Fox Restaurant, Buddha Nagar. Das Restaurant im 1. Stock bietet neben einer farbenfrohen Einrichtung eine Karte mit preisgünstigen vegetarischen und nicht-vegetarischen nepalesischen, indischen und chinesischen Gerichten (Hauptgerichte Rs60–280). Daneben gibt's auch eigene Variationen westlicher Klassiker wie Hamburger. ⌚ tgl. etwa 8–21 Uhr.

SONSTIGES

Geld

Nepal Credit and Commerce (NCC) Bank, **Siddhartha Development Bank** und **Everest Bank** liegen nahe beieinander in Buddha Nagar, Ecke Hauptstraße. Alle haben einen Geldautomaten und wechseln ausländische Währungen.

Internet

In Buddha Nagar gibt's mehrere **Internetcafés** mit langsamem Zugang zum Netz, z. B. das Community Multimedia Centre, gegenüber vom The 3 Fox Restaurant.

Touren

Die meisten Hotels und Lodges können geführte Ausflüge in nahe Dörfer organisieren, wo Besucher den Alltag der Einheimischen aus nächster Nähe erleben. Lohnende Ziele sind z. B. Tenuhawa, das eine Moschee besitzt, der Shiva-Tempel von Ekala und Madhuvani, das Einblick in die lokale Biraha-Kultur bietet.

TRANSPORT

Wer zwischen Kathmandu und Indien unterwegs ist, kann leicht einen Stopp in Lumbini einlegen. Eine Hand voll **Busse** verkehrt nach und von KATHMANDU (9–11 Std.); die Abfahrtszeiten ändern sich, also erkundigt man sich am besten vor Ort.

Ein **Pkw** oder **Jeep** von BHAIRAHAWA oder SONAULI kostet etwa Rs1000, Hin- und Rückfahrt mit 1–2 Std. Wartezeit Rs1500. Man könnte auch zuerst in Tilaurakot halten und sich auf dem Rückweg in Lumbini absetzen lassen (um Rs2500–3000).

Lokalbusse pendeln alle 30 Min. zwischen BHAIRAHAWA und Pararia, dem Dorf südlich des Religionsparks. Sie halten auf ihrem Weg um den Park am östlichen Haupttor und in Buddha Nagar. Der letzte Bus ab Bhairahawa fährt um etwa 18 Uhr ab, der letzte Bus ab Lumbini gegen 17.30 Uhr.

Tilaurakot und Umgebung

Die Ruinen von Tilaurakot, 24 km westlich von Lumbini, gelten als Überreste des antiken **Kapilvastu**, des Sitzes der alten Shakya-Könige und des Ortes, an dem Prinz Siddhartha Gautama seine Kindheit verbrachte. Weit weniger Besucher finden den Weg hierher als nach Lumbini, doch die Ruinen sind mindestens ebenso interessant – und erst recht die Geschichte des Ortes. Sie stehen im Schatten von Mango-, Kusum- und Karmabäumen und strahlen eine Ruhe aus, die in Lumbini langsam verloren geht.

Der Eintritt zur Ausgrabungsstätte ist frei, und die einsamen Wächter sind wahrscheinlich froh, jemanden über das Gelände führen zu können (eine Spende wird erwartet, bis zu Rs150 sind angemessen). Zu den Überresten gehören mehrere Stupa-Fundamente, dicke Befestigungswälle und vier Tore. Der Aussichtspunkt über die Ruinen am **Osttor** ist als Ort für eine kurze Meditation kaum zu übertreffen, denn der Überlieferung zufolge soll Buddha hier nach nahezu dreißig Jahren prinzlichen Lebens den Palast verlassen haben, um sich auf die Suche nach Erleuchtung zu begeben. Es ist allerdings zweifelhaft, ob es sich wirklich um die Ruinen des Palastes von Buddhas Vater, König Suddhodana handelt, denn diese Art von Ziegelstein dürfte vor dem 3. Jh. v. Chr. noch nicht entwickelt gewesen sein – doch vielleicht wurden die Mauern auf den Resten eines früheren, hölzernen Bauwerks errichtet, von dem nun nichts mehr übrig ist. Indische Archäologen argumentieren, dass das unmittelbar südlich der Grenze gelegene Piprahwa das wahre Kapilvastu sei, doch im Jahre 2000 förderten Ausgrabungen in Tilaurakot Scherben und Terrakotta-Kügelchen zu Tage, deren Entstehung auf Buddhas Lebenszeit datiert wurde, was die nepalesischen Ansprüche untermauert. Ein neues englisch-nepalesisches Ausgrabungsteam nahm 2011 die Arbeit auf, was zur weiteren Klärung der Sachverhalte beitragen dürfte.

Das Museum

Gegenüber der Seitenstraße zur Ausgrabungsstätte ▪ ⌚ tgl. außer Di 10–17 Uhr ▪ Eintritt Rs50

Ein kleines **Museum** zeigt einige der 3000 Münzen, die in diesem Gebiet gefunden wurden (eine trägt den Namen Shakya) sowie Töpferwaren, die aus drei verschiedenen Epochen stammen und teilweise tausend Jahre alt sind. Gezeigt werden aus unerfindlichen Gründen auch noch ältere Töpferwaren, die in Höhlen bei Jomosom hoch oben im Himalaya gefunden wurden.

Weitere archäologische Stätten um Tilaurakot

Tilaurakot ist nur eine von mehreren archäologischen Stätten aus Buddhas Zeit, die um **Taulihawa** verstreut sind, 3 km von Tilaurakot. In **Niglihawa**, etwa 10 km nordöstlich von Taulihawa, gibt es eine beschädigte Ashoka-Säule, die mit einem der mythischen Buddhas eines früheren Weltzeitalters zu tun hat. 5 km weiter nördlich in **Sagarhawa** befindet sich ein antiker Wassertank, an dem ein berüchtigtes Shakya-Massaker stattgefunden haben soll. Die Ashoka-Säule und der Ziegelstupa in **Gotihawa**, 6 km südlich von Taulihawa, erinnern an einen anderen früheren Buddha, während am Wasserbecken in **Kudan**, 2 km südwestlich von Taulihawa, Buddha nach seiner Erleuchtung seinem Vater und jungen Sohn das Dharma gepredigt haben soll.

TRANSPORT

Unregelmäßig verkehren **Busse** (etwa stündlich, 1 1/2–2 Std.) von Bhairahawa nach Taulihawa, 22 km hinter Lumbini an derselben Straße. Man kann sie in Lumbinis Parsa Chowk abpassen, wird jedoch kaum einen Sitzplatz ergattern. Im Zentrum von Taulihawa stehen gewöhnlich Rikschas bereit, um eintreffende Besucher die letzten 3 km über die Hauptstraße bis zu der Kreuzung zu fahren, an der links das Museum steht und eine gepflasterte Straße 400 m nach rechts zur Stätte führt.

Am leichtesten gelangt man mit einem **Jeep** aus SONAULI oder BHAIRAHAWA nach Tilaurakot und zu den umliegenden Stätten (Rs2500–3000 hin und zurück, mit Wartezeit). Man kann unterwegs einen Abstecher nach Lumbini machen, doch sollte man sich nicht auf eine gehetzte Halbtagestour nach Lumbini und Tilaurakot einlassen, sondern lieber auf dem Rückweg in Lumbini übernachten.

Mit dem **Fahrrad** kann man in rund zwei Stunden von Lumbini nach Tilaurakot radeln.

Der äußerste Westen

Nepals äußerster Westzipfel, der durch den Mahendra Highway ans übrige Land angebunden ist, öffnet langsam seine Tore für Reisende. Es ist noch immer ein langer Weg von Kathmandu. Aber Delhi liegt nur zwölf Busstunden vom Grenzübergang im fernen Westen Nepals entfernt, und auf nepalesischem Boden führt die asphaltierte Schnellstraße zwischen beiden Hauptstädten an zwei der tierreichsten Wildreservaten des Landes vorbei, am **Bardia-Nationalpark** und am **Sukla Phanta Wildlife Reserve**. Das zum Teil moslemische **Nepalgunj** ist die größte Stadt des Westens und zugleich der Knotenpunkt für Flüge zu abgelegeneren Landepisten.

Der Mahendra Highway verkürzt den Weg ins 250 km westlich von Butwal gelegene Nepalgunj. Er führt über die Duduwa Hills (350 m Anstieg) und folgt dem grünen, hübschen Tal des Rapti (der nichts mit dem Fluss gleichen Namens in Chitwan zu tun hat). Nördlich liegt Dang, die Heimat der weiß gekleideten Dangaura-Tharu, die gute Möglichkeiten zum Radfahren bietet.

Nepalgunj

Der Industrie- und Verkehrsknotenpunkt des äußersten Westens ist Nepals größte moslemische Stadt. Die Präsenz von Moslems im Terai ist nicht verwunderlich, denn die nahe Grenze zu Indien, wo die Moslems eine bedeutende Minderheit stellen, wurde erst im 19. Jh. gezogen. Bis kurz vor dem Krieg mit England 1814–16 gehörte diese Gegend dem Nawab von Oudh, einem der größten Landbesitzer Indiens. Nach Nepals Niederlage ging er an die Ostindienkompanie über und wurde Nepal als Geste des guten Willens für Dienste während der indischen Rebellion von 1857 zurückgegeben. Während der Rebellion flüchteten zahlreiche Moslems nach Nepalgunj – Lucknow, das damals am heftigsten erschüttert wurde, liegt südlich von hier –, und weitere strömten in den Jahren der Rana-Herrschaft ins Land, da sie die Chancen des Grenzhandels erkannten. Das Ergebnis ist die heutige moslemische Gemeinschaft, die nach wie vor Geschäfts- und Familienbande nach Indien pflegt. Die ganze Stadt hat einen ausgeprägt indischen Charakter.

Das Herz der Stadt ist der **Tribhuvan Chowk**, die betriebsame, heruntergekommene Kreuzung der beiden Haupteinkaufsstraßen, in deren Süden der indische Janaki Mandir steht, der wie ein Maut-Häuschen in der Mitte der Straße thront. Das **moslemische Viertel** liegt nordöstlich des Tribhuvan Chowk und lohnt einen Spaziergang. Die Moscheen sind allerdings enttäuschend modern und für Andersgläubige nicht zugänglich.

Das Hinduviertel liegt um den nichts sagenden **Bageshwari Mandir**. Hinter dem Tempel ist ein großer Teich mit einer herrlich kitschigen Statue von Mahadev (Shiva) in der Mitte.

Der **Busbahnhof** wurde ungünstigerweise in den äußersten Nordosten der Stadt verbannt, 20 Minuten zu Fuß vom Zentrum entfernt. An der Hauptstraße gibt es beiderseits des Birendra Chowk zahlreiche Banken mit **Geldautomaten**.

ÜBERNACHTUNG

Hotel Pahuna Ghar, in der Nähe des Birendra Chowk, ✆ 081-522358. Kompakte Zimmer mit Marmorboden, TV, Dusche und Hocktoilette. Die nach hinten bekommen nicht ganz so viel Straßenlärm mit, aber der frühmorgendliche Gebetsruf der nahen Moschee ist schwer zu überhören. Rs600

Hotel Siddhartha, etwa 2,5 km nordöstlich des Orts Richtung Flughafen, ✆ 081-551200, 💻 siddharthabiz.com. Das schicke neue Hotel, das sich v. a. an Geschäftsreisende wendet, wartet mit guten (wenn auch nicht luxuriösen) Zimmern mit Bad, TV, Telefon und AC auf, außerdem mit Pool, gutem Restaurant und Bar. Frühstück inkl., WLAN. Rs3000

Hotel Sneha, südlich des Zentrums, ✆ 081-520119, ✉ hotel@sneha.wlink.com.np. Das alteingesessene Hotel ist sehr beliebt bei Mitarbeitern von nicht-staatlichen Organisationen. Eine gepflegte Gartenanlage trennt es von der Hauptstraße. Die Zimmer mit Bad und AC in einem weiß getünchten Gebäude sind recht komfortabel, könnten jedoch eine Auffrischung vertragen. Außerdem gibt's ein Mini-Kasino und WLAN. US$56

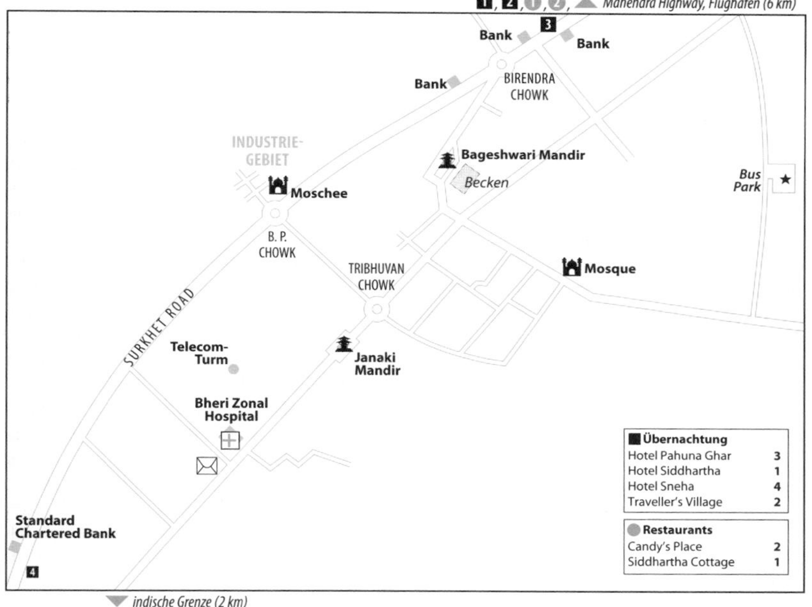

Traveller's Village, nordöstlich der Stadt in Richtung Flughafen, ✆ 081-550 329, ✉ travil@wlink.com.np. Die Anlage in der Nähe des UN-Komplexes hat geradezu mediterranes Flair. Außer einem schattigem Garten, Kletterpflanzen, dekorativen Fotos von Nepals diversen ethnischen Gruppen und anständigen Zimmern mit Bad und Ventilator (AC Rs1000 extra) bietet sie auch ein ausgezeichnetes Restaurant. Rs1200

ESSEN

Nepalgunjs gastronomische Epizentren sind Birendra Chowk und Tribhuvan Chowk mit Dutzenden von **dhaba**-Imbissen und einigen Süßwaren-Läden. Abends servieren Straßenhändler im Basar Joghurt und *raabri*, eine Spezialität aus gesüßter Sahne mit Kardamom und Safran.

Zwischen B. P. Chowk und Birendra Chowk wartet eine Reihe von Restaurants mit fast identischen Speisekarten – einem Mix aus chinesischer, indischer und vage italienischer Küche – auf.

Candy's Place, im Traveller's Village, nordöstlich der Stadt Richtung Flughafen, ✆ 081-550329, ✉ travil@wlink.com.np. Wer Sehnsucht nach amerikanischen Klassikern hat, bekommt in dem von der Amerikanerin Candy geführten Restaurant köstliche Pfannkuchen mit Ahornsirup, hygienisch einwandfreie Salate, Steaks, Hamburger und Zitronenbaisertorte. Hauptgerichte Rs200–400. ⏲ tgl. 9/10–20/21 Uhr.

Siddhartha Cottage, zwischen B. P. Chowk und Birendra Chowk. Bei den hier ansässigen Ausländern als „Sid's Place" bekannt. Es serviert nordindische Gerichte zu noch zivilen

Preisen (Hauptgerichte Rs100–400) in einem lauschigen Garten hinter dem Haus. Eine schickere Filiale des Restaurants befindet sich im Hotel Siddhartha. ⌚ tgl. 9/10–20/21 Uhr.

TRANSPORT

Busse

Busse nach Westen fahren relativ häufig. Sie starten an der Hauptstraße nördlich des Busbahnhofs. Seltener, aber immer noch regelmäßig verkehren Busse zu Zielen im Osten, die meisten fahren wegen der weiten Entfernungen nachts.

Mehrere Busse fahren tagsüber und unzählige nachts nach KATHMANDU (etwa 13 Std.); allerdings ist es besser, die Reise unterwegs zu unterbrechen. Außerdem verkehren regelmäßig Busse nach BUTWAL (7–8 Std.), MAHENDRA NAGAR (5–7 Std.) und DHANGADHI (6 Std.) sowie eine Handvoll Nachtbusse nach POKHARA (13–14 Std.).

Lokalbusse starten um 11.45 und um 15.30 Uhr Richtung THAKURDWARA und BARDIA-NATIONALPARK (4 Std).

Einen **Mietwagen** oder **Jeep** für die Fahrt nach Bardia (2 1/2 Std.) gibt es für etwa Rs4000–5000. Einfach bei einem der Reisebüros in der Hauptstraße nachfragen und hart feilschen.

Flüge

Der **Flughafen** liegt 6 km nördlich der Stadt. Manchmal gibt es von hier auch Flüge zu abgelegeneren Trekking-Regionen im Westen Nepals.

Flüge nach:
KATHMANDU 4–5x tgl.
RUKUM 2x wöchentl.
SIMIKOT 2x wöchentl.
TALCHA 2x wöchentl.

Grenzübergang nach Indien

Der Grenzübergang in **Jamunaha**, 5 km südlich vom Birendra Chowk, ist für Touristen geöffnet und man kann sich mit der Rikscha (Rs100–150) hinfahren lassen. An der rund um die Uhr geöffneten Grenze gibt es kaum etwas außer der Einwanderungs- und der Zollbehörde. Wer spät abends oder früh morgens hier ankommt, wird wohl Probleme haben, jemanden zu finden, der ihm den Pass stempelt. Busse verbinden **Rupaidia**, die Stadt auf der indischen Seite, mit Lucknow (7 Std.).

Bardia-Nationalpark

Da Chitwan immer touristischer wird, stellt der weit weniger besuchte Bardia-Nationalpark nordwestlich von Nepalgunj eine attraktive Alternative dar. Der Park ist das größte Gebiet unberührter Natur, das im Terai erhalten geblieben ist. Es gibt überall preiswerte Unterkünfte, aber nichts von Chitwans Rummel, und die Entfernung zu Kathmandu wird den Park vermutlich noch auf Jahre hinaus vor den Massen schützen.

Die Region war vom Bürgerkrieg besonders betroffen. Im Bezirk Bardia sind mehr Menschen „verschwunden" als irgendwo sonst im Land.

Bardia weist eine größere Vielfalt von natürlichen Lebensräumen auf als Chitwan. Es gibt hier dichten Flusswald, Salwälder, *phanta* (isolierte Savannentaschen) und trockene Hänge. Der **Geruwa**, ein Nebenfluss des mächtigen **Karnali**, bildet an der Westgrenze die wichtigste Wasserquelle des Parks, und die Dichte an wilden Tieren und Vögeln in diesem westlichen Zipfel kann sich mit jedem anderen Gebiet in Asien messen. Der Fluss **Babai** entwässert das Kerngebiet östlich von Thakurdwara und bildet dort ein abgeschirmtes *dun*-Tal mit einer reichen Tierwelt, zu der Besucher jedoch keinen Zutritt haben.

2010 wurde der **Banke-Nationalpark** gegründet, der im Westen an den Bardia grenzt und sich über eine Fläche von 550 km² erstreckt. Zusammen bilden die beiden Parks das größte Tigerschutzgebiet Asiens. Zurzeit gibt's noch keine touristischen Einrichtungen im Banke, was sich aber bald ändern könnte.

Thakurdwara

Die verschlafene Tharu-Siedlung Thakurdwara ist archetypisches Terai. Das Zentrum erweckt den Anschein einer Dorfwiese, an der Lokalbusse halten und die von einem kleinen Basar umgeben ist, der wegen eines dort stehenden Tempels „Mandir" genannt wird. Doch verirren

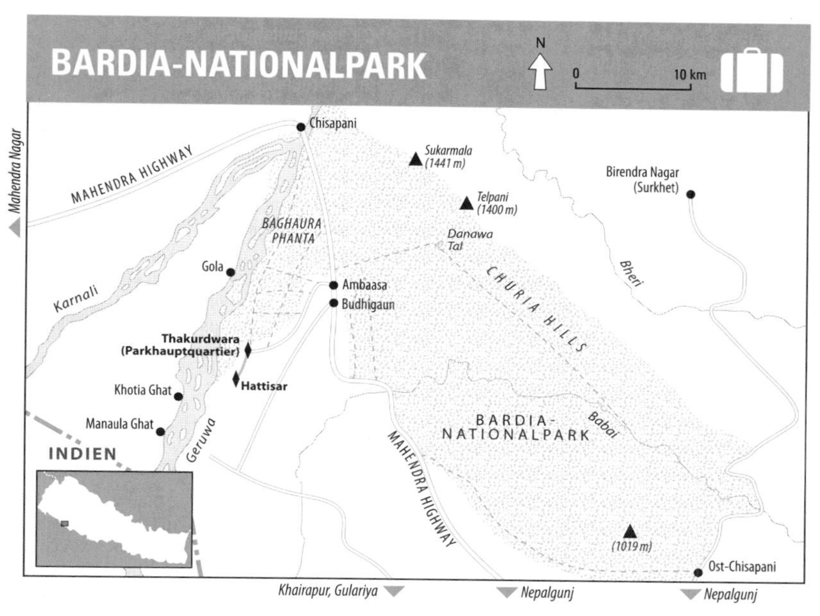

sich die wenigsten Besucher von der Parkverwaltung, die rund 1 km nordwestlich des Basars liegt, bis hierher. Es gibt kaum Infrastruktur, weder für Einheimische noch für Besucher. Die meisten Gästehäuser haben immerhin elektrischen Strom, die Mehrzahl der Dorfbewohner dagegen nicht.

Der kleine Tempel in der Nähe der Bushaltestelle steht im Zentrum einer bescheidenen *mela* (religiöses Fest), die am ersten Tag des Monats Magh (Mitte Januar) stattfindet. Über das grüne Gelände des Hauptquartiers verstreut gibt es einige Einrichtungen, die mit dem Park zu tun haben. Alles eigentlich Sehenswerte aber liegt im Park selbst. Kurz gesagt: Vieles ist so, wie es in Sauraha in der guten alten Zeit einmal gewesen ist – ruhig, weltabgeschieden und abenteuerlich.

Der Tourismus wird Thakurdwara unvermeidlich verändern, doch Umweltschützer haben bereits Schritte unternommen, damit sich die Fehler von Sauraha nicht wiederholen. Der National Trust for Nature Conservation arbeitet an Konzepten, die dabei helfen, sicherzustellen, dass die Menschen vom Park profitieren.

Das Parkhauptquartier

1 km nördlich des Basars ▪ Visitor's Information Centre ◷ tgl. 7 Uhr bis Sonnenuntergang ▪ Eintritt frei Krokodilzuchtstation ◷ tgl. außer Sa 10–16 Uhr ▪ Eintritt Rs30 Tharu-Museum ◷ tgl. außer Sa 10–16 Uhr ▪ Eintritt Rs50

Am Hauptquartier des Parks lohnen sich Besuche der **Krokodilzuchtstation**, wo Gaviale, Sumpfkrokodile und Schwarzbauch-Erdschildkröten aufgezogen werden, bevor man sie auswildert, im **Tharu-Museum**, das einen Einblick in die Kultur der Tharu gewährt, und im **Visitor's Information Centre**, mit interessanten Präsentationen zur Flora und Fauna des Parks.

Teil der Anlage ist außerdem ein Gehege für **Shiva Ram**, ein (recht) zahmes, fast blindes Nashorn, das als Jungtier zur Waise wurde. Früher lief es frei im Komplex herum, bis es aus Versehen einen älteren Mann aus der Gegend umwarf und so tötete.

Die Elefantenstallungen

40 Min. zu Fuß südlich des Parkhauptquartiers ▪ Die beste Zeit für einen Besuch ist der späte

Nachmittag; zu anderen Tageszeiten sind die meisten Elefanten bei der Arbeit oder im Training
▪ Eintritt Rs50

Um zu erleben, wie Bardias am härtesten arbeitende Geschöpfe eine Pause genießen, muss man die regierungseigenen **Elefantenstallungen** *(hattisar)* außerhalb des Parks besuchen. Oft sieht man hier Jungelefanten, die Besucher manchmal füttern dürfen. Außerhalb des Parks verläuft die Straße südwärts am Fluss entlang nach **Manaula Ghat** und **Khotia Ghat**; Letzterer ist eine gute Stelle, um nach Delphinen Ausschau zu halten.

Aktivitäten

Die Palette an Aktivitäten im Bardia unterscheidet sich nicht wesentlich von derjenigen im Chitwan. Obwohl hier die Gefahr durch Nashörner geringer ist als in Chitwan, wäre es mehr als leichtsinnig und dazu illegal, den Park ohne einen Führer zu betreten (S. 338).

Jeglicher Zutritt zum Park erfolgt nur durch den Haupteingang bei der Parkverwaltung in Thakurdwara. **Eintrittskarten** für den Park kosten Rs500 pro Tag und sind beim **Ticket Office** erhältlich, auch besorgen sie die Unterkünfte.

Wanderungen

Rs1000–1500 p. P. für einen ganzen Tag, ohne Eintrittsgebühr zum Park; Führer kann man über die Lodges, die Parkverwaltung oder die Nature Guide Association, ✆ 084-402060, anheuern

Meistens verlässt man Thakurdwara in nördlicher Richtung und geht dann mehr oder weniger parallel zum Geruwa durch wechselnde Landschaften aus Grasland und Dschungel. Der zwischen Thakurdwara und **Gola** liegende Flussabschnitt gehört zu den besten Gebieten zur Beobachtung von Nashörnern und wilden Elefanten. Vielleicht sieht man Tiger, Bären, Wildschweine, Nilgau-Antilopen und Flussdelphine, mit Sicherheit jedoch Rotwild, Affen und viele Vögel. Der Weg nach **Baghaura Phanta**, das etwa 7 km nordöstlich von Thakurdwara liegt, ist in erster Linie eine Route zur Vogelbeobachtung. Die Führer sprechen hier schlechter Englisch und sind weniger gut ausgebildet als diejenigen in Chitwan, doch sie kennen das Territorium und können dafür sorgen, dass nichts passiert.

Da es verboten ist, im Park zu zelten (Ausnahme: Tiger Tops), sind die Möglichkeiten für längere Unternehmungen stark eingeschränkt. Dennoch haben die Führer ein zweitägiges Trekking entwickelt, das von Ambaasa zum **Danawa Tal** und von dort hinauf zum **Telpani** (1400 m) führt, einem hoch gelegenen Punkt oben auf dem Bergkamm, der die Nordgrenze des Parks bildet – hier kann man die Zelte aufschlagen und am nächsten Tag nach Chisapani zurückgehen. Ansonsten kann man auch mit einem Führer eine Übernachtung in einem *machan* (Turm) im Gemeindewald Chitka organisieren – unbedingt ein Moskitonetz mitnehmen!

Elefantenritte

Rs1000 p. P. und Std., ohne Eintrittsgebühr zum Park; die Ausritte müssen am Vortag gebucht werden, wenn es voll ist, auch weiter im Voraus

Die Tickets für Elefantenritte am frühen Morgen oder späten Nachmittag erhält man in der Parkverwaltung oder durch das Gästehaus. Von den Lodges hält nur Tiger Tops eigene Elefanten. Los geht's an einer Plattform am hinteren Ende des Hauptquartier-Komplexes.

Jeepfahrten

Dauer gewöhnlich 7–11 und 14–18 Uhr
▪ Rs3000–3500 p. P. für einen halben Tag, inkl. Eintrittsgebühr zum Park, Fahrer und Führer; ganzer Tag rund Rs5000

Obwohl man mit einem **Jeep** in abgelegenere Teile des Parks gelangt, in denen die Tiere weniger scheu sind, fühlen sich die meisten wilden Tiere durch Fahrzeuge gestört.

Die meisten Fahrten beschränken sich auf das Wegenetz im Westen des Parks, das durch Salwälder und das Grasland von **Baghaura Phanta** zu unberührten Flussabschnitten und in artenreiche Wildreviere führt. Wer sich die Zeit nimmt, kann bis ins nördliche Chisapani fahren, um nach Gavialen und Delphinen Ausschau zu halten. Von Ambaasa kann man nach Osten zum **Danawa Tal** fahren; in diesem Feuchtgebiet am Fuß der Hügel lassen sich zuweilen Nashörner und Elefanten sehen.

Nepals einzige Herde Schwarzbock-Antilopen versammelt sich in einem *phanta* südlich des Parks bei **Khairapur**, 32 km von Thakurdwara

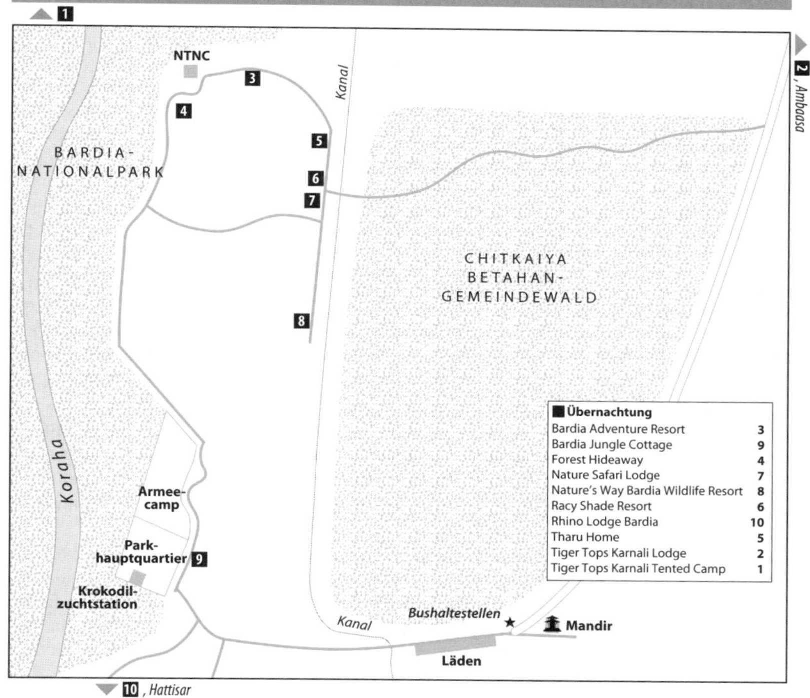

entfernt und am besten mit dem Wagen zu besuchen. Die Fahrt führt von Thakurdwara nordöstlich nach Ambaasa, dann 3 km südlich über den Mahendra Highway nach Budhigaun, wo eine Straße in südliche Richtung abzweigt. Bei Gulariya gilt es, links nach der Herde Ausschau zu halten. Schwarzböcke galten als ausgestorben, bis sie 1973 hier gesichtet wurden. Heute wird die Herde auf gut 200 Tiere geschätzt. Die meisten Lodges organisieren Ausflüge hierher.

Flussfahrten

Etwa Rs3500–4500 p. P. und Tag, inkl. Eintrittsgebühr zum Park, Transport und Führer

Auf dem Geruwa bestehen genauso gute Chancen, Delphine, Sumpfkrokodile, Affen und Vögel zu beobachten, wie bei einer Pirsch an Land, und vielleicht ist einem sogar das Glück beschieden, vom Wasser aus einen Elefanten oder Tiger zu sehen. Mehrere Lodges haben eigene **Flöße**, und andere buchen Gäste dort ein, sofern freie Plätze vorhanden sind (für rund Rs2000 p. P.).

Angeln

Eine Angelerlaubnis kostet Rs500 pro Tag und ist im Ticket Office des Hauptquartiers erhältlich

Im Karnali und Geruwa lebt der *mahseer*, ein dem Karpfen verwandter Fisch, der bis zu 40 kg schwer wird. Wer einen solchen Fisch fängt, sollte ihn sofort wieder freilassen, denn sein Bestand ist durch Verschmutzung, Dämme, Barrieren und einen allgemeinen Mangel an Zuflüs-

Wildtiere im Bardia-Nationalpark

Bardia galt einmal als Erfolgsstory in Sachen Naturschutz: **Nashörner**, die hier zu Beginn des 20. Jhs. durch Jagd nahezu ausgerottet waren, wurden Mitte der 1980er-Jahre wieder angesiedelt und hatten sich bis zur Jahrtausendwende auf etwa 50 vermehrt. Doch während des Bürgerkriegs wurde die Armeepräsenz im Park reduziert und die Wilderei entwickelte sich erneut zum ernsten Problem (auch frühere Armeeangehörige waren in die Wilderei verwickelt). Inzwischen wurden die Schutzmaßnahmen erheblich verschärft, und es gibt wieder um die 30 bis 32 Nashörner im Park. Auch die **Tigerpopulation** haben die Wilderer stark dezimiert; der Bestand wird heute auf 30 bis 35 Individuen geschätzt. Es gehört sehr viel Glück dazu, eines dieser Tiere zu sichten – es heißt, dass ein Tiger hundertmal eher einen Menschen sieht als ein Mensch einen Tiger. Wegen Bardias Abgelegenheit und nur geringfügiger Störungen durch den Menschen halten Tiger-Experten den Park für Nepals aussichtsreichsten Ort, um eine entwicklungsfähige Population für die Zucht zu erreichen. Aus denselben Gründen ist Bardia zu einem wichtigen Schutzraum für 70 bis 80 wilde **Elefanten** geworden.

Der Geruwa gehört zu den wenigen Flüssen, die eine reelle Chance bieten, einen Blick auf den seltenen **Gangesdelphin** (S. 382) zu erhaschen. Wohl drei bis sechs dieser Tiere leben noch im Fluss. Zu den Angelfischen gehört der große, karpfenähnliche *mahseer*. 1989 hatte sich die Zahl der **Sumpfkrokodile** und **Gaviale** in diesem Fluss auf jeweils weniger als ein Dutzend reduziert, doch nachdem im Rahmen eines erfolgreichen Projekts Jungtiere ausgebrütet, herangezogen und ausgesetzt werden konnten, sind beide Arten in den Wintermonaten wieder leicht zu entdecken.

Fünf Arten von **Rotwild** – Axishirsch, Sambarhirsch, Muntjak, Schweinshirsch und Sumpfhirsch – sind zahlreich vertreten, ebenso **Languren** und **Wildschweine**. Durch die trockeneren Höhenlagen streifen **Nilgau-Antilopen**, an Rinder erinnernde Mitglieder der Antilopenfamilie, und mehr als 200 graziöse **Hirschziegenantilopen** mit ihrem geschraubtem Geweih haben in einem ungeschützten Graslandgebiet im Süden des Parks überlebt.

Zu den anderen Parkbewohnern gehören Lippenbär, Leopard und andere nachtaktive Tiere ebenso wie das gefährdete **Borstenkaninchen**, das ein letztes Rückzugsgebiet in Bardias Grasland gefunden hat. Außerdem wurden nahezu 400 **Vogelarten** gezählt, von denen drei – Bengalische Barttrappe, Flaggentrappe und Saruskranich – gefährdet sind. Zu den gewohnten Anblicken gehören überall in Bardia sandfarbene **Termitenhügel**, die im Salwald Höhen von bis zu 2,50 m erreichen.

sen stark zurückgegangen. Im Babai kommen *mahseer* und *goonch*, ein weiterer Großfisch, vor. Vorsicht vor Krokodilen!

Auf dem Karnali und Geruwa ist Angeln überall gestattet (und auch als Bestandteil einer Flussfahrt möglich), auf dem Babai ist es hingegen auf den Bereich unterhalb des Damms beschränkt, über den der Mahendra Highway führt. Viele Lodges verleihen Angelausrüstungen, doch wahre Angelfreunde werden wohl eine eigene (robuste) Ausrüstung mitbringen.

Radtouren

Einige Gästehäuser in Thakurdwara vermieten Fahrräder für Rs200–300 pro Tag

Mit einem Fahrrad lässt sich wunderbar die ländliche Umgebung erkunden. Zwei unbefestigte Straßen südlich von Thakurdwara führen durch zahlreiche traditionelle Tharu-Dörfer. Die Straße, die an den *hattisar* vorbei und weiter am Flussufer entlang nach Khotia Ghat verläuft, wird häufiger von Touristen befahren. Man kann auch nordwärts Richtung Ambaasa fahren, was hier jedoch wegen der Präsenz wilder Tiere nicht ausdrücklich empfohlen sein soll. Mit genügend Zeit und einem Lunchpaket kann man sich Chisapani oder andere Orte zum Ziel nehmen, die normalerweise mit dem Jeep besucht werden.

Tharu-Dörfer

Touren kosten etwa Rs1500

Es kann sich lohnen, an einer geführten Tour teilzunehmen, um mehr über die örtliche Tharu-Kultur zu erfahren, obwohl man sich dabei mitunter wie in einem Menschenzoo vorkommt. Auch bieten die Lodges teilweise Tharu-Kulturprogramme an (u. a. mit dem Bardia-typischen Chokara-Tanz), die manchmal sogar im Pauschalpreis enthalten sind.

ÜBERNACHTUNG

Die meisten Unterkünfte liegen in Laufdistanz zur Parkverwaltung in **Thakurdwara**.

Die **Lodges** hier sind alle sehr ähnlich, und alle sind akzeptabel und bieten mehr oder weniger das Gleiche – Hütten aus Lehm und Stroh rund um einen Garten mit Pavillon, in dem *daal bhaat* und Annäherungen an westliche Gerichte serviert werden. Alle Unterkünfte außer den einfachsten können Jeeps, Angelruten, Führer, Elefanten und mehr vermitteln. Viele Unterkünfte haben auch Pauschalangebote, doch wie in Chitwan sind die Vorteile gering (S. 328).

Bardia Adventure Resort, beim NTNC-Komplex, ✆ 084-402023, ✉ bar_bardia@wlink.com.np. Moderne Bungalows und rustikale Hütten aus Lehm und Stroh, jeweils mit eigenen Bädern, jedoch nicht alle mit Moskitonetzen. Außerdem steht den Gästen ein von Kletterpflanzen überwucherter Aussichtsturm zur Verfügung, von dem sich gut Tiere beobachten lassen. Rs500

Bardia Jungle Cottage, gegenüber vom Parkhauptquartier, ✆ 084-402014, 💻 bardiajunglecottage.com.np. Thakurdwaras erste Budget-Lodge wird von einem kenntnisreichen früheren Parkwächter betrieben. Jenseits einer gewölbten Brücke warten rustikale Häuschen mit einfachen und komfortableren Unterkünften sowie ein netter Essbereich mit Baumstämmen als Stützpfeilern. Internetzugang. Rs300

Forest Hideaway, beim NTNC-Komplex, ✆ 084-402016, 💻 foresthideaway.com. Die zu Recht beliebte Lodge hat einiges zu bieten: kenntnisreiches, kompetentes Personal, Internetzugang und WLAN, gutes Essen (v. a. die Bananenpfannkuchen) sowie saubere, komfortable Zimmer und ein paar stimmungsvolle Safarizelte. Zelte Rs400, Zimmer Rs600

Nature Safari Lodge, am Kanal, ✆ 084-402034, 💻 naturesafarilodge.com. Diese neue Lodge wartet mit sauberen, gepflegten Zimmern mit unterschiedlicher Ausstattung auf; alle haben ein eigenes Bad. Netter Garten mit Hängematten, mit Solarstrom beleuchtetes Restaurant und Internetzugang. Rs300

Nature's Way Bardia Wildlife Resort, am Kanal, ✆ 974-8021383, 💻 natureswaynepal.com. Die kürzlich fertiggestellte Anlage wird von einem hilfsbereiten nepalesischen Naturkundler und seinem englischen Geschäftspartner betrieben und bietet saubere Zimmer mit Bad. Die größeren sind ideal für Gruppen oder Familien, und von einigen bieten sich idyllische Ausblicke auf die umliegenden Felder. Rs600

Racy Shade Resort, am Kanal, ✆ 084-690486, ✉ shreepd@yahoo.com. Zur Zeit der Recherche wurde die Anlage gerade ausgebaut. Sie bietet schickere Zimmer als der Durchschnitt und eine muntere Atmosphäre. Die besten Zimmer (die rund Rs400 mehr kosten als die billigsten) verfügen über Badewannen, Hutständer und Kleiderschränke. Rs600

Rhino Lodge Bardia, 3 km südlich der Parkverwaltung, ✆ 084-690489, 💻 rhinolodgebardia.com. Die abgeschiedene Lodge in der Nähe der Elefantenstallungen hat einen Garten voller Bäume und eine richtige Bar im Speisesaal. Ihre Betonbungalows mit modernen Bädern und Interieurs warten mit etwas mehr Flair auf als die Budget-Lodges. Rs1500

Tharu Home, am Kanal, ✆ 084-690482, 💻 tharuhomeresort.com. Diese von Tharu geführte Lodge bietet einfache, preisgünstige Zimmer, einen Garten mit schattigen Tischen sowie Internetzugang. Im Preis inbegriffen ist ein traditionelles Tharu-Abendessen, außerdem werden in der Umgebung produzierte Spirituosen und Biere angeboten. Rs500

Tiger Tops Karnali Lodge, ✆ 01-4361500, 💻 tigermountain.com. Die Lodge in beschaulicher Lage außerhalb der Parkgrenzen vermietet stilvolle, aber nicht luxuriöse Zimmer. Wer will, kann einen Teil der Zeit in der Lodge und die übrige im Zeltcamp (s. u.) wohnen; der Service ist bei beiden ausgezeichnet. Preise p. P. und Nacht, einschließlich aller Aktivitäten. US$255

Tiger Tops Karnali Tented Camp, ✆ 01-4361500, 💻 tigermountain.com. Das Zeltcamp am Geruwa-Fluss innerhalb des Parks gehört zur Tiger Tops Karnali Lodge (s. o.) und verspricht

DAS WESTLICHE TERAI

Bardia und der Mensch

Nepals Tierreservate sind den umliegenden Dorfbewohnern oft ein Dorn im Auge. Die Einwohner sind von ihren früheren Holzeinschlaggebieten getrennt und den durch die Tiere angerichteten Schäden tatenlos ausgesetzt. Im Falle des Bardia-Nationalparks ist das Potenzial für Verdruss besonders hoch, denn die Regierung brachte die Nashörner zurück, als die Bauern längst glaubten, sie losgeworden zu sein. Schätzungsweise die Hälfte der Ernte auf den Feldern um Bardia wird von wilden Tieren verwüstet (vorrangig von Nashörnern und Elefanten). Die Sicherheitslage hat sich zwar verbessert, seit Teile des Parks mit einem Elektrozaun abgetrennt wurden, aber immer noch werden vereinzelt Einheimische durch wilde Tiere verletzt oder sogar getötet.

Wie in Chitwan (S. 335) hängt auch Bardias langfristige Lebensfähigkeit ebenso stark von menschlichen wie ökologischen Faktoren ab. Das vom UN finanzierte Parks and People Project, das sich der Gemeindeentwicklung in den an den Park grenzenden Pufferzonen widmete, lief 2001 aus, doch der **National Trust for Nature Conservation** führt viele Initiativen weiter, und zwischen 30 % und 50 % der Einnahmen des Nationalparks werden in die Pufferzonen investiert. Auch die Zahl der Tharu, die direkt von Bardias Tourismusbranche profitieren, ist in den letzten Jahren gewachsen.

Die auf Menschen ausgerichteten Aktivitäten müssen mit den Bedürfnissen der wild lebenden Tiere in Einklang gebracht werden. Ein Beispiel ist der Gemeindewald Chitkya an der Ostgrenze des Parks, der so gemanagt wird, dass er sich auf natürliche Weise regeneriert. Dadurch wird zum einen weiterer Lebensraum für die Tiere des Parks, zum anderen eine Quelle für Feuerholz für die Einheimischen geschaffen. Anderswo entstehen eher Probleme durch das Vordringen von Sträuchern und Bäumen in Graslandflächen, die für Rotwild und Tiger lebenswichtig sind.

Andere Projekte räumen den Bedürfnissen der Tiere Vorrang ein. Ein besonders wichtiges Projekt zielt darauf ab, sogenannte „Wildkorridore" zu schaffen, die elf Nationalparks miteinander verbinden sollen, darunter Sukla Phanta, Bardia und Chitwan in Nepal sowie Dudhwa und Corbett in Indien. Solche Korridore reflektieren natürliche Migrationsmuster und gelten als entscheidende Faktoren für den Erhalt lebensfähiger Zuchtpopulationen. Sie sind jedoch durch Abholzung und Bevölkerungswachstum bedroht. Damit besteht die Gefahr, dass zu kleine Tierpopulationen in den einzelnen Nationalparks voneinander abgeschnitten werden. Die Wildkorridore werden als einzige Möglichkeit betrachtet, Tierpopulationen den Austausch von Genen ohne den Einsatz von Lastwagen und Betäubungsgewehren zu gestatten.

ein uriges Safarierlebnis im alten Stil mit exzellentem Service. Preise p. P. und Nacht, einschließlich aller Aktivitäten. US$255

ESSEN

Es gibt keine **Restaurants** in Thakurdwara, aber einige Imbissbuden im Basar. Die meisten Besucher essen in ihrer Lodge oder bei einer benachbarten Unterkunft (die Lodges raten ihren Gästen aber, ihm Dunkeln nicht ohne Führer herumzulaufen, weil gelegentlich Elefanten oder Nashörner aus dem Park ausbrechen).

SONSTIGES

Geld

Viele Gästehäuser wechseln informell Geld.

Medizinische Hilfe

In der Nähe der Bushaltestelle gibt es eine Krankenstation und eine Apotheke. Das nächste Krankenhaus befindet sich in Nepalgunj.

TRANSPORT

Busse

Nachtbusse von Kathmandu und Pokhara nach Dhangadhi oder Mahendra Nagar halten zwischen 3 und 6 Uhr am Teebuden-Standort Ambaasa, an der Abzweigung nach Thakurdwara; bis hierher brauchen die Busse jeweils rund 14 Std. In der Trockenzeit verkehrt gewöhnlich außerdem ein Nachtbus pro Tag von Kathmandu direkt nach Thakurdwara (15 Std.). Jedoch empfiehlt es sich, die Fahrt

von Kathmandu oder Pokhara durch eine Übernachtung zu unterbrechen.
Außerdem fahren zwei direkte Nahverkehrsbusse von Nepalgunj nach Thakurdwara (11.45 und 15.30/16 Uhr, 4 Std.).

Weiterreise von Bardia: Busse nach KATHMANDU passieren Ambaasa um etwa 7 und 14 Uhr, Busse nach POKHARA um etwa 2 und 4 Uhr. Wer Richtung Westen unterwegs ist, kann einfach einen Bus anhalten, der über Ambaasa in dieser Richtung unterwegs ist. Von Thakurdwara fahren in der Trockenzeit ein Direktbus nach KATHMANDU (16 Uhr) sowie zwei Nahverkehrsbusse nach NEPALGUNJ (7 und 9 Uhr). Bustickets erhält man auch über die Gästehäuser.

Jeeps

Jeeps der Gästehäuser warten in Ambaasa, um Reisende die verbleibenden 12 km bis nach Thakurdwara zu bringen. Wenn man im zugehörigen Gästehaus vorausgebucht hat oder zumindest eine Nacht verbringt, sollte der Transfer kostenlos sein. Andernfalls werden saftige Rs1000 fällig.
Ein Auto oder Jeep von/nach NEPALGUNJ kostet Rs4000–5000 (2 1/2 Std.).

Raftingtouren

Bardia ist auch im Rahmen einer Raftingtour auf dem Karnali (s. Kasten rechts) zu erreichen.

Flüge

Von Kathmandu erreicht man Bardia am schnellsten per Flug nach Nepalgunj, von wo man dann per Bus oder Auto weiterreist.

Westlich des Karnali

Nepals „ferner Westen" jenseits des Flusses Karnali ist selbst für die meisten Nepalesen unbekanntes Terrain – eine abgelegene, unterentwickelte Region, die von der Regierung in Kathmandu lange Zeit vollkommen vernachlässigt wurde. Tatsächlich ist die Busreise von hier nach Delhi kürzer als in die nepalesische Hauptstadt, und bis zur Fertigstellung der Karnali-Brücke Mitte der 90er-Jahre war die Region im Monsun buchstäblich von den anderen Landesteilen abgeschnitten, so dass der Karnali zu jenen Zeiten im Grunde Nepals westliche Grenze bildete. Die Region ist ideal für Leute, die gern abseits der Touristentrampelpfade unterwegs sind. Dafür gibt es allerdings auch sehr wenig Infrastruktur für Besucher, und die Verständigung mit den Einheimischen kann schwierig werden.

Der westlichste Abschnitt des Mahendra Highway wurde im Jahre 2000 endgültig fertiggestellt, nachdem eine unerbittliche indische Regierung darauf bestanden hatte, die Chinesen zu ersetzen, die zunächst vertraglich mit der Durchführung der Bauarbeiten betraut worden waren. 22 Brücken (auf die die Maoisten im Bürgerkrieg zahlreiche Anschläge verübten) und alle Straßenabschnitte sind nun auf 215 km Länge asphaltiert, so dass die Verbindung endlich ihrem alternativen Namen Ost-West-Highway ge-

Der Karnali

Der Mahendra Highway verlässt den Bardia-Nationalpark, um den mächtigen Karnali, dessen Wassermassen sich durch eine Schlucht am Fuß der zerklüfteten Berge zwängen, auf einer 500 m langen Schrägseilbrücke mit nur einem Pylon zu queren. Das exotische Design der von der Weltbank finanzierten Brücke lässt vermuten, dass die ausländischen Vertragspartner ein Prestigeobjekt schaffen wollten, doch sie bietet unbestritten einen eindrucksvollen Anblick bei der Fahrt über den Asphalt. Bei der Überfahrt sollte man nach Gavialen Ausschau halten, die sich womöglich auf den Steinen am Fluss sonnen.
Irgendwann blüht dem Karnali vielleicht ein noch spektakuläreres Vorzeigeobjekt: Es gibt Erwägungen, einen **Mammut-Staudamm** stromaufwärts der Brücke zu errichten und einen – wesentlich simpleren – **Tunnel** unter einer großen Biegung des oberen Karnali hindurchzubuddeln. Doch wie bei vielen großen Infrastrukturprojekten in Nepal kann von der Planungsphase bis zur tatsächlichen Ausführung noch unendlich viel Wasser den Fluss hinunterfließen.

recht wird und Handel und Industrie in die Region bringt. Das wenig besuchte **Wildreservat Sukla Phanta** vor den Toren der relativ rückständigen Grenzstadt **Mahendra Nagar** ist ein hervorragendes Ziel für abenteuerlustige Reisende (die sich zu helfen wissen).

Mahendra Nagar

Der Mahendra Highway endet in der Grenzstadt Mahendra Nagar, die dank zahlreicher Tageseinkäufer aus Indien lebendiger als andere Orte in dieser Gegend ist. Eigentlich ist die westliche Ecke des Landes ein ausgesprochen traditionelles Terai-Gebiet. Rana-Tharu (Kasten S. 330) bewirtschaften als Pächter die Felder und leben offenbar in friedlicher Eintracht mit den Grundbesitzern, und in ihren Dörfern, die verstreut an unbefestigten Straßen nördlich des Mahendra Highway liegen, stehen noch traditionelle Langhäuser.

Die Stadt ist südlich des Highways in ungewöhnlich logischer Gitterform angelegt. Der **Busbahnhof** befindet sich am nordwestlichen Ende. 500 m südlich von hier erreicht man einen Kreisverkehr: Links (östlich) befindet sich die Haupteinkaufsstraße, und nach rechts (westlich) geht es zur **Flugpiste** (3,5 km) und zum Wildreservat Sukla Phanta.

ÜBERNACHTUNG UND ESSEN

Hotel Opera, in der Nähe des Haupt-Chowk, ✆ 099-522101, 💻 hoteloperanepal.com. Das zuverlässig gut geführte Hotel wartet mit preisgünstigen und komfortablen Zimmern auf, alle mit Bad und die teureren mit Badewanne, TV und AC. Gutes Restaurant mit Bar, und das Personal kann Tagesausflüge organisieren, z. B. nach Sukla Phanta. Rs800

Royal Guest House, gegenüber vom Bus Park, ✆ 099-523799. Praktisch gelegen, wenn man spät ankommt oder früh abfährt, jedoch auch recht laut. Einfache, aber annehmbare Zimmer zu günstigen Preisen – einige haben sogar einen Balkon, obwohl der Ausblick alles andere als umwerfend ist. Rs400

Mehrere **dhaba**-Imbisse – hauptsächlich rund um die erste Gasse, die vom Basar abzweigt – warten mit einer guten Auswahl nepalesischer und indischer Gerichte auf.

SONSTIGES

Geld

Die **Rastriya Banijya Bank**, in der dritten Gasse 250 m südlich des Basars, wechselt indische Rupien und US-Dollar, doch mit anderen Währungen kann es Probleme geben. Indische Währung wird überall in Mahendra Nagar angenommen und – inoffiziell – gewechselt.

TRANSPORT

Busse

Busse nach:
BUTWAL 6–8x tgl., 11 Std.
KATHMANDU 6 Nachtbusse, 16–17 Std.
NEPALGUNJ 7–8x tgl.
POKHARA 2 Nachtbusse, etwa 16 Std.

Flüge

Zuletzt fanden vom Flughafen von Mahendra Nagar keine Linienflüge statt. Vom nächstgelegenen Flughafen im 50 km entfernten Dhangadhi gibt's täglich Flüge nach Kathmandu.

Grenzübergang nach Indien

Der Grenzübergang liegt 6 km westlich von Mahendra Nagar und ist mit Sammeltaxis, Bus oder Rikscha zu erreichen. Eine holperige Straße führt durch den 1 km breiten Streifen Niemandsland zwischen dem nepalesischen und indischen Grenzposten.

Auf der indischen Seite warten Rikschas, die einen auf einem zur Flutkontrolle und Bewässerung angelegten Damm über den breiten Mahakali und weitere 4 km nach **Banbaasa**, der ersten Stadt auf indischem Boden, bringen. Offiziell ist die Grenze rund um die Uhr geöffnet, aber nachts und frühmorgens machen sich die Grenzbeamten oft rar.

Banbaasa wirkt für eine Grenzstadt relativ freundlich, doch die Unterkünfte sind bescheiden. Da die Grenzformalitäten viel Zeit kosten können, sollte man früh in Mahendra Nagar aufbrechen, um nicht dort hängen zu bleiben. Busse verbinden Banbaasa mit Bareli, der nächsten Breitspur-Eisenbahnstation (2 1/2 Std.), Almora (6 Std.), Nainital (7 Std.), Haridwar (9 Std.) und Delhi (10 Std.). Da Schmalspurzüge aus Banbaasa langsam sind und selten fahren, sollte man die Busse vorziehen.

SUKLA PHANTA WILDLIFE RESERVE

0 5 km

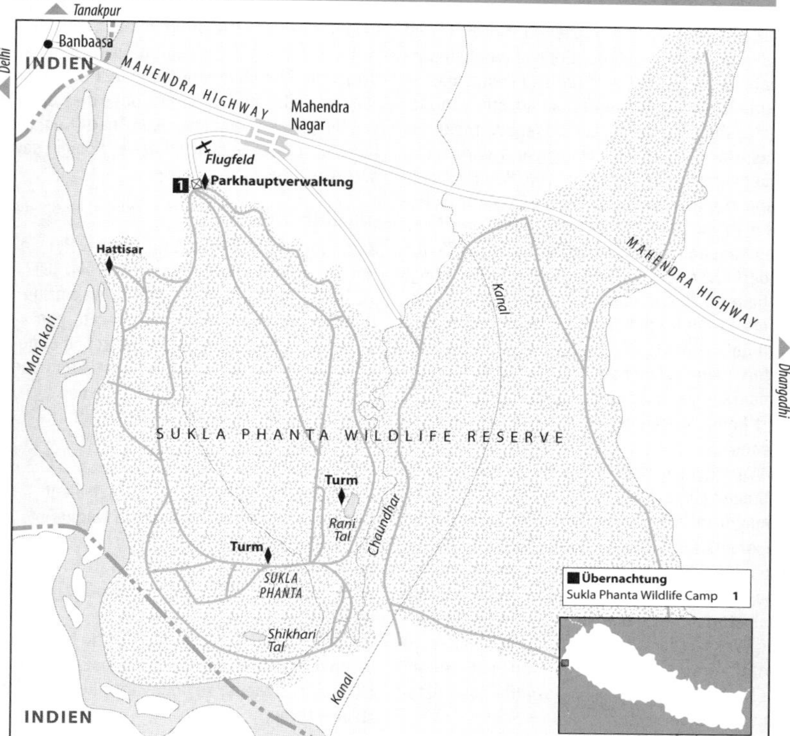

Wer **nach Nepal** einreist, erhält an der Grenze ein Visum. Touristen wird hier manchmal zu viel Geld abgeknöpft; am besten erkundigt man sich vorher nach dem Preis für das Visum, bringt den genauen Betrag in US-Dollar mit und bleibt standhaft, falls jemand mehr verlangt.

Sukla Phanta Wildlife Reserve

Die großen Flächen natürlichen Graslandes namens *phanta* in Nepals äußerstem Südwesten erinnern beinahe an die Savannen Ostafrikas – natürlich in kleinerem Maßstab. Das Wildreservat Sukla Phanta südlich von Mahendra Nagar ist von solchen Flächen geprägt. Man hat den Eindruck, auf einer Safari zu sein. Sukla Phanta, schon zu normalen Zeiten schwer zu erreichen, war während des Bürgerkriegs erst recht vom Geschehen abgeschnitten, weshalb sich heute nur noch vereinzelte Besucher hierher verirren. Das Reservat ist die Heimat einer der weltweit größten Populationen an Sumpfhirschen – es ist nicht ungewöhnlich, eine Herde von 1000 Tieren zu sehen. Außerdem leben hier wilde Elefanten und einige Nashörner. Die Tigerpopulation ist durch Wilderei von 20–50 im Jahr 2005 auf geschätzte 6–14 im Jahr 2008 geschrumpft, eine traurige Entwicklung für einen Park, der einst zu den besten Tigerrevieren Asiens zählte. Dafür ist das Reservat immer noch erstaunlich reich an Vögeln: Es wurden 470 Arten nachgewiesen. Zu den seltenen Arten gehören die Barttrappe und der Große Nashornvogel.

Mehrere Pisten durchziehen das Reservat und gestalten den Aufenthalt abwechslungsreich. Der erste Halt wird für die meisten das eigentliche **Sukla Phanta** im südwestlichen Zipfel des Reservats sein: Ein wogendes Meer aus Gras, das im Oktober silbrig-weiß wird *(sukila* bedeutet im Tharu-Dialekt „weiß"). Hier sieht man garantiert Sumpfhirsche – und zwar viele – die man von einem Aussichtsturm mit dem Fernglas beobachten kann. Als *barasingha* („Zwölfender") war der Sumpfhirsch eines von Kiplings geliebten *Dschungelbuch*-Tieren. Er ist hier überall in den Ebenen und Hügeln anzutreffen und gehört heute dennoch zu den gefährdeten Arten. Viele Tiere finden in den *phanta* und besonders in den morastigen Gebieten Schutz, da dort keine saisonalen Feuer das Gras niederbrennen.

Wer die obligatorischen *phanta* gesehen hat, sollte auf kürzestem Weg zum **Rani Tal** (See der Königin) fahren, der ungefähr im Zentrum des Reservats liegt. Inmitten von üppigem, von geräuschvollem Leben erfülltem Wald wirkt der See – der eigentlich eine Lagune ist – wie eine prähistorische Zeitkapsel: Bäume ragen über das Wasser, durch dessen Uferbereiche schultertief Hirsche waten, während gelegentlich ein Krokodil aus dem mit Hyazinthen übersäten Wasserspiegel lugt.

Die Vogelwelt ist so vielfältig, wie man es selten erlebt hat: Kraniche, Kormorane, Adler und zahlreiche andere Arten treiben sich hier herum. Man kann alles, was sich bewegt, von einem Turm am Westufer beobachten. In der Nähe stößt man auf einen überwachsenen **Kreis aus Ziegelsteinen** mit einem Umfang von 1500 m. Einheimische sagen, dass dies das Fort von Singpal war, einem antiken Tharu-König; und Rani Tal soll der Lieblingsplatz der Königin gewesen sein.

ÜBERNACHTUNG

Sukla Phanta Wildlife Camp, nicht weit vom Hauptquartier des Reservats, ✆ 01-4429609, ✉ birdlife@mos.com.np. Derzeit die einzige Unterkunft in der Nähe des Reservats, mit 12 komfortablen Safarizelten auf schön abgeschiedenem Gelände. Das Personal kann den Transfer zum Camp und das Mieten von Fahrzeugen organisieren. Mit VP. US$118

SONSTIGES

Die **Hauptverwaltung** des Reservats liegt 5 km südwestlich von Mahendra Nagar.
Der **Eintritt** kostet Rs500 pro Tag (plus Rs2000 für ein Fahrzeug).
Jeeps können für Rs4000–5000 pro Tag gemietet werden.
Die beste **Besuchszeit** beginnt Mitte November, wenn die *phanta* niedergebrannt ist; ab April ist das Gras wieder zu hoch, um eine gute Sicht zu gewähren.

Östliches Terai und östliches Bergland

Stefan Loose Traveltipps

9 **Janakpur** In der faszinierenden heiligen Hindu-Stadt, von der ausführlich im Ramayana die Rede ist, kann man sich unter die Pilger mischen. S. 376

Janakpur Women's Development Center Hier erfährt man alles über die auffällige Volkskunst der Maithili – und kann sie auch kaufen. S. 380

Koshi Tappu Wildlife Reserve In einem Einbaum durch die sandigen Flussmündungen fahren und jede Menge Wasservögel beobachten. S. 382

Hile Der luftige, über dem weiten Tal des Arun schwebende Basar ist ein echter Außenposten unterschiedlicher Volksgruppen. S. 389

Ilam Nepals schönste Teegärten erstrecken sich auf den steilen, grünen Hügeln unterhalb des Kanchenjunga. S. 390

ÖSTLICHES TERAI UND ÖSTLICHES BERGLAND

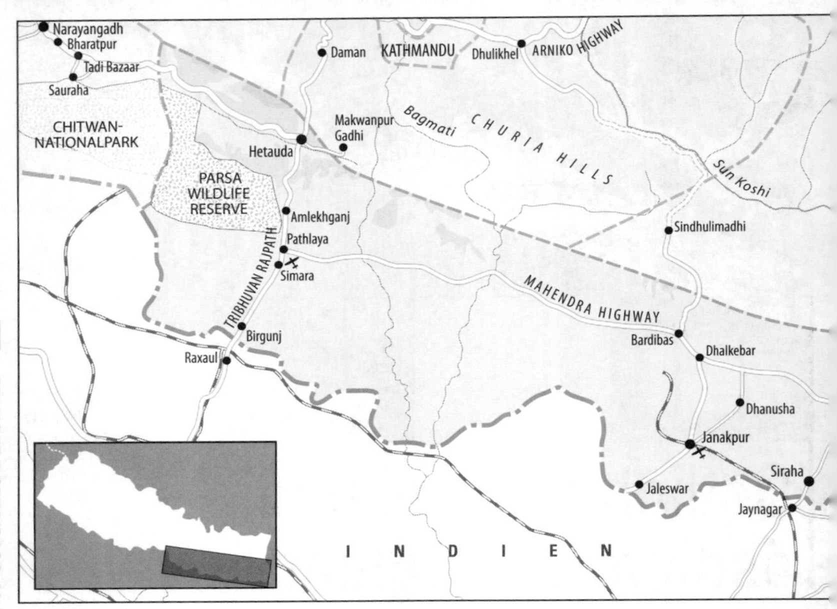

Das östliche Terai – die Ebenen südöstlich von Chitwan – ist nicht nur grüner und tropischer als der Westen, sondern auch dichter bevölkert, stärker industrialisiert und indischer. Mit dem Bergland in Sichtweite verläuft der Mahendra Highway in Ost-West-Richtung durch die Ebene, wo das Leben im Großen und Ganzen demjenigen in Bihar und Westbengalen auf der anderen Seite der Grenze ähnelt. In vielen Teilen dieser Region ist Nepali nach Maithili, Bhojpuri und anderen nordindischen Dialekten nur Zweit- oder gar Drittsprache.

Die meisten Reisenden sind hier zu den Grenzübergängen **Birgunj** (Richtung Patna) und **Kakarbhitta** (Richtung Darjeeling) unterwegs, abseits derer vom Tourismus kaum etwas zu spüren ist. Die Städte sind im Allgemeinen unattraktiv, doch es gibt eine rühmliche Ausnahme: **Janakpur**, ein bedeutender hinduistischer Pilgerort.

Hobby-Ornithologen werden Freude am **Wildreservat Koshi Tappu** haben, das sich über die Schwemmlandebene des mächtigen Sapt Koshi erstreckt.

Die wenigen Besucher, die in das östliche Bergland kommen, befinden sich entweder auf einer Trekkingtour zum Mount Everest oder zum Kanchenjunga, oder es handelt sich um Rafter, die den Sun Koshi befahren. Doch eignet sich die Gegend auch hervorragend für Tageswanderungen. Nur zwei Allwetterstraßen führen in die Berge: eine in die hübsche Newarstadt **Dhankuta** und weiter ins rauere **Hile**, die andere nach **Ilam**, Nepals Hauptstadt des Teeanbaus.

Busse kommen im östlichen Terai auf dem Mahendra Highway zügig voran, und der fast vollendete Dhulikhel-Sindhuli-Highway wird die Reise in den Osten weiter erleichtern. Die meisten in diesem Kapitel beschriebenen Orte aber

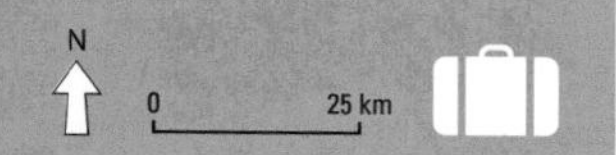

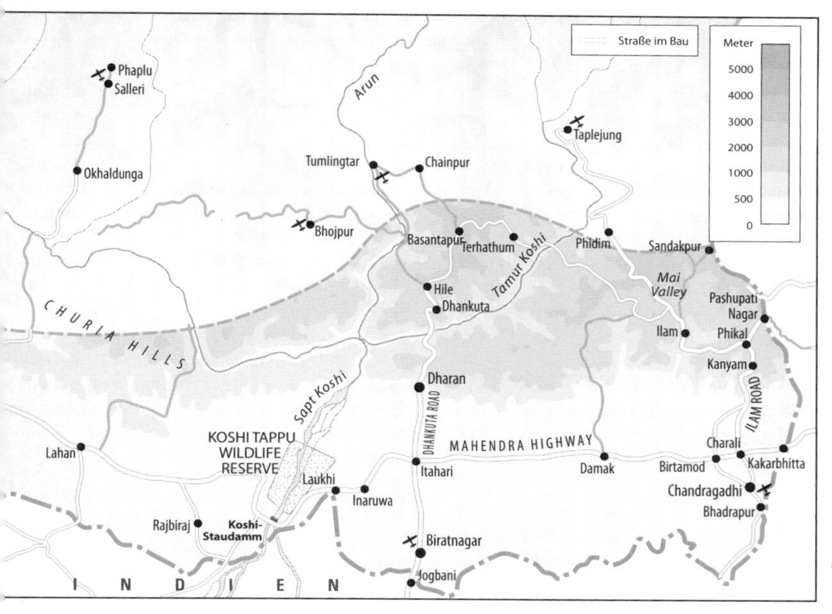

liegen an Nebenstraßen, so dass die Anreise mit einigen Mühen verbunden ist.

Touristische Einrichtungen sind kaum vorhanden, aber es lohnt sich, nach den *haat bazaar* (Wochenmärkten) Ausschau zu halten.

Der Tribhuvan Rajpath: von Hetauda zur Grenze

Jahrhundertelang war der südliche Abschnitt des Tribhuvan Rajpath der einzige erschlossene Korridor, der durch das Terai führte, und deshalb stellte er vor Aufnahme des Flugverkehrs für jeden Besucher den Zugang nach Nepal dar. Eine Schmalspureisenbahn fuhr von Raxaul, der letzten Station in Indien, bis nach Amlekhganj. Würdenträger wurden von dort mit Elefanten über die erste Hügelkette nach Hetauda gebracht und legten den restlichen Weg bis Kathmandu im Eselskarren oder in Sänften zurück.

Die Wenigen, denen eine Reise ins isolierte Nepal vergönnt war, bevor das Land 1951 seine Abkapselung aufgab, kamen auf Einladung des Premierministers oder des Königs. Der Bau des Rajpath in den 50er-Jahren machte Elefanten und Sänften überflüssig, doch die Eisenbahn blieb bis in die 70er-Jahre in Betrieb.

Wer aus Indien einreist, erhält auf dem Rajpath einen angenehmen ersten Eindruck von Nepal, besonders bei einer Übernachtung in Daman, von wo sich ein herrliches Himalaya-Panorama öffnet. Der wesentlich dramatischere nördliche Abschnitt des Tribhuvan Rajpath einschließlich Daman wird im Kapitel „Das zentrale Bergland" (S. 272) beschrieben.

Hetauda

Das an der Kreuzung von Mahendra Highway und Rajpath gelegene Hetauda ist nach wie vor Durchgangsstation auf der Strecke von Indien nach Kathmandu. Lastwagen und Busse rumpeln unaufhörlich gen Kathmandu, und Prostitution ist weit verbreitet. Die Nepalesen verbinden Hetauda in erster Linie mit Zement und Bier – beides wird hier produziert und ins ganze Land geliefert. Fairerweise muss man aber auch sagen, dass Hetaudas Straßen durch lange Reihen tiefgrüner Bäume aufgelockert werden und große Teile der Umgebung von Salwäldern geprägt sind.

Zentrum Hetaudas ist der **Mahendra Chowk**, wo der von Westen kommende Mahendra Highway und der von Norden kommende Rajpath aufeinander treffen.

ÜBERNACHTUNG UND SONSTIGES

Motel Avocado & Orchid Resort, ☏ 057-520235, 💻 orchidresort.com. Hetaudas Tophotel auf ruhigem Gelände 500 m nördlich des Mahendra Chowk bietet Zimmer für fast jeden Geldbeutel – und dazu einen Orchideengarten und einen Hain mit Avocadobäumen, die von Kaliforniern angepflanzt wurden, als das Motel noch ein Gästehaus von USAID war. Rs700

Die Umgebung von Hetauda lockt mit mehreren Strecken für Radfahrer; **LifeCycle Nepal**, ☏ 01 552 1120, 💻 lifecyclenepal.com, organisiert gute Radtouren.

TRANSPORT

Von Hetaudas geschäftigem **Busbahnhof** 150 m südwestlich des Mahendra Chowk starten häufig Busse nach KATHMANDU (rund 6 Std.), eine Handvoll fahren über DAMAN (1 1/2–2 Std.). Daneben verkehren Jeeps von/nach Kathmandu sowie zahlreiche Busse nach BIRGUNJ (2 Std.) und Richtung Osten in die übrige Region.

Auf dem Rajpath südwärts nach Birgunj

Auf dem Weg gen Süden über die niedrigen **Churia Hills** führt der Rajpath in eine merkwürdige Landschaft aus verkrüppelten Bäumen und schroffen Felsspitzen. Diese Hügel sind die jüngste Falte im Himalaya – mit einem Alter von weniger als einer halben Million Jahren sind sie noch jung, so dass ihre Oberflächensedimente noch nicht genügend erodieren konnten, um Urgestein aufzudecken.

Hinter den Bergen verläuft die Straße durch **Amlekhganj**, wo einst die Eisenbahn endete. Heute befindet sich hier Nepals größtes Tanklager. 4 km weiter passiert man den Eingang zum **Wildreservat Parsa** (Parsa Wildlife Reserve). Dieser Ableger des Chitwan-Nationalparks dient als Lebensraum für Jungtiger. Ein Besuch des Parks ist möglich (Eintritt Rs1000, Campen außerhalb des Schutzgebiets Rs500 p. P.), aber die Einrichtungen sind sehr begrenzt und nur wenige Touristen verirren sich hierher.

In **Pathlaya** zweigt der Mahendra Highway nach Osten ab, während in **Simara** eine trostlose Abfolge von Fabriken und Feldern beginnt, die sich bis Birgunj fortsetzt.

Birgunj

Birgunj ist vielleicht kein Ort, an dem man sich länger aufhalten möchte, aber immer noch besser als Raxaul, die chaotische Schwesterstadt jenseits der Grenze. Die Stadt ist im vergangenen Jahrzehnt durch den Grenzhandel mit Indien förmlich explodiert: Seine Bevölkerung hat sich seit 2001 fast verdreifacht.

Wer nicht geschäftlich unterwegs ist, für den gibt es keinen Grund, hierher zu kommen, außer um die Grenze nach oder von Varanasi oder Kolkata zu überqueren. Und selbst dann fährt man wegen der besseren Verkehrsverbindungen innerhalb Nepals wahrscheinlich eher nach Sonauli (S. 350). Ein paar Stunden lassen sich auch gut in der Marktgegend rund um den **Maisthan** totschlagen, einem Tempel der Muttergöttin direkt neben der Hauptstraße.

ÜBERNACHTUNG UND ESSEN

Hotel Diamond, 200 m westlich des Busbahnhofs an der Straße zum Uhrturm, ☏ 051-527465. Besser als die billigeren und schäbigeren Nachbarn, mit sauberen, aber einfachen und

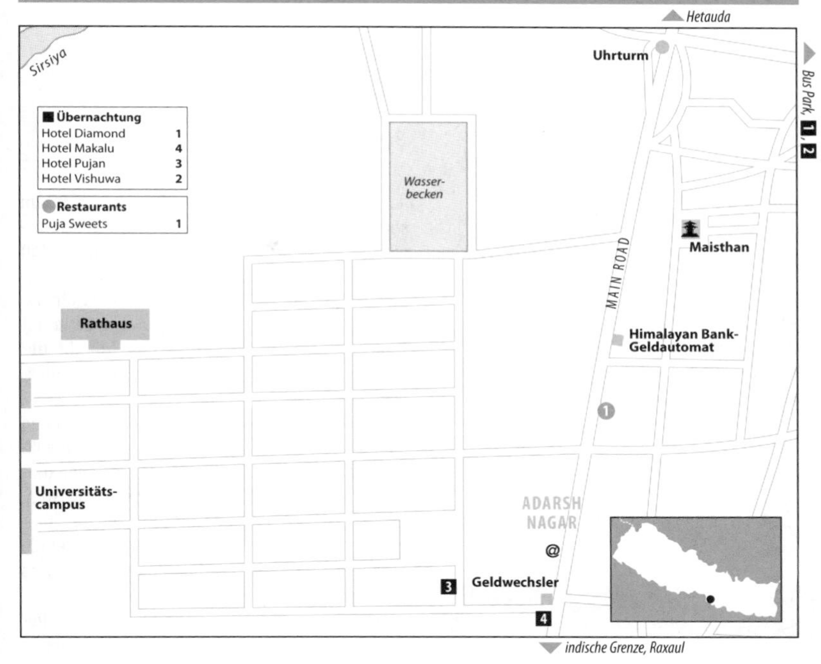

ziemlich unattraktiven Zimmern, teils mit einem eigenem Bad, teils mit Gemeinschaftsbad. Rs300

Hotel Makalu, Adarsh Nagar, ✆ 051-523054, 💻 hotelmakalu.com. Zentral, professionell und dabei freundlich. Erstklassige Zimmer mit Bad, TV, Telefon, Kühlschrank und Ventilator (AC etwa Rs500 extra). Gutes Restaurant. Rs1430

Hotel Pujan, Adarsh Nagar, ✆ 051-533600. Eine gute Alternative, falls das Makalu ausgebucht ist. Die Zimmer sind altmodisch, aber blitzsauber, und verfügen über Flachbild-TV, AC und eigenes Bad; einigen mangelt es jedoch an natürlichem Licht. Rs1430

Hotel Vishuwa, neben dem Busbahnhof, ✆ 051-527777, 💻 vishuwa.com. Das grün-weiße Hotel ist das vornehmste der Stadt, aber dennoch überteuert. Es hat saubere, komfortable – wenn auch nicht besonders schicke – AC-Zimmer, einen runden Pool, ein Restaurant, eine Bar und WLAN. Rs3690

Alle besseren Hotels, besonders das Pujan und das Makalu, haben gute Tandoori-Restaurants und die nahe gelegenen **Puja Sweets** eine verlockende Auswahl indischer Süßigkeiten sowie leckere vegetarische Gerichte. Die Verkaufsstände im Zentrum bieten *sekuwa*, *momo*, *fried fish* und andere Kleinigkeiten an.

SONSTIGES

Geld

Adarsh Nagar beherbergt zahlreiche Banken mit Geldautomaten, darunter die Himalayan Bank. Fast alle Geschäfte akzeptieren indische Rupien zum offiziellen Kurs.

Internet

Creative Cyber Café, Adarsh Nagar, bietet relativ schnellen Internetzugang (Rs30/Std.).

TRANSPORT

Busse

Der chaotische **Busbahnhof** liegt fast 1 km östlich des Uhrturms. Rikschas und Pferdekutschen *(tonga)* pendeln zwischen hier und dem Zentrum (Rs50).

Häufige Verbindungen nach KATHMANDU (alle 15 Min., 9 Std.) via NARAYANGADH (3–4 Std.) und nach JANAKPUR (alle 30–60 Min., 5 Std.).

Weniger oft verkehren Busse nach POKHARA (10–11 Std.), BHAIRAHAWA (8–9 Std.), KAKARBHITTA (8 Std.) und BIRATNAGAR (8–9 Std.). Die meisten fahren morgens und am frühen Abend ab.

Flüge

Der nächste Flughafen befindet sich in Simara, mit dem Taxi Rs1000. Von hier starten tgl. mehrere Flüge nach KATHMANDU.

Die Grenze bei Birgunj

Die Grenze befindet sich 2 km südlich von Birgunj, und **Raxaul**, die indische Stadt, liegt weitere 2 km südlich. Am Grenzübergang herrscht ständig Hochbetrieb. Das Warten in der Autoschlange kann Stunden dauern und ist aufreibend, ganz abgesehen vom Papierkram. Rikschafahrer bringen ihre Passagiere für Rs80 (50 Indische Rupien) von Birgunj bis zum Bahnhof von Raxaul. Die Grenze ist 24 Stunden geöffnet, doch lassen sich die Grenzbeamten abends nur schwer auftreiben. Wer bei der **Einreise nach Nepal** noch kein Visum hat, sollte die Gebühr bar (in US-Dollar) und passend bereithalten. Indische Visa werden an der Grenze nicht ausgestellt.

Vom Bahnhof Raxaul Junction verkehren täglich Direktzüge nach Delhi (um 20 Std.) und Kolkata (um 17 Std.). Außerdem fahren täglich mehrere Busse nach Patna (8 Std.).

Von Janakpur nach Osten

Janakpur

Janakpur, 165 km östlich von Birgunj und 25 km südlich vom Mahendra Highway, ist die faszinierendste Stadt des Terai. Sie trägt auch den Namen **Janakpurdham** *(dham* bezeichnet einen heiligen Ort), denn sie ist eine der wichtigsten heiligen Stätten der Hindus, und ihr zentraler Tempel, der reich verzierte Janaki Mandir, gehört zu den obligatorischen Zielen einer hinduistischen Pilgerfahrt.

Die stark indisch geprägte Stadt ist klein und übersichtlich. Motorisierter Verkehr ist fast vollständig aus dem Zentrum verbannt, und von touristischem Rummel kann kaum die Rede sein. Janakpurs kurze, klapprige Eisenbahnlinie, übrigens der einzige Personenzug Nepals, bietet die Möglichkeit, einen unterhaltsamen Ausflug zu unternehmen.

Obwohl keine antiken Monumente die mythische Vergangenheit belegen – kein Bauwerk ist älter als 100 Jahre –, ist Janakpur eine attraktive Stadt. Die religiöse Hingabe scheint alles mit einer weihevollen Aura zu umgeben, und die Silhouette von Palmen, den Zwiebeltürmen und Pyramidendächern der lokalen Schreine hinterlässt einen bleibenden Eindruck. Viele dieser Gebäude dienen als **kuti** (sich selbst versorgende Einsiedeleien und Herbergen für Sadhus), von denen sich über 500 über das gesamte Stadtgebiet verteilen.

Ein weiteres Merkmal von Janakpur sind Dutzende **heiliger Becken**, die hier den Zweck von Fluss-Ghats erfüllen, also zum rituellen Bad und als *dhobi* dienen.

Geschichte

Nach der hinduistischen Mythologie war Janakpur die Hauptstadt des antiken Königreichs **Mithila**, das zwischen dem 10. und 3. Jh. v. Chr.

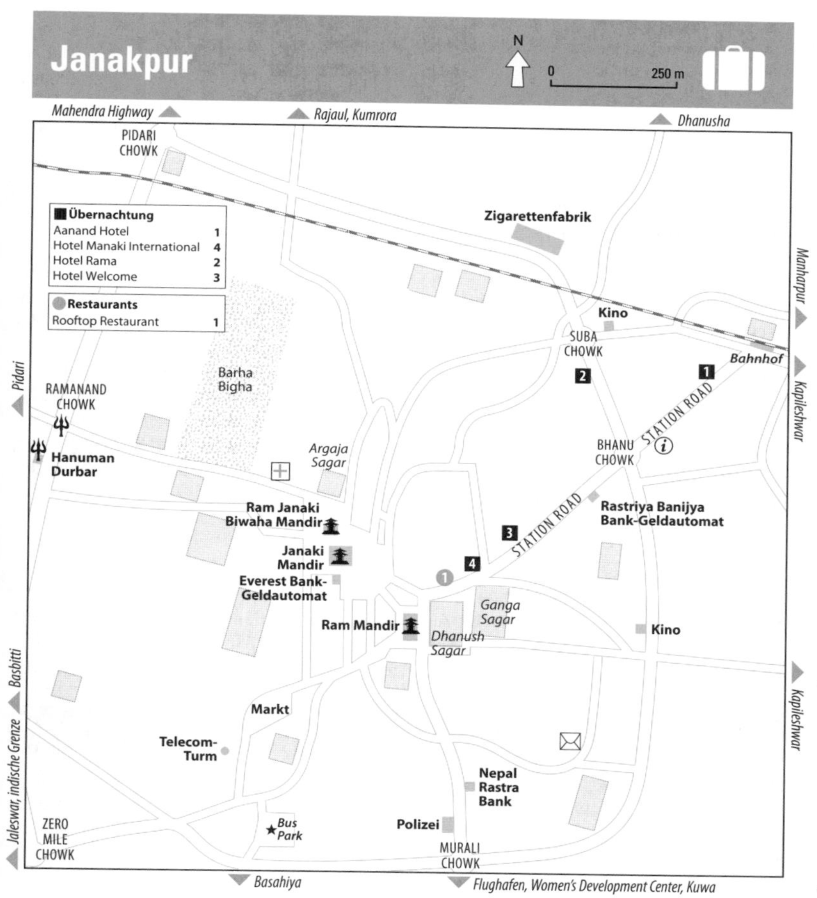

über große Teile Nordindiens herrschte. Die Stadt spielt eine bedeutende Rolle im *Ramayana*, denn hier heiratete **Rama** – Vishnu in sterblicher Form – **Sita**, die Tochter des Mithila-Königs Janak. Der Gesang „Sita Ram, Sita Ram" erklingt in Janakpur in ständiger Wiederholung wie ein hinduistisches Ave Maria. Sadhus tragen gewöhnlich die stimmgabelförmige *tika*, die das Symbol Vishnus ist. Im 3. Jh. v. Chr. geriet Mithila unter die Kontrolle des Maurya-Reiches. Janakpur sank für zwei Jahrtausende in die Bedeutungslosigkeit, bis Guru Ramananda im 17. Jh. die Sita-Schule gründete, die Janakpur bis heute dominiert und die Stadt erneut als bedeutendes religiöses Zentrum erblühen ließ.

Janaki Mandir

🕒 tgl. 24 Std.; Rituale normalerweise um 8 und 16 Uhr, Eintritt frei.

Der an einen verspielten Palast im Mogulstil erinnernde Janaki Mandir steht an dem Ort, an dem 1657 ein goldenes Bildnis von Sita gefunden wurde und an dem die tugendhafte Prinzessin vermutlich gelebt hat. Der gegenwärtige Bau aus Stuck und Marmor wurde 1911 von einer indischen Königin errichtet und beginnt bereits ein wenig zu bröckeln. Das äußere Gebäude umschließt einen Hof und ein inneres Heiligtum, in dem mindestens zweimal täglich Priester einen Vorhang zurückziehen, um einen kunstvollen Silberschrein zu enthüllen und verschiedene Rituale für die anwesenden Gläubigen durchzuführen. Nicht-Hindus dürfen zusehen. Bezaubernd ist dieser Ort vor allem nachts und frühmorgens, wenn die Gläubigen im Lampenschein ihre Gebete murmeln. Traditionell unterziehen sich Jungen in diesem Tempel auch dem Chhewar-Ritual (erste Rasur des Kopfes); mitunter treten dabei männliche Tänzer in Frauenkleidern auf.

Das alte Viertel

Das älteste Viertel der Stadt liegt südlich und östlich des Janaki Mandir. Wenn man durch die Gassen mit ihren Süßwarengeschäften, *puja*-Ständen und Sofortbild-Fotostudios schlendert, erkennt man rasch, dass die Stadt in gleichem Maße auf indische Touristen ausgerichtet ist wie Kathmandu auf westliche. Am meisten ins Auge sticht hier der im Pagodenstil gebaute **Ram Mandir**, doch er ist nur von Interesse, wenn Feste stattfinden. Unmittelbar östlich gelangt man zum **Dhanush Sagar** und **Ganga Sagar**, die als Janakpurs heiligste Becken gelten. Der Anblick, wie Hindus hier bei Sonnenaufgang im Frühnebel rituelle Waschungen vornehmen, ist sehr bewegend.

Ramanand Chowk

Am Highway, einen kurzen Fußmarsch vom Janaki Mandir nach Westen

Am **Ramanand Chowk**, in dessen Umgebung viele von Janakpurs *kuti* zu finden sind, versammeln sich zu Festzeiten viele Sadhus. An der Kreuzung steht ein Doppelbogen mit einer Statue von Guru Ramananda, dem Heiligen, der für Janakpurs neuen Ruhm verantwortlich ist. Westlich von hier erheben sich zwei stolze Gebäude, Ramanand Ashram und Ratnasagar Kuti, doch wie in den meisten *kuti* ist Nicht-Hindus der Eintritt untersagt.

Hanuman Durbar

150 m südlich des Ramanand Chowk auf der Westseite

Das kleine *kuti* **Hanuman Durbar** war bis 1998 die Heimat des größten (genauer gesagt: fettesten) Rhesusaffen der Welt, der als Affengott Ha-

Janakpurs Feste

Die Atmosphäre in Janakpur ist von intensiver Frömmigkeit und Glaubenseifer erfüllt. Ständig werden neue Schreine eingeweiht und neue Statuen platziert, während die Lautsprecher religiöse Reden und die hypnotisierenden *bhajan* verbreiten. Das Geschäft mit Pilgerfahrten blüht im gesamten Jahresablauf und erlebt seine Höhepunkte zu bestimmten Festen.

Parikrama Bis zu 100 000 Menschen nehmen jährlich am Tag des Vollmonds im Februar/März an der eintägigen Umrundung der Stadt teil. Viele werfen sich den ganzen 8 km langen Weg auf den Boden nieder. Die Pilgerfahrt fällt mit dem Holi-Fest zusammen, bei dem alles und jeder mit gefärbtem Wasser bespritzt wird.

Ram Navami Ramas Geburtstag wird am neunten Tag nach dem Vollmond im März/April gefeiert. Tausende Sadhus finden sich ein, die in den Tempeln der Stadt kostenlos Unterkunft und Verpflegung erhalten.

Chhath Frauen baden in Janakpurs Wasserbecken und schmücken sie im Morgengrauen des dritten Tages von Tihaar (Diwali) im Oktober/November mit kunstvollen Opfergaben an den Sonnengott Surya. Die Frauen in den Dörfern rund um Janakpur versehen die Wände ihrer Häuser mit Wandmalereien.

Bivaha Panchami Höhepunkt des fünftägigen Ereignisses (Janakpurs wichtigstes Fest) ist die Darstellung von Ramas und Sitas Hochzeit im Janaka Mandir, die am fünften Tag des Neumonds im November/Dezember Hunderttausende Pilger anzieht.

numan verehrt wurde. Die Priester zeigen stolz Fotografien des verstorbenen Affen und bemühen sich, als Ersatz ein anderes Tier zu mästen.

ÜBERNACHTUNG

Janakpurs wenige Unterkünfte sind hauptsächlich auf indische Pilger eingestellt und ausgesprochen bescheiden. Man sollte sich von den *kuti* um den Janaki Mandir fernhalten, da ihre Lautsprecher oft einen Höllenlärm erzeugen. Es ist meistens kein Problem, ein Zimmer zu finden, doch wenn ein großes Fest ansteht, sollte man rechtzeitig reservieren.

Aanand Hotel, Station Rd, ✆ 041-523395.
Für eine Nacht ist das Budget-Hotel gerade noch erträglich. Die billigsten Zimmer sind sehr einfach, von daher lohnt es sich, ein paar hundert Rupien mehr für ein etwas besseres Zimmer mit Bad und TV auszugeben. Rs300

Hotel Manaki International, von der Station Rd. ab, ✆ 041-521540, ✉ hotelmanaki2010@hotmail.com. Das Tophotel der Stadt in einem eleganten, weißen Gebäude ist bei NGO- und Uno-Mitarbeitern beliebt. Düstere, aber saubere Zimmer mit Teppich, TV, Telefon, Ventilator und Bad; AC-Zimmer kosten etwa das Doppelte. Rs1476

Hotel Rama, Nähe Suba Chowk, ✆ 041-520059. Die Flure sind zwar dunkel und muffig, aber dafür sind die Zimmer sauber und komfortabel und verfügen über eigene Bäder, TV, Telefon und Ventilator; für AC zahlt man mehr. Das Hotel hat auch ein Restaurant und einen eigenen Generator. Rs700

Hotel Welcome, Station Rd., ✆ 041-520646. Obwohl die Unterkunft ziemlich baufällig aussieht, ist sie nicht die schlechteste Wahl. Es gibt verschiedene Zimmer mit Bad und Ventilator oder AC. Alle sind recht spartanisch und einige etwas schmuddelig – am besten lässt man sich erst ein paar zeigen, bevor man hier absteigt. Rs600

ESSEN

Zahlreiche preiswerte Lokale rund um den Janaki Mandir tischen rein Vegetarisches auf. Indische Süßigkeiten gibt's in den **Süßwarenläden** *(mithai pasal)* in derselben Gegend. Die Restaurants der Hotels Manaki International und Rama sind ebenfalls bewährte Adressen.

Rooftop Restaurant in der Station Rd.
Das schummrige Lokal ist schicker als die meisten anderen Restaurants der Stadt und hat eine umfangreiche Speisekarte, die leckere indische, nepalesische und chinesische vegetarische, Fleisch- und Fischgerichte aufführt (alle Rs80–260) sowie mittelmäßige Burger und Pizza. Hier bekommt man auch ein kühles Bier (ab Rs150). ⌚ tgl. 9–21.30 Uhr.

SONSTIGES

Geld

Die **Nepal Rastra Bank** im Süden der Stadt wechselt US-Dollar, aber keine Reiseschecks. Die Everest Bank, nahe dem Janaki Mandir, und die Rastriya Banijya Bank, Station Rd., haben **Geldautomaten**.

Informationen

Das nur unregelmäßig geöffnete **Tourist Office** liegt in der Station Rd., 50 m östlich vom Bhanu Chowk, im 1. Stock. ⌚ (offiziell) So–Do 10–16 , Fr 10–15 Uhr.

Internet

SOS Online Cyber House, gegenüber dem Hotel Manaki International, verlangt Rs25/Std.

TRANSPORT

Busse

Der Busbahnhof südwestlich des Zentrums ist problemlos per Rikscha zu erreichen (um Rs50–100). Zu beachten ist, dass die Fahrscheine für manche staatlichen Busverbindungen am Ramanand Chowk verkauft werden, nicht am Busbahnhof, und einige Busse starten auch von dort. Tickets für Nachtbusse nach Kathmandu erhält man auch an den Schaltern in der Station Road in der Nähe vom Aanand Hotel, doch bessere Sitze bekommt man am Busbahnhof.

Busse nach:
BIRATNAGAR 6–7x tgl., 6 Std.
BIRGUNJ alle 30–60 Min., 5 Std.
KAKARBHITTA 8–10x tgl., 11 Std.
KATHMANDU stdl., 10 Std.

Flüge

Buddha Air, **Agni Air** und **Yeti Airlines** fliegen tgl. von und nach KATHMANDU. Rikschas kosten um die Rs150–200 vom Markt zum Flughafen, 2,5 km südlich des Zentrums.

Die Umgebung von Janakpur

In der Umgebung Janakpurs leben Hindus unterschiedlicher Kasten und Angehörige der Tharu und Danuwar. Selten sieht man so sorgfältig gepflegtes Ackerland. Zu den Unternehmungen zählen eine Fahrt mit der Schmalspur-Eisenbahn nach Osten oder Westen oder (in den kühleren Monaten) eine Radtour im Umfeld der Stadt, aus der strahlenförmig etliche Straßen hinausführen.

Die Koshi-Überschwemmung

Im August 2008 trat der Sapt Koshi, Nepals größter Fluss, wegen schlechter Instandhaltung des Koshi-Stauwehrs über die Ufer. Er spülte über 3000 Häuser fort und vertrieb mehr als 50 000 Menschen aus ihrem Zuhause. Die schreckliche Katastrophe teilte das östliche Terai in zwei Hälften, schwemmte riesige Teile des Mahendra Highway fort und zwang die Menschen dazu, den Fluss auf gefährlich überladenen Schiffen in der Nähe von Laukhi zu überqueren – manche kamen bei dem Versuch ums Leben; tausende mehr mussten zeitweise in Zeltlagern unterkommen. In Indien waren die Folgen sogar noch schlimmer – dort starben Tausende von Menschen. Ironischerweise sollte der Damm, der 1964 von der indischen Regierung errichtet wurde, den Bundesstaat Bihar vor möglichen Überschwemmungen schützen. Trotzdem ergriffen weder Indien noch Nepal die nötigen Maßnahmen, um den Sand davon abzuhalten, sich am Hochwasserschutztor nur wenige Kilometer nördlich des Staudamms anzuhäufen.

Im Februar 2009 wurde der Fluss schließlich wieder zurück in seinen ursprünglichen Lauf gebracht und der Mahendra Highway repariert. Die Zeltlager sind inzwischen weitgehend verschwunden. Obwohl es nicht direkt von der Flutwelle getroffen wurde, erlitt das Koshi-Wildschutzgebiet erhebliche Schäden, ist aber wieder vollständig geöffnet.

Janakpur Women's Development Center

3 km südlich von Janakpur ▪ ⌚ So–Do, Mitte Feb–Mitte Nov 10–17, sonst bis 16 Uhr ▪ Eintritt frei ▪ 15 Min. mit Rikscha (Rs70–100) von Janakpur. Südlich Richtung Flughafen fahren, etwa 1 km hinter dem Murali Chowk links abbiegen. Nach etwa 200 m wieder rechts abbiegen und das gepflegte Dorf **Kuwa** durchfahren. Das Zentrum erscheint nach etwa 500 m rechts.

Hindufrauen aus den sehr konservativen Dörfern um Janakpur werden nur selten von ihren Haushaltspflichten entbunden, und sobald sie verheiratet sind, wird von ihnen erwartet, in Gegenwart aller Männer außer dem eigenen verschleiert und still zu sein. Zum Glück gewährt ihnen ihre reiche Tradition der Volkskunst einen Ausbruch. Das gemeinnützige Janakpur **Women's Development Center** *(Nari Bikas Kendra)* auf einem ummauerten Gelände bietet Frauen aus den umliegenden Dörfern die Möglichkeit, sich zu entfalten. Die 1989 mit Hilfe einiger internationaler Organisationen gegründete Künstlerkooperative hilft ihren über 50 Mitgliedern, mittels ihrer Fähigkeiten ein Einkommen zu erwirtschaften. Die Tatsache, dass manche Frauen ein eigenes Geschäft eröffneten, belegt den Erfolg des Projekts. Wichtiger noch sind andere Dinge: Die Frauen lernen Lesen und Schreiben sowie unternehmerische Fähigkeiten und können sich austauschen.

Begonnen wurde mit der Papierkunst Maithili, doch inzwischen hat das Zentrum eigene Gebäude für Nähen, Siebdruck, Keramik und Malerei. Besucher sind eingeladen, sich bei den Künstlerinnen über ihre Arbeit und Traditionen zu informieren. Ein Laden verkauft hier entstandene Kunstwerke und die Broschüre *Master Artists of Janakpur*.

Janakpurs Eisenbahn

Der Bahnhof Janakpur liegt am oberen Ende der Station Rd ▪ Janakpur–Jaynagar 1x tgl., 2–3 Std. einfach, Abfahrt 6.30/7 Uhr, Rückkehr nach Janakpur am Nachmittag. Es gibt Pläne, die Strecke auszu-

Maithili-Malerei

Seit 3000 Jahren pflegen Hindufrauen dieser Region, die einst Mithila hieß, die Tradition der Malerei. Die Techniken und Motive wurden von der Mutter an die Tochter weitergegeben. Die farbenprächtigen Bilder kann man als Fruchtbarkeitssymbole, Meditationshilfen oder Form des Geschichtenerzählens deuten, die in Jahrtausenden gewachsenes Wissen verkörpern.

Schon in jungen Jahren beginnen Brahmanenmädchen, komplexe Symbole zu malen, die aus hinduistischen Mythen und Volkserzählungen abgeleitet sind und über Generationen hinweg auf Mandala-ähnliche Abstraktionen reduziert wurden. In ihren späten Teenagerjahren überreicht ein Mädchen ihrem für sie auserwählten Verlobten einige einfache Bilder. Die Gunstbezeugung erreicht ihren Höhepunkt, wenn die junge Frau ein kunstvolles **kohbar** (Fresko) an die Wand ihres Brautgemachs malt, in dem die frisch Vermählten die ersten Nächte verbringen werden. Das *kohbar* zeigt ein Bambusrohr, das von Lotusblättern umgeben ist – Symbole der männlichen und weiblichen Sexualität als Huldigung des Lebens und der Schöpfung. Zu den weiteren Motiven gehören Fußabdrücke und Fische (stehen für Vishnu), Papageien (Symbol der glücklichen Ehe), der die Milchmädchen neckende Krishna sowie Surabhi, die Kuh des Überflusses, die das Verlangen derjenigen entfacht, die sie melken. Der verblüffendste Aspekt des *kohbar* aber ist seine Vergänglichkeit: Selbst die wundervollste Wandmalerei wird nach einer, spätestens zwei Wochen abgewaschen. Malerei gilt als eine Form des Gebets und der Meditation – ist das Bild vollendet, hat sie ihren Zweck erfüllt.

Frauen aller Kasten erstellen weniger aufwendige **Wandmalereien** zum herbstlichen Fest **Tihaar (Diwali)**. In den Wochen vor dem Fest verputzen sie ihre Häuserwände mit einer neuen Schicht Lehm, der mit Dung und Reisspreu versetzt ist, und versehen diese mit Mustern. Kurz vor Lakshmi Puja, dem dritten Tag und Höhepunkt des Festes Tihaar, malen viele Frauen Bilder von Pfauen, schwangeren Elefanten und anderen Symbolen des Wohlstands, um die Göttin des Reichtums zu einem Besuch zu animieren. Bis zu den Feierlichkeiten zum nepalesischen Neujahr im April, zu dem die Hauswände eine neue Lehmschicht erhalten, sind die Verzierungen überall in den Dörfern um Janakpur zu entdecken.

Malereien auf **Papier**, die traditionell nur eine unbedeutende Rolle in dieser Kultur spielen, haben sich zur am meisten bewunderten Form der Maithili-Kunst entwickelt. Madhubani-Kunst wird sie in Indien genannt, wo ein gemeinschaftliches Entwicklungsprojekt sie bereits in den 60er-Jahren zu einem vermarktbaren Gut entwickelte. In jüngerer Zeit hat in Nepal das **Janakpur Women's Development Center** (S. 380) dieses Vorbild nachgeahmt, und heute stapeln sich in Kathmandus Touristengeschäften Maithili-Bilder. Viele Künstler konzentrieren sich auf traditionelle religiöse Motive, doch eine wachsende Zahl wendet sich der darstellenden Kunst zu – häufiges Motiv sind Frauen und Kinder in häuslichen Szenen, stets im charakteristischen doppeläugigen Profil abgebildet.

bauen und zu verlängern, was zu einer zeitweiligen Einstellung der Zugfahrten führen könnte – deshalb nach dem neuesten Stand erkundigen!

Janakpurs **Schmalspur-Eisenbahn** eignet sich gut, um aufs Land zu fahren. Im Frühnebel eines Wintermorgens ist die Fahrt an verschlafenen Dörfern und kleinen Tempeln vorbei geradezu märchenhaft. Die Eisenbahn wurde in den 1940er-Jahren gebaut, um Holz aus den nun ausgebeuteten Wäldern westlich von Janakpur nach Indien zu transportieren, und heute dient sie vornehmlich dem Personenverkehr.

Janakpur ist Endstation einer 29 km langen Linie östlich nach **Jaynagar** kurz hinter der Grenze mit Indien. Man kann in Khajuri, dem letzten Halt vor der Grenze, aussteigen und den Zug bei der Rückfahrt wieder abpassen.

Man muss früh da sein, um einen Sitzplatz zu ergattern – bei der Rückfahrt findet man sich wahrscheinlich auf dem Dach wieder.

Dörfer um Janakpur

Dutzende Dörfer liegen rund um Janakpur verteilt. Jedes hat seinen Mangohain und ein oder auch zwei Teiche. Subsistenzwirtschaft – Viehzucht, Getreide- und Gemüseanbau sowie Fischzucht – scheint hier allgegenwärtig. Man kann entweder den Süden Richtung **Nagarain** erkunden oder nach Westen ins beachtliche **Khurta** fahren, aber der schönste Tagesausflug führt Richtung Norden vom Suba Chowk ins 18 km entfernte **Dhanusha** (Dhanushadham), eine wichtige Pilgerstätte. Dem *Ramayana* zufolge rief König Janak hier einen Wettbewerb um die Hand seiner Tochter Sita aus. Er erklärte, dass er nur einen Freier erhören werde, der imstande sei, einen unglaublich schweren Bogen zu heben. Nachdem alle resigniert hatten, hob Rama den Bogen ohne Mühe auf und zerbrach ihn in zwei Teile.

Auch zu beiden Seiten der Straße, die Janakpur mit dem Mahendra Highway verbindet, liegen einige pittoreske Dörfer. Am hübschesten ist **Kumrora**, 4 km nördlich von Pidari Chowk auf der rechten Seite, eine ordentliche Brahmanensiedlung mit eindrucksvollen Wandmalereien.

Nepals Flussdelphine

Nepals **Ganges- oder Schnabeldelphin** (auf Nepali *susu*) ist eine von drei Süßwasser-Delphinarten der Welt und wie ihre Verwandten im Amazonas und Indus hochgradig gefährdet. Eine kleine, isolierte Population überlebt derzeit noch in Nepals fernem Westen, stromabwärts von der Chisapani-Schlucht im Karnali. Vor der Flut von 2008 tummelten sich die Delphine frei im Ablauf des Koshi-Staudamms, weniger als ein Dutzend Kilometer vom Koshi Tappu-Wildreservat entfernt. Seitdem sind sie seltener gesichtet worden, obgleich die Armee Anfang 2009 drei gestrandete Delphine rettete und wieder in den Koshi zurück brachte. Ob die praktisch blinden Tiere (sie bewegen sich mit Echo-Ortung fort), die in Sagen als „Botenkönige" bezeichnet werden, in großer Anzahl zurückkehren oder den Weg des mittlerweile ausgestorbenen Süßwasserdelphins einschlagen werden, bleibt abzuwarten.

Koshi Tappu Wildlife Reserve

In der Schwemmlandebene mit Grasland und an den Sandbänken nördlich des Koshi-Wehrs liegt das Wildreservat Koshi Tappu, der kleinste Park des Terai. Hier gibt es weder Tiger noch Nashörner und noch nicht einmal Dschungel – aber **Vogelbeobachter** sind hier richtig. Koshi Tappu gehört zu den wichtigsten Feuchtgebieten des Subkontinents. Dank seiner Lage stromabwärts von einem der wenigen Unterbrechungen der Himalaya-Barriere ist es ein wichtiger Lebensraum für Wasser- und Watvögel.

Es wurden bislang 465 Arten registriert, von denen nicht wenige in ihrem Bestand gefährdet sind. Es war früher nicht ungewöhnlich, im Winter und Frühling Entenscharen von bis zu 50 000 Tieren zu sehen, doch in den vergangenen Jahren sind diese Zahlen zurückgegangen.

Auch die meisten von Nepals Reihern, Störchen, Ibissen, Seeschwalben und Möwen sind hier vertreten, darunter einige weltweit gefährdete Arten: Indischer Riesenstorch *(Ephippiorhynchus asiaticus)*, Rotkopfmerlin *(Falco chicquera)*, Sumpffrankolin *(Francolinus gularis)* und der imposante Kleine Adjutant *(Leptoptilus javanicus)*, einer der größten Störche der Welt. November und Dezember sind die besten Monate, um Winterzugvögel zu beobachten, während von Mitte Februar bis Anfang April die späten Zugvogelarten überwiegen.

Das Reservat wurde zum Schutz einer der letzten **Wildbüffelherden** des Subkontinents eingerichtet – geschätzte Zahl der Tiere 150 bis 170. Experten sind besorgt über die Zahl domestizierter Büffel, die in das Reservat gelangen und sich dort mit ihren wilden Artgenossen paaren.

Außerdem gibt es **Sumpfkrokodile**, viele Schildkröten- und **Fischarten** sowie Nilgauantilopen, Wildschweine, Schlank- und Stummelaffen und Axishirsche. Vor der Flut ließen sich mitunter **Gangesdelphine** beim Spielen im Wasser ober- und unterhalb des Koshi-Wehrs beobachten.

Da weder Nashörner noch Raubkatzen das Gebiet durchstreifen, kann man Koshi Tappu relativ sicher **zu Fuß** mit einem Führer erkunden, obwohl in der Vergangenheit wiederholt marodierende Wildelefanten durch die Region zogen. **Elefantenritte** (Rs1000 pro Std.) und **Kanu-**

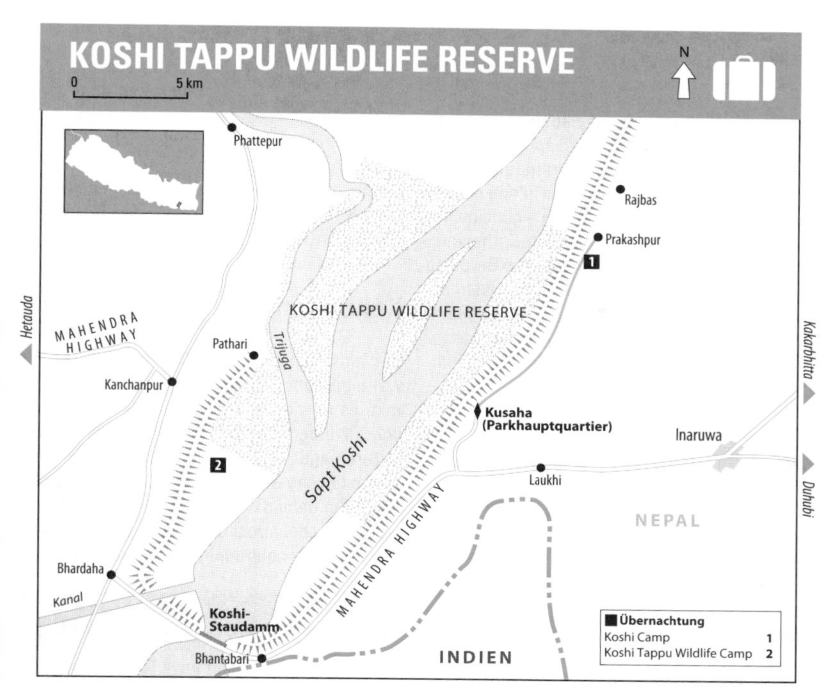

fahrten (ab Rs2500) können organisiert werden. Zwischen den Flussarmen liegen mehrere Inseln mit Buschwerk und Grasland, die bevorzugte Aufenthaltsorte von Nilgauantilopen sind *(tappu* bedeutet „Insel" und beschreibt passend die Schwemmlandebene in den nassen Sommermonaten). Nilgauantilopen sind mächtige Tiere mit eindrucksvollen Hörnern. Sie laufen gewöhnlich weg, sobald sie einen Menschen wittern, aber man muss darauf achten, dass man nicht ihren Fluchtweg versperrt.

PRAKTISCHE TIPPS

Die meisten Ausländer, die Koshi Tappu besuchen, kommen im Rahmen einer recht teuren Pauschalreise. Für Individualreisende ist das Schutzgebiet nicht wirklich erschlossen. Beide hier aufgeführten Camps können den Transport organisieren.

Das **Koshi Camp**, ✆ 01-4429609, 💻 kosicamp.com, unmittelbar außerhalb des nordöstlichen Zipfels des Schutzgebiets in der Nähe des Dorfes Prakashpur, bietet komfortable Safarizelte – an klaren Tagen mit Blick auf das Makalu-Massiv – sowie einen Speisesaal und eine Bar. Preis p. P. inkl. Vollpension und Safaris. US$162

Das **Koshi Tappu Wildlife Camp**, ✆ 01-4226130, 💻 koshitappu.com, liegt in einem privaten Dschungel nicht weit vom Sapt Koshi entfernt. Das alteingesessene Camp besteht seit 1993 und verfügt über stimmungsvolle Safarizelte, ein anständiges Restaurant und eine Bar. Preis p. P. inkl. Vollpension und Safaris. US$186

Biratnagar

Biratnagar, die zweitgrößte Stadt Nepals, ist eine Industriestadt an der Grenze und so ziemlich bar jeglichen Charmes. Die Industrie der Region wurde von der Madhesi-Bewegung zutiefst erschüttert. 2009 erreichten Proteste und *bandhs* (Streiks) von verschiedenen Minderheiten und politischen Gruppen (unlängst der Tharu) solch extreme Ausmaße, dass die Industriellen damit reagierten, ihre eigenen *bandhs* gegen die *bandhs* durchzuführen, und Biratnagar wurde schließlich zu einer „*bandh*-freien" Zone erklärt.

Die meisten Besucher kommen eigentlich nur her, um einen Anschlussflug nach Kathmandu oder zu einem anderen Ort im östlichen Bergland zu bekommen. Abgesehen von einem kleinen, aber belebten Hanuman-Tempel, etwa 500 m nordöstlich des Busbahnhofs in der Hauptstraße, gibt es eigentlich nichts zu sehen oder zu unternehmen.

ÜBERNACHTUNG

Hotel Namaskar, in der Hauptstraße, 100 m südlich vom Traffic Chowk, ✆ 021-521199. Das Hotel, das abseits des Straßenlärms liegt, hat eine Auswahl an guten Zimmern mit Bad; die teureren mit TV und AC haben das bessere Preis-Leistungs-Verhältnis und kosten nur ein paar hundert Rupien mehr. Rs900

Hotel Ratna, Mahendra Chowk, ✆ 021-531579, 💻 hotelratna.com. Das solide Mittelklassehotel ist eine gute Wahl: Die sauberen Zimmer mit Bad verfügen über TV und WLAN und teilweise auch AC. Es gibt ein kleines Businesscenter, ein Restaurant, eine Bar und ein ausgesprochen unauffälliges Kasino. Rs1840

Hotel Xenial, direkt hinter der Bushaltestelle, ✆ 021-472950 💻 xenialhotel.com.np. Das schickste Hotel in der Stadt mit bequemen Zimmern mit Bad und TV, Safe und zuverlässig warmem Wasser. Das Gelände ist hübsch und umfasst einen kleinen Pool. Das Restaurant bietet vor allem gute nordindische Currys und ein paar pseudo-westliche Gerichte. Internetzugang und kostenl. Flughafentransfer. Rs3396

TRANSPORT

Busse

Busse starten regelmäßig vom **Busbahnhof**, 500 m südlich des Mahendra Chowk nach BIRGUNJ (8–9 Std.), DHARAN (1–1 1/2 Std.), HILE (3 1/2–4 Std.), JANAKPUR (6 Std.) und KAKARBHITTA (3 Std.). Nachtbusse fahren nach KATHMANDU (9–10x tgl., 14 Std.).

Flüge

Der **Flughafen** liegt 3 km nördlich vom Mahendra Chowk; ein Taxi vom Zentrum kostet Rs400.
Es gibt täglich zahlreiche Flüge nach KATHMANDU und auch ein paar Flüge in der Woche (hauptsächlich von Nepal Airlines) nach BHOJPUR, LAMIDANDA, RUMJATAR, THAMKHARKA und TUMLINGTAR.

Kakarbhitta

Das einst verschlafene Kakarbhitta ist das Verwaltungszentrum von Nepals östlichstem Distrikt. Es ist v.a. ein Durchgangsort, hauptsächlich für Inder, die von Darjeeling kommen und in Biratnagar einkaufen wollen oder geschäftlich zu tun haben. Tausende Flüchtlinge aus Bhutan, die in Camps westlich von hier leben, tragen zum Menschenstrom bei (Kasten S. 388). Zusätzlich kommen noch einige ganz legale Migran-

Die Grenze bei Kakarbhitta

Der breite Mechi bildet etwa 500 m östlich der Stadt die **Grenze** zu Indien. Die Formalitäten werden angenehm locker abgewickelt und die nepalesische Immigration ist 24 Stunden geöffnet. Allerdings kann es schwierig sein, nach Einbruch der Dunkelheit noch jemanden aufzutreiben. US-Dollar, Indische Rupien und selbst Euros werden akzeptiert.

Wer **nach Indien** einreist, ist wahrscheinlich auf dem Weg nach Darjeeling, Sikkim oder Kolkata. Aber egal wohin: Es lohnt sich, mit anderen Reisenden zunächst einen der Jeeps zu teilen, die am nepalesischen Grenzposten warten. Die meisten Jeeps pendeln zwischen der Grenze und **Siliguri**, wo der *Toy Train* nach Darjeeling und Busse nach Gangtok und Kalimpong abfahren.

Von New Jalpaiguri fahren Züge nach Kolkata und Delhi, und vom **Flughafen Bagdogra**, 12 km westlich von Siliguri, fliegen Flugzeuge nach Kolkata und Delhi. Manche Jeeps bieten Fahrten von Kakarbhitta bis nach Darjeeling, Gangtok und Kalimpong an.

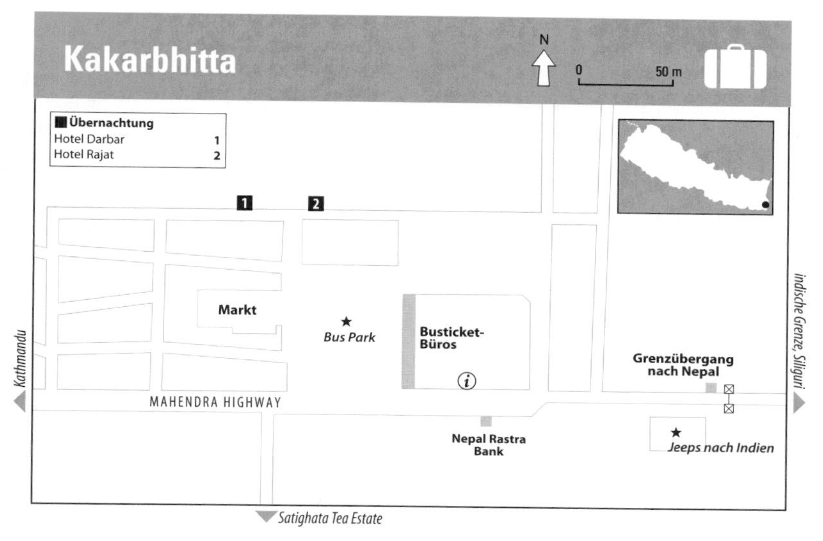

ten durch die Dörfer, die auf beiden Seiten der Grenze liegen: wilde Elefanten. Jedes Jahr werden ein paar Menschen von den aufgebrachten Dickhäutern, die sich frei am Getreidevorrat bedienen, zu Tode getrampelt und Häuser zerstört.

Wer ein wenig Zeit hat, kann zum angenehm grünen **Satighata Tea Estate**, nur zehn Minuten südlich von Kakarbhitta, laufen und unterwegs ein buddhistisches **Kloster der Tamang** besichtigen. Es gibt keinen Grund zur Sorge: Die Chancen, hier auf einen plündernden Elefanten zu treffen, sind sehr gering.

ÜBERNACHTUNG UND ESSEN

Hotel Darbar, beim Busbahnhof, ✆ 023-562384, vermutlich das beste Hotel in der Stadt, hat aber nur eine kleine Auswahl an Zimmern; die Mehrzahl mit Bad und AC. Das Personal ist freundlich und das Essen im – ziemlich grellen – Restaurant nicht schlecht. Rs1500

Hotel Rajat, beim Busbahnhof, ✆ 023-562033. Die Bandbreite reicht von kleinen Zellen bis zu komfortablen Zimmern mit Bad; beide haben knallig angestrichene Wände und geblümte Vorhänge. Internet-Anschluss, das wahrscheinlich beste Restaurant der Stadt und eine kleine Garten-/Parkfläche. Rs400

SONSTIGES

Geld

Alle Wechselstuben und Lodges wechseln nepalesische und indische Rupien zum Tageskurs. Harte Währungen kann man nur bei der Bank eintauschen – eine Filiale der **Nepal Rastra Bank** befindet sich südlich der Hauptstraße.

Informationen

Das **Tourist Office** nahe der Grenze gibt Tipps für die Weiterreise. ◷ So–Do 10–17, Fr 10–14 Uhr.

TRANSPORT

Busse

Der Busbahnhof liegt im Stadtzentrum. Zahlreiche Nachtbusse nach KATHMANDU (14–15 Std.) verlassen Kakarbhitta in unregelmäßigen Abständen zwischen 15 und 17.30 Uhr, doch man sollte mindestens einige Stunden vorher buchen, um einen noch guten Platz zu bekommen.

Weitere Busse fahren regelmäßig nach BIRATNAGAR (3 Std.), DHARAN (alle 15–30 Min., 3 Std.), HILE (3–5x tgl., 5 Std.) und JANAKPUR (11 Std.).

Flüge
Vom nächsten Flughafen in Bhadrapur, 23 km südwestlich, starten tgl. mehrere Flüge nach KATHMANDU. Ein Taxi verlangt rund Rs1000 und braucht ungefähr eine Stunde.

Die Dhankuta Road

Man kann es Entwicklung oder auch Kolonialismus nennen, aber die großen Spendernationen haben eindeutige Einflussbereiche in Nepal abgesteckt. Trotz Schließung des Gurkha-Lagers in **Dharan**, dem lebendigen Eingangstor zur östlichen Bergwelt, stammt noch immer fast die Hälfte der Gurkha-Rekruten der britischen Armee aus diesem Gebiet, und die alten Bande sind deutlich zu spüren. Das britische Hilfsprogramm, das seinen Sitz in Dhankuta hat, wurde an die nepalesische Regierung übergeben, aber Landwirtschafts-, Forstwirtschafts-, Gesundheits- und Hausindustrie (von dem Hilfsprogramm gegründet) sind immer noch in Betrieb.

Das größte und auffälligste Projekt der Briten ist der Bau einer Straße vom Mahendra Highway nach Dharan, Dhankuta, Hile und darüber hinaus, die mit £50 Mio. der britischen Steuerzahler errichtet wurde.

Die Region ist eine Bastion der traditionellen nepalesischen Bergkultur. Besonders die Basarstädte **Hile** und **Basantapur** vermitteln ein eindrucksvolles Bild davon, was hinter dem Punkt, an dem der Asphalt endet, liegen mag.

Dharan und Umgebung

Vom Mahendra Highway windet sich die Dhankuta Road durch Wälder den Bhabar hinauf, die abschüssige Alluvialzone zwischen Terai und Vorgebirge. Dharan, 16 km nördlich des Highways, liegt 300 m über der Ebene und hat ein etwas kühleres Klima.

Die Stadt machte 1988 Schlagzeilen, als ein starkes **Erdbeben** 700 Menschen tötete und die Stadt größtenteils zerstörte. Ein zweites Unglück kam 1989, als die britische Armee aus Dharan abzog und das hiesige Gurkha-Camp an die Regierung übergab. Angehende Rekruten müssen nun nach Pokhara reisen (S. 287). Zum Glück ließ sich Dharan nicht unterkriegen. Der Westen der Stadt ist zu einer netten Enklave für Gurkhas im Ruhestand geworden, und das ehemalige Gurkha-Camp ist heute ein modernes medizinisches Institut.

Der **Basar**, der sich an der Hauptstraße zwischen Chatta und Bhannu Chowk entlang zieht, ist so typisch nepalesisch wie eh und je. Für viele Menschen der östlichen Bergwelt ist er der Mittelpunkt, um den sich alles dreht. Hierher kommen sie, um säckeweise Orangen zu verkaufen. Nordöstlich des zentralen Bhannu Chowk sieht man Frauen, die das Familienvermögen in Goldschmuck anlegen, und Geschäfte verkaufen Silbermünzen, die zu Halsketten aufgereiht werden. Auch das Viertel der Messingschmiede östlich davon lohnt einen Blick.

Der bescheiden wirkende **Dhantakali Mandir** steht auf einer niedrigen Kuppe östlich des Basars und ist über einen leicht begehbaren Pfad zu erreichen, der zu zwei weiteren Tempeln führt, Buddhasubbha und Bindyabasini.

Das 15 km westlich von Dharan gelegene **Chatara** ist der Endpunkt des Raftings auf dem Sun Koshi. Von dort erreicht man nach einer einstündigen Wanderung gen Norden am heiligen Zusammenfluss **Barahakshetra** einen Tempel, der Vishnu in seiner Inkarnation als Wildschwein *(barahi)* geweiht ist. Er ist ein wichtiges Pilgerziel am Tag des Vollmonds im Oktober/November.

ÜBERNACHTUNG UND ESSEN

Unterkünfte sind in Dharan recht dürftig und zudem vom Lärm des Busbahnhofs belastet. Dafür gibt es aber ein paar ganz annehmbare Restaurants im Ort, und die Hotels bieten ebenfalls Verpflegung.

Hotel Aangan, Putali Bazaar, ✆ 025-520640. Das Hotel in Familienbesitz ist – gemessen am Standard der meisten Lodges in Dharan – einigermaßen ruhig. Die Zimmer sind sauber und ziemlich komfortabel. Es lohnt, etwas mehr für ein Zimmer mit Bad auszugeben. Rs800

New Dreamland, weit vom Busbahnhof, nahe dem Golfplatz, ✆ 025-525024. Liegt in einem ruhigen Viertel, wo der bleibende Einfluss der Briten auf Ex-Gurkha-Soldaten

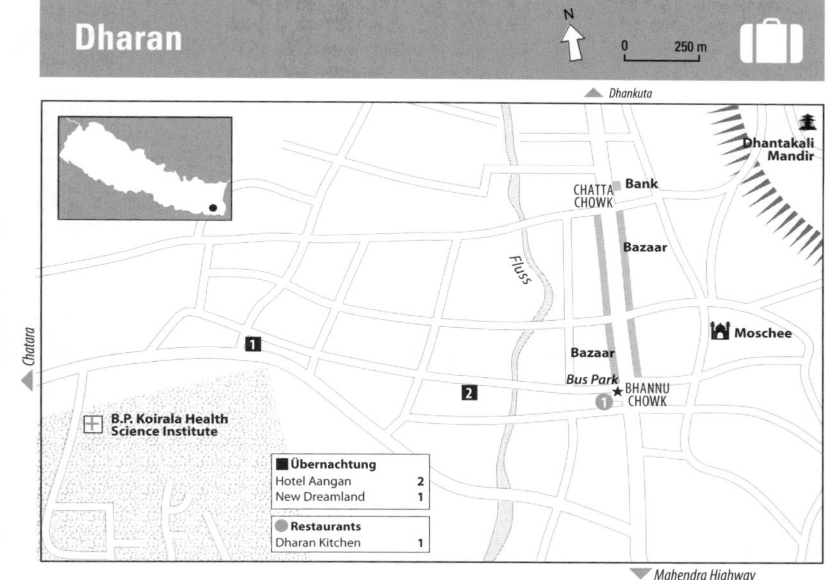

zu erkennen ist. Das New Dreamland ist eine gute Wahl, wenn man etwas Ruhe braucht, und hat Zimmer für jeden Geldbeutel. Rs900

Dharan Kitchen, gegenüber dem Uhrturm. Gemütliches Restaurant, das leckere nepalesische und indische Gerichte serviert und sich außerdem (mit wechselnden Ergebnissen) an ein paar westlichen Klassikern versucht. Hauptgerichte Rs90–300. ⌚ tgl. 11–19/20 Uhr.

SONSTIGES

Im Tamu-Komplex, neben dem Busbahnhof, und in der Nabil-Bank weiter nördlich gibt es einen **Geldautomaten**.

TRANSPORT

Busse fahren tagsüber mindestens halbstündlich von Dharan nach BIRATNAGAR (alle 15–30 Min., 1–1 1/2 Std.) und KAKARBHITTA (alle 15–30 Min., 3 Std.), weniger häufig nach BIRGUNJ (9–10 1/2 Std.).
Nach KATHMANDU verkehren Nachtbusse (8x tgl., 15 Std.).

Busse nach DHANKUTA (alle 30 Min., 3 Std.) und zu anderen Orten weiter nördlich fahren im Osten des Bhannu Chowk ab; sie sind sehr einfach und chronisch überfüllt. Sammel-Jeeps sind schneller, bequemer und nur unwesentlich teurer.

Dhankuta und Umgebung

Hinter Dharan klettert die Straße bei Bhedetar steil auf einen 1420 m hohen Sattel. Anschließend geht es wieder hinab, um in Mulghat (280 m) den Tamur Koshi zu überqueren. Von dort führt der Weg wieder hinauf nach Dhankuta, das auf einem 1150 m hohen Berggrat liegt. Man würde nicht vermuten, dass es sich um das Verwaltungszentrum für Ostnepal handelt.

Dhankuta ist eine kleine, von den Newar geprägte Stadt mit einer freundlichen Atmosphäre. Treppenstufen führen vom Busbahnhof zum **Hauptbasar** hinauf, der sich nordwärts am Grat entlang zieht. Die untere Hälfte des Basars ist bis zur Polizeiwache asphaltiert und recht lebendig, die obere Hälfte wirkt ruhiger und pittoresker, da sie von weiß getünchten, mit Ziegeln gedeckten und mit Schnitzereien verzierten Newar-Stadthäusern gesäumt wird. Da in den umliegenden Gebieten Rai, Magar und Hindus aller Kasten leben, gibt Dhankutas donnerstags stattfindender **Haat Bazaar** ein sehr buntes Bild ab.

Auch wenn man den Himalaya von hier nicht sieht, eignet sich die Gegend ausgezeichnet zum Wandern. Im 45 Minuten südöstlich der Stadt gelegenen **Santang** kann man zuschauen, wie Frauen Schals besticken und *dhaka* weben (S. 320). Mit Abkürzungen erreicht man in etwa zwei Stunden (auf dem Kamm und in Sichtweite der Elektroleitung bleiben) den Ort Hile (S. 389).

Wer eine halbe Stunde erübrigen kann, sollte dem **Dhankuta Museum** am oberen Ende des Basars einen Besuch abstatten. Es zeigt eine kleine Sammlung von kulturellen und archäologischen Exponaten aus ganz Ostnepal, allerdings wird kaum etwas auf Englisch erklärt. Man erreicht das Museum, indem man bis zur Kreuzung Bhim Narayan Chowk (mit Statue) und von dort 250 m die Straße nach rechts geht –

Lhotshampa: Nepals vergessene Flüchtlinge

Jeder Besucher Nepals weiß von den tibetischen Flüchtlingen, doch nur wenige kennen das Schicksal der weitaus zahlreicheren **Flüchtlinge aus Bhutan**. Etwa 107 000 ethnische Nepalesen wurden 1991–92 aus Bhutan vertrieben und rund 85 000 leben immer noch in Flüchtlingslagern in Ostnepal – Bauern in einem obskuren politischen Spiel, das im Patt endete.

Angehörige nepalesischer Bergstämme, vor allem Rai und Limbu, begannen in größerer Zahl Mitte des 19. Jhs. nach Bhutan auszuwandern und stellten zuletzt mindestens ein Drittel der bhutanischen Bevölkerung. Sie erhielten den Namen **Lhotshampa** (Bewohner des Südens), da ihr Bevölkerungsanteil in den südlichen Bergen überwog. Bis in die frühen 80er-Jahre wurden sie durch eine multikulturelle Regierungspolitik zur Integration mit Bhutans herrschenden **Drukpa** ermutigt, doch Mitte der 80er-Jahre ließen der kontinuierliche Zustrom von Nepalesen und gewalttätige Ausschreitungen von Nepalesen im benachbarten Darjeeling und Sikkim einen neuen Drukpa-Nationalismus entstehen. Die Drukpa begannen die Lhotshampa zu beargwöhnen – diese besaßen nicht zufällig das meiste Land in einem Gebiet, das sich zum neuen Zugpferd der Wirtschaft zu entwickeln begann.

Nach einer Volkszählung im Jahr 1988 brachte die Regierung einen Prozess systematischer **Diskriminierung** gegen jeden ins Rollen, der keinen schriftlichen Nachweis über seinen Aufenthalt in Bhutan im Jahr 1958 erbringen konnte. Diese Entwicklung erreichte 1991 ihren Gipfelpunkt, als „illegale" Familien mit nur geringer Entschädigung von ihrem Land vertrieben wurden. Gegnern des Regimes wurde die Staatsbürgerschaft entzogen, und sie und ihre Familien wurden drangsaliert, inhaftiert, gefoltert oder vergewaltigt.

Die Flüchtlinge flohen zunächst nach Indien, doch da sie dort wenig Unterstützung erhielten, gingen die meisten in ihr Ursprungsland Nepal zurück. Als ihre Zahl anschwoll, richtete die nepalesische Regierung, die das Problem nicht sichtbar werden lassen wollte, **Flüchtlingslager** an sieben Orten in den östlichen Ebenen ein. Seitdem haben internationale und nepalesische Hilfsorganisationen unter Leitung der Vereinten Nationen, Häuser, Schulen, Gesundheitsdienste und andere wichtige Einrichtungen aufgebaut. Die Bedingungen in den Camps sind erträglich, doch die Insassen sind furchtbar arm und vollkommen auf Hilfe von außen oder Gelegenheitsarbeiten angewiesen.

Es gibt kaum Anzeichen, dass die Krise in naher Zukunft gelöst werden könnte. Seit 2008 haben fast 50 000 Flüchtlinge Nepal verlassen, um ihr Glück in westlichen Ländern zu suchen, doch die Zurückgebliebenen wollen unbedingt in ihre Häuser nach Bhutan zurückkehren. Ohne Aussicht auf eine baldige Lösung des Konflikts haben die Hilfsorganisationen den Mittelpunkt ihrer Bemühungen inzwischen auf **Einkommen produzierende Projekte** verschoben, die den Flüchtlingen zumindest etwas Unabhängigkeit verschaffen sollen. Mehr über die Situation der Flüchtlinge aus Bhutan erfährt man auf der Website 💻 bhutaneserefugees.com.

das Museum befindet sich in einem Gebäude auf der linken Seite und ist in Nepali ausgeschildert. ⌚ tgl. außer Di, Mitte Feb–Mitte Nov 10–17 Uhr, sonst nur bis 16 Uhr, Eintritt Rs10.

ÜBERNACHTUNG UND ESSEN

Hotel Suravi, in der Hauptstraße, nahe dem Krankenhaus, ☎ 025-520204. Die zentrale Lodge ist die beste Unterkunft im Ort. Sie ist zwar recht schlicht, aber die Zimmer sind sauber und die teureren haben ein Bad. Mit gutem Restaurant. Rs300

TRANSPORT

Täglich verkehren 8 Nachtbusse nach KATHMANDU (17–18 Std.) sowie tagsüber alle halbe Stunde Busse nach DHARAN (3 Std.) und HILE (30 Min.).

Volksgruppen im östlichen Terai

Neben den geheimnisvollen Tharu (S. 330) ist das östliche Terai auch die Heimat der Danuwar, die sich über die gesamte Region verteilen, und der Majhi, die in Flusssiedlungen zwischen dem Bagmati und dem Sun Koshi leben. Beide Gruppen betreiben traditionell eher Fischfang als Jagd oder Landwirtschaft. Die meisten Kasten-Hindus im Terai sind Einwanderer aus Indien der ersten oder zweiten Generation und haben noch starke kulturelle, sprachliche und wirtschaftliche Bindungen zu ihrer alten Heimat. Darüber hinaus bevölkert eine bedeutende Zahl von Moslems das westliche Terai, vor allem um Nepalgunj, wo sie die Mehrheit bilden.

Hile

Die meisten Busse nach Dhankuta fahren auf demselben Grat weiter nach Hile, 15 km dahinter und 750 m höher. Diese lebhafte, kleine Siedlung ist einer der wichtigsten Sammelpunkte im östlichen Nepal.

Hiles über dem weiten Tal des Arun schwebender Basar zieht sich den oft von Nebel verhangenen Grat hinauf und lockt einen Strom von Händlern an: Tamang und Sherpa aus dem Westen, Newar und Inder aus dem Süden, Rai aus ihrem Kerngebiet, dem straßenlosen Bergland rund um Hile. Doch die auffälligste Minderheit sind die Bhotia (S. 408) aus dem nördlichen Hochland, die auch mehrere einfache Lodges betreiben. Es gehört zum Exotischsten, was man in Nepal erleben kann, im flackernden Licht einer Bhotia-Küche zu sitzen und heißes Hirsebier aus einer authentischen *tongba* zu schlürfen, einem kleinen hölzernen Becher mit Messingrand und Deckel, den es nur in der östlichen Bergwelt gibt.

In der Stadt kann man eigentlich nur über den Basar bummeln. Hiles **Haat Bazaar**, am Donnerstag, ist lebendig, aber kleiner als der in Dhankuta. Die meisten Besucher kommen zum Wandern hierher, und die schönsten Aussichten bieten sich eine nur halbstündige Wanderung von Hile entfernt – sofern man früh genug auf den Beinen ist, um den aufziehenden Wolken zuvorzukommen. Der Weg führt nach Norden zum Basar und dort an einer Gabelung nach rechts über eine unbefestigte Straße; nach 100 m führen Stufen zum **Hattikharka-Trail** hinauf, der um den Hügel verläuft. Das Panorama entfaltet sich wie auf einer Landkarte: Im Nordwesten schwebt der Makalu Himal über dem Ehrfurcht gebietenden Canyon des Arun. Im Norden dominiert die Zickzacklinie des Milke Danda, und nordöstlich ragen Teile des Kanchenjunga-Massivs in den Himmel.

Einige Landbesitzer in dieser Region bauen Tee an. Man kann beim **Guranse Tea Estate**, 💻 guransetea.com.np, vorbeischauen, dessen Haupteingang man erreicht, wenn man vom Basar die Straße hinabgeht.

Ein Tagesausflug führt mit dem Bus nach **Basantapur**, einer nasskalten Marktstadt, 21 km nordöstlich. Unterwegs hat man überwältigende Ausblicke auf das Makalu-Massiv, während man im Ort selbst Nepals einzigen Wein, Hinwa, kosten kann, der aus Beeren hergestellt wird.

ÜBERNACHTUNG UND ESSEN

Hiles Lodges sind relativ gut auf westliche Besucher eingestellt. Das halbe Dutzend Bhotiya-Lodges im Basar verlangt rund Rs200–300 für eine einfache Unterbringung; am besten schaut man sich erst ein paar an, bevor man sich entscheidet.

Viele kleine Lokale an beiden Enden des Basars bieten preisgünstiges nepalesisches und tibetisches Essen.

SONSTIGES

Die **Rastriya Banjiya Bank** gegenüber dem kleinen *gompa* am südlichen Ende des Basars wechselt Bargeld und Reiseschecks.

TRANSPORT

Busse fahren halbstündlich von Hiles kleinem Busbahnhof nach DHANKUTA (30 Min.) und DHARAN (3 1/2 Std.). Außerdem verkehren 8 Nachtbusse nach KATHMANDU (17–18 Std.). Einige Busse aus Dhankuta fahren von Hile weiter nach BASANTAPUR (2 1/2 Std.), während ein paar Jeeps über Basantapur die hübschen Newari-Orte CHAINPUR und TUMLINGTAR (beide 4–6 Std.) ansteuern. Es bestehen Pläne, die Straße von Hile nach Ilam auszubauen – vor Ort nach dem neuesten Stand fragen.

Die Ilam Road

Wie die Dhankuta Road wird auch die Ilam Road immer weiter fortgesetzt. Die von Korea gebaute Straße sollte ursprünglich nur die Teeplantagen von Kanyam und Ilam mit dem Terai verbinden, doch inzwischen führt sie bis hinauf nach Taplejung, dem meistgenutzten Ausgangspunkt für Treks zum Kanchenjunga. Bis Ilam ist die Straße in ausgezeichnetem Zustand, doch sie ist sehr steil und überwindet mehrere enorme Anstiege mit insgesamt 2300 m Höhengewinn.

Nach Durchquerung des üppig grünen Tieflands beginnt die Straße einen mühsamen Aufstieg von 1600 m nach Kanyam mit seiner wogenden Tee-Monokultur.

Einige Kilometer weiter in Phikal zweigt eine geteerte Straße rechts ab, die steil ins 10 km entfernte **Pashupati Nagar** führt; der kleine Basar in 2200 m Höhe liegt genau unter dem Berggrat, der Nepal von Indien trennt.

Sammeljeeps nach Ilam warten an der Abzweigung von Phikal, von wo sich die Straße in engen Serpentinen 1200 m tief hinab gen Osten windet, um den Mai Khola zu überqueren und dann erneut 700 m Höhe bis Ilam (1200 m) zu gewinnen.

Ilam und Umgebung

Für Nepalesen ist Ilam gleich Tee. Die im Jahresablauf meist kühlen und feuchten Hügel des Distrikts Ilam sind ideal für den Teeanbau (wie die von Darjeeling auf der anderen Seite der Grenze). Die Basarstadt selbst ist recht schäbig, obwohl es einige hübsche alte Holzhäuser gibt. Auch hat man keinen Blick auf die Berge. Dafür gibt es gute Stellen für Vogelbeobachter und viele Wandermöglichkeiten. Der Bezirk Ilam

Zeit für eine Tasse Tee: die Kanyam-Teefabrik

Um den hier produzierten Tee zu probieren und zu sehen, wie er hergestellt, wird muss man die Hauptstraße von Ilam zurück bis nach Kanyam fahren (1 1/2 Std. mit dem Jeep). Die 1985 mit britischen Hilfsgeldern errichtete Teefabrik ist die größte im gesamten Distrikt. Sobald man drinnen ist, erfolgt in der Regel ein kurzer (kostenloser) **Rundgang**, bei dem gewiss auch eine Tasse Tee gereicht wird.

Die gepflückten Blätter werden oben in „Welkrinnen" geladen, wo Ventilatoren etwa die Hälfte ihres Feuchtigkeitsgehalts entziehen. Anschließend werden die welken Blätter maschinell gerollt, wodurch die verbliebenen Säfte zur Fermentierung freigesetzt werden. Die Oxidation der Gerbstoffe des ausgetretenen Saftes gibt dem Tee sein typisches Aroma. Bei der anschließenden maschinellen Trocknung erhält das Blatt seine schwarze Farbe. Am Ende sortiert man die getrockneten Blätter nach Gütegraden. Ilams Qualitätstee braucht den Vergleich mit den besten Teesorten aus Darjeeling nicht zu scheuen – der größte Teil wird nach Deutschland exportiert und dort zu „Darjeeling"-Tee vermischt.

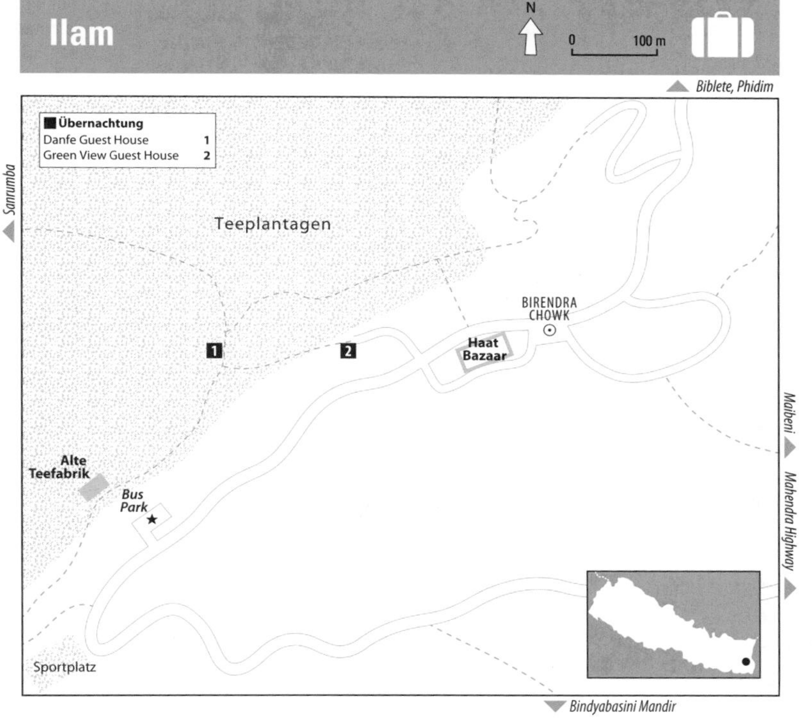

wurde vom Erdbeben am 18. September 2011 schwer getroffen: Rund 10 000 Menschen hatten zeitweise kein bewohnbares Zuhause mehr.

Die von Newar, Rai und Marwari (eine geschäftstüchtige indische Volksgruppe) bewohnte Stadt Ilam war einst Ostnepals wichtigstes Handelszentrum, aber die Bergstädte haben in der jüngeren Vergangenheit viel Boden an die Städte unten im Terai verloren. Doch noch immer zieht der **Haat Bazaar** donnerstags viele Einkäufer aus der weiteren Umgebung an, und natürlich bildet die Teeproduktion das Rückgrat der hiesigen Wirtschaft.

Die Teeplantagen

Ilams **Teeplantagen** bedecken wie ein Teppich den Berggrat oberhalb der Stadt und ziehen sich tief an den Hängen der anderen Seite hinab. Zwischen April und November kann man die Pflücker bei der Arbeit beobachten, und den Rest des Jahres erlebt man lediglich einen entspannten Aufenthalt. Nepals erste Teeplantage wurde 1864 von einem Verwandten des damaligen Premierministers gegründet, nachdem dieser Darjeeling besucht hatte, wo Teeanbau gerade zum großen Geschäft wurde. Angehörige der Marwari gewannen auf vertraglicher Basis rasch die Kontrolle über die Plantage. Das Arrangement wurde erst 1960 beendet, als die Regierung diese und sechs andere Plantagen verstaatlichte und der Nepal Tea Development Corporation (NTDC) unterstellte.

Im Jahre 1999 schloss die Regierung dann mit einem indischen Unternehmen einen 50 Jahre geltenden Pachtvertrag für alle sieben Plantagen ab. Als Folge wurde die 140 Jahre alte Tee-

Wanderungen um Ilam

Schöne Wanderungen führen in verschiedene Richtungen. Von den Teeplantagen geht ein Weg westwärts über den Puwamai Khola und steigt auf der anderen Seite nach Sanrumba hinauf (wo dienstags ein Markt stattfindet), mit Ausblick auf den Kanchenjunga etwas weiter entfernt. Ein Weg östlich von Ilam führt hinab zum Mai Khola, wo das jährliche Fest Beni Mela am ersten Tag des Monats Magh (Mitte Januar) Tausende Hindus anzieht, und von dort weiter nach Naya Bazaar. Zum heiligen Teich Mai Pokhari, der auf einem bewaldeten Grat nördlich von Ilam liegt, gelangt man, indem man auf der Straße Richtung Phidim geht (trampen möglich) und in Biblete, 2 km vom Basar entfernt, rechts abbiegt. Von hier dauert der Aufstieg, der durch Rhododendron- und Magnolienwälder führt, zwei Stunden. Der Ausflug lässt sich abkürzen, indem man eine Strecke mit einem Sammeljeep fährt.

fabrik in Ilam geschlossen und die Arbeiter verloren ihre Pensionen, doch die Produktion stieg wieder an.

Mai Valley

Das **Tal des Mai Khola**, auf das Ilam hinabschaut, ist bekannt für seine **Vogelvielfalt**. In diesem dichten und feuchten Lebensraum mit viel Unterholz wurden bislang 450 Arten gezählt. Zur Beobachtung wird man allerdings einen Führer brauchen (man kann einen in Kathmandu, Chitwan oder Koshi Tappu anheuern). Tieflandarten wie Drongo, Bülbül und Fliegenschnäpper (doch auch exotische Arten wie Elfenblauvogel, Blauohr-Bartvogel und Blauspecht) beobachtet man am leichtesten im Sukarni-Wald südwestlich von Ilam unterhalb der Soktim-Teeplantage. Sehr scheue Vögel (Finken, Grasmücken, Minlas und viele andere) bevölkern den gemischten Eichen- und Rhododendronwald des oberen Tals nordöstlich von Mabu bis Sandakpur an der indischen Grenze in Höhen zwischen 2000 m und 3000 m.

ÜBERNACHTUNG

Danfe Guest House, nahe dem Zentrum von Ilam, ✆ 027-520048. Klassische, einfache Trekking-Lodge mit spartanischen Zimmern, für ein oder zwei Nächte akzeptabel. Die Besitzer sind freundlich und die Lage inmitten der Teesträucher ist ausgezeichnet. Rs200

Green View Guest House, im Zentrum von Ilam, ✆ 027-520103. Die komfortabelste Lodge in Ilam hat große Zimmer mit Bad (mit warmem Wasser) und TV. Man sollte versuchen, eines mit Balkon zu bekommen, um auf die Teeplantagen zu blicken. Es gibt auch ein paar billigere Zimmer mit Gemeinschaftsbad. Rs500

TRANSPORT

Busse

Von Ilam fahren Busse nach:
BIRTAMOD stündlich, 3–4 Std.
DHARAN 4–5x tgl., 6 Std.
PHIDIM 3–4x tgl., 4 Std.
KATHMANDU 1 Nachtbus, mind. 20 Std.
Birtamod bietet häufigere Busverbindungen zu Orten im östlichen Terai. Die Busse sind meist sehr voll.

Jeeps

Man kann auch einen Sammeljeep nach BIRTAMOD nehmen; das ist etwas schneller als mit Bus.

Trekking

Stefan Loose Traveltipps

Das Annapurna Sanctuary Nicht ohne Grund einer der beliebtesten Treks: Die Route führt durch eine steile bewaldete Schlucht in einen spektakulären Bergkessel. S. 419

Anmarschrouten durch die Vorberge Vielen Trekkern bleiben die terrassierten Hügel unvergesslich. S. 423 und S. 442

Mustang Das Sperrgebiet im Regenschatten des Annapurna-Massivs ist ein perfektes Stück Tibet. S. 425 und S. 450

Die Manaslu-Umrundung Da die Annapurna-Umrundung durch den Straßenbau an Reiz verloren hat, wird der Manaslu immer mehr zur atemberaubenden Alternative. S. 429

11 **Die Everest-Region** Selbst ohne den Everest wäre die bunte buddhistische Sherpa-Region Khumbu in luftiger Berghöhe eins der Highlights einer Reise nach Nepal. S. 435

Abseits der ausgetretenen Pfade Ob mit einem Führer, einer Agentur oder auch nur mit der Bereitschaft, sich auf einheimische Unterbringungsstandards einzulassen – ein Trek abseits der Hauptrouten gehört zu den schönsten Erfahrungen, die man hier machen kann. S. 444

Pangpema Das Basislager für die Nordwand des Kanchenjunga liegt tief in einer geschützten Wildnis. S. 447

Der sich auftürmende **Himalaya** ist für viele Reisende der wichtigste Grund, Nepal zu besuchen. Von den sich über 800 km Länge erstreckenden Gipfeln des Himalaya an der Nordgrenze Nepals fällt das Land steil nach Süden hin ab. Hier befinden sich acht der zehn höchsten Berge der Welt – darunter als höchster von allen der Everest. Doch das Gebirge beeindruckt nicht nur durch sein majestätisches Panorama: Die Kulturen der hier ansässigen Volksgruppen zeichnen sich durch eine faszinierende Vielfalt aus, und auch die entspannte und gesellige Aktivität des Wanderns selbst stellt eine eigene Attraktion dar. Der Himalaya besaß von jeher eine starke spirituelle Anziehungskraft: In der hinduistischen Mythologie sind die Berge der Ort, wo die Götter meditieren. Sherpas sehen in manchen Gipfeln die Verkörperung bestimmter Götter.

Die meisten Besucher der Gebirgsregionen beschränken sich auf wenige etablierte Trekkingrouten. Dafür gibt es einige gute Gründe: Die **klassischen Routen** der Everest- und der Annapurna-Region bieten nicht nur Nahansichten der höchsten Gipfel, spektakuläre Landschaft und faszinierende Regionalkultur. Die Lodges an den Hauptrouten, einige davon heute so komfortabel wie Skihütten, ersparen es den Trekkern, sich mit allzu viel Gepäck abschleppen oder gar Nepali erlernen zu müssen, und sie sind auch nicht allzu teuer – beim Trekken kommt man mit ungefähr 15–25 € pro Tag aus. Für diejenigen, die gesteigerten Wert darauf legen, alles hinter sich zu lassen, gibt es zahlreiche wesentlich weniger entwickelte Routen – oder man biegt einfach von der Hauptroute auf einen Nebenweg ab –, und außerhalb der Hauptsaison lernt man die Region sowieso von einer ganz anderen Seite kennen.

Fast zwei Drittel der Trekker streben in die **Annapurna-Region** nördlich von Pokhara, die mit spektakulärer Landschaft, leichtem Zugang und einer Fülle von unterschiedlichen Routen lockt. Die **Everest-Region** im Nordosten gehört zu den

TREKKING-REGIONEN

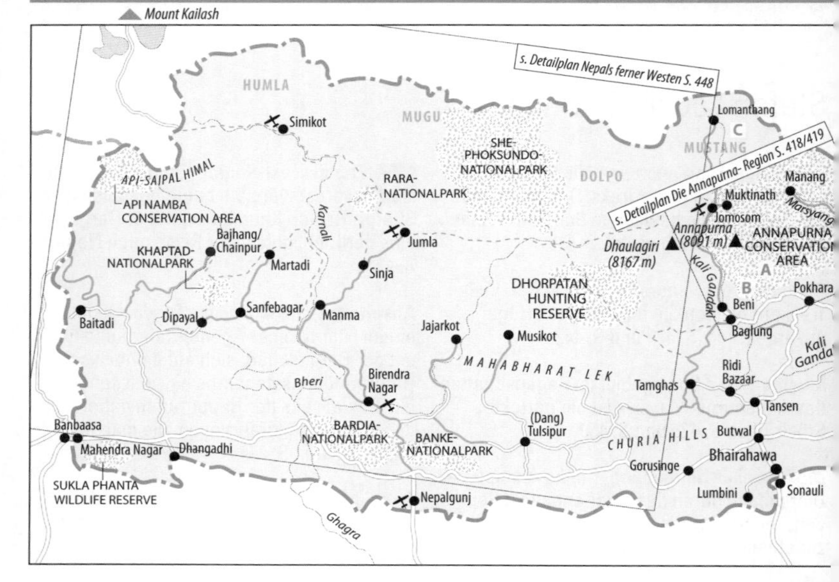

interessantesten Gebieten des Landes, ist aber wegen der großen Höhe und der weiten Anreise zu den Routenstartpunkten für kürzere Treks nicht so geeignet; nur etwa ein Viertel der Trekker tummelt sich hier. Die Regionen **Helambu** und **Langtang** sind weniger spektakulär, aber angenehm nah an Kathmandu gelegen und ziehen knapp 10 % der Trekker an. Damit bleiben weite Gebiete im **Osten und fernen Westen Nepals**, die nur von wenigen Trekkern heimgesucht werden. Um in diesen Regionen zu wandern, muss man entweder bereit sein, zu zelten, den eigenen Proviant mitzuschleppen und den sehr einfachen Lebensstandard der Einheimischen zu teilen, oder sich in eine organisierte Trekkingtour mit Zelten einkaufen und die damit verbundenen Kompromisse hinnehmen. Mit einer guten Agentur kommt man fast überall hin. Ein Great Himalayan Trail erstreckt sich inzwischen durch die gesamte Gebirgswelt Nepals, aber es dürfte viele Jahre dauern, bis diese Route mit Lodges versorgt ist.

Reisezeit

Wo man wandert, hängt in hohem Maß von der Jahreszeit ab. Der folgende Überblick über die Jahreszeiten kann natürlich nur eine Verallgemeinerung sein: Die Annapurna-Region ist notorisch niederschlagsreicher als die Gebiete weiter östlich, und die Auswirkungen des Klimawandels – der sich im Himalaya schon deutlich bemerkbar macht – sind kaum vorhersehbar. So erlebte Khumbu inzwischen schon abnorm trockene Winter; dafür brachen im April, weit nach Frühlingsbeginn, schwere Schneestürme über die Region herein.

Hauptsaison

Hauptwanderzeit ist der gewöhnlich trockene, beständige und sehr klare **Herbst** (Anfang Okt–Anfang Dez); allerdings ist mit gelegentlichen Schauern und vereinzelten Stürmen zu rechnen. In den höheren Lagen wird es nachts zu-

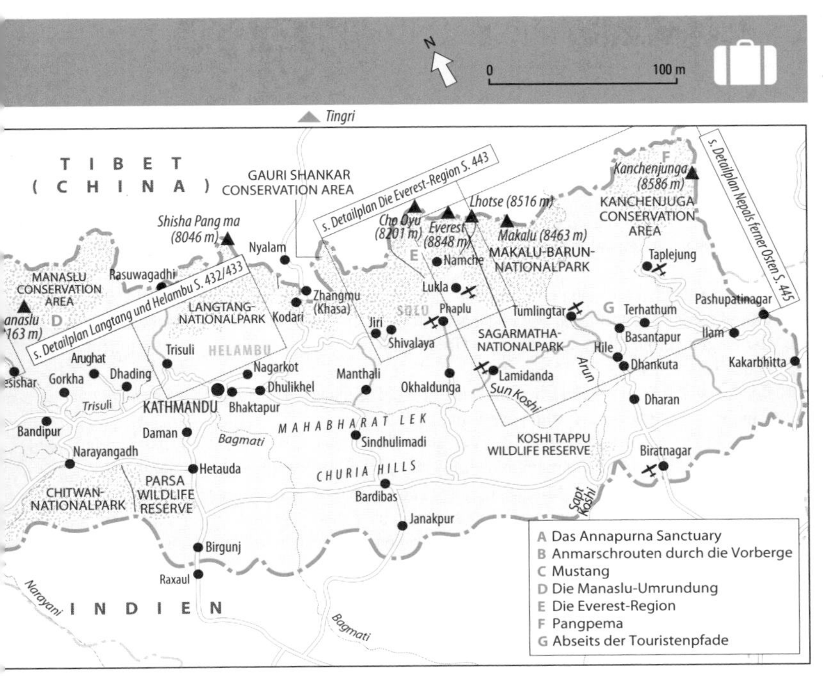

nehmend kälter, vor Dezember aber selten grimmig kalt, und tagsüber ist es angenehm frisch. In tieferen Lagen kann es dagegen ziemlich heiß werden. Bei diesen guten Wetterbedingungen herrscht auf den Hauptrouten um Annapurna und Everest Hochbetrieb: Die Träger verlangen Spitzenpreise, die Flüge sind oft ausgebucht, und Führer werden vorausgeschickt, um Lodges zu belegen, während einige Individualtrekker sich weiter bis zum nächsten Dorf schleppen müssen, um ein Nachtlager zu bekommen. Der andere Nachteil ist der allgemeine Mangel an Grün auf den frisch gepflügten Terrassenfeldern des mittleren Berglandes. In dieser Zeit kann es besser sein, von den Trampelpfaden der Trekker abzuweichen.

Temperaturen und Schneegrenze steigen im **Frühling** (Februar–April) stetig an. Mit dem wärmeren Wetter treffen wieder mehr Trekker ein, jedoch bei Weitem nicht so viele wie im Herbst. Hauptursache für die geringere Zahl an Wanderern ist der bis in große Höhen aufsteigende Dunst; dazu kommen hier und da plötzliche Schauer (oder überraschende Schneestürme) und nachmittags mitunter ungemütlich heftiger Wind. Im April hat man unter 4000 m oft keine schöne Bergsicht, allerdings blühen zwischen 2000 m und 3000 m die farbenprächtigen Rhododendren.

Nebensaison

Der **Winter** (Dez–Jan) ist überwiegend trocken und beständig, aber kälter. Wenn es zu Niederschlägen kommt, kann die Schneegrenze auf 2500 m oder sogar tiefer fallen. Eis und Schnee können Pässe über 4000 m unpassierbar machen (das gilt etwa für die höchsten Pässe der Annapurna-Umrundung und der Annapurna-Sanctuary-Route). In Trekking-Reiseführern beschriebene Siedlungen sind womöglich verlassen. Höhentreks, z. B. im Everest-Gebiet, erfordern eine gute Ausrüstung und Erfahrung mit kalten Wetterbedingungen, da die Temperaturen in Höhenlagen von 5000 m auf unter minus 20 °C sinken können und auch heftige Schneefälle keine Seltenheit sind. Wer sich dem gewachsen fühlt,

Tipps zum Umweltschutz

Die Auswirkungen des Trekkings auf die Umwelt sind größer, als man vielleicht annimmt. Dabei geht's nicht nur um Müll, Fragen der Hygiene und die Erosion der Pfade: Außerhalb der Naturschutzgebiete, in denen kein Holz verbrannt werden darf, verbraucht ein Trekker Schätzungen zufolge direkt und indirekt fünf- bis zehnmal so viel Holz pro Tag wie ein Nepalese.
Im Folgenden einige Anregungen, wie man seinen Einfluss auf die empfindliche Umwelt des Himalaya so gering wie möglich halten kann.

- Wenn möglich, in Lokalen essen, die mit Kerosin, Strom oder Gas statt mit Holz kochen. Wer mit einer Agentur unterwegs ist, sollte sich beschweren, falls mit Holz gekocht wird.
- Genügend warme Kleidung mitbringen (Träger eingeschlossen), um nicht auf Holzfeuer angewiesen zu sein.
- Bei den Mahlzeiten die Bestellungen mit anderen koordinieren; in großen Mengen kochen erlaubt eine effektivere Nutzung des Brennstoffs.
- Heiße Duschen vermeiden, wenn das Wasser nicht mit Elektrizität oder Solarenergie erhitzt wird.
- Trinkwasser mit eigenen Mitteln reinigen (S. 49), statt auf gekochtes oder abgefülltes Wasser zurückzugreifen. Es gibt in Nepal kein Recycling für Wasserflaschen aus Plastik.
- Wenn möglich, Latrinen benutzen. Wo es keine gibt, sich genügend weit von Wasserläufen entfernt halten. Fäkalien vergraben und Toilettenpapier verbrennen – oder besser: wie die Nepalesen Wasser benutzen.
- Phosphatfreie Seifen und Shampoos benutzen, Haare nicht direkt in Wasserläufen ausspülen.
- Abfall in Mülleimer werfen, sofern vorhanden. Nicht brennbaren Abfall wieder mitnehmen: Dosen, Plastikflaschen und insbesondere Batterien.

Das Leben unterwegs: Was erwartet einen auf einer Trekkingtour?

Viele Neulinge unter den Trekkern sind überrascht, dass die Treks relativ wenig mit der Erkundung von unberührtem Gelände zu tun haben. In den meisten Teilen des Himalaya gibt es zahlreiche Siedlungen, und nur hinauf zu den höchsten Pässen und den Basislagern führen die Wege durch karges, unbesiedeltes Land. Dadurch wird das Wandern hier zu einer ziemlich sicheren Angelegenheit: Sich wirklich zu verlaufen, ist recht schwierig. Stehenzubleiben, um zu plaudern und nach dem Weg zu fragen, ist Teil des Vergnügens. Jedoch muss man selbst in den besiedelten Gebieten jeden Tag stundenlang gehen, manchmal in unangenehm warmen oder kühlen Bedingungen und zuweilen auf steilen, rutschigen und beängstigend schmalen Wegen. Für einige Trekker sind Hängebrücken ein absoluter Graus. Für andere ist die holperige Fahrt zum Ausgangspunkt des Treks oder der vielleicht noch holperigere Flug dorthin der schlimmste Teil der ganzen Unternehmung – und dies sind wohl auch gleichzeitig die riskantesten Aspekte des Ganzen.

Fitness ist nicht so ein wichtiger Aspekt, wie man vielleicht denkt. Man kann im eigenen Tempo und in leichten Etappen von einem Glas *chiya* (Tee) zum nächsten gehen. Die meisten Trekker brechen morgens sehr früh auf, um möglichst viel vom klaren Wetter zu haben, da gegen Mittag oft Wolken aufziehen. Die Nachmittage sind daher recht entspannt und lassen Zeit für einen kurzen Abstecher oder einen Besuch in einem Kloster, ansonsten vertreibt man sich die Zeit mit kleinen Mahlzeiten, Kartenspielen, Lesen, Schreiben usw. Abends geht es meist recht gesellig zu, da sich alle im relativ warmen Speisezimmer oder, beim Zelten, im Essenszelt zusammenfinden und essen und trinken. Danach geht's meist recht früh ins Bett.

Jeder hat seine eigene Art zu wandern, aber hier noch ein paar Tipps: Im Zeitplan sollte Platz für Rasttage, Wettereinbrüche und Unvorhersehbares enthalten sein, und auch die Zeit für mindestens einen Abstecher sollte man sich nehmen. Einige der interessantesten oder schönsten Sehenswürdigkeiten – Klöster, Dörfer, Wasserfälle, Gletscher – verstecken sich in kleinen Nebentälern. Schon ein paar Schritte abseits der Hauptroute fühlt man sich oft um Jahrzehnte zurückversetzt, was die Erschließung und Kommerzialisierung angeht. Anstatt von einer Speisekarte eine Pizza zu bestellen, sitzt man vielleicht mit einer einheimischen Familie um ein Feuer herum und trinkt einen Becher *chhang*. Viele Trekker machen die Erfahrung, dass sie diese Zusammentreffen mit der ortsansässigen Bevölkerung genauso genießen wie die Berge selbst.

kann aber auf besonders schöne Wandererlebnisse hoffen. Auf manchen Strecken sind im Herbst 20- bis 30-mal so viele Trekker unterwegs wie im Winter. Unter 2000 m können die Temperaturen zwar frühlingshaft sein, doch verschleiern häufig Nebel und Dunst die Täler.

Im Mai und Juni wird es heißer, dunstiger und unbeständiger. Die sich erwärmende asiatische Landmasse beginnt von Süden her Luftströme zu schicken, die den **Vormonsun** ankündigen, eine Jahreszeit mit unbeständigem Wetter und zunehmend häufigen nachmittäglichen Stürmen. Die Wanderwege und Lodges leeren sich. Es sind die Wochen für größere Höhen, doch man muss sich auf Regen einstellen (besonders in traditionell feuchten Regionen wie Annapurna und Ostnepal).

Nur wenige Ausländer trekken im **Monsun** (Mitte Juni–Anfang Sep) – wegen Regen, Blutegeln, Matsch, allgemeinen Reiseschwierigkeiten und fehlender Bergsicht. (Die Blutegel in mittleren Höhen sind zwar nicht gefährlich, jedoch nichts für Zimperliche!) Doch Treks im Regenschatten des Himalaya und im Westen sind nicht stark vom Monsun betroffen. Selbst in den feuchten Gegenden ist es in den frühen Morgenstunden oft klar, man sieht Blumen und Schmetterlinge in Hülle und Fülle, die Terrassenfelder und Wälder sind saftig grün, tropfende Blätter und rauschende Flüsse sorgen für eine märchenhafte Klangkulisse. Auch von der authentischen nepalesischen Kultur ist mehr zu spüren, denn die sommerliche Nebensaison gibt den Einheimischen Zeit, sich dem landwirtschaftlichen Anbau und ihren traditionellen Aktivitäten zu widmen. Und selbst im Monsun regnet es nicht immer. Die meisten Niederschläge bringen Juli und August, dann lässt der Regen allmählich nach.

Wie es zur Erntezeit im **Nachmonsun** (etwa von Mitte Sep–Anfang Okt) aussieht, ist schwer vorhersagbar: Es hängt alles davon ab, wann der Regen nachlässt. Mit Glück genießt man klares, warmes Wetter und herrlich leere Wanderwege. In tieferen Lagen kann es aber heiß und schwül sein. Wenn sich der Monsun länger hinzieht, verschleiern Wolken die Gipfel und in größeren Höhen drohen heftige nachmittägliche Schauer oder Schneetreiben.

Informationen, Bücher und Karten

Die besten **Organisationen**, bei denen man aktuelle Trekking-Informationen einholen kann, sind das Kathmandu Environmental Education Project (KEEP) und die Himalayan Rescue Association (HRA). Beide haben Büros in Kathmandu (S. 193): KEEP befindet sich am Tridevi Marg in Jyatha Thamel, HRA in Dhobichaur, Lazimpath, nördlich des königlichen Palasts. HRA unterhält außerdem zwei Rettungs- und Informationsstationen in Pheriche (Everest-Region) und Manang (Annapurna) sowie eine nur saisonal geöffnete Station in Thorung Phedi. Beide Einrichtungen sind gemeinnützig, finanziert durch Mitgliedsbeiträge und Spenden. Sie haben Bibliotheken mit Büchern zum Trekking, Anschlagtafeln, um Trekkingpartner und gebrauchte Ausrüstungsgegenstände zu finden, und dicke Wälzer mit Kommentaren von zurückgekehrten Trekkern (unbezahlbar für Tipps zu Routen und Agenturen). Außerdem können sie aktuelle Infos zum Zustand der Wege und zur Ausrüstung geben. KEEP verkauft auch Bücher und Karten, Jodtabletten zur Wasserentkeimung, biologisch abbaubare Gebrauchsartikel und andere Dinge, die beim Trekking nützlich sind. Eine kleine Ausstellung im Büro zeigt, welche Auswirkungen der Aufenthalt des Trekkers auf die Umwelt und die Kultur hat.

Websites

Es lohnt außerdem, sich im Internet nach Blogs und anderen speziellen Informationsquellen umzuschauen. Allerdings tauchen sie so unregelmäßig auf und verschwinden oft auch genauso schnell wieder, dass sie hier nicht empfohlen werden können. Die besten Websites bieten jedoch detaillierte Karten, Empfehlungen für Lodges und Foren, in denen Leute, die gerade von Treks zurückgekommen sind, Informationen und Tipps weiterreichen können.

everestnews.com
Expeditionsberichte, Bergsteigerprofile, ausgiebige Informationen über den Mount Everest und andere bedeutende Gipfel.

high-altitude-medicine.com
Gute Informationen über Gesundheit in großer Höhe; mit Links.

himalayanrescue.org
Die Website der Himalayan Rescue Association bietet die besten Informationen zu Gesundheitsfragen sowie Berg- und Hubschrauberrettung.

ippg.net
Die International Porter Protection Group baut Schutzhütten für Träger, stellt ihnen warme Kleidung und Medikamente zur Verfügung und veröffentlicht ausgezeichnete Online-Richtlinien zur ethisch vertretbaren Beschäftigung von Trägern.

keepnepal.org
Tipps zum umweltbewussten Trekking vom Kathmandu Environmental Education Project (KEEP).

mountainexplorers.org
Auf der Website der International Mountain Explorers Connection finden sich Trekkingberichte, ein Newsletter, Stellenangebote für freiwillige Helfer und Infos über das Porter Assistance Project, das Träger mit warmer Kleidung versorgt.

nepalmountaineering.org
Informationen über Trekking- und Expeditions-Gipfel von der Nepal Mountaineering Association, die die Permits vergibt und Bergsteigerkurse veranstaltet.

stefan-loose.de
Nützliches Globetrotterforum für Reisende, um sich gegenseitig auf dem Laufenden zu halten.

Geografische Namen – Schreibung und Aussprache

Schreibung und Aussprache der geografischen Namen im Himalaya sind für viele Besucher ein Buch mit sieben Siegeln. Es gibt konkurrierende Systeme für die Umschreibung von Nepali ins Englische (von spezifischen deutschen Schreibweisen ganz zu schweigen); außerdem sind viele geografische Namen in den Gebirgsregionen aus tibetischen Dialekten oder gar schriftlosen Sprachen übernommen, so dass die Zahl der möglichen Schreibweisen ins Unendliche geht. Wer aus Karten oder Reiseführern abliest oder sich nach dem Weg erkundigt, muss oft viel Fantasie aufbieten, um dahinter zu kommen, was gemeint sein könnte. In diesem Führer werden generell die gebräuchlichsten Schreibweisen verwendet und häufig verwendete Alternativen in Klammern dazugesetzt.
Nicht einmal über die Aussprache des Landesnamens oder des Hauptgebirges herrscht Einigkeit. Auf Englisch wird das Land seit rund einem Jahrhundert „Ni-pohl" ausgesprochen. Das deutsche „Ne-pal" kommt dagegen der nepalesischen Aussprache „Nej-paal" näher. Und der Gebirgsname Himalaya (im Deutschen auch Himalaja) ist nicht vom örtlichen Wort *himal* für „Gebirge", sondern vom Sanskritbegriff *hima laya*, „Schnee-Wohnung", abgeleitet, weshalb sich die Betonung ziemlich gleichmäßig auf beide Wortglieder verteilen sollte. Im Englischen wird das Wort, analog zu Gebirgsketten wie den Alpen, oft in den Plural gesetzt – Himalayas – und „Hi-me-ley-jas" ausgesprochen, wobei die Hauptbetonung auf der vorletzten Silbe liegt.

besi	*untere (-r, -s)*
Bhanjyang	*Bergpass*
Cho, tso	*See*
Chörten (im Dt. auch Tschörten)	*steinerner Kultbau/ Reliquienschrein*
Deurali	*Kreuzungspunkt, oft von Wegen auf einem Bergsattel oder -hang*
Danda	*Hügel, Hang, Bergrücken*
Gao	*Dorf*
Gompa	*Kloster*
Himal	*Gebirge*
Koshi	*Strom, großer Fluss*
Khola	*Fluss*
La	*Bergpass*
Lek	*niedrige Bergkette, Wasserscheide*
Mani-Mauer	*Mauer aus Steinen mit Gebetsbeschriftung*
Phedi	*Siedlung am Fuß eines Hügels*
Pokhari	*See, Teich*
Ri	*Gipfel*
Tal	*See*

taan.org.np
Website der Trekking Agents' Association of Nepal mit nützlichen (wenn auch nicht immer topaktuellen) Informationen über Permits, Gebühren und anderen Verwaltungskram.

thegreathimalayatrail.org
Detaillierte Website nicht nur über den Great Himalaya Trail, sondern auch über das Wandern in Nepal im Allgemeinen, mit gutem Schwarzen Brett zum Suchen nach Trekkingpartnern.

trekinfo.com
Die beste allgemeine Seite, mit zahlreichen Links und einer ausgezeichneten Forumsseite (trekinfo.com/forums/) mit aktuellen Routenbeschreibungen, Suche nach Trekkingpartnern und Empfehlungen von (und Warnungen vor) Führern.

trekkingpartners.com
Nützliches Forum, besser für die Suche nach Trekkingpartnern als für die Suche nach Guides.

Spezialführer

Die Hauptrouten sind im Allgemeinen so deutlich markiert, dass Trekker sie ohne Weiteres nur mit diesem Reiseführer ausgerüstet begehen könnten – ganz besonders, wenn sie die Absicht haben, einen Führer anzuheuern. Allerdings kann dieses Kapitel keinen detaillierten Wanderführer für eine Trekkingtour auf eigene Faust ersetzen und erst recht keine großformatige Faltkarte mit Höhenlinien, Nebenstrecken und allem Pipapo. Wer sich ins Gebirge wagt, sollte sich möglichst beides zulegen, schon aus Sicherheitsgründen.

Alle englischsprachigen Trekkingführer sind problemlos in Kathmandu zu bekommen, die meisten auch in Pokhara. Vermehrt gelangen auch in Nepal herausgegebene Trekkingführer auf den Markt; gut ist im Allgemeinen die Reihe *Himalayan Travel Guides*. Da die meisten Trekkingführer nur in größeren Zeitabständen aktualisiert werden können, richtet man sich bei der Auswahl am besten nicht nur nach individuellen Vorlieben, sondern vor allem nach dem Datum der letzten Ausgabe. Eine Liste mit speziellen Trekkingführern findet sich in unserer Bücherliste auf S. 482.

Karten

Nepals Trekkinggebiete sind kartographisch gut erfasst, doch wie überall gilt: Man bekommt das, wofür man bezahlt. Derzeit gibt es keine wirklich aktuelle Karte des Straßennetzes. Die besten Karten für bestimmte Trekkinggebiete variieren von Jahr zu Jahr, da die Verlage einander mit immer neuen Auflagen zu übertreffen versuchen. Zurzeit ist die im Land herausgegebene (und vielerorts erhältliche) **NepaMaps**-Reihe am besten lesbar und einigermaßen aktuell. Die Karten enthalten allerdings auch ein paar haarsträubende Fehler und sind nicht geeignet, um sich abseits der etablierten Trekkingrouten zu bewegen. Brauchbar sind auch die Nepal Adventure Maps von **National Geographic**, die aber nur die Regionen Annapurna, Everest und Langtang erfassen.

Die teureren **Geo-Buch**-Karten von Schneider, die das Everest- und das Langtang/Helambu-Gebiet abdecken, besitzen wesentlich verlässlichere Höhenlinien und topographische Details, sind allerdings, was Dörfer anbelangt, total veraltet.

Wer abgelegene Wege gehen will, sollte einen Blick auf die Karten von **HMG/FINNIDA** werfen, die von der königlichen Regierung (so steht es jedenfalls darauf) in Zusammenarbeit mit einer finnischen Hilfsorganisation produziert werden – sie sind ausgezeichnet und nicht allzu teuer, aber nicht speziell fürs Trekking konzipiert und im Hinblick auf neue Straßen furchtbar veraltet. Diese Karten werden nur vereinzelt in Touristen-Buchläden angeboten.

Trekking auf eigene Faust

Trekking auf eigene Faust bedeutet, alle Vorbereitungen selbst zu treffen, seinen Rucksack selbst zu tragen und in Lodges zu übernachten. Das spart Geld und führt zu individuellen Erfahrungen, doch die Möglichkeiten sind begrenzter als auf einem organisierten Trek.

Wer auf eigene Faust wandert, hat größere Kontrolle über die Art und Weise des Trekkings: Man läuft gemäß dem eigenen **Tempo**, bestimmt wo und wann man pausiert, wählt sich die Reisegenossen selbst aus, kann nach Lust und Laune Ruhetage einlegen oder Abstecher unternehmen. Als Kehrseite der Medaille braucht man ein bis drei Tage, um Flug- oder Bustickets zu bekommen, die Ausrüstung zu mieten und Verpflegung einzukaufen sowie eventuell Träger und Führer anzuheuern. Ein größerer Nachteil ist, dass man in der Praxis auf die beliebteren Trekkingrouten beschränkt ist. Abgelegene Gebiete kann man auf diese Weise nur erkunden, wenn man Nepali spricht oder bereit ist, eine Menge an Proviant und Ausrüstung zu besorgen und mitzunehmen.

Das Trekking auf eigene Faust ist weniger bequem als ein organisierter Trek. Lodges sind oft laut und ohne Privatsphäre, und mitunter wartet man lange auf Essen von fragwürdiger Qualität. Dafür entschädigt allerdings das **gesellige Leben** in den Lodges – auch wer allein aufbricht, wird unterwegs schnell auf potenzielle Weggefährten stoßen.

Wer nicht zu einer Gruppe gehört, sollte sich den nepalesischen Verhaltensweisen anpassen und nicht erwarten, dass die Einheimischen die eigenen annehmen. Wichtig ist auch, dass ein hoher Prozentsatz des Geldes, das man ausgibt, der lokalen Wirtschaft zugute kommt, während das meiste Geld, das man an Agenturen zahlt, nicht über Kathmandu hinauskommt und oft sogar den direkten Weg ins Ausland findet. Als unabhängiger Trekker sollte man unbedingt darauf achten, nicht zur **Abholzung** beizutragen. Wer auf Holzfeuern gekochtes Essen bestellt, ermutigt die Inhaber, mehr Holz zu fällen – und dies gilt auch für mitgebrachte Führer oder Träger. Zum Glück wird an den meisten populären Wegen nun Kerosin statt Holz benutzt.

Kosten

Der größte Kostenfaktor ist außer Genehmigungen und Nationalparkgebühren (S. 30) in der Regel die **Anreise**. Die Fahrt mit öffentlichen Bussen zu den Ausgangspunkten der Haupttrekkingrouten kostet normalerweise bis zu etwa Rs500. Ein Taxi oder ein Sitzplatz im Gemeinschaftsjeep, um höher hinaufzugelangen, können die Kosten weiter in die Höhe treiben. Die Preise für Flüge zu den Bergpisten bewegen sich im Bereich von US$90–150 für eine Strecke. Tickets zu einigen der entlegensten Flugplätze können noch teurer sein, und wer irgendwo zwischenlanden muss, braucht ein zusätzliches Ticket für den Weiterflug.

Sofern man nicht gerade in Luxuslodges nächtigt, fallen die **Übernachtungskosten** kaum ins Gewicht (S. 62). Auch sonst gibt es kaum Möglichkeiten, Geld loszuwerden, außer für Träger oder Führer und fürs Essen. Proviant (für Trekker, die zelten wollen) und schlichte, einheimische Mahlzeiten sind billig. Abseits der viel begangenen Routen kommt man mit weniger als US$15 pro Tag hin. Auf den Hauptrouten um Everest und Annapurna können die Verpflegungskosten dagegen überraschend in die Höhe schnellen. Hier klettert das Tagesbudget leicht auf US$20–25 und vielleicht sogar über US$30, wenn man in Zimmern mit Bad übernachtet und sich von Pizza, Pommes und dergleichen ernährt. Besonders teuer ist Bier (bis zu US$5 die Flasche), dessen Preis genau wie der der Lebensmittel proportional zur Entfernung von der nächsten Straße ansteigt. Einen Träger anzuheuern treibt die Kosten ebenfalls in die Höhe (S. 402).

Führer

Einen Führer braucht man im Grunde nur abseits der gängigen Routen oder wenn man alleine unterwegs ist, doch jeder Trek wird durch die Gesellschaft und Ortskenntnisse eines guten Führers bereichert. Die besten können mit Detailwissen über die Tier- und Pflanzenwelt und die regionale Kultur aufwarten; die schlechtesten sind Stadtkinder mit einer kaum verhüllten Verachtung für das Leben auf dem Land. Allerdings kann ein Führer auch Gästehäuser bevorzugen, die nicht unbedingt dem eigenen Geschmack entsprechen, und in gewisser Weise erschwert er den Kontakt zu Einheimischen, da

Flüge in die Berge

Der Flug zu einem Flugplatz in den Bergen wie nach Jomosom oder Lukla gehört zu den spannendsten Dingen, die man in Nepal unternehmen kann – für einige ist es vielleicht schon zu spannend, wie beim Flug nach Lukla, wo die Landebahn gefährlich kurz ist und man direkt auf einen Berg zusteuert. Zunehmend ist es möglich, auch Inlandflüge im Internet zu buchen, aber vielleicht möchte man seine Kreditkartendaten nicht preisgeben; dann kann man den Flug über seinen Guide, ein Gästehaus oder eine gut beleumundete Trekkingagentur oder ein Reisebüro buchen. Die Preise weichen bis auf einen oder zwei Dollar kaum voneinander ab. Bei allen Flügen in die Berge gibt es häufig Verzögerungen und Stornierungen, gewöhnlich wegen zu viel Wolken oder starker Winde. Wenn ein Flug ausfällt, behält das Ticket trotzdem seine Gültigkeit, jedoch landet man auf einer Warteliste statt im nächsten Flugzeug. Verzögerungen müssen also eingeplant werden, und am besten bucht man immer den frühesten Flug: Wenn das Wetter besser wird, ist man so als erster unterwegs. Bei den Flügen von und nach Lukla, wo jeden Vormittag Flüge in drei „Runden" stattfinden, bedeutet das, dass man möglichst frühzeitig bucht und wenn möglich den „first flight, first round". Wer selbst einen gebuchten Flug stornieren muss, sollte sich entweder von der Ticketagentur oder am Flughafen einen Stornierungsstempel *(cancellation stamp)* geben lassen, sonst wird man behandelt wie jemand, der seinen Flug einfach nicht angetreten hat, und verliert den gesamten Flugpreis. Ansonsten kosten Stornierungen ein Drittel des gezahlten Preises.

er seiner Truppe sämtliche Verhandlungen abnimmt – das sollte man vermeiden, und ein guter Führer sollte höchstens als Dolmetscher und Vermittler auftreten. Einige Führer sind auch bereit, Gepäck zu tragen, aber nicht alle. Viele Guides führen Verbandskästen mit, und die guten können auch mit deren Inhalt umgehen.

Die **Anwerbung** geht formlos vor sich. Am besten hört man sich einfach mal um: Man kann Empfehlungen von Mitreisenden einholen oder von Bekannten, die gerade in Nepal waren, oder man schaut sich im Internet um. Außerdem kann man das Kathmandu Environmental Education Project (KEEP, S. 193) besuchen oder sich an eine Agentur wenden. Auch die Gästehäuser können fast immer Führer vermitteln. Am besten nimmt man mehrere Kandidaten unter die Lupe, möglichst in Form ausführlicher Einzelgespräche z. B. beim Tee oder beim Essen, um herauszufinden, ob man gut miteinander klarkommt. Dabei sollte man seinem Instinkt folgen und niemanden anheuern, bei dem man ein schlechtes Gefühl hat – schließlich verbringt man auf dem Trek eine Menge Zeit miteinander. Ein Führer der selbst aus der angepeilten Trekkingregion stammt, ist oft vorzuziehen, weil er (oder sie) vermutlich Familie und Freunde an der Route hat und von den Einheimischen respektiert wird.

Schwarze Schafe

Die Mehrzahl der nepalesischen Führer ist überaus korrekt und respektvoll, aber ganz vereinzelt hört man von Fällen, in denen Führer Trekkerinnen sexuell belästigt haben. Das hat teils mit den weit verbreiteten nepalesischen Vorstellungen von der laxen westlichen Sexualmoral zu tun und teils auch mit der Tatsache, dass einige Ausländerinnen tatsächlich mit Nepalesen anbandeln, was bei manchen übersteigerte Erwartungen weckt.

Um Probleme zu vermeiden, sollte man Führer nur auf Empfehlung einer Person, der man vertraut, anwerben, und man sollte entweder darauf bestehen, den Führer vor Geschäftsabschluss zu treffen oder von vornherein zusammen mit einem Trekkingpartner aufbrechen. Alle unerwünschten Annäherungsversuche sollten sofort im Keim erstickt werden. Es gibt übrigens auch weibliche Führer (S. 66). Wer mit einem Führer schläft, sollte sich darüber im Klaren sein, dass die HIV-Rate in Nepal stark im Ansteigen begriffen ist.

Die **Trekkingagenturen** zahlen ihren Führern mickrige Löhne von US$15–20 pro Tag (wovon ihnen nach Abzug ihrer Spesen nicht viel bleibt) und verlangen von den Trekkern mindestens US$30–40. Wenn man den Führer direkt anheuert, sind US$30 ein annehmbarer Tageslohn wobei die Führer ihre Spesen selbst tragen Führer für längere Trekkingtouren, mit guten Sprachkenntnissen oder besonders guten Naturkenntnissen können etwas mehr verlangen Auf jeden Fall vorher klären, ob im vereinbarten Betrag Speisen und Getränke inbegriffen sind Wenn die Führer ihre Verpflegung selbst bezahlen, lassen sich manche Probleme vermeiden Man sollte keine zu hohe Vorauszahlung leisten: Üblich sind 50 %. Außerdem ist es üblich dem Führer ein Trinkgeld in Höhe von 10 % zu geben, sofern er gute Arbeit geleistet hat; man sollte dabei nicht vergessen, dass seine Arbeit schwierig und manchmal gefährlich ist.

Ohne Wandererfahrung in Nepal sollte man keinen Trek abseits der gängigen Routen unternehmen. Für solche Gegenden ist oft nur schwer ein geeigneter Führer zu finden. Ihn und eine Trägermannschaft zum Ausgangspunkt zu transportieren, kann kostspielig sein, und die Durchführung erfordert aufwendige Vorbereitungen Es dürfte nicht viel teurer sein, eine Trekkingagentur damit zu beauftragen.

Träger

Träger – mit ihren typischen *doko*-Körben, die mit Hilfe eines um die Stirn geführten *naamlo* (Tragriemen) getragen werden – sind ein bedeutender Faktor in der Wirtschaft des Himalaya und man braucht sich nicht zu schämen, wenn man seine Sachen tragen lässt. Wenn ein Träger das Hauptgepäck befördert, trägt man selbst nur das Nötigste für den Tag, was vor allem in wärmeren oder höheren Lagen eine wesentliche Erleichterung darstellt. Unentbehrlich können Träger in entlegenen Gebirgsregionen sein wo Zelte, Kochutensilien und größere Mengen an Proviant mitgeführt werden müssen.

Verantwortungsbewusster Umgang mit Trägern und Führern

Die **Verantwortung**, die man mit dem Anheuern eines Trägers oder Führers übernimmt, kann nicht oft genug betont werden. Vor allem die Träger gehören zu den ärmsten Einwohnern Nepals. Viele machen diese Knochenarbeit nur, weil sie keinerlei Alternative haben, denn die meisten von ihnen sind landlose Analphabeten. In der Regel sind sie weniger als 80 Tage pro Jahr beschäftigt und erheblichen Verletzungs- und Gesundheitsgefahren ausgesetzt. Deshalb sollte man bei der Anwerbung nicht zu hart verhandeln: Rs100 pro Tag sind für westliche Trekker ein Klacks, machen für den Träger aber oft einen Riesenunterschied aus. Außerdem ist darauf zu achten, dass der Träger eine Kranken- und Lebensversicherung hat. Bei Agenturen sollte das eigentlich Standard sein; wenn man seine Träger selbst anheuert, lässt sich die Versicherung einfach und preiswert durch eine Agentur arrangieren.

Mehr Informationen dazu gibt es von der International Porter Protection Group (IPPG), die man über die Himalayan Rescue Association in Kathmandu erreicht (S. 193).

Etliche Träger sterben jedes Jahr, weil sich ihr Sahib nichts dabei dachte, sie draußen im Schneesturm schlafen zu lassen. Man *muss* sicherstellen, dass der Angeworbene für die Reise ausreichend gekleidet und ausgerüstet ist – für Touren in große Höhen heißt das, ihnen gute Schuhe und Socken, eine Windjacke, Sonnenbrille, Handschuhe und einen Schlafsack zu kaufen oder zu mieten. Dabei ist klarzustellen, ob diese Dinge geliehen oder geschenkt sind. Man sollte sich immer vergewissern, dass die Träger anständig untergebracht sind. Wenn sie krank werden, muss man sich um sie kümmern – und darauf achten, dass sie nicht einfach ausgezahlt und weggeschickt werden, ohne dass jemand prüft, ob sie fit genug für den Heimweg sind. In Kathmandu oder Pokhara angeworbene Träger haben oft keine Vorstellung von den Höhenproblemen, und deshalb muss man sich selbst über mögliche Probleme und den Umgang mit ihnen im Klaren sein. Außerdem ist es wichtig, die Träger nicht zu überlasten. Manche können erstaunliche Lasten schleppen, aber 30 kg gelten allgemein als Höchstlast, die je nach Alter und Fitness des Trägers reduziert werden muss.

Die Anwerbung ist einfach – man muss nur fragen: Im Gästehaus, bei einer Trekkingagentur oder im Ausrüstungsgeschäft. Jemanden auf der Straße anzuwerben mag zwar preiswerter sein und dem Träger dennoch einen höheren Lohn einbringen, doch es birgt auch höhere Risiken, denn solche Leute sind nicht in den Mitarbeiterlisten von Agenturen erfasst. Alternativ kann man sich einfach bis zum Ausgangspunkt des Trekkings oder zum Ankunftsflughafen in den Bergen gedulden, denn besonders an den populären Routen warten in der Regel Träger (und Führer) auf Arbeit, welche die Gegend besser als irgendjemand aus Kathmandu kennen. Wer ohne Hilfe loszieht und es sich hinterher anders überlegt, wird sicher in den größeren Siedlungen am Weg, beispielsweise in Namche oder Manang, einen Träger finden.

Der durchschnittliche **Tageslohn** eines Trägers liegt bei rund Rs700. Wer Träger über Agenturen oder Vermittler anheuert, zahlt erheblich mehr; Träger für die höheren Lagen des Everest verlangen vielleicht Rs1000–1200. Englischsprachige Träger sind selten und können ggf. höhere Tageslöhne verlangen, vor allem, wenn sie hier und da auch als Führer aushelfen sollen. Normalerweise bezahlen die Träger ihre Verpflegung und Unterkunft selbst. Das kann sie Rs300 bis Rs500 kosten, weshalb Trinkgeld für sie oft lebenswichtig ist. Angebracht ist ein Trinkgeld in Höhe von 10–20 %. Viele Trekker schenken ihren Trägern am Ende der Tour außerdem nicht mehr benötigte Ausrüstungsteile oder Kleidungsstücke oder spenden an Organisationen wie KEEP (S. 193).

Organisiertes Trekking

Organisiertes Trekking empfiehlt sich für alle, die keine Zeit oder Lust haben, alles selbst vorzubereiten, oder die ausgefallene Routen in Angriff nehmen wollen, welche auf eigene Faust nicht zu bewältigen sind. Wenn man in Nepal bucht, belaufen sich die **Kosten** zwischen etwa US$50 pro Tag (für einen einfachen Annapurna- oder Langtang-Trek, mit Unterkunft in Lodges) bis zu rund US$80 (für den Trek zum Everest Base Camp, in Lodges) oder gar US$100–150 pro Tag für abgeschiedenere Routen mit Übernachtung im Zelt. Flüge sind in den Preisen nicht inbegriffen, und die Preise variieren stark je nach Art der Dienstleistung, Gruppengröße und Unterbringung (Zelt oder Lodge). Im Preis sollten immer Führer, Träger sowie Verpflegung und Unterkunft enthalten sein. Bei den preiswerten Veranstaltern werden die Kosten für Nationalparks, Transportmittel und andere Dinge oft extra berechnet. Je billiger das Angebot, desto mehr Vorsicht ist geboten.

Ein Trek ist in jedem Fall harte Arbeit, doch eine gute Agentur wird versuchen, sie durch Annehmlichkeiten zu versüßen: appetitliches Essen, zum Aufstehen Tee ans Bett, heißes Waschwasser am kalten Morgen, Klappstühle und Toilettenzelt mit Papier. Je nach Gruppengröße wird ein *sirdar* (leitender Bergführer) oder westlicher Trekkingleiter, der Fragen beantworten und Probleme lösen kann, die Gruppe betreuen. Trekkinggruppen sind gewöhnlich mit Zelten unterwegs, die zwar ruhiger als Lodges sind, dafür jedoch enger und kälter. Das tägliche Essen mit der Gruppe kann monoton sein und führt zu weniger Kontakt mit Einheimischen. Das Reisen in der Gruppe erhöht die Sicherheit, doch man ist gezwungen, am festgelegten Programm teilzunehmen, und hat keine Ausweichmöglichkeiten, wenn man sich mit anderen nicht versteht.

In der Theorie zumindest ist organisiertes Trekking umweltverträglicher, jedenfalls in Nationalparks und Naturschutzgebieten, wo Gruppenmahlzeiten mit Kerosin gekocht werden müssen. Manchmal aber verwenden Köche trotzdem Holz, um das eingesparte Kerosin am

Trekking-Gipfel und Bergsteiger-Expeditionen

33 niedrigere Gipfel zwischen 5550 m und 6654 m Höhe sind als Trekking-Gipfel ausgewiesen. Sie füllen die Lücke zwischen einfachen Wandertouren und richtigen Bergsteiger-Expeditionen: Einige sind einfach nur anstrengende Schneewanderungen für Leute mit guten Lungen, andere technisch anspruchsvolle, tagelange Fels- und Eisklettertouren. Man muss sehr fit sein und das sehr kalte und unter Umständen stürmische Wetter ertragen können. Frühere Klettererfahrungen sind für die leichteren Gipfel angeraten, für die Gipfel hingegen unerlässlich. Am wichtigsten ist die richtige Höhenanpassung: Viele Veranstalter planen bei ihren Expeditionen nicht genug Zeit ein, weshalb viele ihrer Kunden den Gipfel nicht erreichen – oder noch Schlimmeres erleben.

Die **beliebtesten Trekking-Gipfel** befinden sich in der Everest-Region. Der Imja Tse, alias Island Peak (6160 m), ist ein viel bestiegener und relativ einfacher Gipfel. Lobuje East (6119 m) erfordert einen anspruchsvollen Grataufstieg. Mera Peak (6654 m) ist der höchste aller Trekking-Gipfel und gehört schon deshalb zu den gefährlichsten, auch wenn es sich in technischer Hinsicht nur um eine Bergwanderung handelt. Zu den beliebten Gipfeln in der Annapurna-Region gehören der Pisang (6091 m), ein Gipfel von mittlerem Schwierigkeitsgrad mit felsigen Etappen in der Nähe von Manang, und Tharphu Chuli, alias Tent Peak (5663 m), in spektakulärer Lage im Annapurna Sanctuary. Es gibt zwei **Gipfelkategorien**: „Gruppe B" umfasst die 18 ursprünglichen Trekking-Gipfel. Die Berge der „Gruppe A" wurden erst 2002 für Klettergruppen freigegeben und verschaffen manchen vielleicht das befriedigende Gefühl, sich auf Neuland zu bewegen. Sie unterscheiden sich nur verwaltungstechnisch, denn beide Gruppen umfassen schwierigere und einfachere Routen.

Die Besteigung eines Trekking-Gipfels erfordert mehr Zeit als die meisten Standardrouten – drei bis vier Wochen sind normal – und kostet zwangsläufig mehr, vor allem wenn man sich einer Agentur anvertraut. Ein Kostenfaktor ist das Gipfel-Permit. Gipfel der Gruppe B kosten für Gruppen von 1–4 Pers. US$350. Für 5–8 Pers. kommen weitere US$350 plus US$40 p. P. hinzu, für 9–12 Pers. nochmals US$510 plus US$25 p. P. Gipfel der Gruppe A kosten US$500 für bis zu 7 Pers.; für jeden zusätz-

Schluss verkaufen zu können. Schlimmer noch: Auf jeden Trekker, dessen Essen mit Kerosin gekocht wird, kommen zwei bis drei Träger, die ihr *daal bhaat* über einem Holzfeuer zubereiten.

Der **Hauptvorteil** eines organisierten Trekkings besteht darin, dass man abseits der ausgetretenen Pfade unterwegs ist. Es macht wenig Sinn, sich einen sehr beliebten Trek von einer Agentur organisieren zu lassen. Etliche Agenturen bieten inzwischen „Wildnis"- oder „Naturtouren" an, oft mit erfahrenen, naturkundigen Führern, die nicht traditionell von Dorf zu Dorf führen, sondern über wenig begangene Pfade in unbewohnte Bergregionen oder durch Waldgebiete. Wer sich umguckt, findet auch Angebote, die auf spezielle Interessen abgestimmt sind: tibetischer Buddhismus, Schamanismus, Vogelbeobachtung, Rhododendronblüte und sogar Wegebau und Müllentsorgung. Viele Agenturen bieten auch eine Kombination von Trekking mit Rafting, Radfahren und Tierbeobachtungen an.

Agenturen und Trekkingveranstalter

Kleine **Budget-Agenturen** in Kathmandu und Pokhara nehmen ab US$60 pro Tag für Trekkingtouren in den Regionen Annapurna und Langtang ohne Camping (also drei Mahlzeiten pro Tag, Unterkunft, Führer und Träger); das Everest-Gebiet kostet in der Regel US$10–20 mehr. Trekkingveranstalter sind nur sehr schwer zu empfehlen: Viele davon sind dubiose Unternehmen, die sich als Trekking-Spezialisten ausgeben, in Wirklichkeit aber nur Agenten sind, die für wenig Gegenleistung eine saftige Kommission einstreichen. Einige der besser etablierten Budget-Agenturen veranstalten regelmäßige Treks, jedoch nur auf den gängigen Routen. Namen ändern sich laufend, und das Serviceniveau ist unbeständig.

Die **großen Anbieter** in Kathmandu (S. 188) organisieren hauptsächlich Pauschaltreks im Auftrag ausländischer Reiseveranstalter, nehmen manchmal aber auch „Laufkundschaft" zum re-

lichen Teilnehmer werden weitere US$100 fällig, bis zur Höchstzahl von 12 Pers. pro Gruppe. Die Gebühren sind über einen zertifizierten Führer oder einen autorisierten Trekking- oder Reiseveranstalter an die offizielle **Nepal Mountaineering Association** (NMA) zu entrichten. Zusätzlich müssen die Trekker den Lohn eines NMA-zertifizierten *sirdar*, der sich um die Logistik kümmert, und mindestens einiger Träger bezahlen, außerdem notwendige Transporte und Ausrüstung sowohl für die Trekker als auch für die Mannschaft. Manche Gipfel liegen in nur beschränkt zugänglichen Regionen, für die zusätzliche Besuchergebühren zu entrichten sind. Die Vorbereitungen für eine Expedition auf einen Trekking-Gipfel nehmen in Kathmandu mehrere Tage bis zu einer Woche in Anspruch.
Über hundert höhere Gipfel sind nur für **Expeditionen** offen, die zusätzliche Bestimmungen beachten und erheblich höhere Gebühren zahlen müssen. Allerdings gibt es kräftige Rabatte für Kleingruppen, die außerhalb der Hauptsaison kommen. Einige Gipfel im mittleren und fernen Westen sind jetzt sogar gebührenfrei zu besteigen.

Agenturen

Viele Agenturen bieten geführte oder organisierte Touren an, z. T. in Verbindung mit Bergsteigerkursen.
Asian Trekking, Thamel Northeast, ✆ 01-4424249, 💻 asian-trekking.com
Explore Himalaya, Thamel Northwest, Kathmandu, ✆ 01-4418100, 💻 explorehimalaya.com
Highlander Trekking and Expeditions, Thamel, Kathmandu, ✆ 01-4700563, 💻 highlandernepal.com
Himalayan Glacier, Thamel, Kathmandu, ✆ 01-4411387, 💻 himalayanglacier.com
Thamserku Trekking, Baluwatar, ✆ 01-4000701, 💻 thamserkutrekking.com

Informationen

Nepal Mountaineering Association, Nagpokhari, Naxal, ✆ 01-4434525, 💻 nepalmountaineering.org. Informationen über Trekking-Gipfel und Bergsteiger-Expeditionen.

duzierten Preis mit. Einige bieten aber auch für Gäste, die bereits vor Ort sind, Trekkingtouren an: Campingtreks im Annapurna-Gebiet kosten normalerweise um US$80/Tag, Treks zum Everest Base Camp US$10–20 zusätzlich. Wer eine maßgeschneiderte Trekkingtour in eine ausgefallene Gegend buchen will, sollte schon mehrere Monate vorher bei potenziellen Veranstaltern anfragen.

Wer bei einem **ausländischen Veranstalter** bucht, kann damit rechnen, dass alles bereits vor der Reise nach Nepal organisiert sein wird. Das muss nicht unbedingt so viel teurer kommen; man kann mit Preisen ab etwa US$100/Tag kalkulieren. Manche Veranstalter haben eine eigene Niederlassung in Kathmandu, andere organisieren das Ganze durch Subunternehmer. Der ausländische Veranstalter kümmert sich um alles im Vorhinein und hält ein wachsames Auge auf die Qualitätssicherung vor Ort. Manche lassen zu, dass einzelne Kunden gegen einen geringeren Preis erst in Kathmandu zur Gruppe stoßen.

Fragen an die Trekkingagentur

Nepals Trekkingagenturen sprechen zwar engagiert über Umweltschutz, doch stimmen die tatsächlichen Begebenheiten nicht immer mit ihren Versprechungen überein. Deshalb hier einige Fragen, die prüfen, was sie tatsächlich tun, um ihren Einfluss auf die Umwelt zu minimalisieren. Wahrscheinlich wird keine Agentur sämtliche Fragen beantworten können, doch die Übung wird zumindest ihr Bewusstsein für Problembereiche schärfen.

- Wird genug Kerosin mitgenommen, um alle Mahlzeiten für sämtliche Gruppenmitglieder inklusive Träger zu kochen?
- Welche Ausrüstung wird den Trägern zur Verfügung gestellt? Zelte, geeignete Kleidung, Schuhe, UV-Sonnenbrillen?
- Werden alle nicht biologisch abbaubaren/nicht brennbaren Abfälle wieder mitgenommen?
- Wie viele Mitarbeiter können Schulungszeugnisse des Ökotrekking-Workshops des Kathmandu Environmental Education Project (KEEP) vorlegen oder haben zumindest Kurse der Trekking Agencies' Assocation of Nepal (TAAN) oder Nepal Mountaineering Association absolviert?
- Haben die Führer eine zertifizierte Erste-Hilfe-Ausbildung erhalten?

TREKKING

Permits, Gebühren und andere Formalitäten

Trekking-Permits werden inzwischen für die meisten Regionen nicht mehr benötigt, darunter alle Standardrouten um den Annapurna, Mount Everest und Langtang/Helambu/Gosainkund. Trekker müssen sich allerdings eine **TIMS-Karte** besorgen – als Anmeldung zu einer Art Trekkerregister – und eine **Eintrittsgebühr** für Nationalparks oder Naturschutzgebiete bezahlen. Bei organisierten Trekkingtouren erledigen das die Veranstalter. Bevor man aufbricht, sollte man sich in Kathmandu **bei der Botschaft registrieren lassen**. Dies beschleunigt im Falle eines Falles Rettungsmaßnahmen. Das *Kathmandu Environmental Education Project (KEEP)* und die *Himalayan Rescue Association* können die Daten ebenfalls an die betreffende Botschaft weitergeben.

Eintrittsgebühren für Nationalparks und Naturschutzgebiete

Wenn die Trekkingtour durch einen Nationalpark oder ein Naturschutzgebiet führt – und das tun fast alle Treks –, müssen die Trekker eine **Eintrittskarte** kaufen. Die Erlöse fließen in wichtige Erhaltungsmaßnahmen, von Baumschulen und der Wartung der Wege bis zur Schulung der Einheimischen im nachhaltigen Lodge-Betrieb. Die Eintrittsgebühr beträgt bei allen Nationalparks (außer beim Shivapuri-Nationalpark bei Kathmandu) und bei der Kanchenjunga Conservation Area Rs1000. Die Gebühren für Langtang und den Sagarmatha-Nationalpark am Everest sind an den Eingangskontrollstellen in Dhunche oder Monjo zu zahlen. Das Annapurna Conservation Area Project und die Manaslu Conservation Area erheben Rs2000 Eintrittsgebühr, zu ent-

Gebühren für entlegene Regionen

Nach wie vor gibt es obligatorische Permits für Trekkingtouren, die durch bestimmte entlegene Regionen führen. Diese sind nur über autorisierte Agenturen zu bekommen – und in der Praxis nur, wenn man mit einem registrierten Führer geht, und gewöhnlich nur für vollständig ausgerüstete Campingtreks. Manchmal ändern sich die Bestimmungen; am besten informiert man sich bei der Trekking Agencies' Association of Nepal, 🖳 taan.org.np, oder beim weniger kundenfreundlichen Department of Immigration, 🖳 immi.gov.np. In den vergangenen paar Jahren galten jedoch recht stabil die folgenden Tarife:

- **Lower Dolpo**, **Kanchenjunga** und **Gauri Shankar** (der Bezirk Dolakha gleich westlich der Everest-Region) US$10 p. P. und Woche
- **Makalu** US$10 p. P. und Woche für die ersten vier Wochen, dann US$20 pro Woche
- **Chekampar** und **Chumchet** (unterhalb des Ganesh Himal und nördlich von Gorkha) Sep–Nov US$35 p. P. für acht Tage; Dez–Aug US$25
- **Mount Kailash** (der gesamte Bezirk Humla) US$50 pro Woche, dann US$7 pro Tag
- **Manaslu** Sep–Nov US$70 p. P. und Woche, dann US$10 pro Tag; Dez–Aug US$50/US$7
- **Nar-Phu** (bei Manang) Sep–Nov US$90 p. P. und Woche; Dez–Aug US$75
- **Upper Mustang** und **Upper (Inner) Dolpo** US$500 p. P. für die ersten zehn Tage, danach US$50 pro Tag

richten möglichst vorab in den ACAP-Büros von Kathmandu (im Tourist Service Center, Exhibition Rd, Bhikruti Mandap; S. 193) oder Pokhara (im Tourist Service Centre, Damside, in der Nähe des Flughafens; dazu den Reisepass und ein Passfoto mitnehmen). Wer das ACAP-Permit nicht im Voraus kauft, muss am Parktor eine Gebühr in doppelter Höhe zahlen. Für Kinder unter zehn Jahren ist der Eintritt in alle Parks kostenlos.

Die TIMS-Karte

Alle Trekker müssen sich, bevor sie losgehen, eine TIMS-Karte besorgen. Für unabhängige Trekker – die Free Independent Trekkers (FITs) – kostet die Karte US$20, für solche in einer organisierten Gruppe US$10. Das **Trekkers' Information Management System** soll der zügigen Alarmierung der Behörden dienen, wenn ein Trekker vermisst wird, und soll außerdem helfen, illegal operierenden Trekkingunternehmen auf die Spur zu kommen, außerdem ist es als kleine Touristensteuer zu sehen. Bei organisierten Touren besorgt der Veranstalter die TIMS-Karte. Individualtrekker bekommen ihre Karte von den Büros des Tourist Service Center in Kathmandu oder Pokhara (Letzteres befindet sich praktischerweise im selben Gebäude wie das ACAP-Büro, wo die Park-Eintrittsgebühr zu entrichten ist) oder bei TAAN, der Trekking Agencies' Association of Nepal mit Büros in Maligaon, Kathmandu und Lakeside, Pokhara. Mitnehmen muss man seinen Reisepass und zwei Passfotos, die in Thamel und Lakeside problemlos und billig zu bekommen sind.

Übernachtung

Trekking-Lodges werden manchmal immer noch „Teehäuser" genannt, obwohl die traditionellen *bhatti* (Teeläden) mit einfachem Schlafsaal dahinter inzwischen auf den Hauptrouten selten sind. Außer auf den abgelegensten Routen sind die meisten Lodges heute effiziente Betriebe mit englischen Schildern, guten Speisekarten, Blumenschmuck und gewöhnlich einem Englisch sprechenden Eigentümer. Oft handelt es sich um das Haus einer Familie, das normalerweise von der Matriarchin mit Unterstützung durch Kinder aus der Gegend geführt wird, mit einem Gästeanbau aus Stein und Holz und einem Speiseraum, der an die Familienküche angrenzt. In den Annapurna- und Everest-Regionen gibt es inzwischen auch immer mehr schicke, eigens

Nepals Gebirgsvölker

Die Bewohner von Nepals nördlichsten und höchsten Regionen stehen kulturell ihren tibetischen Verwandten auf der anderen Seite des Gebirges sehr nah. Viele haben zwar ihre eigenen regionalen Identitäten entwickelt, wobei die Lo-pa von Lo (alias Mustang) und die Sherpa der Everest-Region Khumbu wohl die bekanntesten sind, doch die Nepalesen fassen diese Völker unter dem Oberbegriff **Bhotia** zusammen. Das bedeutet grob übersetzt „Tibeter", hat aber leider meistens einen abfälligen Beiklang von „Hinterwäldler".

Die Völker des Hochlands sind Bauern, Hirten und Transhimalaya-Händler und fristen ihren Lebensunterhalt in dem rauen Klima, indem sie Gerste, Buchweizen und Kartoffeln anbauen und Yaks oder Yak-Kreuzungen züchten. Ihre Dörfer sind von unterschiedlicher Erscheinung. Die im Westen sind stark tibetisch geprägt; ihre Häuser stehen an den Hängen übereinander verschachtelt, so dass das Flachdach des einen als Getreidetrockenterrasse des nächsten dient. Die Dörfer weiter östlich bestehen häufiger aus Einzelhäusern mit geneigten Schindeldächern. Wie die Tibeter bereiten die nepalesischen Gebirgsbewohner ihren Tee mit Salz und Yakbutter zu, und die verheirateten Frauen tragen dieselben bunten Schürzen (*pangden*) und Wickelkleider (*chuba*). In den Touristengegenden hat sich eine Art „Uniform" aus Jogginghosen zur Fleece- oder Daunenjacke durchgesetzt.

Die große Mehrzahl dieser Hochlandbewohner sind **tibetische Buddhisten**. Ihre Chörten (Stupas), Mani-Mauern (aus Steinen, die mit dem Mantra „Om mani padme hum" beschriftet sind – S. 95), Gompa (Klöster) und Gebetsfahnen (*lung ta*: wörtlich „Windpferd") sind die eindrücklichsten Zeichen menschlichen Lebens im Himalaya. Die Gebirgsvölker sind nicht dem Kastenkorsett unterworfen und unterliegen deutlich weniger Beschränkungen als die Hindus. Entsprechend spielen ihre Frauen in Haushaltsangelegenheiten eine fast gleichberechtigte Rolle, sagen deutlich ihre Meinung, dürfen öffentlichen Umgang mit Männern pflegen und auch mit ihnen frotzeln und können sich scheiden lassen, ohne dass ihnen gesellschaftliche Ächtung droht. Die Trekker begegnen vielen tüchtigen Bergfrauen, die Touristenlodges und -betriebe führen, während ihre Männer auf den Feldern, als Yak-Hirten oder Trekkingführer unterwegs sind.

als solche errichtete Lodges mit verglasten Sonnenterrassen, elektrischem Licht, Kerosin-Öfen, Satelliten- oder sonstigen Telefonen (mit hohen minütlichen Gebühren), Duschen mit solarerhitztem Warmwasser, westlichen Toiletten und sogar WLAN. Eine gute Alternative bieten die „Community Lodges", von den Gemeinden nach nachhaltigen Grundsätzen bewirtschaftete Gästehäuser, die einen größeren Teil der Bevölkerung am Profit aus dem Tourismusgeschäft beteiligen sollen.

Die meisten Lodges halten sich an die nepalesische Tradition, preiswerte Unterkunft zu bieten (ab Rs50 fürs Etagenbett), sofern die Gäste ihre Mahlzeiten im Haus einnehmen. In der Annapurna-Region sind die Preise der Lodges (und der Mahlzeiten) offiziell festgelegt. Mit zunehmender Höhe steigen die Preise steil an; die Route zum Everest Base Camp ist relativ teuer. Normalerweise gibt es in den Lodges ein einfaches Holzbett mit einfacher Matratze oder Schaumstoffunterlage, Baumwollkissen und Decke oder Steppdecke. Entlang der beliebtesten Routen bieten viele Lodges mittlerweile Privatzimmer, jedoch sind diese zu den Hauptreisezeiten und in höheren Lagen oft ausgebucht, so dass man doch im Schlafsaal landet. Hier heißt es, den Schlafsack frühzeitig ausrollen, um sich einen Platz zu reservieren; die meisten Leute gewöhnen sich schnell daran, den Schlafraum mit anderen Leuten zu teilen, und die Müdigkeit am Ende des Tages tut ihr Übriges. Weniger Komfort besteht auf den abseits gelegenen Pfaden, wo man vielleicht in schlichten Schlafsälen oder auf einer Bank neben dem Küchenfeuer schläft und die Mahlzeit in dessen beißendem Qualm einnimmt.

Im Annapurna- und Everest-Gebiet haben die meisten Lodges Duschen mit solar oder elektrisch erhitztem Wasser. Anderswo wird Waschwasser gebracht, das auf einem Holzfeuer erhitzt wurde. Abseits der gängigen Pfade und in größeren Höhen stehen zum Waschen und Wäschewaschen behelfsmäßige Wasserleitungen oder Blecheimer mit eiskaltem Wasser zur Verfügung. Nur wenige Lodges haben Toiletten mit Wasserspülung im Hausinneren. Die meisten haben draußen eigene Latrinen *(chaarpi)*, doch man darf nicht überrascht sein, wenn man zu einem halb offenen Abort geschickt wird, der über einem Bach hängt, oder auch einfach nur in einen Verschlag.

Im Rahmen dieses Kapitels einzelne Lodges zu empfehlen, würde wenig helfen – viel hängt davon ab, wer die Lodge an dem betreffenden Tag gerade leitet. Am besten sind Tipps von Trekkern, die aus der Gegenrichtung kommen.

Essen und Trinken

Die **Trekking-Küche** ist eine Welt für sich. Obwohl die laminierten Speisekarten der Lodges mit internationalen Delikatessen locken, sind die meisten *paindaina* (nicht erhältlich), und man stellt bald fest, dass die Frühlingsrollen, Enchiladas, Pizzas und Pfannkuchen allesamt deutliche Ähnlichkeit mit Chapatis haben. Doch dafür gibt es Eier, Porridge, Müsli und Nudeln in bekannter Form, und die einfachen Reis- und Nudelgerichte sind zumindest sättigend. Leckereien wie Schokolade und Kekse sind immer zu bekommen. In höher gelegenen Gebieten werden tibetische Gerichte wie *momo, thukpa* und *riki kur* angeboten, und statt Porridge erhält man eher *tsampa* (S. 38).

Bei der **Bestellung** sollte man sich darüber klar sein, dass der Koch immer nur ein oder zwei Gerichte auf einmal zubereiten kann. Wenn schon viele andere warten, sollte man sich absprechen und die gleichen Gerichte bestellen, damit er größere Mengen kochen und Brennstoff sparen kann. *Daal bhaat* ist vielleicht am sättigendsten, dauert aber auch am längsten, denn man muss vielleicht warten, bis alle westlichen Gerichte zubereitet sind. In den meisten Lodges kann man seine Bestellung Stunden im Voraus aufgeben. Fast überall liegt ein Block herum, auf dem man alles, was man verzehrt, notieren muss. Bezahlen muss man erst, wenn man weiterzieht oder beim Frühstück. In einer anderen Lodge zu Abend zu essen als der, in der man wohnt, wird stark missbilligt.

Tee und *hot lemon* sind unterwegs die beliebtesten **Getränke**, aber auch Kaffee gibt's überall. An den ausgetretenen Pfaden gibt es auch Soft Drinks, Wasser in Flaschen und Bier – deren Preise steigen pro Tag, den man sich weiter von der Straße entfernt. Versuchen sollte man auch einmal die alkoholischen Spezialitäten *chhang, raksi* und *tongba* (S. 39) oder den leckeren Apfelwein und Apfel-*raksi*, die in der Everest- und der Jomosom-Region manchmal zu haben sind.

Gesundheit

Reiseführer tendieren dazu, die Gefahren eines Treks für die Gesundheit zu übertreiben, besonders was die Höhenkrankheit anbelangt. Nicht bange machen lassen – die meisten Trekker haben nicht mehr als etwas Halsweh (kommt in trockener Höhenluft häufig vor) und leichte Kopfschmerzen. Allerdings kann Trekking den Körper ganz schön strapazieren, und man ist gewöhnlich eine Woche oder länger von der nächsten medizinischen Einrichtung entfernt.

Selbst Kinder, Senioren und Behinderte haben viele erfolgreiche Treks unternommen, aber ein gewisses Maß an Fitness (oder ersatzweise Sturheit) ist erforderlich. Man sollte nie die eigenen Fähigkeiten überschätzen, sonst macht es keinen Spaß und man bringt sich vielleicht sogar in Gefahr. Auf jeden Fall sollte man nachprüfen, ob die Krankenversicherung keinen Haftungsausschluss für Trekking enthält, das mitunter als Risikosport bewertet wird, und sich über die Regelungen in Bezug auf Hubschrauberrettungen informieren.

Magenbeschwerden

Die Wahrscheinlichkeit, Magenprobleme zu bekommen, ist beim Trekking besonders hoch. Man sollte sich an die allgemeinen Regeln hinsichtlich frischer Lebensmittel und sauberem Wasser (S. 49) halten. Die Lodges kochen Wasser und Tee in der Regel ab, doch manchmal nicht lange genug, und in großen Höhen ist der Siedepunkt des Wassers so niedrig, dass eine längere Kochzeit erforderlich ist. Man sollte fast überall davon ausgehen, dass das fließende Wasser verunreinigt ist – auch in den abgelegensten Gebieten bewegen sich stromaufwärts immer noch Menschen oder zumindest Tiere.

Die **Wasserentkeimung** wehrt nicht nur am besten Krankheiten ab, sondern reduziert auch die Abhängigkeit von gekochtem oder in Flaschen abgefülltem Wasser, die in den Gebirgsregionen erhebliche Umweltprobleme verursachen.

Kleinere Verletzungen

Zu den meisten Verletzungen kommt es beim Abstieg. Besonders bei Trekkern, die ihr eigenes Gepäck tragen, sind Knieprobleme weit verbreitet. Wer Schwierigkeiten mit den Knien hat, sollte sie vorbeugend mit Bandagen stützen oder einen Träger anheuern. Gute, feste Wanderschuhe reduzieren die Gefahr von Verstauchungen und Knöchelverdrehungen. Die beste Vorsichtsmaßnahme ist: Aufpassen, wo man hintritt. Auch Wander- oder Teleskop-Skistöcke sind hilfreich, oder man macht sich die Technik der Nepalesen zu eigen, die steile Abstiege mit kurzen Trippelschritten bewältigen.

Viele bekommen **Blasen** an den Füßen, deshalb die Schuhe gut einlaufen. Manche Leute schwören auf zwei Paar Socken übereinander. Regelmäßiges Auslüften der Füße und häufiger Sockenwechsel helfen ebenfalls: Man kann jeweils ein Paar Socken an den Füßen tragen, während das andere zum Trocknen am Rucksack baumelt. Reibungspunkte mit Vaseline eincremen, und sobald sich eine Blase zu bilden droht, die Stelle durch Abpolsterung (Moleskin) schützen. Blasen immer reinigen und abdecken, damit sie so rasch wie möglich abheilen.

Höhenkrankheit

In großen Höhen können der niedrige Luftdruck und der entsprechend geringere Sauerstoffgehalt der Luft eine Reihe unberechenbarer Symptome hervorrufen, die man unter dem Begriff **„Höhenkrankheit"** oder „Bergkrankheit" (auf Englisch: „acute mountain sickness" – AMS) zusammenfasst. Verschreckt durch medizinische Ratschläge und Horrorgeschichten, entwickeln viele Trekker in der Höhe Ängste. Tatsache ist, dass fast jeder in über 4000 m Höhe leichte Symptome der akuten Höhenkrankheit entwickelt. Ernste Fälle sind aber selten, und

Erste-Hilfe-Set

Die Liste enthält nur eine Grundausstattung, die nicht für schwere Verletzungen oder Notfälle gedacht ist. Die meisten der Arzneimittel sind in Nepal wesentlich günstiger als zu Hause. Selbstdiagnose von Durchfall- oder Ruhrerkrankungen sowie Antibiotika und andere Medikamente zu ihrer Behandlung, S. 499.

Für Verletzungen

- ☐ **Sprühpflaster/Pflaster** – große und kleine Größen
- ☐ **Vaseline** – gegen Blasen und Wundreibung, verhindert auch, dass die Nasenlöcher in der Kälte austrocknen
- ☐ **Mullbinden, Gazepolster, steriler Verband** – für offene Wunden und große Blasen
- ☐ **Verbandsstreifen/Klebeband**
- ☐ **Moleskin** oder **Blasenpflaster** – selbstklebendes Synthetikpolster für Blasen
- ☐ **Elastische Bandage** – für Kniebeschwerden und Knöchelverdrehungen
- ☐ **Antiseptische Salbe** – für Kratzer, Blasen und Insektenbisse
- ☐ **Pinzette, Schere**

Für Krankheiten

- ☐ **Ibuprofen** – zur Schmerzlinderung bei geschwollenen Gelenken und Zerrungen
- ☐ **Halstabletten** – Halsweh tritt in großen Höhen häufig auf
- ☐ **Mittel gegen Durchfall** – Peristaltikhemmer wie Immodium; ggf. auch Antibiotikum gegen bakterielle Durchfallerkrankungen (S. 499)
- ☐ **Elektrolyt-Glucose-Mischung** – bei Durchfall
- ☐ **Tabletten gegen Allergien** (besonders im Frühjahr)
- ☐ **Diamox** – zur Behandlung milder Symptome der akuten Höhenkrankheit

Drei Grundregeln zur Höhenkrankheit

- Trekker sollten über die ersten Anzeichen der akuten Höhenkrankheit informiert sein und sie nicht herunterspielen, wenn sie diese bei sich selbst erkennen.
- Wer Symptome der Höhenkrankheit hat, darf keinesfalls weiter aufsteigen, um in größerer Höhe zu übernachten.
- Wenn sich die Symptome in Ruhe verstärken, sofort absteigen – ganz gleich, zu welcher Tages- oder Nachtzeit.

die einfache Behandlung – sofortiger Abstieg – bringt fast immer unverzüglich Besserung. Bis zu einer Höhe von etwa 4000 m haben nur wenige Personen schlimmere Symptome als Langsamkeit, Schwindel und Kopfschmerzen. Jedoch sind die Symptome bei jedem anders und treten unabhängig vom Grad der Kondition auf. Junge Leute scheinen anfälliger zu sein. Es ist außerdem schwierig, eventuelle Symptome der Höhenkrankheit an sich selbst richtig einzuschätzen – ein weiterer Grund dafür, dass es besser ist, nicht alleine zu wandern. Weitere Informationen zur Höhenkrankheit erhält man auch in den Außenstellen der Himalayan Rescue Association in Manang (Annapurna-Umrundung) und Pheriche (Everest-Trek).

Vorbeugung

Der Körper kann sich an große Höhen anpassen, doch der Prozess braucht Zeit und muss schrittweise erfolgen. Die goldene Regel lautet: **Nicht zu schnell aufsteigen!** Ab 3000 m sollte der tägliche Höhengewinn nicht mehr als 300–400 m betragen. Es empfiehlt sich, bei 3500 m und 4500 m einen obligatorischen Höhenanpassungstag einzulegen – mehr, wenn man sich unwohl fühlt – und diesen zu einem Aufstieg zu nutzen, zum Schlafen aber wieder abzusteigen. Dies sind nur Anregungen. Jeder muss sich den Aufstieg je nach Befinden einteilen. Wer nach Lukla oder gar Syangboche einfliegt, muss besonders vorsichtig sein.

Man muss in der Höhe viel **Flüssigkeit** zu sich nehmen, da die Luft äußerst trocken ist. Die Menge ist erst dann ausreichend, wenn der Urin klar ist. Andere Maßnahmen, um einer akuten Höhenkrankheit vorzubeugen, sind: Sich warm halten, gut essen, viel schlafen und auf Alkohol verzichten.

Symptome

Die akute Höhenkrankheit gibt zahlreiche **Warnsignale**, bevor sie lebensbedrohlich wird. Zu den milderen Symptomen gehören Kopfschmerzen, Schwindelgefühl, Herzrasen, Übelkeit, Appetitlosigkeit, Kurzatmigkeit, Schlafstörungen und angeschwollene Hände und Füße. Eines oder zwei dieser Symptome zeigen, dass der Organismus noch nicht angepasst ist und man nicht höher aufsteigen sollte, bevor man sich besser fühlt. Wer dennoch geht, sollte bereit sein, sofort wieder abzusteigen, wenn sich der Zustand verschlechtert.

Als Symptome einer mittelgradigen Höhenkrankheit gelten starke Kopfschmerzen, die auf Medikamente nicht ansprechen, Übelkeit bis fast zum Brechreiz und eine Beeinträchtigung der körperlichen Koordination. An diesem Punkt sollte man den Abstieg antreten, da sich aus diesen mittelgradigen innerhalb weniger Stunden schwere **Symptome der Höhenkrankheit** entwickeln können. Zu diesen gehören außer den bereits genannten: Atemnot selbst in Ruhe, unsicherer Gang, Verwirrtheit oder Lethargie, brodelndes oder rasselndes Atmen oder Husten sowie blutiger Auswurf. Im schlimmsten Fall kann sich die Krankheit bis zum Höhenlungenödem oder -hirnödem (HAPO/HACO) steigern, einer lebensgefährlichen Flüssigkeitsansammlung in den Lungen oder Schwellung des Gehirns.

Abstieg und Diamox

Die einzige Behandlung der akuten Höhenkrankheit ist der sofortige **Abstieg**. Wer mittelstarke oder starke Symptome entwickelt, muss sofort nach unten geschafft werden, ohne Rücksicht auf Tag oder Nacht. Notfalls kann man den Betroffenen von einem Träger oder Tragtier hinab bringen lassen. Der Zustand bessert sich oft schlagartig nach nur wenigen hundert Höhenmetern Abstieg.

Acetazolamid (bekannter unter dem Markennamen **Diamox**) stimuliert in großer Höhe die Atmung und damit die Sauerstoffaufnahme und kann somit eine schnellere Höhenanpassung ermöglichen. (Durch die Anregung der Atmung werden auch die beunruhigenden Höhen und Tiefen der „periodischen Atmung" während des Schlafens in großer Höhe nivelliert.) Manche Ärzte empfehlen für Trekkingtouren in großer Höhe eine **Vorbeugungsdosis** (125 mg zweimal täglich), die aber unerfreuliche Nebenwirkungen wie Taubheitsgefühle, Kribbeln (die nepalesischen Führer nennen es *jhum jhum*) und Schwindel auslösen kann. Zur **Behandlung der aktuen Höhenkrankheit** wird eine Dosis von 250 mg alle zwölf Stunden verabreicht. Man sollte sich darüber im Klaren sein, dass Diamox ein

Trekking mit Kindern

Die potenziellen Schwierigkeiten eines Trekkings mit Kindern sind offensichtlich: Werden sie mitgehen? Werden sie sich von Trägern tragen lassen? Was ist, wenn sie krank werden? Wie wirkt sich schlechtes Wetter auf sie aus?

Andererseits kann eine Trekkingtour mit Kindern zum Tollsten gehören, was man selbst oder sie je erleben werden – besonders wenn noch viele andere Kinder dabei sind. Hinter jeder Ecke gibt es Interessantes zu entdecken: Hühner, Ziegen, bimmelnde Eselkarawanen, Frösche, Käfer, Wasserfälle, Höhlen, Tempel und Gebetsmühlen – hinzu kommt, dass Kinder überall im Mittelpunkt stehen.

Routen: Auf den leichten Routen bleiben! Wegen des Risikos einer Höhenkrankheit sollte man Kinder nicht in Höhen von über 3500 m mitnehmen. Die Standardrouten bieten im Allgemeinen mehr Komfort und leichteren Zugang zu Notfalldiensten, doch mit Hilfe einer guten Agentur ist es nicht unmöglich, Kinder in Gebiete abseits der ausgetretenen Pfade mitzunehmen.

Gehtempo: Die Trekking-Geschwindigkeit hängt vom Alter und von der Kondition des jüngsten Kindes ab. Am besten ist, bescheidene Tagesetappen festzulegen und schon am Nachmittag das Übernachtungslager zu wählen. Viele Kinder sind hier aber auch zu viel längeren Fußwanderungen bereit, als sie zu Hause mitmachen würden.

Gesundheit und Sicherheit: Ein Trekking erfordert im Großen und Ganzen dieselben Vorbereitungen wie ein Camping-Wochenende. Zusätzliche Maßnahmen: Um Magenbeschwerden zu vermeiden, müssen die Kinder lernen, nur gekochtes oder entkeimtes Wasser zu trinken, keine Finger oder fremden Gegenstände in den Mund zu stecken und sich die Hände oft genug zu waschen (Feuchttücher sind praktisch). Auch müssen klare Regeln gelten: Die Wege nicht verlassen, nicht rennen, sich nicht zu nahe an Abhänge heranwagen und sich von Tieren fernhalten. Die Toiletten von einfacheren Trekking-Lodges können für Kinder ungewohnt sein.

Essen: Manche Kinder lieben *daal bhaat* (sie können es mit den Fingern essen), doch viele rümpfen eher die Nase. An den Hauptrouten ist es unproblematisch, gewohnte westliche Gerichte zu bekommen. Ein Reisebecher oder eine Trinkflasche mit integriertem Wasserentkeimungsfilter ist praktisch; ansonsten sollte man vielleicht ein Mittel zur Geschmacksneutralisierung von mit Jod entkeimtem Wasser mitbringen.

Transport: Eine stundenlange Fahrt auf kurvigen Bergstraßen endet garantiert mit Übelkeit und schlechter Laune. Nach Möglichkeit also ein komfortableres Fahrzeug wählen oder fliegen.

Träger: Es kann sinnvoll sein, für jedes Kind einen Träger anzuheuern. Fast alle sind trotz Sprachbarriere großartige Spielgefährten und Babysitter. Und sie können ein Kind den gesamten Weg oder abschnittsweise in einem *doko* tragen, das eigens zu diesem Zweck angefertigt wurde. Natürlich muss der Träger mit Sorgfalt ausgewählt werden: Er sollte flink sein, gewissenhaft und vernünftig, und man sollte ihn oder sie selbstverständlich gut behandeln.

Ausrüstung: Kinder brauchen dieselbe Kleidung wie Erwachsene – nur in höherer Stückzahl und wärmerer Ausführung. Man sollte sich nicht darauf verlassen, die Sachen vor Ort leihen zu können. Sinnvoll ist auch, etwas leichtes Spielzeug mitzunehmen; ideal sind Buntstifte. Bücher braucht man nicht so viele, wie man vielleicht meint, denn beim Trekking gehen alle früh zu Bett.

Diuretikum (harntreibendes Mittel) ist, das heißt solange man es einnimmt, muss man erst recht viel trinken. Es kann zwar die Höhenanpassung beschleunigen, verhindert aber nicht die Verschlimmerung einer beginnenden Höhenkrankheit, wenn man trotzdem weiter aufsteigt.

Andere Gefahren

Hitzschlag tritt häufiger auf, als man vielleicht denkt; viel Wasser trinken, etwas Salziges essen, eine Kopfbedeckung tragen und sich ausruhen. Andere durch die Höhe verursachte Gefahren wie Unterkühlung und Erfrierungen drohen Trekkern eher selten, aber sie können gefährlich werden, wenn man an hohen, ungeschützten Pässen in schlechtes Wetter gerät. Vernünftige **Vorsichtsmaßnahmen** sind (noch einmal): angemessene Kleidung tragen und im Gepäck haben, trocken bleiben, bei schlechtem Wetter freie Hautflächen bedecken, viel essen, Snacks für Notfälle mitführen und bei Wettereinbrüchen Unterkünfte aufsuchen.

Die Symptome einer **Unterkühlung** ähneln denen der Höhenkrankheit: Undeutliches Sprechen, Müdigkeit, unlogisches Verhalten und Koordinationsverlust. Niedrige Körpertemperaturen sind das sicherste Zeichen. Die Behandlung ist: Wärmezufuhr. Den Betroffenen aus der Kälte schaffen und in einen guten Schlafsack legen (wenn nötig, zusammen mit einer anderen Person) und mit warmer Nahrung und heißen Getränken versorgen.

Erfrierungen zeigen sich anfangs als kleine weiße Flecken auf unbedeckter Haut, durch örtliches Gefrieren entstanden. Die Haut ist kalt und taub. Zur Behandlung Wärme zuführen (auf keinen Fall Schnee!). Erneutes Gefrieren unbedingt verhindern, denn es kann zu bleibenden Schäden führen.

Einer **Schneeblindheit** kann man leicht durch eine gute Sonnenbrille vorbeugen. In weiträumig verschneiten Gebieten benötigt man geeignete Gletschergläser und Seitenblenden.

Lawinen stellen in den beliebtesten Trekkinggebieten nur im Annapurna Sanctuary eine echte Gefahr dar. Wer Lawinenzonen und drohenden Lawinenabgang nicht erkennen kann, sollte sich bei einer der Niederlassungen der Himalaya Rescue Association unterrichten lassen.

Notfälle

Echte Notfälle – sei es durch Krankheit, Stürme, Fehltritte, Erdrutsche oder Lawinen – sind zwar sehr selten, aber sie können jedem passieren. In weniger dringenden Fällen lässt man sich am besten von einem Träger (etwa Rs2500/Tag) oder auf einem Tragtier (etwa dreimal so teuer) zur nächsten **Flugpiste** oder zur nächsten **Krankenstation** bringen – allerdings sind medizinische Einrichtungen außerhalb Kathmandus und einiger anderer Städte sehr rudimentär. Die Einheimischen wissen am besten, wo am nächsten und schnellsten medizinische Hilfe zu finden ist.

Wenn dringend Hilfe benötigt wird, muss jemand zum nächsten mit Telefon, Satellitentelefon oder Polizeifunk ausgerüsteten Dorf geschickt werden, um einen **Rettungshubschrauber** anzufordern. Man sollte die Meldung so klar verständlich wie möglich aufschreiben, mündlich wiederholen und dabei den Schweregrad des Problems und den eigenen Standort exakt angeben – idealerweise an einem größeren Feld, auf dem gelandet werden kann. Zwischen einem Unfall und dem Eintreffen eines Hubschraubers können trotzdem 24 Stunden vergehen, auch weil viele Hubschrauber nur frühmorgens fliegen können. Durchschnittlich kostet ein solcher Flug um US$2000 pro Stunde, also für die Annapurna-Region rund US$2000, für einen Standpunkt hoch oben auf der Everest-Route über US$5000. Man muss noch vor Abflug nachweisen, dass man zahlungsfähig ist. Das geschieht entweder über einen Lodge-Betreiber, der bereit ist, die Kreditkartendaten zu verarbeiten, oder man hinterlässt vor der Trekkingtour eine Kopie der Versicherungsunterlagen bei seiner Botschaft oder Trekkingagentur. Die Registrierung bei der Botschaft beschleunigt außerdem die Kontaktaufnahme zu Verwandten, die für einen bürgen können.

Kriminalität und Sicherheit

In puncto Kriminalität und persönlicher Sicherheit sind die nepalesischen Berge eine eher ungefährliche Weltgegend. Reisende berichten gelegentlich, dass ihr Gepäck auf der Busfahrt zum Routenbeginn gestohlen oder durchwühlt wurde, Zelte oder Schlafzimmer geplündert wurden oder vor der Tür abgestellte Schuhe morgens verschwunden waren. Während des **maoistischen Aufstands** begegneten viele Trekker Gruppen schwer bewaffneter *Maobaadis* (Maoisten), die um Spenden für ihre Sache „warben". Nach dem Ende des Aufstands und mit der Rückkehr der **Polizeiposten** sind Gewaltverbrechen wieder eher eine Ausnahme, jedoch gibt es natürlich jedes Jahr ein paar Raubüberfälle und Körperverletzungen (einschließlich sexueller Übergriffe). Wegen der leichten Zugänglichkeit und des hohen Touristenaufkommens hat die Annapurna-Region einen etwas schlechteren Ruf als andere Gebiete, und auch im Dreieck Birethanti–Ghandruk–Ghorepani ist es hin und wieder zu solchen Vorkommnissen gekommen.

Wer **alleine wandert**, wird leichter Opfer eines Verbrechens, und die Gefahr, dass auch eine kleinere Verletzung ernstere Folgen hat, ist ebenfalls erheblich größer. Wer alleine unterwegs ist, sollte in Erwägung ziehen, sich einer Gruppe anzuschließen oder einen Guide anzuheuern – und wer trotzdem noch alleine geht, sollte ein Handy mitnehmen und die jeweiligen Lodges über die geplante Route informieren. Am besten hinterlässt man eine Notiz mit seinem Namen im Mahlzeiten-Bestellbuch der Lodge – das Buch ist gleichzeitig das Rechnungsbuch, wird also sorgfältig verwahrt.

Ausrüstung

Natürlich ist die richtige Ausrüstung beim Trekking außerordentlich wichtig – doch spätestens wenn man sieht, mit wie wenig die Träger auskommen, erkennt man, dass nicht jedes Extra unbedingt nötig ist. Die Sachen sollten zweckmäßig sein und nicht viel wiegen. Die Liste (im Kasten) ist für Individualreisende gedacht, die in Lodges übernachten. Wer zelten will, braucht zusätzliche Dinge; wer organisiert reist, kann das eine oder andere zu Hause lassen.

Indem man spezielle oder sperrige Teile der Ausrüstung in Nepal **ausleiht**, spart man sich während der restlichen Reise das Schleppen von zu viel Gepäck. In Kathmandu und Pokhara vermieten Dutzende Geschäfte Ausrüstungszubehör. Wer im Everest-Gebiet unterwegs ist, kann in Namche Hochgebirgsausrüstung leihen. In der Hochsaison kann es aber selbst in Kathmandu schwierig sein, gute Sachen in der passenden Größe zu finden. Für die Ausleihe muss man eine Kaution hinterlegen. Schlafsäcke und Jacken auf Flöhe untersuchen; auch die Reißverschlüsse checken! Teilweise kann man Ausrüstungsgegenstände auch recht preiswert **kaufen**.

Kleidung und Schuhe

Kleidung sollte leicht, flexibel einsetzbar und atmungsaktiv sein (Baumwolle saugt sich mit Schweiß voll), besonders für lange Treks mit wechselnden Klimabedingungen von subtropisch bis arktisch. Viele, die zum ersten Mal trekken, unterschätzen vor allem die mögliche Hitze; man muss immer auf Sonne, Regen, Schnee und sehr frostige Morgen eingestellt sein. Man sollte mehrere Schichten Kleidung übereinander tragen, um flexibel auf das Wetter reagieren zu können und auch bedenken, dass die Trekkingtage im Hochgebirge kurz sind, so dass man u. U. viele Stunden in der Kälte herumsitzt. Viele Nepalesen haben eine traditionell konservative Vorstellung von Kleidung (S. 66) – enge, figurbetonende Kleidung sollte man also besser meiden. Frauen sollten erwägen, statt Hosen lieber Kleider oder (längere) Röcke und ein die Schultern bedeckendes Oberteil zu tragen. Für Männer ist vielleicht gut zu wissen, dass kurze Hosen traditionell auf einen niedrigen Status hindeuten, obwohl diese Vorstellung heutzutage entlang der populären Trekkingrouten an Bedeutung verliert. Frauen wie Männer sollten beim Baden wenigstens einen Badeanzug oder eine Badehose tragen, am besten auch noch ein T-Shirt darüber.

Wanderstiefel sind unentbehrlich, da sie mehr Trittsicherheit, Gelenkunterstützung und Schutz bieten als alles andere **Schuhwerk**. Viele Wanderschuhe haben Sohlen, die auf nepalesischem Gestein nicht greifen. Turnschuhe, Sportsandalen oder Flipflops sind nützlich für Ruhetage und um die Füße zwischendurch auszulüften; Plastiksandalen im Crocs-Stil sind besonders leicht und billig in Kathmandu erhältlich. Viele Paar Socken mitnehmen, denn man muss sie oft wechseln.

Ausrüstungs-Checkliste

Alle gelisteten Gegenstände sind in Kathmandu und Pokhara erhältlich. Hochwertige Markenkleidung und -ausrüstung ist allerdings kaum billiger als daheim. Dinge mit (*) können gemietet werden. Wer zeltet, braucht natürlich auch noch die entsprechende Camping-Ausrüstung. Wer mit einer Agentur unterwegs ist, braucht einige Sachen nicht, z. B. einen Verbandskasten, den die Guides dabeihaben sollten.

Unentbehrlich

- ☐ **Sonnenbrille** – eine gute Brille, die gegen UV-Strahlung schützt, am besten mit Seitenblenden (für Schneegebiete)
- ☐ **Wasserflasche und Jodtabletten** oder -lösung oder Wasserfilter (S. 49)
- ☐ **Schlafsack***
- ☐ **Toilettenartikel**, u. a. biologisch abbaubare Seife und ebensolches Shampoo sowie Toilettenpapier
- ☐ **Taschenlampe** – besonders nützlich sind Stirnlampen; an den Hauptrouten gibt es Ersatzbatterien zu kaufen
- ☐ **Rucksack*** – wer mit Träger unterwegs ist, braucht keinen besonders guten
- ☐ **Sonnenschutzmittel/Lippenschutzstift** – in der Höhe ist ein hoher Sonnenschutzfaktor erforderlich
- ☐ **Erste-Hilfe-Set** (S. 410)
- ☐ **Landkarte** und **Reiseführer**

Schuhe und Spezialkleidung

- ☐ **Eispickel/Steigeisen*** – auf den normalen Treks nicht nötig, können aber je nach Jahreszeit für die Überquerung des Thorung La (Annapurna Circuit), Cho La (Everest) und anderer hoher, vereister Pässe notwendig sein. Ein guter Kompromiss, wenn Schnee und Eis zwar möglich, aber unwahrscheinlich sind, sind leichte Mini-Steigeisen
- ☐ **Regenjacke** – am besten atmungsaktiv, wasser- und winddicht; wasserdichte Hosen braucht man außerhalb der Regenzeit kaum
- ☐ **Wollpullover** oder **Fleece** – Fleece trocknet schneller und wärmt selbst in nassem Zustand; eng anliegende Kleidungsstücke wärmen besser als lose getragene
- ☐ **Daunenjacke*** – toll für große Höhen oder Wanderungen im Spätherbst und Winter; Daunenhose und -stiefel sind kaum nötig
- ☐ **Thermalunterwäsche** – warme, atmungsaktive (keine Baumwolle), lange Unterhosen und Unterhemden sind für große Höhen oder Trekking im Winter unentbehrlich
- ☐ **Gamaschen*** – falls auf den Pässen mit Schnee zu rechnen ist; auch nicht schlecht gegen Blutegel während des Monsuns
- ☐ **Sonnenhut** und **warme Mütze** – nützlich sowohl in niedrigen als auch in hohen Lagen
- ☐ **Kopftuch** – dient auch als Taschentuch, Schweißband oder Schal
- ☐ **Wanderschuhe*** – gute Leihschuhe sind nur schwer zu finden
- ☐ **Fäustlinge/Handschuhe**

Andere nützliche Dinge

- ☐ **Teleskop-Wanderstöcke*** – können nützlich sein, um die Balance zu verbessern und bergab die Knie zu schonen
- ☐ **Stoffbeutel** – um Dinge im Rucksack zu trennen; dient gefüllt nachts als Kopfkissen
- ☐ **Plastikbeutel** – ein großer zum Abdecken des Rucksacks bei Regen, kleine verschließbare für verschiedene Zwecke; eine stabilere Variante sind „Kanusäcke"
- ☐ **Buch, Tagebuch** oder **Gesellschafts-/Kartenspiel** – Trekkingtage können kurz sein, mit langen, untätigen Nachmittagen
- ☐ **Snacks** – Kekse und Schokolade sind an den Hauptrouten leicht zu bekommen
- ☐ **Schlafmatte*** – wenn Übernachtungen in einfachen Lodges oder Häusern von Einheimischen geplant sind
- ☐ **Regenschirm** – im heißem, oft windstillen Monsun meist besser als eine Regenjacke
- ☐ **Handy** – für Notfälle; das Netz ist in den Bergen allerdings eher lückenhaft
- ☐ **Toilettenpapier** – siehe auf S. 396, „Tipps zum Umweltschutz"
- ☐ **Tagesrucksack** – sofern ein Träger das Hauptgepäck trägt
- ☐ **Trillerpfeife** für Notfälle
- ☐ **Kerzen**
- ☐ **Nähzeug**

Ein **Schlafsack** ist – außer für die wärmste Jahreszeit – dringend zu empfehlen. Die meisten Lodges stellen auf Anfrage zwar wattierte Decken oder Bettzeug zur Verfügung, doch man weiß nie, wer diese Dinge zuletzt benutzt hat oder welche Überraschungen in ihnen lauern; und in der Hauptreisezeit können in den Lodges an beliebten Routen die Decken oder das Bettzeug knapp werden. Ein Drei-Jahreszeiten-Schlafsack eignet sich für Treks in mittlere Höhen. Über 4000 m oder im Winter benötigt man einen Vier-Jahreszeiten-Schlafsack, möglichst mit Inlett – das ist wärmer und erleichtert das Säubern des Schlafsacks.

Bei der **Kamera-Ausrüstung** muss jeder für sich zwischen Gewicht und Ergebnissen abwägen – bei kaltem Wetter und traumhafter Aussicht sind die Akkus ziemlich schnell erschöpft. An den beliebtesten Wegen und teils auch anderswo gibt es in der Regel die Möglichkeit, Akkus wieder aufzuladen, oft gegen eine Gebühr; ansonsten muss man Ersatzakkus oder ein tragbares Solarladegerät mitnehmen – es sind Ladegeräte speziell für Rucksäcke erhältlich, so dass die Akkus beim Wandern aufgeladen werden. Wer eine Spiegelreflexkamera verwendet, sollte einen Polfilter mitbringen, um das grelle Licht des Himalayahimmels und der Schneeflächen zu dämpfen.

Die Annapurna-Region

Die Beliebtheit der Annapurna-Region ist berechtigt: Nirgendwo sonst findet man so vielfältige Landschaften und Bergkulturen, und die **Logistik** ist relativ unkompliziert. Alle Treks beginnen und enden in der Nähe von Pokhara. Die Stadt ist mit ihren professionellen Gästehäusern, Ausrüstungsläden und guten Transportmitteln zu den Routenstartpunkten ein geeigneter Ort zur Vorbereitung vor und Erholung nach einem Trek. Gerade in der Annapurna-Region lohnen sich auch kürzere Treks. Dank

Die Routen auf einen Blick

Trek	Tage*	Beste Monate	Höhe (m)	Schwierigkeitsgrad
Jomosom/Kali Gandaki	5–7	Okt–April	1100–3800	leicht bis mittel
Helambu	3–8	Okt–April	800–3600	mittel
Poon Hill	4–6	Okt–April	1100–3200	mittel
Machhapuchhare	5–7	Okt–April	1100–3700	mittel
Siklis	4–7	Okt–April	1100–2200	mittel
Rara	6–8	Okt–Nov, April–Juni	2400–3500	mittel
Langtang	7–12	Okt–Mai	1700–3750	mittel
Annapurna Sanctuary	8–12	Okt–Dez, Feb–April	1100–4130	mittel bis schwierig
Annapurna-Umrundung	12–21	Okt–Nov, März–April	450–5380	schwierig
Everest (Flug Lukla)	4–18	Okt–Nov, März–Mai	2800–5550	schwierig
Manaslu-Umrundung	13–20	Okt–Nov, März–Mai	550–5100	anstrengend
Gosainkund	4–7	Okt–Dez, Feb–Mai	1950–4380	schwierig
Everest (via Shivalaya)	21–28	Okt–Nov, März–April	1500–5550	sehr anstrengend
Everest (von Osten)	28+	Nov, März	300–5550	sehr anstrengend

Ohne Transporte zu/von den Ausgangspunkten. (Nicht aufgelistet sind Treks, die nur mit Unterstützung einer Agentur oder weit reichender Hilfe eines Trägers unternommen werden können.)

der guten Verkehrsverbindungen ist die Region vergleichsweise sicher, was medizinische Notfälle angeht. Das Annapurna Conservation Area Project, ACAP, engagiert sich recht erfolgreich für nachhaltigen Tourismus. Eine unvermeidliche Konsequenz ist die starke Kommerzialisierung. Die beliebten Wanderwege in dieser Region sind längst so etwas wie Trekker-Highways. Wer nicht von ihnen abweicht, wird eher Flaschenbier von einer Speisekarte bestellen als mit den Einheimischen Selbstgebrautes schlürfen.

Der **Annapurna Himal** thront wie ein zinnenbewehrter Eiswall über Pokhara. Er liegt nur 40 km entfernt und hat neun Gipfel, die über 7000 m hoch sind. Der höchste, der Annapurna I, ragt 8091 m in die Höhe. Es ist ein Gebiet mit überwältigender Vielfalt, angefangen von den feuchten Bambuswäldern der Südhänge (Lumle, nordwestlich von Pokhara, ist Nepals regenreichstes Dorf) bis hin zu Wüstengegenden, wo der Wind durchfegt (Jomosom, im nördlichen Regenschatten, ist das trockenste).

Der Himal und die angrenzenden Berge werden im Rahmen des **Annapurna Conservation Area Project** (ACAP) geschützt, für das jeder Trekker Rs2000 **Eintritt** zu zahlen hat (S. 406). Der „Quasi-Park" wird vom nicht-staatlichen ACAP-Trust verwaltet, der das natürliche und kulturelle Erbe der Region zu bewahren und dauerhafte wirtschaftliche und soziale Vorteile für die Bevölkerung zu sichern versucht. Um die Wälder zu schonen, hat das Projekt Kerosindepots eingerichtet und mikro-hydroelektrische Generatoren aufgestellt. Außerdem unterstützt es die Wiederaufforstung. Die Eigentümer der Lodges profitieren von den Lehrgängen und Kleinkrediten, mit denen sie in solare Wassererhitzer und effiziente Öfen investieren können. Mit Eintrittsgeldern an ACAP wurden Müllgruben gegraben, Latrinen gebaut, medizinische Einrichtungen und Zapfstationen für Trinkwasser – Wasser in Flaschen ist hier verboten – eröffnet und das Telefonnetz erschlossen. Das ACAP gibt außerdem Festpreise für die Lodges (Rs300 für ein Doppel-

Kommentar
Spektakulär, abwechslungsreich, aber kommerziell und durch die neue Straße etwas entwertet.
Leichter Zugang, nicht überlaufen, abwechslungsreich; nur mittelmäßige Bergsicht.
Leichter Zugang, tolle Aussicht; sehr kommerziell.
Leichter Zugang; wenig begangene Route durch Felder und Wald.
Leichter Zugang; nicht überlaufene Route zu einem Gurung-Dorf.
Hin fliegen; auf Zelten einstellen; unberührtes Gebiet mit See und Wald.
Schönes alpines Tal nahe Kathmandu.
Spektakuläre Landschaften, leichter Zugang; Höhenanpassung erforderlich.
Unglaubliche Vielfalt an Landschaften; Höhenanpassung für hohen Pass erforderlich; die Jeep-Abfahrt von Muktinath ermöglicht auch eine „halbe Umrundung".
Großartige Landschaften; Flüge problematisch; Höhenanpassung erforderlich.
Spektakuläre, abgelegene und wegen des hohen Passes immer noch wenig begangene, jedoch immer beliebtere Alternative zur Annapurna-Umrundung.
Heilige Seen; gewöhnlich in Kombination mit Langtang oder Helambu.
Wundervolle Mischung aus Hügelland- und Hochlandwanderungen, doch sehr viel Auf und Ab; es spart Zeit, hin oder zurück zu fliegen.
Ähnlich, doch insgesamt noch größerer Höhengewinn.

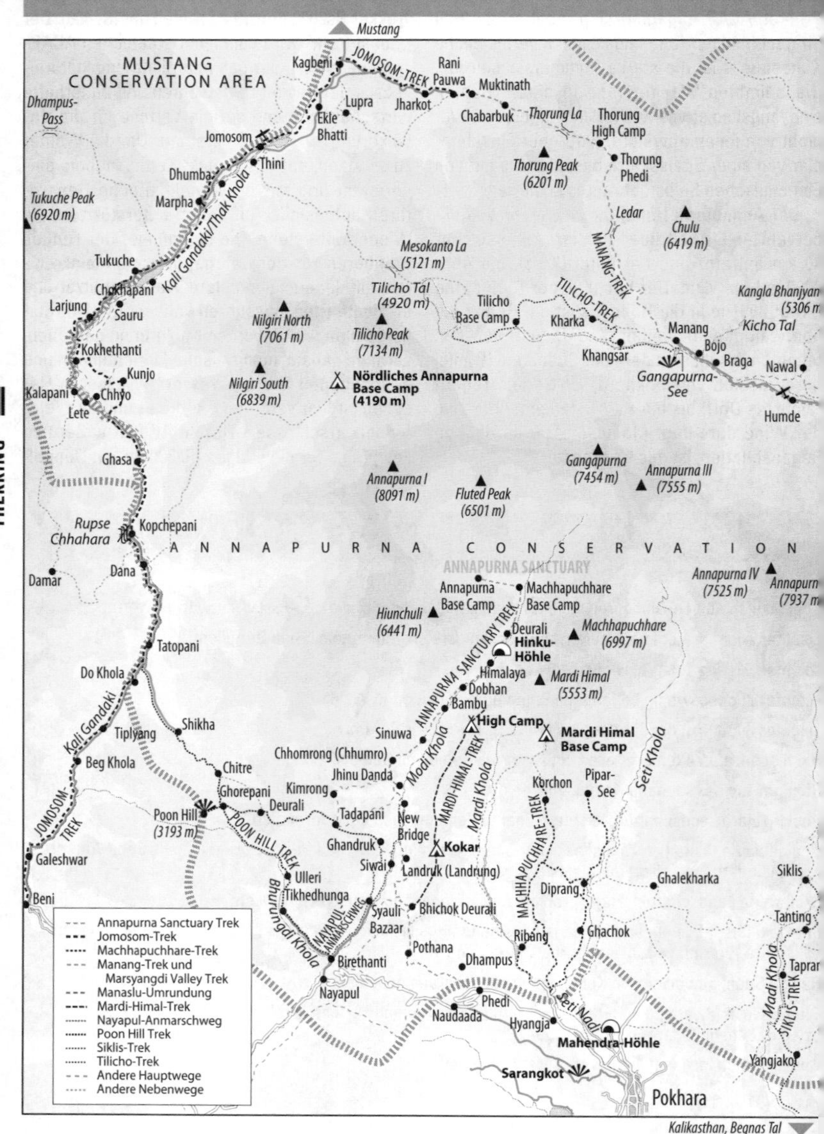
Mustang
MUSTANG CONSERVATION AREA
Dhampus-Pass
Kagbeni
JOMOSOM-TREK
Rani Pauwa
Muktinath
Lupra
Jharkot
Chabarbuk
Thorung La
Thorung High Camp
Ekle Bhatti
Jomosom
Thini
Thorung Peak (6201 m)
Thorung Phedi
Dhumba
Kali Gandaki/Thak Khola
Tukuche Peak (6920 m)
Marpha
Ledar
Chulu (6419 m)
MANANG-TREK
Mesokanto La (5121 m)
Tukuche
Tilicho Tal (4920 m)
TILICHO-TREK
Kangla Bhanjyang (5306 m)
Chokhapani
Larjung
Sauru
Nilgiri North (7061 m)
Tilicho Peak (7134 m)
Tilicho Base Camp
Kharka
Manang
Kicho Tal
Bojo
Braga
Kokhethanti
Khangsar
Nawal
Kunjo
Nilgiri South (6839 m)
Nördliches Annapurna Base Camp (4190 m)
Gangapurna-See
Kalapani
Chhyo
Lete
Humde
Ghasa
Gangapurna (7454 m)
Annapurna I (8091 m)
Annapurna III (7555 m)
Fluted Peak (6501 m)
Rupse Chhahara
Kopchepani
ANNAPURNA CONSERVATION
Dana
ANNAPURNA SANCTUARY
Damar
Annapurna IV (7525 m)
Annapurna (7937 m)
Annapurna Base Camp
Machhapuchhare Base Camp
Hiunchuli (6441 m)
ANNAPURNA SANCTUARY TREK
Deurali
Machhapuchhare (6997 m)
Tatopani
Hinku-Höhle
Himalaya
Mardi Himal (5553 m)
Do Khola
Dobhan
Bambu
Kali Gandaki
High Camp
Shikha
Tiplyang
Sinuwa
Mardi Himal Base Camp
Modi Khola
MARDI-HIMAL-TREK
Seti Khola
Beg Khola
Chhomrong (Chhumro)
Chitre
Jhinu Danda
Korchon
Pipar-See
Mardi Khola
Kimrong
Ghorepani
Deurali
Poon Hill (3193 m)
Tadapani
New Bridge
JOMOSOM-TREK
POON HILL TREK
Ghandruk
Kokar
Galeshwar
Siwai
Ulleri
Landruk (Landrung)
MACHHAPUCHHARE-TREK
Siklis
Diprang
Ghalekharka
Tikhedhunga
Bhurungdi Khola
Beni
Syauli Bazaar
Bhichok Deurali
NAYAPUL-ANMARSCHWEG
Tanting
Ghachok
Ribang
Pothana
Birethanti
Dhampus
Taprang
Nayapul
Phedi
Seti Nadi
Madi Khola
SIKLIS-TREK
Naudaada
Hyangja
Mahendra-Höhle
Sarangkot
Yangjakot
Pokhara
Annapurna Sanctuary Trek
Jomosom-Trek
Machhapuchhare-Trek
Manang-Trek und Marsyangdi Valley Trek
Manaslu-Umrundung
Mardi-Himal-Trek
Nayapul-Anmarschweg
Poon Hill Trek
Siklis-Trek
Tilicho-Trek
Andere Hauptwege
Andere Nebenwege
Kalikasthan, Begnas Tal

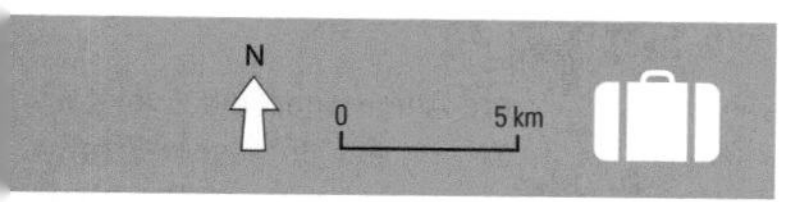

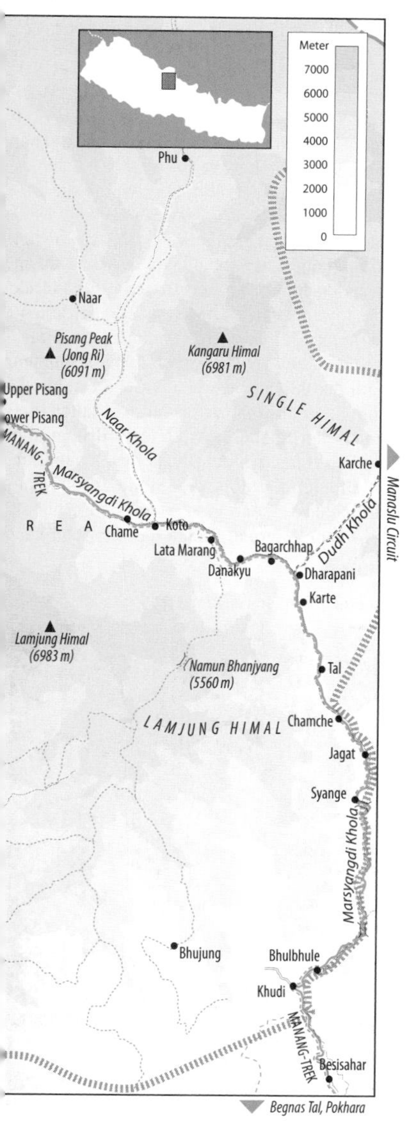

zimmer, Rs600 mit eigenem Bad) und einheitliche Verpflegungspreise (je nach Gebiet verschieden) vor, um Preisdumping und -kriege zu verhindern. Diese Preise sollten daher ohne Feilschen akzeptiert werden. Allerdings scheint dieses System nun zusammenzubrechen: Manche Lodge-Betreiber umgehen es, indem sie „spezielle Gerichte" auf ihre Karte setzen.

Das Annapurna Sanctuary

Die Route ist einer der landschaftlich schönsten Kurztreks in Nepal und einer der meistfrequentierten. Lodges und Teelokale säumen den Weg in stündlichen oder noch kürzeren Abständen, mit Ausnahme der höchsten Abschnitte. Der Weg führt tief ins Herz des Annapurna-Gebirges, zwischen den hohen Vorbergen des Gurung-Gebiets hindurch, mit immer schönerem Blick auf die Berge vor einem. Dann folgt er dem kurzen, steilen Modi-Khola-Tal, und schließlich gelangt man in einen überwältigenden Bergkessel: das Sanctuary. Hier bietet sich von jedem Standort ein unbeschreiblich schöner Rundumblick. Er wird zwar früh von Wolken verschleiert, doch zum Sonnenuntergang lichtet sich der Wolkenvorhang oft, um die feurig glühenden Gipfel zu enthüllen.

Der Trek von Pokhara zum Sanctuary und zurück dauert gewöhnlich etwa acht bis zwölf Tage. Der Weg ist nicht besonders weit, aber **Höhe**, **Wetter** und **Streckenverhältnisse** können die Trekker erheblich aufhalten. Zwischen Ghandruk und dem mit 4100 m höchsten Punkt der Tour sind 2000 m Höhenunterschied zu bewältigen, weshalb man den Anstieg auf drei oder vier Tage verteilen und kleidungstechnisch auf Schneewetter vorbereitet sein sollte. Häufige Niederschläge machen die höheren Wegabschnitte zu jeder Jahreszeit zumindest glitschig; im Winter kann die Route durch Schnee oder Lawinengefahr unpassierbar werden. Es gibt zwei übliche Anmarschrouten, die nach zwei oder drei Trekkingtagen bei der großen Siedlung Chhomrong zusammentreffen (fitte Wandervögel absolvieren den Anmarsch auch schon mal in einem Tag). Zuletzt wurden jedoch neue Straßen zu den größten Dörfern, Ghorepani und Ghandruk, gebaut, so dass der Anmarschweg kürzer wird – bis hier allerdings regelmäßig Busse oder Jeeps verkehren, kann es noch eine Weile dauern, und noch länger wird es dauern, bis aus diesem Gebiet eine Touristen- statt Trekkinggegend wird.

Die Phedi-Anmarschroute

Diese Route, die wohl am meisten hergibt, beginnt bei **Phedi** (1160 m), eine 20-minütige Taxifahrt westlich von Pokhara. Von hier führt der Weg auf den bewaldeten Dhampus-Kamm. Besonders steil ist die letzte Wegstunde bis nach **Pothana** (1900 m) hinauf, wo die Mühe mit schönem Blick auf die Berge belohnt wird, unter anderem auf den „Fischschwanzberg" Machhapuchhare. Vom Bergsattel bei **Bhichok Deurali** (2080 m) führt ein gut befestigter Weg zunächst durch dichten Rhododendronwald bergab, dann in sanftem Auf und Ab durch die Terrassenfelder der Hänge rund um das Dorf **Tolka** (1700 m), um schließlich **Landruk** zu erreichen, ein größeres Gurung-Dorf mit wunderbarem Blick auf den Annapurna-Südgipfel. Dann klettert die Route durch das Modi-Khola-Tal, überquert den Fluss in **New Bridge** (1340 m) und führt oberhalb von Jhinu Danda – in der Nähe gibt es gute warme Quellen – sehr steil bergauf nach Chhomrong.

Die Nayapul-Alternativroute

Diese etwas direktere Anmarschroute zweigt an der **Nayapul-Brücke von der** Jomosom-Straße ab und führt hinunter zur lebendigen Ortschaft **Birethanti** (1050 m), wo die Annapurna Conservation Area beginnt – Trekker müssen sich am Eingangstor anmelden. Von hier erklimmt der Weg das steile, terrassierte Westufer des **Modi Khola**. (Eine Straße Richtung Ghandruk führt mittlerweile schon bis Syauli Bazaar und Chane. Zur Zeit der Recherche herrschte auf ihr jedoch nur wenig Verkehr; doch wurde die Genehmigung für den Bau eines Damms bei New Bridge erteilt, so dass mit weiteren Bauarbeiten und Störungen zu rechnen ist.) Trekker können nun entweder zur großen Ortschaft **Ghandruk** (1940 m) aufsteigen – was mit 900 m Höhenunterschied für einen Tag genug sein dürfte – oder für einen noch direkteren Anmarsch unten im Tal des Modi Khola bleiben, die Hauptroute bei Syauli Bazaar verlassen und unter Umgehung von Ghandruk nach **New Bridge** und über **Siwai** nach **Jhinu Danda** hinaufwandern. Von Ghandruk macht die Standardroute einen Schlenker nach Westen auf den schönen Bergkamm **Komrong Danda** (2654 m) und ver-

Die Annapurna-Region ist leicht zugänglich und bietet Routen für jeden Geschmack.

TREKKING

Anreise zu den Ausgangspunkten der Annapurnarouten

Von Pokhara Richtung Westen verkehren Busse nach Phedi (45 Min.), Nayapul (2 Std.), Baglung (3 1/2 Std.) und Beni (4 1/2 Std.), die alle vom Baglung Bus Park, 4 km von Lakeside, abfahren. Busse bis nach Baglung starten mindestens jede halbe Stunde, Busse und Microbusse bis Beni eher stündlich, morgens aber meist häufiger. In die Busse nach Phedi kann man auch im Harichowk, Bagar, 5 km von Lakeside, zusteigen. Viele Trekker mieten für den ganzen Weg bis zum Routenstartpunkt ein Taxi, was je nach Straßenverhältnissen und Fahrer etwa ein Drittel der Fahrtzeit einspart. Die Taxipreise hängen stark vom Benzinpreis ab, dürften aber bis Phedi im Bereich von Rs1000 liegen, bis Nayapul um die Rs1800 und bis Beni um die Rs4000. Für die Holperstrecke oberhalb von Beni Richtung Jomosom schwanken die Transportpreise je nach aktuellen Straßenverhältnissen extrem. Zuletzt gab es eine feste Busverbindung bis nach Tatopani, aber oberhalb davon muss man vielleicht zwischen verschiedenen Nahverkehrsbussen und Jeepunternehmen wechseln, die alle eifersüchtig darüber wachen, dass nur sie ihren Teil der Strecke befahren. Am besten fragt man in Pokhara herum, bevor man aufbricht; die (grob geschätzt) zwölfstündige Fahrt sollte etwa Rs1500–2000 kosten, und sie führt über eine der holperigsten und am gefährlichsten aussehenden Pisten Nepals.

Die wichtigste Busendstation für Touren nach **Manang und ins Marsyangdi-Tal** ist Besisahar, ein geschäftiges Bezirkszentrum mit mindestens einem Dutzend Lodges, einer Bank, einem Krankenhaus usw. Am besten ist der Ort wohl per Touristenbus nach Dumre am Prithvi Highway, nahezu auf halber Strecke von Pokhara nach Kathmandu, zu erreichen. Hier kann man in einen Bus (oder Jeep) nach Norden zum 43 km (drei Busstunden) entfernten Besisahar umsteigen. Außerdem verkehren auch öffentliche Direktbusse von Kathmandu (7x tgl., 6–7 Std.) und Pokhara (2–3x tgl., 4–7 Std.) – sie sind zwar langsamer, aber man spart sich die Umsteigerei in Dumre. Die schnellste Alternative ist natürlich eine Taxifahrt von Pokhara (3 Std.), die etwa Rs4500 kosten dürfte. Von Besisahar verkehren jetzt regelmäßig Jeeps (und ein paar öffentliche Busse) noch weiter nach Norden. Zur Zeit der Recherche verkehrten Busse bis nach Bhulbhule und Jeeps weiter über die Holperpiste bis nach Syange (4 Std.); ein Platz in einem Jeep von Besisahar nach Syange kostet rund Rs700.

Die schnellste – und besonders aufregende – Alternative ist die Anreise per **Flieger**. Von Pokhara verkehren Flüge nach Jomosom (3–9x tgl.) an der Nordwestseite des Annapurna-Massivs und nach Manang (bis 3x wöchentl.) oder vielmehr zum Flugplatz Humde, mindestens drei Stunden unterhalb von Manang. Die Manang/Humde-Alternative ist nicht sehr verlässlich: Selbst in der Hauptsaison wird der Flugplatz von Pokhara aus von Nepal Airlines nur zwei- oder dreimal pro Woche angeflogen, oft auch gar nicht. Außerdem ist das Risiko der Höhenkrankheit noch größer, wenn man gleich von dieser Höhe aufbricht. Wegen starker Winde an einem der beiden Flugplätze fallen Flüge auch teilweise aus.

einigt sich in **Tadapani** (2630 m) mit der Ghorepani-Route (S. 422). Dann geht es hinunter nach **Kimrong** (1890 m) und um den Berghang nach **Chhomrong** (2170 m) hinauf, das mit sehr gehobenen Lodges und zwei Stunden oberhalb mit dem Aussichtspunkt am **Gurung Hill** aufwartet.

Von Chhomrong zum Sanctuary

Die ACAP-Station in **Chhomrong** informiert über die Wetter- und Wegverhältnisse auf den höheren Routenabschnitten sowie die Höhenkrankheit, die ab hier eine echte Gefahr darstellen kann – oder einen zumindest daran hindern kann, das Sanctuary zu erreichen, wenn man zu schnell geht. Die reine Wanderzeit von Chhomrong zum Sanctuary beträgt etwa zwölf Stunden, die man aber über drei bis vier Tage verteilen sollte. In der herbstlichen Hauptsaison sind die Lodges oft schon früh belegt, vor allem auf den höheren Etappen. Dann müssen viele Trekker im Speisesaal auf dem Boden nächtigen, also unbedingt einen warmen Schlafsack mitbringen.

Die Route oberhalb von Chhomrong ist einfach, aber spektakulär: Nach einem schwierigen

Abstieg und Wiederaufstieg und einem nochmaligen Abstieg hinter Sinuwa über 300 Steinstufen (die bei Nässe und Schnee rutschig sind) steigt man langsam, aber sicher die Westseite des tiefen, bewaldeten Modi-Khola-Tals empor, hinauf zu einer schmalen Kerbe zwischen den schieren unteren Flanken des Machhapuchhare und des Hiunchuli. Hinter Sinuwa gibt es keine richtigen Dörfer mehr, aber rund alle zwei Stunden kommt man an den Ansammlungen von Lodges von Sinuwa (2360 m), **Bambu** (2310 m), Dobhan (2600 m) und Himalaya (2920 m) vorbei. Bambushaine werden allmählich von Eichen und Rhododendren, dann Birken abgelöst, und am Ende der Schlucht ragen der Annapurna III und der Gangapurna empor. Obwohl es auf vielen Karten anders verzeichnet ist, gibt es in Kuldhigar und Bagar keine Siedlungen und Lodges.

Kurz vor der **Hinku-Höhle** (3170 m), einem Felsüberhang, an dem sich manchmal Languren versammeln, steht in der Mitte des Weges ein kleiner Schrein für den Gurung-Schutzgott Pojo Nim Baraha. Der Tradition gemäß soll ab hier kein Fleisch weiter nach oben mitgenommen werden. Hier wird der Baumbestand immer dünner, und hier ist auch die Gefahr, dass von den steilen Hängen oberhalb **Lawinen** abgehen, am größten – besonders in den Gebieten direkt unterhalb der Höhle und unterhalb von **Deurali** (3239 m); jedoch muss man sich über Lawinen in der Regel nur nach heftigen Schneefällen (gewöhnlich Jan/Feb) und während der Frühjahrsschmelze (März/April) Gedanken machen. Wenn gefährliche Bedingungen herrschen, wird die Route manchmal auf die andere Talseite verlegt oder ganz gesperrt – vor dem Anstieg unbedingt nachfragen.

Wenn man dieses „Tor" zum Sanctuary passiert hat, erreicht man über Hochweiden schließlich das **Machhapuchhare Base Camp** (3700 m). Es ist sinnvoll, hier in den komfortableren, größeren Lodges zu übernachten und den letzten An- und Wiederabstieg (entlang der Gletschermoräne) in einem langen Tag zu absolvieren, um eine ungemütliche Übernachtung auf der großen Höhe des **Annapurna Base Camp** (4100 m) zu vermeiden. Dabei ist zu beachten, dass die Lodges beider Basislager in der Hauptsaison hoffnungslos überfüllt sind und nach heftigen Schneefällen, vor allem ab Anfang Dezember, ganz dichtmachen.

Der **Abstieg** geht erstaunlich rasch vonstatten – in einer schnellen oder zwei gemächlicheren Tageswanderungen geht es wieder bis nach Chhomrong hinunter. Der Abwechslung halber kann man dann über die alternative Anmarschroute zurückkehren oder einen weiteren Bogen über Ghorepani und Poon Hill schlagen.

Poon Hill

Der Himalaya-Aussichtsberg Poon Hill (3193 m) ist ein verlockendes Ziel mitten im steilen, üppig grünen Hügelland zwischen Pokhara und dem Kali Gandaki. Der Trek führt nicht ins eigentliche Gebirge, erfreut aber mit hübschen Gurung- und Magar-Dörfern und bei klarem Wetter mit herrlichem Panoramablick.

Die **Wege** sind breit und gut gepflegt (wenn auch stellenweise steil), die Lodges sind groß und komfortabel, und Probleme mit Höhenkrankheit dürfte es hier nicht geben – man braucht aber warme Kleidung für die Nächte und Regenzeug für alle Fälle.

Die meisten Trekker besuchen den Poon Hill auf einer Rundtour ab Pokhara. Startpunkt ist **Birethanti** (1050 m), gleich unterhalb der Ortschaft **Nayapul**, die an der Straße liegt. Durchs Bhurungdi-Khola-Tal wird Richtung Ghorepani eine Straße gebaut (die zur Zeit der Recherche schon Tikhedhunga erreicht hatte), aber hier herrscht wenig Verkehr, und für die meisten geht es noch immer zwei kurze Wandertage lang unerbittlich zu Fuß bergauf am hübschen Magar-Dorf **Ulleri** (1960 m) vorbei und durch schönen Rhododendronwald nach **Ghorepani** (2860 m) oder zu der betriebsamen Ansammlung von Lodges in **Ghorepani Deurali** etwas weiter oben. Es ist in keinem der beiden Orte nötig, den Wecker zu stellen, denn man wird unweigerlich gegen 4 Uhr morgens von der Horde anderer Trekker geweckt, die es zum Sonnenaufgang zum Aussichtspunkt zieht. Wenn Wolken den Blick verwehren, was häufig geschieht, lohnt sich ein Wartetag für den Anblick des Süd-Annapurna, der Annapurna I zu überragen scheint, und der breitschultrigen Pyramide des Dhaulagiri.

Hinter Ghorepani Deurali führt der Weg abwärts durch das blühende, terrassierte Tal des

Die neue Straße

Die legendäre dreiwöchige **Annapurna-Umrundung** ist nicht mehr das, was sie einmal war – aber es gibt sie noch. Westlich des Annapurna führen Straßen inzwischen durch die ganze Kali-Gandaki-Schlucht bis nach Mustang (und Tibet, allerdings ist die Grenze für Touristen geschlossen). Gleichzeitig schiebt sich auf der Ostseite der Umrundung eine Straße das Marsyangdi-Tal hinauf bis nach Manang. Doch die lebensgefährliche Höhe des Thorung-La-Passes als Höhepunkt der Umrundung dürfte touristischen Rundfahrten auch in Zukunft einen Riegel vorschieben, und es herrscht auch bislang nur wenig Verkehr, da Landrutsche und fehlende Brücken beide Straßen regelmäßig unpassierbar machen. Besonders die Straße auf der Westseite ist bisher noch sehr schwierig, während auf der Ostseite zur Zeit der Recherche noch an einem kurzen Abschnitt zwischen Tal und Karte gebaut wurde. Bisher gibt es noch keine festen Busverbindungen von Pokhara nach Jomosom oder Manang; Trekker müssen von einem Bus- oder Jeep-Absetzpunkt bis zum nächsten Startpunkt zu Fuß gehen und auf der Strecke vielleicht drei- oder viermal umsteigen.
Die größte Neuerung ist, dass nun besonders in den Monsunmonaten Zehntausende indische Pilger hinauf nach Muktinath fahren und die Region mit neuem touristischem und spirituellem Leben füllen. Viele Trekker aus dem Westen absolvieren nur eine **zweiwöchige halbe Umrundung**, indem sie das Marsyangdi-Tal hinaufgehen, den Thorung La überqueren und dann mit dem Jeep von Jomosom nach Pokhara zurückschaukeln oder auch zurückfliegen. Andere nutzen Manang als Ausgangspunkt für spannende Seitentreks zum Tilicho Tal oder zu den hoch gelegenen Siedlungen Nar und Phu.

Ghar Khola – auch hier wird eine Straße gebaut, die man beim Hinabgehen bei Shikha erreicht. Jedoch verläuft der Weg abseits der Straße, und auf ihr selbst herrscht so gut wie kein Verkehr. Schließlich quert der Weg den Kali Gandaki auf einer großartigen Hängebrücke und erreicht nach einem recht harten Wandertag ab Ghorepani die betriebsame Ortschaft **Tatopani** (1190 m). Hier gibt es Banken (allerdings noch keine Geldautomaten), Restaurants, eine Gesundheitsstation und was man sonst so an Infrastruktur braucht, außerdem am Fluss die gepflegten heißen Quellen, denen der Ort seinen Namen verdankt (der auf Nepali „heißes Wasser" bedeutet), und häufig verkehrende Busse und Jeeps nach Beni und Pokhara.

Wer es mit der Rückkehr nach Pokhara nicht eilig hat, kann sich von dem alten, tiefer gelegenen Dorf Ghorepani nach Osten wenden und bis Ghandruk weiterwandern – eine lange oder zwei kurze Tageswanderungen. Die erste Etappe bis zur einsamen kleinen Ansammlung von einfachen Lodges in **Deurali** (nicht zu verwechseln mit dem oben erwähnten Deurali nördlich von Ghorepani) ist eine schöne Strecke auf einem Bergrücken durch Rhododendronwälder, mit großartigem Blick auf Dhaulagiri und Machhapuchhare insbesondere von den Lodges in **Ban Thanti** (3180 m). Der Abstieg nach **Tadapani** (2630m) ist dagegen steil und glitschig. Bei Tadapani schwenkt man auf die Ghandruk-Route ein, die unter der Nayapul-Anmarschroute zum Annapurna Sanctuary (S. 419) beschrieben ist. Man kann aber ohne Weiteres auch einen noch größeren Bogen schlagen und zum Ostufer des Modi Khola queren, um erst bei Phedi wieder auf die Straße zu stoßen.

Der Jomosom-Trek: Kali Gandaki und Muktinath

Der Trek vom Pilgerort **Muktinath und** der betriebsamen Regionalhauptstadt **Jomosom bergauf** durch die **Kali-Gandaki-Schlucht** (oder gelegentlich auch umgekehrt) war viele Jahre der klassische Einstieg ins Himalaya-Trekking und die am gründlichsten erschlossene Trekkingroute in Nepal. Gastronomie und Unterkünfte hier haben mehr Ähnlichkeit mit Thamel als mit den übrigen Gebirgsregionen. Seit dem Bau der 83 km langen Straße von Beni nach Jomosom am Westufer des Kali Gandaki haben sich viele Trekker in andere Gegenden verzogen. Stattdessen kommen jetzt indische Pilger, besonders zu Festen zu Glück verheißenden Zeiten, vor allem von April bis Juni und von Mitte August bis Mitte September – besonders in der zweiten Pilgersaison sind die Gästehäuser bis zum Bersten mit Reisegruppen gefüllt. Aber man kann die klassische Route nach wie vor begehen, indem man neuen Pfaden auf der steileren östlichen Talseite folgt oder Pfaden, die streckenweise von der Straße wegführen; die Führer zeigen interessierten Besuchern auch gern einige fantastische **Tageswanderungen** oder Übernachtungstouren vom Talgrund bergauf: Wenig begangene Pfade führen zum nördlichen Annapurna Base Camp, zum Eisfall des Dhaulagiri (weit westlich von Larjung) und zum hohen Dhampus-Pass (5182 m), dem Einfallstor nach Dolpo.

Viele Trekker fliegen nach Jomosom und wandern von dort hinauf nach Muktinath und dann wieder bergab, doch den Trek in die anstrengendere Richtung zu absolvieren, verspricht mehr Befriedigung (und eine bessere Höhenanpassung). Die beste Anmarschroute ist derzeit der Weg von Nayapul nach Tatopani über **Poon Hill** (S. 422).

Von Tatopani bis Jomosom

Von Tatopani nach Jomosom ist man zu Fuß normalerweise drei bis vier Tage unterwegs (mit mehreren Bus- und Jeep-Etappen einen anstrengenden Tag). Die Straße kann man größtenteils oder gänzlich meiden, indem man sich am **Ostufer** des Kali Gandaki hält. Jedoch gibt es hier häufig Erdrutsche, so dass die Ostroute schwierig zu begehen oder gar unpassierbar sein kann – und Informationen über den Zustand der Route sind nur schwer zu bekommen. Die Hauptorte (und die meisten Trekking-Lodges) befinden sich am Westufer, und die Leute dort sind nicht besonders erfreut, wenn der Trekkingverkehr auf der anderen Seite verläuft. Daher genießt auch die Unterhaltung des Wegs auf der Ostseite nicht gerade eine hohe Priorität. Provisorische Holzbrücken machen die Flussüberquerung zumindest in der Trockenzeit recht einfach. Um bei hohem Wasserstand zu den Orten am Ostufer zu kommen, muss man sich der dauerhaften Hängebrücken bedienen und notfalls längere Etappen auf der Straße zurücklegen. Einfacher wird die ganze Unternehmung, wenn man einen Guide mitnimmt, der die Strecke kürzlich gegangen ist.

Oberhalb von **Tatopani** (1190 m), wo der Weg vom Poon Hill in die Straße von Beni einmündet, führt die Route durch die tiefste Schlucht der Welt, die **Kali Gandaki**, beiderseits flankiert von den 8000er-Riesen Dhaulagiri und Annapurna. Oberhalb von Tatopani muss man sich oft

Thakali und Manangi

Ein kleiner, jedoch wirtschaftlich mächtiger Clan sind die **Thakali**, die erfinderischen Händler, Gastwirte und Ponyhändler des Thak-Khola-Gebietes in der Annapurna-Region. Ihr unternehmerisches Talent geht mindestens auf die Mitte des 19. Jhs. zurück, als die Regierung sie mit einem regionalen Monopol für den Salzhandel ausstattete. Mit der allmählichen Öffnung Nepals für die Außenwelt wandten sich viele Thakali exotischeren Formen des Handels zu, wie beispielsweise dem Import von Elektrowaren aus Singapur und Hongkong. Andere eröffneten in der westlichen Bergwelt Gästehäuser, die ihnen wirtschaftlichen Erfolg bescherten. Auch die **Manangi** (oder Manangba) des oberen Marsyangdi, des nächsten Tales östlich des Thak Khola, wandten sich neuen Tätigkeiten zu, wobei sie ihre früheren Handelsprivilegien zum Aufbau internationaler Schmuggelrouten und anderer zwielichtiger Aktivitäten nutzten. In beiden Tälern führen seit jeher die Frauen die Trekking-Herbergen, während ihre weit gereisten Männer bislang den Großteil ihrer Zeit mit auswärtigen Geschäften verbracht haben. In neuerer Zeit haben Lockerungen der Importbeschränkungen und Währungskontrollen den besonderen Status dieser Gruppen ausgehöhlt, und viele Händler sind inzwischen in ihre Heimatdörfer zurückgekehrt. Es ist vertretbar, beide Gruppen als Bhotia (S. 408) zu klassifizieren, doch ihre Sprachen weisen nähere Verwandtschaft zu den Gurung als zum Tibetischen auf. Die Manangi sind Buddhisten, während die Religion der Thakali den Buddhismus mit hinduistischen und schamanistischen Elementen durchsetzt.

am Westufer halten, und beim alten Magar-Dorf **Dana** betritt man den steilsten und schroffsten Teil der Schlucht; unterhalb des Wasserfalls Rupse Chhahara gibt es einen Aussichtspunkt. Der Weg am Ostufer ab Kopchepani, gleich oberhalb und gegenüber der Fälle, bis hinauf nach **Ghasa** (2010 m) ist relativ gut.

Bei **Ghasa** beginnt der Bezirk **Lower Mustang**, die Heimat der buddhistischen Thakali, S. 424 – stromaufwärts von hier heißt der Fluss bei den Einheimischen **Thak Khola**; ab hier geht die subtropische Vegetation langsam in alpine Bäume und Sträucher über. Von Ghasa bis zum Dorf **Chhyo**, gegenüber von Lete (2480 m), geht es vorwiegend am Westufer entlang, jedoch klettert danach ein guter Pfad am Ostufer hinauf nach Kunjo und zum kleinen Titi Tal, bevor es teils auf einer holperigen Straße bergab zum alteingesessenen Trekkingdorf **Kokhethanti** (2545 m) geht. Hier muss man den Fluss gewöhnlich nach Larjung am Westufer überqueren – der Weg auf der Ostseite über Sirkung und Sauru nach Tukuche ist besonders anfällig für Erdrutsche. Beim relativ großen und wohlhabenden Dorf **Tukuche** (2590 m) überquert man den Fluss wieder hinüber zur Ostseite, dann geht's bergauf über Chimang, mit seinem schönen Blick auf den Dhaulagiri, und Chairo, eine tibetische Siedlung. Normalerweise kann man am Ostufer bis direkt nach Thini gehen, es lohnt sich jedoch unbedingt, kurz vor Dhumba zum hübschen Ort **Marpha** (2670 m) zu queren, der inmitten von Aprikosen- und Apfelgärten thront und für seinen Apfelwein und -schnaps berühmt ist. Das Verwaltungsstädtchen **Jomosom** (2720 m) mit viel frequentiertem Flugplatz sieht aus wie eine steinerne Wild-West-Siedlung, ist aber gut, wenn man Vorräte, einen Arzt, eine Bank, die Polizei oder schlicht eine Ruhepause braucht – hier gibt's relativ viele gehobenere Hotels.

Von Jomosom bis Muktinath

Oberhalb von Jomosom wird das Tal flacher, und man erreicht eine trockene und stark tibetisch geprägte Hochlandregion. Ein paar Motorräder und Jeeps quälen sich über die staubige Holperpiste (von Jomosom nach Muktinath dauert es in einem Sammeljeep zwei Stunden und kostet etwa Rs700), jedoch findet man auch leicht Pfade, oft auf dem steinigen Talgrund. Jedoch sollte man sich vor den starken Fallwinden in Acht nehmen, die hier am späten Vormittag und nachmittags von Süden her einfallen und jede Menge Steinchen und Staub aus dem Flussbett aufwirbeln – hier braucht man einen Schal als Maske, eine Kopfbedeckung und eine Sonnenbrille. Wer dem Wind entgegengeht, also Richtung Süden, für den stellt das Vorankommen eine echte Herausforderung dar und ist teilweise fast unmöglich.

Im romantischen, befestigten Dorf **Kagbeni** mit seinen mittelalterlichen Bauten und buddhistischen Terrakottafiguren befindet man sich am äußersten Rand des Tibetischen Plateaus und blickt nach Norden nach Upper Mustang, fürwahr ein verbotenes Reich, denn zum Besuch benötigt man ein teures Permit (S. 407). Keine Zugangsbeschränkungen gelten dagegen für den 1000-m-Aufstieg in ein hübsches, offenes Seitental mit Obstgärten und Trockenmauern nach Muktinath. Der Weg kreuzt immer wieder die Straße und führt durch das eindrucksvolle Dorf **Jharkot** (3550 m) mit einem schönen Kloster. Jeeps fahren bis **Rani Pauwa** (3710 m), wo Dutzende Hotels auf indische Pilger warten; von hier läuft man entweder die letzten 20 Minuten nach Muktinath oder fährt mit dem „Muktinath Express" – also als Beifahrer auf einem Motorrad.

Das *Mahabharata* nennt das von Pappeln gesäumte **Muktinath** (3760 m) als Ursprungsort der mystischen *shaligram*, der in der Kali-Gandaki-Schlucht gefundenen Ammoniten. Der Ort gehört zu den bedeutendsten religiösen Stätten im Himalaya und hat sich seit Bestehen der Straße zu einem boomenden Wallfahrtsort entwickelt. Ein Priester führt Besucher gern durch den Vishnu-Tempel mit seinen 108 Wasserspeiern, in deren eisigem Wasser die Pilger baden. Weiter unten am Weg befindet sich ein buddhistischer Schrein, der eine winzige, ewig brennende Naturgasflamme schützt, die neben einer kleinen Quelle halb in der Erde versteckt ist – eine besonders heilige Kombination von Erde, Luft, Feuer und Wasser. Ungefähr zum Vollmond im August/September findet in Muktinath das exotische Reiterfest **Yartung** statt.

Wer von hier **nach Jomosom** zurückkehrt, kann eine atemberaubende hoch oben verlaufende Nebenroute über die Flanke der Berge südöstlich von Rani Pauwa nehmen. Dabei geht es sehr steile Pfade hinunter und auf Behelfsbrücken über den Panda Khola – vor dem Losgehen sollte man sich erkundigen, wie es um die Brücken steht. Unterwegs kommt man am altmodischen Thakali-Dorf Lupra vorbei. Wer über den Thorung La die Annapurna-Umrundung Richtung **Manang** geht: Kurz vor dem vierstündigen Aufstieg über Serpentinen zum Pass gibt es in **Chabarbuk** (4200 m), auch als Phedi bekannt, ein paar einfache „Teehaus"-Lodges, die nur in der Hauptsaison betrieben werden. Wer hier übernachtet, kann den Aufstieg zum Pass am nächsten Morgen eine Stunde früher in Angriff nehmen.

Manang und das Marsyangdi-Tal

Das **Marsyangdi-Tal**, das sich im Bogen um die Ostseite des Annapurna-Massivs zieht, war einst die weniger kommerzialisierte Hälfte der Annapurna-Umrundung. Hier trekkten nur die Unerschrockenen, die den 5415 m hohen Thorung-La-Pass überqueren und von dort nach Jomosom absteigen wollten. Doch nach Eröffnung einer neuen Straße überflügelt das Marsyangdi-Tal sein touristisches Gegenstück als eigenständiges Reiseziel und Ausgangspunkt atemberaubender Nebenrouten. Zur Zeit der Recherche konnte man mit Ausnahme eines kurzen Stücks zwischen Tal und Karte, das sich noch im Bau befand, die gesamte Strecke bis **Manang** fahren, falls keine Erdrutsche den Weg versperren. Der fehlende Abschnitt sollte inzwischen fertiggestellt sein, doch andere Teile sind dafür regelmäßig verschüttet und müssen neu gebaut werden.

Hauptausgangspunkt der Route ist Besisahar. Mit Führer kann man auch in zwei oder drei Tagen vom Begnas-See über Nalma Phedi und Baglungpani nach Khudi, knapp nördlich von Besisahar, wandern.

Vom oberen Marsyangdi-Tal bis nach Manang und über den Thorung La

Oberhalb des Dorfes **Syange** am Flussufer lässt man die Straße hinter sich (zumindest war das zur Zeit der Recherche noch so). Hier verläuft die Route von Terrassenfeldern in die Schlucht des **oberen Marsyangdi** hinein und verspricht eine wunderbare drei- bis viertägige Wanderung bis nach Manang hinauf, größtenteils durch buddhistisches Gebiet. Der Weg führt über eindrucksvolle Hängebrücken und spektakuläre, aus dem Berghang gesprengte Felspfade und steigt dabei stetig durch verschiedene Klimazonen an: Gemäßigter Wald, Koniferenwald, alpine Wiesen und zuletzt aride Steppen im Regenschatten. Der Weg von Chame nach **Manang** – die höhere Route über Upper Pisang umgeht die absurde Strecke unverbundener Straßenabschnitte weiter unten – ist so spektakulär, dass man sich unbedingt Zeit lassen sollte. Der Anblick der gewaltigen Gletschermassen der Annapurnas, die sich fast 5000 m über das Tal türmen, hinterlässt einen bleibenden Eindruck. Wie bei allen alten Dörfern dieser Gegend ist die Architektur Manangs tibetisch.

Von Ende Dezember bis Anfang März ist die Passierbarkeit des Thorung La (5416 m) eingeschränkt bis unmöglich, und ab April sind die tieferen Lagen des Treks drückend heiß. Zu jeder Jahreszeit kann Schnee den Pass blockieren, so dass man sich auf Wartezeiten einstellen oder gar zurückgehen muss. Wer eine Passüberquerung plant, braucht anständige Wanderschuhe, Handschuhe, sehr warme Kleidung und einen Ganzjahresschlafsack und sollte unbedingt die Station der Himalayan Rescue Association in Manang aufsuchen, um sich über Wetterbedingungen, Höhenkrankheit und das empfohlene Begehungstempo für die Strecke zu informieren. Von hier sind es nur sechs oder sieben Stunden bis **Thorung Phedi** (4450 m), der letzten Ansammlung von Lodges vor dem Pass, aber man sollte den Anstieg mindestens auf zwei Tage verteilen – vielleicht mit der einen oder anderen Tagestour von Manang aus. Thorung Phedi und das ungemütlich hohe **Thorung High Camp** (4925 m) sind äußerst unsympathische Orte, an denen man um 3 Uhr morgens von Trekkern geweckt wird, die meinen – aufgrund falscher Information –, sie müssten bis 8 Uhr über den Pass sein. Nachmittags wird es oben jedoch sehr windig, so dass ein früher Start empfehlenswert ist. Die Kletterpartie bis zum Pass – auf dem es in der Hauptsaison manchmal einen Teeshop gibt – und der knieschädigende

1600-m-Abstieg nach **Muktinath** (S. 423) auf der anderen Seite sind für eine anstrengende, aber erhebende Tageswanderung gut.

Kurze Abstecher von Manang

Manang ist ein guter Stützpunkt für Tageswanderungen ins obere Marsyangdi-Tal. Solche Abstecher sind eine ideale Akklimatisierungsmöglichkeit für alle, die den Thorung La überqueren wollen, aber auch um ihrer selbst willen interessant. Die sehr besuchenswerten *gompa* von Manang, Bojo und Braga liegen nur jeweils eine halbe Stunde voneinander entfernt. Eine schöne Ergänzung ist die Kurzwanderung von Manang zum **Gangapurna-See** und dem schönen Aussichtspunkt zwei Stunden weiter bergauf. Der **Kicho Tal** (4950 m), ein eisiger See, an dem schon *bharal* (Blauschafe) gesichtet wurden, ist ein schönes Ziel für eine Tageswanderung.

Das verlockendste Ziel westlich von Manang ist der **Tilicho** (manchmal auch Tilicho Tal genannt), nicht, wie oft behauptet wird, der höchste See der Welt, aber trotzdem schön und bemerkenswert. Hierher führt eine harte zwei- oder dreitägige Wanderung; die Pfade sind geröllübersät und gefährlich, die Route ist mitunter schwer zu finden, und außerhalb der Hauptsaison sind die Lodges oft geschlossen. Man muss sich also vorher erkundigen und vielleicht am besten einen Guide mitnehmen.

Zwei schwierige Wanderstunden westlich von Manang liegt **Khangsar** (3734 m), das höchste ständig bewohnte Dorf im Marsyangdi-Tal, mit einigen Lodges. Ab hier folgt der Pfad nicht dem für Erdrutsche anfälligen Marsyangdi-Tal, sondern einer höher verlaufenden Nordroute vorbei an Kharka (auch bekannt als Srikharka oder Shreechaur, mit gutem Gästehaus) und über einen hohen Sattel (4920 m), um dann zum **Tilicho Base Camp** (4150 m) hinunterzuführen, etwa fünf Stunden von Khangsar. Wer hier in einer der zwei eisigen Lodges übernachtet, kann am nächsten Tag den steilen, dreistündigen Anstieg (zwischen November und Mai teils über Schnee) zum wunderschönen, oft zugefrorenen **Tilicho Tal** (4920 m) in Angriff nehmen. Am See gibt's derzeit nur ein sehr einfaches saisonales „Teehaus" (nur Schlafsaal), und zwar auf der Seite Richtung Manang, jedoch sollte man sich erkundigen, ob es geöffnet ist, bevor man ohne Campingausrüstung hochgeht. Die meisten absolvieren die Tour zum See als Tagesausflug vom Tilicho Base Camp aus, Hartgesottene gehen am selben – langen – Tag jedoch zurück nach Khangsar oder sogar Manang.

Der Weg hoch zum Tilicho Tal ist allerdings keine Route für unerfahrene Trekker. Dies gilt erst recht für die gefährliche zweitägige Wanderung in großer, schneeträchtiger Höhe bis nach Jomosom (oder Marpha). Egal, was manche Karten zeigen: Am Seeufer kann man nicht entlanggehen, so dass man mit Seilen gesichert über den zugefrorenen See (grob von Nov/Dez bis April, jedoch vorher nachfragen!) oder hoch oben einen nördlichen Umweg über den Eastern Pass (5340 m) geht. Danach muss man die Wasserscheidenkette überqueren, in der Regel über den gefährlichen **Mesokanto La** (5121 m), der manchmal Middle Pass genannt wird, weil es weiter nördlich einen höheren (aber angeblich einfacheren) Pass gibt. Nur sehr geübte Trekker schaffen es vom Tilicho Tal an einem Tag hinunter nach Jomosom oder auch nur nach Thini; wer es in zehn Stunden schafft, ist schnell, aber am besten übernachtet man auf einem der beiden Zeltplätze unterwegs.

Weitere Treks in der Annapurna-Region

Die folgenden vier Treks sind völlig anders geartet als die oben beschriebenen Routen mit ihrer hoch entwickelten Infrastruktur. Hier gibt es in der Regel nur nepalesische Mahlzeiten und Unterkünfte, und man muss normalerweise mindestens einige Nächte zelten oder in Privathäusern unterkommen. Wer nicht mit einer Agentur unterwegs ist, sollte sich für diese Routen besser einen Führer nehmen.

Natürlich gibt es außer den hier beschriebenen Treks noch jede Menge andere Routen. Der Trek zum **Khopra-See** auf der Bergschulter des Süd-Annapurna oberhalb von Ghorepani und Tadapani könnte dank der herrlichen Aussicht auf den Dhaulagiri und seinem höchsten Punkt am kleinen, heiligen Khyar-See (4880 m) eines Tages dem Poon Hill Konkurrenz machen. In Khopra gibt's zwar keine Lodge, jedoch wurde 2012 in Dharamdanda, auf halbem Weg zwischen

Tadapani und Khopra Danda, ein Gästehaus gebaut, und man kann auch in Swanta oberhalb von Chitre übernachten. Immer mehr Trekker gehen auch westlich des Kali Gandaki auf Erkundungstour Richtung **Dhaulagiri-Massiv** und ins bislang wenig besuchte **Dhorpatan-Jagdreservat**. Dahinter lockt dann schon Dolpo (S. 449).

Der Machhapuchhare-Trek

Eine der neueren Routen in der Region ist ein Rundtrek unmittelbar nördlich von Pokhara, der auf die Südflanken von Mardi Himal und Machhapuchhare zuführt und schönen Blick auf das Annapurna-Massiv bietet. Die übliche Anmarschroute führt die oberen Täler des Seti Khola hinauf. Sie zweigt von einer Nebenstraße gleich oberhalb von **Hyangja ab** (20 Taximinuten von Pokhara) und verläuft durch die sattgrünen Terrassenfelder um die Gurung-Dörfer **Ghachok** und **Diprang** (1440 m). Letzteres besitzt eine Community Lodge und in der Nähe eine warme Quelle. Mehrere steile Pfade führen durch den Wald **auf einen hohen Bergkamm voller Rhododendren, der von Vögeln nur so wimmelt.** (Einer der Wege passiert den **Pipar-See**, an dem sich zahlreiche Fasane tummeln und von dem man einen umwerfenden Blick auf den gleich nördlich aufragenden Machhapuchhare hat.) Dem Bergkamm kann man bis zum niedrigen **Korchon-Gipfel** (3682 m) folgen und ggf. weiter aufwärts in Richtung des **Mardi Himal Base Camp** (4120 m). Die meisten Trekker steigen allerdings schon vorher vom Kamm wieder ab und beim Dorf Ribang zum Mardi Khola hinunter. Für die fünf- bis siebentägige Trekkingtour braucht man Campingausrüstung und ausreichenden Proviant.

Der Mardi-Himal-Trek

Einen Gebirgskamm westlich des Machhapuchhare-Treks verläuft eine weitere gute Camping-Route, der Mardi-Himal-Trek. Ausgangspunkte sind gewöhnlich Phedi oder Kande, beides an der Straße nach Nayapul. Von beiden Orten klettert man auf guten Wegen hinauf zu den Dörfern Pothana (1890 m) und Bhichok Deurali (2100 m). Von hier geht es den unglaublichen Grat hinauf, der sich südlich des Mardi Himal (5553 m) zwischen Mardi und Modi Khola hinabzieht. Vom Kamm bieten sich atemberaubende Aussichten, und auf beiden Seiten ziehen sich Rhododendronwälder hinab. Rund alle vier Stunden trifft man auf einen Zeltplatz: Kokar (2550 m), Low Camp (3050 m) und High Camp (3900 m). Von High Camp kann man dem Grat solange folgen, wie man sich traut – ab November liegt hier oben Schnee. Von Low Camp führt ein guter, steiler Weg Richtung Osten hinab durch den Wald nach Sidhing am Machhapuchhare-Model-Trek.

Der Royal Trek

Der sogenannte Royal Trek ist ein leichter, dafür aber auch wenig spannender Spaziergang durch eine üppige Landschaft und verdankt seinen Namen dem Besuch von Prinz Charles 1981. Damals war er verlockender, als die Straße im Osten von Pokhara nach Kalikasthan noch nicht gebaut worden war und die traditionellen Häuser teils noch nicht durch Betonbauten ersetzt worden waren. Der Trek wird gewöhnlich in drei oder manchmal auch vier Tagen absolviert; übernachtet wird in Privatunterkünften. Am ersten Tag geht es auf dem Weg von Kalikasthan Richtung Osten nach Lipeyani stets leicht auf und ab; am zweiten Tag führt der Weg hinauf nach Chisopani oben auf dem Gebirgskamm – das letzte Stück ist steil, aber nie furchterregend steil –, von wo man schöne Bergblicke genießt. Die dritte Etappe führt zum Rupa Tal (S. 316), von dort fahren Busse zurück nach Pokhara.

Der Siklis-Trek

Der Siklis-Trek führt in wenig besuchte Ecken der Annapurna Conservation Area unterhalb der Hänge des Lamjung Himal, Annapurna II und IV – jedoch sieht man unterwegs mehr terrassierte Felder als Berge und Wälder. Für die Hauptroute braucht man etwa eine Woche. Vom Ausgangspunkt **Begnas Tal** (S. 316) geht es nordwärts nach Kalikasthan (erste Nacht), dann folgt man dem Westufer des Flusses nach Taprang (zweite Nacht) und schließlich zum gut erhaltenen **Siklis** (1980 m), Nepals größtem Gurung-Dorf. Die vierte Etappe ist dann harte Arbeit: Man geht westwärts über einen dicht bewaldeten Bergrücken, der die Täler des Madi und Seti Khola trennt, zum Tara Hill, wo sich von einem kleinen Teehaus unglaubliche Ausblicke auf den

Machhapuchhare bieten; dann steigt man über Ghalekharka und Sardikhola zum Seti Khola ab, um schließlich über Ghachok nach Hyangja zurückzukehren. Es gibt viele Variationsmöglichkeiten; so kann man von Ghachok den Seti Nadi hinauf einen Abstecher zu den warmen Quellen von Diprang machen. Diesen Trek kann man mittlerweile absolvieren, ohne zu zelten oder in Privathäusern zu übernachten, jedoch sind die Lodges noch recht einfach.

Die Manaslu-Umrundung

In dem Gebiet östlich des Annapurna-Massivs und nördlich von Gorkha gibt es nur eine bemerkenswerte Trekkingroute: die Manaslu-Umrundung, eine tolle Wanderung durch relativ unberührte und sehr vielfältige Landschaften mit Reisterrassen und kargen tibetischen Dörfern, mit dichten Wäldern und einem 5100 m hohen Pass. Diese anspruchsvolle Route zu gehen dauert rund zwei Wochen (13–18 Tage) und ist für alle erwägenswert, die eigentlich die Annapurna-Umrundung im Sinn hatten und durch die neue Straße oder die zunehmende Kommerzialisierung dieser Route abgeschreckt sind.

Mittlerweile kann man auf der Manaslu-Umrundung in Lodges übernachten und braucht keine Camping-Ausrüstung mehr mitzuschleppen, jedoch sind die **Einrichtungen** zumeist recht einfach. Zwar ändern sich die Dinge schnell – auf 💻 manaslucircuittrek.com kann man sich gut, auch anhand von Berichten von Travellern, über die aktuelle Situation informieren –, jedoch prägen hier immer noch *daal bhaat* und Schlafsäle das Bild.

Traditionell beginnt der Trek in Gorkha (S. 280) und führt direkt am Königspalast vorbei und danach durch landschaftlich sehr reizvolles und kulturell sehr reiches Gelände. Viele Leute verkürzen den Trek allerdings, indem sie in **Arughat** losgehen. Von Kathmandu fahren Direktbusse nach Arughat (2x tgl., 7 Std.), oder man kann in Malekhu am Prithvi Highway zwischen Kathmandu und Pokhara aussteigen und von dort per Nahverkehrsbus oder Jeep über eine asphaltierte Straße ins geschäftige Verwaltungszentrum Dhading und dann über eine unbefestigte Straße weiter nach Arughat gelangen (oder auch weiter nach Arkhet oder Sozti Khola).

Die Route

Von Arughat (530 m) geht es die ersten etwa acht Tage stetig aufwärts durch das bewaldete stille Tal des **Burhi Gandaki**, tief ins Gurung-Gebiet hinein. Hier tragen die Frauen schweren Goldschmuck und die Männer den typischen Gurung-*bhangro*, einen schweren, cremefarbenen Wollumhang, der zugleich als Tragetasche dient.

Nach drei oder wohl eher vier Tagen erreicht man bei Jagat (1340 m), wo es einen Kontrollposten gibt, die Manaslu Conservation Area, und die Landschaft wird immer spektakulärer. (Ein faszinierender Abstecher führt östlich von Philim ins ausgesprochen schöne bewaldete und zutiefst buddhistische Tsum-Tal, das bis hinter die 7000er-Gipfel des **Ganesh Himal** vorstößt.) Hinter **Deng** (1800 m), eine lange oder zwei kurze Tageswanderungen oberhalb von Jagat, biegt sich das Tal allmählich nach Westen, und man gelangt ins hoch gelegene, sehr tibetisch geprägte Nupri-Gebiet. Von hier steigt man noch etwa drei oder besser vier Tage immer höher durch buddhistisches Territorium bis zum Ort Samdo (3870 m). Hier nimmt man sich am besten ein wenig Zeit, um sich zu akklimatisieren: Samdo ist mit seinen relativ komfortablen Lodges und der Möglichkeit zu einem kleinen Abstecher Richtung Lajyung La, der nach Tibet hinüberführt, ein guter Ort für einen Ruhetag. Falls nötig, kann man hier einen Träger anheuern, was allerdings nicht ganz billig ist.

Wegen der großen Höhenunterschiede und da sie sehr anstrengend ist, ist es nicht ratsam, die zehnstündige Wanderung von Samdo über

Permits für die Manaslu-Umrundung

Das spezielle Trekking-Permit für die Manaslu-Umrundung (Sep–Nov US$70 p. P. für eine Woche, danach US$10 pro Tag, Dez–Aug US$50/7) muss man sich über eine autorisierte Agentur besorgen, und man muss auf der Wanderung auf jeden Fall einen Guide mitnehmen. Man benötigt keine TIMS-Karte, muss jedoch, da der Weg durch beide Gebiete führt, Eintrittsgebühren für die Manaslu und die Annapurna Conservation Area bezahlen (MCAP und ACAP; jeweils Rs2000).

den Larkya La (5135 m) und hinunter zu den Lodges in Bimtang (3720 m) an einem Tag zu bewältigen. Die einzige Alternative für Leute ohne Zelt ist die Lodge in Larkya Phedi, auch bekannt als Larkye Dharamsala (4470 m), drei Stunden oberhalb von Samdo, deren Zukunft zur Zeit der Recherche allerdings im Unklaren lag, da sie illegal errichtet wurde. Von Larkya Phedi braucht man hoch zum **Larkya La** auf der Bergschulter des Manaslu vier bis fünf Stunden; am Pass kann es windig und gefährlich sein. Bei Schnee (zu erwarten ab November) sollten die Führer an den steilsten Passagen des Aufstiegs Trekker mit einem Seil sichern. Die Ausblicke sind umwerfend, wenn auch kein Achttausender zu sehen ist – nur der Annapurna II mit gut 7900 m.

Abwärts geht es dann sehr schnell: zwei oder drei Tage steil den Dudh Khola hinunter bis ins Marsyangdi-Tal. In **Dharapani** (1860 m) erreicht man die ACAP-Zone (Genehmigung erforderlich) und die Vorboten der Zivilisation. Bei Syange trifft man auf die Straße, über die Jeeps von Besisahar heraufkommen, aber vielleicht geht man lieber zu Fuß weiter bis nach Bhulbhule (S. 421).

Langtang, Gosainkund und Helambu

Die Trekkingmöglichkeiten nördlich von Kathmandu werden allgemein unterschätzt und wenig genutzt, so dass man hier noch relativ einsame Ecken findet. Von allen Trekkinggebieten ist diese Region am leichtesten zu erreichen. Und sie bietet sich auch für ein- oder zweiwöchige Trips an. Was ihr an Superlativen fehlt – hier gibt es keine 8000er (mit Ausnahme des Shisha Pangma auf der anderen Seite der Grenze in Tibet) –, macht sie durch Steilwände wett, die denen in anderen Gebieten in nichts nachstehen. Besonders Langtang bietet in kürzester Zeit mehr atemberaubende Ausblicke als jeder andere Trek in Nepal – vielleicht mit Ausnahme des Annapurna Sanctuary.

Zwei ausgeprägte Talkessel und ein trennender *lek* (Grat) geben den hiesigen Haupttreks ihren Namen. Jeder für sich ist ein unabhängiges Unternehmen, doch mit genügend Zeit kann man sie miteinander verbinden. **Helambu** liegt am nächsten zu Kathmandu – dieses Gebiet umfasst die zerklüfteten, nord-südlich verlaufenden Täler und Bergkämme, die unmittelbar am nordöstlichen Zipfel des Kathmandutals beginnen. Nördlich von Helambu erstreckt sich in ost-westliche Richtung und nur einen Steinwurf von Tibet entfernt, das alpine **Langtang-Tal**, dessen obere Bereiche dramatisch zwischen die Gipfel des Langtang Himal und Jugal Himal gebettet sind.

Gosainkund bezaubert durch eine Seenkette: heilige Seen, die in einen zerklüfteten Höhenzug nordwestlich von Helambu eingebettet sind. Nachteilig ist, dass die Verbindungen zwischen den drei Treks nicht verlässlich sind – im Winter kann Schnee die Pässe zwischen Helambu und den anderen beiden Gebieten blockieren.

Grenzübertritt nach China in Rasuwagadhi

Die Straße nach Langtang trägt nach der ersten Sherpa-Frau, also der ersten Frau aus Nepal, die den Everest bestieg, den Namen Pasang Lhamu Highway. Heute führt die Straße nicht nur bis zum Ausgangspunkt des Langtang-Treks, sondern weiter durch das gesamte Tal des Bhote Koshi nach Rasuwagadhi an der Grenze zu Tibet. Der Grenzübergang ist derzeit für Fahrzeuge und Ausländer geschlossen, aber nicht mehr lange: Ende 2011 erklärte sich China bereit, eine zweite „Freundschaftsbrücke" zu bauen – und die Chinesen sind nicht für langes Zaudern bekannt. Wenn die Brücke fertig ist, wird sie die nepalesische Lantang-Region sicher verändern, und vielleicht auch Nepals internationale Beziehungen. Rasuwagadhi (auch unter dem Namen Rasuwa bekannt) wird immer von Erdrutschen und starkem Schneefall heimgesucht werden, aber dennoch wird hier wohl eines Tages die Hauptroute zwischen Nepal und China verlaufen. Außerdem verlängert China die nach Lhasa führende Eisenbahnstrecke bis nach Shigatse, und es gibt Pläne, sie noch weiter bis ins 275 km entfernte Kerung zu führen, die tibetische Grenzstadt nur 18 km von Rasuwagadhi.

Tamang Heritage Trail

Vielleicht um den Mangel an prominenten Gipfeln wettzumachen, bieten viele Agenturen **Kulturtreks** in der Langtang-Region an – mit Übernachtungen in Dorfhäusern, Besuchen von religiösen Stätten und Klöstern und abendlichen „Kulturshows", die meist viel besser sind als erwartet. Oft liegt der Schwerpunkt auf Tierbeobachtungen und nachhaltigem Tourismus. Alles in allem bieten diese Treks eine erfrischende Abwechslung von der rastlosen Höhenkilometer- und Bergpanoramen-Sammelei der berühmten Annapurna- und Everestrouten. Insbesondere die Gegend nordwestlich von Syaphru Besi wurde als **Tamang Heritage Trail** erschlossen. Die Standardroute ist eine vier- bis sechstägige Rundwanderung über Gatlang, Tatopani mit seinen heißen Quellen, Timure und Briddim. Die Streckenführung könnte sich jedoch ändern, da zur Zeit der Recherche die Chinesen gerade eine 16 km lange Straße zwischen Syaphru Besi und Rasuwagadhi an der Grenze nach Tibet fertigstellten.

Wer nicht über Helambu geht, muss von Langtang und Gosainkund überwiegend auf denselben Pfaden zurückkehren.

Essen und Unterkünfte sind weniger luxuriös als im Annapurna- und Everest-Gebiet, doch die Lodges sind überwiegend durchaus ansprechend. Alle genannten Routen führen in den **Langtang-Nationalpark**, für den eine Eintrittsgebühr in Höhe von Rs1000 zu entrichten ist.

Langtang

Den Langtang-Trek kann man leicht innerhalb einer Woche bewältigen, doch Tagesausflüge im oberen Tal sind zwei oder drei Verlängerungstage wert. Mit mehr Zeit kann man anschließend Gosainkund besuchen. Die meisten Wanderer starten in **Syaphru Besi** (1400 m). Dorthin führt eine sehr holperige acht- bis neunstündige Busfahrt mit reichlich Lokalkolorit ab Macha Pokhari, in der Nähe von Kathmandus Gongabu Bus Park (3 Busse tgl., Abfahrt frühmorgens, Rs300).

An den ersten beiden Tagen führt der Weg beständig hinauf durch das schluchtartige untere Langtang-Tal. Nachtlager gibt es in Lama Hotel (2470 m) oder Ghoratabela (2970 m). Eichen und Rhododendren weichen allmählich Hemlocktannen und Lärchenwäldern. Nach dem Aufstieg über eine alte Moräne öffnet sich plötzlich der Blick auf verschneite Gipfel und ein u-förmiges Gletschertal, das als begehrte Yak-Weide dient. Im Frühling blüht hier ein Blumenmeer, und im Herbst leuchten die Berberitzen-Sträucher in tiefem Rostrot.

Im oberen Tal liegen zwei Bhotia-Dörfer: **Langtang** (3300 m), das größere von beiden, bietet sich für eine Übernachtung zur Höhenanpassung an. **Kyanjin Gompa** (3750 m) ist stolz auf sein kleines Kloster, eine Käsefabrik (toller Joghurt) und eine Handvoll Lodges im Chalet-Stil, die in der Hauptsaison schon früh belegt sind.

Weiter talaufwärts wartet der **Langtang-Gletscher** – eine lange Tageswanderung, da es hier keine Lodges gibt; vielleicht kann man, falls man unterwegs zelten möchte, in Kyanjin Gompa ein Zelt ausleihen. Von dem felsigen Aussichtspunkt Langshisha Kharka (4100 m), kurz hinter der Yak-Weide von Numthang, blickt man auf Eis und Moränen, die die hohen Täler ausfüllen, dicht umdrängt von verschneiten Gipfeln. Auch locken Gipfeltouren etwa auf den **Tsergo Ri** (4984 m), eine anstrengende Tour von sechs oder sieben Stunden (hin und zurück) mit überwältigendem Blick auf die weiße Bergwelt, oder auf den **Kyanjin Ri** (4773 m), der sich nur etwa zwei Kletterstunden oberhalb von Kyanjin Gompa erhebt.

Die **Rückkehr** kann über Helambu erfolgen, doch dazu muss man den Kangja La (S. 434) überqueren. Die meisten kehren durch das Tal zurück, wobei sich die letzte Etappe variieren lässt, indem man nach Thulo Syaphru abbiegt (wo der Weg nach Gosainkund abzweigt) und weiter nach Dhunche hinuntergeht.

Gosainkund

Für einen Trek nur nach Gosainkund braucht man nicht mehr als vier Tage, doch angesichts des schnellen Aufstiegs auf 4610 m ist eine Höhenanpassung in Langtang oder Helambu zu empfehlen. Durch die Kombination mit Gosainkund verlängert sich der jeweilige Trek um drei bis vier Tage; für alle drei Touren zusammen sollte man mindestens 16 Tage einplanen.

LANGTANG, GOSAINKUND UND HELAMBU

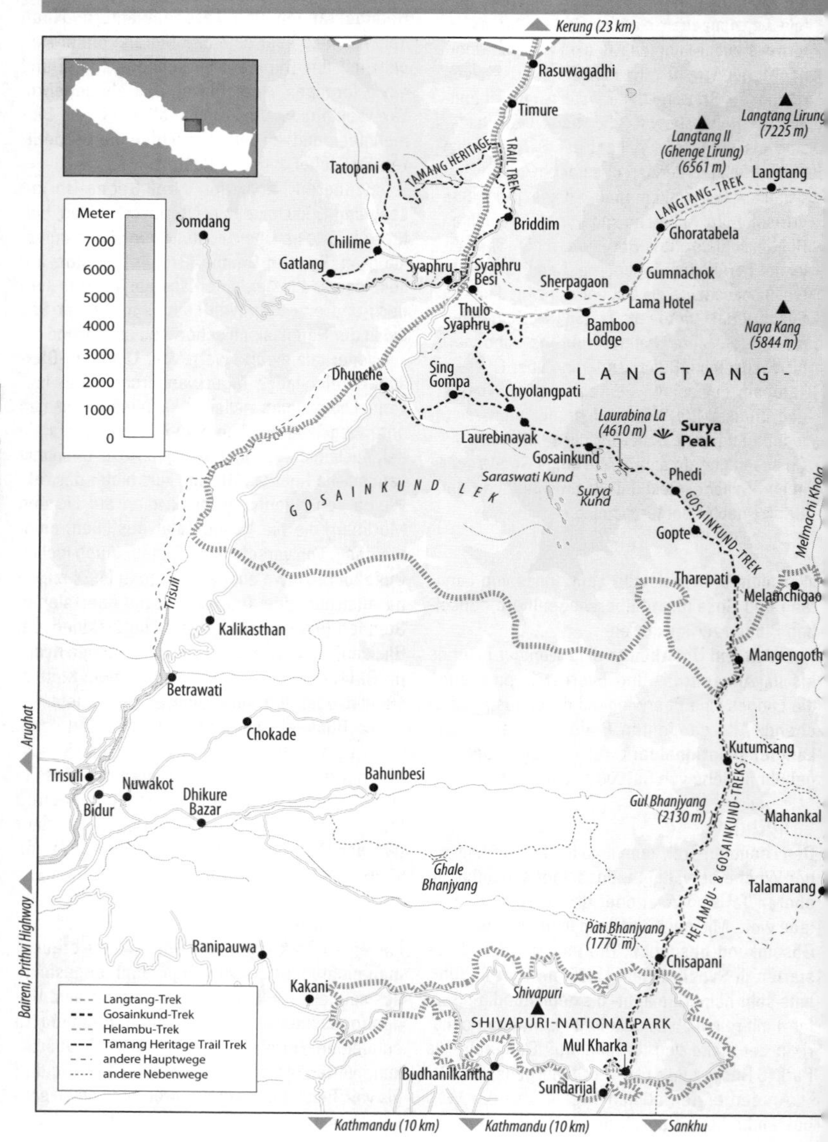

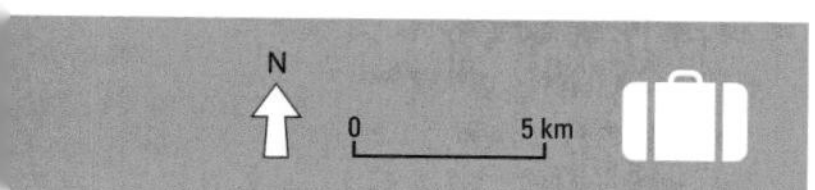

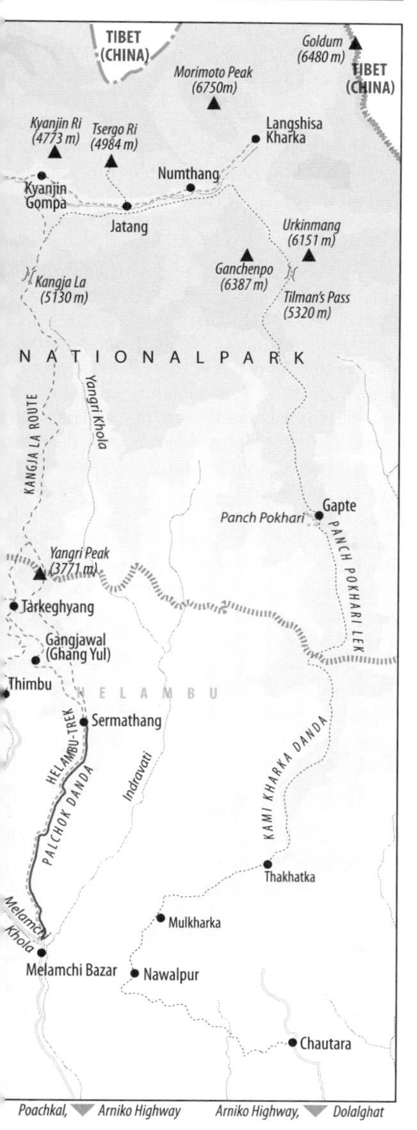

Von **Dhunche** (3 Busse tgl. vom Gongabu Bus Park in Kathmandu, Abfahrt frühmorgens) oder Thulo Syaphru (am Langtang-Trek) steigen die Pfade steil durch moosbewachsene Rhododendronwälder hinauf zum Kloster und zur Käsefabrik **Sing Gompa** auf 3250 m. Der Anstieg ab Dhunche ist besonders kräftezehrend. Oberhalb von Sing Gompa führt der Weg durch Tannenwälder weiter hinauf, bis er die Baumgrenze hinter sich lässt und der Blick auf immer grandiosere Panoramen der Bergriesen frei wird (Laurebinayak ist ein wunderschöner Platz für eine Rast). Schließlich ist der karge Oberlauf des Trisuli erreicht, wo Gletschermoränen und Felsrutsche eine Kette aus etwa einem halben Dutzend Seen *(kund)* gebildet haben. Mehrere Lodges stehen am Ufer des heiligsten dieser Seen, des **Gosainkund**, der von Nepals Hindus sehr verehrt wird. Eine berühmte Legende erzählt, wie Shiva, um die Welt zu retten, ein gefährliches Gift trank und anschließend hier seinen Dreizack *(trisul)* in den Berg rammte, um einen See zu schaffen, mit dessen Wasser er seine brennende Kehle abkühlte. Zum Vollmond im Juli/August feiern in Gosainkund Scharen hinduistischer Pilger das Janai-Purnima-Fest.

Zwei Stunden südöstlich von Gosainkund überquert man den **Laurabina La** (4610 m), einen Pass mit tollen Ausblicken, der im Winter wegen Eis und Schnee jedoch schwierig bis unpassierbar sein kann. Dann geht es hinunter zu einer sehr einfachen Lodge in Bera Goth und einer nur leicht besseren drei Stunden vom Pass entfernt in Phedi (3630 m) – man muss aufpassen, dass man hierher die niedrigere Route nimmt, nicht die gefährliche höhere. Phedi ist der übliche Startpunkt, wenn man den Pass von der Südseite her überquert. Hinter Gopte (3530 m), einem Weiler mit weiteren einfachen Lodges weitere drei Stunden entfernt, geht man dann wieder bergan und erreicht bei der Siedlung Tharepati (3510 m) den windigen und teils verschneiten Gebirgskamm. Hier teilt sich der Weg, und man kann zwei oder drei Tage lang einer der beiden Seiten des Helambu-Rundwegs folgen; die Unterkünfte hier sind ziemlich gut. Die schnellere Route besteht aus einem recht flinken Abstieg Richtung Osten über Melamchigaon und Tarkeghyang nach **Thimbu** (S. 434) am Ende der Straße. Die Alternative wäre, entlang des Bergrückens vier oder fünf Stunden durch Rhododendron- und dann Eichenwälder über Mangengoth (3390 m) Richtung Süden nach **Kutumsang** (2470 m) zu gehen, einem Sherpa-Dorf mit der Hauptverwaltung des Langtang-Nationalparks. Dann geht es rund fünf Stunden über Serpentinen nach Chisapani (2251 m), einem Ort mit toller Aussicht am Nordrand des Shivapuri-Nationalparks, und von dort weitere vier oder fünf Stunden durch den wunderbar bewaldeten Nationalpark nach **Sundarijal** (1460 m). Von hier verkehren regelmäßig Busse zum Ratna Park in Kathmandu (1–1 1/2 Std.); Taxis kosten etwa Rs1000. Hinter Kutumsang liegen überall Siedlungen, so dass man die Wanderung unterbrechen kann, wo man möchte.

Helambu

Helambu (auch: Helmu) bietet sich für kurze Treks an: Der Zugang von Kathmandu ist leicht, und ein umfangreiches Wegenetz ermöglicht es, einen auf die eigenen Vorstellungen zugeschnittenen Rundgang zu planen. Da die Höhenunterschiede beträchtlich sind, gibt es viel Auf und Ab, doch die höchsten Stellen liegen nur zwischen 2700 m und 3200 m (je nach Strecke). Die Höhenanpassung stellt also kein Problem dar. Besonders im Winter sind die Pfade gut begehbar. Oft zeigen sich die Gipfel des Langtang Himal, doch sie sind hier nicht so nahe wie die Berge in anderen Gebieten.

Helambu galt einst als versteckte, heilige Domäne der Götter, und noch heute sind die nebelverhangenen Berge und fruchtbaren Täler relativ isoliert. Nur wenige kommen her, um zu trekken, und auf den zahlreichen Wegen verstreuen sie sich in alle Richtungen. Helambus Bewohner nennen sich selbst Sherpa, obwohl sie nur entfernte Verwandte des Stammes im Solu Khumbu sind. Auch viele Tamang (S. 271) leben hier, doch die Felder im Talgrund werden vorrangig von Hindus bestellt.

Üblicher Ausgangspunkt ist **Sundarijal**, das von Kathmandu mit dem öffentlichen Bus oder Taxi zu erreichen ist. Alternativ kann man auch von Sankhu, Kakani und Nagarkot aufbrechen. Um schneller tief in die Berge zu gelangen, kann man über den Arniko Highway bis Banepa oder Dhulikhel fahren und hier in einen der recht häufig verkehrenden Busse nach Melamchi Bazaar umsteigen. Holperpisten führen von hier hinauf nach Thimbu und Sermathang, aber sie sind oft blockiert, so dass man sich nicht darauf verlassen kann, die ganze Strecke fahren zu können.

Die meisten Trekker gehen im Uhrzeigersinn eine fünf- bis siebentägige Schlaufe über zwei Hauptgrate zu beiden Seiten des Malemchi Khola, um dem riesigen Melamchi-Wasserversorgungsprojekt aus dem Weg gehen, das im Tal gebaut wird. Der Anmarschweg führt über den Gosainkund-Trek (in umgekehrter Richtung beschrieben auf S. 431): von Sundarijal durch den Shivapuri-Nationalpark nach Chisapani, dann hinauf nach Kutumsang und Tharepati. Von hier führt der Trek nach Osten, unter anderem über die hübschen Dörfer **Melamchigaon**, **Tarkeghyang** und **Sermathang**. Die Wanderung zwischen den zuletzt genannten Orten hat durch eine neue Holperstraße zwar etwas an Reiz verloren, ist aber immer noch sehr schön, denn sie führt an pittoresken Klöstern vorbei und durch Wälder mit Eichen, Rhododendren und *lokta* (Daphne papyracea, dt. Seidelbast oder Nepalpapierdaphne), aus denen nach alter Tradition handgeschöpftes Papier hergestellt wird. Von Sermathang kann man weiter den Kamm entlang hinunter nach Melamchi Bazaar gehen, obwohl hier auch Jeeps – und bald Busse – fahren. Als schnellere Alternative bietet sich von Tarkeghyang eine Nebenstrecke an, die zum Melamchi Khola hinunterführt und bei Thimbu (oder vielleicht eine Stunde hinter Thimbu) auf die Melamchi-Straße stößt, von wo aus man einen Jeep hinunter nach Melamchi Bazaar nehmen kann. Zahlreiche Pfade führen west- und ostwärts in Dörfer, die nur sehr selten Besuch von Fremden erhalten.

Aus Helambu ist Gosainkund über eine lange, harte Höhenroute von Tharepati über den **Laurabina La** (S. 433) zu erreichen. Eine höhere, noch schwierigere Route nach Langtang führt von Tarkeghyang nach Norden über den **Kangja La** (5130 m) – ein anstrengender Drei-Tage-Trek, für den man Zelt, Verpflegung, Steigeisen und Eispickel benötigt (von Dez bis März kann der Pass unpassierbar sein). Niedrigere Pfade führen von Tarkeghyang quer durch das Indravati-Becken und zum zwei bis drei Tage östlich gelegenen **Panch Pokahri** (3800 m) mit seinen Seen. Von dort gelangt man südwärts zur Chautara-Straße, die knapp oberhalb von Dolalghat in den Arniko Highway einmündet.

Die Everest-Region

Die Everest-Region ist schon eher ein Pilgerziel als ein Trekkingrevier: eine große persönliche Herausforderung mit einem klaren Ziel vor Augen. Die Route führt tief ins buddhistische Sherpa-Gebiet und ganz nah an einige der großartigsten Gipfel der Welt heran. Zwar ist **Solu-Khumbu** (die Everest-Region) nur Nepals zweitbeliebtestes Trekkingziel nach der Annapurna-Region, doch drängt sich hier die große Mehrzahl der Trekker auf einer einzigen Route. Vom berüchtigten Flugplatz in **Lukla** verläuft der Weg nordwärts in die Gebirgsregion **Khumbu**, die schwindelerregend hohe Heimat der Sherpa. Oberhalb der Sherpa-Hauptstadt Namche Bazaar (kurz Namche genannt) gabelt sich die Route: Ein Zweig führt zum **Everest Base Camp** und dem Aussichtspunkt **Kala Pattar**, der andere zu den schönen **Gokyo-Seen**. Die Endpunkte beider Routen sind von Lukla in etwa acht Tagen zu erreichen. Über den Hochpass **Cho La** kann man von einem Routenende zum anderen queren.

Relativ wenige Trekker machen sich heutzutage noch auf die langwierige Berg- und Talwanderung vom Straßenende in **Jiri** durch **Solu**, die tiefer gelegene, grünere, dichter besiedelte und multikulturellere Region im Süden. Die landschaftlich umwerfende Strecke ist ideal zur Höhenanpassung, aber die zusätzlichen fünf bis sieben Wandertage sind den meisten Trekkern zu viel. Aber auch wer einfliegt, sollte genügend Spielraum in seiner Reiseplanung lassen: Wenn

Die Sherpa

Nepals berühmteste Volksgruppe, die Sherpa, wanderte vermutlich vor vier bis fünf Jahrhunderten aus Osttibet nach Solu Khumbu ein. Ihr Name (in der Region *scharwa* ausgesprochen) bedeutet: „Menschen aus dem Osten". Bis zur Einführung der Kartoffel in den 1830er-Jahren, deren Nährwert ihnen eine sesshafte Lebensweise ermöglichte, waren sie Nomaden, die ihre Yaks in Tibet weiden ließen und zum Überwintern nach Nepal kamen. Der Grenzhandel ist mittlerweile eine einseitige Angelegenheit: Alle möglichen Waren, von Nudeln und Fleisch bis zu Elektronik und Teppichen fließen aus Tibet gen Süden.

Die Sherpa bewohnen die höchsten ständigen Siedlungen der Welt – bis zu einer Höhe von 4700 m. Ab Beginn des 20. Jhs. betätigten sie sich als **Träger für Hochgebirgsexpeditionen**, erarbeiteten sich ihren Ruf als „Schneetiger" und erlernten professionelle Bergsteigertechniken. 1953 errang Tenzing Norgay als einer der beiden Erstbezwinger des Everest Weltruhm für sein Volk. Die neuen Entwicklungen waren zur richtigen Zeit gekommen, denn der Handel über den Himalaya wurde bald durch Chinas Einmarsch in Tibet stark eingeschränkt. Seit damals haben sich die Sherpa geschickt und in vielfältiger Weise dem Tourismus zugewandt: mit Trekking- und Bergsteigeragenturen, Lodges, Souvenir- und Ausrüstungsläden. Vor 40 Jahren war Namche Bazaar eine Ansammlung von Hütten aus Stein, Holz und Schiefer. Heute bestehen alle seine Dächer aus Blech, alle Fenster sind verglast, und manche Lodges ähneln prunkvollen Palästen.

Ihr guter Geschäftssinn bedeutet keineswegs, dass die Sherpa keine gläubigen **Buddhisten** wären. Jedes größere Dorf hat ein *gompa* und unterstützt einige Mönche (oder Nonnen). Nach animistischer Tradition verehren sie **Khumbila**, den heiligen Berg nördlich von Namche, als eine Art Stammestotem. Auch Feuer betrachten sie als Gottheit (es ist unschicklich, Müll in einen Sherpa-Herd zu werfen). Die Sherpa essen Fleisch, doch aus Respekt vor dem Dharma schlachten sie die Tiere nicht selbst, sondern überlassen dies anderen.

mehrere Flüge wegen Schlechtwetter gestrichen werden, sitzt man unter Umständen eine Weile in Lukla fest.

Um den Everest aus der Nähe zu erblicken, muss man mindestens vier Nächte über 4000 m und mindestens eine Nacht auf etwa 5000 m verbringen. Da in dieser Höhe das Risiko einer akuten Höhenkrankheit besteht, muss man die Symptome kennen (S. 410). Der Everest-Trek ist auch der kälteste aller großen Treks – man braucht deshalb einen sehr guten Schlafsack, mehrere Schichten warme Kleidung und festes Schuhwerk, das Schnee standhält. In Geschäften in Namche in Khumbu kann man Hochgebirgsausrüstung leihen und auf dem Rückweg wieder zurückgeben.

Wegen des **Wetters** ist die Trekkingsaison sehr kurz: Anfang Oktober bis Mitte November und Ende März bis Ende April. Aus diesem Grund setzt in jenen Wochen auf den Pfaden und dem Flughafen von Lukla ein Massenansturm ein. Der Winter ist nicht ungeeignet, aber erheblich kälter.

Das Everest-Gebiet ist weniger stark besucht als das Annapurna-Gebiet, doch wegen der großen Höhe ist die **Umwelt** noch empfindlicher. In die Region Khumbu mit ihren weniger als 4000 Einwohnern kommen jedes Jahr etwa 10 000–20 000 Trekker und vermutlich doppelt so viele Träger. Der Lodge-Bau hat die Tränenkiefer- und Himalayatannenwälder rund um Lukla weitgehend zerstört, und die Nachfrage nach Feuerholz übertrifft die Regenerationsfähigkeit des Gebiets um ein Vielfaches. In der Umgebung der Trekkingdörfer sind bereits bis zu 50 % der Wacholdersträucher in Rauch aufgegangen. Der **Sagarmatha-Nationalpark**, der den größten Teil von Khumbu umfasst, hat in puncto Wiederaufforstung (durch die Eintrittsgebühr von Rs1000 finanziert) schon einiges zuwege gebracht, aber man kann es nicht oft genug sagen: Wo immer und wann immer möglich, ist das Verbrennen von Holz unbedingt zu vermeiden.

Die Hauptwanderwege im Gebiet Solu-Khumbu sind gut mit **Lodges** versorgt. Manche sind eher schlicht, andere schick und erstaunlich teuer – bis man sich vor Augen hält, was es kostet, alles Benötigte von Trägern hier herauf schaffen zu lassen. Mit zunehmender Höhe steigen auch die Preise. Im oberen Abschnitt der Trekkingroute bieten die meisten Lodges nur noch Schlafplätze in einfachen Etagenbetten. Die Verbindung von Jiri über Lukla nach Namche ist leicht zu finden, ebenso wie die hoch

Anreise zum Everest

Die meisten Trekker fliegen von Kathmandu nach **Lukla**, obwohl der Flugplatz in Lukla zu den haarsträubendsten – oder, je nach persönlicher Sichtweise, aufregendsten – der Welt gehört. Die beängstigend kurze, geneigte Piste führt geradewegs auf eine Bergwand auf halber Höhe der Dudh-Koshi-Schlucht zu. Zumindest ist sie heute asphaltiert, und das Flugzeugwrack, das sie lange verunzierte, wurde weggeräumt. Es gibt bis zu 24 Flüge pro Tag, in drei „Runden", doch die Probleme mit Flugstornierungen bei schlechtem Wetter und dem resultierenden Stau abflugwilliger Trekker bleiben bestehen. Seinen Flug – am besten den ersten des Tages, um Verzögerungen und Stornierungen möglichst aus dem Weg zu gehen – sollte man so frühzeitig wie möglich buchen.

Nur noch wenige Trekker kommen zu Fuß von der nächstgelegenen Straße in **Shivalaya**. Alle Transportmittel dorthin fahren früh morgens vom City Bus Park in Kathmandu (S. 196) ab. Es fährt nur ein Bus am Tag (12–14 Std., Rs500), jedoch fahren andere Busse bis zum drei Fußstunden von Shivalaya entfernten Jiri, wo die Straße früher endete. Am schnellsten sind die Tata-Sumo-Jeeps (8–10 Std., ca. Rs1000). Einige davon befördern ihre Passagiere sogar auf der unbefestigten Piste bis nach **Bhandar** – was den Trek um einen Tag verkürzen kann, allerdings um den Preis von mindestens drei sehr ungemütlichen Fahrtstunden.

Man kann auch nach **Phaplu fliegen** (fast tgl.), das ein paar Stunden unterhalb von Junbesi an der alten Everest-Anmarschroute liegt. Das ist nicht viel billiger als der Flug bis Lukla, drei Wandertage weiter Richtung Everest, und auch nicht viel verlässlicher, jedoch geht man dann auf einer weitaus weniger begangenen Route. Die längeren, östlichen Anmarschrouten zum Everest werden auf S. 444 beschrieben.

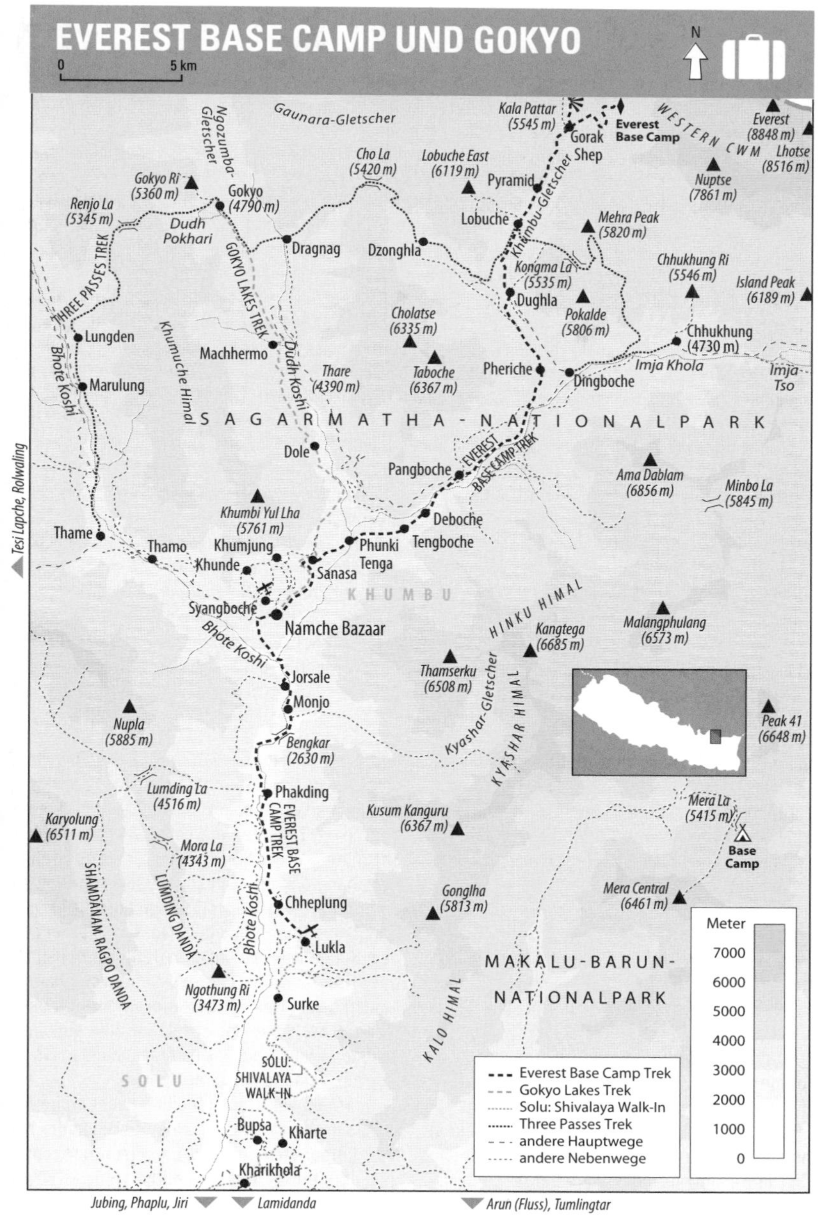
EVEREST BASE CAMP UND GOKYO
0
5 km
N
Gaunara-Gletscher
Ngozumba-Gletscher
Kala Pattar (5545 m)
Gorak Shep
Everest Base Camp
WESTERN CWM
Everest (8848 m)
Lhotse (8516 m)
Nuptse (7861 m)
Cho La (5420 m)
Lobuche East (6119 m)
Pyramid
Khumbu-Gletscher
Gokyo Ri (5360 m)
Gokyo (4790 m)
Renjo La (5345 m)
Dudh Pokhari
Lobuche
Mehra Peak (5820 m)
Dragnag
Dzonghla
GOKYO LAKES TREK
THREE PASSES TREK
Kongma La (5535 m)
Chhukhung Ri (5546 m)
Island Peak (6189 m)
Dughla
Pokalde (5806 m)
Cholatse (6335 m)
Lungden
Khumuche Himal
Machhermo
Dudh Koshi
Chhukhung (4730 m)
Bhote Koshi
Thare (4390 m)
Taboche (6367 m)
Pheriche
Dingboche
Imja Khola
Imja Tso
Marulung
SAGARMATHA-NATIONALPARK
EVEREST BASE CAMP TREK
Dole
Pangboche
Ama Dablam (6856 m)
Minbo La (5845 m)
Tesi Lapche, Rolwaling
Khumbi Yul Lha (5761 m)
Deboche
Thame
Thamo
Khumjung
Phunki Tenga
Tengboche
Khunde
Sanasa
KHUMBU
Syangboche
HINKU HIMAL
Namche Bazaar
Bhote Koshi
Kangtega (6685 m)
Malangphulang (6573 m)
Thamserku (6508 m)
Jorsale
Kyashar-Gletscher
KYASHAR HIMAL
Monjo
Nupla (5885 m)
Peak 41 (6648 m)
Bengkar (2630 m)
Lumding La (4516 m)
Phakding
EVEREST BASE CAMP TREK
Kusum Kanguru (6367 m)
Mera La (5415 m)
Base Camp
Karyolung (6511 m)
Mora La (4343 m)
SHAMDANAM RAGPO DANDA
LUMDING DANDA
Bhote Koshi
Chheplung
Gonglha (5813 m)
Mera Central (6461 m)
Lukla
Meter
7000
6000
5000
4000
3000
2000
1000
0
MAKALU-BARUN-NATIONALPARK
Ngothung Ri (3473 m)
Surke
KALO HIMAL
SOLU
SOLU: SHIVALAYA WALK-IN
Everest Base Camp Trek
Gokyo Lakes Trek
Solu: Shivalaya Walk-In
Three Passes Trek
andere Hauptwege
andere Nebenwege
Bupsa
Kharte
Kharikhola
Jubing, Phaplu, Jiri
Lamidanda
Arun (Fluss), Tumlingtar

Die geheimnisvollen Yetis

Vom **Yeti** („Mensch der felsigen Orte") wird in der Mythologie der Sherpa und Tibeter schon seit Jahrhunderten berichtet, und zwar in drei verschiedenen Spielarten: dem grau oder rötlich behaarten, menschenähnlichen *drema*, der als Unglücksomen gilt; dem riesigen, bärenähnlichen *chuti*, der sich am Vieh vergreift; und dem rot oder goldgelb behaarten *mite*, der gelegentlich Menschen attackiert. Die Geschichten über behaarte, affenähnliche Wesen, die durch verschneite Höhen streifen, drangen erstmals an das Ohr der Weltöffentlichkeit, als Forscher von sich merkwürdig bewegenden Gestalten und nicht zu identifizierenden Fußabdrücken im Schnee berichteten. Fasziniert von den Berichten, prägte ein fantasievoller Journalist den Begriff „Grauenvoller Schneemensch", eine absichtliche Fehlübersetzung von *metoh kang-mi*, „Menschenbär-Schneemann" – so hatte ein Sherpa-Führer das Wesen während der Everest-Erkundungsexpedition 1921 beschrieben. Doch erst 1951 fotografierte der Bergsteiger Eric Shipton im Rahmen der ersten britischen Expedition auf nepalesischer Seite erstmals vermeintliche **Yeti-Spuren**. In späteren Jahren brachen mehrere viel beachtete Yeti-Expeditionen auf (eine 1960 unter Sir Edmund Hillary, weitere in den 1990er-Jahren geleitet von Reinhold Messner), die viele Indizien für die Existenz des Yeti mitbrachten, aber keine beweiskräftige Sichtung, Spur oder Haarprobe – Messer selbst behauptete, 1986 in Tibet einen Yeti gesehen zu haben. Übergroße Fußabdrücke könnten von jedem Tier stammen und von der Sonne geschmolzen und dadurch vergrößert worden sein. Die „Yeti-Skalps", die in verschiedenen *gompa* aufbewahrt werden, haben sich inzwischen als zusammengenähte Tierfelle erwiesen, und das Handskelett in Pangboche stammt vermutlich von einem Menschen.

Messner kam schließlich zu dem Schluss, dass es sich bei dem Yeti, den er gesehen haben wollte, um einen Kragenbären gehandelt habe. Zoologen jedoch fällt immer wieder auf, dass bei Sichtungen vom roten Fell des Wesens die Rede sei, was vielleicht darauf hindeutet, dass in den Höhen des Himalaya ein **unbekannter Primat** existiert. Die traurigere Schlussfolgerung würde lauten, dass die Yetis in der Tat existiert haben, noch in Zeiten des Menschen, dass sie aber wie so viele Himalaya-Arten entweder so selten sind, dass sie so gut wie unsichtbar oder schon ausgestorben sind. Weitere Informationen zur Tierwelt des Himalaya auf S. 122.

verlaufende Abzweigroute zu den Gokyo-Seen. Für alle anderen Wege ist ein Führer sinnvoll. Nirgendwo findet man so leicht eine **Trägerin** – eine Sherpani – wie in Solu-Khumbu, aber nur wenige sprechen genug Englisch, um als Führerin arbeiten zu können.

Everest Base Camp

Von Lukla (2840 m) schlängelt sich der Weg nordwärts am Dudh Koshi („Milchfluss") hoch, bis er bei Jorsale (2740 m) die Khumbu-Region und den Sagarmatha-Nationalpark (Rs1000 Eintritt) erreicht. Von dort klettert er weiter in die luftige Höhe von **Namche** (3450 m) hinauf, wo die wirklich grandiose Landschaft beginnt. Die „Hauptstadt" des Sherpalandes, die sich in einen hufeisenförmigen Kessel einpasst, hat über die Jahre hinweg sehr vom Bergsteigen und vom Trekkingtourismus profitiert. Namches Läden verkaufen (oder vermieten) absolut alles, was Trekker benötigen. Auch eine Bank (erstaunlicherweise sogar mit Geldautomat), eine Post, eine Bäckerei, ein Lokal, das sich selbst „höchste Bar der Welt" nennt, und einen Internetzugang gibt es. Man sollte den Aufenthalt so einrichten, dass man den **Samstagsmarkt** miterlebt, der Tibeter aus dem Norden und Rai aus dem Süden anlockt. Auf dem Bergrücken östlich des Ortes lädt das **Visitor's Center** des Nationalparks zum Besuch des interessanten Museums ein. Ein lohnender Abstecher führt auf einer schönen Wanderung ins mehrere Stunden westlich von Namche gelegene **Thame**.

Oberhalb von Namche gibt es zahlreiche Alternativrouten, darunter eine, die über die relativ untouristischen und untypisch horizontal ausgebreiteten Ortschaften **Khumjung** (3780 m) und Khunde führt. Die Hauptroute verläuft auf gleicher Höhe bis Sanasa (wo die Route nach Gokyo abzweigt – S. 440) und dann ein Stück bergab, um bei **Phunki Tenga** (3250 m) den tatsächlich milchig aussehenden Dudh Koshi („Milchfluss") zu queren. Dort biegt der Weg nach Nordosten in das Tal eines Nebenflusses ab und steigt steil bis nach **Tengboche** (3860 m) an, dessen Wacholderwald samt seiner reichen Tierwelt seit Langem unter dem Schutz der örtlichen Lamas steht. Hier bieten sich atemberaubende Ausblicke auf den Lieblingsberg aller Besucher, die Ama Dablam (6856 m) – die „Mutter mit ihrer Halskette", wie die Sherpa sie nennen. Das große Kloster Tengboche wurde in den 1990ern vollständig wieder aufgebaut und zeigt eine faszinierende Dauerausstellung. Zum Vollmond im Oktober/November findet hier das Fest Mani Rimdu statt, ein Tanzdrama der Sherpa. Der Weg führt ein kurzes Stück abwärts durch Birken- und Tannenwald bis zur Ortschaft Deboche mit einem Nonnenkloster und dann wieder bergauf nach **Pangboche**, das Khumbus älteste *gompa* besitzt, in dem ein Lama gegen eine Spende einige Reliquien des Yeti zeigt. (Der höhere Weg, der von Pangboche nach Westen führt, ist eine Querverbindung zum Gokyo-Trek auf der gegenüberliegenden Seite des Dudh-Koshi-Tals.) Nach Überquerung des Imja Khola folgt der Weg den Terrassen des Talgrunds bis nach **Pheriche** (4250 m), wo eine Außenstelle der Himalayan Rescue Association in der Trekkingsaison an den meisten Nachmittagen über die akute Höhenkrankheit aufklärt (Konsultationen kosten US$50). Oberhalb von Pheriche sind die Sherpa-Siedlungen aus schiefergedeckten Steinhäusern – von den Trekking-Lodges abgesehen – nur im Sommer bewohnt.

Zum Dorf **Dingboche** (4360 m) im Tal des Imja Khola ein wenig oberhalb von Pheriche ist es ein kleiner Abstecher von der schnellsten Route nach oben, aber mit seiner Lage gleich unterhalb der Ama Dablam ist es ansprechender als Pheriche und bietet schöne Möglichkeiten zu kleinen Ausflügen, auf denen man sich akklimatisieren kann: zu einem *gompa* 400 m oberhalb oder weiter am Imja Khola hinauf nach Chhukhung (4730 m). Dieses sensationell gelegene Dorf ist zwar winzig und hat nur ein paar wenige Lodges, kann aber wiederum als Ausgangspunkt für weitere Erkundungstouren in größeren Höhen dienen, zum Imja Tso, einem Gletschersee in einer Moräne, die aufzubrechen droht, zum Gip-

Ama Dablam in Khumbu, der Heimat der Sherpa

Der Mount Everest

Bei routinemäßigen Landvermessungen trugen Bedienstete des Survey of India 1841 einen bis dahin unbeachteten Gipfel ein, den sie schlicht Peak XV nannten. 15 Jahre später ergaben Berechnungen, dass es sich um den mit 8840 m höchsten Berg der Welt handelte. Später wurde die Schätzung nach oben korrigiert – auf 8848 m. Zwei weitere Vermessungen in den letzten 15 Jahren brachten wieder andere Ergebnisse, einmal 8850 m und einmal 8844 m. So oder so bleibt der Everest der höchste aller Gipfel. Die Briten benannten ihn nach **Sir George Everest**, der den Survey of India von 1823 bis 1843 geleitet hatte. Es vergingen Jahrzehnte, bevor sich jemand die Mühe machte, seinen einheimischen Sherpa-Namen zu erfragen: Chomolungma. Er wird meist als „Muttergottheit" übersetzt. Eigentlich handelt es sich um eine Zusammenziehung von *jomo miyo langsangma*; das ist eine der fünf Schwester-Berggottheiten, die den Sherpa als Spenderin reicher Ernten gilt. Außerdem hat der Berg noch einen nepalesischen Namen – Sagarmatha –, was auf Sanskrit „Stirn des Himmels" bedeutet; er wurde aber erst in den 1960er-Jahren von Nepals damaliger hinduistisch-nationalistischer Regierung ersonnen. Die Chinesen benutzen den Sherpa-Namen, den sie zu „Zhumulangma" abwandeln.
Nachdem der Berg bis ins frühe 20. Jh. politisch abgeriegelt war, wurde die Erstbesteigung 1922 von tibetischer Seite aus in Angriff genommen; zu der britischen Expedition gehörte **George Mallory**, der, nach dem Grund für seinen Aufstieg auf den Gipfel befragt, den berühmten Satz „Because it is there" („Weil es ihn gibt") prägte. Zwei Jahre später stiegen Mallory und Andrew Irvine bis in mind. 8500 m Höhe, bevor sie vermutlich von der „Zweiten Stufe" zu Tode stürzten – einer Barriere, die wohl mit der damaligen Ausrüstung unüberwindbar war; 1999 fand ein Suchtrupp Mallorys Leichnam. Weitere Expeditionen wurden unternommen, bis der Zweite Weltkrieg die Bemühungen unterbrach und die Chinesen nach ihrem Einmarsch in Tibet 1950 den nördlichen Zugang zum Everest für Bergsteiger schlossen. Mit der Öffnung Nepals 1951 begann ein Wettrennen zwischen Schweizer und britischen Teams. Der Berg wurde schließlich im Rahmen einer britischen Expedition von dem Neuseeländer **Edmund Hillary** und dem Sherpa **Tenzing Norgay** über den Südsattel bezwungen.

fel des Chhukhung Ri (5546 m) oder hinauf Richtung Kongma La (S. 442). Die Dingboche-Route trifft in **Dughla** (4620 m) auf den Weg von Pheriche herauf; ab hier bekommen viele Trekker Probleme mit der Höhe. Wer Symptome der Höhenkrankheit an sich feststellt (S. 410), darf auf keinen Fall weiter aufsteigen.

Gleich oberhalb des Wegs zieht sich die steinige Endmoräne des **Khumbu-Gletschers** den Berg hinauf, an mehreren Monumenten für am Everest getötete Sherpa vorbei, bis nach **Lobuche** (4930 m). Ein weiterer Tagesmarsch, am grasbewachsenen Rand der Seitenmoräne des Gletschers entlang, führt bis **Gorak Shep** (5180 m), wo die letzte Handvoll Lodges und eine kalte, oft schlaflose Nacht in ungemütlich vollen Schlafsälen mit Etagenbetten warten.

Der Lohn der Mühe winkt am nächsten Tag, wenn man die Kuppe des **Kala Pattar** (5545 m) erklimmt: Aus dieser Höhe genießt man einen unglaublichen Panoramablick nicht nur auf den **Everest** (8848 m), sondern auch auf die Nachbargipfel Lhotse (mit 8516 m Nepals dritthöchster Gipfel) und Nuptse (7861 m) sowie den zuckerhutförmigen „Tochterberg" Pumori (7165 m). Eine zweite Tagestour führt über den Khumbu-Gletscher mit seinen spektakulären Eistürmen zum **Everest Base Camp**. Der Weg ist von Bergsteigerexpeditionen mit Yaks und Trägern gut gespurt, so dass man außer solidem Schuhwerk keine technische Ausrüstung benötigt. Nur die fittesten und am besten akklimatisierten Trekker schaffen den Kala Pattar und das Base Camp an einem Tag; wer sich zwischen den beiden entscheiden muss, sollte den Kala Pattar wählen.

Die Nebenroute zu den Gokyo-Seen und der Cho La

Hier ist man ein wenig weiter weg vom Everest, aber die Landschaft an den Gokyo-Seen, ein Tal weiter im Westen, ist nicht weniger spektakulär, und die Lodges sind mit ihren verglasten Son-

In den folgenden zwei Jahrzehnten brachten immer größere Expeditionen immer mehr Männer – und Frauen (die Erste war 1975 die Japanerin Junko Tabei) – auf verschiedenen Routen nach oben. Ab Mitte der 1970er-Jahre kamen schnellere Besteigungen durch kleine Teams im „Alpinstil" in Mode und in die Schlagzeilen. Über ein Jahrzehnt dominierte **Reinhold Messner** die Szene; 1978 war er einer von zwei Bergsteigern, die den Gipfel ohne Sauerstoff bezwangen, und 1980 gelang ihm der erste Solo-Aufstieg.

Nach Messners legendären Leistungen verlegten sich die Gipfelstürmer auf neue „Ersterfolge": neue und immer schwierigere Routen, neue Rekorde als jüngste/älteste/schnellste Besteiger oder den „Abstieg" mittels **Skiern** (Davo Karnicar 2000), **Snowboard** (Marco Siffredi und Stefan Gatt 2001) oder **Paraglider** (Bertrand und Claire Bernier Roche; 8 Minuten vom Gipfel bis zum Base Camp). Oder sie kletterten einfach immer wieder hinauf: Der Bergführer **Apa Sherpa** hatte den Gipfel zur Zeit der Recherche schon 20-mal erreicht, beim letzten Mal entfaltete er ein Banner, auf dem zu lesen war: „Ihr habt unsere Stimme gehört, jetzt erhebt eure – wir können den Klimawandel im Himalaya aufhalten!" Von der Erstbesteigung 1953 bis zum Jahr 1990 bestiegen rund 300 Menschen den Everest. Zur Zeit der Recherche näherte sich die Zahl der Gipfelstürmer schon der 4000.

Schlagzeilen machte der Everest in den letzten Jahren vor allem durch **Umweltverschmutzung** – viel begangene Bereiche des Bergs sind inzwischen mit alten Seilen, Zelten, Sauerstoffflaschen und sogar Leichen zugemüllt – und einige aufsehenerregende **Tragödien**. Am umstrittensten bleibt der dramatische Schneesturm von 1996, den Jon Krakauer in seinem Buch *In eisige Höhen* (S. 481) dokumentierte. Damals starben acht Bergsteiger an einem einzigen Tag – unter anderem weil sich an den Fixseilen auf dem Südostgrat so viele Kunden kommerzieller Expeditionen stauten, dass die Bergsteiger zu langsam nach oben kamen und folglich den Abstieg zu spät antraten. 2006 flammte eine neuerliche Diskussion auf, als herauskam, dass mehrere Expeditionen den an Erfrierungen und Orientierungslosigkeit leidenden Bergsteiger David Sharp ohne Rettungsversuch links liegen ließen.

nendecks sehr viel ansprechender. Die Route zweigt bei **Sanasa**, unterhalb des Dorfs Khumjung, von der Route zum Base Camp ab und folgt dem Dudh Koshi über Machhermo (wo es einen HRA-Sanitätsposten gibt) nordwärts bis nach Gokyo, einem Grüppchen von Lodges neben dem Ngozumba-Gletscher – dem größten in Nepal. Wer fit und ausreichend akklimatisiert ist, kann die Tour in einer langen Tageswanderung schaffen. Sonst nimmt man sich besser zwei bis drei Tage Zeit – Lodges säumen den ganzen Weg in relativ kurzen Abständen. Mehrere tiefblaue Seen, die von der Seitenmoräne des Gletschers aufgestaut werden, schmücken unterhalb und oberhalb von Gokyo den Westrand des Tals. Höchster Punkt ist der **Gokyo Ri**, von dem aus man die Achttausender Cho Oyu, Everest, Lhotse und die lange graue Zunge des Gletschers erblickt.

Man kann innerhalb von zwei Tagen von Gorak Shep nach Gokyo gelangen (oder umgekehrt), sofern man der strapaziösen Passüberquerung des **Cho La** (5420 m) gewachsen ist. In **Dragnag** (4700 m) auf der anderen Seite des Gletschers, vier Stunden von Gokyo entfernt, gibt es ein paar einfache Lodges. Einige weitere finden sich im wenig ansprechenden **Dzonghla**, zwei bis drei Stunden von Dughla oder Lobuche (4910 m). Aber die hohe, mittlere Etappe über den Pass muss an einem langen Tag absolviert werden (sofern man keine Zelte dabei hat): Das heißt mindestens sechs bis acht Stunden, unter schlechten Bedingungen oder bei Höhenproblemen – die auf dieser Höhe sehr wahrscheinlich sind – sogar noch mehr. Auf der Ostseite ist der Pass meist verschneit; hier muss man auf einen Gletscher queren und einige schwierige und schlüpfrige Abschnitte bewältigen. Bei den geringsten Zweifeln an der Wetterentwicklung oder an der eigenen Kondition sollte man die Finger davon lassen. Auf jeden Fall mit einer Gruppe gehen. Unter guten Bedingungen im Frühjahr

Die drei Pässe

Die wunderbare, aber anspruchsvolle **„Drei-Pässe-Route"** macht den ansonsten stets auf und ab führenden Everest-Trek zu einem echten Höhenrundweg. Wer diese Route angehen will, muss über entsprechende Erfahrung verfügen, gut ausgerüstet sein (Seile und Steigeisen braucht man zumeist nicht, zumindest im Frühherbst und Frühling) und einen Guide mitnehmen oder sehr gut darin sein, den Weg zu finden. Der übliche Ausgangspunkt ist **Chhukhung** (der Aufstieg von Dingboche ist zu weit). Von hier geht es an einem langen, harten Wandertag über den **Kongma La** (5535 m) und dann hinunter nach Lobuche; hier hat man die Möglichkeit zu einem Abstecher zum Everest-Basislager. Von Lobuche geht man in zwei Tagen über den **Cho La** (S. 440) hinüber ins Gokyo-Tal. Von Gokyo geht es Richtung Westen über den **Renjo La** (5345 m) zu den einfachen Rasthäusern in Lungden (4350 m) oder Marulung (4200 m), dann am nächsten Tag weiter nach Thame und Namche. Wie lange man für die Route braucht, hängt stark von der eigenen Fitness und Höhenanpassung ab. Der Aufsteig von Lukla sollte über sechs bis acht Tage ausgedehnt werden, und alle drei Pässe schnell hintereinander zu überqueren, wäre gefährlich anstrengend. Am besten veranschlagt man mindestens 14 Tage, idealerweise 18 bis 20. Zwischen Ende November und Anfang März sind die Pässe gewöhnlich unpassierbar.

und Herbst sind Steigeisen normalerweise nicht erforderlich, aber leichte Mini-Steigeisen mitzunehmen ist eine gute Idee, und auch ein Eispickel kann hilfreich sein. Außerdem braucht man entweder einen Führer oder sehr genaue Informationen über die Route.

Solu: der Anmarsch von Shivalaya

Die Anmarschroute von Shivalaya ist eine der klassischen Vorgebirgsrouten Nepals, und Leute, die direkt nach Lukla fliegen, verpassen hier einiges. Der Weg führt über Stock und Stein quer durchs Land, von Tropentälern auf 1500 m Höhe bis zu Hochpässen von bis zu 3500 m Höhe, aber die strapaziöse Wanderei lohnt sich für das zunehmende Hochgefühl, je näher man dem eigentlichen Gebirge kommt – ganz zu schweigen von der Kondition und Höhenanpassung, die man sich dabei erwirbt. Die ersten fünf bis sechs Tage spornt der gelegentliche Blick auf ferne Gipfel – besonders auf den Gauri Shankar (7145 m) – die Wanderer an, doch von der Solu-Region bleibt vor allem die Erinnerung an schroffe Schluchten, Rhododendronwälder und in steile Hänge gehauene Terrassenfelder. Für den Weg nach Lukla sind ohne Abstecher sechs bis sieben Trekkingtage einzurechnen; nach Namche Bazaar geht man dann noch einmal einen Tag, was aber, nachdem man sich schön eingelaufen hat, problemlos vonstattengeht. In Solu sind hauptsächlich Träger unterwegs, die das Gepäck für Gruppen und Bergsteigerexpeditionen schleppen, welche nach Lukla einfliegen. Entsprechend schlicht sind **Verpflegungsangebot und Unterkünfte**.

Es gibt einige Variationsmöglichkeiten auf der Route, aber im Großen und Ganzen handelt es sich um eine Berg- und Talwanderung über drei Pässe, ein jeder höher als der vorige. Vom schwülen, überfüllten Bazaar von **Shivalaya** (1770 m) am Flussufer geht es über den **Deurali-Pass** (2710 m) – eine Nebenstrecke führt noch höher hinauf und an der Käserei von **Thodung** (3091 m) vorbei – zum hübschen Dorf **Bhandar** (2190 m) und wieder hinunter nach **Kinja** (1630 m), einer weiteren Ortschaft unten im warmen Tal. Zwar kann man sich von Shivalaya auch bis Bhandar, wo die Straße endet, fahren lassen, man gewinnt dadurch aber kaum Zeit, und die Fahrt ist quälend langsam und ungemütlich.

Die meisten Trekker unterteilen den anstrengenden Anstieg, der nun vor ihnen liegt, in zwei Abschnitte, indem sie die dritte Nacht nach Jiri in **Sete** (2575 m) verbringen, auf halber Höhe des Aufstiegs zum **Lamjura La** (3530 m). Dieser Pass vermittelt einen ersten Vorgeschmack auf die eigentlichen Berge. Von hier führt eine lange, bewaldete Strecke bergab zum idyllischen, fast schon „alpinen" Sherpa-Dorf **Junbesi** (2680 m). Die meisten Trekker wollen verständlicherwei-

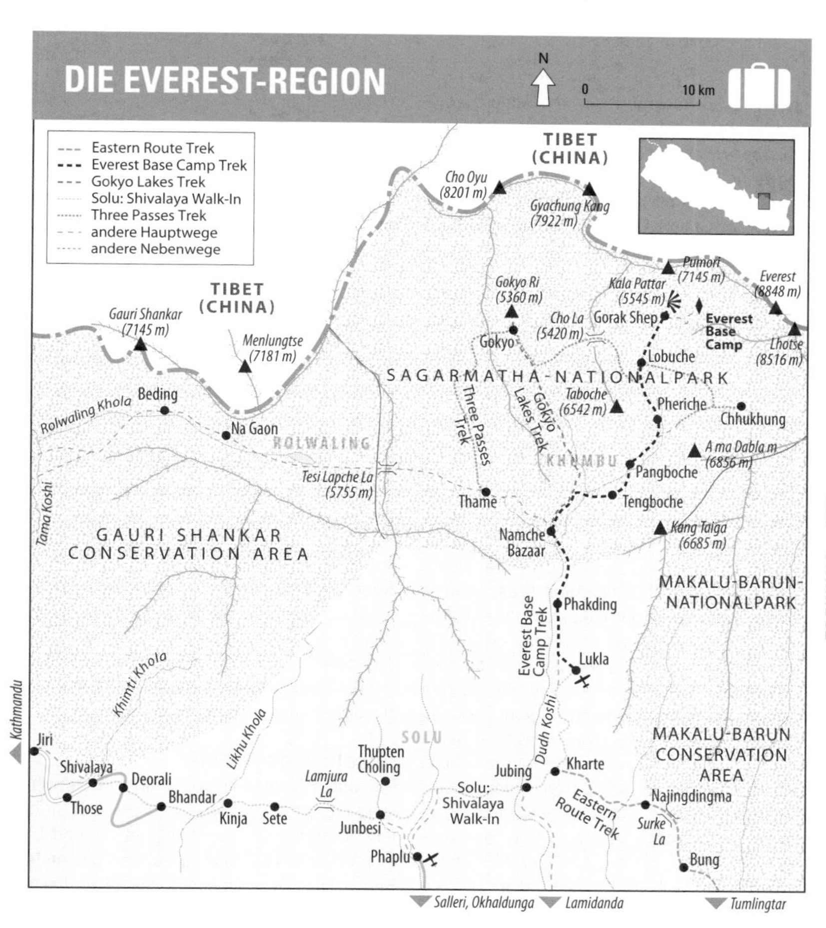

se so rasch wie möglich zum Everest, aber ein Abstecher zur stark tibetisch geprägten **Thubten Choling Gompa** nördlich von Junbesi lohnt sich unbedingt. Man kann ohne Weiteres auch mehrere Tage in dieser Gegend zubringen. Der Flugplatz in Phaplu befindet sich nur zwei Stunden weiter südlich, und unmittelbar unterhalb liegt die selten besuchte Hauptstadt von Solu-Khumbu, Salleri, eine lange Reihe zweistöckiger Häuser an einem grünen Hang, mit einem bunten Samstagsmarkt am unteren Ende.

Keine zwei Stunden oberhalb von Junbesi bietet sich von **Everest View** der erste richtige Blick auf das Khumbu-Gebirge, auch wenn der Everest hier noch niedriger erscheint als die näheren Gipfel. Der nächste Pass, **Traksindho La** (3071 m), bringt die Trekker endlich ins Dudh-Koshi-Tal. Bei **Jubing**, einem hübsch von Bambus eingerahmten Rai-Dorf weiter unten, biegt der Weg dann nach Norden Richtung Everest ab. Zwei Tage später erreicht man in Lukla die viel begangenen Pfade in die Khumbu-Region.

Die östlichen Routen

Die **östlichen Routen** zum Everest werden manchmal als Rückroute gewählt, um die lange Wanderung zurück nach Shivalaya zu vermeiden. Aber was spricht dagegen, sie als Zugangsweg zu benutzen? Höchstens, dass man etwas Selbstvertrauen entwickelt haben sollte, bevor man diese wenig begangene Region in Angriff nimmt. Auch die **Jahreszeit** muss bedacht werden: Die tieferen Abschnitte sind bei kühlerem Wetter angenehmer zu gehen. Es gibt genügend **Lodges**, und ein Führer ist nicht nötig, aber man sollte weder mit vielen englischen Schildern noch mit einfallsreichem Essen rechnen.

Aus Richtung der Everest-Region kommend, zweigt die interessanteste Route von der Shivalaya-Anmarschroute in **Kharte** ab, das ungefähr eine Tageswanderung südlich von Lukla liegt. Von hier geht man südöstlich Richtung Tumlingtar, das fünf bis sieben Tage später erreicht ist, und überquert unterwegs drei Pässe von mehr als 3000 m Höhe. Teile des Weges führen durch die Makalu-Barun Conservation Area, so dass eventuell an einem Kontrollposten eine Eintrittsgebühr (Rs1000) fällig wird. Die erste Hälfte des Treks verläuft durch Vorgebirge, das überwiegend von Rai bewohnt wird. Hinter dem letzten und höchsten Pass, **Salpa Bhanjyang** (3350 m), führt der Weg beständig abwärts ins tiefe, heiße Arun-Tal – die angestammte Heimat der Rai, in der heute aber auch viele Kasten-Hindus leben. Nach Überquerung des Flusses auf nur 300 m Höhe ist es nur noch ein kurzer Wandertag bis nach **Tumlingtar**, einer lebendigen Marktstadt am breiten Fluss Arun. Von hier gibt es mindestens zwei Flüge tgl. nach Kathmandu. Alternativ kann man sich mit einem öffentlichen Bus auf die gewundene Rückfahrt über Chainpur und Basantapur nach Hile machen (S. 389).

Andere Routen führen vom Tragsindho La oder von Junbesi Richtung Süden zum Flugplatz von **Phaplu** (S. 436), das mittlerweile durch eine Straße mit dem Terai verbunden ist. Eine detaillierte Beschreibung der Route findet sich im Kapitel „Mountainbiking" auf S. 462.

Eine andere südwärts führende Route führt von Jubing den Dudh Koshi hinunter, und dann über die hohen Vorberge am Ostrand des Tals zum Flugplatz von **Lamidanda** hinüber.

Abgelegene und beschränkt zugängliche Regionen

In Nepals entlegenen **Ost- und Westzipfeln** trekken hauptsächlich zwei Typen von abenteuerlustigen Besuchern. Die meisten kommen mit Campingtouren, die von Agenturen organisiert werden – in den Gebieten, für die ein Permit verlangt wird, ist dies sogar vorgeschrieben (S. 407). Dann gibt es noch eine Minderheit unabhängiger Trekker, die entweder Zelte und Proviant mitführen und die Träger selbst anheuern oder sich Verpflegung und Unterkunft in Privathäusern und schlichten Lodges suchen. Das Reisen auf eigene Faust wird vor allem im Westen durch Nahrungsmangel, geringe Bevölkerungsdichte und Kulturbarrieren erschwert. Die **Anreise** ist an beiden Enden des Landes problematisch. Basantapur, der Hauptausgangspunkt für Routen im Osten, liegt etwa 24 Busstunden von Kathmandu entfernt. Fahrtzeiten in den Westzipfel des Landes – soweit es dort überhaupt Straßen gibt – sind völlig unkalkulierbar. **Flüge** sind hier eine erwägenswerte Alternative. Sie kosten selten mehr als US$100 pro Strecke. In einige entlegene Regionen braucht man allerdings zwei Flugetappen.

Nepals ferner Osten

Der Osten Nepals besitzt eine größere ethnische Vielfalt als das Annapurna-Gebiet: In den Vorgebirgen leben überwiegend Rai und Limbu (Kasten S. 446), Sherpa, Tamang und andere Bergvölker besiedeln das Hochland, und in den Tälern leben Hindus. Von den meisten erhöhten Stellen hat man atemberaubende **Ausblicke** auf den Makalu und den Kanchenjunga. Auch Flora und Fauna haben Interessierten sehr viel zu bieten. Erwähnenswert sind die **Schmetterlinge** und andere Insekten des oberen Arun-Tals und die Rhododendren von Milke Daada. Der Osten ist vergleichsweise wohlhabend, so dass in den besiedelten Gebieten, vor allem in der Region um die newarischen Marktstädte Bhojpur, Chainpur und Khandbari, **Verpflegung** und **Unterkünfte** relativ leicht zu finden sind. Dies ist eine gute Gegend für abenteuerlustige Trekker, die gern mal Ziele erkunden,

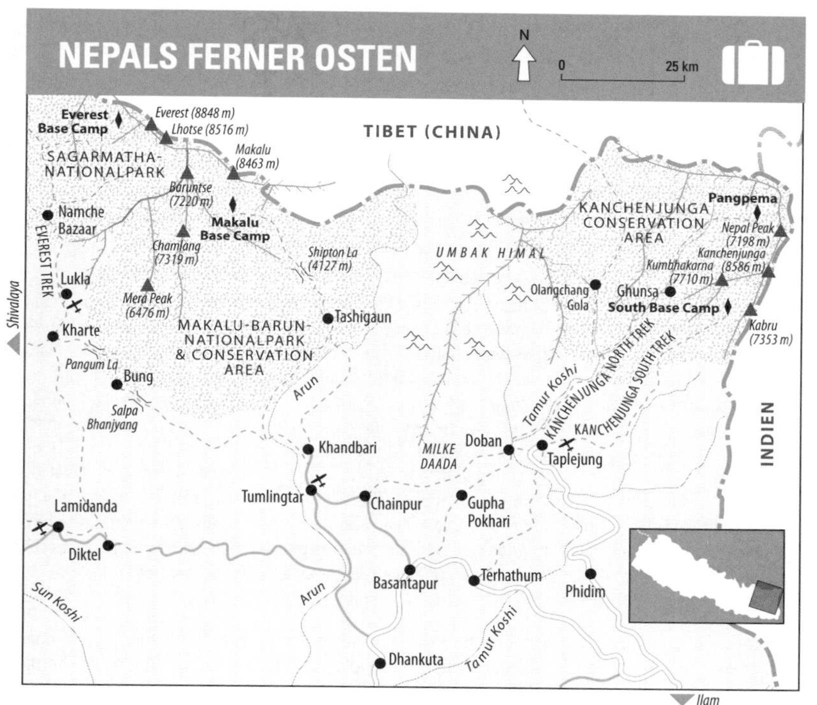

über die noch nichts in den Reiseführern steht. Die ernstzunehmenden Gebirgstreks zum Makalu und Kanchenjunga erfordern allerdings expeditionsmäßige Planung, offizielle Permits und die Unterstützung durch eine Agentur.

Der Milke Daada

Der Milke Daada, ein langer Bergrücken in Nord-Süd-Richtung, der für seine spektakuläre Aussicht und seine herrlichen Rhododendren berühmt ist, lässt sich gut mit der Basarstadt Chainpur zu einem schönen Trek von etwa sieben Tagen Dauer kombinieren, der nicht über 3500 m hinaufführt. Von Basantapur (S. 444) folgt die Route zuerst einer unbefestigten Straße nach Norden und verläuft dann auf Fußpfaden weiter nordwärts durch den üppig grünen Nebelwald des Milke Daada, an den Seen von **Gupha Pokhari** (2890 m) vorbei. Unterwegs zweigen mehrere Routen nach Westen, nach **Chainpur, ab.**

Von dort kann man einen Jeep zum Flugplatz nach Tumlingtar anheuern oder nach Hile zurückkehren. Eine Alternative ist die Wanderung von Gupha Pokhari ostwärts zum Flugplatz Taplejung. Beide Flugplätze haben häufigere und zuverlässigere Flugverbindungen nach Biratnagar im östlichen Terai als nach Kathmandu.

Auf dem größten Teil der Strecke ist für **Verpflegung und Unterkunft** gesorgt, doch nördlich von Gupha Pokhari gibt es keine Lodges mehr, was die Möglichkeiten zur selbstständigen Erkundung der nördlichen Bereiche des Milke Daada einschränkt.

Der Trek zum Makalu Base Camp

Ein Großteil des Treks zum Makalu Base Camp führt durch den wilden und abgelegenen **Makalu-Barun-Nationalpark** (Rs1000 Eintritt) und die angrenzende **Makalu-Barun Conservation Area**. Der 1992 eingerichtete Nationalpark soll die zu-

Rai und Limbu

Die traditionellen Einwohner der östlichen Berge sind die Kirata, die in Rai und Limbu unterschieden werden, obwohl Rai eigentlich nur ein Ehrentitel („Häuptling") ist. Rai und Limbu untergliedern sich in zahlreiche *thar* (Clans). Es existieren mehr als zwölf Rai-Sprachen – bei einer Bevölkerung von nur rund einer halben Million Menschen. Die mündlich überlieferten Mythen und Legenden der Rai und Limbu unterscheiden sich von Clan zu Clan, doch im Großen und Ganzen berichten sie einstimmig, dass jeder Clan von einem von insgesamt zehn „Brüdern" abstammt, die unterschiedliche Routen bei ihrer Migration nach Kirata wählten, vermutlich von Osten kommend. Die Rai bewohnen traditionell die Berge mittlerer Höhe zwischen Dudh Koshi und dem Arun-Fluss. Limbuwan, die angestammte Heimat der Limbu, erstreckt sich weiter östlich an den unteren Hängen des Tamur-Koshi-Tals.
Wie die Magar und Gurung im Westen stellen auch die Mitglieder dieser Bergvölker einen bedeutenden Anteil der Gurkha-Regimenter. Seit Langem bilden die Armeepensionen eine wichtige Ergänzung der regionalen Eigenbedarfswirtschaft. Rai und Limbu befolgen ihre eigenen Formen der Natur- und Ahnenverehrung, doch in zunehmendem Maße öffnen sie sich auch für hinduistische und buddhistische Praktiken. In den vergangenen Jahren haben sich manche einer wieder auflebenden Kirata-Religionsgemeinschaft angeschlossen, die der verstorbene Guru Phalgunanda begründete und die viele orthodoxe hinduistische Praktiken enthält – beispielsweise Abstinenz von Fleisch und Tabak. Derartige Verhaltensweisen sind der traditionellen Kirata-Kultur eher fremd, denn einst kam der rituellen Aufzucht von Schweinen und anderen Tieren große Bedeutung zu, und noch wichtiger war das Trinken von hausgebrautem Bier und selbst gebranntem *raksi*. Ungewöhnlicherweise beerdigen die Rai und Limbu ihre Verstorbenen, während sonst im gesamten Subkontinent Einäscherung die gängige Praxis ist. Die Limbu errichten auffällige rechteckige, weiße Grabsteine.

nehmende Belastung durch menschliche Präsenz in der Region um das Basislager eindämmen und einen Lebensraum bewahren, dessen Fauna und Flora zu den artenreichsten im Himalaya gehören. Ausgangspunkt des Treks ist üblicherweise der Flugplatz von **Tumlingtar**. Alternativ führt eine Marathonfahrt über Dharan, Hile und Basantapur hierher (oder noch weiter, bis nach Khandbari). Die ersten drei bis vier Tage verlaufen noch Alternativrouten zu beiden Seiten des Arun. Danach gibt es für die nächsten etwa sieben Tage (für die ein Zelt und Proviant mitzunehmen sind) nur noch eine Route zum Base Camp. Man muss also weitgehend denselben Weg auch zurückgehen. Die höchsten Streckenabschnitte führen über den Barun alias **Shipton La** (4127 m) und ins abgelegene obere Barun-Tal, dessen majestätische Schönheit oft mit dem Annapurna Sanctuary verglichen wird.

Kanchenjunga

Der spektakulärste Trek in diesem Teil Nepals führt zum Fuß des Kanchenjunga, des mit 8586 m dritthöchsten Bergs der Welt, und vielleicht des romantischsten. Die Route zum Kanchenjunga ist allerdings offiziell auf von Agenturen betreute Gruppen beschränkt und deshalb teuer. Wegen der abgeschiedenen Lage im äußersten Nordosten des Landes dauert diese Trekkingtour bis zu drei Wochen oder noch länger, wenn man zur Süd- und zur Nordseite des Bergs will. Inoffiziell kann es möglich sein, diesen Trek auf eigene Faust zu unternehmen, wenn eine Agentur das Permit (US$10 pro Woche) besorgt und Träger die Ausrüstung und den Proviant für die höheren Streckenabschnitte befördern – weiter unten sorgen schlichte *bhattis* für Nachtlager und Essen. Für die **Kanchenjunga Conservation Area** wird eine Eintrittsgebühr von Rs1000 fällig.

Ausgangspunkt ist entweder das Straßenende in **Basantapur** (S. 444), von wo die Route zunächst dem Weg auf den Milke Daada folgt, oder der Flugplatz von **Taplejung**, was drei Trekkingtage einspart. Hier landen gelegentlich Direktflüge aus Kathmandu, häufiger aber Flieger aus Biratnagar (S. 383) im östlichen Terai.

Der Trek dringt tief ins Limbu-Gebiet (s. oben) vor und gabelt sich einige Tagesmärsche nordöstlich von Taplejung: Ein Weg führt zum schneereichen und landschaftlich überaus reizvollen nördlichen Basislager in **Pangpema**, der andere auf und ab zum südlichen Basislager und zum Yalung-Gletscher. (Die Hochpässe zwischen den beiden sind ausgesprochen heikel und entschieden nichts ohne erfahrene Guides.) Beide Routen erfreuen mit terrassierten Hängen, Wäldern voll reicher Tierwelt, einem guten Eindruck von der unverfälschten nepalesischen Gebirgskultur und natürlich famoser Aussicht. Die nördliche Route führt tiefer und bis zu eine Woche länger ins Hochgebirge – samt aller damit verbundenen Probleme und Risiken.

Nepals ferner Westen

Westlich des Dhaulagiri geht der Himalaya im Norden in die tibetische Hochebene über, während sich die Vorgebirgszone weitet, das Klima trockener wird und die Menschen ärmer wirken. Das nördliche Drittel der Region erhält wenig Monsun-Niederschläge, da es im Regenschatten des Himalaya liegt. In jeder Beziehung (nur nicht politisch) ist dieses Hochlandgebiet ein Teil von Tibet. Von der Größe des Himalaya ist hier weniger zu spüren, doch man empfindet sehr stark die Wildnis und Weite, und das Gefühl von Abgeschiedenheit ist überwältigend. Trekkingtouren im Westen verlaufen wirklich fernab der Zivilisation. Schon die Anreise ist mühsam, und sorgfältige Vorbereitungen sind unerlässlich. Mit Ausnahme des Rara-Sees durchwandert man Gebiete, die bislang nur von wenigen Fremden betreten wurden. Für erfahrene Trekker, die neue Herausforderungen suchen, mag das verlockend klingen, doch Neulinge, die nicht mit einer Agentur reisen, sollten den Gedanken an das Gebiet sofort wieder fallen lassen. Auf jeden Fall werden Trekkingtouren hier jetzt etwas einfacher, da der ferne Westen langsam durch immer mehr Straßen erschlossen wird.

Die Logistik entscheidet über das Gelingen oder Scheitern eines Treks im Westen des Landes. Angesichts der Entfernungen wird man wahrscheinlich zum Ausgangspunkt fliegen, doch die üblichen Probleme einer verlässlichen Flugbuchung sind in dieser Region noch schlimmer als anderswo. Essen und Unterkünfte sind nur sehr begrenzt vorhanden, so dass man Zelt, Kochutensilien und Proviant mitführen muss.

Der Great Himalaya Trail und andere Wege

Jahrhundertelang waren große Teile des Himalaya aufgrund von Grenzstreitigkeiten, kultureller Rücksichtnahme, militärischer Paranoia oder einfach wegen des schwierigen Terrains unzugänglich. Im Jahr 2002 jedoch beendete Nepal seinen Disput mit China wegen der Grenze zu Tibet und öffnete Gebiete entlang der Grenze für Reisende – aber nur wenige Reisende tauchten dort auf. Dann schaffte es der Abenteurer und Trekkingfreak **Robin Boustead** 2008 und 2009, einen Hochgebirgsweg durch ganz Nepal zusammenzustückeln, indem er die bekanntesten Abschnitte bestehender Treks mit Passüberquerungen verband und so vier gänzlich **neue Routen** schuf. Mit einer Länge von rund 160 Tagen ist der Great Himalaya Trail fürwahr der ultimative Himalaya-Trek, und nur wenige würden versuchen, die gesamte Route abzugehen. (Allein die Permits für abgelegene Gebiete würden zusammen mehrere Tausend Dollar kosten.) Der Trail hat das Interesse an ansonsten wenig besuchten Gebieten belebt und auch Trekkingagenturen dazu verleitet, sich nach neuen Wanderrevieren umzuschauen. In Bousteads Buch *Nepal Trekking and the Great Himlaya Trail* wird die Route detailliert beschrieben (S. 482), und gut ist auch die zuverlässige und unterhaltsame Website 💻 thegreathimalayatrail.org.

Jedoch muss man nicht die Steigeisen anschnallen und sich über Hochpässe quälen, um in Nepal spannende Wanderungen **abseits der großen Wege** zu unternehmen. Das gesamte Land ist mit Pfaden überzogen, und auf den allermeisten davon wandelt nie ein Besucher aus dem Ausland. Die ländliche Bevölkerung Nepals ist außerdem daran gewöhnt, dass Reisende nach Essen und Unterbringung fragen. Es spricht also nichts dagegen, in den gut besiedelten Ausläufern des Himalaya von Dorf zu Dorf und von Familie zu Familie zu wandern und sich so seinen ganz eigenen Trail zu schaffen.

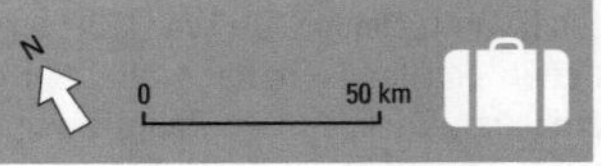

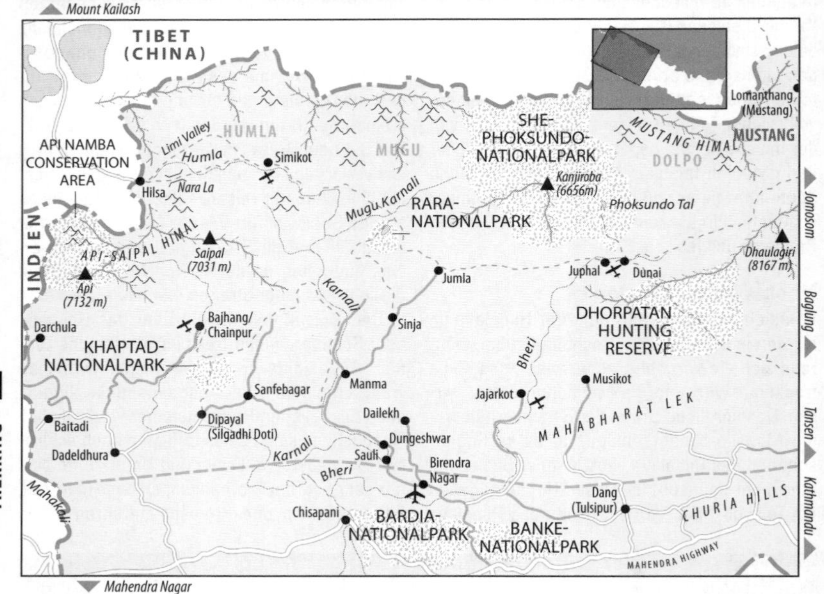

Man muss darauf gefasst sein, alles selbst zu tragen, denn **Träger** sind in dieser Gegend sehr unzuverlässig; oft sind sie auch auf ihren Feldern unentbehrlich. Auch ortskundige **Führer** sind rar, weshalb man es nicht riskieren sollte, ohne grundlegende Nepali-Kenntnisse aufzubrechen. Selbst wer sich einem **organisierten Trekking** anschließt, muss auf solche Widrigkeiten gefasst sein, und deshalb versuchen Agenturen oft, Interessierte von Zielen weiter im Osten zu überzeugen. Die drei im Folgenden beschriebenen Treks sind die realistischsten Möglichkeiten.

Rara-Nationalpark

Das bekannteste Trekkinggebiet im Westen ist der Rara-Nationalpark. Die übliche Route ist eine Schleife, die an der Flugpiste von **Jumla** beginnt und endet (drei bis vier Wandertage vom Rara-See); die meisten Touren planen für die Rundwanderung acht Tage ein. Das überwiegend bewaldete Hügelland bietet nur flüchtige Blicke auf den Himalaya. Höhepunkt ist Nepals größter See, ein riesiges blaues Kleinod inmitten einer Wildnis aus Wiesen, Tränenkiefern und Rhododendren.

Um zum Ausgangspunkt zu gelangen, ist zunächst ein **Flug** nach Nepalgunj und von dort ein Weiterflug nach Jumla erforderlich; in der Hauptsaison werden angeblich täglich Flüge angeboten, die tatsächlich aber oft gestrichen werden. Keine drei Stunden vom See liegt die Flugpiste **Talcha**, bei Gumgarhi, der entlegenen Hauptstadt des Bezirks Mugu, die aber nur sporadisch von Nepalgunj angeflogen wird, weshalb die meisten Trekker lieber von Jumla zu Fuß kommen. Auf dem Landweg ist Jumla von **Birendra Nagar** (Surkhet) zu erreichen. Das erfordert entweder eine sieben- bis zehntägige Wanderung oder eine unkalkulierbar lange Busfahrt – 48 Stunden sind nicht unrealistisch – auf dem hochtrabend benannten Karnali Highway über Dailekh, Kalikot und **Sinja**, wo man die Ruinen der Khas-Hauptstadt des 12. bis 14. Jhs. am anderen Flussufer erspähen kann. In Jumla gibt es **Lodges**, und am See findet man eine Hütte; dazwischen liegen einige Teehäuser, in denen man übernachten kann, doch Zelten ist angenehmer und auch zuverlässiger – zumal in der Region mit Nahrungsmangel zu rechnen ist. Der **Eintritt** für den Nationalpark beträgt Rs1000.

Sieht man über die technischen Schwierigkeiten hinweg, so ist Rara ein guter Kompromiss zwischen den gängigen und den sehr ausgefallenen Treks. Trekking-Reiseführer geben detaillierte Wegbeschreibungen, so dass man weder auf eine organisierte Gruppe noch auf einen Führer angewiesen ist, doch andererseits ist das Gebiet so abgelegen, dass man – wenn überhaupt – nur wenigen anderen Trekkern begegnet. Hinter dem Flugplatz von Jumla (2400 m) führt der Pfad über zwei 3500 m hohe Berggrate, bevor man den in 3000 m Höhe gelegenen, urtümlichen Rara-See erreicht.

Der Park gehört zu den besten Orten in Nepal, um **Tiere** zu **beobachten**: Mit etwas Glück sieht man Himalaya-Schwarzbären, Thar, Goral, Moschustiere und den seltenen Kleinen Panda; der See selbst ist Heimat verschiedenster Wasservögel. Herbst und Frühling sind die besten **Reisezeiten**, und auch im Mai und Juni, wenn es anderswo heiß und unbeständig wird, lohnt sich der Besuch von Rara.

Dolpo und der She-Phoksundo-Nationalpark

Dolpo (auch: Dolpa) ist ein sehr weiträumiger, isolierter Distrikt nordwestlich des Dhaulagiri, der an Tibet grenzt. Hier spielt Peter Matthiessens Buch *Auf der Spur des Schneeleoparden* (engl.: *The Snow Leopard).* Die Westhälfte wurde zum She-Phoksundo-Nationalpark erklärt. Nepals größter Park schützt eine Ehrfurcht gebietende Region mit tiefen Tälern, unbezwungenen Gipfeln, abgelegenen Klöstern und seltener Fauna. Die beste **Reisezeit** ist der September, dicht gefolgt von Mai, Juni, Oktober und November.

Bis vor Kurzem durften Fremde diese Region nicht bereisen, doch inzwischen ist das Gebiet für Trekker geöffnet, wenn auch nur für organisierte Gruppen. Inoffiziell mag es möglich sein, durch eine Agentur ein **Trekking-Permit** für das **südliche (Lower) Dolpo** zu erhalten (US$10 pro Woche) und alles Übrige unabhängig zu unternehmen. Ein Trekking dorthin dauert sieben bis zehn Tage.

Es gibt zwar Lodges im südlichen Dolpo, doch da die Vorräte knapp sind, muss man Proviant für mehrere Tage mitbringen. Führer und Träger lassen sich in der Nähe der Flugpiste anwerben. Die Beschränkung auf von Agenturen betreute Trekkingtouren wird im **nördlichen (Upper) Dolpo** rigoros durchgesetzt – das Permit für diese Region ist wesentlich teurer: US$500 für die ersten zehn Tage, US$50 für jeden weiteren Tag.

Die meisten Besucher fliegen von Nepalgunj nach **Juphal**, wo sich die Flugpiste für den Distrikt Dolpo befindet. Flüge von und nach **Jumla**, das rund fünf Tageswanderungen weiter westlich liegt, sind ebenfalls möglich. Von Juphal führt die Strecke ostwärts nach Dunai und von dort nach Norden. Nach etwa einem Tag betritt man den Park (Rs1000 Eintritt), und nach zwei weiteren Tagen erreicht man das Dorf Ringmo und den betörend blauen See **Phoksundo Tal**. Rund um den See gibt es zahlreiche Möglichkeiten für Tagesausflüge. Dahinter beginnt das nördliche Dolpo.

Humla und Mount Kailash

Das im äußersten nordwestlichen Zipfel Nepals versteckte **Humla** ist hoch, trocken und stark tibetisch geprägt. Auf drei Seiten schirmen schneebedeckte Gipfel den Distrikt ab und halten die meisten Einflüsse von außen fern, so auch den Monsun. Das Gebiet ist nur für organisierte Gruppen offen; das Permit kostet US$50 für die erste Woche und danach US$7 pro Tag. Im Frühling und Frühsommer gibt es oft bedrohliche Hungersnöte. Man muss also seine gesamten Vorräte mitbringen. Die meisten Leute unternehmen den Trip zum Mount Kailash im Rahmen einer Tibet-Pauschaltour: Für eine 22-tägige Reise mit Weiterfahrt nach Lhasa und Rückflug nach Kathmandu zahlt man vielleicht um die US$4000 p. P., für eine 18-tägige Reise mit Rückfahrt im Jeep über Kodari US$3400.

Nepal Airlines fliegt in der Hauptsaison an den meisten Wochentagen von Nepalgunj nach **Simikot**, Humlas Distrikthauptstadt. Der belieb-

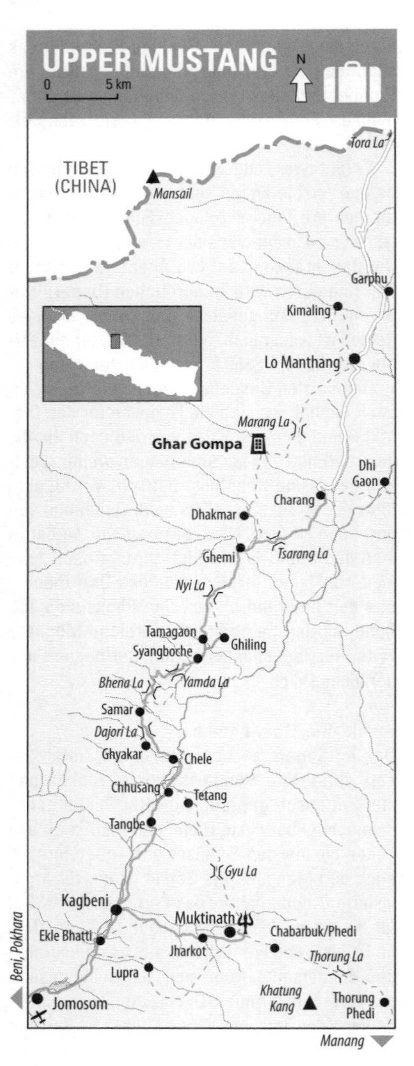

teste Trek führt von dort westwärts das Tal des Humla Karnali Nadi hinauf und über den 4580 m hohen Nara La, bevor es wieder zum Fluss hinuntergeht und nach Hilsa an der **tibetischen** Grenze – eine Wanderung von etwa sechs bis sieben Tagen. Von Sher auf der tibetischen Seite kann man mit dem Jeep zum **Manasarowar-See** und, falls nötig, auch ganz drum herum sowie zum Ausgangspunkt der gut dreitägigen Umwanderung des heiligen Berges **Kailash** fahren. (Die Humla-Karnali-Route wird zu einer Straße ausgebaut, die es eines Tages ermöglichen soll, den gesamten Weg von Simikot im Fahrzeug zurückzulegen.

Diejenigen, die lieber wandern, können eine hohe nördlichere Route über den See Talung zur Grenze begehen.) Im Mai und Juni, der besten **Reisezeit**, trifft man auf eine unbeschreibliche Blumenpracht.

Upper Mustang

Upper Mustang, das wüstenartige Hochland und Quellgebiet des Thak Khola, war bis 1992 für Ausländer gesperrt und hat viel von seiner mittelalterlich-tibetischen Kultur bewahrt – auch wenn sein *raja* inzwischen offiziell abgesetzt ist und heutzutage chinesische Waren auf einer neuen Straße über die Grenze strömen (die für Ausländer geschlossen ist). Die **Trekking-Permits** für Upper Mustang sind teuer – US$500 für die ersten zehn Tage, US$50 für jeden weiteren Tag – und werden inzwischen nicht nur für **Gruppentreks** ausgestellt, die über eine Agentur organisiert wurden, jedoch muss man auf jeden Fall einen Guide mitnehmen. Außerdem kann man nun in Lodges übernachten, wobei es sich oft um wunderbar traditionelle Wohnhäuser von Familien handelt, und muss nicht mehr zelten.

Das Sperrgebiet beginnt offiziell in Kagbeni. Ausgangspunkt ist das einen halben Wandertag weiter südlich gelegene **Jomosom** (S. 423), wo die meisten Reisenden eintreffen und abfliegen. Von dort geht man rund fünf Tage das hohe Wüstental des Thak Khola hinauf bis zur mauerbewehrten Hauptstadt **Lo Manthang** (3840 m), an windzerfressenen Felswänden in verblüffenden Sand-, Rost- und Grautönen vorbei. Auf der Straße herrscht wenig Verkehr, es wird aber sicher mehr werden. Eine Alternativroute wäre zum Beispiel, von Lo Manthang nach Südwesten über den Marang La und **Ghar Gompa** zu wandern, um bei Ghemi wieder auf die Hauptroute zu stoßen.

Rafting und Kajakfahren

12 HIGHLIGHT

Stefan Loose Traveltipps

Den Kali Gandaki hinunter Ab mit dem Flugzeug nach Jomosom, anschließend zu Fuß oder mit dem Jeep in die Schlucht des Oberen Gandaki-Tals runter, und dann raftet man hinein in den Dschungel-Nationalpark Chitwan. S. 455

Der Seti Ein zahmer, malerischer, leicht zugänglicher Fluss, der von geothermischen Quellen erwärmt wird. S. 456

Der Bhote Koshi Ein kurzer Adrenalinschub auf dem steilsten und härtesten Rafting-Fluss Nepals. S. 457

Der Marsyangdi Ein herrlicher, anspruchsvoller Fluss. S. 458

Der Sun Koshi Die perfekte Einführung zum Rafting in Nepal: acht abwechslungsreiche Tage durch abgelegenes Bergland. S. 458

Der Tamur Sechs Tage über herausforderndes Wildwasser mit der Möglichkeit zum Trekking durch das malerische östliche Bergland bis zur Ablegestelle. S. 459

Kajakschule Es ist schon ziemlich cool, von sich behaupten zu können, man habe im Himalaya Kajakfahren gelernt. S. 460

Dank des Himalaya hat Nepal einige der besten, landschaftlich schönsten und abwechslungsreichsten Wildwasser-Flüsse der Welt. Die kürzeren Trips sind selbst für Anfänger machbar, während einige der längeren Fahrten Weltklasse sind und für unvergessliche Eindrücke sorgen. Neben der Ruhe tief im Landesinnern, weit weg von Städten und Straßen, bietet Rafting Spannung, Spaß und Kameradschaft, die in den reißenden Stromschnellen ganz von selbst entsteht.

Dann ist da noch die Freude an der Natur: Camping auf weißen Sandbänken, Lagerfeuer unter sternklarem Himmel, warmes Wasser (Nepals Flüsse fließen größtenteils durch niedrige, subtropische Höhen), vom Dschungel überwucherte Hänge, wilde Tiere und Vögel (Fernglas mitbringen). Viele der abgelegenen Touren enthalten außerdem einen Mini-Trek durch selten besuchte Gebiete, um die Ausgangspunkte des Raftings zu erreichen. Fast alle Flüsse Nepals sind sauber und an den Flussufern gibt es kaum beißende oder stechende Insekten (Moskitos sind sehr selten).

Die Auswahl des Rafting-Flusses hängt größtenteils davon ab, was die Rafting-Betreiber zum Zeitpunkt des Nepal-Aufenthalts gerade anbieten. Man sollte sich zunächst darüber klar werden, was man von der Flussfahrt erwartet – Aufregung, Landschaftseindrücke, Kultur, Entspannung – und wie viel Zeit und Geld man aufwenden möchte. Außerdem sollte man sich den passenden Zeitpunkt für eine Raftingtour überlegen: Die verschiedenen Wasserstände verändern den Charakter eines Flusses komplett. Und man sollte im Hinterkopf behalten, dass man nicht zum Ausgangspunkt zurückkehren muss und einige Rafting-Trips Gegenden des Landes erschließen, in die man sonst nicht gelangt.

Einige hydroelektrische Dämme und Ableitungen sind entweder geplant oder bereits im Bau; diese könnten in naher Zukunft einige beliebte Routen verkürzen oder ganz zunichte machen, was den Druck auf die verbleibenden Strecken erhöhen würde. Andererseits werden neue Straßen, die Zugang zu den geplanten Dämmen verschaffen sollen, bislang unzugängliche Abschnitte erreichbar machen und dort neue Ein- und Ausstiegsstellen fürs Rafting eröffnen.

Die folgenden Ausführungen nennen Ziele in der Reihenfolge ihrer Beliebtheit. Die angegebenen Grade sind nur Richtlinien: Die Schwierigkeitsgrade können zu jeder Jahreszeit erheblich schwanken.

Reisezeit

Je nach **Jahreszeit** schwankt der Wasserstand beträchtlich: Im Monsun (Juli–Mitte Sep) führen die Flüsse zehnmal so viel Wasser wie im Februar und März – deshalb sind sie in diesen Wochen nur etwas für Profis.

Die **Hauptsaison** fürs Rafting liegt zwischen Mitte Oktober und Ende November, wenn die Flüsse zahmer geworden sind, jedoch noch ausreichend Wasser führen, um die Fahrt durch die Stromschnellen zu einem Nervenkitzel werden zu lassen. Von Dezember bis Februar werden die Flüsse noch sanfter (und kälter), bis die Schneeschmelze und die Stürme der Vormonsunzeit sie zwischen März und Mai schließlich wieder anschwellen lassen. Der Winter ist bei Weitem nicht so kalt, wie man denkt, denn die meisten Abschnitte von Nepals Rafting-Flüssen liegen unter 500 m Meereshöhe. Da die touristische Hauptsaison des Landes nicht in den Winter fällt, bieten viele Rafting-Betreiber in diesen Wochen keine Touren an. März und April sind hingegen die besten Monate für ein langes Rafting – die Tage sind warm und die Bedingungen für Vogelbeobachtungen ausgezeichnet.

Die verschiedenen Flüsse Nepals bieten zu jeweils unterschiedlichen Zeiten die besten Voraussetzungen – beispielsweise eignet sich der Sun Koshi bereits ab Ende September fürs Rafting –, so dass die Wahl des Flusses überwiegend vom Zeitraum des Aufenthalts in Nepal abhängt. Je nach Wasserstand variiert selbstverständlich auch die Dauer des Raftings.

Informationen, Bücher, Karten

Teilnehmer eines organisierten Rafting-Trips bekommen (fast) alle ihre Fragen vom jeweiligen Veranstalter beantwortet. Wer auf eigene Faust unterwegs ist, sollte sich das **Buch** *White Water*

Nepal von Peter Knowles und Darren Clarkson-King (Rivers Publishing, 3. Auflage, Januar 2012) zulegen; es hält umfassende Flussbeschreibungen (auch von zahlreichen hier nicht beschriebenen, wenig befahrenen Flüssen), Karten und ausgezeichnete logistische Tipps bereit. Mehr Auskünfte, aktuelle Infos und Links zu einschlägigen Unternehmen findet man unter 💻 raft nepal.org oder auf der **Website** des Nepal River Conservation Trust, 💻 nepalrivers.org.np.

Das Himalayan Map House veröffentlicht **Rafting-Karten** der bekanntesten Flüsse (wie des Sun Koshi und des Trisuli) und verzeichnet darauf auch die wichtigsten Stromschnellen, die Ein- und Ausstiegspunkte usw. Für alle anderen Gebiete ist man auf Wanderkarten angewiesen, die den nötigen Überblick verschaffen.

Rafting-Betreiber und Agenten

Nepals Infrastruktur hinsichtlich Flussfahrten ist äußerst gut entwickelt: Dutzende nepalesische und mit westlichen Unternehmen verbundene **Rafting-Betreiber** bieten sowohl pauschale als auch individuell ausgearbeitete Trips an. Für einen dieser Betreiber wird man sich entscheiden müssen – es sei denn, man ist Kajak-Profi (S. 457) oder gehört einer selbst organisierten Expedition an. Viele Betreiber bieten einen Standard, der sogar die internationalen Richtlinien übertrifft. Doch man bekommt, wofür man bezahlt, und in Nepal gibt es auch eine ganze Menge schwarzer Schafe.

Einige in gutem Ruf stehende nepalesische Betreiber sind in den Kapiteln zu Kathmandu (S. 189) und Pokhara (S. 304) aufgelistet. Sie nehmen Buchungen aus dem Ausland entgegen, gehen jedoch auch auf die Wünsche derjenigen ein, die vor Ort vorbeischauen: Wer eine Hand voll Gleichgesinnter zusammentrommelt, kann eine Tour nach eigenen Vorstellungen antreten. Die Buchung über einen Veranstalter im Heimatland ist natürlich teurer, doch dafür ist garantiert alles bestens vorbereitet – in der Hauptsaison sind die beliebtesten Flussabschnitte schon monatelang im Voraus ausgebucht.

So manches preiswerte Angebot in Kathmandu und Pokhara ist nicht schlecht, doch Empfehlungen sind schwierig – Betreiber kommen und gehen, und der Standard variiert von Jahr zu Jahr. Man muss Vergleiche anstellen und die Anbieter nach den unten genannten Kriterien bewerten. Am besten hält man sich an einen Betreiber, der Mitglied der **Nepal Association of Rafting Agents** ist. Diese formuliert Sicherheitsstandards und ruft ihre Mitglieder dazu auf, nur mit geschulten und zugelassenen Bootsführern zu arbeiten; sie nimmt auch Beschwerden entgegen.

Viele, die mit Rafting-Angeboten werben, sind bloß **Agenten**, die oft gar nicht wissen, wovon sie reden, und denen der Sinn nur nach ihrer Kommission steht. Man sollte unbedingt beim Rafting-Betreiber direkt buchen – nicht zuletzt auch deshalb, weil man so schon vorab Einblick in die Zusammensetzung der Mannschaft gewinnt, die schließlich beträchtlichen Einfluss auf das Vergnügen nehmen kann.

Kosten und Versicherung

In Nepal gebuchte Touren kosten zwischen US$25 und US$80 pro Tag – je nach Fluss, Anzahl der Teilnehmer und Umfang der Leistung. Für Fahrten auf den beliebtesten Rafting-Flüssen Trisuli und Kali Gandaki berechnen bessere Unternehmen ihren Direktkunden im Durchschnitt US$30–40 pro Tag, in denen An- und Abreise, ordentliche, hygienisch zubereitete Mahlzeiten und eine Matte in einem Zelt enthalten sein sollten. Die Budget-Angebote für diese Touren belaufen sich auf etwa US$25 pro Tag, doch bei diesem Preis wird man wahrscheinlich mit einem öffentlichen Bus transportiert und erhält denkbar schlechtes Essen – und muss vielleicht sogar für Bustickets und Mahlzeiten gesondert zahlen. Bei abgelegeneren Flüssen liegen die Preise um etwa US$10–20 pro Tag höher. Die genannten Preise beziehen sich auf Rafting-Boote, die bis zu sieben zahlende Teilnehmer aufnehmen können. In der Hauptsaison sind die populärsten Trips bei den beliebtesten Anbietern mit gutem Ruf oft schon Monate im Voraus ausgebucht.

Wer sich für eine dreitägige Tour entscheidet, sollte beachten, dass man dabei nur selten drei volle Tage auf dem Fluss verbringt: Der erste

Tag vergeht normalerweise mit der Anreise und vielleicht einer Stunde Rafting bis zum Nachtlager; am zweiten Tag ist man im Schnitt vier Stunden auf dem Fluss unterwegs, und der dritte Tag wird für die Rückreise benötigt.

Die eigene **Versicherung** sollte die geplante Unternehmung abdecken. Unfälle abseits der Hauptstrecken könnten eine Evakuierung erforderlich machen. Aber kein Hubschrauber hebt ab, ohne konkrete Aussicht auf Bargeld oder zumindest die Gewissheit, dass eine Versicherungsgesellschaft die Kosten tragen wird. Deshalb: eine Kopie des Versicherungsscheins beim Betreiber hinterlegen und deutlich die Notfallnummer markieren.

Sogenannte **Rafting-Permits** – einst von der Regierung vorgeschrieben – werden inzwischen nicht mehr benötigt.

Ausrüstung

Die meisten Betreiber bieten **Rafting mit Paddeln** an: Die gesamte Bootsmannschaft arbeitet mit Paddeln mit, während der Bootsführer das Boot mit dem Heckruder steuert – eine Teamarbeit, die großen Spaß macht. Geruhsamer sind die Fahrten mit Ruderbooten, die ausschließlich vom Bootsführer gesteuert werden, während die Teilnehmer sich zurücklehnen und den Blick auf die Landschaft genießen.

Der Betreiber wird Informationen über die **mitzubringenden Dinge** geben – unerlässlich sind Badekleidung, Sonnenbrille, Sonnenhut, Sonnenschutzmittel, Schuhe mit Gummisohlen oder Sportsandalen, Kleidung und Schuhe zum Wechseln (in den Camps), Handtuch, Taschenlampe und Ersatzbatterien. Standardkleidung auf den Flüssen sind T-Shirts und Shorts – doch bei Kälte oder Nässe benötigt man Thermalwäsche. Die besseren Betreiber stellen Neoprenanzüge, Rettungswesten und Schutzhelme zur Verfügung. Zelte, Schaumstoffmatratzen und wasserdichte Taschen werden meist gestellt, doch ein eigener Schlafsack (kann in Kathmandu oder Pokhara geliehen werden) ist mitzubringen. Manche Unternehmen stellen auf den Booten wasserundurchlässige Behälter für **Kameras** zur Verfügung.

Sicherheit und Umwelt

Im Großen und Ganzen ist Rafting **sicher** – die Unfallrate liegt deutlich niedriger als beim Mountainbiking, Skifahren oder Trekking. Allerdings kontrollieren Nepals Behörden die kleinen Betreiber kaum, und Anfang des neuen Jahrtausends und 2009 ereigneten sich mehrere tödliche Unfälle – wohlgemerkt die ersten in 20 Jahren. Es ist darauf zu achten, dass der Betreiber Schwimmwesten (und zwar keine uralten!), Schutzhelme und eine vollständige Erste-Hilfe-Ausrüstung zur Verfügung stellt, die Boote in ordentlichem Zustand sind und Sicherheitshinweise gegeben werden. Es müssen mindestens zwei Boote gemeinsam fahren – für den Fall, dass eines kentert. Bei hohem Wasserstand und auf schwierigen Flüssen (ab Grad 3) sollten die Rafting-Boote selbst lenzend sein (engl. *self-bailing*, d. h. Wuchtwasser wird durch ein Lenzloch entleert), und zur Sicherheit sollten Kajaks als Begleitfahrzeuge mitfahren, um unfreiwillige „Schwimmer" zu retten. Besonders wichtig ist, dass der Bootsführer geschult ist – auch in Erster Hilfe –, eine Lizenz besitzt, den zu befahrenden Teil des Flusses kennt und ausreichend Englisch spricht – man sollte ihn am besten schon vor der Abfahrt kennen lernen.

Sehr gefährlich können u. U. auch Erdrutsche und Gletscherwasserausbrüche sein. Wer, wenn er sich auf oder an einem Fluss befindet, von flussaufwärts ein ungewöhnliches Donnern hört, sollte versuchen, sich auf höheres Gelände zu begeben – es könnte eine große Welle im Anmarsch sein!

Rafter haben die gleiche Verantwortung gegenüber der **Umwelt** wie Trekker, besonders was Feuerholz, Fäkalien und Müll anbelangt – Näheres dazu auf S. 396.

Die Flüsse

Trisuli

Etwa 50 % aller Raftingtouren finden auf dem westlich von Kathmandu gelegenen Trisuli statt. Der Trisuli bietet sich an, wenn man wenig Zeit oder Geld mitbringt. Die meisten Programme umfassen zwei bis drei Tage.

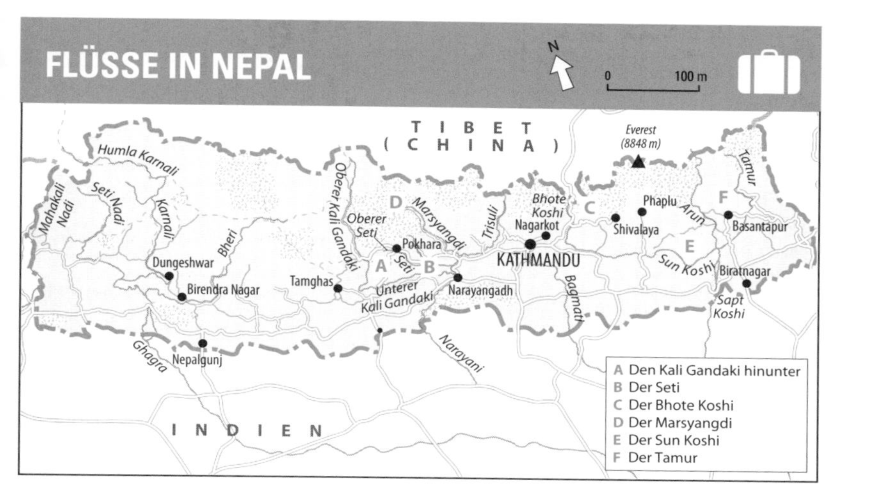

Der Trisuli hat einige Stromschnellen von **mittlerem Schwierigkeitsgrad** (3+) und ist von schönen Landschaften umgeben, doch Wildnis erlebt man nicht. Die Hauptstraße nach Kathmandu folgt seinem Lauf. Im Oktober und November muss man den Fluss mit vielen anderen Gruppen teilen (und vielleicht sogar die Flussbänke fürs Übernachten). Manche Betreiber unterhalten eigene Zeltplätze oder Lodges – die Auswahl reicht von ruhigen, grünen, fast luxuriösen Resorts im Safari-Stil bis zu windigen Dorfstränden, wo weder bettelnde Kinder noch umherstreunende Hunde fehlen. Es lohnt sich also, vor der Abreise Erkundigungen über die jeweilige Unterbringung einzuholen, vor allem bezüglich der Entfernung zur lauten Hauptstraße.

Bei der Buchung sollte man auch unbedingt nach dem Ausgangspunkt fragen: Ein Rafting, das in Kuringhat oder Mugling beginnt, entpuppt sich überwiegend als ruhiges Dahingleiten auf dem Fluss. Der beste Wildwasser-Abschnitt befindet sich oberhalb von Mugling zwischen Charaundi und Kuringhat. Man kann mit diesem halbtägigen Rafting beispielsweise die Busfahrt von Kathmandu nach Pokhara unterbrechen. Da der Trisuli zwischen Pokhara, Kathmandu und dem **Chitwan-Nationalpark** liegt, ist es überlegenswert, das Rafting in die Reiseplanung einzubeziehen. Der Rafting-Betreiber wird die Logistik übernehmen und auf das zurückgelassene Gepäck achten. Ein Rafting bis in den Chitwan-Nationalpark ist jedoch nicht gestattet, so dass man in Narayangadh ein Fahrzeug benötigt, um den Park zu erreichen.

Oberer Kali Gandaki

Der obere Kali Gandaki, der unter den beliebtesten Rafting-Flüssen Nepals an zweiter Stelle rangiert, ermöglicht ein aufregendes dreitägiges Programm von Pokhara aus. In heftig tosendes Wildwasser (Grad 4 –) gerät man bereits in Beni sowie am Start in **Baglung**, und dies bleibt so bis zum Endpunkt am Zusammenfluss mit dem **Andi Khola**, wo ein Damm die Weiterfahrt verhindert. Es ist eine Fahrt durch ein atemberaubendes Tal fernab der Straßen und der Zivilisation, bei der man herrliche Ausblicke auf die Annapurnas hat. Der Abschnitt ist jedoch sehr populär, so dass die Campingplätze oft voll und ein wenig verschmutzt sind. Auf dem Fluss sind mehrere Unfälle passiert – also Sorgfalt bei der Auswahl des Betreibers!

Die besten Wochen für den Kali Gandaki fallen in die Zeit von Mitte Oktober bis Mitte Dezember sowie in den März und April. In diesen Wochen ist der Wasserstand niedrig bis mittelhoch. Eine gute Idee ist es, einen **Trek in der Annapurna-Region** mit diesem Rafting abzu-

Nepals Flüsse auf einen Blick

Name	Grad	Größe	Dauer	Tage auf dem Fluss	Landschaft/ Tiere	Gesamt- wertung	Höhe (von/bis)
Trisuli	3 +	groß	1–4	1–4	*	**	330 m / 170 m
Oberer Kali Gandaki	4 –	mittel	4	3	**	**	750 m / 500 m
Seti	3 –	klein	3	2	**	**	345 m / 190 m
Oberer Seti	3 +	klein	2	1/2	**	**	1050 m / 980 m
Bhote Koshi	4 +	mittel	2	1–2	**	***	1020 m / 760 m
Oberer Sun Koshi / Unterer Bhote Koshi	3	mittel	2	1	*	**	730 m / 650 m
Marsyangdi	4 +	mittel	6	4	***	**	850 m / 370 m
Sun Koshi	4 –	sehr groß	8–10	6–8	**	***	625 m / 105 m
Karnali	4	sehr groß	10	8	***	***	560 m / 195 m
Tamur	4	mittel	11	6	**	***	635 m / 105 m
Bheri	3 +	mittel	8–10	6–8	***	**	770 m / 195 m
Unterer Kali Gandaki	2	mittel	5	4	**	**	370 m / 170 m

Anmerkungen
Größe = Relative Größe, da der Wasserstand je nach Jahreszeit sehr unterschiedlich ist
Dauer = Tage von Kathmandu oder Pokhara und zurück

Gesamtbewertung = subjektiver Wert, basierend auf der Beurteilung von Wildwasser, Landschaft, Erreichbarkeit und Kosten:
*** = sehr empfehlenswert
** = empfehlenswert
* = bei entsprechendem Interessenschwerpunkt reizvoll

schließen. Es ist möglich, nach Jomosom zu fliegen, einen Trek oder eine Fahrt mit dem Bus oder Jeep das Kali-Gandaki-Tal hinab bis nach Baglung zu unternehmen und eine Wildwasserfahrt weiter nach Süden anzuschließen – eine Reise von den höchsten Bergen der Welt bis in die Dschungel des Tieflands. Vom Endpunkt der Raftingtour könnte man sogar weiter Richtung Süden über holperige Straßen nach Rani Ghat (S. 323) und Tansen (S. 318) fahren.

Seti

Sehr leicht von Pokhara zu erreichen ist der Seti (oder Seti Nadi), der eine leichtere Alternative zum oberen Kali Gandaki darstellt. Er ist ein recht zahmer, mittelschwerer (3 –) und sehr pittoresker Fluss. Das Rafting von Damauli nach Narayangadh nimmt drei Tage in Anspruch und ist im Vergleich zu einem ähnlichen Rafting auf dem Trisuli die bessere Wahl, da es von der Straße wegführt. Die Fahrt führt im unteren Flussabschnitt durch einen schönen grünen Dschungelkorridor, und die weißen Sandbänke ermöglichen ein angenehmes Camping. Beliebt ist die Fahrt bei Gruppen von Vogelfreunden, die sie als Teil der Reise von Pokhara nach Chitwan in ihr Programm aufnehmen. Da das Wetter erstaunlich warm ist, bietet sich der Fluss auch im Winter für ein Rafting oder fürs Kajaktraining an.

Oberer Seti

Wenn von September bis Anfang November hohe Wasserstände herrschen, bietet der obere Seti die Möglichkeit zu einem 90-minütigen

Wildwassertrip voller Action (Grad 3 +) von etwas oberhalb von Hyemja bis zum Damm in Bajar etwas oberhalb von Pokhara (ab hier fließt der Fluss unterirdisch). Von Pokhara ist der Startpunkt über die Straße in nur einer halben Stunde zu erreichen, und verschiedene Veranstalter bieten die Tour als Halbtagesausflug an.

Bhote Koshi

Der Bhote Koshi, an dessen Ufer nordöstlich von Kathmandu der Arniko Highway zur tibetischen Grenze verläuft, ist der steilste und schwierigste unter den kommerziellen Rafting-Flüssen Nepals (Grad 4 +). Bei niedrigem Wasserstand ist er wie ein Flipperautomat, in dem man selbst der Ball ist, und bei mittlerem Wasserstand hat man das Gefühl, durch ein riesiges Toilettenrohr gespült zu werden. Nur wenige Betreiber haben sich auf diese äußerst intensive Rafting-Erfahrung spezialisiert und bieten eine ein- bis zweitägige Tour von Kathmandu aus (nur eine dreistündige Fahrt entfernt) an. Unterstützung von der Straße aus ist erforderlich, außerdem werden die Rafts von Rettungskajaks begleitet. Bei höherem Wasserstand Ende Oktober/November haben die meisten Anbieter den oberen Sun Koshi am ersten Tag zum Eingewöhnen und den Bhote Koshi am zweiten Tag im Programm. Wer **Rafting-Erfahrung** besitzt oder einfach nur den ultimativen Adrenalinstoß sucht, ist hier bestens aufgehoben. Der Bhote Koshi ist ein kalter Fluss, wer ihn also in den Wintermonaten zwischen Dezember und Ende Februar befährt, sollte nach einem Betreiber Ausschau halten, der Neoprenanzüge und Schwimmwesten zur Verfügung stellt. Sehr schön ist ein zweitägiger Trip auf dem Bhote Koshi mit einer Übernachtung in einem der komfortablen Camps am Fluss (S. 268).

In der Nähe der tibetischen Grenze wird gerade ein **Staudamm** gebaut. Wenn er fertig ist, wird das wohl das Ende des Bhote Koshi als Rafting-Fluss bedeuten.

Klassifizierung der Flüsse

Im Folgenden eine Zusammenfassung des internationalen Klassifizierungssystems für die Schwierigkeitsgrade von Rafting-Flüssen:

Grad 1 Leicht. Langsam fließendes Wasser mit gelegentlichen kleinen Stromschnellen. Wenig oder keine Hindernisse.

Grad 2 Mittel. Kleine Stromschnellen mit regelmäßigen Wellen. Etwas Manövrieren ist nötig, aber die Passagen sind leicht zu durchfahren.

Grad 3 Schwierig. Stromschnellen mit unregelmäßigen Wellen und Hindernissen, denen man ausweichen muss. Schwierigeres Manövrieren ist erforderlich, doch die Passagen sind im Allgemeinen gut zu erkennen. Gelegentlich können Anweisungen vom Ufer erforderlich sein.

Grad 4 Sehr schwierig. Starke Stromschnellen, die sorgfältiges Manövrieren erfordern. Gefährliche Hindernisse. Anweisungen vom Ufer sind oft erforderlich, Rettung ist für gewöhnlich schwierig. Kajakfahrer sollten die Eskimorolle beherrschen. Turbulentes Wasser und große, unregelmäßige Wellen werfen das Boot hin und her. Bei Unfällen besteht die Gefahr von Verlusten, Schäden und/oder Verletzungen.

Grad 5 Extrem schwierig. Lange und sehr stark tosende Stromschnellen mit beträchtlichen Gefahren. Mächtige und uneinheitlich herabstürzende Wassermassen erschweren das Finden von Passagen, Anweisungen vom Ufer sind wichtig. Präzises Manövrieren ist schwierig. Kajakfahrer müssen unbedingt die Eskimorolle beherrschen. Rettung ist sehr schwierig oder unmöglich, und im Falle eines Unfalls besteht erhöhte Lebensgefahr.

Grad 6 Nahezu unmöglich. Die Passagen sind möglicherweise (jedoch nicht sicher) von einem Profiteam bei richtigem Wasserstand, bei besten Bedingungen und unter Beachtung aller Vorsichtsmaßnahmen zu bewältigen, doch nur unter hoher Lebensgefahr.

Oberer Sun Koshi (Unterer Bhote Koshi)

Nur zwei bis drei Stunden Fahrt von Kathmandu entfernt bietet der obere Sun Koshi (von Anbietern oft auch unterer Bhote Koshi genannt) eine einfachere Alternative zum Bhote Koshi oder eine Art Training für denselben, besonders bei hohem Wasserstand. Zur Auswahl stehen zwei verschiedene Abschnitte: Im oberen Bereich genießt man in der Hauptsaison eine Wildwasserfahrt dritten Grades und im unteren

Bereich – unterhalb des Sukute Beach – eine landschaftlich schöne Flachwasserstrecke. Der saubere, blaue Fluss wird von grünen Hängen eingerahmt, und nicht einmal der nahe Arniko Highway stört die Ruhe. Dies ist das ideale Ziel für einen halbtägigen Raftingtrip in der Nähe von Kathmandu und eine willkommene Abwechslung zur hektischen Hauptstadt, besonders wenn man die Nacht in einem der Resorts am Ufer verbringt. Auch viele Kajakschulen führen ihre Kurse am oberen Sun Koshi durch.

Marsyangdi

Der Marsyangdi ist ein wundervoll blauer Rafting-Fluss vor einer spektakulären Bergkulisse. Kajakfahrer geraten ins Schwärmen. Der technisch anspruchsvolle Fluss (Grad 4 +) ist wie ein fortlaufender Slalom, und man braucht erfahrenes Flusspersonal und Unterstützung vom Ufer. Die normale Route beginnt in der Nähe von **Khudi** oder Bhulbule (am Annapurna-Rundweg) und führt in drei Tagen bis hinab zur Hauptstraße von Kathmandu nach Pokhara. Es lohnt sich sehr, das Rafting mit dem landschaftlich schönen dreitägigen Trek vom Begnas Tal (bei Pokhara) nach Khudi zu verknüpfen. Besonders schön ist das Rafting im November, wenn der Wasserstand relativ niedrig und die Sicht auf die Berge meistens klar ist. Der neue Damm bei Phaliya Sanghu, auf der Straße etwa 14 km südlich von Beisisahar, teilt den Marsyangdi leider in zwei Wildwasserbereiche, die von einer kurzen Fahrt rund um den Damm unterbrochen werden. Auch nimmt der Straßenverkehr am Ufer langsam, wenn auch bisher in recht bescheidenem Maße, zu – trotzdem bleibt der Marsyangdi ein Klassiker.

Sun Koshi

Ein Rafting auf dem Sun Koshi gehört weltweit zu den besten zehn Touren dieser Art. Unter den langen Raftingtrips in Nepal ist die Fahrt auf dem Sun Koshi am beliebtesten, und da die Logistik einfach ist, gehören die Tageskosten zu den niedrigsten von allen. Die achttägige Tour beginnt drei Stunden östlich von Kathmandu in Dolalghat und endet in Chatara zwischen Dharan (S. 386) und dem Koshi Tappu Wildlife Refuge im östlichen Terai (S. 382) – ideal für diejenigen, die von Nepal ins indische Darjeeling reisen wollen, denn das Rafting erspart den größten Teil der 20-stündigen Busfahrt zur östlichen Grenze.

Relativ wenige Betreiber bieten regelmäßige Raftingtouren auf dem Sun Koshi an, so dass man nicht viele andere Gruppen trifft. Das **Camping** an den weißen Sandstränden ist einzigartig. Der Sun Koshi durchquert eine abgelegene Ecke des Landes und fließt durch vielfältige Landschaften, die von mit Dschungel bewachsenen Canyons, offenen ariden Tälern und vereinzelten Dörfern geprägt sind. Im Gegensatz zu anderen Flüssen, die heftig sprudelnd beginnen und in tieferen Lagen zahmer werden, ist hier der Anfang gemächlich, so dass man Erfahrung und Selbstvertrauen aufbauen kann, bevor das Wildwasser stromabwärts immer aufregender wird (Grad 3–4). Dies macht den Sun Koshi zu einer besonders guten Wahl für diejenigen, die ihre erste Wildwasserfahrt überhaupt unternehmen. Die besten Voraussetzungen sind bei mittlerem bis hohem Wasserstand gegeben –

Die Resorts am Bhote Koshi

In den letzten Jahren haben mehrere Unternehmen am Ufer des Bhote Koshi und des oberen Sun Koshi Land gekauft und dort **Camps** im Safari-Stil errichtet, komplett mit üppigen Gärten, Spültoiletten, Duschen, Hängematten, Restaurants und Bars. Diese Mini-Resorts liegen nur eine zwei- bis dreistündige Fahrt von Kathmandu entfernt. Jedes bietet ein bestimmtes Angebot an **Aktivitäten** an: alle organisieren Rafting, darüber hinaus je nach Anlage Canyoning, Kajakfahren, Trekking, Klettern, Bungee-Jumping und Mountainbiking. Außerdem werden regelmäßig Abenteuerveranstaltungen organisiert wie Mountainbike-Rennen oder das **Nepal International Kayak Rodeo**, das alljährlich im November stattfindet. Wer im Camp nur übernachten und ausruhen will, zahlt normalerweise um US$50–60 pro Tag für Essen, Übernachtung und den Transport von und nach Kathmandu. Viele Rafting- und Kajakgruppen aus Übersee fahren gleich nach ihrer Ankunft am Flughafen in Kathmandu zu einem dieser Resorts. Sie werden im Kapitel „Das zentrale Bergland" näher beschrieben (S. 268).

von Mitte September bis Ende Oktober sowie im Mai und frühen Juni; von Dezember bis März gibt's so gut wie kein Wildwasser.

Der neue **Sindhulimadi Highway** entlang eines 30 km langen Abschnitts des oberen Sun Koshi ist fast fertig. Nach seiner Fertigstellung werden kürzere sechstägige Raftingfahrten möglich sein (wahrscheinlich mit Startpunkt in Chainpur, fünf Autostunden von Kathmandu), und auch die Rückfahrtzeit vom Endpunkt des Raftings dürfte sich halbieren.

Karnali

Nepals breitester und längster Fluss, der Karnali, bietet den vielleicht schönsten Raftingverlauf der Welt. Er fließt durch die Abgeschiedenheit von Nepals fernem Westen und ist entsprechend umständlich zu erreichen: Eine lange Busfahrt führt von Kathmandu nach Birendra Nagar (viele Gruppen fliegen nach Nepalgunj), von wo es nochmals drei Stunden über schlechte Wege zum kleinen Dorf Sauli sind. Von hier aus ist es entweder ein zweistündiger Trek zum Fluss, oder man fährt – wenn die Straße in gutem Zustand ist – weiter nach Dungeshwar direkt auf den Karnali. Es folgt ein meist achttägiger Raftingtrip mit mächtigen, herausfordernden Stromschnellen, großartigen Canyons, ursprünglicher Wildnis und einer reichen Tierwelt. Die größten Stromschnellen (Grad 4) durchquert man an den ersten drei Tagen; anschließend wird der Fluss ruhiger. Man kann auf dem Karnali bis in den **Bardia-Nationalpark** raften, wo man vom Boot aus manchmal wilde Elefanten, Tiger, Krokodile und Nashörner sieht. Die Übernachtung in einem luxuriösen Safari-Camp, das seine durstigen Gäste mit eiskaltem Bier verwöhnt, bildet eine willkommene Abwechslung zu dieser langen Flussreise. Viele Gruppen nutzen die Gelegenheit, um im Bardia einige Tage mit Tierbeobachtungen zu verbringen.

Der Karnali ist am besten bei niedrigem bis mittlerem Wasserstand zu befahren – empfehlenswert sind die Monate März und April, doch die Beschaffenheit des Flussbetts lässt Fahrten bei jedem Pegelstand außer bei Hochwasser zu. Am Ufer findet man genügend Treibholz für ein Lagerfeuer, was Kajakgruppen aus Übersee besonders um Weihnachten herum hierher zieht.

Der Karnali ist Nepals berühmtester Fischereifluss; in ihm leben unter anderem der mächtige, karpfenähnliche *mahseer* und der Wels.

Der obere oder Humla Karnali von Simikot bis zum Startpunkt für den unteren Karnali ist ein Grad-5-Wildwasser ausschließlich für erfahrene Expeditionskajaker.

Tamur

Der Tamur fließt durch ein abgelegenes, landschaftlich schönes Tal im östlichen Nepal. Hier wird ein sechstägiges Rafting auf herrlichem und herausforderndem Wildwasser (Grad 4) angeboten, das sich ideal mit einem Trek in dieser schönen Gegend verbinden lässt. Die besten Bedingungen bietet der Fluss bei mittlerem Wasserstand (bei hohem wäre er ein Alptraum). Nach einem durchschnittlichen Monsun sind die Tage zwischen Ende Oktober und Ende November die optimale Zeit für die Fahrt. Als aufregenden Höhepunkt und Abschluss eines Rafting auf dem Sun Koshi kann man übrigens einen Tag auf dem Tamur (hinter Mulghat beginnend, wo eine Hauptstraße über den Fluss führt) anhängen.

Der Trip beginnt mit einer 20-stündigen Busfahrt über Dharan (S. 386) nach **Basantapur**. Anschließend folgt eine viertägige Wanderung, die über einen hohen Kamm mit wundervollen Ausblicken auf die Gipfel des Kanchenjunga und Everest führt – oft als eine der schönsten Trekkingrouten in Nepal gerühmt. Alternativ kann man von Kathmandu nach **Taplejung** fliegen, das etwa zwei Wegstunden vom Ausgangspunkt in Dobhan entfernt ist. Da die Flüge infolge schlechten Wetters jedoch manchmal verschoben werden, ist es verlässlicher, nach Biratnagar zu fliegen und von dort per Taxi oder Bus zum Ausgangspunkt des Wanderweges nach Basantapur zu fahren. Man kann auch über Ilam nach Dobhan fahren, aber das ist eine ermüdend lange Fahrt auf einer schlechten Straße.

Bheri

Der Bheri, ein Nebenfluss des Karnali, ist gleichzeitig eine kürzere und leichtere Alternative (Grad 3 +) zu diesem. Er gehört zu Nepals idyllischsten Flüssen, denn er bietet goldfarbene Klippen, kristallklares Wasser, grünen Dschungel, weiße Sandstrände sowie exzellente Möglichkeiten zum Angeln und Beobachten von Vögeln. Hinzu kommen eine starke Strömung und schäumende Stromschnellen mit moderatem Schwierigkeitsgrad. Man erreicht den Bheri auf der Straße von Nepalgunj nach Birendra Nagar kurz vor **Birendra Nagar** nach etwa 15 Stunden Busfahrt von Kathmandu (via Nepalgunj). Bislang bieten nur wenige Betreiber ein Rafting auf dem Bheri an, doch mit der Verbesserung der Straßen wird dieser Fluss mit Sicherheit populärer werden. Es gibt inzwischen auch eine neue unbefestigte Straße, die das Tal bis ganz hinauf nach Jajarkot erschließt, so dass die Wildwasserfahrt auch weiter oben beginnen kann.

Unterer Kali Gandaki

Der untere Bereich des Kali Gandaki, der bei Ramdi Ghat am Siddhartha Highway beginnt, gilt als längere Alternative zum Seti. Der relativ leichte Flussabschnitt mittlerer Stärke (Grad 2) bietet dieselben schönen Landschaften wie der Seti, und er fließt durch ein vom Tourismus nur wenig berührtes Tal mit malerischen Dörfern, schmalen Schluchten und kleinen Sandbänken mit angrenzendem Dschungel. Obwohl der Fluss leicht zu erreichen ist, benötigt man für die Anfahrt mehr Zeit als zum Seti (5 Std. von Pokhara zur Ablegestelle bei Ramdi Ghat). Deshalb finden sich hier auch weitaus weniger Besucher ein – also ein perfekter Fluss, um einmal alles hinter sich zu lassen und einige entspannte und romantische Tage zu erleben. Wie der Seti ist auch der untere Kali Gandaki ideal, um auf eigene Faust mit einem *duckie* (aufblasbares Kanu), das es in Pokhara zu leihen gibt, loszuziehen.

Kajakfahren und andere Flusssportarten

Nepal hat sich zu einem der weltweit führenden Ziele zum Freizeit-**Kajakfahren** entwickelt und gilt unter Kennern für mehrtägige Wildwassertouren bereits als eines der besten Ziele überhaupt. Nepals Flüsse sind für jeden geeignet – auch für Anfänger.

Die meisten Kajakfahrer buchen zum „Aufwärmen" zunächst einmal eine Raftingfahrt – meist auf dem Sun Koshi oder Kali Gandaki. Wer anschließend bei derselben Gesellschaft eine Kajakfahrt bucht, bekommt das Kajak zumeist kostenlos zur Verfügung gestellt (oder erhält einen Discount von etwa US$10 pro Tag, wenn er ein eigenes Boot mitbringt).

Wer sein **Kajak mitbringen** möchte, sollte mit Kajakfreunden reden, die vor Kurzem in Nepal waren, um zu vermeiden, dass man auf dem Rückweg saftige Kosten für Übergepäck zahlt.

In Kathmandu und Pokhara kann man modernste Kajaks für circa US$25 am Tag mieten. In Pokhara, das zu einem Zentrum für Kajakfahrten geworden ist, steht ebenfalls ausgezeichnete Ausrüstung zum **Verleih** bereit (Ganesh Kayak Shop, S. 305); als Sicherheit muss man seinen Pass oder eine beträchtliche Barkaution hinterlassen. Kajakguides sind für etwa US$20 pro Tag anzuheuern. Natürlich kann man die gesamte eigene Kajak-Ausrüstung mitbringen, doch ist alles, was man benötigt, vor Ort zu finden.

In jüngster Zeit wurden in Nepal zahlreiche **Kajakschulen** gegründet, S. 304. In der Regel beginnt die Ausbildung mit einer halbtägigen Einführung auf Pokharas Phewa Tal, anschließend findet sie über vier Tage mit Rafting-Unterstützung auf dem nahen Seti statt. Da der Seti durch geothermische Quellen erwärmt wird, eignet er sich bestens zum Lernen der Eskimorolle. Andere Kajakschulen haben ihre Basis am Bhote Koshi und am oberen Sun Khoshi, nahe Kathmandu.

Der **Preis** für einen fünftägigen Kurs startet bei US$300. Darin sind Unterricht, Ausrüstung, Mahlzeiten, Transporte, Rafting-Unterstützung und Camping enthalten, und das Preis-Leistungs-Verhältnis stimmt.

Es ist zwar nicht ganz so beliebt, aber eine weitere Art, sich in Nepals Wildwasser zu bewegen, bietet das **Hydrospeeding** (bei dem man auf einer Art Brett den Fluss hinabschwimmt). Der Ganesh Kayak Shop in Pokhara verleiht Hydrospeeds zusammen mit Kälteschutzanzug und Helm für US$20 pro Tag. Außerdem sind dort aufblasbare Kanus *(duckies)* und **Catarafts** (eine Art Flussschlitten auf Schläuchen) für Unternehmungen auf eigene Faust zu mieten.

Dieses Kapitel wurde mit Unterstützung von David Allardice aktualisiert.

© ROUGH GUIDES

Mountainbiking

Stefan Loose Traveltipps

Shivapuri-Nationalpark Ungeteerte, aber gut kartografierte Straßen schlängeln sich durch ein reizendes Waldgebiet in den nördlichen Ausläufern des Kathmandutals. S. 468

Abfahrt von Nagarkot Diese klassische organisierte Tour beginnt frühmorgens mit einer Busfahrt nach Nagarkot, um dort zum Frühstück den Sonnenaufgang über dem Himalaya zu erleben, gefolgt von der spannenden Abfahrt ins 800 m tiefer gelegene Kathmandu auf Allradpisten oder anspruchsvollen Singletrails. S. 469

Tribhuvan Rajpath Eine klassische Strecke mit Monstersteigungen und -gefällen, dazu ein paar herrliche Rundwege. S. 471

Von Lhasa nach Kathmandu Die Pauschalarrangements mit der „längsten Abfahrt der Welt" umfassen gewöhnlich zwei Wochen voller toller Touren inklusive Ausblick auf den Everest, gefolgt von der legendären Abfahrt über 4000 Höhenmeter von der Tibetischen Hochebene nach Kathmandu. S. 471

Begnas Tal Dieser schöne See ist das Tor zu kilometerlangen, ländlichen Nebenstraßen östlich von Pokhara. S. 473

Annapurna-Umrundung Die umstrittenen neuen Annapurna-Straßen bieten die Möglichkeit zu einer wunderbaren Fahrt hinauf nach Manang sowie hinab durch die tiefste Schlucht der Welt. S. 473

Lange Zeit hieß es, Nepal sei am besten zu Fuß zu erkunden. Mountainbiking ist heute jedoch eine echte Alternative. Gute Mountainbikes kann man in Kathmandu und Pokhara leihen, und dort werden ebenfalls zuverlässige Routeninformationen und gut organisierte Touren geboten. Auch wer kein echtes Mountainbike-Querfeldeinabenteuer im Himalaya plant: Mountainbiking ist eine persönlichere Erfahrung als eine Fahrt mit dem Jeep oder dem Bus, und mit den Rädern gelangt man schneller und in einem aufregenderen Tempo ans Ziel als zu Fuß.

Obwohl Nepal vom Mythos des Himalaya beherrscht wird, ist das Land nicht überall bergig und steil: Die Hänge des Kathmandutals sind relativ leicht mit dem Fahrrad zu befahren, und das Terai ist nahezu eben. Für die längeren und landschaftlich attraktiveren Strecken benötigt man ein hohes Maß an Fitness. Da sind Touren mit höllischen Steigungen (und Abfahrten) für diejenigen, die an so etwas Spaß haben. Aber es gibt auch eine große Zahl leichter Ausflüge, die von Dorf zu Dorf oder einfach nur bergab führen.

Mountainbikes sind manchmal so ziemlich die einzige Fortbewegungsmöglichkeit: Sogar auf größeren Straßen, auf denen man sonst mit einem Hybrid- oder robusten Tourenwagen fahren könnte, befinden sich häufig Schlaglöcher und beschädigte Abschnitte.

Die in diesem Kapitel vorgestellten **Routen** sind nach den Startpunkten **Kathmandu** und **Pokhara** geordnet, da nur hier gute Leihräder zur Verfügung stehen. Von diesen Orten starten außerdem viele der besten Routen, da die dortigen Reiseagenturen und Bikeshop-Gurus ständig neue Strecken durchs Gelände erschließen. Auf der anderen Seite wird der Verkehr in der Nähe von Städten zu einem echten Problem. Was einst vor allem im Kathmandutal eine angenehme Strecke war, könnte mittlerweile verstopft und beängstigend zu befahren sein. Die neuesten Infos besorgt man sich immer am besten vor Ort bei jemandem, der sich auskennt.

Zugleich schafft der schnell voranschreitende **Straßenbau** immer mehr neue Möglichkeiten zu Touren. Viele Straßen sind heute nicht mehr die einspurigen Pisten, die sie bis vor Kurzem noch waren, so dass nun spannende lange Rundtouren und schöne Touren auf Nebenstrecken zwischen etwa Kathmandu und Pokhara oder Trisuli und Gorkha möglich sind. Wer möchte, kann sich auch wunderbare Fernrouten zusammenstellen und somit Teile des Landes erkunden, die hier nicht vorgestellt werden können. Für Erkundungen außerhalb des Kathmandu- und Pokharatals sollte man sich Informationen bei Leuten besorgen, die sich auskennen (etwa in einem Fahrradladen nachfragen), und sich die aktuellsten Karten besorgen – welche allerdings auch immer mit ein wenig Skepsis zu behandeln sind: Unbefestigte Straßen werden asphaltiert, Wege werden zu unbefes-

Mit dem Rad zum Everest

Obwohl im Sagarmatha-Nationalpark selbst Mountainbikes weiterhin verboten sind, wird es eines Tages – vielleicht schon bald – möglich sein, mit dem Bike zu den Toren des Everest zu fahren. Die traditionelle Anfahrtsstraße zum Everest, die schon seit Langem bis nach Jiri asphaltiert ist, führt nun zumindest bis nach Bhandar (S. 442). Der gewaltige Lamjura-Pass östlich davon würde jedoch mit seinem endlos erscheinenden, steilen Wanderpfad so gut wie alle Mountainbiker abschrecken. Andere, unbefestigte Straßen stoßen von Dharan und dem Arun-Tal im Südosten aber immer weiter vor, und von Süden führt eine gute neue Straße Richtung Everest: Sie zweigt 37 km östlich der Abfahrt nach Janakpur vom East-West-Highway ab und führt durch dicht besiedelte Berge Richtung Norden zu den geschäftigen Bezirkshauptstädten Okhaldunga und Salleri sowie zum winzigen Flugplatz Phaplu – welcher sich wiederum nur ein paar Gehstunden südlich der Everest-Anmarschroute bei Junbesi (S. 442) befindet. Und Junbesi liegt gleich auf der anderen Seite des großen Lamjura-Passes ... Diese Routen irgendwie zu einer Rundtour oder mit der Wanderung Richtung Norden in die Everest-Bergwelt zu verbinden, würde derzeit noch erfordern, dass man sein Rad sehr oft auf der Schulter herumschleppt – aber das Straßennetz in Nepal wandelt sich schnell.

tigten Straßen, und die Straßen werden jedes Jahr länger – oder nach einem heftigen Monsun kürzer.

Reisezeit

Wer die Wahl hat, sollte sich für **Oktober bis Dezember** entscheiden. In diesen Monaten fällt wenig Regen, und die Sicht ist gut. Die Temperaturen gehen allmählich zurück, doch richtig kalt wird es in Höhen, die mit dem Fahrrad zu befahren sind, nicht – selbst im Dezember und Januar können die Tage unter 3000 m sonnig und sogar warm sein. Schnee fällt mitunter allerdings schon in Höhen von 2000 m. Dezember und Januar sind auch die besten Monate fürs Radfahren in Pokhara und im Terai. Die kürzer werdenden Tage müssen allerdings berücksichtigt werden: Im Dezember sollte man spätestens ab 16.30 Uhr zusehen, dass man von der Straße weg und in eine Unterkunft kommt.

Von **Januar bis März** werden die Tage länger und wärmer. Auch dies ist eine gute Zeit zum Radfahren. Von **April bis Anfang Juni** wird es heißer, die Straßen werden staubiger und die Luft dunstiger – und die nachmittäglichen Regengüsse häufen sich. Ein Vorteil ist, dass man nun das spätere Einsetzen der Dämmerung ausnutzen kann.

Der **Monsun** (Mitte Juni bis Ende September) ist heiß und stickig, die Berge sind in Wolken gehüllt, und die Wege sind nass oder matschig. Dafür ist jetzt die richtige Zeit für Tibet und Mustang, die durch den Himalaya vor den Monsunregen geschützt werden.

Ausschlaggebend für die Wahl der Reisezeit können auch die **Rennen** sein, die von verschiedenen Touranbietern veranstaltet werden und teils zahlreiche echte Profis aus dem Ausland anlocken. Das anspruchsvolle Rennen Yak Attack, organisiert von Dawn Till Dusk, findet gewöhnlich Anfang März statt und führt von Kathmandu abseits der Hauptstraßen Richtung Westen über Nuwakot und Gorkha zur wahnsinnigen Überquerung des Thorung-La-Passes im Annapurna-Gebiet. Das Trans-Nepal-Rennen im Dezember führt an fünf Tagen über Allradpisten von Kathmandu nach Pokhara.

Informationen und Landkarten

Die Fahrradgeschäfte in Kathmandu und Pokhara haben aktuelle **Informationen** zu Strecken und Straßen, wollen aber natürlich in erster Linie Touren verkaufen, weshalb man nicht erwarten darf, dass sie ihre geheimsten Routen preisgeben.

Es gibt keinen bestimmten Mountainbike-Führer, den man an dieser Stelle empfehlen könnte, aber James Giambriones *Kathmandu Valley Bikes & Hikes* liefert sinnvolle, wenn auch veraltete Informationen zu dieser Gegend. Eine Karte ist äußerst wichtig, doch man sollte sich nicht voll und ganz auf sie verlassen – Karten veralten in Nepal schnell. Von Nepamaps gibt es die Karten *Biking Around Kathmandu Valley* im Maßstab 1:50 000 und *Biking Around Annapurna* im Maßstab 1:75 000, beide sind in Kathmandu erhältlich. Erstere deckt auch Gegenden über das Tal hinaus bis ins zentrale Bergland ab, und Fahrradwege sind markiert, wenn auch nicht immer ganz präzise; zur Zeit der Recherche war die Straße nach Jomosom (S. 473) auch vier Jahre nach ihrer Fertigstellung noch nicht verzeichnet. Ansonsten muss man sich auf Wanderkarten verlassen.

Organisierte und individuelle Touren

Wie beim Trekking kann man auch Mountainbiking im Alleingang oder im Rahmen einer Tour betreiben, wobei eine organisierte Tour einfach nur bedeuten kann, dass man zusammen mit einem Guide und vielleicht ein paar anderen Teilnehmern unterwegs ist. Die nötige Ausrüstung und Schwierigkeiten bei der Orientierung lassen geführte Touren als reizvollere Alternative erscheinen.

Organisierte Touren

Eine geführte Fahrradtour spart viel Zeit (und Kopfzerbrechen) in der Vorbereitungsphase und erhöht die Chancen, dass alles mehr oder weniger nach Plan verläuft. Die Reiseroute wird sehr gut geplant sein, wodurch Sackgassen und falsche Abzweigungen vermieden werden, in die man bei einer selbst organisierten Tour unausweichlich gerät. Gute Räder und Ausrüstung werden gestellt, und Führer übernehmen die Wartung und kleinere Reparaturen. Die **Führer** kennen die abgelegenen Pfade, die man allein niemals finden würde, leiten einen auf Wege abseits der teils durchaus gefährlichen asphaltierten Straßen und können helfen, die nepalesische Kultur zu verstehen. Längere Touren werden von einem Fahrzeug begleitet, das die schweren Lasten befördert, Ausrüstung für Notfälle an Bord hat und die Teilnehmer auf den viel befahrenen oder weniger interessanten Abschnitten der Strecke befördert.

Die **Kosten** für eine geführte Tagestour betragen durchschnittlich US$35–50 inklusive Leihen des Rads. Bei längeren Touren entstehen pro Tag Kosten von rund US$120, Begleitfahrzeug und Unterkunft eingeschlossen. Im Allgemeinen bekommt man das, wofür man gezahlt hat – und es lohnt sich, genau zu überprüfen, welche Leistungen und Standards im Preis enthalten sind. Viele Veranstalter im Ausland bieten Mountainbiketouren in Nepal an, doch da fast alle ihrer Touren von einer Hand voll Agenturen in Kathmandu organisiert werden, kann man Geld sparen, indem man erst vor Ort bucht. Für Touren mit Begleitfahrzeug benötigen die Agenturen in der Regel mindestens vier Teilnehmer, aber sie können auch kürzere Trips für nur ein oder zwei Personen organisieren. In Pokhara befinden sich einige gute Mountainbike-Läden, die gleichzeitig als Touranbieter fungieren (S. 305).

Individuelle Touren

Wer auf eigene Faust fährt, braucht Pioniergeist und muss bereit sein, Unbequemlichkeiten in Kauf zu nehmen. Man muss sich selbst ums Rad und die Ausrüstung kümmern, Verpflegung und Unterkunft planen und in Kathmandu den Transport aus der Stadt heraus organisieren, um dem nervtötenden Verkehr zu entgehen. Einem unterlaufen sicher Fehler, wenn man selbst nach dem Weg suchen muss. Das kann heißen, dass man mehr Zeit braucht als geplant, sich verfährt und vielleicht umkehren muss, oder man fährt länger auf stärker befahrenen asphaltierten Straßen als auf netten Wegen. Dafür hat man wesentlich mehr Kontakt zu Einheimischen als in einer Gruppe.

In Eigenregie lassen sich am einfachsten die Täler von Kathmandu und Pokhara erkunden, da man in beiden Städten Fahrräder leihen kann. Allerdings wird man die versteckten Pfade auf eigene Faust wahrscheinlich nicht finden, dafür stößt man zweifellos auf andere. Wer **längere Strecken** ohne Begleitfahrzeug zurücklegt, muss die gesamte Ausrüstung selbst transportieren und sicherlich Nächte in einfachen Unterkünften verbringen, in denen kaum Englisch gesprochen wird. Das gilt erst recht für das Vorhaben, durch den gesamten Subkontinent zu radeln – in diesem Fall wird man feststellen, dass in Nepal alles einfacher ist als in Indien: Die Straßen sind leerer, man wird weniger angestarrt und belästigt, und auch das Diebstahlrisiko ist geringer.

Ausrüstung

Da gute (und weniger gute) Räder in Nepal geliehen werden können, ist es vermutlich besser, das eigene Rad zu Hause zu lassen, es sei denn, man plant eine sehr lange Reise. Radlerkleidung und spezielles Zubehör sollte man aber mitnehmen – vor allem, wenn sie auch beim Trekking oder Rafting eingesetzt werden können.

Ein Fahrrad in Nepal kaufen oder mieten

Chinesische und **indische Räder** werden am Straßenrand für Rs100–200 pro Tag vermietet. Oberflächlich betrachtet sind sie in Ordnung, tatsächlich aber schwer und unbequem zu fahren. Die Einzelteile fallen leicht auseinander, gewartet werden sie kaum, und einen Helm bekommt man in der Regel auch nicht. Wer solch ein Fahrrad in relativ neuem Zustand findet, der kann damit einen Tagesausflug oder eine Rundfahrt mit Übernachtung machen, aber für schlechte Straßen eignen sich diese Räder nicht wirklich. Man sollte mit so einem Fahrrad nicht weiter fahren, als man auch wieder damit zurücklaufen könnte.

Für schwierige oder lange Strecken braucht man ein richtiges **Mountainbike**, das man bei spezialisierten Fahrradgeschäften/Veranstaltern in Kathmandu und Pokhara bekommt (aber nirgendwo anders). Ein Helm und die wichtigsten Reparaturwerkzeuge sollten im Leihpreis enthalten sein. Chinesische Bikes mit V-Bremsen kosten etwa Rs500 pro Tag, wer jedoch mehr möchte als nur ein bisschen durch die Gegend zu strampeln, sollte ein Rad aus westlicher Produktion leihen. Die Preisspanne reicht dabei von Rs1000 für ein älteres Rad mit ungefedertem Hinterrad bis zu etwa Rs2000 für ein neueres Rad mit Gabel- und Hinterradfederung. Als Sicherheit ist der Pass oder ein wertvoller Gegenstand zu hinterlegen. In der Regel muss man für Schäden oder ungewöhnlich hohe Abnutzung bezahlen. Da die Auswahl sehr begrenzt ist, sollte man das Rad reservieren, vor allem in der Hauptsaison.

Man ist immer selbst dafür verantwortlich, vor dem Aufbruch alles genau zu prüfen. Sind die Bremsen und Beläge in Ordnung, stimmt die Speichenspannung (sie müssen alle straff sein), haben die Reifen genügend Profil und Luft (aufsitzen und prüfen), ist die Kette richtig gespannt, funktioniert die Gangschaltung reibungslos? Und unbedingt darauf achten, dass das Rad eine Klingel hat – man wird sie sehr oft brauchen.

Besonders gegen Ende der Saison im Herbst oder Frühling bieten Biker vor der Abreise ihre Räder zum **Verkauf** an – die Aushänge in den Mountainbike-Läden in Kathmandu oder Pokhara oder auf deren Websites checken. Als Alternative kauft man sich ein neues Rad und verkauft es dann selbst weiter: Qualitativ hochwertige Räder von Herstellern wie Trek oder Commencal gibt es in Kathmandu und Pokhara zu den auch im Heimatland üblichen Preisen zu kaufen.

Anreise mit dem eigenen Rad

Man sollte sein eigenes Rad nur dann mitnehmen, wenn man die Zeit, die Energie und den Ehrgeiz hat, es ausgiebig zu nutzen. Ansonsten ist es nur ein Klotz am Bein, den man überallhin mitschleppen und sichern muss.

Fluggesellschaften (internationale und nationale) limitieren die Gewichtsgrenze im Allgemeinen auf 25 kg, mit unverschämten Gebühren für Extrakilos – man sollte also bei der Buchung die Kosten und Freimengen checken und leicht packen. Die einschlägigen Mountainbike-Läden in Kathmandu und Pokhara bieten den Wiederzusammenbau und die Wartung mitgebrachter Räder an. Beim Rückflug sollte man darauf achten, keinen Dreck und keine Erde am Rad zu haben, um Probleme beim Zoll zu vermeiden; ein guter einheimischer Veranstalter kann das Rad nach einer Tour waschen, warten und es richtig verpacken. Weiche Radüberzüge sind auch eine Überlegung wert; in jedem Fall muss man die Luft aus den Reifen lassen und die Lenkstange parallel zum Rahmen befestigen. Der nepalesische Zoll (und der chinesische/tibetische, wenn man in diese Richtung fährt) verlangt die Erklärung, dass man das Rad wieder ausführt, aber das ist weder ein Problem noch kostet es Geld. Die Bereitschaft nationaler Fluglinien, ein Fahrrad als normales Gepäckstück mitzunehmen, hängt immer vom verfügbaren Platz ab – also so früh wie möglich einchecken.

Kleidung und Zubehör

Für einfache Tagesausflüge braucht man nicht mehr als einen Helm und eine Wasserflasche, auch wenn begeisterte Radfahrer wahrscheinlich am liebsten ihre eigenen Sättel, Pedalen und Schuhe einpacken würden. Wer in oder in der Umgebung von Kathmandu unterwegs ist, braucht auf jeden Fall eine Atemschutzmaske gegen den Staub und die Abgase. Gute, aber teure gibt's in Warenhäusern; die billigeren Masken filtern nur den gröbsten Staub, jedoch nicht die gefährlichen Partikel.

Kleidung, Schuhe und Handschuhe für Radfahrer sind in Nepal nicht leicht zu bekommen, dasselbe gilt für gute **wasserdichte/windfeste Oberbekleidung**. Enge Lycra-Kleidung wird von vielen Nepalesen als peinlich oder anstößig empfunden, besonders wenn Frauen sie tragen. Am besten zieht man zumindest abseits der beliebtesten Trails um Kathmandu und Pokhara zusätzlich bequeme Shorts über.

Helm und **Wasserflasche** werden von besseren Verleihern gestellt. Wer ein billiges Rad leiht, findet Helme in Kathmandus Kaufhäusern und kann eine eigene Wasserflasche zusammen mit einem Mittel zur Wasserentkeimung (S. 49) mitnehmen. Bessere Fahrradgeschäfte vermieten **Fahrradtaschen** und Gepäckträger. Tagesrucksäcke und Hüfttaschen bekommt man in allen Touristengegenden, Gepäck-Gummibänder in Mopedläden und -werkstätten.

Ein gutes **Schloss** und eine Kette sind unbedingt notwendig, insbesondere wenn man sein schickes Rad von zu Hause mitbringt. Die einheimischen Radgeschäfte verkaufen billige, wenig sichere Schlösser. In der Nacht sollte man das Rad reinbringen. Obwohl Flick- und Reparaturwerkstätten an jeder Ecke zu finden sind, ist es (besonders abseits der gängigen Strecken) ratsam, **Flickzeug**, Schläuche, Luftpumpe und das wichtigste **Werkzeug** dabei zu haben.

Reparaturen und Dienstleistungen

Reparaturwerkstätten findet man ansonsten in jedem Ort und an jeder Kreuzung, aber sie sind vorwiegend auf einheimische Modelle eingestellt. Reifenpannen werden schnell behoben, und auch bei vielen anderen Problemen erweisen sie sich oft als überraschend geschickt. Den Preis sollte man vorher absprechen: Reifenflicken sollte nicht mehr als Rs100 kosten.

Die Tourveranstalter in Kathmandu haben Werkstätten mit ausgebildeten Fahrradmechanikern, allen nötigen Werkzeugen und sogar einem Vorrat an Ersatzteilen. Eine Generalüberholung kostet etwa Rs1000.

Allgemeine Bedingungen fürs Radfahren

Angesichts der unglaublichen Vielfalt des Landes ist es schwer, Bedingungen zu formulieren, die für alle gelten. Im Folgenden sollen Gegebenheiten beschrieben werden, denen man mit ziemlicher Wahrscheinlichkeit begegnet.

Die **städtischen Straßen** in Kathamandu sind in geradezu fürchterlichem Zustand. Wenn einem nicht ein Fahrzeug in die Quere kommt, ist es ein Fußgänger oder ein Schlagloch – oder die gefährliche Luftverschmutzung macht einem zu schaffen. An Kreisverkehren und Kreuzungen kann es geradezu gefährlich sein, anzuhalten und auf eine Lücke zu warten, da nepalesische Fahrer immer weiterfahren und dabei versuchen, in eine Lücke vorzustoßen. Besonders übel ist es abends: Fahren unter Alkoholeinfluss ist normal und die Straßenbeleuchtung sehr lückenhaft – oder bei Stromausfall gänzlich abwesend.

Hauptstraßen

Nepals **Highways** sind an einer Hand abzuzählen. Das bedeutet, dass sich der gesamte Schwerverkehr auf diesen wenigen Straßen staut. Kommen dann noch die mangelnde Rücksicht und Beachtung der Autofahrer gegenüber Radfahrern hinzu, vermeidet man diese befahrenen Straßen am besten ganz. Glücklicherweise beschränken sich die unangenehmen Straßenabschnitte in erster Linie auf die Strecken Kathmandu–Pokhara und Mugling–Birgunj, und außerdem gibt es zunehmend alternative Strecken. Radfahren auf Hauptstraßen ist ohne Staub und Abgase nicht vorstellbar, doch das Verkehrsaufkommen wird spürbar geringer, sobald man sich von Kathmandu entfernt. Der Osten und besonders der äußerste Westteil des Mahendra Highway sind erfreulich ländlich.

Wer ein viel befahrenes Stück oder eine Rückfahrt auf demselben Weg vermeiden will, kann mit dem **Bus** oder **Taxi** fahren. Taxis sind vor allem in Kathmandu praktisch, wo man mit einer kurzen Fahrt die Großstadt hinter sich lassen kann. Und in einem Bergland wie Nepal ist die Alternative verlockend, sich auf einen hohen Pass transportieren zu lassen, um auf der anderen Seite hinunterfahren zu können. Es ist gewöhnlich kein Problem, das Rad auf dem Dach eines öffentlichen Busses mitzunehmen, auch wenn das ein Trinkgeld von Rs50–100 bedeutet, je nach Entfernung und Verhandlungsgeschick. Man muss jedoch aufpassen, dass das Rad flach hingelegt und festgebunden wird (dazu eignen sich Gummibänder gut). Man sollte das Rad polstern (mit seinem Marschgepäck), um den Rahmen und die Schaltung zu schützen, und das Einladen überwachen, damit kein anderes Gepäck obendrauf gelegt wird.

Nebenstraßen und Pfade

In Nepal gibt es überraschend viele befestigte und unbefestigte Nebenstraßen mit meist geringem Verkehrsaufkommen. Auch existieren immer mehr unvollendete oder ausgewaschene Jeeptracks, vor allem in den Bergen südlich von Kathmandu. Mit einer guten Karte, um sie ausfindig zu machen, sind die Möglichkeiten nahezu unbegrenzt.

Obwohl es unzählige Gelände-**Pfade** gibt, sind viele für Mountainbiking nicht geeignet, weil sie zu steil sind, aus Treppen bestehen oder zu stark von Menschen und Tieren genutzt werden. Eine erwähnenswerte Ausnahme bildet der Annapurna Circuit, von dem ein größerer Abschnitt befahrbar ist – es führt jetzt auch eine Straße um den westlichen Teil herum, wodurch die fantastische Möglichkeit geboten wird, mit dem Flugzeug nach Jomosom zu fliegen und dann mit dem Mountainbike durch die Kali Gandaki-Schlucht nach Pokhara runter zu fahren. Manche Biker sind zwar über Trekkingwege bis zum Everest Base Camp gelangt, doch ist das Radfahren in gebirgigen Nationalparks und Schutzgebieten (mit Ausnahme der Annapurna Conservation Area) nicht mehr erlaubt.

Es gibt wundervolle **Routen in abgelegene Gebiete**, doch sind sie ohne Guide nur schwer zu finden. Abseits der gängigen Pfade haben Menschen und Vieh immer Vorfahrt: Bei jeglichen Anzeichen von Besiedelung die Geschwindigkeit drosseln – hier erwartet einen niemand – und sich durch Klingeln bemerkbar machen oder laut „Saikal aiyo!" („Fahrrad kommt!") schreien. Oft muss man absteigen. Auch auf Kinder muss man sorgfältig achten, denn sie klammern sich gern hinten ans Rad, rennen nebenher oder werfen irgendwelche Gegenstände in die Speichen. Besondere Vorsicht ist bei Wasserbüffeln und anderem Vieh geboten, denn die Tiere geraten leicht in Panik und trampeln über die schmalen Pfade davon – oder rennen einen um. Wer ein Tier überfährt, muss dafür aufkommen.

Fußgänger und andere Hindernisse

Der Verkehr in Nepal ist kommunitaristisch und fatalistisch: Jeder versucht, an jedem vorbeizufahren und hofft dabei das Beste. **Hupen** und **Klingeln** sind wesentliche Bestandteile dieses Systems, und sie zu betätigen bedeutet: „Hier bin ich!" Das Ergebnis ist eine Kettenreaktion bei Autos, Bussen, Tempos, Mopeds und Fahrrädern, die alle wie verrückt hupen oder klingeln.

Auf dem Fahrrad befindet man sich am unteren Ende der Hackordnung. Autos und Busse drängen einen von der Straße, Mopeds schießen geradewegs auf einen zu, und Taxis weichen unvermittelt Hindernissen aus, ohne sich groß um den Radfahrer nebenan zu kümmern.

Man bekommt schnell mit, dass es **keine Verkehrsregeln** gibt und dass von einem selbst, wenn man jemanden anfährt, vermutlich Schadensersatz gefordert wird, ob man nun schuld war oder nicht.

Der einzige Segen ist die langsame Geschwindigkeit, mit der sich die meisten Vehikel fortbewegen. Bessere Straßenbeläge verleiten allerdings viele dazu, immer schneller zu fahren, vor allem junge Motorradfahrer.

Dos and Don'ts

Viele der die Umwelt betreffenden „Dos and Don'ts" beim Trekking gelten auch fürs Mountainbiking, besonders beim Campen, S. 396.

Orientierung

Ländliche Gegenden eignen sich am besten fürs Radfahren. Man sollte einige elementare Sätze Nepali (S. 483) lernen, um **nach dem Weg fragen** zu können. Niemals beim Fragen in eine Richtung deuten, denn viele Befragte werden aus purer Höflichkeit zustimmen, auch wenn sie keine Antwort wissen – besser man steckt die Hände in die Hosentaschen und fragt: „Wie komme ich nach ...?" Erst nach mehrmaligem Nachfragen kann man sicher sein, die richtige Antwort zu bekommen.

Auch niemals fragen, wie weit es bis zum Ziel ist, sondern immer, **wie lange** man braucht, um hinzukommen. Die Antwort wird sich auf Wegstunden zu Fuß beziehen, so dass man die genannte Zahl in Radfahrstunden umrechnen muss. Entfernungsangaben auf Landkarten sagen nichts über die Fahrtzeiten aus, dazu gibt es zu viele Gefälle und unterschiedliche Straßenbedingungen.

Routen

Radtouren im Kathmandutal

Kathmandu ist nicht die beste Basis, wenn man diese Region mit dem Rad erkunden möchte. Für Touren gen Süden bietet sich **Patan** als Startpunkt an, womit man dem schlimmsten Verkehr entgeht. Das empfehlenswerte östliche Kathmandutal und die Bergwelt dahinter erkundet man am besten von **Bhaktapur**, **Nagarkot**, **Dhulikhel** oder **Panauti** aus.

Shivapuri-Nationalpark

Parktor 2 km nördlich von Budhanilkantha
▪ ⏲ tgl. 8–16.30 Uhr, Ticketbüro bis etwa 14 Uhr
▪ Eintritt Rs250, Fahrrad US$7; Camper zahlen am Parktor Rs100 pro Zelt

Der Shivapuri-Nationalpark (S. 220), der den nördlichen Rand des Kathmandutals wieder aufforstet, bietet einige erstklassige Möglichkeiten. Das kaum genutzte Netzwerk an Schotterstraßen beginnt direkt beim Budhanilkantha-Eingang. Die Piste zur Linken schlängelt sich etwa 15 km gen Westen, um dann den Park zu verlassen und nach weiteren 2 km am Talrand den idyllischen Ort **Kakani** zu erreichen (auf diesem letzten Abschnitt muss man das Rad ab und zu tragen). Noch schöner ist es, die Tour in umgekehrter Richtung von Kakani nach Budhanilkantha zu machen. Ein kürzerer Radausflug beginnt und endet in Budhanilkantha: Zunächst geht es zum Tokha Hospital und dann auf einer steilen, sandigen Straße bergab.

Die Piste zur Rechten des Budhanilkantha-Eingangs (Richtung Osten) führt am Talrand entlang und dann aus dem Tal hinaus. Unterwegs passiert man das Kloster von Nagi Gompa und erreicht nach rund 20 km bei Jhule den südöstlichsten Punkt des Parks. Von **Jhule** kann man gen Süden nach Nagarkot radeln oder eine anstrengende, mit Steinen gepflasterte Abfahrt zum Talboden bei Sankhu unternehmen – eine Fahrt von 45–60 Minuten. Alternativ dazu fährt man von Jhule weitere 8 km auf der Parkstraße und steuert Chisapani an, ein Dorf auf der Hauptroute des Helambu-Trails. Entlang dieser Strecke gibt es Unterkünfte in Mulkharka, Chisapani, Chuaki Danda und natürlich in Nagarkot (S. 258).

Touren im Nagarjun Ban

Nagarjun Ban (S. 221), ein Anhang des Shivapuri-Nationalpark, bietet die Möglichkeit zum Mountainbiking in der Wildnis unter wunderschönen Baumkronen. Allerdings hat es hier ein paar Überfälle auf Touristen gegeben, so dass es aus Sicherheitsgründen im Allgemeinen verboten ist, alleine zu fahren. Bevor man eine der folgenden Touren durch den Park unternimmt, sollte man sich vor Ort informieren.

Wer den **Südeingang** benutzt, landet automatisch auf einer Piste für Geländewagen, die 18 km bergauf führt und auf den letzten beiden Kilometern bis zum Pass in 2096 m Höhe immer steiler wird. Bis zum **Nordtor** sind es weitere 12 km auf einem weniger erschlossenen Trail.

Ein toller Streckenabschnitt führt von Sitapaila, einem Dorf westlich von Swayambhu, zum **Westeingang**. Der teilweise sehr schmale Weg verläuft hoch über dem Mahesh Khola und garantiert viel Spaß für mittel- bis sehr gute Fahrer. Kurz hinter dem Dorf Baralgaun trifft die Straße von Ichangu Narayan (S. 221), einem Tempel nordwestlich von Swayambhu, auf diesen Weg. Nach Erreichen des Waldschutzgebiets hält man sich links und gelangt auf dieser Route zum Nordtor, an der Hauptstraße nach Kakani.

Ein anderer Weg von oder nach Nagarjun führt über **Tokha**, ein gut erhaltenes Dorf, das über einen bei Gongabu von der Ring Road abzweigenden Pfad erreicht wird. Von Tokha aus kann man auf einer Piste in einem nordnordwestlichen Bogen durch hügeliges Gelände und vorbei an traditionellen Dörfern bis zum Südeingang radeln. Auch wer Nagarjun links liegen lässt, wird einen tollen Tag auf dem Rad verbringen und kann den ganzen Weg nach Osten bis Budhanilkantha fahren (ungefähr 1 1/2 Std. vom Südtor).

Das Lele-Tal

Die Straßen nach Bungmati, Chapagaun und Godavari bieten sich für einige leichte Tagestouren durch das südliche Tal an (S. 231). Eine etwas schwierigere und längere Route führt gen Osten aus **Chapagaun** hinaus, am Bajra Barahi-Tempel vorbei (dieser Weg mündet später in die geteerte Straße nach Godavari) und von dort auf einer kleineren Straße gen Süden über einen

steilen, bewaldeten Bergrücken ins Lele-Tal. Hier kann man aus verschiedenen Wegen wählen, die alle in südlicher Richtung in das wenig besuchte Hügelland führen. Nur wenig südlich von Tika Bhairab (S. 231) steigt eine raue Straße bei Tinpani Bhanjyang auf über 2000 m an, bevor sie über Bhattedanda und Makwanpurgadhi nach Hetauda und ins Terai abfällt. Die Straßenbedingungen sind jedoch sehr unterschiedlich, und es gibt keine Brücke über den Bagmati. Deshalb wird man bei Monsun nicht direkt durchkommen.

Der Lakuri Bhanjyang

Die 30 km lange Verbindungsstraße zwischen Patan und Panauti lädt zu einer tollen Mountainbiketour mittlerer Schwierigkeit ein, die in beide Richtungen unternommen werden kann. Man verlässt **Patan** auf der Straße Richtung Sundhara. Der erste Abschnitt bis **Lubhu**, ein Ziegelei- und Handwerkszentrum 6 km hinter der Ring Road, ist viel befahren und uninteressant, doch die Fahrbahn läuft bald aus, und die Straße steigt als Jeeptrack an, bevor sie in Serpentinen 500 m steil hinauf führt zum **Lakuri Bhanjyang**. An einem klaren Tag ist der Blick auf das Tal und die Berge grandios. Die zweite Hälfte der Fahrt geht es leicht bergab durch das ländlich geprägte Tal des Bebar Khola und verstreute Siedlungen der Tamang, Chhetri und Newar nach **Panauti** (S. 261), wo man die Nacht verbringen kann. Von hier bestehen Verbindungen zu den Radrouten im Gebiet von Dhulikhel und Namobuddha, auf geteerten oder Schotterstraßen.

Die Umgebung von Nagarkot

Rund um Nagarkot (S. 258) bieten sich beinahe grenzenlose Möglichkeiten für Mountainbiketouren. Holprige Straßen und Wege führen in alle Richtungen – Richtung Nordwesten nach Sankhu; Richtung Südwesten nach Changu Narayan; Richtung Süden nach Nala und Banepa; Richtung Osten nach Hiuwapati, Sipaghat und Panchkhal; und Richtung Norden nach Chisapani und zu den Helambu-Pfaden im Norden. Alle diese Routen werden im Abschnitt „Nagarkot" (S. 258) beschrieben. Wegen der vielen Abzweigungen, ein Großteil davon Sackgassen oder tückische Abfahrten, sollte man in dieser Gegend **nicht allein** radeln.

Wer nicht übermäßig viel Kondition hat, wird innerhalb eines Tages vermutlich nur die Anfahrt nach Nagarkot schaffen, wo man zumindest eine Übernachtung einplanen sollte, um den Sonnenaufgang am nächsten Morgen zu genießen.

Für die Erkundung des Himalaya ist das Mountainbike inzwischen eine echte Alternative zum Trekking.

Die meisten Radtourenanbieter betreiben beliebte zweitägige Touren, inklusive Transport, eine Übernachtung und die fantastische Abfahrt zurück ins Kathmandutal auf angenehmeren Nebenstraßen.

Dhulikhel, Namobuddha und Panauti

Dhulikhel – das am besten über die Nebenstraßen im östlichen Tal angefahren werden sollte, um die stark befahrene Straße von Bhaktapur zu vermeiden – ist der traditionelle Startpunkt einer sehr beliebten Rundtour zum buddhistischen Stupa von **Namobuddha** sowie (wahlweise) zur Newar-Siedlung **Panauti** (S. 261). (Panauti ist heutzutage vielleicht sogar der bessere Ausgangspunkt, wenn man die wachsende Verstädterung rund um Dhulikhel betrachtet). Die so genannte Namobuddha-Rundtour, ein mehrstündiges Radvergnügen, wird auf S. 266 beschrieben.

Der Arniko Highway zur tibetischen Grenze

Der Arniko Highway von Kathmandu zur tibetischen Grenze bei Kodari eignet sich für eine abenteuerliche, drei- bis fünftägige Rundtour. Nachdem sich der starke Verkehr bei Dhulikhel auf die Straße in Richtung Süden nach Sindhuli, Bardibas und ins Terai verlagert, wird die Strecke viel ruhiger und besser für Radfahrer – man sollte sich also überlegen, über Nagarkot, Nala oder Lakuri Bhanjyang zu fahren. Von Dhulikhel (S. 262) fällt der Arniko Highway zunächst 600 m ab und steigt dann wieder mehr als 800 m zur Grenze an; eine Karte und eine umfassendere Beschreibung der Route, inklusive vieler Übernachtungsmöglichkeiten, S. 267. Einen faszinierenden Abstecher oder Rundweg stellt die Fahrt bergauf, von der Hauptstraße weg, nach Palanchowk (S. 267) dar, Ausgangspunkt weiterer Radtouren hinunter zum Sun Koshi.

Zur Überquerung der Grenze mit dem Fahrrad nach **Tibet** muss man sich einer organisierten Tour anschließen, S. 462. Einige Veranstalter bieten abenteuerliche Touren von und nach Tibet an, besonders den sogenannten „Longest Downhill", einen elftägigen Rundtrip von Kathmandu, der nach einem Aufenthalt in Lhasa vom Yarle Shungla (Tibet) nach Dolaghat (Nepal) hinunterführt – oder 4380 m über 157 km abfällt.

Trisuli, Kakani und Nuwakot

Die Straße nach Trisuli verlässt das Kathmandutal in nordwestlicher Richtung und verläuft südlich des Gebirgsortes Kakani (S. 270), bevor sie beinahe 1500 m nach Trisuli Bazaar (S. 270) und ins subtropische Tal des Trisuli abfällt.

Kakani bietet sich als Zwischenstation an, da es hier einige Unterkünfte gibt und sich das Bergpanorama am Morgen von seiner schönsten Seite zeigt. Eine schwierige Alternativroute nach Trisuli verläuft gänzlich abseits der Autostraße auf der steilen Nordwestseite des **Shivapuri-Nationalparks** (S. 220) über die Wasserscheide und dann auf holprigen Wegen 30 km durch flacheres oder abfallendes Terrain, um dann am Ende bis hinauf nach **Nuwakot** (S. 271) oberhalb von Trisuli Bazaar wieder 500 Höhenmeter anzusteigen.

Von **Trisuli** erstrecken sich Landstraßen und Pisten kilometerlang in alle Richtungen: nach Osten zur historischen Festung von Nuwakot und darüber hinaus; nach Süden und dann Richtung Osten den Tadi Khola hinauf; nach Westen am schönen Samari Khola entlang Richtung Gorkha (S. 280); und nach Norden, hoch zu den Trekkingrouten von Langtang (S. 431).

Der Tribhuvan Rajpath

Der spektakuläre und wenig befahrene Tribhuvan Rajpath schraubt sich von Kathmandu über 1700 m durch den Mahabharat Lek zu einem bewaldeten Pass hinauf, bevor er satte 2300 m ins Terai abfällt. Eine Karte und detaillierte Beschreibung dieser Gegend finden sich im Kapitel „Das zentrale Bergland" ab S. 272.

Ein klassischer zwei- oder mehrtägiger Rundtrip führt von Kathmandu nach **Daman** (S. 272), einem Bergdorf etwas unterhalb des Sim Bhanjyang-Passes. Die Fahrt dorthin auf dem Rajpath dauert den ganzen Tag lang (6–9 Std.) und führt fast nur bergauf. Man kann ein Fahrzeug nach Daman mieten und anschließend mit dem Fahrrad hinunterrollen (einheimische Radreise-Veranstalter organisieren die Anfahrt). Keinen Spaß machen selbst für erfahrene Radler die ersten 26 km voller schleichender Lastwagen auf ölverschmierter Fahrbahn – diese Strecke legt man am besten im Bus zurück und beginnt die Tour in **Naubise**, wo der Rajpath den Prithvi Highway von Kathmandu nach Pokhara verlässt. Nach einer Übernachtung in Daman kann man über Markhu, das Kulekhani Reservoir und **Pharping** zurückkehren.

Dakshinkali, Pharping und das Kulekhani Reservoir

Die befestigte Dakshinkali-Straße reiht einige faszinierende kulturelle Sehenswürdigkeiten aneinander (S. 229), und obwohl die Strecke von Dakshinkali aus größtenteils bergauf führt, steigt die Straße zumindest stufenweise an. Die Rückfahrt ist dann natürlich eine schöne Abfahrt. Auf einer der zwei Straßen (s. Kasten unten rechts) kann man sich auch noch weiter weg wagen – theoretisch bis ins Terai. Die Hauptstrecke, die mittlerweile fast ganzjährig von Jeeps befahren wird, führt vom Dakshinkali-Tor in Richtung Süden nach Hetauda – alles in allem 60 km von Kathmandu.

Die etwas längere und schlechtere Straße eignet sich besser für Radfahrer. Sie führt grob Richtung Westen und von **Pharping** (S. 226) bergauf zum Staudamm des **Kulekhani Reservoir**. Von hier führt eine Straße am Ostufer des Sees entlang Richtung Norden nach **Markhu** (1600 m), einem kleinen, neu errichteten Dorf (mit Lodges) am Nordrand des Stausees. Von Markhu geht es auf einer rauen Straße Richtung Nordosten nach **Thankot** am Prithvi Highway; eine längere, aber ebenere Route führt auf einer guten Straße im Schatten von Kiefern 13 km in nordwestliche Richtung und trifft 15 km nördlich von **Daman** (S. 272) auf den Tribhuvan Rajpath. Man kann vom Stausee aus auch einen 1920 m hohen Pass im Mahabharat Lek-Gebirge bezwingen, bevor es steil hinunter in ein Tal geht, in die historische, aber mittlerweile angenehm am Rande liegende Stadt **Bhimphedi** (hier gibt es weitere Unterkünfte); von Bhimphedi führt eine geteerte Straße abwärts und trifft bei **Bhainse**, etwa 8 km nördlich von Hetauda, im Terai, auf den Tribhuvan Rajpath.

Radtouren um Pokhara

Der Abschnitt zum Pokharatal (S. 311) informiert ausführlicher über die Straßen und Zielorte in diesem Gebiet. Im Folgenden werden einige empfehlenswerte Ausflüge vorgestellt, jedoch benötigt man für diese Geduld, Informationen von Einheimischen und gute Fertigkeiten im Kartenlesen – am besten nimmt man sich einen Guide. Wer eine Radtour **von Kathmandu nach Pokhara** plant: Der Prithvi Highway ist wegen der vielen hier verkehrenden Lkws und Microbusse nicht zu empfehlen; am besten lädt man sein Rad auf das Dach eines Busses oder plant eine anspruchsvolle mehrtägige Tour (mindestens fünf Tage) über **Trisuli Bazaar** (S. 270), Dhading, Gorkha und das Marsyangdi-Tal.

Schleifen um den Phewa Tal

Eine kürzere Tagesrundtour um den **Phewa Tal** (S. 288) ist problemlos möglich, zunächst am Nordufer entlang und dann zurück über Danda Kot und den Weltfriedensstupa – das letzte Stück führt auf Pfaden bergab durch den Wald bis unmittelbar westlich von Damside. Die meisten Radler brauchen für diese Schleife rund fünf Stunden. Eine abenteuerlichere und etwas längere Route führt über den Berghang unterhalb von Sarangkot – allerdings braucht man einen Führer, um unter all den Allradwegen und Pfaden den richtigen Weg zu finden. Die längere Alternative verliefe über den Sarangkot-Kamm. Wer eine echte Tagestour unternehmen

Radfahren im Terai

Von Hetauda, Kathmandus Tor ins Terai, ist es eine halbtägige Fahrt in Richtung Westen am befahrenen Mahendra Highway entlang zum **Chitwan-Nationalpark** (S. 335), wo es viele flache Dorfpfade gibt, die man mit dem Rad erkunden kann. Will man weiter nach Pokhara, muss man über Narayangadh und den Prithvi (Kathmandu–Pokhara) Highway fahren – dieser ist morgens erschreckend voll, aber trotzdem wunderschön, vor allem zwischen Mugling und Pokhara. Alternativ packt man sein Rad einfach auf einen Bus. Der Mahendra Highway führt in östliche Richtung aus Hetauda heraus und ist manchmal ländlich-interessant, manchmal eher städtisch und immer flach. Rund um **Janakpur** (S. 376) gibt es ein gutes Netzwerk an reizenden ländlichen Pfaden.

möchte, kann die Schleife südlich des Weltfriedensstupa den **Seti Nadi** (S. 294) hinunter verlängern.

Sarangkot und weiter

Der **Aussichtspunkt Sarangkot** (S. 312) ist ein schönes Ziel für einen mittelschweren ein- oder zweitägigen Trip, der auch leicht ohne Guide unternommen werden kann. Vom Bindyabasini Mandir in Pokhara Bazaar folgt man der asphaltierten Straße etwa 8 km nach Westen bis zur Stadt Sarangkot und den Lodges, wo sich eine Kreuzung befindet: Der Aussichtspunkt auf dem Berg liegt weitere 3 km auf der rechten Seite, die linke Abzweigung führt Richtung **Naudaada**.

Auf den ersten 10 km ist die Straße nach Naudaada sehr angenehm und schlängelt sich an der Südseite des Bergrückens entlang durch Wald, terrassierte Felder und Dörfer. Von Naudaada kann man dann über den verkehrsreichen Baglung Highway nach Pokhara zurückkehren. Eine kürzere, aber anstrengendere Alternative zweigt am Deurali-Sattel von der Straße nach Naudaada ab und führt auf Pfaden über Kaskiot steil hinunter nach Pame, ein paar Kilometer westlich von Pokhara am Seeufer entlang.

Begnas Tal und Rupa Tal

Eine gute, nur zu Beginn asphaltierte Straße folgt einem Bergrücken zwischen zwei herrlichen Seen, dem Rupa Tal und dem Begnas Tal (S. 316), und dann westwärts bis Besisahar. In dieser Region wird derzeit ein Wegenetz ausgebaut, das Möglichkeiten für mehrere Radeltage bietet – am besten in den Fahrradläden von Pokhara nachfragen.

Eine recht anspruchsvolle, längere Tagesroute, auf der man das Rad hin und wieder tragen muss, ist die sogenannte **Begnas Loop**: Diese Schleife führt vom Bhadrakali Mandir in den Osten Pokharas und auf der Kammstraße vorbei am Tiger Mountain Resort nach Kalikasthan und Tiwaridanda; von hier geht es auf einer holperigen Straße bergab Richtung Süden nach Kotbari und Sundari Danda (S. 317), dann zurück auf der teils befestigten Straße zwischen dem Begnas und dem Rupa Tal.

Vom Begnas Tal Richtung Osten führt eine 40 km lange, raue Straße durch Bhorletar und Sundaari Bazaar auf dem Weg zur geteerten Straße bei Besisahar (drei Tage); von hier könnte man auf der neuen Straße hinauf bis ins **Marsyangdi-Tal** (die östliche Seite des Annapurna Circuit) fahren oder zurück nach Pokhara (mit einem Abstecher nach Bandipur) radeln.

Die Annapurna-Umrundung

Nur wirkliche Mountainbike-Freaks gehen die vollständige Annapurna-Umrundung an und schleppen ihr Bike dabei über den hohen Thorung La. Einige Veranstalter bieten die Möglichkeit, per Flugzeug, Bus und Maultier zur Passhöhe zu gelangen und dann die unglaubliche Abfahrt zu erleben, jedoch ist das sehr teuer. Wenn auch die komplette Umrundung für die meisten Leute zu anspruchsvoll ist, so gibt es doch immer mehr Möglichkeiten, auf einer der beiden Weghälften nach oben zu gelangen und vom Pass auf demselben Weg wieder zurückzukehren. Beliebter ist hierfür die **Ostseite**. Schöne Straßen führen nach **Besisahar** (S. 421), von wo man nun das gesamte Marsyangdi-Tal bis nach Manang radeln kann – jedoch muss man sein Rad eventuell ein Viertel der Strecke tragen. Die Fahrt von Pokhara nach Manang dauert in der Regel sieben bis zehn Tage. Der **Westteil** der Umrundung ist zunächst weniger abwechslungsreich, jedoch gibt es dank neuer Straßen bald die Möglichkeit, den Weg von Birethanti nach Tatopani über Ghorepani abzukürzen. Derzeit sind es jedoch noch 90 km von Pokhara nach Beni, und von dort geht es auf der zumeist unbefestigten Straße am Kali Gandaki entlang 80 km gnadenlos hinauf nach Jomosom. Oberhalb von Jomosom führen staubige und recht flache Straßen nach Muktinath, und wer eine Sondergenehmigung hat, gelangt sogar nach Upper Mustang.

Für die Annapurna-Umrundung benötigt man keine speziellen Rad-**Permits**; wer jedoch die Annapurna Conservation Area (ACAP) betritt, braucht genau wie die Trekker eine TIMS-Karte und eine Eintrittskarte für das Schutzgebiet (S. 406).

Der Seti Nadi

Ungeteerte Straßen führen flussabwärts am wilden Seti Nadi entlang, mit dramatischen Ausblicken auf den Canyon und die Berge. Die Straße auf der Südseite der Schlucht erstreckt sich über viele einfache, bergab führende Kilometer und führt zu einigen einsamen Pfaden weiter südöstlich. Eine gute Rundtour von Pokhara führt von der Hauptstraße nach Chhorepatan (S. 296) Richtung Süden bis kurz vor Kristi Nachana Chaur, um dann Richtung Osten nach Nirmal Pokhari abzubiegen; von hier geht es hinunter zum Seti und bei Dobila unterhalb des riesigen Fulbari Resort über den Fluss – von hier fährt man dann vergleichsweise gemächlich am Seti entlang Richtung Lakeside.

Ins Terai: Chitwan, Lumbini und der Mahendra Highway

Die einfachste Route ins Terai führt auf dem Prithvi Highway nach Mugling und dann südwärts nach Narayangadh, das nur einen Katzensprung vom **Chitwan-Nationalpark** entfernt liegt. Hier herrscht reger Verkehr, aber es geht meist bergab, so dass die Strecke innerhalb von einem Tag zu schaffen ist.

Eine abenteuerlichere und anstrengendere Route folgt dem gewundenen und landschaftlich schönen Siddhartha Highway gen Süden über **Tansen** (S. 318) nach Butwal. Diese Alternative erfordert einige lange Strecken im Sattel und mehrere Übernachtungen unterwegs. Von Tansen nach Butwal wartet schließlich eine schnelle, bergab führende Etappe, und von Butwal sind es einige leichte Stunden durch flaches Terrain zu Buddhas Geburtsort **Lumbini** (S. 350).

Eine noch abenteuerlichere Route führt von Pokhara Richtung Westen nach Baglung und von dort auf der tollen Serpentinenstraße **Tamghas Highway** nach Süden – um dann über **Ridi Bazaar** (S. 323) Richtung Südosten nach Tansen zu fahren (von Tamghas über Ridi nach Tansen sind es 80 km) oder von Tamghas weiter Richtung Südwesten über Sandhikarka 90 km auf unbefestigten Straßen bis zum Mahendra Highway bei Gorusinge zu radeln, 48 km westlich von Butwal (und rund 10 km nördlich der buddhistischen Ausgrabungsstätte Kapilvastu).

Westlich von Butwal führt der **Mahendra Highway** durch ein wunderschönes *dun*-Tal in den relativ unterentwickelten Westen, wobei der Verkehr weniger wird, je weiter man fährt.

Anhang

Bücher

Viele der folgenden Bücher sind wesentlich leichter in Nepal als in Europa zu bekommen, manche sogar nur in Nepal. Bei Büchern, die in Nepal oder Indien erschienen sind, ist der Verlag angegeben. Titel mit dem Loose-Koffer sind besonders lesenswert.

Reiseberichte

Barbara Crossette *So Close to Heaven.* Überblick über die „verschwindenden buddhistischen Königreiche des Himalaya", mit einem Kapitel über Nepals Tibeter, Bhotiya und Newar.

Alexandra David-Neel *Im Schatten des Himalaya – Zauber und Wunder in Nepal.* Das einzige Nepal-Buch der bekannten Tibetforscherin, die als Buddhistin nicht nur oberflächliche Eindrücke schildert und auch in diesem Werk beweist, dass sie die Kunst des Erzählens beherrscht.

Harka Gurung *Vignettes of Nepal* (Sajha Prakashan, Nepal). Lebendiger Reisebericht mit den Einblicken eines Einheimischen – eines der besten englischsprachigen Bücher eines Nepalesen über sein Land.

Toni Hagen und Deepak Thapa *Nepal. Königreich am Himalaya.* Kaum ein Mensch hat so viel von Nepal gesehen wie Toni Hagen, der in den 50er-Jahren buchstäblich jede Ecke des Landes bereiste. Sein Buch, das erstmals 1961 erschien, war bahnbrechend.

Winfried Lühr-Tanck *Nepal: Allein zwischen Himmel und Erde.* Der Autor bereist das Land per Rad auch abseits der ausgetretenen Pfade und fokussiert sich auf die Beschreibung zwischenmenschlicher Begegnungen.

Peter Matthiessen *Auf der Spur des Schneeleoparden.* Matthiessen begleitet den Biologen George Schaller bei einer Reise nach Dolpo, um eine der seltensten Katzen der Welt aufzuspüren, und kehrt mit typischen Zen-Ansichten zurück. Ein großartiger Bericht mit wunderschönen Landschaftsbeschreibungen.

Dervla Murphy *Unterwegs nach Katmandu.* Persönlicher Bericht über die Arbeit mit Pokharas tibetischen Flüchtlingen im Jahre 1965, geschrieben in unterhaltsamem und politisch sachverständigem Stil.

Michel Peissel *Das verbotene Königreich im Himalaya.* Abenteuerliche Expedition in eine mystische Hochkultur zwischen Nepal und Tibet; der Autor erhielt 1964 als einer der ersten Ausländer die Genehmigung, das Königreich Mustang zu besuchen.

Charlie Pye-Smith *Travels in Nepal* (vergriffen). Ein seltsamer, aber erstaunlich gelungener Mix aus Reisebericht und Darstellung von Entwicklungshilfeprojekten; Fakten und Analysen ohne die üblichen Allgemeinplätze.

Barbara J. Scot *The Violet Shyness of Their Eyes: Notes from Nepal.* Ausgewogene Aufzeichnungen zwischen Beobachtung und Selbstbetrachtung von einer Amerikanerin, die es ins nepalesische Bergland verschlagen hat.

Bettina Selby *Himalaya. Mit dem Fahrrad durch Nepal, Kaschmir und Sikkim.* Abenteuerbericht einer Frau, die von Pakistan bis Kathmandu 8000 km auf dem Fahrrad zurücklegte.

Dietlinde Warth *Der lange Abschied – 2000 Kilometer zu Fuß durch Nepal.* Die Durchquerung des Landes von der Ost- bis zur Westgrenze in 111 Tagen; faszinierende Eindrücke und Erlebnisse in der Einsamkeit der Berge und Wissenswertes über den Alltag der Frauen und Männer in Nepals Dörfern. Die Autorin war zusammen mit ihrem Ehemann neun Jahre in Nepal als Entwicklungshelferin tätig; schöne Fotos.

Eric Valli und Diane Summers *Aufbruch am Ende der Welt: die abenteuerliche Reise der Salzkarawanen im Himalaya* (vergriffen). Faszinierende Schilderung einer Reise auf der alten Handelsroute von Nepal nach Tibet – ideal zum Träumen im Lesesessel daheim. Sehr erfolgreich war auch *Honigjäger in Nepal* vom selben Autorenduo.

Bildbände

Peter-Mathias Gaede *Geo Special Himalaya.* Gute Reportagen zu historischen, gesellschaftlichen und kulturellen Themen.

Dieter Glogowski *Nepal. Wo Shiva auf Buddha trifft.* Der berühmte Reisefotograf hat neben schönen Landschaftsmotiven auch

ANHANG

die religiöse Vielfalt des Landes eindrucksvoll eingefangen.

Dieter Glogowski *Himalaya. Das Geheimnis der goldenen Tara.* Ein gelungener Mix aus Fotos und Abenteuerbericht über die jahrelange Suche nach der Statue einer buddhistischen Gottheit.

Edwin Schmitt *Nepal.* Das umfangreiche Werk bietet neben tollen Bildern auch interessante Infos zur Landeskunde und zu Trekkingtouren.

Stephen Venables *Everest. Die Geschichte seiner Erkundung.* Seltenes Bildmaterial aus dem Archiv der Royal Geographic Society und spannende Artikel über die Vermessung und Erstbesteigung des Mount Everest, weitere Gipfel-Expeditionen bis 2002 und den religiösen Kosmos der Bergbewohner.

Kultur und Völkerkunde

Jon Burbank *Culture Shock! Nepal* (vergriffen). Wertvolle Einblicke für Touristen in soziale Verhaltensweisen, Religion, Kasten und kulturelle Verflechtungen in Nepal.

Broughton Coburn *Nepali Aama: Life Lessons of a Himalayan Woman* (Adarsh Books, Indien). Schöne Studie über eine alte Gurung-Frau aus einem Dorf südlich von Pokhara, die selbst zu Wort kommt; mit Fotos. Von Broughton Coburn ist auf Deutsch erschienen *Aama: eine Pilgerreise in den Westen* (1998) – darüber, wie er die 84-jährige Nepalesin mit in die USA genommen hat und was sie so zu der dortigen Lebensweise meinte.

Monica Connell *Der Duft von Wacholder.* Schöne Darstellung der *matavaali* (Alkohol trinkenden) Chhetri des Distrikts Jumla mit gelungener Beschreibung des nepalesischen Dorflebens.

Hugh R. Downs *Rhythms of a Himalayan Village* (Book Faith India). Äußerst gelungene Synthese aus Schwarz-Weiß-Fotos, Texten und Zitaten, die von Ritualen und Glaubensvorstellungen eines Solu-Dorfes erzählen.

Milda Drüke *Rot: Menschen in Kathmandu.* Während eines fünfmonatigen Aufenthalts blickt die Autorin hinter die Kulissen und nimmt teil am Leben einer Familie, das ebenso wie die ganze Hauptstadt von den Gegensätzen zwischen Tradition und Moderne geprägt ist.

William P. Forbes *The Glory of Nepal: A Mythological Guidebook to the Kathmandu Valley* (Pilgrims, Nepal). Lebendige Nacherzählung der Mythen des *Nepal Mahatmya* und anderer mittelalterlicher Texte, die mit den heutigen Orten in Zusammenhang gebracht wird.

Jim Goodman *Guide to Enjoying Nepalese Festivals* (Pilgrims, Nepal). Beantwortet alle Fragen nach dem Wie und Warum über die Feste des Kathmandutals; informationsreich, aber nicht sehr benutzerfreundlich.

Alice Grünfelder (Hrsg.) *Reise in den Himalaya. Geschichten fürs Handgepäck.* Autoren aus Nepal und anderen Himalaya-Staaten berichten in unterhaltsamen Kurzgeschichten von der spirituellen und politischen Alltagskultur und den Mythen und Legenden ihrer Länder.

Gerhard Haase-Hindenberg *Göttin auf Zeit. Amitas Kindheit als Kumari in Kathmandu.* Spannende, auf Interviews basierende Einblicke in das außergewöhnliche Leben einer „Mädchengöttin", die ihre Kindheit abgeschottet hinter Klostermauern verbrachte und dann in ein normales Teenagerleben zurückfinden muss. Auch das Massaker im Königspalast spielt im Buch eine wichtige Rolle.

Eva Kipp *Bending Bamboo, Changing Winds: Nepali Women Tell Their Life Stories* (Book Faith India). Ausdrucksstarke mündliche Berichte und Fotografien von Frauen aus ganz Nepal, die nicht nur die verblüffende kulturelle Vielfalt des Landes enthüllen, sondern auch von den allgemeinen Sorgen der nepalesischen Frauen erzählen.

Robert I. Levy und Kedar Raj Rajopadhyaya *Mesocosm: Hinduism and the Organization of a Traditional Newar City in Nepal.* Ziemlich akademisch-anthropologische Abhandlung über Bhaktapur, aber die Grundthese, dass die Bewohner der Stadt gemeinsam eine Art gut geölte kulturelle und spirituelle Maschinerie in Gang halten, ist schon faszinierend.

Rashmila Shakya und Scott Berry *From Goddess to Mortal* (Vajra, Nepal). Interessante Einblicke in das Leben einer Kumari, von der Ex-Göttin persönlich erzählt.

Mary Slusser *Nepal Mandala: A Cultural Study of the Kathmandu Valley* (vergriffen). Opulentes zweibändiges Werk – *die* Studie zur newarischen Kultur und Religion.

David L. Snellgrove *Himalayan Pilgrimage* (vergriffen). Klassischer Reisebericht und ethnologische Beschreibung eines Aufenthalts in Nepals Nordwesten in den 1950er-Jahren.

Sympathie-Magazin *Nepal verstehen.* Einheimische und deutsche Landeskenner geben anhand von Alltagsgeschichten einen guten Einblick in die Gesellschaft und Kultur eines Landes im Umbruch.

Geschichte und Politik

Thomas Benedikter *Krieg im Himalaya. Hintergründe des Maoistenaufstandes in Nepal. Eine politische Landeskunde.* Studie des Südtiroler Wirtschaftswissenschaftlers und Menschenrechtsaktivisten über den Kampf der nepalesischen Maoisten.

Dor Bahadur Bista *Fatalism and Development* (Orient Longman, Indien). Der bekannteste Anthropologe des Landes liefert hier eine umstrittene Analyse der kulturellen Faktoren, die Nepals Entwicklung im Wege stehen.

Wolf Donner *Lebensraum Nepal, eine Entwicklungsgeographie. Das* landeskundliche Standardwerk.

Jonathan Gregson *Blood Against the Snows.* Teils recht reißerisch aufgemachte Schilderung des Massakers an der Königsfamilie, eingeleitet durch trockenere Rückblicke auf die Geschichte der nepalesischen Monarchie.

Michael Hutt *Himalayan People's War: Nepal's Maoist Rebellion.* Seit seiner Veröffentlichung 2004 natürlich schon wieder ziemlich überholt, aber immer noch eine der detailliertesten akademischen Analysen der Ursprünge und Anfangsjahre des maoistischen Aufstands.

Percival Landon *Nepal* (Ratna Pustak Bhandar, Nepal). Das Werk war zum Zeitpunkt seines Erscheinens (1928) die umfangreichste Studie über das Land und gilt noch heute als Klassiker – doch da es im Auftrag eines Maharadschas verfasst wurde, ist es politisch gefärbt (in englischer Sprache).

John Parker *The Gurkhas.* Eines von vielen Büchern über Nepals Gurkha-Soldaten.

Michel Peissel *Tiger for Breakfast* (Time Books International, Indien). Diese Biografie von Boris Lissanevitch, dem russischen Emigranten, der Kathmandus erstes Touristenhotel führte, eröffnet faszinierende Einblicke in das Nepal der 50er-Jahre.

Anirban Roy *Prachanda, The Unknown Revolutionary* (Pilgrims, Nepal). Journalistische Lebensbeschreibung des Maoistenführers.

Manjushree Thapa *Forget Kathmandu: An Elegy for Democracy* (Penguin India). Das kurz vor dem Coup von 2005 veröffentlichte pointierte Buch beschreibt die frühen Jahre des Aufstands der Maoisten vor dem Hintergrund der nepalesischen Geschichte. Thapa ist Schriftstellerin und nutzt auch persönliche Erinnerungen und Reisebeobachtungen von einer Fahrt ins Kernland der Maoisten, um die politischen Zusammenhänge zu veranschaulichen.

Ludmilla Tüting und Kunda Dixit (Hrsg.) *Bikas-Binas, Development-Destruction* (Ratna Pustak Bhandar, Nepal). Nicht mehr taufrische, aber klassische Artikelsammlung über die Bandbreite der Zwickmühlen, die aus Entwicklung, Umweltausbeutung und Tourismus entstehen.

John Whelpton *A History of Nepal.* Die derzeit beste und aktuellste Gesamtdarstellung der nepalesischen Geschichte (2005).

Religion

Kevin Bubriski und Keith Dowman *Power Places of Kathmandu.* Gemeinschaftswerk zweier Koryphäen über die heiligen Stätten des Hinduismus und Buddhismus. Prächtige Farbfotos und wohlrecherchierter Text.

James McConnachie *The Book of Love: In Search of the Kamasutra.* Analysiert die Rolle der Sexualität im Hinduismus unter Einbeziehung des Tantrismus und beschreibt, wie diese Vorstellungen im Westen Verbreitung fanden. Von einem Mitautor des vorliegenden Reiseführers.

Georg Feuerstein *Tantra: The Art of Ecstasy.* Scharfsichtige und gut lesbare Einführung in den Tantrismus, die mit den gängigen Mythen vom „tantrischen Sex" aufräumt und

Einblicke in eine alternative spirituelle Strömung des Subkontinents eröffnet.

Helmuth von Glasenapp *Die fünf Weltreligionen.* Hinduismus, Buddhismus, Chinesischer Universismus, Christentum, Islam.

Axel Michaels *Der Hinduismus: Geschichte und Gegenwart.* Der gewichtige Wälzer gehört immer noch zu den informativsten Büchern über den Hinduismus. Der Nepalspezialist konzentriert sich dabei mehr auf die Lebenspraxis der Gläubigen als auf Schriften und Mythologie.

Stan Royal Mumford *Himalayan Dialogue: Tibetan Lamas and Gurung Shamans in Nepal.* Beschreibung der Mythen und Rituale in einem Dorf am Pfad der Annapurna-Umrundung – faszinierend, wenn man sich mit dem ethnologischen Jargon etwas vertraut gemacht hat.

Claudia Müller-Ebeling, Christian Rätsch und Surendra Shahi *Shamanismus und Tantra in Nepal: Heilmethoden, Thankas und Rituale aus dem Himalaya.* Eindrucksvolles Werk auf der Basis langjähriger Feldstudien vor Ort und hervorragender Fotos – allerdings krankt das Ganze etwas an der mangelnden wissenschaftlichen Distanz zum Forschungsgegenstand.

Michael Oppitz *Schamanen im Blinden Land – Ein Bilderbuch aus dem Himalaya.* Eine Bilderfolge von 120 Schwarz-Weiß-Fotos über die Ausübung des Schamanismus bei den Nördlichen Magar im westlichen Zentral-Himalaya, entstanden im Zusammenhang mit einem gleichnamigen Dokumentarfilm von vier Stunden Länge.

John Powers *Introduction to Tibetan Buddhism.* Eine gründliche Einführung für Neulinge.

Biren Roy (Übersetzer) *Mahabharata.* Wie das *Ramayana* wurde auch dieses große Epos (hier in verdichteter Prosa) für die meisten Hindus zur Quelle ihrer religiösen Lehren, aus der sie bis heute ihre sozialen und sittlichen Gesetze ableiten.

Eckard Schleberger *Die indische Götterwelt – Gestalt, Ausdruck und Sinnbild.* Ein Handbuch der hinduistischen Ikonographie; ein Standardwerk über die hochentwickelte Bilder- und Symbolsprache des Hinduismus; mit zahlreichen Abbildungen.

Claudia Schmölders (Übersetzerin) *Das Ramayana des Valmiki.* Eine verdichtete Version in Prosa des klassischen Vers-Epos.

Hans Wolfgang Schumann *Buddhistische Bilderwelt.* Ein ikonographisches Handbuch des Mahayana- und Tantrayana-Buddhismus; ein Standardwerk über die Gestalten, die in der geistigen Welt Nordindiens, Nepals und Tibets verehrt werden; mit zahlreichen Abbildungen.

Rüdiger Siebert *Unterwegs mit Buddha. Eine Spurensuche in Indien und Nepal.* Ein Asienkenner folgt an heiligen Stätten Buddhas Spuren.

Robert A. F. Thurman *Essential Tibetan Buddhism.* Verknüpft die klassischen Texte mit modernen Kommentaren. Nichts für Anfänger.

Heinrich Zimmer *Philosophie und Religion Indiens.* Das Standardwerk des bedeutendsten deutschen Indologen gibt einen vollständigen Überblick über die wichtigsten Religionen und Denkgebäude des Subkontinents.

Kunst und Architektur

Lydia Aran *The Art of Nepal* (Sahayogi, Nepal). Guter Überblick über die nepalesische Religion sowie über Stein-, Metall- und Holzskulpturen sowie Thangka-Malereien.

Lain S. Bangdel *2500 Jahre Nepalesische Kunst.* Vermittelt ein umfassendes Bild von allen Formen der nepalesischen Kunst, wobei der Schwerpunkt auf dem 6.–17. Jahrhundert liegt.

Gilles Beguin und Suzanne Held *Nepal.* Stellt Hauptwerke nepalesischer Kunst mit Schwerpunkt auf der newarischen Kultur im Kathmandutal vor.

Hannelore Gabriel *Jewelry of Nepal* (vergriffen). Sorgfältige Katalogisierung des traditionellen Hochland-Schmucks (die anderen Regionen finden hingegen weniger Berücksichtigung). Umfangreich bebildert. Die Autorin ist selbst Goldschmiedin.

Michael Hutt *Nepal: A Guide to the Art and Architecture of the Kathmandu Valley* (vergriffen). Von einem der führenden Experten geschriebene Darstellung von Bauformen und Bauwerken im Kathmandutal.

Jnan Bahadur Sakya *A Short Description of Gods, Goddesses and Ritual Objects of Buddhism and Hinduism in Nepal* (Handicraft Association of Nepal). Die ausgesprochen informative und billige Broschüre ist in Nepal vielerorts erhältlich.

Madanjeet Singh *Himalayan Art.* Etwas veraltet – ein Nachdruck des Originals von 1968 –, aber immer noch lehrreich und faszinierend und mit einem Schwerpunkt auf Wandgemälden und Skulpturen.

Giuseppe Tucci *Rati Lila.* Studie über die erotischen Darstellungen in der nepalesischen Kunst. Sehr schöner, großformatiger Band mit zahlreichen farbigen Abbildungen.

Ulrich Wiesner *Nepal. Kunst-Reiseführer.* Umfassende Informationen zu Architektur und Kulturdenkmälern mit Grundrissen und Baubeschreibungen.

Belletristik

Steffanie Burow *Im Tal des Schneeleoparden.* Der Genre-Mix aus geheimnisvoller Abenteuergeschichte, Hippie-Zeitreise, Reiseroman und Selbstfindungstrip einer jungen Frau enthält schöne Landschafts- und authentische Alltagsbeschreibungen.

Laxmi Prasad Devkota *Muna Madan* (Nirala, Nepal). Das berühmteste Werk von einem der beliebtesten Poeten Nepals schildert die tragische, an Shakespeare erinnernde Geschichte eines jungen newarischen Händlers, der seine junge Frau verlässt, um nach Lhasa zu reisen (in englischer Sprache).

Michael Hutt (Hrsg.) *Himalayan Voices: An Introduction to Modern Nepali Literature* (Indian Book Company, Indien). Ausgezeichneter Überblick über Nepals Dichtkunst und Prosa, mit Anmerkungen.

Pál Nagyiván *Am Pipalbaum werden wir uns wiedersehen.* Anhand von sechs lebendigen und detailreichen Erzählungen über Begegnungen zwischen Einheimischen und Ausländern lässt der Autor Tradition und Moderne und die damit verbundenen verschiedenen Lebensmodelle aufeinanderprallen. In *Nepals blutige Taube* zeichnet Nagyiván anhand des Lebens eines Dorfjungen die politischen Kämpfe und Umbrüche des Landes in den letzten Jahren nach und lässt viel landeskundliches Wissen einfließen.

Greta Rana *Im Schatten des Heiligen Baumes.* Roman der Lebensgeschichte einer Ärztin, die aus einer Sherpa-Familie stammt.

Manjushree Thapa *Geheime Wahlen: ein Roman aus Nepal.* Angespannte Wahlkampfatmosphäre in einer Ortschaft zwischen Kathmandu und Pokhara. Eine äußerst lebendige Schilderung der Politik, der Gesellschaftssitten, der Alkoholprobleme und einer urtypisch nepalesischen Auseinandersetzung mit dem, was als „Schicksal" aufgefasst wird. Ein neuerer Roman der Autorin, *Seasons of Flight*, folgt einer jungen Nepalesin auf ihrem Weg durch die nepalesische Diaspora im Zeitalter der Globalisierung.

Samrat Upadhyay *Arresting God in Kathmandu.* Viel gelobte Geschichtensammlung aus der Feder eines in den USA lebenden Nepalesen, die sich mit typischen introspektiven nepalesischen Themen befasst – Eifersucht, Selbstzweifeln, Wünschen und Begierden, Familienspannungen. Upadhyays Debütroman *Der Liebesguru* erzählt die Geschichte familiärer Irrungen und Wirrungen vor dem politisch bewegten Hintergrund Kathmandus in den späten 1990er-Jahren.

Narayan Wagle *Palpasi Café* (Nepa-laya, Nepal). Vielleicht der wichtigste Roman über die Zeit des maoistischen Aufstands, geschrieben von einem führenden Journalisten in einem jugendlichen, Murakami-ähnlichen Stil. Erzählt wird die Geschichte einer zum Scheitern verurteilten Liebe zwischen einem ruhelosen Künstler und einer nepalesisch-amerikanischen jungen Frau vor dem Hintergrund der politischen Auseinandersetzungen.

Naturgeschichte

Richard Grimmett, Carol Inskipp und Tim Inskipp *Birds of Nepal.* Ornithologisches Standardwerk. Die Autoren haben außerdem zahlreiche kleinere Führer veröffentlicht.

K. K. Gurung *Heart of the Jungle* (vergriffen). Kenntnisreicher Führer über Chitwans Flora und Fauna aus der Feder des früheren Managers der Tiger Tops Jungle Lodge.

Heidi Rüppel und Jürgen Apel *Himalaya: Nordindien – Pakistan – Nepal – Bhutan – Tibet.* Landschafts-Studien-Reiseführer mit prägnanten Ausführungen zu charakteristischen Natursehenswürdigkeiten des Himalaya.

George Schaller *Stones of Silence: Journeys in the Himalaya*. Geschrieben von dem Zoologen, mit dem Peter Matthiessen auf der Suche nach dem Schneeleoparden war. Detaillierte Darstellung der Ökosysteme des Himalaya.

Rishikesh Shaha und Richard M. Mitchell *Wildlife in Nepal* (Nirala, Indien). Knapper, aber hilfreich illustrierter Tierführer mit einem faszinierenden Abschnitt über die Geschichte der Jagd in Nepal.

Colin Smith *A Photographic Pocket Guide to Butterflies of Nepal* (Rohit Kumar, Nepal). Schöne Farbbilder von Schmetterlingen in typischer Umgebung. Smith ist eine Koryphäe in Sachen Schmetterlinge und hat schon mehrere, teils akademische Bücher zu dem Thema verfasst.

Adrian und Jimmie Storrs *Enjoy Trees* (Book Faith India). Super Einführung in die Flora Nepals, die neben Bäumen auch Blumen benennt und informative Abschnitte über heilende und heilige Pflanzen enthält.

Berge und Flüsse

Arlene Blum *Annapurna – Die erste Frauenexpedition auf einen der höchsten Gipfel der Erde*. Lebendig geschriebenes Tagebuch einer Gipfelbesteigung mit vielen Schwarz-Weiß-Fotos.

W. E. Bowman *The Ascent of Rum Doodle*. In der Himalaya-Szene beliebte Parodie auf eine Bergsteigerexpedition. In Kathmandu ist sogar eine Kneipe nach dem Buch benannt.

Chris Bonington und Charles Clarke *Everest: The Unclimbed Ridge*. Die Geschichte des kühnen, aber gescheiterten Erstversuchs der Besteigung des Furcht erregenden Nordostgrats im Jahr 1982.

David Breashears und Audry Salkeld *Mallorys Geheimnis*. Beschreibt die Suchexpedition von 1999 und berichtet ausführlich über Mallorys eigene Unternehmen am Everest; mit vielen Fotos aus den Jahren 1921–24. Weitere Bücher zum gleichen Thema: **Conrad Anker und David Roberts** *Verschollen am Mount Everest – Dem Geheimnis von George Mallory auf der Spur* und **Jochen Hemmleb, Larry A. Johnson und Eric R. Simonson** *Die Geister des Mount Everest – Die Suche nach Mallory und Irvine* sowie **Reinhold Messner** *Mallorys zweiter Tod – Das Everest-Rätsel und die Antwort*.

Maurice Herzog *Annapurna, erster Achttausender*. Eine der großartigsten Abenteuergeschichten, die jemals niedergeschrieben wurden. Sie schildert die Suche nach und anschließend erste erfolgreiche Bezwingung eines 8000er-Gipfels. Herzogs Beschreibung seines Gipfelrauschs und des dramatischen Abstiegs ist atemberaubend.

Maurice Isserman und Stewart Weaver *Fallen Giants: A History of Himalayan Mountaineering*. Dieser Überblick über die Geschichte der Himalayabesteigung bietet großartige Einsichten in die Bergsteigerkultur im Wandel der Zeiten, muss aber zu viele Expeditionen abhandeln, um richtig spannenden Lesestoff zu bieten.

Edmund Hillary *Ich stand auf dem Everest – Meine Erstbesteigung mit Sherpa Tensing*. Die erste Besteigung des höchsten Berges der Welt im Jahr 1953 – ein Klassiker.

Hans Kammerlander *Abstieg zum Erfolg*. Der Südtiroler Extrembergsteiger, einst Weggefährte Reinhold Messners, schildert unter anderem mehrere Besteigungen von Achttausendern.

Peter Knowles und Darren Clarkson-King *White Water Nepal*. Das 2011 aktualisierte Buch ist der ultimative Rafting-Führer.

Jon Krakauer *In eisige Höhen*. Der Bestseller beschreibt aus erster Hand die Tragödie am Everest im Jahr 1996. Eine mitreißende und ausgewogene Darstellung der Begebenheiten, die alle Elemente des Tragischen enthält: Hochmut, grollende Berggötter, Heldenmut, Rivalität, Eitelkeit, Triumph, Agonie.

Reinhold Messner *Der gläserne Horizont*. Eine mitreißende Schilderung von Messners Alleinbezwingung des Mount Everest im Jahr 1980. Messners *Überlebt – Alle 14 Achttausender* präsentiert großartige Fotos und einen interessanten Anhang mit einer Statistik über das Bergsteigen im Himalaya.

Sherry Ortner *Die Welt der Sherpas: Leben und Sterben am Mount Everest*. Die herausragende Sherpa-Anthropologin bringt ihr ganzes Wissen zu dieser umstrittenen Thematik ein und streut noch einige erstaunliche Anekdoten dazwischen.

Herbert Tichy *Cho Oyu – Gnade der Götter*. Diese Schilderung der Erstbesteigung eines

Achttausenders im Jahr 1954 gehört mit zum Schönsten, was je über Gipfelbesteigungen geschrieben worden ist. Ein Jahr zuvor war der Österreicher mehrere Monate lang in Westnepal unterwegs gewesen, worüber er in seinem ebenso unterhaltsamen Buch *Land der namenlosen Berge* schreibt.

H. W. Tilman *Nepal Himalaya* (Pilgrims, Nepal). Unterhaltsame Zusammenstellung der ersten Bergsteiger-Erinnerungen im Nepal von 1949–51. Tilman gehörte zu den großen Abenteurern des 20. Jhs. und schreibt frisch und witzig.

Hermann Warth *Tiefe überall – Menschen, Schluchten und Achttausender*. Als langjähriger Leiter des Deutschen Entwicklungsdienstes in Nepal mit Land und Leuten bestens vertraut, berichtet der Autor von diversen Gipfelbesteigungen und Trekkingtouren.

Trekking-Führer

Stephan Baur und Susanne Kauper *Annapurna Treks*. Der detaillierte, schön bebilderte Wanderführer beschreibt diverse Routen von kurzen Trekkingtouren bis hin zu längeren Expeditionen und beinhaltet auch Alternativrouten jenseits der Jeeppisten sowie bisher unerschlossene Regionen.

Stephen Bezruchka und Alonso Lyons *Trekking Nepal: A Traveler's Guide*. Behandelt nur die „Teehaus"-Treks, jedoch nicht jene in beschränkt zugänglichen Gebieten, ist aber vielleicht das kulturell einfühlsamste Buch über Trekking in Nepal – mit Hintergrundinformationen über Sprache, Kultur und Naturgeschichte.

Robin Boustead *Nepal Trekking and the Great Himalaya Trail*. Guter allgemeiner Trekking-Führer von Trailblazer, geht aber auf die Standardrouten auch nicht viel detaillierter ein als dieser Rough-Guide-Führer. Gut ist er aber für ablegenere Gebiete, und natürlich deckt er auch den Great Himalaya Trail ab, für den Boustead ja Pionierarbeit leistete.

Bob Gibbons und Sian Pritchard-Jones *Mustang: A Trekking Guide* (Pilgrims, Nepal). Nach wie vor ein toller Trekking-Führer für Mustang, obwohl er schon 1993 erschienen ist, so dass er hinsichtlich Straßen und Lodges natürlich hoffnungslos veraltet ist. Die Autoren haben auch den maßgeblichen Führer für den Kailash-Trek von Simikot nach Tibet verfasst.

Margaret Jefferies *Highest Heritage: The Mount Everest Region and Sagarmatha National Park* (Pilgrims, Nepal). Überaus detailreicher Führer für die Everest-Region, der neben kurzen Routenbeschreibungen für Trekker jede Menge Infos über die Sherpa-Kultur, die Landschaft, die Geschichte und die Tier- und Pflanzenwelt liefert.

Iris Kürschner *Nepal: Annapurna. Der Weg ist das Ziel*. In diesem Wanderführer werden auch die neueren alternativen Trekkingrouten jenseits der Hauptstrecken beschrieben.

Bradley Mayhew und Joe Bindloss *Trekking in the Nepal Himalaya*. In diesem Lonely-Planet-Führer werden Treks in Tagesetappen aufgeteilt, was ein wenig restriktiv anmutet, jedoch ist der Führer sehr detailliert und erfrischend schwungvoll geschrieben; auch die Karten sind recht gut. Wer allerdings nicht unbedingt viele Treks macht, besorgt sich besser einen Führer nur für die anvisierte Region.

Jamie McGuinness *Trekking in the Everest Region* und *Trekking in Langtang, Helambu and Gosainkund*. Die Trailblazer-Reihe hat eine sympathische, benutzerfreundliche Aufmachung mit handgezeichneten Karten und nettem Plauderton. Beschreibungen aller Routen von einem äußerst erfahrenen Trekking- und Bergführer.

Steve Razzetti *Nepal: Trekking and Climbing – 25 Classic Treks and 12 Climbing Peaks*. Derzeit das einzige Buch, in dem Trekking-Gipfel detailliert beschrieben werden.

Kev Reynolds *Annapurna, Everest, Manaslu, Kangchenjunga, Langtang, Gosainkund & Helambu* und *Manaslu*. Cicerone verlegt gut geschriebene Führer für diese Regionen, allesamt von dem unermüdlichen Reynolds, mit zahlreichen Farbfotos, einfachen, aber gut zu lesenden Karten, detaillierten Routenbeschreibungen und einer Menge kultureller Hintergrundinformationen.

Bryn Thomas *Trekking in the Annapurna Region*. Ein guter, sachkundiger Führer für diese beliebte Region von Trailblazer; allerdings gehen die 100 Seiten mit Trekbeschreibungen in den allgemeinen Infos über Nepal, Kathmandu, Pokhara usw. etwas unter. Ungewöhnlich detaillierte Besprechungen der Trekking-Lodges.

Birgit Wenzl und Frank Hartl *Annapurna-Umrundung mit dem Mountainbike. Auf Trekkingpfaden durch den Himalaya.* Neben den Streckenbeschreibungen samt GPS wird auch eine Tour durchs Kathmandutal und durch den Shivapuri-Nationalpark beschrieben.

Allgemeines

Jim Duff und Peter Gormly *The Himalayan First Aid Manual* (World Expeditions, Nepal). Handliche Broschüre im Taschenformat.

Jyothi Pathak *Taste of Nepal.* Authentisches, umfangreiches und äußerst appetitanregendes Kochbuch.

Andrew J. Pollard und David R. Murdoch *Bergmedizin: höhenbedingte Erkrankungen und Gesundheitsgefahren bei Bergsteigern.* Alles, was man über die Gesundheitsaspekte des Trekkings wissen muss.

Sprache

Die Grundzüge des Nepali sind erstaunlich leicht zu erlernen und überaus nützlich: Fast alle Nepalesen, die mit Touristen zu tun haben, sprechen zwar Englisch, aber die meisten freuen sich über Bemühungen der Besucher, sich zu revanchieren. Abseits der ausgetretenen Pfade sind einige grundlegende Redewendungen geradezu lebenswichtig, da gute Englischkenntnisse hier die Ausnahme sind.

Das Nepali ist eng mit dem Hindi verwandt. Nepalesen und Nordinder können sich normalerweise einigermaßen verständigen – viele Nepalesen im Terai sprechen sogar Sprachen, die dem Hindi noch näher stehen, etwa Bhojpuri oder Maithili. Die verschiedenen Berg- und Hochgebirgsvölker sprechen tibetobirmanische Sprachen, die mit Nepali nichts gemeinsam haben (einige Rai-Sprachen werden nur von wenigen Tausend Menschen in einem einzigen Tal gesprochen), doch die meisten beherrschen Nepali als allgemeine Verkehrssprache. Für Besucher trifft es sich gut, dass viele Bergbewohner eine relativ einfache Form des Nepali verwenden, die besonders leicht zu lernen und zu verstehen ist. Nepali wird in der **Devanaagari-Schrift** geschrieben, doch Schilder, Busfahrziele usw. sind meist auf Englisch geschrieben.

In Kathmandu werden jede Menge hilfreicher **Sprachführer** Nepali/Englisch verkauft. Schon vor dem Aufbruch kann man sich den Sprachführer *Kauderwelsch – Nepali Wort für Wort* von Hans G. Voßmann besorgen (Reise Know-How Verlag, Bielefeld – auch als Audio-CD erhältlich) oder (wenn man genügend Englisch beherrscht) das nützliche *Nepali Phrasebook* von Lonely Planet. Außerdem gibt es ein *Deutsch-Nepali & Nepali-Deutsch Wörterbuch* von Georgia Friedrich (VVB Laufersweiler Verlag). Das bei Weitem beste **Lehrbuch zum Selbststudium** ist *Teach Yourself Nepali* von Michael Hutt und Abhi Subedi (Teach Yourself, UK) samt CD. Etwas anspruchsvoller konzipiert ist *A Course in Nepali* von David Matthews (SOAS, Großbritannien).

Aussprache

Nepali muss für unsere Zwecke immer von der Devanaagari-Schrift in die lateinische Schrift umgeschrieben werden; dabei können unterschiedliche Schreibweisen herauskommen, die auch die Aussprache nicht immer exakt wiedergeben.

a	kurz wie in T**a**blett
aa	lang wie in V**a**ter
b	ist eine Mischung aus „b" und „w" (vergleichbar dem Spanischen)
e	wie in T**ee**
i	lang wie in S**ie**b
j	wie in **J**eans
o	wie in N**o**te
r	zwischen „r" und „d", leicht gerollt, retroflex
s	zwischen „s" und „sch"
u	wie in B**u**s
v und w	weich ausgesprochen wie in wandern
z	klingt wie „dj" oder „dsch"

Die Betonung liegt fast immer auf der Silbe mit „aa", oder, wenn es kein „aa" gibt, auf der ersten Silbe.

Vokale

Die Unterscheidung zwischen „a" and „aa" ist für Deutschsprachige einfach: *Maa* („in") wird so ausgesprochen, wie es sich schreibt (mit langem Vokal), während *ma* („ich") wie die erste Silbe von „Mami" klingt. Verschiedene nepalesische Vokale werden nasalisiert – man denke an das französische „n". Nasalisierte Vokale sind in diesem Buch nicht als solche ausgewiesen, doch sollte man auf sie achten, z. B. genau hinhören, wie ein Nepalese *tapaai* („du") und *yahaa* („hier") ausspricht.

Aspirierte Konsonanten

Die Kombinationen „ch" und „sh" werden wie im Englischen ausgesprochen, doch in allen anderen Fällen, in denen ein „h" angehängt ist, muss aspiriert werden – mit anderen Worten: Vor dem „h" noch einmal Luft ausstoßen. *Bholi* („morgen") muss also b'holi und *Thamel* T'hamel ausgesprochen werden.

chh klingt stark behaucht wie Endlaut und Anfangslaut in „Deu**tsch h**ören"

ph klingt wie „f" (in **Ph**ilosophie), wird jedoch häufig auch als aspiriertes „p" ausgesprochen

th wird ausgesprochen wie in „Ra**t h**alten"

ANHANG

Retroflexe Konsonanten

Die Laute „d", „r" und „t" kommen auch in ihrer retroflexen Form vor. Man spricht sie, indem man die Zungenspitze zurück in Richtung des harten Gaumens rollt – ein typisch „indischer" Laut. Als gute Faustregel gilt: Folgt diesen Konsonanten ein „h", sind sie retroflex. Ein gutes Beispiel ist *Kathmandu*, das ein wenig nach „Kardmandu" klingt. In seltenen Fällen führt die Retroflexion zu einem Bedeutungsunterschied: *Saathi* heißt „Freund", doch mit retroflexem „th" wird es zu „sechzig".

Wörterbuch Nepali

Begrüßungen und elementare Sätze

Für nähere Angaben zu den Nuancen mancher Floskeln siehe den Abschnitt „Umgangsformen" auf S. 65. Einzelne Wörter für „bitte" oder „danke" werden selten benutzt, wenngleich *dhanyebaad* (für „danke") in Touristengebieten immer häufiger zu hören ist. Höflichkeit wird durch das Verhalten und die grammatische Form des Verbs ausgedrückt.

Hallo, Auf Wiedersehen	*Namaste (mit aneinander gelegten Handflächen gesagt)*
Hallo (förmlich)	*Namaskar*
ja / nein (Es ist/es ist nicht)	*ho/hoina*
ja / nein (Da ist/da ist nicht)	*chha/chhaina*
danke (sehr förmlich)	*dhanyabaad*
Wie geht es? (informell)	*Kasto chha?*
(höflich)	*Sanchai chha?*
Okay, gut. (informell)	*Thik chha.*
(höflich)	*Sanchai chha.*
Wie heißt du?	*Tapaaiko naam.*
(zu einem Erwachsenen)	*ke ho?*
(zu einem Kind)	*Timro naam ke ho?*
Mein Name ist …	*Mero naam … ho.*
Mein Heimatland ist …	*Mero desh … ho.*
Ich weiß nicht.	*Malaai thaahaa chhaina.*
Ich habe es nicht verstanden.	*Maile tyo bujina.*
Bitte sprich langsamer!	*Bistaarai bolnus!*
Bitte wiederhole es!	*Pheri bolnus!*
Ich spreche nur wenig Nepali.	*Ali ali Nepali aunchha.*
Verzeihung?	*Hajur?*
Nein danke (ich möchte es nicht).	*Pardaina.*
Entschuldigung (tut mir leid).	*Maph garnus.*
Gehen wir!	*Jaun! (klingt oft wie djam)*
Es war eine Ehre, Sie kennen zu lernen.	*Hajur lai bhetera dherai khushi laagyo.*
Danke (vielmals) für alles.	*Sabai kurako laagi (dherai) dhanya baad.*
Bis zum nächsten Mal!	*Pheri betaaula!*

Anredeformeln

Entschuldigung	*o…*
(höflicher)	*hajur …*
älterer Bruder (zu Gleichaltrigen oder Älteren; respektvoll)	*daai; daaju*
ältere Schwester (zu Gleichaltrigen oder Älteren)	*didi*
jüngere Schwester (zu Jüngeren)	*bahini*
jüngerer Bruder (zu Jüngeren)	*bhaai*
Vater (zu Männern, die vom Alter her der Vater sein könnten)	*bua*
Mutter (zu Frauen, die vom Alter her die Mutter sein könnten)	*aama*
Großvater (zu alten Männern)	*baje*
Großmutter (zu alten Frauen)	*bajei*
Ladenbesitzer (zu Männern)	*saahuji*
(zu Frauen)	*saahuni*

Fragen und Bitten

Die Wortstellung im Nepali ist bei Aussagen und Fragen dieselbe – um eine Frage zu verdeutlichen, muss am Satzende die Stimme gehoben werden.

Sprichst du Englisch?	*Tapaailaai Angreji aunchha?*
Spricht jemand Englisch?	*Kasailaai Angreji aunchha?*
Ich spreche kein Nepali.	*Ma Nepali boldina.*
Gibt es ein(en) / kein(en) (Zimmer)?	*(Kothaa) chha/ chhaina?*
Ist (eine Mahlzeit/Tee) erhältlich?	*(Khaanaa/chiya) painchha?*
Ist (Rauchen) okay?	*(Curot khaane) hunchha?*
Bitte hilf mir!	*Malaai madhat garnus.*
Bitte gib mir…!	*Dinus!*
Ich bin (hungrig).	*Malaai (bhok) laagyo.*
Ich bin nicht (hungrig).	*Malaai (bhok) laageko chhaina.*
Ich mag (sehr gern)…	*Malaai … (dherai) manparchha.*
Ich möchte / möchte nicht…	*Malaai … chaahinchha/chaaidaina.*
Wofür ist (das)?	*(Yo) ke ko laagi?*
Was ist los?	*Ke bhayo?*
Wie heißt (das) auf Nepali?	*(Yas)-laai Nepali maa ke bhanchha?*
Was bedeutet (chiya)?	*(chiya) ke bhanchha?*
Wirklich?	*Hora?*
Wie?	*Kasari?*
Was?	*Ke?*
Wann?	*Kahile?*
Wo?	*Kahaa?*
Wer?	*Ko?*
Warum?	*Kina?*
Welches?	*Kun?*

Verhandlungen

Was kostet das?	*Esko kati parchha?*
Was kostet (ein Zimmer)?	*(Rum) ko kati parchha?*
Gibt es hier einen Platz, wo ich wohnen kann?	*Mero laagi basne thau chha holaa?*
Wie viele Personen?	*Kati jana?*
Für (zwei) Personen.	*(Dui) jana ko laagi.*
Nur eine Person.	*Ek jana maatrai.*
Kann ich es sehen?	*Herna sakchhu?*
Lass das! (zu einem Kind)	*Teso nagara!*
Nicht anfassen! (zu einem Kind)	*Tyo nachalau!*
Geh weg! (zu einem Kind)	*Jaau!*
Es ist sehr / zu teuer	*Dherai mahango bhayo.*
Gibt es ein billigeres?	*Kunai sasto chha?*
Ich brauche es nicht.	*Malaai chaaidaina.*
Ich habe kein Wechselgeld.	*Masanga khudra chhain.*
Bitte stellen Sie den Taxameter an!	*Meter-maa jaanus!*

Einen Augenblick! (wörtl.: „ein Blinzeln")	*Ek chin!*
Ich komme wieder.	*Ma pharkinchhu.*
Gut gemacht / gute Arbeit!	*Kyaraamro!*
Keine Sorge!	*Chinta nagarnus!*
Die Rechnung, bitte!	*Bil dinus!*

Orientierung

Wo ist…?	*Kahaa chha?*
Wohin fährt (dieser Bus)?	*Yo (bas) kahaa jaanchha?*
Welcher Weg / Pfad führt nach…?	*Jaane baato kun ho?*
Was ist der beste Weg?	*Kun baato raamro chha?*
Wie weit ist es?	*Kati taadhaa chha?*
Wo gehst du hin?	*Tapaai kahaa jaanuhunchha?*
Ich gehe nach…	*Ma … jaanchhu*
Wo kommst du her?	*Tapaai kahaabaata aaunubhaeko?*
hier	*yahaa*
dort / dort drüben (um eine weite Entfernung anzudeuten, wird das „u" stimmlich in die Höhe gezogen)	*tyahaa / utyahaa*
(nach) rechts	*daayaa (tira)*
(nach) links	*baayaa (tira)*
geradeaus	*sidhaa*
Norden	*uttaar*
Süden	*dakshin*
Osten	*purba*
Westen	*pashchim*
nah / weit	*najik / taadhaa*
unbefestigte/befestigte Straße	*kachi baato/pitch road*
Auto/Fahrzeug mit Rädern	*gaadi*

Zeit

Wie viel Uhr ist es?	*Kati bajyo?*
Um wie viel Uhr fährt der Bus ab?	*Yo bas kati baje jaanchha?*
Wann kommt dieser Bus (in Kathmandu) an?	*Yo bas kati baje (Kathmandu-maa) pugchha?*
Wie viele Stunden dauert es?	*Kati ghanta laagchha?*
(zwei) Uhr	*(dui) bajyo*
(neun) Uhr dreißig	*saadhe (nau) bajyo*
(fünf) nach (sechs)	*(chha) bajer (paanch) minet gayo*
(zehn) vor (acht)	*(aath) bajna (das) minet bakichha*
Minute	*minet*
Stunde	*ghanta*
Tag	*din*
Wochentag	*bar*
Woche	*haptaa*
Monat	*mahina*
Jahr	*barsaa*
heute	*aaja*
morgen	*bholi*
gestern	*hijo*
jetzt	*ahile*
später	*pachhi*
vor, vorher	*pahile*
nächste Woche	*aarko haptaa*
letzten Monat	*gayeko maina*
vor (zwei) Jahren	*(dui) barsa aghi*
Morgen	*bihaana*
Nachmittag	*diuso*
Abend	*belukaa*
Nacht	*raati*

Nützliche Substantive

Auge	*akha*
Bett	*khat*
Betttuch, Bettdecke	*sirak*
Bus	*bas*
Ehefrau	*srimati*
Ehemann	*srimaan*
Erfolg	*safalta*
Essen	*khaanaa*
Familie	*pariwaar*
Fehler	*galti*
Fieber	*jwaro*
Freund	*saathi*
Fuß	*khutta*

Geld	*paisaa*
Hand	*haat*
Haus	*ghar*
Hotel / Lodge	*hotel / laj*
Job, Arbeit	*kaam*
Junge	*keta*
Kerze	*mainbatti*
Kind, Kinder	*ketaketi*
Kleider	*lugaa*
Kopf	*taauko*
Laden	*pasal*
Lampe	*batti*
Mädchen	*keti*
Magen	*pet*
Matratze	*dasna, ochhan*
Medizin	*ausadhi*
Mund	*mukh*
Mutter	*aama*
Nase	*naak*
Ohr	*kan*
Ort	*thau*
Papier	*kaagat*
Person, Mensch	*maanchhe*
Pfad / Hauptweg	*baato / mul baato*
Problem	*samasya*
Restaurant, Garküche	*resturent, bhojanalaya*
Schmerzen	*dukhyo*
Schuhe	*jutta*
Schule	*skul*
Sitz, Sitzplatz	*sit*
Sohn	*chori*
Stadt, Dorf	*gaaun*
Straße	*baato, rod*
Tasche, Gepäck	*jholaa*
Teehaus	*chiya pasal, chiya dokan*
Ticket	*tikot*
Tochter	*choraa*
Toilette	*chaarpi, toilet*
Vater	*buwa*
Wasser	*paani*
Zimmer	*rum, kothaa*

Adjektive und Adverbien

Adjektive, die Empfindungen beschreiben, verhalten sich im Nepali wie Substantive. Die Aussage „Ich bin durstig“ muss deshalb umschrieben werden: *Malaai thirka laagyo* (wörtlich: „Mir ist Durst geschehen“).

abwärts, bergab	*oraallo*
ähnlich	*jastai*
alle	*sabai*
allein	*eklai*
alt (Ding)	*purano*
alt (Mann)	*budho*
alt (Frau)	*budhi*
anderer	*aarko*
aufwärts, bergauf	*ukaalo*
bald	*chaadai, chittai*
besser	*ajai raamro*
am besten	*sabbhandaa raamro*
billig	*sasto*
bisschen	*alikati, thorai*
dumm	*murkha*
dunkel	*adhyero*
durstig	*tirkha*
falsch	*galti*
früh	*chaadai*
genug	*prasasta*
geschlossen	*banda*
gestohlen	*choreko*
gleich	*eutai*
glücklich	*khushi*
groß	*thulo*
gut	*raamro*
heiß (Flüssigkeit, Essen)	*taato*
heiß (Person oder Wetter)	*garam*
hoch	*aglo*
hübsch, gut	*ramaailo*
hungrig	*bhok (laagyo)*
immer	*sadai*
kalt (Flüssigkeit, Essen)	*chiso*
kalt (Person oder Wetter)	*jaado*

klein	*saano*
klug	*chalakh*
korrekt, richtig	*thik*
langsam	*bistaarai*
lärmend	*halla*
laut	*charko*
lecker	*mitho*
leer	*khali*
leicht	*sajilo*
manchmal	*kahile kahi*
mehr (Ausmaß)	*ekdum, ajai*
mehr (Menge)	*aru*
müde	*thakai*
nach, danach	*pachhi*
nahe, näher	*najik (ai)*
nass	*bhijyo*
neu	*nayaa*
niemals	*kahile paani*
nur	*maatrai*
offen	*khulaa*
oft, für gewöhnlich	*dheraijaso*
sauber	*safaa*
schlecht	*kharaab, naraamro*
schlechter	*khattam*
am schlimmsten	*sabbhandaa naraamro*
schmutzig	*phohor*
schnell	*chitto*
schon	*pahile*
schön	*sundar*
schrecklich	*jhur*
schwer	*garungo*
schwierig	*gaaro*
sehr	*dherai*
spaßig	*majaa*
spät	*dhilo*
stark	*baliyo*
teuer	*mahango*
traurig	*dukhi*
trocken	*sukeko*
unehrlich	*bemaani*
ungezogen	*badmaas*
verletzt	*dhukyo*
verloren	*haraayeko*
verrückt	*paagal*
verschieden	*pharak*
viel	*dherai*
voll	*bhari*
weit	*taadhaa*
wenig	*thorai*
weniger	*kam*
wieder	*pheri*
zu sehr, zu viel	*atti*

Verben

Die Verben sind im Infinitiv genannt. Um ein Verb in eine höfliche Aufforderung umzuwandeln, muss nur ein -s angefügt werden (z. B. *basnu* = „sitzen", *basnus* = „Nehmen Sie Platz"; bei informellen Aufforderungen die Endsilbe -nu durch -un ersetzen, also *basun* = „Nimm Platz"). Das Ersetzen der Endung -u durch -e ergibt eine unbestimmte Zeitform (z. B. *kann jaane* je nach Kontext heißen: gehen oder gehen werden). Die einfachste Weise, ein Verb zu negieren, besteht darin, das Präfix na- voranzustellen, z. B. *nabasnus* = „Nehmen Sie (bitte) nicht Platz!"

anhalten	*roknu*
ankommen	*aaipugnu*
arbeiten	*kaam garnu*
sich beeilen	*hatar garnu*
befestigen	*thoknu*
bekommen	*paunu, linu*
benötigen	*chaahinu*
denken	*bichaar garnu, sochnu*
empfangen	*paunu*
erinnern	*samjhinu*
essen	*khaanu*
fragen	*sodhnu*
fühlen	*laagnu*
geben	*dinu*
gehen	*jaanu*
glauben	*biswas garnu*
helfen	*madhat garnu*

hören, zuhören	*sunnu*
kaufen	*kinnu*
kochen	*pakaaunu*
kommen	*aunu*
lernen	*siknu*
lügen („unwahr sprechen")	*jhutho bolnu*
machen	*banaunu*
mieten	*bhadama linu*
nehmen	*linu*
öffnen	*kholnu*
rasten	*aaram garnu*
rennen	*daudinu*
sagen, erzählen	*bhannu*
schauen, sehen	*hernu*
schlafen	*sutnu*
schließen	*banda garnu*
setzen, stellen, legen	*raakhnu*
sitzen	*basnu*
sprechen	*bolnu*
stehlen	*chornu*
tragen	*boknu*
tun	*garnu*
vergessen	*birsinu*
verkaufen	*bechnu*
verlassen	*chodnu*
verlieren	*haraunu*
verstehen	*bujnu*
versuchen	*kosis garnu*
verwenden	*prayog garnu*
wandern	*hidnu*
warten	*parkhanu*
waschen (Gesicht, Kleider / Körper)	*dhunu / nuhaaunu*
wollen, wünschen	*chahanu*
zurückkehren	*pharkinu*

Andere nützliche Wörter

Die meisten der folgenden Wörter werden in westlichen Sprachen Präpositionen genannt. Die mit einem Stern (*) versehenen Wörter sind im Nepali jedoch Postpositionen (d. h. sie werden angehängt: „mit mir" wird zu *masanga)*.

aber	*tara*
aus, außen, außerhalb	*bahira**
dieses	*yo*
hinter, hinten	*pachhadi**
in, innen, innerhalb	*bhitra**
jeder, jede, jedes	*pratyek*
jenes	*tyo*
mit	*sanga**
nach, in Richtung	*tira**
nahe	*najik**
oben, über, oberhalb	*maathi**
oder	*ki*
ohne	*chhaina**
und	*ra*
unten, unter, unterhalb	*talla**
von, aus	*baata**
vor	*agaadi**
weil	*kinabhane*

Zahlen

Im Gegensatz zur deutschen Sprache, die ab 20 zusammengesetzte Zahlen benutzt (einundzwanzig, zweiundzwanzig, usw.), verwendet das Nepali bis zur Ziffer 100 unregelmäßige Zahlen. Im Folgenden sind nur die wichtigsten Zahlen aufgeführt, die man wahrscheinlich verwenden wird. Kompliziert sind die zahlreichen Zählwörter. Auch im Deutschen kennen wir Zählwörter (zwei *Scheiben* Brot, ein *Stück* Kuchen), doch im Nepali wird dieses sprachliche Mittel systematischer verwendet. Ersatzweise kann man sich aber mit den Wörtern *wotaa* für Dinge und *jana* für Menschen behelfen.

„Fünf Bücher" sind *paanch wotaa kitaab*, „zwölf Mädchen" *baara jana keti*. Unregelmäßige Zählwörter sind *ek wotaa* (einmal) = *euta*, *dui wotaa* (zweimal) = *duita*, *tin wotaa* (dreimal) = *tintaa* und *aada* (halb).

1	*ek*
2	*dui*
3	*tin*
4	*chaar*
5	*paanch*

Zahlen

१	२	३	४	५	६	७	८	९	१०
1	2	3	4	5	6	7	8	9	10

6	*chha*
7	*saat*
8	*aath*
9	*nau*
10	*das*
11	*eghaara*
12	*baara*
13	*tera*
14	*chaudha*
15	*pandra*
16	*sora*
17	*satra*
18	*athaara*
19	*unnais*
20	*bis*
25	*pachhis*
30	*tis*
40	*chaalis*
50	*pachaas*
60	*saathi*
70	*sattari*
80	*asi*
90	*nabbe*
100	*ek say*
1000	*ek hajaar*
erstmals	*pahilo (palta)*
zum zweiten Mal	*dosro*
zum dritten Mal	*tesro*
zum vierten Mal	*chautho*
zum fünften Mal	*paachau*

Wochentage

Für eine Auflistung der nepalesischen Monate, die ungefähr in der Mitte unserer Monate beginnen, S. 72.

Sonntag	*aitabar*
Montag	*sombar*
Dienstag	*mangalbar*
Mittwoch	*budhabar*
Donnerstag	*bihibar*
Freitag	*sukrabar*
Samstag	*sanibar*

Kulinarisches Wörterbuch

Grundwortschatz

abgekocht (Wasser)	*umaaleko (paani)*
Brot	*roti*
Butter	*makhan*
Chutney, eingelegtes Gemüse	*achhaar*
Ei	*phul*
Essen	*khaanaa*
frittiert	*taareko*
Gabel	*kaata*
gebraten	*bhuteko*
gekocht	*paakeko*
Glas	*gilaas*
heiß	*taato*
Joghurt	*dahi*
kalt	*chiso*
Löffel	*chamchaa*
Messer	*chakku*
Milch	*dudh*
Öl	*tel*
Pfeffer (gemahlen)	*marich*
Reis (gekocht)	*bhaat*
Reis (ungekocht)	*chaamal*
Reisflocken	*chiura*

Salz	*nun*
süß	*guliyo*
Süßigkeiten	*mithaai*
Teller	*plet*
Wasser	*paani*
Wirt	*saahuji*
Wirtin	*saahuni*
Zucker	*chini*

Gängige nepalesische Gerichte

momo	*gedämpfte Teigtaschen gefüllt mit Fleisch, Gemüse und Ingwer*
daal bhaat tarkaari	*Linsensuppe, weißer Reis und Gemüse*
dahi chiura	*Joghurt mit Reisflocken*
pakauda	*frittiertes Gemüse in Teig aus Kichererbsenmehl*
samosa	*mit Gemüsecurry gefüllte Teigtaschen*
sekuwa	*gewürzte, marinierte Fleischspieße*
taareko maachhaa	*gebackener Fisch*

Gängige newarische Gerichte

chataamari	*Reismehlpfannkuchen mit Curry*
choyila	*gebratene Büffelfleischwürfel mit Gewürzen und Gemüse*
kachila	*Pastete aus rohem Büffelhackfleisch mit Ingwer und Öl*
kwati	*Bohnensprossensuppe*
momocha	*gedämpfte Fleischklößchen*
pancha kol	*Gemüsecurry aus fünf Gemüsesorten*
woh	*frittierte Linsenmehlpastetchen ohne Beilage (mai woh) mit Büffelhackfleisch (la woh) oder Ei (khen woh)*

Gängige tibetische Gerichte

kothe	*frittierte Teigtaschen mit Fleisch- oder Gemüsefüllung (momo)*
thukpa	*Nudelsuppe mit Fleisch und Gemüse*
tsampa	*geröstetes Gerstenmehl*

Gemüse (*tarkaari* oder *saabji*)

Aubergine	*bhanta*
Blumenkohl	*kaauli*
Bohnen	*simi*
Chilischoten	*khursaani*
Erbsen	*kerau, matar*
Karotten	*gaajar*
Kartoffeln	*alu*
Kichererbsen	*chaana*
Knoblauch	*lasun*
Kohl	*banda kobi*
Koriander	*dhaniyaa*
Kürbis	*pharsi*
Linsen	*daal*
Mais	*makai*
Pilze	*chyaau*
Rettich	*mulaa*
Spinat	*palungo, saag*
Tomaten	*golbheda*
Zwiebeln	*pyaaj*

Fleisch (*maasu*)

Büffelfleisch	*raangaako maasu*
Huhn	*kukhuraako maasu*
Rindfleisch	*gaiko maasu*
Schweinefleisch	*bungurko maasu*
Ziegenfleisch	*khasiko maasu*

Obst (*phalphul*) und Nüsse

Ananas	*bhuikatahar*
Apfel	*syaau*
Banane	*keraa*
Cashewnuss	*kaaju*
Dattel	*chhokada*
Erdnuss (nahe der indischen Grenze *mampale*)	*badaam*
Guave	*ambaa*
Kokosnuss	*nariwal*
Limone	*nibuwaa*
Mango	*aaph*
Orange, Mandarine	*suntalaa*
Papaya	*mewaa*

Pistazie	*pista*
Trauben	*kismis*
Zitrone	*kagati*
Zuckerrohr	*ukhu*

Gewürze (*masaala*)

Anis	*sop*
Chili	*khursaani*
Gelbwurz (Kurkuma)	*besaar*
Ingwer	*aduwaa*
Kardamom	*sukumel, elaaichi*
Nelken	*lwang*
Safran	*kesari*
Zimt	*daalchini*

Einige nützliche Ausdrücke

heiß	*taato*
kalt	*chiso*
frittiert	*taareko*
gekocht	*paakeko*
gewürzt	*piro*
ein wenig	*alikati*
mehr	*aru*
noch eines	*aarko*
viel	*dherai*
köstlich	*mitho*
Ich bin satt	*Pugyo*
Die Rechnung, bitte	*bil dinus!*
Vegetarier	*sahakaari*
Ich esse kein Fleisch	*Ma maasu khaanna*

Glossar

A

Asana Körperhaltung

Ashram, der Meditationszentrum

Ashta matrika Muttergottheit

Avalokiteshvara Bodhisattva des Mitgefühls und der Barmherzigkeit (auch Chenrezig genannt)

Avatar Inkarnation, Erscheinungsform einer Gottheit

Ayurveda, der ganzheitliches Heilsystem

B

Baahun nepalesische Bezeichnung für die Priesterkaste (Brahmanen)

Baba Heiliger

Bagh Tiger

Bahal, der (oder baha) Gebäude oder Häuserblock; viereckiger Innenhof eines ehemaligen buddhistisch-newarischen Klosters (z. T. noch bewohnt)

Bahil (oder bahi) newarischer Ausdruck für buddhistisches Kloster

Bajra Yogini (oder Vajra Jogini) weibliches tantrisches Pendant zu Bhairab

Bajra siehe „Vajra"

Ban Wald

Barahi (oder Varahi) Vishnu in der Erscheinungsform eines Ebers

Barkhara Monsun

Bas stand, bas park Bushaltestelle, Busbahnhof

Bazaar Handelsviertel oder Geschäftsstraße (nicht immer überdachter Markt)

Beken Trägheit, Phlegma

Beni Zusammenfluss von zwei Flüssen

Betel siehe „Paan"

Bhaat Essen, gekochter Reis

Bhagavadgita, das sechstes Buch des indischen Nationalepos *Mahabharata*

Bhai jüngerer Bruder

Bhairab Angst einflößende, tantrische Erscheinungsform Shivas

Bhajan religiöse Hymnen; Hymnensingen

Bhang Haschisch (in Flüssigkeiten gelöst)

Bhanjyang Bergpass

Bharat Indien

Bhatti newarisches Wirtshaus, in dem Alkohol und kleine Gerichte serviert werden

Bhojanalaya newarisches Speiselokal

Bhot Tibet

Bhotiya Hochlandvolk tibetischen Ursprungs (abwertend)

Bidi billige Zigarette aus einem gerollten Tabakblatt

Bihar (oder mahabihar) buddhistisches Kloster (Sanskrit)

Biyar Bier

Bodhisattva, der göttliches Erleuchtungswesen, im Mahayana-Buddhismus: einer, der auf das Nirwana verzichtet, bis alle anderen Wesen die Erleuchtung erlangt haben

Botho heiliges Gewand

Brahma hinduistischer Schöpfergott, einer der hinduistischen „Dreieinigkeit"

Brahman(e) Angehöriger der Hindu-Priesterkaste (*baahun* in Nepali); metaphysischer Ausdruck für die universelle Seele

Buwa Vater

C

Chaitya, der kleines buddhistisches Heiligtum, oft an den vier Kardinalpunkten mit Buddha-Bildnissen ausgestattet

Chakra, das Rad der Lehre, Energiepunkt

Chapati Weizenfladenbrot

Charas (oder Charesh) Haschisch; wird in einer Tonpfeife *(chilam)* geraucht

Chautaara, der Rastplatz an einem Wanderweg mit Schatten spendenden Bäumen

Chhang (oder chhyang) selbst gebrautes Bier aus vergorenem Reis oder Getreide

Chhetri Angehöriger der Herrschenden oder der Kriegerkaste (Hindu)

Chilam Tonpfeife zum Rauchen von Tabak oder *ganja* (Marihuana)

Chini Zucker

Chiura Reisflocken

Chiya pasal einfache Kneipe, Teehaus

Chiya Tee

Cholo traditionelle halblange Blusen für Frauen

Chorten anderer, im Hochgebirge verwendeter Name für *chaitya*

Chow mein gebratene Nudeln

Chowk, der Kreuzung, Hof, Platz

Chulo Lehmofen

Churot Zigarette

Churpi Hartkäse

D

Daal bhaat Linsengericht

Daal bhaat tarkaari Linsen, Reis und Gemüse (nepalesisches Nationalgericht)

Daal Linsen

Damaru beidseitige Trommel

Danda (auch daada) Bergrücken

Danphe Fasan mit leuchtendem Gefieder; Nepals Wappenvogel

Darbar, der (auch: durbar) Königspalast, Königshof

Daura suruval traditionelle Kleider der Bergbewohner: ein Wickelhemd und eine Art Reithose

Devi siehe „Mahadevi"

Dewal (auch: Deval, Dega) mehrstufige Tempelplattform; Tempel im Pagodenstil

Dhaara öffentliche Wasserstelle oder Wasserbecken, Wasserspeier

Dhaba indische Kneipe, Lokal, Schnellimbiss

Dhago Quaste, Haarband

Dhaka bunter, handgewebter Baumwollstoff aus dem Bergland

Dhami Schamane, ähnliche Bedeutung wie *jhankri*

Dharana Konzentration

Dharma, der Religion, Lehre Buddhas; rechtschaffenes Verhalten (Tugendhaftigkeit)

Dharmsala, der Pilgerherberge

Dhoka Tor

Dhoti indischer Lendenschurz

Dhyana Meditation

Dhyani-Buddhas transzendente, meditierende Buddhas, die die fünf Aspekte des Buddhismus darstellen

Dhyani transzendent, meditierend

Didi, die ältere Schwester; Wirtin

Diusire Lieder von Musikgruppen, die Geld für Feste sammeln

Dobhan Zusammenfluss

Doko konischer Weidenkorb, der mit Hilfe eines Stirnbands getragen wird

Dorje tibetisches Wort für *vajra*

Dudh Milch

Dun niedrige Täler nördlich des Terai (manchmal auch Inneres Terai oder *bhitri madesh:* „innere Ebenen" genannt)

Dupian Seidenstoff

Durbar, der (auch darbar) Königspalast

Durga Dämonen mordende Göttin

Dyo Gott

Dyochhen Tempel einer newarischen Göttin

Dzopkio Kreuzung aus Yak und Rind; das weibliche Tier heißt *dzum*

E/F/G

Ekadashi elfter Tag

Eklai allein

Gaai Kühe
Gaaine reisende Spielleute im westlichen Bergland (heute bevorzugt *ghandarba* genannt)
Gada Keule
Gajur Tempelspitze aus Messing oder Gold
Ganesh elefantenköpfiger Gott der Weisheit und Beseitiger von Hindernissen
Ganja Marihuana
Garuda Vishnus Reittier, Mann-Vogel
Gaun Dorf
Ghandarba traditioneller Musiker
Ghanta Glocke am Tempel; wird meist als eine Art „Amen" geläutet
Ghat, das Treppe(nanlage) am Flussufer für Andacht und Verbrennungszeremonien; auch allgemein Ort am Flussufer
Ghazal volkstümliche indische Musik, von einer kleinen Gruppe mit Sänger vorgetragen
Ghee (oder ghiu) geklärte Butter
Gidda Geier
Gompa tibetisch-buddhistisches Kloster
Goonda Schläger, Rowdy
Gupha Höhle
Gurkha nepalesische Soldaten, die in Eliteregimentern der britischen und indischen Armeen dienen (aus den Völkern: Magar, Gurung, Rai und Limbu)
Guthi, der newarischer gemeinnütziger Trägerverein oder Stiftung zum Erhalt von Tempeln und Traditionen, organisiert Feste etc.

H

Haat Bazaar Wochenmarkt in Ostnepal
Hanuman mächtiger Affenkönig im *Ramayana*
Hatti Elefant
Himal Bergmassiv oder Gebirgskette mit ewigem Schnee
HMG His Majesty's Government; die nepalesische Regierung
Hookah Wasserpfeife
Howdah Elefantensitz

I/J

Ijat Status
Jaand (oder Jaar) nepalesisches Wort für *chhang*
Jaatra Fest mit Parade oder Prozession
Jana andolan Volkserhebung
Janai heilige Schnur, die von hochkastigen Hindus *(baahun* und *chhetri)* über der linken Schulter getragen wird
Jhankri Schamane oder Medizinmann aus dem Bergland
Juju dhau Milchspezialität in Bhaktapur
Jutho verunreinigt
Jyapu Angehöriger der newarischen Bauernkaste

K

Kalash, der Gefäß, Silberkrug
Kali Muttergottheit in ihrer schrecklichsten Erscheinungsform
Kalimati schwarzer Lehmboden
Kami Angehörige der Kaste der Schmiede
Kanchha Botenjunge
Karma, das Verdienste im Leben, die Einfluss auf die Wiedergeburt haben
Karuwa Wasserkessel aus Messing
Kata weißer Seidenschal, den Besucher einem Lama als rituelles Geschenk mitbringen
Khadga Schwert
Khadi Baumwollstoff, handgewebt
Khat Sänfte oder Plattform, auf der das Götterbild bei einem Fest durch die Straßen getragen wird
Khate Straßenkinder in Kathmandu
Khola größerer Fluss, Strom
Khukuri Krummdolch, den die meisten Nepalesen im Bergland mit sich führen
Kora Umschreiten eines buddhistischen Tempels
Kot Festung
Krishna Erscheinungsform Vishnus; Held aus dem *Mahabharata*
Kuli Tagelöhner
Kumal Töpfer
Kumari, die lebende Göttin, Kindgöttin; Mädchen, das als lebende Inkarnation Durgas verehrt wird
Kumbha, der Wassertopf
Kund Teich, Wasserbecken

L

La Bergpass (tibetisch)
Lakh 100 000
Lakshmi Gefährtin Vishnus, Göttin des Reichtums

Lama tibetisch-buddhistischer Priester; davon abgeleitet: Lamaismus
Lek Gebirgskette ohne ewigen Schnee
Lhakang Inneres eines *gompa*, Versammlungshalle
Linga, der (oder Lingam) Phallussymbol Shivas: meist im Inneren von Tempeln, manchmal in Gruppen im Freien aufgestellt
Lokeshvar siehe „Avalokiteshvara"
Lokta traditionelles nepalesisches Papier aus der Borke eines einheimischen Strauches
Lung Wind
Lungi sehr bunter Wickelrock von Frauen aus dem Bergland

M

Maasu Fleisch
Machaan Wachtturm der Terai-Bauern, um wilde Tiere zu vertreiben
Machhendranath Regengott des Kathmandutals, auch unter dem Namen Karunamaya oder Bunga Dyo bekannt
Maha groß
Mahabharata Hindu-Epos mit Krishna als Hauptfigur; enthält als sechstes Buch das Bhagavadgita
Mahabharat Lek höchste Gebirgskette im Süden des Mittleren Berglandes
Mahadev „Großer Gott", Beiname Shivas
Mahadevi Muttergottheit
Mahal, der Palast
Mahavira, der Kloster, Kultstätte
Mahayana, das Großes Fahrzeug; Form des Buddhismus, die in Nepal, Tibet und Ostasien verbreitet ist; diese Glaubensrichtung hält sich an Gottheiten, „Heilige" und Lehrer
Mahout Elefantenführer
Mai allg. Name für jede lokale Schutzgottheit
Maithili volkstümliche Bilder
Makana, der Reittier der Jamuna (Kreuzung zwischen Krokodil und Elefant)
Malla Halsketten aus Glasperlen
Mandala, das magisches Diagramm zur Meditation
Mandap, die pagodenartiger Pavillon
Mandir, der Tempel
Mani, der Gebetsstein, Gebetsmauer; Schieferstein, der mit einem Mantra (z. B. *Om mani padme hum*) beschrieben ist
Manjushri Boddhisattva der Weisheit
Mantra, das Gebetsformel
Maobaadi Maoist
Marg, der Straße
Masaala Gewürz, verschiedene Mischungen (davon abgeleitet: *masaala*-Filme mit ihrer Mischung aus Drama, Gesang, Komödie etc.)
Math hinduistische Priesterunterkunft
Mela, die Messe, Zusammenkunft, Jahrmarkt, religiöses Fest
Mithai pasal einfaches Lokal, Süßwarenladen
Mithuna Liebespaar
Momo, das gefüllte Teigtaschen (tibetische Speise)
Mul bhatta Hohepriester
Munja heilige Schnur, die männliche Brahmanen tragen
Murali Flöte

N

Nadi Fluss
Naga, die Schlange oder Schlangengeister, Regenbringer
Nagar Stadt
Nak weibliches Yak
Nandi Shivas Reittier, ein Bulle
Narasimha Mann-Löwe, Erscheinungsform Vishnus
Narayan verbreiteter Name für Vishnu
Nath „Herr", Gott
Nirwana, das im Buddhismus Erleuchtung und Erlösung vom Zyklus der Wiedergeburt, d. h. Erlösung vom Leiden
Not Schulterstange zum Transportieren von Lasten
Nyata fünfstöckig (newarisch)

O/P

Om mani padme hum „O du Kleinod in der Lotusblüte", Mantra des Avalokiteshvara
Paan „Betel", in ein Blatt eingewickelte verdauungsfördernde Mischung aus Betelnuss und Tonpaste: wird gekaut und produziert blutroten Speichel (mildes Aufputschmittel)
Paanchai Baajaa traditionelles nepalesisches Musikensemble (fünf Instrumente)
Paani Wasser

Padma Sambhava alias Guru Ringpoche; Heiliger, der im 18. Jh. den Buddhismus nach Tibet brachte
Pahad Hügel; auch das Gebiet Nepals, das als Mittleres Bergland bezeichnet wird; die Bewohner dieses Gebietes heißen *pahadiya*
Panchabuddha die fünf Aspekte Buddhas, die fünf *dhyani* Buddhas
Panchayat Rat oder Versammlung; Rätesystem, Grundlage der vordemokratischen Regierung Nepals
Pandit Hindu-Priester, Brahmane
Pap Lasterhaftigkeit
Pappadum knusprige Fladen aus Kichererbsenmehl
Parbat Berg
Parvati (oder Parbati) Gattin Shivas
Pasal Laden
Pashmina nepalesische Variante der Kaschmirwolle
Path, der Straße
Pati offener Ruheplatz, Unterstand zum Ausruhen
Patro nepalesischer Kalender
Phanit Elefantenführer
Pharma Apotheke
Phedi Fuß (eines Hügels, Passes etc.)
Phurpa Dolch
Pipal Indischer Pepulbaum oder Pappelfeige *(Ficus religiosa)*; auch als *bodhi* bekannt; unter dem Bodhi-Baum erlangte Buddha die Erleuchtung
Pith Schrein; Stein als Heiligtum
Pokhari, der Teich, meist künstlich angelegt
Pol Dach (newarisch)
Pote Perlenkette
Poubha newarisches Rollbild
Prasad geweihtes Essen als Opfergabe für eine Gottheit
Puja, die religiöse Verehrung
Pujari, der Hindu-Priester, Brahmane oder Tempelhüter
Pul Brücke
Punjabi aus dem Punjab
Purana Hindu-Legende

R

Raksi Schnaps
Rama siebte Inkarnation Vishnus
Ramayana populäres Hindu-Epos, in dem Sita, die Prinzessin von Janakpur, von Rama und Hanuman gerettet wird
Rig Veda, der ältester hinduistischer Text
Rinpoche „kostbares Juwel", Titel für verehrte Lamas
Roti Brot
Rudraksha Kette aus getrockneten braunen Samen, die von Shaivas getragen wird

S

Saano paisa Kleingeld
Sadhu, der hinduistischer Asket
Sahib, der Ehrentitel für Ausländer; weibliche Form: Memsahib
Saikal Fahrrad
Samadhi starke Konzentration
Samsara, der Zyklus der Wiedergeburten
Sannyasin (oder Sunyasan) Hindu, der der Welt entsagt hat (gewöhnlich im Alter)
Sarangi traditionelle nepalesische Geige mit vier Saiten
Sarasvati Hindu-Göttin des Wissens und der Künste
Sati, die (oder suttee) Witwenverbrennung, bei der sich Hindu-Frauen auf den Verbrennungshaufen ihres verstorbenen Mannes werfen
Sattal, der öffentliches Rasthaus, Versammlungsgebäude
Shakti, die Hindubezeichnung für Tantra; das männliche Prinzip ergänzendes weibliches Prinzip, verkörpert durch die Muttergottheit Shakti
Shaligram schwarze Fossiliensteine, die im Fluss Kali Gandaki zu finden sind; von den Anhängern Vishnus verehrt
Shangri-la Paradies
Sherpa ursprünglich Angehöriger einer im nepalesischen Hochland lebenden Volksgruppe; heute von Ausländern mitunter (fälschlicherweise) auf alle nepalesischen Führer, Träger und Kletterer angewandter Begriff. Die Frauen heißen Sherpani.
Shikhara, der konisch zulaufender Tempelturm mit quadratischem Grundriss in indischem Stil
Shikra Tempelturm, der sich nach oben verjüngt
Shiva „der Zerstörer", einer der Götter der hinduistischen Dreieinigkeit, ein Gott in vielerlei Gestalt

Shivalaya, der einstöckiger Shiva-Schrein mit Lingam
Shivalingam, das Phallussymbol Shivas
Shri ehrende Vorsilbe
Siddhi übernatürliche Kräfte
Sirdar nepalesischer Trekkingführer
Sita Gattin des Rama, Prinzessin von Janakpur, Heldin des *Ramayana*
Siwaliks, die Vorgebirge des Himalaya
Stol „kurzes Abheben und Landen", Ausdruck für haarsträubende Landepisten
Stupa, der großes, kuppelförmiges buddhistisches Heiligtum, in dem oft heilige Reliquien aufbewahrt werden
Sun golden
Surti Kautabak
Surwa Suppe
Swayambhu „aus sich selbst entstanden"

T

Taato paani warmes Wasser
Tabla Handtrommel
Tal (oder Taal) See
Tantra, das esoterischer Pfad zur Erleuchtung; in Nepal mit großem Einfluss auf den Hinduismus und Buddhismus
Tara buddhistische Göttin; weiblicher Aspekt des Buddhismus
Tashi delek tibetischer Gruß, dem nepalesischen *namaste* entsprechend
Tempo dreirädriger Motorroller, Motor-Rikscha; auch: Tuk-Tuk
Terai, das Tiefland im Süden Nepals
Thaal Tablett
Thamel Stadtteil von Kathmandu
Thangka buddhistisches Rollbild
Thela flacher Karren für Lastentransport
Thukpa tibetische Suppe
Tika, die Glück bringender Stirnpunkt (aus Reis, *abhir*-Puder und Joghurt), der bei einer *puja*, bei Festen oder vor einer Reise aufgetragen wird
Til Sesamsamen
Tilhari goldener Kettenverschluss
Tirtha heiliger Ort, Wallfahrtsstätte
Tol, der Viertel, Stadtteil, Platz
Tola traditionelle Gewichtseinheit (11,5 g); Edelmetalle werden nach *tola* verkauft, ebenso Haschisch
Tongba alkoholisches Getränk aus fermentierter Hirse
Topi traditionelle krempenlose Mütze der männlichen Nepalesen, entweder schwarz *(bhadgaonle)* oder mehrfarbig *(dhaka)*
Toran, die geschnitzte oder metallene Umrahmung oder Tafel über einer Tempeltür
Torma von buddhistischen Mönchen hergestellte Hefeteigkuchen als Opfergaben
Trisul Dreizack, Symbol Shivas
Tsampa geröstetes Gerstenmehl, Grundnahrungsmittel der Tibeter und Bhotiya
Tudikhel, der Paradeplatz

U/V/W

Upanishaden, die philosophische Schriften des Hinduismus; letzter Teil der Veden
Urna, die Stirnlocke
Vaishnava, der Anhänger Vishnus
Vajra, der im Hinduismus: Zepter als Attribut Indras, im Buddhismus: Donnerkeil u. a. als Symbol des männl. Prinzips und der Stärke
Vajracharya buddhistischer Newar-Priester
Vajrayana „Weg des Donnerkeils", tantrischer Buddhismus
Veda, der die Veden, älteste Hindu-Schriften (nepalesische Aussprache: *bed*); davon abgeleitet: vedische Gottheiten
Vihara, der (oder Mahavihara) buddhistisches Kloster (Sanskrit)
Vipassana Einsicht; buddhistische Meditationspraxis
Vishnu „der Bewahrer", Mitglied der hinduistischen Dreieinigkeit; in zehn Erscheinungsformen verehrt
Wallah, der Motor-Rikscha-Fahrer
Woh frittierte Linsenmehlpastetchen

Y

Yab Yum Einheit des männlichen und weiblichen Prinzips, Ergänzung der Gegensätze, sexuelle Vereinigung
Yangsi reinkarnierter Nachfolger eines tibetischen Lamas
Yogin Yoga-Meister
Yogini Yoga-Meisterin
Yoni, die Mutterschoß, weibliches Genital als Symbol des Weiblichen, meist am Fuß eines Lingam

Reisemedizin zum Nachschlagen

Im Folgenden eine Liste der wichtigsten Krankheitsrisiken. Aber keine Panik – die meisten sind durch normales, umsichtiges Verhalten minimierbar.

Infos zu Impfungen, zur medizinischen Versorgung vor Ort und Gesundheitstipps für die Reise auf S. 48. Näheres zur Höhenkrankheit und weitere Tipps für Trekkingtouren auf S. 409.

Aids

Das Virus wird in Nepal hauptsächlich durch heterosexuelle Kontakte übertragen, insbesondere von Wanderarbeitern und Prostituierten. Bordelle wimmeln von HIV-positiven Prostituierten. Auch Trekking-Guides sind als Gruppe mit relativ hohem Infektionsrisiko einzustufen.

In Nepal ist die Prostitution allgemein nicht auf Touristen ausgerichtet, doch auch bei sexuellen Kontakten mit anderen Touristen sollte man sich schützen. Kondome bringt man am besten mit. Sie schützen nicht nur vor einer HIV-Infektion, sondern auch gegen Geschlechtskrankheiten und Hepatitis B.

Wer sich beim Friseur rasieren lässt, sollte darauf achten, dass ein sauberes Messer verwendet wird. Piercings, Akupunkturen und Tätowierungen sollte man nur dann vornehmen lassen, wenn die Instrumente wirklich steril sind. Wer eine Spritze bekommt, sollte sichergehen, dass eine neue, sterile Packung verwendet wird. Auch Bluttransfusionen sind in Nepal nicht ganz unproblematisch, da die Kontrolle der Blutkonserven mangelhaft ist.

Blutegel

In manchen Gebieten mit dichter Vegetation, etwa den Nationalparks des Terai oder Trekkingregionen in tieferen Lagen, wimmelt es in der Monsunzeit von **Blutegeln**. Am besten verwendet man Insektenschutzmittel und trägt lange Hosen und langärmlige Hemden sowie vielleicht Gamaschen. Es besteht ein geringes **Infektionsrisiko**, vor allem, wenn man sie von der Haut ablöst und die Beißwerkzeuge in der Wunde bleiben. Also lässt man sie am besten, wo sie sind: Wenn sie sich nur vollsaugen und dann wieder abfallen, schadet einem der geringe Blutverlust nicht. Wer sie dennoch ablösen möchte, kann versuchen, den Saugnapf zu lösen, indem er mit dem Fingernagel vorsichtig zuerst unter das schmalere und dann unter das dickere Ende des Tiers fährt. Die Einheimischen schnippen Blutegel mit Schwung weg und hoffen, dass es gut ausgeht – in Gegenden mit vielen Blutegeln ist das vielleicht die einzige praktikable Lösung. Wenn man sie durch Salz, Jod oder Hitze (Feuerzeug oder Streichholz) zum Loslassen bewegt, lösen sich die Blutegel, übergeben sich vorher aber quasi in die Wunde.

Cholera

Wegen der Cholera muss man sich keine Sorgen machen, da das Risiko einer Ansteckung in Nepal minimal ist.

Grippe und Fieber

Grippeartige Symptome wie Fieber, Kopfschmerzen, Schnupfen, Müdigkeit und Muskelschmerzen können von einem banalen Erkältungsvirus kommen. Ruhe und Aspirin/Paracetamol sind hier das Mittel der Wahl. Streptokokkeninfektionen von Rachen, Bronchien oder Nasennebenhöhlen müssen dagegen mit Antibiotika behandelt werden. Grippesymptome in Kombination mit Gelbsucht deuten auf eine Hepatitis hin, die am besten mit Ruhe und einem Flugticket nach Hause zu therapieren ist.

Mit hohem **Fieber** ist nicht zu scherzen, und Patienten mit Fieberfantasien gehören auf der Stelle zum Arzt. Für den Anfang kann man versuchen, das Fieber mit Aspirin oder Paracetamol zu senken. Fieber, das innerhalb von wenigen Stunden immer wieder drastisch steigt und fällt, deutet auf Malaria hin. Ständig hohes Fieber über vier oder mehr Tage hinweg kann ein Anzeichen von Typhus sein.

Hepatitis

Hepatitis A – eine Infektion oder Entzündung der Leber, die leichtes Fieber, Übelkeit/Erbrechen, Appetitverlust und Gelbsucht zur Folge hat – gehört zu den häufig auftretenden Krankheiten in Nepal. An dieser Krankheit, die durch verunreinigtes Essen und Wasser übertragen wird, stirbt man nicht, aber sie setzt der Reise ein abruptes Ende, und man hat monatelang damit zu tun. Am besten schützt man sich durch entsprechende Hygienemaßnahmen, aber manchmal hilft alle Vorsicht nichts.

Hepatitis B wird vor allem durch Intimkontakte oder Blut übertragen (unsaubere Injektionsnadeln, Bluttransfusionen, Tätowierung, Piercing, Akupunktur, Erste-Hilfe-Leistung bei Verletzten). Die Symptome ähneln denen einer Hepatitis A, jedoch kann eine Hepatitis B chronisch werden. Im schlimmsten Fall führt sie nach einigen Jahren zu einer schweren Leberzirrhose und zum Tod. Wer beabsichtigt, im medizinischen Umfeld zu arbeiten, sollte sich vorher impfen lassen. Langzeitreisende lassen sich manchmal vorsorglich impfen, um bei einem etwaigen Unfall, der eine Bluttransfusion nötig macht, geschützt zu sein.

Japanische Enzephalitis

Die Japanische Enzephalitis kann tödlich enden. Sie ist allerdings weitgehend auf die Urwaldgebiete im Terai während des Monsuns beschränkt. Wer sich zwischen April und Oktober längere Zeit in Kathmandu und im Terai aufhalten will, sollte eine Impfung ernsthaft in Erwägung ziehen. Am gefährlichsten sind ländliche Gebiete, in denen Schweine gehalten werden. Die Impfung erfolgt in Form von drei Injektionen innerhalb von einem Monat.

Magen- und Darmerkrankungen

Durchfall gehört zu den häufigsten Beschwerden, unter denen Reisende zu leiden haben. Leichter Durchfall ohne sonstige ernste Symptome sollte auch unbehandelt innerhalb weniger Tage vorbeigehen. Eine Elektrolyt-Lösung (wird vor Ort überall sehr preiswert verkauft) ersetzt die verlorene Flüssigkeit und Salze. Zur Not, etwa vor langen Fahrten, kann auf Imodium zurückgegriffen werden, was den Durchfall stoppt, aber nicht kuriert. Auch Bananen und Softdrinks enthalten Elektrolyte.

Wenn der Durchfall plötzlich einsetzt und von Krämpfen und Erbrechen begleitet wird, kann es sich um eine **Lebensmittelvergiftung** handeln, ausgelöst durch Giftstoffe exotischer Bakterien. Auch in diesem Fall sollten Flüssigkeit und Mineralstoffe (am besten durch eine Elektrolyt-Lösung) laufend ersetzt werden; dann müsste der Durchfall innerhalb von 24–48 Stunden nachlassen. Bei Fieber, schwerem Durchfall über mehr als drei Tage oder bei Anzeichen von Blut oder Schleim im Stuhl sollte man umgehend einen Arzt aufsuchen.

Denn dann kann es sich um **Amöbenruhr** oder **Giardiasis** (etwa 5 % der Durchfallerkrankungen in Nepal) handeln, die oft von Fieber und Schüttelfrost im Wechsel begleitet wird. Giardiasis zieht man sich häufig auf Trekkingtouren zu; sie hat eine Inkubationszeit von ein bis zwei Wochen. Wer noch nicht so lange im Land gewesen ist, kann diese Erkrankung also ausschließen.

Durchfall über längere Zeit, der mit Müdigkeit und Appetitverlust einhergeht und zwischen April und November auftritt, kann durch **Cyclospora** (manchmal als „Blaugrünalgen" bezeichnet) verursacht sein. Diese durch verseuchtes Wasser übertragene Erkrankung wird mit dem Antibiotikum Trimethoprim-Sulfamethoxazol (Bactrim oder Septra) behandelt. Auch hier sollte man den Flüssigkeits- und Salzverlust laufend durch Elektrolyt-Lösung ausgleichen. Cyclospora werden durch Jod und Chlor nicht abgetötet. Während der Hauptrisikozeit im Juni und Juli möglichst nur abgekochtes Wasser trinken.

Schließlich ist zu bedenken, dass oral eingenommene Medikamente wie Malariatabletten und auch die Antibaby-Pille nur eingeschränkt oder gar nicht mehr wirken, wenn man unter starkem Durchfall leidet.

Malaria

Die meisten Nepal-Besucher müssen keine Vorkehrungen gegen Malaria treffen. Zwar wurde die Krankheit hier nicht ausgerottet, sie tritt aber oberhalb von 1000 m kaum auf und nur selten außerhalb der Monsunzeit. Wer sich also nur eine begrenzte Zeit in Nepal aufhält, dürfte kaum Probleme damit bekommen. Dennoch ist es sinnvoll, die üblichen Maßnahmen gegen Insektenstiche zu treffen – besonders während der Regenzeit.

Eine **Prophylaxe** (die regelmäßige Einnahme von Tabletten) sollte in Betracht gezogen werden, wenn man zwischen Juni und September das **Terai** besucht, zu dem die beiden Nationalparks Chitwan und Bardia gehören. Auch wer sich länger in Nepal aufhält oder Indien bereist, tut gut daran, sich von Experten beraten zu lassen. Rafter sollten beachten, dass Flusstäler teilweise unter 1000 m Höhe liegen.

Am besten gibt man den Malariamücken erst gar keine Gelegenheit zum Stechen. Am hungrigsten sind sie zwischen der Abend- und Morgendämmerung. Daher sollte man in dieser Zeit besonders auf **Insektenschutzmittel**, helle Kleidung (lange Hosen, langärmlige Hemden, engmaschige Socken) achten, unter einem Moskitonetz schlafen oder Moskito-„Killer" (kleine elektrische Geräte mit Plättchen, die bei Erwärmung einen für Moskitos unangenehmen Duft verströmen) benutzen. Daneben gibt es auch noch die bewährten Moskitospiralen. Zur Beruhigung kann man sich in Erinnerung rufen, dass nur wenige Moskitos Malaria übertragen und man sich nicht über jeden Stich aufregen muss. Bei juckenden Stichen sollte man möglichst nicht kratzen, damit keine Infektion entsteht. Tigerbalsam und trockene Seife vermindern den Juckreiz.

Meningitis

Die bakterielle Meningitis wird über die Luft übertragen. Sie greift die Hirnhaut an und kann tödlich enden. In Nepal treten zwar gelegentlich regional begrenzte Meningitis-Epidemien auf, doch die Ansteckungsgefahr ist relativ gering. Symptome sind starke Kopfschmerzen zusammen mit Augenschmerzen, steifem Nacken und Fieber. Die Impfung hat einige Nebenwirkungen und hält drei bis fünf Jahre an.

Tollwut

Die Tollwut ist zwar ein Problem in Nepal, doch vermeidbar, wenn man einen weiten Bogen um Hunde und Affen macht. Durch Tiere verursachte **Biss- oder Kratzwunden** sofort mindestens fünf Minuten lang mit Wasser und Seife auswaschen und dann mit Providone-Jodlösung nachspülen (in Nepal erhältlich). Falls keine Jodlösung zur Hand ist, sollte man 40–70%-igen Alkohol nehmen – im Notfall den überall erhältlichen *raksi*-Schnaps. Das dürfte etwaigen Tollwutviren den Garaus machen; trotzdem sollte man sich nach einem Tierbiss schnellstens nach Kathmandu in eine Klinik begeben, um sich die teuren Spritzen gegen den Ausbruch einer etwaigen Tollwutinfektion setzen zu lassen. Gegen Tollwut kann man im Gegensatz zu vielen anderen Krankheiten auch nach der Infektion noch etwas tun, indem man über einen Zeitraum von einem Monat fünf Injektionen verabreicht (in Kathmandu erhältlich), die 100-prozentig wirksam sind, wenn rechtzeitig begonnen wird. Die Inkubationszeit der Tollwut beträgt 10–90 Tage. Eine vorbeugende Impfung erfordert drei Injektionen innerhalb von vier Wochen und bietet dann drei Jahre lang einen gewissen Schutz. Wer gebissen wird, braucht allerdings trotzdem noch zwei Auffrischspritzen. Eine solche Vorbeugung lohnt sich vermutlich nur für längere Aufenthalte und bei Kindern.

Typhus / Paratyphus

Typhus und Paratyphus kommen in Nepal häufig vor und werden durch verunreinigtes Essen und Wasser übertragen. Diese beiden sehr ähnlichen Krankheiten gehen mit konstant hohem Fieber, Kopfschmerzen, Bauchweh und Durchfall einher, sind aber mit Antibiotika behandelbar und enden selten tödlich. Paratyphus tritt üblicherweise im Rahmen von Epidemien auf und ist weniger gefährlich.

Sonstige Symptome

Leichte **Muskelkrämpfe** nach anstrengenden Unternehmungen oder heftigem Schwitzen können ein Zeichen für Salzmangel sein – und sind durch einen Teelöffel Salz schnell behoben. Leichte **Kopfschmerzen** deuten auf einen eventuellen Flüssigkeitsmangel hin.

Juckende Haut geht häufig auf Mückenstiche zurück, kann aber auch an Läusen, Flöhen oder Krätze liegen. Besonders anfällig für Krätze ist die Haut zwischen Fingern und Zehen. Medizinische Shampoos und Cremes sind in Nepal erhältlich. Das Bettzeug sollte man gut auslüften und die Kleidung sorgfältig waschen.

Würmer gelangen über das Essen in den Körper. Afterjucken ist ein erstes Anzeichen hierfür, meist sieht man die Würmer auch im Stuhl. Die Behandlung erfolgt einfach mit Wurmtabletten, die überall erhältlich sind.

Index

ANHANG

Individuelle Expeditionen, Touren und Reisen -
Ihr Spezialist für den gesamten Himalaya seit 1989
Nepal
Tibet
Indien
Bhutan
Sikkim
Ladakh
Mongolei
Pakistan
HIMAL
Tel. 07351-7978020 • www.himal.de
Spezialreisen

ANHANG

ANHANG

Bildnachweis

Umschlag

Titelfoto LOOK-foto/age fotostock; Swayambu
Umschlagklappe vorn getty images/Kelly Cheng Travel Photography; Phewa Tal, Pokhara
Umschlagklappe hinten mauritius images/ib/Frank Bienewald; Busse auf dem Weg von Kathmandu nach Dhunche

Farbteil

S. 2/3 Rough Guides
S. 4 Rough Guides (oben)
S. 4/5 Corbis/Demotix/Matthew Kruchak (unten)
S. 5 Rough Guides (oben)
S. 6 Rough Guides
S. 7 LOOK-foto/age fotostock (oben)
Corbis/Ric Ergenbright (unten)
S. 8/9 Rough Guides
S. 10 Rough Guides (oben)
laif/hemis.fr/Tuul (unten)
S. 11 Bildagentur huber/Tim Mannakee
S. 12 Rough Guides
S. 13 Rough Guides
S. 14 Rough Guides (unten)
S. 14/15 Rough Guides (oben)
S. 15 laif/Aurora/Jake Norton (unten)
S. 16 Rough Guides

Schwarz-Weiß

Alle **Rough Guides**

mpressum

epal
tefan Loose Travel Handbücher
., vollständig überarbeitete Auflage **2013**
DuMont Reiseverlag, Ostfildern

bersetzt von „The Rough Guide to Nepal“, 7th Edition,
ubliziert von Rough Guides Ltd, 80 Strand, London, WC2R 0RL, 2012
riginaltitel: The Rough Guide to Nepal

Gesamtredaktion und -herstellung
Bintang Buchservice GmbH
Zossener Str. 55/2, 10961Berlin
www.bintang-berlin.de
Übersetzung: Gunter Mühl, Jessika Zollickhofer
An früheren Auflagen haben mitgewirkt: Christina Kagerer, Inga-Brita Thiele
Redaktion: Dirk Krüger, Jan Düker
Karten: Anja Krapat, Klaus Schindler
Grafisches Konzept: Groschwitz, Hamburg
Layout und Herstellung: Anja Linda Dicke
Farbseitengestaltung: Jan Düker
Umschlaggestaltung: Anja Linda Dicke

Printed in China

Kartenverzeichnis

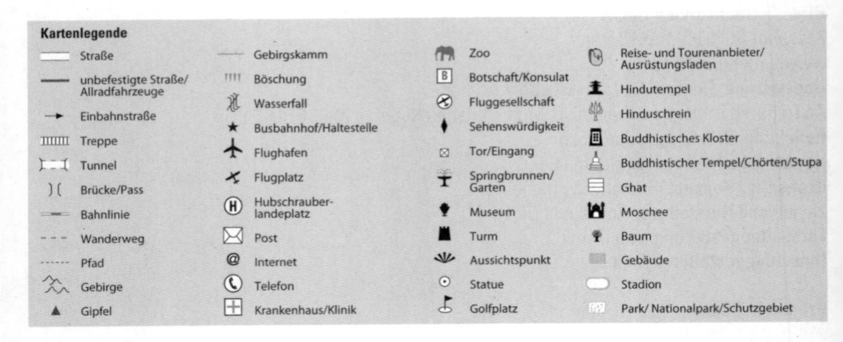